CYCLOPE

2024

Les Marchés mondiaux

« Attendre et espérer »

Sous la direction de Philippe CHALMIN

et Yves JÉGOUREL

ECONOMICA

49, rue Héricart, 75015 Paris

CyclOpe et la « littérature »

Depuis 2007, nous avons choisi de donner un sous-titre au rapport CyclOpe publié chaque année au printemps. Cédant à une forme de coquetterie, celui-ci est en général une paraphrase littéraire empruntée à un grand auteur ou au moins au titre d'une de ses œuvres. Nous avons donc eu :

2007
Le temps du monde fini commence
(Paul Valéry)

2008
Stupeur et tremblements
(Amélie Nothomb)

2009
Vertiges et déboires
(Paul Bairoch)

2010
La renaissance du Palais d'été
(Pierre-Jean Rémy)

2011
Le printemps des peuples et la malédiction des matières premières

2012
En la forêt de grande instabilité
(Charles d'Orléans)

2013
Crises et châtiments
(Fiodor Mikhaïlovitch Dostoïevski)

2014
Dans le rêve du pavillon rouge
(Ts'ao Hsueh-ch'in)

2015
Pour qui sonne le glas ?
(Ernest Hemingway)

2016
À la recherche des sommets perdus
(Marcel Proust)

2017
Vent d'Est, Vent d'Ouest
(Pearl Buck)

2018
Der Himmel lacht! Die Erde jubilieret
(Jean-Sébastien Bach)

2019
Les illusions perdues
(Honoré de Balzac)

2020
Allegoria ed effetti del Cattivo Governo
(Ambrogio Lorenzetti)

2021
« Cette obscure clarté qui tombe des étoiles »
(Corneille – *Le Cid*)

2022
Le monde d'hier
(Stefan Zweig)

2023
Les Cavaliers de l'Apocalypse
(Apocalypse de Jean)

... et donc en 2024
« Attendre et espérer »
(Alexandre Dumas – *Le comte de Monte Cristo*)

Sommaire

Avant-propos V
Les collaborateurs de CyclOpe 2024 VII
Les entreprises qui ont soutenu CyclOpe en 2024 XV

Première partie : « Attendre et espérer » **1**
I Attendre et espérer dans l'incertitude du monde 3
II Un monde déchiré 17
III Les tourments du monde 23
– Chine et Asie : covid long, covid court, Chine convalescente, Asie guérie ? 25
– Inde : le Moment indien, mais au-delà ? 33
– Amérique du Sud : incertitudes et instabilités 40
– Russie : le keynésianisme de guerre 51
– Afrique du Nord et Moyen-Orient : le grand débordement arrive-t-il ? 55
– Afrique subsaharienne : la multiplication des crises 63
IV Les tous petits pas de la gouvernance mondiale 73
– Commerce mondial : il n'y a vraiment plus de pilote dans l'avion ! 74
– Changements climatiques : après Dubaï, une année à hauts risques électoraux ! 83

Deuxième partie : Les marchés **95**
Les marchés mondiaux en 2023 97
I Les marchés financiers 107
II Grains et agriculture tempérée 149
III Produits tropicaux 269
IV Produits aquatiques 351
V Produits forestiers 369
VI Minerais et métaux 411
VII Énergie 583
VIII Grands marchés industriels 677
IX Services 693

Avant-propos

En ce début d'année 2024, c'est bien l'incertitude qui domine la scène internationale que ce soit sur le plan géopolitique de l'Ukraine à Gaza, sur le plan économique de la Chine à l'Europe, sur le plan climatique avec *El Niño*, le tout pour une planète dont la moitié de la population ira en 2024 aux urnes de manière plus ou moins démocratique, en Russie ou en Inde, mais avec l'inconnue majeure que représentent en novembre les élections américaines.

CyclOpe 2023 avait pour sous-titre les Cavaliers de l'Apocalypse qui portaient sur le monde « la guerre, la famine, la peste, les bêtes sauvages ». Si famine et peste (le covid) ont quelque peu diminué, il reste bien les guerres, les inquiétudes climatiques et par-dessus tout les passions et les tourments des hommes. Il ne reste qu'à « Attendre et espérer ».

« Attendre et espérer », l'ultime ligne du comte de Monte Cristo d'Alexandre Dumas, publié en feuilleton dans le *Journal des Débats* entre 1844 et 1846. L'histoire en est connue : celle d'Edmond Dantès, injustement condamné, mais qui a hérité du trésor de l'abbé Faria et qui, devenu comte de Monte Cristo, revient à Paris pour se venger. Caderousse est assassiné, Morcerf se suicide, Villefort devient fou et seul Danglars, ruiné, est épargné. Edmond Dantès mesure alors la vanité de sa vengeance et il s'éloigne en laissant à ses proches un ultime message : « N'oubliez jamais que, jusqu'au jour où Dieu daignera dévoiler l'avenir à l'homme, toute la sagesse humaine sera dans ces deux mots : attendre et espérer ».

Attendre donc que se dessine une nouvelle carte du monde, attendre que se dissipent tous les nuages qui obscurcissent nos horizons, attendre, mais espérer.

Espérer que les chocs des révolutions technologiques soient facteurs de progrès et non de reculs, espérer que les religions sachent partout retrouver leurs racines d'amour et de charité, espérer que le monde retrouve à nouveau des « Trente glorieuses », espérer, et surtout ne pas désespérer !

Oui, le rêve hégélien de la fin de l'histoire fut quelque peu prématuré et, au fond, les marchés mondiaux que CyclOpe analyse depuis près de quarante ans en sont la cruelle illustration tant ils vivent au quotidien toutes les tensions de la planète, tant ils s'en accommodent aussi, tant les marchands qui les animent ont su au travers des siècles en contourner les récifs.

«Attendre et espérer» voilà donc le sous-titre de ce trente-huitième rapport CyclOpe et au fil de ces années tous ceux qui font CyclOpe ont traversé aussi des moments d'espérance et puis aussi des chocs comme ceux les plus récents du covid, de l'Ukraine, de la Palestine et du retour des dictatures et des populismes. Ils sont un peu à l'image du voyageur qui figure sur la couverture de CyclOpe 2024 : le célèbre tableau de Caspar David Friedrich, *Der Wanderer über dem Nebelmeer*, peint en 1818, à l'aube du romantisme allemand, presque contemporain donc d'Edmond Dantès qui s'évadera du Château d'If dix ans plus tard.

CyclOpe a pu être réalisé au long de ces années grâce au soutien de plus de quarante entreprises ou organisations qui ont respecté sa totale indépendance et cette année nous sommes heureux qu'Oddo Metals, Africa Global Logistics (AGL) et S&P Global nous aient rejoints.

C'est maintenant une équipe de près de soixante-dix collaborateurs et amis qui contribuent à ce CyclOpe 2024 publié à la fois en français et en anglais, en version papier (grâce au soutien fidèle d'Economica) et électronique.

Yves Jégourel et l'auteur de ces lignes tiennent à remercier les uns et les autres, mais au-delà toute la communauté de ce fascinant monde des «commodités» dont CyclOpe se veut un peu la mémoire.

Philippe Chalmin
Mars 2024

Les collaborateurs de CyclOpe 2024

Philippe CHALMIN	Président-fondateur de CyclOpe Professeur émérite d'histoire économique à l'université Paris-Dauphine-PSL	Coordination générale « Attendre et espérer », Agriculture, Marchés dérivés, Art
Yves JÉGOUREL	Codirecteur de CyclOpe Professeur du Conservatoire national des arts et métiers (Paris), titulaire de la chaire d'économie des matières premières et des transitions durables	Coordination minerais et métaux, Métaux, Engrais, Vanille

----

Sébastien ABIS	Directeur du Club DEMETER et chercheur associé à l'Institut de relations internationales et stratégiques (IRIS)	Méditerranée- Moyen-Orient
Patrick AIGRAIN	Chef du service évaluation, prospective et analyses transversales de FranceAgriMer, Coordinateur du comité de pilotage statistique de l'Organisation internationale de la vigne et du vin (OIV)	Vin
Jean-Joseph BOILLOT	Chercheur associé à l'IRIS, Coprésident du Euro-India Economic & Business Group (EIEBG)	Inde
Pascal BONIFACE	Directeur de l'Institut de relations internationales et stratégiques (IRIS)	Géopolitique mondiale
BRGM (Bureau de recherches géologiques et minières)		Petits métaux, Métaux « électriques »
Antoine BOUBAULT	Analyste en intelligence minérale	
Victoire COLLIGNON	Analyste en intelligence minérale	
Gaétan LEFEBVRE	Analyste en intelligence minérale	
Mathieu LEGUERINEL	Analyste en intelligence minérale	
Paul NOTOM	Analyste en intelligence minérale	
Maxime PICAULT	Analyste en intelligence minérale	
Anthony POCHON	Géologue métallogéniste	
Éric PUJOL	Analyste en intelligence minérale	
Aurélien REYS	Analyste en intelligence minérale	
Emma SAULNIER	Analyste en intelligence minérale	
Léane VERHULST	Analyste en intelligence minérale	
Guillaume VIC	Géologue	

Benoît de CARBONNIÈRES	Consultant projets miniers Afrique Luxembourg	Cuivre, Diamants, Platinoïdes
Jean-Yves CARFANTAN	Consultant associé société Celeres, Uberlândia Brésil et gérant du site IstoéBrésil (São Paulo)	Amérique du Sud
Éric CHAMPARNAUD	Associé C-Ways	Automobile
Bénédicte CHATEL	Directrice associée de Commodafrica	Cacao, Café
Alfredo COELHO	Professeur à Bordeaux Sciences Agro, Chercheur associé Unité mixte de recherche Marchés, organisations, institutions et stratégies d'acteurs (UMR Moisa, Montpellier)	Vin
Sylvie CORNOT-GANDOLPHE	Présidente SCG Consulting	Charbon vapeur, Charbon à coke
Jean-Benoit DELORON	Consulting Manager – S&P Global Agribusiness Consulting (Washington)	Biocarburants
Jean-François Di MEGLIO	Président d'Asia Centre, Centre d'expertise et d'études sur l'Asie	Chine
Damien DURAND	Directeur Économie, Alliance du lin et du chanvre européens	Lin
Gérald ESTUR	Consultant	Coton
Damien FAGGION	Directeur des achats, Famille Michaud apiculteurs	Miel
Patrice GEOFFRON	Professeur à l'université Paris-Dauphine-PSL, Directeur du Centre de Géopolitique de l'Energie et des Matières Premières (CGEMP)	Énergie
Romain GIRARD	Chargé de mission, Observatoire de la Formation des Prix et des Marges, FranceAgriMer	Thé
Alessandro GIRAUDO	Professeur de finance internationale à l'INSEEC-PRIS	Changes et taux
Étienne GOETZ	Journaliste, *Les Échos*	Or
Carole GOMEZ	Assistante diplomée en sociologie du sport à l'Institut des Sciences du sport de l'Université de Lausanne	Sport
Emmanuel GROUTEL	Économiste de la filière forêt et bois, Président de Wood & Logistics Expert (WALE), Membre de la Société des Experts Bois	Bois tempérés
Anne GUILLAUME-GENTIL	Directrice associée de Commodafrica	Afrique
Gérard HORNY	Chroniqueur sur slate.fr	Marchés boursiers

Amandine HOURT	Chargée de mission, Centre d'études et de prospective ministère de l'Agriculture et de la Souveraineté Alimentaire	Sisal et fibres dures
Ralph ICHTER	Président Euroconsultants, (Washington, États-Unis)	Politique agricole et commerciale américaine
Dominique JACOMET	Professeur à l'Institut français de la mode (IFM)	Textiles
Helga JOSUPEIT	Chercheur, marché des produits de la mer (Rome, Italie)	Produits aquatiques
Félix KANE	Consultant Agriculture et filières agricoles – AND International	Fruits et légumes tempérés, Pommes de terre, Fruits secs
Alain KARSENTY	Économiste au Centre de coopération internationale en recherche agronomique pour le développement (Cirad)	Bois tropicaux
Élisabeth LACOSTE	Directeur de la Confédération internationale des betteraviers européens, CIBE (Bruxelles, Belgique)	Sucre, Éthanol
Jean-Paul LEHMANN	Membre de la Société française d'énergie nucléaire (SFEN)	Uranium
Aurélien LEROY	Maître de conférences à l'université de Bordeaux	Caoutchouc, poivre
Denis LOEILLET	Responsable de l'Observatoire des marchés du Centre de coopération internationale en recherche agronomique pour le développement (Cirad-Persyst UR 26) et rédacteur en chef de la revue *FruiTrop* (Montpellier)	Agrumes, Bananes, Ananas, Fruits tropicaux
Bernard LOMBARD	Trade & Industrial Policy Director Confederation of European Paper Industries (Cepi) (Bruxelles)	Pâtes et papiers, Papiers et cartons à recycler
François LUGUENOT	Analyste de marchés de matières premières agricoles, Directeur de FL Consultant	Céréales
Patricio MENDEZ DEL VILLAR	Économiste au Centre de coopération internationale en recherche agronomique (Cirad), Éditeur de l'Observatoire Osiriz/InfoArroz (Montpellier)	Riz
Gildas MINVIELLE	Directeur de l'Observatoire économique, Institut français de la mode (IFM)	Textiles
Étienne MONTAIGNE	Professeur émérite d'économie, Institut Agro - Montpellier SupAgro, coéditeur des ouvrages Bacchus	Vin
Marc NICOLLE	Journaliste pigiste	Pommes et concentrés de jus de pommes
Clément NOUAIL	Docteur en économie, université de Bordeaux	Acier, Ferrailles
Évariste NYOUKI	Responsable recherche économique de ENGIE Global Markets	Gaz naturel
Soriya PALETOU	Chargée d'études économiques, FranceAgriMer	Laine

Olivia PARODI	Chargée d'études économiques, FranceAgriMer	Lait et produits laitiers
Guillaume PERRET	Directeur, Perret Associates (Londres, Royaume-Uni)	Dérivés de charbon, Minerai de fer et Acier, Certificats CO_2, Fret
Francis PERRIN	*Senior Fellow* au *Policy Center for the New South* (Rabat) et directeur de recherche à l'Institut de relations internationales et stratégiques (IRIS)	Pétrole, Produits pétroliers
Christian de PERTHUIS	Professeur émérite d'économie à l'Université Paris-Dauphine-PSL, Fondateur de la chaire Économie du climat	Changement climatique
Simon QUEMIN	Ingénieur-chercheur à EDF R&D, Chercheur associé au Grantham Research Institute (*London School of Economics*), au *Potsdam Institute for Climate Impact Research* et à la Chaire Économie du Climat (université Paris-Dauphine)	Marchés du carbone
François ROCHE	Directeur des Ateliers de la Volga et du Don, Conseiller éditorial de *La Tribune*, Auteur, éditeur	Russie
Juliette ROUESSARD	Journaliste	Jute
Manon SAILLEY	Responsable des études économiques, Avril	Oléoprotéagineux
Jean-Paul SIMIER	Économiste, spécialiste des marchés agricoles et agroalimentaires	Viandes
Marie-Christine SIMONET	Journaliste indépendante	Fret maritime
Boris SOLIER	Maître de conférences à l'université de Montpellier, Directeur du Master économie de l'énergie	Électricité, Nucléaire
Raphaël TROTIGNON	Économiste au Pôle Énergie Climat de Rexecode	Marchés du carbone
François VELLAS	Professeur à l'université de Toulouse, Président de l'AIUTA et du WSTC *World Senior Tourism Congress*	Transport aérien, Tourisme
Tancrède VOITURIEZ	Chercheur au Centre de coopération internationale en recherche agronomique pour le développement (Cirad)	Produits tropicaux, Huile de palme

----

Et toute l'équipe qui permet à CyclOpe de paraître en temps et en heure !

Béatrice BEYER	Mise en page des versions française et anglaise
Catherine HERSENT	Relecture
Karine POUPON	Relecture et coordination
Dominique DALLE-MOLLE	Graphiques
Geoffrey FINCH	Coordination de la version anglaise
Martine GRANGÉ	Coordination et adaptation
Nadège GRANGÉ	Adaptation
Claire MABILLE	Couverture
Isabelle TANGUY	Secrétariat et presse

Caroline HUGO et toute l'équipe d'Economica

CERCLE CYCLOPE

En période d'instabilité des marchés,
vous avez besoin d'un outil de synthèse et d'analyse !

Jamais le monde n'a été aussi instable, qu'il s'agisse des marchés des changes, des produits financiers et bien sûr des matières premières. Jamais il n'a été aussi nécessaire d'assurer une veille stratégique sur des marchés aussi différents que ceux du pétrole et du café, du cuivre et du coton, du minerai de fer et du soja.

C'est ce que propose à ses membres le Cercle CyclOpe depuis 1989. L'originalité du Cercle CyclOpe est d'offrir une analyse comparative de l'ensemble des marchés de commodités, qu'elles soient agricoles, énergétiques, minières ou industrielles... Il existe en effet de nombreuses sociétés d'étude spécialisées sur un produit ou une famille de produits. Mais le Cercle CyclOpe, à l'image du Rapport publié depuis 1986, est la seule organisation privée au monde à couvrir un champ aussi vaste et à pouvoir réaliser des analyses comparatives de marchés souvent fort éloignés les uns des autres mais sur lesquels on retrouve aussi les mêmes acteurs. CyclOpe offre une vision transversale s'appuyant sur plus de trois décennies d'expérience.

Les marchés traités

À ses adhérents, le *Cercle CyclOpe* propose un suivi de la plupart des grands marchés internationaux de commodités :

- produits alimentaires : céréales, oléoprotéagineux, sucre, café, cacao, viande, produits laitiers,
- matières premières agricoles : caoutchouc, coton, laine, bois,
- minerais et métaux : cuivre, plomb, zinc, aluminium, nickel, étain, métaux précieux, fer, acier, alliages et petits métaux...
- pétrole, charbon, gaz naturel,
- frets maritimes,
- produits industriels : pâtes et papiers, chimie de base...
- ainsi que des analyses sur les marchés dérivés et les opérateurs, notamment le négoce international, sur les politiques publiques qu'il s'agisse d'énergie ou d'agriculture...

Les services

1. Le Cercle

Son objet est de réunir de manière régulière (douze fois par an) les intervenants sur les marchés internationaux : banquiers, assureurs, brokers, gérants, négociants, producteurs et consommateurs se retrouvent pour échanger de manière informelle autour d'un déjeuner. Six déjeuners ont lieu à ***Paris***. Six déjeuners ont lieu à ***Genève***.

2. Le Cercle des Experts

Fort de son réseau de spécialistes reconnus internationalement, CyclOpe est à même de couvrir un très vaste domaine de recherche. Les Experts CyclOpe peuvent être consultés pour des questions ponctuelles, mais aussi réaliser des études *ad hoc* ou être délégués pour des conférences.

2. La Synthèse

Le Cercle publie une synthèse mensuelle de marchés (onze numéros par an) reprenant des graphiques (moyennes mensuelles sur huit ans et cours quotidiens) assortis d'analyses et de commentaires, ainsi que des statistiques les plus récentes sur les principaux marchés de commodités. Chaque mois, c'est un document de référence de plus de 150 pages.

CyclOpe est une société d'études spécialisée dans l'analyse des marchés mondiaux des matières premières : elle tire son nom du « Rapport CyclOpe » publié chaque année depuis 1985.
CyclOpe est dirigé par *Philippe CHALMIN*, professeur à Paris-Dauphine, consultant auprès d'organismes internationaux (OCDE, CEE, CNUCED). L'équipe de CyclOpe est constituée d'une soixantaine de spécialistes dans le monde entier.

Conditions d'adhésion

Il existe deux formules d'adhésion au Cercle CyclOpe :

1. ***L'adhésion au Cercle CyclOpe comprend :***
   - Les réunions du Cercle (six déjeuners par an parmi les douze organisés)
   - Le rapport CyclOpe publié annuellement
   - L'accès au Cercle des Experts
   - L'accès au réseau international CyclOpe (membres, collaborateurs et partenaires)
   - L'abonnement à la synthèse mensuelle

Cette adhésion peut être imputée en abonnements ou frais d'études. Elle est fixée à ***4 000 euros HT.***

2. ***L'abonnement à la synthèse mensuelle, est fixée à 1 550 euros HT.***

Pour recevoir le dernier numéro ou prendre contact pour votre adhésion, vous pouvez vous rendre sur le site de CyclOpe

www.cercle-cyclope.com
Cercle CyclOpe – 8 avenue Hoche – 75008 PARIS – contact@cercle-cyclope.com

Les entreprises et institutions qui ont soutenu CyclOpe 2024

AGL
Agritel-Argus Media France
Audacia
BIC-BRED
BIR
BRGM
BRS
CGB
CIS
Crédit Agricole-CIB
Crédit Agricole-SA
Cristalco
EDF
ENGIE Global Markets
Eramet
Euronext
Filhet-Allard Maritime
Fives
Groupe Avril
Haropa Port
Lambert Commodities
Les Échos
Mambo
OCP
Oddo Metals
Paprec
Rexecode
Société Générale
S&P Global
Sucres et Denrées
Tereos
Total
Touton
Trade Data Monitor
Trafigura
Transamine
Unigrains
Union InVivo
Veolia
Vivescia

Première partie

« Attendre et espérer »

I **Attendre et espérer dans l'incertitude du monde** **3**

II **Un monde déchiré** **17**

III **Les tourments du monde** **23**
- Chine et Asie : covid long, covid court, Chine convalescente, Asie guérie ? 25
- Inde : le Moment indien, mais au-delà ? 33
- Amérique du Sud : incertitudes et instabilités 40
- Russie : le Keynésianisme de guerre 51
- Afrique du Nord et Moyen-Orient : le grand débordement arrive-t-il ? 55
- Afrique subsaharienne : la multiplication des crises 53

IV **Les tous petits pas de la gouvernance mondiale** **73**
- Commerce mondial : il n'y a vraiment plus de pilote dans l'avion ! » 74
- Changements climatiques : après Dubaï, une année à hauts risques électoraux ! 83

I

Attendre et espérer
dans l'incertitude du monde

2023 aurait pu être une année de «retour à la normale», avec la fin du covid (et de la politique du zéro-covid en Chine), avec une solution au conflit en Ukraine, avec la reprise des échanges internationaux, avec même l'apaisement des tensions entre l'Occident et le reste du monde. De tout cela, il n'a rien été : les guerres se sont poursuivies et même amplifiées, de la Palestine au Soudan, la plupart des rencontres internationales ont échoué à donner quelques résultats concrets (y compris d'ailleurs la COP28), la croissance économique a été médiocre à l'exception des États-Unis et de l'Inde, l'inflation certes est retombée avec l'éclatement de nombre de «bulles» sur les marchés de matières premières. La «crise des années vingt» se poursuit donc et 2024 sera bien une année d'attente et puis aussi quand même d'espérance.

En 2023, la croissance économique mondiale a été de l'ordre de 3 % (3,1 % pour le FMI et l'OCDE, 2,6 % pour la Banque mondiale, mais avec des méthodes d'agrégation différentes). Cette moyenne cache, bien sûr, des évolutions fort différentes : les pays «avancés» ont plutôt stagné autour de 1,5 %, là où le reste du monde émergent et en développement évoluait un peu au-dessus de 4 %. Mais dans les deux «groupes», les divergences ont été profondes : parmi les pays avancés, l'écart s'est creusé sur l'Atlantique entre les États-Unis à 2,5 % et l'Europe à 0,5 %, parmi les pays émergents entre l'Inde autour de 7 % de croissance et la Chine dont les 5 % officiels ne peuvent masquer la médiocrité des principaux équilibres macroéconomiques. Il y a bien sûr maintes explications à pareille situation. Parmi les pays avancés, la lutte contre l'inflation a légitimé un renversement brutal des politiques monétaires initié en 2022 et qui s'est poursuivi tout au long de 2023. Cette situation a eu aussi des conséquences pour les plus fragiles des pays émergents, de l'Argentine à la Turquie. Il a fallu aussi vivre après le covid, digérer les monceaux de dépenses publiques de cette période et essayer de revenir à des niveaux de déficits budgétaires plus supportables. Seuls, les États-Unis ont pu s'affran-

Le monde en 2023 et corrigés des prévisions macroéconomiques de CyclOpe pour 2023

(en %)

Économies avancées	**Prévisions de CyclOpe Janvier 2023**	**Estimations de décembre 2023**
États-Unis	0,5	2,5
Eurolande	- 0,2	0,5
Allemagne	- 0,5	- 0,3
Espagne	1	2,4
France	0	0,8
Italie	- 1	0,7
Royaume-Uni	- 1,5	0,5
Japon	1	1,9

Économies émergentes		
Chine	3	5,2
Inde	6	6,7
Brésil	0	3,1

Le monde	**1,8**	**3,1**

Taux de change		
Taux de change effectif du $ (en %)	**+ 5**	**+ 1**
$/euro	**1**	**1,08**

Beaucoup trop pessimiste ! Notre scénario macroéconomique a péché par son pessimisme : c'est particulièrement le cas pour les États-Unis où il faut tenir compte de l'impact de l'IRA et du « quoiqu'il en coûte » budgétaire. Mais même pour l'Europe, la réalité a été moins sombre : l'Allemagne est toutefois bien dans le rouge. Pour la Chine, notre « prévision » tenait de la provocation, mais le chiffre « officiel » au-delà de 5 % peut laisser quelque peu rêveur. Seule l'Inde a évolué selon nos attentes...

chir de cette contrainte du fait de la place du dollar au cœur du système monétaire international et il n'est pas étonnant au fond que les États-Unis aient dominé cette année 2023 du point de vue économique, technologique et même boursier, de l'IRA aux *Magnificent Seven*. Sur le plan international pourtant, leur impact aura été plus discutable.

Un monde qui se déchire

Fin février 2024, la guerre en Ukraine est entrée dans sa troisième année : sans que l'on puisse être très précis, on peut estimer que près de 500 000 hommes et femmes ont été tués, blessés ou au moins traumatisés, par ce qui s'apparente désormais à une guerre d'usure redonnant à la Russie un relatif avantage. Du côté des alliés de l'Ukraine, une certaine lassitude s'est fait sentir : le soutien américain reste déterminant, mais il est soumis au bon vouloir d'un Congrès dont les républicains contrôlent la Chambre des représentants. En Europe, les discours restent solides malgré quelques divergences hongroises, mais les moyens, notamment en matière d'armement, restent plus limités. Or, dans un contexte de guerre qui s'enlise, la faiblesse ukrainienne, en termes de matériel, ne peut plus être compensée par la motivation des troupes qui ont subi leurs premiers revers en fin d'année. Du côté russe, en effet, le temps des premiers flottements est passé et force est de constater que le complexe militaro-industriel de l'époque soviétique a de beaux restes. Vladimir Poutine a repris le contrôle de ses troupes, a jugulé la révolte de Wagner et éliminé, avec sa brutalité habituelle, Evgueni Prigojine. Il a surtout maintenu ses réseaux d'alliance vers la Chine et la Turquie, la Corée du Nord et l'Iran, le Golfe et le Sahel. Les sanctions occidentales ont certes « touché » la Russie, mais elles ne l'ont pas « coulée », loin de là.

L'autre grand conflit de 2023 a même servi la Russie, en mettant l'Ukraine au second plan et en accentuant les clivages entre l'Occident et le reste du monde. Certes, la condamnation de l'attaque du Hamas le 7 octobre à partir de Gaza et du massacre qui a été perpétré, a été presque unanime (y compris même, dans l'opinion publique arabe). Mais la légitime réaction israélienne n'a pu être qu'aveugle et a suscité des réactions proches dans bien des cas de l'antisémitisme. Alliée de plus en plus consciente de la Russie, l'Afrique du Sud est allée même jusqu'à porter devant les Nations unies une accusation de génocide. Certes, la diplomatie américaine s'est employée à chercher une impossible solution tant la situation politique est bloquée en Israël tout comme en Palestine. Ce nouveau conflit a en tout cas renforcé la position de l'Iran au Moyen-Orient en ouvrant de nouveaux fronts comme en mer Rouge. La Russie y a gagné quelques alliés objectifs et le silence de la Chine n'a jamais été aussi pesant.

2023 a été pourtant une année fort ambiguë pour la diplomatie chinoise, marquée par quelques reculs liés aux nombreux ratés des nouvelles routes de la soie. La Chine a cependant renforcé son emprise sur les BRICS en imposant une ouverture à sa main à des pays dont plusieurs, comme l'Égypte, l'Éthiopie et l'Iran, ne peuvent être considérés comme émergents (l'Argentine du nouveau président Milei a refusé cet honneur). Les relations entre la Chine et les États-Unis sont restées glaciales et les résultats des élections à Taïwan en janvier 2024 tiennent presque du camouflet pour Pékin. *De facto*, la Chine continue à soutenir la Russie et, dans une moindre mesure, l'Iran.

Au-delà de ces tensions majeures, n'oublions pas d'autres conflits comme celui mettant aux prises l'Azerbaïdjan et l'Arménie (qui a perdu son protecteur russe), la suite de coups d'État, en Afrique sahélienne de plus en plus sous influence russe, la guerre civile au Soudan (en partie financée par les Émirats…) et, de manière presque anecdotique, les ambitions du Venezuela sur une partie de la Guyana.

S'il est au fond un marché mondial en pleine expansion, c'est bien celui des armes. Partout, en effet, l'heure est au réarmement, à la montée en puissance de nouvelles armes comme les drones. Nulle part, ce sentiment n'est aussi présent qu'en Europe où la prise de conscience de son impuissance militaire a été particulièrement forte. L'intégration de la Finlande et de la Suède à l'OTAN n'a de valeur que symbolique pour une Europe largement désarmée et qui, pour la première fois depuis la fin de la guerre froide, commence à éprouver quelque insécurité. Et, de ce point de vue, 2024 a de quoi inquiéter.

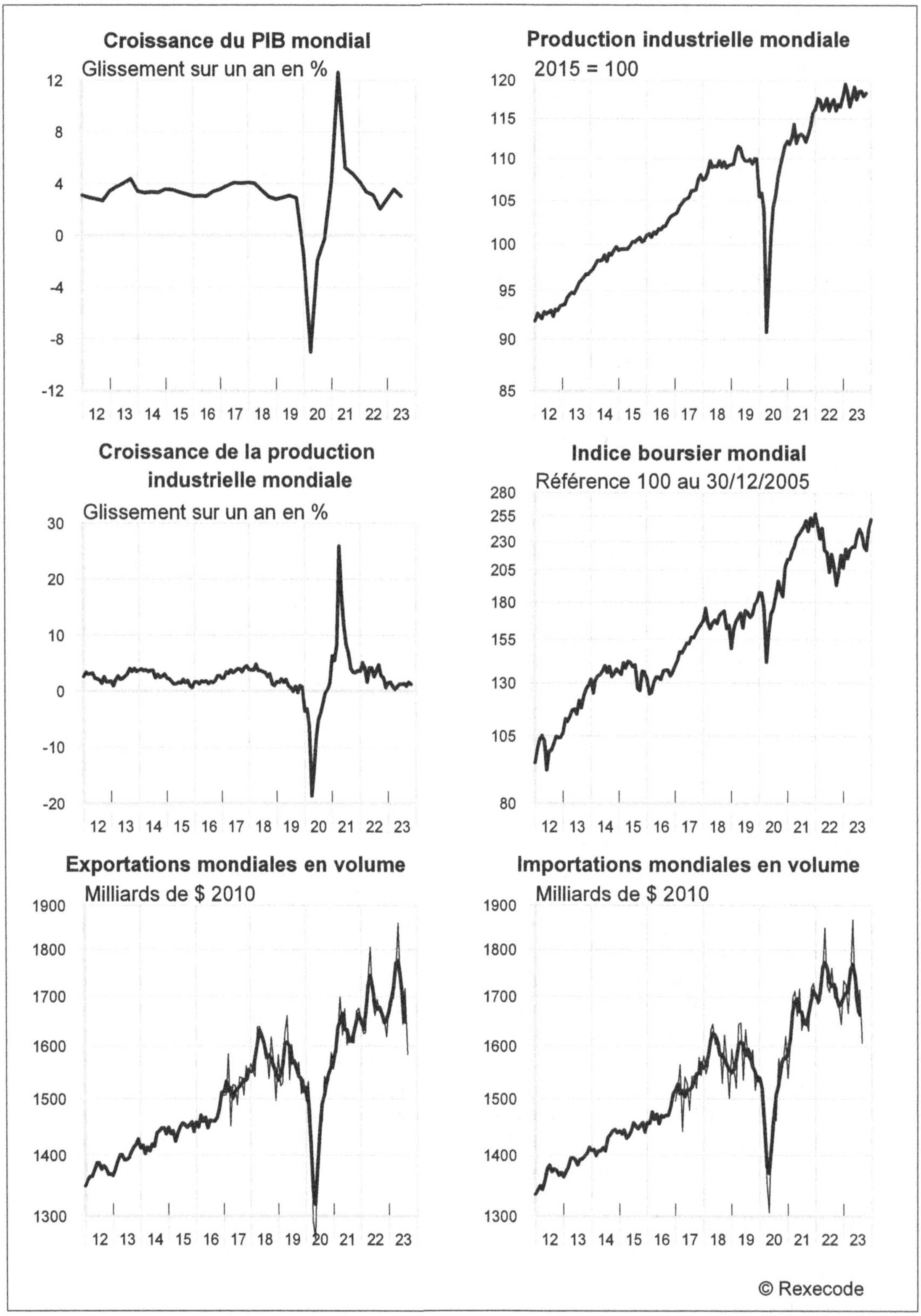
Croissance du PIB mondial
Glissement sur un an en %
12
8
4
0
-4
-8
-12
12 13 14 15 16 17 18 19 20 21 22 23
Production industrielle mondiale
2015 = 100
120
115
110
105
100
95
90
85
12 13 14 15 16 17 18 19 20 21 22 23
Croissance de la production industrielle mondiale
Glissement sur un an en %
30
20
10
0
-10
-20
12 13 14 15 16 17 18 19 20 21 22 23
Indice boursier mondial
Référence 100 au 30/12/2005
280
255
230
205
180
155
130
105
80
12 13 14 15 16 17 18 19 20 21 22 23
Exportations mondiales en volume
Milliards de $ 2010
1900
1800
1700
1600
1500
1400
1300
12 13 14 15 16 17 18 19 20 21 22 23
Importations mondiales en volume
Milliards de $ 2010
1900
1800
1700
1600
1500
1400
1300
12 13 14 15 16 17 18 19 20 21 22 23
© Rexecode

Ballots and bullets

« Des urnes et des balles », ce titre tiré d'une analyse de l'hebdomadaire britannique, *The Economist*, est un cruel résumé de ce que pourrait être l'année 2024.

En 2024, effectivement, la moitié de l'humanité, plus de 4 milliards d'hommes et de femmes, participera directement ou indirectement à un scrutin. Certes, dans nombre de cas, les urnes auront été préalablement « arrangées », comme en Russie par exemple. Les dérives les plus récentes de quelques démocraties de plus en plus autoritaires ne laissent guère de doute sur les résultats, comme en Inde où Narendra Modi devrait assurer un peu plus son pouvoir. En Europe, les élections au Parlement européen risquent de marquer un renforcement des populismes et des nationalismes allant à l'encontre de la poursuite de la construction européenne. Mais le scrutin le plus attendu se déroulera le 5 novembre et il risque d'être le plus improbable de tous entre le sortant Joe Biden et son prédécesseur Donald Trump qui malgré ses nombreuses « casseroles » était encore en tête des sondages (fort peu fiables aux États-Unis) au début du printemps. La seule perspective d'une nouvelle présidence Trump a de quoi faire frémir avec des promesses d'abandon du soutien à l'Ukraine, de fragilisation de l'OTAN, de protectionnisme accru… L'élection éventuelle de Donald Trump serait d'autant plus paradoxale que le bilan de Joe Biden est incontestablement positif et que l'on peut lui donner quelque crédit à propos de la bonne santé de l'économie américaine.

Les principales élections de 2024
(en millions d'habitants)

Janvier	• Bangladesh	175
Février	• Pakistan	245
	• Indonésie	280
Mars	• Russie	144
Avril	• Corée du Sud	52
Juin	• Union européenne	448
	• Mexique	129
Avril-juin	• Inde	1 400
Octobre	• Brésil	218
Novembre	• États-Unis	348
Décembre	• Royaume-Uni (?)	68

La surprise économique américaine

Au début de 2023, la plupart des économistes tablaient sur une croissance modeste, à peine supérieure à 1 % et anticipaient une phase de récession dans la deuxième partie de l'année. On voyait mal comment l'économie américaine pourrait résister à la potion amère de la Fed et à un cumul de hausse des taux directeurs de quelque 5 %. Toutes ces prévisions se sont révélées fausses et, au final, la croissance américaine a été de 2,5 %, de 3,1 % même, entre les derniers trimestres de 2022 et de 2023. En rythme annuel, elle a été de 4,9 % au troisième trimestre, bien loin de la récession anticipée quelques mois plus tôt. Comme on pouvait s'y attendre, le secteur immobilier a pris de plein fouet la hausse des taux d'intérêt, mais dans un contexte de plein-emploi (3,7 % seulement de chômage) et de hausse des salaires, la consommation des ménages a largement pris le relais. Cependant il faut y rajouter, bien sûr, les dépenses publiques, en hausse de 4 % et qui ont contribué pour près d'un tiers à la croissance. Il y a eu, aussi, le désormais célèbre IRA (*Inflation Reduction Act*) qui est bien mal nommé puisqu'il est avant tout un programme de relance économique avec une notable inflexion « verte » (à l'américaine tout de même…), mais il y a eu aussi le résultat d'un déficit budgétaire en hausse de 23 % à $ 695 milliards pour l'année se terminant à la fin septembre, ce qui représente 6,3 % du PIB, un record parmi les pays du G7, et un chiffre dont la réalité est probablement plus élevée si l'on intègre l'annulation des dettes étudiantes. La bonne santé américaine est aussi liée aux performances du commerce extérieur soutenu par un solide protectionnisme pour lequel Biden s'inscrit dans la droite ligne de Trump.

Et puis, les États-Unis sont à nouveau au cœur de la révolution technologique avec cette fois-ci l'intelligence artificielle et les bouleversements qu'elle promet d'induire dans les chaînes de production. Tout au long de l'année, les capitalisations boursières des *Magnificent Seven* n'ont cessé de battre des records, alors même que les États-Unis

États-Unis

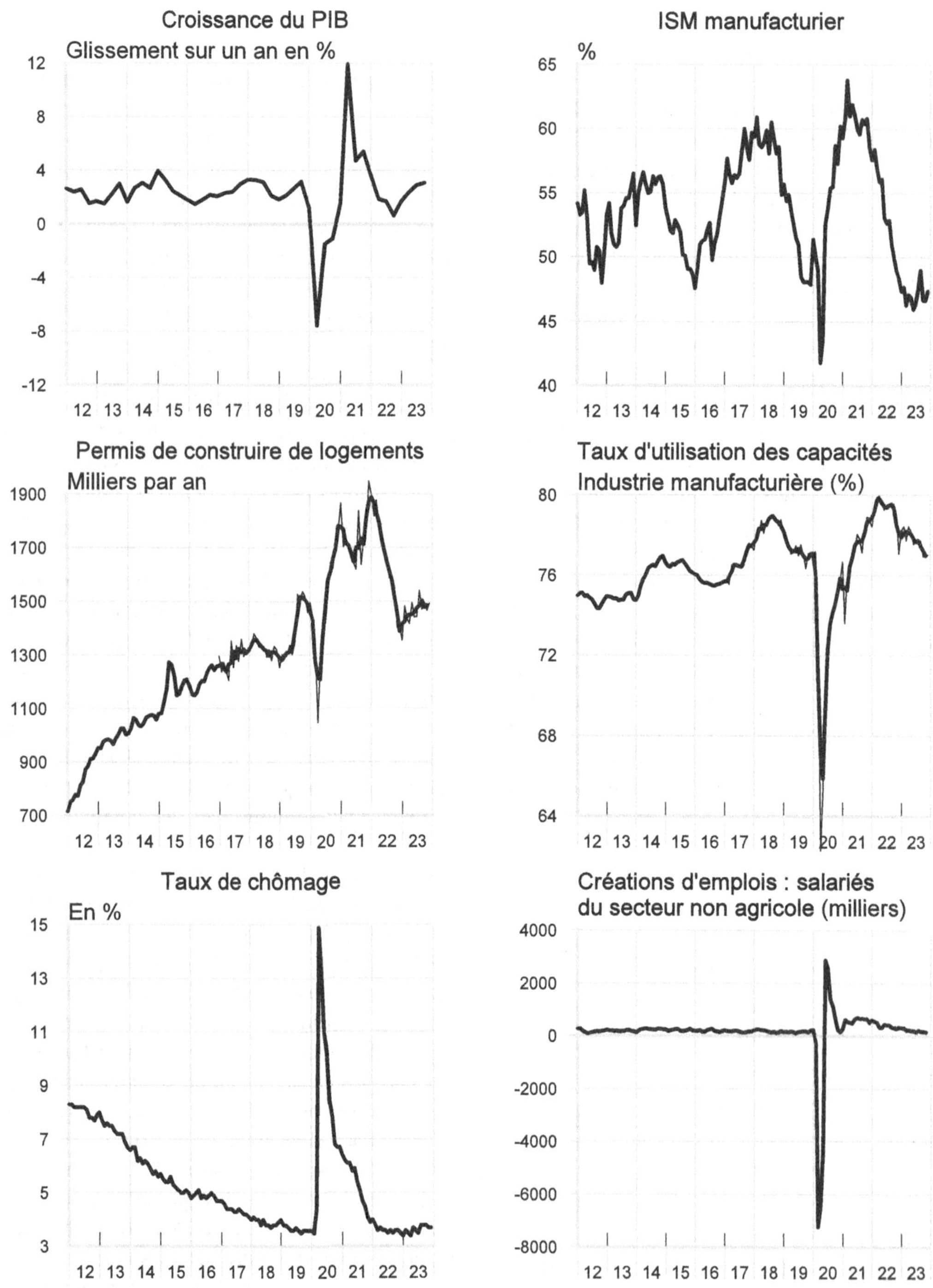

© Rexecode

se protégeaient de la déferlante chinoise de véhicules électriques ou de panneaux solaires. À la fin du siècle dernier, la Californie avait été l'épicentre de la révolution des technologies de l'information. Alors que les pionniers de cette époque gèrent leurs fortunes ou s'engagent dans l'action caritative, les entreprises qu'ils ont fondées et d'autres nouvelles sont à nouveau au cœur des innovations technologiques des décennies à venir. Le slogan de Donald Trump *Make America Great again* est déjà réalisé et son éventuelle réélection risquerait, paradoxalement, de le fragiliser.

La situation politique américaine est en effet surprenante. Longtemps, la démocratie américaine surprit le monde par sa capacité à donner leur place à de jeunes élus issus d'une certaine méritocratie (Obama, Clinton) même si le risque dynastique existait aussi (Kennedy, Bush). Manifestement, la capacité de renouvellement des élites politiques américaines est limitée tant chez les démocrates que chez les républicains. Faute de successeur crédible, Joe Biden – malgré son âge – a choisi de se représenter et, de son côté, Donald Trump a éliminé tous ses concurrents potentiels malgré la menace que font peser ses ennuis judiciaires. La société américaine est de plus en plus polarisée entre la droite républicaine radicalisée et une « gauche » démocrate éparpillée en deux multiples chapelles.

Au plan international, les États-Unis ont renoué avec une politique d'intervention qui contraste avec l'époque Obama-Trump. Joe Biden a voulu faire oublier le piteux abandon de l'Afghanistan et l'on ne peut que saluer sa fermeté sur l'Ukraine, mais aussi entre Israël et la Palestine et plus récemment en mer Rouge. Il en est de même sur un plan bilatéral face à la Chine. Cet engagement américain contraste avec la faiblesse diplomatique, mais aussi économique qui a été celle de l'Europe.

La panne européenne

L'Europe, en 2023, a bien difficilement échappé à la récession et, Union européenne et Royaume-Uni confondus, ont réalisé une croissance de seulement 0,5 %, 2 % de moins que les États-Unis. En réalité, à l'intérieur de l'UE, dix pays auront affiché une croissance négative, à commencer par l'Allemagne dont le PIB a reculé de 0,3 %. L'Allemagne a entraîné avec elle une bonne partie de l'Europe du Nord et curieusement le « Club Med » s'en est plutôt mieux sorti, à l'image de l'Espagne (+ 2,4 %), de la France (+ 0,8 %) et de l'Italie (+ 0,7 %) occupant une position intermédiaire. Comme aux États-Unis, la politique de hausse des taux de la BCE a eu quelques responsabilités et a contribué un peu partout à creuser la crise immobilière. Mais, contrairement aux États-Unis, il a fallu s'essayer à rétablir quelques équilibres budgétaires. L'exercice a été particulièrement difficile en Allemagne après que la Cour constitutionnelle eut condamné un petit tour de passe-passe auquel s'était livrée la coalition au pouvoir pour contourner la règle du « frein à l'endettement ». L'Allemagne est incontestablement le grand malade de l'Europe tant du point de vue politique qu'économique. Chaque jour, Olaf Scholz doit mesurer combien il est difficile de succéder à Angela Merkel (même si l'héritage russe de cette dernière est discutable). Mais, dénué de tout charisme, il doit composer avec une improbable coalition de libéraux et de verts alors qu'au fil des élections locales, la droite populiste (l'AFD) ne cesse de gagner du terrain. Il est vrai que le modèle économique allemand est mis à mal avec la crise de l'industrie automobile, la difficile sortie de la dépendance du gaz russe et de nouvelles contraintes énergétiques. La croissance zéro qui est la réalité allemande sur 2023 et 2024 est un véritable boulet pour une Europe qui ne dispose en fait que de faibles capacités d'intervention quand on la compare aux États-Unis.

Malgré les promesses d'un grand emprunt européen, la lourdeur des institutions européennes rend pratiquement impossible toute réaction quelque peu rapide. Il faut en passer par des « trilogues » entre Commission, Conseil et Parlement qui retardent les décisions d'autant plus que la règle de l'unanimité peut paralyser le Conseil, comme n'a pas manqué de le faire sentir le Hongrois Orban sur le dossier ukrainien. L'Europe s'est finalement engagée en faveur d'un nouvel élargissement pour l'Ukraine et la Moldavie, une décision légitime et généreuse, mais qui a de quoi faire frémir du point de vue institutionnel et économique comme le montre déjà l'ouverture des frontières européennes aux produits agricoles ukrainiens.

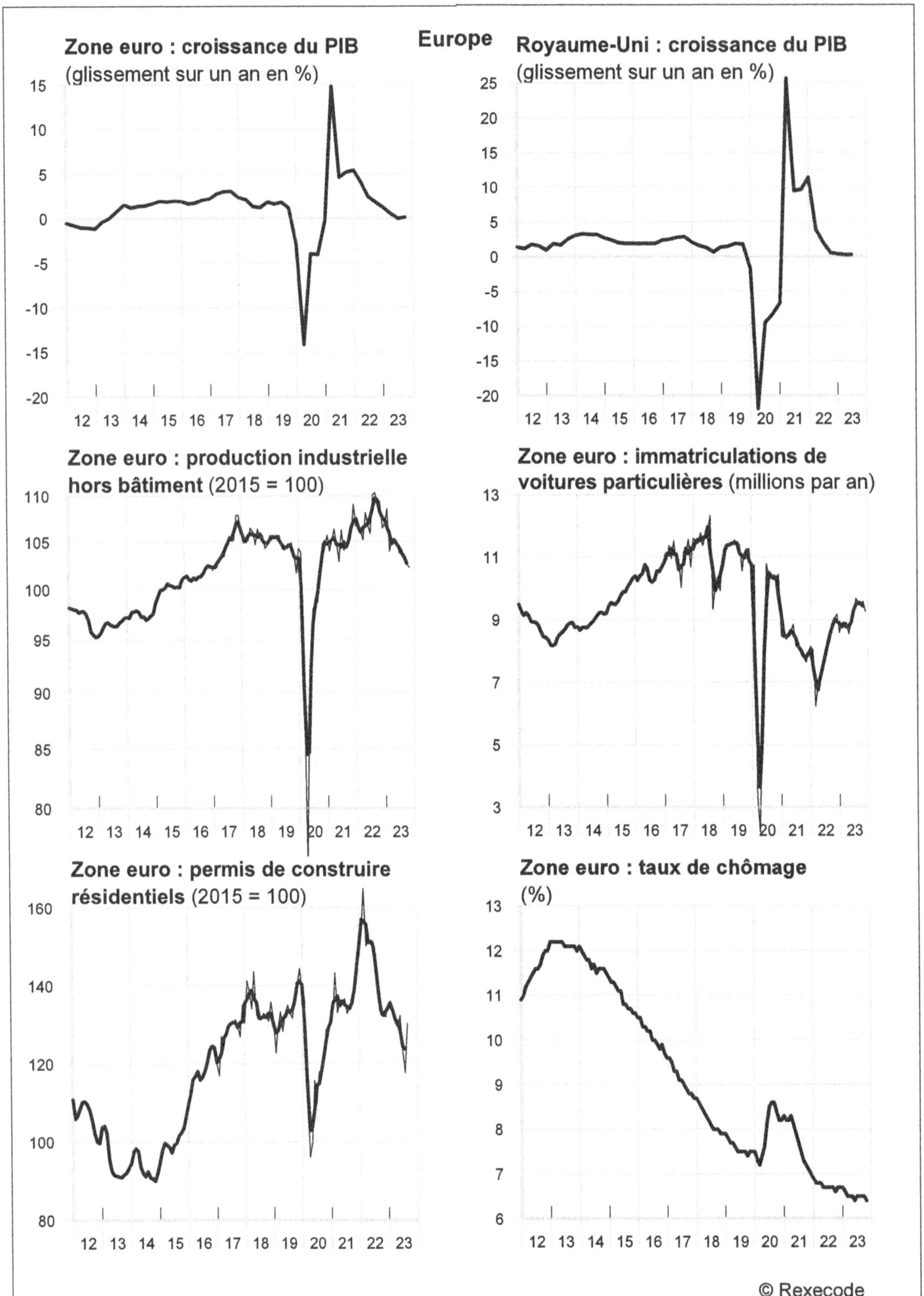
Europe
Zone euro : croissance du PIB (glissement sur un an en %)
15 10 5 0 -5 -10 -15 -20
12 13 14 15 16 17 18 19 20 21 22 23
Royaume-Uni : croissance du PIB (glissement sur un an en %)
25 20 15 10 5 0 -5 -10 -15 -20
12 13 14 15 16 17 18 19 20 21 22 23
Zone euro : production industrielle hors bâtiment (2015 = 100)
110 105 100 95 90 85 80
12 13 14 15 16 17 18 19 20 21 22 23
Zone euro : immatriculations de voitures particulières (millions par an)
13 11 9 7 5 3
12 13 14 15 16 17 18 19 20 21 22 23
Zone euro : permis de construire résidentiels (2015 = 100)
160 140 120 100 80
12 13 14 15 16 17 18 19 20 21 22 23
Zone euro : taux de chômage (%)
13 12 11 10 9 8 7 6
12 13 14 15 16 17 18 19 20 21 22 23
© Rexecode

De l'autre côté de la Manche, le Royaume-Uni ne se porte guère mieux et les conservateurs ne repoussent les élections générales (début 2025 au plus tard) que, semble-t-il, pour mieux les perdre. Après avoir fait un peu illusion, l'immense faute du Brexit est chaque jour plus évidente et le grand paradoxe serait qu'une des conséquences puisse en être un jour la réunification de l'Irlande !

Sur la scène internationale, enfin, l'Europe n'existe guère. Elle est pourtant en première ligne sur le front ukrainien et directement concernée par le conflit palestinien avec des populations importantes tant juives que musulmanes. Mais, là aussi, l'absence de clarté institutionnelle, celle aussi de dirigeants reconnus et dominants leurs sujets, se fait sentir dans une ambiance de fin de mandat à Bruxelles et à Strasbourg, de crise politique en Espagne, aux Pays-Bas et aussi en France.

Confrontée aussi à une panne démographique (avec une entrée en « dépeuplement » qui pourrait intervenir dès 2026), l'Europe vieillit mal et pourrait de ce point de vue prendre exemple sur un Japon qui a retrouvé quelques couleurs en 2023 malgré un environnement régional plus inquiétant.

Quels pays émergents ?

Peu d'acronymes ont connu un succès comparable à celui de BRIC, « inventé » par un économiste de Goldman Sachs. L'idée a fait suffisamment de chemin pour devenir un groupe et désormais même une institution destinée à faire jeu égal avec le G7. Élargi d'abord à l'Afrique du Sud pour équilibrer les continents de l'ancien tiers-monde, les BRICS sont depuis le 1er janvier 2024 passés de cinq à dix en n'intégrant d'ailleurs aucun pays vraiment émergent, mais en cherchant un équilibre régional au profit, notamment, du Moyen-Orient et de l'Afrique, en évitant, par contre, la véritable Asie émergente avec des pays comme l'Indonésie, la Malaisie ou le Vietnam. La logique de ce dernier élargissement est bien sûr moins économique que politique et l'axe Chine-Russie – déséquilibré et dans lequel la Russie joue presque le rôle de « colonie minière » de la Chine – semble en être renforcé malgré la présence de l'Inde dont les relations avec la Chine restent toujours aussi fraîches (Xi Jinping n'a pas honoré de sa présence le sommet du G20 qui s'est tenu en Inde en 2023, et ce n'est pas un simple hasard de calendrier).

Ceci étant, que d'hétérogénéité dans ce regroupement disparate. En 2023, l'Afrique du Sud s'est enfoncée dans la stagnation (– 0,6 %) et, parmi les nouveaux entrants, l'Arabie saoudite a vu son PIB reculer (– 1,1 %) dans la foulée d'un pétrole dont elle reste cruellement dépendante. Quant à l'Éthiopie, elle a fait défaut sur sa dette en décembre 2023 (le quatrième pays de la « nouvelle » génération de défaillants après Sri Lanka, la Zambie et le Ghana). Autour de 3 %, la croissance du Brésil et celle de la Russie ont pu surprendre, mais elles peinent à compenser les reculs antérieurs. L'Inde partage avec l'Indonésie le ruban bleu de la croissance mondiale autour de 7 %. Il reste enfin la Chine ! Au-delà des chiffres officiels, on peut estimer que, dans le courant du printemps 2023, la Chine a été au bord de la récession et que la reprise ressentie à l'automne reste bien insuffisante. La Chine offre à l'observateur un double visage. Il y a, d'une part, la Chine moderne dont les industries de pointe dominent la scène mondiale : batteries, véhicules électriques, panneaux solaires et éoliennes… Cette Chine-là est devenue presque incontournable dans la transition énergétique, même si l'on continue en Chine à construire des centrales à charbon. L'autre Chine est celle de la crise immobilière, du chômage des jeunes, de l'effondrement du moral des consommateurs, de la déflation même. C'est l'image d'un pays qui, en 2023, a commencé son déclin démographique (il n'y aurait plus que 700 millions de Chinois à la fin du siècle), qui vieillit avant d'être vraiment riche et qui en quelque sorte se « japonise » sans en avoir acquis la sagesse. Au pouvoir désormais, sans véritable limite temporelle, Xi Jinping semble naviguer à vue serrant la vis partout où cela est possible (Hong Kong) tout en flattant l'orgueil nationaliste des Chinois. La Chine reste la grande inconnue de toute réflexion sur l'avenir de la planète.

Attendre et espérer

Qu'attendre donc de 2024 et au-delà ? À court terme, les perspectives ne sont pas profondément réjouissantes. La croissance mondiale serait inférieure à 5 %, la principale différence entre les différentes prévisions étant le coefficient attribué à la

Japon

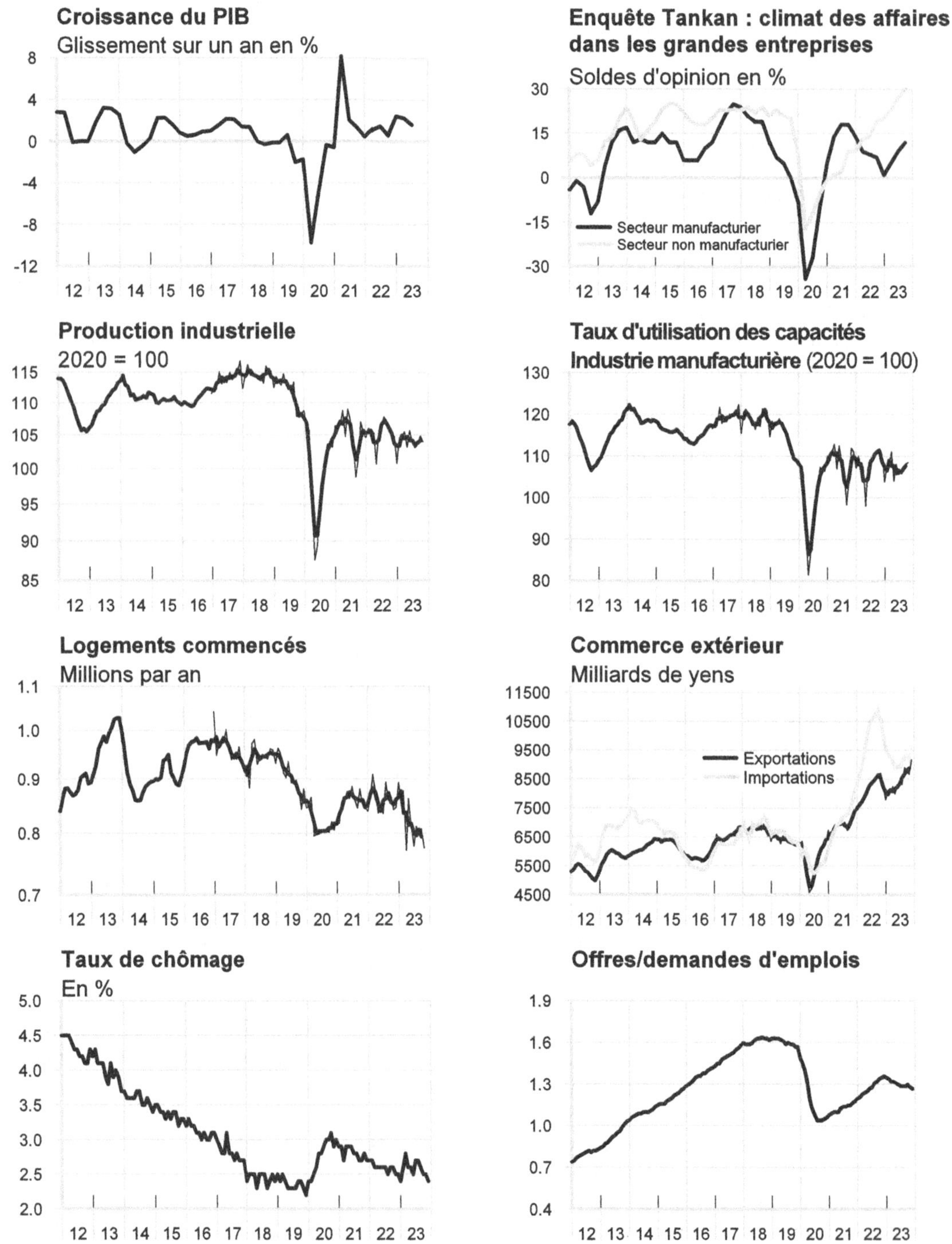
Croissance du PIB
Glissement sur un an en %
8
4
0
-4
-8
-12
12 13 14 15 16 17 18 19 20 21 22 23
Enquête Tankan : climat des affaires dans les grandes entreprises
Soldes d'opinion en %
30
15
0
-15
-30
Secteur manufacturier
Secteur non manufacturier
12 13 14 15 16 17 18 19 20 21 22 23
Production industrielle
2020 = 100
115
110
105
100
95
90
85
12 13 14 15 16 17 18 19 20 21 22 23
Taux d'utilisation des capacités
Industrie manufacturière (2020 = 100)
130
120
110
100
90
80
12 13 14 15 16 17 18 19 20 21 22 23
Logements commencés
Millions par an
1.1
1.0
0.9
0.8
0.7
12 13 14 15 16 17 18 19 20 21 22 23
Commerce extérieur
Milliards de yens
11500
10500
9500
8500
7500
6500
5500
4500
Exportations
Importations
12 13 14 15 16 17 18 19 20 21 22 23
Taux de chômage
En %
5.0
4.5
4.0
3.5
3.0
2.5
2.0
12 13 14 15 16 17 18 19 20 21 22 23
Offres/demandes d'emplois
1.9
1.6
1.3
1.0
0.7
0.4
12 13 14 15 16 17 18 19 20 21 22 23

L'année 2023 en bref

Janvier
- La Croatie entre dans la zone euro
- Année du « lapin » en Chine
- Fin du « zéro-covid » en Chine

Février
- Crise au Liban : dévaluation de 90 % de la livre
- Tremblement de terre en Turquie
- Bola Tinubu élu président du Nigeria

Mars
- Crise bancaire aux États-Unis : faillite de la Silicon Valley Bank
- Chute du Crédit Suisse, racheté par USB
- Réforme des retraites en France
- Accord sur le *Green Deal* en Europe

Avril
- Fermeture des dernières centrales nucléaires en Allemagne
- L'Inde dépasse la Chine en termes de population
- Joe Biden annonce sa candidature pour 2024
- Guerre civile au Soudan

Mai
- Réélection de R.T. Erdogan en Turquie
- G7 à Hiroshima
- L'Arabie saoudite réduit unilatéralement de 1 mbj sa production de pétrole
- L'Europe en récession

Juin
- Mise en place de quotas d'exportation par la Chine sur le gallium et le germanium
- Mutinerie de Wagner en Russie
- $ 3 000 milliards de capitalisations boursières pour Apple

Juillet
- Record de température mondiale, le 5 juillet à 17,18 °C
- Fin du corridor céréalier de la mer Noire
- Embargo de l'Inde sur ses exportations de riz
- Réforme constitutionnelle en Israël
- Élections générales en Espagne : pas de vainqueur !
- Coup d'État au Niger

Août
- Sommet des BRICS en Afrique du Sud : six nouveaux membres
- Mort d'Evgueni Prigojine
- Putsch militaire au Gabon

Septembre
- Sommet du G20 à Dehli (sans Xi Jinping)
- Conquête du Haut-Karabakh par l'Azerbaïdjan
- Arrêt de l'exploitation du gaz de Groningue aux Pays-Bas

Octobre

- Attaque du Hamas en Israël et début de l'offensive israélienne sur Gaza
- Victoire de la Plateforme civique de Donald Tusk en Pologne
- Échec des négociations sur un accord de libre-échange entre l'UE et l'Australie
- L'or à $ 2 000 l'once et les taux à 10 ans américains supérieurs à 5 %

Novembre

- Rencontre Xi-Biden en marge du sommet de l'APEC à San Francisco
- Reconduction de Pedro Sanchez en Espagne grâce à un accord d'amnistie pour les séparatistes catalans
- Élections de Javier Milei en Argentine
- Autorisation du glyphosate dans l'UE

Décembre

- COP28 à Dubaï
- Échec de l'accord de libre-échange entre l'UE et le Mercosur
- Aggravation de la guerre à Gaza
- Record historique de l'or : $ 2 135 l'once
- Accord sur l'ouverture des négociations d'adhésion à l'UE de l'Ukraine et de la Moldavie
- Premiers incidents en mer Rouge

Janvier 2024

- Présidence belge de l'UE
- Victoire de Donald Trump aux premières primaires
- Élection de Lai Ching-te (nationaliste) à Taïwan
- « Révoltes » agricoles en Europe
- Le Burkina, le Mali et le Niger quittent la CEDEAO

Février

- Année chinoise du dragon
- Mort d'Alexei Navalny
- Troisième année de guerre en Ukraine

Chine : le chiffre officiel qui sera probablement de l'ordre de 3 % ou bien une évaluation plus réaliste autour de 4 %, voire même inférieure.

Du côté des pays avancés, un ralentissement de la croissance américaine est probable même si, normalement en années d'élections présidentielles, la dynamique économique est plus soutenue. Rien de tel, par contre, en ce qui concerne les élections européennes, et la croissance en Europe – en situation de quasi-récession technique au moment de la rédaction de ces lignes – devrait rester anémique avec en particulier des prévisions officielles allemandes de 0,2 % et de moins de 1 % pour la France.

Parmi les pays émergents, l'Inde, qui aura probablement à nouveau sacré Narendra Modi, mènera – et de loin – le peloton, la principale inconnue restant donc la Chine dont l'atterrissage en douceur devrait se poursuivre avec quand même la marge de manœuvre non négligeable de généreuses réserves monétaires. Mais l'inconnue chinoise est au fond moins économique que politique. Xi a tourné la page de Deng et a redonné au parti un rôle central en s'appuyant sur un culte de la personnalité qui avait presque disparu depuis Mao. Mais, là, le cas de la Chine n'est pas unique : un peu partout dans le monde, on assiste au retour des hommes providentiels, des présidents à vie, voire de véritables dictateurs, sous une forme ou une autre. C'est là une des tendances les plus inquiétantes de cette deuxième décennie du XXIe siècle.

Nous sommes en effet toujours au cœur de ce « choc » des années vingt, comparable à celui des années soixante-dix du siècle dernier qui avait été

Prévisions macroéconomiques de CyclOpe pour 2024
(en % de croissance de PIB)

Économies avancées		
	États-Unis	1,5
	Eurolande	0,5
	Allemagne	0
	Espagne	1
	France	1
	Italie	0,5
	Royaume-Uni	0
	Japon	1

Économies émergentes		
	Chine	4
	Inde	7
	Brésil	2

Le monde		**2,5**

Taux de change		
	Taux de change effectif du $ (%)	**+ 2**
	$/euro	**1,05**

suivi de ce que nous avions qualifié de « Trente glorieuses » de la mondialisation heureuse autour du « globe, de la puce et du gène et du marché ». Le globe n'a jamais été aussi déchiré depuis la guerre froide et l'inquiétant est qu'il commence à l'être sur des fondements idéologiques et dans une certaine mesure religieux : le modèle occidental d'un côté, celui des démocraties libérales à forte dominante judéo-chrétienne et d'un autre côté, un reste du monde qui ne se reconnaît pas dans ces valeurs et qui se replie sur des régimes musclés flattant des réflexes identitaires souvent marqués du point de vue religieux, qu'il s'agisse de l'islam, de l'hindouisme ou même de l'évangélisme. Au-delà des conflits ouverts qui restent pour l'instant des abcès de fixation peu susceptibles de dégénérer au-delà de ce que certains analystes qualifient de « guerre tiède », le résultat en est la panne de toute forme de concertation internationale (la tenue de la prochaine COP à Bakou en étant l'ultime exemple) et une fragmentation de plus en plus complexe de la planète, bien au-delà de l'antagonisme États-Unis/Chine.

La révolution industrielle se poursuit aussi avec de nouvelles générations de puces (celle de Nvidia, une entreprise totalement inconnue il y a encore cinq ans) capables de servir les besoins de l'intelligence artificielle, mais aussi de la mobilité dans tous ses états. La révolution génétique se trouve maintenant bien au-delà des premières générations d'OGM. Pour l'instant, la dimension « verte » de ces nouvelles technologies reste à assurer et les transitions en cours seront plus longues à réaliser. Ainsi, l'impact réel de toutes les technologies autour de l'hydrogène risque de se faire attendre encore.

Il reste enfin l'adaptation des systèmes économiques à ces nouvelles données. Ces trois dernières années, face aux chocs géopolitiques et sanitaires, les marchés ont fait preuve d'une extraordinaire volatilité : que dire en effet des véritables « bulles » du gaz naturel et du lithium, du fret maritime en conteneurs et du blé... Ces bulles ont éclaté ces derniers mois avec une violence imprévisible. Rarement, le monde avait connu pareille instabilité au quotidien : l'univers des commodités, certes, mais à ce point ! Au même moment, face aux crises, partout, les États renforçaient leurs interventions, balayant, au passage, toutes considérations d'équilibres budgétaires et accumulant des monceaux de dettes, dont les générations futures devront se dépêtrer. Face à la main invisible – mais aveugle – du marché, la main de l'État est bien lourde et nul équilibre entre les deux ne sera jamais parfait.

Que pourra-t-il sortir de ce choc des années vingt pour donner aux hommes de quoi répondre aux grands défis de ce siècle : l'atterrissage démographique, le décollage enfin des plus pauvres et au premier chef de l'Afrique, la transition climatique et énergétique ? La question est ouverte, et elle est celle du bonheur des hommes qui ne peuvent qu'attendre et espérer !

II

Un monde déchiré

En ce début 2024, trois clivages géopolitiques majeurs marquent la scène géopolitique mondiale : celui entre la Russie et le monde occidental, celui entre les États-Unis et la Chine et celui entre le monde occidental et le « Sud global » qui est renforcé par la guerre Russie/Ukraine et le conflit Hamas/Israël.

Le choc du 7 octobre

Le 7 octobre 2023, alors que chancelleries, états-majors et observateurs tentaient d'analyser la situation prévalant dans la guerre entre la Russie et l'Ukraine après l'échec relatif de la contre-offensive ukrainienne et ses conséquences sur l'avenir du conflit, un véritable coup de tonnerre stupéfiait le monde entier. Par voie terrestre, aérienne et maritime, le Hamas avait brisé le blocus israélien autour de Gaza et commis des attentats qui avaient fait 1 140 victimes, tout en s'emparant de 230 otages. Tout le monde comprenait qu'un nouveau conflit majeur venait de s'ouvrir qui, s'il allait prendre une forme différente de la guerre en Ukraine en termes d'affrontement militaire, aurait lui aussi des répercussions géopolitiques à l'échelle mondiale.

Jamais Israël n'avait été attaqué sur son territoire par une opération militaire, et jamais de son histoire il n'avait subi autant de morts en une seule journée. L'effet de sidération était aussi fort que l'horreur ressentie.

Chacun a été surpris par l'attaque du Hamas, et par son ampleur. Les services de renseignement israéliens, pourtant considérés parmi les meilleurs du monde, avaient été mis en défaut. La responsabilité du Premier ministre israélien Benjamin Nethanyaou était mise en cause dans la mesure où il avait décidé de dégarnir le dispositif militaire autour de Gaza pour muscler celui de la Cisjordanie. La tension y était vive et les affrontements entre des colons décomplexés par la participation au gouvernement de leurs représentants et les Palestiniens se multipliaient.

Le Hamas s'en était pris à des jeunes qui participaient à une *rave party* juste à côté de l'enclave et aux kibboutz avoisinants, en grande partie peuplés de partisans de la paix. Les victimes étaient très majoritairement des civils. C'était donc bien un attentat terroriste.

On évoquait cinquante ans plus tard les souvenirs de la surprise stratégique de la guerre du Kippour. On parlait d'un 11 septembre israélien.

Peu de temps auparavant, le conseiller national à la sécurité américaine Jake Sullivan avait déclaré que jamais le Proche-Orient ne lui était paru aussi calme. La question palestinienne était pour beaucoup rangée au rayon des sujets historiques. L'erreur avait été de penser que les accords d'Abraham et les traités signés à la fin du mandat de Donald Trump entre Israël, les Émirats arabes unis, Bahreïn, puis le Maroc et le Soudan, s'ajoutant aux accords de paix avec l'Égypte et la Jordanie, offraient à Israël un environnement géopolitique maîtrisé et pacifique.

On évoquait de surcroît un éventuel accord de paix entre l'Arabie saoudite et l'État hébreu qui serait venu parachever ce triomphe pour la diplomatie israélienne. Ces succès avaient été obtenus sans qu'Israël ne fasse aucune concession sur la perspective de la création d'un État palestinien. Les pays arabes n'en faisaient plus une condition pour se rapprocher d'Israël, alors que la répression à l'égard des Palestiniens se durcissait.

Les Palestiniens n'étaient plus visibles ni pour Israël ni pour la communauté internationale. Ils étaient représentés par Mahmoud Abbas, élu en 2005 et totalement dévalué et déconsidéré, et par le Hamas qui contrôlait une bande de Gaza sous blocus militaire et quasi-blocus diplomatique. Les Occidentaux et la plupart des pays arabes le considérant comme un groupe terroriste, n'ayant aucun contact avec lui, le Hamas contrôlait d'une main de fer la bande de Gaza et Netanyahou trouvait utile de le conforter pour affaiblir l'autorité palestinienne pourtant quasi moribonde, et éloigner ainsi encore un peu plus l'éventuelle création d'un État palestinien. Il avait accepté que le Qatar fournisse une aide économique au Hamas pour Gaza.

On ne fait pas la paix avec des ennemis avec lesquels on n'est pas en guerre. Le développement des liens d'Israël avec les pays arabes avait suscité l'illusion de la disparition du problème palestinien. Israël pouvait compter sur le soutien toujours aussi fort et inconditionnel des États-Unis, sur la disparition de l'agenda palestinien dans les pays européens et arabes, sur une solide relation avec Vladimir Poutine, sur des liens en développement avec la Chine et une percée diplomatico-sécuritaire en Afrique. Pour se maintenir au pouvoir, Netanyahou avait créé une coalition gouvernementale avec deux partis extrémistes représentant les colons, ouvertement racistes et dont les leaders avaient souhaité l'assassinat d'Ytzhak Rabin. La solution dite des deux États n'avait guère plus de partisans en Israël. Elle était encore évoquée de façon purement platonique dans les autres capitales, comme un vœu pieux dont on sait qu'il est irréalisable, mais dont on maintient l'illusion en usage sédatif...

On comprit rapidement que la riposte israélienne serait impitoyable. Et très vite, on constata une indifférence à la douleur de l'autre, tant du côté palestinien qu'israélien. Les attentats du 7 octobre, vite requalifiés de pogroms, avaient ravivé la mémoire de la Shoah chez les Israéliens. Même en Israël, dont la création et l'existence devaient éviter que se renouvelle l'irréparable, les juifs n'étaient pas en sécurité. Mais les bombardements massifs de l'armée israélienne allaient également réveiller chez les Palestiniens le souvenir de la *nakba*.

Comme au Liban en 2006, puis sur Gaza en 2009, 2012, 2014 et 2021, Israël ripostait massivement avec pour résultat un nombre important de victimes civiles, dont une majorité de femmes et d'enfants. Le nombre important de victimes était dû aussi à la situation de blocus, les Gazaouis étant empêchés de fuir vers l'extérieur.

La situation humanitaire était aggravée par le fait qu'Israël avait ciblé les hôpitaux gazaouis (au prétexte qu'ils servaient d'abri pour les combattants du Hamas) et que le blocus renforcé ne laissait passer l'aide alimentaire que de façon très insuffisante. Le système de soins était démantelé, les blessés ne pouvaient pas être soignés. On assistait à des amputations sans anesthésie. La population de Gaza était concentrée sur une petite partie de territoire déjà surpeuplé, la plupart des unités d'habitation ayant été détruites par les bombardements. Le système onusien alertait sur une famine possible et sur la possibilité de déclenchement d'épidémies dû à la situation sanitaire.

Pendant les affrontements, les pays occidentaux, y compris les États-Unis, déclaraient que seule une solution à deux États permettrait à Israël une sécurité sur le long terme, tout en reconnaissant son droit à se défendre militairement dans l'immédiat, mais ne demandaient pas, pour la plupart, un cessez-le-feu réclamé par les différentes agences de l'ONU, son secrétaire général, les ONG et la plupart des pays du Sud.

Mais cette perspective était rejetée par le Premier ministre israélien et, si la majorité de la population israélienne le tenait pour responsable des failles sécuritaires qui avaient conduit au 7 octobre, l'horreur des attentats avait achevé de détruire le camp de la paix en Israël. Pour les Israéliens, l'heure était à la vengeance, pas aux perspectives politiques.

Par ailleurs, les puissances occidentales continuaient à évoquer une autorité palestinienne redynamisée, perspective à laquelle personne ne croyait. Le Hamas, par son action violente, avait remis la question palestinienne sur le haut de l'agenda géopolitique et, en même temps, était devenu encore plus infréquentable qu'auparavant pour les Israéliens et les Occidentaux.

La condamnation des attentats du Hamas a été largement partagée au niveau mondial. Quelques pays ont cependant estimé que ces évènements n'étaient pas isolés, qu'ils s'inscrivaient dans la longue durée du conflit israélo-palestinien, faite de nombreux épisodes sanglants. Ainsi, de nombreux pays du Sud global ne qualifient pas le Hamas d'organisation terroriste. Pour les pays occidentaux, la solidarité avec Israël était une évidence.

Une riposte jugée disproportionnée

L'horreur suscitée par les attentats a stimulé cette solidarité et tous les pays occidentaux ont, après le 7 octobre, insisté sur le droit inconditionnel d'Israël à se défendre. Mais, au fur et à mesure que le nombre de victimes civiles augmentait du côté palestinien, et au vu de l'horreur qu'elle suscitait dans une partie de leur propre opinion publique et plus intensément dans les pays du Sud global, ils ont appelé Israël à faire preuve de retenue sans pour autant exercer de pressions autres que verbales.

De ce fait, ils apparaissaient sans réelle prise sur les évènements. Mais, surtout, on a vu à propos de ce conflit se développer le clivage *West versus the Rest* déjà à l'œuvre pour la guerre en Ukraine. Les pays occidentaux établissaient un parallèle entre Israël et l'Ukraine, deux pays attaqués par le Hamas et la Russie.

Mais les pays du Sud global interrogeaient la position des Occidentaux qui condamnaient avec la plus grande fermeté les acquisitions de territoire par la force lorsqu'il s'agissait de la Russie au détriment de l'Ukraine, au point de prendre des sanctions contre Moscou, alors que lorsqu'il s'agissait d'Israël, ils se contentaient de protestations purement platoniques. Très vite aussi, ces mêmes pays du Sud ont mis en cause les pays occidentaux qui avaient exercé de fortes pressions contre eux pour condamner la Russie, coupable de conquêtes et de crimes de guerre par le truchement de bombardements des populations civiles, et n'agissaient pas face aux bombardements israéliens. Le nombre de civils tués à Gaza a très rapidement dépassé celui de ceux qui l'avaient été en Ukraine. Si l'Inde, les Émirats arabes unis et quelques pays africains avaient soutenu Israël au début du conflit, modifiant un peu la carte du clivage *West versus the Rest*, ils allaient prendre leurs distances par la suite.

La Russie profitait de cette guerre pour se refaire une virginité et mettre en avant l'hypocrisie occidentale. Le thème du double standard est toujours extrêmement efficace dans le Sud. Volodymyr Zelensky choisissait une solidarité totale avec Israël, que Vladimir Poutine abandonnait. La Chine, de façon plus discrète, surfait également sur le thème du double standard.

L'Iran regardait la situation avec gourmandise (Israël et les États-Unis étant dans l'embarras) et avec prudence. Le régime ne souhaite pas une confrontation directe qui signifierait sa perte. Il dit comprendre les motivations de ses alliés – Hamas, Hezbollah au Liban, Houthis au Yémen, milices en Irak – tout en affirmant qu'ils agissent de leur propre chef selon un agenda défini par eux-mêmes et non par Téhéran. Jusqu'à quand les limites de l'affrontement ne seront pas franchies ?

Si les États-Unis demandaient à Israël de modérer sa contre-attaque, ils n'étaient en rien suivis. Il est vrai que, tout en essayant d'organiser une aide humanitaire pour les Palestiniens, ils continuaient à ravitailler Israël en armement utilisé sur Gaza.

Les Occidentaux, dépositaires autoproclamés de la défense des valeurs universelles, du droit international et de la diplomatie morale, étaient pris au piège de leurs contradictions. Et c'est l'Afrique du Sud qui portait le fer dans la plaie en saisissant la Cour internationale de Justice, accusant Israël de vouloir commettre un génocide.

Les BRICS et le « Sud global »

Le 15e sommet des BRICS s'est achevé le 24 août 2023 en Afrique du Sud et a été marqué par l'élargissement du groupe à six nouveaux pays : l'Arabie saoudite, l'Argentine (avant que le président Milei n'y renonce), l'Égypte, les Émirats arabes unis, l'Éthiopie et l'Iran.

Cet élargissement constitue un véritable défi pour les BRICS : s'élargir trop, c'est risqué de diluer l'identité du groupe alors qu'il existe déjà de nombreuses différences entre les cinq membres. D'un point de vue économique, la Chine écrase d'une certaine manière les autres membres par son poids majeur à l'échelle internationale. Les régimes politiques sont également très différents. Enfin, ces États ne possèdent pas les mêmes statuts diplomatiques et stratégiques : certains sont membres permanents du Conseil de sécurité des Nations unies, d'autres non; certains possèdent l'arme nucléaire, d'autres non. Or il ne faut pas pousser trop loin ces différences. Les BRICS ont donc relativement relevé le défi en s'élargissant de façon mesurée et maîtrisée. Cet élargissement témoigne de l'attractivité de ce club et de sa capacité à peser un peu plus démographiquement. Comme le reconnaissait Emmanuel Macron dans son discours devant les ambassadeurs le 28 août 2023 : « Je n'ai pas vu de pays frapper à la porte du G20 ». Les BRICS élargis représentent désormais plus de 46 % de la population mondiale et 30 % du PIB mondial.

Au sein de ce groupe, certains membres entretiennent de bonnes relations avec les États-Unis, mais ne souhaitent pas pour autant être prisonniers d'une relation bilatérale exclusive avec Washington. D'autres pays entretiennent des relations exécrables avec Washington, notamment l'Iran et la Russie. D'autres encore souhaitent conserver des relations avec les Occidentaux tout en étendant leur marge de manœuvre en vue d'une plus grande indépendance. Par conséquent, les BRICS se présentent désormais de plus en plus comme l'anti-G7 ou du moins une voie alternative au G7. Mais le G7 est un bloc uni alors que les BRICS élargis sont plus un club. Le but commun est d'élargir leurs marges de manœuvre vis-à-vis des Occidentaux et de pouvoir trouver une alternative au dollar comme monnaie internationale.

Russie/Ukraine : un pat stratégique

Dans une interview choc accordée au journal britannique *The Economist* le 15 décembre 2023, le général Valeri Zaloujny, alors chef d'état-major de l'armée ukrainienne, a reconnu l'échec de la contre-offensive ukrainienne. Malgré les objectifs annoncés, seuls quelques kilomètres carrés ont été repris à l'armée russe.

Selon Zaloujny, seule une percée technologique permettrait à l'armée ukrainienne de reprendre la Crimée et les territoires perdus depuis le 24 février 2022. Certes, l'Ukraine peut compter sur la promesse de livraison de F-16 américains, censés arriver cette année, mais d'ici là, l'armée russe aura eu le temps d'améliorer ses défenses antiaériennes. Avec des défenses aériennes renforcées de part et d'autre, le contrôle aérien, bien que stratégique, ne pourrait être revendiqué par aucune des deux parties, et Kiev ne pourra espérer réaliser une percée militaire. Quant au contrôle des drones, dont Kiev se félicitait, il ne serait pas plus décisif, compte tenu des avancées russes en matière de défense électronique.

D'un point de vue démographique, l'avantage est aussi à la Russie : on compte quatre Russes pour un Ukrainien. Et selon le général, Vladimir Poutine se moque du bilan humain désastreux de ses troupes, alors que l'opinion publique ukrainienne oblige Kiev à économiser les vies humaines.

La probabilité de ne jamais atteindre de solution militaire au conflit est forte, et les objectifs de guerre de l'Ukraine, à savoir reconquérir les territoires perdus depuis 2014, seront difficiles, voire impossibles à atteindre. De là, un scénario se dessine : les combats continuent jusqu'à une guerre d'usure, lorsqu'il n'y aura plus assez de combattants ukrainiens par rapport aux soldats russes. En effet, si l'Occident aide l'Ukraine matériellement, mais n'envoie pas de soldats, l'écart démographique entre la Russie et l'Ukraine restera toujours le même.

L'aide occidentale – et surtout américaine – sera-t-elle durable ? Combien de temps durera cette guerre de tranchées, trop meurtrière pour trop peu de kilomètres disputés ? Débouchera-t-elle* sur un cessez-le-feu de fait, et non sur une paix entre Russes et Ukrainiens ? Les Ukrainiens ne peuvent pas reconnaître que les territoires acquis par la Russie par la force leur ont été enlevés, ils ne peuvent donc pas signer un accord avec la Russie. Il est alors possible qu'un cessez-le-feu ou un arrêt des combats sans paix soit convenu, en attendant des jours meilleurs. Mais, dans ce cas, il faut s'attendre à ce que les combats reprennent.

Vladimir Poutine pourra prétendre qu'il a permis à la Russie de récupérer une partie du territoire ukrainien, qu'il l'a aidée à retrouver sa grandeur. Mais, même si la Russie conservait une partie du territoire qu'elle a acquis illégalement et par la force en février 2024, elle resterait la grande perdante de cette guerre. La reconstruction de l'Ukraine sera soutenue par les puissances occidentales – la question de son adhésion à l'Union européenne est un autre sujet qui devra être débattu de manière rationnelle et non émotionnelle. À l'inverse, la Russie s'est définitivement coupée du monde occidental. Elle est plus que jamais dépendante de la Chine et a perdu une grande partie de sa population qui a quitté le pays. Malgré quelques territoires que Moscou pourrait conserver, la guerre de Vladimir Poutine contre l'Ukraine a affaibli la Russie, la rendant moins importante sur la scène internationale qu'elle ne l'était auparavant. Même si Vladimir Poutine réaffirme son appartenance à un bloc anti-occidental, la Russie n'est qu'un partenaire mineur de la Chine et n'est plus l'acteur majeur qu'elle était devenue avant 2022. Vladimir Poutine a ruiné les acquis obtenus depuis 20 ans.

En Asie, les élections présidentielles à Taïwan en janvier 2024 ont confirmé la vitalité démocratique du pays et sa prudence diplomatique : ne pas déclarer l'indépendance, pour continuer à en bénéficier dans la réalité. La Chine maintient la pression pour une réunification que refusent les Taïwanais, mais estime pour le moment qu'un conflit pour y procéder aurait plus d'inconvénients que d'avantages. Pendant ce temps, la Corée du Nord poursuit ses provocations, dont le but est plus la préservation du régime qu'une impensable réunification de la péninsule à son profit.

III

Les tourments du monde

- Chine et Asie : covid long, covid court, Chine convalescente, Asie guérie ?
- Inde : le Moment indien, mais au-delà ?
- Amérique du Sud : incertitudes et instabilités
- Russie : le keynésianisme de guerre
- Afrique du Nord et Moyen-Orient : le grand débordement arrive-t-il ?
- Afrique subsaharienne : la multiplication des crises

Chine

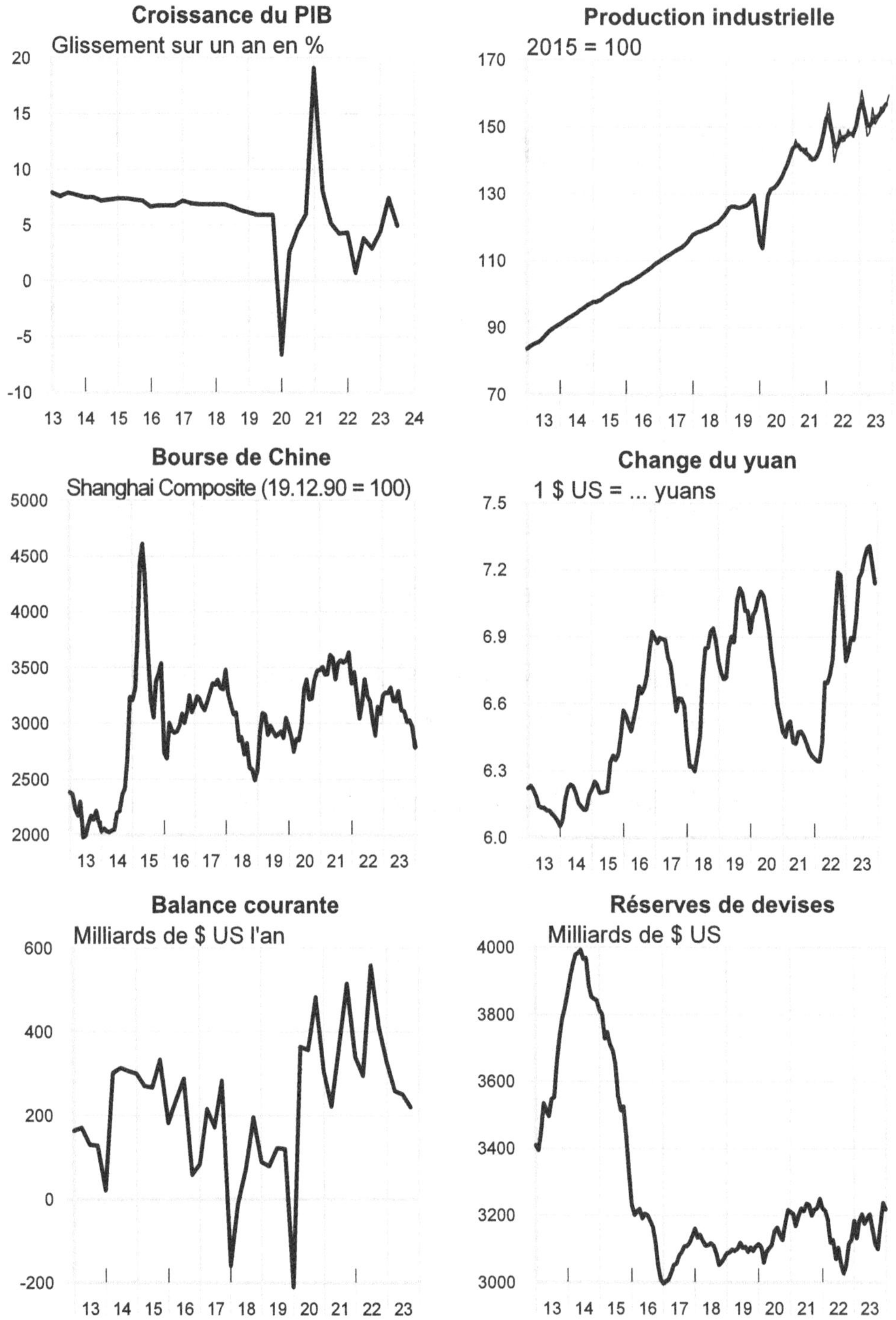

(Sources : NBS, China Customs, Bank of China)

Chine et Asie :
covid long, covid court, Chine convalescente, Asie guérie ?

De l'arrivée du « Lapin d'eau », fin janvier 2023, à celle du Dragon de bois (le 9 février 2024), les « éléments » ont bien changé en Asie, tant sur le plan économique que géopolitique, et même démographique. La Chine n'est plus aussi incontournable qu'on le pensait encore avant le covid.

Le nouveau paradigme des échanges et des réactions qu'ils suscitent

L'Europe a adopté un nouveau vocabulaire, avant de changer (prochaine étape ?) de « grammaire » dans la définition de sa relation à cette région, et en particulier à la Chine, et les chiffres ont d'ailleurs commencé de parler : l'effroi devant le déficit grandissant a été l'un des déclencheurs.

Le regard porté sur la région par CyclOpe début 2023 évoquait *a posteriori* les méfaits à long terme de l'entrée de la Chine dans l'OMC en 2001, après que s'en furent manifestés pour les partenaires occidentaux des bénéfices à court terme. La prise de conscience a gagné du terrain tout au long de cette année. Depuis la pandémie, la dépendance occidentale, vis-à-vis de la Chine principalement, a cessé d'être perçue comme une fatalité. Cependant, cette prise de conscience peine encore à être suivie d'effets plus matériels puisque le déficit européen avec la Chine s'est creusé jusqu'à $ 400 milliards. En revanche, le rééquilibrage est en voie de réalisation, discrètement, du côté asiatique. À la fin de 2023, les flux commerciaux entre la Chine et l'Asie du Sud-Est ont dépassé en effet les échanges entre la Chine et l'Europe, de même que leur équivalent entre les États-Unis et la Chine : alors que les échanges entre l'Union européenne, stables du côté des exportations européennes vers la Chine, ont abouti au « choc de déficit » mentionné plus haut, le commerce bilatéral, s'élevant à $ 750 milliards, a été dépassé par les échanges entre la Chine et l'Asie du Sud-Est, l'ASEAN seul échangeant $ 722 milliards avec la Chine, le double d'il y a dix ans. C'est plus aussi pour la Chine qu'avec les États-Unis : les flux Chine–États-Unis, largement en faveur de la Chine naturellement, se sont établis à $ 690 milliards en 2023. La « démondialisation » n'est pas là où on le pense. Ce changement majeur, occulté par « nos guerres commerciales », résulte de conjonctures inédites, de décisions politiques, et porte des conséquences souvent minimisées en Occident. Rappelons que c'est le 1er janvier 2021 qu'est entré en vigueur le *Regional Comprehensive Economic Partnership*, contracté entre quinze pays de la région, sans l'Inde.

Chine

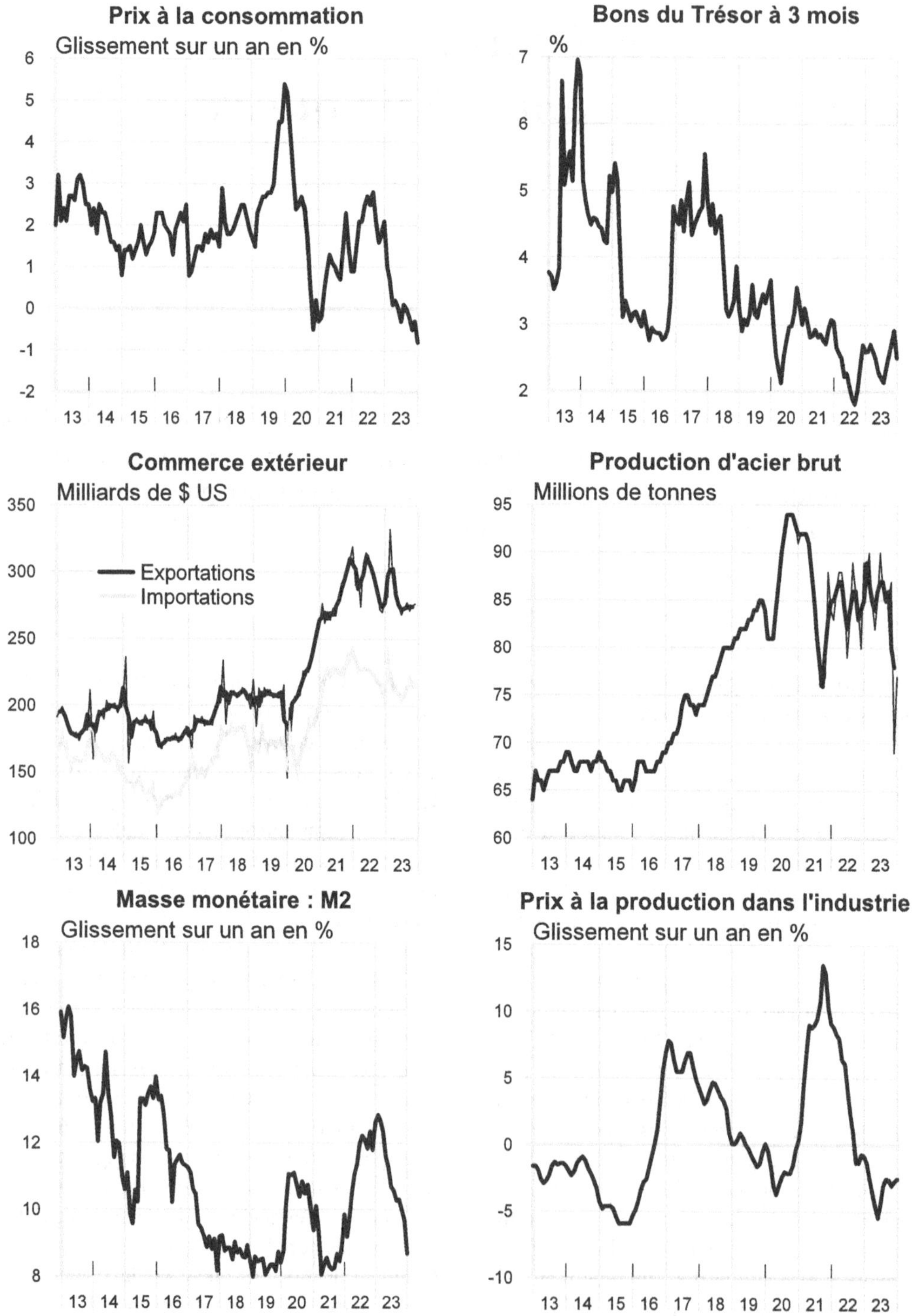

(Sources : NBS, China Customs)

Casse-têtes (ou dilemmes) chinois, revanche de 1997

Les contours de nouveaux ensembles se dessinent, mais ils sont lancés sur des chemins potentiellement divergents. Le «découplage» ou le «de-risking» n'a pas forcément été inventé par l'Europe, et il a été pratiqué de l'autre côté du monde aussi. Pour autant, cette nouvelle donne n'abolit pas les menaces auxquelles la Chine en particulier doit faire face. Elle est en effet confrontée à trois dilemmes. Elle se cherche des solutions, mais celles-ci ne garantissent pas le succès. Dans cette nouvelle donne, le reste de l'Asie pourrait tirer encore mieux son épingle du jeu.

Face aux dilemmes, la légendaire réactivité chinoise tente des réponses

La guerre en Ukraine, premier carrefour décisionnel pour la Chine

Cette année 2023 est la première entièrement placée sous le signe du conflit ukrainien. Ce n'est pas la seule raison, loin de là, du ralentissement de la croissance chinois, qui aura peiné à atteindre plus de 5 %. Face à cette nouvelle situation, les dirigeants chinois ont été confrontés à un premier dilemme : celui du choix entre une posture ambitieuse, drapée dans un discours conciliateur et dépassant les clivages géopolitiques, et la réalité de «camps» entre lesquels il devient de plus en plus difficile de faire des choix.

Le troisième «forum des routes de la soie» a été marqué par ce dilemme. En effet, plus de trois ans, donc quinze mois de plus que prévu, se sont écoulés depuis le précédent, tenu de façon déjà plus modeste que le tout premier forum, en 2017. Le report est naturellement la conséquence de la pandémie. Symbolique ou pas, le retrait de l'Italie, précédemment improbable membre du groupe hétéroclite des signataires de «memoranda», est en soi un évènement significatif. La communication sur cet anniversaire, supposé marquant, du déploiement de la double initiative, maritime et terrestre, a dû tenir compte des difficultés rencontrées par le projet et des inquiétudes qu'il continue de susciter. La célébration aurait pu être plus festive.

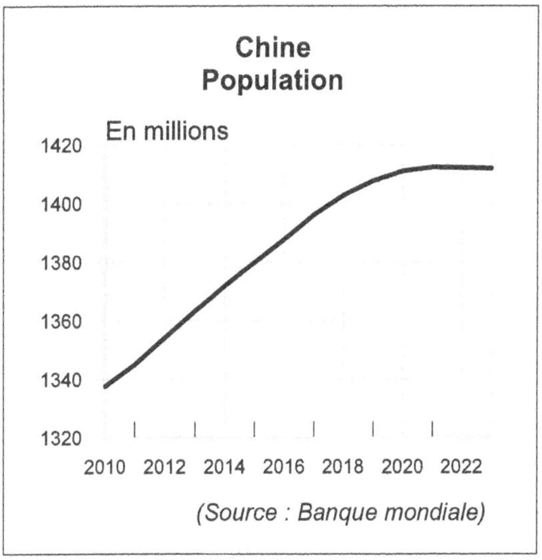

Certes, les $ 1 000 milliards d'investissements dont le débours sur plus de trente ans avait été annoncé en 2013 ont pratiquement tous été mobilisés par les institutions chinoises qui en ont la charge : le chiffre officiel, à moins du tiers du parcours prévu, atteint déjà $ 970 milliards. Le nombre de signataires a continué de croître : à ce jour, cent cinquante-cinq pays, sans compter les institutions. À l'échelle du programme prévu, dix ans sont un terme qui peut paraître court pour évaluer le projet. Mais les réels efforts de la Chine et ses investissements sur le parcours des «routes de la soie» sont très loin d'être systématiquement payés des retours financiers et diplomatiques qui étaient sans doute attendus. La perturbation intervenue sur les voies de communication terrestres empruntant les chemins de la Russie et de la Pologne a freiné les espoirs chinois concernant le possible «contournement» d'un risque potentiel lié à l'éventualité de blocage du détroit de Malacca. L'alternative envisagée par l'ouverture d'un couloir Chine-Pakistan, initiative-phare de la *Belt and Road initiative*, se heurte désormais non plus seulement à des retards de mise en place, mais aussi à des risques terroristes. À la fin de l'année 2022 et au début 2023, la diplomatie chinoise semblait encore lancée sur une voie constructive et conquérante. De nouveaux horizons semblaient à portée de mains, grâce au voyage de Xi Jinping en Arabie saoudite et à la «réconciliation» supposément sous mandat chinois entre l'Iran et le royaume wahhabite. Un an plus tard, ce sont les cahots et

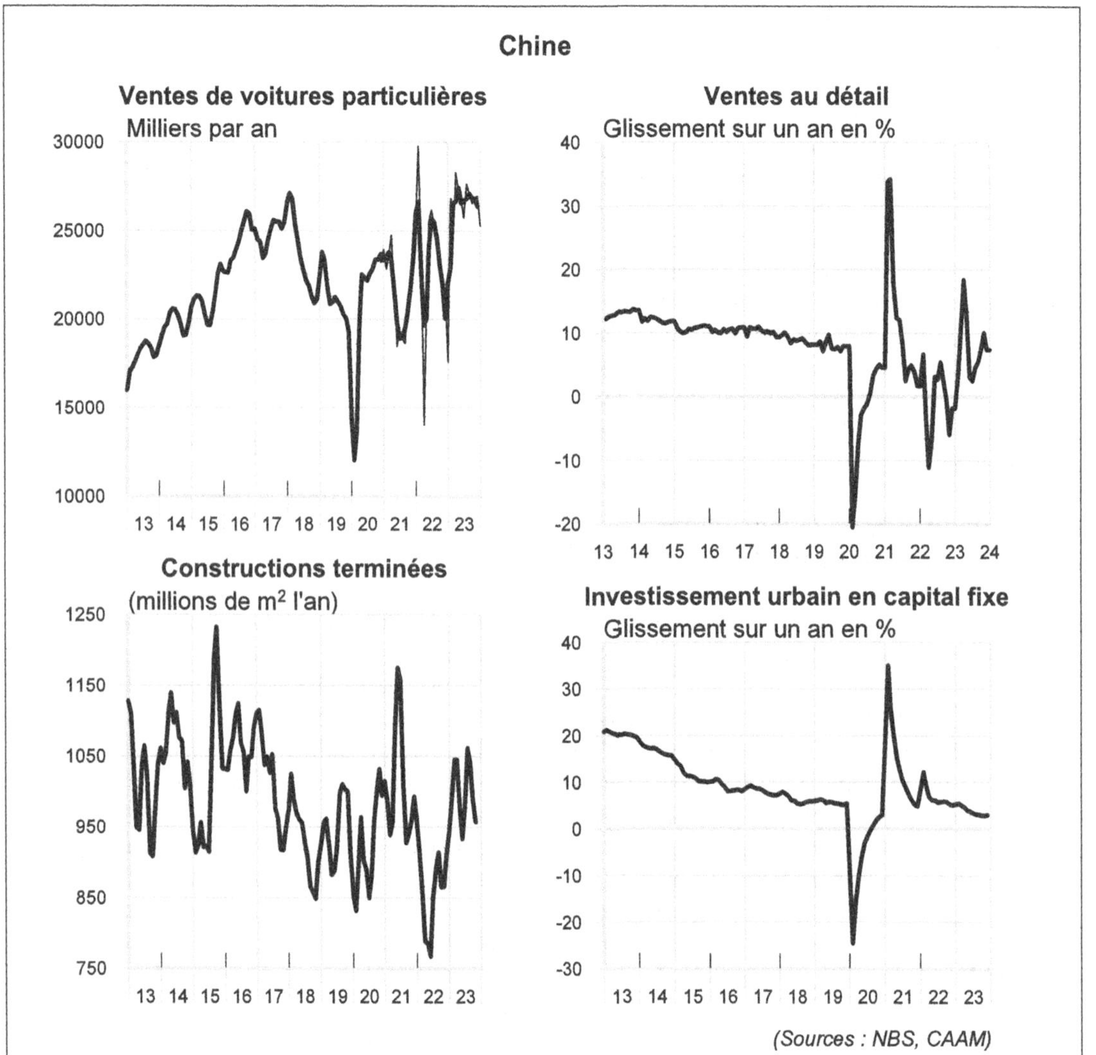

(Sources : NBS, CAAM)

les hésitations, même en face de crises menaçant directement les intérêts de la Chine qui semblent prévaloir. La nouvelle instabilité au Moyen-Orient n'a pas permis de confirmer l'engagement de Pékin, comme en témoigne son inaction face aux attaques houthis dans le cadre du conflit né dans la bande de Gaza : ses conséquences menacent la sûreté des routes des matières premières transitant par la sortie du golfe Persique en direction de l'Asie orientale. Ailleurs, et malgré l'importance de l'autre connexion avec des «eaux libres» stratégiques que le «couloir birman» entre le sud de la Chine et l'océan indien pourrait procurer, Pékin ne semble pas prêt à s'engager aux côtés de la junte birmane. C'est le risque d'éclatement du pays qui obsède les observateurs. Il pourrait menacer la sécurité des investissements chinois. En somme, pas d'engagement décisif de la Chine face aux défis posés à la gouvernance «ancienne» qui semblait devoir être remplacée. Réclamant légitimement une part de *leadership*, la Chine ne paraît pas en mesure de l'assumer. Le changement indispensable du modèle économique jusqu'ici fondé sur le dynamisme d'une population industrieuse et capable d'alimenter la machine à exportation place les dirigeants chinois en face d'un deuxième dilemme, né de la nécessité de choisir une exposition réduite aux risques extérieurs.

Deuxième dilemme : garder la croissance en réduisant la dépendance aux exportations

La Chine continue de donner des signes tangibles d'une velléité de «découplage» : la montée en puissance de la devise chinoise dans les échanges internationaux l'illustre. En 2023, le yuan a contesté la troisième position détenue par le yen dans les échanges internationaux. Cependant, deux caractéristiques de cette «internationalisation» nuancent l'observation : la part des transactions en monnaie chinoise reste faible, à 4,61 % des échanges contre 2,7 % fin 2022. Par ailleurs, les partenaires commerciaux qui recourent à la devise chinoise appartiennent à une «zone d'influence» même si elle ne dit pas son nom. La décision d'utiliser la monnaie chinoise relève plus de décisions politiques et d'une forme d'alignement discret que de la pertinence d'un choix qui serait justifié par l'efficacité du «système yuan» : c'est le cas pour la transaction gazière entre la Russie et la Chine annoncée en septembre 2022. L'internationalisation devient une protection contre les sanctions plus qu'un mode d'extension du domaine d'influence chinoise. Les flux de capitaux ne sont que très peu touchés par l'ascension du yuan : or cette devise n'est ni accessible, ni aussi libre de contraintes que les principaux investisseurs le souhaiteraient. Ce «dilemme de la devise» est le reflet direct du dilemme du changement de modèle économique. Comme la croissance chinoise reste dépendante des bénéfices engendrés par son commerce extérieur beaucoup plus que de la consommation intérieure, l'acceptation et la diffusion de sa devise dépendent du bon vouloir de ses «clients» les plus influents. Le ralentissement global, amenant la croissance mondiale du chiffre faible (du fait de la Chine) de 2,7 % en 2023 vers 3 % peut-être (grâce… à l'Inde) en 2024. C'est une menace supplémentaire pour un pays qui reste dépendant des exportations.

Le troisième dilemme : la montée en gamme contrariée

La reconquête annoncée, quoiqu'assurément lente et progressive, de l'«autonomie stratégique» par les partenaires occidentaux de la Chine ralentit aussi fortement l'exécution des plans chinois concernant la montée en gamme. Une discorde trop importante avec les grandes puissances technologiques, dont la Chine a encore besoin, est l'élément fondateur de ce troisième dilemme du «désarrimage chinois».

L'autonomie technologique est en effet l'arme de conquête du pouvoir sur la scène internationale. La réussite des projets chinois, autrefois placés sous la bannière désormais obsolète de l'objectif 2025, nécessite des capacités de financement toujours plus conséquentes. Or, sans être en situation de réelle «crise financière» les finances publiques, à l'image d'un marché boursier fortement déprimé (– 13 % pour les bourses continentales en 2023), ne sont plus au mieux de leur forme, qu'elles soient locales, et encore sous le coup du financement du «zéro covid», qui a coûté si cher, ou nationales, plombées par le soutien au secteur immobilier très mal en point, fragilisant aussi le secteur bancaire, c'est-à-dire le vrai cœur de la trésorerie chinoise.

Résoudre les dilemmes, partager les bénéfices de la sortie de crise ?

Si les dirigeants chinois sont incapables de résoudre les trois dilemmes, l'hypothèse d'un *peak China* sera confirmée : en d'autres termes, la Chine aurait «mangé son pain blanc». Experts en jeu de go, les dirigeants chinois pourraient pratiquer la manœuvre du «repli stratégique» en abandonnant à court terme une partie des territoires, économiques ou géographiques un moment convoités, pour mieux constituer des bases de reconquête. Pour faire aboutir une telle stratégie, il ne faut rien en laisser paraître, surtout quand on a affirmé de plus grandes ambitions. L'exercice ne peut être couronné de succès que s'il est furtif. Aussi le discours chinois reste-t-il «assertif». Ses prolongements peuvent être trouvés dans les manœuvres aériennes et navales autour de Taïwan, et la démonstration dans les postures verbales agressives du président et de son ministre des Affaires étrangères Wang Yi. Ce bellicisme affiché ne saurait d'ailleurs cacher les recompositions surprenantes de la chaîne décisionnelle de l'Armée populaire de libération, dont les raisons restent obscures, mais qui ne l'ont sûrement pas

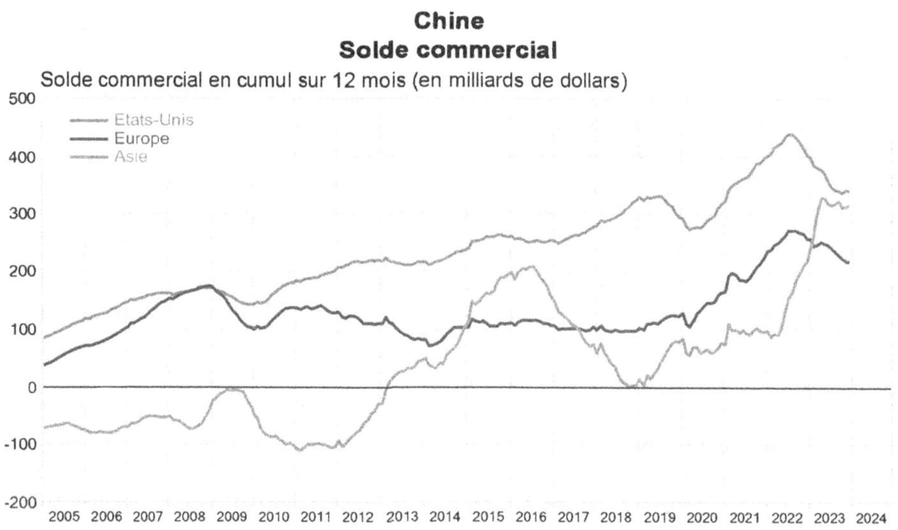

(Sources : China Customs, Rexecode)

États-Unis : + 340 milliards de dollars en 2023 (296 milliards de dollars en 2019)

Europe : + 219 milliards de dollars en 2023 (122 milliards de dollars en 2019)

Asie : + 315 milliards de dollars en 2023 (86 milliards de dollars en 2019)

renforcée. De même, les « hostilités » lancées par la Chine sur le terrain commercial envoient un message étrangement modeste : les investigations menées dans le cadre d'enquêtes réglementées par l'OMC sur les subventions européennes ou le *dumping* qui affecterait défavorablement les concurrents chinois des spiritueux français portent sur une fraction minime des échanges. Il est vrai cependant qu'il s'agit d'un « maillon faible » du dispositif exportateur européen vis-à-vis de la Chine. L'intention est de « faire craquer » l'adversaire avec une relative économie de moyens. Que ce soit sur la question de Taïwan ou sur celle de la guerre commerciale, des moyens plus conséquents ne sont pas (ou plus) à la portée de la Chine. Mais la stratégie habituelle de « division de l'adversaire » reste aussi disponible. Elle est mise en œuvre par la Chine vis-à-vis des menaces européennes, signaux possibles annonçant un changement de la posture de « Bruxelles ». Toute brèche dans l'unanimité européenne offre à la Chine un bon angle de division : ainsi la France est particulièrement courtisée depuis le voyage en avril 2023 du président Macron. Plutôt que d'une ambition large de « conquête de l'Europe » par ses esprits et ses marchés, la démarche chinoise se caractériserait d'abord par une réduction, puis une focalisation des objectifs. Pour autant, rien n'indique que les buts de long terme ne soient perdus de vue : les dirigeants chinois les ont toujours définis de façon transparente ; ascension « pacifique » et participation à la redéfinition d'un nouvel ordre et à l'imposition de nouveaux standards, y compris technologiques. Deux exemples illustrent potentiellement la démarche menant, à partir d'abandons partiels, à une reconquête ultérieure : on a vu le premier, l'internationalisation du yuan, « redéfinie ». Le deuxième serait la conquête du marché automobile mondial par une voie détournée. La stratégie de repli apparent précédant un redéploiement conquérant a conduit à l'émergence d'un pôle très compétitif en Chine : la fabrication de batteries pour les véhicules électriques, permettant d'investir les marchés extérieurs. Le retard chinois dans le secteur automobile « classique » ne pouvait être rattrapé. La mise en place d'une filière compétitive fondée sur la chaîne de valeur complexe liée aux batteries a ainsi permis de bâtir une stratégie de « cheval de Troie », potentiellement déstabilisatrice à long terme. Les énergies nouvelles et renouvelables sont un autre terrain d'application de cette stratégie.

La réussite de cette habile stratégie chinoise contournant les difficultés n'est pas assurée. L'incertitude plombant encore la montée en gamme liée à l'innovation indigène, contrariée à ce jour par les sanctions américaines, est éclairante. La résolution des trois dilemmes chinois qui sont apparus en 2023 conditionnera fortement la trajectoire future du pays. Ce qui est en jeu, avec une démographie défavorable, c'est désormais la possibilité pour le pays de sortir du « piège du revenu moyen ». Les intérêts du reste du monde ne sont pas nécessairement contraires à ceux de la Chine : tout d'abord si le modèle chinois s'adapte, l'enjeu est de rééquilibrer les flux commerciaux, de matières premières et de produits transformés, pour « décentrer » la Chine. Si la Chine surmonte ses dilemmes, c'est aussi l'équilibre des relations internationales qui en bénéficierait : une prospérité chinoise stabilisée est un facteur de paix non négligeable dans la région, mais aussi pour le reste du monde…

Pendant ce temps-là, dans le reste de l'Asie…

L'un des mots d'ordre apparus dans les stratégies d'entreprise en 2023 aura été, pour l'Asie, la « Chine + 1 », en d'autres termes la diversification en dehors de la Chine. Même si ces décisions n'ont rien à voir avec les équilibres budgétaires domestiques en Asie, les statistiques établies sur une base « BIS » par Natixis, sont éloquentes : la Chine se « japonise » en accumulant les déficits budgétaires et la dette domestique, alors que le reste de l'Asie efface le souvenir de la crise de 1997, déjà lointaine, et s'est désendettée.

Ainsi, alors que le total des endettements cumulés au Japon (gouvernement, ménages et entreprises non financières) atteint 400 % du PIB, et 300 % en Chine, il n'est plus qu'à 100 % ou moins pour des pays comme l'Indonésie ou les Philippines, l'endettement public se situant aux alentours de 20 %.

L'un des secrets de ce rebond est dans la démographie, elle aussi défavorable à la Chine : la Chine s'efface, au profit de l'Inde, mais aussi d'autres

Population active en Asie d'ici à 2040
(en millions)

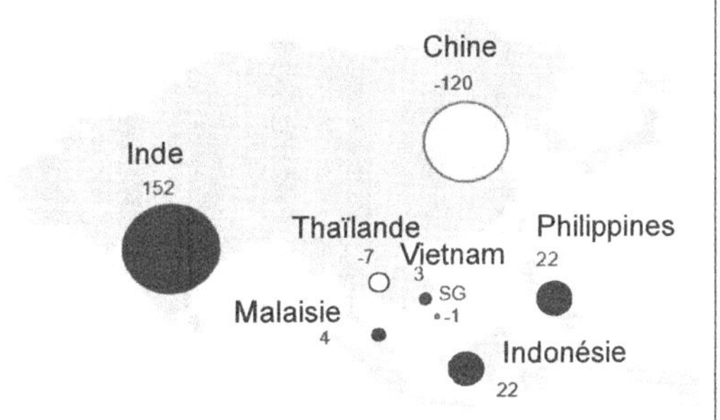

(Source : Natixis)

pays « jeunes » de l'Asie ; c'est le « dividende démographique », qui a été si favorable jadis à la Chine. En 2040, la Chine représenterait 15 % de la population mondiale, contre 18 % pour l'Inde et environ 10 % pour l'Asie du Sud-Est. Concernant la population en âge de travailler, donc de produire, mais aussi de consommer, l'Indonésie, les Philippines, ainsi que la Malaisie et le Vietnam sont les puissances montantes à l'horizon.

La conséquence est une projection de croissance justifiant pour l'avenir le redéploiement vers des marchés de consommateurs plus nombreux, des capacités de production moins chères et pourtant efficaces. Le FMI voit la croissance des pays émergents asiatiques atteindre en moyenne 4 % à l'horizon 2028, en ne créditant la Chine que de 2 à 3 %, le reste de l'Asie « émergée » se contentant à cet horizon d'environ 1,5 %. C'est pourquoi, entre autres, le Japon, acteur important du rebond sud-est asiatique comme il l'avait été de l'émergence des « dragons », subventionne désormais les délocalisations en dehors de Chine : c'est un moteur additionnel.

À ce sujet, le « JETRO », organisme japonais d'accompagnement des entreprises nationales à l'étranger, a publié une projection des intentions d'investissement et de délocalisation japonaises. C'est ainsi que 73 % des entreprises japonaises envisagent d'accroître leur présence en Indonésie, 68 % au Vietnam, et même 49 % en Corée du Sud. Les chiffres d'intentions inverses pour ces pays sont respectivement tous inférieurs à 10 %. La Chine ne suscite qu'un engouement ré-

Prévisions de croissance des pays de l'Asean

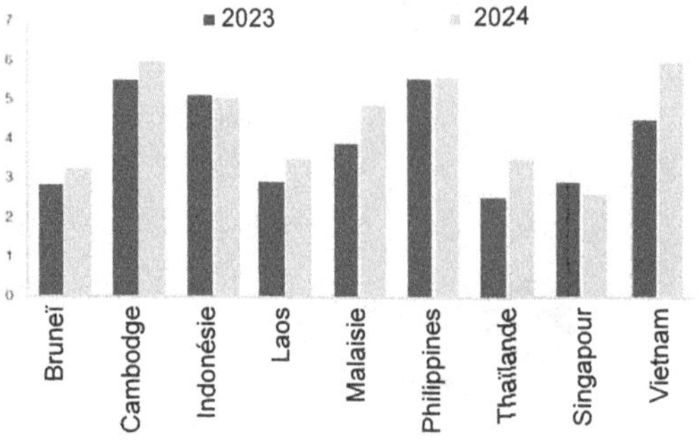

(Source : SPglobal, janvier 2024)

Les croissances du PIB par sous-régions

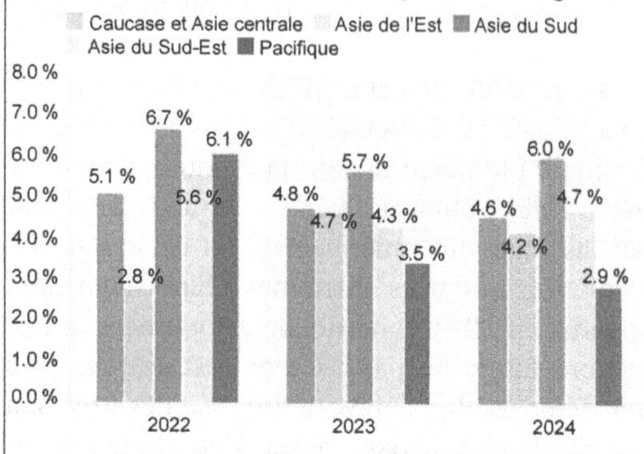

(Source : ADB, décembre 2023)

duit, avec 33 % d'intentions favorables et près de 10 % d'intentions défavorables. Un retour vers la fin du siècle dernier, mais certainement avec des moyens, des secteurs et une « donne » désormais complètement différents.

Enfin, en matière d'infrastructures, les pays d'Asie souvent très défavorisés à ce stade par un héritage déficient en matière d'investissements sont une promesse de nouveaux territoires à conquérir pour les entreprises asiatiques, mais aussi européennes.

Parmi les « gagnants » possibles des différents aspects de ce renouveau asiatique, les pays engagés dans le secteur des semi-conducteurs, Corée du Sud, Japon et Taïwan, ont traversé une période difficile en 2023 du fait des risques de surcapacité. Mais, là aussi, les perspectives s'améliorent.

Les paramètres exacts et surtout la diversité des conditions de marché, d'accès aux pays asiatiques restent un défi que la taille et la relative homogénéité du marché chinois ne présentaient pas jusqu'ici. La Chine jouait le rôle d'« aspirateur à investissements ». Le vent a tourné. Le retournement post-covid de l'Asie du Nord-Est, malgré sa démographie défavorable, et l'attractivité de l'ASEAN braquent de nouveau les regards sur une région clé où l'Europe est inégalement présente, et qui devrait susciter un intérêt parfois trop rapidement dissipé au tournant du millénaire.

Croissance du PIB en Asie
(glissement sur un an en %)

	2014	2015	2016	2017	2018	2019	2020	2021	2022e	2023f	2024f	2025f
Australie	2.6	2.3	2.7	2.4	2.9	1.9	-2.4	5.0	3.7	2.0	1.5	2.0
Chine	7.4	7.0	6.8	6.9	6.7	6.0	2.2	8.1	3.0	5.2	4.5	4.2
Hong Kong	2.8	2.4	2.2	3.8	2.8	-1.7	-6.5	6.3	-3.5	3.2	2.8	2.7
Inde	7.0	7.5	9.0	6.1	7.3	4.8	-7.0	8.1	6.9	7.2	6.7	6.6
Indonésie	5.0	4.9	5.0	5.1	5.2	5.0	-2.0	3.7	5.3	5.0	5.1	5.2
Japon	0.3	1.6	0.8	1.7	0.7	-0.4	-4.7	1.8	1.1	2.0	1.0	0.9
Malaisie	6.0	5.1	4.5	5.7	4.7	4.3	-5.6	3.1	8.7	3.8	4.3	4.2
Philippines	6.2	6.1	6.9	6.7	6.3	6.1	-9.5	5.7	7.6	4.9	5.7	6.0
Singapour	3.9	3.0	3.3	4.5	3.4	0.9	-4.1	7.9	3.7	1.2	2.5	2.0
Corée du Sud	3.2	2.8	3.0	3.2	2.9	2.2	-0.7	4.1	2.6	1.3	2.3	1.9
Taïwan	4.7	1.5	2.2	3.3	2.8	3.1	3.4	6.6	2.4	1.4	2.9	2.6
Thaïlande	1.0	3.1	3.4	4.2	4.2	2.2	-6.2	1.5	2.6	2.4	3.4	3.4
Vietnam	6.0	6.7	6.2	6.8	7.1	7.0	2.9	2.6	8.0	5.1	6.0	6.3

(Source : Natixis)

Inde : *le Moment indien, mais au-delà ?*

Darshan mota, painda khota
(Une grande chose à voir, mais quelle route !)
Proverbe indien

Tout semble réussir à l'Inde et à son dirigeant Narendra Modi qui sera probablement réélu pour un troisième mandat au moment de la parution de Cyclope 2024. La croissance est au rendez-vous, l'Inde rassure par sa stabilité. Elle retrouve la vieille stratégie des « non-alignés » initiée, il y a soixante-dix ans, par Nehru. Elle est devenue l'autre grand pôle des émergents face à la Chine, l'éternel rival dépassé en 2023 sur le plan démographique… mais seulement démographique. Les handicaps indiens demeurent et Narendra Modi a accentué même les fractures.

Les marchés indiens ont terminé l'année 2023 en fanfare. Un peu comme beaucoup de marchés, mais au superlatif indéniablement dans le groupe des pays émergents. L'indice de son principal marché boursier, le Sensex, a atteint son record historique à 72 240 points, en hausse de près de 20 %. Comme souvent dans ses phases de hausses rapides, il a été alimenté par des entrées records de flux de portefeuille et en particulier de la diaspora indienne à l'étranger dont celle des États-Unis et du Royaume-Uni attirée par un arbitrage séduisant face à la baisse du dollar, de la livre et de leurs taux d'intérêt. De ce fait, les réserves de change ont également terminé sur un record historique à plus de $ 620 milliards, en hausse de $ 60 milliards sur un an. La roupie indienne s'est bien redressée en fin d'année pour terminer stable à 83,22 contre dollar, ce qui combiné à des prix pétroliers en baisse est perçu comme un gage de désinflation pour les mois à venir autour de 5 %, cible de la banque centrale (RBI). *Last but not least*, le dernier chiffre de la croissance trimestrielle est tombé à + 7,6 % en rythme annuel pour le 3e trimestre 2023 après + 7,8 % et un consensus plutôt de 6,8 %. Pour l'ensemble de l'année, l'Inde a donc confirmé son statut de champion de la croissance mondiale parmi les grands pays, face notamment à une Chine faisant un peu mieux que prévu, mais à peine + 5 %.

Sur le plan politique, quelques semaines avant, le parti nationaliste au pouvoir (BJP) avait remporté haut la main trois élections régionales sur quatre, reprenant notamment le pouvoir au Rajasthan et le conservant habilement au Madhya Pradesh (environ 70 millions d'habitants chacun), ainsi que dans le très symbolique Chhattisgarh, également au nord dans ce qu'on appelle la *Hindi Belt* où se concentrent de plus en plus le gros des forces du pouvoir nationaliste hindou. Le seul État concédé à l'opposition – le Congrès cette fois –

Inde

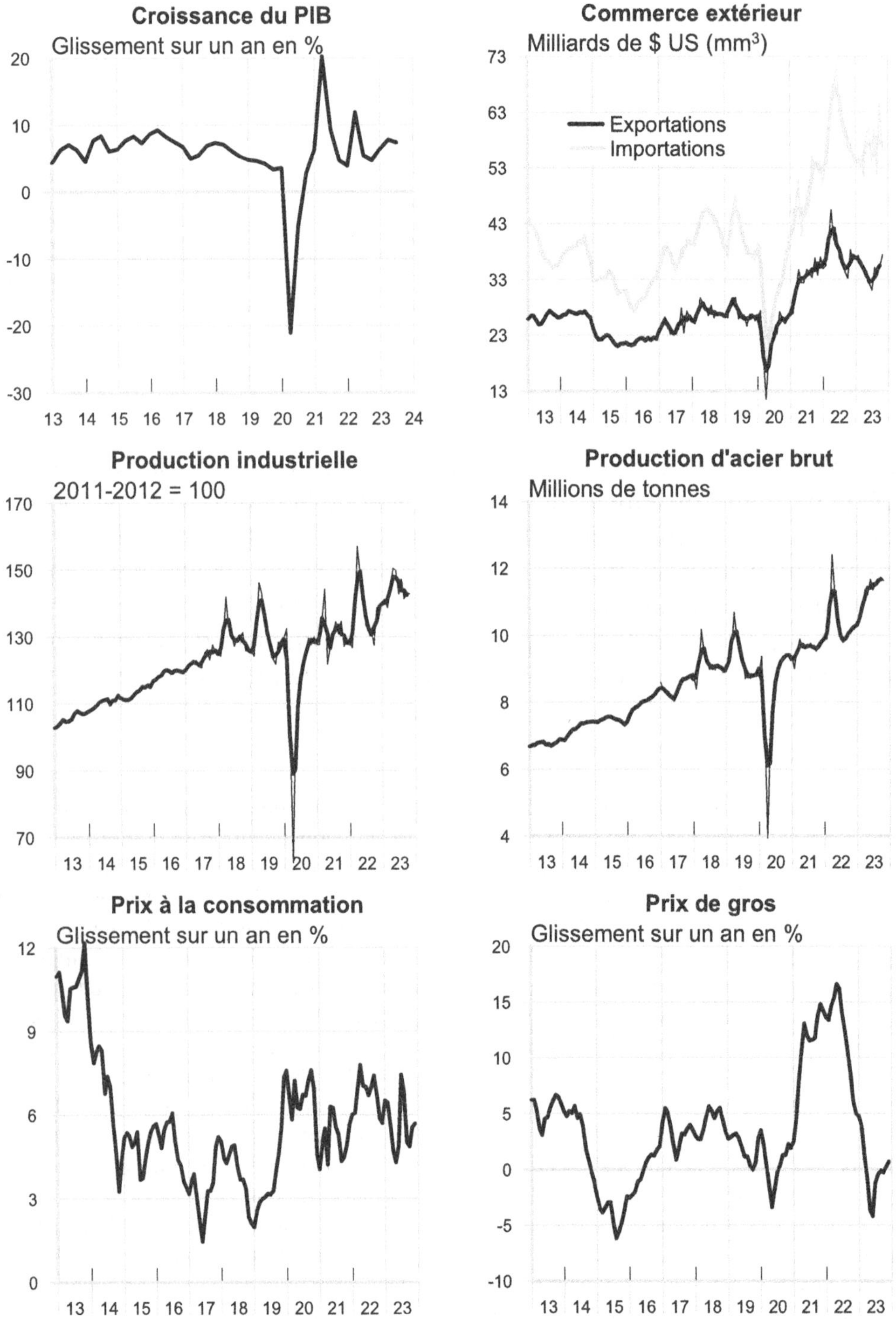
Croissance du PIB
Glissement sur un an en %
20
10
0
-10
-20
-30
13 14 15 16 17 18 19 20 21 22 23 24
Commerce extérieur
Milliards de $ US (mm3)
73
63
53
43
33
23
13
Exportations
Importations
13 14 15 16 17 18 19 20 21 22 23
Production industrielle
2011-2012 = 100
170
150
130
110
90
70
13 14 15 16 17 18 19 20 21 22 23
Production d'acier brut
Millions de tonnes
14
12
10
8
6
4
13 14 15 16 17 18 19 20 21 22 23
Prix à la consommation
Glissement sur un an en %
12
9
6
3
0
13 14 15 16 17 18 19 20 21 22 23
Prix de gros
Glissement sur un an en %
20
15
10
5
0
-5
-10
13 14 15 16 17 18 19 20 21 22 23

fut au sud, le Telangana (35 millions d'habitants, comme le Chhattisgarh). Après un petit recul en 2018, le BJP et sa coalition NDA gouvernent dans une majorité d'États et territoires de l'Union (17 sur 36), contre seulement 6 pour le principal parti d'opposition, le reste étant aux mains de partis régionaux.

Il s'agissait de victoires décisives à quelques mois des élections générales de 2024 où le Premier ministre Narendra Modi remettra en jeu son mandat après dix ans de règne. Les bons résultats économiques de la fin 2023 ont d'ailleurs été largement alimentés par le cycle électoral : relance massive des dépenses d'infrastructure au printemps et distribution d'aides directes tangibles à la population dans le cadre de ce qu'on appelle désormais le *New Welfarism*. Un bon exemple fut la promesse lors des élections dans l'État du Chhattisgarh de bonbonnes de gaz gratuites et de 12 000 roupies (€ 130) d'aide par an aux femmes mariées. La bonne tenue de la croissance s'étant traduite par une progression significative des recettes fiscales (+ 18 % sur un an), les promesses électorales ambitieuses comme l'extension des aides directes à 270 000 villages ou encore l'élargissement de l'accès au système public de distribution alimentaire subventionnée à 810 millions de personnes ne semblent pas pour l'instant affecter les perspectives budgétaires du pays et contribuent au contraire à alimenter ce qu'on appelle de plus en plus le « Moment indien ».

Le Moment indien

Déjà perceptible en 2022 face à une Chine engluée dans sa politique zéro-covid, le « Moment indien » correspond à la perception d'un faisceau de facteurs favorables au deuxième géant asiatique. Une sorte d'alignement des planètes dans les domaines tout à la fois géopolitique, politique et économique, faisant du pays une vraie coqueluche des marchés qui n'est pas sans expliquer le record enregistré par la bourse de Bombay fin 2023.

Sur le plan diplomatique d'abord, on a rarement vu autant l'Inde et son Premier ministre qu'en 2023. Tour à tour président du G20, mais aussi faiseur de rois dans l'élargissement des BRICS, véritable star au Congrès américain en juin, juste après être passé par Paris comme invité

Inde : commerce extérieur

d'honneur du défilé du 14 juillet. Sans compter en fin d'année la longue semaine à Moscou de son puissant ministre des Affaires étrangères, Subrahmanyam Jaishankar, pour relancer la coopération multisectorielle qui remonte au partenariat stratégique signé par Indira Gandhi en 1971.

En quelques mois, le champion du non-alignement est devenu le champion du multialignement, c'est-à-dire des coopérations stratégiques avec des adversaires tout aussi stratégiques à la seule exception de la Chine, véritable rival désormais de New Delhi en raison d'un état détestable des relations lié à de sérieux conflits frontaliers tout le long de l'Himalaya, et à une course d'influence dans ce qui est considéré par l'Inde comme sa chasse gardée : l'Asie du Sud et l'Océan indien.

Un bon exemple a été l'ambiguïté stratégique cultivée vis-à-vis de la Russie dans le conflit ukrainien, puis plus récemment lors de la guerre à Gaza où le Premier ministre Modi a ouvertement soutenu la riposte sans retenue du gouvernement israélien après l'attaque du 7 octobre tandis que ses diplomates votaient à l'ONU en faveur d'un cessez-le-feu à vocation humanitaire.

Le Moment indien correspond ici à l'activation décomplexée de la fameuse doctrine du « double jeu » (*dvaidhi bhaava*), figurant dans le grand traité classique de l'art de la guerre à l'indienne : Arthashastra datant du IVe siècle avant notre ère et devenu en quelques années un best-seller de librairies. Correspondant à la configuration d'un

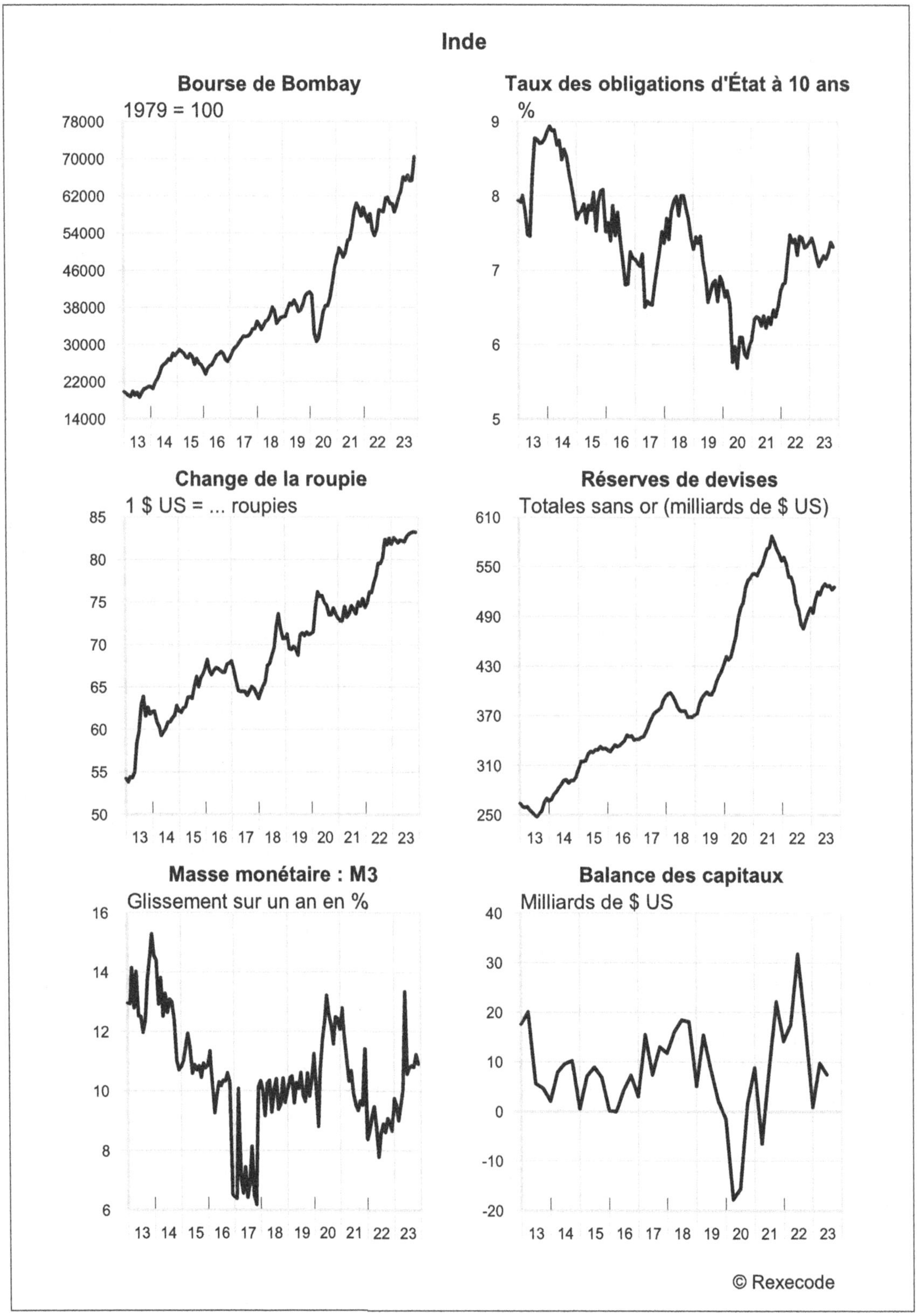
Inde
Bourse de Bombay
1979 = 100
78000
70000
62000
54000
46000
38000
30000
22000
14000
13 14 15 16 17 18 19 20 21 22 23
Taux des obligations d'État à 10 ans
%
9
8
7
6
5
13 14 15 16 17 18 19 20 21 22 23
Change de la roupie
1 $ US = ... roupies
85
80
75
70
65
60
55
50
13 14 15 16 17 18 19 20 21 22 23
Réserves de devises
Totales sans or (milliards de $ US)
610
550
490
430
370
310
250
13 14 15 16 17 18 19 20 21 22 23
Masse monétaire : M3
Glissement sur un an en %
16
14
12
10
8
6
13 14 15 16 17 18 19 20 21 22 23
Balance des capitaux
Milliards de $ US
40
30
20
10
0
-10
-20
13 14 15 16 17 18 19 20 21 22 23
© Rexecode

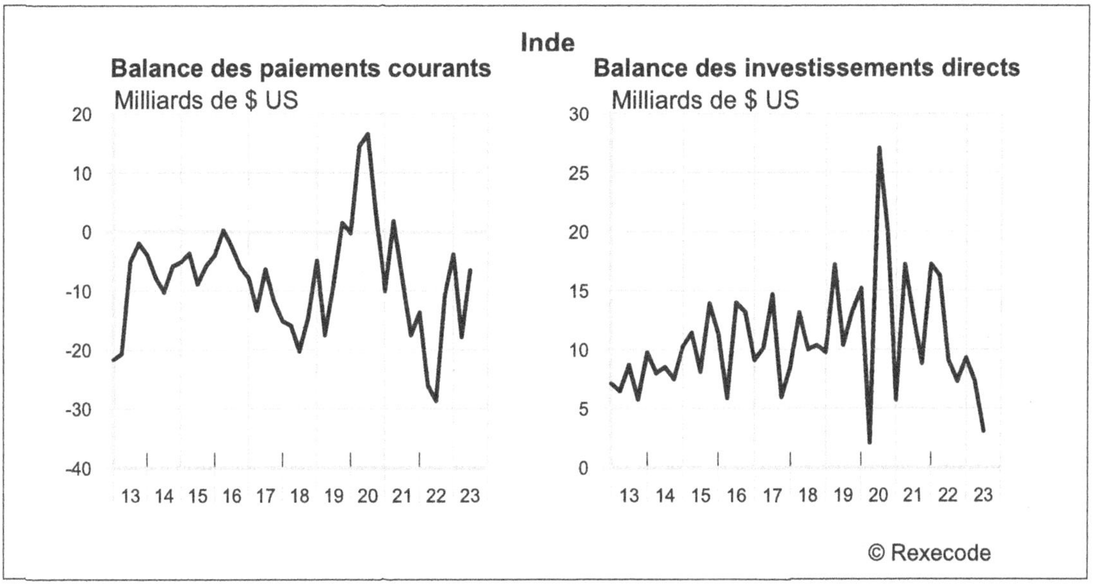

royaume trop faible pour s'imposer seul, le double jeu permet d'engranger des dividendes alimentant la montée en puissance du pays sans s'exposer à la dépendance et à ses coûts vis-à-vis des autres puissances.

Sur le plan économique, le « Moment indien » s'est illustré en 2023 par quatre symboles forts :

– C'est tout d'abord l'année où la population indienne aura dépassé la population chinoise pour ravir la première place avec 1 428 millions d'habitants contre 1 411 respectivement. Et surtout avec des dynamiques désormais inversées : la Chine rentre dans son automne, bientôt son hiver démographique avec une chute du nombre de ses jeunes actifs après 2030, tandis que l'Inde est toujours dans sa fameuse « fenêtre d'opportunité démographique » théorique avec un âge médian de vingt-sept ans (près de quarante en Chine), et une

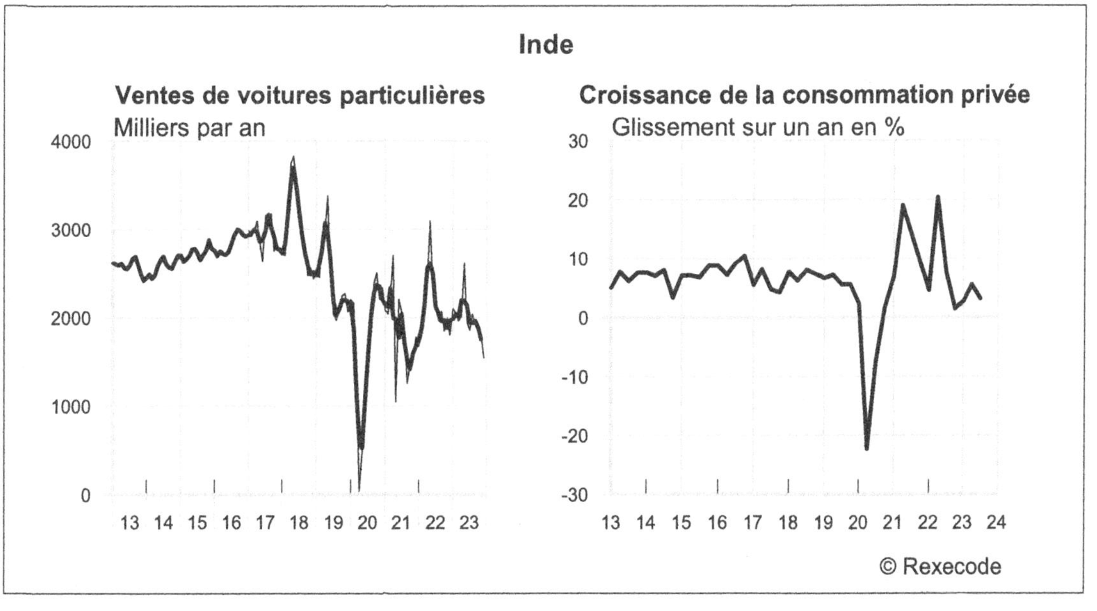

progression annuelle de sa population active d'environ 7 millions d'habitants d'ici 2047.

– Relais de la Chine ensuite sur le plan économique comme illustré par l'annonce d'Apple en 2023 que l'Inde allait être désormais son pays de prédilection pour la fabrication-montage de ses iPhones au même titre que le Vietnam pour ses IPad et ordinateurs. Le fait est que l'Inde est devenue en 2023 le grand pays le moins cher du monde selon la *World population Review* avec un facteur 3 par rapport à la Chine, même si la productivité horaire permet au géant chinois de rester le champion toutes catégories des coûts unitaires manufacturiers. C'est aussi – voire surtout – un relais politico-économique comme le montrent les annonces du géant américain Walmart de privilégier désormais son sourcing en Inde et de se retirer progressivement de Chine où ses déconvenues se sont multipliées ces dernières années face à des distributeurs locaux. Telle est la tonalité parmi de nombreux grands groupes américains, mais aussi européens échaudés par le marché chinois.

– Ciseau des taux de croissance évident également entre la Chine et l'Inde avec par exemple les dernières prévisions du FMI faisant état d'une croissance annuelle moyenne de 6,3 % entre 2024 et 2028 contre moins de 4 % pour la Chine, ce qui donnerait une progression du revenu par habitant de 30 % contre 20 % respectivement. Il s'agit clairement d'un effet de marché bien perçu par tous les groupes globaux à la recherche de nouvelles sources de croissance.

– D'autant que l'Inde a encore amélioré son classement relatif en termes de risque-pays au sein du groupe des émergents dont il apparaît désormais comme le plus sûr à la fois politiquement et économiquement selon toutes les agences de rating. Sa prime de risque moyenne est ainsi passée à 2,5 points contre 4,5 pour les émergents. Stabilité politique, car nul ne voit le Premier ministre Modi échouer aux élections de 2024 pour un troisième mandat de cinq ans. Stabilité économique ensuite comme en atteste le croisement des indicateurs de dette extérieure, dette publique, inflation et taux de change qui mettent l'Inde aux premiers rangs des valeurs sûres. C'est d'ailleurs en 2024 que la banque JP Morgan va inclure vingt-trois obligations indiennes (IGB ou *Indian government bonds*) dans son indice global pour une valeur notionnelle de $ 330 milliards. Selon les experts de Fitch, ceci pourrait induire mécaniquement des entrées de capitaux de $ 24 milliards entre 2024 et 2025.

Des fondamentaux moins assurés

Moment indien donc, mais pour aller où ? Quels sont en réalité les fondamentaux indiens ? Se sont-ils améliorés depuis quelques années ? Qu'en est-il de la promesse claironnée par le régime de dépasser un PIB de $ 5 000 milliards d'ici 2025 pour bondir au troisième rang mondial devant l'Allemagne et même le Japon (cinquième rang actuellement) ?

Sur ce registre, les discussions frisent la schizophrénie avec un effet de zoom évident vis-à-vis de la Chine, des performances à la fois politique, sociale et économique plutôt contrastées en réalité depuis une dizaine d'années, et enfin des forces motrices pour l'avenir bien incertaines.

D'abord vis-à-vis de la Chine, les deux économies ne jouent plus du tout dans la même ligue en termes de surface de marché et de puissance tout à la fois technologique, monétaire et commerciale. Le ratio des PIB nominaux est désormais de 1 à 5 alors qu'il était presque à égalité encore au début des années quatre-vingt calculé en parité de pouvoir d'achat. Par habitant, l'avantage était même de deux fois pour l'Inde en 1980. Il est désormais près de trois fois en faveur de la Chine. Un calcul simple montre que, même avec une croissance de 7 % par an jusqu'en 2050, le PIB indien resterait encore inférieur d'un tiers à celui d'une Chine qui n'aurait progressé que de 2 % par an durant la même période. Pour rattraper la Chine, il faudrait en réalité que l'Inde connaisse une croissance à deux chiffres pendant plus de vingt ans pour que l'effet de rattrapage commence à être significatif. Mais est-ce possible ? crédible ?

Apparemment non selon l'analyse de l'ancien gouverneur de la banque centrale indienne (RBI) et économiste mondialement reconnu, Raghuram Rajan, et ce pour trois raisons :

– Tout d'abord un taux d'investissement qui ne dépasse toujours pas 30 % du PIB et même 25 % pour l'investissement productif contre encore plus de 40 % pour la Chine.

– Corollaire ensuite, un effort dans les infrastructures nettement insuffisant avec notamment moins de 3 % du PIB pour les dépenses budgétaires en capital.

– Enfin une idéologie au pouvoir qui repose sur la violence, l'intolérance vis-à-vis des minorités ethniques, philosophiques et religieuses, mais aussi entre le nord et le sud du continent, et en réalité vis-à-vis de tous les « opposants ». Une Inde déchirée (*atakta* en hindi) par opposition à une Inde inclusive, le modèle de croissance qui fut la clé du miracle occidental d'après-guerre puis de la Chine et en ce moment du Vietnam.

Dans ces conditions, les économistes savent qu'une fenêtre d'opportunité démographique va se transformer en son contraire : une trappe démographique. Voilà pourquoi on peut rester dubitatif face au discours ambiant sur le « Moment indien » sans rien enlever au fait indéniable que l'Inde dispose bien d'un potentiel de croissance de 6 % par an. Simplement, le pays est aujourd'hui plutôt en dessous de son potentiel pour des raisons institutionnelles (castes) et politiques.

Amérique du Sud :
incertitudes et instabilités

En 2023, la croissance sur la région (+ 1,6 %) a été la plus faible de l'ensemble du monde en développement. Le rebond post-crise covid n'a pas duré. 2024 sera également une année de croissance anémique. Les politiques restrictives mises en œuvre depuis 2022 pour lutter contre l'inflation galopante seront maintenues, car les déséquilibres des finances publiques demeurent préoccupants. L'investissement et la consommation resteront donc bridés. La croissance sera aussi affectée par le ralentissement de la Chine, premier débouché à l'exportation et premier investisseur dans la zone. L'anémie persistante résulte surtout de l'extrême instabilité des systèmes politico-institutionnels de nombreux États de la région. À cela s'ajoutent désormais de sérieuses tensions entre pays d'un sous-continent de plus en plus divisés.

Pays andins : tensions politiques extrêmes

Au Pérou, en décembre 2022, une coalition de forces de droite a destitué le président élu de gauche qui voulait dissoudre le Congrès. Emprisonné, ce dernier a été remplacé par sa vice-présidente. Le coup de force avait alors provoqué des manifestations violentes et meurtrières. Sur le plan économique, le pays dispose d'atouts (réserves de change élevées, endettement public faible, déficit budgétaire limité). Pourtant, en 2023, il a connu une quasi-récession liée en partie au phénomène *El Niño* (qui réchauffe les eaux du Pacifique et augmente les précipitations). Les prises de pêche (un secteur clé après les minerais) et les récoltes ont baissé. Mais le climat n'explique pas tout. Une conjoncture politique délétère plombe l'activité depuis 2022, notamment dans le secteur clé de l'exploitation minière (cuivre, or et étain). Très impopulaire, la présidente par intérim est soutenue par une alliance parlementaire fragile et imprévisible. Les scandales de corruption et de trafics d'influence se succèdent. Des projets d'investissements sont reportés ou abandonnés. Le retour de la croissance attendu en 2024 est lié à la flexibilisation de la politique monétaire permise par le reflux de l'inflation.

En Colombie, le PIB a stagné en 2023. En fonction depuis août 2022, le président de gauche Gustavo Petro invoque la rigueur monétaire pratiquée par la banque centrale et la discipline budgétaire imposée par la législation. En réalité, l'économie piétine parce que le pouvoir inquiète. Petro avait annoncé la paix sur un territoire où la guerre civile perdure. Il ne parvient pas à réduire les foyers de guérillas existants. Dès la fin 2022, il a augmenté les impôts sur les ménages les plus favorisés et supprimé les exemptions fiscales favorables aux entreprises. Objectif affiché : financer l'accès universel à l'école, assurer aux plus pauvres un minimum vieillesse, garantir le droit de tous à la santé par le biais d'un système public unique. Convaincus que les nouvelles recettes fiscales attendues ne couvriraient pas les coûts de ces réformes sociales, les marchés financiers se sont affolés. Petro a aussi effrayé les petites entreprises en annonçant une réforme du travail qui augmenterait les charges salariales. Il a encore inquiété en proposant une transition énergétique (pas de nouveaux contrats d'exploitation pétrolière et gazière, pas d'extraction de pétrole par fracking et de forages *offshore*, priorité au solaire et à l'éolien) nécessaire à terme, mais trop brouillonne. Le secteur des mines et des hydrocarbures assure 56 % des revenus d'exportation, 11 % des recettes fiscales et représente près du tiers des investissements directs étrangers, essentiels au financement du déficit courant du pays.

G. Petro croyait que les réserves connues de brut et de gaz seraient suffisantes pour couvrir la consommation intérieure jusqu'à 2042. En février 2023, il a reconnu que sa stratégie pourrait mettre en péril l'autosuffisance énergétique du pays qui devra importer des hydrocarbures. Bogota a alors annoncé que l'exploration serait maintenue, sans plus de précisions. Le revirement a aggravé le climat d'incertitude pesant sur l'ensemble des industries extractives et précipité la dépréciation du peso. Les revirements du pouvoir fragilisent l'excédent commercial et tétanisent les investisseurs étrangers déjà préoccupés par un contexte politique très dégradé. En avril 2023, Gustavo Petro a écarté de son cabinet deux ministres issus d'un centre sans l'appui duquel il n'a pas de majorité au Congrès. Depuis, les réformes annoncées piétinent. Les réseaux criminels se développent. La violence augmente. La popularité du président s'effondre. L'an passé, ses alliés ont connu une sévère défaite aux élections régionales. Il est menacé de destitution par le Congrès qui a ouvert une enquête sur un possible financement de sa campagne par le narcotrafic. La croissance modeste annoncée pour 2024 (liée à la désinflation et à l'assouplisse-

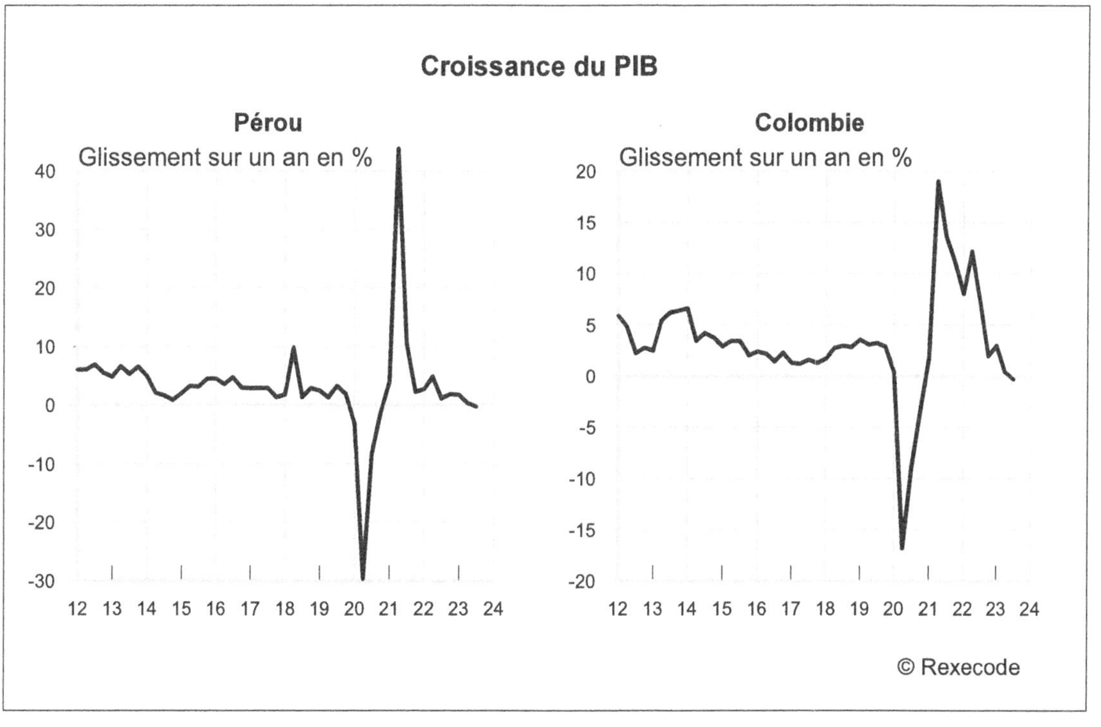

ment monétaire engagé fin 2023) ne va pas restaurer la crédibilité d'un pouvoir de gauche fragilisé.

Au Chili aussi, le président de gauche Gabriel Boric (investi en mars 2022) s'était engagé à privilégier la préservation de l'environnement et l'inclusion économique et sociale (renforcement des systèmes publics d'éducation et de santé, nationalisation des caisses de retraite privées, amélioration des conditions de travail, extension des droits des Indiens). Il voulait encore promouvoir une nouvelle Constitution pour remplacer la Loi fondamentale en vigueur depuis le régime Pinochet (1973-1990). La mise en œuvre de ce programme s'est avérée difficile. L'exécutif ne dispose pas de majorité au Congrès et doit négocier chaque projet de loi avec les parlementaires du centre et de droite. Pendant un court état de grâce, il a fait adopter un relèvement des royalties minières et du salaire minimum et la réduction de la semaine de travail. En mars 2023, le Congrès a rejeté un paquet de mesures fiscales (nouvel impôt sur les sociétés, suppression des exemptions, impôt nouveau sur les revenus des plus riches, lutte contre la fraude, taxes écologiques) destiné à financer une grande partie du programme social annoncé. L'exécutif n'a pourtant pas renoncé à adopter de

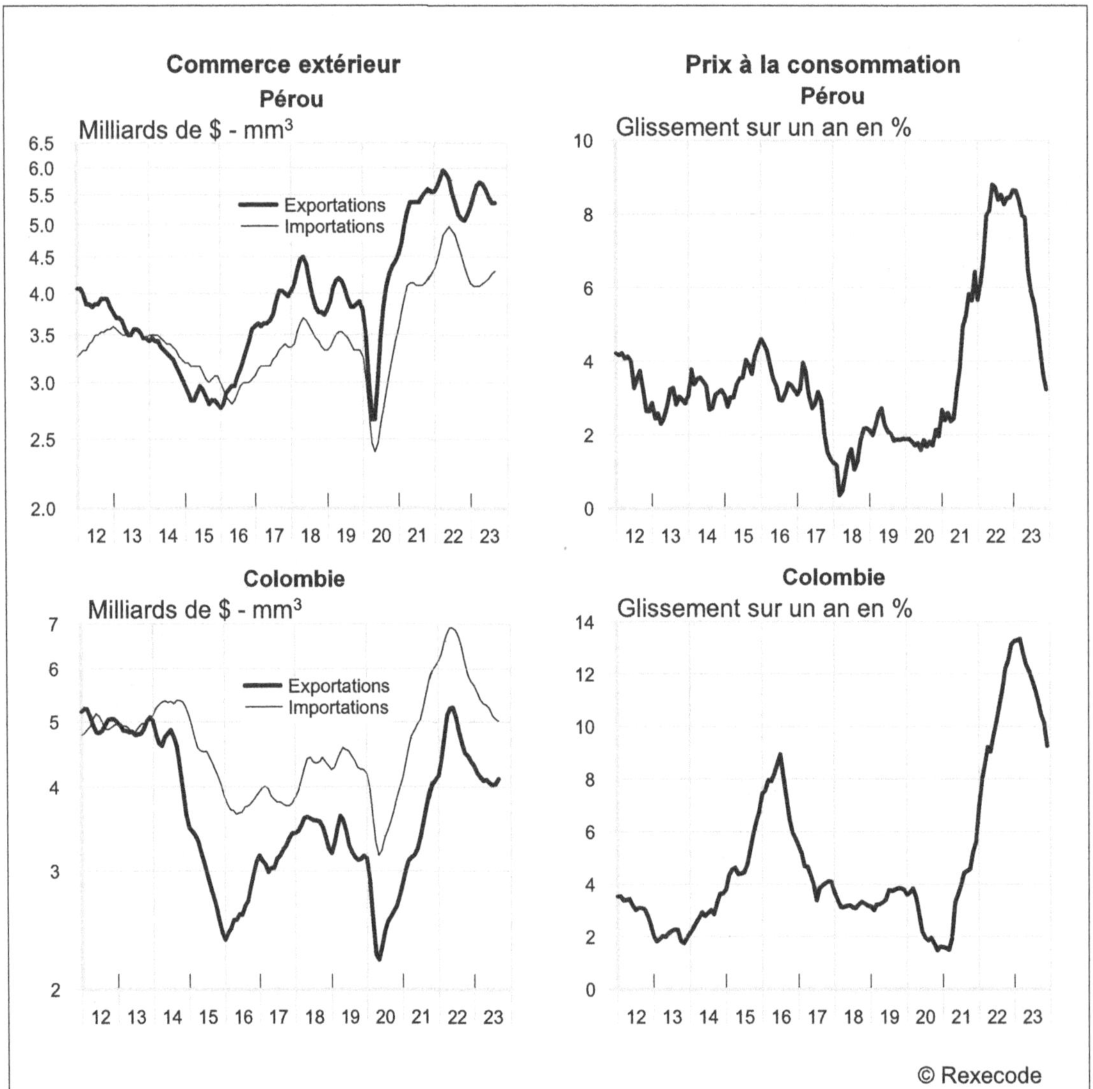

nouveaux impôts. L'incertitude ainsi créée et entretenue pèse sur la confiance des entreprises. Le climat politique est aussi alourdi par l'échec du projet de réforme constitutionnel. Le premier texte proposé par la gauche a été rejeté lors du référendum de septembre 2022. Un Conseil constitutionnel dominé par la droite a alors élaboré un second projet de réforme très conservateur qu'une majorité de Chiliens a refusé en décembre 2023.

Ces tensions politiques expliquent la quasi-récession de l'année passée. Elles affectent ainsi la branche minière (cuivre, lithium, molybdène, argent) qui représente en moyenne entre 13 et 14 % du PIB, près de 59 % des exportations et 11 % des emplois formels. Le secteur était déstabilisé depuis 2022 par le ralentissement de la Chine (qui consomme 58 % de l'ensemble des minerais extraits au Chili et absorbe 57 % des seules exportations de cuivre). La politique minière nationaliste de Boric aggrave ce contexte. Elle prévoit que les exploitants miniers occidentaux déjà installés dans le pays (BHP, Anglo-American) ne participeront pas à l'essor de l'extraction du lithium (le pays est le deuxième producteur mondial et détient les plus importantes réserves connues). Cet essor sera assuré par le consortium créé par la compagnie nationale Codelco et son partenaire chinois SQM qui doivent former un consortium pour doubler l'extraction de lithium dans le désert d'Atacama. Ces projets sont soumis au Congrès qui bloque. S'il les valide, BHP ou Anglo pourraient abandonner tous leurs projets miniers au Chili. Sans le concours de ces exploitants, le pays ne profitera pas de la forte croissance de la demande de lithium prévue d'ici à 2040. Dans ce climat politique délétère, la croissance chilienne ne dépassera pas 1,9 % en 2024. Si cette croissance ne s'améliore pas en 2025, Boric (dont la cote de popularité est en baisse depuis 2023) ne sera pas réélu en 2026. La gauche n'aura alors fait qu'un court passage à la tête de l'État chilien.

Le Venezuela chaviste fait diversion

Entre 2014 et 2020, le PIB du pays s'est effondré (– 75,5 % en cumul). Le taux de pauvreté a grimpé en flèche : la moitié des 28 millions d'habitants vivaient dans la misère en 2023. Crise économique extrême, glissement du régime chaviste vers la dictature, violence endémique : plus de 7 millions de Vénézuéliens ont fui vers les pays voisins depuis 2014. Après la crise du covid, avec la hausse des cours du pétrole (liée à la guerre en Ukraine) et la reprise de la consommation (favorisée par la dollarisation *de facto* de l'économie), l'activité a connu un rebond qui devrait se prolonger en 2024, mais reste fragile. Pillée par le régime chaviste corrompu, privée de capacités d'investissements et de compétences, la compagnie pétrolière PDVSA ne parvient pas à relancer une production d'or noir qui a fortement chuté depuis une décennie. La dollarisation n'est pas régulée par une politique officielle, l'État est démantelé et ne fournit plus les services publics de base. Le crédit international est limité et le système bancaire national a été désorganisé. L'exode a concerné essentiellement la population active. Le Venezuela est devenu un pays de vieux et d'enfants. La reprise observée depuis 2021 concerne le commerce et des services et repose sur un boom de la consommation entraînant un afflux de biens durables importés. Le rebond n'a entraîné aucun réveil de l'activité ni de nouveaux investissements dans les secteurs de l'exploitation minière, du pétrole et des industries manufacturières.

Le pouvoir chaviste continue d'imputer ses déboires aux sanctions américaines. Résignée et lassée, la population n'est pas dupe. Elle survit grâce aux transferts des Vénézuéliens exilés. En prévision de l'élection présidentielle de fin 2024, Maduro joue sur la fibre nationaliste pour remobiliser la clientèle de son régime. Il ravive le vieux conflit territorial qui oppose son pays au Guyana voisin. Enjeu : le contrôle de l'Essequibo, un territoire administré par le Guyana et très riche en or noir (depuis 2015, le géant américain Exxon-Mobil y a découvert d'énormes réserves), en gaz et en diamants… Maduro menace donc d'envahir la région et d'en faire une province vénézuélienne. Fin 2023, il a concentré ses troupes à la frontière puis ordonné à PDVSA d'octroyer des licences d'exploitation de pétrole, de gaz et de minerais dans la zone contestée. Les compagnies qui produisent déjà du pétrole sur la zone ont été intimées de quitter les lieux, ce qu'elles feront difficilement. L'Essequibo fait partie d'une zone allant du Venezuela au Surinam qui détient les plus grandes réserves de pétrole connues aujourd'hui sur la

Argentine

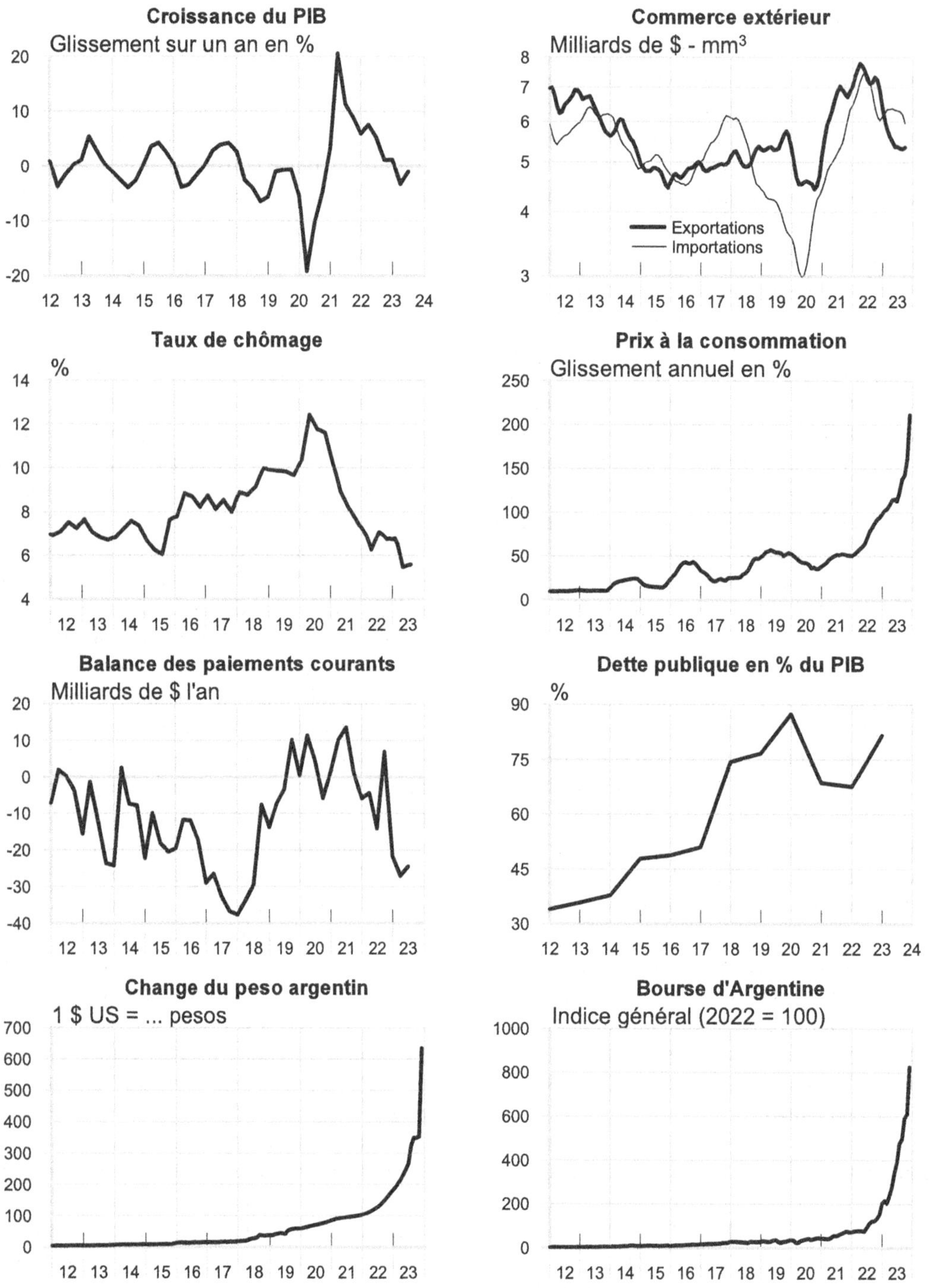

© Rexecode

planète. Préoccupés par leur approvisionnement à moyen et long terme, les États-Unis ont tout intérêt à ce que cette région proche reste stable. Alliés du Guyana, ils disposent de bases militaires dans l'Essequibo. La compagnie pétrolière chinoise CNOOC détient une participation de 30 % dans les concessions accordées sur le territoire revendiqué par Caracas. Pékin est pourtant un des tuteurs (avec Moscou) d'un Maduro qui a besoin de faire diversion, mais n'a pas les moyens de conduire une offensive armée sur le territoire de son voisin. Ces gesticulations suffisent pourtant à faire de la région un nouveau foyer de tensions en Amérique du Sud et entre les grandes puissances.

Argentine : la fin du péronisme ?

Le bilan du gouvernement péroniste du président Fernandez est tragique. Entre fin 2019 et fin 2023, l'inflation cumulée a été de 850 %. Au taux de change officiel, le dollar s'est apprécié de 500 % par rapport au peso. Fin 2023, le taux d'intérêt de base était de 144 % par an, un niveau suffisant pour tuer la croissance, mais trop faible pour lutter efficacement contre l'envolée des prix et contenir les anticipations d'inflation. Après un rebond post-covid en 2022, le PIB s'est contracté de 2,5 % en 2023. Il est aujourd'hui au même niveau qu'il y a dix ans. Le pays devrait être à nouveau en récession en 2024. Ce mouvement cyclique alternant expansion et crises est ancien en Argentine, aussi ancien que le modèle économique et social créé sous la dictature du nationaliste Péron dans les années quarante et que le pays a conservé peu ou prou depuis.

Ce modèle a trois dimensions. Interventionniste, l'État a construit et maintenu une industrie nationale protégée : fortes barrières commerciales, crédits subventionnés aux firmes nationales, contrôle d'un vaste secteur public productif. Péron avait aussi créé un État-providence qui a été renforcé au fil du temps. Le secteur de la population inséré dans l'économie formelle (fonctionnaires, salariés de l'industrie et des services) bénéficie de la Sécurité sociale (maladie, retraite, accidents du travail, chômage) et d'une législation du travail protectrice. Administrations et entreprises nationalisées offrent des salaires élevés sur lesquels les firmes privées doivent s'aligner. Troisième volet et contrepartie : des syndicats de travailleurs puissants assurent la paix sociale si l'État reste généreux. Une bureaucratie d'État surpeuplée et surpayée associée aux syndicats forme le centre du pouvoir en Argentine. Un système clientéliste permet aux deux institutions de protéger les insiders du système : patronat national, salariat syndiqué des administrations publiques et des grandes firmes nationalisées et privées.

La perpétuation de ce modèle génère un essor régulier de la dépense publique (de 24,7 % du PIB en 1983 à 42,8 % en 2022, par exemple), induit surtout par la progression des transferts sociaux. Elle impose un alourdissement de la pression fiscale : la part des impôts et taxes dans le PIB était de 32 % en 2023 (niveau record sur le continent), contre 15 % en 1990. L'inflation galopante n'est pas un accident : les recettes fiscales croissantes ne suffisent pas à financer l'État prodigue. Ainsi, au cours des dix dernières années, le déficit budgétaire moyen a été de 5 % du produit intérieur brut. Il a été financé par des emprunts, de l'endettement et… par la création monétaire. En dépit de crises incessantes, le modèle a pourtant perduré tant que son coût pesait d'abord *in fine* sur les outsiders du système, les millions de travailleurs pauvres de l'économie informelle.

Au fil du temps, ces *outsiders* sont devenus plus nombreux (quatre Argentins sur dix vivaient en dessous du seuil de pauvreté en 2023). Le poids croissant des charges (salaires, impôts et taxes), un interventionnisme économique pesant (contrôle des prix, du change) ont affaibli l'industrie nationale (la production stagne depuis vingt ans) et contribué à la réduction de l'emploi formel (aujourd'hui 36,7 % de la population dépend de l'économie informelle). Sous le gouvernement Fernandez, le recours au financement monétaire des déficits est devenu systématique (la quantité de monnaie en circulation a été multipliée par plus de quatre entre janvier 2020 et mars 2023). Le ratio dette publique/PIB dépasse les 116 % contre 77,3 % fin 2019. Après plusieurs défauts sur sa dette, l'Argentine n'a toujours pas accès aux marchés financiers internationaux et l'État est incapable de faire face à ses engagements extérieurs. La balance courante a été déficitaire en 2022 et 2023. La grande sécheresse du début de 2023 a diminué les récoltes des cultures de base (maïs, soja...) et réduit les recettes d'exportation. Les réserves de change sont en chute libre. Elles étaient tombées à $ 18,6 milliards (trois mois d'importations) à la veille de l'élection présidentielle d'octobre 2023, contre le pic de $ 65 milliards en 2019 (seize mois d'importations).

C'est un homme qui se revendique du libéralisme le plus radical qui a succédé à Fernandez en décembre 2023. Le catalogue impressionnant de décrets-lois que Xavier Milei a rapidement soumis au Congrès argentin marque une rupture nette avec le modèle économique et social hérité du péronisme. Le nouveau président préconise en effet des coupes drastiques dans les dépenses publiques (réduction puis élimination des subventions à la consommation d'électricité et aux transports urbains, suspension des appels d'offres pour divers investissements publics, réduction des effectifs et gel des salaires dans les administrations), d'amples privatisations, la suppression des subventions et exemptions fiscales favorisant des entreprises industrielles et commerciales, la libération des loyers, l'augmentation des taxes sur les importations. Milei veut encore éliminer le contrôle des prix et les restrictions à l'exportation (des instruments inefficaces de lutte contre l'inflation qui génèrent des pénuries). Surtout, il entend interdire le financement du déficit public par la création monétaire. À l'État prodigue et protecteur des *insiders*, ce président libertarien et volontiers populiste veut substituer un État minimal. Dès sa nomination, le nouveau ministre de l'Économie a annoncé un tour de vis budgétaire (réduction des transferts de l'État fédéral aux provinces et du nombre des ministères, suppression des emplois d'agents et de fonctionnaires de l'État recrutés depuis moins d'un an). Il a cependant maintenu les aides sociales et les allocations aux plus modestes. Le peso a été dévalué de 55 % par rapport au dollar, ce qui a un impact inflationniste, mais introduit un peu plus de réalisme dans le système des prix.

Milei n'a pas caché aux Argentins que sa politique sera douloureuse à court et moyen terme. La mise en œuvre des mesures annoncées va aggraver la récession annoncée, accroître le chômage, alimenter l'inflation (dévaluation, suppression des subventions qui réduisent les prix de l'électricité et des transports urbains) et la pauvreté grandissante (élimination d'allocations diverses). Le président peut durer et convaincre si la phase de douleur ne s'éternise pas et s'il garde la confiance de la majorité des Argentins. Le succès personnel de Milei à l'élection présidentielle contraste avec la faiblesse politique de son parti au Congrès. Il doit rallier le centre-droit pour disposer d'une courte majorité et affronter l'opposition menée au Congrès par le parti péroniste et dans les rues par les syndicats. Pour compter sur le soutien ferme de cette force, il devra abandonner des mesures radicales annoncées pendant la campagne électorale (dollarisation, suppression de la banque centrale). L'aventure Milei peut aussi être très courte si la classe politique et la population ne supportent pas le traitement douloureux imposé. De nombreux Argentins connaîtront alors la douleur... et les larmes.

Dans un contexte politique très difficile, Milei a deux atouts. La majorité de la population est désormais convaincue que l'État-providence et interventionniste est un appareil coûteux, inefficace et bureaucratique et qu'il ne peut pas répondre à ses besoins essentiels : stabilité de la monnaie, emploi, sécurité et logements abordables. Milei bénéficie aussi du soutien du Fonds monétaire international. L'Institution a promis une nouvelle tranche d'aide ($ 4,7 milliards) qui permettra à l'Argentine de lui rembourser des prêts antérieurs. En contrepartie, Buenos Aires s'est engagé à atteindre un excédent primaire de 2 % du PIB cette année et à reconstituer ses réserves de change. Milei peut encore compter sur le soutien politique de Washington. Après avoir refusé l'invitation faite à l'Argentine d'intégrer les BRICS, le président libertarien entend remettre en cause le fonctionnement du Mercosur, une union douanière qu'il trouve trop protégée, destinée en fait à garantir des marchés au voisin brésilien. Un voisin avec lequel les relations s'annoncent très difficiles.

Lula 3 : mornes horizons

Au Brésil, l'année 2023 s'est terminée avec un taux de croissance de 3 %, bien supérieur aux prévisions. La nette désinflation a permis à la banque centrale d'engager un desserrement monétaire. Son taux directeur (ramené de 13,75 % à 11,75 % entre fin 2022 et fin 2023) reste cependant un des plus élevés du monde en termes réels. Trois autres facteurs ont soutenu l'activité. En début d'année, une récolte exceptionnelle (au moment où les concurrents argentins et nord-américains souffraient de la sécheresse), des prix rémunérateurs et d'importants débouchés à l'exportation ont dynamisé le secteur agricole. La consommation des ménages a été favorisée par des mesures budgétaires expansionnistes (renforcement de programmes sociaux) et par la résilience du marché du travail. La contrepartie de cette augmentation de la dépense publique est une dégradation des comptes de l'État. Les exceptions légales introduites dans le nouveau mécanisme de contrôle budgétaire mis en place en 2023 favorisent le laxisme dont use et abuse le président Lula. Les dépenses fédérales ont progressé plus vite que les recettes. Alors que les comptes publics s'amélioraient sur les deux exercices antérieurs, 2023 aura été marqué par le retour d'un solde primaire négatif (1,2 % du PIB). Après paiement des intérêts de la dette publique, ce déficit a atteint plus de 8 % du PIB. Cette dette a progressé, passant de 72,9 % du PIB fin 2022 à 78 % un an après.

La croissance atteinte en 2023 s'accompagne d'une baisse de l'investissement productif, déjà très insuffisant sur les dix années antérieures. Il a absorbé 17,8 % du PIB en 2022 et autour de 17 % l'an passé. Il faudrait que ce taux atteigne 20 % pour que le pays entretienne les infrastructures existantes, modernise et augmente sa capacité de production, croisse davantage sans connaître un regain d'inflation. Le taux idéal serait même de 25 %, permettant une expansion de 5 % par an à moyen terme. En 2024, la croissance anticipée sera bien inférieure à ce chiffre et à celui de 2023. Les miracles agricoles ne se répètent pas tous les ans. L'environnement international sera moins porteur (tassement de la croissance chinoise). Déjà très endettés, les ménages limiteront leur consom-

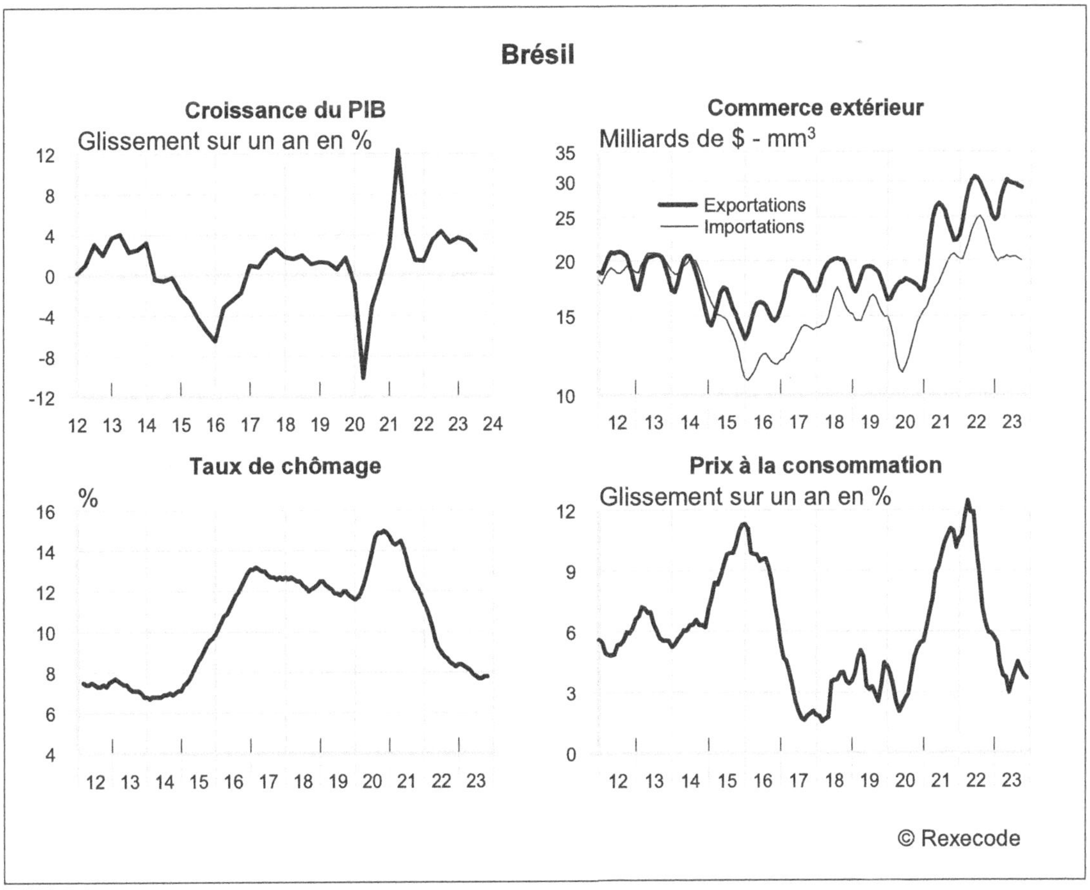

mation. La banque centrale maintiendra la rigueur monétaire. Quant à l'investissement productif, il ne devrait augmenter que de 1,4 %. Le potentiel de croissance du Brésil restera donc très limité même au-delà de 2024.

La dynamique de l'endettement public empêche une réduction durable des taux d'intérêt à court et long terme. Le coût du capital est donc très élevé, ce qui freine l'investissement privé. Il est plus intéressant et moins risqué pour un investisseur local ou étranger d'acquérir des titres de la dette publique que d'investir dans un projet d'expansion et de modernisation des capacités de production. Lorsqu'il choisit cette dernière option, l'entrepreneur opère sur un marché national protégé et doit composer avec une bureaucratie pesante, arbitraire et une réglementation touffue. Sur ce dernier terrain, en 2023, le ministre de l'Économie de Lula est parvenu – grâce à l'appui du Congrès – à lancer un chantier majeur : une réforme simplifiant les impôts. Le premier volet déjà adopté substitue à diverses taxes une TVA. Un second volet, prévu pour 2024, réformera et simplifiera les impôts sur le revenu (dividendes inclus) des personnes physiques et morales. La nouvelle législation fiscale est essentielle pour améliorer l'attractivité et la compétitivité du pays et ainsi augmenter le PIB potentiel brésilien. Il faut néanmoins aller plus loin pour favoriser l'investissement privé et public. L'État doit réduire et contrôler ses dépenses courantes (rabotage des énormes privilèges de la haute fonction publique et des élus, abandon des régimes spéciaux de retraites et de pensions exorbitants), privatiser nombre d'entreprises nationalisées souvent déficitaires. L'espace ainsi dégagé permettrait de financer sans déficit des investissements de recherche, de défense, de sécurité et d'assistance aux plus démunis. Une discipline budgétaire crédible et durable conduirait la banque centrale à flexibiliser

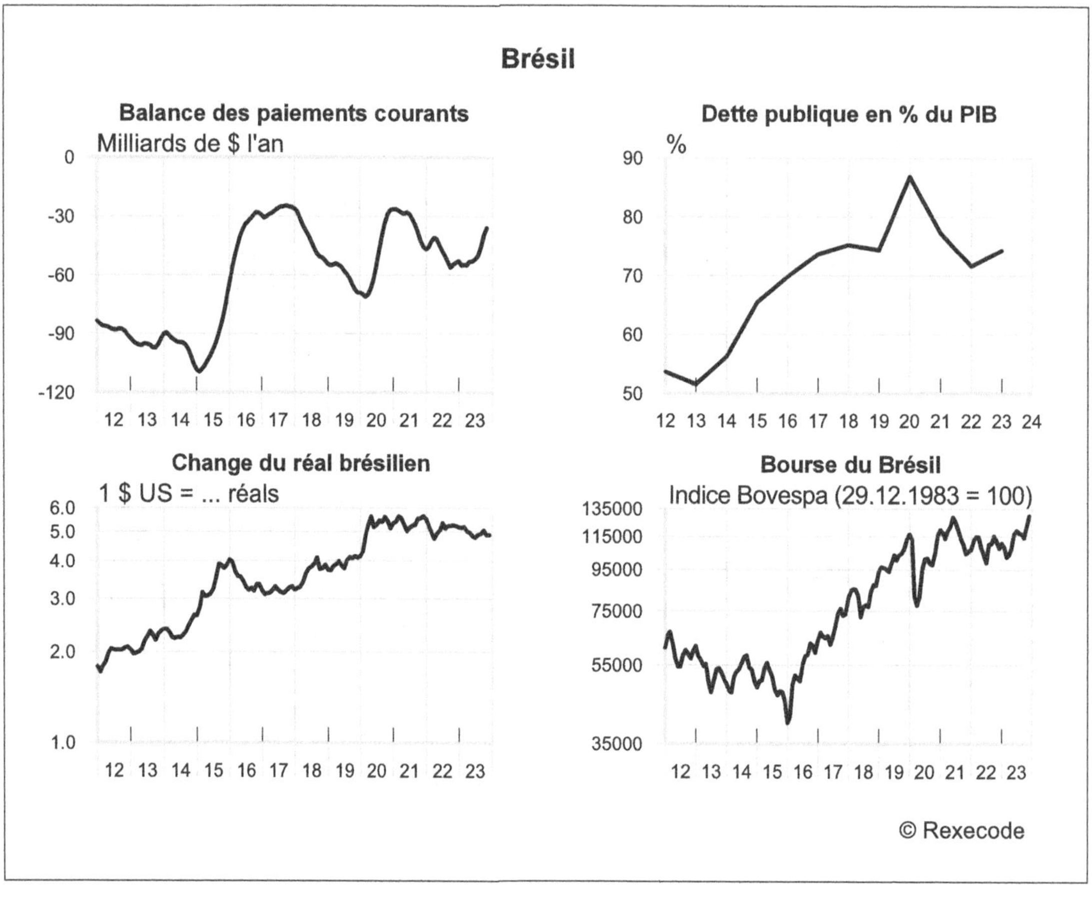

sa politique monétaire. Le Trésor pourrait cesser d'emprunter et de maintenir à cette fin des taux élevés et attractifs.

Ces changements décisifs, ni la gauche de Lula, ni la majorité de droite au Congrès ne sont disposés à les réaliser. Pour la première, l'État commande la croissance en pratiquant une politique budgétaire expansionniste. La stabilité des prix n'est pas un enjeu et la politique monétaire doit être adaptée aux objectifs budgétaires. L'accroissement de la dépense publique stimule la demande et entraînera l'essor de l'investissement privé. Le gouvernement a lancé en avril 2023 un Plan d'Accélération de la Croissance qui doit conduire les firmes publiques (Petrobras notamment) à investir massivement. L'expérience montre pourtant que la recette ne fonctionne pas. Qu'importe : les enjeux sont ailleurs. Les nombreux chantiers engagés représentent des postes de direction et des emplois protégés pour la clientèle du pouvoir. Pour la droite majoritaire au Congrès, la rigueur budgétaire est aussi contraignante. Elle conduirait à la suppression ou au gel des crédits dont les parlementaires abusent pour satisfaire leurs électeurs et alliés politiques locaux. L'exécutif fédéral et le pouvoir législatif convergent donc pour maintenir le laxisme budgétaire et laisser filer la dette. Tant que les titres offerts sur le marché financier sont assortis de taux rémunérateurs et que la solvabilité du Trésor n'est pas questionnée, les investisseurs jouent le jeu. Au moindre doute, ces derniers seront conduits à exiger des taux prohibitifs ou pourront se dérober. Il faudra alors que la banque centrale finance les déficits par création monétaire. Le retour garanti d'une inflation élevée provoquera un tassement rapide de l'investissement… Au Brésil, ce doute peut surgir dès 2024, une année d'élections municipales, c'est-à-dire de largesses budgétaires. Le Brésil connaîtra alors après la fête le retour de l'instabilité des prix et le maintien d'une croissance médiocre.

Dix-huit mois après le retour de Lula au pouvoir, le sentiment général est de malaise. La polarisation politique s'accentue. Le président n'a pas de majorité stable au Congrès. Au soulagement des marchés et d'une bonne moitié de la population, le gouvernement n'est donc pas parvenu à remettre en cause les réformes dites libérales engagées avant 2023 et qui ont amélioré la situation économique et sociale : autonomie de la banque centrale, flexibilisation du marché du travail, privatisations, premier ajustement des retraites. Le président déçoit donc son camp. Le laxisme budgétaire, la distribution de postes ministériels et

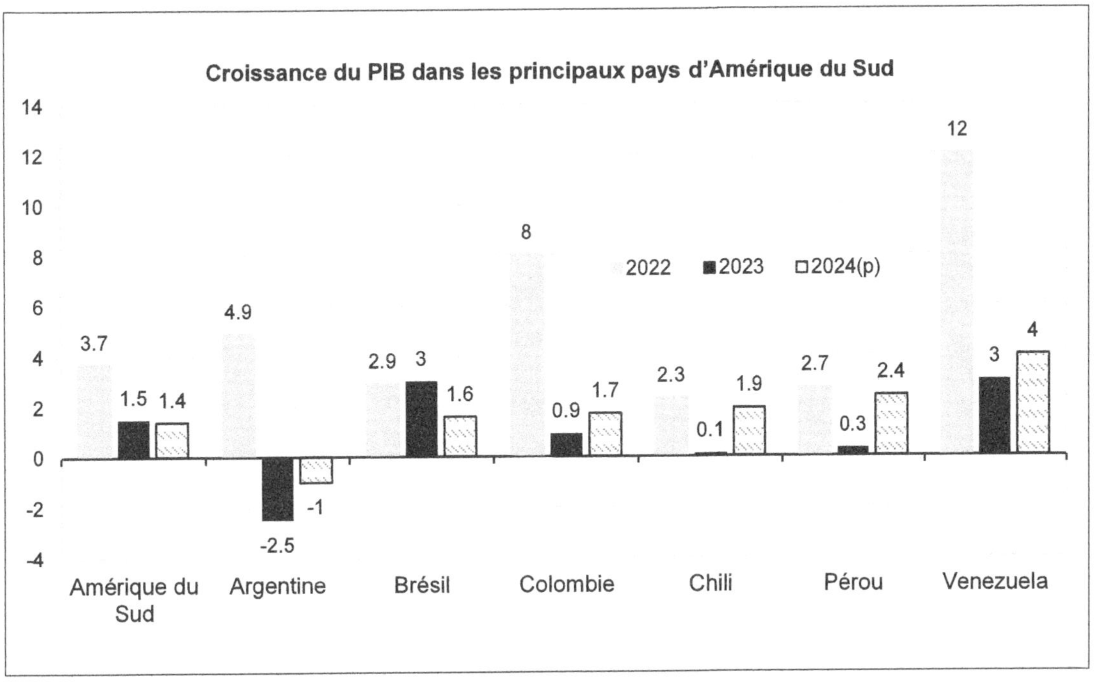

de prébendes aux partis du centre permettent de faire adopter les rares textes qui font consensus (la réforme des impôts, par exemple). La politique étrangère n'est pas celle que veut la majorité des Brésiliens : elle ancre le pays dans le camp des États qui forment un axe contre l'Occident, le fameux « Sud global ». De plus en plus dépendant des exportations de matières premières et du marché chinois, le Brésil accepte de n'être qu'un vassal de Pékin au sein des BRICS. Candidat officiel à une adhésion à l'OCDE depuis des années, il ne rejoindra pas de sitôt l'organisation. Les réformes qu'il devrait engager (ouverture commerciale, ajustement des comptes publics, privatisations, modernisation du système éducatif, etc.) pour intégrer le club sont contraires au catéchisme de la gauche : un catéchisme qui va le séparer de l'Argentine si Milei réussit qui le sépare déjà de son voisin uruguayen libéral et l'empêche de conclure des négociations en vue d'une association du Mercosur avec l'Union européenne, ou de profiter de la nouvelle vague d'investissements industriels liée à la relocalisation des firmes nord-américaines sur le continent.

Lula condamne un Brésil déchiré à une croissance médiocre. Cultivant les archaïsmes, il contribue à nourrir les divisions au sein du continent sud-américain. Les troisièmes mandats présidentiels sont souvent des échecs. Celui de Lula s'annonce déjà bien morne.

Russie : *le keynésianisme de guerre*

On prédisait le pire pour l'économie russe. Après une année 2022 difficile, le choc financier dont ont bénéficié les industries de défense et une conjoncture encore favorable pour les exportations de pétrole ont permis à la Russie de redresser la barre en 2023.

Le dimanche 17 mars 2024, Vladimir Poutine était « réélu » à la tête de la Russie pour une durée de six ans. Si ce nouveau mandat va à son terme, l'ancien chef du FSB égalera le record de longévité de Staline dont le règne avait duré trente ans, six mois et treize jours. Cette réélection, même si elle a été obtenue dans les conditions que l'on sait, valide un concept auquel beaucoup de Russes sont attachés, « *stabilnost* » pour stabilité. Sur le plan de la politique intérieure, cette stabilité est le produit d'un autoritarisme implacable qui rend impossible toute tentative de recherche d'une alternative, voire toute manifestation d'opposition comme l'ont montré la disparition tragique d'Alexandre Navalny et les lourdes peines de prison prononcée à l'encontre d'activistes ou de journalistes. Mais le plus étonnant est que cette stabilité s'est étendue aussi au champ économique alors que quelques semaines avant que le Kremlin ne déclenche sa guerre contre l'Ukraine, la crème des économistes russes avait alerté Vladimir Poutine sur les conséquences dramatiques d'une telle décision, anticipant une chute du PIB de 30 % en deux ans, des taux d'intérêt à 35 %, une panique sur les marchés financiers et un appauvrissement général de la population. Or rien de tout cela ne s'est produit pas plus en 2022 qu'en 2023. En 2023, la Russie a même affiché la plus forte croissance du PIB de tous les pays du G7, à 3 % et il pourrait en être de même en 2024 si l'en croit les prévisions du FMI qui anticipent une croissance de 2,6 %. Cette résilience nourrit abondamment la rhétorique de Vladimir Poutine depuis des mois, sur le thème : « Ils (les Occidentaux) nous prédisaient le pire, le déclin, la faillite. Ils ont échoué, notre économie se porte mieux que les leurs. »

« Une station-service qui produirait des tanks »

En réalité, cet apparent succès est le fruit d'une nouvelle doctrine, le « keynésianisme de guerre » pour reprendre l'expression de Vassily Astrov, un économiste de l'Institut des études économiques internationales de Vienne et qu'une de ses collègues du *Peterson Institute for International Economics*, Elina Ribakova, a résumé dans une formule plus prosaïque : « L'économie russe aujourd'hui, c'est une station-service qui produirait des tanks ». Rompant en effet avec une stratégie

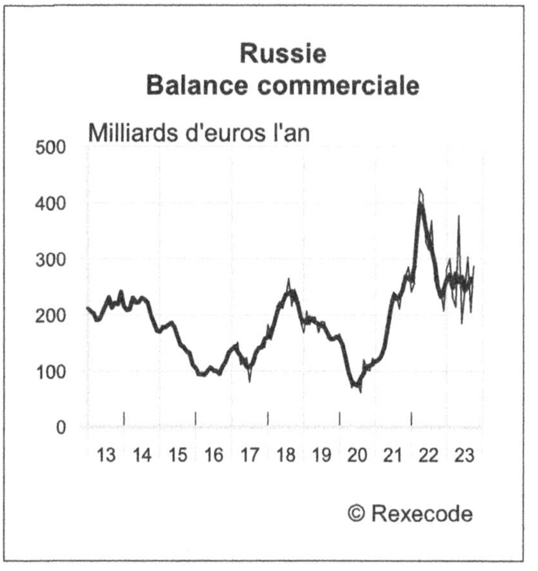

plutôt prudente en matière de dépenses publiques, Vladimir Poutine a desserré tous les freins : le budget global de l'État a atteint plus de $ 350 milliards en 2023, celui de 2024 est prévu à $ 366 milliards, dont $ 107 milliards consacrés à la défense. Cette soudaine augmentation des dépenses militaires est évidemment une rupture totale avec la stratégie de la Russie postcommuniste et constitue un obstacle majeur à la diversification de l'économie. Mais comme l'a dit le ministre des Finances, Anton Siluanov devant les députés de la Douma en septembre, lors du vote du budget 2024 : « Tout pour le front, tout pour la victoire », ressuscitant ainsi un fameux slogan soviétique datant de la Seconde Guerre mondiale.

La Chine et l'Inde absorbent 80 % des exportations russes de pétrole

Si ce keynésianisme de guerre trouve en Russie un terrain propice, c'est parce que, contrairement à ce que beaucoup d'économistes avaient anticipé, les revenus pétroliers de la Russie ont résisté à toutes les sanctions ou menaces. Entre 2022

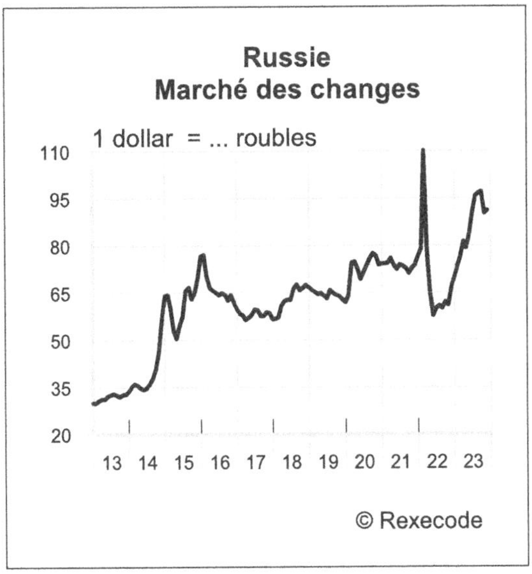

et 2023, les producteurs de pétrole russes ont réussi à rerouter des millions de barils/jour de brut d'Europe vers l'Asie. Près de 80 %, du pétrole russe est exporté vers l'Inde et la Chine, alors qu'avant la guerre l'Europe en absorbait 40 à 50 %. Et en 2023, la Russie a exporté pour environ $ 100 milliards de pétrole et de gaz, soit un niveau similaire à 2021, ce qui représente près du tiers du PIB et 57 % des revenus d'exportation. Certes, le gouvernement cherche à augmenter ses recettes fiscales ailleurs que dans le secteur énergétique, notamment en « taxant » lourdement les entreprises étrangères qui ont quitté le territoire ou en augmentant considérablement les taxes sur l'alcool par exemple, mais ces recettes « de poche » restent marginales. Certes, la situation des finances russes s'est dégradée, mais pas dans des proportions considérables. Le déficit budgétaire atteindra probablement 2 % en 2024, financé par des émissions obligataires et des ponctions dans le *National Wealth Fund*. À la fin 2023, les réserves de change atteignaient encore près de $ 200 milliards.

Les sanctions occidentales mises en échec

L'une des grandes leçons que les économistes tireront de la guerre de la Russie en Ukraine est donc que les sanctions économiques internationales n'ont pas produit les effets escomptés. Certes, elles ont atteint des personnalités proches du Kremlin, saisi des actifs financiers et immobiliers, gelé certains avoirs de la Fédération à l'étranger, imposé un prix maximum sur le brut en provenance de Russie, empêché l'importation de certains produits industriels et de technologies de pointe. Sur le papier, ce dispositif semblait complet et de nature à ébranler l'économie russe. Mais il s'est heurté à « l'économie réelle » : certains grands pays ont refusé d'y participer, des systèmes très sophistiqués de contournement des sanctions pétrolières se sont mis en place, des produits « critiques » ont continué d'atteindre la Russie grâce à des pays non parties prenantes aux sanctions comme la Chine ou l'Inde, mais aussi des pays pourtant alliés des États-Unis comme Taïwan. Et la Chine s'est révélée comme un soutien de poids, à la fois au niveau des échanges, mais aussi du financement de la dette extérieure. En 2023, les échanges entre la Chine et la Russie ont atteint le chiffre record de $ 240 milliards avec des exportations chinoises en hausse de près de 50 %.

Malgré la guerre, les Russes continuent de consommer

L'autre crainte potentielle concernant les effets de la guerre était relative aux conditions de vie des Russes et à l'évolution de la consommation des ménages face à la montée de l'inflation. La hausse des prix est relativement bien maîtrisée, compte tenu des circonstances : + 7,4 % en 2023 contre 11,9 % en 2022. Il était essentiel pour le gouvernement que les Russes souffrent le moins possible de l'effort de guerre dans leurs revenus et c'est ce qui s'est produit notamment dans les villes, même si les « *usual suspects* » que sont les retraités et les fonctionnaires sont restés un peu à la traîne. On a même constaté un boom sur le logement, avec une croissance de 72 % des prêts immobiliers largement due à une politique de taux d'intérêt subventionnés par l'État pour soutenir l'activité de la construction. En outre, la solde des militaires mobilisés sur le front ukrainien est de l'ordre de $ 2 000 par mois, une somme bien supérieure au salaire moyen (environ $ 500) et les familles des soldats tués au combat peuvent percevoir plusieurs dizaines de milliers de dollars d'indemnités, ce qui contribue à soutenir la consommation.

Après l'addiction au pétrole et au gaz, la dépendance à la défense

Si la Russie trouve aujourd'hui les moyens de financer sa guerre, il n'en demeure pas moins vrai que le système économique dans lequel elle s'est engagée comporte de sérieux risques à moyen terme. Le premier est une hyperconcentration de l'industrie autour de la défense qui aurait créé ces deux dernières années plus de 50 000 emplois, mais souffre encore d'une pénurie de main-d'œuvre (les experts estiment à environ 500 000 le nombre de Russes aujourd'hui mobilisés, auxquels il faut ajouter les quelques centaines de milliers qui ont quitté le pays depuis 2022). Selon le ministère russe des Finances, la production industrielle liée à la défense a augmenté de 35 % en 2023, alors que les activités civiles ont stagné. De fait, après celle du pétrole, l'économie russe est la proie d'une seconde addiction : la production de guerre.

En outre, la concentration du pouvoir économique entre les mains de quelques oligarques, qui a toujours été une faiblesse de l'économie russe, s'est renforcée au fur et à mesure que de grandes entreprises étrangères ont quitté la Russie. Certaines entreprises sont revenues dans les mains de leurs propriétaires d'origine comme la Banque Rossia, ancienne filiale de la Société Générale rachetée par Vladimir Potanine à un prix très inférieur à celui auquel il l'avait vendue. D'autres entreprises ont été « acquises » dans des conditions assez mystérieuses comme Danone ou Carlsberg. Cette concentration du pouvoir est un produit des sanctions, puisque le retrait des entreprises étrangères limite le champ concurrentiel et favorise la création de rentes pour les proches du pouvoir.

Quelle est la soutenabilité de cette économie de guerre dans laquelle est entrée la Russie ? Dans les circonstances actuelles, il est difficile de faire des paris sur le long terme. Tout dépendra de l'évolution des ressources financières de la Russie et donc des cours du brut, de la capacité de l'industrie de défense à produire au rythme nécessaire et donc à trouver à la fois la main-d'œuvre et les composants industriels et technologiques dont elle a besoin, de la résistance de l'Ukraine et de l'acceptation sur le long terme par la société russe du sacrifice humain considérable que la guerre lui impose. Sur aucun de ces paramètres, il n'est facile de nourrir des certitudes. Tout au plus peut-on former l'hypothèse qu'après avoir traversé avec un certain succès l'An II de sa guerre, la Russie affronte l'An III avec une certaine assurance.

Afrique du Nord et Moyen-Orient :

le grand débordement arrive-t-il ?

Depuis dix ans, pour nourrir cet ouvrage, des pages prospectives sont dédiées à l'Afrique du Nord et au Moyen-Orient, espace incontournable pour quiconque s'attelle à observer l'évolution des relations internationales et à hiérarchiser la géographie des lieux de tensions dans le monde : à plus forte raison si la vue porte depuis l'Europe, ce continent inévitablement lié au bassin méditerranéen, cette interface qui le connecte à la fois à l'Afrique et à l'Asie. La trajectoire européenne ne saura jamais être décorrélée de ce qui se passe dans son voisinage méridional, qu'il soit maghrébin, proche-oriental ou moyen-oriental. D'ailleurs, remontons volontiers deux décennies en arrière pour rappeler qu'en 2004 l'Union européenne lançait une Politique européenne de voisinage qui concernait non seulement les pays de l'Est, dont l'Ukraine, mais aussi ceux du sud de la Méditerranée et du Proche-Orient.

Une décade d'escalades

Qu'avons-nous observé depuis dix ans à travers cette chronique déployée ? Un affaissement graduel d'une situation géopolitique et socioéconomique déjà peu favorable, comme si ce bassin méditerranéen débordait peu à peu et inondait de son flot abondant de mauvaises nouvelles les pays riverains et les espaces alentour. En 2014, nous constations que les incertitudes stratégiques dépassaient de loin les points de stabilité dans cette région nord-africaine et moyen-orientale. En 2015, la prolifération des frontières fut le thème dominant. Ce furent ensuite les changements climatiques, les déserts d'avenir et de perspectives pour les jeunes, les transitions mal ou non gouvernées et la soif d'eau qui rythmèrent le développement de ces analyses prospectives. En 2020, nous constations que la décennie 2010 avait été inutile ou presque, et que chaque lueur d'espoir avait été vite balayée. Les révolutions n'ont apporté aucune lumière durable, les migrations de détresse se sont faites plus pressantes et les dynamiques de coopération dans la région se sont délitées considérablement. Il fallut traiter du covid

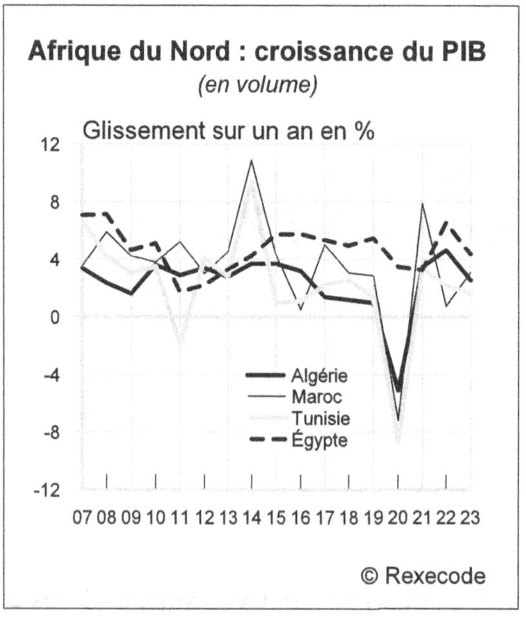

ensuite et de ses effets sur ces pays qui n'avaient pas besoin d'épreuves collectives supplémentaires à traiter. Les risques inflationnistes égrenèrent notre réflexion en 2022. Et en 2023, sans doute pour donner de l'écho aux transformations structurelles à l'œuvre dans le monde, nous mettions l'accent sur la ronde des vents, c'est-à-dire ces multialignements pratiqués par les pays nord-africains et moyen-orientaux, comme pour mieux révéler que ledit « Sud global », si tant est qu'il existe vraiment, commence au sud de la Méditerranée.

Loin de nous l'idée, cette année, de ne regarder que dans le rétroviseur pour cristalliser ce qui se trame dans notre espace. Ce dernier mériterait sans doute, d'ailleurs, d'être questionné comme terrain pertinent d'analyses, tant les fragmentations sont grandes et que nous peinons à identifier les lignes de force qui traversent les pays et les projettent dans une communauté de destin. À part la géographie immuable et têtue par définition, seuls des problèmes semblent rassembler ces nations. Mais il nous semble difficile de ne pas évoquer quelques lignes prospectives proposées en 2014 quand cette chronique s'est installée dans les pages d'ouverture d'un ouvrage cyclopéen s'élargissant à la géopolitique. Que disions-nous à ce moment ? « Les promesses de paix et de développement ne sont que très rarement, voire pas du tout, tenues. La sismicité de cette région est structurelle. Elle fut turbulente par le passé, le reste aujourd'hui et sera encore très instable demain. Les dérapages économiques s'accéléreront à mesure que les transitions politiques et institutionnelles resteront confuses et que les conflits armés dureront. Le cercle sera vicieux : l'incertitude géopolitique continuera à peser sur l'activité économique dans de nombreux pays de la région (…) Au Proche-Orient, la perspective de paix deviendra mirage si le morcellement des Territoires palestiniens s'aggrave. Combien d'autres Gaza apparaîtront en Méditerranée et au Moyen-Orient dans les années à venir ? ». Inutile de multiplier les reprises et citations, disons-le tout de go : rien n'a changé dix ans plus tard. Ou plutôt si : le contexte international ceinturant cet espace régional. Le multilatéralisme se fracture sur l'autel de nouvelles polarisations stratégiques, d'alliances circonstancielles et d'un pragmatisme désinhibé par la majorité des États : un symbole à cette tendance, le retour en grâce du terme de souveraineté, que tous ou presque érigent en parangon de la conduite des affaires publiques.

Les carences européennes

Il en est ainsi de l'Union européenne et de ses États membres, qui non seulement doutent parfois, ou pour certains, de l'intérêt d'un avenir encore commun et qui doivent aussi composer avec la sortie d'une candeur géostratégique où les risques seraient décroissants et le monde en train de converger avec des valeurs européennes. Le logiciel doit changer. Le monde n'attend pas l'Union européenne pour avancer. La montée en puissance (économique, démographique, militaire, scientifique, etc.) de plusieurs nations aboutit mécaniquement à une moindre influence européenne. Ce n'est pas le déclin irréversible de l'Union européenne, c'est son déclassement progressif programmé qu'elle tente de freiner quand tant d'autres accélèrent, quand elle se divise au moment où certains l'ont mise au menu de leur propre agenda géopolitique et quand elle continue à prétendre pouvoir avoir raison sur la bonne marche à suivre pour le futur du monde sans s'apercevoir qu'elle a raison, mais toute seule. Nous ne saurions que trop le répéter : la pandémie du covid a entraîné une périlleuse relocalisation des états d'esprit. Serait-ce oublier que dans le chacun pour soi domine surtout la loi du plus fort ?

Ce qui change pour l'Afrique du Nord et le Moyen-Orient depuis dix ans, c'est donc aussi la grammaire des relations intraeuropéennes et l'appréhension de l'Union européenne à rester ouverte sur le monde extérieur. Autrement dit, depuis Bruxelles et la majorité des capitales européennes, l'espace méditerranéen n'est plus du tout la priorité. L'Italie et l'Espagne cherchent à limiter la casse, mais le font avec des agendas bilatéraux ciblés, autour de problématiques délimitées. Dans une moindre mesure, la Grèce et Malte contribuent à maintenir la Méditerranée dans les débats européens, tandis que la France a eu tendance ces dernières années à développer davantage une politique en direction de l'Afrique, à échouer dans la résolution de certains dossiers, comme la crise sociopolitique au Liban et à tergiverser dans les liens à cultiver avec les pays du Maghreb. Quant au niveau communautaire, non sans raison, l'Union européenne a porté son attention depuis 2022 sur ce qui se joue sur le front oriental, avec la guerre en Ukraine et les dangers que font planer les intentions déterminées du Kremlin à fragiliser les démocraties et les économies européennes. Alors bien entendu, n'accablons pas l'Union européenne et ses États membres de tous les maux de la Méditerranée, de l'Afrique du Nord et du Moyen-Orient ! Mais force est de constater que l'affaiblissement de l'agenda européen vis-à-vis de son voisinage méridional n'a pas favorisé la dynamique de coopération dans cette région hautement inflammable. Le grand débordement pour le coup, c'est précisément que l'Union européenne sous-estime peut-être à quel point les turbulences dans son flanc sud peuvent être aussi déstabilisantes pour ses équilibres intérieurs. Ne nions pas l'urgence et l'importance de ce qui se joue en Ukraine, mais ne soyons pas incapables de mesurer par ailleurs les enjeux géopolitiques qui existent dans cette vaste zone méditerranéenne et dont l'épaisseur stratégique ne cesse de s'épaissir.

Les excès de la Nature

Allons tout d'abord sur le terrain du climat et de ses changements rapides qui font de la Méditerranée l'une des zones de la planète les plus concernées par ces dérèglements météorologiques. Les différents rapports du GIEC n'ont eu de cesse de le souligner, mentionnant l'impérieuse nécessité de réduire l'empreinte anthropique sur les écosystèmes. Les épisodes extrêmes se multiplient, avec l'eau et la terre qui en sont les protagonistes. Une ressource hydrique qui manque cruellement dans certains territoires ou durant de longues périodes, à tel point que la sécheresse plombe les récoltes agricoles et impose des mesures drastiques dans l'usage de l'eau en ville. L'Espagne et le Maroc partagent par exemple cette problématique avec son intensification depuis quelques mois. Mais le stress hydrique concerne tous les pays du pourtour méditerranéen, y compris la France dont les départements du Sud vivent désormais de manière récurrente l'acuité du sujet. L'aridité devient circumméditerranéenne et l'Europe aura à apprendre de ces expériences sous contraintes. Au Moyen-Orient, l'eau constitue assurément l'une des vulnérabilités les plus périlleuses pour l'Iran et l'Irak, alors que les monarchies du Golfe, aux moyens budgétaires conséquents, tentent de pallier par l'innovation technologique cette carence pourtant vitale.

À ce titre, le dessalement de l'eau de mer prend de l'ampleur dans la région. L'Arabie saoudite en reste le leader mondial par le volume traité et Israël, le moteur à l'ingéniosité scientifique pour en optimiser les procédés. Le Maroc s'est depuis peu lancé dans cette course hydrique *via* l'océan, en misant sur la construction d'usines de dessalement pour contrer l'érosion des pluviométries et le manque naturel d'eau sur son sol. Malgré des coûts financiers encore conséquents, le Royaume considère que le devenir de sa sécurité alimentaire passe par la mer. Le dessalement servira à fournir de l'eau potable, dont nous rappelons volontiers ici qu'il s'agit du premier aliment consommé au monde, et à générer des ressources pour irriguer en agriculture. Notons que l'Espagne, avec sa politique de dessalement, raisonne à l'identique. Combien de pays méditerranéens vont devoir s'engager sur cette voie ? Qui en aura les capacités budgétaires cependant ? Est-ce un domaine de coopération multilatérale potentielle ou un énième révélateur potentiel d'inégalités et de stratégies solitaires dans cet espace ? Un peu plus loin, il faudra aussi regarder l'évolution de la géo-ingénierie, car ce que développe la Chine en la matière pourrait demain représenter un axe de diplomatie économique majeur dans la relation de Pékin avec les pays du Moyen-Orient et de l'Afrique du Nord. Faire pleuvoir les nuages, en forçant le climat, après tout, pourquoi pas se diront certains, et tant pis pour les conséquences chez les voisins. Affaire prospective à suivre, mais cela peut constituer un autre grand débordement futur...

Les épreuves climatiques et naturelles sont donc en train de s'amplifier et de devenir plus récurrentes dans la région. Souvenons-nous aussi du caractère sismique de celle-ci, au sens premier et tellurique du terme. La Turquie et la Syrie ont ainsi été frappées par de violents tremblements de terre en février 2023, ayant entraîné la mort de 60 000 personnes et endommagé très sérieusement les infrastructures sur plus de 100 000 km^2. Le Secrétaire général de l'ONU a déclaré qu'il s'agissait d'une des plus grandes catastrophes naturelles mondiales survenues depuis le début du XXIe siècle. Remettons-donc en perspective la trajectoire de cet espace méditerranéen où les pays riverains auront à composer avec des aléas de pluviométrie accrus, avec des sécheresses et des risques naturels plus sévères, avec des transformations bioclimatiques à même de perturber des équilibres déjà fragiles sur le Vivant, végétaux, animaux terrestres ou marins, et bien entendu humains. La viabilité future dans la région est une véritable inconnue, car si les températures deviennent insupportables pour les êtres vivants, avec des nuits supérieures à 30° comme ce fut le cas déjà dans plusieurs villes méditerranéennes à l'été 2023, ou ce réchauffement de la mer qui inquiète tout autant, comment ne pas craindre le débordement? Allons un instant nous poser en Égypte pour y comprendre le grand écart qui se profile : 150 millions d'habitants attendus en 2050, à faire vivre sur 3 % du territoire, dans ce cordon nilotique bien étroit au milieu du désert, sachant que le développement en Afrique de l'Est et le barrage de la Renaissance en Éthiopie modifient la sécurité hydrique égyptienne, qui pourrait s'affaiblir significativement avec un débit d'eau du Nil moins favorable. Et au nord de l'Égypte, ce littoral et ce delta, menacés par la hausse du niveau de la mer Méditerranée, dont le débordement serait un bouleversement majeur pour ces zones surpeuplées.

Ainsi de l'Égypte, pour illustrer les équations socioclimatiques, mais qui sont plus larges et concernent toute la région, avec des nuances, des contrastes et des inégalités comme malheureusement la Méditerranée les adore. Les migrations de détresse, forcées et dans la précipitation, constituent un grand axe de réflexion pour les prochaines années. Quels en seront les portées, les itinéraires et les mesures de solidarités ? Ne sont-ce pas là des questions collectives et inévitablement multilatérales ? N'aurions-nous pas plus de débordements dans le désordre et la désunion ? Faut-il davantage communiquer sur l'absence de planète B pour la géopolitique tout comme cela est régulièrement mentionné en matière de climat, pour mieux éveiller les consciences à cette communauté de destins, malgré tout, au niveau mondial et *a fortiori* encore plus dans des régions comme la Méditerranée ?

Les profusions d'impuissance

Situons désormais le propos sur cet autre registre révélateur des maux de cet espace : la politique. Les démocraties européennes de la rive nord vivent depuis des années avec leur lot de recompositions ou dislocations des partis traditionnels et l'éclosion durable ou conjoncturelle de mouvements atypiques et parfois populistes. Les extrêmes aussi progressent, et notamment de droite, avec le corollaire d'un affichage rapide anti-européen, anti-migratoire et anti-arabe. Dans ces sociétés de l'Europe du Sud, les jeunes continuent à vouloir partir vivre ailleurs. Le chômage y est fort dans cette catégorie de la population, la France se démarquant cependant nettement de ses voisins méditerranéens. Pour des moins de trente ans, mieux vaut être dans l'hexagone pour lancer sa vie professionnelle. Les crises économiques et l'émiettement des offres dans le champ politique ont créé un sentiment de grande impuissance dans ces démocraties nord-méditerranéennes, où les réformes sont lentes, où le marché de l'emploi reste atone, où même le tourisme commence à diviser les populations, entre celles qui en dépendent de plus en plus et celles qui en condamnent la démesure. Les rivages de la Grande bleue débordent de tensions en la matière, à l'instar de Barcelone, métropole internationale, qui s'interroge sur la soutenabilité de ce tourisme massif.

Autre géographie, autre problématique. Il ne faut pas être grand clerc pour comprendre que les situations politiques sont bloquées dans plusieurs États nord-africains et proche-orientaux. Ainsi du Liban, dont nous avons souvent traité les dérives de gouvernance dans cette chronique, et qui semble s'enfoncer dans une agonie politique assumée. La résilience des Libanais ne peut systématiquement être convoquée pour contrecarrer ce regard sur le pays du Cèdre. Il va mal, n'a pas de pilote responsable, sachant aussi les ingérences extérieures qui n'arrangent en rien ses affaires. En Égypte, le président Al-Sissi, après avoir procédé à une retouche constitutionnelle, a été réélu en décembre 2023 pour un troisième mandat avec 90 % des voix… après une campagne éclair d'un mois, puisqu'il a décidé d'anticiper ce scrutin initialement prévu en mars 2024. L'horizon 2030 s'ouvre désormais à lui, non sans une once d'autoritarisme à cultiver et d'intérêts à maintenir pour les hauts gradés militaires comme lui. En Tunisie, l'espoir démocratique s'est éteint. Après une décennie de balbutiements, la dynamique est cassée par un président verrouillant à nouveau ce pays. Kaïs Saïed fait bataille contre les opposants, les migrants subsahariens et les injonctions internationales. Des élections présidentielles sont prévues à la fin de l'été 2024, mais tous ceux qui s'y préparaient sont emprisonnés ou réprimés. Les Tunisiens, retrouvant leur impuissance politique, demeureront-ils passifs si le tour de vis sécuritaire s'appuie davantage dans leur quotidien, alors que leurs conditions de vie sont moins favorables désormais qu'avant leur révolution de 2010 ? Avec les pays européens, la relation s'est profondément détériorée ces derniers mois. L'odeur du jasmin a cédé la place à la méfiance mutuelle. Il faut dire aussi que le sujet migratoire provoque de profondes divergences. L'hôte du Palais de Carthage critique l'Union européenne et n'hésite pas à parler de complot extérieur pour changer la composition sociodémographique de la Tunisie. Malgré la débâcle économique nationale, il refuse les aides du FMI, mais accepte les largesses d'une Algérie qui cherche à se rapprocher de son voisin oriental.

Déplaçons-nous d'ailleurs en Algérie pour nous y attarder plus longuement. L'ère Bouteflika s'était achevée en 2019, avec ce mouvement du *Hirak*, contestataire, mais pacifique, qui réclamait une bouffée d'air frais. Cinq ans plus tard, rien n'a véritablement changé. Abdelmadjid Tebboune devrait être candidat à sa succession : le rendez-vous électoral à la présidence du pays est programmé en décembre 2024. Les visages ont évolué, pas le régime : clientélisme, poids de l'armée, polarisation de l'économie sur les hydrocarbures. Le renchérissement de ces derniers depuis 2020 a redonné des forces au budget de l'État, qui peut reprendre ce qu'il fait de mieux : acheter la paix sociale en subventionnant les produits de base et en gonflant les effectifs dans les sphères publiques. Les entreprises sont aux mains du pouvoir. C'est la valse des patrons d'ailleurs, à l'image de la Sonatrach qui en a connu plus d'une dizaine en l'espace d'une décennie. En outre, le gaz algérien coule même à flots vers une Europe qui s'est réorientée vers son Sud à mesure que les tuyaux russes devaient être évités ou vidés. Avec cette manne énergétique et des achats croissants de gaz au sein de l'Union européenne, à commencer par l'Italie, l'Algérie peut acquérir toujours plus de matériels sécuritaires et militaires auprès de la Russie : trois quarts de ces achats de 2018 à 2023 se sont faits avec Moscou, l'Algérie ayant sur cette période absorbé la moitié des importations militaires africaines provenant de Russie, qui elle-même en fait bénéficier sa propre économie de guerre. Dans le monde contemporain, il y a des boucles géoéconomiques comme cela…

Ainsi de celle qui s'est mise en place aux Émirats pour faciliter les échanges commerciaux de la Russie avec certains pays soucieux d'éviter le télescopage avec le régime des sanctions occidentales. Par exemple, pour vendre son blé, et se faire payer, la Russie apprécie la qualité de la machine à laver dubaïote qui concurrence allégrement l'helvétique à mesure qu'il faut s'éloigner de l'Europe. Les Émirats ont engagé des réformes très volontaristes de l'environnement économique et social depuis 2021 pour soutenir le secteur privé et les investissements directs étrangers. Cela s'observe désormais sur l'internationalisation, l'attractivité et la compétitivité du pays. Mais beaucoup de fonds proviennent de Russie, outre l'arrivée sur place de nombreuses fortunes et acteurs russes du monde des affaires. Rappelons que les Émirats arabes unis ont rejoint en 2024 le groupe des BRICS, tout comme l'Arabie saoudite, là où percent également les céréales russes : une monarchie des Saoud qui poursuit la multipolarisation de sa diplomatie économique, se rapproche de la Chine et fait miroiter à qui veut le croire que ses villes du futur et du désert seront les grandes places où il faudra être dans les prochaines années. Promesse tenable ou mirage à l'horizon ? L'Algérie, qui pour le moment n'a pas été retenue dans l'élargissement à de nouveaux BRICS malgré sa demande insistante et le soutien du Kremlin, achète également de plus en plus de blé russe depuis 2022, au détriment de l'origine française. En juin 2023, le président Tebboune rencontrait son homologue à Moscou et signait un « partenariat stratégique approfondi ». Est-ce la fin de la traditionnelle neutralité diplomatique algérienne ? Ou le signe que l'espace méditerranéen poursuit sur sa route tracée depuis le début de ce siècle, à savoir un grand débordement de puissances s'y déployant pour en rendre la géopolitique encore moins évidente ? Pendant ce temps, les pays de la zone peinent à régler leurs contentieux (exemple avec la Grèce et la Turquie, incluant le dossier chypriote) ou accentuent même leurs rivalités (ainsi des tensions accrues entre Algérie et Maroc). Dans cette impuissance collective pour la Méditerranée à travers les jeux de puissance solitaire qui s'expriment, nous ne saurions taire les guerres qui persévèrent, comme celles en Libye, en Syrie et au Yémen. Et bien entendu entre Israël et Palestiniens, l'année 2023 ayant sonné comme une sirène d'effroi réveillant l'attention internationale sur ce conflit séculaire.

Le 7 octobre débordera par-delà 2023

Les événements qui se déroulent au Proche-Orient depuis l'attaque du Hamas sur le sol israélien le 7 octobre 2023 ne sont pas uniquement liés au drame survenu ce jour-là. Les racines sont profondes, et dans le seul cas de la bande de Gaza, nous savions qu'elle était à la fois un champ de ruine sociale et d'endoctrinement idéologique depuis que le mouvement du Hamas en avait fait la prise de contrôle complète en 2006, amplifiant l'asthénie de l'Autorité palestinienne. Avec une colonisation en Cisjordanie qui n'a eu de cesse de se développer, Israël et Benyamin Netanyahou, figure politique de très loin dominante de l'État hébreu ces dernières années, ont privilégié la défense de ces installations à celle de la frontière avec Gaza. Celle-ci, bande étroite de 365 km^2, où 2,5 millions de personnes s'entassent dans la misère, concentre tous les maux de ce conflit proche-oriental. Et la violence y déborde sans que nous sachions bien jusqu'où son débit peut entraîner et la région, et le monde plus largement. Il est bien difficile de dire à qui profite stratégiquement le 7 octobre, si ce n'est de faire revenir sur le devant de la scène géopolitique un conflit que certains avaient eu tendance à croire non pas éteint, mais moins volcanique. Cela fait des années que Washington ne cherche plus à le résoudre, que l'Union européenne se contente de commenter tout en finançant des constructions à la durée de vie souvent limitée, que les autres puissances hésitent à s'en mêler et que l'ONU peine à s'en emparer.

Comme au début de la guerre du Kippour, Tsahal a été déstabilisée et le Mossad critiqué. Le choc du 7 octobre, c'est à la fois le nombre de victimes israéliennes (1 160, l'attaque terroriste la plus meurtrière depuis la création de l'État hébreu en 1948), les horreurs commises ce jour-là par les assaillants et l'effroi suscité par une telle surprise stratégique dans l'un des pays censés être l'un des plus sécurisés de la planète : un État hébreu où le débat sociétal s'était aussi déplacé sur les conditions de vie, sur les réformes mises en place depuis 2022 par un gouvernement de droite et d'extrême droite, dont le Premier ministre, parfois surnommé « Bibi », est visé par plusieurs procès et enquêtes. Netanyahu a vu sa popularité chuter dans les sondages d'opinion depuis l'attaque du 7 octobre, mais elle battait déjà de l'aile bien avant. En 2023, des dizaines de milliers d'Israéliens sont descendus dans les rues chaque semaine pour manifester contre le « coup d'État judiciaire » : Netanyahou a voulu affaiblir la Haute Cour, pour s'accorder une autorité illimitée pour lui et ses alliés extrémistes. Où va la démocratie israélienne dans ce double contexte de crise sociopolitique interne non apaisée et de conflictualités exacerbées avec ses voisins ? À cette question impossible à traiter, car elle ouvre d'immenses champs de prospective possibles, il convient de mettre en miroir les dynamiques et les inconnues de la guerre en cours à Gaza.

Elle déborde de la Méditerranée, en étant exploitée au Yémen par la milice chiite Houthis qui tire des missiles et des drones sur les navires de commerce circulant entre mer Rouge et océan Indien, au point de désorienter une partie des flux maritimes mondiaux et d'affaiblir déjà l'économie égyptienne, puisque le canal de Suez représente la deuxième source de revenus pour les comptes publics. De novembre 2023 à mars 2024, sachant qu'en moyenne transite un tiers du transport maritime mondial par le détroit de Bab el-Mandeb, la baisse a été de 40 % dans le canal de Suez et, à l'inverse, une augmentation de 60 % a été enregistrée autour du cap de Bonne-Espérance, un trajet plus long et donc plus cher. Il faudra suivre l'effet inflationniste de ce processus si le blocage persiste en mer Rouge, sans oublier les problématiques de sabotage de câbles sous-marins qui s'y trouvent et connectent les données numériques entre Europe et Asie. La guerre à Gaza déborde au large, suscitant émotions, controverses voire tensions dans des pays où les mobilisations propalestiniennes ont repris leurs ardeurs, non sans parfois glisser de l'antisionisme à l'antisémitisme. Sur les campus universitaires anglo-saxons, tout comme en France au cœur de l'emblématique « Sciences Po », les événements de Gaza déchaînent souvent plus que les passions. La recrudescence des actes antisémites en Europe n'est pas moins préoccupante. Enfin cette guerre de Gaza fait planer des risques sur de nouveaux embrasements au Liban, sur le processus de normalisation qu'Israël et plusieurs monarchies arabes avaient initié à travers les Accords d'Abraham et sur une confrontation frontale avec l'Iran, hypothèse que beaucoup redoutent. Cependant, l'escalade rapide et directe des tensions avec Tel-Aviv n'est sans doute pas l'objectif premier de Téhéran, qui poursuit son programme nucléaire, commerce avec l'Asie et la Russie et tente d'aplanir les relations avec Riyad. Il est fort probable que le régime iranien privilégie la poursuite de sa stratégie régionale vis-à-vis d'Israël : lui faire la guerre par proxys interposés.

Autre débordement de ce 7 octobre, la réponse militaire israélienne dans la bande de Gaza, massive et qui commence à créer un malaise diplomatique au sein de nombreuses chancelleries, à commencer par Washington, où le ton monte à propos de l'autisme avec lequel agit l'État hébreu depuis l'automne 2023. Il est impossible de connaître avec précision le nombre de personnes mortes à Gaza avec ces bombardements incessants ne pouvant faire la différence entre combattants cachés du Hamas et civils palestiniens. Cette guerre, comme celle en Ukraine, est désinformationnelle à profusion. Mais le bilan s'alourdit jour après jour, probablement supérieur à 30 000 individus entre octobre 2023 et mars 2024. La stratégie de Tsahal est proche de celle utilisée en 2006 au Liban, avec des destructions colossales sur les infrastructures, dans le but de nuire à la population et de casser la vie du quotidien. Ce déluge de bombes conduit-il à une impasse ? Les Gazaouis ne peuvent fuir en Égypte, qui n'ouvre pas les portes au sud de la bande, où désormais vivent la majorité des habitants. C'est par la mer que parviennent les vivres alimentaires et sanitaires, autre symbole de ce débordement d'un conflit sur la terre de Palestine.

Quels peuvent être les scénarios en 2024, entre une guérilla permanente s'installant à Gaza (surtout si Tsahal entend libérer tous les otages israéliens) et une tentative internationale de médiation qui permettrait un cessez-le-feu non pas temporaire, mais ouvrant la voie à un autre cycle stratégique ? Or les États-Unis peinent à peser sur les décisions de l'actuel gouvernement israélien et Joe Biden n'est pas encore réélu. Dans le cas où Trump 2 reviendrait à la Maison-Blanche, les cartes seront rebattues. Son tempérament et son imprévisibilité, dont nous pouvons penser qu'ils seront décomplexés avec cette revanche électorale, auront à composer avec les faucons israéliens en place et qui n'ont pas d'intérêt à revoir leur narratif belliqueux à la baisse et un Netanyahou n'ayant aucune envie de relancer la moindre discussion sur la création d'un État palestinien, avec des interlocuteurs palestiniens démonétisés ou radicalisés, le tout dans un registre international où Gaza n'est pas le seul théâtre enflammé. Rendez-vous en 2025, dans une Méditerranée où le pire est toujours le meilleur pronostic à faire. À moins que l'on déborde d'énergies humaines clairvoyantes et de courages politiques, partout, pour éviter que chacun tombe dans le précipice de l'Histoire lorsque tous taclent le voisin et tournent définitivement le dos à la paix.

AGL
AFRICA GLOBAL LOGISTICS
Au cœur des transformations de l'Afrique

L'Afrique subsaharienne :
la multiplication des crises

L'année 2023 a été difficile pour l'Afrique subsaharienne, qui a dû faire face à une multitude de crises et de chocs externes, avec une marge de manœuvre très restreinte. Éprouvée économiquement, l'Afrique a été secouée par des coups d'État, des élections contestées, des conflits, souvent anciens, et des troubles sociaux.

Deuxième année consécutive de baisse de la croissance en Afrique subsaharienne (ASS) à 2,9 % en 2023 contre 3,7 % en 2022. La région, comme bien d'autres, a été frappée par des chocs externes répétés depuis le début de la décennie 2020, de la pandémie du covid, à l'invasion de l'Ukraine par la Russie et la hausse des denrées alimentaires et de l'énergie, à l'inflation et l'augmentation des taux d'intérêt, asséchant l'espace budgétaire, fragilisant les taux de change, provoquant un endettement croissant et reléguant les dépenses d'infrastructures, mais aussi d'éducation et de santé en bas du panier.

Très souvent, on parle de résilience du continent. Cette résilience a été mise à rude épreuve face aux crises alimentaire, climatique, énergétique, de la dette, du financement, mais aussi sécuritaire et politique dans un environnement géopolitique mondial complexe.

Afrique : croissance du PIB
(en volume)

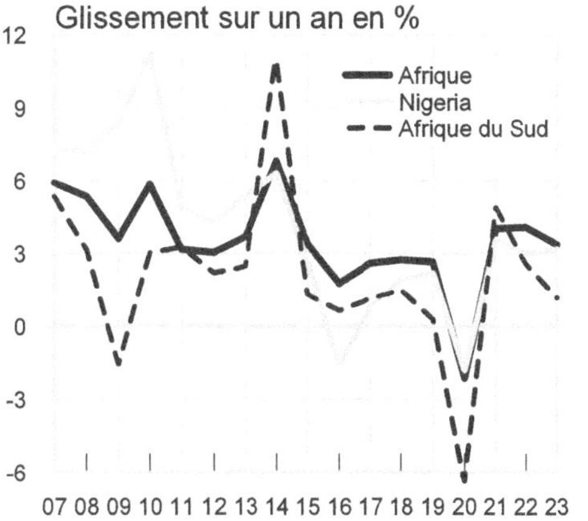

© Rexecode

Lors du trente-septième sommet de l'Union africaine (UA), le président de la Commission Moussa Faki Mahamat a dénoncé les discours populistes trompeurs, les changements non constitutionnels et rappelé les différents conflits toujours en cours en Afrique que cela soit la guerre au Soudan, les violences dans l'est de la RDC à la frontière avec le Rwanda, les tensions dans la Corne de l'Afrique, la recomposition du Sahel sur fond de terrorisme jusqu'à la crise politique au Sénégal, pays modèle de la démocratie.

On observe une nette accélération de l'instabilité politique. Depuis 2020, on ne dénombre pas

Croissance en Afrique subsaharienne

(variation annuelle en %)

	2021	2022	2023 (e)	2024 (p)
Afrique du Sud	4.7	1.9	0.7	1.3
Angola	1.2	3.0	0.5	2.8
Bénin	7.2	6.3	5.8	6.0
Bostwana	11.8	5.8	3.8	4.1
Burkina Faso	6.9	1.5	4.3	3.8
Burundi	3.1	1.8	2.9	4.2
Cap Vert	5.6	17.1	4.5	4.7
Cameroun	3.6	3.8	4.0	4.2
Comores	2.1	2.6	3.0	3.5
Côte d'Ivoire	7.0	6.7	6.3	6.5
Érythrée	2.9	2.5	2.6	3.2
Eswatini	10.7	0.5	3.6	2.9
Éthiopie*	6.3	6.4	5.8	6.4
Gabon	1.5	3.0	2.7	3.0
Gambie	1.5	3.0	2.7	3.0
Ghana	5.1	3.1	2.0	2.8
Guinée	4.3	4.7	5.1	5.8
Guinée Bissau	6.4	3.5	2.8	5.6
Guinée équatoriale	-0.9	3.1	-2.5	-6.1
Kenya	7.6	4.8	5.0	5.2
Lesotho	1.6	1.8	2.2	2.5
Liberia	5.0	4.8	4.5	5.4
Madagascar	5.7	3.8	4.0	4.8
Malawi	2.8	0.9	1.6	2.8
Mali	3.1	3.7	4.0	4.0
Mauritanie	0.7	6.4	4.8	5.1
Maurice	3.4	8.8	5.0	4.6
Mozambique	2.3	4.2	6.0	5.0
Namibie	3.5	4.6	2.8	2.9
Niger	1.4	11.5	2.3	12.8
Nigeria	3.6	3.3	2.9	3.3
Ouganda*	3.4	4.7	5.3	6.0
République centrafricaine	1.0	0.5	1.3	1.6
République du Congo	1.0	1.5	3.2	4.1
République démocratique du Congo	6.2	8.9	6.8	6.5
Rwanda	10.9	8.2	6.9	7.5
São Tomé et Principe	1.9	0.1	0.5	2.5
Sénégal	6.5	4.2	4.1	8.8
Seychelles	5.4	9.0	4.3	4.1
Sierra Leone	4.1	3.5	3.1	3.7
Soudan	-1.9	-1.0	-12.0	-0.6
Soudan du Sud*	-5.1	-2.3	-0.4	2.3
Tanzanie	4.3	4.6	5.1	5.5
Tchad	-1.2	2.2	3.0	2.8
Togo	6.0	5.8	5.2	5.2
Zambie	4.6	4.7	2.7	4.6
Zimbabwe	8.5	6.5	4.5	3.5
Afrique subsaharienne	**4.4**	**3.7**	**2.9**	**3.8**
Monde	**6.2**	**3.0**	**2.6**	**2.4**

(e) Estimation, (p) Prévision * Se rapporte à l'exercice budgétaire

(Source : Banque mondiale Global Economic Prospects, janvier 2024)

moins de onze coups d'État ou tentatives de coup d'État, dont ceux du Niger et du Gabon en 2023.

Recomposition du Sahel

Totale recomposition géopolitique de la région du Sahel où les points de rupture sont multiples : une région en proie depuis des années aux attaques sanglantes djihadistes et à une forte dégradation de la situation sécuritaire notamment dans la région des trois frontières où les trois pays qui la composent, à savoir le Burkina Faso, le Mali et le Niger, ont tous connu ces deux dernières années des coups d'État, plutôt bien accueillis par les populations ; une région dont la France a été définitivement chassée à la suite du coup d'État du Niger en juillet 2023, ce qui s'est accompagné aussi du départ de la force des Nations unies, la Minusma, et du G5 Sahel. Des départs où la Russie s'est engouffrée et a largement renforcé son l'influence au-delà de la seule coopération militaire. Avec Moscou, le Burkina Faso et le Mali vont construire une raffinerie d'or, mais aussi développer le secteur nucléaire.

Recomposition également avec les pays voisins : les juntes ont claqué en janvier 2024 la porte avec effet immédiat de la Communauté économique des États d'Afrique de l'Ouest (Cedeao), un marché de plus de 400 millions d'habitants assurant la liberté des déplacements des biens et personnes entre les seize pays membres. Le bras de fer avec l'organisation régionale s'est engagé à la suite des sanctions imposées au Niger après le coup d'État. Si acculée, la Cedeao a fini par lever les sanctions fin février, les trois pays semblent attachés à l'Alliance des États du Sahel (AES) qu'ils ont créée en septembre 2023 pour dans un premier temps s'unir face au terrorisme. Deviendra-t-elle une confédération, créera-t-elle sa propre monnaie en s'affranchissant *de facto* du franc CFA et donc en quittant l'Union monétaire et économique ouest-africaine (Uemoa) ? Le Maroc s'est déjà proposé, dès le mois de novembre, de favoriser l'accès des trois pays de l'AES plus le Tchad, tous les quatre enclavés, à l'océan Atlantique *via* des corridors logistiques par Tanger pour la Méditerranée, ou par Dakhla pour l'Atlantique.

Les financements, le nœud gordien

Compte tenu de la conjoncture économique, on s'est beaucoup alarmé du niveau d'endettement de l'Afrique qui s'est considérablement accru ces dix dernières années et l'année 2023 avec ses chocs successifs n'a pas fait exception. En une décennie, l'endettement moyen des pays d'Afrique subsaharienne a presque doublé, passant de 30 % du PIB à près de 60 % en 2023. Soit encore plus de la moitié des pays à faible revenu de la région est surendettée, soit a de fortes chances d'y parvenir,

Croissance du PIB en fonction des zones

(en %)

	2021	2022	2023 (e)	2024 (p)
Afrique subsaharienne (ASS)	4.4	3.7	2.9	3.8
ASS hors Afrique du Sud, Angola et	4.9	4.8	3.9	5.0
Nigeria Afrique du Sud, Angola, Nigeria	3.9	2.7	1.8	2.4
Afrique de l'Est et australe	4.7	3.7	2.5	3.6
Afrique de l'Ouest et centrale	4.0	3.8	3.3	4.0
Pays exportateurs de pétrole	3.2	3.2	2.6	3.1
Pays de la Zone franc	4.3	4.7	4.2	5.3
- CEMAC	1.7	3.0	2.7	2.6
- UEMOA	6.0	5.7	5.0	6.9

(e) Estimation, (p) Prévision

(Source : Perspectives économiques mondiales de la Banque mondiale, janvier 2024)

constate le Fonds monétaire international (FMI). Depuis 2020, la Zambie puis le Ghana ont été en défaut de paiement et dernièrement cela a été le cas de l'Éthiopie sur le remboursement d'un Eurobond d'un milliard de dollars en décembre 2023. Ces deux derniers pays étaient il y a juste quelques années considérés comme des modèles de développement. Sous sanctions, le Niger n'a pas non plus assuré le remboursement de ses obligations émises sur le marché des titres publics de l'Uemoa.

Peut-être plus inquiétante encore est la montée du service de la dette. Il a été multiplié par deux en dix ans pour atteindre plus de 10 % du PIB en 2023. Autant d'éléments qui limitent la marge de manœuvre des États qui ont dû affronter plusieurs chocs externes, et surtout l'essoufflement de l'économie mondiale et de leur partenaire devenu incontournable, la Chine. Or, rappelle le FMI, selon une étude empirique, une baisse de 1 point de pourcentage du taux de croissance du PIB réel

Dette publique des pays d'Afrique subsaharienne
(en % du PIB)

	2021	2022	2023	2024
Afrique subsaharienne	**56.6**	**57.1**	**57.7**	**55.8**
Médiane	58.6	59.1	60.8	57.0
Hors Afrique du Sud et Nigeria	60.3	59.4	58.8	54.0
Pays exportateurs de pétrole	**46.2**	**46.3**	**48.9**	**48.6**
- hors Nigeria	69.4	59.8	68.1	62.2
- Angola	86.8	66.7	84.9	77.1
- Congo	97.8	92.5	97.8	91.0
- Gabon	65.8	57.7	64.9	64.5
- Ghana	79.2	92.4	84.9	81.5
- Nigeria	36.5	39.6	38.8	41.3
Pays importateurs de pétrole	**61.8**	**63.0**	**61.5**	**58.8**
Pays à revenu intermédiaire	**58.6**	**59.5**	**62.0**	**61.9**
Pays à faible revenu	**50.9**	**50.4**	**47.6**	**42.8**
Autres pays				
- Afrique du Sud	68.8	71.1	73.7	75.8
- Côte d'Ivoire	50.9	56.8	56.8	57.0
- Cap Vert	147.6	127.3	113.1	109.7
- Éthiopie	53.8	46.4	37.9	31.2
- Guinée Bissau	78.8	80.3	73.9	71.4
- Kenya	68.8	68.4	70.2	68.3
- Maurice	88.4	83.1	79.7	78.9
- Mozambique	104.9	95.5	89.7	92.4
- Réublique démocratique du Congo	15.9	14.5	13.3	11.1
- Rwanda	66.7	61.1	63.3	72.1
- Sénégal	73.3	76.6	81.0	72.1
- Tanzanie	42.1	42.3	42.6	41.8
- Togo	64.6	66.3	67.2	67.6

(Source : Perspectives économiques régionales Afrique subsaharienne, FMI, octobre 2023)

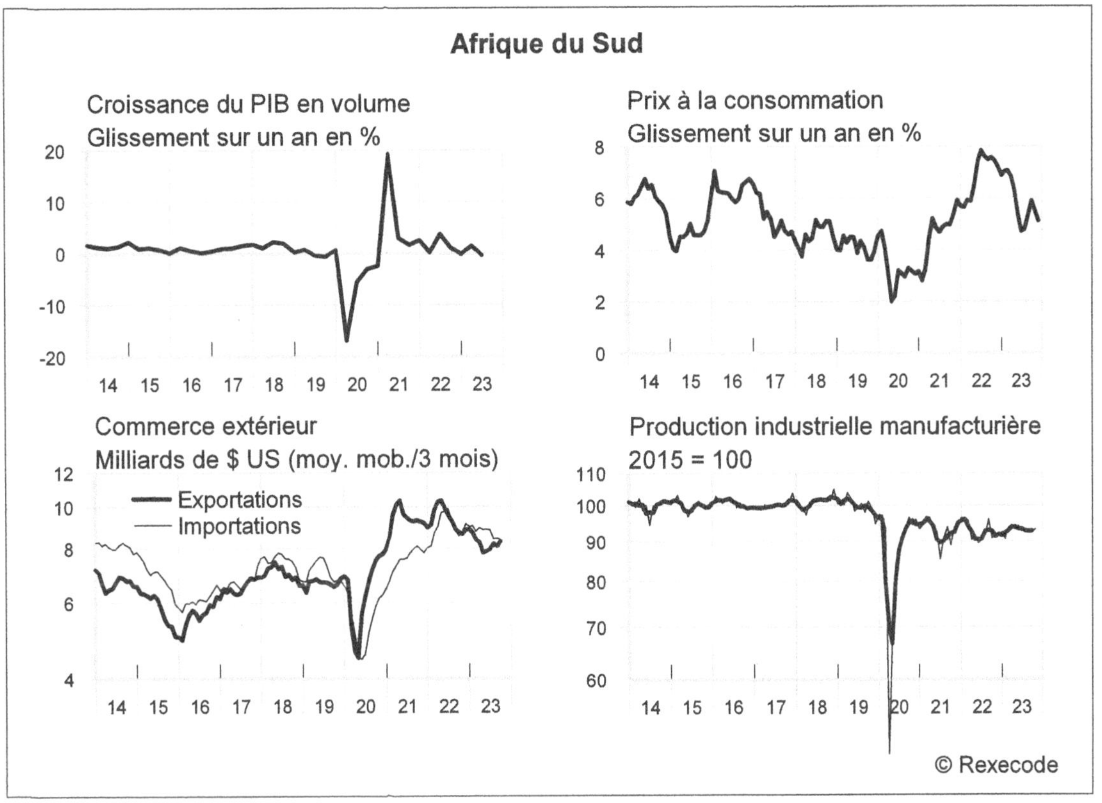

chinois entraîne une diminution de 0,25 point de pourcentage de la croissance du PIB total de l'ASS et de 0,5 point pour les pays pétroliers.

Mais, au-delà de la crise de la dette, c'est une crise de financement que les États africains doivent affronter. Les financements se sont non seulement taris, mais sont devenus plus onéreux avec la hausse des taux d'intérêt. Depuis près de deux ans, aucun pays africain n'est allé sur le marché international, une situation jamais vue depuis 2009. En parallèle, l'aide publique au développement est moins généreuse et les investissements directs à l'étranger après avoir chuté de plus de 40 % en 2022 pour tomber à $ 45 milliards se sont juste stabilisés à ce bas niveau en 2023, selon les chiffres de la Cnuced. De plus depuis 2017, les investissements et crédits chinois sont en repli après plusieurs années d'expansion.

En ce début d'année, une éclaircie se profile au niveau des marchés de capitaux. L'émission en janvier 2024 par la Côte d'Ivoire d'un Eurobond de $ 2,6 milliards, sur les souscrits, a donné un signal positif sur l'attractivité des marchés africains. Certes, la Côte d'Ivoire fait partie de la petite dizaine de pays africains qui connaissent des tendances de croissance supérieure à 5 % par an. Elle se positionne aussi comme le deuxième meilleur crédit de l'ASS et elle a donné le coup d'envoi pour les autres. Le Bénin a suivi ainsi que le Kenya, qui était sous pression avec l'obligation de rembourser $ 2 milliards d'un Eurorobond d'ici le mois de juin. D'autres devraient suivre.

L'Afrique au cœur de la transition énergétique

L'Afrique sera amenée à jouer un rôle plus significatif dans la transition énergétique mondiale que cela soit sur le changement climatique, dans la production d'énergie renouvelable, la fourniture de crédit carbone ou de métaux critiques.

En septembre 2023 s'est déroulé le premier Sommet africain sur le climat à Nairobi au Kenya, qui a pris une longueur d'avance sur la transition énergétique avec 90 % de son électricité produite à partir d'énergies renouvelables. Le président kenyan William Ruto a eu un discours très volon-

Principales données sur l'Afrique subsaharienne
(variation annuelle en % sauf indication contraire)

	2021	2022	2023 (e)	2024 (p)
PIB	**4.4**	**3.7**	**2.9**	**3.8**
PIB par habitant (US dollars)	1.8	1.2	0.3	1.2
Consommation privée	4.8	3.6	2.3	3.7
Consommation publique	2.7	2.8	1.6	2.0
Investissement fixe	8.0	6.7	5.6	6.2
Exportations	6.8	8.0	4.2	4.5
Importations	10.9	10.5	4.9	4.7
Exportations nettes, contribution à la croissance	-1.2	-0.9	-0.3	-0.2

(e) Estimation, (p) Prévision

(Source : Perspectives économiques mondiales de la Banque mondiale, janvier 2024)

tariste faisant du continent une solution au changement climatique, qu'il subit très durement et injustement, et prônant une croissance verte positive. La déclaration commune dite de Nairobi, où les pays africains parlent d'une seule voix, et qui dictera la position africaine dans les années à venir, affirme que « l'Afrique possède à la fois le potentiel et l'ambition d'être un élément essentiel de la solution mondiale au changement climatique », mais souligne que « bien que l'Afrique dispose d'environ 40 % des ressources mondiales en énergies renouvelables, seuls $ 60 milliards, soit 2 % des $ 3 000 milliards d'investissements dans les énergies renouvelables au cours de la dernière décennie, sont allés à l'Afrique ».

Pour la mise en valeur de son potentiel vert et sa contribution à la décarbonatation de l'économie mondiale, le continent rappelle aux pays pollueurs le respect de leurs promesses et engagements passés ($ 100 milliards par an pour les pays pauvres,

Afrique : exportations et importations en volume ($ PPA 2017)
(en glissement sur un an en %)

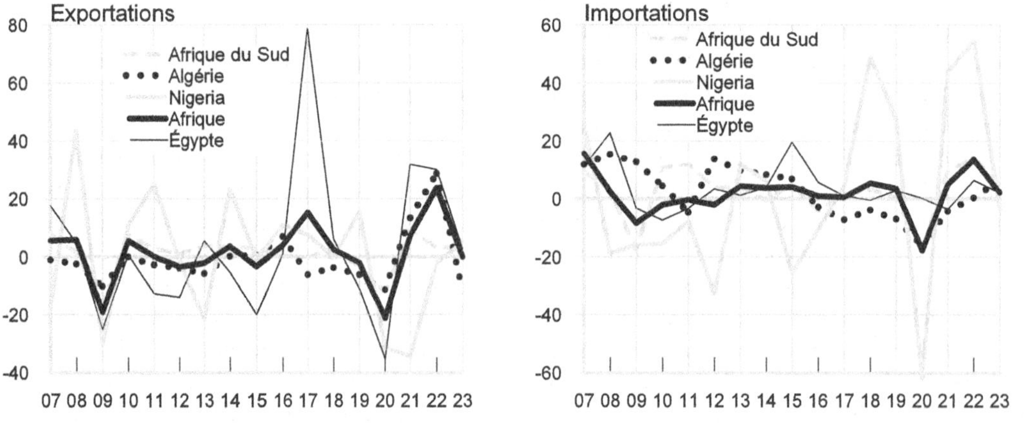

© Rexecode

D'audacieuses réformes menées par le nouveau président du Nigeria

Quelques semaines après sa prise de fonction à la tête de la plus grande économie d'Afrique au mois de mai 2023, le nouveau président du Nigeria, Bola Tinubu, a «renversé la table» avec l'adoption de réformes radicales et audacieuses. Ces changements économiques structurels importants sont l'élimination des subventions aux carburants – dont le coût représente environ 1,3 % du PIB selon *Standard&Poor's* – et l'assouplissement du régime des changes avec l'instauration d'un guichet unique et, à terme, la libéralisation du naira. Le gouverneur de la Banque centrale a été limogé puis arrêté.

Le défi du président sera de maintenir le cap durant les prochains mois, car ces réformes sont très risquées à court terme même si elles devraient restaurer à moyen terme la stabilité macroéconomique et surtout redonner confiance aux investisseurs. En 2023, le naira s'est effondré de près de 50 % par rapport au dollar sur le marché officiel. Du jamais vu depuis le retour de la démocratie en 1990. C'est aussi l'une des plus mauvaises performances monétaires après la livre libanaise et le peso argentin.

Pour le Nigérian «moyen», le coût de ces réformes est abyssal. La fin des subventions au carburant a entraîné un triplement des prix à la pompe. Le pouvoir d'achat est grignoté par l'inflation, au plus haut depuis près de vingt ans. En décembre 2023, le taux d'inflation se situait à près de 29 % et l'inflation alimentaire à 34 %. Or, environ 40 % de la population vit en dessous du seuil de pauvreté. Mécaniquement, avec la dépréciation de la monnaie nationale et la fin des subventions, l'inflation restera à un niveau élevé encore tout au long de 2024. Reste à savoir si les tensions sociales ne seront pas trop fortes. Le président a déjà promis de négocier avec les syndicats une hausse du salaire minimum.

Mais la marge de manœuvre n'est pas très grande avec un service de la dette qui absorbe 82 % des recettes du pays, selon le FMI, tandis que la production pétrolière est contrainte limitant les recettes. En revanche, du côté des dépenses, la fin des subventions libère environ € 9,8 milliards par an. En parallèle, le pays devrait réduire sa facture d'importation des produits pétroliers avec le développement du secteur aval de l'industrie pétrolière. La mégaraffinerie du groupe Dangote, d'un coût de $ 20 milliards et d'une capacité de 650 000 barils par jour, a été mise en route début janvier 2024 avec une montée en puissance progressive pour à terme répondre aux besoins du Nigeria en produits raffinés, mais aussi exporter vers les pays voisins. Tout le paradoxe du Nigeria est qu'il importe la quasi-majorité de son carburant alors qu'il dispute avec l'Angola la place de premier producteur de pétrole en Afrique subsaharienne.

l'abondement du Fonds vert ou encore du Fonds pour pertes et dommages) et au-delà appelle à une réforme du système financier international, une réforme qui passe aussi par la restructuration et l'allègement de la dette. Lors du Sommet de Nairobi, plus de € 20 milliards d'investissements ont été annoncés, dont € 4 milliards des Émirats arabes unis (EAU) : une annonce renouvelée lors de la COP28 qui s'est tenue au mois de novembre à Dubaï. Les EAU se situent aux premières places pour développer les énergies renouvelables en Afrique.

Mais les investissements dans les énergies renouvelables sont à la traîne. En revanche, dans les énergies fossiles, les projets et découvertes sont nombreux. La Côte d'Ivoire vient de démarrer en août 2023 l'exploitation du gisement de pétrole brut au large du pays dénommé Baleine avec dans un premier temps 20 000 barils par jour ; importante découverte pétrolière en Namibie, gazière au Zimbabwe, mise en route du plus grand oléoduc africain reliant le Niger au Bénin ; le Congo exporte sa première cargaison de GNL vers l'Europe ; la Mauritanie et le Sénégal produiront du gaz cette année. Très souvent ces projets sont menés par des compagnies occidentales alors que les États occidentaux font pression sur l'Afrique pour qu'elle limite le développement de ses hydrocarbures. Un paradoxe de plus.

L'Italie et la compagnie pétrolière Eni affichent l'ambition d'être la porte d'entrée en Europe du gaz, mais aussi de l'hydrogène d'Afrique et donc une alternative au gaz russe. C'est un des volets du plan Mattei, doté de € 5,5 milliards, présenté lors du premier Sommet Afrique Italie en janvier 2024. Quelques semaines auparavant, l'Allemagne avait conclu un accord entre la société nigériane Riverside LNG et la société allemande Johannes Schuetze Energy Import AG pour l'exportation de 850 000 tonnes de gaz naturel par an avec de premières livraisons prévues en 2026. TotalEnergies et Shell ont annoncé fin 2023 des investissements de $ 6 milliards chacun dans le gaz au Nigeria. Ce dernier devrait livrer ses premières exportations de gaz naturel liquéfié vers l'Afrique du Sud, signe d'une certaine intégration de l'Afrique.

Au-delà des hydrocarbures, l'Afrique suscite un intérêt croissant pour les métaux critiques essentiels à la transition énergétique. L'Afrique subsaharienne regorge de minéraux, en partie non exploités. Elle produit plus de 71 % du cobalt en 2022, dont la majorité en RDC, selon les chiffres de l'USGS, plus de 40 % du chrome, surtout en Afrique du Sud, 66 % du manganèse, 82 % du groupe du platine, 35 % du zirconium, etc., sans oublier le cuivre. Les réserves sont très importantes : 92 % des réserves mondiales du groupe du platine, 36 % de chrome, 42 % de manganèse, 50 % de cobalt… Des ressources qui attirent Européens et Américains, en retard sur d'autres pays comme la Chine, soucieux de diversifier leur approvisionnement. Un projet emblématique est le corridor de Lobito, la liaison ferroviaire qui reliera la RDC et la Zambie, riches en cobalt et cuivre, au port de Lobito, en Angola, financé par les États-Unis et l'Union européenne avec dans une première phase des investissements de l'ordre de $ 550 millions.

Face à cet intérêt, plusieurs gouvernements ont modifié la réglementation et/ou les contrats pour qu'une plus grande partie des bénéfices leur reviennent et/ou pour une meilleure maîtrise de leurs ressources. C'est le cas pour le géant minier, la République démocratique du Congo (RDC) qui est parvenue en janvier 2024 à l'amendement du « contrat du siècle » très défavorable à Kinshasa. Signé en 2008 sous l'ex-président Kabila avec un consortium chinois, le contrat permettait l'exploitation des ressources de cobalt et de cuivre en contrepartie de la construction d'infrastructures pour un montant de $ 6 milliards. La Chine n'aurait dépensé qu'un milliard de dollars d'infrastructures, mais aurait dégagé $ 10 milliards de revenus miniers sur quinze ans. Le Mali, un des premiers producteurs d'or en Afrique avec 72,2 tonnes produites en 2022, a révisé en août son code minier permettant à l'État de prendre jusqu'à 35 % dans les nouveaux projets contre 20 % auparavant et de supprimer les

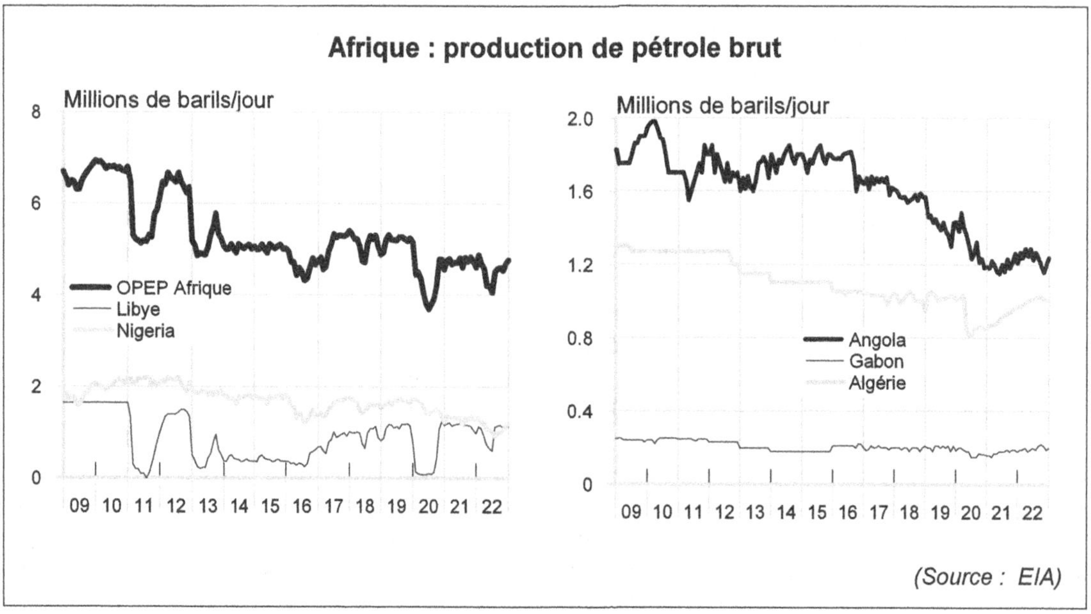

Inflation

	2021	2022	2023	2024
Afrique subsaharienne	**11.1**	**14.5**	**15.8**	**13.1**
Pays exportateurs de pétrole	15.9	17.1	20.5	20.0
- hors Nigeria	13.2	12.8	9.4	12.7
Pays importateurs de pétrole	8.5	13.1	13.3	9.7
- hors Afrique du Sud	10.2	15.7	16.3	11.6
Pays à revenus moyens	10.5	13.1	14.6	12.8
Pays à faibles revenus	12.5	18.2	18.8	13.9
Pays dans une situation fragile	16.4	20.3	24.2	20.2
Dix pays à plus fort taux (2023)				
- Burundi	8.3	18.9	20.1	16.1
- Éthiopie	26.8	33.9	29.1	20.7
- Gambie	7.4	11.5	17.0	12.3
- Ghana	10.0	31.9	42.2	23.2
- Malawi	9.3	20.8	27.7	19.8
- Nigeria	17.0	18.8	25.1	23.0
- RDC	9.0	9.3	19.1	10.6
- São Tomé et Principe	8.1	18.0	20.8	11.9
- Sierra Leone	11.9	27.2	42.9	29.8
- Zimbabwe	98.5	193.4	314.5	222.4

(Source : Perspectives économiques régionales Afrique subsaharienne, FMI, octobre 2023)

exonérations fiscales accordées aux entreprises en cours d'exploitation. Le Botswana, qui a fait preuve d'un certain succès dans la gestion de sa rente minière, est parvenu en juillet à un accord avec Anglo American, détentrice de De Beers, pour accroître la part revenant à Gaborone, sur la vente sur dix ans des diamants bruts produits par Debswana, coentreprise détenue à parts égales par le gouvernement et De Beers, avec à la clé une extension de vingt ans de ses licences d'exploitation minière.

Enfin, les crédits carbone, même s'ils sont controversés au niveau mondial et au sein même des pays africains et sans qu'ils soient une solution miracle, représentent une source non négligeable de financement pour le continent tout en contribuant à compenser une partie des émissions des États ou entreprises « polluants ».

Quelles perspectives pour 2024 ?

La croissance devrait rebondir pour atteindre 3,8 % en 2024 et 4,1 % en 2025, selon la Banque mondiale. Les grandes économies – l'Afrique du Sud, l'Angola et le Nigeria – en légère progression se situeront en dessous de leur niveau de 2022, mais aussi de la moyenne de l'ASS. Plusieurs pays, pour la majorité diversifiés, qui ont enregistré une croissance de plus de 5 % en 2023, vont poursuivre sur leur lancée. C'est le cas du Bénin, de la Côte d'Ivoire, de l'Éthiopie, de la Guinée, de l'Ouganda, de la RDC, du Rwanda, de la Tanzanie ou encore du Togo. On retrouve toujours les pays d'Afrique de l'Est et d'Afrique de l'Ouest (les pays de l'Uemoa) qui s'en sortent mieux que les autres depuis plusieurs années maintenant.

VEOLIA
170 ANS
QUE NOUS
PORTONS HAUT
LES COULEURS
DU PROGRÈS
Fondée en France en 1853, Veolia, en apportant l'eau
au cœur des villes, a permis d'éradiquer le choléra, d'allonger
l'espérance de vie, de libérer du temps pour les femmes.
Avec le traitement des déchets puis la production d'énergie,
avec l'instauration de congés payés avant leur généralisation
à tous, elle s'est engagée sans cesse pour le progrès humain.
Animée par le même esprit pionnier, elle octroie aujourd'hui
un même socle de droits à ses équipes partout dans le monde,
et est prête à relever les plus grands défis de l'humanité :
décarboner, dépolluer, régénérer le monde, pour réussir
la transformation écologique.
www.pionniers.veolia.com
170 ANS D'HISTOIRE
Ce visuel a été réalisé par l'association de la créativité humaine et de l'intelligence artificielle. Veolia Environnement - SIREN : 403210032 - RCS Paris - 21 rue La Boétie 75008 Paris.

IV

Les tous petits pas de la gouvernance mondiale

- Commerce mondial : il n'y a vraiment plus de pilote dans l'avion !
- Changements climatiques : après Dubaï, une année à hauts risques électoraux !

Commerce mondial : *il n'y a vraiment plus de pilote dans l'avion !*

Février 2024 : la treizième conférence ministérielle de l'OMC se solde par un échec dans l'indifférence la plus totale. Ni la presse américaine, ni même la presse européenne ne s'en sont fait l'écho. Les grands « fauves » du commerce mondial, à commencer par les États-Unis et la Chine, préfèrent le bilatéral musclé alors que se multiplient les mesures restrictives aux échanges (4400 entre 2000 et 2023). Une éventuelle présidence Trump accélérerait certes les cassures, mais l'agenda *America First* demeurera quoiqu'il en soit dominant, avec le sourire chez Biden dans la douleur et le chaos pour Trump.

Retour à l'isolationnisme américain

C'est la première fois depuis plusieurs décennies que l'Europe s'inquiète du résultat des élections américaines et échafaude des scénarios pour gérer une éventuelle présidence Trump, dont les conséquences pourraient être dévastatrices pour la stabilité géopolitique et économique de l'Union européenne.

De Reagan à Clinton ou Obama, les États-Unis honoraient leurs alliances stratégiques et partageaient avec l'Europe les valeurs de la démocratie et un système économique international fondé sur l'ouverture des marchés et le respect des règles fondatrices, quel que soit le parti au pouvoir à Washington.

Avec Trump, on est brutalement passé d'une Amérique « normale » à une Amérique imprévisible, isolationniste, nationaliste et assez largement protectionniste. Trump n'aime pas la Chine, mais il n'aime pas davantage l'Europe : il ne verrait pas d'inconvénient à ce que Poutine envahisse les membres de l'OTAN qui ne « cotisent » pas aux fameux 2 % du PNB – Trump croit que les pays cotisent à l'organisation – comme s'il s'agissait d'une question purement transactionnelle.

Un second mandat Trump serait encore plus déjanté, avec la menace d'un retrait pur et simple de l'OTAN et la fin quasi certaine de l'assistance militaire à l'Ukraine. Les éléments modérateurs du premier mandat, personnalités élues ou professionnels avertis du gouvernement, auront très largement disparu pour faire place à un seul critère de recrutement, celui de la loyauté inconditionnelle à Trump.

On assiste à la montée en puissance d'un certain nombre de mouvements évangélistes (Project 2025) – chrétiens et blancs – dont le programme de société interdirait la contraception, les mariages du même sexe et l'homosexualité.

Trump s'est bien gardé d'épouser publiquement des vues extrêmes sur les sujets sociétaux, mais quelque part, on peut voir dans le soutien des chrétiens évangélistes à Trump une sorte de revanche sur la culture « woke », l'immigration débridée et la permissivité des mœurs. Le racisme n'est pas loin derrière.

Trump, à titre personnel, n'est porteur d'aucune idéologie – si ce n'est celle de la haute estime qu'il a de lui-même – et il est purement transactionnel. Tout est négociation, les valeurs ne comptent pas.

Avec Biden, l'Amérique est revenue à une certaine normalité, les alliances traditionnelles ont été restaurées et l'Union européenne a retrouvé sa place de partenaire privilégié, même si les relations commerciales sont restées tendues sur le fond, si ce n'est sur la forme.

Biden a poursuivi l'approche *America First* avec le sourire, d'une manière plus articulée, mais aussi plus idéologique que Trump.

Avec Biden comme avec Trump, même si les motivations sont différentes, c'est le consensus du modèle économique de l'après-guerre fondé sur la croissance à tout crin, la dérégulation et la libéralisation des échanges qui a volé en éclats.

Le motto de l'Amérique de Biden reste celui de « ce qui est bon pour l'Amérique est bon pour le monde », mais la lutte contre le réchauffement, le verdissement de l'économie, la défense des travailleurs et les investissements publics dans les industries de pointe ont remplacé la théorie des avantages comparatifs et la libéralisation des échanges, dont l'OMC s'était faite le chantre depuis la conclusion de l'*Uruguay Round* il y a trente ans.

Résilience, Re-shoring, Decoupling et *De-risking* sont devenus les maîtres mots de la politique économique de Biden. Sa vision, répétée et déclinée par les différents départements ministériels et les agences gouvernementales, est celle d'une économie qui « croit de l'intérieur vers l'extérieur » – *from the middle out* – et du bas vers le haut, plutôt que du haut vers le bas.

Le succès de ce modèle, baptisé Bidenomics par la presse économique, fait l'objet d'une intense promotion par la Maison-Blanche et le président lui-même, même si le ressenti par l'américain moyen n'est pas vraiment à la hauteur du discours politique, notamment en raison de la période d'inflation forte post-covid qui a érodé l'augmentation du pouvoir d'achat des travailleurs.

Depuis Trump, le multilatéralisme n'a plus la cote, sauf, comme dans l'affaire Airbus, quand l'OMC sert les intérêts des États-Unis. Trump n'a pas hésité à utiliser le tabou de la sécurité nationale pour imposer des restrictions sur les importations d'acier et d'aluminium, qui sont toujours en vigueur. Biden, comme Trump, se refuse à reconnaître la compétence de l'OMC dès que la sécurité nationale est invoquée. Les droits punitifs imposés massivement par Trump à la Chine sont, pour la plupart, toujours en vigueur sous Biden.

C'est dans ce contexte de fortes tensions avec la Chine et de contentieux non résolus avec l'Union européenne que s'est ouverte la grand-messe de l'OMC, qui se tient traditionnellement tous les deux ans.

On n'en attendait pas grand-chose, on n'a pas été déçu…

Requiem pour l'OMC

« Autrefois », c'est-à-dire il y a une bonne trentaine d'années, les réunions portant sur le commerce international organisées dans le cadre du GATT étaient des événements marquants sur la scène mondiale. À Seattle, à Hong Kong ou à Genève, les débats étaient certes dans la salle, mais surtout dans les rues : c'était l'époque où les « altermondialistes » fustigeaient l'*Uruguay Round* qui se négociait alors. Les manifestations étaient souvent violentes comme d'ailleurs à l'occasion des sommets du G7. La « société civile » y gagna ses premiers galons. Nostalgiques du « nouvel ordre économique international » des années soixante-dix, celui qui avait été dominé par la Conférence des Nations unies sur le commerce et le développement (CNUCED) et dont l'échec avait été patent, les contestataires s'opposaient à la « mondialisation libérale » dont le GATT puis l'OMC semblaient être le nom.

En 1995, l'*Uruguay Round* parvint à se conclure après une longue décennie de gestation (dont le point de blocage – bien oublié – avait été le conflit agricole entre les États-Unis et l'Europe) et l'accord donna naissance à une Organisation mondiale du commerce (signée en 1948, mais jamais ratifiée en pleine guerre froide, la charte de La Havane avait déjà prévu une telle institution). L'OMC porta à l'origine de grandes ambitions : celles d'organiser le commerce mondial, d'en être l'arbitre des conflits, d'étendre aussi tout un corpus de règles aux services, à la propriété intellectuelle, aux échanges électroniques. En 2001, à Doha, la Chine intégra l'OMC et un nouveau *Round* de négociations, plus ambitieux encore, fut lancé, le *Doha Development Round*, le commerce au service du développement économique... Jamais conclu : le «cycle» de Doha est aujourd'hui bien oublié.

Fin février se tenait à Abu Dhabi la treizième conférence ministérielle de l'OMC. En d'autres temps, tous les activistes de la planète auraient convergé sur Abu Dhabi comme, quelques semaines plus tôt, ils l'ont fait à Dubaï pour la COP28. À Dubaï, ils étaient – dit-on – près de 100000. À Abu Dhabi, ils furent à peine 4000 pour un nouvel échec.

Depuis 2019, en effet, l'OMC est paralysée. La grande innovation des accords de Marrakech de 1995 avait été la création d'un Organe de règlement des différends (ORD) qui devait pouvoir juger en appel les conflits commerciaux entre les membres de l'OMC : depuis 1995, plus de 600 plaintes ont été déposées et près de 300 panels ont pu être constitués et leurs décisions entendues (avec quelques «causes célèbres» autour d'Airbus et de Boeing, des bananes et du sucre...). Mais, pour juger, il faut des juges... Dans une admirable continuité, les administrations américaines (Obama, Trump, Biden) ont refusé la nomination de nouveaux juges et, au fil des retraites, cela fait cinq ans que nul jugement n'a pu être rendu, faute de juges. Inutile de dire qu'en année électorale américaine, aucun progrès n'a été fait sur ce sujet à Abu Dhabi.

Les principaux plaignants et défendeurs à l'ORD entre 1995 et 2023

	Plaignant	Défendeur
États-Unis	113	166
Union européenne	106	99
Canada	40	22
Brésil	32	16
Japon	25	15
Inde	24	32
Mexique	22	13
Chine	21	49
Total	**616**	**616**

(Souce : CEPII)

Ces 616 plaintes ont donné lieu à 285 panels. Entre 1995 et 2018, on en compta 24 par an. Entre 2020 et 2023, il n'y en eut que 6 par an, sans possibilité d'appel.

Les ministres se sont succédé : le ministre indien est arrivé le troisième jour, le ministre chinois est reparti le deuxième jour et l'USTR (ministre du Commerce extérieur) américaine a quitté la conférence le vendredi matin, en évitant les prolongations du samedi, essentielles pourtant dans ce genre d'événement.

À la dernière minute – et c'est le seul résultat tangible d'une conférence qui aura duré une semaine et mobilisé des centaines de ministres et diplomates commerciaux –, l'Inde et l'Afrique du Sud ont levé leurs objections à la prolongation du moratoire sur l'imposition de droits de douane sur les échanges digitaux pour une durée de deux ans, jusqu'au 31 mars 2026. Reste à déterminer la nature des échanges digitaux à taxer, c'est le travail pour les deux prochaines années.

Les textes sur les subventions à la pêche et sur l'agriculture n'ont pas été adoptés : pour l'agriculture, l'Inde réclamait une pérennisation et une couverture plus large des aides à la constitution de stocks alimentaires domestiques, sous la forme d'achats publics à des prix subventionnés. Les critiques publiques de la Thaïlande sur les répercussions négatives de la politique indienne pour les producteurs de riz thaï ont provoqué le rappel à Bangkok de l'ambassadeur, suite à une plainte du ministre indien. Le texte agricole constituait une feuille de route pour les travaux à venir, des soutiens à l'accès au marché en passant par les aides à l'exportation, le menu classique d'une négociation agricole opposant soutiens domestiques et accès au marché.

La résolution sur le règlement des différends, qui aurait engagé les membres à ne pas interjeter appel devant une instance d'appel inexistante – c'est-à-dire sans espoir de résolution – s'est heurtée à l'opposition des États-Unis, qui se réservent la possibilité de bloquer la résolution d'un contentieux, expédiée dans les limbes jusqu'à la nuit des temps.

Ce test révèle l'indifférence complète de l'administration Biden pour le fonctionnement actuel de l'OMC, qu'il s'agisse de l'enceinte de négociation ou du règlement des différends. « Blasés » est le mot employé par un haut fonctionnaire européen pour décrire l'attitude des Américains à Abu Dhabi.

Les milieux d'affaires américains – une cinquantaine de représentants des organisations patronales et des multinationales avaient fait le déplacement – restent attachés à l'OMC, pour sa fonction d'arbitre des disputes, mais aussi pour relancer les négociations d'accès au marché, ignorées par l'administration Biden. Confrontés à l'obstacle de la règle du consensus, ils voient l'avenir de l'organisation dans des accords plurilatéraux, à l'image de l'accord sur les technologies de l'information conclu initialement en 1996 par une trentaine de pays, puis étendu progressivement à environ 80 pays actuellement, avec une couverture de produits plus large que dans l'accord initial. Créer des coalitions plurilatérales, sortes de *coalitions of the willing*, serait la voie du futur pour la survie de l'Organisation.

....

L'OMC : *the good, the bad and the ugly*

Depuis la création de l'OMC en 1995, l'Organisation mondiale du commerce n'a conclu aucun accord de commerce multilatéral significatif alors que les accords bilatéraux et régionaux ont proliféré.

La malédiction de Robert Lighthizer qui, dès 2007, avait commis un papier visant à neutraliser le règlement des différends auquel il reprochait « de juger comme un tribunal des actes souverains passés par des gouvernements légitimes » s'est finalement abattue sur l'instance d'appel, avec la complicité d'Obama qui a été le premier à refuser de remplacer les juges dont le mandat arrivait à échéance. Plus de juges, plus d'instance d'appel… Mais l'administration Biden veut préserver le droit d'aller en appel, c'est-à-dire nulle part.

Le péché original de l'OMC, vu des États-Unis, c'est évidemment la Chine, qui a largement profité de son accession en 2001, sans jamais adopter les règles d'une économie de marché : depuis l'arrivée au pouvoir du président Xi, l'ouverture de l'économie amorcée par son prédécesseur fait place à une économie étatique avec ses champions industriels largement subventionnés ou, comme dans le cas de l'acier, et plus récemment des voitures électriques, une surproduction programmée pour conquérir les marchés et éliminer la concurrence des producteurs et constructeurs des pays occidentaux.

L'OMC est toujours là, personne n'en est sorti (attendons de voir ce que fera Trump), les travaux de passage à la loupe des politiques commerciales sont utiles, et permettent de résoudre nombre de petites divergences entre les membres.

Mais fondamentalement, sans le *leadership* des États-Unis, l'OMC est condamnée à faire du surplace et à tomber dans l'indifférence.

On connaît la position de Trump qui n'est pas forcément contre, mais qui ne voit que l'intérêt des États-Unis. L'approche de Trump sera transactionnelle : si l'OMC ne me donne pas ce que je veux, je claque la porte.

Trump ne supporte pas qu'à l'OMC, toujours régie par la règle du consensus, le vote du Burkina Faso ait le même poids que celui des États-Unis… Il est vrai que la règle du consensus limite considérablement les possibilités de progrès, puisqu'il suffit de l'opposition de l'Inde pour empêcher l'adoption d'une simple feuille de route pour les négociations agricoles.

Avec Biden et la gauche progressiste qui tient les rênes de la politique commerciale, l'opposition à l'OMC est moins exprimée publiquement, mais beaucoup plus dangereuse, car idéologique. Pour la gauche du parti démocrate, l'OMC est le symbole de la libéralisation à tout crin, et par conséquent l'organisation responsable des pertes d'emplois et des fermetures d'usines... le diable pour la gauche. Cette dernière veut restaurer une politique commerciale au service des travailleurs (*from the middle out*), rapatrier les chaînes de valeur et, dans une moindre mesure, lutter contre les positions dominantes (concurrence) et contre le réchauffement. Force est de reconnaître que sur l'environnement notamment, l'OMC n'a pas fait grand-chose. Par exemple, l'OMC pourrait être l'organisation toute désignée pour concevoir, peut-être sur l'exemple des schémas de l'Union européenne, un mécanisme de taxation du carbone compatible avec les principes de l'OMC et étendu, sur la base du volontariat dans un premier temps, à tous ses membres.

On peut rêver. Mais il est clair qu'il ne faut rien attendre du camp américain dans les quatre prochaines années : Trump n'en a que faire et prendra ce qui est bon pour lui ; Biden veut réformer en profondeur l'acquis de l'OMC et, à défaut, son administration continuera de se comporter en spectateur indifférent. L'entourage de Biden n'a aucune envie de voir l'OMC fonctionner dans sa forme actuelle, qui est l'expression d'un multilatéralisme de l'après-guerre, symbole d'une libération débridée des échanges, honnie par la gauche du parti démocrate qui contrôle la politique commerciale des États-Unis ainsi que l'officine de la concurrence (*Federal Trade Commission*).

Une autre manifestation de l'influence des progressistes, dévoilée par des échanges d'emails entre des groupes de pression et l'USTR, a été le retrait brutal de toute négociation sur la libre circulation et le stockage des données, position soutenue au départ par l'USTR, puis inversée sans raison apparente.

À quelques années d'intervalle, le discours de Biden fondateur de la *Bidenomics* rappelle étrangement un état des lieux très sombre de l'Amérique dressé par Donald Trump dans son discours inaugural de 2017, dont la tonalité funèbre lui avait valu un commentaire définitif de George W. Bush (*some weird shit*) : « des usines rouillées, éparpillées comme autant de tombes » (Trump), « les chaînes d'approvisionnement ont été transférées au-delà des mers, en Chine. Des villes entières et des communautés comme celle dans laquelle j'ai grandi ont dû fermer, éviscérées » (Biden).

La méthode suggérée est la même : « acheter américain, recruter américain » (Trump). « Ce projet (la reconstruction d'un pont autoroutier à Philadelphie), on l'a fait avec des travailleurs syndiqués. Que des produits américains, du matériel américain, *Made in America* » (Biden).

Trump et Biden partagent également une fixation sur l'industrie manufacturière qui ne représente guère que 12 % du PNB américain et des infrastructures (Trump en a beaucoup parlé, mais n'a jamais rien fait, alors que Biden a obtenu du Congrès $ 1 200 milliards pour les infrastructures).

....

America First 2.0 : Trump annonce une politique commerciale musclée et confrontationnelle

Droit de douane universel de 10 %, réciprocité tarifaire, taxation additionnelle des importations chinoises, Trump promet une politique commerciale musclée et confrontationnelle. Il n'avait pas hésité, au tout début de son premier mandat, à sortir les États-Unis des accords de commerce en cours de négociation avec l'Europe ou le Japon, et à lancer une guerre tarifaire massive contre la Chine.

Trump 2.0 nous promet toujours plus d'*America First*, avec quelques projets controversés en matière de réciprocité tarifaire. À la pointe du combat commercial, on retrouve Robert Lighthizer, qui était déjà le représentant pour le commerce de la première administration Trump. Il vient de publier un livre *No Trade is Free* dans lequel il qualifie la Chine d'« adversaire létal ».

Bob Lighthizer fait partie de l'équipe des conseillers rapprochés de Trump ; il est le principal artisan de la politique commerciale pour une deuxième administration Trump.

Pour la Chine, il propose tout simplement la fin du statut de la nation la plus favorisée : le Congrès des États-Unis pourrait légiférer en vue de retirer à la Chine le statut de partenaire commercial normal sans l'accord de l'OMC. La Chine rejoindrait alors au banc d'infamie de la colonne 2 du tarif douanier américain la Corée du Nord, Cuba et plus récemment la Russie et la Biélorussie. L'idée d'une surtaxation des importations chinoises est également à l'étude, le chiffre d'un droit de douane de 60 % *ad valorem* circule dans la capitale.

Mais c'est dans le domaine tarifaire de la colonne 1 (tous les pays ayant le statut de la nation la plus favorisée) que se cachent les projets les plus innovants : imposition unilatérale d'un droit de 10 % *ad valorem* universel, avec application d'une stricte réciprocité tarifaire. Par exemple, si les fixe-chaussettes américains sont taxés à 20 % dans l'Union européenne, la réciprocité s'appliquerait automatiquement.

On voit mal, dans la pratique, comment un tel système pourrait fonctionner, car il provoquerait des guerres commerciales généralisées et probablement une récession mondiale : on pense immédiatement aux années trente et à la loi Smoot-Hawley de juillet 1930, qui avait créé un droit moyen à l'importation de 60 % et qui a contribué à aggraver la récession provoquée par le krach de Wall Street en 1929 (le président républicain Hoover regrettera toujours de l'avoir signé contre ses propres convictions libérales). Personne ne sait si Donald Trump a lu ou entendu parler de Reed Smoot et de Willis Hawley.

L'idée de Lighthizer est probablement de créer un levier pour permettre aux États-Unis de négocier en position de force. Le recours accru à la Section 301 pour lutter contre les pratiques anticoncurrentielles des partenaires commerciaux est également avancé. L'Union européenne est explicitement visée par la mise en œuvre des accords de l'OMC sur la fiscalité des grandes entreprises, notamment l'imposition de la taxe GAFA, ainsi que sur les mesures adoptées en matière de souveraineté digitale.

L'impôt minimum de 15 % sur les grandes sociétés multinationales décidé dans le cadre de l'OCDE est entré en vigueur dans l'Union européenne, au Japon et au Canada ainsi que dans plusieurs paradis fiscaux, dont l'Irlande et les Bahamas. La Chine et les États-Unis n'ont pas ratifié les accords OCDE et n'appliquent pas le taux minimum de 15 %, ce qui pourrait conduire certains pays à appliquer aux entreprises américaines une taxe *top up* équivalente à la différence entre le taux minimum OCDE et l'impôt réellement payé aux États-Unis : Trump ne laissera pas passer cela.

Enfin, Lighthizer est favorable à une taxe sur les importations de produits « sales » (à haute intensité carbone), selon un mécanisme comparable au mécanisme d'ajustement carbone européen. Différence de taille : personne ne parle de taxer la production domestique, en introduisant une taxe carbone ; seules les importations seraient taxées, ce qui est évidemment contraire au statut de la nation la plus favorisée…

Certaines mesures comme la taxation des aciers « sales » chinois peuvent probablement être mises en œuvre par décision exécutive (Section 301). À l'inverse, d'autres mesures comme le retrait de la Chine de la colonne 1 du tarif douanier ou bien l'imposition d'un droit universel de 10 % relèvent de l'autorité législative du Congrès.

En ce qui concerne les contentieux hérités du premier mandat Trump, aucun n'a été nommément cité, mais le recours accru à la 301 est au programme pour « lutter contre les subventions ».

Sur l'acier, les États-Unis ont prorogé les restrictions quantitatives sans changement jusqu'au 31 décembre 2025, alors que la suspension des droits additionnels de l'Union européenne expire en mars 2025… Bizarre. Le contentieux sur l'acier ne sera pas réglé en 2024 sous Biden ; de plus, les responsables de la négociation avec l'Union européenne viennent tous deux de quitter le navire de l'USTR, ce qui généralement signale une fin de règne.

Si Trump revient, il annoncera immédiatement des contre-mesures au cas où l'Union européenne décide d'appliquer le droit punitif sur les alcools américains à la fin mars 2025.

L'annonce récente du rachat de l'emblématique US Steel par Nippon Steel complique un peu la donne pour l'administration Biden, qui envisage de bloquer l'acquisition… pour des motifs de sécurité nationale.

Biden a largement épousé, avec le sourire, et sans le dire ouvertement, la doctrine Trump en prônant une politique commerciale par les travailleurs et pour les travailleurs (*worker centric trade policy*). En clair, cela signifie que l'administration Biden n'entend pas poursuivre la libéralisation des échanges, qui impliquerait des concessions sur l'accès au marché américain : en pratique les syndicats ont droit de veto sur les décisions de politique commerciale (on l'a vu avec l'acier).

Aucun des grands contentieux (Airbus, acier) n'a été réglé par Biden et les quelque $ 300 milliards de commerce avec la Chine taxés par Trump le sont toujours : la fameuse révision des sanctions contre la Chine est toujours à l'étude et le restera jusqu'après l'élection.

Rien de nouveau à l'Ouest… Quel que soit le résultat de l'élection présidentielle, les quatre prochaines années ressembleront étrangement au passé récent en matière de politique commerciale : *America First*, avec le sourire pour Biden, dans la douleur et le chaos si c'est Trump.

La Chine sur la défensive

À Abu Dhabi, on a peu entendu la voix de la Chine, qui a dû quand même s'employer à torpiller l'accord sur la pêche qui prévoyait de limiter voire d'interdire les subventions à la surpêche qui la concernaient au premier chef. Il est vrai que, vingt-deux ans après avoir intégré l'OMC (à côté… à Doha), les dirigeants chinois peuvent estimer avoir fait le tour… des engagements sans trop de contraintes. Comme les États-Unis, la Chine ne jure plus que par le bilatéral : les nouvelles routes de la soie certes qui, lancées en 2013, regroupent quelque cent quarante pays, mais dont les bénéficiaires, à l'image du Sri Lanka, commencent à découvrir les épines chinoises ! La Chine a mis l'accent sur la signature d'accords de libre-échange : il y en a maintenant vingt-huit qui représentent 38 % des exportations de la Chine ($ 1 300 milliards), mais en intégrant Hong Kong. Après avoir signé un ALE avec l'ASEAN en 2010, la Chine a ainsi adhéré à la grande zone de libre-échange de l'Asie, la RCEP (*Regional Comprehensive Economic Partnership*) qui regroupe l'ASEAN, ainsi que le Japon, la Corée du Sud, l'Australie et la Nouvelle-Zélande. La Chine a une négociation en cours avec le GCC (*Gulf Cooperation Council*) et finance une partie de l'organisation africaine de libre-échange (AfCFTA). Il reste en fait l'Europe et les États-Unis qui cherchent de leur côté à limiter les nouvelles déferlantes chinoises. Mais la Chine a toujours la possibilité d'utiliser les vieilles techniques du protectionnisme sanitaire ou de la lutte contre les subventions déguisées : le brandy français, les porcs allemands, l'orge et le vin australien en savent quelque chose. En 2023, il y a eu la mise en place de quotas d'exportation sur quelques métaux sensibles (gallium et germanium) et un embargo sur certaines technologies relatives aux terres rares. Juste de quoi faire un peu peur ! Et puis si les États-Unis parlent et agissent « dur », il y a toujours moyen de contourner l'Europe.

L'Europe indécise… comme toujours

Le moins que l'on puisse dire est que l'Europe, sous le mandat de Madame von der Leyen, n'a pas brillé par sa cohérence, écartelée – c'est vrai – par les contradictions de ses membres, et par l'accent mis sur un agenda vert bien difficile à faire partager par tous ses partenaires, comme cela était le cas par exemple en matière de déforestation. Le commissaire en charge du commerce est le Letton Valdis Dombrovskis, qui a succédé en 2020 à l'Irlandais, Phil Hogan, contraint à la démission. Force est de constater que la plupart des dossiers qu'il a en charge sont au point mort, souvent du fait des blocages des États membres. Cela a été le cas d'un véritable « serpent de mer », l'accord de libre-échange Union européenne-Mercosur, qui a été à nouveau bloqué, *in extremis* sur son volet agricole, la dernière fois lors des grandes manifestations agricoles en Europe au début de 2024. L'agriculture a été aussi le facteur du gel des négociations d'un accord avec l'Australie ; mais là, les divergences sont plus profondes et remontent à la rupture australienne du contrat sur la fourniture de sous-marins nucléaires par la France (et à la création de l'AUKUS avec… le Royaume-Uni).

Les accords de libre-échange sont vraiment à la mode, même entre les partenaires, parfois les plus improbables. C'est ainsi que l'Inde vient d'en signer un avec l'AELE : on découvre que cette organisation (l'Association Européenne de Libre-Échange), suscitée par le Royaume-Uni, en 1960 pour contrer la CEE, existe encore avec quatre membres : la Norvège, l'Islande, la Suisse et le Liechtenstein. Mais ce peut-être un bon cheval de Troie vers l'Europe !

Au total, l'Europe a quand même signé quarante-sept accords préférentiels avec soixante-dix-neuf pays. Les derniers en date concernent la Nouvelle-Zélande et le Kenya et il reste donc sur l'étagère, le Mercosur, l'Australie et… l'Inde.

Face à la Chine, l'Union européenne est moins décidée que les États-Unis, même si elle se trouve en premier ligne sur les nouveaux marchés chinois que sont les véhicules électriques et au moins leurs composants et batteries, les panneaux solaires et

L'accord de Samoa

Le 15 novembre 2023, l'« accord de Samoa » a enfin remplacé l'accord de Cotonou de 2020 qui lui-même avait succédé à la convention de Lomé en 1975 (elle-même héritière de la convention de Yaoundé des années soixante.). Il s'agit bien de l'accord de partenariat entre l'Union européenne et les pays ACP (pour une bonne part, les anciennes « colonies » d'Afrique, Caraïbes, Pacifique).

Un peu comme pour l'OMC, on est loin des ambitions affichées et, dans ce cas même, de ce que fut la convention de Lomé. En 1975, en effet, au lendemain du premier choc pétrolier et au cœur de tensions sur les marchés de matières premières (le Programme intégré des Produits de Base de la CNUCED de Nairobi est de 1976), on parlait de développement, de croissance et les liens entre l'Europe et ses ACP étaient forts (on n'avait pas la Chine qui vivait alors les derniers soubresauts du maoïsme).

Outre un « protocole sucre » qui garantissait l'accès au marché européen de 1,4 million de tonnes de sucre provenant pour l'essentiel de Maurice, Fidji et des Caraïbes (qui bénéficiait du prix intérieur européen), la convention de Lomé prévoyait un mécanisme de stabilisation des recettes d'exploitation des produits agricoles vers la Communauté européenne : le stabex intervenait « après » le marché par le biais de versements compensant les baisses éventuelles de prix ou de production. Un peu plus tard, on lui ajouta un mécanisme un peu similaire pour les produits miniers, le sysmin. Stabex et sysmin ne survécurent pas au passage de Lomé à Cotonou.

La convention de Cotonou – beaucoup moins ambitieuse, mais à l'époque, il fallait intégrer les PECO – devait durer vingt ans. Les négociations de son renouvellement commencèrent en septembre 2018 et il aura donc fallu cinq années pour les mener à bien. Même en tenant compte du covid, c'est fort long, mais c'est au fond un peu la nouvelle norme du temps européen sur un sujet, devenu presque secondaire, et parfois otage, d'autres préoccupations. Ainsi, la Pologne a-t-elle bloqué l'accord dans sa dernière ligne droite pour faire pression sur le dossier des… céréales ukrainiennes. Du côté des ACP, on s'inquiétait d'une vision « colonialiste » européenne en particulier, en ce qui concerne les engagements demandés en matière d'égalité des sexes et de non-discrimination fondée sur l'orientation sexuelle !

Le texte final signé à Apia, aux Samoa, n'apporte rien de fondamental – au-delà d'une déclaration de grands principes – en matière commerciale. Pour les ACP les moins avancés, il reste le régime EBA (*Everything but Arms*) qui supprime droits de douane et contingents pour toutes les importations en provenance de ces pays, les autres relations étant fondées sur les accords de partenariat économique régionaux (dont le découpage reste discutable). Mais des questions comme les migrations, le climat et l'adaptation aux futures contraintes européennes en matière de déforestation ou de taxe carbone aux frontières restent entières.

L'impression demeure d'un relatif désintérêt à Bruxelles pour ces liens historiques, qui se distendent peu à peu à l'image d'ailleurs de la France, dont le ministère de la Coopération a disparu depuis longtemps, et dont le siège historique à Paris, la « rue Monsieur », a été acheté par… la Chine !

les éléments pour éoliennes. Sur les véhicules électriques pour les lesquels la menace est la plus précise (Jean-Dominique Senart, le président de Renault, n'hésite pas à parler de « conflit à balle réelle »), l'Union européenne a lancé une enquête visant les éventuelles subventions à l'exportation, dont bénéficieraient les fabricants chinois. La réaction chinoise ne s'est pas fait attendre avec la menace d'une étude comparable sur le « Brandy » européen, et donc, au premier chef sur le cognac…

Il est loin donc le temps des grands affrontements et des débats idéologiques sans fin et on en serait presque nostalgique. Le commerce « bien tempéré » est un facteur de progrès économique et social. La loi de la jungle, celle du plus fort qui s'impose dans les négociations bilatérales (celles des accords de libre-échange) est une régression qui ne profite au fond qu'aux grands « fauves » que sont les États-Unis et la Chine.

Après cette conférence d'Abu Dhabi dont il ne restera presque rien, l'OMC va reprendre ses réunions à Genève dans l'indifférence générale, un siècle presque après la malheureuse Société des Nations qui ne se releva jamais – elle aussi – de l'absence américaine. Mais la SDN, elle, au moins, nous a légué « Belle du Seigneur » d'Albert Cohen !

Changements climatiques :
après Dubaï, une année à hauts risques électoraux !

En 2023, la température moyenne dans le monde a dépassé de 0,16 °C le précédent record datant de 2016. L'emballement du thermomètre s'explique par le retour d'un épisode *El Niño* à partir de l'été, qui s'est prolongé début 2024. Le réchauffement a été accusé en Amérique du Nord, avec une vague d'incendies sans précédent au Canada. Le cyclone Daniel a provoqué des dommages considérables en Libye. La COP28 de Dubaï n'a pas délivré d'avancée significative en matière d'élargissement des financements climatiques vers les pays du Sud, notamment en matière d'adaptation au changement climatique. L'objectif de désinvestissement des énergies fossiles, introduit à la COP26 pour le seul charbon, a en revanche été élargi au gaz et au pétrole. Reste à le traduire dans les faits. En 2023, les émissions de CO_2 d'origine énergétique ont encore augmenté, notamment sous l'impact de la sortie des confinements en Chine. En 2024, des scrutins à haut risque se tiennent en Europe et en Amérique du Nord où le climat devient un objet de polarisation croissante au sein de la classe politique.

Quand *El Niño* se conjugue au réchauffement global

D'après l'Organisation météorologique mondiale (OMM), le précédent record de chaleur datait de l'année 2016, sous l'effet d'un épisode *El Niño* exceptionnellement accusé. Un nouvel évènement *El Niño*, apparu à partir de l'été 2023, a provoqué une hausse abrupte du thermomètre. De juin à décembre, tous les mois ont établi des records absolus de température. Sur l'année entière, le thermomètre affiche une hausse de 0,16 °C sur le précédent record de 2016 et de plus de 0,2 °C sur la température moyenne de 2022.

Par rapport à l'ère préindustrielle, le réchauffement atteint 1,45 °C. Comme l'épisode *El Niño* devrait perdurer, et sans doute s'amplifier, au premier semestre 2024, il y a un risque que le chiffre d'un réchauffement moyen de 1,5 °C soit touché cette année. Compte tenu des fluctuations des températures à court terme, on ne peut cependant pas juger de l'avancée du réchauffement climatique à partir des résultats d'une seule année. Sur les dix dernières années, l'OMM estime le réchauffement moyen à 1,2 °C relativement à l'ère préindustrielle. Cela suggère que nous avons atteint 1,3 °C en 2023, à tendances inchangées.

30 ans de négociation climatique

1990

Publication du premier rapport d'évaluation du GIEC.

1992

Adoption de la Convention Cadre des Nations unies sur les Changements climatiques (CCNUCC), entrée en vigueur en mars 1994 et ratifiée depuis par 196 parties.

1997

Adoption du Protocole de Kyoto, lors de la troisième conférence annuelle des parties (COP3).

2001

Retrait des États-Unis du Protocole de Kyoto.

2005

– Démarrage du système européen d'échange de quotas de CO_2 (EU ETS)
– Entrée en vigueur du Protocole de Kyoto à la suite de la ratification de la Russie.

2009

Conférence de Copenhague (COP15), marquant un passage à une logique *bottom-up*.

2010

Conférence de Cancún (COP16) durant laquelle les principaux éléments de l'accord de Copenhague sont intégrés dans les textes de négociation liés à la Convention Climat.

2014

Publication du cinquième rapport d'évaluation du GIEC.

2015

Adoption de l'« Accord de Paris » (COP21).

2016

– 6/11 : entrée en vigueur de l'Accord de Paris
– 8/11 : élection de Donald Trump.

2017

Annonce du retrait des États-Unis de l'Accord de Paris (1/07).

2018

COP24 à Katowice. Adoption du *rule book*, ensemble des règles de mise en œuvre de l'Accord de Paris. Échec de la négociation sur le prix international du carbone.

2022

– Publication du sixième rapport d'évaluation du GIEC (Groupes de travail 2 et 3)
– Adoption d'un instrument financier à la COP27 dédié aux pertes et dommages dans les pays pauvres.

2023

La COP28 valide l'objectif de désinvestissement (« Transition away ») des trois énergies fossiles : charbon, pétrole, gaz.

2024

COP29 à Bakou.

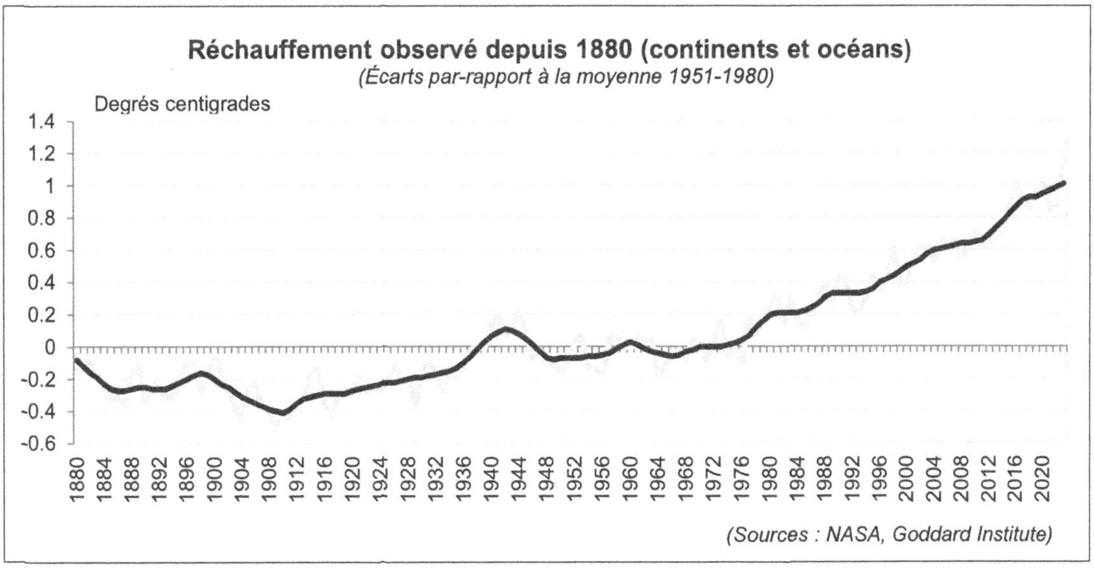

L'adaptation, parent pauvre des financements climatiques

Le réchauffement a été particulièrement marqué sur les continents américain et africain qui ont l'un et l'autre connu l'année la plus chaude jamais observée. C'est aussi sur ces deux continents qu'ont été observés des évènements extrêmes particulièrement violents. Au Canada, plus de 6 000 feux de forêt ont été répertoriés, ravageant près de 18 millions d'hectares et rejetant des nuages de fumée toxiques jusqu'aux États du nord des États-Unis. Les émissions de CO_2 générées par les feux ont dépassé 1,4 Gt, soit un peu moins du quart des rejets résultant des incendies dans le monde.

En septembre, le cyclone subtropical *Daniel* a atteint la Libye après avoir touché la Grèce et la Turquie. Des pluies torrentielles ont été observées dans l'est du pays, provoquant une catastrophe humanitaire à la suite de la rupture de barrages provoquant les inondations des villes de Derna et Al Mardj

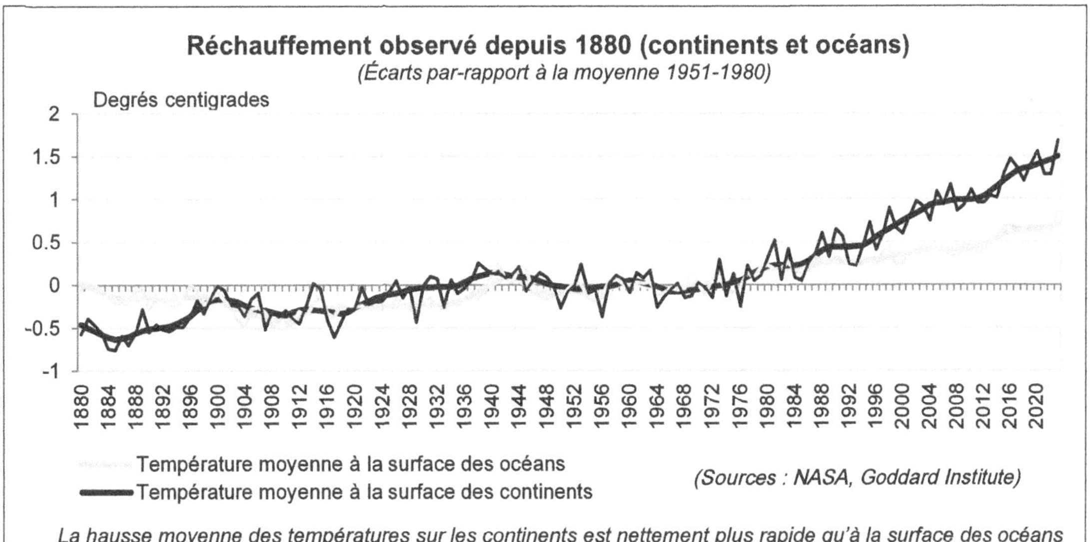

La hausse moyenne des températures sur les continents est nettement plus rapide qu'à la surface des océans

très largement détruites. Le Croissant rouge estime le nombre de décès à plus de 20 000 personnes. L'exemple de la Libye rappelle combien il est important d'accroître les moyens destinés à l'adaptation face au réchauffement climatique.

Sous cet angle, la COP28 tenue à Dubaï n'a pas délivré le moindre résultat. Dans un communiqué ambigu, l'OCDE a certes laissé penser que l'engagement de transférer $ 100 millions au titre de la solidarité climatique vers les pays pauvres avait sans doute été atteint en 2022. Les montants dédiés à l'adaptation en représentent moins d'un quart. Comme on l'a encore vu à Dubaï, les pays riches ou émergents sont plus enclins à transférer des capitaux pour investir dans des technologies vertes réduisant les émissions que dans le renforcement des capacités locales face aux impacts du réchauffement. Cette faiblesse est particulièrement dommageable pour le secteur agricole, le premier impacté par les changements climatiques. Elle aggrave l'insécurité alimentaire dans le monde.

La COP de Dubaï : focus sur les énergies fossiles

Obtenue à l'arraché, la mention des énergies fossiles, de toutes les énergies fossiles (charbon, pétrole et gaz), a été insérée dans la décision finale de la COP28 à Dubaï. Comme à l'accoutumée, d'interminables débats sémantiques se sont prolongés tard dans la nuit : *phasing out ou phasing down*? Face à l'impossibilité de trancher entre les deux tournures, l'expression *transition away* a finalement été inscrite dans la décision.

Traduisons en langage économique : il s'agit d'entrer dans l'ère du désinvestissement des énergies fossiles : stopper les projets d'accroissement de la capacité de production ou de consommation d'énergie fossile; retirer ou reconvertir les actifs immobilisés pour ces usages. C'est le rythme de ce désinvestissement qui conditionnera celui de la baisse des rejets de CO_2 liés à l'énergie à l'origine de 70 % des émissions mondiales de gaz à effet de serre.

Insérer deux mots dans une décision, c'est bien. Mais l'essentiel reste à faire. Dans le calendrier de la négociation climatique, les gouvernements ont maintenant moins de deux ans pour les traduire dans leurs nouveaux engagements au titre de l'Accord de Paris. Surtout, ils doivent engager ou accélérer ce désinvestissement des énergies fossiles sans lequel il n'y a pas de voie possible pour enrayer le réchauffement planétaire.

Des rejets de carbone fossile encore en hausse

Au moment où les négociateurs du climat engageaient leur traditionnel marathon à Dubaï, les premières estimations des rejets de CO_2 provenant

Les émissions de CO_2 d'origines fossile et industrielle depuis 1960
(en milliards de tonnes)

	Chine	États-Unis	UE-27	Inde	Russie	Japon	Monde
1960	0.8	2.9	2.1	0.1	0.9	0.2	**9.4**
1970	0.8	4.3	3.3	0.2	1.5	0.8	**14.9**
1980	1.5	4.7	4.1	0.3	2.1	1.00	**19.4**
1990	2.4	5.1	3.9	0.6	2.6	1.2	**22.3**
2000	3.6	6.0	3.6	1.0	1.5	1.3	**24.9**
2010	9.0	5.7	3.4	1.7	1.7	1.2	**33.8**
2020	10.9	4.7	2.6	2.4	1.6	1.0	**35.0**
2021	11.3	5.1	2.8	2.7	1.7	1.1	**36.9**
2022	11.4	5.0	2.8	2.8	1.7	1.1	**37.2**
2023 (e)	11.8	5.1	2.6	3.1			**37.4**

(Source : Global Carbon Budget (2023))

de la combustion d'énergie et de l'industrie, que l'on peut regrouper sous l'appellation « carbone fossile », étaient publiées. Ces rejets ont connu une hausse d'environ 1 %, alors qu'ils devraient baisser d'au moins 4 % l'an pour être en phase avec les scénarios limitant le réchauffement en dessous de 2 °C.

Cette hausse a été observée alors que les rejets des États-Unis et de l'Union européenne ont reculé de respectivement 3 et 7,5 %, principalement en raison de la mutation des systèmes électriques où le désinvestissement à l'écart du charbon et du fioul est désormais solidement engagé. Des évolutions similaires sont observées dans les autres économies développées.

Mais le mouvement a été plus que compensé par la poursuite d'une hausse très rapide des rejets de l'aviation civile internationale et surtout des deux grands géants asiatiques. Pour alimenter une croissance économique désormais nettement plus rapide que celle de la Chine, les émissions de l'Inde ont augmenté de 8 % en 2023. Elles ont dépassé pour la première fois celles de l'Union européenne. La Chine a de son côté augmenté d'un peu moins de 2 % ses rejets de carbone fossile. Une partie de cette hausse résulte cependant de l'abandon des politiques de confinement fin 2022 dont les pleins effets se sont fait sentir en 2023. Elle n'est donc pas extrapolable.

La prolongation de ces tendances éloignerait le monde des trajectoires d'émission compatibles avec un réchauffement inférieur à 2 °C. Pour s'en rapprocher, le sixième rapport du GIEC nous rappelle qu'il faut dépasser le pic des émissions mondiales avant 2025 puis faire reculer massivement les émissions. Cela implique une inversion de la tendance haussière en Chine et en Inde et une accélération de la transition énergétique aux États-Unis et en Europe, dans un contexte électoral à haut risque pour le climat.

Le pic d'émission imminent en Chine ?

Dans son essai *The Great Derangement*, le romancier indien Amitav Ghosh considère que « le continent asiatique est critique pour tous les aspects du réchauffement global : ses causes, ses implications historiques et philosophiques, et la possibilité d'une solution globale à y apporter ».

Ghosh rappelle également la genèse historique des liens entre les émissions de CO_2 et l'Asie. Tant qu'elles ont été maintenues sous l'éteignoir colonial, les économies asiatiques n'ont guère contribué au réchauffement planétaire. En 1950, l'Asie compte pour 6 % des rejets mondiaux de carbone fossile. L'émergence des économies asiatiques (hors Japon) s'amorce dans les années cinquante et s'amplifie jusqu'à la période récente. En 2022, l'Asie compte pour 51 % des émissions mondiales de CO_2 d'origine fossile, la Chine et l'Inde pour respectivement 32 et 7 %. De leurs décisions dépendra largement la possibilité, ou non, de passer le pic mondial des émissions durant la décennie 2020.

Adossée à un système financier fournissant à satiété du capital à bas coût, la Chine a pris une position de leader dans les secteurs clés de la transition bas carbone : énergies renouvelables, hydrogène vert et stockage de l'électricité, réseaux de transport de l'électricité. Au plan économique, ces technologies requièrent beaucoup de capital fixe pour des coûts d'exploitation très faibles. Les positions acquises font de la Chine le principal pourvoyeur de moyens de production ou d'utilisation d'énergie décarbonée dans le monde. C'est un facteur d'accélération de la transition bas carbone dans le reste du monde, car ces moyens de production, grâce à la baisse des coûts, deviennent de plus en plus souvent compétitifs face aux énergies fossiles.

Au plan interne, cette nouvelle force de frappe industrielle a permis de constituer une infrastructure sans pareil de moyens de production décarbonés. La question est de savoir à quel moment cette infrastructure verte va permettre de franchir le pic d'émission. L'année 2023, marquée par la sortie des confinements, a connu une hausse des rejets de CO_2. Elle a aussi été celle de tous les records en matière d'installation de capacités de production et de stockage d'électricité solaire et éolienne. Elle pourrait bien être celle du pic d'émission du pays.

La variable clé est la demande d'énergie. Durant les deux dernières décennies, la vague d'investissement verte s'est accompagnée d'une boulimie de la demande d'énergie. Le changement en cours du régime de croissance et les politiques d'efficacité énergétique devraient durablement infléchir cette demande. La plupart des experts s'accordent

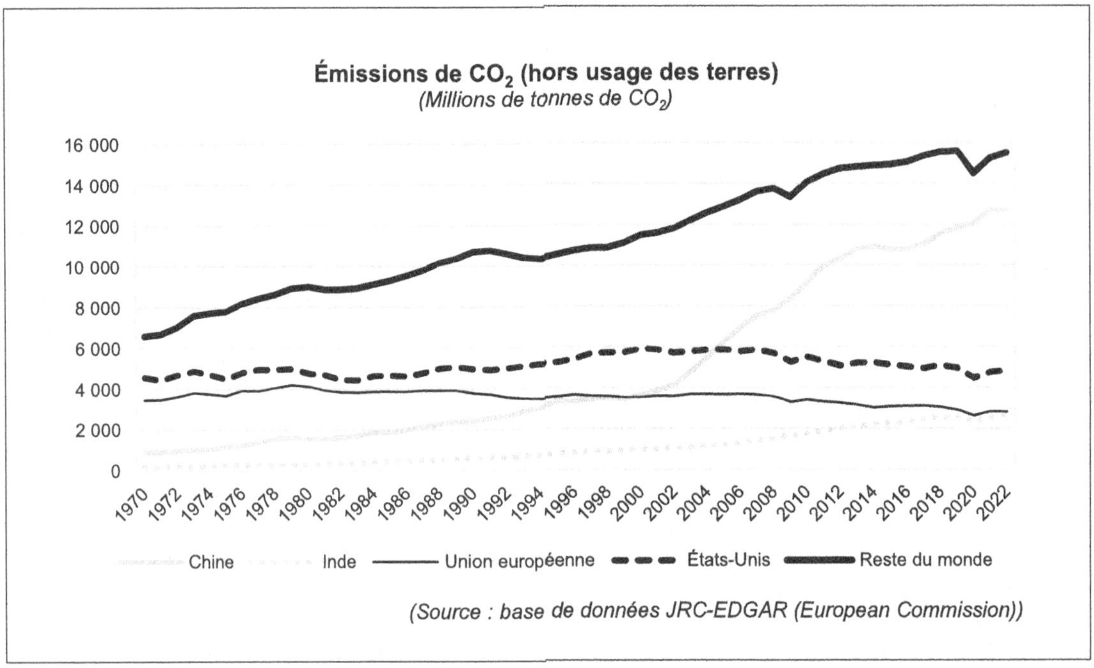

sur la perspective d'une baisse conséquente de l'utilisation du charbon d'ici 2030 conduisant à un pic d'émissions imminent. Compte tenu du poids de la Chine (un tiers des rejets mondiaux de carbone fossile), le point de bascule chinois et le dépassement du pic mondial devraient être synchrones.

L'Inde émet plus que l'Union européenne

La position de l'Inde n'est pas comparable. Sur la dernière décennie, l'Inde a supplanté la Chine comme premier contributeur à la croissance des émissions de CO_2 dans le monde, avec une vitesse d'augmentation double. Ses rejets de CO_2 ont dépassé ceux de l'Union européenne en 2023. Le pays reste cependant étonnamment sobre. Sa consommation d'énergie par habitant ne dépasse pas une tonne d'équivalent pétrole (moyenne mondiale : 1,75 TEP) et ses rejets de CO_2 dans l'atmosphère deux tonnes (moyenne mondiale : 4,8 tonnes).

Malgré l'ampleur des investissements bas carbone, l'accroissement des capacités électriques décarbonées indiennes ne suffira probablement pas à répondre à la demande qui restera très forte d'ici 2030. L'Inde va continuer à investir, de façon déclinante, dans du fossile : accélérer l'extraction et l'importation de charbon pour son approvisionnement électrique et ses importations de pétrole et de gaz pour les autres usages. L'inconnue indienne réside dans le niveau auquel peut se stabiliser la demande d'énergie. Si le pays parvient à rester sobre tout en couvrant les besoins énergétiques essentiels, il pourra amorcer d'ici une dizaine d'années le désinvestissement des énergies fossiles et passer le pic d'émission avec des rejets de carbone fossile par habitant de l'ordre de 3 à 4 tonnes de CO_2, quand la Chine va passer le sien vers 8 tonnes. Ce serait une première mondiale.

Le point essentiel est que les pics d'émission de l'Asie émergente vont être atteints avec des rejets de CO_2 par habitant bien plus faibles que ceux des pays d'industrialisation ancienne au moment de leurs propres pics : 22 t/hab aux États-Unis (2005) et 10 t/hab dans l'Union européenne (1979). Cela laisse une fenêtre ouverte pour les scénarios globaux limitant le réchauffement à 1,5 °C, à condition d'accélérer la baisse des émissions une fois le pic passé. C'est l'enjeu posé aux États-Unis et à l'Union européenne, à l'origine de respectivement 13 et 7 % des émissions mondiales de carbone fossile.

La gouvernance du système des Nations unies en matière de changement climatique

La Convention Cadre des Nations unies sur les Changements Climatiques, signée en décembre 1992 au sommet de la Terre de Rio, est entrée en vigueur en mars 1994. Ce traité a depuis été ratifié par 195 pays et l'Union européenne qui constituent les « parties » à la Convention. L'organe suprême de la Convention climat est la Conférence des Parties (COP) qui réunit les représentants de tous les États ayant ratifié la convention. Ses procédures donnent à tout pays, petit ou grand, une voix équivalente conformément aux principes des Nations unies. Avec 196 parties, on imagine la complexité de la prise de décision et les risques induits de blocage.

La COP doit statutairement se réunir une fois par an. C'est chaque année la conférence annuelle sur le climat qui se tient habituellement la première quinzaine de décembre. Certaines COP n'ont pas laissé de grands souvenirs. D'autres ont marqué l'histoire de l'action collective face au changement climatique. C'est le cas de la troisième COP qui s'est réunie en 1997 à Kyoto : le fameux protocole du même nom y a été adopté en séance plénière. La conférence de Paris était la COP21. Les 196 parties y ont adopté l'« Accord de Paris » qui vise à instituer un nouveau régime climatique à partir de 2020.

La COP est dotée d'un secrétariat opérationnel basé en Allemagne à Bonn. Ce secrétariat met en application les décisions qui sont prises. Le secrétariat abrite les deux organismes en charge de la supervision des mécanismes de projet introduits par le protocole de Kyoto : le Mécanisme pour un développement propre et la Mise en œuvre conjointe. Il assure également la collecte des informations que chaque partie à la Conférence s'est engagée à fournir. Ce travail technique ne doit pas être sous-estimé. Il permet d'assurer de multiples échanges d'informations entre pays sur les émissions de gaz à effet de serre.

La Convention climat de 1992 a établi deux organes subsidiaires permanents : l'Organe Subsidiaire de Conseil Scientifique et Technologique (SBSTA en anglais) et l'Organe Subsidiaire pour la mise en application (SBI en anglais). La tâche du SBSTA est d'alimenter la COP en informations sur les questions scientifiques, technologiques et méthodologiques. Celle du SBI est de conseiller la COP sur toutes les questions relatives à la mise en œuvre de la Convention. Ces organes sont ouverts à la participation de toutes les Parties, les gouvernements pouvant envoyer des représentants experts. Le SBSTA et le SBI se réunissent traditionnellement en parallèle de la COP, deux fois par an.

États-Unis : « *I want to drill, drill, drill* »

En 2016, le candidat Trump avait été élu sur un programme de relance du charbon : *Trump digs coal*. Dans la campagne pour le scrutin de novembre 2024, son nouveau slogan est *I want to drill, drill, drill*. Une fois à la Maison-Blanche, le président Trump a bien retiré les États-Unis de l'Accord de Paris et nommé un lobbyiste du charbon à la tête de l'Agence environnementale. Il n'a cependant enrayé ni la fermeture des centrales thermiques, ni le déclin de la production charbonnière américaine, ni le recul des rejets de CO_2. Doit-on pour autant relativiser les enjeux climatiques du prochain scrutin présidentiel ?

Un retour en force du Trumpisme pourrait avoir des retombées sévères sur les trajectoires d'émission américaines, car l'inflexion de la politique climatique de l'administration Biden n'a pas permis d'amorcer le désinvestissement du pétrole et du gaz.

Le principal instrument de la politique climatique, curieusement baptisé *Inflation Reduction Act* (IRA), est un programme d'investissement mettant sur la table $ 386 milliards à la charge du budget fédéral pour accélérer la transition énergétique. La part du lion est constituée de crédits d'impôt et de subventions pour la décarbonation du secteur électrique. Trois blocs, de l'ordre de 40 milliards chacun, concernent l'incitation à l'électrification des transports, l'hydrogène vert et le captage et stockage du CO_2.

L'IRA s'inscrit dans la compétition géopolitique avec la Chine. L'objectif est de rattraper le retard pris dans à peu près toute la gamme des investissements de la transition bas carbone. Exclusivement centrée sur l'offre d'énergie et les solutions technologiques, la stratégie climat de Biden a été épurée des instruments contraignants qui figuraient pourtant dans son programme : normes réglementaires et taxation du CO_2. Elle ne s'attaque que marginalement à la demande d'énergie, là où les leviers d'action permettraient d'accélérer la baisse des émissions. En 2022, un habitant des États-Unis consomme encore en moyenne près de 6 tonnes d'équivalent pétrole, soit quatre fois la moyenne mondiale.

Une telle stratégie stimule, à grand renfort d'argent public, les investissements pour constituer des infrastructures bas carbone. Elle ne pose pas de contraintes pour freiner les investissements privés dans le secteur pétrogazier au mieux de sa forme. L'enjeu du prochain mandat présidentiel sera de s'attaquer aux sujets qui fâchent. Une partie du monde économique américain pousse dans cette direction : celui du numérique et de l'intelligence artificielle qui voit dans l'électron vert et l'information les moteurs du capitalisme de demain. Mais

Le nouvel agenda ouvert par l'Accord de Paris

Avril 2016

Ouverture à la signature de l'Accord au secrétariat des Nations unies à New York. 55 signatures représentant au minimum 55 % des émissions mondiales sont requises pour l'entrée en vigueur de l'Accord en 2020.

Mai 2016

Première réunion de l'APA (*Ad hoc Working Group on the Paris Agreement*), organe chargé de la mise en œuvre de l'Accord de Paris.

Novembre 2016

- Entrée en vigueur de l'Accord de Paris (4 novembre).
- COP22 à Marrakech.

2018

- Publication du rapport spécial du GIEC sur les trajectoires d'émission associées aux objectifs de limitation du réchauffement à 1,5 °C.
- Dialogue de facilitation pour accroître l'ambition des contributions nationales dès l'entrée en vigueur de l'Accord de Paris.

2021

- Publication du sixième rapport d'évaluation du GIEC.
- Premier cycle quinquennal de soumission des Contributions nationales (*Nationally Determined Contributions : NDC*).

2023

Premier bilan mondial évaluant la réalisation des objectifs de l'Accord (*Global stocktake*).

2025

Mise en œuvre du nouvel objectif de financement.

2026

Second cycle quinquennal de soumission des Contributions nationales (*NDC*).

2028

Second bilan mondial évaluant la réalisation des objectifs de l'Accord (*Global stocktake*).

le capitalisme d'hier basé sur les énergies fossiles résiste. Il apporte d'excellents rendements financiers à court terme sitôt que le prix des énergies fossiles s'envole. On risque donc de voir coexister pendant longtemps les prospecteurs d'hydrocarbures et les développeurs d'énergie renouvelable dans les vastes espaces du Middle West.

Union européenne : le climat facteur de polarisation au sein de la classe politique

Contrairement à celui des États-Unis, le sous-sol européen est pauvre en énergie fossile. Au sein de l'Union européenne, le désinvestissement des énergies fossiles porte pour l'essentiel sur les actifs liés à la consommation d'énergie. Il a été amorcé depuis 2005, année d'entrée en vigueur du protocole de Kyoto. Entre 2005 et 2023, l'Union européenne a réduit de plus d'un quart ses rejets de carbone fossile.

La poursuite de cette tendance conduirait en 2030 à une réduction de l'ordre de 40 % des émissions de gaz à effet de serre relativement à 1990. En décembre 2020, le Conseil européen a porté l'engagement de réduction à 55 %, puis l'a inscrit dans un paquet législatif et réglementaire dénommé *Fit for 55* présenté en juillet 2021 par la Commission.

À l'instar de l'IRA américaine, ce paquet contient nombre d'incitations à l'investissement pour déployer les énergies renouvelables, l'hydrogène vert et les réseaux électriques de demain. L'Union européenne complète ce volet stimulant l'offre par un ensemble de régulations s'imposant aux États membres. Les plus classiques sont des

Entre 2 °C et 1,5 °C, des impacts bien différents !

Lors de la conférence de Paris (COP21), les représentants des petits États insulaires ont haussé le ton. L'objectif de limitation du réchauffement à 2 °C ne leur semblant pas suffisant, ils ont réclamé une cible de long terme à 1,5 °C. D'où la formule de l'Accord qui maintient la référence à 2 °C, mais recommande de faire tous les efforts pour viser 1,5 °C, et la commande d'un rapport spécial au GIEC sur la question.

Publié en octobre 2018, quelques mois avant la conférence de Katowice, le rapport 1,5 °C montre les différences d'impacts entre 1,5 et 2 °C. Trois différences majeures retiennent l'attention :

- Avec un réchauffement de 2 °C, la très grande majorité des coraux, les êtres vivants parmi les plus sensibles à la température, risque de blanchir et de mourir ; à 1,5 °C on peut espérer en conserver une proportion significative.
- Les risques de submersion résultant de la montée du niveau de la mer pourraient toucher jusqu'à 10 millions de personnes supplémentaires si le thermomètre passait d'une hausse moyenne de 1,5 °C à 2 °C.
- Limiter le réchauffement à 1,5 °C réduit les risques de baisse des rendements des cultures de riz, maïs et blé attendus en Afrique subsaharienne, dans le sud-est asiatique et en Amérique centrale et du Sud.

En 2016 et en 2020, la température moyenne à la surface du globe a été la plus élevée jamais observée depuis qu'on effectue des relevés. Elle a été supérieure de 1,2 °C relativement à la moyenne observée entre 1880 et 1900.

D'après le sixième rapport d'évaluation du GIEC, le seuil de réchauffement de 1,5 °C sera probablement atteint durant la décennie 2030, quels que soient les efforts de réduction d'émission accomplis d'ici là.

normes restreignant l'usage des énergies fossiles, comme dans l'automobile (arrêt des ventes de véhicules thermiques en 2035) ou les bâtiments (émissions nulles ou négatives des bâtiments neufs à partir de 2030). À ces instruments réglementaires s'ajoute une réforme en profondeur du système d'échange de quotas de CO_2, pivot de la politique climatique européenne.

La Commission et le Parlement européens issus des élections de 2019 ont adopté l'ensemble des réglementations du *Fit for 55* visant à réduire de 55 % les émissions d'ici 2030. Le Parlement et la nouvelle Commission issus des élections de juin 2024 devront mettre en œuvre ces régulations, dans un contexte qui a beaucoup changé.

Le climat a traditionnellement fait l'objet d'un consensus politique assez large en Europe. À l'image du binôme constitué au lendemain des élections de 2019 à la tête de la Commission : Ursula von der Leyen, ex-ministre des Armées d'Angela Merkel, à la présidence ; Frans Timmermans, figure de la social-démocratie européenne, en charge de la transition écologique à la vice-présidence. Le second a quitté la Commission en 2023 pour se faire battre à des élections nationales dont l'extrême droite est sortie gagnante. Un signal prémonitoire ?

Jusqu'à présent, les voix discordantes, en provenance des extrêmes, n'ont guère pesé dans les choix européens en matière climatique. Elles résonnent désormais bien plus fortement. En France, le Rassemblement national reprend une ritournelle antiénergies renouvelables, allant jusqu'à prôner le démantèlement des éoliennes en place. Il est loin d'être isolé. En Allemagne, la pression du parti d'extrême droite AFD a fait reculer le gouvernement sur la réglementation des chaudières et la taxation du diesel. En Suède, la taxe carbone nationale est contestée par le parti nationaliste allié au gouvernement en place. En Hongrie et, à un moindre degré, en Italie, les gouvernements sont opposés à l'accélération de la transition climatique. Sans oublier le mouvement des agriculteurs, qui un peu partout en Europe ont bloqué les routes pour marquer leur hostilité à la taxation des énergies fossiles et plus généralement aux contraintes que leur imposait la transition écologique.

Comme aux États-Unis, le climat tend à devenir ave l'immigration un facteur de polarisation cristallisant les oppositions au sein du monde politique. Le scrutin de juin 2024 risque de déplacer les équilibres au sein du Parlement en renforçant les voix populistes susceptibles de contrarier la dynamique proclimat de Bruxelles. La prochaine législature européenne aura pourtant des décisions majeures à prendre. Elle devra adopter un nouvel objectif climatique à l'horizon 2040, sur la base d'une proposition de la Commission de viser – 90 % en 2040. Elle devra mettre en œuvre la réforme du système d'échange de quotas de CO_2, dans un contexte géopolitique qui a également beaucoup changé.

Focus sur le marché carbone européen

À nouveau, la COP de Dubaï a buté sur l'adoption de règles qui permettraient d'utiliser l'article 6 de l'Accord de Paris pour encadrer les marchés carbone. Cette carence de l'institution onusienne nuit beaucoup au développement des marchés de compensation. En l'absence de règles communes et contraignantes, les prix du carbone sur les marchés volontaires se sont effondrés en 2023. Plus que jamais, l'avenir des marchés carbone repose sur la capacité des États à définir eux-mêmes les régulations requises. Cela concerne au premier chef le système d'échange européen.

Complexe dans sa mise en œuvre, le principe de base du système d'échange de quotas de CO_2 est d'une grande simplicité. Il s'agit d'un mécanisme de rationnement avec flexibilité.

Le rationnement est imposé aux acteurs soumis au système par la fixation d'un plafond global d'émission à ne pas dépasser. Ce plafond crée d'autant plus de rareté qu'il est contraignant. Plus de rareté fera monter le prix du quota et vice versa. Le premier volet de la réforme adoptée en 2023 consiste à retirer des quotas du système en 2024 et 2026 et à doubler le rythme annuel de baisse du plafond.

La flexibilité résulte de la possibilité d'échanger les quotas qui sont autant de droits à émettre une tonne de CO_2. Chaque année, tous les acteurs soumis au système doivent restituer autant de quotas qu'ils ont émis de CO_2. Plus le prix du quota est élevé, plus il devient coûteux d'émettre une tonne de CO_2, ce qui incite producteurs et consommateurs à se détourner des énergies fossiles.

Le deuxième pilier de la réforme consiste à supprimer l'attribution gratuite de quotas qui a été jusqu'à présent l'instrument utilisé pour protéger les industriels européens face à leurs concurrents non soumis à une contrainte climatique équivalente. C'est pourquoi la suppression graduelle des allocations gratuites d'ici 2034 doit être synchronisée avec la mise en place d'un mécanisme d'ajustement carbone à la frontière consistant à faire régler le prix des quotas aux importateurs de biens comme l'acier ou le ciment. Vu d'Europe, il s'agit de mettre à parité les producteurs européens avec leurs compétiteurs extérieurs. Mais ces compétiteurs sont enclins à y voir une forme déguisée de protectionnisme.

Le troisième volet de la réforme consiste à élargir le champ couvert par le système en intégrant le transport maritime, l'intégralité du transport aérien et les émissions diffuses principalement liées à l'usage des véhicules terrestres et des bâtiments. Comme l'a montré l'épisode des gilets jaunes en France, appliquer la tarification carbone aux émissions diffuses sans protéger les ménages les plus vulnérables risque de provoquer un rejet brutal du système au sein du corps social. C'est pourquoi il est prévu d'opérer des redistributions massives depuis le « Fonds social européen » qui devrait être opérationnel dès 2026.

La mise en œuvre de cette réforme durant la prochaine mandature va heurter de puissants lobbies industriels et renchérir l'énergie fossile. Elle devra être conduite avec ténacité et une grande habileté pour contrecarrer les oppositions qu'elle ne manquera pas de cristalliser au sein de la classe politique.

Le système d'échange des quotas dispose cependant d'un atout par rapport aux autres instruments de politique climatique. Il ne coûte rien aux finances publiques. Mieux, il crée de nouvelles recettes : pas moins de € 44 milliards en 2023 ! Ces recettes vont s'élargir avec la mise en place des réformes. La clé de leur réussite résidera dans une stratégie ambitieuse de redistribution pour assurer l'équité de la transition en accompagnant les multiples restructurations que va requérir la marche vers la neutralité climatique. Le marché carbone ainsi réformé pourrait alors constituer un garde-fou face à la vague montante des populismes.

Crédit Agricole CIB
votre partenaire de confiance
pour le financement des
matières premières
Prévention de la fraude
Réseau international
Opérations transactionnelles & structurées
UNE EXPERTISE MONDIALE
Transition énergétique
Solutions innovantes
Services reconnus
Crédit Agricole Corporate and Investment Bank
vous apporte son savoir-faire et son réseau international
pour vous accompagner dans vos activités.
www.ca-cib.com
CRÉDIT AGRICOLE
CORPORATE & INVESTMENT BANK

Deuxième partie

Les marchés

	Les marchés mondiaux en 2023	97
I	Les marchés financiers	107
II	Grains et agriculture tempérée	149
III	Produits tropicaux	269
IV	Produits aquatiques	351
V	Produits forestiers	369
VI	Minerais et métaux	411
VII	Énergie	583
VIII	Grands marchés industriels	677
IX	Services	693

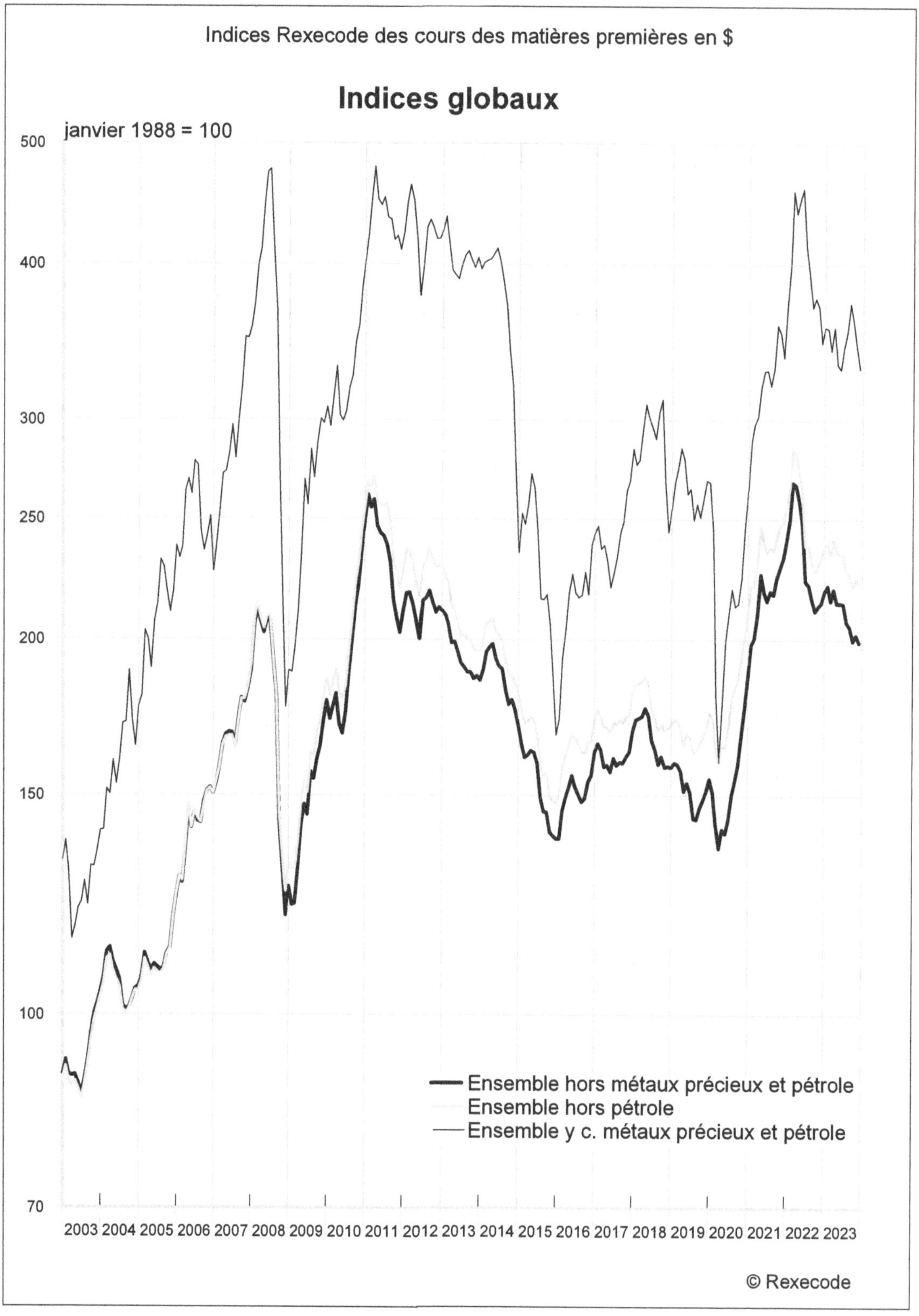
Indices Rexecode des cours des matières premières en $
Indices globaux
janvier 1988 = 100
500
400
300
250
200
150
100
70
Ensemble hors métaux précieux et pétrole
Ensemble hors pétrole
Ensemble y c. métaux précieux et pétrole
2003 2004 2005 2006 2007 2008 2009 2010 2011 2012 2013 2014 2015 2016 2017 2018 2019 2020 2021 2022 2023
© Rexecode

Les marchés mondiaux en 2023

Dans un contexte de tensions géopolitiques majeures, de l'Ukraine au Proche-Orient et à la mer de Chine, de poursuite de politiques monétaires restrictives, de ralentissement économique et surtout de doutes sur l'état réel de l'économie chinoise, les marchés de matières premières et de commodités ont connu en 2023 une année de transition : éclatement des principales « bulles » qu'avait provoqué le déclenchement de la guerre en Ukraine (gaz naturel, blé) ou l'anticipation par trop optimiste de la transition énergétique (métaux électriques), tendance générale à la baisse des prix, à quelques exceptions près, sur fond de demande peu soutenue… Au total, l'indicateur CyclOpe est en baisse de 14 % en 2023, de 11 % si l'on exclut le pétrole et les métaux précieux. La réalité est probablement celle d'une baisse encore plus marquée : les indices (celui de CyclOpe comme tous les autres) ne prennent en effet en compte que les produits faisant effectivement l'objet d'une cotation internationale utilisée comme référence par tous les acteurs ; c'est en général celle d'un marché à terme à la liquidité et aux règles de fonctionnement reconnues (ce qui exclut pour l'instant les marchés à terme chinois). Ainsi des produits ou des services dont les chutes ont été les plus spectaculaires en 2023 se trouvent exclus du calcul des indices à l'image du gaz naturel (le prix américain utilisé par de nombreux indices n'est pas représentatif de la réalité mondiale, tout comme le TTF européen), du charbon, du lithium et du cobalt, des produits laitiers et des viandes et dans le champ des services du fret maritime.
Pour 2024, la facilité pousserait à marquer un palier dans un contexte économique peu favorable. Mais il y a tant d'incertitudes géopolitiques, climatiques et même encore sanitaires que l'exercice de prévision demeure bien difficile sur des marchés qui réagissent à toutes les tensions de la planète dont ils sont au fond les meilleurs révélateurs.

Un déclin à peu près général des prix

Pratiquement durant toute l'année, la tendance baissière du deuxième semestre 2022 s'est poursuivie, plus accentuée même dans les derniers mois malgré quelques rebonds au début de l'automne, en particulier pour le pétrole.

En moyennes annuelles, les chutes les plus spectaculaires étaient au fond les plus prévisibles alors que le renversement des marchés était inter-

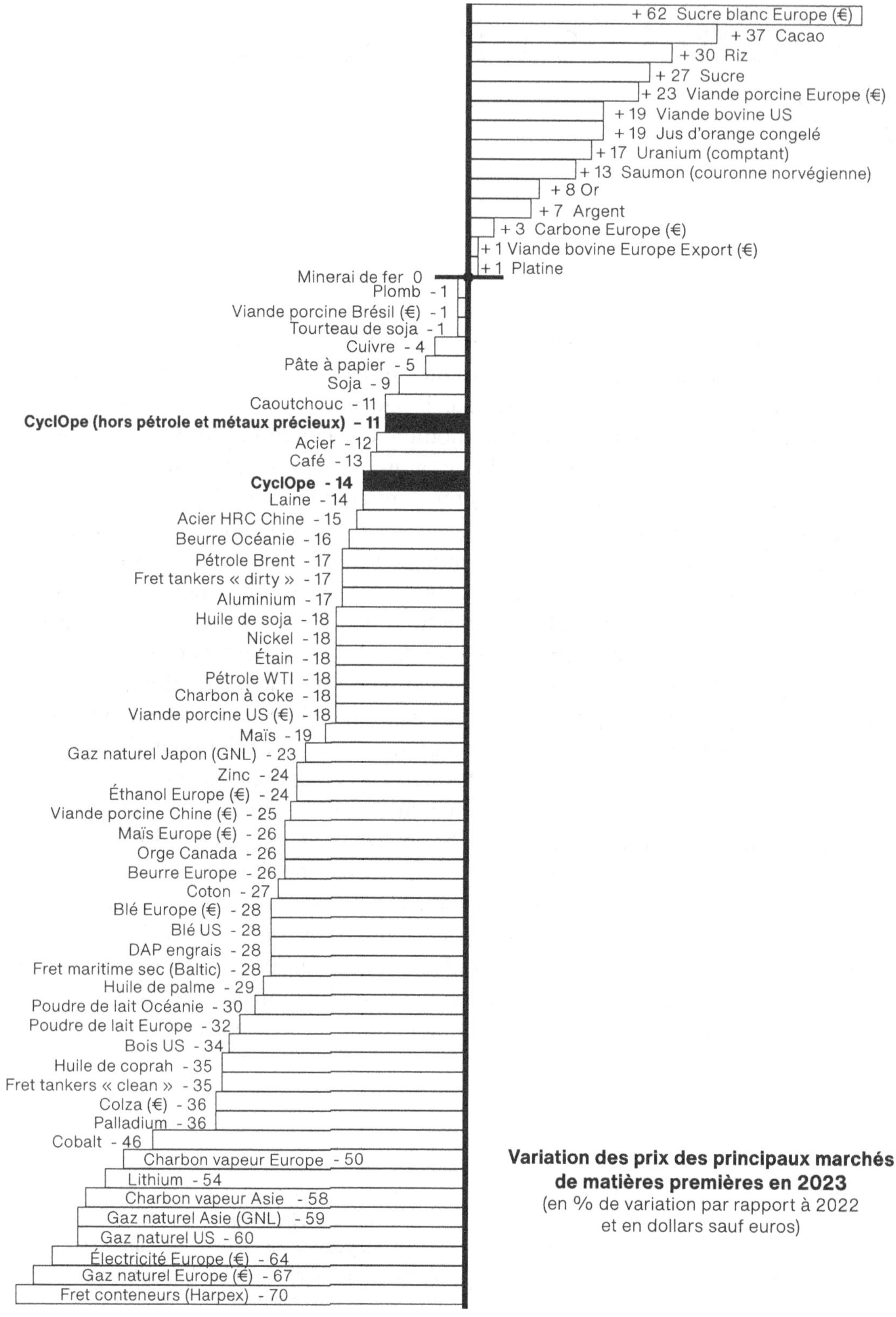

Variation des prix des principaux marchés de matières premières en 2023
(en % de variation par rapport à 2022 et en dollars sauf euros)

venu dès 2022. L'ampleur de certaines chutes de prix mesurées aux extrêmes est d'ailleurs impressionnante dépassant les 80 % pour le gaz naturel (et le GNL en Asie), le lithium, le fret maritime par conteneurs, de plus de la moitié pour le blé, l'huile de palme, le nickel, le cobalt… On dit souvent sur les marchés que « les arbres ne montent pas au ciel » et ceci s'est encore vérifié : une fois le moment de panique passé (au lendemain de l'invasion de l'Ukraine en particulier), la logique des fondamentaux reprend le dessus, la demande se fait plus élastique… Ainsi, l'Europe a-t-elle en partie résolu son problème d'approvisionnement gazier (et l'hiver fut clément) ; le marché a pu en partie se passer des céréales ukrainiennes ; la demande en lithium et en cobalt a été moins forte qu'anticipée au moins à court terme ; la production indonésienne de nickel s'est développée plus rapidement ; les navires se sont faits plus nombreux sur les grandes routes maritimes alors que le commerce mondial de marchandises se repliait de 8 % (estimation de la CNUCED)…

Pour une grande partie de l'année 2023, les marchés de commodités ont été excédentaires. Ce fut le cas du pétrole, ce l'est devenu du gaz naturel. Mais il en fut de même de la plupart des métaux non ferreux et des produits agricoles. Pour ces derniers, les campagnes 2022-2023 et 2023-2024 ont affiché des niveaux de production record, l'impact d'*El Niño* ne commençant à se faire sentir que dans les derniers mois de l'année, d'abord pour les récoltes de l'hémisphère sud début 2024 (Australie, Argentine, Brésil) puis à compter du printemps 2024 pour celles de l'hémisphère nord. Au-delà d'une certaine forme de « retour à la normale » (où d'habitude aux nouvelles contraintes de guerre), le facteur majeur de cette situation excédentaire a été la faiblesse de la demande qu'il s'agisse de l'Europe, mais surtout de la Chine. Encore une fois, en effet, la Chine a été la clé de lecture – parfois bien obscure – des marchés en 2023. Il y a d'abord eu la fin brutale du zéro-covid et tout le monde a pensé que l'on assisterait à un rebond marqué de l'économie chinoise portée par ses industries de pointe comme les véhicules électriques. Il n'en a rien été et la croissance chinoise a ralenti dès le printemps alors que la crise immobilière plombait la consommation et que disparaissaient presque les investissements directs

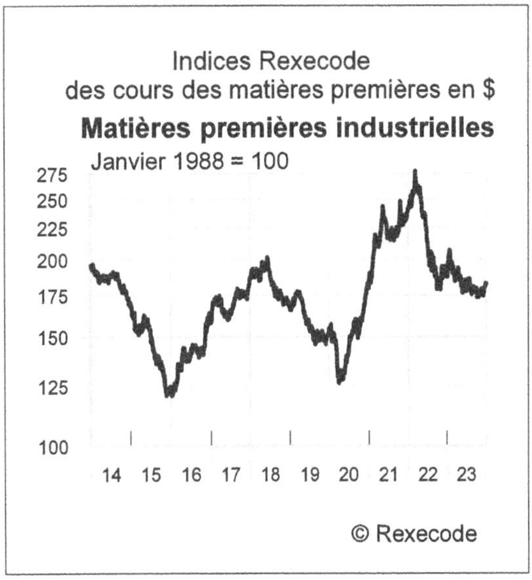

étrangers. Les importations chinoises en 2023 ont quand même augmenté pour les énergies fossiles, notamment le charbon, avec un effet de rattrapage par rapport à 2022 et parfois un peu d'opportunisme comme pour le pétrole russe et aussi avec un léger rebond en fin d'année pour le minerai de fer et les céréales.

En fin d'année toutefois, on a assisté à un léger rebond des marchés qui jusque-là avaient été parmi les plus médiocres : cela a été le cas du minerai de fer (avec une demande chinoise inattendue), du cuivre (avec des problèmes au Panama notamment), du zinc et de l'étain, du café.

Ceci étant, sur l'ensemble de l'année, les seules hausses notables sont à mettre au compte du cacao, du sucre (malgré une forte rechute à la fin décembre), du riz et sur des marchés plus secondaires de l'huile d'olive, du jus d'orange, du saumon, de la viande bovine (en particulier aux États-Unis) et bien sûr des métaux précieux et au premier chef de l'or dopé comme à l'habitude par les bruits de bottes, mais aussi par les achats des banques centrales.

Ceci nous ramène à la dimension géopolitique des marchés de matières premières.

Des caisses de résonance géopolitiques

Les matières premières sont en première ligne sur l'échiquier géopolitique mondial. En 2023, ce fut le cas de l'Ukraine, des tensions autour de la Chine, de la situation au Proche-Orient et autour d'Israël, de l'instabilité africaine…

1 – L'Ukraine

La guerre provoquée par l'invasion russe de l'Ukraine est entrée dans sa seconde année sans que, début 2024, on puisse en imaginer quelque solution. Elle affecte tant les exportations de l'Ukraine que celles de la Russie. Du côté ukrainien, il s'agit bien sûr avant tout des céréales. L'Ukraine avait pu avoir une campagne d'exportation à peu près « normale » en 2022-2023 grâce à la mise en place sous l'égide des Nations unies d'un corridor céréalier qui, somme toute, a relativement bien fonctionné. Cela – et surtout une exceptionnelle récolte russe de blé – explique le net recul des prix qui s'accéléra à partir de la fin de 2022. La décision russe de ne pas renouveler le corridor céréalier n'a eu aucun impact sur les prix et, au contraire même, c'est à ce moment-là en août 2023 que le maïs, la principale céréale d'exportation ukrainienne, commence à décrocher. En fait, à partir d'octobre, l'Ukraine est parvenue à mettre en place une route au départ des ports de la région d'Odessa en cabotage jusqu'aux bouches du Danube. Les principaux produits ukrainiens – blé, maïs, tournesol – se sont inscrits en forte baisse (avec un impact dramatique sur les prix « bord champ » ukrainiens) et l'impact de la guerre est fort limité si ce n'est sur les marchés européens. L'Ukraine profite en effet de l'ouverture du marché européen, ce qui n'a pas manqué de susciter des réactions des pays limitrophes (Pologne, Hongrie), mais aussi en Europe de l'Ouest pour des produits comme le sucre et les volailles. Pendant ce temps-là, la Russie a poursuivi ses exportations de blé, le prix minimum décrété par les autorités russes servant de prix plancher pour le marché mondial. En décembre, Vladimir Poutine s'est même offert le luxe de donner 200 000 tonnes de blé à six pays africains « méritants ». L'arme du blé continue à fonctionner !

Si le blé n'est pas affecté par les sanctions occidentales, tel n'est pas le cas de l'énergie et des métaux. Pour le gaz naturel, l'UE a presque totalement cessé ses importations de gaz russe (27 milliards de m^3 contre 180 en 2018), mais sous forme gazeuse. Elle a continué à importer du GNL et représente toujours la moitié des exportations russes. Pour le pétrole, si l'embargo des pays du G7 est effectif, par contre, le plafond des $ 60 le baril (port russe) n'a pas beaucoup été respecté malgré les sanctions américaines : navires plus que jamais de complaisance, paiements en dirhams émiratis, négociants installés à Dubaï (une plateforme de plus en plus nauséabonde), tout a fonctionné pour livrer du pétrole à la Chine, à l'Inde avec un *discount* qui a varié de $ 20 à $ 5 le baril et qui a pesé sur le marché. Une partie de ce pétrole, raffiné en Inde, est revenu en Europe sous forme de diesel ! Sur le front pétrolier, la Russie a maintenu son alliance avec l'Arabie saoudite dans le cadre de l'OPEP+. Malgré tout, l'OPEP+ s'est révélée incapable d'enrayer la chute des prix du pétrole qui a terminé l'année au-dessous des $ 80 le baril de Brent après avoir dépassé les $ 95 en octobre à la suite des tensions au Moyen-Orient et des coupures de production décidées par l'Arabie saoudite et la Russie. Mais, en face, les États-Unis, le Brésil et la Guyana ont compensé et au-delà ces efforts. Pour faire bonne mesure, les États-Unis ont même levé les sanctions à l'encontre du Venezuela tout en renforçant quand même celles qui touchent l'Iran.

En Europe, enfin, la guerre a favorisé le retour en grâce du nucléaire malgré quelques inquiétudes en matière de dépendance vis-à-vis de l'uranium du Kazakhstan dont la position dans le conflit est ambiguë, l'uranium dont le prix a fortement augmenté dépassant même les $ 100/lb début 2024.

2 – Israël et le Proche-Orient

L'agression du Hamas contre Israël le 7 octobre 2023 a ravivé toutes les tensions d'un Moyen-Orient dont les foyers comme le Liban, le Yémen et bien sûr la Palestine n'attendaient que de s'embraser. L'impact sur les marchés de matières premières a été relativement limité : un soubresaut sur le marché européen du gaz (Israël produit du gaz en offshore que l'Égypte exporte sous forme de GNL), quelques dollars vite perdus pour le baril de pétrole. On est bien loin de l'embargo qui avait déclenché le premier choc pétrolier en 1973 ! Les pays producteurs – à commencer par l'Iran – sont aujourd'hui trop dépendants du pétrole pour imaginer en faire à nouveau une arme géopolitique. L'Iran, le grand « vainqueur » de ce malheureux conflit, peut saisir quelques navires : il ne prendra jamais le risque de provoquer un blocage du détroit d'Ormuz. Les cases de l'échiquier énergétique sont d'une infinie complexité entre l'Arabie saoudite, l'Iran, la Russie, la Chine qui se joue des maladresses américaines (et achète indifféremment, mais à prix cassés pétroles russe, iranien, vénézuélien...), le Qatar et son gaz, les Émirats qui, en même temps, organisent la COP28 et sont devenus le lieu de tous les trafics !

3 – La Chine et l'Occident

Même si Xi et Biden se sont enfin rencontrés en 2023 en Californie, les relations sino-américaines restent fraîches sur fond de revendications territoriales (Taïwan bien sûr) et de concurrence technologique. La Chine, par ailleurs, maintient son soutien à la Russie et, malgré les réticences indiennes, a fait des BRICS (sans l'Argentine !) une sorte d'anti G7. Si la dépendance de la Chine en termes d'approvisionnement en matières premières est considérable (en produits bruts plus que transformés, en minerais plus que métaux), elle utilise aussi cette arme pour contrôler des filières entières, du soja du Brésil aux minerais du Congo (RDC) et au nickel d'Indonésie. La Chine joue aussi de son influence à l'exportation : mise en place en août 2023 de quotas à l'exportation sur le gallium et le germanium puis restrictions à l'exportation de technologies utilisées dans la métallurgie des terres rares. Exportatrice aussi d'acier et d'aluminium, la Chine est au cœur de nombre de conflits douaniers que l'OMC, toujours paralysée, est bien incapable de régler.

4 – D'élections en coups d'État

En 2024, l'Inde organisera les élections de la plus grande démocratie de la planète (la seule avec le Sénégal et la Zambie à avoir connu une continuité démocratique depuis son indépendance). Sous Narendra Modi, elle est devenue une démocratie autoritaire et le résultat du vote en est presque acquis. Néanmoins, les autorités, confrontées à une mauvaise mousson, ont tout fait pour limiter les hausses des prix alimentaires : embargo à l'exportation du riz non-basmati (celui qui compte sur le marché mondial dont l'Inde réalise 40 % des exportations), puis en décembre pour les oignons ; limitations drastiques pour le sucre et le blé. C'est le riz qui aura été la principale victime électorale de Narendra Modi avec des prix en hausse de 50 % à l'automne.

En Afrique, l'heure a été aussi aux coups d'État. Les milices de Wagner ou autres ont fait

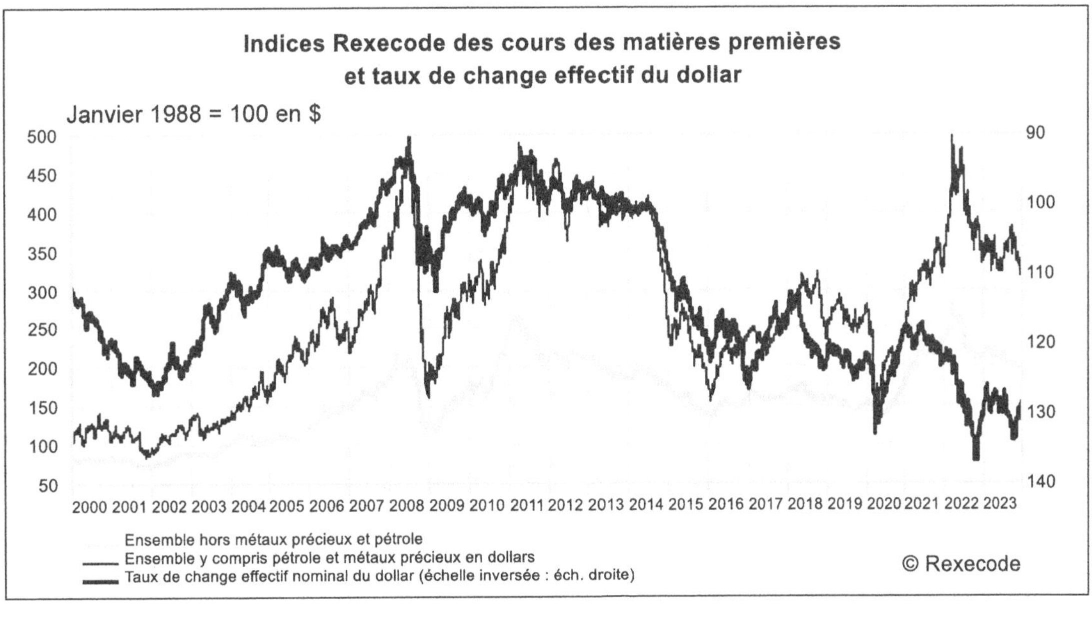

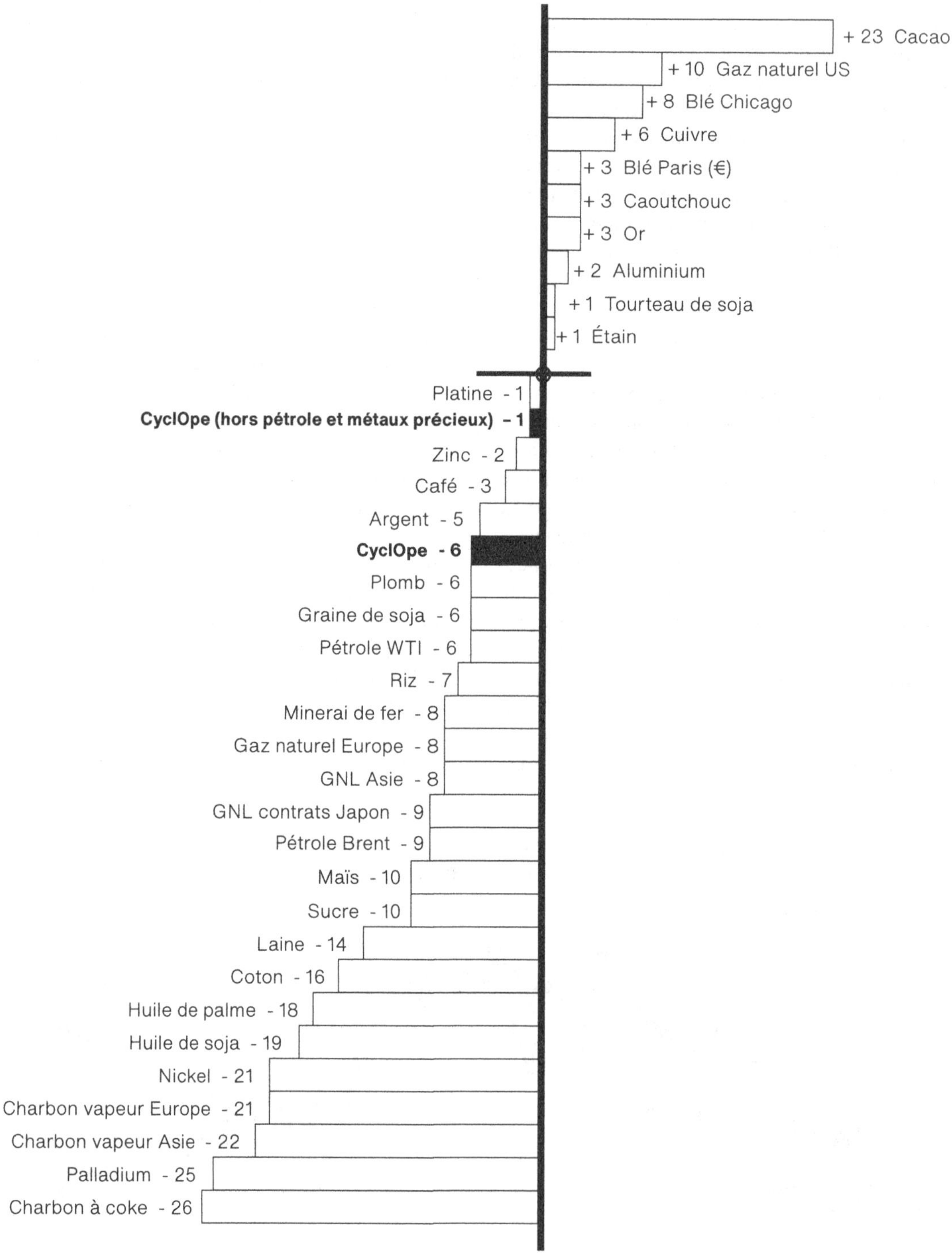

Prévisions de CyclOpe pour 2024
(en % de variation par rapport à 2023)

main basse sur une bonne partie de l'or sahélien. Au Niger, l'interrogation porte sur les mines d'uranium. L'instabilité politique demeure d'ailleurs un handicap majeur pour l'investissement minier comme le montre encore à la fin de 2023 la paralysie de la mine de cuivre de Panama Cobre appartenant au canadien First Quantum. Au Chili, par contre, le thème de la nationalisation du lithium ne semble plus à l'ordre du jour.

2024 en demi-teinte

Sur le plan macro-économique, 2024 devrait marquer un recul en termes de croissance par rapport à 2023. Parmi les pays avancés, il semble difficile d'imaginer que les États-Unis puissent rééditer leur performance de 2023. Certes, il n'y aura probablement pas de récession et la Fed a maintenant quelque marge à la baisse des taux.

Corrigé des prévisions 2023 de CyclOpe

À première vue, les prévisions 2023 de CyclOpe ont été quasiment parfaites : 15 % de baisse de l'indice global de CyclOpe anticipés et une baisse effective de 14 % (13,87 % pour être exact). Nous avions bien anticipé la tendance générale et cela s'est surtout vérifié pour le pétrole dont le poids est important dans l'indice.

Globalement, nos prévisions ont été bonnes pour l'énergie et bien orientées, quoique souvent trop « optimistes » pour les métaux et les produits agricoles. C'est là un biais assez récurrent : anticiper une bonne tendance – la baisse en l'occurrence – mais ne pas aller au bout de sa logique et ne pas anticiper de fortes chutes ou des hausses (comme cette année pour le cacao et le sucre). C'est particulièrement le cas à la baisse pour le charbon et le gaz naturel (qui ne font pas partie de l'indice CyclOpe du fait de l'hétérogénéité de leurs cotations). Le cas du riz est un peu particulier, car le surcroît de hausses a été provoqué par un événement par essence imprévisible : l'embargo indien sur les exportations. La hausse du prix du minerai de fer en fin d'année est aussi une surprise.

La seule erreur majeure concerne le palladium dont nous avions anticipé la hausse avec les problèmes russes et qui au contraire a été touché de plein fouet par la crise de l'industrie automobile « classique ».

	Prévision en janvier 2023	Variation effective 2024		Prévision en janvier 2023	Variation effective 2024
Indice CyclOpe global	**– 15**	**– 14**	Tourteau de soja	– 10	– 1
Indice CyclOpe global hors pétrole et métal précieux	**– 8**	**– 11**	Gaz naturel Japon (GNL)	– 10	– 23
			Blé Chicago	– 11	– 28
			Blé Paris (€)	– 13	– 28
Riz	+ 17	+ 30	Huile de soja	– 14	– 18
Palladium	+ 14	– 36	Zinc	– 14	– 24
Argent	+ 11	+ 7	Pétrole WTI	– 15	– 18
Sucre	+ 5	+ 27	Gaz naturel US	– 17	– 60
Cacao	+ 1	+ 37	Fret maritime sec (Baltic)	– 18	– 28
Or	0	+ 8	Gaz naturel Asie (GNL)	– 19	– 59
Platine	– 5	– 1	Charbon Europe	– 19	– 58
Maïs	– 5	– 19	Charbon Australie	– 19	– 50
Caoutchouc	– 6	– 11	Pétrole Brent	– 20	– 17
Étain	– 8	– 18	Coton	– 23	– 27
Aluminium	– 8	– 17	Huile de palme	– 24	– 29
Cuivre	– 9	– 4	Café	– 26	– 13
Graines de soja	– 9	– 9	Gaz naturel Europe	– 27	– 67
Minerai de fer	– 9	0			

Ce sera par ailleurs une année électorale (aux résultats incertains et inquiétants). Mais la plupart des indicateurs avancés sont orientés à la baisse et dans le rouge limitant le potentiel autour de 1,5 % de croissance. Rien de tout cela en Europe qui commence l'année en récession, une récession dont il n'est pas certain que l'Allemagne sorte alors que la panne de sa gouvernance est à peu près totale. Ceci n'augure rien de bon pour l'euro qui devrait s'affaiblir par rapport au dollar (la parité ?). Parmi les pays émergents, pas d'inquiétude pour l'Inde qui caracole, mais toujours des doutes pour la Chine dont la crise de langueur s'éternise au point de forcer la comparaison avec le Japon des années quatre-vingt-dix. La réalité de la croissance chinoise sera probablement quelque part entre 3 % et 4 % avec une économie de plus en plus à deux vitesses : d'un côté, les secteurs d'excellence (véhicules électriques, batteries, énergies renouvelables) et, de l'autre, la crise du bâtiment et donc de la consommation. Au total donc, une croissance mondiale inférieure à 3 % et un impact mesuré en termes de demande sur les marchés de matières premières.

D'autres facteurs sont à prendre aussi en compte : la transition énergétique en cours modifie nombre d'équilibres de marché. Le pic de la demande de pétrole, de gaz et même de charbon est encore devant nous. La montée en puissance de la demande de métaux « stratégiques » se fait encore attendre (à la notable exception du cuivre). Les tensions géopolitiques se poursuivront (s'aggraveront ?), mais les marchés ont appris à vivre avec. Avec *El Niño* en plein développement, 2024 sera probablement encore plus chaude que 2023 avec les conséquences agricoles que l'on peut imaginer.

L'année promet toutefois des scénarii assez différents selon les grandes familles de produits.

Paradoxalement, c'est le secteur de l'énergie qui apparaîtrait presque le plus « stable » en particulier par rapport aux niveaux du début de 2024. Bien entendu, l'hypothèque géopolitique est bien plus forte : on l'a vu lorsque, début 2024, l'arraisonnement d'un tanker au large d'Oman par l'Iran a provoqué une hausse de quelques dollars du baril de Brent. Rien ne peut être exclu, mais le blocage du détroit d'Ormuz ou quelque embargo contre les soutiens d'Israël comme en 1973 restent peu probables. Le pétrole, en effet, devrait encore en 2024 connaître une situation à peine équilibrée, voire même excédentaire : la demande n'augmenterait que d'un peu plus d'un million de barils/jour, ce qui serait largement compensé par un nouveau record de production de la part des États-Unis et par la montée en puissance de quelques autres pays. Certes, le front de l'OPEP+ devrait rester à peu près uni, mais l'Arabie saoudite semble moins disposée à assurer seule l'équilibre du marché. En tenant compte aussi des « fuites » russes et iraniennes, l'hypothèse de CyclOpe de $ 75 le baril de Brent paraît raisonnable dans une fourchette en fait de $ 70 à $ 90. Pour le gaz naturel, le retour à la normale paraît acquis sauf peut-être aux États-Unis, un marché « local » soutenu par l'augmentation en cours des capacités de liquéfaction et donc d'exportation. Mais qu'il s'agisse du TTF européen ou du GNL en Asie, les prix resteraient proches de leurs planchers actuels (mais deux fois plus élevés quand même qu'il y a quatre ans...). Ceci ramènera quelque sérénité sur un marché européen qui peine à retrouver ses marques. Quant au charbon, son prix devrait continuer à diminuer avec la réduction des achats européens et peut-être aussi chinois (mais le monde n'a jamais autant consommé de charbon qu'en 2023 !). Sur le front – quelque peu indirect – du nucléaire, les tensions les plus fortes pourraient toucher l'uranium qui, début 2024, a passé au comptant la barre de $ 100 la livre (U_3O_5) : fin 2016, il valait $ 20 et du Niger au Kazakhstan les inquiétudes montent.

Dans le champ des minerais et métaux, les perspectives divergent avec une inconnue majeure, celle de la demande chinoise. Deux marchés permettent d'afficher quelques certitudes : le nickel au plus bas avec un marché excédentaire pour plusieurs années (la faute de l'Indonésie), le cuivre par contre, frémissant au moindre accident et qui pourrait retrouver le seuil des $ 10 000 la tonne dans le courant même de l'année. Pour les autres métaux, 2024 sera une année de transition d'excédents en possibles déficits et la clé en sera l'énigme de la demande chinoise. Une autre certitude concerne les métaux « électriques ». Ils ne peuvent pas tomber plus bas, mais au vu des excédents accumulés que ce soit pour le cobalt congolais ou le lithium, leur rebond sera fort limité malgré les promesses des véhicules électriques. Ceci expliquera la morosité des platinoïdes et même de l'argent. Quant à l'or, il ne s'épanouit vraiment que lorsque le monde tremble et de ce point de vue-là nous sommes gâtés.

Sur le front agricole, 2024 sera l'année d'*El Niño*. À la fin de 2023, son impact restait relativement limité : l'inconnue principale concerne le Brésil qui dépasse désormais les États-Unis sur des marchés aussi sensibles que le soja et le maïs (sans oublier bien sûr, sucre, café, jus d'orange…). De l'autre côté, la Chine qui a importé en 2023 161 Mt de grains (céréales et soja), une progression de 12 %, poursuivra-t-elle sur cette lancée alors que justement *El Niño* peut l'affecter ? Il faudra aussi surveiller les politiques agricoles avec un *Farm Bill* aux États-Unis, une PAC en Europe confrontée aux velléités du Pacte vert, mais aussi aux exportations ukrainiennes. En Inde, par contre, une fois assurée la réélection de Narendra Modi, embargos et quotas devraient peu à peu disparaître.

L'exercice de prévision trouve là cependant ses limites : l'expérience montre que si l'on parvient souvent à anticiper l'ordinaire, l'extraordinaire nous échappe. Le monde est encore dans une période de tumultes et leurs conséquences sur les marchés mondiaux sont par essence imprévisibles. Dans l'ensemble, les moyennes 2024 seront en retrait par rapport à 2023 (– 6 % pour l'indice CyclOpe), mais l'essentiel des baisses de prix est déjà pris en compte par les marchés. La principale exception devrait en être le cuivre appelé à devenir la plus stratégique de toutes les matières premières dans les années à venir.

- I –

Les marchés financiers

- Les taux et les devises :
  - *trop tard et – peut-être – trop… !*
  - *l'afghani a été la monnaie la plus performante en 2023 !*
- Les marchés boursiers :
  - *folle remontée des marchés boursiers dans le sillage des grandes valeurs américaines*
- Les marchés dérivés :
  - *encore de hautes eaux pour le négoce international*

BIC - BRED (Suisse) S.A
Commodity Trade Finance & Corporate Banking
Financez vos matières premières avec un support sur mesure
GROUPE BRED

Les taux et les devises :
trop tard et – peut-être – trop... !

Les principales banques centrales de la planète avaient commencé à augmenter leurs taux en 2022 et ont continué sur la même route au cours de 2023. Elles ont réagi trop tard à l'inflation et infligé un régime de cheval trop rigoureux. Double faute donc ? On ne peut pas l'exclure. En tout cas – *a posteriori* –, on peut affirmer que les banques centrales ont sous-évalué la puissance de l'inflation qui a été provoquée par la fin des effets du covid, par la reprise de l'économie mondiale, par les conséquences des politiques fiscales et, surtout, budgétaires des différents États. Constatons cependant que dans toute l'histoire on n'avait jamais vécu un phénomène pareil : l'interruption « administrative » du fonctionnement des économies à l'échelle mondiale et la reprise de toutes les économies au même moment. Les soupapes de sécurité sont entrées en fonction et l'inflation a fait son apparition. On peut remarquer un fait extraordinaire : pendant des années, les responsables de toutes les banques centrales avaient essayé par tous les moyens de faire grimper l'inflation à environ 2 % ; en moins de six mois, ils se sont lancés dans un duel à mort contre l'inflation pour la faire redescendre à environ 2 %... avec le développement d'un débat sur ce 2 % qui est devenu un chiffre « idéologique », dogmatique, mystérieux et peut-être cabalistique... Évidemment, l'action des banques centrales s'est déroulée dans un cadre totalement nouveau sur le plan géopolitique, avec des gouvernements qui ont choisi d'ouvrir les cordons de la *bougette* (d'où le mot budget...) et d'autres qui les ont fermés avec des impacts totalement asymétriques sur les croissances économiques des différents pays même si les politiques monétaires ont été presque toutes très restrictives...
Par contre, on doit observer un phénomène qui n'était pas prévu dans les manuels d'économie : la hausse généralisée des taux dans le monde a ralenti la croissance globale, mais pas autant qu'anticipée par les modèles économétriques. Et on peut estimer que la faiblesse de l'économie mondiale est probablement plus liée aux problèmes chinois qu'à la hausse des taux des banques centrales...

Le conflit entre inflation et risques de récession

Il faut se rappeler que le mot inflation est « relativement récent ». Dans la Rome impériale, le mot *inflatio* indiquait les effets désagréables de la flatulence, causée par le type d'alimentation. Ce mot inflation est resté pendant longtemps dans le domaine médical. Pour la première fois, le terme inflation, employé dans le contexte économique, apparaît dans un rapport du Congrès américain qui avait publié, en 1838, une analyse de la crise de liquidité de l'année précédente ; elle avait été causée par une forte hausse de la masse monétaire (appelée « inflation de billets ») et une dramatique hausse des prix. Le mot inflation fut repris au cours de la leçon inaugurale au Collège de France en 1921 du professeur Charles Gilles et est entré dans le langage technique des économistes.

Après les fortes poussées inflationnistes des années soixante-dix, on ne parla presque plus d'inflation. Elle est revenue à la mode avec la reprise de l'économie mondiale à la fin du covid et les effets sur les prix des sanctions contre la Russie. Le phénomène s'est manifesté avec des hausses préoccupantes des prix au niveau mondial… dans un climat de forte spéculation des entreprises et des pays producteurs.

Presque tous les gouvernements ont pris des « mesurettes » pour juguler le phénomène… mais, en pratique, ils ont délégué de façon mécanique la lutte contre l'inflation aux banques centrales. Initialement, presque toutes ces banques ne croyaient pas à l'inflation et tablaient sur un retour rapide à la normale. C'est le contraire qui s'est produit ; la hausse des prix est devenue pernicieuse et généralisée : tous les pays ont été touchés. En 2022, les banques centrales ont commencé à monter leurs taux systématiquement et, au cours de 2023, la hausse s'est poursuivie à un rythme soutenu. Entre inflation et récession, le choix des banques centrales a été évident : toutes ont choisi la lutte contre l'inflation en prenant le risque de pousser les économies vers la récession.

Les taux sont-ils la meilleure arme pour lutter contre l'inflation ?

Un débat passionné se déroule dans le monde des économistes. La hausse des taux, souvent accompagnée par une réduction des achats de bons du Trésor (*quantitative tightening*) ou même de ventes de ces bons, est-elle le meilleur instrument pour lutter contre l'inflation ? Et quel est le taux d'équilibre ? Il faut tenir compte d'au moins trois éléments. Avant tout, les sanctions contre certains pays modifient la structure de l'offre et influencent les flux optimaux des exportations. Ensuite, le monde est entré dans une phase nouvelle de globalisation avec un probable retour en arrière de l'optimisation « ricardienne » et une régionalisation progressive. Enfin, la transition énergétique en

Taux des banques centrales

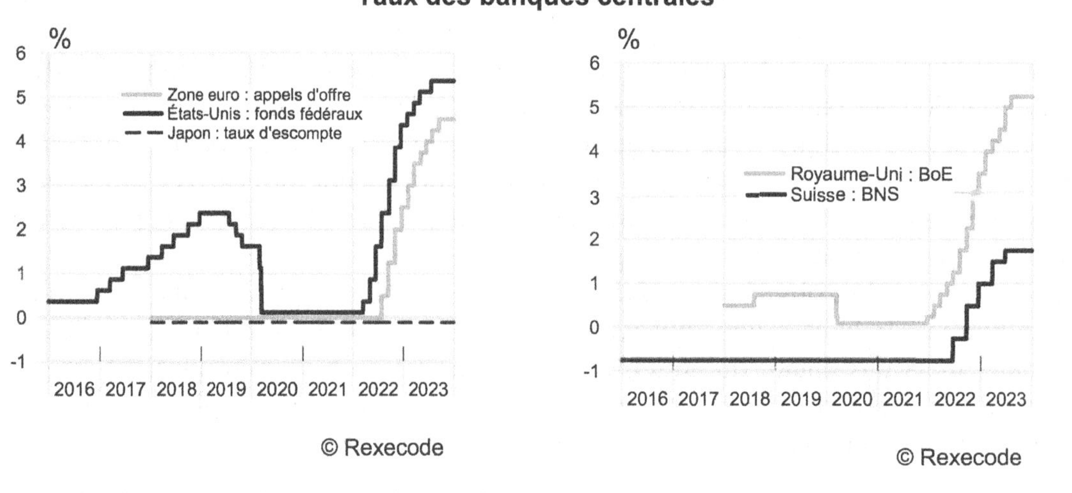

cours est clairement une révolution technologique qui peut générer de l'inflation. Après une bonne dizaine d'années de succès, les banques centrales sont confrontées – maintenant – à plusieurs problèmes fondamentaux de leurs politiques, en sachant que les conditions dans lesquelles elles manœuvrent sont fondamentalement différentes.

Le grand dilemme pour 2024 est : quand et combien ? En d'autres termes, le banques centrales se préparent à réduire leurs taux, mais quand et de combien ? C'est une manœuvre difficile, car elles doivent tenir compte du fait que 4,2 milliards de personnes vont voter au cours de cette année (68,2 % du PIB mondial), que des guerres sont en cours, que la croissance économique de la Chine a changé de braquet et que la nature de l'inflation est – peut-être – différente et totalement nouvelle...

Par contre, on peut observer un phénomène qui n'était pas prévu dans les manuels d'économie : la hausse généralisée des taux dans le monde a ralenti la croissance globale, mais pas autant qu'anticipée par les modèles économétriques. Et on peut estimer que la faiblesse de l'économie mondiale est probablement plus liée aux problèmes chinois qu'à la hausse des taux des banques centrales...

Des pertes lourdes dans les bilans de banques centrales

Au cours des dernières années, de nombreuses banques centrales avaient enregistré des profits très importants sur leur portefeuille obligataire. En effet elles avaient acheté avec des liquidités créées par elles-mêmes – à un coût zéro – des bons du Trésor qui, en moyenne, ont dégagé un intérêt positif. Toutes ces banques ont versé leurs dividendes aux trésors de leurs États respectifs. Mais, au cours de 2022 et de 2023, on a eu une série de hausses de taux, et donc le coût pour les achats a été plus élevé et les différentiels entre rendements encaissés (les coupons des obligations achetées dans le passé) et coûts du portage ont été fortement réduits. De plus, la valorisation du portefeuille obligataire a été durement frappée par la hausse des taux. Toute estimation des pertes est impossible, car de nombreuses banques peuvent évaluer leur portefeuille aux prix d'achat des bons et, dans beaucoup de cas, elles ne sont pas obligées de valoriser leur portefeuille *at market prices*. Mais on sait que les banques ont encaissé des pertes pour 2023, comme certaines l'ont clairement annoncé. Quelques observateurs se sont même demandé si une banque centrale pouvait faire faillite. La réponse est clairement négative : les pertes peuvent être couvertes par des interventions des budgets des États et/ou par l'émission de monnaie. Évidemment, dans le premier cas, la dette de l'État s'alourdit ; dans le deuxième cas, la monnaie perd de sa valeur. Ces pertes potentielles peuvent encourager les banques centrales à porter *in fine* les bons du Trésor pour encaisser leur valeur faciale en évitant des pertes graves si ces bons étaient vendus. Évidemment, même si les papiers sont portés à échéance, les pertes peuvent être importantes dans les cas d'achats à des prix supérieurs au pair (donc quand les taux étaient négatifs). De plus, depuis plusieurs années, certaines banques (par exemple la BoJ et la PBoC) ont acheté – aussi – des actions (des ETF dans le cas de la BoJ).

Les principales banques centrales ont commencé l'opération de *quantitative tightening*, c'est-à-dire de réduction de leur bilan. Par exemple, la FED qui avait fait monter l'exposition de son bilan face au système économique à $ 8,96 trillions – en avril 2022 – l'a réduit à la fin de 2023 à $ 7,67 trillions et la BCE a réalisé la même opération le faisant passer de € 8,83 trillions en juin 2022 à € 6,89 trillions. L'effet sur les taux longs de ces manœuvres aurait pu être désastreux ; mais beaucoup de capitaux se sont déplacés du marché immobilier et des actions vers les marchés obligataires et monétaires, et l'impact en a été partiellement absorbé. À ce propos, il faut tenir compte des volumes de dettes privées émis au cours des années pendant lesquelles les taux étaient extrêmement faibles. Et la dette mondiale (gouvernements, entreprises, particuliers) s'accumule d'une façon dangereuse. Selon les statistiques présentées à Davos (janvier 2024) par l'*International Institute of Finance*, le total atteignait le niveau de $ 307 trillions à la fin du premier semestre de 2023, trois fois le montant du PIB mondial.

Les banques centrales indépendantes ou dépendantes ?

Formellement, les banques centrales sont totalement indépendantes des pouvoirs politiques...

Taux d'intérêt des principales banques centrales à fin 2023
(en %)

Pays	Taux	Pays	Taux
Japon	– 0,10	Nouvelle-Zélande	5,50
Suisse	1,75	Pologne	5,75
Chine	3,45	Arabie saoudite	6,00
Corée du Sud	3,50	Inde	6,50
Danemark	3,75	République tchèque	6,75
Suède	4,00	Chili	8,25
Australie	4,35	Afrique du Sud	8,25
Eurozone	4,50	Hongrie	10,75
Israël	4,50	Mexique	11,25
Norvège	4,50	Brésil	1,75
Canada	5,00	Russie	16,00
Royaume-Uni	5,25	Turquie	42,50
États-Unis	5,50		

(Source : globalrates.com)

mais leurs dirigeants sont choisis par les gouvernements et nommés par les parlements… ! Depuis la crise de 2008, leurs actions ont été le yin ou le yang de celles des gouvernements pour stabiliser les économies. La crise de la pandémie et, même, la guerre en Ukraine ont confirmé leur complémentarité par rapport à celle des gouvernements. Les banques centrales ont « presque monétisé » la dette des gouvernements, explosée avec la pandémie, en achetant sur le marché secondaire des bons du Trésor que les investisseurs, très peu attirés par leurs rendements bas ou même négatifs, ne voulaient pas mettre dans leurs portefeuilles. Rares sont les cas d'un conflit entre la politique monétaire et les politiques fiscales budgétaires menées par les gouvernements. Très souvent, les trois déclinaisons de la politique économique ont les mêmes objectifs et sont en sympathie. En pratique, toutes les banques centrales opèrent avec les mêmes objectifs, tout en ayant dans leurs statuts des fonctions différentes. Leurs stratégies s'articulent autour de la lutte contre l'inflation, la sauvegarde de la croissance, la stabilité monétaire et le contrôle des risques financiers. Ces quatre réalités sont les conditions idéales pour les gouvernements afin de réaliser leurs politiques. Indépendance ou dépendance ? *That is the question !*

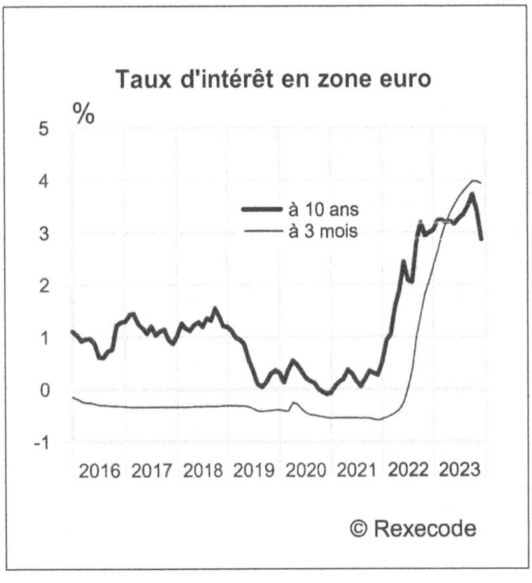

La BCE et *Frau Kristin Lagarde*

La BCE a mal interprété la tendance et la nature de l'inflation. Il n'y a pas de déclarations formelles dans ce sens, mais – au niveau personnel – de hauts responsables de la banque admettent cette erreur, tout en sachant que la banque n'est pas la seule à avoir mal lu la réalité. Alors, à partir du mois de juillet 2022, le Conseil des gouverneurs a inauguré un cycle de hausses des taux, dont les dimensions ont surpris les marchés. Au cours de 2023, les hausses ont été régulières et Madame Lagarde est maintenant, à Francfort, appelée

Spreads, taux variables et nouvel intérêt pour les fonds monétaires

Au cours de l'année, beaucoup de spreads ont bougé de manière importante. En Europe, les opérateurs (et le monde politique italien) regardent à la loupe l'évolution du *spread* entre les BTP italiens et les Bund allemands. De nombreux investisseurs étrangers et des *Hedge Funds* ont systématiquement spéculé contre la dette italienne, avec un répit lors du gouvernement Draghi. Naturellement, avec le gouvernement Meloni, le *spread* est passé à environ 250 pb, mais les difficultés du gouvernent allemand et une modération dans la gestion Meloni ont forcé beaucoup de *shorts* à recouvrir leurs positions et le spread a perdu une centaine de points, réconforté par de fortes demandes domestiques des émissions de BTP, même si la dette italienne reste un élément de préoccupation à cause du niveau de l'endettement par rapport au PIB.
D'autres *spreads* ont aussi fluctué violemment : celui entre les taux de l'Eurozone et les *Gilts* britanniques, entre les taux de l'Eurozone (surtout entre les OAT françaises et les Bund, dans une fourchette comprise entre 40 et 70 pb) et les taux américains (durement pénalisés par les importantes émissions de titres). La spéculation entre la dette des États-Unis et les dettes russes et brésiliennes a été très forte. Évidemment des volumes importants de transactions ont été enregistrés sur les spreads entre les bons à deux et à dix ans émis par le même pays avec des paris permanents sur l'évolution de la courbe... et de fortes surprises.
À signaler que le marché interbancaire négocie maintenant essentiellement des taux variables, après avoir travaillé, pendant une dizaine d'années, surtout sur les taux fixes. Les volumes des émissions de *commercial paper* ont bénéficié d'une façon importante de la hausse des taux ; beaucoup d'entreprises ont trouvé plus facilement des capitaux sur ce marché par rapport au marché obligataire. Enfin, il faut noter d'importantes émissions de bons du Trésor verts et d'obligations vertes émis par les États et des entreprises qui ont décidé de financer des investissements dans le secteur de l'écologie et de l'énergie verte.

Frau Kristin Lagarde ! Évidemment, le marché a anticipé des hausses des taux avec une courbe ascendante, mais, ensuite, la courbe a été renversée par les anticipations ; beaucoup d'investisseurs

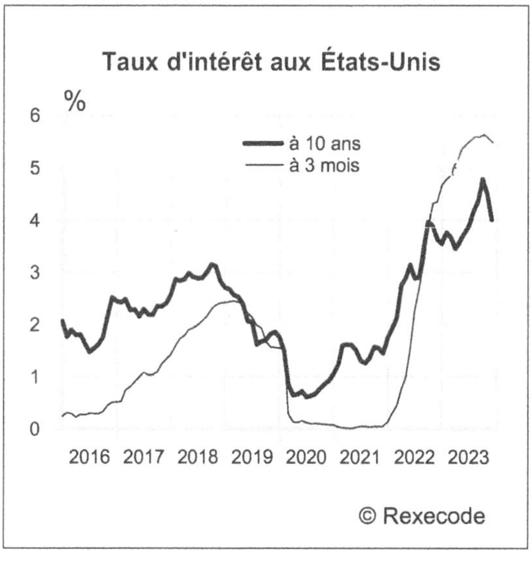

ont placé leurs liquidités à très court terme avec la courbe ascendante et après à plus long terme quand la courbe a commencé à anticiper le renversement. Par ailleurs, grâce au marché des swaps, de nombreux arbitrages ont été réalisés avec des emprunts en dollars, swappés, pour obtenir des euros à un taux inférieur à celui du marché de l'euro. D'autres arbitrages ont été réalisés par des banques basées en Europe qui ont pu emprunter des euros auprès de banques ne figurant pas dans la liste de la BCE à un taux inférieur aux taux de dépôt de la BCE : il s'agit d'un profit de15/30 points de base, sans risque, qui peut être enregistré sur une base quotidienne...

La FED : une des premières banques centrales à monter les taux

La FED a été une des premières banques centrales à dégainer et à monter ses taux (mars 2022) ; de plus, elle a rendu publique sa stratégie pour réduire le montant des bons du Trésor et de MBA qui figurent au bilan de la banque. La banque a réussi une opération incroyable : augmenter les taux sans casser la croissance que tous les économistes anticipaient en forte baisse. Le mérite revient à la politique budgétaire qui a été particulièrement musclée : le déficit budgétaire dépasse 8 % du PIB, mais la demande de bons du Trésor pour financer le déficit reste toujours vivace, même si certaines banques centrales ont réduit de façon sensible leurs achats avec la volonté de « dédollariser » leur exposition. Évidemment la communication du président de la FED et la structure des communiqués ont été un exercice de rhétorique et de sémantique pour justifier le durcissement de la politique monétaire dans un climat plein de doutes sur l'évolution de l'inflation. En effet, les choix ont été plutôt une série de paris sur le futur de l'inflation que des décisions de politique monétaire dans un environnement riche de surprises sur l'évolution de l'économie et sa résilience en large mesure favorisée par le programme IRA qui devrait être appelé IPBA. (*Invest, Produce and Buy in America*). Ce programme ne s'adresse pas seulement aux capitaux américains, il veut attirer les investisseurs internationaux… largement charmés par la politique budgétaire très expansive et par des prix de l'énergie exceptionnellement compétitifs.

BoJ : inflation en hausse, taux stables

La banque du Japon a suscité très peu d'émotions et alimenté très peu de surprises, même si le taux de l'inflation est passé de 4,3 % au mois de janvier 2023 à 2,6 % au mois de décembre. Le taux d'intervention de la banque est un encéphalogramme plat à moins 0,1 %. Même le changement à la tête de la banque n'a pas créé de remous. En avril, Haruhiko Kuroda a laissé sa place à Kazuo Ueda, un universitaire qui a été le doyen de l'Université de Tokyo, après son PhD au MIT de Boston. Par contre, la banque a accepté que les taux des JGB à dix ans puissent frôler la barre de 1 %, contre le niveau de 0,50 %, précédemment. Cette décision pourrait favoriser des rapatriements de capitaux, surtout placés sur le marché obligataire américain, à la recherche d'un rendement attrayant. Ce mouvement pourrait soutenir le yen, particulièrement pénalisé par la faiblesse des taux au Japon à un moment où de nombreuses banques centrales avaient augmenté leurs taux. Tous les

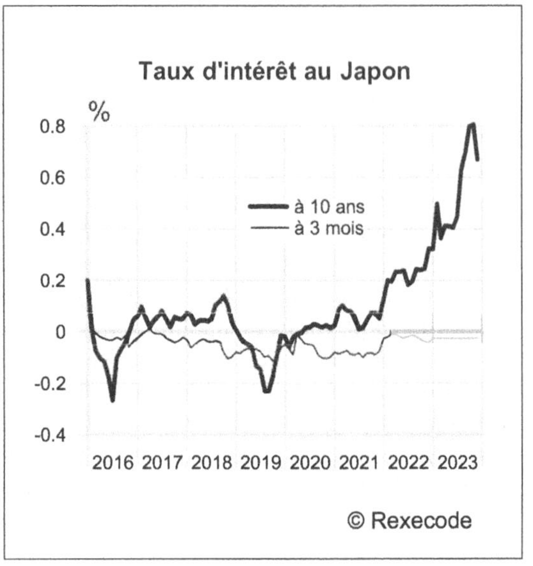

commentaires sur la nomination du nouveau gouverneur de la BoJ vont dans le même sens : le professeur Ueda pourrait choisir une politique plus musclée de la banque, par rapport aux choix de son prédécesseur qui, souvent, avait agi comme un notaire, entérinant des décisions que les marchés avaient déjà anticipées. Par contre, le nouveau gouverneur, avec une communication très sibylline, a envoyé des messages contradictoires aux marchés qui avaient anticipé de possibles durcissements de la politique monétaire. La BoJ a commencé à réduire le volume des achats d'actions japonaises réalisées à travers les ETF. Ce type d'intervention avait commencé en 2010 et le montant total d'achats a été de $ 248 milliards ; le portefeuille a pris de la valeur et il est évalué à $ 355 milliards ; il représente plus de 7 % de la capitalisation de la bourse japonaise.

Un début de normalisation de la politique monétaire japonaise est certes attendu cette année, mais pas avant que les premiers résultats des négociations salariales qui se tiennent chaque printemps dans le pays (*shunto*) ne soient connus.

PBOC : important support à l'économie

La courroie de transmission entre Sanlihe South Cross Street (ministère de l'Économie) et Chenfang Street (siège de la PBoC) à Pékin fonctionne toujours très bien. Le pays est en train de vivre un moment difficile avec une croissance qui est la deuxième plus faible de ces cinquante dernières années, même si l'inflation reste contenue. Par ailleurs, les exportations sont en baisse et les importations en hausse et la crise du marché immobilier reste une préoccupation permanente pour les responsables à Pékin, avec un niveau d'endettement très élevé du monde bancaire et des particuliers. Le niveau du chômage des jeunes demeure très élevé et la baisse de la population représente un défi stratégique pour le pays. L'ensemble des ministères économiques et la PBoC font tout pour soutenir l'économie. La banque a baissé deux fois le taux du RR au cours de 2023 et, pendant les derniers mois, elle a procédé à des injections de volumes importants de liquidité à travers l'instrument du MLF à un an. Par exemple, en novembre le montant net des fonds était de 600 milliards de RMB, la plus importante injection de liquidités depuis 2016, mais en même temps, elle a gardé le taux MLF à 2,5 %, tandis que le taux OMO pour les opérations à sept jours (le reverse repo rate) était à 1,80 %.

Il faut rappeler que la loi de la République de 2003 a fixé précisément les responsabilités de la banque et du secrétaire du Parti ; le Comité de Politique monétaire (créé en 2000 et composé par quatorze membres) se réunit tous les trois mois et propose au Conseil d'État les choix de politique monétaire qui doivent être approuvés. Donc, la PBoC n'a aucune indépendance : elle est le bras opérationnel du Parti dans le secteur de la politique monétaire, de la gestion de la monnaie, de la régulation des marchés financiers, de la stabilité financière et du support à la croissance. Et l'année 2023 a été riche d'évènements dans ce sens ; par exemple, au cours du mois de mars, Pékin a mis la PBoC sous le contrôle de la Commission centrale financière, un organisme totalement verrouillé par le Parti communiste, disposant de plus de cent hauts fonctionnaires chargés de superviser les affaires financières. Par ailleurs, Pékin a créé la NAFR (*National Administration for Financial Regulation*) chargée de superviser et contrôler le système financier ; plus de 1 600 agences de la PBoC ont été absorbées par la NAFR. De plus, une vaste opération anticorruption a été lancée sur la PBoC. Fan Yfei, ancien vice-gouverneur, a dû quitter la banque en 2022 et Sun Guofeng, le chef du département de la banque chargé de la politique monétaire, est sous investigation depuis le mois de mai de la même année. Enfin, de nombreux fonctionnaires en position intermédiaire dans différents départements montrant de la sympathie pour les réformes de style occidental ont été remplacés.

La *Old Lady* monte les taux et reste très prudente

La BoE a augmenté ses taux de 0,25 % (décembre 2021) à 5,25 % (juillet 2023). Elle a été

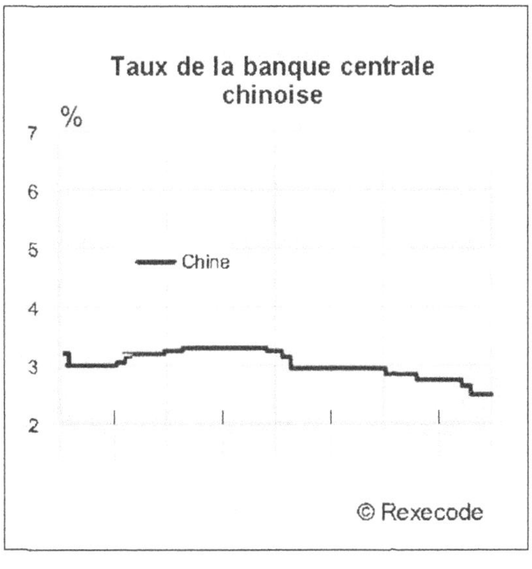

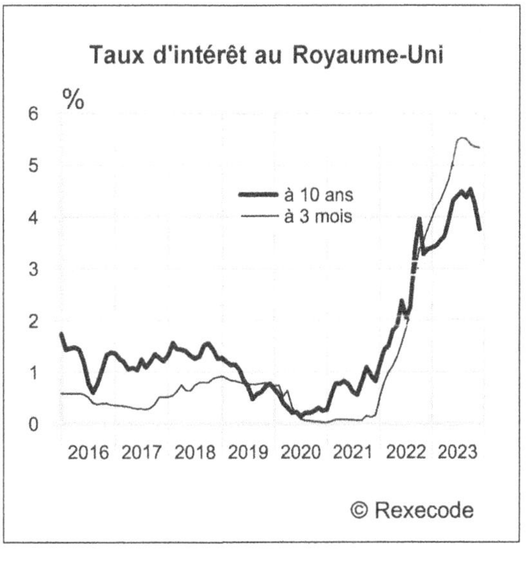

une des premières banques à monter ses taux en 2022 et, au cours de la dernière réunion du MPC de 2023, trois membres ont encore demandé une hausse d'un quart de point contre l'avis des six autres votants ; la banque a indiqué qu'elle prévoit une prochaine baisse au cours du troisième trimestre de cette année, si l'inflation continue à perdre du terrain, après avoir touché le niveau de 6,7 % en septembre 2022. Mais elle a montré très peu d'optimisme sur l'évolution de l'inflation et sur la croissance pour les prochaines années. La Old Lady reste très prudente avec une situation politique britannique qui se complique et la décadence progressive du pays sur un plan économique et politique dans le monde.

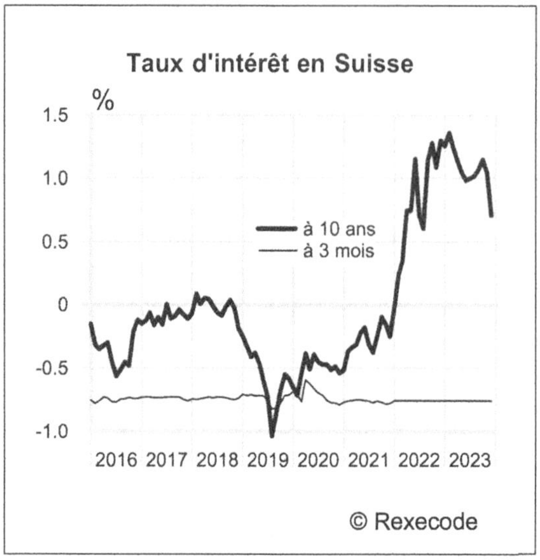

Les trois banques scandinaves suivent la BCE

Les trois banques scandinaves ont toutes augmenté leurs taux. La banque centrale danoise est passée d'un taux négatif de 0,60 % en octobre 2021 à 3,60 % en octobre deux ans plus tard. La *Sveriges Riksbank* (Riksbank) est passée d'un taux négatif en août 2019 à un taux de 4 % en septembre 2023 et la *Norges* de 0 % (août 2021) à 4,5 % de décembre 2023.

Les trois banques suivent avec beaucoup d'attention les manœuvres et la stratégie de la BCE ; elles ne veulent surtout pas des fluctuations importantes de leurs « couronnes » qui sont fortement liées à l'euro et dépendent du commerce avec l'Eurozone. Mais il faut se rappeler que la structure du PIB des trois pays est fortement différente : par exemple, le secteur des services pèse pour plus de 75 % au Danemark, pour 65 % en Suède et seulement pour 42 % en Norvège. Et la *Norges* est très vigilante sur l'évolution des prix du pétrole et du gaz, dont le pays est un important producteur-exportateur.

La BNS monte le taux et regarde le SARON

La BNS avait gardé son taux inchangé à moins 0,75 % du mois de juin 2015 au mois de juin 2022 ; les trois membres du CPM ont ensuite fermé les robinets avec des opérations musclées pour le porter à 1,75 % (juin 2023). Au cours de la dernière réunion à Berne de la fin de l'année, ils ont indiqué leur intention de commencer à le baisser, si les conditions le permettent, en tenant compte des anticipations qui devraient être faibles avec un possible ralentissement de l'inflation.

Il est intéressant de noter que le SARON (le taux interbancaire *overnight*) a été systématiquement légèrement inférieur au taux officiel. Les économistes de la SNB à Zurich soulignent toujours les difficultés d'approvisionnement de l'industrie suisse en matières premières et en biens intermédiaires.

Il s'agit d'un problème préoccupant pour un pays qui est un grand transformateur de matières premières et de biens intermédiaires importés qui, à leur tour, sont exportés. Le surplus commercial du pays rend très stable et solide son économie.

Les politiques monétaires des pays producteurs de matières premières

Les responsables des banques centrales des pays producteurs de matières premières ont une tâche très importante et difficile dans la gestion de leurs politiques monétaires. D'un côté, la cherté des prix des matières premières aide l'économie et le Trésor de ces pays ; de l'autre, l'inflation tend à grimper et la croissance de l'économie internationale (les clients de ces pays) est « rabotée » par la hausse des prix des matières premières et par les politiques monétaires des banques centrales qui luttent contre l'inflation. Par ailleurs, toutes ces banques sont de plus en plus confrontées aux problèmes climatiques qui ont un impact très important sur les productions agricoles et minières dans leurs pays. L'année 2023 a été en large mesure caractérisée par une faiblesse des cours des matières premières, par l'inflation et donc par un durcissement des politiques monétaires dans les principaux pays clients des pays producteurs des matières premières.

Les membres du CMP de la banque centrale du Canada ont sorti la grosse artillerie avec une batterie de hausses au cours de 2022 qui avait commencé avec le taux d'intervention fixé à 0,25 % ; le taux a été porté à 5 % au cours de la réunion de juillet 2023. En pratique, la banque a suivi la stratégie de la FED. En effet, elle a une liberté très marginale d'indépendance par rapport à la politique monétaire des États-Unis qui sont le principal client commercial du Canada avec un déficit systématique.

Les responsables du MPC à Ottawa ont signalé leur anticipation d'un ralentissement supplémentaire de l'économie du pays et de la nécessité dans le futur de réduire les taux à condition d'obtenir la confirmation d'une baisse supplémentaire de l'inflation.

La RBA australienne a fait passer les taux d'intervention de 0,10 % (mi-2022) à 4,35 % en novembre 2023, juste après la publication du rapport du FMI qui invitait – avec insistance – la RBA à durcir la politique monétaire pour lutter contre l'inflation et pour faire face à l'endettement des familles qui figure parmi les plus élevés des pays développés avec 186,7 % du PIB. Les neuf membres du Comité de Politique monétaire doivent gérer un problème fondamental du pays qui reste un grand producteur de matières premières et un des plus importants fournisseurs de la Chine à laquelle s'ajoute progressivement le continent indien. La politique monétaire est influencée par des éléments structurels et conjoncturels du pays, mais, aussi, par les choix de politique économique d'autres partenaires commerciaux essentiels dans la composition du commerce extérieur du pays.

Il s'agit d'un problème semblable pour la gestion de la politique monétaire de la banque centrale du Brésil. Le SELIC (*systema especial de liquidacao e custodia*) qui était à 2 % au cours du mois d'août 2020 a été monté progressivement à 13,25 % au cours de l'année ; les gouverneurs de la BACEN (la banque centrale) restent fortement préoccupés par l'évolution de l'inflation, en attendant d'importantes mesures de soutien de l'économie de la part du président Lula. La politique monétaire doit donc intervenir pour stabiliser l'économie et limiter les risques. En effet, la banque a réduit le SELIC qui est tombé à 11,75 % début janvier 2024.

Les six gouverneurs de la banque centrale de l'Afrique du Sud (SARB) ont procédé à dix hausses des taux entre juillet 2020 (3,50 %, le plus bas niveau historique) et 8,25 % à la fin de 2023. Ils ont indiqué qu'au cours de cette année, les taux pourraient recommencer à glisser à cause de la faiblesse de l'économie et d'une probable baisse de l'inflation, mais ils ont aussi souligné les incertitudes pour l'économie d'un pays qui dépend fortement de la conjoncture mondiale et de la demande de métaux dont l'Afrique du Sud est un grand producteur-exportateur.

Les montagnes russes des taux de la banque centrale de Russie

Au cours des guerres, les banques centrales ont un travail très délicat, car elles doivent jongler avec les salves des canons, les explosions des missiles et les opérations des drones qui sont accompagnées par des feux d'artifice des taux d'intérêt. La banque centrale a monté ses taux de 4,25 % en juillet 2020 (politique expansive de soutien de l'économie) à 9,50 % au début de février 2022 pour lutter contre l'inflation. Les tensions sur le rouble et sur les marchés à la suite de l'opération militaire en Ukraine ont forcé la banque centrale à monter les taux à 20 % à la fin du même mois. Mais les tensions se sont estompées et la banque centrale a pu réduire ses taux à 7,50 % en septembre 2022. À partir de juillet 2023, la banque centrale a choisi de durcir la politique monétaire pour deux raisons précises : la lutte contre l'inflation et une nette amélioration de la conjoncture, même si l'économie doit vivre avec la guerre. Clairement, madame le gouverneur Elvira Nabioullina jongle (probablement avec des grenades dégoupillées... !) comme les artistes qui jouent au Bolchoï (qui n'est pas loin de la banque). Elle doit trouver l'équilibre entre les pressions po-

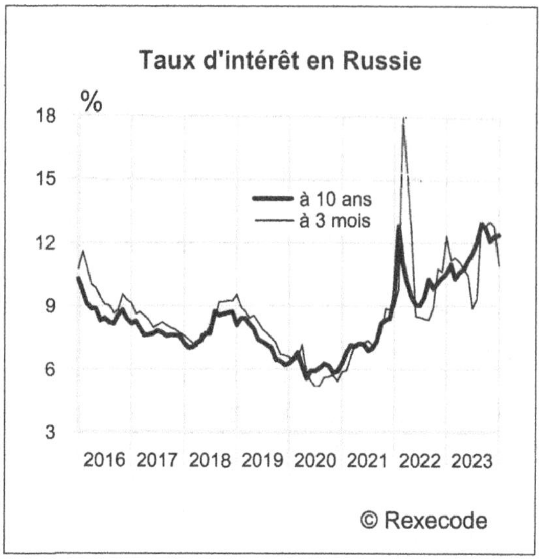

litiques du Kremlin, l'évolution des évènements militaires, la demande mondiale de matières premières que son pays exporte et l'humeur flottante des marchés financiers internationaux…

La HKMA, l'AMCM, la MAS et la banque centrale d'Inde

La HKMA pratique toujours la même politique monétaire qui prévoit de fixer un taux monétaire de 50 pb supérieur au taux décidé par la FED. Donc chaque hausse de la FED a été suivie le lendemain par une hausse de la HKMA. La dernière hausse du mois de juillet a porté le taux à 5,75 %, le niveau le plus haut depuis janvier 2008. Le *peg* du dollar de HK – à travers le LERS (*Linked Exchange Rate System*) – reste fixé dans la bande de fluctuation de 7,75-8,75 HK $ pour un dollar. La HKMA est très vigilante sur l'évolution de l'économie qui, tout en étant fortement ouverte, reste aussi fortement liée à l'évolution de l'économie chinoise. La politique monétaire de l'AMCM

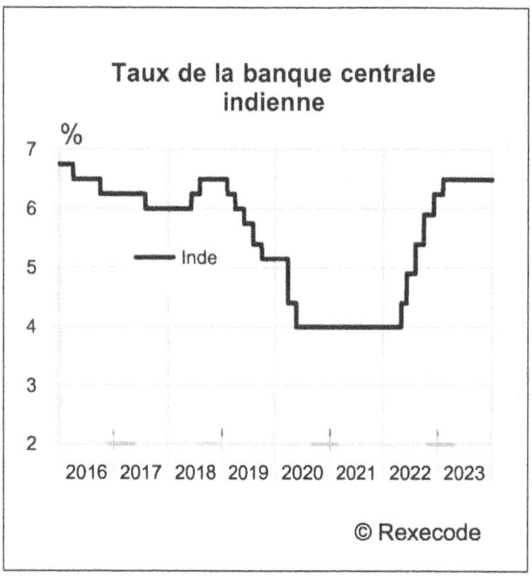

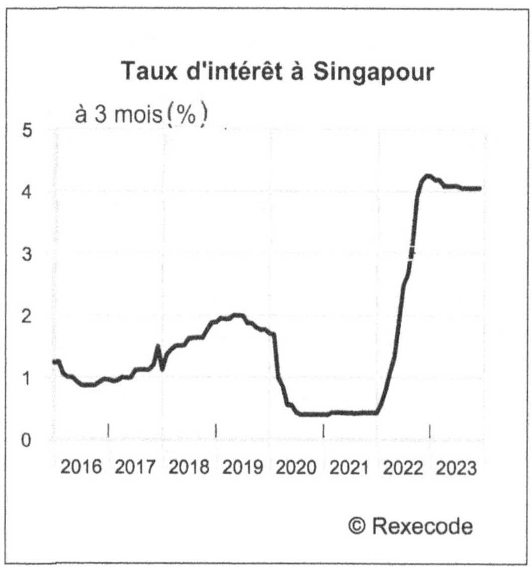

(*Autoridade Monetaria e Cambial de Macao*) est parfaitement calquée sur celle de la HKMA : les taux à Macao ont été montés à 5,75 %. La banque centrale de Singapour (MAS) est une des rares banques qui ne fixent pas les taux, mais établissent une bande de fluctuation du dollar de Singapour face à un panier de devises (qui reste secret) des pays avec lesquels la petite île a des relations commerciales. Au cours de 2023, la MAS a permis à sa monnaie de se valoriser et mécaniquement les deux taux (SORA, le taux *overnight* et le SIBOR, le taux interbancaire à trois mois) ont monté. À Mumbai, la RBI (banque centrale de l'Inde) a monté son taux repo six fois entre avril 2022 et mai 2023, de 4 % à 6,50 % ; les six membres ont signalé les risques d'une inflation pernicieuse et ont indiqué leur volonté d'éviter toute surchauffe de l'économie.

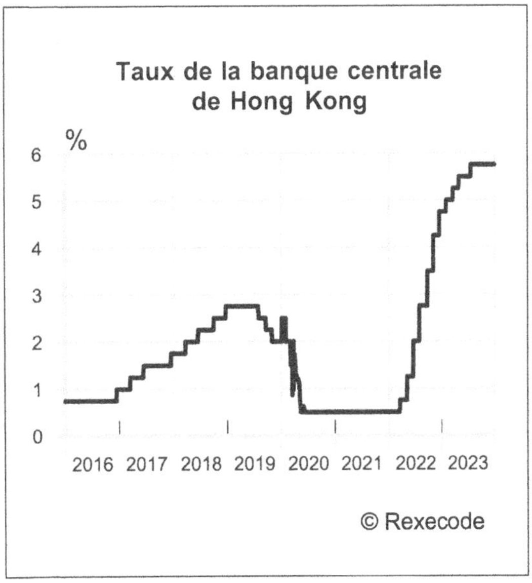

L'afghani a été la monnaie la plus performante en 2023 !

Elle s'appelle afghani et a remplacé la roupie afghane en 1925. Depuis 2002, elle a deux taux de change : un officiel fixé par la banque centrale et l'autre fluctuant qui se traite dans le bazar de Sarai Shahzada de Kaboul. Et c'est celui-ci qui a enregistré la meilleure performance de toutes les monnaies au cours de l'année passée avec une hausse de 16 % par rapport au dollar, suivie par les monnaies de la Colombie, du Mexique, du Sri Lanka, et par le franc suisse… Par contre, dans le camp des monnaies qui ont très mal performé figurent la livre turque, le rouble, le yen, le yuan, le peso argentin…
L'année a été dominée par deux facteurs essentiels : les nouvelles économico-politico-militaires et la course à la hausse des taux d'intérêt… le tout dans le contexte d'une guerre des monnaies qui continue sans cesse.

La guerre des monnaies

Ce conflit est très ancien et date de la crise de 1873-1896, quand l'abandon du bimétallisme avait, *de facto*, dévalué les monnaies basées sur l'argent (Inde, Chine, Japon) et avait entraîné des conditions très difficiles en Europe, où la bataille se déroulait avec des hausses furieuses des droits de douane, sans oublier la décision américaine – le *McKinley Tariff Act* de 1890 – d'augmenter de 38 % à 49,5 % la fiscalité sur une grande liste de produits importés. Les grandes dévaluations ont – par la suite – été réalisées après la Première Guerre mondiale.

Trois faits récents sont très emblématiques de cette guerre des monnaies. Le premier est la dévaluation du peso argentin ; le président argentin élu mi-novembre a annoncé – mi-décembre – la dévaluation de 50 % de la monnaie argentine, la faisant passer de 400 pesos pour un dollar à 800. Par ailleurs, la Chine a continué à « manipuler » la valeur du yuan pour soutenir, par les exportations, son économie. En revanche, la banque centrale de la Suisse est intervenue sur le marché pour limiter la hausse de sa monnaie au cours du mois de décembre. En septembre, au cours de la réunion du CPM, les trois membres du Comité avaient in-

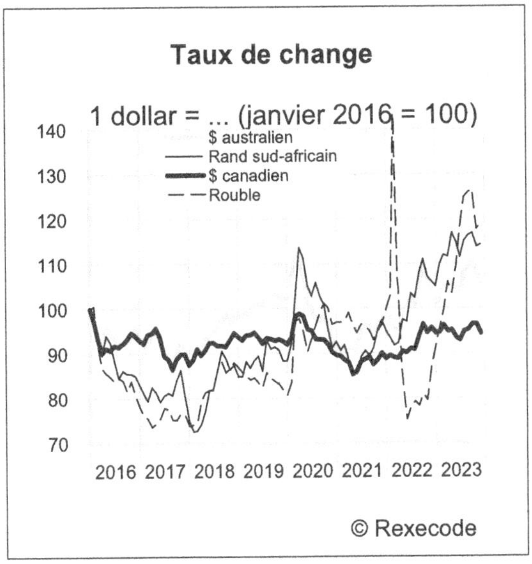

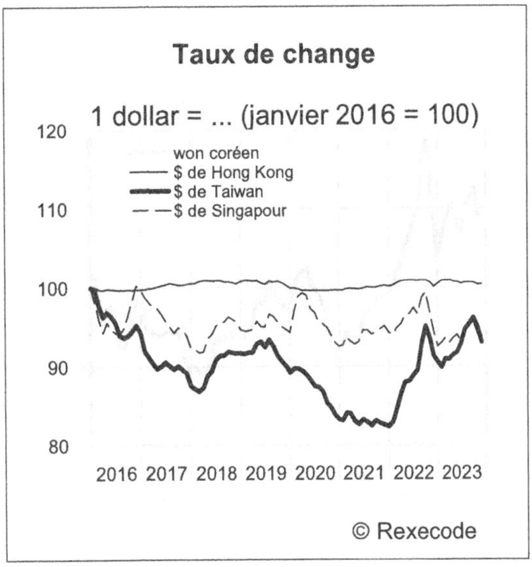

diqué que la banque était prête à intervenir sur les marchés par des ventes de francs suisses, si la forte demande poussait trop vers le haut la valeur de leur monnaie. À l'opposé, de nombreuses banques centrales sont intervenues pour soutenir leur monnaie, attaquée par la spéculation.

La City perd encore du terrain dans les transactions Forex

Les volumes du marché des devises négociés à Londres se réduisent encore. Il y a deux ans, environ 38 % des transactions étaient réalisées sur la place de Londres. On estime que Londres garde sa première position, mais que les volumes se sont encore réduits au cours de 2023, avec un impact important du Brexit qui a favorisé le transfert des activités de certaines banques sur le continent européen, en particulier à Paris, Francfort et Dublin et que la place de Dubaï « grignote » des positions, surtout à cause des sanctions contre la Russie ; ces mesures ont favorisé le transfert du négoce de certaines matières premières, principalement de l'énergie, à Dubaï.

De plus, l'importante modification des financements du négoce des matières premières, c'est-à-dire l'utilisation très ample du crédit fournisseur, a modifié les flux des capitaux mondiaux. Évidemment, le climat de hausse des taux d'intérêt a favorisé le déplacement de masses volumineuses de capitaux à la recherche du plus haut rendement possible sur le court terme.

L'euro fête ses 25 ans de vie !

Une monnaie sans État dans un monde d'États ! Quel paradoxe… mais l'euro prospère quand même et il est la deuxième monnaie mondiale avec un poids d'environ 20 % dans l'économie mondiale, quand l'économie de l'Europe pèse pour un peu plus de 21 % dans le PIB de la planète. Les réserves officielles des banques centrales détiennent plus de € 2 150 milliards (18 % du total).

Évidemment, beaucoup de critiques accompagnent la vie de l'euro qui est une monnaie très

Structure des réserves officielles des banques centrales en devises
($ milliards)

Dollar américain	6 197
Euro	2 150
Yen	548
Livre sterling	530
Dollar canadien	274
Yuan	260
Total	**11 901**

(Source : FMI – 3e trimestre 2023)

spéciale ; elle a protégé l'Europe au cours de certains moments difficiles et a favorisé le développement de l'Eurozone, même si de nombreux citoyens ont la perception que l'arrivée de l'euro est une des causes principales de l'inflation en Europe. L'euro a, évidemment, un défaut structurel : il n'y a pas de politique fiscale et budgétaire commune dans l'Eurozone et cela complique lourdement la gestion de la politique monétaire qui doit être articulée en fonction de tous les pays membres avec l'application du principe du *one fits for all* qui n'est pas la solution optimale. Après l'entrée de la kuna croate dans l'euro en janvier 2023, on attendait l'entrée du lev bulgare en 2024 : la date a été retardée d'une année pour permettre au pays de respecter les critères pour accéder à la devise européenne.

L'euro récupère le terrain perdu

D'un plus bas contre le dollar à moins de 0,96 en septembre 2022, l'euro a récupéré beaucoup de terrain contre le dollar américain avec la modification de la politique monétaire de la BCE, en retard par rapport aux hausses des taux de la FED. Si la balance commerciale de l'Eurozone reste positive, la croissance demeure faible, surtout avec la légère récession de l'Allemagne et une stagnation de beaucoup d'autres économies. La macro-région a bénéficié d'une baisse de beaucoup de prix des matières premières qu'elle importe – en particulier de l'énergie – mais l'Eurozone manque de « punch » et de dynamisme par rapport aux économies américaine ou indienne et subit de plein fouet la crise chinoise. Les choix de politique budgétaire fiscale sont marqués par l'austérité, par rapport aux autres économies concurrentes et cette stratégie peut devenir pénalisante dans un moment d'importants changements structurels et technologiques des systèmes économiques. De plus, l'euro souffre de sa position dans le scénario politico-militaire qui se dessine avec la guerre aux confins de l'Europe et les risques des élections américaines qui pourraient confirmer l'existence d'un parapluie atomique américain bien plus petit et incapable de protéger l'Europe. La devise européenne n'est absolument pas une monnaie refuge dans l'esprit des investisseurs internationaux à long terme.

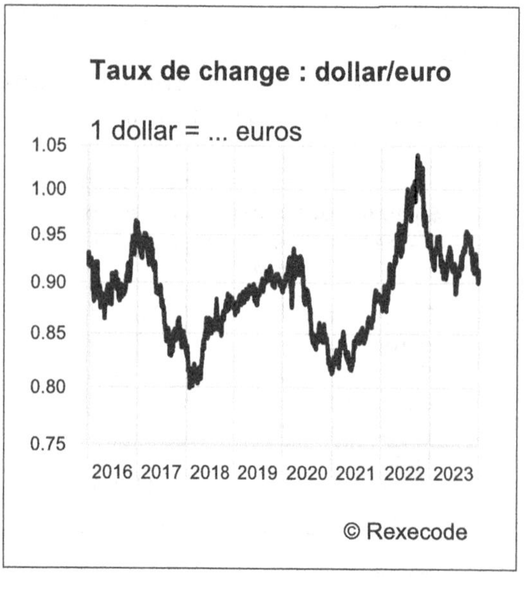

Le déficit commercial américain favorise la liquidité mondiale

Le déficit de la balance commerciale (biens et services) des États-Unis pour 2023 a été supérieur à $ 1 000 milliards, à comparer aux $ 621 milliards de 2018. Le pays a bénéficié de ses exportations d'énergie dans le monde entier… mais il produit de moins en moins et consomme de plus en plus… même les *blue jeans* Levi's sont produits à l'étranger ! Le pays couvre ce trou béant avec des ventes à l'étranger d'actions, de bons du Trésor et d'obligations. Cela signifie que les États-Unis deviennent, sur un plan financier, de plus en plus dépendants des investisseurs localisés dans le monde entier. Certains investisseurs et certaines banques centrales s'interrogent sur la valeur réelle du dollar et on observe une fuite du dollar de capitaux internationaux qui, et c'est certainement le cas de quelques banques centrales, procèdent à des achats massifs d'or : au cours des deux dernières années, au moins 2 400 tonnes d'achats nets ! Certains pays pour des raisons essentiellement politiques ont choisi la route de la dédollarisation de leurs économies et de leur commerce international et on observe clairement ce phénomène lors des ventes de bons du Trésor américain ; la traditionnelle demande officielle des banques centrales est moins active. Au cours de 2023, le dollar, même s'il a été soutenu par les hausses des taux de la

FED, a perdu du terrain; le «dollar index» qui était à 112,1 en septembre 2022 a commencé 2024 autour de 102. Il faut rappeler que le déficit commercial américain offre de la liquidité au système monétaire international.

La PBoC a laissé «filer» le yuan

Le yuan, la «monnaie du peuple», représente un important élément de la politique économique de Pékin. Face aux difficultés de l'économie chinoise, le gouvernement a favorisé un mouvement de faiblesse de sa monnaie pour soutenir la conjoncture. Tous les jours, la PBoC indique un taux de change de sa monnaie contre le dollar. La devise fluctue, donc, mais elle est fortement contrôlée par les autorités monétaires qui ont choisi de pratiquer une politique très active de gestion des liquidités du système à travers des opérations de drainage/injection (les opérations sur l'*open market*). La PBoC a dû intervenir au cours du mois d'août – après l'assouplissement de la politique monétaire – pour soutenir la devise et, sur les marchés, on a observé des ventes de dollars et des achats de yuans réalisés par les grandes banques chinoises. Les statistiques sur les réserves officielles de la PBoC montrent clairement l'opération avec une chute d'un montant total de $ 103 milliards qui – en tout cas – ont été récupérés avant la fin de l'année; elles ont terminé à $ 3 237 milliards contre $ 3 184 milliards au début de l'année, aidées par une revalorisation des avoirs en or et par l'excédent de la balance commerciale.

Faiblesse de la livre sterling, hausse du franc suisse

La livre sterling a été soutenue par les anticipations de hausses des taux d'intérêt de la BoE, qui – en effet – a procédé à 14 hausses consécutives jusqu'à la fin de l'été. Mais l'arrêt de cette batterie de hausses a alimenté un plongeon de la livre qui reste «en observation» dans les salles des marchés. En effet, l'économie britannique demeure faible, la situation politique est confuse et les prochaines élections pourraient voir un important changement des équilibres politiques. Le *Prime Minister* Rishi Sunak a indiqué qu'il fixera la date des élections au cours du deuxième semestre de cette année; en tout cas, elles doivent se tenir avant le 28 janvier 2025 et le niveau d'insatisfaction contre le Brexit continue de monter… et on a même inventé le mot de «Regrexit»!

En revanche, le franc suisse attire toujours beaucoup de capitaux internationaux, même si les taux de leur rémunération figurent parmi les plus faibles de la planète. Les volutes des fumées des cigares autour du lac de Genève, l'air pur des Alpes suisses et l'odeur neutre de l'argent à *Parade Platz*

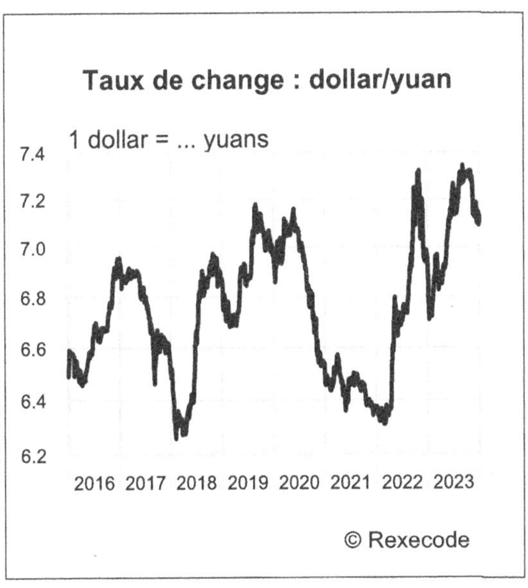

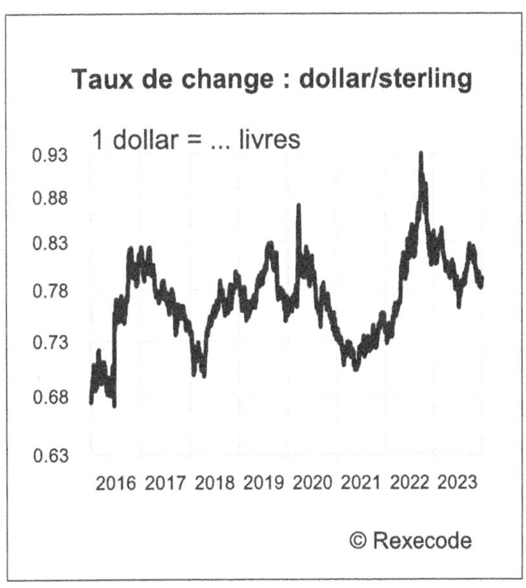

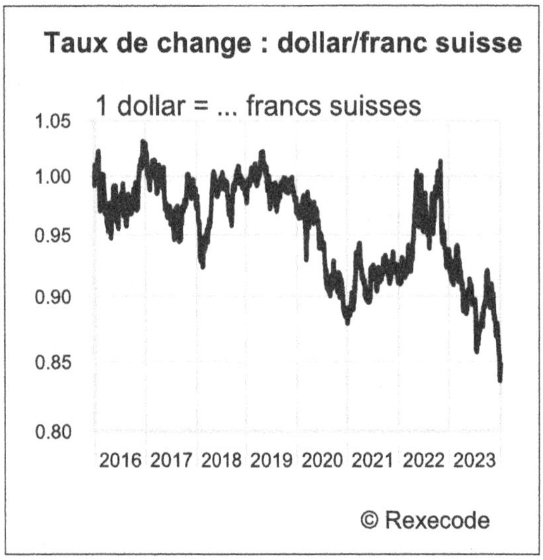

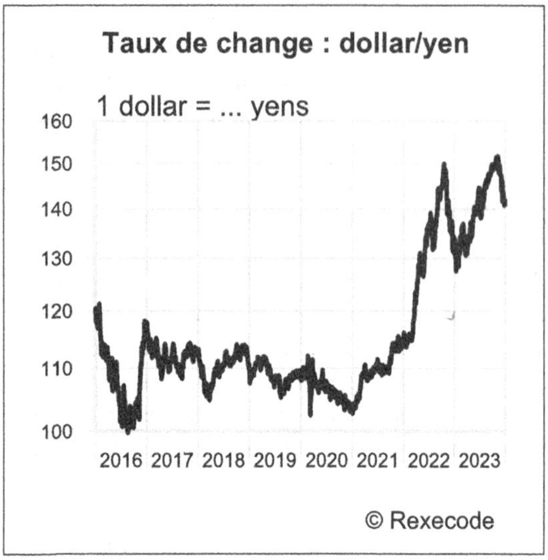

à Zurich qui ne sent plus l'odeur des cochons (le *Säumärt* était l'ancien marché aux cochons...) ont une valeur irremplaçable dans le cœur des investisseurs internationaux. Les tensions politiques et même certaines idées belliqueuses qui circulent dans le monde ont encouragé de nombreux capitaux à trouver refuge (il faudrait écrire sérénité) dans le franc suisse.

Fortes fluctuations du rouble, stabilité pour la hryvnia

Au cours de 2023, le rouble a commencé l'année autour de 70 pour un dollar (₽ est le symbole en cyrillique du rouble), il a baissé à plus de 100 ₽ (mois d'octobre... «octobre rouge»?) pour commencer l'année 2024 autour de 90 ₽. Évidemment, les coups de canons et des *Katioucha*, l'insuccès de la contre-offensive de Kiev, le *statu quo* décrété par la *raspoutitsa*, les interventions de la banque centrale de Russie et de la spéculation ont fortement influencé l'évolution de la monnaie. Par ailleurs, toutes les anticipations des organisations internationales et du monde politique occidental sur l'effondrement de l'économie russe ont fondu comme neige au soleil. Le dernier rapport du FMI – février 2024 – a doublé l'estimation de la croissance de l'économie en 2023 justifiée par l'effort de guerre et les dépenses militaires.

En revanche, la hryvnia ukrainienne, qui est une monnaie datant de l'époque médiévale et indiquant une mesure de poids et une décoration officielle portée autour du cou, est restée très stable au cours de l'année, après la chute du mois de juillet 2022, quand elle était passée de ₴ 29,2 (le ₴ est le symbole de la monnaie ukrainienne) à ₴ 36,4 pour un dollar, après la décision de la banque centrale de dévaluer officiellement sa devise. La monnaie ukrainienne est fortement contrôlée par la banque centrale et reste sous la vigilance des autorités monétaires du monde occidental. Par ailleurs, il faut rappeler que le budget du pays présente un déficit béant et que l'aide des pays occidentaux permet au Trésor du pays de payer les fonctionnaires et les dépenses militaires. Le budget de 2024 anticipe des recettes pour un montant de $ 43,7 milliards et des dépenses pour $ 82,3 milliards; le déficit est couvert par des emprunts et des financements provenant de l'étranger.

Le yen japonais n'est plus une monnaie refuge

Au cours de l'année 2022, on avait découvert que la devise japonaise avait perdu son image de monnaie refuge dans les moments délicats et dangereux et, au cours de 2023, la devise japonaise n'a pas pu retrouver son ancien statut. Pendant longtemps, cette monnaie «ronde», comme indique le mot japonais, avait attiré l'attention des investisseurs internationaux qui, dans les moments de tensions, ont souvent choisi la sérénité du soleil levant et accompagné les mouvements des capitaux japonais qui sont rapatriés quand l'économie internationale vit des instants de forte incertitude. Au cours des deux dernières années, la monnaie japonaise est passée de 115,08 yens contre le dollar à 148,50. La faiblesse du yen est un signe de la faiblesse économique du pays qui a perdu sa dynamique des années quatre-vingt et quatre-vingt-dix et s'enfonce dans une décadence dorée, accompagnée par le vieillissement de la population. De plus, la balance commerciale du pays est dans le rouge ; traditionnellement, le Japon était un pays importateur de matières premières et exportateur de produits à forte valeur ajoutée, avec une balance commerciale fortement positive. La politique monétaire reste très accommodante, même si l'inflation demeure importante. On pourrait assister à un mouvement significatif de rapatriement des capitaux – actuellement placés à l'extérieur pour bénéficier de rémunérations plus élevées – avec un changement possible de l'orientation de la politique monétaire.

Le Liban, l'agonie de la livre et la sayrafa

En 2019, la livre libanaise valait officiellement 1 500 LL pour un dollar et, le 10 mai 2021, la banque centrale avait annoncé la création de la « sayrafa », une plateforme électronique pour faciliter les transactions sur le marché des changes et pour enregistrer toutes les opérations. Au début du mois de février 2023, la banque centrale a confirmé la nouvelle parité : 15 000 LL pour un dollar (le taux a été multiplié par dix !). Mais, sur le marché parallèle, la monnaie se négociait déjà à 60 000 LL ! La décision a été accompagnée par d'autres mesures administratives limitant l'activité autour de cette devise, mais les capitaux et surtout les cerveaux ont quitté le pays depuis longtemps… et l'esprit levantin permet à de nombreux Libanais de vivre très bien à l'étranger, même si ces personnes regrettent fortement de ne plus voir les cèdres de la réserve de Barouk, les montagnes du Chouf, la plaine de la Bekaa ou les plages de la côte méditerranéenne. Au cours du mois de février 2024, le *spread* entre le taux officiel fixe par la banque centrale (85 500) et le taux pratiqué sur le marché noir (89 500) fluctue autour de 5 % et le taux officiel est toujours surévalué par rapport à la valeur négociée sur le marché noir. L'histoire économique récente du Liban est un terrible cas d'école de mauvaise gestion d'un pays, qui rappelle le Venezuela et beaucoup d'autres pays, surtout les kleptocraties qui pullulent sur la terre.

La livre turque, le forint hongrois et le peso argentin

En février 2018, avec un euro, on achetait 4,65 livres turques ; au début de cette année avec un euro, on obtient 33,33 livres ! Le président Erdogan a choisi une gestion très présidentielle et autoritaire du pays, même si les dernières élections locales ont montré la faiblesse du président

Sursaut des cryptomonnaies et ETF…

Le marché des cryptomonnaies a connu une crise importante en 2022, avec l'éclatement de nombreux scandales et des poursuites judiciaires. La quasi-totalité du marché des cryptos avait été touchée avec une perte de près de $ 3,9 milliards. En 2023, le marché des cryptos s'est repris avec une capitalisation boursière qui a gagné plus de 100 %. La SEC a autorisé le lancement d'un ETF Bitcoin *spot* qui pourrait soutenir la normalisation de la plus importante cryptomonnaie du marché. Après avoir culminé à $ 3 000 milliards en novembre 2021, la valeur du marché global des cryptomonnaies s'est effondrée en 2022, atteignant son niveau le plus bas en deux ans, soit $ 796 milliards ; la capitalisation au début de 2024 est estimée à $ 1 350 milliards. Il faut noter que beaucoup d'investisseurs entrent sur le marché des cryptos sur la pointe des pieds et que de nombreuses transactions sont liées à de l'argent sale et à des paiements de type suspect… ce n'est pas un hasard si certains transferts d'argent de et pour la Russie et l'Ukraine se font en cryptos…

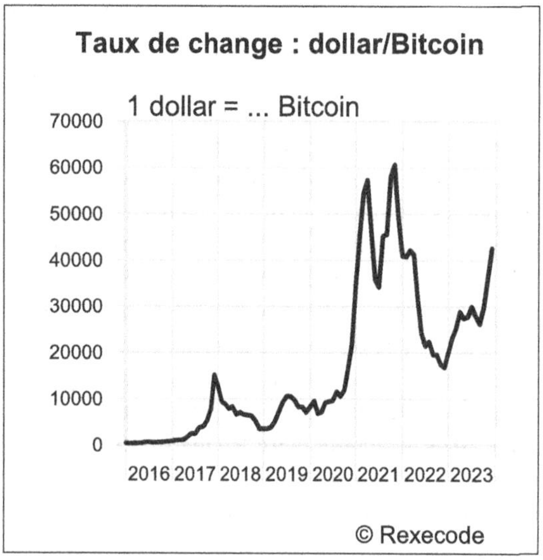

et du parti AKP. Le forint hongrois, aussi, a subi des pertes importantes. La monnaie, née en 1946, a remplacé le pengö victime d'une inflation astronomique (le taux de change avait été fixé à un forint pour 400 quintillions de pengö !). La banque centrale de la Hongrie a réduit les taux de 18 % en janvier 2023 à 9,75 % à la fin de l'année pour tenir compte de la chute de l'inflation de 26,2 % à environ 9 %. Le pays est fortement critiqué pour l'attitude de son président en Europe et les possibilités d'entrée dans l'euro se réduisent progressivement.

Le peso argentin a aussi subi une crise supplémentaire et a encore perdu de la valeur avec la dévaluation décidée par le nouveau président. Le pays qui figurait parmi les dix premières puissances mondiales à la fin du XIXe siècle avec ses ressources naturelles (l'agriculture et l'élevage dans la Pampa, l'eau des glaciers des Andes, un bon réseau ferroviaire, une population culturellement très mixée et un climat très favorable) est maintenant classé dans la liste des pays qui souffrent d'une instabilité économique chronique nécessitant l'assistance permanente du FMI.

Les marchés boursiers :

folle remontée des marchés boursiers dans le sillage des grandes valeurs américaines

Inflation, hausse des taux d'intérêt, le marché des actions s'annonçait encore compliqué en 2023. Mais l'optimisme inébranlable des investisseurs a fait fi des médiocres prévisions économiques. Tirées par les « sept magnifiques » – les grandes valeurs technologiques américaines –, la plupart des Bourses mondiales ont pris le chemin de la hausse et ont regagné le terrain perdu en 2022. La Chine, par contre, est la grande déception de l'année.

En 2022, l'indice MSCI ACWI des marchés des pays développés et émergents (environ 85 % des marchés mondiaux en valeur), calculé en dollars, avait chuté de 19,6 % ; en 2023, il a progressé de 19,8 %. Retour à la case départ ? Pas tout à fait, car le marché 2023 n'a pas été le symétrique parfait de celui de 2022 ; ce ne sont pas toujours les valeurs qui avaient le plus reculé en 2022 qui ont remonté le plus vite en 2023. Mais le résultat final dépasse de très loin les hypothèses pessimistes que l'on pouvait formuler au début de l'année.

Il faut se souvenir de l'ambiance qui régnait en janvier 2023. Dès le premier jour du mois, sur la chaîne américaine CBS, Kristalina Georgieva, directrice générale du FMI, annonçait que l'année nouvelle serait plus difficile que celle qui venait de se terminer et qu'elle s'attendait à ce qu'un tiers des économies soit en récession. Le 10, la Banque mondiale annonçait que la croissance ne serait pas globalement de 3 % en 2023 comme elle l'avait estimé six mois plus tôt, mais seulement de 1,7 %, soit le rythme le plus faible observé au cours des dernières années, à la seule exception de 2020 (pandémie) et de 2009 (crise financière). Certes la Chine venait d'abandonner les mesures zéro-covid les plus restrictives et l'on pouvait espérer un regain de vigueur de son économie, mais l'inflation menaçait toujours et les grandes banques centrales, malgré un relèvement très rapide de leurs taux directeurs, étaient loin d'être arrivées au terme du processus de durcissement de leur politique monétaire. S'attendre à une amélioration réelle des marchés avant le deuxième semestre semblait assez peu réaliste.

Pourtant, dès les premiers jours de cotation, c'est l'envolée, surtout en Europe, où l'on se félicite d'une accalmie sur le front de la hausse des prix et d'une moindre dégradation de l'activité manufacturière. L'euphorie se prolonge tout au long de janvier et à la fin du mois les chiffres donnent

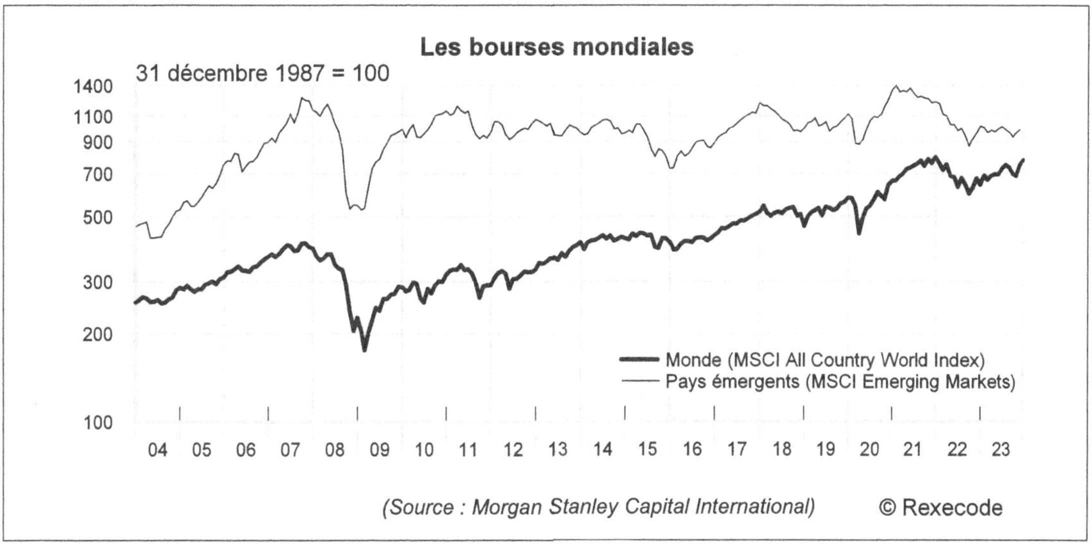

déjà un bon aperçu de ce que sera l'année, avec une forte hausse des valeurs technologiques américaines qui entraînent l'ensemble des marchés, le Japon et l'Europe suivant le mouvement : en un seul mois, le Nasdaq a gagné 11,5 %, loin devant le S&P 500 (6 %) et le Dow Jones (2,4 %) ; à Paris, le CAC 40 a progressé de 7,4 %, à Francfort, le DAX 40 de 7,5 %, à Londres, le FTSE 100 de 2,9 %, à Tokyo, le Nikkei 225 de 6,3 % tandis que la Chine semble aussi s'inscrire dans la tendance générale avec une hausse de 5,4 % de la Bourse de Shanghai.

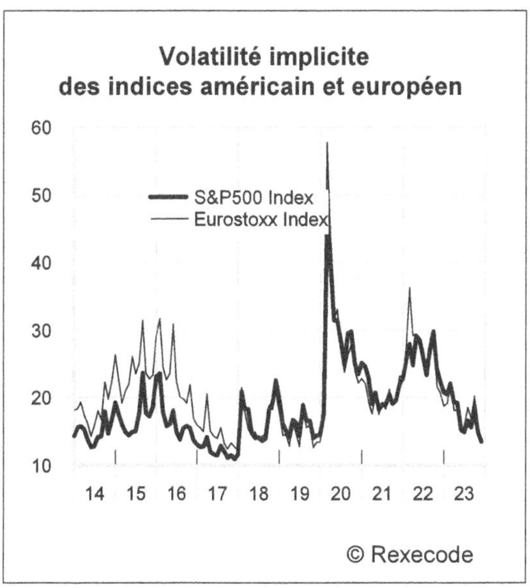

Le mois de février est nettement plus compliqué. Les perspectives ouvertes par l'intelligence artificielle stimulent les valeurs technologiques, mais la bonne tenue de l'économie en Europe et surtout aux États-Unis fait craindre une hausse des taux directeurs des banques centrales plus prononcée que cela n'était anticipé. La Réserve fédérale a procédé à sa huitième hausse (25 points de base) en moins d'un an, la BCE à sa cinquième hausse (50 points de base) et la Banque d'Angleterre a porté ses taux au plus haut niveau depuis 2008. Le marché des actions continue de monter en Europe (à Paris le CAC 40 établit un nouveau record et, à Londres, le FTSE franchit pour la première fois la barre des 8 000 points), mais les indices américains cèdent un peu de terrain et les marchés chinois sont en net recul ; le survol des États-Unis par un ballon chinois a provoqué une nouvelle crise et l'on parle de plus en plus d'un découplage entre les deux économies.

Défaillances bancaires

En mars, les craintes d'une crise financière majeure emportent les marchés. Le 9, la faillite de la Silvergate Bank, spécialisée dans les cryptomonnaies, n'a pas soulevé une grande émotion, mais la fermeture, le lendemain, de la Silicon Valley Bank, qui n'a pu faire face à une vague de retraits massifs de ses clients, provoque les plus vives inquiétudes pour l'ensemble du système bancaire : la déréglementation décidée sous la présidence Trump pour les banques jugées non systémiques n'est-elle pas allée trop loin ? Le 12, c'est à une banque située sur la côte est des États-Unis, Signature Bank, spécialisée aussi dans les cryptoactifs, de se déclarer en faillite. Et le 15, le Crédit Suisse, deuxième banque helvétique, dont le cours a fortement chuté, se voit contraint de demander l'aide des autorités bancaires de son pays. La tempête touche tout le secteur bancaire européen. Cela n'empêche pas la Banque centrale européenne de procéder le 16 à une sixième hausse de ses taux (encore 50 points de base) et la Réserve fédérale à sa neuvième hausse le 22 (25 points de base). Ce sont sans doute les bonnes décisions : grâce à l'intervention rapide des banques centrales américaine et suisse et à la reprise de Crédit Suisse par UBS, le calme revient assez vite ; les derniers jours de mars sont marqués par une forte remontée des cours, souvent au-dessus de ceux qui avaient été enregistrés fin février, et le Nasdaq gagne plus de 6 %, les investisseurs espérant que les problèmes bancaires inciteront la Réserve fédérale à la modération.

La hausse se poursuit en avril. Le CAC 40 enregistre un nouveau record, Londres et Milan avancent encore un peu plus vite que Paris. Mais, à la fin du mois, la question des banques a été de nouveau posée. Aux États-Unis, dans la seule journée du 25 avril, la First Republic Bank a vu son cours chuter de près de 50 % ; en deux mois, sa capitalisation boursière a perdu 97 %. Dès le 1er mai, le problème semble résolu : JP Morgan annonce qu'il va prendre en charge tous les dépôts de la

Recul du nombre d'introductions en Bourse

L'année 2022 avait été marquée par un net recul des introductions en Bourse à l'échelle mondiale, ce qui s'expliquait aisément : quand les marchés sont en repli, les entreprises qui envisagent de se faire coter ont tout intérêt à attendre des jours meilleurs. Au vu des résultats de 2023, on pourrait penser que ces jours meilleurs étaient revenus. Cela n'a pas été le cas, pour plusieurs raisons. La hausse des cours s'est faite de façon très irrégulière tout au long de l'année, au gré des chiffres de l'inflation et des réactions des banques centrales. Des opérations préparées durant les phases de hausse ont dû être déprogrammées quand le marché s'est retourné. Le contexte international a joué aussi : le raid du Hamas en octobre et la riposte israélienne qui a suivi ont créé un climat d'incertitude peu propice à la prise de risque. Enfin, l'engouement pour les stars de la cote et le peu d'appétit des investisseurs pour les valeurs petites et moyennes ont découragé les candidats. Le phénomène a été très fortement ressenti en Asie et en Europe. Par exemple, à Paris, seulement six valeurs nouvelles sont entrées en Bourse et toutes l'ont fait sur Euronext Growth, le marché réservé aux valeurs de taille encore modeste. Au Moyen-Orient, quelques opérations de taille significative ont eu lieu en Arabie saoudite et dans les Émirats arabes unis où l'on peut notamment citer l'arrivée de ADNOC Gas, filiale de la compagnie pétrolière nationale, qui a levé € 2,6 milliards. Mais ce sont surtout les marchés des États-Unis qui ont réussi à attirer de nouvelles entreprises, parmi lesquelles des entreprises européennes telles la britannique ARM ou l'Allemande Birkenstock. Mais ce dernier tableau comporte aussi une part d'ombre : beaucoup de ces nouvelles venues ont eu ensuite une vie boursière difficile et ont terminé 2023 au-dessous de leur cours d'introduction.

En Europe, le climat ne semble pas encore très favorable et l'arrêt du projet Renault d'introduction de sa filiale Ampère en janvier 2024 a été très remarqué. Mais ce repli tactique ne s'explique pas seulement par des conditions de marché peu favorables ; des raisons internes sont aussi à invoquer, les ventes de voitures électriques du groupe n'ayant pas atteint les objectifs. La fin des conglomérats et la mode des scissions – des groupes se séparant totalement ou partiellement de certaines de leurs activités – devraient cependant provoquer de nouvelles introductions.

banque californienne et la quasi-totalité de ses actifs. Comme si de rien n'était, la Réserve fédérale relève ses taux le 3 mai pour la dixième fois (de 25 points de base, à 5,25 %) et la BCE suit avec une septième hausse, de 25 points de base, à 3,25 % ; la Banque d'Angleterre fait de même. Plus inquiétant, la Réserve fédérale laisse entendre que cette hausse pourrait ne pas être la dernière, contrairement à ce qui était espéré. Le climat boursier reste maussade pour les banques et surtout pour les banques régionales américaines : le 5 mai, le cours de la banque californienne PacWest Bancorp chute de 50 %. Au Congrès, les républicains refusent de voter le relèvement du plafond de la dette fédérale sans avoir obtenu des concessions démocrates sur les dépenses. Les bons résultats de Nvidia, la firme californienne en pointe pour la fourniture de matériels et de logiciels d'intelligence artificielle qui passe le cap des $ 1 000 milliards de capitalisations, entraînent dans leur sillage les autres valeurs technologiques aux États-Unis comme en Europe. Cependant le mois se termine par une baisse du marché des actions, particulièrement sensible en Europe, où l'immobilier fléchit avec une aggravation très nette de la crise du secteur en Suède. La Chine continue de décevoir, mais les tensions avec les États-Unis se sont apaisées.

Juin commence sur une bonne nouvelle : un accord est intervenu au Congrès sur la dette fédérale. Pour la première fois depuis mars 2022, la Banque Fédérale garde ses taux inchangés, mais à la fin du mois, lors du forum de Sintra, Jerome Powell pour la banque centrale américaine et Christine Lagarde pour la BCE laissent entendre que la hausse des taux n'est pas terminée. D'ailleurs, la BCE vient de relever encore les siens de 25 points de base et les banques centrales ont été nombreuses à relever aussi les leurs : 50 points de base pour la Banque d'Angleterre, 25 points de base pour la Banque nationale suisse et même 650 points de base pour la banque centrale de Turquie alors que le pouvoir politique s'était longtemps opposé à une telle action. Mais, sur les marchés, on préfère mettre l'accent sur le fait qu'on devrait bientôt arriver au bout de ce cycle de hausse des taux, que l'économie américaine résiste bien et que l'économie mondiale devrait faire un atterrissage en douceur. La tendance est à la hausse sur tous les grands marchés.

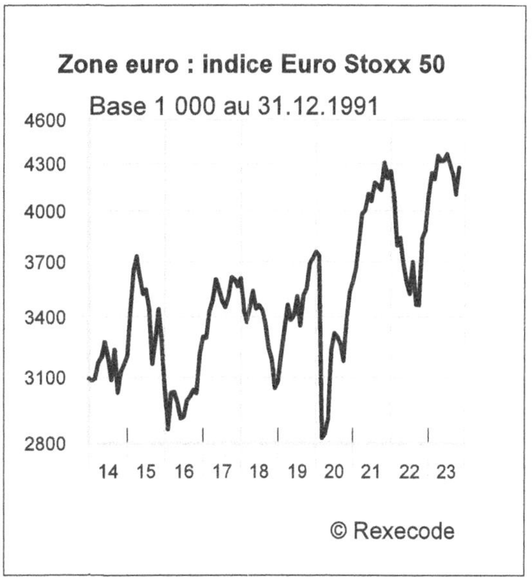

Des performances stupéfiantes au premier semestre

Au total, le premier semestre se termine à des niveaux qui dépassent de très loin les prévisions les plus optimistes. L'indice MSCI World a regagné 11,5 % et presque tous les grands marchés mondiaux ont été de la fête. Aux États-Unis, le S&P 500 affiche un gain de 15,9 % ; c'est son meilleur premier semestre depuis 2019. Le Nasdaq fait encore nettement mieux avec une hausse globale de 31,7 % et si l'on ne tient compte que des 100 premières valeurs de ce marché incluses dans le Nasdaq 100, la hausse atteint 38,7 % ; pour cet indice, c'est la meilleure performance jamais enregistrée pour un premier semestre. Dans le reste du monde, un indice a monté encore plus vite, c'est le Merval de la bourse de Buenos Aires, qui a progressé de plus de 100 % ; mais il faut rappeler que le dernier indice argentin des prix connu à ce moment-là, celui de mai, enregistrait une hausse annuelle de 116,1 % !

En Europe, les performances ont été d'un haut niveau aussi, avec une progression de 14,3 % du CAC 40 et de 14,5 % du DAX allemand. Mais la plus remarquable est celle de la Bourse d'Athènes, avec une hausse de 36,7 %, qui marque la sortie de la Grèce d'une longue période de crise. En Asie, le Japon a créé la surprise avec une hausse de l'indice Nikkei 225 de 27,2 % tandis qu'en Chine

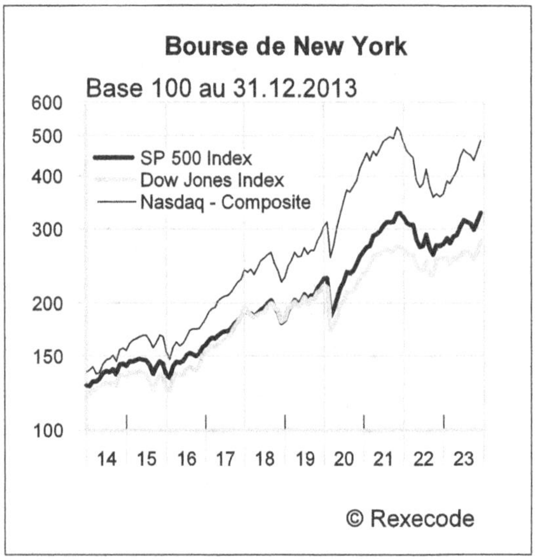

la reprise n'a pas été au rendez-vous ; Shanghai, Shenzhen et Hong Kong ont fait partie du petit nombre de marchés boursiers à avoir enregistré un recul au cours de ce semestre.

Le mois de juillet commence bien : Apple revient au-dessus du seuil de $ 3 000 milliards de capitalisation boursière qu'elle avait brièvement atteint au début de 2022. Mais les choses se gâtent très vite. Aux États-Unis, le marché de l'emploi se montre bien trop dynamique : beaucoup de créations d'emplois, des salaires qui continuent à augmenter et une consommation toujours soutenue. La Réserve fédérale risque fort de donner un nouveau tour de vis et les marchés plongent. La déprime ne dure guère, surtout aux États-Unis où l'engouement pour les valeurs technologiques ne se dément pas. La Réserve fédérale procède à sa onzième hausse de taux, la BCE à sa neuvième sans vraiment troubler les marchés. De part et d'autre de l'Atlantique, l'inflation continue de ralentir et aux États-Unis la croissance reste soutenue ; les deux grandes banques centrales tiennent un discours ferme, mais sans excès et n'excluent pas l'idée d'une pause ; les résultats publiés par les entreprises sont de bonne facture, les perspectives des grands groupes restent favorables, les plans de rachat d'actions sont à de hauts niveaux. En Allemagne, l'indice DAX établit un nouveau record. Mais les marchés chinois restent à la peine : si les autorités semblent avoir bien pris conscience de la nécessité d'une relance, les mesures prises ne sont pas à la hauteur des attentes.

Le dernier jour de juillet, l'agence Fitch annonce qu'elle retire son triple A à la dette publique des États-Unis. En lui-même, l'événement n'est pas d'une importance considérable : Standard & Poor's avait pris la même décision douze ans auparavant sans trop perturber les investisseurs, mais il se trouve que le Trésor américain venait juste de procéder à une forte réévaluation du montant estimé de ses émissions pour les deux derniers trimestres de l'année. Résultat : les taux à long terme se tendent alors que les indices publiés en ce début d'août aux États-Unis et en Europe montrent un tassement de l'activité. Et la Banque d'Angleterre procède à sa quatorzième hausse de taux, à 5,25 %. Des taux plus élevés, une activité moins soutenue : les marchés boursiers n'apprécient guère. Et ce n'est pas du côté de la Chine qu'il faut regarder pour trouver des motifs de satisfaction ; deux ans après Evergrande, un autre grand promoteur, Country Garden, se retrouve en situation de défaut de paiement et chute lourdement en Bourse. À la fin du mois d'août, Evergrande, dont la cotation était suspendue depuis mars 2022, fait un retour en Bourse qui confirme l'ampleur de ses problèmes : à la première séance, son cours recule de près de 8 %, ce qui ramène sa capitalisation boursière à moins de $ 600 millions alors qu'elle était montée à $ 50 milliards en 2017. Et l'on voit mal ce qui pourrait sauver ces grands promoteurs à un moment où les ventes de logements neufs sont en chute libre. Pour la deuxième fois en trois mois, la Banque de Chine procède à une légère réduction de ses taux directeurs, mais cette mesure ne semble guère à la hauteur du problème. Seul point positif de cette période : des études montrent que les dividendes versés par les plus grandes entreprises mondiales continuent de croître.

Le mois de septembre est aussi un mois difficile. Certes la banque centrale chinoise assouplit encore sa politique monétaire et procède à des injections de liquidités, certes la dixième hausse des taux de la BCE passe bien parce qu'elle était attendue, mais la communication de la Réserve fédérale jette un froid sur les marchés : le 20 septembre, son président laisse clairement entendre qu'il peut encore y avoir une hausse des taux directeurs américains et il prévient de surcroît que ces taux risquent fort de rester ensuite à un haut niveau pendant une longue période, ce qui prend complètement à contre-pied les investisseurs. Non seulement les marchés plongent, mais ce plongeon se poursuit au mois d'octobre. Il faut dire que le massacre commis en Israël le 7 octobre par le Hamas et la riposte israélienne font craindre une grave détérioration du climat international. Le taux à dix ans américain passe au-dessus de 5 % pour la première fois depuis seize ans. À ce moment-là, même les sept magnifiques (sous cette appellation, qui fait référence au film de 1960 *Les sept mercenaires – The magnificent seven* en anglais – on trouve les cinq anciennes GAFAM, Google devenue Alphabet, Amazon, Facebook devenue Meta, Apple et Microsoft auxquelles se sont ajoutées Nvidia et Tesla), qui ont tiré à la hausse les marchés mondiaux depuis le début de l'année cèdent aussi du terrain. Fin octobre, le Nasdaq 100 s'inscrit en recul de plus de 10 % par rapport à son point haut du mois de juillet.

Les sept magnifiques reprennent leur ascension

C'est précisément à ce moment que commence une folle remontée qui va se poursuivre pratiquement sans interruption jusqu'à la fin de l'année. Le 1er novembre, la Réserve fédérale maintient ses taux inchangés et son président adoucit son discours. Sur les marchés, on en est convaincu : la hausse des taux, c'est terminé. Comme un bonheur ne vient jamais seul, les résultats des sept magnifiques au troisième trimestre ont été de très bonne qualité, si l'on excepte peut-être Tesla dont la rentabilité subit les effets de la guerre des prix que le constructeur a lui-même lancée. Sur pratiquement tous les marchés, de Tokyo à New York en passant par l'Inde et l'Europe, c'est la fête. La confiance revient d'autant plus vite que, aux États-Unis comme dans la zone euro, le rythme annuel de hausse des prix fléchit nettement. Elle se renforce encore en décembre lorsqu'il ressort des prévisions économiques de la Réserve fédérale que les membres du comité de politique monétaire envisagent en moyenne trois baisses de taux d'un quart de point chacune en 2024. L'indice VIX de volatilité du marché américain, l'indice de la peur, retombe à son plus bas niveau depuis janvier 2020, avant que n'éclate la pandémie. Même le Dow Jones, le plus sage des indices américains, établit un nouveau record, comme le CAC 40 à Paris.

Ainsi se termine une année exceptionnelle, tellement exceptionnelle que beaucoup d'analystes se demandent si le marché n'est pas allé un peu trop vite un peu trop loin. La hausse de 19,8 % de l'indice MSCI le plus large des Bourses mondiales n'est en effet qu'un pâle reflet de ce qui s'est produit sur certains marchés et notamment sur le marché américain où le syndrome FOMO (*fear of missing out*, peur de passer à côté de quelque chose) a poussé tous les investisseurs à se ruer sur ces sept magnifiques dont le mouvement de hausse paraissait irrésistible.

La hausse la plus remarquable est celle du Nasdaq composite, qui inclut la plupart des valeurs de ce marché : 43,4 % à 15 011 points, la hausse la plus forte depuis 2020. Il faut toutefois remarquer qu'il est resté à plus de 1 000 points en dessous de son record absolu de novembre 2021, ce qui rappelle à quel point l'année 2022 avait été dévastatrice pour les valeurs technologiques. Il faut voir aussi que cette hausse de 2023 a été très concentrée : l'indice étroit Nasdaq 100 a grimpé, lui, de 53,8 %.

On trouve une autre illustration de ce phénomène en regardant l'évolution de l'indice S&P 500 : celui-ci a certes progressé de 24,2 %, mais cette progression s'explique pour l'essentiel par celle des sept magnifiques. L'évolution de celles-

Les dix premières capitalisations mondiales

(le 31 janvier 2024, en $ milliards)

1.	Microsoft Corp.	3 037
2.	Apple Inc.	2 907
3.	Saudi Arabian oil Co.	2 017
4.	Alphabet Inc.	1 905
5.	Amazon.com, Inc.	1 643
6.	Nvidia Corp.	1 551
7.	Meta Platforms, Inc.	1 028
8.	Berkshire Hathaway Inc.	840
9.	Elly Lilly and Company	612
10.	Tesla, Inc.	610

Quelques points de repère pour mesurer l'importance prise par ces groupes : capitalisation boursière de quelques grands marchés

(novembre 2023, en $ milliards)

Nyse :	24 122
Nasdaq :	22 061
Euronext (sept marchés) :	6 043
Japan Exchange Group :	5 904
Deutsche Börse :	2 094

(Source : World Federation of Exchanges)

ci est proprement stupéfiante. Apple, première capitalisation mondiale à la fin de 2023 à plus de $ 3 000 milliards, est celle de ce groupe qui a enregistré la hausse la plus modeste : 45 %, à comparer avec les 57 % de Microsoft, les 58 % d'Alphabet, les 81 % d'Amazon, les 102 % de Tesla et surtout les 193 % de Meta et les 236 % de Nvidia ! La hausse est tellement concentrée sur un nombre limité de valeurs que certains commentateurs ont pu résumer ainsi l'année 2023 du S&P 500 : 7 valeurs ont beaucoup monté, 493 n'ont rien fait ! Ce qui est un peu excessif, une tendance à un élargissement du mouvement de hausse s'étant esquissée en fin d'année ; il n'en demeure pas moins que 72 % des valeurs de l'indice ont fait moins bien que l'indice lui-même. Le rôle des sept magnifiques a été déterminant aux États-Unis, mais aussi à l'échelle mondiale : il a été calculé qu'elles avaient été à elles seules à l'origine de près de 19 % de la hausse de l'indice MSCI World des marchés des pays développés. Dans l'indice MSCI ACWI des marchés des pays développés et émergents, elles pèsent davantage que l'ensemble des valeurs françaises, britanniques, chinoises et japonaises.

En comparaison de la hausse des indices du Nasdaq et du S&P 500, la progression de l'indice Dow Jones, 14 % sur l'année, fait pâle figure, malgré l'établissement de nouveaux records en décembre. Sur les trente valeurs qui le composent, onze ont enregistré des baisses. On notera ainsi le recul de 30,1 % de Walgreens Boots Alliance (pharmacie), de 16,9 % de Chevron, en raison de la baisse des cours du pétrole, de 11,3 % de Johnson & Johnson (santé), de 8,8 % de 3M et de 7,4 % de Coca-Cola. Parmi les valeurs de l'indice qui ont enregistré de belles performances, outre Microsoft et Apple, on trouve Salesforce (logiciels de gestion), avec une hausse de 98,5 %, Intel (+ 90,1 %) et Boeing en hausse de 36,8 %, avant de connaître en janvier 2024 un grave problème sur un 737 MAX.

D'une façon générale, on constate une grande dispersion des performances entre les secteurs, avec des gains élevés dans la technologie de l'information, la communication, la consommation discrétionnaire et à l'opposé des reculs dans les services au public (les *utilities*), l'énergie et la consommation de base. En ce qui concerne l'énergie, l'année a été difficile pour les valeurs pétrolières et aussi pour toutes les entreprises liées aux énergies dites vertes, confrontées à une hausse de leurs coûts. Pour ces dernières, on peut attendre une meilleure année 2024 du fait de la mise en place des aides publiques prévues dans le cadre de l'*Inflation Reduction Act*.

Mais, à l'intérieur de chaque secteur, on rencontre également de profondes divergences. Ainsi dans le secteur de la pharmacie, outre les reculs déjà signalés, il faudrait ajouter ceux de Moderna et Pfizer, qui avaient fortement bénéficié de la mise au point de vaccins contre le Covid-19 et ont tous deux chuté de 44 % en 2023. À l'opposé, Eli Lilly a enregistré une hausse spectaculaire de 57 % tandis que l'ensemble du secteur progressait de 8,4 % ; le laboratoire doit cette hausse aux promesses de ses médicaments contre l'obésité. Sur le même créneau, les avancées réalisées par le danois Novo Nordisk lui ont valu de prendre à LVMH la première place du classement des plus fortes capitalisations boursières européennes.

De belles progressions en Europe

À défaut d'avoir bénéficié autant que le marché américain des espoirs mis dans l'intelligence artificielle, l'Europe a connu elle aussi de belles progressions. Il lui est même arrivé à plusieurs reprises de se montrer plus dynamique. L'indice Eurostoxx 50 des grandes valeurs européennes, avec une hausse de 19,2 %, a fait mieux que le Dow Jones. La grande surprise est venue de la Grèce, avec une hausse de 39,1 % de l'indice ASE, qui a réussi à confirmer sa performance du

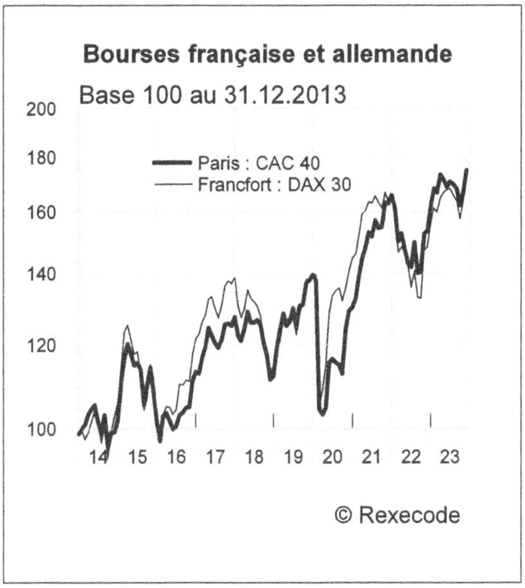

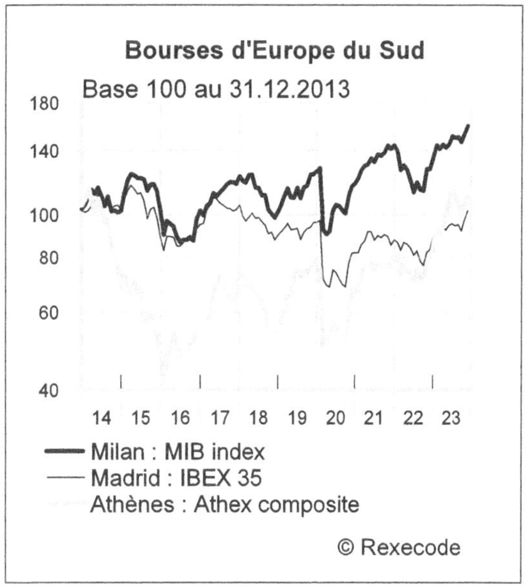

premier semestre. Signe de la confiance retrouvée dans la situation économique et financière du pays, une banque, Optima Bank, a pu s'introduire à la Bourse d'Athènes fin septembre et lever € 150 millions, ce qui en a fait la plus importante introduction dans le pays depuis la crise de l'euro de 2010.

Pratiquement tous les grands marchés du continent se sont bien comportés : derrière la Grèce, on remarque la Pologne, avec une hausse de 36,5 %, l'Italie (+ 28 % pour l'indice FTSE MIB), le Danemark (+24,4 % pour l'indice OMX Copen 20), l'Irlande (+23,2 % pour l'indice ISEQ), l'Espagne (+22,8 % pour l'IBEX 35), l'Allemagne (+ 20,3 % pour le DAX 40), la Suède (+ 17,4 % pour l'OMX 30), la France (16,5 % pour le CAC 40), les Pays-Bas (+ 14,2 % pour l'AEX). Plus bas dans le classement on trouve la Norvège, avec une hausse de l'indice OBX de 9,5 % en monnaie locale, mais de seulement 2,7 % en euros, la Suisse avec une hausse limitée de l'indice SMI de 3,8 %, mais de 10,7 % en euros, tandis qu'en Belgique l'indice BEL 20 ne gagne que 0,2 %.

Comme aux États-Unis, les investisseurs ont préféré se reporter massivement sur un nombre limité de grandes valeurs et délaisser les petites et moyennes capitalisations (encore faut-il souligner que ces notions de taille doivent être relativisées en fonction du marché considéré, sachant que les trois premières capitalisations américaines pèsent plus à elles seules que toutes les valeurs cotées sur les sept marchés d'Euronext). Ainsi, à Paris, tandis que le CAC 40 progressait de 16,5 %, les 20 valeurs suivantes qui composent le CAC Next 20 n'ont gagné que 9,9 %, les valeurs moyennes du CAC Mid 60 2,1 % et les petites valeurs qui composent le CAC small ont reculé de 2,7 %.

Au sein du CAC 40, seules six valeurs ont terminé l'année sur un recul, la plus forte baisse étant celle d'Alstom (– 46 %). À l'inverse, le constructeur automobile Stellantis a enregistré un gain de 59 % (se permettant ainsi de faire mieux en 2023 que le groupe automobile européen le plus performant en Bourse au cours des dernières années, Ferrari, qui a pourtant encore enregistré une progression de 58 %), devant Saint-Gobain (+ 46 %) et Schneider Electric (+ 39 %). À Paris aussi, on constate de gros écarts à l'intérieur d'un même secteur. Dans le luxe, Hermès International a gagné près de 39 % tandis que LVMH, première capitalisation française, ne gagnait que 7,9 % et que Kering reculait de 16,1 %. Si le marché a été prompt à saluer les bons résultats des entreprises, il a aussi été d'une sévérité exceptionnelle face aux groupes qui décevaient : ainsi Worldline a chuté de 59,2 % en une seule séance, ce qui ne s'était jamais vu pour un membre du CAC 40 (la société en a d'ailleurs été écartée ensuite). Une particularité à noter : alors que les entreprises américaines confrontées à la hausse des taux d'intérêt se montraient un peu plus prudentes et ralentissaient leurs rachats d'actions, ceux-ci ont battu des records en France ; il est vrai qu'à Paris les entreprises financent ces opérations en y consacrant une partie de leur bénéfice alors qu'aux États-Unis elles profitaient de taux proches de zéro pour les financer par endettement.

À Francfort, le DAX a franchi en décembre la barre des 17 000 points grâce à quelques valeurs qui se sont particulièrement bien comportées. La plus belle performance a été signée par Rheinmetall (+ 54,3 %) dont la branche spécialisée dans le matériel militaire profite à plein du climat géopolitique actuel, devant Heidelberg Materials (+ 51,9 %), plus gros producteur allemand de ciment, et SAP (+ 44,7 %), premier éditeur européen de logiciels. À l'opposé on constate la chute de 35,2 % de Zalando, spécialiste de la mode en ligne, de 31,7 % de Siemens Energy, dont l'activité dans l'énergie éolienne a été très déficitaire, et de 30,4 % du groupe chimique Bayer. Le comportement boursier des constructeurs automobiles illustre parfaitement les problèmes auxquels est confrontée actuellement l'industrie allemande : si BMW a progressé de 21 % et Mercedes-Benz de 1,9 %, Volkswagen a reculé de 21,1 % et Porsche, sa filiale introduite en Bourse en septembre 2022, a cédé 9,8 % et est retombée en dessous de son cours d'introduction.

Au Royaume-Uni, le FTSE n'a pu faire mieux que 3,8 % (6 % calculé en euros), mais il faut rappeler que la Bourse de Londres avait fait partie des rares marchés boursiers à avoir enregistré une évolution positive en 2022. Après un bon début d'année, marqué par un grand optimisme quant à un prochain arrêt de la hausse des taux, certains analystes pariant même sur une baisse avant la fin de l'année, les tensions inflationnistes ont au contraire incité la banque centrale à aller plus loin sur le chemin de la hausse, malgré des doutes sur la santé de l'économie. Le marché londonien a aussi souffert des inquiétudes entourant le système bancaire à la suite des défaillances enregistrées aux États-Unis et la baisse du cours des matières premières a affecté les nombreuses compagnies minières qui y sont cotées. Des entreprises en situation de retournement se sont distinguées ; c'est le cas de Rolls-Royce (moteurs d'avion) et Marks & Spencer qui ont enregistré les deux plus fortes hausses de l'indice, de respectivement 221 % et 120 %, devant la société de capital-investissement 3i Group. En revanche la société minière Anglo American a reculé de 38,3 %, St James's Place (gestion de fortune et conseil financier) de 34,7 % et la compagnie minière mexicaine Fresnillo (or et argent) de 34,5 %.

Londres souffre

Au-delà des aléas de la conjoncture, la Bourse de Londres souffre depuis plusieurs années d'une certaine désaffection des entreprises nationales ou étrangères qui choisissent d'autres places pour se faire coter ou, déjà cotées à Londres, choisissent d'en partir. Et le Brexit n'a fait qu'aggraver la situation. La déception la plus forte est venue en 2023 de la société britannique très prometteuse ARM (processeurs) qui a préféré le Nasdaq au LSE pour son introduction. En 2021, Ryanair a préféré rejoindre la Bourse de Dublin, BHP a quitté le FTSE pour se coter à titre principal à Sydney et ne garder qu'une cotation secondaire à Londres, le cimentier irlandais CRH a fait de même en 2023 et a transféré sa cotation principale à New York. Auparavant, c'était Unilever qui

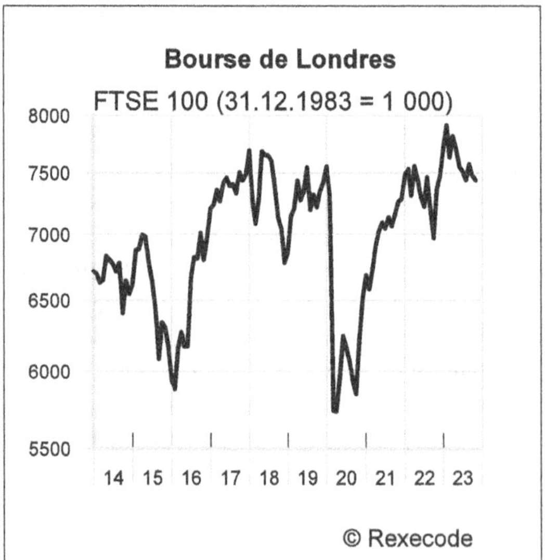

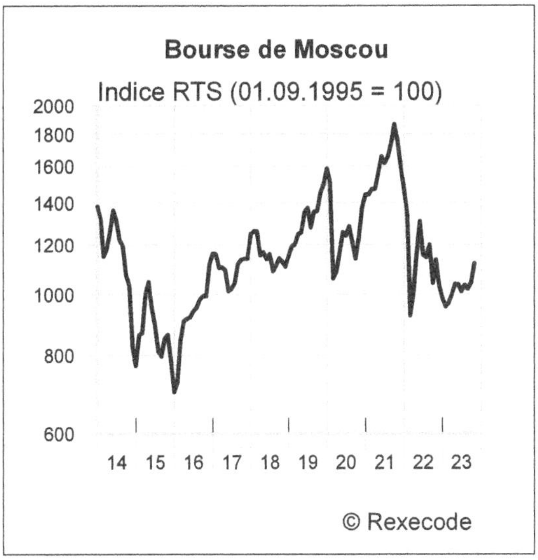

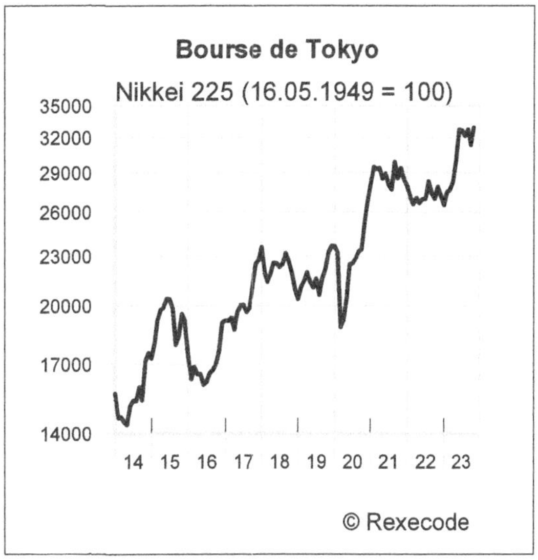

avait fait le choix d'Amsterdam et, au début de 2024, le voyagiste TUI a annoncé son intention de quitter Londres pour ne garder qu'une cotation à Francfort. Des réformes ont été annoncées à Londres pour assouplir les règles de cotation et rendre la Bourse britannique plus attractive, mais il ne semble pas que ces annonces aient réussi à inverser la tendance.

Ce sont au contraire des règles trop souples qui ont failli provoquer de sérieux remous sur le marché indien, lorsqu'un spécialiste américain de

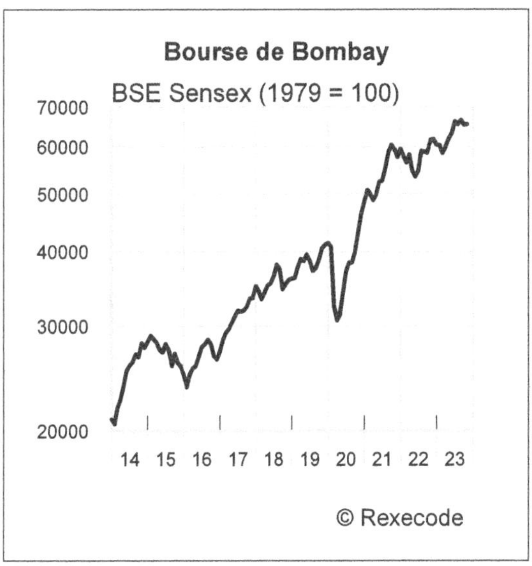

la vente à découvert a accusé le groupe Adani de se livrer à des manipulations boursières à partir de sociétés *offshore*. Parti de plus de 4 000 roupies en novembre 2022, le cours d'Adani Enterprises Limited, société phare du conglomérat, est tombé à moins de 1 200 roupies en février 2023. Mais il a pu remonter à plus de 2 800 roupies à la fin de l'année, soutenu par le dynamisme d'ensemble de l'économie indienne et de son marché boursier. De surcroît, le régulateur du marché a su présenter en novembre des mesures destinées à instaurer plus de transparence et à rassurer les investisseurs, sans pour autant mettre directement en cause le groupe Adani, qui joue un rôle important dans l'économie locale. Au final, l'indice S&P BSE Sensex 30 a progressé de 18,4 % en 2023 après avoir remarquablement résisté à la morosité générale des marchés en 2022.

Le Japon au plus haut depuis trente-trois ans

Mais le marché qui a le plus surpris en Asie est sans conteste le marché japonais, avec une hausse de plus de 28 % du Nikkei 225 qui a retrouvé ses plus hauts niveaux depuis trente-trois ans. Des taux directeurs restés très bas, à contre-courant de la tendance mondiale, un cours du yen très compétitif qui a permis aux entreprises exportatrices, notamment dans l'automobile, d'engranger de solides résultats et une confiance retrouvée de la part des investisseurs internationaux expliquent que le Japon se soit hissé en 2023 en tête du hit-parade des Bourses asiatiques.

Le marché de Taïwan a suivi de très près, avec une hausse de 24 %, avec en vedette le producteur de semi-conducteurs TSMC (+ 40,2 %). Les inquiétudes géopolitiques grandissantes à l'approche de l'élection présidentielle de la mi-janvier 2024 n'ont pas dissuadé les investisseurs étrangers. On remarque aussi dans cette région la belle performance du marché sud-coréen, avec une progression de 19 % de l'indice KOSPI. À contre-courant de ce que l'on a vu en 2023 sur la plupart des autres places, l'indice des valeurs petites et moyennes a fait ici mieux que l'indice général. Au Vietnam, la hausse de l'indice principal s'est établie à 14 %. Poursuivant le rebond engagé en 2022, le pays profite des tensions entre la Chine et les États-Unis : une partie croissante du commerce entre les deux pays transite par le Vietnam qui achète ses intrants à la Chine et exporte ensuite des produits finis aux États-Unis.

La Chine continue de reculer

En revanche, la Chine n'est pas parvenue à résoudre ses problèmes. L'indice CSI 300 des grandes actions cotées à Shanghai et Shenzhen a chuté de 11,9 % (c'est sa troisième année de repli d'affilée) et l'indice Hang Seng de la Bourse de Hong Kong de 13,8 %. En dépit de timides annonces faites à plusieurs reprises, le gouvernement s'est montré incapable de prendre les mesures permettant de sortir les promoteurs immobiliers de la débâcle et les risques de défaillance de ces gros emprunteurs qui pèsent sur le secteur bancaire (un tribunal de Hong Kong a d'ailleurs ordonné la liquidation du promoteur Evergrande en janvier 2024). Hong Kong n'attire plus les investisseurs occidentaux et même les investisseurs de Chine continentale y ont fortement réduit leurs placements. La dépendance envers l'économie chinoise et les incertitudes politiques ont entraîné également un recul de 15,2 % de la Bourse thaïlandaise.

Dans tous les pays, l'inflation a encore été en 2023 au centre du jeu boursier. Elle a entraîné une hausse de certains indices qui ne correspond à aucune réalité économique. L'exemple le plus significatif est celui de l'Argentine avec une hausse de l'indice Merval de 360 %, de très loin la meilleure performance mondiale ; mais, exprimée en euros, cette hausse se transforme en une baisse de 2,7 %. À l'opposé, la bourse brésilienne enregistre une meilleure performance en euros (28,7 %) qu'en monnaie locale (22,3 %), ce qui prouve que celle-ci s'explique d'abord par une amélioration de la situation économique au cours de l'année. En Turquie, la hausse de 35,6 % du BIST National 100

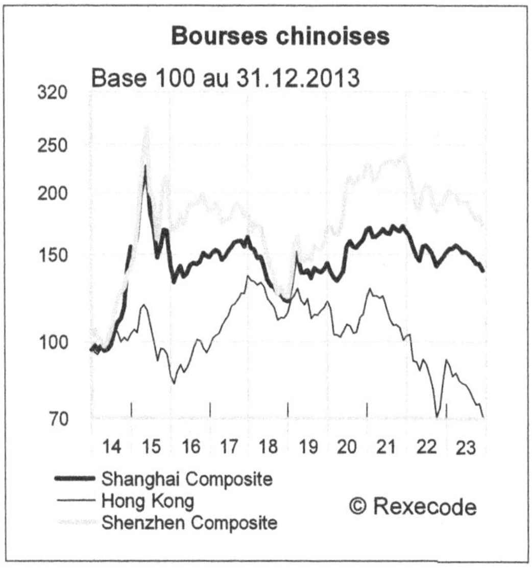

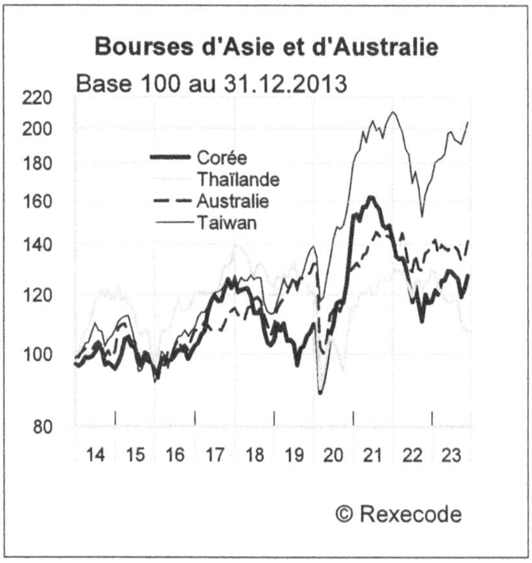

se transforme en une baisse de 16,9 % si l'on raisonne en euros.

Par ailleurs, en bonne place dans le palmarès des hausses, on trouve l'Égypte, avec une progression de 81,7 % de son principal indice. Mais, dans ce cas, la hausse de la Bourse n'est pas seulement le reflet de la hausse de l'indice des prix : exprimée en euros, elle reste élevée, à plus de 40 %. L'explication est à rechercher du côté des investisseurs locaux : face à la hausse des prix et à la baisse de la monnaie, ils ont cherché un refuge en plaçant leur argent sur les actifs cotés. Un phénomène comparable semble avoir eu lieu au Nigeria où la Bourse a atteint des niveaux records en 2023 et continuait sur sa lancée au début de 2024. Quant à la Bourse russe, sa performance de 46,4 % en roubles et de 17,9 % en euros s'explique aussi par la bonne résistance de l'économie russe aux sanctions occidentales.

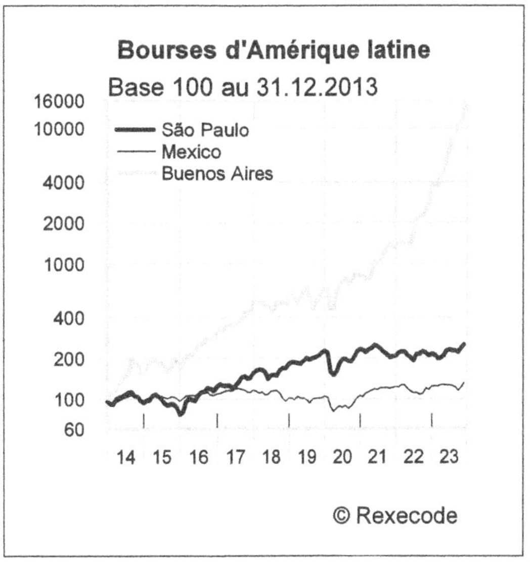

Excès d'optimisme pour 2024

Comment le cocktail croissance-inflation va-t-il être absorbé par les marchés boursiers en 2024 ? Les premières séances de l'année ont été généralement médiocres, comme si les investisseurs réalisaient qu'ils étaient allés un peu trop vite en 2023 et que le scénario « boucle d'or » (un ralentissement de l'activité du fait des hausses passées de taux, mais pas de récession, et un ralentissement de l'inflation autorisant une décrue rapide des taux) n'était pas assuré. De fait, on avait vu circuler des scénarios complètement irréalistes pariant sur une baisse des taux aux États-Unis dès le mois de mars suivie par cinq autres dans l'année ; il fallait cesser de rêver et regarder la réalité en face !

Mais, très vite, l'optimisme est revenu : certes, les scénarios les plus audacieux étaient à écarter, mais l'année serait tout de même faste. Avec une croissance qui s'était maintenue à 2,5 % aux États-Unis en 2023, la nouvelle année démarrerait sur

N'est pas Tesla qui veut

L'attrait pour les nouvelles technologies, la réussite de Tesla puis celle du chinois BYD ont incité nombre d'investisseurs à acheter des titres de constructeurs de véhicules électriques dès la présentation de leurs projets, bien avant que ces véhicules n'arrivent sur les routes. Cela n'a pas toujours été une bonne idée… Créé en 2017, le constructeur vietnamien VinFast s'est introduit sur le Nasdaq le 15 août 2023 en fusionnant avec un SPAC (*Special Purpose Acquisition Company*). Les premiers échanges se sont faits sur la base d'un cours de $ 22 puis, très vite, le titre est monté jusqu'à $ 93, valorisant davantage l'entreprise que Ford ou General Motors. Puis, tout aussi vite, il est parti en vrille, terminant l'année à $ 8,3 et le mois de janvier 2024 juste au-dessus de $ 6.

Le constructeur californien Lucid Motors a été introduit sur le Nasdaq le 26 juillet 2021 et les premières transactions se sont effectuées au cours de $ 25,24 ; le 31 janvier 2024, le titre s'échangeait un peu au-dessus de $ 3,60. Rivian est arrivé sur le Nasdaq le 9 novembre 2021, à un cours de $ 78 ; quelques jours après, le titre a brièvement atteint $ 163, mais il s'échangeait le 31 janvier 2024 à $ 15,8.

des bases solides et l'assouplissement de la politique monétaire européenne en cours d'année permettrait à la zone euro d'enregistrer un regain d'activité. De surcroît, les bons résultats des entreprises en 2023 laissaient attendre de substantielles distributions de dividendes. Et le marché est reparti de l'avant, pratiquement dans la même configuration qu'en 2023, avec les mêmes gagnants et les mêmes perdants. En janvier, malgré une ultime séance généralement négative du fait de l'appel à la raison lancé par le président de la Réserve fédérale, l'indice MSCI World a monté de 2,2 %, entraîné par le S&P 500, le Nasdaq et l'Eurostoxx 50 (tous à plus de 3 %) ; tandis que des records étaient battus de part et d'autre de l'Atlantique, à Tokyo le Nikkei 225 enregistrait une hausse spectaculaire de plus de 8 %. Et, dans le même temps, les Bourses chinoises poursuivaient leur descente aux enfers, avec un recul de plus de 6 % à Shanghai, de 13 % à Shenzhen et de 9 % à Hong Kong.

Faut-il en conclure que 2024 a de fortes chances d'être une copie conforme de 2023 ? Ce serait un pari risqué. Il est vrai que l'environnement économique, avec une probable détente des politiques monétaires en cours d'année, est favorable. Mais il faut voir d'où l'on vient. La valorisation boursière des valeurs qui ont été en vedette en 2023 atteint un niveau qui limite les possibilités de hausses ultérieures ; la moindre déception peut être sévèrement sanctionnée et entraîner les indices vers le bas. Tesla, dont les ventes progressent, mais avec des prix en baisse et une moindre rentabilité, a perdu près de 23 % au cours du mois de janvier ; Alphabet a reculé de 7 % le 31 janvier après avoir publié des recettes publicitaires inférieures aux attentes. Les ratios cours-bénéfice de Microsoft (39 fois) et d'Apple (30 fois) sont plus raisonnables que ceux de Tesla (encore 43 fois, après un fort recul), mais restent élevés. Il en est de même pour l'ensemble du S&P 500, dont la valorisation reste loin des sommets atteints lors de précédentes vagues spéculatives, mais qui est tout de même très cher (26 fois les bénéfices estimés).

Pour cette raison, des gérants de portefeuille commencent à se tourner vers de petites et moyennes capitalisations auxquelles les investisseurs pourraient s'intéresser en cas de déceptions sur les grandes valeurs, mais une véritable rotation des portefeuilles n'est pas encore entamée.

Enfin, il ne faut pas oublier les risques géopolitiques non négligeables auxquels le monde doit faire face actuellement ainsi que les nombreuses échéances électorales de 2024. Si l'on considère seulement les États-Unis, les statistiques nous disent que les années d'élection présidentielle sont généralement positives. Mais une probabilité n'est pas une certitude…

Les marchés dérivés : *encore de hautes eaux pour le négoce international*

La guerre en Ukraine a provoqué des bouleversements dans le monde du négoce, qu'il s'agisse de l'énergie ou des grains. La mise en place de sanctions a limité les financements bancaires sur les produits en provenance de Russie. Dubaï a un peu remplacé Genève… Les marchés dérivés, par contre, demeurent dominés par les places occidentales.

Malgré une tendance générale à la baisse des prix, la forte volatilité des marchés a permis aux négociants internationaux de réaliser encore une très belle année, au moins en ce qui concerne le premier semestre. Nombre de sociétés ne publient leurs chiffres qu'avec parcimonie et, pour les entreprises cotées, il est souvent difficile de faire la part entre les activités de négoce et la production minière (Glencore) ou l'industrie (ADM).

Raison de plus pour s'attarder sur Trafigura qui clôture son exercice au 30 septembre : l'essentiel de l'activité de Trafigura est concentré dans le négoce de l'énergie (pétrole et gaz) et des métaux. Sur l'exercice clôturé le 30 septembre 2023, Trafigura a réalisé un bénéfice net de $ 7,4 milliards ($ 5,5 milliards pour le seul premier semestre), en progression sur les $ 7 milliards de l'année précédente, et dispose de $ 74 milliards de lignes de crédit auprès des banques. À l'image de nombre d'autres négociants, Trafigura a réduit ses liens avec la Russie et par exemple est sorti de son partenariat avec Rosneft dans une des plus importantes raffineries indiennes (Cargill a fait

Les grands du négoce international de l'énergie
(en mbeq pétrole/jour)

Shell	14,1
BP	11
Unipec (Chine)	10
Petrochina	8
Vitol	7,4
TotalEnergies	7,3
Mercuria	6,5
Trafigura	6

(Sources : estimations de Bernstein pour 2022)

Lambert Commodities

Jean-François Lambert
Consultant en Finance Internationale

Au travers de diverses fonctions occupées ces 40 dernières années au sein de grandes institutions bancaires, JF a acquis une compréhension approfondie de la dynamique financière internationale et des flux commerciaux. Cette connaissance fine des mécanismes et des comportements, alliée à une capacité d'anticiper les tendances de marché, lui permet d'apporter une perspective unique sur les affaires internationales.

Dans ses fonctions de conseil, JF met à profit son expérience et sa réflexion stratégique pour :

• Conseiller les banques sur leur stratégie internationale et notamment leur positionnement sur le marché du financement du commerce international, des matières premières et des financements structurés ; promouvoir les meilleures pratiques en matière d'analyse de risque et de crédit, ainsi que de l'organisation et de la gouvernance.

• Aider les fonds et les investisseurs à définir une stratégie d'investissement adaptée, à identifier et à gérer des actifs liés aux matières premières et au commerce international, à optimiser la gestion de leurs risques, et à conduire des missions d'audit et de revue de leurs portefeuilles.

• Aider les négociants et les producteurs de matières premières à développer leur stratégie de financement, à bâtir et à optimiser les relations de qualité avec les prêteurs et à mettre à niveau leur gouvernance et leur organisation interne.

22 rue Rousselet
75007 Paris, FR

+44 7493 777 008 / +33 78 609 7018
www.lambertcommodities.com

Trafigura a été victime d'une fraude orchestrée par un homme d'affaires indien, Pratek Gupta, basé à Dubaï comme il se doit, qui aurait livré du nickel à Trafigura : à l'ouverture des conteneurs, les lingots de nickel étaient… en ciment ! Trafigura a dû provisionner $ 577 millions !

de même pour ses silos portuaires dans les ports russes de la mer Noire, tout comme Louis Dreyfus et Viterra). Ceci étant, la plupart des négociants ont plutôt profité des conditions plus difficiles des échanges internationaux, qu'il s'agisse de l'énergie, des grains et dans une moindre mesure des métaux. Malgré tout, les opérations sur le pétrole russe sont désormais le fait de nouvelles sociétés, créées souvent *ex nihilo* à partir de capitaux obscurs et pour la plupart basées à Dubaï dont l'environnement réglementaire est souple pour ne pas dire laxiste : d'après l'ONG suisse Public Eye, au premier semestre 2023, la moitié des exportations russes de pétrole sont passées par des négociants basés à Dubaï (seule Litasco, la filiale de Lukoil, restait active à Genève). En juillet 2023, le *Financial Times* titrait sur « Dubaï, la nouvelle Genève du négoce du pétrole russe ». Il s'agit en général de sociétés au capital desquelles on retrouve *in fine* des intérêts russes, chinois ou indiens.

La plupart des grandes sociétés de négoce – tout comme les banques qui les financent – ont coupé leurs liens directs avec la Russie et traitent de moins en moins de produits d'origine russe.

Le monde du négoce a donc vécu la fin d'une période particulièrement favorable. Vitol reste la principale entreprise active au niveau mondial uniquement dans l'énergie : en 2022, Vitol a réalisé $ 15 milliards de bénéfice sur un chiffre d'affaires de l'ordre de $ 500 milliards. Les deux autres acteurs concentrés sur l'énergie restent Mercuria (qui a ouvert un département consacré aux « métaux électriques ») et Gunvor. La position de Gunvor, dont la fortune était à l'origine bâtie sur ses liens avec la Russie, reste quelque peu ambiguë. La rumeur en 2023 d'une prise de participation de la compagnie nationale émiratie, ADNOC (on avait parlé de 35 %), ne s'est pas concrétisée même si Gunvor est très actif à Dubaï.

Dans le monde du négoce, Glencore reste un cas un peu particulier. C'est en effet en même temps une société minière, l'ancienne Xstrata, et une entreprise cotée à Londres et à New York. Le fait d'être une société « publique » (au sens anglo-saxon du terme) reste une exception relative partagée avec Bunge et ADM. Glencore a été beaucoup contestée par ses actionnaires (dont Blackrock à hauteur de 8,2 %) qui ont rejeté à hauteur de 30 % l'adoption de sa stratégie « climat ». Il est vrai qu'en 2022 Glencore a tiré trois fois plus de bénéfices du charbon ($ 17,9 milliards d'ebitda) que du trading ($ 6,4 milliards). Certes, Gary Nagle, le patron de Glencore qui a fait sa carrière dans le charbon, a promis une sortie du charbon, mais à un terme bien éloigné. En 2023, Glencore a échoué dans son OPA sur Teck Resources, mais en a finalement racheté les seules activités dans le charbon (surtout du charbon à coke) pour $ 6,9 milliards. D'un autre côté, Glencore a cédé sa filiale Viterra, l'un des principaux traders mondiaux en grains, à Bunge. Enfin, Glencore a décidé de se retirer de l'usine de Koniambo (nickel) en Nouvelle-Calédonie. Au total, en 2023, Glencore a réalisé $ 4,28 milliards de profit, une baisse de 75 % par rapport à 2022.

Un transfert de haut niveau

La banque australienne Macquarie est devenue en quelques années l'un des acteurs majeurs du trading de commodités pour compte propre (c'est-à-dire en clair, de la pure spéculation). À la tête de ce département depuis 20 ans, Nick O'Kane en était arrivé à gagner plus que son président avec $ 38 millions en 2023, soit A$ 1 million par semaine ($ 650 000) ! Il est vrai que sous sa houlette Macquarie a gagné en 2023 A$ 6 milliards !

Malheureusement pour lui, il n'a pas été choisi pour prendre la barre de Macquarie et a décidé, à 50 ans, de quitter la banque pour rejoindre Mercuria et passer de Londres à Dubaï pour développer en particulier les opérations dans le gaz naturel.

Le négoce de l'énergie reste aussi dominé par les branches de trading des majors de l'énergie pour l'essentiel des européens comme Shell, BP et Total et les profits du trading ont joué un rôle important dans les excellents résultats enregistrés en 2023 par ces entreprises.

En termes de tailles, les négociants en produits agricoles n'ont pas la même surface, même les célèbres ABCD (auxquels il faut ajouter le chinois COFCO). Avec le rachat de Viterra à Glencore, Bunge est devenue le deuxième acteur mondial derrière Cargill : les deux cumulées auraient eu en 2022 un chiffre d'affaires de $ 140 milliards, loin devant ADM (en proie à des problèmes dans ses activités industrielles) et Dreyfus (LDC). Cotée en bourse à New York, Bunge a décidé de relocaliser à Genève son siège international, jusque-là aux Bermudes. En 2023, Bunge a dégagé un bénéfice supérieur à $ 2 milliards. Alors donc que Glencore se retirait au profit de Bunge, le fonds souverain saoudien a pris 35 % d'Olam-agri, très actif en Afrique (et contrôlé en fait par le fonds souverain de Singapour). En 2022, d'après la CNUCED, les ABCD auraient réalisé $ 13 milliards de bénéfices (dont près de la moitié pour Cargill).

Au total, d'après le consultant Olivier Wyman, la marge brute du négoce international de commodités aurait été de $ 105 milliards en 2023 (mais ce chiffre intègre le « trading papier » auquel se livrent les banques comme Macquarie ou Goldman Sachs, les *hedge funds*) contre près de $ 150 milliards en 2022 et… $ 36 milliards en 2018. Sur le chiffre de 2022, un tiers provenait du pétrole, 40 % du gaz, du GNL, de l'électricité et du carbone, 18 % des produits agricoles et 5 % des métaux.

Enfin, pour compléter ce panorama des acteurs du commerce international, signalons que Waren Buffett a renforcé son investissement, à hauteur de 7,4 %, dans le capital des sogo shoshas japonaises, les grandes sociétés de commerce qui ont retrouvé une partie de leur prospérité d'antan.

Futures et OTC : des frontières de plus en plus poreuses

Le monde des marchés dérivés continue à être dominé par deux acteurs majeurs, tous deux basés aux États-Unis, CME et ICE. Dans l'univers des commodités, leur concurrence est surtout sensible dans le domaine des contrats OTC compensés. De manière générale, en dehors des grands produits « classiques », les principaux développements nouveaux se font sur les contrats OTC. Mais même pour un produit comme le gaz naturel, la référence du marché en Europe reste un marché « physique », le TTF, et la cotation sur cette base d'un contrat future sur l'ICE n'a pour l'instant pas été couronnée de succès.

Globalement, c'est le CME qui domine la scène grâce aux contrats financiers ; au total, le CME a traité en 2023 un volume quotidien moyen de 24,4 millions de contrats (+ 5 %) dont 2,1 millions de contrats pour l'énergie (+ 5 %), 1,5 million de contrats pour l'agriculture (+ 17 %) et 600 000 contrats pour les métaux (+ 15 %). De son côté, l'ICE a enregistré une croissance de 10 % de ses volumes en 2023, dont 18 % pour l'énergie et 16 % pour les métaux et les produits agricoles (parmi ces derniers, on ne s'étonnera pas que le sucre et le cacao aient battu des records !).

En Europe, il faut tenir compte aussi d'Euronext (dont le contrat sur le blé est devenu une référence incontestable avec des volumes en forte croissance) et d'Eurex, la filiale de la Deutsche Börse. Et puis, il y a le LME ! Dans l'univers des marchés dérivés, le LME a toujours été une exception en conservant nombre de ses traditions (le ring, la cotation à trois mois, les trois mois né-

Les contrats de grains sur Euronext
(en milliers de contrats)

	2020	2021	2022	2023
Blé de meunerie	12 969	15 080	14 293	16 606
Colza	2 304	2 866	2 797	3 891
Maïs	443	650	671	571

Les principaux contrats du LME
(en millions de contrats)

	2022	2023
Aluminium	52	57
Cuivre	29	33
Zinc	21	22
Nickel	12	10
Plomb	10	15
Étain	1	1,2
Ferrailles	0,4	0,8
Total futures	**126**	**142**

cessaires à la fin du XIXe siècle pour un navire pour ramener l'étain des détroits de la Malaisie...). Longtemps, le LME n'a pas eu de système de clearing et les membres étaient eux-mêmes garants (*principals*) des opérations, ce qui faillit entraîner la chute du LME en 1985, il y a quarante ans, lors de la crise du marché de l'étain (le stock régulateur de l'Organisation internationale de l'étain avait fait défaut). Depuis, le LME s'est normalisé, mais maintient ses originalités et en particulier sa dimension « physique » avec le rôle important joué par les stocks détenus dans des entrepôts un peu partout dans le monde. Le LME a conservé aussi une vieille tradition de squeezes dans lesquels des acteurs plus ou moins initiés jouent de la dépendance au physique de spéculateurs trop aventureux. Au moment de la « démutualisation » des bourses, le LME a fait l'objet d'une offre d'achat de la bourse des valeurs de Hong Kong. Curieusement, les nouveaux propriétaires chinois n'ont pas, semble-t-il, profité de cette entrée sur le marché chinois et n'ont, en particulier, forgé aucun lien avec la bourse des métaux de Shanghai qui demeure son principal concurrent, plus encore que le CME. C'est dans ce contexte qu'actionnaires et dirigeants du LME ont eu à gérer en 2023 les lendemains de la crise du nickel.

Après l'étain, le nickel !

En 2022, le contrat du nickel au LME avait connu un moment de folie lorsque sur les marchés asiatiques la tonne avait dépassé les $ 100 000. Un des plus gros opérateurs du marché, le numéro un mondial de l'acier inoxydable, un groupe chinois en réalité en pleine opération spéculative, se trouvait du mauvais côté et les appels de marge théoriques se chiffraient en milliards de dollars à couvrir par les principales banques chinoises. La direction du LME, détenu – il faut le rappeler – par la bourse des valeurs de Hong Kong (HKSE) contrôlée par ces mêmes banques chinoises, décida d'interrompre les cotations, d'annuler les transactions des dernières heures et détermina un prix de liquidation de $ 50 000 à peu près. Cela revenait certes à sauver les spéculateurs « longs », mais à priver les « *shorts* » de leurs gains légitimes. C'était d'ailleurs exactement ce qui s'était passé en 1974 sur le contrat du sucre à Paris et cela avait alors suscité ironie et colère sur la place de Londres (rouvert plus tard le contrat du sucre

Quelques nouveaux contrats dans le monde des commodités
(liste non limitative)

Gaz naturel
- Contrat sur l'ICE prenant pour référence la cotation européenne du TTF

Carbonate de lithium
- Projet de contrats sur le *Guangzhou Futures Exchange* en Chine

Sulfate de nickel
- Projet de contrat sur une nouvelle bourse à Singapour : l'*Abbax Commodities Exchange*

Huile de soja
- Contrat sur le BMD (*Bursa Malaysia Derivatives Exchange*) en parallèle de l'huile de palme

blanc de Paris ne s'en est jamais remis et disparut à tout jamais). Il en reste un livre célèbre de Georges Conchon et un film !

Les perdants de cette affaire n'ont pas manqué de s'indigner à juste raison. Menés en particulier par le fonds Elliott de Paul Singer (qui à lui seul réclame $ 456 millions), une dizaine de fonds ont porté plainte devant la *Royal Court of Justice* britannique. De son côté, la *Financial Conduct Authority* a diligenté une enquête. Si, en première instance, les plaignants ont été déboutés (la direction du LME aurait agi dans le sens de l'intérêt général), l'affaire est loin d'être close.

De toute manière, la position du LME sur le nickel s'est nettement affaiblie. Les volumes sur le contrat en 2023 sont en baisse de 20 % (sur un marché en forte baisse, il est vrai). La concurrence menace avec des projets de nouveaux contrats sur le CME, sur l'EEX de Shanghai (sur les briquettes de nickel), sur le *Shanghai Metals Market* (pour le ferronickel), sur l'*Abbax Commodities Exchange* de Singapour (pour le sulfate de nickel) et puis avec la plateforme de trading lancée début 2023 par Global Commodities Holding, la société dirigée par Martin Abbott, l'ancien patron du LME.

Il est vrai que la diversification des utilisations du nickel à divers stades de transformation rend l'existence d'un contrat unique sur le métal de plus en plus problématique.

Ailleurs dans le monde

L'autre grand pôle des marchés dérivés reste la Chine. La plupart des bourses cotent des produits domestiques en yuans et ne sont ouverts qu'à des intermédiaires locaux. Les autorités surveillent étroitement les marchés notamment en ce qui concerne les produits agricoles dont on sait l'importance sur l'inflation des coûts alimentaires. Quelques contrats (le cuivre à Shanghai en particulier) ont désormais une dimension internationale, mais ils restent l'exception. Ainsi le contrat du minerai de fer à Dalian, malgré des volumes impressionnants, ne peut être considéré comme une référence internationale. De ce point de vue, il sera intéressant de voir si – dans les années à venir – un contrat sur le lithium (mais sous quelle forme, carbonate, hydroxyde, sulfate ?) parviendra à s'imposer. À Singapour, peut-être, mais rien n'est moins sûr.

- II -

Grains et agriculture tempérée

- Le retour des colères agricoles
- Céréales
- Riz
- Oléoprotéagineux
- Viandes
- Lait et produits laitiers
- Pommes de terre
- Fruits et légumes tempérés
- Concentré de jus de pommes
- Fruits secs à coque
- Miel
- Vin
- Coton
- Laine
- Lin

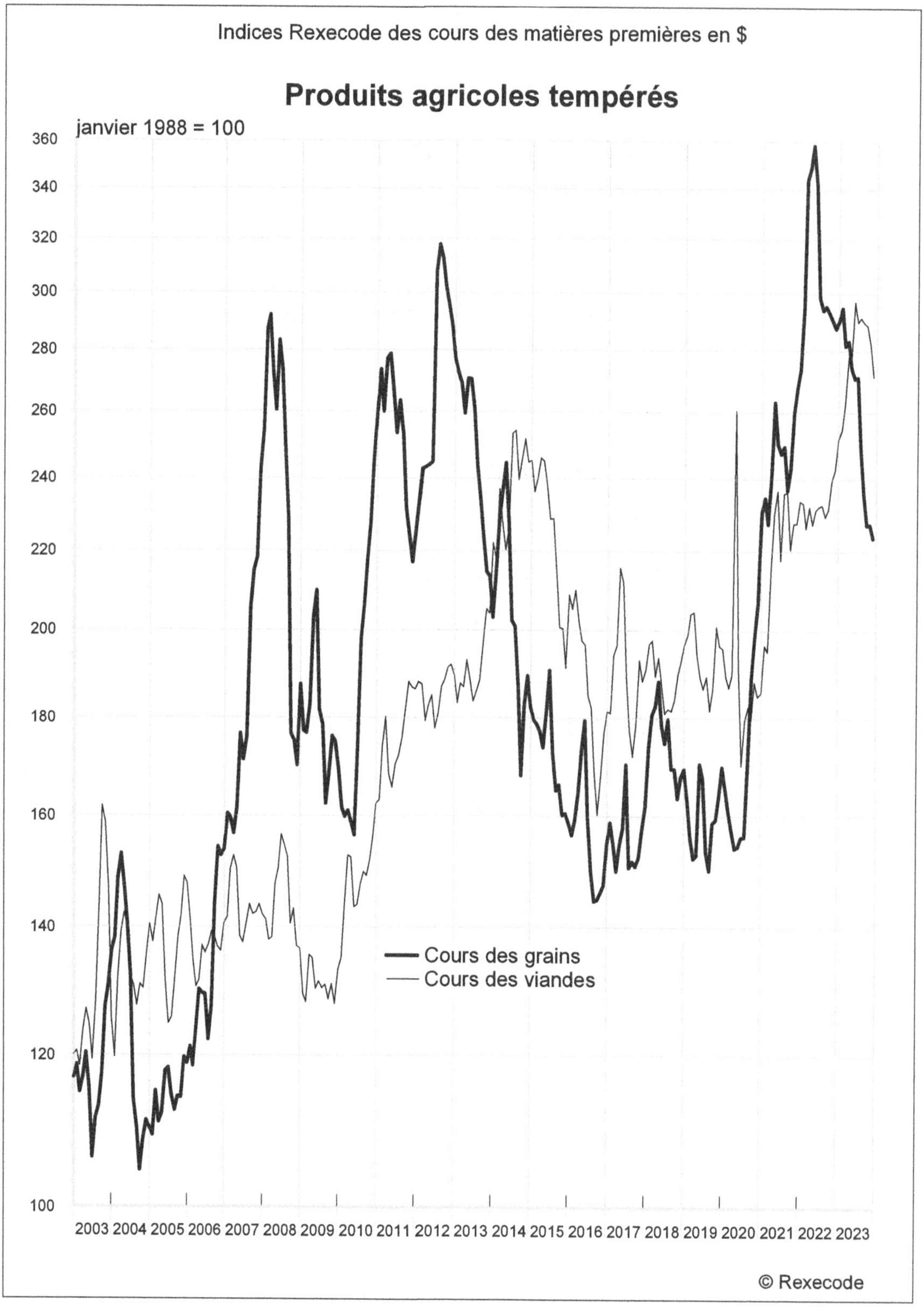
Indices Rexecode des cours des matières premières en $
Produits agricoles tempérés
janvier 1988 = 100
360
340
320
300
280
260
240
220
200
180
160
140
120
100
2003 2004 2005 2006 2007 2008 2009 2010 2011 2012 2013 2014 2015 2016 2017 2018 2019 2020 2021 2022 2023
Cours des grains
Cours des viandes
© Rexecode

Le retour des colères agricoles

De Paris à New Delhi, en passant par la plupart des grandes capitales européennes, l'agriculture s'est embrasée : coûts de production qui ne cessent d'augmenter, importations à bas prix, empilage des règles bureaucratiques, l'agriculture est devenue, dans l'Union européenne tout au moins, la variable d'ajustement entre l'économie et le verdissement du *Green Deal*. En Inde, c'est surtout une question de prix minimum versé aux agriculteurs que Narendra Modi veut réformer, voire supprimer. En Nouvelle-Zélande, la première taxe sur les émissions agricoles a dû être reportée.

Les gouvernements en place essaient d'amadouer les agriculteurs par des réformettes, et les partis d'opposition, souvent nationalistes, chassent sur les terres agricoles comme Donald Trump a su le faire avec succès aux États-Unis.

L'agriculture est le front le plus récent dans une guerre culturelle plus vaste, dont la source est à rechercher dans le rythme plus ou moins rapide des ajustements économiques et sociaux liés au changement climatique. La rapidité de ce changement, mais aussi les méthodes utilisées, sont à l'origine de l'émergence des mouvements de « ras-le-bol », exprimés par exemple par les agriculteurs des pays les plus choqués par la méthode de la transition climatique, surtout quand elle s'affirme, comme dans l'Union européenne, par des diktats réglementaires influencés par l'intolérance et le jusqu'auboutisme des ayatollahs du climat.

Curieusement, les États-Unis échappent à ces mouvements de contestation même si l'éternel dossier du *Farm Bill* n'a pu être bouclé en 2023 et attendra probablement une nouvelle administration.

À la poursuite du *Farm Bill*

Épargnés jusqu'à présent par l'embrasement du monde agricole de l'Union européenne à l'Inde, les États-Unis peinent néanmoins à réécrire leur loi agricole alors même que le dogme du réchauffement climatique est bien moins oppressif que dans l'Union européenne.

La forte baisse du revenu agricole annoncée par l'USDA pour 2024 complique la tâche du

Congrès, tiraillé entre l'aide alimentaire domestique et le renforcement des soutiens agricoles.

Force est de reconnaître pourtant que l'agriculture américaine est plutôt mieux traitée que son homologue européenne, bien que la production agricole ne représente plus guère que 1 % du PNB américain, contre 2 % dans l'Union européenne.

L'agriculture n'est pas traitée aux États-Unis comme une nuisance environnementale ou un mal nécessaire, mais comme une réalité économique à part entière, dont la contribution au bien-être national est appréciée par le peuple américain et par ses responsables politiques.

L'économique prime sur le climat : qu'il s'agisse de la lutte contre le réchauffement ou plus généralement de toutes les politiques environnementales pour l'agriculture, les mesures proposées font l'objet d'incitations financières et ne sont pas imposées par voie réglementaire.

Pour les responsables américains, l'amélioration de la productivité n'est pas opposable, mais complémentaire, à une meilleure performance climatique dans le cadre des contrats conclus avec les agriculteurs sur la base du volontariat.

La dimension technologique est encouragée comme étant indispensable à la transition climatique, par exemple sous la forme de projets pilotes pour déterminer « ce qui marche et ce qui ne marche pas ». Les pratiques culturales qui favorisent la rétention de carbone sont valorisées, par exemple en affectant à l'éthanol de maïs une réduction de l'intensité carbone, ouvrant droit à un crédit d'impôt spécifique pour le carburant destiné à l'aviation.

Sur le plan des soutiens à l'agriculture, la grande différence avec l'Union européenne est que les principales mesures de soutien (aides directes et assurances agricoles) ne sont pas soumises à l'annualité budgétaire : une fois les règles fixées dans le *Farm Bill* pour cinq ans, les dépenses sont constatées *a posteriori*, et non pas déterminées *a priori* dans le processus budgétaire.

Enfin, les assurances agricoles sont devenues de très loin le premier pilier de soutien agricole américain sans qu'aucune contrainte environnementale ne leur soit attachée.

À la différence des politiques assurantielles balbutiantes existant en Europe, l'assurance du risque économique est à 90 % la police de choix pour les grandes cultures. Et c'est bien l'État américain qui est le garant en dernier ressort, sans que cela ne suscite aucune vague de la part du Trésor : en France, par contre, les ministres successifs sont toujours opposés à la couverture du risque économique.

L'année 2023 aurait dû, en principe, être l'année d'un nouveau *Farm Bill* : les politiques, empêtrés dans des luttes idéologiques sans fin, en grande partie imputables à Donald Trump, en ont décidé autrement.

Un revenu agricole en baisse

Avec une prévision de revenu agricole en forte baisse, l'équation budgétaire du *Farm Bill* ne s'est pas améliorée, loin de là. L'USDA a rendu publique sa première estimation du revenu agricole pour 2024, qui sera en baisse de 25,5 % par rapport à 2023 ($ 116 milliards contre $ 156 milliards en 2023 et $ 186 milliards en 2022, en valeur courante).

C'est le plus fort déclin annuel enregistré depuis que l'USDA publie des prévisions de revenus. La baisse est due à une hausse continue des coûts de production, combinée avec une baisse de recettes surtout dans le secteur des productions végétales (maïs et soja).

L'USDA utilise deux mesures du revenu agricole :

– Le *net cash farm income* est une mesure de cash-flow qui prend en compte les recettes agricoles, les coûts de production, les aides et les indemnisations des sinistres agricoles versés en cash au cours de l'année considérée.

– Le *net farm income*, mesure la plus couramment utilisée, prend en compte les variations de stocks, les consommations à la ferme, les amortissements et dépréciations, la valeur locative des bâtiments d'exploitation.

Le *net farm income* mesure ainsi la rémunération de l'exploitation par son travail, son management et son capital.

Le revenu net agricole (source *American Farm Bureau* d'après USDA) est exprimé en dollars courants : ajustée de l'inflation, la baisse serait de 27 % ou $ 43 milliards par rapport à 2023. Le revenu 2024 tomberait alors en dessous de la moyenne 2003-2022 des revenus agricoles ajustés de l'inflation. Les paiements directs (aides publiques) s'élèvent à environ $ 10 milliards, soit 9 % du revenu agricole net, hors assurances agricoles.

Les aides publiques déclinent pour la quatrième année consécutive depuis le pic covid des années 2020-2021 ($ 46 milliards d'aides en 2020, $ 26 milliards d'aides en 2021).

Les programmes de l'ère covid, qui ont contribué pour près de la moitié au revenu des agriculteurs, sont désormais éteints.

Les indemnités versées au titre des assurances agricoles dépassent les $ 20 milliards depuis 2022. Les primes collectées par les compagnies d'assurance s'élèvent à environ $ 15 milliards (dont $ 9 milliards payés directement par l'USDA), de sorte que le système est globalement déficitaire sur la période récente. Les pertes sont couvertes par une caisse de péréquation alimentée conjointement par le gouvernement et une part des bénéfices réalisés par les compagnies d'assurance.

L'agriculture américaine

L'USDA a publié en février 2024 les résultats du recensement effectué en 2022, le recensement a lieu tous les cinq ans, le dernier remonte à 2017.

Les résultats sont sans surprise : accélération du phénomène de concentration, les agriculteurs vieillissent et l'agriculture familiale est toujours le modèle le plus courant aux États-Unis, contrairement à une idée couramment répandue en Europe.

Le nombre d'exploitations a baissé de 7 % à 1,9 million d'exploitations recensées, dont la taille moyenne est de 463 acres, soit 187 hectares. Les surfaces cultivées sont en baisse de 2 % à 880 millions d'acres (360 millions ha) soit 39 % de la surface des États-Unis.

L'âge moyen des agriculteurs est supérieur à 58 ans. Le revenu moyen des ménages d'exploitants est de $ 80 000, dont plus de la moitié est d'origine non agricole. Seuls 43 % des exploitations ont un *cash flow* agricole positif.

Les résultats moyens pour l'agriculture américaine ne veulent plus dire grand-chose : pour l'USDA l'exploitation agricole est définie comme ayant au moins $1 000 de ventes par an.

En 2022, la substance vive de l'économie agricole est concentrée sur 153 000 exploitations, 6 % du total, qui ont des ventes supérieures à $ 1 million. Ces exploitations exploitent 31 % des surfaces agricoles et produisent plus de 75 % de la production agricole américaine. La taille moyenne de ces exploitations est de l'ordre de 1 500 à 2 000 hectares.

1,4 million d'exploitations ont des recettes agricoles inférieures à $ 50 000 et représentent 74 % des exploitations et moins de 2 % de la production américaine. Ce nombre évolue peu, ce sont des *hobby farms* (retraites, résidences secondaires, etc.). C'est la catégorie intermédiaire (de $ 500 000 à $ 1 million de recettes) qui souffre le plus et disparaît le plus rapidement.

Un autre élément historiquement très important aux États-Unis est la pluriactivité, qui est extrêmement répandue : l'un ou l'autre des membres de l'exploitation ont des revenus salariés. Pour la plupart des exploitants, plusieurs sources de revenus sont indispensables (vente directe, mise en œuvre de cultures *climate smart*, bio énergies, etc.).

Élément positif de census : les « nouveaux agriculteurs » (pas forcément des jeunes) ont augmenté de 11 % par rapport à 2017 et représentent 1 million d'exploitations, avec un âge moyen de 47 ans. 221 000 exploitations sont dirigées par des moins de 35 ans : ces exploitations ont tendance à être plus grandes que la moyenne en surface et en recettes.

Mais il y a un autre élément plus inquiétant que révèlent les chiffres de l'association des investisseurs en terres agricoles (NCREIF). La valeur des terres a atteint $ 5 460 l'acre alors qu'elle avait plafonné autour de $ 4 000 entre 2015 et 2020. Les fonds d'investissement détiennent pour $ 16,6 milliards de terres agricoles, ce qui représente quand même 3 % des surfaces agricoles américaines.

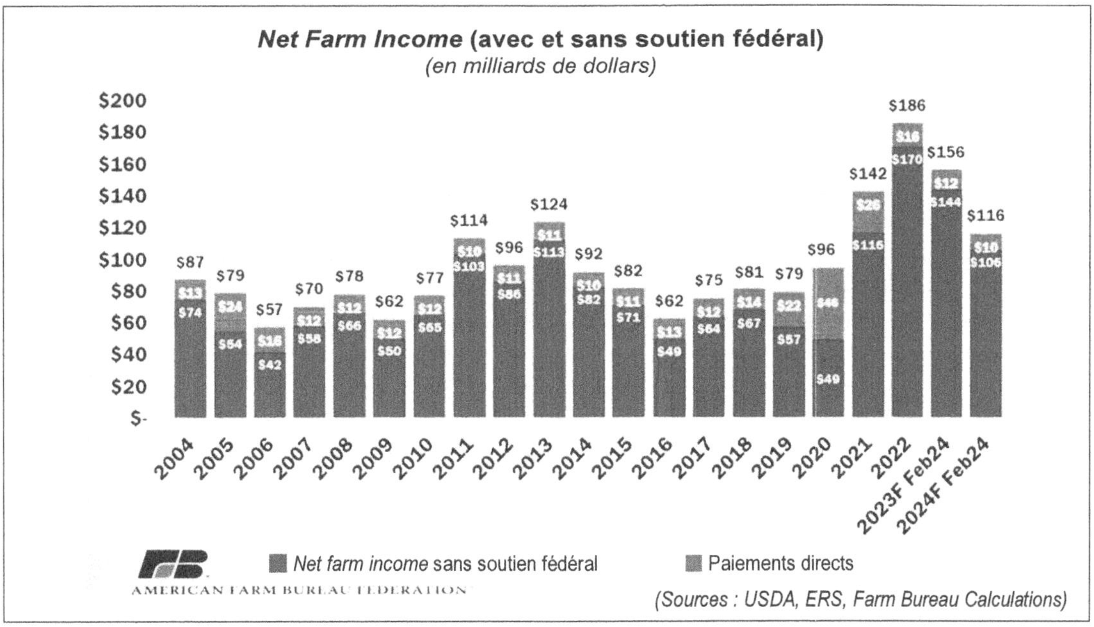

L'État fédéral est le garant en dernier ressort, en cas de défaut du Fonds de Garantie, ce qui n'est jamais arrivé. En 2022, le coût total des assurances agricoles pour la puissance publique s'est élevé à $ 19,13 milliards (subventions aux primes, indemnités et aides aux compagnies d'assurance pour la mise en marche).

Les recettes agricoles sont en baisse, principalement dans le secteur des grandes cultures, surtout pour le maïs en raison de la baisse attendue des prix en 2024.

La recette pour le maïs serait en baisse de 14 %, soit $ 11,3 milliards et de 10 % pour le soja, soit $ 6 milliards. Soja et maïs sont responsables de 80 % des pertes de recettes estimées pour l'agriculture américaine en 2024.

Dans le secteur des productions animales, c'est le secteur de la viande bovine qui est responsable d'une légère baisse des productions animales (– 1,6 %) en raison principalement d'une baisse très sensible du nombre d'animaux à l'engrais. Le troupeau bovin est au plus bas aux États-Unis depuis soixante-treize ans.

L'augmentation des coûts de production se poursuit, avec une hausse de 4 % pour 2024, soit une dépense supplémentaire de près de $ 17 milliards.

Toutes les catégories de dépenses augmentent par rapport à 2023, sauf les carburants

– Transport, stockage marketing : + 12 %
– Main-d'œuvre agricole : + 7,5 %
– Pesticides : + 7,2 %
– Engrais : + 4,3 %
– Taux d'intérêt (les taux d'intérêt à l'agriculture restent très élevés, compris entre 7 et 9 %) : + 1 %
– Carburants et énergie : – 7 %

L'ampleur de la baisse du revenu agricole a mis en lumière l'inadéquation des prix de référence fixés depuis plusieurs années ou insuffisamment indexés sur l'évolution des prix. C'est l'un des sujets les plus sensibles pour les agriculteurs dans l'élaboration du prochain *Farm Bill.*

Les prix de référence statutaires qui déterminent le montant des aides dans les deux programmes de soutien du *Farm Bill* (PLC et ARC) ont été fixés dans le *Farm Bill* de 2014. Une clause d'indexation a été introduite en 2018, mais les prix de référence effectifs sont plafonnés à 115 % du montant statutaire. Par exemple, le prix de référence pour le maïs en 2023 est de $ 3,70 le boisseau, soit moins de $ 95 la tonne métrique. Pour déclencher un paiement, il faudrait que le prix de marché tombe en dessous du prix de référence.

La prévision de février est la première projection du revenu agricole de l'USDA pour 2024. Cette projection sera forcément ajustée avec l'évolution

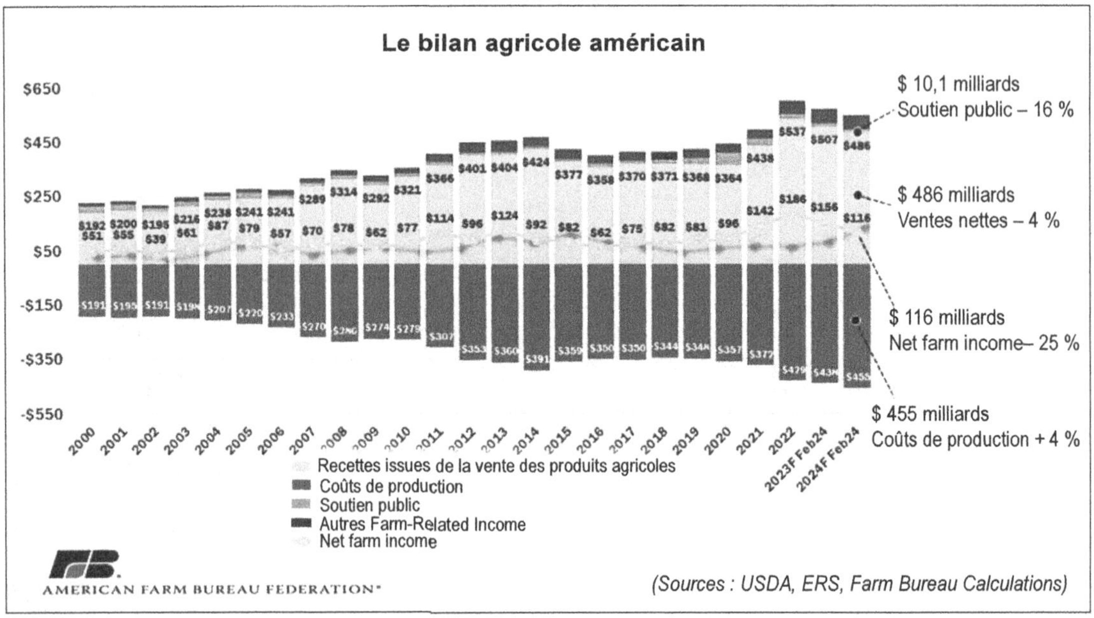

des prix ; c'est ainsi que le revenu agricole de 2023 ne sera rendu officiel par l'USDA qu'en août 2024.

Il y a donc encore des incertitudes sur le revenu 2024, mais l'ampleur de la baisse projetée est sans précédent. D'où l'importance pour l'agriculture américaine de clarifier rapidement dans le prochain *Farm Bill* les règles qui détermineront les décisions des agriculteurs pour la conduite de leurs opérations, ainsi que la panoplie d'instruments de gestion des risques à leur disposition pour les prochaines campagnes.

L'élaboration du nouveau *Farm Bill*, otage des querelles politiques et budgétaires au Congrès

L'oukase de Donald Trump aux républicains de la Chambre des Représentants de ne pas voter les crédits à l'Ukraine, pourtant adoptés à une forte majorité au Sénat, rejaillit sur l'ensemble du débat budgétaire et paralyse l'adoption des budgets des ministères pour 2024, sans même parler du *Farm Bill* qui reste enlisé à la Commission de l'Agriculture.

Alors que l'expiration de la loi de continuation budgétaire se rapproche à grands pas (1er mars pour le budget de l'agriculture), le conflit aide alimentaire/soutien agricole rebondit avec une demande de la Maison-Blanche et des démocrates de rajouter un milliard de dollars au programme d'aide aux mères célibataires et à l'enfance (programme WIC qui a coûté $ 5,7 milliards en 2022, pour environ 6 millions de participants).

À défaut d'un accord rapide sur le budget de l'agriculture pour 2024, une partie du gouvernement est à nouveau confrontée à la perspective d'un *shutdown*. Le Congrès sera probablement obligé de voter une nouvelle continuation budgétaire selon la règle des douzièmes proportionnels, ce qui signifie que les crédits WIC ne seront pas abondés.

La querelle sur ce programme, qui oppose démocrates et républicains au sein de la Commission de l'Agriculture, préfigure un débat beaucoup plus large sur le *Farm Bill*, qui oppose les soutiens agricoles au programme d'aides alimentaires domestiques.

La Cour des comptes du Congrès (CBO) vient d'actualiser les projections de dépenses pour le prochain *Farm Bill* à politique constante.

C'est normalement la projection de mars 2023 qui devrait être retenue, mais la Commission du Budget pourrait retenir les projections de février 2024, qui sont légèrement inférieures à celles de l'année écoulée.

Les programmes du *Farm Bill* coûtent toujours environ $1 500 milliards sur dix ans, dont 80 % pour le seul programme SNAP (aides alimentaires domestiques, anciennement *Food Stamps*).

Avec un coût projeté à l'infini de près de $ 125 milliards par an, le programme SNAP est dans le collimateur des élus républicains.

Ces derniers reprochent à l'administration Biden d'avoir outrepassé le pouvoir de l'exécutif en modifiant les règles de calcul des indemnités et en les indexant sur l'inflation. *De facto*, les dépenses de l'aide alimentaire, qui ont explosé pendant la pandémie, ont été maintenues au niveau covid de 2022, soit une différence de près de $ 50 milliards par rapport au niveau pré-covid.

Les républicains reprochent – non sans raison – à l'administration Biden d'avoir modifié la méthodologie de calcul de l'aide, en rajoutant par un coup de baguette magique $ 250 milliards au coût du programme.

Le président républicain de la Commission de l'Agriculture veut réécrire la loi, de manière à resserrer les critères d'éligibilité et à réduire la dépense de l'aide alimentaire, retirant à l'USDA la possibilité de modifier les formules, autorisation qui selon le Congrès n'a jamais été dévolue à l'exécutif.

Dans le même registre, les républicains veulent limiter l'autorité du ministre à utiliser – comme bon lui semble et sans autorisation budgétaire la carte de crédit de la CCC (*Commodity Credit Corporation*).

Dotée d'un droit de tirage de $ 30 milliards sur le Trésor américain, la CCC a une autorité statutaire pour financer des prêts de campagne et autres soutiens agricoles, mais l'administration Biden a eu tendance à considérer que c'était la carte de crédit du ministre pour financer, par exemple, les projets du programme *Climate Smart Agriculture*.

Le président de la commission veut donc encadrer plus étroitement la latitude du ministre à taper dans les crédits de la CCC.

Enfin, les républicains de la Commission veulent réallouer une partie des crédits de l'*Inflation Reduction Act*, en principe destinés au réchauffement, au soutien agricole. Les quelques $ 18 milliards alloués au réchauffement sont l'objet d'une bataille juridique sur leurs objectifs et leur affectation, contestée par les républicains.

Au total, l'objectif du président Thompson de la Commission de l'Agriculture est de « trouver » $75 milliards supplémentaires, soit une augmentation de 25 %, en sus des $ 298 milliards, pour financer diverses mesures de soutiens agricoles, notamment le relèvement des prix de référence, qui déterminent le déclenchement de certaines aides directes.

Les dépenses d'aides alimentaires (programme SNAP : supplemental nutrition assistance program) 1969-2023 (en milliards de dollars)

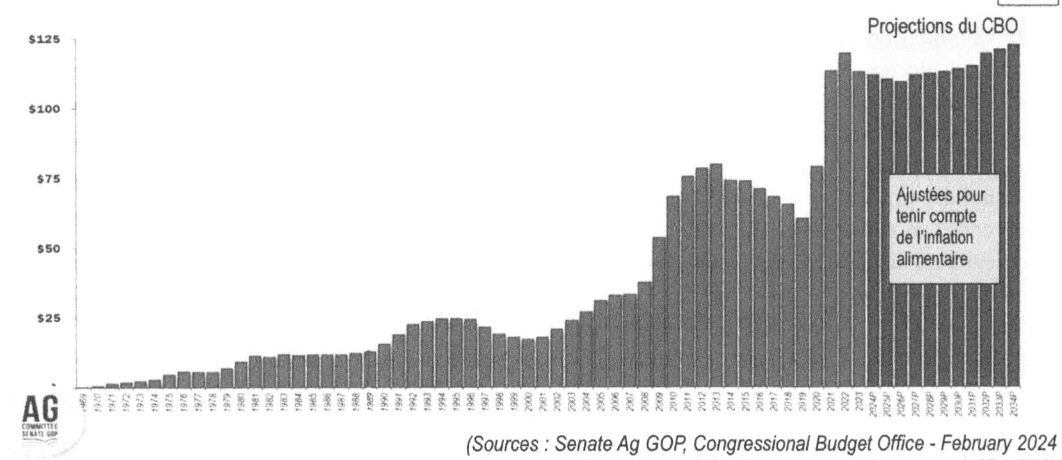

(Sources : Senate Ag GOP, Congressional Budget Office - February 2024 Baseline For Supplemental Nutrition Assistance Programm, USDA FNS)

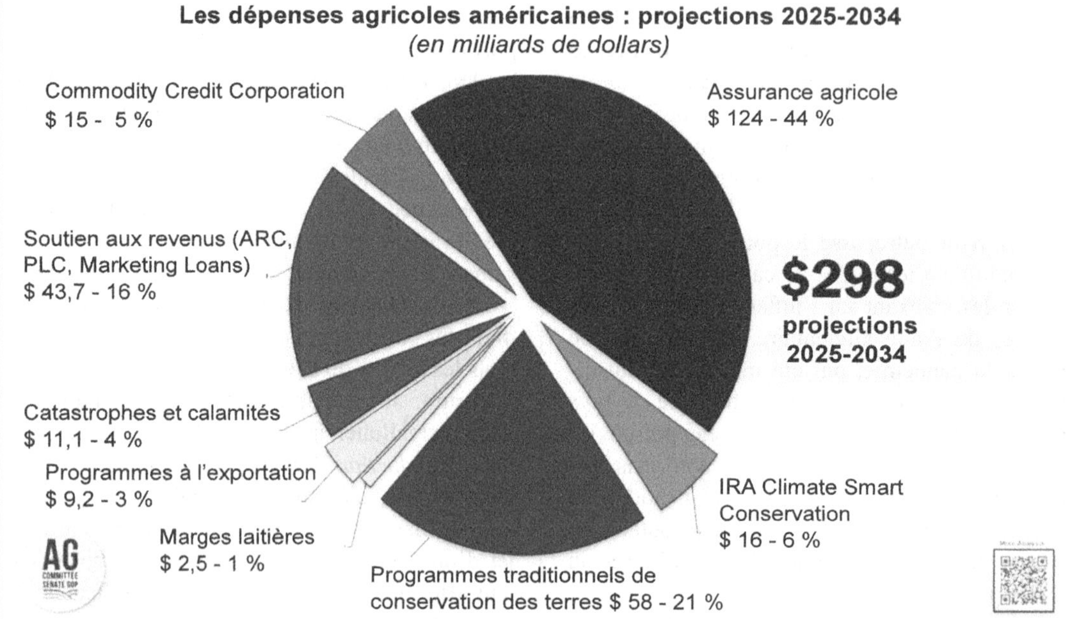

(Sources : Senate Ag GOP, Congressional Budget Office - February 2024 Baseline For USDA Mandatory Farm Programs)

Pour ce qui est des assurances agricoles, le coût pour le budget de l'État est désormais projeté à $ 124 milliards sur dix ans, soit $ 23 milliards ou 22 % de plus qu'en mars 2023. Cela est dû à la popularité croissante de l'assurance pour les productions animales (assurance recette et assurance marge), les pâturages naturels et la forêt qui viendrait rajouter 30 millions d'acres aux quelque 500 millions d'acres couverts au titre des différentes polices grandes cultures.

Côté Sénat, ce sont $ 5 milliards seulement que la Commission du Budget serait prête à allouer à la revalorisation des soutiens agricoles. La présidente démocrate, qui rend son tablier de sénateur en novembre prochain, propose une solution mixte qui consisterait à augmenter l'élément subventionnel des primes (jusqu'à 85 % contre 62 % en moyenne) en contrepartie du renoncement par les agriculteurs aux bénéfices des programmes de soutien PLC (*Deficiency Payment*).

Bref, à ce stade des choses, l'horizon du *Farm Bill* paraît bien bouché, tant pour des motifs idéologiques que pour des raisons budgétaires.

Donald Trump est l'ami des agriculteurs : dans l'Iowa, il leur a dit «achetez de plus gros tracteurs»...

L'incertitude est totale sur la recomposition du Congrès après l'élection de novembre (la Chambre pourrait repasser aux démocrates et le Sénat aux républicains). Le calendrier législatif – ou plutôt l'absence de calendrier législatif – fait douter des chances de voir le Congrès adopter un *Farm Bill* en 2024. Il faudrait pour cela que les différences idéologiques et budgétaires soient surmontées avant la pause estivale, ce qui paraît désormais improbable.

Les doutes agricoles européens

En Europe, il y a aussi des élections en 2024. Leur importance est moindre que celle des élections américaines, mais l'agriculture en est devenue un enjeu alors que, dans de nombreux pays, les campagnes s'embrasaient. Il est vrai que le quinquennat qui se termine tant au niveau de la Commission que du Parlement a été marqué par une volonté de «verdissement» à tout prix des politiques agricoles. Au sein de la Commission, le titulaire du portefeuille de l'agriculture, un obscur Polonais qui avait commencé par refuser le portefeuille, ne pesait pas bien lourd face au véritable homme fort de ce «gouvernement» européen, le Néerlandais Frans Timmermans, le maître d'œuvre du Pacte vert, ce *Green Deal* qui devait être la grande réalisation de la Commission von der Leyen. Remarquons au passage que Frans Timmermans, qui a quitté la Commission en 2023 pour revenir sur la scène politique néerlandaise, a subi un échec cuisant aux élections, dû en partie à l'émergence d'un parti agricole aux Pays-Bas qui s'opposait à l'éradication d'une partie des exploitations agricoles jugées trop intensives et polluantes !

Au Parlement européen, la situation est identique et il n'y a pas de comparaison possible avec le poids des élus ruraux au sein du Congrès américain. Plus actifs, mieux organisés, car ils ont compris que c'est dans les couloirs de Bruxelles et de Strasbourg que se prennent les grandes orientations, les ONG et lobbyistes « verts » ont une beaucoup plus grande influence que les organisations agricoles et, malgré quelques reculs, les agendas verts restent largement d'actualité en Europe. Pourtant, depuis 2022, on a assisté à une explosion de protestations agricoles souvent spontanées et portant sur des problématiques comme le revenu, les contraintes administratives, les réglementations en matière d'environnement et de biodiversité ainsi que la concurrence des produits agricoles en provenance d'Ukraine.

Le cas, le plus emblématique a été celui des Pays-Bas où – il est vrai – au lendemain de la disparition des quotas laitiers – s'est développée une agriculture de plus en plus « hors-sol », fonctionnant à partir de matières premières importées. Le gouvernement néerlandais, soucieux de réduire les émissions d'azote, se proposait de réduire de manière drastique le cheptel de ruminants bataves. Ceci a donné lieu à deux premières manifestations en juin 2022, puis à la création d'un véritable parti politique, le « mouvement agriculteur–citoyen » (BBB) qui a fait son entrée au Parlement en mars 2023 et qui n'a probablement pas été étranger à la victoire du parti pour la liberté de Geert Wilders aux élections de novembre 2023 (et à la défaite de la liste écologique et socialiste menée par Frans Timmermans).

Dans le courant de 2023, les protestations agricoles se sont multipliées : en Allemagne, puis en France, à propos de la fiscalité du diesel agricole, en Pologne et en Europe centrale, à la suite de l'afflux de produits agricoles ukrainiens, mais aussi en Italie, en Espagne, en Grèce, tout ceci reflétant, au-delà de questions bien précises, un immense sentiment de « ras-le-bol » des agriculteurs ayant le sentiment de ne plus être écoutés et – pire encore – d'être victimes d'un véritable *agri-bashing* de la part du reste de la société. En février 2024, l'ouverture du Salon de l'agriculture en France a été l'occasion de manifestations d'une rare violence en pareils moments.

La Politique agricole commune reste pourtant le premier poste du budget européen. La PAC actuelle porte sur la période 2023-2027 et, avec € 386 milliards, pèse encore 30 % des dépenses européennes. Certes, les aides agricoles ont diminué de 30 % en valeur sur les vingt dernières années, mais surtout elles se sont transformées avec leur verdissement général et l'insertion obligatoire des « éco-régimes » dans les plans stratégiques nationaux des États. Ajoutons à cela deux stratégies lancées par la Commission qui se superposent en

En Suisse aussi…

À la différence de l'Union européenne, la Suisse a conservé l'essentiel de son appareil de protection agricole avec des prix déconnectés des marchés mondiaux et un système assez généreux de subventions. Mais, là aussi, la colère est montée et, sur Facebook, on peut trouver une page « Révolte agricole suisse ». Les agriculteurs suisses réclament « une production indigène forte » et s'indignent – eux aussi – du poids de la paperasse nécessaire à l'obtention des aides directes. Dans un système de prix qui restent administrés, les agriculteurs réclament des hausses « immédiates » des prix de 5 à 10 %. On y parle aussi des marges de l'industrie et surtout de la distribution dans un pays où celle-ci est très concentrée avec deux acteurs seulement (Coop et Migros).

termes de contraintes à la PAC : *from farm to fork* et la stratégie pour la biodiversité. La première prévoit une réduction de 50 % des pesticides et des antibiotiques à l'horizon 2030, de 20 % des engrais de synthèse, une augmentation de 10 % à 25 % des surfaces consacrées à l'agriculture biologique (dont le marché peine pourtant à trouver des débouchés)… Pour la biodiversité, on prévoit en particulier de retirer 10 % des terres agricoles de la production. La guerre en Ukraine a eu pour conséquence paradoxale de mettre de côté *from farm to fork*, même si cette stratégie demeure un objectif pour la Commission et une partie du Parlement. Le temps législatif de l'assemblée qui va se clore au printemps 2024 sera probablement insuffisant pour permettre des avancées notables sur le Pacte Vert, qui reste toutefois une menace pour le monde agricole ; une chance aussi, estiment certains, quoique cela reste discutable.

Les décisions européennes donnent d'ailleurs souvent de leur logique une vision quelque peu chaotique. Ainsi, faute d'accord au niveau du Conseil des ministres, la Commission a donné son feu vert à l'utilisation du glyphosate (un véritable chiffon rouge pour les milieux écologistes, et qui reste interdit en France entre autres). Par contre, les néo-cotinoïdes (indispensables pour protéger les betteraves de la jaunisse) restent interdits. Alors qu'elle reste restrictive sur les OGM, dans une proposition de juillet 2023, elle se prononce en faveur de « nouvelles techniques génomiques » (NGT), remplaçant ainsi la transgénèse par la mutagenèse : d'un point de vue purement éthique, celui de la manipulation du vivant, la problématique est pourtant la même.

Fin 2023, début 2024, à quelques mois des élections, l'impression était celle d'un bateau ivre : le 25 janvier, la Commission a lancé – presque *in extremis* – « un dialogue stratégique sur l'avenir de l'agriculture » présidé par un universitaire allemand, Peter Strohschneider, ancien titulaire de la chaire d'études médiévales allemandes de l'Université de Munich et qui avait présidé la Fondation allemande sur la recherche… On ne peut que saluer cet effort qui rappelle un peu les grandes « commissions » à la française (Attali et autres), dont on sait l'intelligence et le peu de résultats. De toute manière, cette réflexion n'aura de véritable impact que pour la PAC de… 2028 ! En attendant, on navigue à vue, en revenant par exemple à la demande de la France, sur les contraintes de mise en jachère à hauteur de 4 % des surfaces cultivées. La France a aussi obtenu de bloquer l'accord de libre-échange avec le Mercosur qui était sur le point d'être signé. Elle insiste aussi – au moins dans les discours – sur la nécessité de « clauses-miroirs » s'appliquant aux importations de produits agricoles qui devraient être soumis aux mêmes exigences environnementales que les produits européens. Pour l'instant, cela tient du vœu pieux.

Il y a enfin la question de l'ouverture du marché européen aux produits agricoles ukrainiens. Depuis mai 2022, ceux-ci sont admis en franchise de droits de douane. Pour les céréales, il n'aurait dû s'agir que de transit, mais les difficultés rencontrées en mer Noire et sur le Danube ont provoqué des engorgements des marchés locaux de la Pologne à la Roumanie et une forte pression sur les prix. Par ailleurs, l'Ukraine a augmenté ses exportations vers l'Europe, de volailles, d'ovoproduits et d'autres produits agricoles transformés. En dehors des zones de combat, l'agriculture ukrainienne, héritière du système soviétique, est fortement concentrée au sein de « combinats » aux mains des oligarques locaux. On est loin du modèle de l'agriculture familiale ! Et à terme, il faudra intégrer l'Ukraine à l'UE. D'après une étude du secrétariat général du Conseil européen, si l'Ukraine était déjà membre de l'UE, elle aurait été éligible à € 96 milliards de fonds de la PAC 2023-2027, soit presque un tiers des fonds disponibles !

Acculé par les manifestants au Salon de l'agriculture, Emmanuel Macron a lancé une « nouvelle » idée, celle de « prix plancher ». La mémoire des politiques est bien courte puisque, sous le nom de prix d'intervention, ce système fut au cœur de la PAC pendant près d'un demi-siècle. Mais voilà, aujourd'hui, comme le souligne un chroniqueur « les agriculteurs en Europe n'ont plus de prix et moins d'aides ». C'est pourquoi ils manifestent, profitant du moment de grâce des élections européennes qui, malheureusement pour eux, ne durera guère.

Et dans le reste du monde

Des élections, il y en a aussi en 2024 en Inde, et là, le vote agricole demeure important même si le gouvernement doit aussi tenir compte de l'évolution des prix alimentaires. L'Inde est en effet l'un des seuls pays au monde (avec les États-Unis...) à mener de concert politique agricole et politique alimentaire : d'un côté, des prix garantis aux producteurs, de l'autre, des stocks publics alimentant des magasins destinés aux plus pauvres, c'est-à-dire quand même un tiers de la population indienne (pour un budget annuel de $ 28,4 milliards). Mais, en période électorale, Narendra Modi se devait aussi de surveiller les prix. C'est ce qui explique toutes les décisions prises pour limiter les exportations et éviter la flambée des prix intérieurs : la plus spectaculaire a été celle de l'embargo à l'exportation sur le riz non-basmati qui a provoqué la panique sur le marché mondial. Il y eut ensuite la réduction des quotas d'exportation de sucre, rendue de toute manière nécessaire par la baisse de la production (il en a été de même pour le blé). De manière plus anecdotique, a été décrété en décembre un embargo sur les exportations... d'oignons !

Cela n'a pas empêché les agriculteurs indiens de reprendre le chemin des manifestations comme ils l'avaient fait entre novembre 2020 et novembre 2021 en bloquant les villes et même en occupant le Fort rouge de Delhi. Modi avait alors promis des hausses des prix garantis qui ne se sont pas suffisamment concrétisés. Les manifestants de 2024 – surtout du Punjab et de l'Haryana – réclament des hausses de l'ordre de 25 % des seuls blé et riz. En Inde, on marche sur Delhi comme en Europe on marche sur Bruxelles !

On retrouve le même souci en termes d'inflation alimentaire en Chine où la « bonne » nouvelle a été la forte baisse du prix de la viande porcine (– 25 % en moyenne annuelle), qui a contribué au mouvement de déflation ayant marqué l'économie chinoise en fin d'année.

La baisse générale des prix agricoles en 2023, qui se prolongeait encore au début de 2024, a permis une légère amélioration de la situation alimentaire mondiale. Certes, des famines persistent, mais la plupart du temps accentuées par la folie des hommes : la guerre civile au Soudan en est un triste exemple. La hausse des prix du riz provoquée par l'Inde a été durement ressentie par certains importateurs africains au point que le gouvernement indien a accepté de lever son embargo en faveur des pays les plus dépendants. Dans un esprit un peu comparable, la Russie a livré 200 000 tonnes de blé gratuitement à six pays africains, parmi les plus sensibles à la « diplomatie » militaire wagnérienne ! L'arme alimentaire demeure d'actualité.

Céréales : *le retour des excédents*

Après une fin de campagne 2021-2022 marquée par le déclenchement de la guerre en Ukraine et des prix céréaliers qui ont alors atteint des sommets, le début de la campagne 2022-2023 a vu un net reflux des prix alors même que les menaces n'avaient pas disparu, mais que les marchés s'avéraient équilibrés. Depuis un an, les prix n'ont cessé de s'affaiblir, dessinant une campagne plutôt morose. Comme si, après des marchés marqués par la psychologie, les peurs incontrôlées, on avait basculé dans un contexte où les événements géopolitiques n'avaient plus d'importance, où seuls les fondamentaux comptaient… Le marché du blé reste largement dominé par la Russie depuis l'été 2023, conduisant à une contraction des exportations européennes et américaines, qui devraient retrouver des couleurs d'ici juin 2024. Les prix du blé et du maïs ont atteint un niveau si bas qu'il est difficile d'envisager une poursuite de leur chute ; quant à un redressement significatif, on reste aussi plutôt dubitatif.

Il y a un an, nous soulignions que les fondamentaux des marchés céréaliers n'étaient pas favorables à une hausse des prix, mais que la moindre flammèche était susceptible de conduire derechef à des hausses brutales. En fait, des flammèches, il y en eut, mais aucune n'a eu d'impact significatif ni durable.

En février 2023 se confirmaient les tendances en place depuis des mois : l'Union européenne exportait davantage de blé et moins d'orge qu'en 2022 tandis que les importations de maïs s'envolaient ; 17 Mt contre 10 Mt un an auparavant à la même date. Dans l'Union européenne, les prix grimpaient sous l'influence de la baisse de l'euro vis-à-vis du dollar, le blé tendre tutoyant les € 300/t et le maïs étant quasiment à parité avec lui ; le repli n'allait pas tarder, tant en Europe qu'aux États-Unis. Vers la fin du mois, les prix retrouvaient leur niveau de l'année précédente, avant le déclenchement de l'offensive russe en Ukraine et les fonds se détournaient quelque peu des commodités agricoles. Fin février, le blé tendre à Chicago atteignait un plus bas depuis dix-sept mois. La Russie accroissait sa critique du corridor d'exportation ukrainien.

En mars, les tendances se poursuivaient, le blé sur Euronext marquait un plus bas depuis un an et un plus bas depuis septembre 2021 à Chicago. La baisse atteignait aussi l'origine russe ; on évoquait l'objectif de 44 à 45 Mt d'exportations : elles atteindront 48 Mt contre 33 Mt en 2021-2022 ! Les prix allaient continuer à fluctuer, sans se reprendre vraiment, les fonds accentuant leur retrait. Du côté de la météorologie, la sécheresse se maintenait sur les Grandes Plaines américaines. Vers la fin du mois, les pays européens limitrophes de l'Ukraine se plaignaient des perturbations que les produits de ce dernier pays produisaient sur leurs marchés domestiques.

Début avril, Cargill, Viterra et Louis Dreyfus annonçaient l'arrêt de leurs investissements en Russie, tout en maintenant leurs activités d'exportation. La Chine revenait sur son embargo sur les importations d'orge australienne, un mauvais signal pour l'origine française dont le prix s'effritait. La Russie continuait de menacer de fermer le corridor d'exportation en mer Noire et réclamait la fin des sanctions bancaires et sur les engrais. Bientôt, Hongrie et Pologne annonçaient leur souhait de limiter les importations de céréales ukrainiennes puis les stoppaient à la mi-avril, conduisant à des négociations à Bruxelles. Finalement, l'Union européenne fermait la Roumanie aux importations ukrainiennes jusqu'au 5 juin et seul le transit de blé et de maïs était autorisé en Pologne, en Slovaquie, en Hongrie, en Roumanie et en Bulgarie. Il faut remarquer que les exportations d'Ukraine se révélaient bien supérieures aux prévisions. Au Canada, on annonçait des surfaces semées en blé au plus haut depuis 2001. Et après une année 2022 record à 41 Mt, la récolte australienne de blé se profilait en forte baisse : on parlait de 29 Mt et ce sera plutôt 26 Mt. Des pluies bénéfiques tombaient aux États-Unis à la fin du mois. Avril se soldait par une baisse généralisée des prix, dont l'Égypte profitait pour acheter.

Céréales
(en millions de tonnes)

	2018-19	2019-20	2020-21	2021-22 (e)	2022-23 (e)	2023-24 (p)
Production mondiale	**2 141.8**	**2 192.6**	**2 227.1**	**2 295.5**	**2 269.1**	**2 306.7**
États-Unis	429.6	412.6	422.9	443.0	403.4	450.0
Chine	396.4	403.5	404.3	418.6	424.2	434.7
UE à 28 puis à 27 en 2020-21	288.8	318.4	282.5	291.4	267.9	269.1
Inde	142.9	151.3	159.3	161.0	164.5	160.5
Russie	107.2	114.7	127.2	114.2	140.5	133.6
Canada	58.5	61.2	65.0	47.5	64.8	59.1
Ukraine	69.7	75.9	65.2	86.7	62.3	66.4
Argentine	83.6	84.6	86.2	90.2	60.6	85.0
Australie	29.2	26.6	50.7	55.6	59.5	39.3
Échanges mondiaux	**364.8**	**396.7**	**426.8**	**425.8**	**428.2**	**415.3**
Principaux exportateurs						
États-Unis	87.7	73.2	104.2	93.7	68.4	77.9
UE à 28 puis à 27 en 2020-21	30.8	50.4	39.1	44.2	43.5	43.2
Ukraine	49.5	56.6	44.4	48.5	49.3	35.4
Canada	30.2	27.7	35.2	20.4	32.9	29.0
Australie	14.1	13.4	27.7	36.4	43.5	28.5
Argentine	46.6	60.3	50.3	67.8	37.8	44.9
Russie	43.3	42.8	49.0	40.5	58.1	59.6
Principaux importateurs						
Japon	23.7	23.7	23.1	21.5	22.0	21.6
Égypte	21.9	23.5	21.9	21.5	21.0	20.3
Mexique	22.4	23.0	22.1	23.5	25.1	26.5
Chine		22.5	60.8	52.9	46.2	48.9
Corée du Sud	13.6	15.3	15.5	16.0	14.3	16.0
Stock de clôture	**624.9**	**616.5**	**601.9**	**600.1**	**597.7**	**590.2**

(Source : IGC, Grain Market Report)

Estimations de l'offre et de la demande mondiales de céréales

	2020-21	2021-22	2022-23 (e)	2023-24 (p)
Toutes céréales (y compris le riz)				
Production	2 782	2 811	2 803	2 836
Ressources	3 620	3 656	3 667	3 709
Utilisations	2 765	2 798	2 787	2 822
Échanges	482	482	476	480
Stock final	844	864	872	895
Blé				
Production	776	779	806	789
Ressources	1 063	1 076	1 105	1 112
Utilisations	761	774	779	794
Échanges	189	196	200	197
Stock final	297	300	323	320
Céréales secondaires				
Production	1 489	1 506	1 476	1 523
Ressources	1 851	1 859	1 843	1 876
Utilisations	1 494	1 500	1 486	1 505
Échanges	241	230	224	231
Stock final	352	367	353	377

(Source : FAO)

Le mois de mai s'ouvrait sur de nouvelles incertitudes sur l'avenir du corridor d'exportations ukrainiennes, conduisant fugacement à une hausse des prix avant un nouveau repli. Le rapport de l'USDA du 12 mai apportait quelques éléments haussiers en blé : stocks mondiaux en baisse, récoltes ukrainienne et russe annoncées en repli. Las ! la baisse des prix recommençait quelques jours plus tard, avec un accord de deux mois supplémentaires sur le corridor en mer Noire. Le maïs américain marquait un plus bas depuis dix-neuf mois. Fin mai, les retards de paiement de l'Égypte suscitaient quelques inquiétudes. Et l'on évoquait une future récolte de blé record de 113 Mt en Inde,

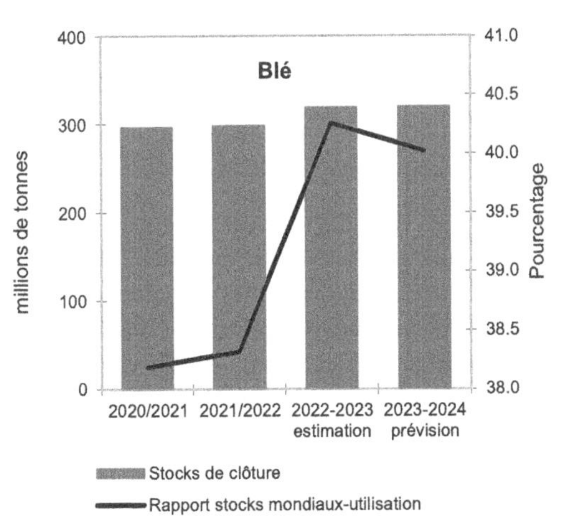

(Source : FAO)

Blé
(en millions de tonnes)

	2018-19	2019-20	2020-21	2021-22	2022-23 (e)	2023-24 (p)
Production mondiale	**732.7**	**760.7**	**773.7**	**780.2**	**803.7**	**788.3**
UE à 28 puis à 27 en 2020-21	137.7	155.0	125.7	137.5	133.3	133.2
Chine	131.4	133.6	134.3	136.9	137.7	136.6
Inde	99.7	103.6	107.9	109.6	107.7	108.0
États-Unis	51.3	52.6	49.8	44.8	44.9	49.3
Russie	71.7	73.6	85.4	75.0	95.4	90.0
Australie	17.6	14.5	31.9	36.2	40.5	25.5
Canada	32.4	32.7	35.4	22.4	34.3	32.0
Ukraine	25.1	29.2	25.4	33.0	26.8	28.7
Turquie	20.0	19.0	19.5	17.7	19.8	22.0
Argentine	19.5	19.8	17.6	22.1	12.6	15.0
Échanges mondiaux	**168.9**	**185.5**	**190.6**	**197.6**	**207.6**	**197.9**
Principaux exportateurs						
États-Unis	25.9	26.2	26.5	21.3	20.2	20.1
UE à 28 puis à 27 en 2020-21	22.3	37.1	28.1	30.3	33.1	32.5
Canada	23.9	23.0	27.5	15.0	25.4	23.4
Australie	9.8	10.1	19.7	26.1	32.3	18.4
Russie	35.5	34.0	38.2	33.0	48.1	50.0
Ukraine	16.0	21.0	16.8	18.9	17.1	14.0
Kazakhstan	8.7	6.7	8.1	8.4	9.8	9.4
Argentine	13.5	14.8	10.1	18.7	4.9	10.0
Principaux importateurs						
Égypte	12.5	12.7	12.2	12.0	12.9	11.2
Brésil	7.2	7.3	6.3	6.9	4.8	5.6
Indonésie	10.9	10.5	10.6	10.5	10.5	10.5
Algérie	7.8	7.2	7.7	8.4	7.9	8.6
Chine		6.6	10.8	9.7	13.4	12.5
Japon	5.5	5.5	5.1	5.2	5.4	5.1
Corée du Sud	3.8	3.8	3.8	5.1	4.6	4.9
UE à 28 puis à 27 en 2020-21	6.2	5.0	6.1	5.2	12.4	8.5
Stock de clôture	**261.7**	**275.9**	**277.0**	**273.0**	**281.7**	**265.6**

(Source : USDA)

qui se réduira ensuite à 108 Mt. Le temps chaud et sec qui provoquait des craintes sur les cultures de printemps en Europe ne ralentissait pas la chute des prix.

Début juin, la FAO annonçait que les prix alimentaires étaient au plus bas depuis avril 2021. Les prix se raffermissaient au gré de quelques menaces : des pluies abondantes en Chine, de la sécheresse sur le maïs aux États-Unis. Les restrictions d'exportations de l'Ukraine vers ses voisins européens étaient prolongées jusqu'au 15 septembre 2023. À la mi-juin, on annonçait la fusion de deux géants du négoce mondial : Bunge et Viterra. Les prix continuaient de fluctuer, connaissant une brusque hausse le 21 après l'annonce d'un temps sec pour les deux semaines suivantes sur la *Corn Belt* américaine. La fin du mois était pourtant marquée par une forte correction à la baisse.

La nouvelle campagne s'ouvrit dans un contexte de prix dépressif. Les premiers résultats de rendements en France faisaient état d'une forte hétérogénéité – c'est un leitmotiv à cette époque ;

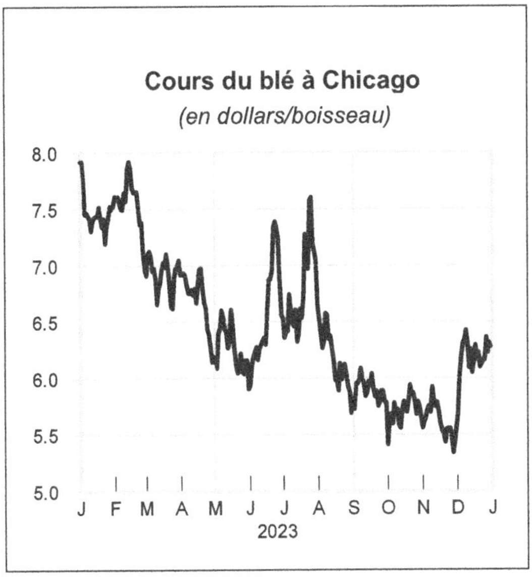

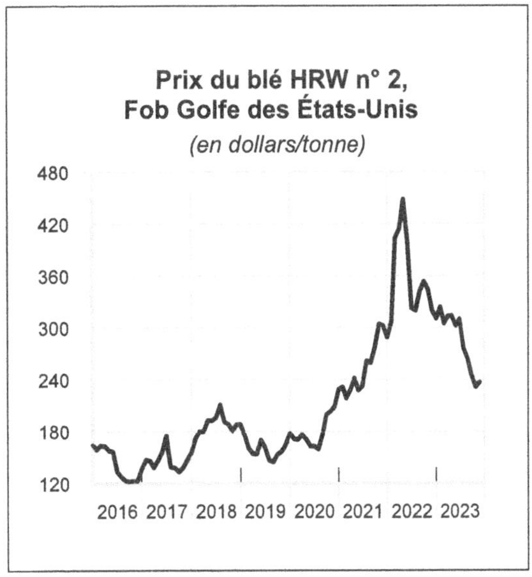

la production allait tout de même atteindre 35 Mt contre 33,7 en 2022, malgré des retards de moisson dans le nord du pays à cause de la pluie qui a quelque peu impacté la qualité. À la mi-juillet, la Russie mettait fin à l'accord sur le corridor d'exportation en mer Noire : les prix augmentaient très brièvement avant de rechuter et de se reprendre sans consistance lors des attaques russes sur les ports ukrainiens. Et bientôt, la Russie promettait des livraisons gratuites de céréales à quelques pays africains. Malgré tout, les chargements ukrainiens se poursuivaient à partir des ports du Danube. Toute la deuxième moitié du mois allait être marquée par une forte volatilité des prix.

Août s'amorçait sur une nouvelle décrue des prix. La météorologie aux États-Unis s'améliorait tandis que le Canada restait chaud et sec. La Chine mettait fin aux taxes antidumping sur l'orge australienne. En France, les pluies qui retardaient la fin des moissons de blé et d'orge s'avéraient favorables au maïs, dont la production dépassera les 12 Mt. Ce qui marquait aussi ce début de campagne, c'est la faiblesse des ventes européennes, qui allait se confirmer tout au long des mois sui-

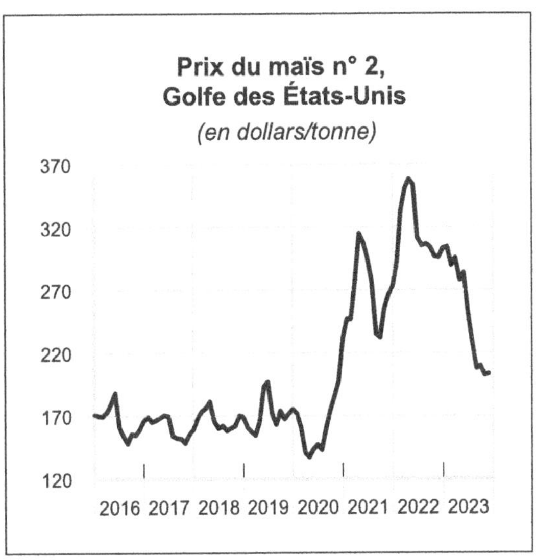

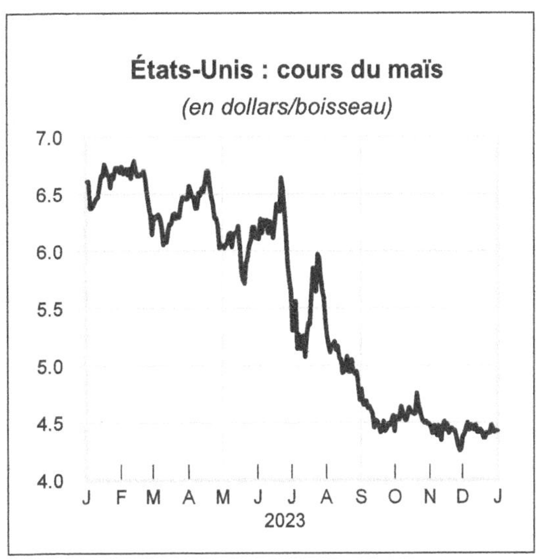

Maïs
(en millions de tonnes)

	2018-19	2019-20	2020-21	2021-22	2022-23 (e)	2023-24 (p)
Production mondiale	**1 132.3**	**1 131.9**	**1 136.2**	**1 224.8**	**1 164.7**	**1 230.1**
États-Unis	364.3	346.0	358.4	382.9	348.4	387.0
Chine	257.3	260.8	260.7	272.6	277.2	288.8
Brésil	100.0	102.5	87.1	112.8	132.0	119.7
UE à 28 puis à 27 en 2020-21	67.0	68.1	68.0	71.2	53.1	61.2
Ukraine	35.8	35.9	30.3	42.1	27.7	30.0
Argentine	56.9	58.5	60.5	59.0	41.4	61.0
Inde	27.7	28.8	31.7	33.7	38.1	34.0
Mexique	27.7	26.7	27.4	26.5	28.1	25.5
Échanges mondiaux	**164.8**	**175.1**	**188.2**	**180.1**	**179.7**	**176.0**
Principaux exportateurs						
États-Unis	59.5	42.0	69.9	64.7	45.3	61.8
Brésil	27.8	37.7	35.1	23.0	48.6	48.0
Ukraine	29.8	30.4	23.1	23.6	29.3	19.5
Argentine	29.6	41.9	35.7	42.7	28.9	30.7
Inde	1.7	1.7	2.7	2.7	2.7	2.7
UE à 28 puis à 27 en 2020-21	3.2	5.0	3.4	6.2	3.8	4.0
Afrique du Sud	1.7	1.9	2.6	3.9	3.6	3.6
Principaux importateurs						
Japon	16.5	16.3	16.5	14.7	15.1	15.0
Mexique	17.0	16.6	16.9	17.3	18.9	20.5
Corée du Sud	9.8	11.4	11.6	10.9	9.6	11.0
Égypte	9.3	10.6	9.7	9.5	8.0	9.0
Chine	4.9	6.7	29.0	22.4	19.4	20.0
Taïwan	4.6	4.6	4.7	4.6	4.2	4.4
UE à 28 puis à 27 en 2020-21			15.4	18.2	29.5	21.7
Stock de clôture	**326.7**	**298.0**	**279.0**	**286.5**	**274.6**	**286.8**

(Source : USDA)

vants, les exportations étant dominées par l'origine russe. La dernière décade était aussi marquée par un dôme de chaleur sur le Midwest américain, conduisant à une hausse des prix du maïs –, la production sera pourtant excellente à 387 Mt. La situation se dégradait au Canada, on évoquait une moisson de 29,5 Mt qui se terminera pourtant à 32 Mt, en repli de 2 Mt par rapport à celle de 2022. La baisse de l'euro par rapport au dollar apportait un peu d'air frais au blé européen et, fin août, la France vendait 120 000 tonnes de blé à l'Égypte.

Début septembre, la visite en Russie du président turc Erdogan s'achevait sans aucune concrétisation. En Australie, la récolte de blé se confirmait progressivement en net repli par rapport aux 41 Mt de 2022, à quelque 25,5 Mt. En Russie et en Ukraine, les estimations de récoltes de blé étaient revues à la hausse : ce sera respectivement 90 Mt (– 5,5 Mt par rapport à 2022) et 29 Mt (+ 2 Mt par rapport à 2022 !). La faible compétitivité des origines européennes se confirmait, conduisant à une baisse des prix : à la fin septembre, les chargements de blé étaient en retrait de 2,5 Mt par rapport à ceux de 2022 à la même date. Bientôt les prix sur Euronext marquaient un plus bas depuis septembre 2021, à € 205,75/t. Le rapport de l'USDA de la mi-septembre permettait au prix du blé de se ressaisir quelque peu, tandis que le maïs chutait. En Inde, le gouvernement réduisait de 1 000 tonnes les stocks que les opérateurs pou-

vaient détenir, afin de tenter de juguler l'inflation. La Chine se mettait à acheter du blé à la France : on évoque de 2 à 2,5 Mt. Quant à la Commission, elle souhaitait lever les restrictions à l'importation de céréales ukrainiennes dans l'Union européenne. Malgré les dégâts causés par les attaques russes, les chargements se confirmaient au départ d'Odessa et les bateaux, longeant la côte ouest de la mer Noire, continuaient de circuler. De toute façon, aucun des deux belligérants n'a d'intérêt à attaquer des navires céréaliers, ne serait-ce qu'en termes d'image. Ces prix mondiaux attractifs incitaient les acheteurs à se positionner : Algérie, Tunisie, Égypte, etc.

Le mois d'octobre fut agité d'événements qui ne changèrent pas la tendance après de brefs accès de fièvre haussière vite oubliés : bateau turc touché par une mine en mer Noire en début de mois, attaque du Hamas en Israël le 7 octobre. La demande

Prix à terme de l'orge au Canada
(en dollars/tonne)

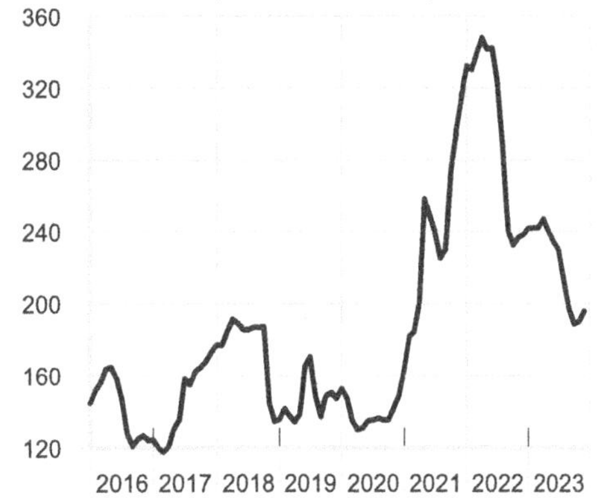

Orge
(en millions de tonnes)

	2018-19	2019-20	2020-21	2021-22	2022-23 (e)	2023-24 (p)
Production mondiale	**139.2**	**157.6**	**160.5**	**146.1**	**153.6**	**145.8**
UE à 28 puis à 27 en 2020-21	56.3	63.4	54.0	51.6	51.5	47.6
Russie	16.7	19.9	20.6	17.6	22.1	20.5
Canada	8.4	10.4	10.7	7.0	10.0	8.9
Australie	8.8	10.1	14.6	14.4	14.1	10.8
Ukraine	7.6	9.5	7.9	10.0	6.6	6.7
Turquie	7.0	7.6	8.3	5.8	8.5	9.2
Argentine	5.1	3.8	4.0	5.2	4.5	5.1
États-Unis	3.3	3.8	3.7	2.6	3.8	4.0
						29.8
Échanges mondiaux	**24.5**	**27.1**	**34.9**	**32.5**	**30.7**	**29.3**
Principaux exportateurs						
Australie	3.8	3.0	6.8	7.9	7.7	7.9
UE à 28 puis à 27 en 2020-21	4.9	7.9	7.3	7.3	6.4	6.3
Argentine	3.3	3.0	3.2	4.0	2.9	2.8
Russie	4.6	4.5	6.3	3.6	5.0	5.4
Ukraine	3.6	5.0	4.2	5.7	2.7	1.8
Canada	2.3	2.2	4.0	2.0	3.2	3.0
Principaux importateurs						
Arabie saoudite	6.6	6.7	7.0	3.9	4.4	4.0
Chine	5.2	5.5	12.0	9.6	7.6	8.8
Japon	1.1	1.2	1.1	1.3	1.3	1.2

(Source : USDA)

Prix du sorgho, États-Unis n° 2 jaune Fob Louisiana
(en dollars/Hundredweight)

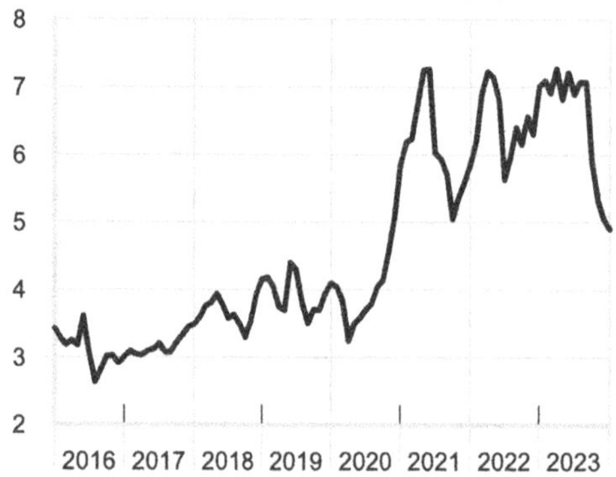

mondiale de céréales se faisait plus discrète – à part la Chine qui continuait à acheter en France. La Russie faisait sa loi sur le marché, l'idée d'un prix plancher disparaissant : le prix français restait quelque $ 20/t supérieur. À la mi-octobre, le gouvernement indien augmentait de 7 % le prix d'achat aux agriculteurs. Les pluies en Argentine venaient réduire les craintes sur la récolte de blé, qui devrait atteindre environ 15 Mt, contre 12,6 Mt un an auparavant.

En novembre, c'est la persistance et l'abondance des pluies qui préoccupait en France, retardant la fin des semis d'hiver : on était 10 à 20 points en retrait du pourcentage moyen. Au Brésil, la sécheresse sur le Mato Grosso faisait craindre une chute de la production de maïs : on tablait désormais sur 130 Mt, ce sera plutôt autour de 120 Mt. La hausse de l'euro vis-à-vis du dollar accentuait la baisse des prix en Europe. Le 24 novembre a pu être qualifié de « Vendredi noir » pour le blé européen, les origines de la mer Noire et la hausse de l'euro écrasant les prix. Le 27, on atteignait un plus bas depuis juillet 2021 sur Euronext et un plus bas depuis août 2020 à Chicago. À la fin du mois, les

Sorgho
(en millions de tonnes)

	2018-19	2019-20	2020-21	2021-22	2022-23 (e)	2023-24 (p)
Production mondiale	**57.7**	**57.2**	**62.7**	**61.7**	**57.7**	**61.8**
États-Unis	9.3	8.7	9.5	11.4	4.8	8.2
Mexique	4.5	4.4	4.3	4.9	4.8	4.9
Nigeria	6.7	6.7	6.6	6.7	6.7	6.8
Inde	3.5	4.8	4.8	4.2	3.8	4.2
Argentine	1.6	1.8	3.3	2.9	1.6	3.0
Soudan	5.4	4.4	5.9	4.1	5.8	5.6
Éthiopie	5.0	5.3	5.1	4.5	3.9	4.4
Chine	2.9	3.1	3.0	3.0	3.1	3.2
Brésil	2.2	2.5	2.1	3.1	4.8	4.4
Australie	1.2	0.4	1.6	2.6	2.6	1.5
Échanges mondiaux	**3.1**	**6.0**	**9.7**	**12.3**	**6.8**	**9.0**
Principaux exportateurs						
États-Unis	2.2	4.8	7.4	7.5	2.7	5.7
Argentine	0.3	0.7	1.3	2.4	1.1	1.4
Australie	0.2	0.1	0.7	2.0	2.3	2.3
Principaux importateurs						
Chine	0.7	3.6	8.6	10.8	5.3	7.3
Japon	0.5	0.5	0.3	0.3	0.2	0.3
Mexique	0.4	0.7	0.0	0.3	0.3	0.3

(Source : USDA)

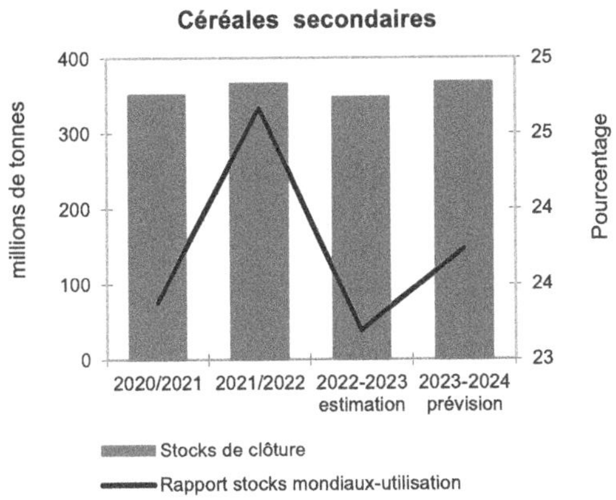

(Source : FAO)

semis pouvaient reprendre en France tandis qu'en Australie, la moisson était stoppée dans l'est du pays à cause de fortes pluies, faisant craindre pour la qualité – là encore, une rengaine bien connue !

En décembre, et après la France, les États-Unis concrétisaient plusieurs ventes de blé à la Chine, pour probablement plus de 1 Mt, permettant un regain de fermeté de 15 % entre le 28 novembre et le 7 décembre. Dans l'Union européenne, le prix du blé tendre fluctuait entre € 230 et € 233/t, celui du maïs entre € 200 et € 203/t. Les perspectives de production de maïs au Brésil déclinaient vers 119 Mt tandis que la Chine confirmait une récolte record de 289 Mt. Vers la mi-décembre, la demande mondiale en blé se redressait : les prix se reprenaient, y compris en Russie. Les surfaces de céréales d'hiver en France se confirmaient en recul par rapport à 2022 : – 5 % en blé tendre, – 4 % en orge, tandis que la récolte de maïs était réévaluée à près de 13 Mt. Le marché restait dominé par l'origine russe : les exportations européennes de blé s'avéraient en retrait de 16 % par rapport à celles de l'année précédente à même date. Dans le même temps, les importations de maïs reculaient aussi à 8 Mt contre 14 Mt un an plus tôt. Vers fin décembre, les prix du blé en Europe accusaient une baisse de € 80/t par rapport à janvier 2023. Des tensions apparaissaient en mer Rouge, des bateaux accusés d'approvisionner Israël étant attaqués par les rebelles Houthis du Yémen.

Début janvier 2024, inférieur à € 220/t, le prix du blé européen s'affichait au plus bas depuis février 2022, avant le déclenchement de la guerre en Ukraine, avant de reprendre quelques couleurs. Les chargements au départ de la France vers la Chine, l'Algérie ou le Maroc se faisaient très actifs, concrétisant des ventes passées ; ce qui n'empêchait pas les prix de poursuivre leur pente baissière, atteignant un nouveau plus bas le 12 janvier. En Argentine, on se dirigeait vers une production record de maïs, à plus de 60 Mt. À la mi-janvier, le Gasc égyptien achetait 60 000 tonnes de blé français, après avoir boudé cette origine depuis août 2023. Vers la fin du mois, la Chine autorisait les importations de blé argentin, aiguisant encore la concurrence entre origines.

Globalement, les bilans mondiaux de céréales restent plutôt confortables, malgré une prévisible contraction des stocks fin juin 2024. En termes d'exportations, on revient au schéma qui prévalait il y a plusieurs années : les deux premiers tiers de la campagne dominés par les origines de la mer Noire, l'Europe et les États-Unis venant faire l'appoint ensuite. Il semble difficile d'envisager une baisse significative des prix céréaliers, déjà très bas ; en revanche, une hausse forte supposerait au moins quelque accident météorologique. Si l'on prévoit un repli important des exportations ukrainiennes, il faut se souvenir que, l'an dernier à la même époque, on disait la même chose et que la fin de la campagne a largement effacé ces projections. En sera-t-il de même cette année ? Le pays fait preuve d'une résilience et d'une agilité qui laissent pantois ! D'un point de vue géopolitique, les tensions restent vives, mais semblent ne plus influencer les opérateurs qui font comme si c'était *business as usual*. On notera aussi que la question logistique refait surface : en mer Rouge bien sûr, ce qui conduit certains navires à privilégier le contournement de l'Afrique ; mais aussi dans le canal de Panama où la sécheresse a fortement réduit le trafic au cours de l'été 2023, un problème qui a toute chance de se reproduire.

Riz

(en millions de tonnes)

	2019	2020	2021	2022 (e)	2023 (p)	2024 (p)
Riz paddy						
Production mondiale	**758.3**	**780.2**	**792.1**	**784.5**	**790.0**	
Chine	209.6	211.9	212.8	208.5	208.9	
Inde	178.3	184.5	194.2	199.1	198.0	
Bangladesh	55.2	55.9	56.8	57.8	58.5	
Indonésie	54.6	54.6	54.4	54.0	52.5	
Vietnam	43.4	42.7	43.9	42.7	43.1	
Thaïlande	28.3	30.3	33.0	34.4	33.4	
Birmanie	25.3	25.1	24.9	24.7	25.9	
Brésil	10.5	11.2	11.8	10.8	10.0	
Japon	10.5	10.5	10.6	10.4	10.3	
Riz décortiqué						
Exportations mondiales	**44.3**	**45.8**	**52.0**	**56.0**	**52.7**	**51.5**
Inde	9.8	14.5	21.4	22.5	17.9	16.0
Thaïlande	7.6	5.7	6.1	7.7	8.8	9.0
Vietnam	6.5	6.3	6.5	7.2	8.3	7.3
Pakistan	4.5	4.0	3.9	4.6	4.5	5.0
États-Unis	3.1	3.1	2.9	2.2	2.4	2.7
Chine	2.8	2.5	2.4	2.2	2.0	2.1
Autres	10.1	9.8	8.8	9.6	8.7	9.4
Importations mondiales						
Philippines	2.8	2.5	3.0	3.9	3.7	3.8
Chine	3.8	3.6	5.1	6.6	2.7	2.8
Nigeria	2.3	2.0	2.0	2.4	2.1	2.2
Union européenne	2.2	2.0	1.9	2.5	2.3	2.4
Arabie saoudite	1.3	1.5	1.2	1.3	1.4	1.4
Iran	1.4	1.0	0.9	1.3	0.8	1.2
Indonésie	0.4	0.5	0.6	0.5	3.5	3.0
Brésil	0.7	0.9	0.7	0.8	0.9	0.9
Japon	0.7	0.7	0.7	0.7	0.7	0.7
Russie	0.2	0.2	0.2	0.2	0.2	0.3
Afrique	16.0	16.2	17.7	18.7	16.9	16.2
Asie orientale	12.8	12.3	17.2	19.3	18.1	18.0
Proche et Moyen-Orient	6.8	7.0	7.7	7.6	7.1	6.5
Amérique latine	4.1	4.8	4.1	4.2	4.4	4.8
Pays industriels (hors Japon)	4.8	5.6	5.3	6.3	6.2	6.1
Stocks de clôture	**187.0**	**188.0**	**194.9**	**197.1**	**196.7**	**198.8**

(Sources : FAO & USDA, 2024)

Riz : *une crise majeure du marché mondial a été évitée*

Un coup de tonnerre : l'embargo indien à l'exportation, décidé pour des raisons de politique intérieure à quelques mois des élections générales, a provoqué une onde de choc sur le marché mondial du riz. Au final, son impact a été moindre que prévu et les prix mondiaux n'ont pas retrouvé leurs records historiques de 2008. Toutefois, les échanges mondiaux ont diminué et les perspectives restent tendues avec nombre d'incertitudes liées à *El Niño*.

L'année 2023 s'est illustrée par des sensations de *déjà vu* avec de nouvelles limitations d'exportation du principal exportateur mondial. L'Inde, dont les exportations représentaient en 2022 près de 40 % du commerce mondial, a annoncé fin juillet 2023 qu'elle n'exporterait plus de riz blanc non basmati afin d'assurer sa sécurité alimentaire. Cette mesure est venue s'ajouter à celle annoncée en septembre 2022 interdisant les exportations de brisures de riz. Ce fut non sans rappeler l'origine de l'envolée des prix mondiaux du riz en 2008 lorsque les principaux exportateurs mondiaux avaient tour à tour limité leurs exportations provoquant alors un triplement les prix mondiaux en l'espace de quelques semaines. À certains égards, le contexte inflationniste mondial et géopolitique de 2022-2023 pouvait faire craindre une nouvelle crise majeure du marché mondial du riz et des comportements spéculatifs de la part des exportateurs asiatiques. Or, si la Thaïlande et le Vietnam ont bénéficié de l'effet d'aubaine grâce au retrait partiel de l'Inde du marché mondial et de l'augmentation des prix mondiaux, de 30 % en moyenne par rapport à 2022, les acteurs sont restés, dans l'ensemble, assez prudents, préférant limiter (relativement) les augmentations des prix afin de conclure rapidement de nouveaux contrats d'exportation avant un possible retour de l'Inde sur le marché. Du côté des importateurs, la Chine a préféré réduire ses importations de 60 % et puiser sur ses stocks, tout en limitant aussi sa consommation, ce qui a permis de compenser la forte demande philippine, premier importateur mondial, et le retour de l'Indonésie sur le marché d'importation, après quatre ans d'absence. L'Afrique subsaharienne, premier pôle d'importation mondial, a aussi réduit ses importations de 10 % en raison de la hausse des prix mondiaux. Mais, si une crise majeure du marché mondial du riz a pu être évitée, l'équilibre précaire entre la production mondiale et les besoins de consommation en riz reste d'actualité à cause du phénomène climatique *El Niño* qui a affecté les principales régions productrices et exportatrices mondiales par des sécheresses prolongées. Le commerce mondial a ainsi reculé, pour la première fois depuis 2019, de 5,5 % à 53 Mt contre 56 Mt en 2022. L'Inde, malgré la diminution de ses ventes, est restée le premier exportateur mondial avec près de 18 Mt en 2023 contre 22,5 Mt auparavant. La Thaïlande et le Vietnam, ont compensé, en grande partie, la baisse des exportations indiennes et ont vu leurs ventes progresser d'environ 15 %, respectivement à 8,8 Mt et 8,3 Mt. En 2024, on prévoit une nouvelle baisse du commerce mondial et la situation alimentaire globale devrait rester préoccupante en raison du phénomène *El Niño*, qui se poursuivrait au moins jusqu'à la fin du premier semestre. Dans ces conditions, les prix mondiaux du riz resteront élevés, en attendant la fin des restrictions indiennes et un retour à la normale, en principe à partir du deuxième semestre 2024.

Faible progression de la production mondiale

En 2023, la production mondiale n'a progressé que de 0,6 %, s'établissant à 790 Mt de riz paddy (soit 524,5 Mt en équivalent riz blanc) contre 784,5 Mt en 2022. La production chinoise, plus d'un quart de la production mondiale, est restée stable malgré la sécheresse subie dans certaines régions productrices, mais cela a été compensé par une bonne pluviométrie dans les régions du sud du pays. En Inde, qui représente aussi près de 25 % de la production mondiale, les récoltes ont décliné, de même qu'en Thaïlande, mais le Pakistan a retrouvé son niveau de 2021. Aux États-Unis, la production a connu aussi une forte reprise de 37 % revenant à son niveau de 2021 grâce à un accroissement des surfaces ensemencées. Par contre, la production dans le Mercosur a une nouvelle fois décliné de 8 % à cause de la persistance des mauvaises conditions climatiques. En Europe, les récoltes de 2023 se sont légèrement améliorées, mais restent en dessous de la moyenne quinquennale. En Afrique subsaharienne, la production rizicole a progressé de 5 % grâce à une bonne pluviométrie dans l'ensemble. Les perspectives de la production mondiale en 2024 s'annoncent plutôt favorables grâce à l'augmentation des prix internes et à l'exportation.

Les stocks mondiaux stagnent, mais restent à des niveaux confortables

Selon la FAO, les stocks de clôtures ont légèrement décliné à 196,7 Mt contre 197,1 Mt en 2022. Ils continuent à représenter près de 38 % des besoins mondiaux et se situent à 3 % au-dessus de la moyenne triennale 2021-2023. Ce maintien des réserves mondiales est dû principalement à l'augmentation des stocks indiens de 4 %, du fait de la limitation des exportations, ce qui a compensé la réduction des stocks de la Chine de 2 % suite au recul de ses importations de riz. Les stocks chinois demeurent cependant très importants, l'équivalent de près de 70 % de la consommation annuelle et plus de 50 % des stocks mondiaux. Dans les principaux pays exportateurs, les réserves ont légèrement progressé à 65 Mt, correspondant à un tiers des stocks mondiaux.

En 2024, les réserves mondiales pourraient augmenter de 1 % à 199 Mt en raison des perspectives plus favorables de la production mondiale. Fin 2023, l'utilisation totale de riz était estimée à 522,4 Mt (en équivalent blanchi) en très légère baisse par rapport à 2022-2023. Ce niveau d'utilisation serait d'environ 2,5 Mt inférieur à la production mondiale. La consommation humaine devrait légèrement progresser à 427 Mt correspondant à la croissance démographique. En revanche, l'alimentation animale et les utilisations industrielles du riz pourraient encore se contracter de 4 %.

Forte hausse des prix mondiaux

En 2023, les cours mondiaux ont grimpé de 30 % en moyenne annuelle par rapport à 2022. Les prix pakistanais, indiens et vietnamiens ont connu les plus fortes hausses, entre 30 et 40 %. Les prix thaïlandais ont progressé en moyenne de 25 %, tandis que les prix outre-Atlantique ont marqué des hausses plus modérées de 10 % environ. L'essentiel de la hausse a eu lieu au cours du troisième trimestre, entre fin juillet et septembre 2023, suite à l'annonce de l'Inde d'interdire les exportations de riz blanc non basmati et à l'instauration d'une taxe de 20 % sur les exportations de riz étuvé. Cependant, les prix indiens sont restés les plus compétitifs du marché. Début 2024, les cours du riz commençaient à se stabiliser, en raison d'un ralentissement de la demande d'importation, mais toujours sous pression dans l'attente d'un retour de l'Inde sur le marché d'exportation. Aussi, les prix devraient rester plutôt fermes, au moins jusqu'à la fin du premier semestre 2024.

En Inde, le prix du riz 5 % brisures a marqué une moyenne de $ 451/t Fob contre $ 356 en 2022.

Le riz et l'Afrique
(en millions de tonnes)

	2019	2020	2021	2022 (e)	2023 (p)	2024 (p)
Riz paddy						
Production mondiale	**758.3**	**780.2**	**792.1**	**784.5**	**790.0**	
Afrique	37.2	39.2	38.0	38.3	40.3	
Afrique subsaharienne	30.4	32.6	33.1	32.9	34.6	
Afrique du Nord	6.1	6.3	4.9	5.4	5.7	
- Égypte	6.7	6.5	4.9	5.3	5.6	
Afrique de l'Ouest	21.4	20.8	21.3	22.1	23.3	
- Côte d'Ivoire	1.9	1.9	1.8	1.8	1.8	
- Guinée	2.3	2.4	2.4	2.4	2.4	
- Ghana	0.9	1.0	1.1	1.3	1.3	
- Mali	3.2	3.0	2.4	2.9	2.7	
- Nigeria	8.4	8.2	8.3	8.5	9.1	
- Sénégal	0.9	0.9	0.9	1.0	1.0	
- Sierra Leone	1.4	1.4	1.4	1.4	1.4	
Afrique centrale	0.7	1.5	1.9	1.7	1.7	
- Cameroun	0.4	0.3	0.3	0.3	0.3	
Afrique de l'Est	3.8	5.4	5.0	3.9	4.2	
- Tanzanie	3.0	4.5	4.0	2.9	3.1	
Afrique australe	4.5	4.9	4.9	5.2	5.4	
- Madagascar	3.9	4.2	4.6	4.6	4.8	
- Mozambique	0.3	0.5	0.4	0.4	0.4	
Riz décortiqué						
Exportations mondiales	**44.3**	**45.8**	**52.0**	**56.0**	**52.7**	**51.5**
Afrique	0.5	0.4	0.5	0.6	0.3	0.4
- Égypte	0.2					
Importations mondiales	**44.3**	**45.8**	**52.0**	**56.0**	**52.7**	**51.5**
Afrique	16.0	16.2	17.7	18.7	16.9	16.2
- Côte d'Ivoire	1.4	1.3	1.8	2.0	1.7	1.8
- Nigeria	2.3	2.0	2.0	2.4	2.1	2.2
- Sénégal	1.0	1.1	1.3	1.9	1.4	1.4
- Afrique du Sud	0.9	1.0	0.9	0.9	1.2	1.0
Stocks de clôture	**5.4**	**4.4**	**5.3**	**5.9**	**6.1**	**5.4**

(Sources : FAO & USDA, 2024)

Le riz indien 25 % a augmenté à $ 442 contre une moyenne de $ 340. Toutefois, fin juillet 2023, les cotations des riz blanc indiens non-basmati ont été suspendues. À la mi-février 2024, les cotations étaient toujours interrompues.

En Thaïlande, le prix du riz Thaï 100B (moins de 5 % de brisures) a progressé de 30 %, marquant une moyenne annuelle de $ 553/t Fob contre $ 430 en 2022. Le Thaï 25 % a connu une hausse de 23 % à $ 504 contre $ 409 en 2022. La brisure Thaï A1 Super s'est revalorisée de 15 % à $ 451 contre $ 390 en 2022. Début 2024, les prix commençaient à se stabiliser.

Au Vietnam, le prix du riz Viet 5 % a augmenté de 8 % à $ 548/t Fob contre $ 456 en 2022. Le riz Viet 25 % a progressé de 31 % à $ 530 contre

$ 398 en 2022. Début 2024, les prix vietnamiens tendaient à se stabiliser avec l'arrivée progressive des récoltes hiver/printemps.

Aux États-Unis, le prix nominal du riz Long Grain n° 2 4 % brisures a connu une hausse moyenne annuelle de 10 % à $ 734/t Fob contre $ 660 en 2022. Début 2024, le LG 2/4 se maintenait ferme, mais stable, à $ 750.

Baisse des échanges internationaux

En 2023, le commerce mondial du riz a diminué de 6 % à 52,7 Mt contre un volume record de 56 Mt en 2022. C'est la première baisse des échanges mondiaux depuis 2019. Ce recul tient pour l'essentiel à la réduction des importations chinoises de 60 %. Certaines régions déficitaires d'Afrique, du Moyen-Orient et d'Asie du Sud ont réduit aussi leur demande d'importation grâce à une amélioration de la production. Ces baisses ont compensé les fortes importations des Philippines (3,7 Mt), premier importateur mondial et de l'Indonésie (3,5 Mt), de retour sur le marché d'importation après quatre ans de quasi-absence. En outre, la décision de l'Inde d'interdire les exportations de riz non-basmati (un quart des exportations indiennes et 11 % des exportations mondiales) a contribué à resserrer davantage le commerce mondial. Une bonne partie de la baisse des ventes indiennes a été compensée par la Thaïlande et le Vietnam dont les exportations ont progressé de 15 % en 2023. Ils ont été les principaux fournisseurs des Philippines et de l'Indonésie. Dans l'hémisphère ouest, on a assisté à une reprise des exportations outre-Atlantique de 10 %, sans toutefois retrouver le niveau d'exportation des années 2015-2020. Dans le Mercosur, la nouvelle baisse de la production, en raison d'un déficit hydrique persistant, a encore réduit les disponibilités exportables. Aussi, malgré la conjoncture mondiale favorable aux exportateurs, les pays sud-américains n'ont guère profité des limitations d'exportations de l'Inde.

L'Inde reste le premier exportateur mondial

En 2023, l'Inde a vu ses exportations, toutes catégories confondues, reculer de 20 %. Elle reste cependant le premier exportateur mondial avec

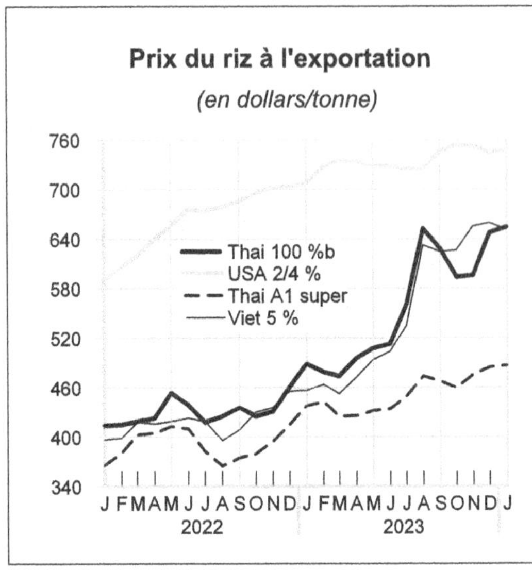

17,9 Mt exportées dont 13 Mt de riz blanc et étuvé non basmati et 4,9 Mt de riz basmati, contre 22,5 Mt en 2022 et l'équivalent de 35 % des échanges mondiaux. Ce recul a été dû au durcissement des mesures d'interdiction des exportations, élargies à l'ensemble des riz blancs non basmati depuis fin juillet 2023 ; les premières mesures d'interdiction, mises en place en septembre 2022, ne concernaient que les brisures de riz. De la même manière, l'instauration d'une taxe à l'exportation de 20 % a été étendue au riz étuvé et un prix plancher a été fixé pour les exportations de riz basmati afin d'empêcher la vente de riz blanc non basmati sous couvert de riz basmati. Toutefois, des exemptions ont été accordées par le gouvernement indien à des pays, en majorité africains, dont la sécurité alimentaire dépendait de l'approvisionnement en riz indien. Ainsi, entre septembre 2023 et le premier trimestre 2024, près de 3 Mt de riz blanc non basmati devaient être exportées vers des pays qui en avait fait la demande pour des raisons de sécurité alimentaire. Sans ces exemptions, la baisse des exportations de l'Inde en 2023 aurait été bien plus importante, d'environ 7,5 Mt, soit un tiers de ses exportations en 2022. Pour 2024, le gouvernement indien a annoncé qu'il pourrait prolonger les restrictions d'exportation au-delà des élections générales prévues en avril 2023. Un retour à la normale ne serait donc pas attendu avant le deuxième semestre 2024. Les exportations pourraient alors ne pas dépasser les 16 Mt, mais encore loin devant la Thaïlande et le Vietnam.

Inde : anatomie d'une chute des exportations

L'Inde, premier exportateur mondial avec 40 % du commerce mondial de riz, a surpris le marché en imposant des restrictions à l'exportation de riz depuis septembre 2022 pour des raisons de sécurité alimentaire et de poussées inflationnistes sur les marchés internes.

Chronologie :

Après l'invasion de l'Ukraine par la Russie en février 2022, les marchés céréaliers ont été fortement secoués, sauf celui du riz qui n'a guère réagi contrairement aux marchés du blé et du maïs qui ont accusé le choc. Les brisures de riz ont été les premières affectées en raison de leur substitution au blé et au maïs dans l'alimentation animale, notamment en Chine. Le Vietnam a suspendu très tôt les exportations de brisures, suivi par l'Inde quelques mois après, début septembre 2022. En même temps, l'Inde a instauré une taxe de 20 % sur les exportations de riz blanc non basmati. Toutefois, malgré la taxe, les exportations indiennes n'ont pas ralenti car les prix à l'exportation étaient bien plus compétitifs que ceux de ses concurrents.

En juillet 2023, le gouvernement indien a durci les restrictions en annonçant l'interdiction des exportations de riz blanc, puis fin août, en étendant la taxe de 20 % aux exportations de riz étuvé. Les autorités indiennes ont aussi fixé un prix plancher pour les exportations de riz basmati afin de dissuader des fraudes éventuelles à l'exportation de riz blanc non basmati sous couvert de riz basmati.

Ces mesures ont fait chuter les exportations mensuelles de l'Inde de 50 % par rapport à la même période l'année précédente. Or, concomitamment aux annonces de restrictions, le gouvernement indien avait précisé que des exemptions pouvaient être accordées à la demande des pays dont la sécurité alimentaire dépendait du riz indien. Ainsi, durant le dernier trimestre 2023, des accords de gouvernement à gouvernement (G2G) ont été signés pour des livraisons d'environ 3 Mt de riz blanc non basmati, entre fin 2023 et le premier semestre 2024. Des pays africains ont été les principaux bénéficiaires dont le Cameroun, la Côte d'Ivoire, la Gambie, le Kenya, Madagascar, le Mali, le Sénégal et la Guinée, ainsi que des pays d'Asie du Sud-Est dont la Malaisie et les Philippines.

Début 2024, les restrictions étaient toujours en vigueur et officiellement l'Inde maintenait ces mesures au moins jusqu'aux élections générales indiennes prévues en avril 2024. Aussi, une libération de l'offre indienne n'interviendrait pas avant la fin de l'année, provoquant une baisse des prix mondiaux.

La Thaïlande consolide son deuxième rang mondial sur le marché d'exportation

En 2023, La Thaïlande a une nouvelle fois vu ses exportations progresser de 15 % à 8,8 Mt contre 7,7 Mt en 2022. Ces ventes ont pu être réalisées grâce aux limitations des exportations indiennes, mais restent cependant inférieures aux volumes records exportés auparavant, jusqu'à 11,6 Mt en 2017. La Thaïlande a consolidé ainsi son deuxième rang mondial derrière l'Inde et devant le Vietnam. L'Indonésie, qui a marqué son retour sur le marché d'importation, a été le principal client avec 16 % des exportations thaïlandaises, suivie par l'Afrique du Sud (10 %) et l'Irak (10 %). La Chine et les Philippines ont été aussi parmi les principaux clients : des marchés approvisionnés jusque-là essentiellement par l'Inde et le Vietnam. En Afrique, les exportations thaïlandaises ont connu également un certain essor, mais restent encore en retrait par rapport aux volumes exportés avant 2021. En 2024, la Thaïlande pourrait une nouvelle fois profiter des restrictions indiennes et accroître ses exportations à 9 Mt.

Les exportations vietnamiennes progressent encore

Le Vietnam a aussi bénéficié des restrictions indiennes et a vu ses exportations progresser de 15 % à 8,3 Mt contre 7,2 Mt en 2022. Le Vietnam a réalisé 75 % de ses ventes externes sur les marchés asiatiques où il a consolidé ses parts de marché, avec les Philippines comme principal client (38 % des exportations), malgré la nouvelle concurrence de la Thaïlande. En Afrique et dans l'Union européenne, le Vietnam a maintenu ses débouchés. En 2024, les ventes vietnamiennes pourraient se resserrer en raison de la baisse annoncée de la demande mondiale et du retour attendu de l'Inde sur le marché international à partir du deuxième semestre de l'année.

Les États-Unis marquent une reprise de leurs exportations

Après avoir touché le fond en 2022 avec le niveau d'exportation le plus bas enregistré depuis 1997, les États-Unis se sont illustrés par une augmentation des exportations en 2023, de 12,5 % à 2,7 Mt contre 2,4 Mt auparavant, grâce à la reprise de leur production. La hausse des cours mondiaux a aussi contribué à améliorer la compétitivité du riz nord-américain, et notamment vis-à-vis de leurs concurrents du Mercosur dont les prix à l'exportation ont augmenté entre 25 et 30 % en raison de récoltes décevantes en 2022 et en 2023. Le Mexique est redevenu le principal client des États-Unis avec 23 % des exportations, suivi par Haïti (15 % des exportations nord-américaines). L'Amérique centrale et les Caraïbes restent le principal débouché des États-Unis avec près de 75 % de ses exportations totales. En 2024, les perspectives d'exportations nord-américaines sont prometteuses et pourraient avoisiner les 3 Mt.

Le commerce mondial du riz devrait encore décliner en 2024

Les perspectives du commerce international du riz pour 2024 sont celles d'une nouvelle baisse des échanges mondiaux à 51,5 Mt. L'Inde a annoncé la poursuite de sa politique de limitation des exportations de riz blanc non basmati afin de stabiliser les prix internes qui ont connu une hausse moyenne de 10 % en 2023. Le marché mondial mise cependant sur un retour progressif de l'Inde après les élections générales d'avril 2024. Mais la situation alimentaire mondiale restera fragile en raison du phénomène *El Niño* qui devrait se poursuivre au moins jusqu'à la fin du premier semestre 2024. Dans ces conditions, les prix mondiaux devraient rester encore élevés, au moins une partie de l'année, en raison de disponibilités exportables moins abondantes, en particulier en Asie, et d'une demande d'importation prévue toujours aussi forte aux Philippines et en Indonésie. En revanche, la Chine a prévu de réduire encore ses importations et de puiser sur ses stocks tout en réduisant aussi l'utilisation du riz, surtout pour la consommation animale. Du côté des exportateurs, les disponibilités réduites seraient en partie compensées par celles du Pakistan grâce à la forte reprise de sa production en 2023. Quant à l'Inde, la libération de l'offre d'exportation pourrait intervenir à partir du deuxième semestre 2024, ce qui devrait alors entraîner une baisse des prix mondiaux.

Oléoprotéagineux : *retour au calme à l'exception de l'huile d'olive*

Comme la majorité des matières premières agricoles, les marchés mondiaux des oléoprotéagineux n'ont pas fait exception et ont vu leurs prix poursuivre une tendance de baisse en lien avec des productions de colza, tournesol et soja en hausse et une très nette diminution des risques de rupture de flux au départ de la zone de la mer Noire.
Seule l'huile d'olive échappe à cette tendance avec une seconde année consécutive de mauvaise production qui a conduit les prix sur des sommets.

Le « complexe oléagineux » : des marchés interdépendantes

La famille des oléoprotéagineux regroupe les cultures riches en huile et en protéines. On y retrouve certaines plantes parmi les plus cultivées au monde comme le soja, le palmier à huile, le colza ou le tournesol. Le coton figure également dans la famille des oléagineux bien que sa vocation première réside dans la production de fibres. La transformation des graines (soja, colza, tournesol) ou des fruits (palme) conduit à la coproduction d'huile, d'une part, et de tourteaux riches en protéines, d'autre part. Les cultures oléagineuses sont chacune composée d'une fraction d'huile et de tourteau qui leur est propre tandis que les protéagineux (pois, féverole…) sont riches en protéines et en amidon, mais ne contiennent pas d'huile.

Les substitutions possibles entre produits conduisent à une interdépendance des marchés mondiaux des huiles et des tourteaux. La culture qui assure les volumes les plus importants dans chaque compartiment – graine, huile, tourteaux – donne le « la » du marché : le palme pour les huiles et le soja pour les tourteaux. Chaque coproduit influence le niveau de prix de l'autre et le prix de la graine est directement lié à la valorisation de l'huile et du tourteau (et réciproquement). C'est pour cela que les marchés oléagineux sont appréhendés en tant qu'ensemble. On parle alors du « complexe oléagineux ».

Fondamentaux : retour au calme

Après une année 2022 de tous les records, les prix des huiles végétales et des graines oléagineuses ont retrouvé le chemin de la baisse sur un marché bien approvisionné. Les prix élevés ont stimulé la production – les surfaces mondiales d'oléagineux ont augmenté de 1,5 % par rapport à la campagne agricole précédente – et aucun des grands bassins de production n'a été touché par un accident climatique majeur, à l'exception comme on le verra de l'huile d'olive. Au total, la produc-

Acteur industriel et financier
Convaincu du potentiel des huiles et des protéines végétales, dans les transitions agricole, alimentaire et environnementale, Avril développe des solutions innovantes et durables pour nourrir la planète et contribuer à sa décarbonation.
Avril
SERVIR LA TERRE
www.avril.com

tion mondiale d'oléagineux atteint donc 740 Mt en 2023-2024 selon les estimations de l'USDA (janvier 2024), soit une hausse de près de 4 % par rapport à la campagne précédente. La production mondiale des 9 principales huiles végétales augmente ainsi de près de 3 % à 223 Mt et celle de tourteaux de près de 4 % à 370 Mt.

Dans ce contexte, les prix des principales huiles végétales et des graines oléagineuses ont baissé d'environ 20 % entre le début et la fin de l'année 2023.

Début 2024, les prix mondiaux des huiles, des graines et des tourteaux ont stoppé leur baisse pour s'établir sur un plateau supérieur au niveau de prix moyens observés durant la période 2017-2020. Cela est en partie le reflet de l'inflation des coûts des moyens de production sur la période (énergie, engrais…) et d'une certaine prime de risque géopolitique qui perdure sur l'ensemble des marchés des matières premières en débit de la reprise du commerce international en mer Noire.

Huiles végétales*

	2019-2020	2020-2021	2021-2022	2022-2023	2023-2024
Stocks de report	**28.5**	**30.5**	**28.8**	**29.1**	**30.9**
Production	**207.6**	**207.1**	**207.8**	**217.2**	**223.0**
Palme	73.1	73.3	73.0	77.6	79.5
Palmiste	8.5	8.4	8.4	8.8	9.0
Colza	28.3	29.4	29.2	32.6	33.3
Soja	58.6	59.3	59.3	59.1	61.9
Tournesol	21.1	19.0	19.6	21.7	21.8
Consommation	**199.7**	**202.6**	**200.7**	**209.3**	**217.0**
Palme	70.8	72.6	69.5	74.5	78.1
Palmiste	8.2	8.3	8.2	8.8	8.9
Colza	28.4	28.7	29.9	32.5	32.8
Soja	57.1	58.5	59.2	58.1	60.8
Tournesol	18.9	18.2	17.6	19.5	20.5
Usage alimentaire	**148.5**	**151.0**	**149.3**	**152.6**	**157.1**
Usage industriel (dont biodiesel)	**51.7**	**52.3**	**52.3**	**57.2**	**60.4**
Exportations	**87.2**	**85.7**	**79.6**	**88.3**	**89.9**
Palme	48.4	48.5	44.0	49.4	50.6
Palmiste	3.3	3.2	2.8	3.0	3.2
Colza	5.9	6.4	5.3	6.4	7.3
Soja	12.4	12.6	12.3	11.5	11.5
Tournesol	13.5	11.3	11.1	14.1	13.8
Stocks de fin	**30.5**	**28.8**	**29.1**	**30.9**	**30.4**
Ratio stocks/utilisation	**15 %**	**14 %**	**14 %**	**15 %**	**14 %**

**9 principales huiles végétales : palme, palmiste, soja, colza, tournesol, coton, olive, arachide, coco*

(Source : USDA, janvier 2024)

Oléoprotéagineux*

	2019-2020	2020-2021	2021-2022	2022-2023	2023-2024
Surfaces récoltées (1 000 ha)	**270**	**277**	**286**	**293**	**297**
Stocks de report	**149**	**129**	**131**	**134**	**137**
Production	**655**	**683**	**685**	**712**	**740**
Consommation	**673**	**677**	**679**	**698**	**723**
Trituration	509	510	510	524	542
Exportations	**240**	**241**	**223**	**252**	**248**
Stocks de fin	**129**	**131**	**134**	**137**	**148**
Ratio stocks/utilisation	**19 %**	**19 %**	**20 %**	**20 %**	**20 %**

*7 principales graines (soja, colza, tournesol, coton, palmiste, arachide, copra) + huile de palme

(Source : USDA, janvier 2024)

Palme : impacts d'*el Niño* moins importants que prévu

L'huile de palme reste de loin la première huile végétale produite dans le monde (un tiers de la production mondiale d'huile). Les surfaces récoltées ont augmenté de 2 % en 2023 selon l'USDA (+ 600 000 ha), pour partie en dehors des principaux pays producteurs d'Asie du Sud-Est (Indonésie et Malaisie). Ces deux pays concentrent toujours 70 % des surfaces mondiales de palme pour près de 85 % de la production. Ainsi, la production mondiale a également enregistré une hausse de 2 % pour atteindre un nouveau record de 79,5 Mt. Comme pour de nombreuses productions agricoles, cela fait des décennies que la récolte mondiale d'huile de palme atteint quasiment chaque année un nouveau point haut. Toutefois, le taux de croissance annuelle de la production ralentit régulièrement : en moyenne, la production annuelle de palme a augmenté de 10 % par an sur la période 2000-2020, à comparer à un rythme de croissance de seulement 2 % en 2023. Ce ralentissement devrait rester de mise dans les prochaines années en lien avec un développement beaucoup moins rapide de nouvelles surfaces, mais surtout faute d'investissement dans la replantation des palmeraies pour remplacer les arbres vieillissants qui induit déjà une érosion des rendements en Asie du Sud-Est.

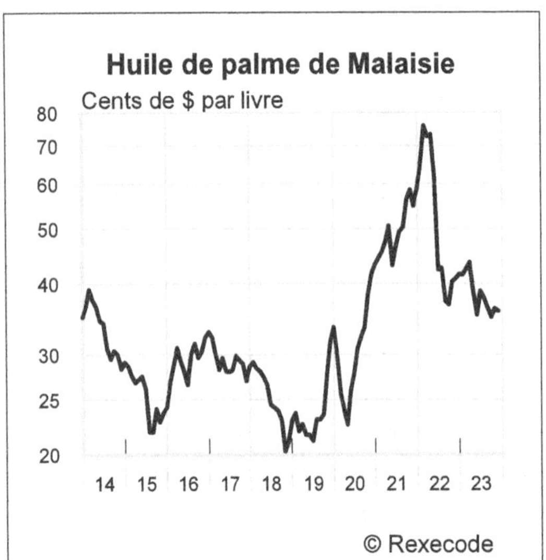

En ce début d'année 2024, nous sommes en pleine période de baisse saisonnière de la production de palme. Elle est plus forte cette année avec l'impact du phénomène climatique *El Niño* qui s'est manifesté par des épisodes de sécheresse dans certaines régions d'Asie du Sud-Est dans la seconde moitié de l'année 2023. Bien que les effets d'*El Niño* soient pour le moment bien moins dévastateurs qu'anticipés initialement, la diminution actuelle de la production contribue à une stabilisation des cours du palme, et pourrait même constituer un facteur de reprise des cours des huiles dans les prochains mois.

Huile de palme

	2019-2020	2020-2021	2021-2022	2022-2023	2023-2024
Surfaces récoltées	**24.5**	**24.8**	**25.4**	**26.5**	**27.1**
Indonésie	12.1	12.2	13	13.5	13.8
Malaisie	5.4	5.4	5.5	5.5	5.6
Stocks de report	**14.9**	**15.9**	**14.9**	**16.1**	**17.0**
Production	**73.1**	**73.3**	**73.0**	**77.6**	**79.5**
Indonésie	43	44	42.0	46.0	47.0
Malaisie	19.3	17.9	18.2	18.4	19
Consommation	**70.8**	**72.6**	**69.5**	**74.5**	**78.1**
Indonésie	14.6	15.7	17.4	19.1	20.4
Inde	8.5	9.2	8.2	8.9	9.8
Consommation alimentaire	**47.0**	**48.3**	**46.0**	**48.1**	**50.4**
Consommation industrielle	**23.1**	**23.5**	**22.9**	**25.7**	**27.0**
Exportations	**48.4**	**48.5**	**44.0**	**49.4**	**50.6**
Indonésie	26.2	27.3	22.3	28.1	28.2
Malaisie	17.2	15.9	15.5	15.4	16.4
Importations	**47.0**	**46.9**	**41.7**	**47.2**	**48.4**
Inde	7.4	8.4	8.0	10.0	9.3
UE à 28 puis UE à 27	7.1	6.0	5.0	4.9	4.7
Chine	6.7	6.8	4.4	6.2	6.4
Stocks de fin	**15.9**	**14.9**	**16.1**	**17.0**	**16.2**
Ratio stocks/utilisation	**22 %**	**21 %**	**23 %**	**23 %**	**21 %**

(Source : USDA, janvier 2024)

Tournesol : récolte record en Russie et en France

Après une récolte 2022 fortement impactée par la guerre russo-ukrainienne, la production mondiale est repartie à la hausse en 2023 (+ 6 %) pour atteindre 56 Mt (seulement 1 Mt de moins que le record de 2021). Ce regain de la production mondiale est lié au rebond de la récolte en Ukraine et aux bonnes récoltes pour l'ensemble des principaux producteurs (Russie, Union européenne).

En Ukraine, la filière fait preuve d'une remarquable résilience. Après être tombée à 12,2 Mt en 2022 (– 30 % *vs* 2021) en l'année 1 de la guerre, la récolte de tournesol a rebondi à 14,5 Mt en 2023 (+ 19 %) grâce à un rebond des surfaces (+ 5 %), mais surtout à de bons rendements. Au-delà de la production, la transformation des graines de tournesol a aussi repris du service. Alors que de nombreuses usines avaient été contraintes de s'arrêter au plus fort de la crise, l'activité a repris pour la plupart d'entre elles (hormis celles qui ont subi des frappes ou qui se trouvent en territoires occupés). En 2022, le pays s'était adapté en exportant sa graine vers l'Union européenne plutôt que ses produits transformés ; il a fait marche arrière en 2023 pour récupérer la valeur ajoutée sur son territoire. Les autorités ont contribué à cette stratégie en fixant des droits de douane contraignants sur les exportations de graines de tournesol. L'Union européenne a ainsi vu le retour en force des huiles et tourteaux de tournesol ukrainiens à bas prix sur le marché communautaire, désormais principal débouché des productions ukrainiennes.

En parallèle, la Russie continue de s'imposer comme un acteur incontournable du tournesol. Elle est désormais le producteur mondial avec un record de 17 Mt en 2023 (+ 5 %). À l'instar de l'Ukraine, la Russie transforme principalement sa graine localement pour exporter une grande partie de l'huile et des tourteaux produits, surtout vers la Chine.

Enfin, dans l'Union européenne, la production est revenue sur ses points hauts d'environ 10 Mt. Après le fort stimulus des surfaces envoyé par les prix très élevés du printemps 2022, les semis de 2023 sont restés importants. La France a même atteint son record absolu de production de tournesol grâce à des surfaces proches des points hauts (environ 800 000 ha) et une météo estivale clémente qui a permis de très bons rendements 2023. À l'inverse, les grands pays producteurs de l'Est de l'Union européenne (Roumanie et Bulgarie) ont vu leurs rendements pénalisés par la sécheresse, mais ont conservé un niveau de production honorable par rapport à l'historique.

C'est dans ce contexte de fortes disponibilités mondiales en 2023 que les prix de la graine de tournesol ont oscillé entre € 415 et € 450/t durant toute la seconde partie de l'année 2023 sur le marché européen : bien loin des € 1 200/t atteints au printemps 2022 au plus fort de la crise, mais à un niveau supérieur à la moyenne des prix de 2017-2020 (€ 360/t). Les prix de l'huile de tournesol, dont l'offre européenne est concurrencée par l'origine ukrainienne, affichaient fin 2023 des cotations autour de € 850/t soit un niveau inférieur de 30 % au prix de la fin 2022.

En ce qui concerne les perspectives 2024, les observateurs internationaux sont en proie au doute quant aux semis de la prochaine récolte en Russie. En effet, le pays renforce son extrême défiance vis-à-vis des entreprises occidentales. Après les nombreuses mesures contraignantes mises en place contre les grandes maisons de négoce international (Cargill, Louis Dreyfus, Viterra) qui se sont soldées par leur retrait de Russie au printemps 2023, les autorités ont désormais jeté leur dévolu sur le secteur des semences. La possibilité pour les acteurs étrangers d'inscrire de nouvelles variétés sur le marché russe s'est drastiquement réduite. Et depuis février 2024, des quotas d'importation sur les semences étrangères sont mis

Graines de tournesol

	2019-2020	2020-2021	2021-2022	2022-2023	2023-2024
Surfaces récoltées	**25.8**	**26.7**	**28.5**	**28.0**	**27.9**
Russie	8.4	8.3	9.6	9.1	9.3
Ukraine	6.4	7.0	7.1	5.7	6.0
UE à 28 puis UE à 27	4.3	4.4	4.4	5.0	4.9
Stocks de report	**2.8**	**2.9**	**2.5**	**8.0**	**4.0**
Production	**53.8**	**48.8**	**56.9**	**52.4**	**55.5**
Ukraine	16.5	14.1	17.5	12.2	14.5
Russie	15.3	13.3	15.6	16.3	17.1
UE à 28 puis UE à 27	9.5	8.9	10.3	9.2	10.2
Consommation	**53.3**	**49.1**	**51.2**	**56.2**	**56.3**
Trituration	49.4	45.0	46.6	51.5	51.8
Exportations	**3.7**	**2.9**	**4.0**	**4.0**	**2.9**
Stocks de fin	**2.9**	**2.5**	**8.0**	**4.0**	**3.1**
Ratio stocks/utilisation	**5 %**	**5 %**	**16 %**	**7 %**	**6 %**

(Source : USDA, janvier 2024)

Forte tension sur l'huile d'olive après deux années consécutives de mauvaise récolte

À contre-courant des autres huiles végétales qui ont connu une baisse conséquente au cours de l'année 2023, les prix de l'huile d'olive n'en finissent plus de monter. En 2023, le prix moyen de ce nouvel or vert a augmenté de plus de 80 % par rapport à 2022 pour atteindre en janvier 2024 le niveau stratosphérique de plus de € 9 000/tonne (à comparer à € 3 200/tonne début 2022).

Cette flambée des prix résulte de deux années consécutives de mauvaises récoltes (les récoltes des olives ont lieu en novembre/décembre de chaque année). Ainsi, pénalisée par la sécheresse, la récolte de fin 2022 avait connu un fort repli. Au lieu d'une production mondiale qui se situe habituellement entre 3 à 3,4 Mt d'huile d'olive selon le Conseil oléicole international, la récolte mondiale de 2022 n'avait permis d'engranger que 2,4 Mt d'huile (– 23 % *vs* 2021). Cela a conduit à une première vague de hausse des prix dans le courant de l'année 2023 et la campagne de commercialisation s'est clôturée en octobre 2023 sur des stocks mondiaux historiquement bas (– 63 % *vs* fin 2022).

Dans ce contexte de tension déjà forte sur l'offre, la nouvelle mauvaise récolte de 2023 (2,4 Mt d'huile ; – 8 % *vs* 2022) est venue mettre le feu aux poudres. C'est avant tout la récolte espagnole, premier producteur avec environ un tiers de la production mondiale, qui donne le la du marché. Le pays qui produit normalement 1,1 à 1,5 Mt d'huile d'olive par an a vu ses oliveraies souffrir de deux années de sécheresse extrême. Ainsi, sa production de 2022 est tombée à 670 000 tonnes et celle de 2 023 à 760 000 tonnes.

En 2023, en plus des déboires de l'Espagne, la Turquie et la Grèce (qui produisent habituellement environ 300 000 tonnes chacune) ont également vu leurs productions affectées par de mauvaises conditions climatiques pour tomber à environ 200 000 tonnes. À l'inverse, l'Italie, le Portugal et la Tunisie ont enregistré une petite hausse de production en 2023 après une récolte 2022 difficile.

Le manque d'offre s'est accompagné d'une baisse contrainte de la consommation mondiale, faute de disponibilités. Mais la consommation d'huile d'olive est tellement ancrée dans les habitudes culturelles des pays du bassin méditerranéen que l'élasticité de la demande reste relativement faible. Le report de la demande vers d'autres types d'huiles alimentaires n'est pas chose facile pour les consommateurs qui ont tendance à préférer payer le prix fort. Cela contribue à la dynamique haussière des prix.

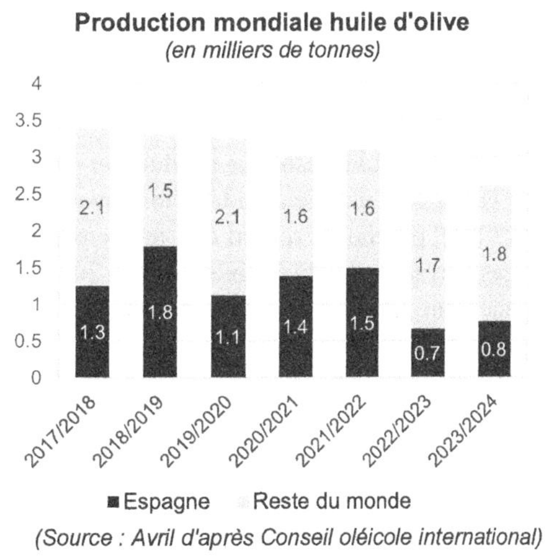

(Source : Avril d'après Conseil oléicole international)

en place. Pourtant la Russie est loin d'être autosuffisante puisqu'une grande partie des semences utilisées sur son large territoire – notamment de tournesol, mais aussi en céréales – est importée d'Europe. Pour continuer d'opérer en Russie, les semenciers étrangers déjà présents sur place devront s'associer en co-entreprises avec des opérateurs russes sur le maillon stratégique de la sélection (avec un risque non négligeable de se voir siphonner leur savoir-faire et leur génétique). Tout

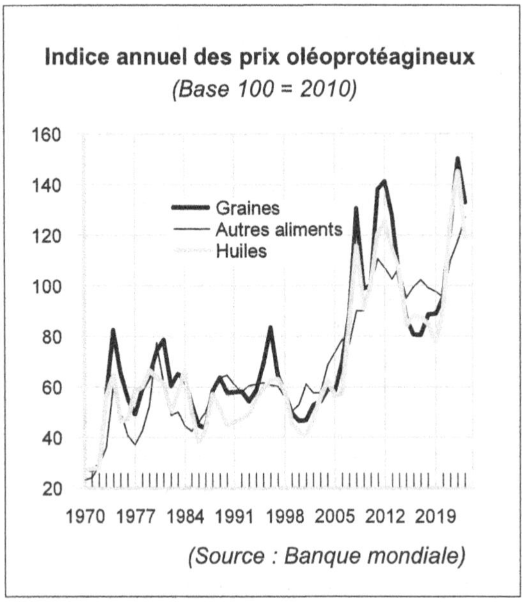

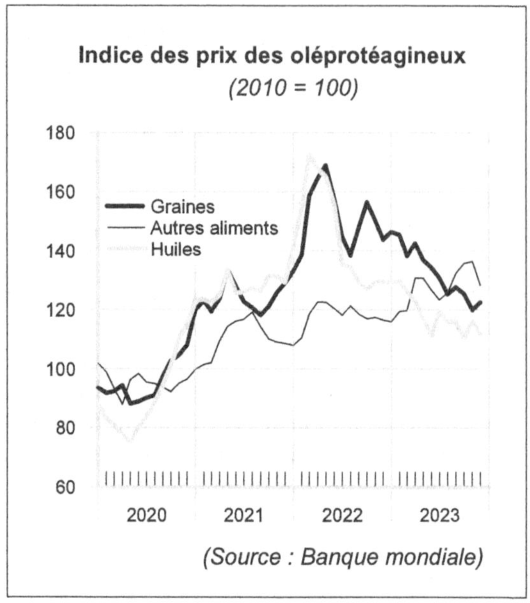

ceci semble en parfaite cohérence avec la volonté russe de développer sa puissance agricole en tant qu'arme économique et géopolitique, mais cela interroge sur les déstabilisations de court terme que cela pourrait représenter pour la production agricole locale.

Colza : net rebond de la production mondiale

À l'image du tournesol, la production mondiale de colza s'est établie à un très bon niveau en 2023 (87 Mt), proche du record de l'année précédente. Les surfaces ont été équivalentes en 2022 et aucun accident climatique n'a été relevé dans les principaux pays de production.

Ainsi, on note une bonne production dans les deux principaux bassins mondiaux : Canada (19 Mt) et Union européenne (20 Mt). En Ukraine, malgré la guerre, la production de colza a atteint le nouveau record de 4,3 Mt (+ 19 % *vs* 2022). Les agriculteurs ukrainiens continuent de plébisciter la culture de la fleur jaune, car sa filière de valorisation est bien maîtrisée et organisée. L'Union européenne a toujours été le principal acheteur du colza ukrainien. Dans le nouveau contexte géopolitique, elle est presque devenue « le seul acheteur » grâce notamment au Danube qui relie la ressource ukrainienne directement par voie fluviale aux usines de trituration d'Allemagne et d'Europe centrale. Parmi les autres grands exportateurs de colza, l'Australie a également connu une très bonne récolte en 2023 (6 Mt) même si le niveau est moins impressionnant que les deux précédentes récoltes qui avaient bénéficié d'une météo extrêmement favorable. Il s'agit ainsi de la troisième année consécutive de bonne récolte australienne.

Dans ce contexte de récolte abondante, en Europe et chez les grands pays exportateurs (Canada, Australie, Ukraine), le prix de la graine de colza s'est stabilisé entre € 420 et € 450/t sur le marché d'Euronext durant toute la seconde moitié de l'année 2023, bien en deçà du niveau de prix moyen de l'année 2022 (€ 725/t), mais encore au-dessus des référentiels de la période 2017-2020 (€ 375/t).

Pour les perspectives 2024, les semis (qui se sont déroulés en août/septembre 2023 pour l'Europe) laissent présager un repli de la production dans ce grand bassin de production. En France, les surfaces seront équivalentes à celles de la récolte précédente (1,35 Mha), mais un recul significatif est attendu en Roumanie (quatrième producteur de l'Union européenne) et en Ukraine en raison des conditions climatiques sèches de l'été 2023 qui ont pénalisé les semis et l'implantation de la culture.

Graines de colza/canola

	2019-2020	2020-2021	2021-2022	2022-2023	2023-2024
Surfaces récoltées	**35.1**	**35.3**	**38.5**	**41.9**	**42.5**
Canada	8.5	8.3	8.9	8.6	8.9
Union européenne	5.1	5.3	5.4	5.9	6.3
Russie + Ukraine	2.8	2.6	2.7	3.5	3.6
Stocks de report	**9.7**	**7.6**	**6.4**	**4.5**	**7.8**
Production	**70.3**	**74.7**	**75.8**	**88.8**	**87.1**
Canada	19.9	19.5	14.2	18.7	18.8
Union européenne	15.3	16.7	17.4	19.6	20.1
Russie + Ukraine	5.5	5.3	5.8	7.8	8.4
Consommation	**72.2**	**74.5**	**76.2**	**84.9**	**86.5**
Trituration	69.0	71.9	72.2	80.6	82.1
Exportations	**16.0**	**18.1**	**15.3**	**20.6**	**17.1**
Canada	10.0	10.6	5.3	8.0	7.7
Ukraine	3.0	2.4	2.7	3.4	3.5
Importations	**15.8**	**16.7**	**13.8**	**20.1**	**16.0**
UE à 28 puis UE à 27	6.1	5.8	5.6	6.8	5.3
Chine	2.6	2.8	1.7	5.3	3.4
Stocks de fin	**7.6**	**6.4**	**4.5**	**7.8**	**7.3**
Ratio stocks/utilisation	**11 %**	**9 %**	**6 %**	**9 %**	**8 %**

(Source : USDA, janvier 2024)

Soja : une offre abondante, mais des inquiétudes sur l'Amérique du Sud

Malgré une récolte 2023-2024 d'apparence très abondante, le soja est probablement la seule composante du « complexe oléagineux » à avoir suscité la nervosité des opérateurs de marché en 2023. La production mondiale devrait atteindre 399 Mt selon l'USDA, soit une hausse de 6 % par rapport à la campagne agricole précédente.

Toutefois, alors que les récoltes sud-américaines débutaient à peine au moment de la rédaction de ces lignes, l'estimation de l'USDA concernant la production brésilienne de soja (157 Mt) semblait optimiste pour de nombreux observateurs de marché. Compte tenu de la vague de sécheresse et de chaleur enregistrée dans le pays fin 2023, le consensus de marché anticipait plutôt une récolte

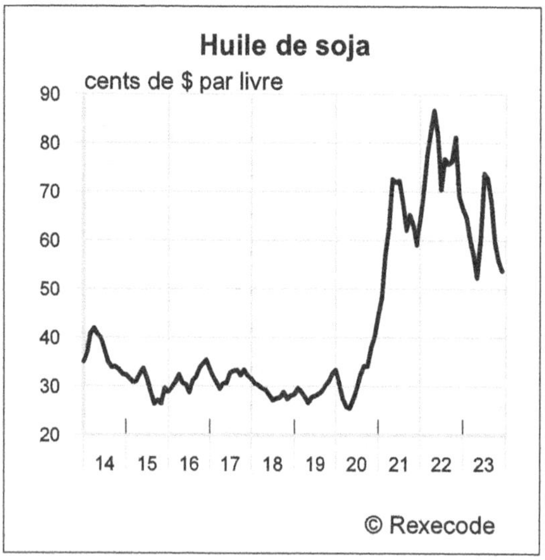

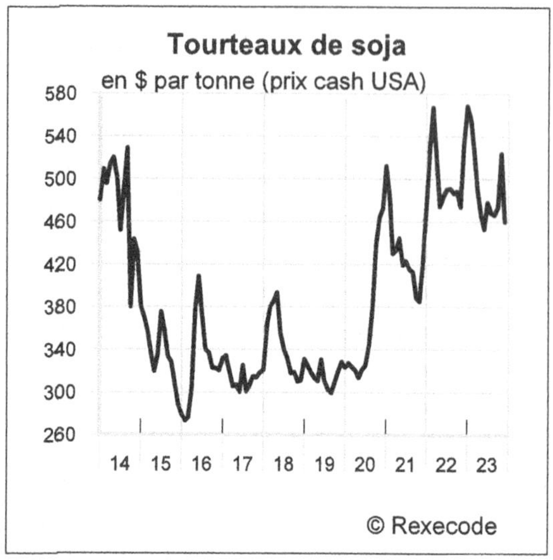

Graines de soja

	2019-2020	2020-2021	2021-2022	2022-2023	2023-2024
Surfaces récoltées	**123.6**	**129.7**	**131.4**	**136.5**	**139.0**
États-Unis	30.3	33.4	34.9	34.9	33.3
Brésil	36.9	39.5	41.6	44.3	45.6
Argentine	16.7	16.5	15.9	14.4	16.5
Stocks de report	**114.6**	**95.5**	**100.3**	**98.0**	**101.9**
Production	**341.4**	**369.2**	**360.4**	**375.4**	**399.0**
Brésil	128.5	139.5	130.5	160.0	157.0
États-Unis	96.6	114.7	121.5	116.2	113.3
Argentine	48.8	46.2	43.9	25.0	50.0
Consommation	**360.0**	**364.8**	**363.9**	**364.7**	**383.7**
Trituration	312.7	316.0	314.5	313.9	329.4
Exportations	**165.8**	**165.2**	**154.2**	**171.7**	**170.9**
Brésil	92.1	81.7	79.1	95.5	100
États-Unis	45.8	62	58.6	54.2	47.8
Importations	**165.3**	**165.5**	**155.5**	**164.8**	**168.3**
Chine	98.5	99.7	90.5	100.8	102.0
UE à 28 puis UE à 27	15.0	14.8	14.5	13.2	13.8
Stocks de fin	**95.5**	**100.3**	**98.0**	**101.9**	**114.6**
Ratio stocks/utilisation	**27 %**	**27 %**	**27 %**	**28 %**	**30 %**

(Source : USDA, janvier 2024)

Tourteaux*

	2019-2020	2020-2021	2021-2022	2022-2023	2023-2024
Stocks de report	**21.0**	**21.7**	**20.2**	**20.6**	**17.8**
Production	**346.8**	**349.6**	**349.6**	**356.6**	**369.8**
Palmiste	10.1	10.0	9.9	10.3	10.6
Colza	39.8	41.5	42.1	47.0	47.8
Soja	245.6	248.4	246.8	246.8	258.6
Tournesol	21.8	20.2	21.2	23.1	23.1
Consommation	**341.2**	**346.4**	**347.0**	**355.4**	**364.1**
Palmiste	9.4	9.4	9.4	10.5	10.1
Colza	39.9	41.9	41.9	47.0	47.2
Soja	240.6	244.7	244.8	245.9	253.7
Tournesol	21.4	20.5	20.9	22.0	22.9
Exportations	**96.0**	**97.4**	**96.3**	**96.9**	**100.7**
Palmiste	7.8	7.6	7.9	7.8	8.0
Colza	7.7	8.2	7.6	9.6	9.3
Soja	67.9	69.4	68.8	67.0	69.8
Tournesol	8.8	8.1	7.7	8.9	9.6
Stocks de fin	**21.7**	**20.2**	**20.6**	**17.8**	**19.7**
Ratio stocks/utilisation	**6 %**	**6 %**	**6 %**	**5 %**	**5 %**

**8 principaux tourteaux : soja, colza, tournesol, palmiste, coton, copra, arachide, farines de poisson*

(Source : USDA, janvier 2024)

aux alentours de 150 Mt, soit un niveau de 6 % inférieur à celui de l'année précédente (160 Mt), mais supérieur de 14 Mt à la moyenne des cinq dernières années (136 Mt). L'évolution des conditions météo au Brésil a ainsi animé les marchés mondiaux de la graine et du tourteau de soja en fin d'année 2023.

Du côté de l'Argentine, premier exportateur mondial de tourteau de soja, la très faible récolte 2022-2023 a eu une incidence sur l'équilibre des cours mondiaux durant toute l'année 2023. En effet, une forte sécheresse avait amputé de moitié la production de soja argentin (25 Mt contre environ 50 Mt pour une année normale). De plus, les traditionnelles ventes au compte-gouttes des *farmers* argentins afin de se prémunir du risque de change lié au peso ont continué de limiter les marges de manœuvre des transformateurs et exportateurs. Ainsi, les exportations argentines de tourteau de soja ont-elles diminué de 22 % durant la campagne 2022-2023 (– 6 Mt) contribuant à la fermeté des cours mondiaux. Le tourteau de soja est ainsi la matière première dont les prix ont le moins baissé depuis le pic de 2022. Sur le marché de Chicago, malgré le repli des cours du 17 % entre janvier et décembre 2023, le prix moyen du tourteau de soja en 2023 a été de $ 480/t, soit un niveau quasiment équivalent à 2022 ($ 482/t). Par ailleurs, l'arrivée au pouvoir du nouveau président argentin Javier Milei soulève de nombreuses questions sur l'évolution des taxes à l'exportation des produits du soja (qui constituent une ressource importante pour l'économie argentine). Alors que l'une des promesses de campagne de Milei était de supprimer les taxes à l'exportation, qui sont à 33 % pour le tourteau de soja ; pour gagner en compétitivité, le gouvernement a finalement proposé une augmentation des taxes en décembre 2023 avant de revenir à un statu quo fin janvier. Affaire à suivre.

Les États-Unis ont profité de la moindre présence de l'Argentine pour réaliser des exportations record de tourteau de soja durant la campagne 2022-2023 (+ 8 % *vs* 2021-2022). La récolte de l'automne 2023 a ensuite été légèrement décevante, en baisse de 3 Mt (à 113 Mt) par rapport à 2022. Mais c'est avant tout le développement récent et important de la demande en biodiesel aux États-Unis qui contribue à changer structurellement le marché américain du soja. Pour satisfaire ce nouveau débouché, la demande locale en huile de soja augmente d'année en année (+ 6 % entre 2022-2023 et 2021-2022). Jusqu'ici exportateurs nets d'huile de soja, les États-Unis ont très nettement baissé leurs exportations (– 80 %) pour devenir importateurs nets à partir de la campagne 2022-2023. Et les investissements dans de nouvelles usines de trituration vont conduire à une augmentation de la transformation locale du soja pour augmenter la disponibilité en huile, et en contrepartie une hausse de l'offre en tourteau. Ces changements structurels ont contribué à une modification du positionnement-prix de l'huile de soja par rapport aux huiles concurrentes : depuis plus d'un an et demi, elle est désormais plus chère que les huiles de palme, de tournesol ou de colza. Cette situation devrait devenir la nouvelle norme du marché.

Le marché du biodiesel poursuit sa croissance en volume

Le marché mondial du biodiesel poursuit sa croissance d'année en année. Le besoin de décarbonation du secteur des transports continue d'accroître la demande en biocarburants issus de corps gras (huiles, graisses), qui affiche des réductions de gaz à effet de serre de – 50 à – 90 % par rapport à des carburants fossiles. Il existe deux procédés différents : l'estérification (production d'esters) ou l'hydrogénation générant des huiles végétales hydrotraitées (HVO). Après une croissance de la production de 3,4 % en 2022, OilWorld estime que la production mondiale de biodiesel et HVO a augmenté de 5,1 % en 2023 pour avoisiner les 58 Mt.

En Europe, les pétroliers doivent depuis longtemps respecter un mandat d'incorporation de biocarburant dans le carburant fossile défini par les États en cohérence avec les ambitions européennes de décarbonation des transports sous peine de pénalités fiscales. Le secteur de l'aérien devra très bientôt également amorcer sa décarbonation puisque le Parlement européen a voté fin 2023 l'entrée en vigueur d'un mandat d'incorporation de carburants d'aviation durables (CAD) à compter de 2025. Ce mandat sera d'abord fixé à 2 % avec un objectif d'atteindre graduellement 70 % à l'horizon 2050. Les carburants renouvelables à base de corps gras seront une solution de choix (il s'agit aujourd'hui de la seule technologie mature) pour débuter cette transition énergétique avant un développement à un horizon plus lointain vers d'autres alternatives (hydrogène, e-fuels…).

Au-delà des obligations réglementaires, décarboner une partie de la chaîne logistique par le biais des biocarburants devient un enjeu majeur pour de nombreux acteurs économiques. Ainsi, certaines compagnies aériennes internationales ont déjà pris des engagements volontaires sur l'incorporation de CAD et le secteur des transports routiers européens investit dans le déploiement de flottes captives de camions roulant à 100 % au biodiesel (B100).

Ainsi, l'Union européenne reste la première productrice et consommatrice de biodiesel avec un marché toujours en croissance (+ 2 % en volume en 2023), et principalement satisfait par l'huile de colza qui représente environ 40 % de la consommation européenne de biodiesel et HVO.

Toutefois, une concurrence accrue s'observe en Europe dans les matières premières entrant dans la fabrication des biodiesels consommés. Alors que plusieurs États européens, à l'initiative de la France, interdisent ou limitent depuis quelques années l'utilisation d'huile de palme et de soja dans les biocarburants (pour les risques de déforestation ou de changement d'affection des sols qu'elles constituent), d'autres matières premières prennent une importance accrue : en particulier les huiles alimentaires usagées, et leur très bon score de réduction de GES (– 80 à – 85 % par rapport aux carburants fossiles), qui sont principalement issues d'importations d'Asie (Chine en tête). Les régulateurs européens ont été alertés sur les très fortes suspicions de fraude sur le caractère réellement usagé de ces huiles, mais ont encore du mal à mettre en œuvre des barrières efficaces pour contenir ces flux. Cette concurrence déloyale déstabilise les filières européennes bas-GES développées pour valoriser les pratiques culturales vertueuses des agriculteurs (semis direct, diminutions des intrants…) permettant la production de colza à faible niveau d'émissions.

Au-delà de l'Europe, les enjeux de décarbonation des transports conduisent à une accélération de la production de biocarburants à base de corps gras ailleurs dans le monde. En particulier aux États-Unis où la production a bondi de 30 % en 2023 (+ 3 Mt) avec l'entrée en service de nouvelles usines. Cette dynamique américaine va se poursuivre dans les prochaines années au gré des nombreux investissements récents dans ce secteur (amplifiés par l'*Inflation Reduction Act* de Biden). Les États-Unis devraient ainsi bientôt dépasser l'Union européenne pour devenir d'ici 2030 le premier producteur mondial de biocarburants à base de corps gras.

Les maladies animales affectant le commerce des viandes en 2024

– Peste porcine africaine en Chine et dans sept autres pays asiatiques : Cambodge, Hong Kong, Philippines, Singapour, Népal, Pakistan, Vietnam. En Europe, elle apparaît en Géorgie en 2008 et se propage de l'Est européen vers l'Ouest : Russie, Ukraine, Moldavie, Pologne, Hongrie, Roumanie, République tchèque, Serbie. Elle touche la Belgique en 2018 et l'Allemagne en septembre 2020, l'Italie en janvier 2022, et menace toujours la France. En 2023, elle est réapparue en Tchéquie et en Grèce, et est apparue en Croatie, en Bosnie et en Suède. Présente en Afrique : Afrique du Sud, Côte d'Ivoire, Nigeria. Au total, vingt-quatre pays, dans quatre continents, sont touchés : Asie, Europe, Afrique, Amérique (Brésil). Océanie et Amérique du Nord sont pour l'instant indemnes.

– Grippe aviaire ou plus exactement «*Influenza* aviaire hautement pathogène» ou IAHP de type H5N1. Connaît un rebond depuis 2021, avec quarante-deux pays touchés, sur quatre continents : Europe (vingt-huit pays dont vingt dans UE à 27), Asie, Afrique et Amérique. Europe du Nord (Danemark, Allemagne) et centrale (Pologne, Hongrie, Tchéquie) sont particulièrement touchés en 2024, mais relative accalmie en France. Est devenue endémique sur les oiseaux sauvages en Europe.

– Fièvre aphteuse qui recule en Asie, mais toujours sporadique en Afrique du Sud, en Tunisie, en Libye… En revanche, toute l'Europe de l'Ouest et notamment l'UE à 27 est désormais considérée comme «indemne de fièvre aphteuse sans vaccination».

– Fièvre catarrhale du mouton (FCO) ou maladie de la «langue bleue», originaire des zones subtropicales; après plus de vingt pays européens atteints, est arrivée en Europe du Nord (Allemagne, Pays-Bas, Belgique, Royaume-Uni).

– MHE ou Maladie hémorragique épizootique qui a affecté fortement les bovins du sud-ouest de la France en 2023.

– Peste des petits ruminants (ovins et caprins en Afrique du Nord), virus du West Nile désormais en Europe (Allemagne, France…).

– Fièvre de la vallée du Rift en Mauritanie et au Burundi…, et la tuberculose bovine, la grippe équine, la rage, la tremblante du mouton ou «scrapie», SDRP aux États-Unis pour le porc, maladie de Newcastle qui affecte les volailles, en Russie, au Maroc…

– Encéphalopathie spongiforme bovine ou ESB, en extinction, tant en Amérique du Nord (États-Unis et Canada) qu'en Europe (mais en 2023 un cas atypique aux Pays-Bas).

L'Organisation mondiale de la santé animale, OMSA, et ex-OIE, Office international des épizooties basée à Paris, recense cent seize maladies animales faisant l'objet d'un suivi international (maladies ayant des conséquences sanitaires et socio-économiques graves). L'OMSA estime que le monde est face aujourd'hui à un impact et une extension des zoonoses, sans précédent dans l'histoire de l'humanité. La mondialisation et le transport plus rapide d'un nombre croissant de marchandises et de passagers accompagnent la propagation des maladies à travers le monde. La pandémie mondiale du covid, après l'alerte de la grippe aviaire H5N1 en 2003, illustre une fois de plus les liens possibles entre santé humaine et animale.

(Source : OMSA Paris 2023)

Viandes :
la Chine fait les marchés

Les prix de la viande en 2023 ont baissé de 3 %, du fait d'une plus grande disponibilité chez les grands exportateurs mondiaux : Brésil et Océanie, et d'une moindre demande chinoise. Mais ils ont résisté dans un contexte global de baisse des prix alimentaires de – 14 % selon la FAO (notamment – 19 % pour les céréales). Les prix des viandes restent élevés après le pic de 2022, un record depuis 1990, et sont encore supérieurs de 60 % au bas niveau du début des années deux mille. Et ils sont moins volatils que ceux d'autres produits agricoles (céréales, sucre, produits laitiers).
C'est le prix de la viande bovine qui a reculé le plus en 2023 (– 11 %), notamment au Brésil et en Océanie, avec plus d'offres. Le prix de la volaille est en baisse de 7 % sous l'effet d'une forte production brésilienne. Le prix du porc recule de – 2 %, mais de façon très contrastée entre Europe et États-Unis. Enfin, la viande ovine perd 6 %, sous l'effet de la baisse des prix australiens.

En 2024, malgré une demande handicapée par l'inflation, les prix devraient se maintenir compte tenu d'une faible progression de la production de viande, notamment en Europe et aux États-Unis, à l'image de la production porcine européenne qui atteint de nouveau des prix élevés en février 2024 (€ 2/kg), du fait d'un écroulement de la production en Europe du Nord.

Les prix des grains, ingrédients essentiels pour l'élevage, après la flambée de 2022 ont nettement baissé en 2023 (– 20 % pour le blé et – 6 % pour le soja), ce qui a réduit le coût de l'alimentation animale (– 12 % après + 36 % en 2022). Mais le coût reste supérieur à celui des années deux mille vingt (+ 20 %) et les éleveurs sont toujours sensibles à « l'effet de ciseaux » entre coût élevé de l'alimentation animale et moindre rattrapage du prix de vente des viandes. Les producteurs des bassins de production faiblement dotés en grains (Europe, Asie) sont moins bien placés que ceux situés dans les zones céréalières : Amérique du Nord, Brésil et Rio de la Plata, plaines d'Ukraine et de Russie.

La production mondiale de viande a seulement augmenté de 1 % en 2023, à 365 millions de tonnes (Mt). La production porcine semble repartir en Chine, mais d'autres régions du monde décroissent et notamment l'Europe, handicapée par les maladies animales et surtout un déclin structurel de l'élevage. L'Amérique du Nord recule aussi sous l'effet de la hausse du coût des grains pour l'alimentation animale. Et l'Afrique baisse avec la sécheresse. Seul le Brésil poursuit une nette croissance.
Avec 41 Mt, le commerce international de viande représente 11 % de la production mondiale. Il a encore reculé en 2023 (– 1 %), avec la diminution des achats en Afrique, en Europe et aux Amériques, où les consommateurs ont subi l'inflation.

Les pays émergents animent le marché depuis plusieurs années. À moyen terme, la véritable « faim » de viandes des pays émergents (à l'image des Philippines, de l'Indonésie, du Vietnam, du Ghana, du Mexique…), du fait de leur croissance économique et de l'urbanisation, se maintiendra à un rythme de croissance plus ou moins élevé selon la dynamique de l'économie mondiale. Les viandes blanches (porc et surtout volaille) progressent le plus vite, du fait de leur compétitivité-prix et de leur relative facilité de production (industrialisation croissante), face aux viandes rouges (bœuf et mouton). Mais les viandes rouges connaissent aussi un regain d'intérêt, malgré leurs prix plus élevés, auprès des « nouveaux riches » des pays émergents.
En 2023, le commerce international des viandes totalisait $ 197 milliards, devant les produits de la mer, les produits laitiers, les huiles et oléagineux, et derrière les céréales et les fruits et légumes.

Évolution du prix des viandes dans le monde
(en dollars/tonne)

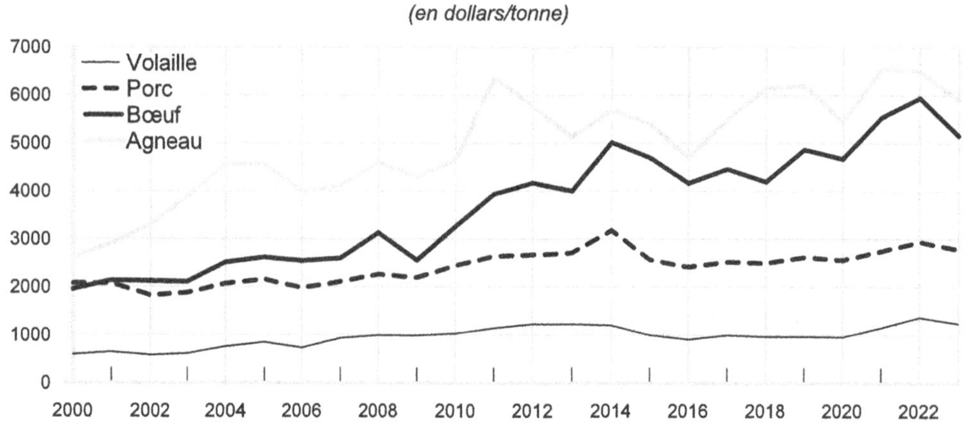

(Source : FAO)

Palmarès mondial des viandes en 2024

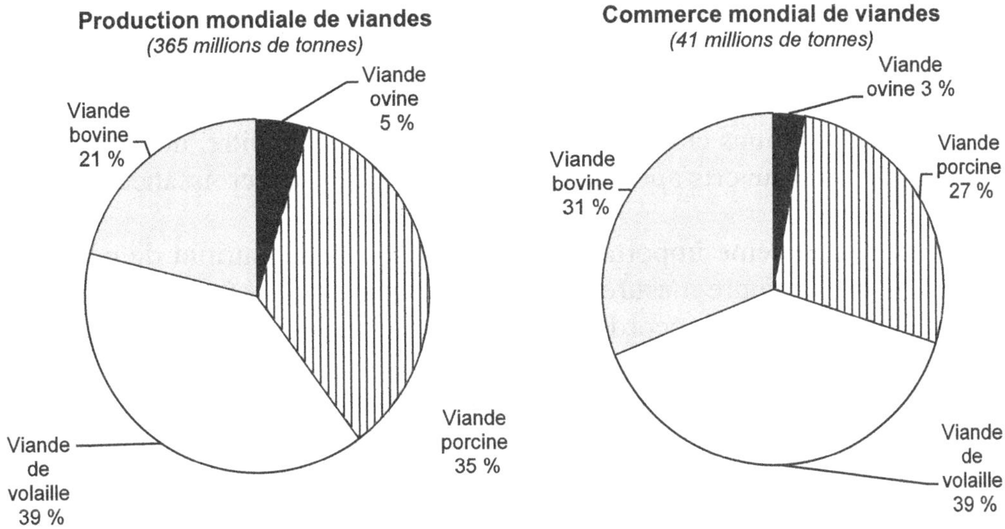

(Source : FAO)

La viande de volaille domine désormais largement la production mondiale de viandes, après avoir dépassé la viande porcine en 2016 (+ 19 millions de tonnes). Avec l'épidémie de peste porcine qui s'est répandue en Asie, l'écart s'est accentué. Mais le porc remonte avec la reconstitution rapide du cheptel porcin chinois.

Les échanges mondiaux de viandes sont réduits puisqu'ils ne représentent que 11 % de la production mondiale de viandes (hors intra-européen). La volaille est en tête des échanges, mais la viande bovine reste la plus internationalisée, avec 16% de la production qui passent les frontières (seulement 9 % pour le porc, 11 % pour les volailles et 7 % pour les ovins). La Chine est désormais le moteur du commerce mondial de viande avec 22 % des importations mondiales. Depuis 2018 ses achats de viande ont quasiment doublé (+ 3 millions de tonnes). Sa consommation progresse plus vite que sa production, handicapée par des maladies animales chroniques (grippe aviaire, peste porcine).

C'est toujours la Chine qui fait le marché, non seulement en porc, mais pour l'ensemble des viandes.
En 2023 ses achats ont seulement progressé de 4 %, après – 20 % en 2022. Les achats chinois sont en hausse de 60 % depuis 2017 et représentent 22 % des échanges mondiaux (soit 8 Mt contre 5 Mt avant l'épidémie de peste porcine en 2018). Aujourd'hui c'est le bœuf qui est la première viande importée en Chine (4 Mt devant le porc avec 3 Mt), compte tenu de son image de distinction sociale auprès des nouvelles classes supérieures chinoises, enrichies avec le développement économique. La Chine est devenue la clé du marché mondial de la viande, en volume, mais aussi en faisant et « défaisant» les prix, alors qu'elle existait marginalement sur ce marché au début des années deux mille dix. Avec une consommation de 105 Mt, soit 29 % du monde, malgré le rebond de sa production porcine, elle reste déficitaire de

8 Mt (8 % ou un mois de consommation). Et cela malgré une production de viande supérieure de 15 Mt à celle de 2017, avant l'épidémie de peste porcine.
La Chine est désormais le premier importateur mondial de viande, et cela pour toutes les viandes. Et elle est le premier producteur mondial de viande, notamment en porc et en volaille (depuis 2020 à égalité avec les États-Unis). La Chine occupe une place centrale dans l'économie mondiale des viandes.
En 2024, les importations chinoises devraient faiblement croître, notamment avec les restaurants tous rouverts après le covid et en dépit d'une croissance molle.

Le Japon est le deuxième importateur mondial de viande, surtout de porc et volaille, et dans une moindre mesure de bœuf. C'est un marché à haute valeur ajoutée, très convoité. Quatre accords de libre-échange ouvrent son marché : avec les pays du Pacifique (CPTTP, 2017), l'Union européenne (2019), les États-Unis (2020) et le Royaume-Uni (2021). Ainsi les droits de douane sur le bœuf passeront de 38,5 % en 2020 à 9 % en 2033.

Le Brésil dispute la place de premier exportateur mondial aux États-Unis. Il est le premier exportateur mondial de bœuf et de volaille, et depuis 2023 le troisième exportateur de viande porcine, devançant le Canada. Ses ventes ont encore progressé en 2023 (+ 5 %), malgré l'arrêt pendant trois mois de ses ventes de bœuf vers la Chine pour cause d'ESB. Il est toujours indemne de grippe aviaire et profite donc du retrait américain et européen. Depuis 2014, il bénéficie de l'embargo russe vis-à-vis de ses concurrents (Europe, États-Unis, Canada et Australie). Il progresse malgré des ennuis sanitaires réguliers. Sa monnaie est très compétitive (– 30 % vis-à-vis de l'euro depuis 2018). Avec des surfaces immenses (surface non cultivée équivalente à celle de la France et pouvant être mise en production immédiatement), ce pays a un potentiel de production de viande gigantesque. Il sera demain le grand leader mondial de la viande. Et si l'accord de libre-échange entre l'Union européenne et le Mercosur est ratifié, il en sera le premier bénéficiaire.

Les États-Unis ne sont plus le premier exportateur mondial. Leurs ventes ont stagné en 2023, surtout du fait du bœuf, handicapé par les sécheresses. Après plusieurs années de croissance, les ventes de viande vers l'Asie reculent, et notamment vers la Chine, mais moins que pour les Européens. Malgré une tension diplomatique croissante, la Chine reste le premier marché agroalimentaire des États-Unis ($ 34 milliards en 2023, surtout avec du soja, mais aussi des viandes dont les ventes ont fortement progressé depuis dix ans). Les ventes augmentent très fortement vers leur proche voisin, le Mexique. À moyen terme et compte tenu de la forte compétitivité de leur filière viande (taille des élevages, ressources en grains et entreprises mondialisées), les exportateurs américains resteront très présents et agressifs sur les prix, pour maintenir leur position commerciale.

Avec la guerre en Ukraine déclenchée le 24 février 2022, la Russie est coupée du monde occidental. Dès janvier 2014 avec le début du différend ukrainien, elle avait décrété un embargo sanitaire contre la viande porcine européenne, puis déclenché un second embargo agroalimentaire général le 7 août 2014, vis-à-vis de l'Union européenne, de la Norvège, des États-Unis, du Canada et de l'Australie, en réaction aux sanctions économiques occidentales. En revanche cet embargo ne vise pas le Brésil et encore moins la Chine ou l'Inde. En 2023, la Russie a de nouveau prolongé son embargo jusqu'au 31 décembre 2024.
Ses achats de viande ont ainsi diminué de 80 % entre 2013 et 2023, soit – 1,9 Mt, et surtout de viande porcine en provenance d'Europe (– 800 000 tonnes, un quart des ventes européennes de 2013). Cet embargo a causé un fort préjudice économique

Guerre en Ukraine : un impact sur le marché des viandes *via* le marché des grains

Le marché des viandes est peu directement touché, pour l'instant. Depuis les sanctions économiques occidentales en 2014 après l'annexion de la Crimée, et l'embargo russe en retour contre les produits agroalimentaires occidentaux, la Russie a fortement réduit ses achats de viande (seulement douzième importateur mondial de viande en 2022, au niveau de la Malaisie, après avoir été l'un des principaux importateurs mondiaux dans les années quatre-vingt-dix). Pour compenser, elle a importé des viandes du Brésil et surtout fortement développé sa production nationale (+ 40 % entre 2013 et 2022, + 3 millions de tonnes).
De même l'Ukraine est un opérateur de second plan, même si elle a développé sa production de volaille et ses ventes (septième exportateur mondial), notamment à destination de l'Europe dans le cadre des accords d'association Union européenne-Ukraine de 2014. Elle est ainsi le troisième fournisseur de l'Union européenne en viande de volaille, derrière le Brésil et la Thaïlande, avec une entreprise à taille mondiale comme le groupe Mironivsky dit MHP (CA € 1,5 milliard, 30 000 salariés, 500 000 tonnes de volaille, intégration verticale des céréales à la viande en gérant directement 380 000 tonnes de céréales, basé fiscalement à Chypre et coté à la Bourse de Londres). Ses atouts reposent sur des céréales abondantes et peu chères, des élevages géants cinquante fois plus gros qu'en France, intégrés dans une filière industrielle, fournissant ainsi à l'Europe une viande peu chère : € 3/kg de filet de poulet contre € 5 en France. Malgré la guerre, la production ukrainienne située à 80 % en dehors des zones de combat se maintient. Pour soutenir l'Ukraine, l'Union européenne a supprimé depuis le 24 juin 2022 ses droits de douane sur la volaille ukrainienne. En 2022, les achats européens de poulet ukrainien ont ainsi augmenté de 63 % ou + 50 000 tonnes, alors que la France importe déjà 50 % de sa consommation de poulet.
En revanche, le marché des viandes est fortement impacté par la flambée du prix des grains à la base de l'alimentation animale, qui pèse 70 % du coût de production du porc et de la volaille. Une nouvelle flambée des prix voire une pénurie de grains, faute de production ou de fret dans les ports de la mer Noire, entraînerait une forte perte pour les éleveurs.
La zone mer Noire est l'une des principales zones exportatrices de grains du monde. Ainsi l'Espagne, premier producteur et exportateur européen de viande porcine, notamment vers la Chine, achète la moitié de son maïs pour l'élevage de porc en Ukraine.
À plus long terme, la Russie devrait développer ses échanges commerciaux avec son Orient, l'Asie et plus particulièrement la Chine, avide de matières premières, notamment de grains et de viandes.

aux filières animales européennes (viandes et aussi lait). Le Brésil en a largement profité. Et sans concurrence, portée par les *agro-holdings*, la production russe de viande s'est fortement développée (+ 40 % entre 2013 et 2023, + 3 Mt). Et la Chine se rapproche de son voisin russe, pour importer des céréales et des viandes.

L'Union européenne connaît depuis plusieurs années une stagnation de sa production et de sa consommation de viande. En France, la consommation de viande par habitant a reculé de 9 % depuis 1998, point culminant (soit 85 kg/an/habitant en 2022 contre 94 en 1998). Seule la volaille progresse sans compenser le recul des autres viandes. Sur le front de la production, la situation sanitaire s'est un peu améliorée en 2023 : recul de la grippe aviaire et de la peste porcine, mais développement de la MHE pour les bovins. Cela ne suffit pour stopper le recul de la production de viande : – 3 % en 2023, et notamment le porc, dont la production régresse fortement en Europe du Nord. Seule la volaille progresse. L'élevage européen recule sous l'effet d'une démographie déclinante des éleveurs et d'une accélération de la décapitalisation des cheptels.
Faute de disponibilités, les exportations européennes ont encore diminué en 2023 (– 10 %), surtout du fait du porc (– 21 %), avec une baisse des ventes de viande porcine à la Chine (– 19 %), et vers d'autres pays d'Asie (Japon, Philippines, Corée du Sud). La Chine qui avait été une véritable « bouée de sauvetage » du marché européen de la viande porcine, depuis la perte du débouché russe en 2014, est beaucoup moins présente : – 2,2 Mt achetées depuis le pic de 2020. Ce qui correspond à la chute de la production européenne.

En février 2024, à l'heure où nous écrivons ces lignes, nous faisons l'hypothèse que sept variables essentielles pèseront sur le marché des viandes en 2024 et 2025 :

- une croissance économique mondiale ralentie et peu favorable à la consommation carnée,
- un prix des grains pour l'alimentation animale, en baisse et plus favorable à la production, notamment en Asie,
- une dynamique toujours imprévisible et surprenante des maladies animales (peste porcine africaine en Chine et en Europe, grippe aviaire aux États-Unis et en Europe…),
- les stratégies d'internationalisation des grandes firmes, américaines, brésiliennes et désormais chinoises ou thaïlandaises, qui s'implantent sur les cinq continents,
- les politiques interventionnistes des États pour faire face à la volatilité des cours (embargos commerciaux et sanitaires, stockage public de grains, taxation des exportations de céréales ou de viandes, subventions à l'élevage, contrôle sanitaire et douanier…), à contre-courant de la doctrine de l'OMC, tout en multipliant des accords de libre-échange bilatéraux (Union européenne-Nouvelle-Zélande, Union européenne-Chili…),

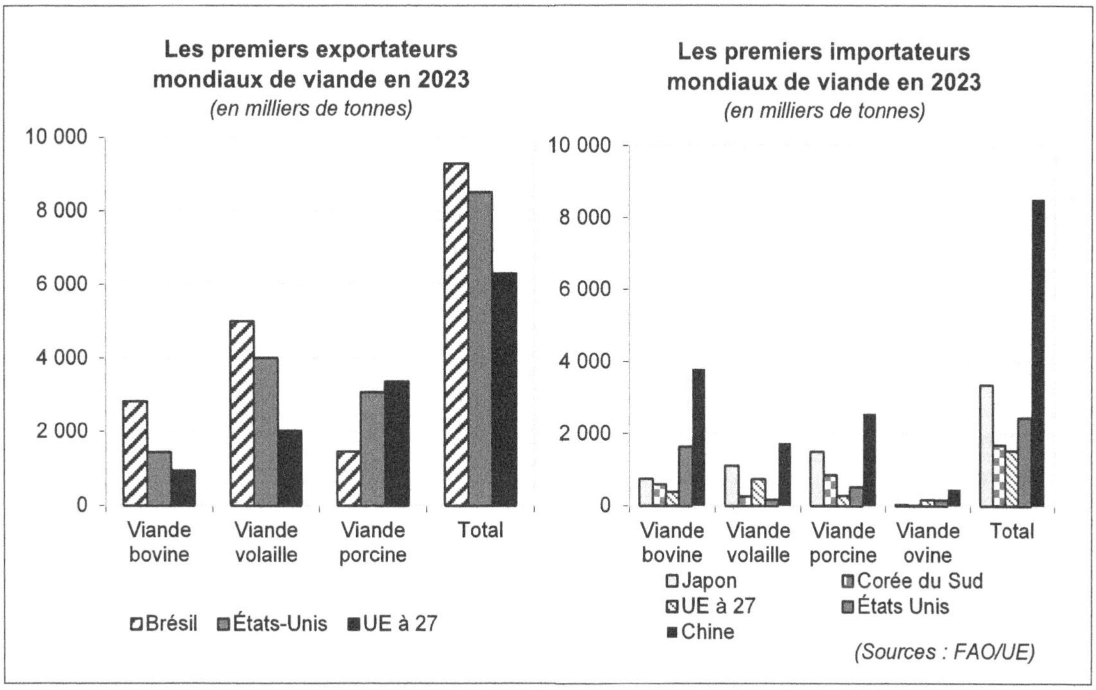

- la montée des tensions diplomatiques (États-Unis–Chine, mer Rouge…), et surtout l'issue imprévisible de la guerre en Ukraine,
- et les éternelles fluctuations monétaires des principaux acheteurs et vendeurs de viandes (euro, dollar, réal, peso argentin, yen, rouble, yuan…).

En 2024, c'est toujours le manque d'offre de viande qui fera le marché. Après des décennies où la demande était déterminante, la production stagne sous l'effet d'un cumul de facteurs : la décapitalisation des cheptels, les maladies animales, la hausse du coût de l'alimentation animale et le climat qui va devenir une variable de plus en plus structurante (sécheresses en Océanie, Amérique du Nord, Europe…). Ainsi les prix restent élevés, surtout faute d'offre. Début d'un basculement ?
Mais, à court terme, l'économie des viandes sera toujours soumise au comportement de la Chine, qui ne devrait pas augmenter ses achats en 2024. Ce pays-continent qui représente désormais plus du quart de la consommation mondiale de viandes est déterminant dans les équilibres du marché mondial des viandes. La permanence ou non des maladies animales (peste porcine, grippe aviaire) sera également majeure.
La guerre en Ukraine déstabilise l'ensemble de l'économie mondiale, et plus particulièrement l'approvisionnement en grains des élevages autour de la planète (Europe et Chine notamment). Une nouvelle flambée du prix des grains limiterait fortement le marché mondial des viandes.

Viande bovine
(en milliers de tonnes, équivalent poids carcasse)

	2018	2019	2020	2021	2022	2023 (e)
Production mondiale	**71 270**	**72 800**	**71 600**	**74 500**	**75 800**	**76 000**
États-Unis	12 260	12 340	12 360	12 700	12 900	12 300
Brésil	9 910	10 200	10 070	9 700	10 350	10 600
Chine	6 440	6 700	6 700	7 000	7 200	7 500
UE à 27	7 070	6 950	6 900	6 900	6 700	6 500
Inde	4 200	4 300	4 000	4 300	4 400	4 440
Argentine	3 050	3 140	3 170	3 020	3 100	3 300
Australie	3 050	2 430	2 130	1 900	1 900	2 100
Russie	1 350	1 630	1 630	1 670	1 610	1 610
Canada	1 060	1 270	1 340	1 280	1 400	1 340

Exportations viande de bœuf et de veau
(en milliers de tonnes, équivalent poids carcasse)

	2018	2019	2020	2021	2022	2023 (e)
Brésil	2 100	2 280	2 500	2 330	2 900	2 820
États-Unis	1 430	1 460	1 490	1 630	1 660	1 430
Australie	1 560	1 670	1 410	1 240	1 190	1 460
Inde	1 660	1 430	1 230	1 340	1 380	1 410
UE à 27	1 188	1 141	1 139	1 031	940	930
Argentine	510	770	830	750	940	930
Nouvelle-Zélande	630	600	610	650	620	650
Canada	500	520	500	590	570	560
Uruguay	470	420	390	470	490	430

Importations viande de bœuf et de veau
(en milliers de tonnes, équivalent poids carcasse)

	2018	2019	2020	2021	2022	2023 (e)
Chine	1 500	2 300	3 360	3 500	3 700	3 790
États-Unis	1 360	1 330	1 440	1 460	1 500	1 630
Japon	865	860	830	810	780	740
Corée du Sud	580	560	560	600	600	590
Royaume-Uni			508	481	510	500
UE à 27	340	330	230	220	390	370
Chili	300	340	330	370	335	340
Russie	500	410	370	320	300	280
Canada	250	230	270	240	240	250
Vietnam	800	650	200	200	200	210

(Sources : FAO, UE, USDA)

Viande bovine :
un Brésil conquérant

L'année 2023 marque un arrêt de la forte hausse des prix enclenchée en 2021 : soit – 11 %, après + 27 % en 2021 et 2022. Pourtant, la production progresse peu. Mais l'inflation quasi générale sur la planète limite le pouvoir d'achat et la demande des consommateurs, pour une viande chère. Les prix sont toutefois contrastés. Ils restent encore élevés en Europe (€ 5/kg pour le taurillon, stable en 2023 et + 21 %/2021), et encore plus élevés aux États-Unis faute de production (€ 6). Mais ils ont baissé de 19 % au Brésil (€ 3), ou en Australie.

La production repart depuis la chute de 2020, pour atteindre 76 millions de tonnes (Mt). Mais les disponibilités restent limitées et les échanges ont baissé de – 1 % à 12,5 Mt. La Chine, premier acheteur mondial depuis 2019, loin devant les États-Unis et le Japon, achète encore plus malgré le retour de sa production porcine domestique. La Chine a presque quadruplé ses achats depuis 2017 (soit 3,8 Mt en 2023 ou un tiers des importations mondiales). Elle « assèche » les disponibilités mondiales. Le Brésil, surtout et plus largement le Mercosur, accroît sa domination sur le marché mondial (un tiers des exportations).

Les parts de marché de la viande bovine s'érodent, face à des viandes blanches de porc et surtout de volaille, moins chères et plus faciles à développer. Les sécheresses croissantes handicapent son développement. Deux dynamiques mondiales de consommation divergent : stagnation dans les pays développés, mais appétit croissant pour la viande bovine dans les pays émergents d'Asie, d'Amérique latine et même du Moyen-Orient, où elle est un symbole de développement économique et de distinction sociale. Le marché est tiré par une demande asiatique, sous l'effet d'un développement économique régulier dans un nombre croissant de pays émergents d'Asie du Sud-Est (Chine, Malaisie, Indonésie, Philippines, Vietnam…), et chez les grands acheteurs traditionnels (Japon, Corée du Sud). L'Asie représente désormais 60 % des achats mondiaux.

Le marché du Pacifique

Les États-Unis dominent toujours le marché mondial de la viande bovine : premier producteur mondial, deuxième exportateur et importateur, ils consomment ainsi le sixième de la production planétaire. La sécheresse frappe de plus en plus durement et fréquemment les États-Unis, surtout l'ouest, mais aussi les grandes plaines du centre qui concentrent le cheptel bovin naisseur (Texas, Oklahoma, Nebraska, Dakota). Près de 60 % du cheptel bovin se situe dans une zone de sécheresse potentielle. Faute de fourrage, les éleveurs réduisent leur cheptel et décapitalisent. En 2023, les abattages de vaches et génisses ont atteint un taux record depuis 1986 (42 %), et malgré cela la production a baissé de 5 %. Le cheptel bovin américain totalise 88 millions de têtes en 2024, contre 95 en 2015 (– 7 %). Le nombre de vaches allaitantes pour la viande est de 28 millions, contre 45 millions en 1975 (– 38 %).

Faute de production, les exportations 2023 ont fortement reculé (– 14 %), surtout vers l'Asie (– 22 % vers la Chine et – 21 % vers le Japon). Australie et Brésil ont compensé le recul américain vers la Chine. La Chine reste la troisième destination des ventes américaines, derrière le Japon et la Corée du Sud, et devant le Mexique et le Canada, proches voisins. Malgré les tensions diplomatiques, les exportations vers la Chine ont quadruplé depuis 2020. Elles ont été facilitées par l'agrément chinois de dix-sept abattoirs américains. Les États-Unis ne représentent que 6 % des achats chinois, face aux principaux fournisseurs : Brésil, Argentine, Australie, Uruguay…

Les importations américaines ont augmenté de 9 % en 2023, surtout en provenance d'Australie qui revient à la troisième place comme fournisseur, derrière le Canada et le Mexique. En 2023, les États-Unis sont devenus déficitaires avec des achats supérieurs aux ventes, et ils le seront encore en 2024.

Les viandes importées sont surtout des viandes de fabrication (viande d'herbe, viande « minerai » congelée pour l'industrie de transformation [haché]), à la différence des viandes américaines finies aux grains (*grain-fed* par opposition au *grass-fed* d'Océanie ou d'Amérique du Sud).

Production et vente du Canada ont reculé en 2023. La filière bovine canadienne, fragilisée, est devenue très dépendante des États-Unis, qui lui achètent 80 % de sa viande exportée. L'accord commercial du CETA avec l'Union européenne (Accord économique et commercial global ou AECG) est entré en application provisoire en septembre 2017, mais la France comme neuf autres États de l'Union européenne ne l'avait toujours pas ratifié en 2024. Les ventes vers l'Union eu-

Prix de la viande de bœuf congelée, sans os, toutes provenances ports américains

(2000 = 100 - US cents/lb)

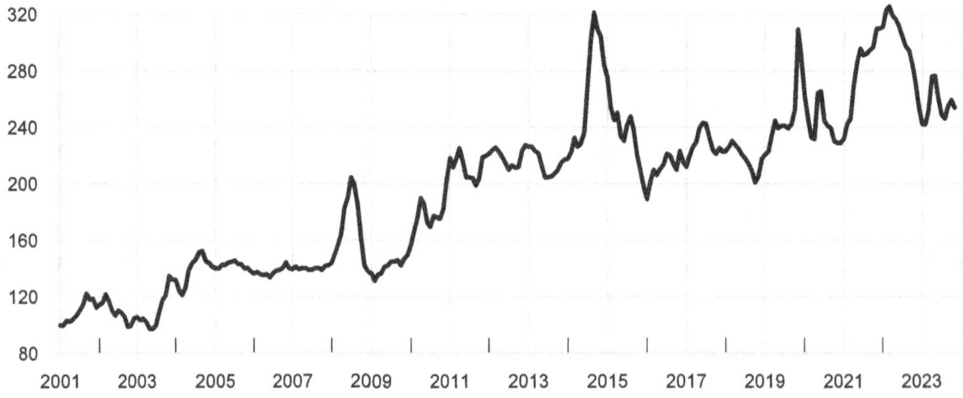

(Source : Cnuced)

ropéenne sont réduites et reculent (1 600 tonnes seulement en 2023, soit – 27 %), et sont loin d'atteindre le contingent autorisé totalement ouvert (50 000 tonnes). Les envois vers l'Union européenne butent notamment sur les enjeux sanitaires : pas assez de viande sans hormone, divergence sur le lavage des carcasses, et le manque d'entrain des grands industriels (JBS, Cargill).

En Océanie, les sécheresses récurrentes entraînent la décapitalisation et fragilisent la production. En Australie, l'élevage subit de plus en plus les dérèglements climatiques. En 2019, la sécheresse et les méga-incendies ont lourdement frappé. Après une accalmie en 2022, le retour d'*El Niño* en 2023 a ramené la sécheresse et détruit les pâtures, dans les principaux États d'élevage : Queensland, Nouvelle-Galles-du-Sud et Victoria. Les éleveurs ont été contraints de réduire massivement leur cheptel, entraînant ainsi une hausse temporaire de la production et des exportations (retour à la troisième place mondiale). L'apaisement des relations diplomatiques entre Canberra et Pékin a aussi soutenu l'exportation, et la Chine est ainsi redevenue la deuxième destination des ventes australiennes.

En Nouvelle-Zélande, la production et donc les ventes stagnent, sous l'effet de la décapitalisation laitière, et de l'aggravation des sécheresses. L'industrie de la viande est dépendante de la production laitière, puisque quatre vaches sur cinq sont laitières, avec l'expansion des marchés laitiers mondiaux. En 2023, la production a peu progressé et les ventes principalement vers la Chine et les États-Unis ont subi la concurrence des bas prix australiens.

Le Japon est l'un des premiers importateurs mondiaux de viande. La production de viande bovine est en déclin et ne représente plus que 41 % de la consommation nationale, même si la race locale Wagyu connaît un regain d'intérêt. Les importations proviennent à 50 % d'Australie et à 40 % des États-Unis. Dans le cadre d'un accord commercial américano-japonais, depuis juin 2020 les viandes américaines ont vu leurs droits de douane baisser à 26,6 %, contre 38,5 % précédemment, s'alignant ainsi sur les conditions jusqu'alors réservées au Canada, à l'Australie et à la Nouvelle-Zélande. L'accord de libre-échange avec l'Union européenne, en vigueur depuis février 2019, favorise les viandes européennes, mais faute de production, elles ont

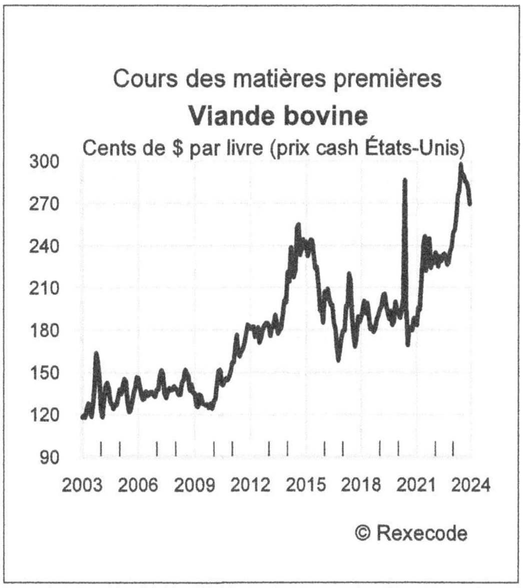

fortement reculé (11 000 tonnes en 2023 contre 20 000 tonnes en 2022 et 4 000 tonnes en 2017).

Les marchés asiatiques représentent désormais 63 % des importations mondiales de viande bovine. La demande croît malgré l'augmentation des prix, car le bœuf est souvent considéré comme une viande socialement distinctive.

En plus des majors (Chine, Japon, Corée du Sud), d'autres pays plus modestes développent leurs achats du fait du développement d'une classe moyenne avec des revenus croissants : Malaisie, Indonésie, Philippines, Vietnam.

Le marché de l'Atlantique

Le Brésil est le deuxième producteur mondial et le premier exportateur devant les États-Unis. Il peut encore croître avec de nouveaux pâturages et une monnaie dévaluée. L'élevage brésilien se tourne de plus en plus vers l'exportation (27 % de la production), avec notamment le développement de *feedlots* avec une durée d'engraissement très rapide (cent dix jours au maximum). Ses exportations ont augmenté en 2023, malgré le retour de l'Australie, et surtout après une suspension temporaire des ventes vers la Chine entre le 23 février et le 23 mars 2023, à cause de la découverte d'un cas atypique d'ESB. C'est la troisième fois que le Brésil s'impose cet « auto-embargo », comme prévu dans l'accord sanitaire signé entre les deux pays en 2015, pour préserver à long terme son immense débouché chinois (60 % de ses ventes). Le Brésil souhaiterait régionaliser l'accord afin de limiter l'embargo au seul État touché.

En Argentine, le bœuf recule devant les cultures de soja transgénique (désormais 50 % des terres cultivées !). Les marchés internationaux sont plus rémunérateurs que le marché intérieur (contingents Hilton beef de viande de qualité, Panel Hormones et GATT, vers l'Union européenne). Avec la demande chinoise et la dévaluation du peso, les exportations ont triplé depuis 2017. Le marché chinois domine : 75 % des exportations et 20 % de la production argentine, avec quarante et un abattoirs agréés. Depuis deux ans, la production repart à la hausse, du fait du développement des *feedlots* plus productifs que l'engraissement traditionnel (aliments concentrés, activateurs de croissance…). Mais la sécheresse a été rude pour la production en 2023. Après la mise en place de taxes à l'exportation sur la viande bovine afin de limiter la hausse des prix intérieurs en 2021, partiellement levées depuis, les ventes progressent de nouveau et surtout vers la Chine. L'arrivée d'un nouveau président avec un programme économique radical (déjà dévaluation du peso de 50 %) s'accompagne d'une inflation qui s'accélère sur un rythme de 250 % selon l'OCDE en 2024, après + 211 % en 2023. Et pour récupérer des devises, une politique très favorable aux exportations agroalimentaires (soja et viande) sera privilégiée.

Les trois pays du Mercosur, Brésil, Argentine et Uruguay, fournissent les deux tiers des achats chinois de viande bovine, et y réalisent la moitié de leurs ventes. Depuis 2011, ces ventes ont été multipliées par 14, signe de la forte dépendance des économies de la zone au marché chinois.

La Chine conforte sa place de premier importateur de viande bovine (un tiers des achats mondiaux), essentiellement en provenance du Mercosur (Brésil, Argentine, Uruguay : 2 Mt). Les États-Unis fournissent 300 000 tonnes (+ 700 %/2020), nettement devant l'Europe (quelques dizaines de milliers de tonnes) et la France. Les achats chinois ont été stables en 2023, du fait d'une production nationale en légère augmentation et surtout d'un rebond de la production porcine.

La Russie ne peut endiguer le déclin de sa production de viande bovine : – 50 % depuis la fin des années quatre-vingt-dix. Et l'embargo politique du 6 août 2014 a brutalement interrompu les flux d'achat en provenance des États-Unis, du Canada, d'Australie et d'Europe. Depuis, ses achats ont reculé de 60 %, malgré une présence accrue du Brésil et du Paraguay, non frappés par l'embargo. Ainsi, après avoir été pendant longtemps le premier importateur mondial de viande bovine, la Russie n'en est plus en 2022 que le huitième. Avec la guerre en Ukraine, les flux sont réduits encore, même si la Russie tente un pivotement vers l'Amérique du Sud.

L'Inde est à la quatrième place pour l'exportation de viande bovine, après avoir été en tête en 2013, sous l'effet de l'interruption des flux « gris » à destination de la Chine, *via* le Vietnam et aussi de l'interdiction politique du commerce de bovins, principalement opéré par la minorité musulmane. En 2023 les ventes ont de nouveau progressé, grâce à des prix très compétitifs (€ 2,20 Fob/kg, deux fois moins élevés que les principaux exportateurs) vers les marchés du Moyen-Orient (Égypte) et d'Asie (Malaisie) à la recherche de prix bas et demandeurs de la certification Halal. Pour l'instant la Chine refuse la viande indienne. La viande exportée provient essentiellement du *carabeef* ou viande de buffle, qui n'est pas sacrée à l'inverse du zébu ou vache, et qui est beaucoup moins soumise aux règles religieuses hindoues.

En 2023, la production de l'Union européenne a de nouveau reculé (– 3 %), sous l'effet d'une décapitalisation qui s'est accélérée depuis la période du covid en 2020, tant pour le cheptel allaitant que le cheptel laitier, soit – 1 million de vaches entre 2019 et 2022 (– 3 %), et autant de veaux non produits et engraissés (équivalent 400 000 tonnes soit 6 % de la production UE à 27). Faute de production, les prix moyens européens ont augmenté de 43 % entre 2020 et 2024, en passant de € 3,50/kg de carcasse à € 5. En 2023, les prix se sont stabilisés. Au début 2024, les prix étaient de nouveau à la hausse, faute de production et malgré une consommation atone.

En raison d'un manque de disponibilités, les exportations de viande bovine de l'Union européenne ont encore reculé (– 1 % et – 22 % en cinq ans), avec pour principales destinations le Royaume-Uni (38 % du tonnage), la Turquie, Israël, la Bosnie, le Ghana. La diversification des ventes européennes compense ainsi la perte du débouché russe depuis 2014. Quatre pays européens sont déjà admis sur le marché américain : Irlande, Lituanie, Pays-Bas et France depuis le 12 janvier 2017. Mais seulement 8 000 tonnes ont été exportées en 2023, contre 18 000 tonnes importées (notamment *via* un quota de bœuf de « haute qualité », de 35 000 tonnes, acté en 2019 pour clore le conflit sur les hormones). Le marché japonais est ouvert depuis l'application du JEFTA (accord de libre-échange Union européenne-Japon), le 1er février 2019. Mais l'Europe y a exporté seulement 1 000 tonnes en 2023.

Les animaux vivants représentent un quart des exportations européennes, notamment vers la Méditerranée (Turquie, Israël, Kosovo, Liban). Près d'un million d'animaux vivants ont été exportés en 2023 (+ 9 %). Après plusieurs années d'absence, la Turquie est redevenue la première destination. Affectée par une crise économique et monétaire, ainsi que pour des raisons diplomatiques, elle préférait s'approvisionner au Brésil, avec des animaux moins chers.

Malgré les difficultés et les craintes, la balance commerciale de l'Union européenne est largement positive (+ 560 000 tonnes et + € 1,2 Md). Ainsi les achats au Mercosur ne progressent guère, ces pays s'orientant plutôt vers l'Asie et les États-Unis. Et même les contingents GATT ne sont pas remplis.

En 2024, la production mondiale progressera peu, avec un déclin qui se poursuivra dans les vieux pays producteurs : États-Unis, Europe, Argentine. L'Australie augmentera sa production, mais du fait d'une décapitalisation. Seul le Brésil poursuivra son expansion. Et le Brésil devrait rester le premier exportateur mondial, soutenu par un réal faible.

Les exportations évolueront peu. Brésil et Australie, leaders mondiaux, profiteront de la baisse de production des États-Unis pour leur fournir plus de viande. Mais le Brésil sera contraint par des contingents d'accès au marché américain, alors que l'Australie bénéficiera d'un accès libre sous l'égide de l'accord de libre-échange actif depuis 2005 (AUSFTA). La demande chinoise continuera à progresser, malgré une croissance économique ralentie.

Les prix devraient rester contrastés : plus bas en Océanie et Amérique du Sud, toujours élevés en Europe et aux États-Unis.

Union européenne : la crainte croissante des accords de libre-échange pour la viande

La viande et particulièrement la viande bovine fait partie des produits agricoles européens, qui sont les plus menacés par des concessions d'ouverture de marché supplémentaire dans le cadre d'accords de libre-échange. La viande bovine, ainsi que les viandes ovine et de volaille sont en position défensive (essentiellement pour une raison de prix et de normes de production), quand les produits laitiers et même la viande porcine sont plus offensifs. Sachant que globalement les produits agricoles européens sont souvent en position défensive et constituent une « monnaie d'échange » en faveur d'autres secteurs offensifs (industrie, services…). Sans oublier que l'UE à 27 est le premier exportateur agricole et agroalimentaire du monde : solde net de + € 70 milliards en 2023 (surtout vins et spiritueux, produits laitiers et céréales).

L'Union européenne a déjà signé quarante-sept accords commerciaux, dont seize strictement dits de libre-échange. En 2023, l'Union européenne a signé définitivement deux nouveaux accords de libre-échange : Nouvelle-Zélande le 9 juillet et Chili le 13 décembre. Ainsi des contingents d'accès à droits réduits ont été ouverts par l'Union européenne : Nouvelle-Zélande (+ 10 000 tonnes de bœuf à 7,5 % sur sept ans, + 38 000 tonnes d'agneau à droit zéro sur sept ans, + 15 000 tonnes de poudre de lait à 20 %, 21 000 tonnes de beurre) et Chili (5 000 tonnes de viande bovine à la place d'un précédent de 3 000 tonnes). En revanche, la négociation avec l'Australie a été suspendue par cette dernière qui considérait que l'offre européenne de 24 000 tonnes de viande bovine n'était pas suffisante.

L'accord de libre-échange conclu avec le Mercosur (Brésil, Argentine, Uruguay, Paraguay) le 28 juin 2019 n'est toujours pas ratifié. Plusieurs États membres s'y sont opposés, dont la France, mettant en avant une divergence avec les accords de Paris sur le climat et notamment la politique en défaveur de l'Amazonie. Mais plusieurs pays européens sont favorables (Allemagne et Espagne) et un vote à la majorité qualifiée pourrait finaliser l'accord. La France continue à mettre en avant les distorsions environnementales et sanitaires, notamment en réclamant une « clause miroir » (équivalence des normes sanitaires de production pour échanger). Mais cela pourrait ne pas suffire. Ainsi l'Europe concéderait une ouverture importante de son marché des viandes : + 99 000 tonnes de bœuf à droits réduits de 7,5 %, suppression du droit de douane de 20 % du contingent Hilton Beef, + 180 000 tonnes de volaille à droits nuls et contingent de 25 000 tonnes de viande porcine à droit réduit de € 83/tonne. Les importations en provenance du Mercosur ne représentent encore « que » 230 000 tonnes de bœuf, soit 4 % de la consommation de viande bovine européenne, 300 000 tonnes de volaille, soit 3 % de la consommation, et les importations d'agneau de Nouvelle-Zélande de 70 000 tonnes soit 12 % de la consommation, mais de plus en plus concentrés sur des morceaux de qualité (aloyau pour le bœuf dont le Mercosur pourrait fournir 50 % de la production européenne soit 600 000 tonnes, filet pour le poulet et gigot pour l'agneau).

En février 2024, pour répondre aux nombreuses critiques, la Commission européenne a publié une nouvelle étude sur l'impact agricole de dix accords de libre-échange à venir (Australie, Chili, Inde, Indonésie, Malaisie, Mercosur, Mexique, Nouvelle-Zélande, Philippines et Thaïlande). Globalement, l'Union européenne agricole et agroalimentaire est gagnante (exportations supérieures aux importations), notamment avec les produits laitiers, le porc, les boissons et les produits transformés. Mais les autres viandes sont perdantes : bœuf, ovin et volaille seraient davantage importées. D'ici 2032, ces accords conduiraient à une importation supplémentaire en Europe de 90 000 tonnes de viande bovine, 280 000 tonnes de volaille et 6 000 tonnes de viande ovine.

Viande ovine : *des prix élevés en Europe, mais baissiers en Océanie*

La viande ovine domina longtemps le commerce des viandes et fut la première viande à s'internationaliser. À la fin du XIXe siècle, avec la maîtrise et le développement des transports frigorifiques maritimes, les viandes d'Océanie ont pu atteindre l'Europe.

Aujourd'hui, la viande ovine ne représente plus que 5 % de la production mondiale et 3 % des échanges mondiaux de produits carnés. La production mondiale ovine ne pèse guère plus que la seule production de volaille brésilienne. Le commerce de viande ovine est concentré entre un nombre limité de pays. Les grands exportateurs d'Océanie, Nouvelle-Zélande et Australie, représentent 80 % des ventes mondiales. L'Union européenne, les États-Unis et les pays pétroliers du golfe Persique et du Maghreb sont les acheteurs traditionnels. Mais depuis 2014 la Chine est le premier acheteur mondial (un tiers des achats et de la consommation mondiale).

En 2023, la production mondiale a progressé de 2 %, du fait de l'Australie et de la Chine. Le commerce international a bien progressé (+ 5 %), avec une augmentation des flux entre Océanie et Asie.

La viande ovine est beaucoup plus chère que les autres viandes (cinq fois le prix de la volaille, soit $ 5 900 la tonne contre $ 1 300). Les prix en 2023 ont reculé (– 6 %), surtout en Océanie (– 20 % après le record de 2022), et sont restés élevés en Europe, faute de production.

L'Océanie exporte deux types de viande ovine : mouton et agneau. La Nouvelle-Zélande fournit 70 % de la viande d'agneau échangée dans le monde, essentiellement vers la Chine et l'Europe. L'Australie vend les deux tiers de la viande de mouton échangée, essentiellement en vif, vers les pays arabes et l'Asie du Sud-Est. La grande nouveauté du marché depuis 2014 est l'irruption de la Chine comme premier acheteur mondial (38 % des achats mondiaux). Nouvelle-Zélande et Australie se partagent cet immense marché.

L'Australie a connu une sécheresse historique en 2019. L'équivalent du Portugal a brûlé. Entre 1990 et 2020, l'Australie a perdu plus du tiers de son cheptel ovin, en passant de 120 millions de têtes à 72 millions. En 2022, de meilleures conditions météorologiques dans le sud-est (Nouvelles-Galles du Sud et Victoria) ont favorisé les pâturages et la reconstitution du cheptel, qui est remonté à 78 millions de têtes, niveau jamais atteint depuis 2007. Mais le retour de la sécheresse en 2023, dans l'ouest du pays ainsi qu'au sud, a de nouveau engendré une décapitalisation et une augmentation des abattages (+ 3 %). Avec trop de disponibilités, l'Australie a fortement baissé ses prix (– 25 %) et ses ventes de viande ont augmenté de 13 %, surtout vers la Chine, qui est sa première destination (30 %), suivie par les États-Unis et le Royaume-Uni. Le retour des pluies depuis octobre 2023 devrait ralentir les abattages en 2024.

En revanche, les exportations de moutons vivants vers le Moyen-Orient continuent à reculer (– 10 % en 2023), faute de disponibilités, et avec la préoccupation croissante du bien-être animal (transport). L'Australie est le premier exportateur de moutons vivants, vers le Moyen-Orient. Environ 600 000 animaux partent chaque année (contre plus de 5 millions dans les années 2000), essentiellement des ports de l'Ouest, vers le Koweït, le Qatar, Bahreïn, la Jordanie. Il s'agit essentiellement de mâles Mérinos, qui après avoir été élevés pour leur laine sont expédiés vivants vers les abattoirs du Moyen-Orient.

Depuis le 31 mai 2023, un accord de libre-échange s'applique entre Australie et Royaume-Uni, désormais en dehors de l'Union européenne. Progressivement mis en œuvre entre 2023 et 2033, il aboutirait à l'importation britannique de 75 000 tonnes d'agneau australien à droits nuls en 2033. Pour le Royaume-Uni cela ouvre une porte d'entrée vers la zone prospère du Partenariat Transpacifique global et progressif (CPTPP, accord de libre-échange entre onze pays du Pacifique, sans les États-Unis et la Chine, soit 13 % du PIB mondial).

En Nouvelle-Zélande, malgré de meilleures conditions climatiques, la production stagne. Sous l'effet cumulé des sécheresses passées, de la concurrence du bœuf et de la production laitière jugés plus rémunérateurs, et nécessitant moins de main-d'œuvre, le cheptel ovin est en recul structu-

Viande ovine
(en milliers de tonnes, équivalent poids carcasse)

	2018	2019	2020	2021	2022	2023 (e)
Production mondiale	**15 300**	**16 000**	**16 200**	**16 300**	**16 700**	**17 000**
Chine	4 720	4 880	4 940	5 140	5 250	5 450
UE à 27	580	590	570	580	580	550
Australie	760	750	660	720	740	770
Nouvelle-Zélande	450	450	460	440	440	440
Russie	230	230	220	215	210	212
Afrique du Sud	170	163	170	170	160	160
Brésil	120	130	136	142	141	143
États-Unis	76	80	74	74	70	68
Principaux importateurs						
Chine	350	420	390	439	380	450
UE à 27	170	160	150	150	140	150
États-Unis	145	130	130	140	165	140
Arabie saoudite	35	23	20	20	30	28
Principaux exportateurs						
Australie	495	510	430	453	480	540
Nouvelle-Zélande	410	390	400	395	375	370
Royaume-Uni	90	70	60	70	75	86

(Sources : FAO, UE, USDA)

rel : 25 millions de têtes en 2023 contre 58 millions en 1990. Le projet d'une taxe carbone sur l'élevage incite les éleveurs à planter des forêts au détriment des moutons. Celle qui serait cependant suspendue jusqu'en 2030, par le nouveau gouvernement issu des élections d'octobre 2023. La Nouvelle-Zélande a encore du potentiel : alourdissement des carcasses, forte productivité des élevages et de l'industrie qui conduit à des coûts de production trois à quatre fois inférieurs aux européens.

Les viandes d'agneau représentent 75 % de la viande ovine néo-zélandaise exportée (280 000 tonnes), dont 48 % vers la Chine, première destination, devant l'Europe (25 %, 70 000 tonnes). Le *mutton*, viande d'ovins adultes (plus de douze mois), pèse les 25 % restants. La Chine représente 80 % des exportations néo-zélandaises de mouton (viande traditionnelle en Chine) et 41 % de celle d'agneau (viande de luxe). Moindre disponibilité et forte demande chinoise rendent l'Europe moins attractive. Globalement, la Chine pèse la moitié des ventes néo-zélandaises. Mais elles ont reculé au profit de la viande australienne, moins chère.

Après la flambée des prix à l'exportation en 2022 sous l'effet de la demande chinoise, les prix se sont calmés en 2023 : prix de l'agneau à € 4,30 pour les éleveurs (– 13 %) et prix du mouton à € 2,10 (– 34 %). Et les prix Fob à l'exportation reculent donc : € 6/kg pour l'agneau et € 3 pour le mouton.

L'Union européenne avec le Brexit a perdu son premier pays producteur : le Royaume-Uni pesait 32 % du total de la production ovine. L'Union européenne réduite à 27 pays a enregistré un net recul de sa production en 2023 (– 5 %). Quasiment tous les pays sont en baisse, y compris les plus importants : Espagne fortement atteinte par la sécheresse (– 9 %), Roumanie (– 8 %), France (– 6 %) et Irlande. Faute d'offre, les prix restent élevés : € 9/kg en Espagne et en France fin 2023, contre € 6 en 2020. Outre-Manche, les prix reculent légèrement : € 6,80 au Royaume-Uni et en Irlande, pour le *hogget*, agneau de fin de saison, proche de douze mois.

Faute de production, les importations de l'Union européenne continuent à se développer (+ 4 % en 2023), surtout de Nouvelle-Zélande, mais en baisse d'Australie (– 25 %), plus attirée par la Chine. Néanmoins, le contingent néo-zélandais d'exportation à droits réduits vers l'Europe (90 % du contingent global et diminué de moitié depuis le Brexit à hauteur de 114 184 tonnes) n'est rempli qu'à hauteur de 60 %, contre plus de 90 % dans les années deux mille. Depuis 2010, la Nouvelle-Zélande et d'autres exportateurs (Chili, Argentine) se détournent de l'Europe pour vendre aux États-Unis et surtout en Chine. Le déficit commercial de l'Union européenne se réduit légèrement. Mais, dans un contexte de baisse structurelle de sa consommation, l'Union européenne n'assure que 90 % de ses besoins intérieurs en viande ovine (et en France seulement 52 %). Les prix en Europe atteignent des niveaux record (€ 9/kg pour l'agneau) et en Chine (€ 10), mais sont plus modérés en Océanie (€ 6 pour l'agneau néo-zélandais et € 4 pour le mouton australien).

En 2024 la production mondiale progressera faiblement. En Océanie, la fin d'*El Niño* impliquera des températures plus chaudes et des sécheresses de nouveau défavorables aux pâtures et donc aux ovins, surtout en Australie. Cela ne favorisera pas la recapitalisation des cheptels et la production de viande. La faiblesse du cheptel en Europe et en Chine (le tiers du cheptel mondial) limitera aussi la production. Les achats chinois pourraient encore augmenter et absorber les faibles disponibilités mondiales, en provenance d'Océanie, d'autant plus que les relations diplomatiques entre la Chine et l'Australie se normalisent. Les conflits en mer Rouge et la sécheresse qui frappe le canal de Panama favorisent les exportations néo-zélandaises vers la Chine, au détriment de l'Europe. Dans ce contexte, les prix devraient se maintenir à un niveau élevé, notamment en Europe.

Viande porcine : *panne du moteur chinois*

C'est essentiellement la viande porcine qui aura tiré la production mondiale de viande en 2023.
L'année 2023 confirme un retour à la normale pour la production de viande porcine, après les épidémies de peste porcine en Chine, entre 2018 et 2020. La Chine qui représente près de la moitié de la production et consommation mondiale de viande porcine est déterminante dans l'équilibre mondial. En 2023 la production chinoise est remontée à 58 millions de tonnes (Mt), contre seulement 38 en 2020 (+ 53 %). En contrepartie les achats chinois ont beaucoup diminué (– 50 %).
Les prix moyens mondiaux du porc ont légèrement décru en 2023 (– 2 %), mais avec des évolutions contraires. Le prix européen moyen a encore augmenté de + 2 %, après + 25 % en 2022, du fait d'un fort recul de la production en Europe du Nord (€ 2,12/kg de carcasse en France en 2023, soit + 23 %), et ainsi + 43 % sur deux ans. En revanche aux États-Unis les prix ont reculé de – 18 % en 2023 (et – 12 % sur deux ans), pour s'établir en moyenne à € 1,67/kg contre € 2,02 en 2022, tout en passant par un pic à € 2,10 pendant l'été 2023. On retrouve la hiérarchie de longue période, avec des prix américains inférieurs aux prix européens. Les prix domestiques sont désormais plus volatils, moins soumis au fameux « cycle du porc », et surtout plus sensibles aux variations rapides des marchés internationaux. Le prix américain a ainsi varié entre $ 1,40 et $ 2,20 en 2023.
Après la flambée du coût de l'alimentation animale en 2022, sous l'effet de la hausse du prix des grains avec la guerre en Ukraine, celle-ci s'est nettement rétractée en 2023 (– 12 %, après + 36 % en 2022), tout en restant à un niveau plus élevé que la moyenne de long terme. Cela est déterminant, sachant que l'alimentation animale représente 65 % du coût de production d'un kilogramme de porc.

En 2023, la production mondiale de viande porcine a de nouveau progressé (+ 1 %), pour atteindre 123 Mt contre 119 millions en 2017, avant le déclenchement de l'épidémie de Peste porcine africaine (PPA) dans le nord-est de la Chine, en août 2018. Ce rebond est essentiellement dû à la Chine.

En Chine avec la PPA, la production s'était écroulée de 31 % entre 2018 et 2020, à 38 Mt (soit

– 17 Mt, plus que la production américaine ou huit fois la production française !). La part de la Chine avait reculé de 47 % à 39 % de la production mondiale. Du fait de la maladie, environ 102 millions de porcs avaient disparu à la fin 2020 (cheptel de 340 millions de têtes contre 442 millions fin 2017, et contre 148 millions en Europe).

Entre 2020 et 2023, la production chinoise serait remontée de + 53 % soit + 20 Mt, à 56 Mt selon l'USDA et 58 Mt selon la FAO ! Cet écart souligne la grande incertitude autour des chiffres chinois. Il faudra attendre les chiffres 2024, voire 2025, pour se prononcer définitivement sur une tendance. L'essentiel de la progression chinoise serait dû à la reconstitution du cheptel, et notamment la croissance très rapide dans les mégas-élevages encouragés par le gouvernement au détriment des élevages paysans qui régressent.

En 2019 et 2020 du fait de l'écroulement de la production, les prix ont flambé (multipliés par 3, pour atteindre 35 yuans, € 6/kg de carcasse fin 2020, à comparer à € 1,25 sur le marché du porc breton). Puis entre 2021 et avril 2022, sous l'effet de la reprise rapide de la production, les prix ont perdu 60 % pour atteindre 14 yuans/kg vif ou € 2,40/kg de carcasse en février 2024 (plus bas niveau depuis 6 ans). En février 2024, les offres étaient élevées et la demande atone du fait du ralentissement de l'économie chinoise. Et la fête du Nouvel an chinois en février 2024 n'a guère stimulé la consommation. Avec la flambée du coût de l'alimentation, de grands élevages de porcs sont en difficulté et accumulent les pertes financières. En 2024, ils vont encore réduire leur cheptel reproducteur (prévision de – 42 millions de porcs, soit – 6 %). Des faillites sont à craindre. L'État continuera à intervenir en retirant de la viande du marché, pour tenter de stabiliser les cours et reconstituer les stocks d'État. À ce contexte déprimé s'ajoutent des inquiétudes sur une éventuelle résurgence de la PPA.

La situation du marché du porc en Chine est très difficile à apprécier, avec des informations souvent contradictoires. Toutes les prévisions restent très incertaines (niveau de production, stocks, prix intérieurs chinois et surtout importations). Qu'en est-il vraiment de la reconstitution du cheptel, de l'éradication de la PPA, du vaccin recherché, des stocks de grains nécessaires à l'élevage, de la santé financière et de la production réelle des élevages géants… ? Selon l'USDA, la production reculera même en 2024 : – 4 %. Le prix élevé de l'alimentation animale ne favorise pas la production. Et selon beaucoup de vétérinaires européens connaisseurs de l'élevage chinois, l'épidémie de peste porcine semble toujours difficilement sous contrôle, la biosécurité est défaillante… À long terme, le gouvernement chinois encourage le développement d'élevages géants et super-technologiques (biosécurité), *via* un plan de relance triennal, en remplacement de l'élevage paysan, qui représente encore aujourd'hui 60 % de la production, mais qui est considéré comme plus risqué sur le plan sanitaire.

Dans les autres pays d'Asie, la maladie de la PPA est plus ou moins contenue. La production progresse de nouveau dans des pays importants pour le porc : Vietnam, Corée du Sud, Birmanie. Ainsi au Vietnam, sixième producteur mondial, la production progresse avec des investissements importants et une meilleure maîtrise sanitaire.

Un accord commercial pour favoriser les importations de viande porcine russe en Chine

En décembre 2023 à Pékin, les services vétérinaires russes et les autorités douanières chinoises ont signé un protocole sur l'inspection, la quarantaine et les exigences vétérinaires et sanitaires pour la viande porcine exportée de Russie vers la Chine. Cet accord ouvre la voie à un développement potentiel des achats chinois de viande porcine russe. En septembre 2023, la Chine avait déjà levé son embargo sanitaire vis-à-vis de la viande porcine russe pour cause de PPA, pourtant toujours présente.

Dans l'Union européenne, la production a fortement reculé en 2023 (– 8 %, soit – 2 millions tec, après – 6 % en 2022), sous l'effet d'un découragement des éleveurs vieillissants, face à des normes et coûts croissants. Le recul européen étonne par son ampleur : – 3 Mt en trois ans, soit plus que la production française, troisième d'Europe (2,1 Mt). La peste porcine africaine est toujours active en Europe depuis 2018, en Italie, en Allemagne, en Roumanie, en Bulgarie, en Pologne, aux pays Baltes, dans les Balkans… La PPA est endémique parmi la faune sauvage de sangliers. La découverte d'un premier cas en Allemagne, sur un sanglier, le 10 septembre 2020, dans la région du Brandebourg à 15 km de la frontière polonaise a fortement impacté le marché européen ; malgré la pose d'une frontière électrique de plus de 120 km, afin d'arrêter les sangliers. La Chine a immédiatement fermé son marché à l'Allemagne, deuxième exportateur européen, derrière l'Espagne (700 000 tonnes vers la Chine). Le Japon, la Corée du Sud, les Philippines se sont également fermés. La viande allemande sans débouché pèse désormais sur le marché européen. Au second semestre 2023, 2 825 cas sur la faune sauvage et 3 933 domestiques ont été relevés dans treize pays de l'Union européenne. Au début 2024, cinq nouveaux cas ont été découverts en Italie du Nord, près de la France, qui pour l'instant reste indemne.

En Allemagne, la production a encore reculé de – 7 % en 2023, après – 8 % en 2022, et ainsi – 21 % depuis 2018 (soit – 1,3 Mt ou 60 % de la production française). L'explosion des coûts de l'alimentation animale s'est ajoutée aux effets de la PPA et de l'épidémie de covid en 2020 (manque de main-d'œuvre dans les abattoirs), et aux effets décroissants des nouvelles normes environnementales et de bien-être animal. La baisse devrait continuer en 2024. Depuis dix ans, le cheptel a reculé de – 25 % (– 7 millions de porcs) et les élevages de – 42 % (– 12 000).

Le recul de la production est encore plus prononcé au Danemark : – 19 %. Il est également important aux Pays-Bas : – 6 %, et devrait se poursuivre sous l'effet d'un programme gouvernemental de fermeture d'élevages visant à réduire la production animale pour cause de pollution.

Même l'Espagne qui a connu une croissance forte depuis dix ans enregistre une production en baisse de 6 % en 2023, sous l'effet d'une forte mortalité des porcelets avec une résurgence de la maladie de la SDRP (syndrome dysgénésique et respiratoire du porc). Ainsi les abattoirs et charcuteries ont manqué d'approvisionnement et connu une rentabilité moindre (deux abattoirs ont déposé le bilan). Pour compenser, l'Espagne a importé 2 millions de porcelets des Pays-Bas.

La France reste menacée par la PPA, mais toujours non touchée et a moins baissé (– 5 % en 2023), forte de ressources en céréales et d'une moindre dépendance à l'exportation.

Aux États-Unis, la production progresse seulement de 1 %, handicapée par la hausse des coûts de l'alimentation animale malgré des prix élevés pendant l'été, et une diminution de la consommation. Selon *Iowa State University*, les éleveurs ont perdu $ 20/porc, ces derniers mois, et sont en perte sur 80 % de l'année. Début 2024, les prix se sont redressés du fait de la diminution de la production. À noter l'arrivée d'une législation en faveur du bien-être animal, freinant le développement dans certains États comme la Californie.

En Russie, malgré la guerre, la production continue à augmenter avec le développement de grands élevages intégrés, soutenus par le gouvernement (subventions à l'investissement et à l'alimentation animale). L'embargo, décrété le 6 août 2014 vis-à-vis de ses principaux fournisseurs (Union européenne et Canada qui pesaient deux tiers des achats russes), favorise aussi la production intérieure et a été reconduit pour la dixième fois en octobre 2023, jusqu'à la fin 2024. Au Brésil, la production reprend sa croissance, forte d'une alimentation animale très compétitive, et encouragée par le gouvernement.

Le commerce mondial de viande porcine a reculé de – 4 % en 2023 après – 11 % en 2022, essentiellement sous l'effet du recul des achats chinois et asiatiques. Après la forte progression de 2018-2021, les achats de la Chine reviennent à 2,6 Mt, niveau de 2017, d'avant l'épidémie de PPA (– 46 % depuis 2020, soit – 3 Mt). La Chine ne représente plus que 24 % des achats mondiaux contre 40 % les années précédentes. Le gouvernement chinois a changé de stratégie sous l'effet de la remontée de la production et de la baisse des prix : libération des stocks congelés d'État et forte baisse des importations, en provenance de toutes les origines. Cela a forte-

Viande porcine
(en milliers de tonnes, équivalent poids carcasse)

	2018	2019	2020	2021	2022	2023 (e)
Production mondiale	**120 700**	**109 800**	**109 900**	**122 400**	**122 300**	**123 100**
Chine	54 000	42 600	38 000	47 500	56 400	57 900
UE à 27	23 205	23 000	23 220	23 600	22 300	20 500
États-Unis	11 948	12 540	12 850	12 560	12 250	12 400
Russie	3 760	3 945	4 280	4 300	4 520	4 630
Brésil	3 760	3 980	4 130	4 365	4 350	4 600
Vietnam	2 900	3 000	2 930	3 100	3 300	3 500
Canada	1 955	2 000	2 120	2 100	2 080	2 050
Japon	1 285	1 280	1 310	1 320	1 300	1 295
Principaux exportateurs						
UE à 27	3 670	4 300	5 170	4 990	4 200	3 360
États-Unis	2 665	2 867	3 302	3 190	2 900	3 070
Brésil	720	860	1 200	1 320	1 320	1 450
Canada	1 277	1 290	1 544	1 480	1 420	1 310
Mexique	180	230	340	320	290	260
Chine	140	100	100	100	100	90
Principaux importateurs						
Chine	2 140	2 800	5 600	4 800	2 500	2 550
Japon	1 480	1 490	1 410	1 400	1 500	1 490
Mexique	970	990	945	1 200	1 300	1 310
Royaume-Uni	1 000	990	936	830	900	840
Corée du Sud	750	700	560	580	720	710
États-Unis	473	429	414	535	610	510
Philippines	283	222	168	460	500	430
Hong Kong	410	330	380	360	250	270
UE à 27	170	160	160	160	130	100
Russie	112	130	30	40	50	40

(Sources : FAO, UE, USDA)

ment pesé sur les prix mondiaux. La Chine, après avoir fait le marché mondial à la hausse en 2020, l'aura fait à la baisse en 2021 et 2022, et dans une moindre mesure en 2023. Mais elle ne compense toujours pas un déficit intérieur de 2 Mt. Rappelons que 2,6 Mt importées en 2023 représentent seulement 4 % de la consommation chinoise, ou deux semaines de consommation ! Ce sont surtout les achats de viande fraîche et congelée qui dominent (60 %), mais ils progressent moins que ceux de co-produits (abats et graisses).

C'est l'Europe qui profite le plus de la demande chinoise : environ 1,5 Mt vendu soit 52 % des achats chinois, mais – 40 % par rapport à 2020. Depuis l'épidémie de PPA en 2020, l'Allemagne a disparu du marché chinois. C'est désormais l'Espagne qui est le premier fournisseur européen et mondial de la Chine. Elle fournit à elle seule un quart des achats chinois (640 000 tonnes), devant le Brésil, les États-Unis, le Danemark, et loin devant la France (140 000 tonnes). Le deuxième fournisseur de la Chine est le Brésil, au coude à coude avec les États-Unis. Le Brésil devient un acteur mondial de la viande porcine, fort d'importantes ressources en maïs et soja et aussi d'un développement de la consommation intérieure d'une viande moins chère que celle de bœuf. L'État de Santa Catarina est le premier État brésilien exportateur.

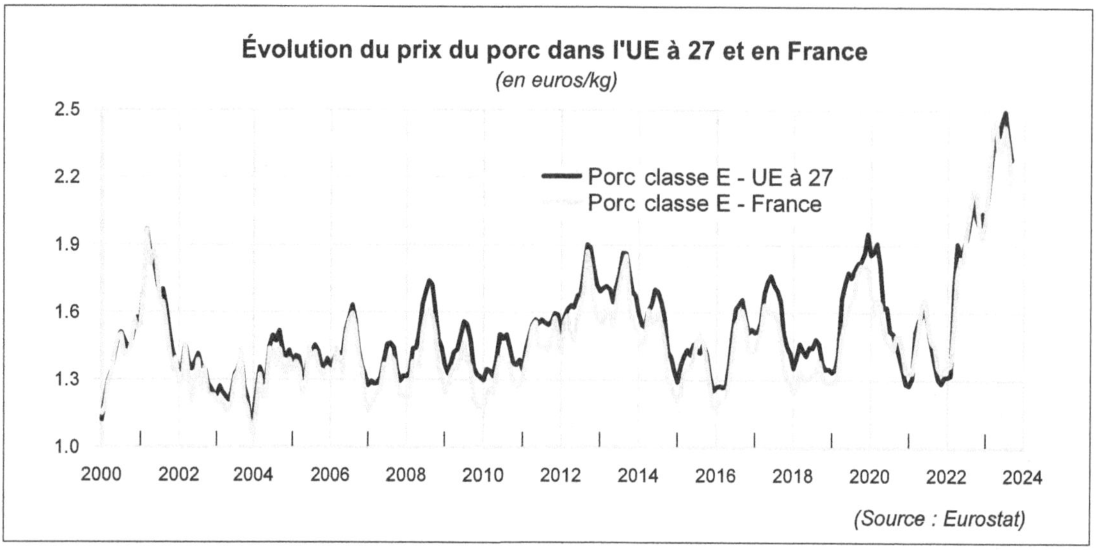

Japon et Corée du Sud, gros importateurs traditionnels, réduisent aussi leurs achats. Aux Philippines, le rebond de la production après la PPA réduit les importations, même si le gouvernement a maintenu sa politique de droits de douane réduits et de contingent d'importation accru jusqu'à la fin 2023 (doublement des importations depuis 2017).

Les ventes de l'Union européenne reculent encore en 2023 (– 20 % après – 17 % en 2022), avec la baisse des achats chinois (– 19 %), mais aussi d'autres principaux clients : Japon, Philippines, Corée du Sud, Taïwan, Australie. La baisse de production et l'augmentation des prix entravent la compétitivité européenne, face à des concurrents américains et brésiliens bien moins chers. L'Europe recule ainsi nettement en 2023, mais elle reste le premier exportateur mondial et pèse 31 % des échanges mondiaux contre 27 % pour les États-Unis et 11 % pour le Canada. La viande porcine est ainsi la seule viande où l'Europe joue encore dans la compétition internationale.

Malgré l'embargo sanitaire de la Chine vis-à-vis de plusieurs pays européens, l'UE à 27 reste le premier fournisseur de l'empire du Milieu. L'application du principe de « régionalisation » de la peste porcine favorise la reprise des flux en provenance des pays non touchés (accord France/Chine). La Belgique, depuis février 2024, est de nouveau admise sur le marché chinois, après plus de trois ans d'absence pour cause de PPA. Dans un contexte de prolongement de l'embargo russe (initié en août 2014), l'envolée de la demande chinoise a littéralement sauvé le marché porcin européen. Sur le plan européen, l'Espagne est le premier fournisseur de la Chine, devant le Danemark, les Pays-Bas et la France. En 2024, la faiblesse de la demande intérieure et le manque de marché en remplacement de la Chine seront difficiles pour la filière européenne qui connaîtra sans doute des restructurations industrielles, après déjà plusieurs fermetures d'abattoirs en 2023 en France (Bigard, Cooperl), en Allemagne (Vion), en Espagne.

Les États-Unis voient leur vente augmenter de 6 %, notamment à la faveur du recul européen vers les grands importateurs asiatiques (Japon, Corée du Sud). Mais les ventes vers la Chine stagnent, après une forte chute en fin d'année, chute compensée par des ventes record vers le Mexique (+ 13 %), leur premier marché (38 % des débouchés). Ils exportent un quart de leur production, dont 50 % des ventes vers Mexique et Canada. En Amérique latine, le Brésil devient un géant du porc (cinquième producteur et quatrième exportateur mondial). La Chine est sa première destination, mais en recul en 2023, recul compensé par une progression vers les Philippines, la Thaïlande, le Japon et la Russie.

La Russie qui n'importe quasiment plus rien (40 000 tonnes en 2023 contre plus d'un million en 2012, avant l'embargo) exporte désormais davantage malgré la guerre (270 000 tonnes, cinquième rang mondial).

L'année 2024 restera à l'heure chinoise, comme la Chine pèse près de la moitié de la production et de la consommation planétaire et un quart des importations mondiales. Selon des chiffres officiels très incertains, la production chinoise sous l'effet des pertes financières des élevages baisserait légèrement de 1 % en 2024 à 57 Mt. Ses achats seraient stables, mais inférieurs de 50 % à ceux de 2020.
Mais la Chine a-t-elle vraiment maîtrisé l'épidémie de peste porcine ? Et le prix très élevé de l'alimentation animale n'incite pas à la reprise de production. D'ailleurs, début 2024, ses achats de soja ont baissé de 20 %. Un manque de production porcine important conduirait alors de nouveau à de fortes importations et notamment d'Europe, toujours très dépendante des achats chinois.
2024 confirmera-t-il le déclin européen ? Avec déjà une production et des exportations respectivement en baisse de – 13 % et – 33 % entre 2021 et 2023, la production porcine européenne perd sa compétitivité mondiale.
Le niveau des prix mondiaux en 2024 sera une résultante entre facteurs baissiers (production chinoise, reprise de la production américaine et brésilienne) et facteurs haussiers (demande chinoise et des autres pays asiatiques, forte baisse de la production en Europe…). Faute d'offre, un nouveau record de prix n'est pas impossible, comme en Europe en mars 2023 (€ 2,38/kg en France) et qui repart sur une hausse de prix en début 2024, avec un prix allemand déjà à € 2,20/kg.
La variable sanitaire sera une fois de plus déterminante. Tout dépendra de l'évolution de la peste porcine africaine (PPA), en Chine, et ailleurs en Asie, mais aussi en Europe.

Viande de volaille : *percée du poulet d'Ukraine en Europe*

La volaille est la première viande mondiale consommée, produite et échangée sur la planète, dépassant le porc depuis 2016. Elle est de plus en plus une alternative au bœuf, au porc et au poisson. Les atouts de cette viande de la mondialisation du XXIe siècle sont nombreux : facile à produire, prix bas, image de santé, peu d'interdits alimentaires, adaptée à toutes les cultures culinaires... La forte demande en protéines animales dans les grands pays émergents (Chine, Inde, Brésil, Mexique...) continue à stimuler sa consommation mondiale.
En 2023, sa progression fut encore modérée (+ 1 %), handicapée par les coûts élevés de l'alimentation animale, la persistance de la grippe aviaire en Europe et aux États-Unis et son apparition en Amérique du Sud. La grippe aviaire est revenue depuis 2020, en Europe et aux États-Unis (surtout l'hiver). En 2023, quarante-deux pays ont enregistré des cas d'*influenza* aviaire hautement pathogène, sur quatre continents : Europe, Afrique, Asie et Amérique. L'Europe est particulièrement touchée (vingt-huit pays dont vingt dans l'UE à 27). La maladie reste endémique en Asie, foyer initial.
Les échanges ont stagné faute de production, détruite par la grippe aviaire. Les prix ont néanmoins reculé de – 7 % sous l'effet d'une forte pression brésilienne, mais restent supérieurs de 30 % à la moyenne 2016-2020. Désormais, la Chine est le premier producteur et importateur mondial, devant les États-Unis.

En 2023, la production mondiale de viande de volaille a atteint 142 millions de tonnes (+ 1 %), soit 39 % du total des viandes. Elle dépasse le porc de 21 millions de tonnes. Elle se développe dans les pays émergents « nouveaux consommateurs » de viande et notamment de religion musulmane (Indonésie, Malaisie...), mais aussi dans les pays industrialisés, au détriment de viandes plus chères (bœuf).

En Chine, la production a de nouveau augmenté de 2 % en 2023, malgré la remontée concurrentielle de la production de viande porcine. Après la chute des années 2016-2017 pour cause de grippe aviaire, la volaille a très fortement progressé (+ 9 millions de tonnes depuis 2015, soit + 50 %). Elle est portée par une forte demande des consommateurs cherchant une alternative à la viande porcine. La consommation de volaille pèse déjà 44 % de la consommation porcine. Et la Chine dépasse désormais les États-Unis, jusqu'alors premier producteur mondial. Ce rebond spectaculaire a été facilité par l'ouverture du marché chinois à la génétique étrangère importée et par la pratique de la vaccination. L'élevage chinois reste basé sur deux productions : la filière industrielle de poulet blanc à partir de souche occidentale importée (deux tiers de la production) et les «poulets colorés» de la filière traditionnelle (en déclin avec la fermeture des marchés de volailles vivantes). La consommation de viande de volaille atteint 19 kg/an/habitant (porc 43, bœuf 8, ovin 4).

Dans le reste de l'Asie, la production se structure et se développe dans de grands pays : Inde, Pakistan, Indonésie, Malaisie, Thaïlande. L'Inde est déjà le septième producteur mondial de volaille.

Les États-Unis représentent 17 % de la production mondiale, et sont dépassés par la Chine, depuis 2021. Mais ils dominent toujours largement la production de *broilers*, ou poulets de chair, dans les échanges commerciaux. La Chine produit d'autres espèces et notamment le canard. En 2023, la production a notablement progressé de 4 %, après une année 2022 plombée par la grippe aviaire (vingt-quatre États touchés, après une première apparition en 2015).

Mais, en décembre 2023, la grippe aviaire est revenue. Déjà, 10 millions de volailles ont été éliminées, notamment en Californie, Arkansas, Maryland et Oregon. Les prix qui avaient flambé en 2022 (+ 75 % en juin 2022-2021 et plus 33 % en moyenne annuelle) ont nettement reculé, mais restent équivalents aux prix européens, et sont nettement supérieurs à ceux du Brésil : € 2600/tonne, aux États-Unis et en Europe contre € 1380 au Brésil.

L'Europe sous la pression du poulet ukrainien

Depuis le 4 juin 2022, pour soutenir l'Ukraine en guerre, l'Union européenne a accordé des avantages commerciaux dérogatoires sur une série de produits agricoles exportés vers l'Union européenne : fruits et légumes, céréales et oléagineux, sucre, œufs et volaille. Sur ces produits, les droits de douane et contingents tarifaires ont été supprimés. Cette disposition annuelle a été reconduite jusqu'en juin 2025.

Pour la volaille, un contingent tarifaire de 14800 tonnes avait été ouvert en 2014 suite à l'annexion de la Crimée par la Russie. Ce contingent a été ensuite porté à 20000 tonnes puis 70000 tonnes. En 2023, les exportations ukrainiennes de volaille (exclusivement du poulet) vers l'Europe ont atteint 243000 tonnes, soit + 56 % en un an et un doublement en deux ans (et seize fois plus qu'en 2014). L'Ukraine est désormais le deuxième fournisseur de poulet de l'Union européenne, derrière le Brésil (et le premier en œuf). Cette progression fulgurante inquiète fortement la filière avicole européenne qui réclame la mise en place de mesures de sauvegarde supplémentaires. D'autant plus que l'Ukraine par sa proximité géographique peut fournir des produits frais, à forte valeur ajoutée (filet), et à des prix inférieurs de 50 % au prix européen. Ce poulet est produit dans des élevages gigantesques, dix à vingt fois plus grand qu'un élevage français, avec des céréales deux fois moins chères, une main-d'œuvre très bon marché et des normes de production bien inférieures.

Ainsi le prix d'un filet de poulet ukrainien est seulement de € 2,40/kg, issu d'élevages d'environ 800000 poulets, contre € 4,90/kg pour du poulet français issu de fermes de 40000 poulets.

Les principaux pays d'importation en Europe sont la Pologne, la Belgique et particulièrement les Pays-Bas qui reconditionnent le produit avant de le réexpédier dans toute l'Europe, souvent sans mention du pays d'origine. Comme le trafic maritime de mer Noire est interrompu vers le Moyen-Orient, le marché européen devient encore plus attractif par voie terrestre. MHP est l'entreprise qui domine ce commerce, avec un chiffre d'affaires de $ 2 milliards, 33000 salariés, 370000 ha. Elle est basée à Chypre, cotée à la bourse de Londres et dirigée par un oligarque ukrainien, Yoriy Kosyuk, dont la fortune personnelle est évaluée à plus d'un milliard de dollars.

L'ouverture des négociations d'adhésion de l'Ukraine a été décidée par les chefs d'État européens en décembre 2023. Le dossier du poulet est emblématique des enjeux agricoles considérables d'une future adhésion d'un pays qui représente 25 % du potentiel agricole de l'UE à 27.

Viande de volaille
(en milliers de tonnes, équivalent poids carcasse)

	2018	2019	2020	2021	2022	2023 (e)
Production mondiale	**124 600**	**133 600**	**134 400**	**137 900**	**141 000**	**142 450**
Chine	19 020	21 020	22 300	24 600	25 240	25 850
États-Unis	22 400	22 970	23 130	23 190	23 650	23 790
Brésil	13 930	15 890	16 080	15 100	15 500	16 080
UE à 27	13 300	13 550	13 670	13 300	13 100	13 500
Russie	4 450	4 550	4 620	4 630	4 820	4 850
Mexique	3 330	3 490	3 620	3 800	3 800	3 890
Inde	3 700	3 870	3 900	3 707	3 800	3 820
Principaux exportateurs						
Brésil	4 080	4 130	4 080	4 407	4 600	5 000
États-Unis	3 250	3 260	3 380	3 900	3 990	4 000
UE à 27	2 230	2 370	2 270	2 025	2 030	2 010
Thaïlande	920	960	940	907	1 020	1 100
Chine	450	440	390	460	790	780
Ukraine	330	410	440	460	430	450
Principaux importateurs						
Chine	1 130	1 410	2 190	1 820	1 630	1 730
Japon	1 070	1 080	1 005	1 077	1 060	1 100
Royaume-Uni	840	860	800	840	1 110	1 130
Mexique	805	870	840	920	985	1 025
UE à 27	579	594	511	522	670	730
Arabie saoudite	620	600	620	615	615	655
Émirats arabes unis	320	340	270	390	420	420
Russie	220	230	230	260	210	210

(Sources : FAO, UE, USDA)

Après deux années de baisse pour cause de grippe aviaire, la production de l'Union européenne a progressé de 3 % en 2023, la maladie perdant de sa prévalence. Mais elle reste endémique parmi les oiseaux sauvages et menace toujours les élevages. En février 2024, elle est particulièrement présente en Europe du Nord (Suède, Allemagne, Belgique, Pologne) et centrale (Bulgarie, Roumanie, Tchéquie, Moldavie). Et la France est de nouveau en niveau d'alerte maximum (« risque élevé »), avec la découverte de neuf cas depuis novembre 2023. La France est pour l'instant le seul pays d'Europe à développer la vaccination contre la grippe aviaire, autorisée par l'Union européenne depuis mars 2023. Ainsi 64 millions de canards français ont été vaccinés pendant l'hiver 2023, au risque de fermer certains marchés (Canada et Japon), sans pour autant éviter d'autres fermetures pour grippe aviaire (les Philippines ont fermé leur marché à la France en janvier 2024).

Le Brésil poursuit sa croissance favorisée par de faibles coûts de production et l'absence de grippe aviaire en élevage. La production est tirée par le développement des exportations, mais aussi par une consommation intérieure dynamique, au détriment d'une viande bovine chère.

Le commerce international a faiblement progressé en 2023 (+ 1 %), faute de disponibilités en Europe et aux États-Unis. Les trois grands exportateurs mondiaux traditionnels font près de 70 %

des exportations mondiales et dominent le marché : Brésil, États-Unis, et Union européenne.

Le Brésil est le premier exportateur mondial et représente aujourd'hui 31 % des ventes planétaires (devant les États-Unis depuis 2004 et presque le triple des ventes européennes). Le tiers de sa production est exporté, principalement à destination du Moyen-Orient et de l'Asie. Après avoir longtemps exporté du poulet entier congelé, le Brésil exporte désormais 70 % du tonnage sous forme de découpe. Le Brésil possède de nombreux atouts, tels ceux présents dans le *Mato Grosso do Sul* : alimentation animale abondante, surface, main-d'œuvre, consommation intérieure dynamique au détriment du bœuf..., qui assurent des coûts de production nettement inférieurs à ceux de l'Europe (moins 40 %). Les opérateurs brésiliens ont des marchés diversifiés : découpes de poulet vers le Moyen-Orient et notamment avec des sites industriels spécialisés halal, découpes congelées vers l'Asie, l'Europe et l'Afrique, préparations, conserves, viandes saumurées et salées vers l'Union européenne, *via* des contingents à droit de douane réduit (pour les industriels de la transformation : traiteurs, charcutiers). En 2023, toujours aidées par un réal dévalué, les ventes ont progressé de 9 % et ont dépassé le record de 5 millions de tonnes ($ 10 milliards). Le Brésil a profité de l'absence de l'Union européenne et des États-Unis pour cause de grippe aviaire. Ses ventes ont le plus progressé vers la Chine (+ 31 %) et l'Afrique du Sud (+ 25 %).

Le Brésil est pour l'instant indemne de grippe aviaire (pas de cas en élevage), mais en juillet 2023 l'État du Parana, premier État producteur de volaille, a été mis en alerte par la détection de cas de

Souveraineté alimentaire : *quid* des viandes en France et en Europe ?

Dans le débat public sur la souveraineté alimentaire, revient souvent l'exemple de la dégradation de la balance commerciale française sur le poulet. En 2023, 50 % du poulet consommé en France a été importé contre 25 % en 2000. Une partie du développement de la consommation s'est faite à partir de viande importée, moins chère. Pourtant la France continue à exporter, et son taux d'autoapprovisionnement (production + exportation/consommation) est encore de 83 %. Il en est de même pour le bœuf : les importations représentent 26 % de la consommation, mais le taux d'autoapprovisionnement est de 90 % (beaucoup d'exportations d'animaux vivants). Ou encore avec le porc : les importations pèsent 30 % de la consommation (notamment charcuterie espagnole), mais le taux d'autoapprovisionnement est de 101 % (importance de l'exportation vers les pays tiers). Seul le mouton français présente une balance commerciale très dégradée : importation pour 54 % de la consommation et seulement 53 % d'autoapprovisionnement. Dans une économie ouverte, le commerce suppose importation et exportation, y compris au sein d'un même secteur (commerce intrabranche). Finalement nous consommons souvent des biens que nous ne produisons pas et inversement nous produisons des biens que nous ne consommons pas. Et il est important de distinguer taux d'importation et taux d'autoapprovisionnement.

Globalement la France est importatrice nette de 5 000 000 tonnes de viandes, soit 11 % de sa consommation (5,7 millions de tonnes), sachant que l'essentiel du déficit français en viandes est dû à la dégradation de nos échanges sur le marché intraeuropéen, et non avec les pays tiers (Brésil, Ukraine, Canada). Pour l'instant du moins, car de nouveaux accords de libre-échange pourraient changer la donne.

Au niveau européen, la balance commerciale des viandes est beaucoup moins dégradée, selon le taux d'autoapprovisionnement : 90 % en ovins, 106 % en bœuf, 110 % en volaille, 120 % en porc. Et les importations de viande du Mercosur ne représentent encore que 3 % de la consommation européenne de bœuf et 2 % en volaille, les importations de poulet d'Ukraine 2 % de la consommation de volaille, et les importations de mouton d'Océanie 11 % de la consommation : de faibles volumes qui peuvent néanmoins déstabiliser un marché, lorsqu'ils sont concentrés sur des morceaux nobles (filet, gigot...), ou qu'ils se développent rapidement.

grippe aviaire parmi des oiseaux sauvages, sachant que son voisin argentin a décelé plusieurs cas dans des élevages (province de Cordoba).

La Chine est le premier importateur mondial, essentiellement du Brésil. Elle achète des produits peu chers, ailes et pattes de poulet (80 % des achats). Malgré le rétablissement de sa production de viande porcine, ses achats de volaille ont augmenté de + 6 % en 2023.

L'Arabie saoudite est le sixième importateur mondial, notamment en provenance du Brésil et d'Ukraine, et ses achats progressent de nouveau, malgré un plan gouvernemental de relance de sa production nationale pour une plus grande sécurité alimentaire.

Les États-Unis ont enregistré en 2023 une stagnation de leurs exportations, du fait de nombreuses restrictions à l'importation après la grippe aviaire de 2022. Ainsi la Chine n'a levé qu'en septembre 2023 les restrictions à l'importation pour seulement sept États américains, trente et un autres restant interdits. Et avec un nouvel épisode de grippe aviaire qui a démarré en octobre 2023, l'année 2024 risque d'être encore compliquée pour les exportations. Les exportateurs ont essayé de compenser leur perte chinoise par une progression des ventes vers d'autres marchés : Mexique (premier client avec un quart des ventes américaines), Philippines, Guatemala et Haïti.

La Thaïlande, quatrième exportateur mondial, est désormais totalement réintégrée dans le marché international (fin de l'embargo sanitaire pour cause de H5N1). Ses ventes progressent, grâce à la réouverture complète du marché européen (découpe et produits cuits) et aussi du Japon (son premier marché).

Les ventes de l'UE à 27 ont stagné en 2023 après trois années de recul, sous l'effet de l'épidémie violente de grippe aviaire, entraînant un recul de la production et des embargos sanitaires. La Pologne reste le premier producteur et exportateur européen (un tiers des ventes). Mais le secteur avicole polonais connaît de grosses difficultés financières, sous l'effet de la concurrence ukrainienne, de problèmes sanitaires et de la hausse du prix de l'énergie depuis la guerre en Ukraine. La grippe aviaire et la chute de production conséquente ont fortement déstabilisé le commerce extérieur des pays européens. Ainsi, la France qui a vu sa production baisser de – 6 % en deux ans a enregistré une baisse de 6 % de sa production et ainsi accroître un déficit commercial dépassant le milliard d'euros.

Les ventes européennes ont beaucoup reculé vers plusieurs destinations traditionnelles du Moyen-Orient, en particulier vers l'Arabie saoudite (– 14 %). Les ventes reculent aussi pour la deuxième année consécutive vers l'Afrique (Ghana : – 8 %, Congo : – 14 %, Bénin : + 1 %). Depuis le Brexit, le Royaume-Uni est désormais le premier marché extérieur de l'Union européenne (740 000 tonnes). Les importations européennes continuent à progresser pour combler le manque de production (+ 4 % en 2023), et surtout en provenance d'Ukraine (+ 56 %).

L'Ukraine est devenue le deuxième fournisseur de l'Union européenne. Malgré la guerre, ses ventes vers l'Union européenne ont progressé de 65 % en 2022 et encore de + 56 % en 2023 (doublement en deux ans), pour atteindre 243 000 tonnes (+ 136 000 tonnes). Et cela ne représente encore que 2 % de la consommation européenne. Le Brésil reste le premier fournisseur extérieur de l'Union européenne, devant l'Ukraine, le Royaume-Uni et la Thaïlande. Après des années de déclin, provoqué par les accords de l'*Uruguay Round* en 1994, qui ont obligé à une baisse puis une suppression totale des exportations subventionnées, le solde commercial européen en viande de volaille est de nouveau positif depuis 2010 en volume (+910 000 tonnes, mais surtout du fait du Royaume-Uni depuis le Brexit, qui achète 740 000 tonnes).

En 2024, la croissance de la production de volaille restera modérée, du fait d'une persistance probable de la grippe aviaire en Europe et aux États-Unis, voire un développement en Amérique latine. Les échanges augmenteront modérément, car la demande des principaux importateurs (Chine, Japon, Royaume-Uni, Mexique) progressera peu. Le Brésil, premier exportateur mondial, continuera à prendre des marchés, au détriment des États-Unis.

Lait et produits laitiers :
la panne chinoise

Si l'année 2022 avait été marquée par des prix record pour les grandes matières premières laitières, 2023 a été caractérisée par les fortes corrections apportées à ces derniers, suite à la baisse de la demande sur le marché mondial amorcée dans le courant de l'année 2022. Cette chute des prix des commodités laitières n'a pas été sans effet sur les prix du lait, qui se sont eux-mêmes répercutés sur les collectes, alors même que ces dernières étaient reparties à la hausse fin 2022. En 2024, le marché mondial des produits laitiers restera soumis à la demande chinoise, ainsi qu'aux aléas climatiques qui pourraient affecter la production dans les principales zones d'exportations.

Une grande absente parmi les importateurs mondiaux...

Sur le marché mondial des produits industriels laitiers, la Chine a de nouveau fait la pluie et le beau temps en 2023. Après avoir importé à de très hauts niveaux sur 2021 et le début de 2022, le débouché chinois s'est tari. Le retour aux achats de la Chine s'est fait attendre tout au long de l'année 2023. Mais la demande a été assez calme, ne montrant que des soubresauts pour des produits pour lesquels les volumes d'importations ne sont que marginaux dans le paysage des achats chinois de produits laitiers. La Chine, dans le contexte économique incertain de 2023, n'est pas revenue massivement aux achats pour plusieurs raisons. En premier lieu, une production nationale de lait qui aurait dépassé les attentes, et donné lieu à un excédent de lait cru, qui aurait été transformé rapidement en poudre grasse à l'aide de subventions. La collecte chinoise aurait en effet encore augmenté en 2023 : les estimations vont de + 1 % selon Teagasc à + 4,6 % selon l'USDA. La collecte chinoise aurait ainsi augmenté de plus de 30 % sur les six dernières années. Il est possible également que les stocks de poudre grasse soient restés importants depuis la dynamique d'achats de 2021-2022. En parallèle, le contexte économique de la Chine a eu un effet sur la consommation de produits laitiers des Chinois, des produits non traditionnels dans le pays, et moins abordables que d'autres produits. La consommation de lait à boire aurait ainsi chuté de 8 % en un an. Au total, en 2023, les importations chinoises de poudre grasse ont diminué de 38,3 %, tombant à 430 000 tonnes, un niveau qui n'avait plus été connu depuis 2016. En parallèle, les achats d'autres produits laitiers sont restés timides : les importations de poudre maigre ont augmenté de 3,5 % par rapport à 2022, mais sont restées 18,6 % inférieures à leur niveau de 2021. Même dynamique

Lait de vache
(en millions de tonnes)

	2019	2020	2021	2022	2023 (e)	2024 (p)
Production mondiale	**527.7**	**539.7**	**545.2**	**545.0**	**549.8**	**552.0**
Union européenne à 27	143.1	145.4	144.8	144.4	144.8	144.6
États-Unis	99.1	101.3	102.6	102.7	102.9	103.9
Nouvelle-Zélande	21.9	22.0	22.0	21.1	21.3	21.2
Argentine	10.6	11.4	11.9	11.9	11.7	11.5
Australie	8.8	9.1	9.1	8.5	8.4	8.5

(Source : USDA)

Produits laitiers
(en millions de tonnes)

	2019	2020	2021	2022	2023 (e)	2024 (p)
Production mondiale						
Fromages	21 128	21 525	21 935	21 983	22 146	22 358
Beurre	10 775	11 153	11 252	11 403	11 712	11 899
Poudre de lait écrémé	4 653	4 835	4 780	4 819	4 792	4 957
Poudre grasse	4 546	4 606	4 619	4 337	4 400	4 373
Principaux exportateurs						
Fromages						
Union européenne à 27	1 348	1 402	1 385	1 336	1 355	1 380
États-Unis	357	355	402	451	433	466
Nouvelle-Zélande	335	323	361	340	391	370
Beurre						
Nouvelle-Zélande	509	466	439	494	520	480
Union européenne à 27	302	316	265	255	285	275
Poudre de lait écrémé						
Union européenne à 27	945	831	788	708	815	810
États-Unis	701	810	893	827	812	835
Nouvelle-Zélande	373	352	326	357	465	440
Poudre grasse						
Nouvelle-Zélande	1 536	1 516	1 624	1 328	1 350	1 325
Union européenne à 27	315	345	298	236	260	250
Argentine	97	148	145	154	105	165

(Source : USDA)

sur le lactosérum, pour lequel les arrivées en Chine ont progressé de 9,5 % par rapport à 2022, mais se sont établies à un niveau 8,7 % inférieur au niveau de 2021. Les achats de beurre ont quant à eux perdu 8,4 % par rapport à 2022, et ceux de poudre infantile se sont établis 15,1 % sous leur niveau de 2022. La demande chinoise n'a été présente que sur les fromages (+ 22,8 %/2022), retrouvant un niveau similaire à celui de 2021. Cependant, les volumes sont bien plus faibles pour les fromages que pour les autres produits laitiers. En effet, à titre d'exemple, les arrivées de fromages en 2023 s'élevaient à 176 000 tonnes, contre 430 000 tonnes de poudre grasse, et ce malgré d'importants replis, les importations de poudre grasse de 2021 ayant atteint 850 000 tonnes.

... qui a enclenché une forte correction des prix mondiaux

La moindre présence de la Chine sur le marché mondial s'est fait ressentir sur les prix des commodités laitières, notamment en Nouvelle-Zélande, où 95 % du lait produit est exporté, en grande partie sous forme de poudre grasse, et où l'essentiel de celle-ci est vendu aux Chinois. En moyenne, la cotation océanienne de la poudre grasse a perdu 20 % par rapport à 2022 (soit près de $ 800/t), pour s'établir à $ 3 080/t. Sur la poudre grasse, l'Europe n'est pas traditionnellement compétitive face aux cours océaniens, et la correction des cours dans ce contexte a été un peu plus importante (– 25,8 %, soit une correction de $ 1 330/t).

Face à l'effondrement du débouché chinois pour la poudre grasse, la stratégie néo-zélandaise a été double. D'une part, il s'est agi de produire moins de poudre grasse et un peu plus des autres produits, une stratégie en place depuis le début de la baisse des achats chinois en 2022. En effet, par rapport au niveau de production de 2021, les fabrications néo-zélandaises de poudre grasse ont diminué de 12,5 % en 2023, tandis que la production de fromages a augmenté de 5,3 %, celle de beurre de 8,5 % et celle de poudre maigre de 18,2 %. Cette stratégie a permis d'assainir en partie le marché de la poudre grasse. D'autre part, la Nouvelle-Zélande a envoyé beaucoup plus de produits laitiers vers ses débouchés secondaires. Avec toujours 1,4 million de tonnes produites en 2023, la poudre grasse reste le produit principal de la Nouvelle-Zélande. En 2021, la moitié des exportations de poudre grasse néo-zélandaise était destinée à la Chine. En 2023, ce taux est tombé à 29,4 %. Et pourtant, la Nouvelle-Zélande a réussi à augmenter son niveau d'exportation total en 2023 (+ 3,6 %/2022). Les volumes à destination de la Chine ont chuté de moitié, mais ceux en direction de l'Algérie ont bondi de 141 %. Les envois vers l'Indonésie, la Thaïlande et le Bangladesh ont également fortement progressé. La Nouvelle-Zélande a réussi le pari de reproduire ceci sur tous ses produits : les exportations de beurre, pour lesquelles la Chine représentait un quart des envois en 2022, ont augmenté de 4,9 %, notamment grâce à un renforcement des volumes à destination de l'Arabie saoudite, des États-Unis et du Mexique. Sur la poudre maigre, l'Indonésie a absorbé une bonne partie de la hausse des envois totaux (+ 26,7 %/2022). La Chine est restée cependant aux achats en ce qui concerne les fromages.

Tout comme pour la poudre grasse, les autres produits laitiers ont connu une baisse des cotations mondiales. Sur le marché de la poudre maigre, les disponibilités mondiales ont été augmentées des volumes néo-zélandais, ce qui a pu faire pression sur les prix, dans un contexte où les importations mondiales, certes plus vigoureuses qu'en 2022, n'ont pas non plus atteint les niveaux de 2021 (– 14,4 %/2021 en ce qui concerne les importations des quinze premiers importateurs de poudre maigre, en moyenne sur dix mois). Les prix européens de la poudre maigre se sont établis en moyenne à $ 2 697/t (– 31,8 %/2022), tandis que le prix océanien était de $ 2 679/t et que le prix américain de $ 2 650/t. Ainsi, on a constaté en 2023 un réel rapprochement des prix des trois bassins d'exportation pour ce produit et un accroissement de la compétitivité entre les différentes zones exportatrices. D'autre part, les hauts niveaux de prix de 2021 et début 2022 avaient pu créer des situations où certains acheteurs reportaient leurs achats dans l'attente d'une baisse de prix.

La situation sur le beurre vrac industriel a été plus nuancée : les baisses de prix ont été moins fortes. En particulier, aux États-Unis, le prix du beurre a atteint une nouvelle valeur record au mois de novembre 2023. La conjonction de plusieurs éléments dans un contexte de demande un peu plus

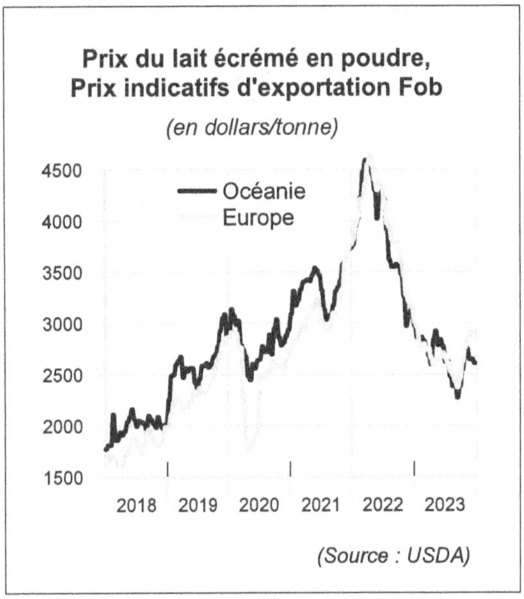

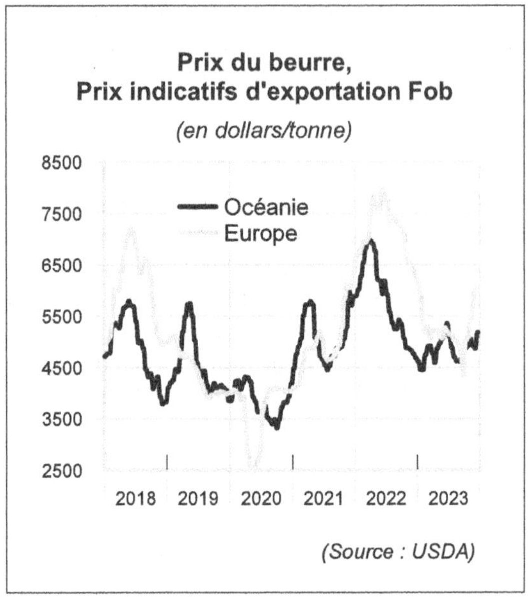

soutenue que ce qui était attendu avant *Thanksgiving* a mené la cotation américaine à des sommets. Les marchés du beurre des trois bassins d'exportation des produits laitiers étant dissociés, cette hausse des prix ne s'est pas répercutée en Europe ni en Océanie. Cependant, certains acteurs comme l'Irlande ont bénéficié de la «pénurie» américaine de beurre, avec un renforcement de leurs envois.

La poudre de lactosérum a, quant à elle, subi une baisse de prix plus marquée, de 37 % en Europe et de 42 % aux États-Unis. Ces deux zones sont les principaux fournisseurs historiques de la Chine pour ce produit. Les arrivées en provenance des États-Unis ont diminué de 0,6 % et celles en provenance de l'UE à 27 ont perdu 5,0 %. La Chine s'est plus tournée vers la Biélorussie (+ 61,5 %), mais aussi vers la Russie. Les produits issus du lactosérum envoyés par la Biélorussie semblent être bien plus compétitifs que les produits occidentaux en termes de prix, produits qui semblent donc être plutôt à destination de l'alimentation animale.

La détente des prix des commodités, dans un contexte de production globalement en hausse, a permis une hausse des échanges globaux (exportations cumulées des principales zones exportatrices) : les envois de poudre grasse ont augmenté de 1,2 %, ceux de poudre maigre de 7,6 %, ceux de fromages de 1,9 % et ceux de beurre sont restés stables (+ 0,5 %).

Les prix du lait ont subi les conséquences

Une baisse aussi drastique des prix des commodités laitières n'est forcément pas anodine pour les pays producteurs. Ces baisses des cours, engagées déjà en 2022, avaient un peu touché les prix du lait sur la toute fin d'année. Au premier semestre 2023, les effets se sont fait plus nettement ressentir. En Nouvelle-Zélande, Fonterra a ajusté ses prix dès décembre 2022, avec une petite correction de € 13,5/t. Au cours de l'année 2023, les baisses de prix du lait ont été bien plus sévères. En effet, les prix mensuels se sont situés entre € 50/t (en février 2023) et € 150/t sous leurs niveaux de 2022, pour finir l'année 2023 à un prix de € 316/t en novembre, alors qu'il avait dépassé la barre des € 400/t à cette période de l'année en 2021 et 2022. Aux États-Unis, la correction de prix a également été importante, frôlant les € 200/t. Le prix du lait américain s'est toutefois maintenu au-dessus de son niveau de 2021.

Au sein de l'Union européenne, la baisse du prix du lait s'est également fait sentir dès le début de l'année 2023. La baisse du prix des commodités a eu un impact plus ou moins direct sur les prix du lait, suivant les pays. Le premier en ligne de mire a été l'Irlande, dont le prix a diminué avant celui des autres pays, au mois de décembre. L'Irlande, qui exporte une part importante de sa production laitière, a donc vu son prix du lait suivre très rapidement les fluctuations des prix des produits industriels. Au second semestre 2022, c'est l'Irlande qui avait atteint les plus hauts niveaux de prix, et ce, ici aussi un mois avant que le prix moyen européen n'atteigne son pic. Et en 2023, c'est dans ce pays que l'on a observé la plus forte correction de prix. À son pic en novembre 2022, le prix irlandais avait atteint € 692,4/t. En novembre 2023, il n'était plus que de € 434,1/t.

Si la baisse du prix du lait a été la plus dramatique en Irlande, les autres pays du nord de l'Europe, eux aussi très exportateurs, ont également connu des baisses marquées du prix du lait. En Allemagne, le prix du lait, à son maximum en décembre 2022 (à € 615,8/t), n'était plus que de € 432/t en novembre 2023. Même scénario aux Pays-Bas, où la correction de prix a dépassé également les € 200/t. La France a fait figure d'exception, notamment grâce à la part importante dédiée à son marché intérieur. Le prix a moins fortement diminué : le prix y a atteint son pic en janvier 2023, à € 497,5/t, pour s'établir à € 475,2/t en novembre 2023. La consommation en France s'est d'ailleurs relativement bien tenue, avec des achats des ménages qui se sont maintenus en ce qui concerne les fromages (non sans quelques adaptations), et même qui ont augmenté pour la crème, malgré une forte inflation qui a atteint son pic en mars 2023. Dans les autres pays européens, cette tendance sur la crème s'est aussi fait sentir, et la consommation des autres produits laitiers n'a pas été aussi pénalisée que la hausse des prix à la consommation aurait pu le faire penser.

Un prix du lait qui devient moins incitatif pour les producteurs

En Europe, la baisse du prix du lait est venue directement impacter les marges des éleveurs. En effet, les baisses de prix ont été rapides d'une part, alors que d'autre part les coûts de production n'ont pas baissé à la même vitesse. En France, l'Ipampa lait de vache, qui permet de suivre les évolutions des charges en élevage, a subi une décroissance qui a été très modérée. Il a perdu 6,4 points entre janvier et novembre 2023, grâce à une légère détente des prix des aliments achetés et d'une baisse des prix des engrais et amendements, mais le niveau global est encore bien supérieur à ce qu'il était avant la flambée des cours des intrants en 2021. En Irlande, pays où la filière est très tournée vers l'exportation sur le marché mondial, Teagasc a estimé une baisse des marges nettes des éleveurs, à € 859/ha, ou 7 centimes par litre, soit une diminution drastique de 71 % par rapport à 2022.

Des conditions de production qui, en l'absence de prix du lait suffisant, ont poussé les éleveurs européens à choisir de modérer la production laitière. Deux tendances inverses se sont clairement dessinées sur l'année 2023, avec un premier semestre affichant une progression globale des volumes de 0,7 %, tant que les prix du lait restaient incitatifs, même s'ils étaient déjà orientés à la baisse. Ces derniers ont particulièrement dopé les collectes des pays de l'Europe du Nord : sur six mois, la collecte allemande progressait de 2,4 % et la collecte néerlandaise avait grossi de 3,1 %. Les pays du sud de l'Europe n'ont pas connu ce dynamisme des volumes. L'Irlande, qui avait devancé les autres pays dans la baisse du prix du lait, est le pays qui a connu avant les autres l'inflexion de la production, dès le mois de mars. Les Pays-Bas et l'Allemagne ont suivi plus tardivement dans l'année, avec les premières véritables baisses en septembre et en novembre, mais leurs positions de numéro 3 et numéro 1 de la production européenne ont affecté plus fortement le résultat européen que la dynamique irlandaise. Au total, la collecte européenne s'est repliée de 1,0 % au second semestre. La situation a mené à des baisses particulièrement importantes en Irlande : en novembre, la collecte a diminué de presque 20 % par rapport à novembre 2022. La situation de la France est quelque peu différente, car la filière française a moins profité de la flambée des cours de 2021-2022, ayant un profil moins tourné vers l'exportation des ingrédients laitiers. Le prix du lait y a moins progressé, puis en 2023 moins diminué aussi. Pourtant, la baisse de la collecte y a été en moyenne plus importante que dans les autres pays européens. En parallèle, un pays européen n'a pas connu de baisse de rythme dans la production malgré la correction des cours mondiaux : la Pologne, qui affichait encore des progressions des volumes collectés en novembre, a vu sa collecte annuelle progresser de 1,8 % par rapport à 2022.

Dans l'Union européenne, la baisse de production de lait a affecté essentiellement les volumes de poudre de lait écrémé, en lien avec la baisse des cours mondiaux de ce produit, mais également en lien avec la réduction de la production européenne en fin d'année, dans un contexte où la production fromagère s'est maintenue, créant ainsi une compétition sur la matière protéique.

Cette dynamique en deux temps s'est dessinée aussi aux États-Unis et en Nouvelle-Zélande. Aux États-Unis, les volumes ont connu une modeste progression au premier semestre (+ 0,7 %), puis une tendance inverse (– 0,6 %). Dans ce pays, le couple beurre/poudre a été la variable d'ajustement des volumes excédentaires ou manquants, tandis que la production fromagère est restée stable. En particulier, les volumes de poudre maigre produits se sont rétractés de 4 %, soit 35 kt produits en moins. En Nouvelle-Zélande, la collecte du premier semestre 2023 a été marquée par une hausse de 2,8 %, aidée par les conditions météorologiques. Au second semestre, la production s'est inscrite sous son haut niveau de 2022, affectant le résultat annuel étant donné le pic laitier de fin d'année.

Ailleurs, d'autres facteurs ont influencé la collecte : notamment en Australie, la collecte a connu une évolution totalement inverse, avec un repli au premier semestre, puis des progressions de la production au second semestre qui ont permis à la production annuelle de se maintenir. La collecte a pu afficher des progressions face à un second semestre 2022 particulièrement bas. En Argentine, la situation a été compliquée, avec notamment un dernier trimestre 2023 très perturbé : la collecte a perdu 5,8 % sur ce dernier trimestre 2023, par rapport au dernier trimestre 2022. D'une part, la sécheresse a affecté la production et limité la disponibilité en fourrages et d'autre part, avec la première dévaluation du peso au milieu de l'année, le prix du lait n'a pas permis aux éleveurs l'achat d'intrants, souvent importés. En parallèle, les collectes russes et biélorusses semblent se développer rapidement. La production laitière en Biélorussie est annoncée en hausse de près de 6 % en un an par rapport à 2022.

La situation de 2024 soumise à plusieurs facteurs

L'année laitière sera le reflet de l'évolution de plusieurs éléments, et en premier lieu, de la demande chinoise. Après les excédents chinois de production locale en 2023, qui ont affecté le prix du lait et les éleveurs, tout porte à croire que la production se stabilisera en 2024, ce qui pourrait conduire à une stabilisation du niveau d'importations, voire une très légère hausse selon l'USDA.

La production des grands bassins d'exportations restera soumise aux conditions climatiques qui pourront affecter les niveaux de production : notamment le phénomène *El Niño* en Océanie, qui a déjà apporté une pluviométrie insuffisante en Australie sur la fin 2023. En Europe, un maintien des prix favorisait la production, mais sans la bonne conjoncture à l'exportation de fin 2021-début 2022, les grands producteurs pourraient retrouver leurs anciennes dynamiques. Les niveaux de production sont aussi soumis aux plans européens et nationaux, avec notamment une baisse annoncée aux Pays-Bas dans les années à venir. En France, la production n'a pas été dopée au début de 2023, et est pénalisée par le rythme des cessations d'activité. En parallèle, l'inflation a été forte en 2023 sur les produits laitiers en Europe, qui ont malgré tout su résister. Une situation plus apaisée pourrait favoriser la consommation européenne en 2024. Les prix du lait pourraient donc y être soutenus au moins en partie par les marchés intérieurs européens.

D'autres événements peuvent impacter les marchés des commodités laitières, notamment la guerre entre Israël et le Hamas. Sur la fin d'année 2023 et début 2024, les perturbations dans la mer Rouge, conséquences de la guerre, ont forcé les bateaux à faire un détour par le cap de Bonne Espérance, ce qui a un effet direct sur les coûts et les temps de transport. Cette situation désavantage grandement l'Union européenne sur les marchés importateurs de produits laitiers, nombreux dans le Sud-Est asiatique, tandis que la Nouvelle-Zélande se retrouve plus avantagée sur cette zone. En revanche, deux pays du nord de l'Afrique, l'Algérie et l'Égypte, ont augmenté leurs importations en 2023. Si ces deux pays conservent leur niveau d'achat de 2023, cela donnera un avantage à l'Union européenne.

Pommes de terre : *mauvais temps en Europe*

D'après les données de la FAO, la récolte mondiale de pommes de terre en 2022 a atteint 375 Mt, soit un léger rebond de 0,3 % sur un an. La production mondiale est en hausse constante depuis 2018. Parmi les trois principaux pays producteurs, les récoltes progressent en Chine (95,6 Mt ; + 1,3 %) et en Inde (56,2 Mt ; + 3,6 %), mais se replient en Ukraine (20,9 Mt ; – 2,1 %) du fait du conflit armé. En dépit de cette situation, les trois pays pèsent pour 46 % des volumes mondiaux et pour eux la situation climatique n'a guère été clémente en particulier en Europe.

Europe : les conditions météorologiques à la récolte limitent l'offre et poussent les prix à la hausse

Les données produites par l'institut européen de la statistique Eurostat montrent que la récolte de pommes de terre (y compris la production de plants) a atteint 46,3 Mt en 2023, soit le niveau le plus bas observé depuis le début du siècle.

Dans le détail, la production française s'établit à 7,7 Mt (– 4,3 % sur un an, et son niveau le plus bas depuis 2016), la production des Pays-Bas à 6,5 Mt (– 5,7 % sur un an, niveau le plus bas depuis 2018), et la récolte polonaise recule à 5,5 Mt (– 9,1 %, niveau le plus bas depuis le début du siècle). Dans le même temps, la production allemande connaît un léger rebond de 1,8 % à 10,9 Mt.

Ce fort recul global s'explique principalement par les aléas climatiques. En effet, les conditions météorologiques en Europe à la fin du printemps et au début de l'été (périodes de sécheresse et de fortes chaleurs) ont limité la croissance des tubercules en culture. De plus, les précipitations importantes du mois d'octobre ont interrompu les activités de récolte après seulement trois semaines.

France : indice des prix à la production de la pomme de terre (2015 = 100)

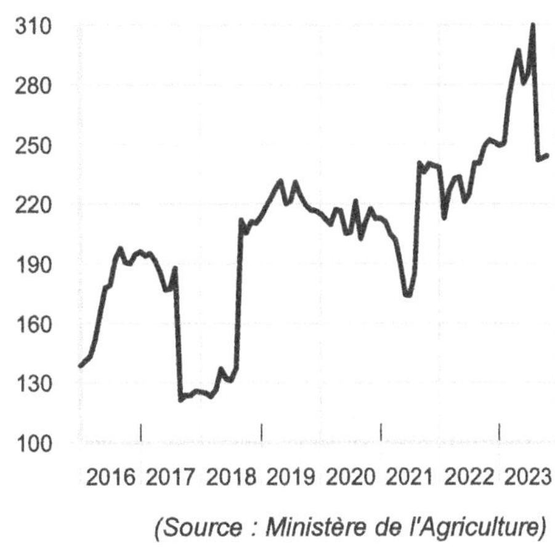

(Source : Ministère de l'Agriculture)

Production mondiale de pommes de terre*
(en millions de tonnes)

	2018	2019	2020	2021	2022
Production mondiale	**364.1**	**366.9**	**369.4**	**373.8**	**374.8**
Chine	90.3	89.6	92.9	94.4	95.6
Inde	51.3	50.2	48.6	54.2	56.2
Ukraine	22.5	20.3	20.8	21.4	20.9
Russie	22.4	22.1	19.6	18.3	18.9
États-Unis	20.4	19.3	19.1	18.6	17.8
Allemagne	8.9	10.6	11.7	11.3	10.7
Bangladesh	9.7	9.7	9.6	9.9	10.1
France	7.9	8.6	8.8	9.0	8.1
Pakistan	4.6	4.9	4.6	5.9	7.9
Pays-Bas	6.0	7.0	7.0	6.7	6.9
Autres	120.0	124.9	126.8	124.3	121.7

**plants y compris* *(Source : FAO)*

D'après le NEPG (North-western European Potatoes Group), les régions septentrionales de la France, l'ouest de la Belgique et les Pays-Bas ont été fortement touchés par des précipitations importantes, entraînant des inondations sur des terres saturées en eau, et rendant la récolte impossible. Ainsi, de nombreuses pertes à la parcelle ont été observées, avec des tubercules pourrissant dans les sols. Pour la campagne 2023-2024, cette situation inquiète la filière, notamment vis-à-vis de la disponibilité en plants de pommes de terre pour la campagne à venir dont les emblavements devraient avoir lieu au printemps 2024. Il est attendu une offre limitée pour la mise en culture en 2024, de l'ordre de – 20 % par rapport aux campagnes habituelles. De plus, les conditions météorologiques du début d'année 2024, à l'instar de la période de récolte 2023, ont été très humides et ont rendu les plantations difficiles.

Avec une récolte européenne en repli (– 2,5 % en moyenne dans l'espace communautaire), l'offre devrait être limitée sur la fin de campagne 2023-2024. Cependant, la demande demeure dynamique, tant pour la consommation intérieure que pour l'exportation, et le déséquilibre entre la demande et la disponibilité pousse les prix à la hausse. D'après le NEPG, dès l'automne 2023, les cours de la pomme de terre ont progressé de € 8/quintal à € 20/quintal en l'espace de quelques semaines.

Ukraine : acteur de poids soumis à une offre limitée en pommes de terre qualitatives

D'après un rapport de East Fruit, la campagne 2023-2024 en Ukraine a été marquée par les mêmes difficultés qu'observées chez ses voisins de l'Union européenne : disponibilité et qualité en baisse. En effet, la situation au premier trimestre 2024 montre que le marché ukrainien est confronté à une pénurie de pommes de terre de qualité. Cette situation pousse les metteurs en marché à maintenir leurs stocks hors marché et à augmenter les prix pour les productions à haute valeur ajoutée. Afin de pallier cette situation, les distributeurs et transformateurs sont amenés à augmenter

Troisième producteur mondial en 2022, l'Ukraine est un acteur incontournable du marché mondial de la pomme de terre. Le marché de la pomme de terre en Ukraine est dominé par de petites et moyennes exploitations agricoles. Avant le conflit dans l'est de l'Ukraine, l'oblast de Donetsk était l'une des principales régions productrices de pommes de terre.

les achats depuis l'étranger, en particulier depuis l'Union européenne. Ces achats sont motivés par des prix compétitifs et des différences de qualité. Il est attendu pour la fin de campagne 2023-2024 que cette saturation du marché local avec des produits étrangers pousse les prix à la baisse.

Chine : la consommation de produits transformés en hausse, quelle dynamique dans les années à venir ?

La Chine demeure le premier producteur mondial, avec environ 25 % des volumes mondiaux. La consommation globale est attendue à 128,1 Mt à l'horizon 2032, d'après le *China's Agricultural Outlook*, soit une progression de 18,5 % par rapport à 2022. Cette hausse sera portée par un développement économique important, et une consommation de plus en plus diversifiée pour les consommateurs chinois, qui se tournent notamment vers des produits transformés : frites surgelées, chips, etc.

La production de pommes de terre se concentre dans les régions les moins développées du pays, dans le nord et le sud-ouest du pays. De ce fait, les capacités d'innovation et de développement de nouvelles unités de transformation sont limitées. La production de pommes de terre du Sichuan, du Yunnan et du Guizhou a dépassé 12 Mt, mais les capacités de transformation étaient respectivement de 276 200, 138 900 et 144 200 tonnes par an seulement. La production annuelle de la province de Chongqing est de 6,1 Mt, alors que la capacité de transformation n'est que de 26 000 tonnes par an, et seules trois entreprises de transformation de pommes de terre produisent de l'amidon et des produits dérivés de l'amidon. L'amidon est le principal produit de transformation de la pomme de terre en Chine, et il existe 194 entreprises en activité avec une capacité de production annuelle totale de 33,9 Mt.

Vers une croissance de la production de frites surgelées en Chine

D'après la *China Food Industry Association*, il est attendu dans la décennie à venir que la capacité de production de frites surgelées en Chine s'améliore considérablement, grâce à la mise en place de plusieurs nouvelles lignes de production dans des régions encore peu pourvues de ce type d'installations. Témoignant de cette dynamique, récemment, une usine de frites avec une capacité annuelle de 70 000 tonnes s'est installée à Wudang en Mongolie-Intérieure. Une autre avec une capacité annuelle de 100 000 tonnes de frites et de 50 000 tonnes de découpes de pomme de terre fraîche devrait être installée à Zhangjiakou dans la province du Hebei.

Fruits et légumes tempérés :
le poids de la Chine

Pommes, poires, raisins pour les fruits et tomate pour les légumes sont les principaux produits de cette catégorie à faire l'objet d'échanges internationaux. Dans les trois cas fruitiers, la place de la Chine est incontournable.

Pomme : la hausse de la production mondiale est portée par le géant chinois

Les données du ministère américain de l'Agriculture prévoient une production mondiale de pommes pour la campagne 2023-2024 de 83,1 Mt, avec des volumes chinois, américains et sud-africains en hausse, et une récolte en repli en Union européenne et en Turquie. Les échanges mondiaux, directement liés au niveau de production et de stock, devraient progresser de 632 000 tonnes pour atteindre 6,1 Mt, avec des ventes dynamiques depuis les États-Unis, l'Iran et la Chine.

En Chine, les surfaces de vergers sont en repli constant depuis cinq ans. Cette dynamique est la conséquence des orientations stratégiques du pouvoir chinois, visant à réorienter les parcelles de pommiers vers d'autres cultures : céréales, coton, oléoprotéagineux, légumes et fourrages. Afin de maintenir les volumes produits, les arboriculteurs ont intensifié la production dans les vergers, avec aujourd'hui environ 20 % des surfaces conduites à haute densité sur des arbres courts. Pour la campagne 2023-2024, la production est ainsi estimée en hausse de 500 000 tonnes à 45 Mt, portée par les bonnes récoltes dans les régions du Shanxi, du Henan, de Hebei et du Liaoning. La production chinoise représente ainsi 54 % de la récolte mondiale. Dans ce contexte, les exportations sont attendues en progression à 845 000 tonnes. Cette hausse devrait être absorbée par le marché asiatique principalement. Les importations chinoises devraient reculer de 15 000 tonnes, les vergers du nord de la Nouvelle-Zélande ayant été touchés par le cyclone Gabrielle en février 2023.

La production de pommes dans l'Union européenne devrait reculer de 475 000 tonnes à 12,2 Mt, après que des gelées lors de la période de floraison eurent touché d'importants pays producteurs comme la Pologne. Lors de la campagne précédente, les températures chaudes et les épisodes de sécheresse avaient limité la récolte en France et en Espagne. Pour la campagne 2023-2024, la production dans ces deux pays devrait connaître un rebond marqué, avec des fruits de bonne qualité se valorisant bien sur les marchés mondiaux, en catégorie Extra ou catégorie 1. Les exportations de l'Union européenne devraient progresser à 1,1 Mt, dynamisées par des ventes de produits de qualité sur les marchés d'Amérique du Sud et de l'Inde.

Concentré de jus de pomme : fébrilité renforcée dans le sillage du repli de l'Ukraine

Les prix du concentré de jus de pomme (CJP) se sont envolés depuis la fin 2022 : ils sont passés de € 1 350 la tonne sortie d'usine en décembre 2022 à € 1 575 en août 2023 puis ont continué leur envolée à € 1 900 en décembre. Ils sont tellement élevés que les industriels achètent massivement des pommes sur le marché, faisant grimper les cours de la pomme fraîche en Europe centrale et de l'Est. Tant et si bien que les cours de la pomme destinée à l'industrie ont triplé par rapport à la campagne 2022-2023. Les transformateurs d'Allemagne et d'Autriche drainent ainsi les pommes d'Europe de l'Est (de Pologne notamment), y compris de pays non-Union européenne (Ukraine, Moldavie). Le marché de la pomme *low cost* est redirigé vers l'industrie. Par contagion, la fébrilité des cours de la pomme d'industrie s'est propagée au marché du frais, dont les cours ont aussi pris de la valeur : + 50 % dans les pays d'Europe de l'Est.

La production ukrainienne désorganisée

Pourquoi une telle fébrilité de la demande de CJP en 2023-2024 ? Le fait le plus marquant est le repli d'un des grands exportateurs de concentré de jus de pomme, l'Ukraine, jusque-là sixième exportateur mondial de CJP avec 100 000 tonnes exportées en temps normal. Dans ce pays, le nombre d'entreprises collectant les pommes dans les vergers abandonnés ou dans les jardins des particuliers a fondu, parce que beaucoup d'Ukrainiens ont quitté le territoire ou sont mobilisés sur le front. Or, habituellement 400 000 tonnes de pommes sont collectées dans les jardins des particuliers, selon Andriy Yarmak, économiste à la FAO, s'exprimant au dernier Prognosfruit. Prognosfruit est un événement organisé en août de chaque année autour de la pomme par la Wapa (*World Apple and Pear Association* – Association Mondiale de la Pomme et de la Poire). De plus, les problèmes logistiques entravent aussi bien la production que l'exportation de ce produit. Ce repli du sixième exportateur mondial de CJP renforce une conjoncture déjà haussière, due à un accident de parcours de la production de pommes chez le premier exportateur mondial de CJP, la Chine, dans les grandes provinces productrices de pommes que sont le Shaanxi et le Shandong.

La Chine plante en pommiers de qualité pour le frais

La récolte chinoise de pommes, partie de 20 millions de tonnes (Mt) en 2001-2002, a augmenté fortement, dépassant les 45 Mt en 2021-2022, puis est retombée un peu en dessous en 2022-2023, et a retrouvé son record de 45 Mt en 2023-2024. Autant dire que l'inflexion de la récolte chinoise de 2022-2023 n'est que l'épaisseur du trait. Alors pourquoi une telle sensibilité du marché du CJP aux moindres fluctuations de la production de pommes ? Parce que l'économie du concentré de jus de pomme devient fragile. La concurrence d'usage du marché du frais lui fait du tort. En clair, une partie croissante de la récolte de pommes est destinée au marché du frais, en Chine comme ailleurs. Et cette tendance n'est pas près de s'arrêter. En effet, la Chine est en train de remplacer massivement ses vergers extensifs et semi-intensifs par des vergers intensifs. Près de 20 % de ses surfaces de pommiers sont plantées en arbres nains à haute densité et de meilleure qualité, dans le but de produire des pommes plus commercialisables pour le marché du frais, selon l'USDA. Cela limite l'abondance de la matière première pour les transformateurs. Plus de pommes de table de qualité sur les étals, moins de pommes *low cost* pour l'industrie. Cette tendance est aussi à l'œuvre en Pologne, Moldavie, Ukraine, selon la FAO.

Le concentré de jus d'orange trop cher

À cette tendance de fond s'ajoute une demande accrue de CJP en raison de cours très élevés du concentré de jus d'orange du fait d'une maladie bactérienne incurable de l'oranger. Cette maladie, qui entraîne une chute prématurée des fruits, sévit au Brésil, au Mexique et aux États-Unis. La forte hausse des cours du concentré de jus d'orange à partir d'avril s'est poursuivie en octobre, mois pendant lequel les opérateurs ont constaté une hausse de plus de 100 % par rapport à octobre 2022 sur le *Mintec Benchmark Prices* (MBP), qui fait référence. Le prix du concentré de jus d'orange brésilien est grimpé à $ 5 390 la tonne en octobre, d'après le *Mintec Benchmark*. « L'industrie est en train de modifier ses formulations de boissons, comme les jus multivitaminés afin de remplacer le jus d'orange par du jus de pomme », a commenté Christophe Tappeiner, directeur de VOG Products, entreprise de transformation de la pomme en Italie du Nord.

L'avenir du CJP : toujours plus de demandes, mais toujours moins d'offres

Le marché du concentré de jus de pomme va continuer son expansion, selon la société de conseil américaine Fact MR, qui accompagne les entreprises dans leur approche des marchés. La taille du marché en 2024 est estimée à $ 4,67 milliards. La demande mondiale étant prévue avec un taux de croissance annualisé en progression de 5,5 % par an, le marché devrait atteindre la valeur de $ 8,01 milliards à la fin de 2034, selon l'analyste. Andriy Yarmak, économiste à la FAO, explique quant à lui que le marché du CJP est appelé à poursuivre son expansion parce que c'est un produit bon marché, que la population mondiale continue à augmenter et que les segments de boissons non alcoolisées sont porteurs.

Mais, dans le même temps, l'offre va devenir plus contrainte. En effet, l'urbanisation réduit les surfaces des jardins familiaux et les vergers à haute densité orientent les pommes vers le marché du frais. De plus, le marché du frais réalise d'importantes innovations. Ainsi, confrontées au blocage de leurs exportations de pommes fraîches par le conflit en mer Rouge, la Pologne, la Moldavie et la Turquie cherchent à améliorer les techniques de conservation des pommes. Par ailleurs, une exploitation agricole anglaise située à Canterbury, AC Hulme & Sons, est en train de mettre au point une solution pour diminuer la consommation d'énergie pendant le stockage à long terme des pommes, à l'aide de l'intelligence artificielle. Enfin, une entreprise italienne, Melinda, vient de mettre au point un « ascenseur à pommes » capable de faire monter 100 tonnes de pommes à l'heure depuis des cellules souterraines, montrant ainsi que le marché du frais a un bel avenir devant lui grâce à l'innovation.

Production mondiale de concentré de jus de pommes
(en milliers de tonnes)

	2017-2018	2018-2019	2019-2020	2020-2021	2021-2022	2022-2023
Total	1 446	1 551	1 417	1 260	1 360	1 200

(Source : Mathias Ebert Hartwig)

Pommes
(en milliers de tonnes)

	2019-2020	2020-2021	2021-2022	2022-2023	2023-2024
Production mondiale	**78 665**	**81 247**	**83 436**	**82 934**	**83 109**
Chine	42 425	44 066	45 973	44 500	45 000
Union européenne	11 480	11 935	12 266	12 683	12 208
Turquie	3 620	4 300	4 493	4 968	4 850
États-Unis	4 852	4 505	4 375	4 300	4 356
Inde	2 370	2 300	2 300	2 400	2 410
Iran	2 241	2 241	2 241	2 241	2 241
Russie	1 779	1 540	1 641	1 742	1 844
Brésil	983	1 297	1 297	1 297	1 297
Ukraine	1 115	1 279	1 279	1 279	1 279
Afrique du Sud	991	1 164	1 250	1 150	1 230
Autres	6 619	6 620	6 321	6 374	6 394

(Source : USDA)

Quatrième producteur mondial avec seulement 5 % des volumes mondiaux, les États-Unis connaissent une hausse de leur récolte de 56 000 tonnes à 4,4 Mt, à la faveur de conditions de culture optimales dans le bassin de production de l'État de Washington. Avec des volumes disponibles en progression, les ventes à l'étranger devraient augmenter de 209 000 tonnes à 820 000 tonnes, notamment à destination de leur principal marché extérieur qu'est le Mexique. Les ventes devraient également se montrer dynamiques vers le marché indien, dont les droits de douane sur les pommes américaines ont été levés depuis septembre 2023. Les achats devraient légèrement progresser à 110 000 tonnes, avec des approvisionnements en hausse depuis les partenaires de l'hémisphère sud.

Pour la première fois depuis 2014, la récolte de pommes turques marque le pas à 4,9 Mt, soit un recul de 2 % sur un an. Le verger en Turquie a vu ses rendements reculer après des périodes de sécheresse pendant la floraison des arbres et d'importantes précipitations lors de la période de maturation des fruits. Depuis plusieurs années, les professionnels poursuivent leurs efforts pour moderniser le verger turc, en introduisant des variétés à fort potentiel de production, privilégiées par les consommateurs, et mieux adaptées au manque d'eau, dans un contexte de changement climatique impactant l'ensemble du secteur agricole.

Raisin : la Chine se positionne à l'export avec un raisin de qualité meilleure d'année en année

La récolte mondiale de raisin de table pour la campagne 2023-2024 devrait s'établir à 28,4 Mt, soit une hausse de 490 000 tonnes principalement portée par les volumes chinois. Les échanges mondiaux devraient demeurer stables, avec une baisse des achats depuis la Turquie et les États-Unis, compensée par des ventes dynamiques depuis la Chine et le Chili.

Avec près de la moitié des volumes mondiaux, la production chinoise devrait atteindre le niveau historique de 13,5 Mt, à la faveur de bonnes conditions de cultures cumulées à une technicité meilleure chaque année dans la filière. Le raisin chinois bénéficie des efforts consentis depuis plusieurs années afin d'améliorer la protection phy-

Raisin de table
(en milliers de tonnes)

	2019-2020	2020-2021	2021-2022	2022-2023	2023-2024
Production mondiale	**24 743**	**25 471**	**26 713**	**27 899**	**28 389**
Chine	10 800	11 450	11 980	12 750	13 500
Inde	2 280	2 300	2 900	2 850	2 950
Turquie	2 050	2 220	1 857	2 220	1 900
Brésil	1 436	1 748	1 748	1 748	1 748
Ouzbékistan	1 607	1 695	1 695	1 695	1 695
Égypte	1 385	1 170	1 470	1 560	1 568
Union européenne	1 548	1 374	1 422	1 546	1 298
États-Unis	905	871	826	811	878
Pérou	645	685	713	766	776
Chili	785	665	793	656	745
Autres	1 302	1 293	1 308	1 296	1 331

(Source : USDA)

tosanitaire, la sélection variétale, et les techniques de culture et de stockage. De ce fait la qualité progresse, ainsi que la durée de conservation et donc de commercialisation du raisin. Dans ce contexte, les ventes chinoises sur les marchés mondiaux devraient progresser de 23 % à 480 000 tonnes, principalement à destination des marchés asiatiques, notamment l'Indonésie et le Vietnam. Avec une production croissante depuis dix ans, les importations poursuivent leur recul, et devraient s'établir à 130 000 tonnes, soit un repli de 25 % sur un an. La hausse des volumes et de la qualité de la production chinoise participent à l'érosion des volumes importés.

La production indienne est attendue à 3 Mt, soit une hausse de 100 000 tonnes sur un an, dans un contexte de bons rendements liés à des conditions de cultures favorables. La hausse de l'offre devrait pousser les exportations à 295 000 tonnes, principalement à destination du marché de l'Union européenne dont la récolte s'avère en recul pour la campagne 2023-2024.

L'Union européenne voit sa production de raisin reculer de 16 % à 1,3 Mt, après des pertes importantes observées suite aux fortes précipitations de la fin du printemps 2023 dans le principal pays producteur qu'est l'Italie. La qualité des productions devrait cependant être très bonne en Union européenne, grâce aux températures élevées enregistrées en juillet 2023. Avec une offre limitée, les exportations devraient reculer de 23 000 tonnes et atteindre 150 000 tonnes. De plus, les mouvements de marchandises devraient principalement s'opérer au sein de l'espace communautaire, afin de réduire les coûts de transport en constante hausse. Pour combler l'offre réduite, les achats depuis l'extérieur progresseraient de 57 000 tonnes à 630 000 tonnes.

Poires : un marché européen bousculé par un manque de production intérieure

D'après l'USDA, la récolte mondiale de poires pour la campagne 2023-2024 devrait marquer une hausse de 300 000 tonnes à 25,2 Mt, avec une progression des volumes en Chine surcompensant le repli observé dans l'Union européenne. Les échanges mondiaux sont également en hausse de 89 000 tonnes à 1,8 Mt, avec des ventes dynamiques depuis la Chine et l'Afrique du Sud.

En Chine, les principales régions de production ont connu en 2023 des conditions de culture favorables et, en dépit du repli des surfaces de verger, la récolte atteint 19,6 Mt, soit 600 000 tonnes supplémentaires par rapport à la campagne 2022-2023. Ainsi, la Chine produit 78 % des poires au

Poires
(en milliers de tonnes)

	2019-2020	2020-2021	2021-2022	2022-2023	2023-2024
Production mondiale	**23 233**	**23 889**	**24 481**	**24 886**	**25 186**
Chine	17 314	17 815	18 876	19 000	19 600
Union européenne	2 059	2 373	1 847	2 081	1 832
Argentine	640	615	557	602	625
États-Unis	645	593	589	583	583
Turquie	530	550	530	571	540
Afrique du Sud	438	461	540	490	500
Inde	310	308	310	300	313
Russie	290	247	240	235	230
Japon	198	206	206	206	206
Chili	222	233	223	212	202
Autres	586	487	564	605	554

(Source : USDA)

niveau mondial. Comme pour d'autres filières, le gouvernement chinois pousse les arboriculteurs à arracher les vergers de poires au bénéfice d'autres cultures de plein champ. Dans les vergers toujours en place, les rendements et la qualité s'améliorent tendanciellement, après que des investissements sont réalisés, visant à moderniser les modes de production et à introduire de nouvelles variétés plus productrices. Les ventes sur les marchés mondiaux devraient bondir de 20 % à 500 000 tonnes. Cette hausse devrait être absorbée par les clients privilégiés de la Chine que sont l'Indonésie et le Vietnam.

Avec seulement 7 % des volumes mondiaux, l'Union européenne voit sa production reculer de 249 000 tonnes à 1,8 Mt. La récolte au sein de l'espace communautaire atteint son niveau le plus bas enregistré depuis la campagne 2005-2006, en raison des fortes gelées ayant touché le premier pays producteur qu'est l'Italie. La récolte italienne est ainsi estimée en repli de 60 % sur un

Les principaux producteurs de tomates fraiches
(en milliers de tonnes)

	2018	2019	2020	2021	2022
Monde	**182 359**	**181 933**	**185 332**	**189 380**	**186 208**
Chine	61 027	62 974	64 777	66 604	68 342
Inde	19 759	19 007	20 550	21 181	20 694
Turquie	12 150	12 842	13 204	13 095	13 000
États-Unis	12 613	10 859	10 939	10 434	10 200
Égypte	6 778	6 814	6 494	6 389	6 275
Italie	5 798	5 778	6 248	6 645	6 136
Mexique	4 559	4 272	4 137	4 149	4 208
Brésil	4 127	3 921	3 757	3 679	3 810
Autres	55 547	55 466	55 226	57 203	53 543

(Source : FAO)

an. Du fait d'un déséquilibre entre l'offre et la demande, les importations devraient progresser de 30 000 tonnes à 170 000 tonnes, et les ventes vers les marchés mondiaux marquer le pas.

Rebond de la production de tomates d'industrie, malgré une récolte italienne fragilisée

Selon les données du World Processing Tomato Council, la production 2023 de tomates destinées au marché de la transformation a atteint 44,2 Mt (+ 11,2 % par rapport à 2022), soit un niveau record depuis 2010. Cette progression des volumes s'observe dans la quasi-totalité des principaux pays producteurs : États-Unis (+ 20 %), Chine (+ 29 %), Espagne (+ 22 %), Turquie (+ 15 %), Portugal (+ 6 %) et Iran (+ 11 %). Seule l'Italie, troisième producteur mondial avec 5,4 Mt, voit sa production reculer, principalement du fait d'épisodes d'inondations, de grêle et de pluies ayant touché les régions de l'est du pays au cours de l'année 2023.

Les principaux producteurs de tomates d'industrie
(en milliers de tonnes)

	2019	2020	2021	2022	2023
Monde	**37 206**	**38 402**	**39 184**	**37 257**	
États-Unis	10 514	10 721	10 193	9 964	11 920
Chine	4 600	5 800	4 800	6 200	8 000
Italie	4 801	5 166	6 059	5 476	5 400
Espagne	3 200	2 650	3 185	2 125	2 600
Turquie	2 200	2 500	2 200	2 350	2 700
Portugal	1 410	1 262	1 596	1 414	1 500
Iran	1 650	1 300	1 300	1 800	2 000
Brésil	1 200	1 421	1 525	1 500	1 650
Chili	1 100	907	1 174	971	1 450
Tunisie	815	961	940	689	650

(Source : World Processing Tomato Council)

Fruits secs à coque : *sensibilités américaines*

À l'instar des campagnes précédentes, la production et les échanges mondiaux de fruits à coque ont continué à dépendre largement des géants américains et chinois. Dans un contexte de croissance de la demande mondiale pour ce type de produits, notamment d'amandes et de noix, les exportations devraient se montrer dynamiques, malgré des replis de production marqués localement, en particulier dans la filière pistache. La sensibilité climatique de toutes ces productions devient de plus en plus forte.

Les exportations américaines de noix comblent la demande européenne

Les estimations de production de noix pour la campagne 2023-2024 annoncent un niveau de récolte stable par rapport à la campagne précédente, à 2,7 Mt (noix entières), la production chinoise demeurant globalement stable, dans un contexte de hausse de l'offre américaine et de recul au sein de l'Union européenne et au Chili. Les principaux producteurs historiques demeurent la Chine et les États-Unis, avec respectivement 53 % et 26 % des volumes mondiaux. La consommation mondiale de noix devrait, quant à elle, demeurer stable. Les échanges mondiaux devraient connaître une hausse de 6 % à 1 Mt, portée par la progression des volumes américains sur les marchés mondiaux.

Le ministère américain de l'Agriculture fait état d'une production stable à 1,4 Mt de noix en Chine, pour la campagne 2023-2024, à la faveur de conditions de production normales et de surfaces stables. La consommation chinoise étant principalement basée sur des produits du pays, les importations du géant chinois devraient demeurer limitées à 15 000 tonnes. Dans le même temps, les exportations progresseraient de 6 % à 1 Mt, notamment vers les États-Unis.

Aux États-Unis, la période hivernale, marquée par des températures très basses, et les précipitations optimales au printemps ont permis aux vergers californiens de se remettre des épisodes de sécheresse à répétition observés depuis plusieurs années. Ainsi, les rendements progressent et, en dépit du recul des surfaces implantées, la production est en hausse de 1 % à 689 000 tonnes. Les exportations devraient connaître un rebond de 15 % à 450 000 tonnes, grâce à des ventes dynamiques sur les marchés européens, de la Turquie et du Moyen-Orient.

Troisième producteur mondial, le Chili devrait connaître une progression de 3 % de sa production, atteignant le niveau record de 198 000 tonnes. La structuration de la filière chilienne se concentre sur le marché export. Les ventes vers l'étranger

Production mondiale
(en tonnes)

	2018-2019	2019-2020	2020-2021	2021-2022	2022-2023	2023-2024
• **Amandes (décortiquées)**						
Monde	**1 346 890**	**1 489 160**	**1 783 640**	**1 678 220**	**1 467 635**	**1 507 740**
États-Unis	1 034 190	1 161 160	1 412 940	1 322 220	1 163 460	1 179 340
Union européenne	134 200	139 100	168 000	137 500	105 000	147 700
Australie	104 000	114 400	127 000	141 000	109 000	140 000
Turquie	16 000	15 000	16 500	20 000	22 500	20 000
Chili	11 000	10 000	10 700	11 000	11 400	11 500
Autres	47 500	49 500	48 500	46 500	56 275	9 200
• **Noix (entières)**						
Monde	**2 015 369**	**2 135 917**	**2 375 696**	**2 313 567**	**2 666 203**	**2 665 911**
Chine	850 000	1 000 000	1 100 000	1 100 000	1 400 000	1 400 000
États-Unis	615 979	594 206	716 676	664 967	682 203	689 461
Chili	150 000	140 400	161 000	175 000	192 000	198 000
Union européenne	130 000	125 411	139 500	146 000	163 000	150 000
Ukraine	127 190	125 900	113 320	85 000	85 000	80 000
Turquie	63 000	65 000	67 000	68 000	67 000	70 000
Inde	34 000	35 000	35 000	36 000	34 000	33 450
Autres	45 200	50 000	43 200	38 600	43 000	45 000
• **Pistaches (entières)**						
Monde	**780 306**	**717 712**	**984 751**	**830 714**	**781 869**	
États-Unis	447 696	336 112	474 004	523 899	400 069	
Turquie	210 000	85 000	250 000	87 000	200 000	
Iran	52 000	205 000	190 000	135 000	106 000	
Syrie	60 000	70 000	50 000	60 000	50 000	
Union européenne	10 610	21 600	20 747	24 815	25 800	
• **Noisettes (non décortiquées)**						
	2018	**2019**	**2020**	**2021**	**2022**	
Monde	**874 423**	**1 121 862**	**1 070 990**	**1 077 393**	**1 195 732**	
Turquie	515 000	776 046	665 000	684 000	765 000	
Union européenne	167 380	132 130	173 460	117 910	133 020	
Azerbaïdjan	52 067	53 793	49 465	67 630	72 105	
États-Unis	46 270	40 820	56 060	70 310	70 310	
Chili	20 330	40 000	37 000	35 185	62 557	
Géorgie	17 000	24 000	32 700	46 000	33 400	
Chine	25 170	24 532	24 740	24 814	24 696	
Autres	31 206	30 541	32 565	31 544	34 645	
• **Noix de cajou (non décortiquées)**						
	2018	**2019**	**2020**	**2021**	**2022**	
Monde	**3 705 182**	**3 484 831**	**3 653 594**	**3 826 874**	**3 852 868**	
Afrique de l'Ouest	1 536 593	1 433 486	1 553 639	1 707 712	1 765 086	
Inde	817 000	743 000	703 000	738 000	752 000	
Vietnam	266 388	286 047	348 504	399 308	341 680	
Philippines	228 612	242 329	255 915	255 931	217 583	
Tanzanie	313 826	225 106	232 681	210 786	216 907	
Indonésie	147 647	162 510	165 868	166 339	163 083	
Brésil (ex Mozambique)	141 386	138 597	139 321	111 012	147 137	
Autres	253 730	253 756	254 665	237 786	249 392	

(Source : FAO/USDA)

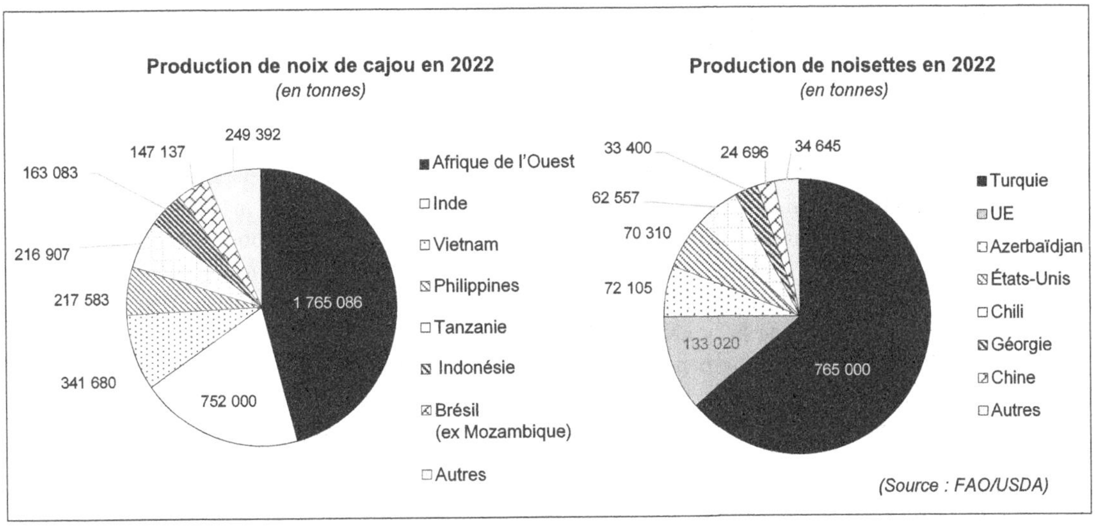

(Source : FAO/USDA)

devraient demeurer stables, et principalement orientées vers le marché de l'Union européenne et de la Turquie.

Les récoltes en Union européenne reculent de 8 % à 150 000 tonnes. Cette baisse est portée par le recul de la production en France liée aux importants épisodes de sécheresse qu'a connus le pays à l'été 2023. La production des principaux autres pays européens de la filière reste stable (Roumanie, Italie, Espagne). En conséquence, et pour combler la demande croissante au sein de l'Union européenne pour les secteurs du *snacking* et de l'industrie agroalimentaire, les importations devraient progresser de 11 % à 300 000 tonnes.

Les échanges mondiaux d'amandes dynamisés par le rebond de la production des États-Unis, de l'Australie et de l'Union européenne

La progression des récoltes aux États-Unis, en Australie et en Union européenne porte la production mondiale d'amandes décortiquées à 1,5 Mt pour la campagne 2023-2024, soit une hausse de 3 % par rapport à la campagne précédente. La consommation mondiale est attendue en progression de 6 %. Sur les marchés mondiaux, les achats de la Chine et de l'Inde devraient poursuivre leur dynamique, portant les exportations mondiales à 1,1 Mt.

Avec 78 % de la récolte mondiale, la production aux États-Unis devrait légèrement progresser de 1 % sur un an pour atteindre 1,2 Mt. Lors de la campagne, les arbres ont porté en moyenne moins de fruits qu'habituellement, mais les rendements ont été compensés par des fruits de calibre plus importants. Par ailleurs, les niveaux importants de précipitation et les épisodes de vents violents ont eu des conséquences sur l'activité des pollinisateurs dans les vergers. En dépit de ces conditions de culture, les volumes progressent, et les exportations devraient augmenter de 6 % à 900 000 tonnes, portées par la demande croissante des marchés chinois et indiens.

Après une récolte en berne en Espagne en 2022-2023 à cause des sécheresses, la production de l'Union européenne devrait progresser de 40 % à 148 000 tonnes pour la campagne 2023-2024. Avec des volumes disponibles en forte hausse, les importations reculeraient de 1 % à 280 000 tonnes, dans un contexte de demande stable dans les secteurs du *snacking* et des industries de transformation. Après une campagne 2022-2023 en berne, la production australienne pour la campagne 2023-2024 devrait connaître un rebond de 28 % à 140 000 tonnes. Lors de la campagne précédente, les vergers avaient été très fortement touchés par les restrictions imposées au secteur apicole, en conséquence d'infestation de varroa dans les ruchers australiens. Pour la campagne 2023-2024, avec des niveaux de récolte retrouvant leurs niveaux habituels, les exportations devraient connaître un rebond de 5 % à 100 000 tonnes.

Les stocks mondiaux au plus bas ralentissent les échanges mondiaux de pistaches en 2023

La production mondiale de pistaches (non décortiquées) pour la campagne 2022-2023 a atteint 782 000 tonnes, soit un recul de 6 % sur un an, du fait de la baisse des volumes aux États-Unis et en Iran, et en dépit de la progression enregistrée en Turquie. Depuis la campagne 2020-2021, on observe un ralentissement de la production de pistaches au niveau mondial, baisse portée par les États-Unis principalement. Ainsi, les ventes sur les marchés mondiaux ont reculé de 16 % à 415 000 tonnes, lorsque dans le même temps la consommation progresse de 7 % à 808 000 tonnes, en s'appuyant sur les stocks disponibles.

Aux États-Unis, la production a baissé de près d'un quart à 400 000 tonnes, en conséquence d'une année *off-year* pour les pistachiers, phénomène naturel observé dans l'ensemble des productions arboricoles. Les exportations se sont ainsi repliées en 2022-2023 de 11 %, après une année record à 294 000 tonnes. Ce ralentissement des ventes américaines a principalement touché ses deux principaux clients que sont la Chine et l'Union européenne.

La reprise de production après une année *off-year* en Turquie a poussé la récolte à 200 000 tonnes, soit un rebond de 130 % sur un an. Environ 80 % de la production se concentre dans les régions du sud-est du pays. Ces régions ont bénéficié de conditions de culture favorables. Les pistaches turques sont traditionnellement consommées dans le pays. Ainsi, malgré la forte progression des volumes sur le marché, les exportations ont été stables lors de la campagne.

L'*Iranian Pistachio Association* fait état d'une production en repli de 21 % à 106 000 tonnes en 2022-2023. Les volumes sont en baisse depuis trois campagnes en raison de facteurs naturels : gelées lors des périodes de floraison suivies de périodes de sécheresse.

Miel : *entre l'Ukraine et la Chine*

Depuis 2020, les marchés du miel ont connu des événements qui ont bousculé les dynamiques commerciales entre pays exportateurs et importateurs.
Après une accentuation de la demande durant la crise du covid, alors que les prix avaient déjà connu une forte augmentation, la hausse s'est accentuée avec la guerre en Ukraine et a généré une flambée des prix sur le marché mondial. De nombreux apiculteurs européens avaient alors fait monter les enchères, profitant d'une faible disponibilité liée à des difficultés évidentes de flux logistiques de la production ukrainienne, dont le prix sert de référence. Cela avait impacté les prix en grandes surfaces, mettant à mal l'attractivité des miels auprès des consommateurs durant toute l'année.
L'année 2023 s'est inscrite dans cette continuité de déséquilibre entre l'offre, provenant essentiellement de Chine, d'Ukraine et d'Argentine et la demande provenant des États-Unis, de l'Europe et du Japon.

Il faut noter que, du fait de la diversité des types de miels (monofloraux ou polyfloraux) et de leur origine de production, il n'y a pas un prix du marché du miel, mais bien des prix et des marchés du miel. Si un miel est à la fois rare et très demandé par les consommateurs, son prix sera d'autant plus élevé. Ainsi un miel bio d'acacia d'Italie coûtait € 13/kg en 2023, alors qu'un miel conventionnel de colza et de tournesol d'Ukraine s'échangeait contre € 2,50/kg auprès des exportateurs ! En effet, les miels de fleurs de cultures, beaucoup plus robustes face aux aléas climatiques, sont bien plus abondants sur le marché qu'un miel monofloral d'Acacia, dont la fleur fragile aux gelées du printemps notamment, ne garantit pas de gros volumes de production.

Prenons l'exemple du miel bio français, qui illustre à l'extrême les raisons du déséquilibre entre l'offre et la demande que nous observons aujourd'hui sur les marchés mondiaux des miels.

Dans l'hexagone, le prix payé à l'apiculteur pour un miel bio par rapport à un miel conventionnel va du simple au double dans la plupart des cas, quel que soit le type de miel, alors qu'à l'importation la différence est de 30 à 40 %.

La forte demande des consommateurs sur le marché du miel durant la crise du covid a permis au miel bio de relativement bien se vendre en

France jusqu'en 2020, porté par la rareté de ces miels sur le marché. La production de miel bio était de 2 000 t/an en moyenne, contre 10 à 15 fois plus en conventionnel selon les années.

Le marché du bio ayant le vent en poupe depuis les années 2010, de nombreux apiculteurs ont décidé de se convertir à une production biologique. D'après les données de FranceAgriMer, le nombre de ruches bio est alors passé de 72 000 en 2012 à 249 000 en 2022 ; la production passant de 1 922 tonnes en 2016 à 4 978 tonnes en 2022 !

Deux courbes se sont alors croisées : celle de l'offre avec des apiculteurs produisant de plus en plus de miel bio sans pour autant adapter leur prix, et celle de la demande des consommateurs qui se sont détournés des miels bio, notamment depuis 2022, les jugeant trop chers en période d'inflation.

Aujourd'hui, la plupart des apiculteurs font face à des méventes et sont confrontés à des stocks de miel ne trouvant pas preneur. C'est une tendance, même si elle est particulièrement accentuée dans ce cas précis, que nous avons retrouvée dans la plupart des pays, notamment dans l'hémisphère nord qui regroupe les pays importateurs les plus importants.

Pour information, le marché du miel accusait en 2023 une baisse du volume des ventes dans les grandes surfaces de l'ordre de 3 % dans l'Union européenne, d'après les données IRI.

L'offre de miel, portée par de bonnes récoltes au niveau mondial, n'a plus été en adéquation avec une demande en baisse, impactée par la baisse du pouvoir d'achat.

Et même si une baisse des cours du miel s'est observée sur les marchés mondiaux en 2023, les prix ne sont pas revenus aux niveaux d'avant le covid. L'augmentation des coûts du transport terrestre, de l'énergie, du matériel d'apiculture, des sirops de nourrissement des abeilles et des analyses en laboratoire a eu un impact sur les coûts de production et d'acheminement des miels au niveau mondial.

À noter que le seul territoire à avoir conservé des prix élevés jusqu'au second semestre 2023

Évolution des volumes d'achat et de ventes des 12 acteurs les plus importants sur le marché

(en tonnes)

Top 6 Importateurs	2017	2018	2019	2020	2021	2022	2023
États-Unis	202 565	187 623	178 948	196 544	220 538	205 156	199 246
Allemagne	93 069	85 978	82 202	90 136	78 701	74 651	64 426
Royaume-Uni	46 069	50 599	48 830	49 897	46 863	51 912	50 917
Japon	42 821	44 521	44 788	49 348	47 132	47 277	41 924
Espagne	32 251	27 920	26 802	31 690	31 627	37 571	31 382
France	35 570	32 302	32 819	34 869	29 295	35 506	31 259
Total	**452 345**	**428 943**	**414 389**	**452 484**	**454 156**	**452 073**	**419 154**

Top 6 Exportateurs	2017	2018	2019	2020	2021	2022	2023
Chine	129 274	123 477	120 845	132 469	145 886	156 002	152 636
Inde	52 980	58 231	65 351	54 834	70 514	86 183	96 077
Argentine	70 531	68 787	63 522	68 985	63 934	67 380	68 880
Ukraine	67 786	49 366	55 683	80 775	57 528	48 372	55 357
Brésil	27 053	28 524	29 812	45 728	47 190	36 886	28 555
Espagne	24 833	23 090	22 471	28 263	28 442	27 869	27 811
Total	**372 457**	**351 475**	**357 684**	**411 054**	**413 494**	**422 692**	**429 316**

(Source : données douanières UN COMTRADE)

est la France, malgré des récoltes exceptionnelles estimées par l'ADA (fédération du réseau de développement apicole) de 32 000 tonnes, contre 20 000 tonnes en moyenne pour une année «normale». Cela a creusé un écart encore plus important entre les prix du miel de l'hexagone, d'Europe et d'Ukraine, le positionnant comme étant le plus cher des miels européens.

Du côté des importateurs, nous remarquons bien cette baisse d'importation notamment en Europe, qui connaît une demande en berne depuis le début de la guerre en Ukraine. Cependant, la loi de l'offre et la demande ne peut pas expliquer à elle seule les déséquilibres observés sur les marchés en 2023. D'autres facteurs, notamment géopolitiques et sociaux, ont contribué à redéfinir les dynamiques commerciales.

En 2022, et dans une volonté de protéger leur production locale de l'importation de miel à bas prix, les États-Unis ont mis en application une loi antidumping qui imposa des taxes d'importation sur les miels d'Argentine (16,92 %), d'Inde (5,87 %), du Brésil (7,89 %) et du Vietnam (60,03 %).

Comme on peut le voir sur les données douanières, cette loi n'a pas vraiment contribué à une baisse des importations de miel sur leur sol, mais plutôt à une réorganisation de leur stratégie d'achat, qui privilégia un approvisionnement en Inde, dont le volume annuel passa de 37 000 tonnes en 2020 à 77 000 tonnes en 2023, alors que les importations en provenance du Vietnam passaient de 50 000 à 12 000 tonnes !

Les importateurs de miels européens ont dû composer avec cette redistribution des cartes, avec en arrière-plan une enquête du JRC qui estime que 46 % des miels importés dans l'Union européenne étaient suspectés d'être adultérés (c'est-à-dire un mélange de miel et de sirop de sucre par exemple, qui interdit de fait l'appellation « miel »). Cette enquête, incomplète dans sa méthodologie, a conduit au retrait du marché d'une dizaine de lots seulement, sur les 320 échantillonnés, et non pas les 46 % suspectés.

D'abord passée inaperçue lors de sa publication, elle a ensuite été reprise par les médias lors des récentes tensions dans le monde agricole et apicole en Europe. Le miel, même s'il est loin de générer un chiffre d'affaires égal aux autres grands des produits alimentaires, est très cher pour les consommateurs et, par conséquent, fait couler beaucoup d'encre et anime les passions.

Les médias ont alors, à grand renfort de titres racoleurs et autres raccourcis hasardeux, jeté l'opprobre sur les miels d'importations, attisant ainsi la grogne des apiculteurs européens, et accentuant le désintérêt des consommateurs pour le miel.

L'année 2024 ne sera pas exempte d'événements perturbateurs et laisse d'ores et déjà présager une nouvelle instabilité sur les marchés. L'élection éventuelle de Donald Trump aux États-Unis et sa volonté de ne plus supporter l'effort de guerre en Ukraine, ou encore les nouveaux taux de taxe dans le cadre de la loi antidumping, pourraient encore une fois modifier les rapports de force sur les marchés.

La révision prochaine de la Directive Miel européenne qui définit la réglementation autour du commerce du miel obligera bientôt les conditionneurs à afficher l'origine des miels sur leurs produits finis. Seuls sept pays européens étaient à ce jour soumis à cette obligation, dont l'Espagne, l'Italie et la France. Une modification des habitudes d'achat des consommateurs pourrait par conséquent être observée, ainsi que des changements de stratégie d'approvisionnement de la part des conditionneurs.

Par ailleurs, et dans une volonté de protéger les producteurs des États membres, le parlement européen pourrait prochainement voter le retour de la taxe de 17,3 % sur le volume importé en provenance d'Ukraine, dès lors qu'il dépasserait la moyenne du volume importé en 2022 et 2023.

En plus de ces éléments géopolitiques, il y a toujours bien sûr le dérèglement climatique, l'invasion de frelons asiatiques et l'utilisation de pesticides qui rendent les récoltes toujours plus incertaines. Les acteurs du marché devront donc une fois de plus faire preuve d'adaptabilité face aux défis à venir.

Vin : *des situations contrastées*

La campagne viticole 2022-2023 a été marquée par une faible production, à un niveau légèrement inférieur à celui de la campagne 2017. Les exportations comme les importations mondiales de vin ont été en baisse accentuée en 2023. Après sa chute lors de la pandémie mondiale du covid, la reprise attendue de la consommation tarde à se concrétiser et, malgré la faiblesse de la production lors de la dernière campagne, le niveau des stocks reste assez élevé dans de nombreux pays viticoles, avec toutefois de fortes disparités régionales. Les prix sont plutôt orientés à la baisse, mais certaines régions comme le Bordelais en France souffrent.

Un vignoble mondial stable

Le vignoble mondial reste stable à hauteur de 7,28 millions d'ha (– 0,4 %/2021). La progression chinoise (785 000 ha) semble ralentir. Au sein de l'Union européenne, les surfaces viticoles sont également stables au cours des neuf dernières années (3 300 000 ha).

De 2021 à 2022, les vignobles français (+ 0,8 %) et espagnol (– 0,8 %) ont enregistré des tendances opposées. Les surfaces se réduisent en Argentine (– 1,9 %) et en Afrique du Sud (– 1,2 %), aux États-Unis (– 0,5 %), au Portugal (– 0,5 %), en Roumanie (– 0,3 %), en Turquie (– 2,3 %) et en Moldavie (– 11,6 %). Elles restent stables en Italie, en Allemagne, au Chili, en Australie, en Chine et en Hongrie.

Le nouveau système d'autorisations de plantation (AdP) a été mis en œuvre au sein de l'Union européenne le 1er janvier 2016. Les diverses initiatives des interprofessions viticoles et des autorités publiques et privées ont conduit les instances européennes à prolonger ce système jusqu'en 2045.

En France, le plafond d'autorisations nouvelles pour 2024 a été revu à la baisse, soit 3 100 ha, une croissance en dessous du plafond de 1 % autorisé à l'échelle de l'Union européenne (+ 0,37 %). Cette inflexion de tendance s'explique par le manque de perspectives pour la commercialisation des vins et par les difficultés économiques et sociales traversées par le secteur.

À Bordeaux, en réponse à la crise économique et sociale, un plan d'arrachage « sanitaire » définitif, volontaire et cofinancé de près de 8 000 ha de vignes, est prévu pour les premiers mois de 2024. Cet arrachage va redimensionner les surfaces du vignoble bordelais, soit – 7,5 % des surfaces viticoles du département de la Gironde. Le repli des surfaces concerne principalement les territoires de l'Entre-Deux-Mers et des Côtes (Blaye…). Les appellations produisant des vins rouges et rosés sont les plus concernées, dont l'AOC Bordeaux rouge. L'arrachage temporaire de vignes est également demandé par d'autres régions viticoles françaises et pourrait atteindre 100 000 ha.

Pour 2024, l'Espagne a renforcé les restrictions pour les nouvelles plantations de vignes (0,1 %), soit un maximum de 928 ha. Des restrictions spécifiques ont été introduites pour l'appellation Rioja (0,1 ha) pour laquelle, déjà, de nouvelles plantations n'avaient pas été autorisées depuis 2019. L'appellation Rioja avait également décidé de restreindre les replantations issues de vignes plantées hors de l'appellation. Depuis 2023, les nouvelles plantations sont autorisées en fonction de l'évolution des ventes. Le gouvernement régional de Castilla y Léon a limité les nouvelles plantations en 2024 pour les appellations Ribera del Duero (200 ha) et Rueda (1 ha). Des restrictions ont également été imposées aux nouvelles plantations de l'appellation Cava (0,1 %).

En 2024, les viticulteurs italiens ne pourront planter que 6 851,35 ha issus des nouvelles autorisations de plantation. Ces surfaces seront largement insuffisantes pour faire face à la demande (dix fois supérieure aux disponibilités en 2021) en particulier en Veneto.

En Australie, un plan d'arrachage massif des vignes en production est en cours pour enrayer la crise de surproduction et faire face à la chute des prix des raisins de cuve. Ces difficultés concernent principalement les plantations de cépages destinés à la production de vins rouges. Une étude de KPMG suggère l'existence d'un surplus de 20 000 ha. Au Chili, on estime les arrachages de vignes à 15 % des surfaces. Le vignoble sud-africain, de 89 384 ha en 2022, se rétrécit également à des rythmes variables, selon les régions.

Une très faible production globale

La production mondiale de vin de 2023 (hors jus et moûts) peut être qualifiée de très faible, avec un net recul – 7 % et un niveau, 244 millions d'hl, le plus faible des soixante-deux dernières années. Au sein de l'UE à 27, la production de 2023 atteindrait, hors jus et moûts, 150 millions d'hl (– 7 %/2022), niveau inférieur à la moyenne quinquennale 2018-2022.

La production française de 2023 a été estimée à 47 millions d'hl, soit une hausse de + 2 %/2022 et de + 6 % par rapport à la moyenne 2018-2022. La hausse de la production concerne tous les segments du marché avec des rendements agronomiques contrastés : repli de la production dans le Bordelais, le Sud-Ouest, le Sud-Est et en Languedoc-Roussillon. Ailleurs, la production est en hausse : en Champagne (+ 16 %/2022 et + 47 % par rapport à la moyenne quinquennale), en Charente et en Bourgogne. La production de vins en appellation d'origine protégée (AOP) augmente de + 3 %/2022 et atteint un record pour les eaux-de-vie de vin (+ 18 %). À l'opposé, la production de vins sous indication géographique protégée recule (– 8 %/2022).

La vendange dépasse de + 6 % la moyenne des cinq dernières années et la surpasse considérablement dans les régions de Champagne (+ 47 %), de Bourgogne (+ 22 %), de la vallée de la Loire + 14 %) et de la Corse (+ 12 %). Cette hausse n'a pas concerné tous les territoires viticoles en raison des épisodes de froid, de grêle ou des fortes chaleurs de l'été 2023. Les maladies fongiques ont impacté en particulier les vignobles d'Alsace, du Sud-Ouest, du Bordelais. Le Languedoc-Roussillon a été considérablement touché par la sécheresse (– 5 %/moyenne quinquennale).

En Champagne, afin de réguler le potentiel de production, l'interprofession a fixé les rendements de la vendange à 11 400 kg/ha. Ce niveau est destiné à renforcer la résilience de la filière avec la constitution d'une réserve de vins compte tenu du bon état sanitaire du vignoble. À noter que les rendements agronomiques champenois ont baissé de – 26 % au cours des douze dernières années.

La production espagnole a reculé (– 14 %/2022), après la récolte record de 2013 et une récolte relativement faible en 2021, et se situe à 30,7 millions d'hl (y compris moûts et jus). La production de vin italienne est également en recul (43,9 millions d'hl, – 12 %),

D'après le Département d'agriculture de la Californie, les États-Unis enregistreraient avec 3,66 millions de tonnes de raisin de cuve une production considérée comme moyenne, en forte hausse (+ 8 %/2022). La récolte dans la Central Coast (+ 23 %/2022) et dans la Central Valley a été abondante, mais une partie des raisins n'a pas été récoltée en raison de la pression fongique et du manque de débouchés. Sur l'ensemble

Vin (hors jus et moûts)
(en millions d'hectolitres)

	2019	2020	2021	2022	2023	2024
Production mondiale	**258.0**	**263.0**	**262.0**	**258.0**	**244.0**	
dont Italie	47.5	49.1	50.2	49.8	43.9	
France	42.2	46.7	37.6	45.8	45.8	
Espagne	33.7	40.9	35.5	35.7	30.7	
États-Unis	25.6	22.8	24.1	22.4	25.2	
Argentine	13.0	10.8	12.5	11.5	8.8	10.9
Australie	12.0	10.9	14.8	13.1	9.9	
Allemagne	8.2	8.4	8.4	8.9	9.0	
Afrique du Sud	9.7	10.4	10.8	10.3	9.3	9.9
Chili	11.9	10.3	13.4	12.4	10.0	
Exportations mondiales	**103.00**	**102.80**	**112.30**	**107.00**	**99.5**	
dont Italie	21.80	20.80	22.00	21.90	21.6	
France	14.30	13.50	14.60	14.00	13.1	
Espagne	21.20	19.90	23.60	21.20	20.2	
Australie	7.80	7.70	6.30	6.40	6.1	
Chili	8.80	8.70	8.70	8.30	6.7	
États-Unis	3.50	3.60	3.30	2.80	2.1	
Allemagne	3.70	3.70	3.70	3.50	3.3	
Portugal	2.90	3.10	3.30	3.30	3.3	
Nouvelle-Zélande	2.70	2.90	2.80	3.00	3.0	
Argentine	2.60	3.50	3.30	2.70	1.9	
Importations mondiales	**100.30**	**102.70**	**108.30**	**112.60**	**104.4**	
dont Allemagne	14.70	14.50	14.60	13.40	13.8	
Royaume-Uni	11.60	14.40	13.70	13.00	12.3	
France	7.30	6.70	6.00	6.10	6.1	
Chine	6.20	4.70	4.40	3.40	2.6	
Russie	4.30	3.80	3.80	3.90	3.9	
États-Unis	12.10	12.20	13.60	14.40	13.0	
Belgique	3.00	3.10	3.60	3.30	3.2	
Canada	4.20	4.30	4.30	4.20	3.9	
Pays-Bas	4.20	4.60	5.00	4.60	4.4	
Japon	2.80	2.70	2.40	2.70	2.4	
Consommation mondiale	**241.00**	**234.00**	**236.00**	**232.00**		

(Sources : OIV-Ubifrance-UE-DGDDI-OEMV-FranceAgriMer)

de la Californie, les récoltes de Chardonnay (+ 24,1 %/2022), de Sauvignon Blanc (+ 24,1 %), de Pinot Gris (+ 19,1 %) et de Cabernet Sauvignon (+ 14,1 %) étaient en forte progression. D'une façon générale, la hausse de la production de vins blancs (+ 15,3 %) a surpassé celle des vins rouges (+ 2,1 %).

Du côté de l'hémisphère sud, les productions issues de raisins de cuve du Chili (10 millions d'hl, – 20 %), de l'Argentine (8,8 millions d'hl, – 23 %), de l'Australie (9,9 millions d'hl, – 24 %), de l'Afrique du Sud (9,3 millions d'hl, – 10 %) et de la Nouvelle-Zélande (3,6 millions d'hl, – 6 %) ont reculé.

Les estimations de récolte 2024 dans l'hémisphère sud

En 2024, après cinq années de très faibles récoltes, les prévisions de l'INV argentin sont favorables, en raison de bonnes conditions climatiques, survenues au cours des derniers mois. L'INV estime la production de raisins de cuve à 17,9 millions de quintaux (une hausse de + 24 %/2023). Dans la province de Mendoza, la hausse des rendements agronomiques permettrait d'obtenir une récolte estimée à 11,9 millions de quintaux de raisins de cuve (+ 28 %/2023). Dans la province de San Juan, la production est estimée à 4,77 millions de quintaux, en hausse par rapport à celle de 2023 (+ 16 %).

Début mars 2024, l'industrie vitivinicole chilienne anticipait une récolte supérieure à celle de 2023 malgré les fortes températures et les incendies survenus dans les zones du centre et du sud du pays.

La récolte de 2024 en Australie se situe au-dessous de la moyenne, mais présente une bonne qualité. La production de raisins de cuve rouges sera inférieure aux estimations initiales. En raison des fortes températures, la récolte à l'ouest sera l'une des plus faibles des dernières années. Dans la King Valley, les fortes pluies et les inondations ont détruit une partie considérable de la récolte.

En Nouvelle-Zélande, la hausse des coûts de production et le manque de main-d'œuvre pourraient limiter la vendange. Malgré ces difficultés, l'industrie néo-zélandaise attend une récolte de raisins de cuve légèrement supérieure à celle de la moyenne des cinq dernières années. Plusieurs régions ont été touchées par une variation du climat associée à *El Niño* induisant un réchauffement du climat. Ce phénomène a également eu un impact sur la disponibilité en eau pour l'irrigation des vignes.

En Afrique du Sud, d'après les prévisions de Vinpro, la vendange de 2024 devrait être plus abondante (+ 7 %/2023). Toutefois, la baisse des surfaces plantées et la vague de chaleur dans certaines régions en 2024 devraient aboutir à une vendange de qualité et nuancer ces prévisions.

Des disponibilités stables, des stocks élevés en Italie, en Argentine, au Chili et en Californie

Les principaux marchés internationaux ont profité de la faible récolte de 2023, mais le niveau élevé des stocks ne facilite pas la hausse des prix et l'amélioration des équilibres de marché. De nombreuses régions disposent de stocks importants, surtout en vins rouges. Ces niveaux élevés devraient persister au cours de l'année 2024 et au-delà.

En France, les stocks sont assez élevés, y compris pour les vins à indication géographique protégée et les vins de France. En raison des difficultés pour écouler la production, la profession viticole demande des mesures de gestion de crise, telles que des aides à la distillation, au stockage privé et à l'arrachage définitif des vignes. Actuellement, la distillation de crise et les arrachages définitifs ne sont plus intégrés au plan national d'aide prévu par la réglementation européenne. La partie la plus importante des stocks est constituée de vins sous appellation.

En Espagne, les stocks de vins et de moûts, en janvier 2024, étaient estimés à 50,2 millions d'hl, un niveau inférieur à celui de l'année précédente (– 12 %/2023), mais dans la moyenne des cinq dernières campagnes.

La région de Castille La Mancha représente presque la moitié des volumes (19,12 millions d'hl, – 10,3 %), suivie par La Rioja (6,22 millions d'hl, – 0,96 %) et la Catalogne (5,12 millions d'hl, – 2,66 %). En fin d'année, les bodegas de la plupart des communautés autonomes espagnoles ont pu réduire les stocks, mais à un rythme inférieur à celui des campagnes précédentes. Les baisses les plus significatives de stocks concernent les vins rouges et rosés embouteillés (– 4,45 %) et les vins blancs embouteillés (– 7,43 %).

En Italie, à la fin du mois de décembre de 2023, les stocks de vins et moûts sont en hausse et représentent 59,3 millions d'hl (+ 11,5 %/2022). Ils représentent près de deux récoltes dont 32,8 millions d'hl en vins d'appellation, 15,8 millions d'hl en vins sous indication géographique et 9,96 millions d'hl en vins sans indication géographique.

D'après Abares, à la fin juin 2023, les stocks de vins australiens ont atteint l'un des niveaux les plus élevés depuis la campagne 2005-2006. Ce niveau de stocks était attendu compte tenu de l'importance de la récolte lors de la dernière campagne viticole australienne, de la réduction drastique des exportations vers la Chine et des difficultés logistiques pour acheminer du vin vers de nouveaux marchés. L'impact de la petite vendange de 2023 sur les stocks a été positif.

En janvier 2024 on estimait les stocks de vins argentins à 8,446 millions d'hl dont 6,98 millions d'hl dans la province de Mendoza. La plupart des vins en stock sont des vins rosés et rouges (71,7 %). Compte tenu de la récolte plus importante prévue en 2024 et des achats de vin par les instances gouvernementales pour équilibrer les prix, l'Institut national de la viticulture (INV) argentine estimait le stock technique des vins à 5,5 mois en juin 2024, en dessous du stock technique de référence.

La consommation reprend dans certains pays, les lieux de consommation se modifient

Le léger déclin de la consommation mondiale a été influencé par les crises économiques et l'austérité. Elle est estimée par l'OIV en 2022 à 232 millions d'hl (– 1 %/2021). Cette tendance à la baisse est influencée par les évolutions de la consommation de vins en Chine depuis 2018.

D'après l'étude IWSR, en 2023 les ventes mondiales de vin ont subi une légère chute, avec des tendances contrastées pour les vins tranquilles (– 4 %) et les vins effervescents (+ 1 %). Cette tendance à la baisse de consommation en volume devrait se poursuivre sur de nombreux marchés. Elle concerne avant tout le canal des cafés, hôtels et restaurants (CHR). Parmi les vingt principaux marchés mondiaux (– 5 %/2022), le Brésil est le seul marché émergent où la consommation du vin a progressé dans l'après-covid.

Les prévisions jusqu'en 2027 indiquent un recul des vins tranquilles (– 1 %) et une légère hausse de la consommation de vins effervescents en volume (+ 1 %). Ce phénomène est amplifié par la réduction de la base des consommateurs réguliers. Seule la consommation sur le segment « super-premium » est à la hausse, ce qui confirme la tendance à la premiumisation. Les vins effervescents bénéficient de cette évolution : le Champagne et le Prosecco sont davantage consommés dans des contextes informels. Les vins issus de l'agriculture biologique, les vins naturels et ceux engagés dans des démarches durables bénéficient également de la premiumisation. Les vins à faible teneur en alcool sont de plus en plus demandés (+ 8 %/2022) ainsi que les vins sans alcool (+ 7 %/2022).

À l'échelle internationale, une étude du cabinet IWSR montre une préférence accrue des consommateurs pour des vins engagés dans le développement durable (deux tiers des consommateurs réguliers dans les principaux marchés). Cette préférence est particulièrement élevée aux États-Unis (70 %) et en Chine (90 %).

Au cours de l'année 2023, la demande de vins aux États-Unis a stagné en volume pour la troisième année consécutive (– 3 %/2022). Ce ralentissement concerne principalement les vins vendus à moins de $ 12/bouteille, soit 70 % des ventes, et plus spécialement le segment entre $ 3 et $ 5,99 qui recule le plus. Tous les segments des vins vendus à un prix égal ou supérieur à $ 12/bouteille ont enregistré des hausses. Ces écarts de croissance entre les segments à hauts et à faibles prix n'ont jamais été aussi nets. Il s'agit donc d'un changement rapide du comportement du consommateur.

Contrairement aux spiritueux, la progression des ventes de vins à domicile et hors domicile continue de baisser. L'explication pour ces tendances est associée à des changements intergénérationnels et au vieillissement des *baby boomers*, au comportement du consommateur qui diversifie la consommation de boissons alcoolisées (vins, bières, spiritueux, *ready-to-drink*, *hard-seltzers*…), des messages publicitaires en défaveur de la consommation de boissons alcoolisées et l'augmentation des prix dans la restauration.

D'après la Silicon Valley Bank, pour l'année 2024, en ventes directes (*Direct-to-Consumer*, DTC) des hausses modestes des prix moyens des bouteilles sont à prévoir. Ce canal a enregistré une baisse en volume (– 5,7 %/2022) et en valeur (– 0,7 %), mais à un degré moindre que dans l'année précédente.

En contre-tendance, une partie des *wineries* (4 à 5 %) envisage d'augmenter les prix dans les segments allant de $ 15 à $ 19/bouteille ainsi que dans le segment de prix dépassant $ 100/bouteille. Rappelons que les ventes des vins icônes sont réalisées à hauteur de 70 % dans le circuit du DTC.

En France, les ventes de vins en grande distribution ont atteint 8,3 millions d'hl (– 4 %/2022) et une valeur de € 4,5 milliards (– 1 %). Le recul des ventes en volume est plus significatif pour les vins rouges (– 13,69 %) que pour les vins blancs (– 4,61 %). Les ventes de vins effervescents reculent également (– 2 %) y compris pour le champagne (– 18 %). Cette tendance est à l'opposé de l'évolution des ventes des vins effervescents étrangers sur le marché français (+ 22,69 %), notamment le Prosecco.

En Espagne, la consommation annuelle apparente de vin baisse significativement pour atteindre 9,58 millions d'hl (– 8,9 %). Ces données montrent une inversion de tendance après le record de la consommation atteint avant le début de la pandémie du covid (11 millions d'hl). Les signes de rattrapage de la consommation en 2021 ne se sont pas confirmés. Cette évolution négative s'explique par les conditions de la conjoncture socio-économique et géopolitique. D'après le panel Nielsen, les ventes de vin en valeur dans les cafés, hôtels, restaurants espagnols ont progressé de + 7,6 %/2022.

D'après le panel IRI, en 2022 les ventes de vins tranquilles dans les grandes et moyennes surfaces italiennes ont atteint une valeur record (€ 3,02 milliards, soit + 2,5 %/2022), mais ont diminué en volume (7,4 millions d'hl, – 3,2 %). Au dernier trimestre de l'année, la hausse a été moins prononcée en raison d'une réorientation des achats vers les vins rouges et un ralentissement des ventes de vins effervescents (+ 1 % pour les effervescents italiens et – 8 % pour le champagne).

En Allemagne, la consommation de vins recule, l'équivalent d'une bouteille de 75 cl/an. La consommation apparente s'établit à 19,2 litres/an par personne. La consommation de vins effervescents est résiliente et se maintient à hauteur de 3,2 litres/personne. La consommation de vins allemands est dominée par les vins rouges (48 % de parts de marché), mais en recul. La consommation de vins blancs et rosés se développe.

En conséquence des restrictions imposées par la pandémie du covid, la consommation globale des vins en Chine s'est contractée pour atteindre l'équivalent de 8,8 millions d'hl (– 16 %), soit une réduction moyenne de 2 millions d'hl depuis 2018. La consommation de vins en Chine est dominée par les vins rouges (92 % des volumes), dont la part de marché est en hausse depuis le début du siècle. Les vins blancs ne représentent que 7 % et les rosés 1 % des parts de marché.

Le marché des vins en Inde est en plein développement avec une progression de 22 % de la consommation en 2022. Les ventes sur le marché indien sont estimées à $ 238 millions/an. Plusieurs accords de libre-échange signés entre l'Inde et d'autres économies (Australie, AELE...) lui permettent de réduire les droits de douane sur les importations de vins. Ces accords devraient lui permettre d'offrir des vins à des prix plus accessibles aux consommateurs indiens, en particulier dans les segments des $ 5 à $ 15/bouteille.

L'année 2023 a mis en évidence de nouvelles tendances. Dans la plupart des pays consommateurs de vin, les ventes dans la restauration reprennent sans retrouver les performances de 2019. Les ventes en ligne poursuivent leur développement, mais à un rythme modéré.

Face à la surproduction et à la mévente des vins (surtout rouges), on a assisté dans de très nombreux pays à des mesures de gestion de l'offre : distillation, mais aussi arrachage sans oublier des aides en Trésorerie aux producteurs. Cela a été le cas en France dans le Bordelais (8 000 ha d'arrachages envisagés en Occitanie et même en Champagne) avec la baisse du rendement agronomique. Distillation de crise aussi en Espagne, en Catalogne et en Extremadura, ainsi que des aides pour les vendanges en vert en Rioja et Castilla-La-Mancha. Au Portugal, le niveau de la distillation a été particulièrement important alors qu'il a été très peu élevé en Italie, du fait de la faiblesse de la vendange. Enfin, en Argentine pour soutenir les petits producteurs, un taux de change favorable, le « dollar Malbec », a été mis en place.

La chute accentuée des importations mondiales

D'après l'observatoire espagnol des marchés du vin (OEMV), les données annuelles disponibles en septembre 2023 montrent que les treize principaux pays importateurs mondiaux représentaient près de 73,1 % des volumes. Dans l'ensemble, le marché global des vins importés est en baisse en valeur et s'établit à près de € 36,54 milliards (– 2,1 %/2022). Les volumes ont atteint 99,4 millions d'hl, en repli de – 7,2 %.

Dans les importations de ces treize pays, les vins effervescents ont représenté 74,8 % de la valeur et 73,1 % des volumes mondiaux importés, en 2023. Les importations de ces vins sont en légère reprise en valeur, mais les volumes chutent (+ 3,8 % en valeur/2022 et – 3,6 % en volume). Les tendances des différents pays ont été contrastées. Certains pays ont augmenté leurs achats en valeur : Royaume-Uni (+ 7 %), Japon (+ 10,2 %), Singapour (+ 28,7 %), Russie (+ 39,2 %), Italie (+ 26,8 %), Suisse (+ 7,6 %), Pays-Bas (+ 4,3 %). Des chutes significatives des importations de vins effervescents ont été enregistrées pour quelques marchés stratégiques : États-Unis (– 0,3 %/2022), Allemagne (– 3,8 %), Belgique (– 9,7 %), Australie (– 3 %), Canada (– 6,5 %) et la Suède (– 1,8 %).

Les États-Unis sont le principal pays importateur de vin en valeur avec près de € 6,62 milliards (– 3,6 %/2022). En 2023, l'Allemagne regagne le leadership mondial de l'importation de vins en volume malgré une légère baisse des importations de vins tranquilles (13,8 millions d'hl, – 0,4 %/2022). Le Royaume-Uni a réduit légèrement ses importations, malgré la progression des vins effervescents (12,36 millions d'hl, – 8,9 %/2022). La plupart des principaux pays importateurs de vin ont réduit leurs commandes en volume et en valeur. La France (6,1 millions d'hl, – 2,2 %/2022), le Japon (– 9 %) et le Canada (– 6,8 %), la Belgique (– 10,5 %) et la Chine (– 26,9 %) ont enregistré des baisses des importations en volume. L'Allemagne (– 4,5 %), la Chine (– 16,1 %), la Belgique (– 8,9 %), le Canada (– 11,9 %) et Hong Kong (– 10,6 %) ont été les principaux protagonistes de la chute des importations en valeur. À l'opposé, les importations de vins du Japon (+ 3,4 %), de la Russie (+ 24 %) et de Singapour (+ 21,9 %) ont augmenté en valeur. Le Portugal (+ 13,9 %) et la Russie (+ 16,8 %) augmentent leurs importations de vin en volume.

D'après FranceAgriMer, les importations françaises de vins étrangers se sont ralenties en volume (– 5 %/2022) et en valeur (– 3 %). À noter que les importations, effectuées majoritairement en vrac, sont composées principalement de vins sans indication géographique, en provenance d'Espagne. Ces importations font l'objet d'une contestation par les producteurs français. Les importations sont en baisse pour le vrac (– 6 %) et les vins conditionnés en bouteille (– 4 %). Les importations françaises de vins effervescents progressent en volume (+ 11 %), principalement dynamisées par le Prosecco italien (+ 32 %).

L'Allemagne reprend sa position traditionnelle de leadership dans les importations de vins en volume au niveau mondial, avec environ 13,82 millions d'hl (– 9,4 %/2022). La baisse des importations en volume a concerné les vins effervescents (– 7,6 %) et les vins conditionnés (– 3,3 %). À l'opposé, les importations allemandes en volume augmentent pour le *bag-in-box* (+ 14,1 %) et pour les vins en vrac (+ 1,9 %).

Les incertitudes liées au Brexit et la dévaluation de la livre sterling ont continué d'impacter les importations de vins. Les fournisseurs européens ont perdu des parts de marché en Grande-Bretagne. En 2023, le volume des importations a chuté à nouveau (– 8,9 %/2023), mais la baisse en valeur est moins significative (– 1,5 %). Un projet de loi britannique vise à autoriser l'assemblage de vins étrangers d'origines diverses entre eux et avec des vins britanniques. Les producteurs britanniques seront également autorisés à planter des cépages hybrides pour faire face aux maladies fongiques et au changement climatique. Cette nouvelle législation devrait être introduite en 2024 et pourrait stimuler les importations de vins. Certains opérateurs s'inquiètent de l'impact de la nouvelle législation sur les importations de vins à bas prix qui pourraient à terme freiner le développement de l'industrie vitivinicole au Royaume-Uni.

En 2023, la Chine a enregistré pour la sixième fois depuis 2014 un recul de ses importations en volume (3,61 millions d'hl, soit – 26,9 %/2022) et en valeur (€ 1,178 milliard, soit (– 16,1 %). Ces variations s'expliquent par le ralentissement de l'économie chinoise, la crise mondiale du covid, la dépréciation de sa monnaie, ainsi que par la guerre des droits d'importation (États-Unis/Chine et Australie/Chine). L'année 2023 a été marquée par un rapprochement des positions des gouvernements chinois et australien en vue de l'assouplissement des droits imposés par les autorités chinoises aux importations de vins australiens. À présent les droits peuvent aller jusqu'à + 200 %.

Les importations chinoises de vins conditionnés (– 14,3 %/2022), effervescents (– 15,7 %), le *bag-in-box* (– 26,3 %) et en vrac (– 35 %) se réduisent. La chute du rythme des importations sur les marchés de Hong Kong est également à noter : – 11,8 % pour les vins conditionnés, – 56,6 % pour les vins au format *bag-in-box* et l'arrêt des importations de vins en vrac.

Le Japon a réduit les importations en volume de vins conditionnés (– 0,2 %/2022), des vins conditionnés en *bag-in-box* (– 12,7 %) et des vins en vrac (– 12,4 %).

À la suite des sanctions imposées par l'Union européenne et les États-Unis à la Russie, les importateurs se sont tournés vers d'autres fournisseurs de vins, tels que la Chine, l'Inde, le Brésil, l'Afrique du Sud et le Chili. Au-delà des difficultés logistiques pour les nouveaux partenaires, il existe également des incertitudes sur leur capacité à fournir un volume équivalent de vin. En effet, les trois principaux fournisseurs (France, Italie et Espagne) représentaient jusqu'alors près de 60 % des vins importés dans le pays. Dans ce contexte, par le mécanisme de la réexportation, la Lettonie est devenue le principal fournisseur de vins ! L'année 2023 a été marquée par la progression significative des importations russes. La Russie est devenue le sixième importateur mondial de vins devançant ainsi le Canada et la Belgique : + € 221 millions/2022 et + 56 millions de litres.

Le ralentissement des exportations

En 2023, d'après l'OEMV, les exportations mondiales de vins ont enregistré des variations négatives. Estimées en septembre 2023, elles sont en légère baisse en volume (– 7,2 %/2022) et en valeur à € 36,53 milliards (– 2,1 %).

La plupart des grands pays exportateurs enregistrent des reculs. C'est ainsi le cas de la France : le Bordelais (qui pèse 20 % des exportations françaises en valeur) est en recul en volume de 11,8 %, la Champagne de 8,2 % alors que la Bourgogne (– 0,3 % en valeur) est moins affectée. En Espagne, la Rioja souffre aussi (– 7,5 %) ; par contre le Cava (un vin effervescent un peu analogue au Prosecco italien) est proche d'un nouveau record historique. Du côté italien, les vins effervescents (+ 3 % en valeur) sont aussi les seuls à progresser. Dans l'hémisphère sud, l'Argentine a souffert d'un net recul tant en volume (– 25 % à 2,64 millions hl) qu'en valeur (– 16 %). La situation est identique pour le Chili (– 21 %). L'Australie continue à souffrir des taxes à l'importation mises en place – en guise de sanctions – par la Chine. En 2019, la Chine représentait 40 % des exportations de vins australiens. Mais, à partir de 2020, et des interrogations australiennes sur l'origine du covid, les relations se sont tendues pour aboutir à la mise en place de tarifs douaniers allant de 116 % à 218 % sur les vins australiens. En 2023, les ventes australiennes en Chine ont été pratiquement nulles. Les relations se sont quelque peu réchauffées et les tarifs pourraient être réduits au printemps 2024.

Dans un contexte général de tensions inflationnistes, les prix ont été souvent orientés à la hausse sans épargner toutefois quelques régions en crise à l'image du Bordelais en France.

En Italie, la hausse moyenne des prix en 2023 a été de 13 % au stade de la production avec quand même des baisses dans certaines appellations comme le Chianti (– 15 %) ou même le Prosecco (– 13 %). En France, la baisse pour les vins d'appellation hors Champagne est plus mesurée à 8 %. Mais la crise est totale pour l'appellation Bordeaux dont la barrique de 900 litres est tombée à moins de € 800 (pour un coût de production estimé à € 1 300). La place de Bordeaux est victime de la désaffectation des consommateurs pour le vin rouge, mais aussi de l'absence de « marques » de référence comme il y en a en Champagne.

Un marché qui se déséquilibre en raison d'une faible récolte mondiale

La différence entre la production et la consommation mondiales serait en 2023 de 12,1 millions d'hl à comparer aux 30 millions de 2022. Après plusieurs années de récoltes en dessous de la moyenne et au regard d'une consommation mondiale qui devrait se stabiliser en 2024, la production moyenne en 2023 est à nouveau insuffisante pour équilibrer le marché mondial. Toutefois les stocks élevés dans certains pays permettront de maintenir les disponibilités à des niveaux suffisants. Près de 30 à 35 millions d'hl sont, en effet, nécessaires pour approvisionner les usages industriels et les brandies. Des tensions sur les prix vont se manifester dans certains pays ou régions, en fonction des disponibilités et le marché international des vins sera marqué par une hausse des prix moyens ainsi que par les tensions géopolitiques.

Coton : *des excédents*

Le coton continue de souffrir de l'atonie de la consommation et de la concurrence des fibres synthétiques qui bénéficient d'un incontestable avantage en termes de prix. Le marché reste pourtant soutenu par la demande chinoise. La Chine reste le premier producteur, consommateur et importateur mondial. Mais c'est le marché à terme américain qui est déterminant dans la formation des prix même si les États-Unis ne représentent plus qu'une part des exportations mondiales. L'inquiétude porte aussi sur l'aval de la filière avec un marché des fils déprimé dans un contexte de crise mondiale du textile et des filatures souvent exsangues.

La pandémie de Covid-19 n'a pas eu d'effet sur la production de coton de la campagne 2019-2020 avec 26,3 millions de tonnes (Mt). Par contre, elle a brusquement asphyxié la demande de textiles et d'habillement ce qui a fait plonger la consommation industrielle de coton à son plus bas niveau depuis la campagne 2011-2012, 23 Mt (– 3 Mt, soit – 11,5 %).

Aussi fort qu'inattendu, le rebond presque symétrique de la demande lors de la campagne 2020-2021, avec des hausses record, en valeur absolue (+ 2,7 Mt) et en valeur relative (+ 11,5 %), a propulsé la consommation à 25,7 Mt alors que la production diminuait à 24 Mt (– 9 %).

Lors de la campagne 2021-2022, la production a rebondi à 25,25 Mt (+ 5 %) tout en étant à nouveau inférieure à la consommation, en très légère augmentation (25,85 Mt). Les stocks de report mondiaux sont donc repassés au-dessous de 20 Mt au 31 juillet 2022, ce qui équivalait à un peu plus de 9 mois de consommation.

En 2022-2023, les surfaces récoltées ont diminué d'un demi-million d'hectares (Mha) à 32,2 Mha et le rendement moyen global s'est maintenu à 771 kg de fibre par hectare. Bien qu'en baisse de 1,5 % à 24,85 Mt, la production a dépassé la consommation qui a rechuté à 23,7 Mt (– 8,5 %).

Prix du coton, indice A Cotlook

(en US cents/lb)

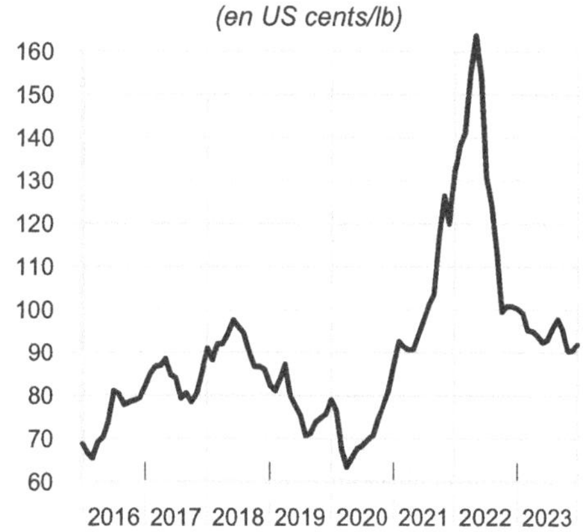

Offre et utilisation de coton
(en millions de tonnes métriques)

	2018	2019	2020	2021	2022	2023 (e)
Stocks mondiaux au 1er août	**19.47**	**19.51**	**22.37**	**20.53**	**19.94**	**21.23**
Chine	10.35	8.88	9.02	9.37	9.02	8.44
États-Unis	0.60	1.06	1.58	0.69	0.88	0.93
Production mondiale	**25.98**	**26.26**	**23.96**	**25.25**	**24.84**	**24.48**
Chine	6.04	5.80	5.91	5.73	5.98	5.60
Inde	5.66	6.20	5.99	5.29	5.72	5.38
États-Unis	4.00	4.34	3.18	3.82	3.15	2.71
Brésil	2.78	3.00	2.36	2.55	3.02	3.30
Pakistan	1.67	1.46	0.96	1.27	0.84	1.48
Australie	0.49	0.12	0.61	1.28	1.25	0.93
Ouzbékistan	0.64	0.53	0.70	0.59	0.59	0.59
Autres	4.99	2.52	5.54	4.31	4.29	4.50
Consommation mondiale	**26.03**	**23.05**	**25.71**	**25.84**	**23.68**	**23.76**
Chine	8.25	7.23	8.40	8.31	7.50	7.50
Inde	5.40	4.45	5.70	5.30	5.20	5.00
Pakistan	2.36	2.34	2.15	2.45	1.90	2.00
Turquie	1.68	1.47	1.58	1.89	1.70	1.78
Bangladesh	1.58	1.50	1.64	1.73	1.60	1.55
Vietnam	1.51	1.45	1.52	1.46	1.30	1.42
Autres	5.25	4.61	4.72	4.70	4.48	4.51
Exportations mondiales	**9.15**	**9.32**	**10.76**	**9.70**	**8.06**	**8.90**
États-Unis	3.23	3.38	3.56	3.15	2.78	2.63
Brésil	1.31	1.95	2.42	1.74	1.45	2.05
Zone franc	1.16	1.07	1.19	1.31	0.88	1.18
Inde	0.76	0.70	1.36	0.87	0.23	0.22
Australie	0.79	0.30	0.35	0.79	1.19	1.17
Autres	2.07	3.36	0.82	0.20	2.37	1.65
Importations mondiales	**9.22**	**8.78**	**10.65**	**9.61**	**8.06**	**8.92**
Chine	2.10	1.60	2.84	1.85	1.38	2.15
Bangladesh	1.54	1.50	1.69	1.70	1.40	1.49
Vietnam	1.51	1.41	1.55	1.36	1.35	1.47
Turquie	0.79	1.02	1.19	1.24	0.95	0.90
Pakistan	0.60	0.98	1.21	1.05	0.97	0.64
Indonésie	0.66	0.55	0.55	0.58	0.34	0.50
Autres	1.58	3.59	0.58	0.28	1.67	1.77
Stocks mondiaux de clôture	**19.51**	**22.37**	**20.53**	**19.94**	**21.23**	**22.01**
Chine	8.88	9.02	9.37	8.60	8.44	8.66
États-Unis	1.06	1.58	0.69	0.88	0.93	0.63
Stocks de clôture/utilisation						
Monde moins Chine (%)	*60*	*85*	*64*	*65*	*79*	*82*
Chine (%)	*108*	*125*	*112*	*103*	*112*	*130*
Indice A Cotlook *(cents/livre)*	**84**	**71**	**85**	**132**	**102**	**94**

(Source : Comité consultatif international du coton – CCIC)

Les fondamentaux cotonniers sont de retour

Les fondamentaux de l'offre et de la demande globale du marché du coton avaient relativement peu varié en 2018 et en 2019. Pourtant, pendant toute cette période, les cours ont été secoués par les péripéties de la guerre commerciale sino-américaine. La pandémie du covid semblait avoir brutalement remis les fondamentaux dans le jeu en asphyxiant la demande de textiles et d'habillement. La perspective d'une forte chute de la consommation a ainsi fait chuter l'Indice A de Cotlook sous la barre des 60 cents la livre début avril 2020 pour la première fois depuis onze ans. À la surprise générale, les cours ne sont pas restés longtemps déprimés bien que la consommation ait chuté de plus de 12 % et que les stocks de report en fin de campagne soient redevenus pléthoriques. Les cours ont brutalement redécollé, repassant la barre du dollar la livre en juillet 2021 pour culminer à 173 cents en mai 2022.

Si la baisse de la production et la relance de la consommation ont contribué à la hausse des cours, son ampleur était largement décorrélée du rapport réel entre l'offre et la demande et du niveau des stocks. Le coton a été embarqué dans le sillage de la flambée des prix des matières premières, entretenue par le volume considérable des liquidités injectées par les banques centrales. Le prix du coton a suivi les prix des cultures avec lesquels il est en concurrence, le soja et les céréales, sur le marché à terme de Chicago. Des corrélations ont aussi pu être observées avec l'évolution des prix du cuivre et du pétrole. Les cours des matières premières libellés en dollars ont également bénéficié de l'affaiblissement du billet vert.

Depuis octobre 2022, les cours du coton ont été peu volatils, évoluant dans une fourchette historiquement étroite autour d'une moyenne de 95 cents la livre. Le principal moteur des fluctuations des prix du coton sur le marché international a été le rapport entre l'offre et la demande de coton américain, historiquement le premier exportateur mondial. En effet, les cotations servant au calcul de l'Indice A de Cotlook sont dérivées des prix sur le marché à terme (*IntercontinentalExchange* – ICE). Celui-ci est le seul instrument de gestion du risque de prix pour les transactions internationales (bien que seul le coton américain puisse être livré physiquement aux États-Unis à l'échéance des contrats) puisque le contrat à terme multiorigines lancé en 2015 est mort-né.

Les stocks de coton aux États-Unis sont très bas alors que les stocks mondiaux sont confortables. Cette situation a eu pour effet de ramener la *basis* (différentiel entre les prix à terme et les prix spot sur le marché international) au niveau de sa moyenne historique, environ 5 cents la livre, alors qu'elle dépassait 15 cents il y a un an.

Le *weather market* a fait son retour. Le prix du coton américain, et donc celui des autres origines, est particulièrement sensible au volume de la production du principal État producteur, le Texas, qui a été gravement affecté par une sécheresse persistante pendant la période de *la Niña*. Celle-ci a accru le pourcentage des surfaces plantées puis abandonnées afin de bénéficier de l'assurance récolte. Aussi la production texane est-elle tombée en 2022 et en 2023 à 0,7 Mt (moins du quart de la production américaine), le tiers du record de 2017 (2,1 Mt soit 44 % du total).

La production de la campagne 2023-2024, estimée à 24,5 Mt (– 1 %), devrait être, pour la deuxième campagne consécutive, excédentaire par rapport à la consommation industrielle, pratiquement inchangée à 23,75 Mt. Les stocks de report mondiaux ont donc augmenté à 22 Mt à la fin de la campagne 2023, ce qui représente plus de onze mois de consommation. Ceci étant, le niveau historiquement bas des stocks aux États-Unis a soutenu les prix.

L'asphyxie de la demande de coton avait fait chuter l'indicateur de référence des prix internationaux du coton, l'Indice A de Cotlook de 80 cents en janvier 2020 à 59 cents la livre début avril 2020, au plus bas depuis mai 2009. Le brusque redémarrage de la demande a surpris les professionnels qui s'attendaient à ce que les prix restent durablement sous pression. Les cours se sont redressés très rapidement, remontant à 80 cents à la fin de l'année 2020, refranchissant la barre du dollar la livre mi-septembre 2 021 pour culminer à $ 1,73 début mai 2022, leur plus haut niveau depuis onze ans. Cette envolée, largement déconnectée des fondamentaux de l'offre et de la demande du coton et accentuée par les goulets d'étranglement de la chaîne d'approvisionnement, reflétait davantage l'inflation généralisée des prix des matières premières.

La relative stabilité de la production et de la consommation au cours de la campagne 2023-2024 s'est traduite par une atténuation de la volatilité des prix. Au cours de l'année 2023, l'Indice A a fluctué dans une fourchette relativement étroite, entre 88 et 102 cents la livre autour d'une moyenne de 95 cents, soit 35 cents (27 %), de moins que la moyenne de l'année 2022, la deuxième moyenne annuelle la plus élevée de l'histoire après 2011 (130 contre 156 cents). Ce niveau se situe bien au-dessus de la moyenne quinquennale de 2015 à 2019 (80 cents).

La campagne 2022-2023 : la production en baisse dépasse la consommation qui rechute

Au premier trimestre de l'année 2022, lorsque se prenaient les décisions de mise en culture de la campagne 2022-2023 dans l'hémisphère nord (d'où provient 80 % de la production mondiale de coton), les cours du coton étaient de 50 % plus élevés qu'un an auparavant, à leur plus haut à pareille époque depuis 2011 et bien au-dessus du seuil de rentabilité de la plupart des producteurs. En outre, les prix du coton étaient plus attractifs que ceux des cultures concurrentes, soja et céréales, qui avaient moins flambé. Pourtant, les surfaces cotonnières mondiales ont, selon le CCIC (Comité consultatif international du coton), diminué d'un demi-million d'hectares (– 1,5 %), revenant à 32,2 Mha, un peu au-dessous de la moyenne décennale (33 Mha), ce qui représente 2 % des quelque 1,6 milliard d'hectares de terres arables dans le monde.

Les surfaces ont augmenté de 8 % en Inde (+ 0,95 Mha), s'élevant à 13 Mha, soit 40 % de la superficie cotonnière globale. Dans l'hémisphère sud, les surfaces semées au dernier trimestre de 2022 ont augmenté de 20 % au Brésil (de 1,37 à 1,65 Mha) et de 5 % en Australie (de 0,64 à 0,67 Mha). Ces hausses ont été compensées par la baisse enregistrée aux États-Unis où les surfaces récoltées ont chuté à de 4,15 à 2,95 Mha (– 29 %), c'est-à-dire leur plus bas niveau depuis... 1868 ! avec un pourcentage historiquement élevé des surfaces semées puis abandonnées pour bénéficier du très protecteur régime subventionné d'assurance récolte. Les surfaces ont également diminué en Chine (3 Mha soit – 1 %), au Pakistan (2,07 Mha soit – 2 %), en Ouzbékistan (1 Mha soit – 4 %) et en Afrique (4,91 Mha soit – 7 %).

En 2022, des variétés génétiquement modifiées pour être résistantes à certains insectes et/ou tolérantes à certains herbicides ont été semées dans la plupart des grands pays producteurs, à l'exception de l'Ouzbékistan, de la Turquie et des pays producteurs la zone franc (Bénin, Mali, Burkina Faso, Côte d'Ivoire, Cameroun, Tchad, Togo, Sénégal).

En 2022, les conditions météorologiques ont encore été influencées par la phase *La Niña* de l'oscillation australe qui a commencé en 2020. Le rendement mondial moyen s'est maintenu au niveau de la campagne précédente, soit 771 kg de fibre/ha, proche des moyennes quinquennale et décennale antérieures, mais 40 kg (– 5 %) en deçà du record atteint lors de la campagne 2017-2018 (811 kg/ha).

La stabilité du rendement moyen mondial masque des évolutions très contrastées selon les pays. Le rendement moyen n'a pas varié en Inde (440 kg/ha en Inde, culture mixte, irriguée et pluviale) ni en Turquie (1 829 kg/ha en culture irriguée), mais il a progressé de 16 % sur les surfaces récoltées aux États-Unis atteignant un record de 1 068 kg/ha (culture mixte) et de 3 % en Chine (1 993 kg/ha en culture irriguée). Ces hausses ont été effacées par les baisses enregistrées au Brésil (– 2 %, 1 830 kg/ha en culture pluviale), au Pakistan (405 kg/ha en culture irriguée soit – 33 % en raison d'inondations catastrophiques), en

Ouzbékistan (13 %, 590 kg/ha en culture irriguée) et dans les pays de la zone franc en Afrique (344 kg/ha en culture pluviale, soit – 13 %, à cause d'une brusque infestation parasitaire incontrôlée).

Avec la baisse des surfaces, la production mondiale de coton de la campagne 2022-2023 a diminué de 0,4 Mt (– 2 %) par rapport à la campagne précédente, retombant à 24,8 Mt.

La baisse globale de production résulte d'évolutions très disparates selon les pays. Avec une hausse de sa production de 4 % (+ 0,25 Mt) à 5,98 Mt, la Chine a conservé la place de premier producteur mondial qu'elle avait repris à l'Inde en 2021-2022 après une interruption pendant deux campagnes. La production indienne a pourtant davantage augmenté (de 8 %, soit + 0,43 Mt), s'élevant à 5,72 Mt. La production américaine a rechuté de 3,82 à 3,15 Mt (– 0,67 Mt soit – 18 %). Avec une augmentation de 2,55 Mt à un record de 3,02 Mt (+ 0,47 Mt, soit + 18 %), le Brésil a conforté sa place de quatrième producteur mondial et a réduit l'écart avec les États-Unis.

La part du coton dans la consommation finale de fibres textiles, qui ne cesse d'augmenter, chute inexorablement : 68 % en 1960, 50 % en 1986, 30 % en 2011 et moins de 22 % en 2023. La consommation de fibres de coton par tête diminue lentement (3,4 kg par an en 1960, 2,9 kg en 2023) contrairement à celle des fibres synthétiques, principalement le polyester (1,6 kg par an en 1960, 10,5 kg en 2023). Depuis le début de 2020, le différentiel de prix entre le coton et la fibre de polyester chinois s'est fortement creusé, passant d'environ 35 à 130 cents la livre environ au milieu de l'année 2022 avant de retomber en fin d'année. Il est de l'ordre de 55 cents depuis le début de l'année 2023.

La consommation mondiale en 2020-2021 s'était élevée à 25,7 Mt, niveau auquel elle a plafonné lors de la campagne 2021-2022 (25,8 Mt) avant de rechuter à 23,7 Mt (– 8 %) en 2022-2023.

La consommation chinoise avait culminé à 10,9 Mt en 2007-2008 puis était retombée à 7,6 Mt en 2013-2014, au plus bas depuis dix ans, en raison de la perte de compétitivité de la production chinoise causée par les prix élevés du coton sur le marché intérieur et la hausse des salaires dans l'industrie textile. Remontée à 8,5 Mt en 2017-2018, la consommation chinoise était tombée à 7,23 Mt en 2019-2020. Après avoir fortement rebondi en 2020-2021 (+ 16 %), remontant à 8,4 Mt, elle s'est effritée en 2021-2022, à 8,3 Mt, et est retombée à 7,5 Mt (– 10 %) en 2022-2023, soit 32 % de la consommation mondiale contre 41 % en 2007-2008.

La consommation industrielle de coton en Inde avait chuté de 5,4 Mt en 2018-2019, très proche du record établi lors de la campagne précédente, à 4,45 Mt en 2019-2020, au plus bas depuis 2011-2012. Elle avait rebondi au niveau record de 5,7 Mt en 2020-2021 et a rechuté de 7 % en 2021-2002 (5,3 Mt) et est tombée à 5,2 Mt en 2022-2023 (– 2 %). La chute de la production au Pakistan a entraîné celle de la consommation qui est tombée de 2,45 à 1,9 Mt (– 22 %), la plus basse de ce siècle. La consommation a baissé de 10 % en Turquie (1,7 Mt), de 8 % au Bangladesh (1,6 Mt) et de 11 % au Vietnam (1,3 Mt).

Les échanges internationaux se sont contractés de 9 % en 2021-2022, revenant à 9,7 Mt, et encore de 17 % en 2022-2023, tombant à 8,1 MT, au plus bas depuis 2016-2017.

Les importations chinoises avaient plongé de 5,34 Mt en 2011-2012 à 0,96 Mt en 2015-2016, leur part de marché s'effondrant ainsi de 55 % à 13 %. La Chine avait alors été dépassée à la première place du palmarès des importateurs par le Bangladesh et par le Vietnam. Les importations chinoises étaient reparties à la hausse en 2017-2018 et la Chine avait repris la tête en 2018-2019 important 2,84 Mt en 2020-2021. Après avoir chuté de 35 % (– 1 Mt) en 2021-2022, les importations chinoises, ont plongé de 1,85 à 1,38 Mt (– 25 %) en 2022-2023, dépassées par celles du Bangladesh (1,4 Mt ; – 18 %), et devançant celles du Vietnam (1,35 Mt ; – 1 %), du Pakistan (0,97 Mt ; – 8 %), de la Turquie (0,95 Mt ; – 23 %), de l'Indonésie (0, 34 Mt ; – 41 %) et de l'Inde (0,34 Mt ; + 5 %).

Les exportations américaines ont à nouveau baissé en 2022-2023, de 3,15 à 2,78 Mt (– 12 %). La part de marché des États-Unis est pourtant passée de 32 à 34 %. Les exportations des huit pays africains de la zone franc producteurs de coton sont tombées d'un record de 1,3 Mt à 0,88 Mt (– 33 %). Les exportations du Brésil qui avaient atteint un record de 2,4 Mt en 2021-2002 ont chuté de 1,74 à 1,45 Mt (– 17 %) tandis que celles de l'Australie se sont élevées de 0,79 à 1,19 Mt (+ 51 %). Il convient cependant de rappeler que, pour ces deux pays situés dans l'hémisphère sud, les flux entre le 1er août 2022 et le 31 juillet 2023 concernaient essentiellement la récolte 2021-2022. L'Ouzbékistan qui exportait plus d'un million de tonnes en 2005-2006 n'exporte pratiquement plus de coton.

L'Indice A Cotlook *forward* relatif à la récolte 2022-2023 s'élevait à 149 cents la livre lorsqu'il commença à être publié fin mai 2022, 20 cents plus bas que l'Indice « courant » relatif à la récolte 2021-2022. Toujours aussi volatil, l'Indice est tombé à 112 cents début août puis a rebondi à 135 cents à la fin du mois. Alors qu'une récession semblait se profiler à l'horizon, l'Indice est repassé sous la barre symbolique du dollar la livre mi-octobre. Il a ensuite oscillé dans une fourchette relativement étroite (entre 89 et 106 cents), terminant la campagne à 95 cents la livre.

La moyenne de l'indicateur de référence des prix internationaux du coton de la campagne 2022-2023 (août 2022 à juillet 2023) ressort ainsi à 101 cents la livre, 31 cents (13 %) de moins que la moyenne de la campagne précédente (132 cents la livre).

La campagne 2023-2024 : la production, la consommation et les prix varient peu

Au début de l'année 2023, les cours du coton étaient donc environ 30 % plus bas qu'au début de l'année précédente. Les prix étaient également moins attractifs que ceux des cultures concurrentes, soja et céréales, même s'ils demeuraient au-dessus du seuil de rentabilité pour la plupart des producteurs malgré l'inflation des coûts de production.

Les surfaces cotonnières ont baissé de 1 %, passant sous les 32 Mha. Les surfaces ont baissé de 3 % en Inde (12,55 Mha, soit 39 % du total mondial) et de 4 % en Chine (2,87 Mha). Elles ont rebondi de 15 % au Pakistan (2,37 Mha) et augmenté de 2 % en Afrique (5,0 Mha). Les surfaces récoltées aux États-Unis ont diminué de 3 % (2,86 Mha) car le pourcentage des surfaces semées et abandonnées a encore été particulièrement élevé en raison de la sécheresse persistante au Texas, principal État producteur. Dans l'hémisphère

Le Brésil rattrape les États-Unis

Dans les années quatre-vingt-dix, le Brésil produisait cinq fois moins de fibres que les États-Unis (en moyenne 0,7 *vs* 3,75 Mt) avec un rendement moyen de 485 kg de fibres/ha inférieur de 16 % à la moyenne mondiale (575 kg/ha) et de 33 % à la moyenne américaine (725 kg/ha), car la production provenait essentiellement de petites exploitations familiales dans le Nordeste. La consommation excédant la production, le Brésil était alors importateur net.

Le mode de production au Brésil a complètement changé à partir de la fin des années quatre-vingt-dix avec la mise en culture des plaines du *Cerrado* de l'État du Mato Grosso par de très grandes exploitations, selon le modèle américain, mais en beaucoup plus performant. Le Mato Grosso concentre maintenant 70 % de la production.

Le cotonnier étant originellement une plante tropicale, les conditions naturelles sont beaucoup plus favorables à sa culture au Brésil qu'aux États-Unis où la pluviométrie des zones cotonnières est affectée par le dérèglement climatique.

Le rendement moyen, 1,83 Mt/ha en 2022-2023, est de loin le plus élevé au monde en culture pluviale, assez proche du rendement en culture irriguée de la Chine (2 t/ha), plus du double de la moyenne mondiale (0,77 t/ha) et 70 % de plus que le rendement record des États-Unis (1,07 t/ha) où une part importante des surfaces est irriguée.

Le Brésil bénéficie également des économies d'échelle. En 2022 on dénombrait un peu plus de 14 000 cotonculteurs aux États-Unis ayant récolté en moyenne 235 tonnes de fibres sur 220 hectares. Il y avait 3 200 planteurs au Brésil qui ont produit en moyenne 935 tonnes de fibres sur 515 hectares (bien davantage dans le Mato Grosso).

La production brésilienne a dépassé le million de tonnes en 2003-2004 puis atteint 2 Mt en 2017-2018, dépassant ainsi le Pakistan au pied du podium des producteurs. La barre des 3 Mt a été atteinte en 2019-2020 et à nouveau en 2022-2023. Le Brésil a dépassé l'Inde à la deuxième place des exportateurs en 2018-2019.

Saisi par le Brésil en 2004, l'Organe de règlement des différends de l'OMC a jugé que certaines aides versées aux producteurs de coton américains faussaient les échanges et violaient les règles commerciales internationales. Pour mettre fin au différend, la loi agricole (*Farm Bill*) adoptée en 2014 avait instauré un régime de soutien spécifique pour le coton, remplaçant les soutiens directs à la production par des subventions à l'assurance récolte. Le soutien direct au coton est revenu par la bande en 2018 puisque le coton-graine (qui, avant d'être égrené, contient à la fois des graines oléagineuses et de la fibre) est devenu éligible aux programmes de soutien dont bénéficient les cultures céréalières et oléagineuses. Selon le CCIC, le montant total de l'aide directe gouvernementale au coton s'élevait à $ 1,5 milliard en 2022-2023 (soit 24 cents par livre de fibre).

Les États-Unis ont toujours été le premier exportateur mondial (à deux exceptions près : 1985-1986 et 1992-1993). Leurs exportations ont rebondi d'un creux de 2 Mt en 2015-2016 à 3,56 Mt en 2021-2022, proche du record (3,8 Mt en 2005-2006). La consommation au Brésil étant stable à 0,7 Mt (moins de 0,4 Mt aux États-Unis), le disponible exportable au cours des dates conventionnelles de la campagne 2024-2025 (1er août-31 juillet) s'élèvera à 2,6 Mt, à peine moins que le tonnage exporté par les États-Unis en 2022-2023 et en 2023-2024.

L'avenir semble écrit. Même si la production américaine peut rebondir à 4 Mt, voire plus (record de 5,2 MT en 2005-2006), le Brésil dispose d'un énorme potentiel encore inexploité. Le développement de la production de soja entraîne dans son sillage celui du coton, car le climat permet d'avoir deux cycles de culture par an. Les agriculteurs sèment généralement le soja comme culture d'été (septembre-décembre) suivie par une deuxième culture (*safrinha*), maïs ou coton. 15 Mha sont actuellement plantés en soja dans le seul Mato Grosso alors que les surfaces cotonnières ne sont que de 1,2 Mha.

sud, les surfaces ont augmenté de 10 % au Brésil (1,81 Mha) alors qu'elles ont chuté de 38 % en Australie (0,41 Mha).

L'oscillation australe a basculé dans une phase *El Niño* en juin 2023. Alors que les récoltes sont terminées et l'égrenage bien avancé dans l'hémisphère nord et que les semis sont achevés dans l'hémisphère sud, le rendement moyen mondial est estimé à 767 kg/ha, soit 4 kg/ha (0,5 %) de moins que lors de la campagne précédente. Le rendement a baissé de 2 % en Chine (1,95 t/ha), de 2,5 % en Inde (429 kg/ha) et de 9 % en Turquie (1,67 t/ha).

La production mondiale de coton de la campagne 2023-2024 est donc, début 2024, estimée à 24,5 Mt, en baisse de 1,5 % (– 0,35 Mt) par rapport à la récolte de la campagne précédente. La production devrait baisser de 6 % en Chine (5,6 Mt) ainsi qu'en Inde (5,38 Mt). La production américaine est tombée de 3,15 à 2,71 Mt (– 14 %), la plus mauvaise récolte en quatorze campagnes. La production du Pakistan devrait rebondir de 0,85 à 1,48 Mt (+ 76 %), redépassant celle de de la Turquie (0,89 Mt soit + 7 %), tandis que celle de l'Ouzbékistan serait inchangée (0,59 Mt). Dans l'hémisphère sud, on s'attend à une hausse de 9 % de la production brésilienne qui devrait atteindre le niveau record de 3,3 Mt, dépassant pour la première fois les États-Unis et se hissant à la troisième place du podium. Le retour d'*El Niño* va faire chuter la production australienne de 1,25 à 0,93 Mt (– 26 %).

Le CCIC prévoit que la consommation industrielle va s'accroître à la marge en 2023-2024 (+ 0,1 Mt), à 23,75 Mt. La consommation se maintiendrait à 7,5 Mt en Chine. Elle baisserait de 4 % en Inde (5 Mt ; – 0,2 Mt) et de 3 % au Bangladesh (1,55 Mt ; – 0,05 Mt), mais serait en augmentation de 5 % au Pakistan ainsi qu'en Turquie (1,78 Mt ; + 0,08 Mt) et de 9 % au Vietnam (1,42 Mt ; + 0,12 Mt).

Les échanges internationaux devraient remonter à 8,9 Mt (+ 10 %), soit 36 % de la production et 37,5 % de la consommation mondiale. Les importations chinoises prévues en forte hausse (+ 56 %) de 1,38 à 2,15 Mt. Le Bangladesh et le Vietnam importeraient près de 1,5 Mt (+ 6 % et + 9 %, respectivement) devançant la Turquie (0,9 Mt – 5 %), le Pakistan (0,64 Mt – 34 %) et l'Indonésie (0,5 Mt, + 47 %).

Les exportations américaines devraient tomber à 2,63 Mt (– 0,15 Mt soit – 5 %) et leur part de marché reviendrait à 26 %. Les exportations indiennes devraient chuter à 0,22 Mt (– 4 %), au plus bas depuis 2004-2005, tandis que celles en provenance des pays de la zone franc rebondiraient à 1,18 Mt (+ 34 %).

La production mondiale de coton devrait donc être supérieure à la consommation industrielle en 2023-2024 d'environ 0,7 Mt. Les stocks de clôtures mondiaux devraient ainsi s'élever à 22 Mt au 31 juillet 2024. Ceci représenterait plus de onze mois de la consommation industrielle mondiale, ratio très élevé.

L'Indice A Cotlook *forward* relatif à la récolte 2023-2024 s'élevait à 91 cents la livre lorsqu'il commença à être publié fin mai 2023, pratiquement au même niveau que l'Indice « courant » relatif à la récolte 2022-2023 et il atteignit la barre du dollar la livre début septembre. Après s'être replié à 88 cents la livre début novembre, il a depuis oscillé dans une fourchette relativement étroite (entre 89 et 95 cents).

La moyenne de l'Indice A de Cotlook sur la première moitié de la campagne 2023-2024 (août 2023-janvier 2024) s'est élevée à 108 cents la livre, soit 14 cents de moins (8 %) que lors de la même période de la campagne précédente.

Perspectives pour la campagne 2024-2025 : production à nouveau excédentaire

Les semis de la campagne 2024 vont débuter dans l'hémisphère nord alors que les prix du coton sont à peine plus bas qu'au début de l'année dernière et que la culture est rentable pour la majorité des cotonculteurs malgré l'augmentation des coûts de production. Pour les producteurs américains, le prix du coton est plus favorable que ceux des céréales et autant que celui du soja.

Les surfaces récoltées aux États-Unis devraient rebondir si les conditions pluviométriques s'améliorent au Texas et les surfaces semées au Brésil devraient continuer à augmenter. Les surfaces globales pourraient donc revenir au niveau de la moyenne à long terme, soit 33 Mha. Sur la base du rendement moyen quinquennal, soit 770 kg de fibres à l'hectare, la production mondiale pourrait donc s'élever à 25,5 Mt en 2024-2025.

Le taux de la croissance de l'économie mondiale devrait soutenir la demande de textiles et d'habillement qui pâtira néanmoins des arbitrages des consommateurs, même si l'inflation devrait tendre à se modérer. De plus, le coton coûte deux fois plus que la fibre de polyester (moins de 50 cents la livre en Chine). On peut donc s'attendre à ce que la consommation industrielle plafonne en 2024-2025 à 24 Mt.

La campagne 2024-2025 semble donc devoir se solder par un nouvel accroissement des stocks de report de l'ordre de 1,5 Mt. Néanmoins, c'est le faible niveau des stocks américains qui donne le la au marché à terme, et, partant, aux prix du coton sur le marché international.

Le marché à terme de l'*IntercontinentalExchange* (ICE) de New York est orienté à la hausse depuis le début de l'année 2024 sur les échéances rapprochées. Mi-février 2024, les prix des contrats à terme Cotton n° 2 (CT) à échéance mars, mai et juillet 2024 (environ 95 cents par livre pour du coton américain sur le marché intérieur, ce qui correspond à un cours international de référence d'un dollar cent la livre) valent 10 cents de plus que les contrats à échéance venant à échéance d'octobre 2024 à juillet 2025. On sait toutefois que la capacité prédictive du marché à terme qui reflète le consensus des opérateurs est pour le moins limitée.

Laine : *une année de nouveau marquée par une récession*

L'abondance de l'offre – conséquence d'une hausse de la production en Australie – couplée à une demande en berne a accéléré la baisse des prix sur la campagne 2022-2023. Le ralentissement de la pression inflationniste mondiale à la fin de l'année 2023 laisse espérer une reprise de la demande et une embellie de l'activité sur la campagne 2023-2024.

L'Australie qui est le premier exportateur mondial a connu une hausse de sa production de laine de 1,3 % durant la campagne 2022-2023 par rapport à la campagne précédente. Le cheptel ovin est resté relativement stable (– 0,1 % d'animaux) avoisinant les 71,5 millions de têtes ; cependant le poids de laine tondue par animal a progressé de 2,2 %. Ce surplus de laine australe a été encouragé par des conditions météorologiques propices dans les principales régions productrices qui ont enregistré une pluviométrie satisfaisante favorisant de fait les pâturages. En outre, les experts locaux notent une amélioration de la qualité de la laine avec des laines traditionnelles brillantes, blanches et plus fines pour lesquelles la demande est forte.

En Afrique du Sud, la production de laine s'est également accrue (+ 1,4 % sur la campagne 2022-2023), notamment grâce à un cheptel en expansion. Une plus faible hausse de la production a été constatée en Nouvelle-Zélande à l'inverse de l'Argentine et de l'Uruguay dont les volumes produits ont chuté respectivement de 7,9 % et de 3,4 % sur la campagne 2022-2023. Ces pays d'Amérique du Sud ont subi une sécheresse historique qui perdure, mettant ainsi à mal beaucoup de régions agricoles. Dans cette partie de l'hémisphère sud, le déficit hydrique important ces deux dernières années a détérioré les prairies contribuant à la diminution des agnelages et du cheptel ovin.

La majeure partie de la campagne 2022-2023 a été marquée par une forte tendance baissière

Évolution de l'EMI au cours des dernières campagnes

(en cents dollar australien/kg)

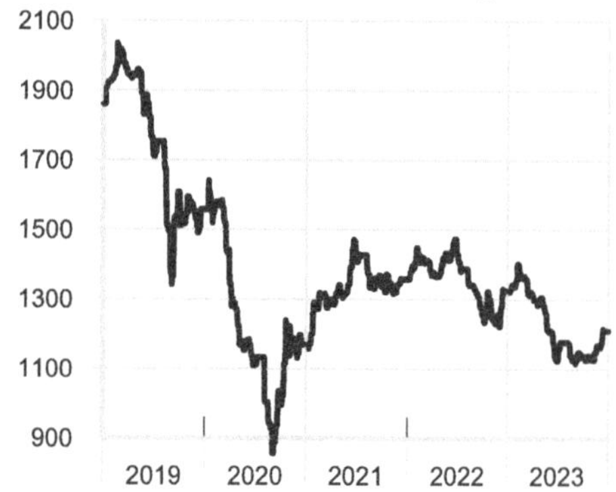

(Source : Australian Wool Innovation Limited)

Production de laine dans les principaux pays producteurs
(en milliers de tonnes)

	2020-2021	2021-2022	2022-2023	Évolution 2022-2023/ 2021-2022 (%)	Prévisions 2023-20124
Australie	294.0	324.0	328.1	1.3	326.0
Nouvelle-Zélande	133.9	129.0	129.2	0.2	125.0
Afrique du Sud *	51.2	47.1	47.8	1.4	
Argentine	40.7	39.7	36.6	-7.9	35.2
Uruguay	24.7	25.6	24.7	-3.4	

* laine déclarée aux ventes

(Sources : Australian Wool Production Forecasting Committee, Beef & Lamb New Zealand, Cape Wools SA, Federacion Lanera Argentina et Ministerio de Ganaderia, Agricultura y Pesca (Republica Oriental del Urugay))

des prix de la laine australe. La croissance économique atone et la pression inflationniste mondiale ont encouragé la régression de la demande mondiale. En effet, les ménages de nombreux pays consommateurs ont dû être contraints d'affecter une part croissante de leur revenu à satisfaire les dépenses incompressibles (logement, nourriture) au détriment des dépenses pour l'habillement.

Face à cette demande en berne, l'offre de laine disponible est restée abondante, et donc mécaniquement les prix ont continué de baisser. Au début du mois de septembre 2023, l'*Eastern Market Indicator* (EMI) de la laine australe a atteint sa valeur la plus basse depuis la pandémie de 2020, en s'établissant à 11,18/kg AUS $, du fait de la baisse des dépenses de consommation à l'échelle mondiale qui s'est ressentie en particulier sur le marché chinois représentant 80 % des exportations de laine australe.

Néanmoins, les laines de qualité plus fines pour lesquelles la demande de l'industrie de l'habillement s'est maintenue n'ont pas connu de dégradation de prix similaire à l'EMI.

Exportations de laine dans les principaux pays producteurs
(en milliers de tonnes)

	2020-2021	2021-2022	2022-2023	Évolution 2022-2023/ 2021-2022 (%)
Australie	275.0	308.0	316.7	2.8
Nouvelle-Zélande*	95.4	86.8	87.0	0.2
Afrique du Sud	58.5	70.2	55.4	-21.1
Argentine	30.3	31.4	26.3	-16.1
Uruguay	10.3	11.7	11.1	-5.5

** laine lavée*

(Sources : ABARES, Beef & Lamb New Zealand, Cape Wools SA, Federacion Lanera Argentina, Ministerio de Ganaderia, TDM)

De plus, les cours de la laine sont restés plus rentables que ceux de la viande privilégiant ainsi ce produit auprès des éleveurs. Selon *Meat and Livestock Australia*, le prix de la laine est près de 4,5 fois plus élevé que celui des agneaux mérinos au kilo. Durant la campagne 2022-2023, l'EMI a observé une chute de près de 15 % tandis que le cours de l'agneau a enregistré une plus forte dépréciation (environ – 40 % selon *Meat and Livestock Australia*).

La reprise des cours de l'EMI sur la fin de la campagne 2022-2023 a davantage été liée à un tassement de l'offre disponible de laine qu'à un regain de la demande.

Le contexte économique mondial morose a affecté les exportations des principaux producteurs de laine. Seule la laine d'Australie de meilleure qualité, plus fine et soutenue par la hausse de sa production nationale a pu renforcer ses débouchés à l'exportation (+ 2,8 %). Par ailleurs, l'Afrique du Sud n'a pas pu réitérer son exploit lors de la précédente campagne 2021-2022 et ses exportations ont chuté (– 21,1 %).

La production de laine australe devrait rester stable sur la campagne 2023-2024. Les conditions climatiques plus sèches à la fin de l'année 2023 seraient à l'origine d'un poids de laine tondue par animal en baisse de 2,2 % sur la prochaine campagne, à l'exception des régions *New South Wales* et *South Australia* qui observeraient une tendance inverse (respectivement + 3,9 % et + 2,6 %). En revanche, le cheptel ovin devrait être plus étoffé avoisinant les 72,2 millions de têtes, en hausse de 1 %, en raison de rétentions par les éleveurs australiens d'agneaux et des brebis reproductrices plus âgées dans un contexte où le ratio viande/laine devrait rester à l'avantage des prix de la laine plus attractifs que ceux de la viande.

Les prévisions des experts pour la prochaine campagne sont optimistes. En effet, le début de l'année 2024 laisse entrevoir une embellie économique et un regain des achats, conséquence d'une pression inflationniste qui a quelque peu ralenti en Europe et aux États-Unis. Ces derniers devraient accroître leur consommation de laine mérinos notamment avec la demande soutenue de leur marché d'habillement de plein air *Sports & Outdoor* qui se développe dans les régions où le climat est froid. Les acheteurs chinois ont par ailleurs repris leurs commandes fin 2023, mais ce redémarrage reste fébrile.

Lin : *une crise de l'offre ?*

Si l'intérêt pour les fibres naturelles ne se dément pas – ce qui permet à la fibre de lin européenne certifiée European FlaxTM de conserver une position dominante sur son marché –, la demande mondiale de la filature fait face à des difficultés d'accès aux matières premières : la faute à une succession de mauvaises fortunes agricoles faisant baisser les rendements. La situation a été particulièrement tendue en 2023, entraînant une pression sur les prix, et les regards sont maintenant tournés vers les résultats à venir de la récolte 2024.

Le marché du lin European FlaxTM, la fibre certifiée en provenance du nord-ouest européen et largement leader sur le marché de la fibre longue de lin, a connu une année 2023 sous tension. La confiance structurelle des agriculteurs et des producteurs de fibres se heurte toujours à une succession de conditions climatiques défavorables. Et la récolte 2023 ne devrait pas changer la donne pour la production de fibres 2024, bien au contraire.

Les successions de mauvaises fortunes depuis 2020 ont entraîné une baisse continue de la production mensuelle de ces fibres, majoritairement à destination des filatures asiatiques et des marchés textiles. Entre janvier et novembre 2023, la production de fibres longues de lin European FlaxTM a baissé de 6 % par rapport à la même période en 2022. La filière continue pourtant d'investir dans l'équipement industriel en France, en Belgique et aux Pays-Bas et les hectares dans ces trois pays sont tendanciellement en hausse. Mais le rendement, lui, décroît.

Évolution mensuelle du prix fibre longue European Flax

(en euros/kg)

Toutes qualités confondues - Prix sortie de teillage

(Source : Alliance for European Flax-Linen & Hemp)

Côté filature, où 70 % de la capacité mondiale se trouve en Chine et un peu plus de 10 % en Inde, la demande pour des fibres naturelles étant toujours forte, la note flambe. En décembre 2023, la fibre longue se vendait en moyenne à € 8,62 le kilogramme contre € 5,46 un an auparavant. Ce prix est une moyenne en sortie de teillage – ne comprenant donc ni le transport, ni les éventuels intermédiaires – réunissant toutes les qualités et toutes les régions de production.

De plus, la récolte de l'année 2023 – qui viendra alimenter principalement les productions de fibres de l'année 2024 – a été particulièrement décevante. Selon une projection de l'interprofession européenne, la saison en cours (de juillet 2023 à juin 2024) ne permettra de générer que 105 000 tonnes de fibres longues environ, soit 45 000 tonnes de moins que l'année précédente. En comparaison, la saison record de 2018-2019 avait permis de produire 168 000 tonnes avec moins d'hectares cultivés et moins de lignes de teillage en fonctionnement qu'aujourd'hui : une époque que la filière espère bien retrouver prochainement.

En effet, les capacités mondiales de filatures ne cessent de se développer partout dans le monde. La Chine installe encore de nouveaux équipements, l'Inde continue de développer une industrie qu'elle a débutée il y a une quinzaine d'années, et de nouveaux pays apparaissent progressivement sur la carte comme l'Éthiopie ou prochainement le Vietnam. Même l'Europe continue son développement. La France avait vu au tournant de la décennie trois filatures revenir sur son territoire, et le mauvais sort de l'une d'entre-elles liquidée en septembre 2023 n'empêche pas les projets, avec une unité qui devrait voir le jour en Bretagne en 2024, et d'autres pays d'Europe (Portugal, Belgique...) qui envisagent de franchir le pas. Toutes ces nouvelles installations sont en attente de fibres et s'inquiètent face à des perspectives de prix incertaines.

À date, les besoins en fibres longues de la filature lin mondiale sont estimés à 220 000 tonnes par an. Le désir du marché final pour des fibres naturelles, végétales et surtout traçables permet à la fibre European FlaxTM de se placer en leader sur la fourniture de ce marché. Les teillages européens produisent en effet, selon les années, entre 70 % et 75 % du volume total des fibres mondiales alimentant le marché. Les quelques autres producteurs mondiaux – l'Égypte, la Biélorussie, la Russie ou la Chine – se partagent le quart restant et peinent à se positionner en choix de première intention pour la filature mondiale.

Pour l'année 2024, la filière européenne continue malgré tout sa progression agricole initiée depuis le début de la décennie 2010, avec une projection France/Belgique/Pays-Bas à plus de 160 000 hectares – dont au moins 145 000 hectares pour la France – dans lesquels sont inclus les 30 000 hectares de lin d'hiver (un chiffre multiplié par six en deux ans) semés à l'automne 2023. Le chiffre pourrait même battre le record de 163 000 hectares en 2020. Ces surfaces étaient inférieures à 70 000 hectares en 2010. Autre effort notable : la filière française a annoncé fin 2023 le doublement de son budget dédié à la recherche et développement pour améliorer la performance agricole. L'ensemble de la filière espère maintenant que la récolte de l'année 2024 sera enfin propice à des rendements élevés pour alimenter de nouveau le marché mondial. Et surtout enrayer une hausse des prix de la fibre qui ne pourra que peser sur le produit fini en rayon, dans un contexte d'inflation où le secteur de la mode reste particulièrement vulnérable face aux arbitrages des consommateurs.

- III -

Produits tropicaux

- Contrastes tropicaux
- Sucre
- Café
- Cacao
- Thé
- Huile de palme
- Poivre
- Vanille
- Bananes
- Ananas
- Agrumes et jus d'orange
- Fruits tropicaux
- Caoutchouc
- Jute
- Sisal et fibres dures

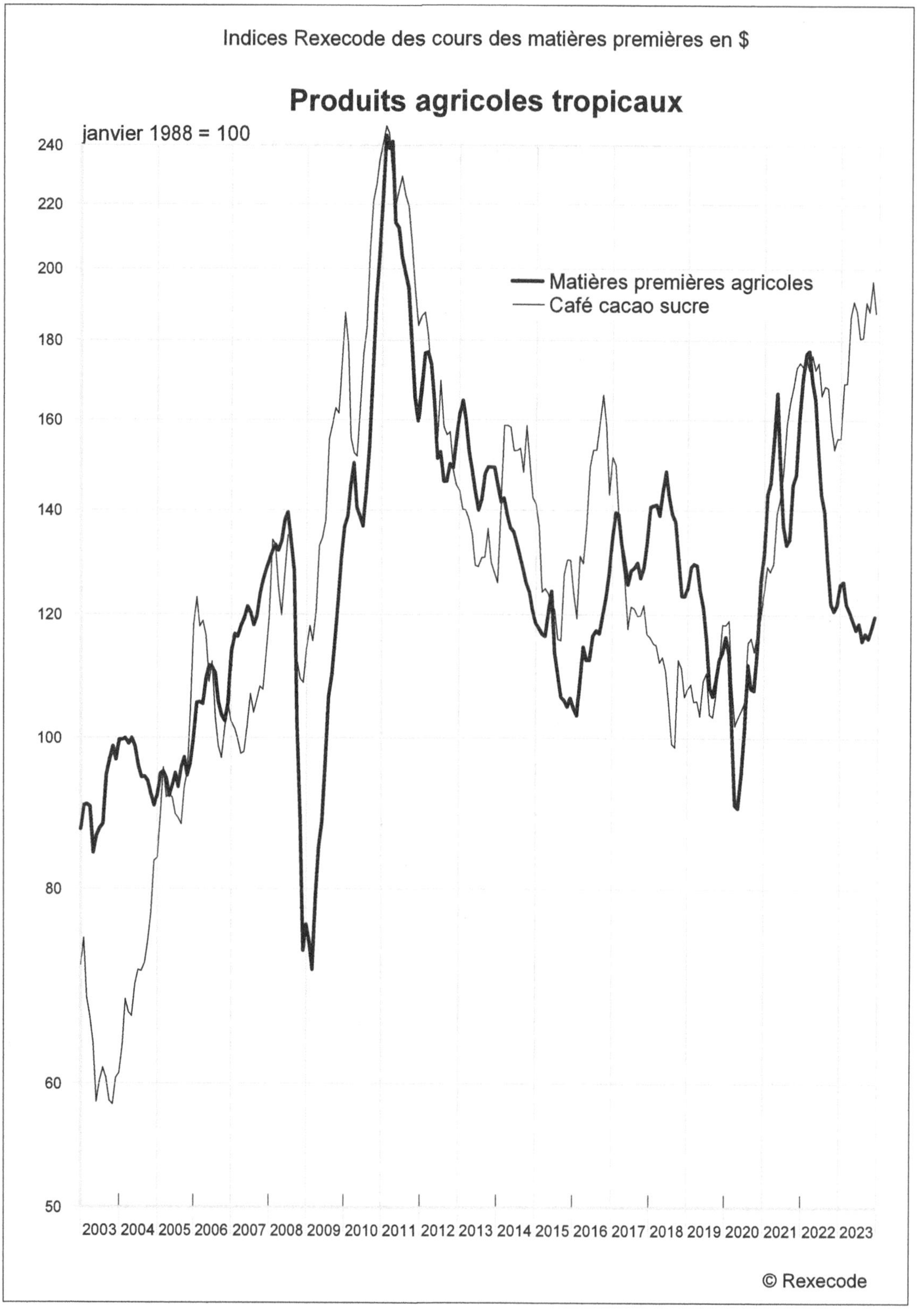
Indices Rexecode des cours des matières premières en $
Produits agricoles tropicaux
janvier 1988 = 100
240
220
200
180
160
140
120
100
80
60
50
Matières premières agricoles
Café cacao sucre
2003 2004 2005 2006 2007 2008 2009 2010 2011 2012 2013 2014 2015 2016 2017 2018 2019 2020 2021 2022 2023
© Rexecode

Contrastes tropicaux

Le cacao tient sa revanche. Après des années de cours peu soutenus et d'excédents récurrents, le cacao tient la une et emplit les colonnes, dépassant même les $ 10 000 la tonne fin mars 2024 : non pas pour ses impacts sur la déforestation et sa légende noire d'être un produit encourageant le travail des enfants, mais par la magie d'un effet papillon. Un déficit ponctuel, un contexte marqué par la plus grande incertitude entourant la capacité du premier pays producteur, la Côte d'Ivoire, à honorer ses engagements en termes de traçabilité ainsi que l'exigent les nouvelles dispositions de l'Union européenne, son premier marché d'exportation : il n'en fallait pas plus pour créer un mouvement de panique dont les marchés de matières premières ont le secret. Le paradoxe est que les planteurs ivoiriens et leurs voisins ghanéens ne pourront que profiter médiocrement d'une envolée des cours sans précédent. Les prix de la récolte principale, annoncés le 1er octobre chaque année, sont, en effet, établis sur la base des ventes anticipées effectuées les six ou huit mois précédents. Alors que les cours ont doublé entre janvier et décembre 2023 et étaient en voie de doubler à nouveau durant la petite récolte de 2024, les planteurs reçoivent un prix fixe en décalage complet avec des prix *spot* flamboyants. La question de l'avenir des systèmes de régulation ivoirien et ghanéen se pose dès lors sous leur forme actuelle. Cet avenir se jouera vraisemblablement le 1er octobre 2024 lors de l'annonce du nouveau prix de campagne ivoirien et ghanéen. S'il n'est pas 50 % voire 100 % supérieur au prix des années précédentes, il est probable que la confiance sera rompue entre les producteurs et les gouvernements. À quelques mois d'élection présidentielle, la chose paraît improbable, mais si elle devait survenir, le marché pourrait bien avoir eu raison des derniers systèmes de régulation des prix en vigueur en Afrique subsaharienne.

Ce « moment cacao » est singulier si on compare l'évolution des cours des produits tropicaux entre 2022 et 2023. Hormis le robusta, qui a gagné 15 % sur un an, les autres produits sont en repli. Le recul est particulièrement marqué pour les produits industriels – bois, caoutchouc, coton, tabac – qui tous ensemble voient leur cours perdre 30 %. L'évolution sur long terme montre que ce recul est très relatif, et que le cycle de prix élevé, entamé durant les années covid et renforcé par la guerre en Ukraine, n'est pas encore achevé.

La conjoncture en 2023 et 2024 reste partagée pour les produits « tropicaux » entre ceux qui, à l'image du cacao, du café Robusta, du sucre, du jus d'orange, connaissent une période exceptionnelle de prix élevés (voire de « folie » pour le cacao) et ceux dont les marchés souffrent de l'atonie de la demande industrielle (pour les textiles en particulier) et des perturbations géopolitiques. À cela viennent s'ajouter les contraintes imposées par les importateurs – et par l'Union européenne au premier chef – sur des critères de déforestation, de biodiversité et de traçabilité. Ces exigences des « riches » importateurs pourraient quand même permettre à certains de sortir par le haut du monde des commodités.

De quoi le prix est-il le nom ?

Les bourses de matières premières sont coutumières des flambées et des krachs. La crise qui secoue le monde du cacao, qui a vu les cours s'envoler à des niveaux jamais atteints, est cependant particulièrement instructive, car elle jette une lumière crue sur les difficultés d'un marché à anticiper la rareté, mais aussi son incapacité à faire émerger un prix qui renseigne sur les coûts de production – y compris la rétribution d'éventuelles externalités. Que vous soyez un adepte de la théorie de la valeur qui veut que le prix nous dise le contenu en valeur travail d'un produit, ou un partisan de l'économie de marché qui veut que le prix nous renseigne sur sa rareté, vous tomberez d'accord sur le fait que le système actuel n'est performant dans aucun de ces deux registres.

Les cours du cacao étaient à un niveau historiquement faible ces cinq dernières années et se sont emballés à partir du printemps 2023, dans l'anticipation d'une mauvaise récolte en Côte d'Ivoire, premier producteur et exportateur mondial. Rien d'anormal et d'étonnant à cela. Cette anticipation s'est confirmée au fil des mois et les cours se sont ajustés à la hausse, la Côte d'Ivoire interrompant même en juillet et août 2023 ses « déblocages » – ce système d'octroi de droits d'exportation à des opérateurs privés sur la base de contrats de vente anticipée. Le triplement des cours en dix-huit mois pose en revanche des questions légitimes, car le déficit de production n'a rien d'extraordinaire – rien ne justifiant la disproportion de la hausse des prix. Le marché a mal anticipé le niveau de récolte ivoirien, et il corrige son erreur avec un zèle erroné et maladroit, poussant les prix à des sommets. Entre les cours d'hier et ceux d'aujourd'hui, inutile de préciser que les coûts de production, eux, n'ont pas changé.

Tout cela est l'ordinaire des marchés de matières premières, mais s'y ajoute aujourd'hui une crise politique. Car ce mouvement de prix survient dans un contexte où les producteurs comme les transformateurs et les chocolatiers se sont engagés à accroître le revenu des cacaoculteurs qui, pour nombre d'entre eux, vivent en dessous du seuil de pauvreté. La hausse des prix n'offre-t-elle pas l'occasion d'honorer ces promesses ? C'est là tout le paradoxe de la situation actuelle et le véritable

Indice du prix nominal des grands groupes de produits tropicaux
(indices mensuels en dollars, 2010 = 100)

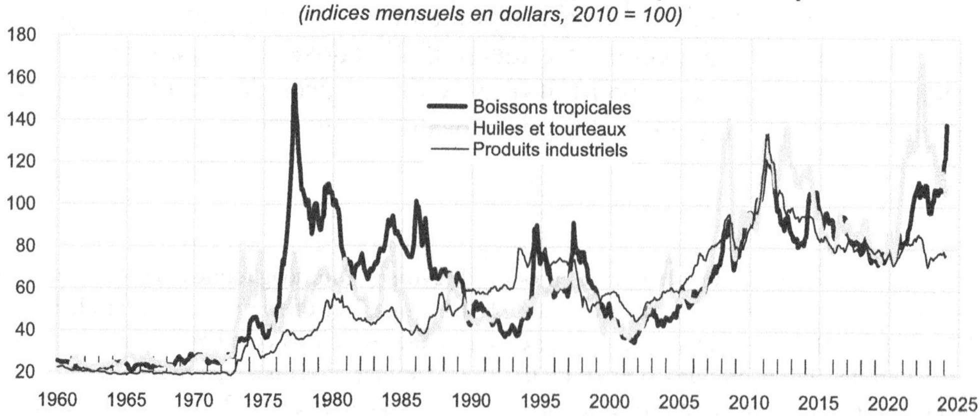

(Source : Banque mondiale)

nœud de la crise. Des acheteurs de renom, en dépit de leur engagement pour une cacao culture durable et un revenu décent, ont boycotté l'achat de fèves ivoiriennes et ghanéennes au motif que leurs prix étaient trop élevés. Les pays producteurs de leur côté, Côte d'Ivoire en tête, se voient accusés d'opacité dans la rétribution des producteurs, et d'une forme de prédation, en fixant un prix de récolte en deçà des cours *spot* du marché.

Ces accusations réciproques relèvent pour l'essentiel de postures rhétoriques. Les mécanismes actuels de détermination des prix peinent à honorer les engagements sociaux et environnementaux pris par les grands acteurs du marché, qu'ils soient publics ou privés. Cela est vrai des acheteurs, qui plusieurs années à l'avance, octroient par appels d'offre ultra compétitifs des lots d'achat à des traders sélectionnés pour leur capacité à s'approvisionner au prix le plus bas : inutile de s'étonner ensuite que ces mêmes traders rechignent à acheter lorsque les prix sortent du canevas retenu dans les contrats avec les chocolatiers. Cela est tout aussi vrai des pays exportateurs, qui, dans l'exemple de la Côte d'Ivoire et du Ghana, fixent un prix de campagne le 1er du mois d'octobre sur la base des ventes effectuées par anticipation l'hiver et le printemps précédents. Inutile de s'étonner non plus que le cacaoculteur, dans ces conditions, regarde les prix élevés devant son nez sans jamais pouvoir les attraper.

Être ou ne pas être (une commodité), telle est la question

Un produit tropical ne vaut rien, ou pas grand-chose, à côté des produits de détail (chocolat, café gourmet, pneu ou gant de chirurgie...) à la production desquels il sert de matière première. Il n'y a pas d'autres voies pour accroître durablement la valeur de ces matières premières, et en faire profiter le planteur, que de créer la rareté ou de différencier les produits – dans un vilain néologisme, de les « décommodifier ».

Créer la rareté avec des sortes d'Opep a été essayé par le passé sur les marchés du caoutchouc, du café, du cacao... Un cartel de produits tropicaux ne fonctionne pas, pour de multiples raisons, et, en premier lieu, parce qu'il y a toujours des petits malins pour produire au-delà de ce qui est convenu au sein du cartel, ou pour profiter des efforts du cartel et produire à l'extérieur de celui-ci. L'initiative conjointe du Ghana et de la Côte d'Ivoire pour le cacao consistant à harmoniser les prix de campagne des deux pays et restreindre de concert l'extension de leur production afin de soutenir les prix s'inscrit dans cette logique. Il est cependant intéressant de noter que les deux pays se sont bien gardés d'employer le mot « cartel » (le laissant aux journalistes), car il y a loin entre une coordination soft et les tours de vis des robinets pétroliers.

Variations annuelles 2022-2023 des cours de produits tropicaux
(%)

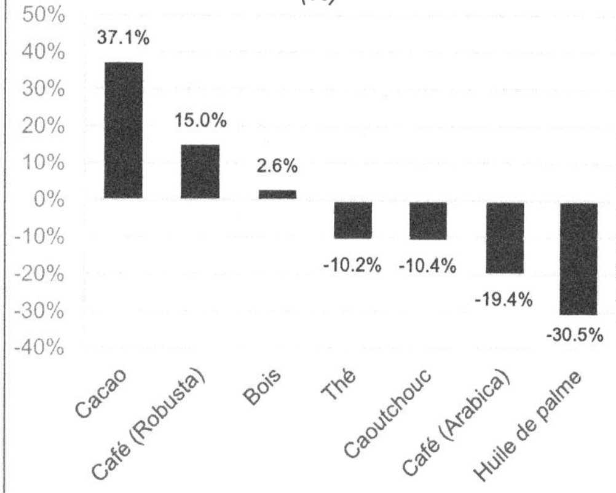

(Source : Banque mondiale)

« Décommodifier » est-elle la solution ? Celle-ci a également été expérimentée pour de nombreux produits tropicaux. Dans une version simple, elle consiste à créer une filière industrielle de transformation nationale et d'exporter les produits de cette industrie : par définition c'est alors un produit industriel que l'on exporte, et non plus une commodité. C'est ce qu'accomplit avec succès la Malaisie en développant l'oléochimie et en privilégiant l'exportation de produits très spécifiques issus des transformations successives de l'huile de palme, plutôt que de laisser l'aubaine de ces activités lucratives aux pays importateurs. C'est ce que la République dominicaine entreprend sur le cacao bio et le cacao durable, ainsi que la banane – produits et certifiés selon les principes de l'agroécologie. Les coûts alors déterminent le prix, lequel est délié de la rareté. La Côte d'Ivoire a choisi d'industrialiser sa filière cacao en soutenant la première transformation (masse, poudre…) mais sans doute reste-t-on encore dans le domaine des commodités, faute d'une différenciation suffisante des produits en aval.

À bien des égards, « décommodifier » semble être la direction donnée par l'Union européenne lorsqu'elle entreprend, avec son règlement contre la déforestation et la dégradation des forêts (EUDR dans son acronyme anglais), de différencier les produits selon qu'ils ont ou non contribué à la déforestation et la dégradation des forêts. La route est longue cependant vers une « décommodification » ou différenciation harmonieuse, où les prix rémunèrent les coûts, tous les coûts, externalités incluses. En atteste le nombre de mises en garde et de plaintes déposées à l'OMC contre l'initiative européenne par des pays partenaires de l'Union. L'actualité des marchés tropicaux s'annonce en 2024 riche en différends politiques, à mesure que les pays essayent de capter, sur leur territoire, le plus de valeur, et restreignent chez les autres la contribution au réchauffement climatique et à la destruction de la biodiversité.

Sucre : *toujours soutenu*

Les cours du sucre sur les marchés mondiaux en 2023 ont atteint des niveaux qui n'avaient pas été atteints depuis 2011 et l'ensemble des producteurs n'ont pu que se réjouir de bons résultats financiers. Les cours ont atteint un pic en fin d'année 2023 et, malgré la chute du début d'année 2024, ils sont repartis à la hausse depuis avec néanmoins une volatilité accrue. Ils ont entraîné des records de certains prix domestiques, notamment en Europe et aux États-Unis. Le phénomène climatique *El Niño* a été au centre des évolutions de production en Inde et en Thaïlande. Cependant, les analystes sont relativement incertains sur les perspectives de marché pour l'année à venir et notamment sur le niveau record historique de la production de sucre au Brésil pour la campagne 2023-2024 qui se termine. Or, c'est sur cette production que tous les regards se tournent tant les marchés mondiaux sont devenus dépendants de tout événement dans ce pays. Les récoltes en recul en Inde et en Thaïlande, les deux autres pays exportateurs, ont déjà été intégrées par les marchés et sont moins fortes que prévu. Certains analystes considèrent ainsi que le manque de pluies a affecté la disponibilité brésilienne en canne : c'est le cas de l'ISO qui a revu en février 2024 en légère hausse le déficit de la campagne 2023-2024. D'autres au contraire voient dans l'amélioration récente des conditions climatiques et dans la flexibilité de l'industrie brésilienne à maximiser sa production de sucre, beaucoup plus rémunératrice que l'éthanol cette année, une production et des exportations explosant tous les records. Les marchés hésitent en ce début d'année et ne semblent pas savoir quelle direction prendre. La livraison au terme de mars 2024 de plus de 1,30 Mt de sucre ainsi que l'affaiblissement du réal brésilien face au dollar peuvent néanmoins être considérés comme des signaux baissiers.

Les premières perspectives pour la campagne 2024-2025 à venir s'orientent vers un déficit ou au mieux un bilan en équilibre. Et le phénomène climatique *El Niño* pourrait encore pour quelques mois contrer cette tendance : en effet, il entraîne des conditions climatiques extrêmes à travers le monde qui affectent la production de sucre. Il se traduit par des périodes inhabituellement sèches et par des températures supérieures à la moyenne en Inde, en Thaïlande et en Amérique centrale. Au contraire, il entraîne des conditions anormalement humides en Amérique du Sud et

SUCDEN
CRÉATEUR
D'OPPORTUNITÉS
FOURNISSEUR DE MATIÈRES PREMIÈRES AGRICOLES, ET BIEN AU-DELÀ.
Créateurs innovants d'opportunités, nous connectons les ressources et les besoins de nos clients dans le temps et l'espace, pour chaque produit, de manière durable.
5 900 EMPLOYÉS
sur 25 sites dans le monde
10 MILLIONS DE TONNES
de sucre, de cacao, de café et d'éthanol transportées chaque année
100 DESTINATIONS
des clients sur chaque continent
SUCDEN est un leader indépendant du négoce de matières premières agricoles, spécialisé dans le sucre, le cacao, le café, l'éthanol et le courtage de contrats futures et d'options. SUCDEN est actif tout au long de la chaîne de valeur, de la production à la transformation et à la logistique.
www.sucden.com
S&D SUCDEN

du Nord. Le 8 février 2024, le centre de prévision du Climat américain prévoyait une transition d'*El Niño* vers une situation neutre d'ici avril-juin 2024 (79 % de probabilité), avec des probabilités croissantes de développement de *La Niña* en juin-août 2024 (55 % de probabilités) suivi de conséquences climatiques globalement inverses de celles d'*El Niño*. De plus, pour la première fois, le monde est confronté à des perturbations simultanées sur deux grandes voies maritimes du commerce mondial : les tensions en mer Rouge et le ralentissement de l'activité du canal de Panama ont des répercussions considérables sur les coûts de transport et les échanges, notamment de sucre.

Un faible déficit mondial, mais une dépendance accrue à un fournisseur

Dans sa troisième estimation du bilan sucrier mondial 2023-2024 (octobre-septembre) en février 2024, l'OIS estime un déficit mondial (différence entre la consommation mondiale et la production) de – 689 000 tonnes, un doublement par rapport à son estimation de novembre 2023 à – 335 000 tonnes (et un excédent en large baisse à 310 000 tonnes en 2022-2023 contre 4 Mt dans son estimation de février 2023). L'OIS évalue la production mondiale de sucre 2023-2024 à 179,749 Mt (179,887 Mt dans sa précédente estimation), soit + 0,89 % par rapport à 2022-2023. La progression de la consommation serait de 1,45 % par rapport à 2022-2023 et s'établirait à 180,438 Mt, soit un deuxième record. Fait marquant l'OIS prévoit un record de disponibilité à l'exportation pour 2023-2024 à plus de 67 Mt, en partie dû à la réexportation de sucre par les raffineries portuaires. Selon l'OIS, les raffineries prennent une importance de plus en plus grande alors que le Brésil accroît sa part dans les exportations mondiales. En effet le Brésil assure maintenant les trois quarts des exportations mondiales de sucre brut (à raffiner) et la moitié des exportations de sucre blanc. En raison de capacités logistiques limitées, le Brésil priorise l'exportation de sucre en vrac. La demande à l'importation serait légèrement supérieure à ces disponibilités à l'exportation. Au final, l'OIS prévoit une baisse du ratio stocks/consommation à 54,63 % contre 55,66 % en 2022-2023.

D'autres analystes sont moins pessimistes sur le bilan 2023-2024. Czarnikow a relevé de 2,1 Mt en février 2024 son estimation de la production mondiale de sucre 2023-2024 qu'il évalue désormais à 181,8 Mt, le deuxième volume le plus élevé jamais enregistré. Cette augmentation serait due aux conditions climatiques favorables qui règnent dans le Centre-Sud brésilien, permettant aux sucreries de poursuivre le broyage de la canne. Czarnikow estime la consommation mondiale de sucre 2023-2024 à 179 Mt et donc un excédent mondial de 2,7 Mt en 2023-2024 (+ 1,1 Mt par rapport à son estimation de janvier 2024).

Bilan mondial du sucre
(en milliers de tonnes)

	2021-2022	2022-2023	2023-2024	Variation 2022-2023 en %
Production	172.53	178.17	179.75	0.89
Consommation	174.77	177.86	180.44	1.45
Surplus-déficit	-2.25	0.30	-0.69	
Importations	63.97	66.52	67.36	1.26
Exportations	64.37	66.64	67.08	0.66
Stocks finaux	99.92	98.99	98.58	-0.41
Ratio stocks/conso	57.17	55.66	54.63	

(Source : OIS février 2024)

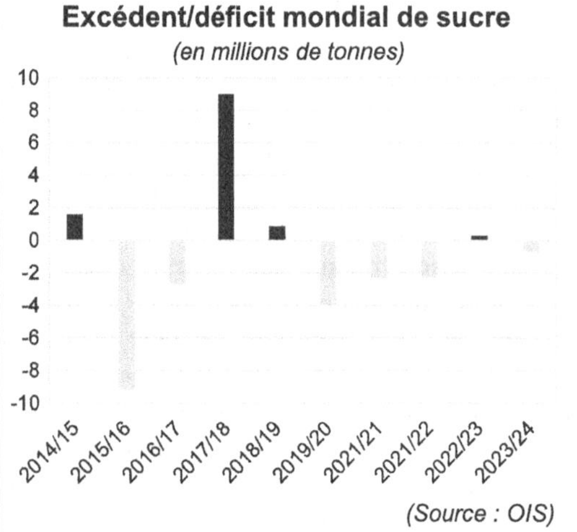

(Source : OIS)

Dans son rapport semestriel publié le 23 novembre 2023, l'USDA prévoyait que la production mondiale de sucre en 2023-2024 augmenterait de 4,7 % pour atteindre le niveau record de 183,461 Mt et que la consommation humaine de sucre en 2023-2024 augmenterait de 1,2 % pour atteindre le niveau record de 178,431 Mt. L'USDA a également prévu que les stocks mondiaux de sucre en fin de campagne 2023-2024 diminueraient pour atteindre leur niveau le plus bas en treize ans, à savoir 33,681 Mt.

Le prix quotidien ISA et l'indice ISO du prix du sucre blanc en novembre 2023 ont atteint en moyenne 26,09 cts/lb et $ 737,92/tonne, respectivement, tandis que le prix moyen du sucre brut en janvier 2024 a baissé à 22,06 cts/lb et l'indice du sucre blanc a chuté à $ 634,32/tonne. Cela représente une baisse de 15,4 %. La liquidation en bloc de positions longues sur la base de bonnes perspectives au Brésil a précipité les prix à la baisse au début d'année 2024. Le cours du brut à New York a chuté jusqu'à 20 cts/lb. Le mauvais temps et les pluies abondantes au Brésil au début d'année 2024 ont rendu l'exportation compliquée : file d'attente dans les ports, hausse des coûts de transport, concurrence pour les capacités de stockage avec les autres commodités (soja, céréales). Les nouvelles venant d'Asie, de Thaïlande et d'Inde, sont venues également soutenir les prix. Les cours sont repartis à la hausse, les positions sont redevenues acheteuses et fin janvier 2024 les cours étaient de nouveau respectivement à 24cts/lb pour le brut à New York et $ 665/t pour le blanc à Londres.

Les perspectives de déficit pour 2024-2025, les stocks relativement bas dans les pays importateurs et la dépendance forte à un seul pays, le Brésil dont les capacités logistiques sont tendues, sont des facteurs de soutien. Pour la campagne 2024-2025, l'analyste Czarnikow prévoit un déficit sucrier mondial de – 300 000 tonnes. Il est rejoint par d'autres analystes qui tous partagent l'estimation d'un déficit pour 2024-2025. Le résultat d'un

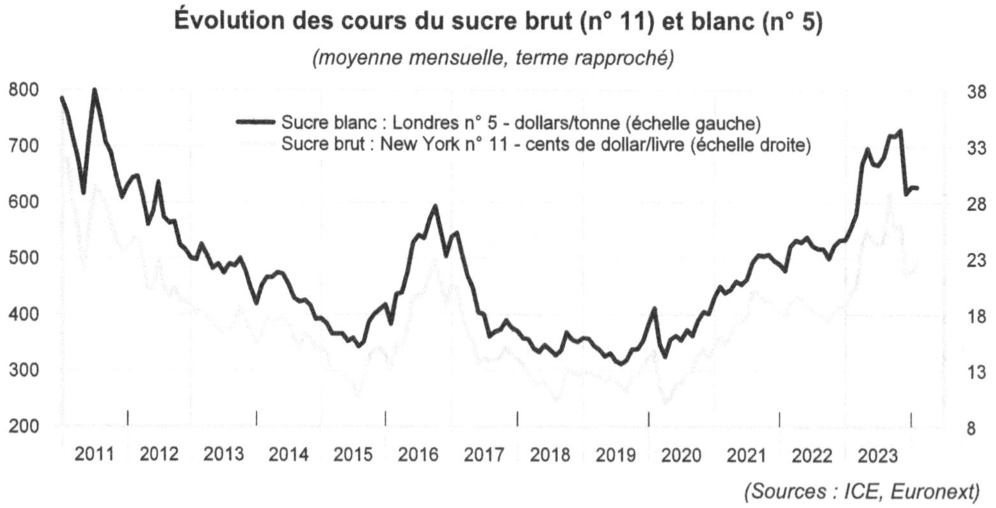

(Sources : ICE, Euronext)

sondage mené par Reuters mi-février 2024 auprès d'une douzaine d'analystes montre que l'ampleur de ce déficit (0,7 Mt en moyenne) ne serait pas suffisant pour pousser les prix au-delà d'une valeur de 24 cts/lb pour le brut et $ 700/t pour le blanc. L'OIS, quant à elle, maintient une position « neutre » vis-à-vis de l'évolution des cours mondiaux.

Les tensions en mer Rouge depuis novembre 2023 et le blocage de cette route ont des effets sur les exportations de Maurice, de l'Afrique australe et de l'Asie vers l'Europe et le Moyen-Orient, imposant aux cargos de changer de route et de passer par Le Cap. Le transport en provenance de Fidji vers l'Europe est également affecté par l'assèchement (en raison d'*El Niño* encore !) et le ralentissement des activités du canal de Panama. On estime que le temps de transport a augmenté de 40 % pour cette origine.

Une année parfaite pour le Brésil…

L'industrie sucrière du Centre-Sud brésilien (Unica) a annoncé mi-février 2024 que la production de sucre Centre-Sud du Brésil pour la campagne 2023-2024 a augmenté de + 26 % pour atteindre 42,181 Mt. L'Unica a également déclaré qu'elle s'attendait à ce que vingt-huit usines de la région Centre-Sud reprennent la production au cours de la première moitié du mois de mars 2024 après leur pause en fin de campagne, ce qui serait supérieur au chiffre de l'année précédente de dix usines rouvrant au cours de cette période. La région Centre-Sud devrait continuer à privilégier la production de sucre aux dépens de l'éthanol, et la répartition sucre/éthanol pourrait atteindre au moins 51 % en faveur du sucre (jusqu'à 55 %). L'analyste Czarnikow évalue la production de sucre du Centre-Sud à 41,7 Mt. Ajoutée à la production du Nordeste évaluée à environ 2,7 Mt, la production totale au Brésil serait proche des 44 Mt. Un record d'exportation est attendu.

Après avoir estimé une production de sucre en hausse pour 2024-2025, notamment en raison d'un pourcentage plus élevé (52,4 %) destiné à la production de sucre, plus lucrative que l'éthanol, le consultant Datagro prévoyait en mars 2024 une production de sucre du Brésil en 2024-2025 plutôt en baisse à 40,45 Mt contre 42,50 Mt en 2023-2024, indiquant que les conditions météorologiques plus sèches que la normale dans les zones de production depuis novembre 2023 réduiraient le volume de canne à sucre de 9,8 % à 592 Mt. Datagro estime que les rendements agricoles dans le Centre-Sud brésilien chuteront probablement à 78,8 tonnes de canne à sucre par hectare lors de la nouvelle récolte, contre 88,3 tonnes par hectare en 2023-2024, en raison d'un temps plus sec et plus chaud. Les prévisions de Datagro sont similaires à celles de certains négociants et producteurs tels que BP Bunge Bioenergia et Sucden, qui prévoient également une nouvelle récolte d'environ 40 Mt.

Le négociant asiatique Wilmar est plus optimiste, il prévoit une maximisation des capacités de production de sucre et une production entre 42,5 et 44,5 Mt pour 2024-2025.

… mais plus compliquée en Inde…

En Inde, le deuxième plus grand producteur de sucre au monde, les fabricants de sucre (*Indian Sugar Mills Association* – ISMA) avaient indiqué en janvier 2024 que la production indienne de 2023-2024 chuterait de 9,7 %, par rapport aux 36,6 Mt en 2022-2023 pour atteindre 33,05 Mt. Mais, en février 2024, l'ISMA a relevé ses prévisions de production de canne à sucre pour la campagne de commercialisation 2023-2024 de + 2,9 %, à 34 Mt. C'est mieux que les 31 Mt prévus au début de la campagne.

En effet, le département météorologique indien a déclaré que les pluies de mousson de cette année (juin-septembre) avaient été inférieures de 6 % à la moyenne, ce qui représente les plus faibles précipitations de mousson depuis cinq ans. L'Inde considère l'approvisionnement de son marché domestique comme sa priorité numéro un. Et les élections à venir sont également un facteur déterminant dans la prise de décision de l'actuel gouvernement. En octobre 2023, l'Inde a étendu les restrictions sur ses exportations de sucre à partir du 31 octobre et jusqu'à nouvel ordre, dans le but de maintenir cet approvisionnement domestique et de freiner la hausse des prix intérieurs. L'Inde a autorisé les usines à exporter seulement 6,1 Mt de sucre au cours de la saison 2022-2023 jusqu'au 30 septembre, après avoir autorisé des exportations d'un record de 11,1 Mt au cours de la saison précédente 2021-2022.

Sucre
(en milliers de tonnes)

	2019-2020	2020-2021	2021-2022	2022-2023	2023-2024
Production mondiale	**171 156**	**169 032**	**172 526**	**178 165**	**179 749**
Brésil	39 814	38 716	32 067	43 381	44 519
Inde	27 420	31 105	35 920	32 800	31 700
UE à 27	15 485	14 911	16 661	13 919	15 206
Chine	10 415	10 663	9 560	8 970	9 300
Thaïlande	8 284	7 132	10 134	11 025	8 240
États-Unis	6 801	7 707	7 566	7 709	7 805
Mexique	5 278	5 715	6 185	5 250	4 960
Russie	7 900	5 175	5 700	6 100	6 930
Australie	4 194	4 050	3 809	4 391	4 116
Pakistan	5 190	5 760	7 515	6 657	6 800
Guatemala	2 764	2 565	2 762	2 609	2 567
Philippines	2 146	2 143	1 936	1 790	1 840
Ukraine	1 480	1 020	1 450	1 330	1 850
Turquie	2 536	3 069	2 520	2 760	3 300
Argentine	1 600	1 780	1 550	1 550	1 550
Colombie	2 179	2 098	2 156	2 034	2 050
Afrique du Sud	2 150	1 856	1 842	2 152	2 012
Indonésie	2 100	2 350	2 387	2 271	2 500
Consommation mondiale	**170 274**	**171 326**	**174 773**	**177 857**	**180 438**
Inde	25 098	25 800	26 800	27 500	27 960
UE à 27	15 554	17 331	18 258	16 249	16 455
Chine	15 938	15 805	15 400	15 700	15 765
Brésil	10 134	10 044	10 450	10 200	10 100
États-Unis	10 272	10 237	10 562	10 690	10 612
Russie	5 932	5 900	5 750	5 850	5 831
Indonésie	7 158	7 389	7 300	7 700	7 910
Mexique	4 059	4 420	4 200	4 275	4 648
Pakistan	5 390	5 596	5 859	6 000	6 100
Égypte	3 124	3 232	3 250	3 375	3 500
Japon	2 040	2 017	2 000	1 925	1 896
Ukraine	1 239	1 170	900	1 010	1 400
Exportations mondiales	**66 554**	**62 754**	**64 372**	**66 369**	**67 077**
Brésil	26 220	30 183	25 540	30 618	34 800
Thaïlande	8 653	4 650	7 986	7 660	5 785
Australie	3 400	2 852	2 567	3 254	3 050
Inde	7 245	7 000	11 058	7 840	4 500
UE à 27	1 083	848	832	624	1 100
Guatemala	1 868	1 535	1 742	1 624	1 776
Émirats arabes unis	809	805	1 330	1 110	1 110
Mexique	1 178	1 165	1 794	1 232	709
Importations mondiales	**66 545**	**62 789**	**63 968**	**66 518**	**67 359**
UE à 27	1 570	2 692	2 662	2 583	2 000
États-Unis	3 112	2 632	2 876	3 125	2 756
Indonésie	6 060	5 175	5 158	5 860	5 200
Chine	5 846	6 140	5 895	4 778	7 000
Émirats arabes unis	979	1 380	1 594	1 390	1 389
Malaisie	1 941	2 100	2 100	2 100	2 160
Corée du Sud	1 908	1 963	1 900	1 945	1 951
Japon	1 315	1 319	1 355	1 363	1 300
Arabie saoudite	1 883	1 707	1 788	1 830	1 816
Nigeria	1 815	1 770	1 988	1 725	1 780
Iran	1 532	1 590	1 300	1 125	966
Égypte	1 050	815	1 350	1 200	810
Canada	1 332	1 161	1 343	1 270	1 213
Bangladesh	1 595	2 500	2 470	2 539	2 480
Algérie	2 489	2 500	2 116	2 491	2 491

(Source : OIS février 2024)

L'Inde a également annoncé une taxe à l'exportation de 50 % sur les mélasses issues du raffinage du sucre. Cela réduit la probabilité que l'Inde lève ses restrictions sur les exportations de sucre dans un avenir prévisible. Le négociant en sucre Alvean estime que la production de sucre de l'Inde pour 2024-2025 pourrait chuter de 9 % pour atteindre 30 Mt, ce qui maintiendrait probablement les restrictions sur les exportations de sucre de l'Inde et limiterait les approvisionnements mondiaux. Ce sera un facteur clé dans le bilan mondial 2024-2025 et pour le soutien des cours.

Environ 1,8 Mt d'équivalent sucre seraient dédiés à la production d'éthanol. Mais les craintes d'un manque de disponibilité en canne ont amené à des restrictions de l'utilisation du jus de canne à sucre et des mélasses B comme matières premières pour la production d'éthanol, malgré l'amélioration des perspectives de récolte.

… ainsi qu'en Thaïlande

La Thaïlande est le troisième producteur et le deuxième exportateur de sucre au monde. La sécheresse a eu d'importantes conséquences sur la production puisque l'industrie estime qu'elle pourrait chuter de 32 % par rapport à la campagne 2022-2023 pour atteindre son niveau le plus bas depuis dix-sept ans, à 7,5 Mt. Des précipitations sont intervenues trop tard dans la saison et ont diminué la qualité de la canne. Le phénomène climatique *El Niño* qui touche actuellement la Thaïlande pourrait encore perdurer et risque de réduire les précipitations pour les deux prochaines années. L'analyste Czarnikow considère que la production de sucre 2023-2024 s'élèverait à 8,1 Mt, en recul de 2,9 Mt par rapport à 2022-2023. Les exportations sont estimées à environ 5,3 Mt pour 2023-2024. Les perspectives pour la campagne 2024-2025 en Thaïlande semblent meilleures grâce au relèvement des prix de la canne susceptible de favoriser une augmentation des surfaces. Mais les fabricants thaïlandais signalent que le rendement d'extraction de la canne n'a jamais été aussi faible depuis au moins treize ans en raison d'une moins bonne qualité.

Une année plutôt correcte en Europe, mais des difficultés persistantes

À la fin de décembre 2023, la Commission européenne a publié les mises à jour des bilans estimés pour les campagnes 2022-2023 et 2023-2024 (octobre-septembre). La production de sucre 2023-2024 est prévue à 15,84 Mt, en hausse de 1,235 Mt (8 %) par rapport à 2022-2023. Cette hausse résulte essentiellement d'une augmentation des surfaces de 3,9 %, grâce à des prix attractifs,

Règlement du différend à l'OMC sur le sucre entre la Thaïlande et le Brésil

En février 2024, le ministère du Commerce de la Thaïlande a confirmé le règlement du litige à l'OMC initié en 2016 par le Brésil sur la question des subventions thaïes au sucre. Ce document a été approuvé. La signature formelle de cet accord est intervenue lors de la réunion de l'OMC prévue du 27 au 29 février 2024.

Le 4 avril 2016, le Brésil avait lancé un panel à l'OMC contre la Thaïlande, au motif que le soutien de la Thaïlande à son industrie de la canne et du sucre n'était pas conforme aux règles de l'OMC et affectait sa propre filière de canne à sucre, notamment son statut de premier exportateur mondial de sucre. À partir de cette date, les deux pays ont engagé des négociations à l'OMC qui ont duré de 2016 à 2023. Au cours de cette période, la Thaïlande a entrepris des ajustements structurels de son industrie sucrière. Les mesures adoptées incluent l'abolition du système de quotas en janvier 2018 et un alignement sur les mécanismes de marché. La Thaïlande a annulé la fixation des prix intérieurs du sucre en amendant sa Loi de 1984 sur la canne et le sucre, et a ajusté les fonds sucriers de l'État destinés aux sucreries lorsque le prix final de la canne tombe en dessous du prix initial, permettant ainsi le règlement du différend avec le Brésil.

Révéler le potentiel des ressources végétales en créant de la valeur à long terme pour nos coopérateurs

Betterave
Luzerne
Blé
Maïs
Canne à sucre

Groupe coopératif, Tereos rassemble 11 200 agriculteurs adhérents et dispose d'un savoir-faire reconnu dans la transformation de matières premières agricoles. Avec nos 15 800 collaborateurs, nous valorisons le maximum de ces matières végétales pour répondre aux besoins essentiels d'alimentation, de mobilité, d'énergie et de pharmaceutique. Le Groupe est aujourd'hui un leader des secteurs du sucre, de l'alcool, des amidons et produits sucrants.

EUROPE

Allemagne, France, Belgique, Italie, République tchèque, Royaume-Uni, Espagne

AMÉRIQUE

Brésil

AFRIQUE ET OCÉAN INDIEN

Kenya, La Réunion (FR), Tanzanie

ASIE

Inde, Singapour, Vietnam, Indonésie

et à de meilleurs rendements, mais la campagne n'a pas été sans défis : « humide, très humide, trop humide » pourrait en être le slogan. Dans plusieurs pays des centaines d'hectares n'ont pas pu être récoltés et les chiffres finaux de la campagne 2023-2024 restent encore à déterminer. La vague de froid et de gel de début décembre 2023 suivie de températures anormalement douces dans de nombreuses régions a eu des conséquences néfastes sur la qualité des betteraves, à la fois sur celles stockées et sur celles restées dans les champs. Ceci a perturbé le déroulement de la campagne pour les fabricants. Mais c'est surtout la faible richesse en sucre de la récolte qui a surpris de nombreuses régions et une fois encore les dégâts causés par la difficulté à gérer la protection des cultures. Si les pertes en France causées par la maladie de la jaunisse véhiculée par les pucerons étaient attendues et ont été plutôt localisées, celles en Allemagne dues au syndrome de basse richesse et de la maladie des betteraves caoutchouteuses causées par les cicadelles ont surpris. Le secteur européen se mobilise au travers des instituts techniques pour trouver des parades : nouvelles variétés tolérantes, nouvelles molécules de biocontrôle, pratiques agronomiques, etc. Mais le temps est compté et les outils à disposition, sans lutte chimique, sont réduits. Les planteurs affectés ne pourront pas encore longtemps jouer à la roulette russe en semant de la betterave. Les risques attachés à la culture doivent absolument être mieux gérés ou l'attractivité de cette culture baissera significativement.

Face à une productivité en baisse, les planteurs européens dénoncent les conditions déloyales auxquelles ils doivent se soumettre par rapport au sucre importé. Le débat à Bruxelles comme au sein de l'OIS n'est pas simple. Mais il va bien falloir que les institutions européennes prennent à bras le corps ce défi qui est une des raisons qui ont poussé les agriculteurs européens dans les rues à l'hiver 2023. La liste des produits de protection des cultures non autorisés dans l'Union européenne par rapport à celle des pays concurrents s'allonge… Il est d'ailleurs surprenant de voir des molécules encore autorisées pour la culture de la canne au Brésil ou en Inde, telles que l'atrazine ou le fipronil, alors que cela fait longtemps qu'elles ont été jugées dangereuses et interdites pour la culture de la betterave en Europe. Au moment où le changement climatique accentue les infestations de ravageurs et la dissémination de maladie, ce décalage ne peut plus rester sans réponse.

Pour la sixième année consécutive, l'Union européenne serait déficitaire nette en sucre, mais les importations en 2023-2024 seraient en diminution de 17 % par rapport à 2022-2023. Par contre, le niveau des importations en provenance d'Ukraine explose. Les inquiétudes des planteurs et des fabricants européens sont grandes en ce début d'année 2024.

En effet, les importations de sucre d'Ukraine sont passées d'un contingent annuel limité à 20 070 tonnes en 2021 (Accord d'Association entre l'Ukraine et l'Union européenne) à plus de 405 000 tonnes en 2022-2023 suite aux deux règlements de 2022 et 2023 de l'Union européenne qui, en solidarité avec l'Ukraine, ont libéralisé de façon temporaire les échanges de produits agricoles, dont le sucre, entre l'Ukraine et l'Union européenne. Les prix record sur le marché européen en réponse aux évolutions des marchés mondiaux et de récoltes moyennes au cours de l'année précédente ont agi comme de véritables pompes à aspirer du sucre ukrainien, plus ou moins privé de ses destinations traditionnelles. Les marchés des pays de l'Union européenne voisins de l'Ukraine d'abord puis de l'ensemble des pays de l'Union européenne s'en sont trouvés perturbés. Les flux incontrôlés accentuent ces perturbations. Certains pays voisins ont réagi en fermant leurs frontières et les protestations d'agriculteurs ont été multiples. La Commission a mis du temps pour réaliser les difficultés. Les efforts réalisés pour mettre en place des corridors pour l'exportation en dehors de l'Union européenne des produits ukrainiens n'ont pas évité les engorgements et les files de camions à la frontière. Les différences de structures de production, de standards et donc de compétitivité de ces importations ont pesé sur les niveaux de prix spot (contrats de court terme) dans l'Union européenne. Ces prix sont passés d'un record de plus de € 1 000/t en octobre 2022 à environ € 700/t en ce début d'année 2024. Si la moyenne des prix moyens (contrats de long terme) a été de € 819/t en 2023, les analystes s'accordent sur une baisse pour 2024. Les augmentations de surface en betterave sucrière en Ukraine en 2022 puis en 2023 et celles prévues en 2024 n'arrangent pas la situation alors que plus de 600 000 tonnes de

sucre devraient être exportées en 2023-2024 vers l'Union européenne, soit trente fois le quota initial. La production en Ukraine est en effet prévue à 1,73 Mt pour 2023-2024 pour une consommation de 900 000 tonnes, ce qui laisse un potentiel à l'exportation, notamment vers l'Union européenne de près de 700 000 tonnes.

Les discussions sur le troisième règlement de l'Union européenne libéralisant temporairement les échanges avec l'Ukraine se sont déroulées dans ce contexte difficile. Il sera adopté début avril 2024 et devrait prévoir l'introduction d'une clause de sauvegarde automatique plus efficace pour les produits sensibles comme le sucre afin de contrôler ces importations. À l'heure de la rédaction de cet ouvrage, les détails ne sont pas encore finalisés, notamment concernant le seuil de déclenchement. Mais cette clause ne s'appliquant qu'à partir de juin 2024 jusqu'en juin 2025 n'aura d'effet que sur une période très limitée. Déjà, les interrogations se portent sur l'après-juin 2025 et les négociations qui pourraient se poursuivre pour une révision de l'accord d'association de 2014 entre l'Union européenne et l'Ukraine. Le renouvellement d'un règlement valable une année n'est en effet pas une solution satisfaisante alors que la guerre et la crise perdurent, ni pour les Institutions de l'Union européenne ni pour les producteurs qui ont besoin de visibilité au moins sur le moyen terme dans le cadre de l'accession de l'Ukraine dans l'Union européenne, que beaucoup en Europe souhaitent accélérer.

Ce sont les exportations russes qui bénéficient du détournement vers l'Union européenne du sucre ukrainien. La production russe est attendue autour de 6,95 Mt en 2023-2024 et les exportations sont attendues en hausse significative.

Une autre inquiétude pèse sur le marché de l'Union européenne, celle du niveau de la consommation. Elle a été en baisse significative en 2022-2023 comparée à 2021-2022 (en baisse de 1,3 Mt à 12,4 Mt). Le niveau de 2023-2024 est estimé stable par la Commission, mais l'augmentation du niveau des stocks mensuels appelle à plus de pessimisme.

Au final, les niveaux des stocks de fin de campagne 2023-2024 sont estimés en hausse de 13 % à 2,346 Mt. Tous les signaux tendent vers une baisse des prix en 2024-2025, avec des surfaces estimées en hausse pour 2024-2025 : seules de mauvaises nouvelles concernant la récolte pourraient inverser cette tendance.

La Chine et l'Australie augmentent leur production, le Mexique est en crise

La production de sucre 2023-2024 progresserait de 9 % selon la Commission nationale du développement et des réformes (NDRC), pour atteindre plus de 9 Mt. Selon la *China Sugar Association*, la production chinoise de sucre atteindrait même 9,9 Mt, l'augmentation provenant du sucre de canne. Mi-février 2024, 70 % de la production de canne et de betterave étaient transformés.

La consommation intérieure (consommation de bouche + demande industrielle) est évaluée inchangée à 15,5 Mt. Au début de la saison 2023-2024, les stocks de sucre industriel et commercial de la

Le président Xi a rendu visite à la compagnie Guangxi Sugar en décembre 2023, ce qui a clairement donné un signal positif à l'industrie sucrière locale. Le président Xi a souligné la nécessité de renforcer et de développer l'industrie sucrière du Guangxi et de jouer un rôle plus important pour garantir la sécurité de l'industrie sucrière nationale et promouvoir les revenus des cultivateurs de canne à sucre. La compagnie promeut la sélection de variétés améliorées de canne à sucre, lance une nouvelle série de subventions pour les semences améliorées et continue à promouvoir l'action de « passage de l'eucalyptus à la canne à sucre ». Sur les 7,73 millions d'hectares de la zone de protection de la canne à sucre du Guangxi, 85 000 hectares sont occupés par des eucalyptus, ce qui représente 11 % de la zone de réserve. Le Guangxi a formulé un plan d'action triennal visant à éliminer 67 000 hectares de plantations d'eucalyptus d'ici à la fin de 2024. Avec la hausse des prix de la canne à sucre et du sucre, une nouvelle augmentation de la superficie de canne à sucre pour la campagne 2024-2025 est attendue dans cette région du Guangxi.

Chine ont atteint un faible niveau, sans compter les réserves centrales de sucre. Le déficit à couvrir par les importations serait encore de 5 à 6 Mt.

Le cyclone tropical Jasper, dont les pluies torrentielles (jusqu'à 2 mètres de précipitations) ont touché le nord-est de l'Australie au début de décembre 2023, a détruit jusqu'à 60 % de la canne en certains endroits de la région. L'essentiel de la canne avait toutefois été récolté avant que le cyclone ne traverse la région, et ses retombées affecteront donc plutôt la récolte de 2024. Jasper a surtout causé de l'érosion des sols et a également endommagé l'infrastructure ferroviaire indispensable au transport de la canne vers les sucreries. Un mois après son passage, les estimations étaient toujours en cours pour déterminer l'ampleur des dégâts. Un projet de conversion d'une sucrerie en production de bioénergie a été stoppé et les planteurs sont mobilisés pour convaincre l'État de maintenir son soutien.

Par ailleurs, entre les fourmis rouges, espèce invasive qui cause des dégâts redoutables, et l'invasion de rats dans le nord du Queensland, les questions de biosécurité et de gestion des ravageurs deviennent cruciales pour les agriculteurs et les planteurs de canne.

La production 2023-2024 est estimée à 4,4 Mt en hausse de 200 000 tonnes par rapport à la campagne précédente. Les exportations sont également en hausse de 300 000 tonnes à 3,5 Mt. Pour la campagne 2024-2025, les conditions sont jusqu'à présent excellentes et si elles persistent une excellente récolte est en vue.

Le ministère américain de l'Agriculture (USDA) dans son estimation de mars 2024 évalue la production américaine de sucre de betterave pour l'année fiscale 2023-2024 à 5,172 M STRV (tonnes courtes valeur brute), soit un niveau relativement proche de celui de l'année dernière (5,187 Mt). Des températures anormalement chaudes en décembre et janvier, principalement dans le Michigan et la Red River Valley (RRV), ont entraîné une baisse de la production de betteraves sucrières. Ces températures chaudes, en particulier dans la RRV, ont empêché les tas de betteraves de geler complètement affectant leur stockage et une gestion des tas plus difficile. Les prévisions de production de sucre de canne aux États-Unis pour l'année 2023-2024 sont estimées à 4,071 millions STRV.

Les importations américaines de sucre pour 2023-2024 devraient atteindre 3,331 Mt. Les importations américaines en provenance du Mexique, la principale source d'approvisionnement, se sont élevées en moyenne à 33 % des importations totales au cours des cinq dernières années. Toutefois, en raison de la sécheresse qui a réduit la récolte, ces importations américaines de sucre en provenance du Mexique pour 2023-2024 devraient baisser.

L'USDA, dans les estimations de l'offre et de la demande agricoles mondiales (WASDE) du mois de mars 2024, évalue la production de sucre du Mexique pour 2023-2024 à 4,747 Mt sur la base des informations fournies par le Comité national mexicain pour le développement durable de la canne à sucre (CONADESUCA), en baisse de 9 % par rapport à 2022-2023 (5,224 Mt). La canne ne s'est pas développée correctement en raison de pluies insuffisantes. Ce serait le plus bas niveau depuis vingt-quatre ans et la première fois que la production tomberait en dessous de 5 Mt en quatorze ans. À l'exception du rendement de la canne à sucre, toutes les autres variables de production sont en baisse par rapport à la même période de l'année dernière.

L'Indonésie souhaite atteindre l'autosuffisance sucrière et réaliser ses ambitions dans l'éthanol. Pour cela elle devrait augmenter sa production de sucre d'environ 300 % par rapport au volume actuel d'ici 2030. Dans cet objectif, la production nationale de sucre devrait atteindre 9,7 Mt d'ici 2030, à comparer aux quelque 2,5 Mt obtenues en 2023. Atteindre une telle quantité nécessiterait des surfaces cannières estimées à 1,18 Mha, alors qu'actuellement elles ne couvrent que 490 000 ha. L'Indonésie devrait aussi accroître notablement le nombre de ses sucreries. Le pays en compte actuellement 58 qui sont disséminées dans les îles de Java, de Sulawesi et de Sumatra.

Le ministère de l'Agriculture envisage pour l'instant la construction de dix nouvelles usines, en particulier en recourant à la canne des petits planteurs. Lors de son accession au pouvoir en 2014, le président Joko Widodo s'était engagé à amener son pays à l'autosuffisance en sucre, mais une décennie plus tard, l'Indonésie reste l'un des premiers importateurs de sucre au monde, et les importations couvrent plus de la moitié de la demande locale annuelle en augmentation constante.

Café : *la main dans les stocks*

Le Brésil a de nouveau mené la danse au royaume du café en 2022-2023 avec ses deux produits phares – le Brésil Nature et le Robusta –, les autres variétés et de nombreux autres pays producteurs vacillant tant en prix qu'en volumes sur fond d'exportations atones. La campagne a été déficitaire et le marché a largement puisé dans les stocks. 2023-2024 a démarré avec des cours mondiaux en hausse malgré des perspectives légèrement excédentaires.

La campagne caféière mondiale 2022-2023 (octobre/septembre) a été plutôt déprimante. La production a stagné (+ 0,1 %) à 168,2 millions de sacs de 60 kilos (Ms) face à une consommation qui a été, dans un premier temps, espérée à la hausse et qui, en définitive, aura essuyé une chute de 2 % à 173,1 Ms : une consommation plombée par l'inflation, démentant l'hypothèse souvent émise d'une relative inélasticité du marché du café. Face à des prix en hausse pour les Robustas et à des prix qui, certes, ont baissé, mais qui demeurent à des niveaux historiquement élevés pour les Arabicas, les opérateurs ont préféré largement puiser dans les stocks certifiés de café plutôt que d'importer. Cela explique la baisse des cours durant toute la campagne 2022-2023 alors que dès le mois de mars 2023 était annoncée une campagne 2022-2023 déficitaire de 7,3 Ms.

Les stocks en Europe et aux États-Unis ont donc chuté : ceux de Robusta à la Bourse de Londres ont littéralement fondu passant de 1,52 Ms en octobre 2022 à 480 000 sacs en janvier 2024 tandis que ceux d'Arabica glissaient de 410 000 sacs en octobre 2022 à 270 000 sacs en janvier 2024. Des stocks de café qui, rappelons-le, avaient abondé durant la période du covid et dont il faut se débarrasser avant que la qualité ne s'altère.

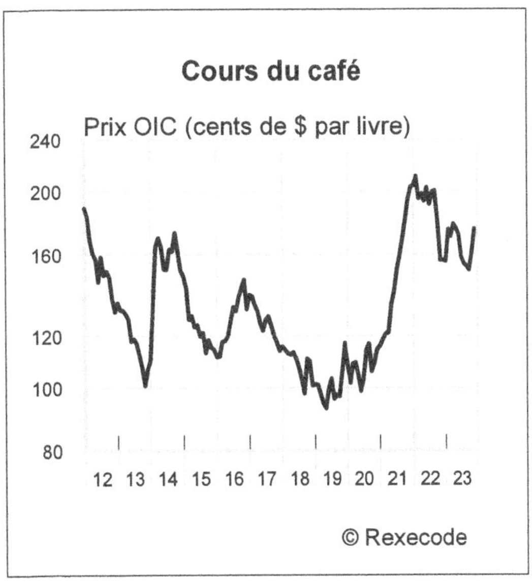

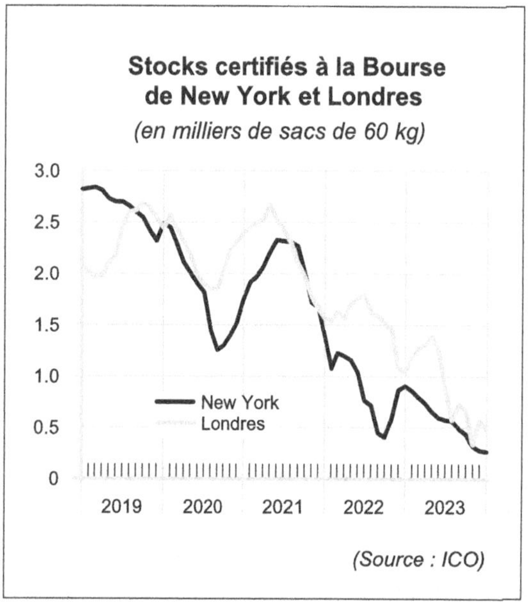

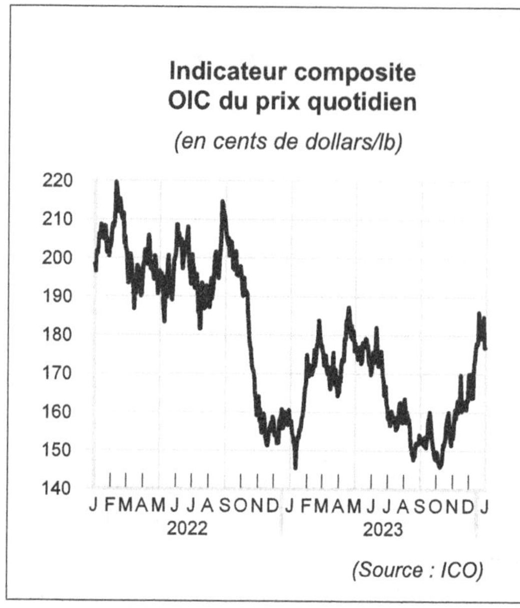

En conséquence, la moyenne mensuelle du prix indicateur calculé par l'Organisation internationale du café (OIC) qui regroupe les différents types de café (Doux Colombie, Arabica autre doux, Brésil Nature et Robusta) a oscillé entre 151 et 178 cents la livre (lb) sans jamais retrouver les 200 cents enregistrés en août 2022. Ceci dit, les cours des Arabicas en 2022-2023 ont, certes, baissé par rapport à 2021-2022, mais il faut quand même remonter à 2014-2015 pour retrouver de tels niveaux de cours. Quant au Robusta, la hausse est nette et historique.

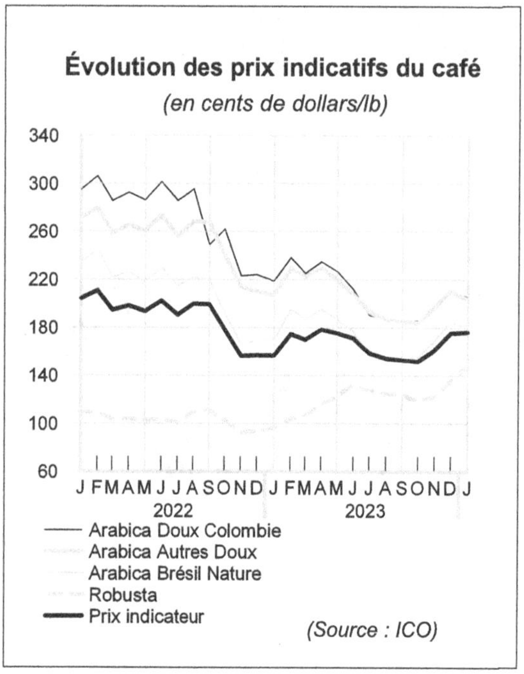

Pour la nouvelle campagne 2023-2024, qui a démarré début octobre, la production devrait, estimée par l'OIC, rebondir de 5,8 % pour atteindre 178 Ms, le Brésil menant le bal face à une consommation globale qui devrait elle aussi augmenter, de 2,2 % à 177 Ms, sur fond de reprise économique mondiale. La campagne serait donc excédentaire d'un million de sacs. Quant aux prix, la campagne a démarré en octobre 2023 avec un prix indicatif au plus bas de l'année, à 151,94, avant de donner un coup de talon et de repartir pour clôturer l'année civile, en décembre, à 175,73 cents retrouvant son niveau du mois de mai 2023.

Une tasse d'inflation

Reprenons plus en détail cette évolution sur la campagne 2022-2023 qui, rappelons-le, a été dominée au plan macro-économique par une forte inflation et un ralentissement économique mondial. Le marché du café s'en est lourdement ressenti, démarrant la campagne, en octobre 2022, par une douche froide sur les cours mondiaux : d'environ 200 cents/lb en août et septembre 2022, le prix indicatif OIC a dégringolé dès l'ouverture de la campagne 2022-2023, en octobre, à 178,54 cents pour descendre encore à 156-157 cents. Il naviguera dans cette fourchette jusqu'à fin janvier 2024. C'est l'abondance des Brésil Nature qui a lourdement pesé sur le marché avec un bond spectaculaire de 34 % de ses expéditions en novembre 2022, compensant la chute des autres variétés d'Arabica. La demande étant timide, les stocks certifiés d'Arabica à New York ont gonflé.

Quant au Robusta, dont la demande a été soutenue, ses stocks certifiés ont chuté d'environ 25 % en décembre 2022 à un peu plus de 1 Ms après que ses exportations ont bondi de 12,9 % en novembre, à 3,58 Ms. La hausse de 16 % des exportations du Vietnam en décembre a compensé la chute de 39 % des exportations indiennes à la suite d'une campagne 2021-2022 record, qui avait épuisé les arbres.

Au tournant de l'année calendaire 2023, soit en janvier, la morosité des cours mondiaux persistait, à l'exception des Brésil Nature et des Robustas qui reprenaient des couleurs, amorçant la hausse enregistrée les mois suivants.

Février a connu un retournement de situation assez spectaculaire avec un prix indicatif OIC qui a progressé de plus de 11 %, toutes les variétés de café progressant. Côté volumes, à l'exception de l'Afrique dont les ventes ont bondi de 19,5 % en janvier, toutes les autres régions exportatrices du monde ont subi une forte baisse, ce qui explique en partie le rebond des cours. Un rebond qui aura du mal à se maintenir. Ainsi, dès le mois de mars, les cours de tous les cafés ont baissé à nouveau à l'exception des Robustas, alors que, curieusement, les volumes exportés avaient globalement chuté de 20 % en février. Les stocks certifiés d'Arabica s'étaient, quant à eux, contractés de 6,7 %.

En revanche, le prix indicatif OIC est reparti à la hausse en avril, de l'ordre de 5 %, toutes les variétés progressant et les Robustas enregistrant même une hausse de 8,7 %. En effet, les exportations mondiales de café vert en grains avaient encore baissé de près de 10 % en raison du climat, de facteurs sociopolitiques et de saisonnalité. Le déficit annoncé sur 2022-2023 semblait bel et bien se confirmer. En mai, à l'exception, là encore, des Robustas qui ont atteint leur plus haut niveau de prix depuis août 1995, même avec des exportations en hausse, les cours de tous les Arabicas ont baissé. Pourtant, les exportations d'Arabica avaient baissé et l'OIC confirmait ce même mois une campagne 2022-2023 qui serait à nouveau déficitaire, de 7,3 Ms. Autant de facteurs qui auraient dû soutenir les cours des Arabicas.

Le prix du Robusta, quant à lui, n'a cessé de caracoler durant tout le premier semestre 2023. C'est en juillet que sa situation se renversera tout en demeurant à des niveaux de prix historiques, mais rejoignant la tendance baissière de toutes les autres variétés de cafés jusqu'à leur rebond collectif en novembre.

Pourquoi ce tournant en juillet sur l'ensemble de la scène caféière ? Sans doute parce qu'on savait alors qu'il n'y aurait pas de gelées au Brésil et que le spectre d'un excédent en 2023-2024 se dessinait, même si on estimait toujours que la campagne 2022-2023 serait déficitaire de 7,3 Ms. D'autre part, le Brésil inondait le marché mondial de Brésil Nature avec des exportations en hausse de 10 %, le réal, la monnaie brésilienne, amorçant sa baisse face au dollar après avoir atteint fin juillet son plus haut niveau en quatorze mois.

Le marché demeurera léthargique jusqu'au rebond en novembre, le prix indicatif de l'OIC grimpant alors de 6,3 % par rapport à octobre, tiré par les Brésil Nature et, dans une moindre mesure, par les Robustas. La hausse de 8,8 % de l'indicateur en décembre sera davantage liée à la conjoncture internationale tendue, la montée en puissance de tensions en mer Rouge obligeant le reroutage de certains navires chargés de café notamment du Sud-Est asiatique et d'Afrique de l'Est, d'où un surcoût du fret. Le Robusta prendra le tournant de 2024 sur les chapeaux de roue avec des prix en janvier qui ont bondi de plus de 9 %, dépassant les 148 cents, leur cours le plus élevé en près de trente ans. Le marché s'inquiète des disponibilités, car les stocks mondiaux sont au plus bas, l'offre indonésienne est incertaine tandis que les caféiculteurs vietnamiens font de la rétention. Le Brésil, quant à lui, a mis le pied sur l'accélérateur avec un bond de 806 % de ses expéditions de conilon (Robusta) sur le seul mois de décembre !

Électrocardiogramme plat de la production mondiale

Alors qu'on s'attendait à une hausse de 1,7 % de la production mondiale de café en 2022-2023

Café : principaux pays producteurs
(en milliers de sacs de 60 kg)

	2021-2022	2022-2023	2023-2024*
Brésil	58 100	62 600	66 300
Vietnam	31 580	27 200	27 500
Colombie	11 800	10 700	11 500
Indonésie	10 580	11 850	9 700
Éthiopie	8 150	7 300	8 350
Ouganda	6 050	6 565	6 850
Honduras	4 800	5 700	6 500
Inde	5 700	5 867	5 950
Pérou	4 200	3 400	4 200

* prévisions *(Source : USDA, Coffee Report, décembre 2023)*

(octobre/septembre) pour atteindre 171,3 Ms, elle aurait en réalité quasiment stagné, gagnant seulement 0,1 % par rapport à 2021-2022 à 168,2 Ms. L'Amérique du Sud a caracolé grâce au Brésil avec des hausses de production respectivement de 4,8 % et 8,4 % alors que l'Asie baissait de 4,7 % et l'Afrique de 7,2 %. Les mauvaises conditions météorologiques ont particulièrement touché le Vietnam, la Côte d'Ivoire et l'Ouganda. Par conséquent, les cafés sud-américains ont représenté 48,3 % de la production mondiale en 2023 contre 46,2 % en 2021-2022, la part de l'Amérique centrale demeurant quasiment inchangée à 11,4 % (+ 0,2 %). En revanche, la part de l'Asie a diminué de 1,5 % à 29,6 %, l'Afrique représentant 10,6 %. À noter que la part de l'Arabica sur le marché du café a augmenté de 1,5 % et représente 55,9 % du café mondial.

Quant à 2023-2024, l'OIC prévoit un rebond de 5,8 % de la production, à 178 Ms, notamment du fait du Brésil et des Arabicas : la production d'Arabica atteindrait 102,2 Ms contre 94 Ms en 2022-2023 et celle de Robusta 75,8 Ms contre 74,2 Ms. La production en Amérique latine progresserait de 9,8 % pour atteindre 89,3 Ms avec une très bonne performance sur les conilons.

Reprenons par pays. En 2022-2023, la hausse de 4,8 % de la production latino-américaine de café est quasi exclusivement due au Brésil dont l'essor a été de 8,4 %, atteignant un record de production à 65,49 Ms en 2022-2023 (avril/mars). Étant dans l'année haute de son cycle végétal

Café : principaux pays exportateurs
(en milliers de sacs de 60 kg)

	2021-2022	2022-2023	2023-2024*
Brésil	35 576	32 200	39 500
Vietnam	26 110	25 400	23 000
Colombie	11 000	9 600	10 800
Ouganda	5 850	6 250	6 515
Honduras	4 650	5 350	6 200
Indonésie	6 335	7 695	5 000
Éthiopie	4 831	3 910	4 820
Inde	4 937	4 000	4 250
Pérou	4 065	3 300	4 060

* prévisions *(Source : USDA, Coffee Report, décembre 2023)*

L'Asie toujours aussi surprenante

Le développement de la consommation en Asie continue d'être spectaculaire. La Chine a détrôné les États-Unis en termes de chaînes de *coffee-shops* : en 2023, 18 330 nouveaux magasins ont été ouverts en Chine, ce qui porte à 49 690 le nombre total de magasins, soit une croissance d'ouvertures de 58 %, précise *World Coffee Portal*. Luckin Coffee et Cotti Coffee, les leaders sur ce marché, ont chacun ouvert 5 000 et 6 000 magasins, la plupart étant de petite taille, des ventes à emporter ou des activités de livraison. Starbucks en a lancé 785 nouveaux, portant à 6 800 le nombre de ses *coffee-shops*. Ces trois enseignes représentent 52 % du marché chinois. Un monde en devenir…

biennal, on aurait pu s'attendre encore à mieux si ce n'est que la filière brésilienne souffre encore des importantes gelées de juillet 2021. Comme 70 % du café avait alors été déjà récolté, l'impact des gelées s'est donc fait davantage ressentir sur la campagne 2022-2023. Quant à la campagne 2023-2024, année basse du cycle biennal, la principale région de production, Minais Gerais, a connu de bonnes pluies, ce qui a été bénéfique. La récolte a commencé tôt, les volumes étant au rendez-vous. Illustration de bonnes performances, sur le seul mois de janvier 2024 et par rapport à un an auparavant, les exportations de café vert du Brésil ont bondi de 45 %, les volumes d'Arabica progressant de 31 % et les Robustas de 500 % !

2022-2023 a encore été une mauvaise année caféière pour la Colombie, la troisième successive, à cause notamment de l'impact de *La Niña*. Sa production a chuté de 9,3 % à 10,7 Ms alors qu'elle était initialement attendue à 11,3 Ms, selon l'USDA, et ses exportations de 7 % à 11,4 Ms, notamment par manque de compétitivité face aux Autres doux. Cependant, il y a de l'espoir : sur les deux premiers mois de la campagne 2023-2024, l'USDA prévoit une hausse de production de 800 000 sacs et de 1,2 Ms à l'exportation.

Au Pérou, fin 2022, des troubles sociaux puis de très fortes pluies ont impacté la qualité des grains et leurs volumes : décembre 2022 a enregistré le plus faible volume d'exportations depuis 2015. Sur l'ensemble de la campagne 2022-2023, la production a chuté de 7,1 % à 3,9 Ms.

L'Amérique centrale a connu un début de campagne 2022-2023 difficile avec une baisse de 15,2 % de ses exportations au premier trimestre due essentiellement au Honduras qui a vu réapparaître la maladie de la rouille – la roya. Toutefois, la situation hondurienne s'est nettement améliorée au tournant de l'année 2023, le pays étant dans son année haute de production : en définitive, sa

Production mondiale de café
(en millions de sacs)

	2019-2020	2020-2021	2021-2022	2022-2023	2023-2024 (e)
Production mondiale	**168.4**	**170.8**	**168.0**	**168.2**	**178.0**
Arabica	96.4	100.6	92.3	94.0	102.2
Robusta	72.0	70.3	75.7	74.2	75.8
Afrique	18.5	19.2	19.3	17.9	20.1
Asie & Océanie	49.6	48.0	52.2	49.8	49.9
Amérique centrale & Mexique	19.2	19.7	18.9	19.2	18.7
Amérique du Sud	81.1	83.9	77.6	81.3	89.3

(Source : OIC, rapport de marché, janvier 2024)

récolte a bondi de 14,7 % à 5,7 Ms en 2022-2023 alors qu'elle avait chuté de 19,2 % en 2021-2022.

Mauvaise année pour l'Asie dont la production a baissé de 4,7 % en 2022-2023, à 49,8 Ms. C'est le Vietnam, leader mondial du Robusta et deuxième producteur mondial de café, qui en est essentiellement responsable : après sa production record en 2021-2022, elle a chuté de 9,8 % à 29,2 Ms avec pour causes principales l'année basse de son cycle végétatif, des pluies prolongées dans ses principales régions de production, le manque d'engrais devenus trop chers et l'intérêt croissant des producteurs pour d'autres produits comme le poivre. Pour profiter tout de même des cours élevés du Robusta, le pays a puisé dans ses stocks. Ainsi, sur 2023-2024, l'USDA prévoit une hausse de 300 000 sacs de sa production, mais une baisse de 2,4 Ms de ses exportations en raison de ses faibles stocks.

La hausse des superficies caféières en Indonésie depuis 2018 a joué en faveur du pays qui a ainsi pu enregistrer une hausse de 2,4 % de sa production à 12 Ms en 2022-2023 malgré de mauvaises conditions météorologiques liées à *La Niña*. Cependant, l'USDA estime que sa production chuterait à 9,7 Ms en 2023-2024 en raison de pluies excessives impactant le développement des cerises. Ceci devrait faire chuter ses exportations de 2,7 Ms, estime l'USDA, à 5 Ms.

Suite à la mousson excessive dans le grand État producteur de Karnataka, l'Inde a dû réviser à la baisse ses prévisions de production qui, en définitive, n'a été que de 5,9 Ms, ce qui demeure 2,9 % de plus qu'en 2021-2022. Sur 2023-2024, l'USDA entrevoit une baisse de la production d'Arabica de 200 000 sacs en raison de la sécheresse qui a duré de décembre 2022 à mars 2023, et qui a été suivie par une faible prémousson. En revanche, sa production de Robusta progresserait de 300 000 sacs à 4,5 Ms grâce à des rendements en hausse. L'USDA estime que les exportations indiennes, toutes variétés confondues, augmenteront de 300 000 sacs à 4,3 Ms avec une légère contraction des stocks.

La production en Afrique a lourdement chuté, de 7,2 %, en 2022-2023 pour totaliser 17,9 Ms : en cause avant tout, la persistance pour la deuxième année consécutive de la sécheresse chez le n° 1 africain, l'Ouganda, qui a provoqué une chute de 6,8 % de sa production en 2022-2023, à 5,6 Ms. Le pays a dû lui aussi puiser dans ses stocks pour pouvoir profiter de la flambée des cours mondiaux du Robusta, mais, globalement, ses exportations ont baissé. La Côte d'Ivoire a essuyé une chute libre de 64,7 % de sa production après son envol de 69 % la campagne précédente, à 600 000 sacs. La sécheresse et le cycle naturel du caféier en sont les raisons principales. Quant à l'Éthiopie, qui est un consommateur majeur de son propre café, sa production a atteint un nouveau record à 7,73 Ms.

Les acheteurs à l'écart des marchés

Les exportations mondiales de café vert en grains en 2022-2023 ont diminué de 5,5 % à 110,81 Ms contre 117,28 Ms en 2021-2022, selon l'OIC : toutes les expéditions d'Arabica ont chuté, mais pas celles de Robusta.

L'OIC explique cette baisse globale davantage par des raisons de logistique et de chaîne d'approvisionnement que par l'économie et la consommation réelle de café. D'autres considèrent qu'en période d'inflation et de contraction du pouvoir d'achat mondial, le prix du café dans les pays producteurs demeurant élevé, les opérateurs ont préféré puiser dans les stocks détenus dans les pays non producteurs que d'importer au prix fort, le prix du fret renchérissant la facture. Une chose est certaine : les acheteurs sont restés à l'écart des marchés mondiaux en 2022-2023.

Ainsi, sur la campagne 2022-2023, les exportations totales d'Arabica ont diminué de 10,1 %, passant de 74,63 Ms à 67,05 Ms. Les expéditions de Brésil Nature ont diminué de 8,5 % par rapport à 2021-2022, à 34,17 Ms en 2022-2023, celles des Autres doux de 12,1 % à 22,11 Ms et les Doux Colombie de 11,2 % à 10,7 Ms, passant en dessous de la barre des 11 Ms pour la première fois depuis 2012-2013.

Les exportations de Robustas, plus compétitifs que les Arabicas, même si le différentiel s'est estompé, ont, quant à elles, progressé de 2,6 %, à 43,76 Ms. Rançon du succès, le Vietnam, numéro un en la matière, est aux prises constantes avec les difficultés d'approvisionnement que connaissent les acteurs de sa filière, tant exportateurs qu'industriels, pour satisfaire une demande croissante.

Par zones géographiques, 2022-2023 a été une année noire pour l'Amérique du Sud prise globalement avec des exportations, toutes formes de café confondues, qui ont diminué de 11 % à 50,59 Ms contre 56,83 Ms en 2021-2022. L'Amérique centrale a peiné également, mais pas autant, affichant une baisse de 3,1 % de ses volumes exportés, tous cafés confondus, à 15,3 Ms en 2022-2023 contre 15,78 Ms la campagne précédente. D'Afrique, les expéditions de café se sont contractées de 1,4 % pour tomber à 13,53 Ms. En définitive, c'est l'Asie qui a le moins mal performé avec, tout de même, des expéditions en baisse de 0,9 % à 43,56 Ms.

Un autre sacrifié de cette dernière campagne est le café soluble dont les exportations ont diminué de 5,7 % pour atteindre 11,47 Ms en 2022-2023 contre 12,16 Ms en 2021-2022, le Brésil étant toujours en haut du podium des exportateurs. Ceci dit, la part du café soluble dans les exportations totales de café n'a pas changé, à 9,3 %. À noter que la hausse continue du prix du Robusta durant la campagne 2022-2023 et la baisse des Arabicas ont modifié les recettes du soluble, incluant davantage d'Arabica et moins de Robusta.

Dernier point majeur qui a mis un coup aux activités de transformation dans certains pays producteurs, les exportations de café torréfié ont diminué de 16 %, à 710 000 sacs.

Quant à la campagne 2023-2024, elle a démarré en fanfare en octobre avec des exportations tous cafés confondus qui ont grimpé de 6,8 % à 32,42 Ms. Si les Robustas ont rompu avec leurs performances des mois précédents, en chutant de 8 % en volume en novembre, les Arabicas, quant à eux, se sont bien portés avec un bond de 10 % des Brésil Nature.

La consommation

Contrairement aux espoirs et aux prévisions, la consommation mondiale de café a, en définitive, été en berne sur 2022-2023, diminuant de 2 % à 173,1 Ms, impactée par la baisse du pouvoir d'achat des consommateurs dans un contexte inflationniste. Ceci met à mal la thèse selon laquelle la consommation de café est relativement inélastique.

Ce sont les États-Unis qui ont marqué le plus fort recul, la consommation ne totalisant que 29,8 Ms en 2022-2023, soit 17,2 % du marché mondial, en baisse de 2 Ms. L'Europe, quant à elle, a accusé sa plus forte chute depuis la crise financière de 2008, de l'ordre de 3,7 % à 53,1 Ms. Toutefois, la comparaison se fait avec 2021-2022 lorsque la progression avait été majeure, de l'ordre de 5,7 %, suite au covid.

En Asie et Océanie, la consommation n'a progressé que de 0,6 % pour atteindre 44,5 Ms, représentant 25,7 % de la consommation mondiale. Cette faible hausse est due à la baisse de 5,5 % des volumes consommés au Japon, en Corée, en Australie et en Israël, alors que l'Indonésie, les Philippines et l'Inde progressaient. Le Japon et la Corée à eux seuls ont enregistré une chute de 4,6 % de leur consommation, à 9,8 Ms.

À fin 2023, l'OIC se voulait optimiste, mais prudente sur les perspectives de consommation de café en 2023-2024, misant sur la reprise d'une croissance économique mondiale au-dessus des 3 % conjuguée au ralentissement de l'inflation. Selon les prévisions, la consommation pourrait croître de 2,2 % et atteindre 177 Ms. Rappelons qu'en 2021-2022, année de l'après-covid, elle avait bondi de 4,2 % à 175,6 Ms. Ce seraient les États-Unis qui tireraient la consommation mondiale, avec une hausse que l'OIC estime à 3,8 % pour atteindre 30,9 Ms tandis que la consommation européenne ne progresserait que de 1,1 % à 53,7 Ms.

Baisse des importations européennes

Les importations de café vert de l'Union européenne ont baissé de 2,6 Ms en 2022-2023 par rapport au record de 49,1 Ms atteint la campagne précédente, selon l'USDA. Le Brésil est resté le premier fournisseur avec 32 % de part de marché, en baisse sur 2021-2022, alors que la part du Vietnam progressait à 26 %, l'Ouganda représentant 7 % avec des ventes en hausse de 1,2 Ms. Le Honduras est la quatrième origine par importance avec 6 %.

Consommation mondiale de café
(en milliers de sacs de 60 kg)

	2019-2020	2020-2021	2021-2022	2022-2023	2023-2024 (e)
Consommation mondiale	**168.6**	**169.9**	**176.6**	**173.1**	**177.0**
Europe	54.0	52.2	55.2	53.1	53.7
Amérique du Nord	30.6	30.2	31.3	29.8	30.9
Amérique du Sud	26.0	26.4	27.0	27.5	28.0
Asie & Océanie	40.1	42.2	44.2	44.5	45.7
Amérique centrale	5.8	5.9	6.0	6.0	6.1
Afrique	12.1	13.0	12.9	12.2	12.5
Pays exportateurs	**52.2**	**53.1**	**54.4**	**55.1**	**56.5**
Pays importateurs	**116.4**	**116.8**	**122.2**	**118.1**	**120.5**

(Source : OIC, rapport de marché, janvier 2024)

Des records dans l'industrie et la distribution

Les multinationales ne s'en sont pas cachées : la hausse du prix de la matière première durant la campagne 2021-2022 a été passée au consommateur final, leur permettant d'enregistrer de belles performances.

Sur son exercice 2023, Starbucks a enregistré une hausse de 12 % de ses revenus nets pour atteindre un record de $ 36 milliards, ses ventes ayant progressé de 8 %. Le suisse Nestlé, quant à lui, prévoyait mi-octobre une croissance de ses ventes globales de 7 à 8 % sur 2023 avec «une croissance élevée à un chiffre, et une évolution positive des ventes pour l'ensemble des marques et des canaux de distribution» sur le café.

Tata Starbucks (joint-venture entre Starbucks et Tata créée en 2012) a enregistré une croissance de 31 % de ses revenus tirés de son activité café sur son exercice 2022-2023 qui court jusqu'au 31 mars. Si ses ventes sur le trimestre à fin décembre 2023 n'ont augmenté que de 7 % par rapport à fin 2022, elles avaient bondi de 21 % au premier trimestre 2023 et 14 % sur le deuxième. Le groupe détient 392 *coffee shops* dans cinquante-cinq villes en Inde, son objectif étant d'atteindre mille magasins d'ici 2028.

Quant au chinois Luckin Coffee, suite à la restructuration de sa dette en avril 2022, il a enregistré un retour financier spectaculaire, ses revenus annuels bondissant de 97 % sur son exercice 2022 à $ 1,2 milliard.

Cacao : *une ascension historique de la fève*

L'univers du chocolat, cet enfant gâté… ! C'est ce qu'a pu inspirer le marché mondial du cacao fin 2023 et tant mieux pour les pays producteurs, mais aussi pour le planteur qui, une fois n'est pas coutume, a aussi bénéficié de la hausse des prix. Enfant gâté, car le consommateur des pays industrialisés a continué à bien l'acheter alors que les prix étaient en hausse, pleurant par ailleurs sur l'autel de l'inflation.

Un quasi sans faute ! Les cours mondiaux depuis le début de la campagne 2022-2023, en octobre 2022, n'ont quasiment pas cessé de grimper. Le marché à terme de Londres a bondi de 70 % sur l'année calendaire 2023. Sur la campagne 2022-2023 (octobre-septembre), il a augmenté de plus de £ 1 600 à Londres et de $ 2 000 à New York ! Il faut remonter à 1989 pour retrouver une telle envolée. Fin février 2024, le prix de la fève battait tous les records à $ 6 800 la tonne à New York, £ 5 800 à Londres ! En cause, des contraintes agronomiques, météorologiques, environnementales, sociales, politiques dans les pays producteurs, notamment en Afrique de l'Ouest, qui font baisser la production, alors que la consommation franchirait le seuil historique des 5 Mt, à 5 002 000 tonnes, selon les estimations de l'Organisation internationale du cacao (ICCO).

La campagne 2022-2023 en Afrique de l'Ouest avait démarré sous de fortes pluies, faisant craindre la prolifération des maladies de la pourriture noire et du *swollen shoot*. À ceci s'est greffée la grève des dockers au port ivoirien de San Pedro. Conséquence, les exportations ivoiriennes de fèves ont chuté de 67 % en octobre par rapport à octobre 2021, faisant craindre des défauts d'exécution de contrats. En revanche, côté Ghana, les volumes expédiés étaient en hausse, mais les difficultés financières du pays fragilisaient une filière jusque-là portée aux nues.

En toile de fond de tout ceci, le spectre de la sécheresse avec le retour du phénomène météoro-

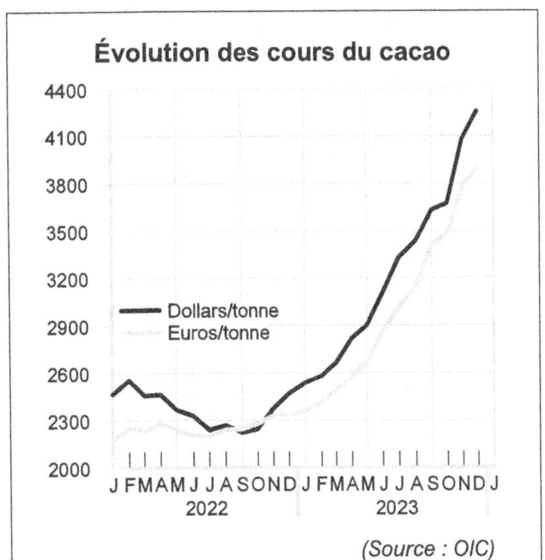

Cacao - Situation mondiale
(en milliers de tonnes)

	Production		Broyages		Excédent /Déficit	Stocks fin de campagne	Ratio stocks/ broyage
	Volumes	Variation %	Volumes	Variation %			
2015-2016	3 994	-6	4 127	-1	-173	1 427	34.6
2016-2017	4 768	19	4 394	7	326	1 753	39.9
2017-2018	4 647	3	4 585	4	16	1 769	38.6
2018-2019	4 794	3.2	4 784	4.3	-38	1 731	36.2
2019-2020	4 741	-1.1	4 706	-1.6	-12	1 719	36.5
2020-2021	5 242	10.6	4 981	5.8	209	1 928	38.7
2021-2022	4 826	-8	4 994	0.9	-216	1 843	36.9
2022-2023 (prévisions)	**4 953**	**2.6**	**5 002**	**0.2**	**-99**	**1 744**	**34.9**

(Source : ICCO)

PRODUITS TROPICAUX

logique *El Niño* et l'impact des maladies qui ont contribué à soutenir les cours malgré la baisse des broyages mondiaux au premier trimestre de la campagne 2022-2023 (octobre-décembre 2022) dans les principales régions industrialisées.

À la mi-2023, les différentiels sur le marché de Londres flambaient : en juin, ils étaient 45 % plus élevés qu'en juin 2022 à $ 497 pour les fèves du Ghana, + 67 % pour la Côte d'Ivoire, mais seulement + 13 % à $ 418 pour l'Équateur, car sa prime était déjà élevée en 2022. Le différentiel pour le cacao du Nigeria est passé de $ 93 en juin 2022 à $ 238 en juin 2023. À New York, les origines africaines ont reçu une prime plus élevée que l'Équateur, attirant ainsi les fèves africaines.

Très vite en 2023 s'est dessinée la perspective d'une production en forte baisse chez le leader mondial sur la prochaine campagne 2023-2024, certains évoquant – 20 % à 1,75 Mt : un volume que la Côte d'Ivoire affichait fièrement comme un record en… 2014-2015. Entre le 1er octobre et le 17 décembre 2023, les arrivages de fèves aux ports ivoiriens ont dégringolé de 36 % par rapport à la même période en 2022.

Face à cela, les marchés s'amusaient à s'inquiéter, à spéculer… Comme si le cacao voulait en 2023 prendre sa revanche sur 2022 lorsque la fève avait échappé à la folie inflationniste des autres matières en ne grimpant à Londres que de 7 % par rapport à 2021, New York stagnant. Les marchés du cacao se sont donc envolés en 2023 face à la perspective d'une consommation mondiale en hausse, mais qui continue à se mesurer à l'aune des broyages en baisse dans les grands centres traditionnels de transformation que sont l'Europe, l'Amérique du Nord et l'Asie alors qu'on assiste à la rapide montée en puissance de la transformation en Côte d'Ivoire.

Cette mutation industrielle ivoirienne explique que les marchés financiers aient peu réagi aux publications trimestrielles des broyages dans les traditionnels pôles de transformation/consommation, car les cartes se brouillent. D'une part, les broyages ne représentent plus la consommation de leur région géographique, d'autre part, le niveau d'activité de broyages dans un pays comme la Côte d'Ivoire découle bien entendu de la demande mondiale, mais aussi de facteurs politiques et stratégiques d'industrialisation de la Côte d'Ivoire.

En définitive, selon l'ICCO, le marché mondial aurait enregistré en 2022-2023 sa deuxième campagne consécutive déficitaire. Mais les enfants gâtés que sont les gourmands de ce monde ne doivent pas craindre pour leur approvisionnement : le déficit ne serait que de 99 000 tonnes, soit bien moins que les 216 000 tonnes qui manquaient à l'appel en 2021-2022 et moins que les 142 0000 tonnes estimées par l'ICCO en juin. Surtout, ces deux campagnes déficitaires 2021-2022 et 2022-2023 font suite à cinq campagnes excédentaires consécutives, d'un cumulé de 638 000 tonnes. Cela explique que les stocks mondiaux demeurent ventrus, à 1,7 Mt à fin 2022-2023, soit 35 % de la demande annuelle de cacao.

En 2023-2024, on s'attend à ce que les cours poursuivent leur ascension, stimulés notamment par la baisse attendue de la production en Côte d'Ivoire et une demande qui serait au rendez-vous, car l'inflation mondiale devrait ralentir.

Le diktat environnemental de Bruxelles

C'est vers Bruxelles que tous les regards étaient tournés à l'aube de 2023. Le 6 décembre 2022, le Parlement européen était parvenu à un accord visant à enrayer l'importation de produits agricoles associés à la déforestation. Parmi les produits visés, le cacao et ses produits dérivés. Cet accord a été entériné le 31 mai 2023 par un règlement du Conseil européen et le 9 juin par un autre du Parlement. Il oblige les entreprises au 30 décembre 2024 et les TPE/PME au 30 juin 2025 à prouver que leurs importations et, par conséquent, leurs chaînes d'approvisionnement ne sont pas liées à la déforestation.

C'est avec cette épée de Damoclès que les pays producteurs ont vécu l'année 2023 : une tâche d'autant plus compliquée que près de 80 % de la production mondiale de cacao est réalisée sur des plantations familiales inférieures à 10 ha et qu'il faut cinq à sept ans pour qu'un jeune plant donne ses premiers fruits. L'étau de la bonne conscience environnementale se referme…

Mais les efforts vont bon train. En janvier 2023, le Ghana a reçu son premier paiement du Fonds de partenariat pour le carbone forestier (FCPF) de la Banque mondiale de $ 4,8 millions, le deuxième pays africain à le recevoir après le Mozambique. Quant à la Côte d'Ivoire, elle annonçait en mars que 85 % de son cacao pouvait être vendu en conformité avec la réglementation européenne, fruit notamment de sa Stratégie de préservation de réhabilitation et d'extension des forêts lancée en 2020. Dans ce cadre, 100 000 ha devaient être reboisés en 2023, soit trois fois plus qu'en 2022. En septembre 2023, Abidjan lançait son système national de traçabilité du cacao et du café. Pour sa part, le Cameroun, en avril, a créé un guichet unique de transition agroécologique dans la filière cacao.

Rappelons aussi les nombreux programmes en cours des multinationales, celles-ci n'hésitant pas à se regrouper pour être plus efficientes comme Nestlé et Barry Callebaut qui ont lancé conjointement en mars un projet d'agroforesterie sur 11 500 ha en Côte d'Ivoire.

Les pays producteurs font leur mue

La Côte d'Ivoire a relevé en 2022-2023 son prix garanti au planteur qui est passé de 825 FCFA le kilo à 900 FCFA pour la récolte principale, niveau qui sera maintenu pour la récolte intermédiaire démarrant début avril. Pour 2023-2024, il a encore été relevé à 1 000 FCFA.

Selon l'ICCO, la production ivoirienne aurait progressé de 2,7 % en 2022-2023 pour atteindre 2,18 Mt contre 2,12 en 2021-2022 (2020-2021 avait atteint le pic de 2,25 Mt). Quant à 2023-2024, selon des analystes, la production chuterait à 1,75 Mt, essentiellement à cause des maladies.

De cette production de 2,18 Mt en 2022-2023, 770 000 tonnes de fèves auraient été broyées sur place pour fabriquer des produits semi-transformés (beurre, poudre, tourteaux). Le taux de progression des broyages a été plus de trois fois plus élevé que la production de fèves, ce qui explique la baisse de disponibilité de celles-ci à l'exportation. Dès le début d'année, les exportateurs locaux s'en sont inquiétés et ont entamé des négociations avec les autorités, car il leur manquait 150 000 tonnes de fèves pour honorer leurs contrats. Le CCC a dû limiter les volumes d'achat de Barry Callebaut et de Cargill.

Pendant ce temps, les volumes de cacao brut ont continué d'affluer dans les usines locales qui se construisent à tour de bras. En janvier 2023, la Côte d'Ivoire signait avec les Émirats arabes unis la construction d'une usine à San Pedro d'une capacité de broyage de 120 000 tonnes de fèves par an. Deux autres unités financées par la Chine sont également prévues de 50 000 tonnes chacune. En juillet a été inaugurée l'usine du n° 4 mondial des broyeurs, le malaisien Guan Chong Berhad, pour un investissement de $ 78 millions. L'ivoirien Diakité Cocoa Products a démarré en juillet les travaux de construction de la sienne à Divo

Production de fèves de cacao
(en milliers de tonnes)

	2020-2021 (e)	2021-2022 (e)	2022-23 (p)	%
Afrique	**4 056**	**3 589**	**3 634**	**73.4**
Cameroun	292	295	290	
Côte d'Ivoire	2 248	2 121	2 180	
Ghana	1 047	683	680	
Nigeria	290	280	280	
Autres	178	210	204	
Amérique	**935**	**973**	**1 052**	**21.2**
Brésil	200	220	220	
Équateur	365	365	440	
Autres	369	388	392	
Asie & Océanie	**254**	**265**	**268**	**5.4**
Indonésie	170	180	180	
Papoua Nelle Guinée	42	42	42	
Autres	42	43	46	
Total mondial	**5 245**	**4 826**	**4 953**	**100**

(Source : ICCO)

PRODUITS TROPICAUX

($ 10 millions) d'une capacité de 15 000 tonnes. Fin octobre, la coopérative Scoopranyd avec des partenaires italiens a annoncé investir $ 10,5 millions pour une usine de 20 000 tonnes. Le sénégalais FKS Foods, filiale du turc MFB, en construit une aussi ($ 114 millions, 150 000 tonnes). Globalement, ces nouveaux investissements traiteraient plus d'un million de tonnes de cacao par an à partir de 2023-2024, le gouvernement ambitionnant de transformer 100 % de sa production de fèves à l'horizon 2030.

Et l'intérêt pour le produit fini, le chocolat, croît. En juillet a été inaugurée à Yopougon l'usine de fabrication de chocolat du belge Puratos ($ 12 millions). Sa capacité de production est de 600 tonnes de chocolat par an et pourra atteindre 2 400 tonnes ainsi que 750 tonnes de poudre de cacao. Sont déjà présents les chocolatiers français Cémoi et ivoirien Tafi.

Conséquence de cette montée en puissance depuis sept ans de la transformation locale et pour se conformer aux injonctions du FMI, le gouvernement a supprimé fin décembre le droit unique de sortie (DUS) différencié instauré en 2017 pour inciter les industriels à transformer localement. Ainsi, au lieu de se voir appliquer les taux de 13,2 % pour la masse, 11 % pour le beurre et le tourteau, 9,6 % pour la poudre et zéro pour le chocolat, les entreprises s'acquitteront du droit unifié de 14,6 % du prix CAF sur leurs exportations de produits transformés, jusque-là applicables aux seules exportations de fèves brutes.

Autre facteur réduisant les disponibilités en fèves à l'export, les flux informels transfrontaliers vers la Guinée et le Liberia, notamment où les marchés sont libéralisés. Notons que la Côte d'Ivoire aurait « reçu » du Ghana, frauduleusement, des fèves estimées par le Cocobod à 150 000 tonnes en 2022.

Très tôt la Côte d'Ivoire s'est inquiétée de la disponibilité en fèves sur la campagne 2023-2024. En juillet, de fortes pluies se sont abattues sur les régions de production confortant le CCC dans sa décision de suspendre ses ventes à l'export pour la campagne 2023-2024 par crainte de manquer de volumes : plus d'un million de tonnes de fèves avaient déjà été vendues. Le nombre de licences d'exportation du cacao a été réduit à 92 sur 2023-

2024 contre 102 pour la précédente, avec pour acteurs majeurs les traditionnels Barry Callebaut, Cargill, Cémoi, Nestlé, Olam, Sucden, Touton, etc.

S'agissant des multinationales, début 2023, Abidjan et Accra avaient eu l'impression de progresser dans l'application du différentiel de revenu décent (DRD) réduit à quasiment zéro par les grands chocolatiers prétextant le niveau élevé des cours : ils avaient signé un accord selon lequel les multinationales s'engageaient à respecter le paiement de cette prime qui s'ajoute, bel et bien, au cours international. Toutefois, fin octobre, le dossier était remis sur la table, les multinationales demandant un différentiel négatif allant jusqu'à – £ 125 la tonne pour la Côte d'Ivoire, en raison de la flambée persistante des cours mondiaux du cacao.

Au Ghana, la campagne 2022-2023 s'annonçait faible, mais en réalité, elle a très bien démarré avec des arrivages de cacao totalisant 576 738 tonnes entre le 1er octobre et le 30 mars, en hausse de 10 % sur la même période en 2021-2022. Puis, les expéditions se sont tassées et la campagne s'est terminée prématurément avec une production totalisant 680 000 tonnes : le Ghana n'aurait pas pu honorer 40 000 tonnes de contrats, ce qui l'a conduit à ouvrir exceptionnellement sa campagne 2023-2024 dès le 8 septembre, permettant aussi de faire rentrer de précieuses devises.

Autre fait tout aussi exceptionnel, le Ghana a ouvert sa campagne 2023-2024 avant d'avoir bouclé son traditionnel tour de table des grands banquiers internationaux pour préfinancer sa campagne 2023-2024. Le prêt syndiqué n'a été signé que mi-décembre et pour un montant de seulement $ 800 millions contre $ 1,2 milliard demandé. C'est le plus faible depuis une décennie. En attendant, le Cocobod a dû emprunter $ 150 à 200 millions auprès de négociants.

Le Cocobod est confronté au double défi de sa propre situation financière dégradée (à fin novembre, le passif du Cocobod était d'environ $ 650 millions) et de celle du pays qui recherche partout de l'argent. Le Cocobod a été en première ligne dans plusieurs opérations de désendettement du pays en 2023. Rappelons qu'en janvier 2023, pour la première fois de son histoire, le Cocobod a fait défaut sur le paiement d'une de ses obligations arrivée à maturité. Il a déployé des efforts durant tout 2 023 pour récupérer ses créances auprès de 24 sociétés d'achats agréés de cacao qui lui étaient redevables de € 2,2 millions à début 2022.

Cette situation financière alarmante n'a pas pesé sur le prix au planteur. Au contraire. Car le pays a un besoin vital de fèves, synonymes de devises surtout en cette période de cours mondiaux au zénith. Ainsi, en 2022-2023, le prix garanti au planteur a déjà été augmenté de 21 % par rapport à 2021-2022, à 12 800 cedis la tonne ($ 1 248), mais il demeurait inférieur à celui en Côte d'Ivoire. Pour la campagne 2023-2024, Accra a voulu prendre toutes les garanties pour que les fèves ne partent pas frauduleusement en Côte d'Ivoire et au Togo en ouvrant très tôt sa campagne et en augmentant de 63 % le prix garanti au planteur, à 20 943 cedis ($ 1 837) la tonne. C'est le plus élevé jamais payé au planteur en Afrique de l'Ouest depuis cinquante ans. Objectif : booster les volumes exportés alors que les cours du cacao sont au zénith, mais que la campagne s'annonce petite, estimée à 800 000 tonnes par le Cocobod toujours optimiste, mais à 600 000 tonnes par l'industrie.

Autre signe des temps difficiles pour le cacao au Ghana, le gouvernement a entamé en septembre un processus de privatisation de la principale entreprise publique de broyage, la Cocoa Processing Company (CPC) qui a accumulé une dette de $ 163 millions entre 2009 et 2022 ; le Cocobod détient 57,7 % de son capital.

Dans ce contexte financier national hautement fragilisé, la filière continue à subir la dévastatrice maladie du *swollen shoot*, mais aussi l'exploitation minière illégale qui empiète sur la cacaoculture, sans oublier le renchérissement des intrants incitant nombre de planteurs à réduire leur usage.

Au Ghana aussi, les investissements se poursuivent dans la transformation du cacao, mais dans une moindre mesure qu'en Côte d'Ivoire. En août a été inaugurée l'usine de traitement de la pulpe de cacao en jus de fruits et autres dérivés, construite par le ghanéen-suisse Koa pour $ 10 millions.

Le Cameroun connaît aussi, pour cette campagne 2023-2024, une forte hausse du prix du cacao au producteur, tutoyant les 2000-2200 FCFA ($ 3,67 le kilo) fin 2023 contre 750 à 1 290 FCFA en 2022-2023. Rappelons que, contrairement à la Côte d'Ivoire et au Ghana, la filière du quatrième producteur mondial après l'Équateur est totalement libéralisée avec pour instances d'encadrement un organisme public, l'Office national du cacao et du café (ONCC), et une interprofession totalement privée, le Conseil interprofessionnel du cacao et du café (CICC). Ce dernier récolte en 2023 les fruits de son travail de ces dix dernières années avec une montée en puissance de la qualité du cacao telle qu'en juin, l'ICCO l'a reconnu comme faisant partir du club très select des 5 % de cacao fin au monde, l'inscrivant à l'Annexe « C » de l'Accord international. D'où la surcote de ses fèves à défaut d'une véritable hausse des volumes : la production se serait légèrement affaissée à 290 000 tonnes en 2022-2023. Mais le Cameroun a décidé de jouer la qualité et de négocier directement une partie de son cacao avec des chocolatiers, notamment les Chocolatiers Engagés créés en 2020 par la Confédération des chocolatiers confiseurs de France et qui regroupent aujourd'hui près de cent adhérents de France, mais aussi de Belgique, Suisse et Luxembourg. À noter que le Cameroun, lui aussi, est confronté à l'exportation frauduleuse de fèves vers le Nigeria, estimée entre 30 000 et 60 000 tonnes selon les autorités.

Le Cameroun rejoint ainsi l'Équateur, premier fournisseur mondial de cacao fin et troisième producteur mondial de cacao. L'Équateur, aux côtés du Brésil et de la Colombie, intéresserait de façon croissante les grands chocolatiers mondiaux voulant diversifier leurs sources d'approvisionnement par rapport à l'Afrique de l'Ouest. De 287 000 tonnes il y a cinq ans, l'Équateur a hissé sa production à 440 000 tonnes en 2022-2023, enregistrant ainsi un bond de 20,5 % par rapport à 2021-2022. L'objectif serait les 800 000 tonnes d'ici 2030. Le Brésil, quant à lui, a produit 220 000 tonnes avec pour ambition les 300 000 tonnes d'ici 2025 et 400 000 tonnes en 2030 : il était numéro 2 mondial derrière la Côte d'Ivoire avant que la maladie du balai de sorcière n'affecte sa cacaoculture dans les années 80. D'ores et déjà, les industries chocolatières tournent à plein régime dans le pays avec du cacao local et importé pour assouvir la demande nationale croissante : signe des temps, Nestlé a annoncé fin novembre investir $ 1,23 milliard d'ici fin 2025 notamment dans le rachat d'une participation majoritaire dans le fabricant brésilien Grupo ainsi que dans une nouvelle ligne de production

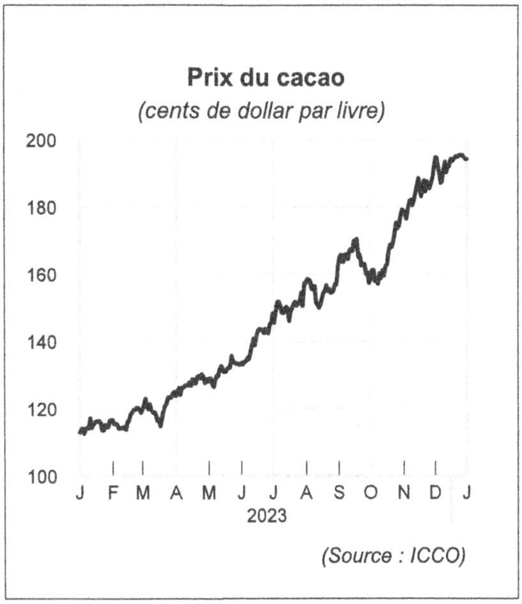

KitKat. Pour accroître sa production de cacao, le Brésil mise sur les superficies, mais surtout sur les rendements qui atteignent déjà jusqu'à 2 000 kg/ha. À noter que les cacaoculteurs brésiliens ont demandé aux autorités d'interdire les importations de fèves ivoiriennes pour des raisons sanitaires.

Le prix de la gourmandise

En 2022, les trimestres se sont égrenés au gré des chiffres décevants des broyages dans les pays traditionnellement transformateurs. En Europe, après avoir enregistré une très légère hausse de 0,7 % sur l'année calendaire 2022, à 1,466 Mt et renouant avec les volumes d'avant covid, l'Association européenne du cacao a annoncé une baisse de 1,7 % au dernier trimestre 2022 à 359 577 tonnes, soit le premier trimestre de la campagne 2022-2023, suivi d'une quasi-stagnation (+ 0,5 %) au premier trimestre 2023 à 375 375 tonnes, mais d'une chute de 5,7 % à 343 283 tonnes au second puis un « rebond » avec – 0,9 % enregistré à 366 298 tonnes au troisième trimestre.

Aux Amériques du Nord, 2023 a été la vraie dégringolade. Les broyages au dernier trimestre 2022 ont chuté de 8,13 % à 107 130 tonnes, puis de 4,38 % au premier trimestre 2023 à 109 666 tonnes – le plus faible volume depuis 2009 – puis encore de 11,6 % au second trimestre

Cacao - Broyage
(en milliers de tonnes)

	2020-2021	2021-2022 (e)	2022-2023 (e)	%
Europe	**1 807**	**1 771**	**1 753**	**35.0**
Allemagne	460	440	435	
Pays-Bas	610	610	600	
Autres	738	721	718	
Afrique	**1 050**	**1 135**	**1 184**	**22.7**
Côte d'Ivoire	620	710	770	
Ghana	322	295	280	
Autres	108	130	135	
Amérique	**970**	**935**	**935**	**18.5**
Brésil	240	223	251	
États-Unis	390	380	350	
Autres	340	333	334	
Asie & Océanie	**1 122**	**1 154**	**1 129**	**23.7**
Indonésie	462	460	450	
Malaisie	338	375	364	
Autres	322	319	315	
Total	**4 949**	**4 994**	**5 002**	**100**
Broyages dans pays d'origine	**2 230**	**2 337**	**2 398**	

(Source : ICCO)

à 102 493 tonnes avant l'effondrement de 18 % au troisième à 97 881 tonnes.

L'Asie a été plus nuancée. Après une hausse de 3,1 % sur 2022 totalisant 904 094 tonnes broyées, elles ont encore progressé de 4 % au premier trimestre 2023 à 222 028 tonnes, mais ont chuté de 6,5 % au second trimestre par rapport au second trimestre 2022 et encore de 8,5 % au troisième à 211 468 tonnes.

En revanche, en Côte d'Ivoire, les broyages ont bondi de 10 % sur la campagne 2022-2023, selon le Gepex, pour totaliser 706 556 tonnes. Son outil industriel de 712 000 tonnes de capacité tourne à plein régime. Au Brésil, cinquième marché mondial de chocolat, les broyages ont augmenté de 15 % de janvier à fin septembre, à 190 466 tonnes.

Côté chocolat, la hausse du prix du cacao et des autres matières premières ainsi que le renchérissement des coûts de production ont été très largement répercutés sur le consommateur que ce soit en augmentant le prix au détail, en réduisant le poids du produit final ou en modifiant les recettes. C'est ainsi que le 1er novembre, le géant suisse Barry Callebaut annonçait une baisse de 1,1 % de ses ventes à 2,3 Mt, mais des recettes en hausse de 9,7 % à 8,5 milliards CHF avec + 9,6 % en bénéfices nets à 443,1 millions CHF. Il a annoncé en août un plan d'investissement de 500 millions CHF sur deux ans et une réorganisation interne ce qui devrait lui permettre de réduire ses coûts annuels de 250 millions CHF.

Nestlé a annoncé mi-octobre une baisse de 0,4 % de ses ventes sur les neuf premiers mois de l'année à 68,8 milliards CHF avec une croissance organique de 7,8 %. Sa division confiserie a enregistré sur ces neuf premiers mois une croissance à deux chiffres, KitKat étant le grand performer.

Le retour du Brésil

On avait un peu perdu l'habitude d'évoquer le Brésil en matière de cacao alors que dans les années 80, avec ses 370 000 tonnes, il représentait 25 % de la production mondiale devant la Côte d'Ivoire avec ses 350 000 tonnes d'alors. La maladie du balai de sorcière avait ensuite décimé ses cacaoyers, le pays ne représentant aujourd'hui que 5 % de la production mondiale. Mais le Brésil remonte en puissance, notamment par l'aval : il est devenu le cinquième marché mondial di chocolat. Ses broyages de fèves ont bondi de 15 % au premier trimestre 2023 par rapport au début 2022, à 64 016 tonnes. L'Amérique du Nord est à 109 666 tonnes. Le Brésil importe du Ghana et de Côte d'Ivoire entre 20 % et 35 % du cacao qu'il broie.

Les revenus nets de Mondelez ont bondi de 17 % sur les neuf premiers mois de 2023 par rapport à la même période en 2022, à $ 26,7 milliards, ses bénéfices nets doublant à $ 4 milliards. Sur les seuls mois de juillet à septembre 2023, le chiffre d'affaires a grimpé de 16,3 % sur un an, avec un bénéfice net à $ 984 millions contre $ 532 millions un an avant.

Quid de l'avenir? Face à un marché qui semble fondamentalement haussier, les conditions commerciales de vente au détail pourraient être plus difficiles en 2024, notamment parce que les multinationales ne pourront sans doute pas continuer à répercuter autant la hausse des coûts sur le consommateur. Car les prix au détail du chocolat et des confiseries auraient déjà augmenté en Europe et aux États-Unis de 13 % et 20 % respectivement ces deux dernières années, selon Reuters et Nielsen IQ. Période durant laquelle l'industrie a enregistré des bénéfices exceptionnels.

Les détaillants réagissent, ce qui pourrait faire monter d'un cran la bataille sur les marges et la rentabilité des industriels du chocolat. D'où la montée en puissance des marques distributeurs : aux États-Unis, leurs volumes de ventes ont augmenté de 9 % de janvier à mi-juin. Hershey, pour sa part, envisage de ralentir son rythme de hausse des prix en misant notamment sur l'automatisation de ses chaînes de fabrication pour réduire ses coûts de production.

Comme le résume un négociant : « Nous ne sommes pas à [ces niveaux de prix] en raison d'un faible [approvisionnement]. Le marché est fondamentalement haussier ».

Thé : *un marché à la baisse*

Le marché du thé a été sous tension en 2023 du fait de prix faibles et de coûts de production élevés, et cela malgré une forte consommation mondiale. Les exportations ont été perturbées par les aléas géopolitiques et les problèmes de transport maritime.

En 2023, le prix moyen du thé tel que calculé par la FAO sur la base des principaux pays producteurs a diminué de 9 % par rapport à la moyenne de 2022. Le prix moyen du thé a diminué en 2023 dans la continuité de la baisse du prix moyen observée depuis août 2022. Derrière cette baisse se sont cachées deux hausses de prix aux mois de mars puis de juillet 2023. La hausse semblait se poursuivre sur la fin de l'année 2023. Les niveaux de prix sont cependant restés inférieurs à ceux observés en 2017-2018.

Thé, prix composite

(en dollars/kg)

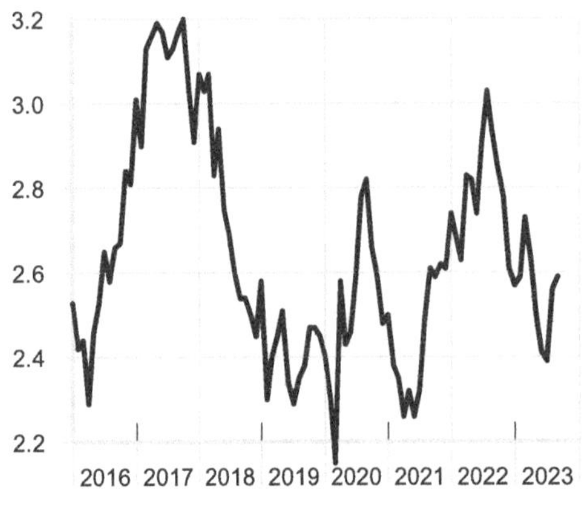

(Source : FAO)

Sur l'ensemble de l'année, en effet, les prix ont été en moyenne moins élevés qu'en 2022 aux enchères de Colombo (Sri Lanka) avec un prix de 361 cents américains le kilogramme. Le constat est identique sur les enchères de Mombasa (Afrique, surtout Kenya) où le prix moyen est en légère baisse à 211 cents pour les thés africains utilisés pour l'essentiel dans les mélanges (*blend*) de base par les grands conditionneurs au premier rang desquels on trouve Unilever. Cette baisse est portée par une moins bonne valorisation du thé kenyan, avec un prix moyen annuel de 225 cents américains en 2023, contre 249 cents en 2022. En Inde, l'évolution des prix semble suivre la tendance baissière des prix du thé en 2023, malgré un léger rebond des prix en avril puis en juin et en juillet.

L'année a ainsi commencé sur des niveaux de prix plus bas en Inde à 180 cents à un niveau inférieur à ce qu'avaient connu les prix fin 2022. La production a notamment été perturbée sur les premiers mois de l'année, période de la cueillette des premières feuilles (*first flush*), par de fortes températures, impactant le développement des jardins à thé notamment en Assam. À cela se sont ajoutées des difficultés à payer les salaires de la main-d'œuvre et les difficiles adaptations techniques à mettre en œuvre du fait du changement climatique affectant la qualité et les niveaux de production. La région de Darjeeling, connue pour sa prestigieuse appellation a fait face à une diminution du nombre de ses plantations, et 15 % d'entre elles pourraient être reconverties en zones touristiques. Sur le reste de l'année, les prix ont augmenté jusqu'à atteindre 252 cents selon les endroits en juillet, avant de baisser à nouveau (200 cents). Les niveaux de prix sont restés inférieurs à ceux de 2022. Les niveaux de production pour les *second flush* ont été meilleurs qu'en 2022, notamment en Assam (+ 14 millions de kg) et sont restés sables dans le sud de l'Inde (– 0,01 million de kg).

Au total, d'après le *Tea Board Indien*, la production a été en augmentation en 2023, avec une hausse de la production de 31 millions de kg pour s'établir à 1 375 millions de kg. Derrière cette augmentation, la production a diminué dans le sud de l'Inde (– 3 %), alors qu'elle a augmenté dans le nord de l'Inde (+ 3 %). Le nord de l'Inde est resté la principale région productrice de thé avec une production de 1 149 millions de kg, soit 84 % de la production indienne. Certaines régions, dont l'Assam, ont fait face à des hausses de coût de

Production mondiale de thé

(en millions de kg)

	2017	2018	2019	2020	2021	2022
Monde	**25 797.1**	**27 015.8**	**27 654.2**	**28 519.8**	**30 265.0**	**29 760.7**
Chine	11 100.0	11 800.0	12 600.0	12 747.0	13 757.0	14 530.8
Inde	5 761.0	5 820.0	6 044.0	5 485.0	5 864.0	5 969.0
Kenya	1 912.0	2 143.0	1 995.0	3 050.0	3 050.0	2 326.0
Sri Lanka	1 630.0	1 500.0	1 490.0	1 500.0	1 800.0	1 400.0
Turquie	1 300.0	1 480.5	1 407.4	1 417.7	1 450.0	1 300.0
Vietnam	1 121.1	1 081.2	1 017.6	1 065.0	1 091.1	1 116.7
Indonésie	636.0	610.0	560.0	626.0	599.0	595.0
Bangladesh	356.0	340.0	394.0	412.0	410.0	440.0
Argentine	354.0	360.0	362.0	335.2	336.1	355.1
Ouganda	218.0	323.0	262.0	390.0	400.0	326.0
Japon	357.0	375.0	355.0	328.8	340.0	304.0
Malawi	198.0	220.0	210.0	253.8	242.5	207.6
Rwanda	121.0	135.0	134.4	140.0	149.6	160.4
Tanzanie	117.0	148.0	162.0	125.0	140.0	110.0
Thaïlande	79.4	93.1	96.5	103.4	106.5	109.2
Népal	107.0	108.0	110.0	119.6	118.3	107.4
Birmanie	104.7	143.6	132.5	112.4	99.2	98.8
Iran	100.6	99.2	90.8	94.5	113.9	93.5
Zimbabwe	67.0	68.0	66.0	80.0	74.0	63.0
Burundi	46.3	53.6	54.0	51.0	50.4	50.4
Laos	7.7	8.1	6.6	6.4	1.0	16.8
Malaisie	10.4	10.8	6.6	9.4	7.1	15.9
Taïwan	13.4	14.7	14.6	14.3	11.9	11.8
Éthiopie	10.4	10.3	10.5	10.4	10.4	10.4

(Source : FAOSTAT 2024)

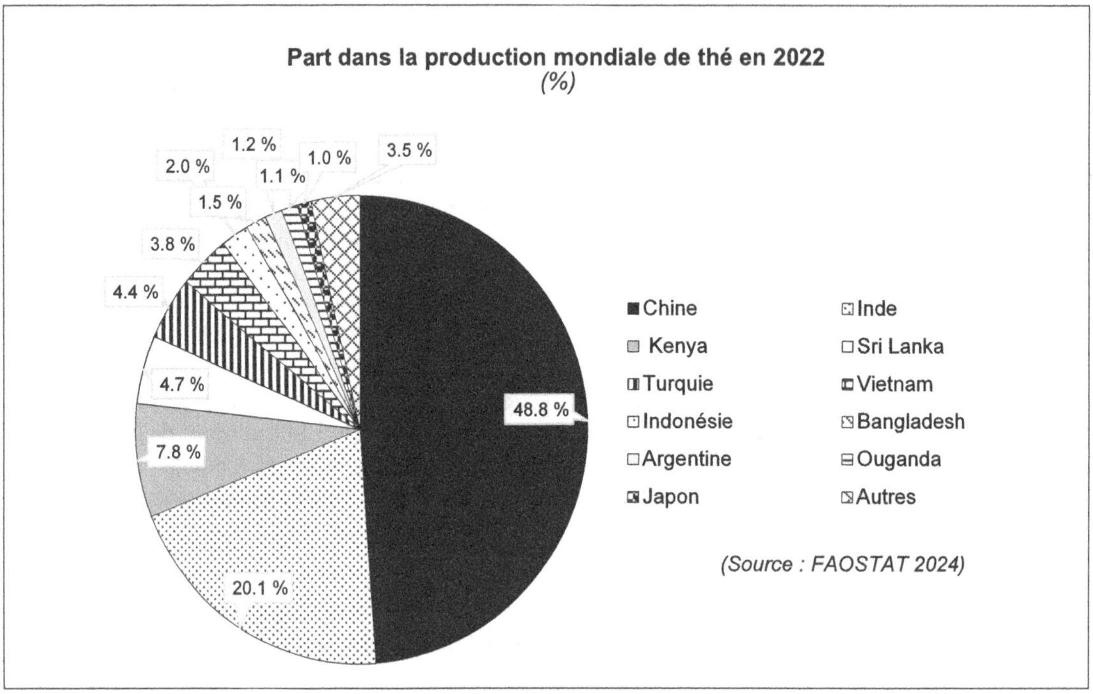

production supérieures à celles des prix faisant craindre une perte de compétitivité.

La Chine est restée le premier producteur mondial de thé, avec près de 50 % d'une production mondiale de thé qui a diminué en 2023. La Chine a vu ses exportations baisser en 2023 en valeur (– 16 %) comme en volume (– 2 %), notamment sur le thé vert. La consommation domestique est restée cependant dynamique. La Chine a consommé 40 % de la production globale de thé, principalement du thé vert. La culture du thé en Chine est aujourd'hui considérée, par le gouvernement chinois, comme centrale pour la réduction de la pauvreté rurale.

Au Sri Lanka, après une année 2022 difficile, la production de feuilles de thé est repartie à la hausse en 2023 (+ 2 %). Cette hausse a été en partie liée à un recours à des engrais de meilleure qualité, améliorant la qualité des thés de Ceylan. Le niveau de la récolte de feuilles de thé reste cependant inférieur à son niveau de 2021. En parallèle, les exportations ont continué de diminuer en volume (– 3 %). Les baisses des exportations en direction de la Russie, des Émirats arabes unis, mais surtout de l'Irak n'ont pas été compensées par les hausses vers la Turquie, devenue le second importateur de thé sri lankais derrière l'Iraq, et la Chine. La production devrait continuer à augmenter en 2024 sous l'effet de politiques d'investissement visant à améliorer la productivité, malgré des craintes au niveau climatique, en lien avec *El Niño*.

En Afrique, la récolte de thé du Kenya a continué d'augmenter en raison de conditions climatiques favorables et affiche une croissance de 9 % par rapport à la production de 2022. Le prix du thé africain a cependant diminué. Les thés kenyans ont continué de profiter d'un report des acheteurs confrontés à des prix des thés sri lankais plus élevés. En parallèle, les exportations de thé indien ont diminué en volume (– 1,7 % par rapport à 2022) et en valeur passant de $ 612 millions en 2022 à $ 590 millions en 2023 (– 3,6 %). Quant à la consommation intérieure, elle a continué à être forte en Inde, comme dans la plupart des pays exportateurs de thé, leur permettant d'être moins dépendants des exportations. Par contre, la Turquie, quatrième producteur et cinquième consommateur mondial a continué de développer ses importations de thé venant d'Afrique et du Sri Lanka. Parmi les pays importateurs, le Pakistan est resté en tête devant les États-Unis, la Russie et le Royaume-

Uni alors que les Turcs sont toujours les plus gros consommateurs *per capita*.

Notons que le prolongement du conflit entre la Russie et l'Ukraine a continué d'affecter l'industrie du thé en 2023. Les sanctions imposées contre la Russie et l'Iran par les pays occidentaux ont eu un impact sur les exportations des grands pays producteurs, avec en premier lieu l'Inde et le Sri Lanka. La Russie représente 19 % des exportations de l'Inde. À partir d'octobre 2023, le conflit entre Israël et le Hamas à Gaza a déstabilisé les marchés du thé en Égypte, Turquie et Irak. Enfin, les prix des intrants – les engrais principalement – utilisés par les producteurs restent à un niveau historiquement élevé bien qu'ils aient diminué en 2023, comme pour de nombreuses productions agricoles. Cela continue à avoir des conséquences non négligeables sur les coûts de production du thé.

En 2023, le marché du thé a continué à souffrir de la hausse des taux de fret pour les conteneurs qui représentent l'essentiel des flux de thé au niveau mondial. Cette tension a été par la suite exacerbée par les attaques de bateaux en mer Rouge à partir d'octobre 2023. Les sanctions contre la Russie ont également joué sur ces frais. Le fret en est venu à représenter quelque 20 % du prix du thé.

Les centres de ventes aux enchères électroniques ou *e-auction centers* ont continué leur développement. Historiquement, le thé était, avec la laine et quelques autres produits agricoles, la seule matière première à avoir conservé le très ancien système des ventes aux enchères pratiqué autrefois dans les ports européens à l'arrivée des navires des Compagnies des Indes. Longtemps, les enchères de Londres furent l'épicentre du commerce mondial du thé, là où venaient se fournir les grandes maisons élaborant leur propre mélange. Le thé est d'ailleurs l'une des seules matières premières dont le négoce international soit pratiquement absent (à l'exception peut-être de la vieille maison de Rotterdam, Van Rees, fondée en 1819 et qui traite à peu près 75 millions de kg par an). Les ventes aux enchères étaient organisées par des brokers jouant le rôle de commissaires-priseurs. Des enchères dans les pays producteurs se développèrent, supplantèrent Londres qui ferma ses portes, mais le système perdura à Colombo, Mombasa, Calcutta et dans quelques autres centres. Ces principales places sont aujourd'hui passées au digital et sont gérées par les *Tea Boards* sous la tutelle des ministères du Commerce.

Les perspectives du marché du thé restent toutefois brillantes. Forte de ses vertus pour la santé

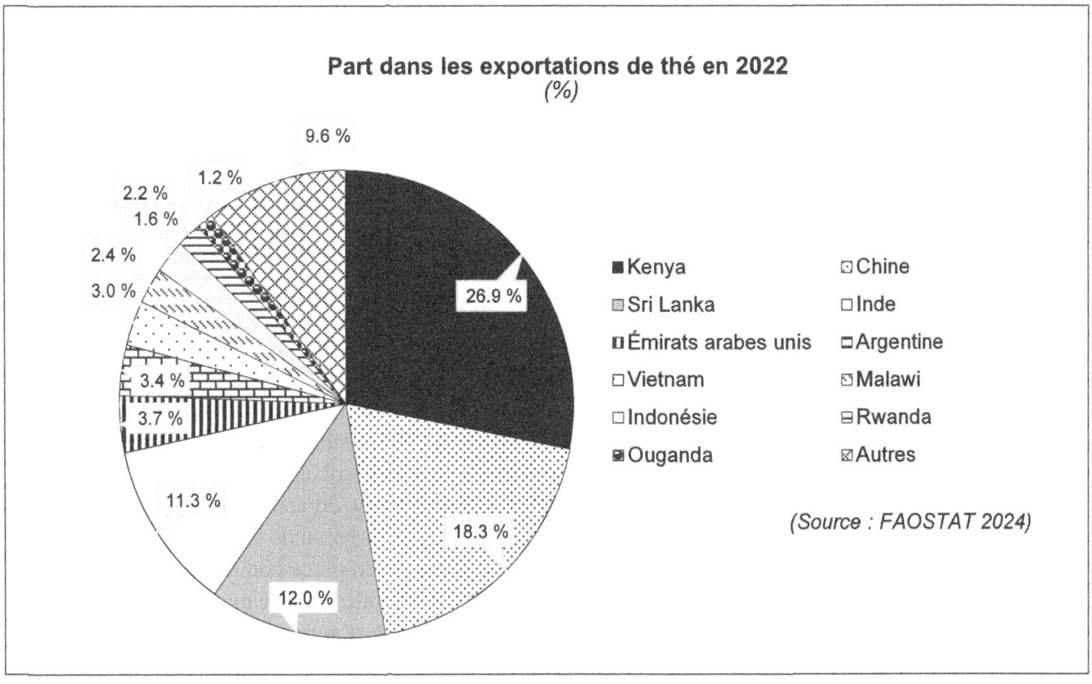

Exportations mondiales de thé
(en millions de dollars)

	2017	2018	2019	2020	2021	2022
Monde	**8 090.1**	**7 682.9**	**8 248.8**	**8 167.1**	**8 596.3**	**8 326.7**
Chine	1 610.0	1 785.4	2 025.8	2 038.0	2 299.2	2 082.7
Kenya	1 424.7	1 370.5	1 113.5	1 224.1	1 192.8	1 383.9
Sri Lanka	1 513.2	770.1	1 322.6	1 329.5	1 391.6	1 303.9
Inde	768.2	766.1	813.7	692.1	687.9	751.1
Émirats arabes unis	188.5	295.0	295.5	315.6	338.0	439.4
Pologne	201.2	202.2	252.2	264.9	258.6	251.1
Allemagne	250.1	258.3	247.1	226.5	241.3	230.3
Japon	129.9	142.4	137.1	154.4	189.8	169.2
Royaume-Uni	133.7	135.8	134.0	136.3	135.7	123.3
Rwanda	84.1	90.8	86.4	104.6	104.2	101.3
Pays-Bas	95.4	92.1	91.4	114.4	119.5	99.6
Taïwan	89.7	112.1	124.8	100.3	113.4	98.9
États-Unis	135.8	124.4	111.7	88.7	93.4	97.6
Indonésie	114.2	108.4	93.3	96.3	89.2	90.0
Vietnam	226.8	209.4	230.7	198.9	204.1	89.1
Argentine	95.6	90.5	87.7	75.4	68.8	76.5
Malawi	71.1	87.7	80.1	74.4	72.2	76.3
France	60.6	62.9	58.2	53.0	62.1	62.0
Belgique	86.0	76.7	69.1	48.0	45.7	61.6
Russie	92.3	97.9	103.1	105.4	115.0	49.8
Hong Kong	38.4	61.4	78.3	45.6	49.1	40.5
Maroc	27.2	44.6	37.4	28.3	32.7	35.6
Malaisie	10.3	23.2	33.0	29.1	36.0	35.5
Ouganda	79.7	88.8	78.0	78.7	85.0	33.4
Népal	28.0	31.4	23.6	33.1	24.1	32.5
Canada	45.2	41.4	44.2	44.1	31.1	32.4
Tanzanie	48.9	47.3	45.7	32.4	32.9	30.0
Singapour	26.9	27.7	27.4	30.6	23.4	27.3

(Source : FAOSTAT 2024)

Le marché du thé fait face à un défi important avec le dérèglement climatique. Le thé est en effet extrêmement vulnérable aux variations climatiques, dont les effets affectant fortement les plantations et la qualité du thé. L'Inde et la Chine ont fait face en 2023 à des records de température et à un manque de pluies, alors qu'au Kenya la pluie a au contraire été plus abondante, boostant la production. La plupart des pays, tels que la Chine, l'Inde, commencent à mettre en place des politiques d'accompagnement pour diminuer la dépendance aux engrais chimiques ou diversifier les types de thés à planter, afin de gagner en biodiversité et en compétitivité face à la demande plus forte de thés plus qualitatifs. Des aides au niveau international se mettent également en place comme au Sri Lanka début 2023. Le défi reste également social avec une production mondiale réalisée pour 60 % par des petits producteurs dans des zones rurales des pays en développement, d'après des données de la FAO.

et d'un marché en plein essor, la consommation de thé a été de 6 898 millions de kilogrammes en 2022, faisant du thé la deuxième boisson la plus consommée au monde derrière l'eau. Celle-ci devrait atteindre 7 700 millions de kilogrammes d'ici 2028. L'analyste Statista estime, au stade de la consommation, le marché mondial à un peu plus de $ 244 milliards en 2023 (contre un peu moins de $ 229 milliards en 2022), et avance des projections de près de $ 374 milliards pour 2032. Notons enfin que le marché du thé en agriculture biologique a connu un développement important ces dernières années. Entre 2022 et 2023, il a augmenté de 8 %.

Huile de palme
(en millions de tonnes)

	2019-2020	2020-2021	2021-2022	2022-2023	2023-2024
Production mondiale	**74.00**	**72.90**	**73.80**	**77.20**	**79.40**
Indonésie	42.50	43.50	43.20	45.50	47.00
Malaisie	19.80	17.80	18.10	18.80	19.00
Thaïlande	3.00	2.80	3.10	3.20	3.40
Colombie	1.68	1.55	1.70	1.80	1.90
Nigeria	1.01	1.20	1.40	1.40	1.50
Autres	6.01	6.05	6.30	6.50	6.60
Principaux exportateurs	**52.50**	**48.00**	**43.80**	**49.50**	**50.30**
Indonésie	29.10	26.90	22.30	28.50	28.20
Malaisie	18.00	15.90	15.50	16.50	16.20
Papouasie Nouvelle-Guinée	0.50	0.60	0.60	0.60	0.80
Guatemala	0.80	0.78	0.81	0.84	0.87
Autres	4.10	3.82	4.59	3.06	4.23
Principaux importateurs	**51.60**	**47.60**	**42.70**	**46.90**	**48.20**
Inde	7.40	8.40	8.00	10.00	9.30
UE	7.50	6.20	5.10	4.50	4.40
Chine	6.70	6.80	4.40	7.20	6.40
Pakistan	3.30	3.40	2.80	3.50	3.80
Égypte	1.10	1.12	1.20	1.20	1.20
Bangladesh	1.70	1.28	1.30	1.50	1.70
États-Unis	1.50	1.57	1.62	1.70	1.90
Autres	22.40	18.83	18.28	17.30	19.50
Consommation intérieure	**72.10**	**73.40**	**71.10**	**76.00**	**77.90**
Inde	8.00	9.00	8.10	8.90	9.60
Indonésie	14.60	15.27	17.80	18.00	20.30
UE	6.90	6.75	5.00	5.30	4.30
Chine	6.40	6.85	5.10	6.90	6.30
Malaisie	3.60	3.37	3.37	3.60	4.10
Pakistan	3.40	3.47	3.10	3.40	3.70
Thaïlande	2.70	2.37	2.50	2.60	2.70
Égypte	1.10	1.20	1.20	1.20	1.10
Nigeria	1.40	1.66	1.76	1.80	1.80
Bangladesh	1.70	1.43	1.41	1.45	1.55
États-Unis	1.50	1.60	1.50	1.70	1.90
Colombie	1.10	1.15	1.20	1.30	1.50
Philippines	1.30	1.21	1.20	1.20	1.20
Autres	18.40	18.07	17.86	18.65	17.85

(Sources : USDA et Oil World)

Huile de palme :
tensions commerciales

L'huile de palme a été en léger repli en 2023, perdant plus de $ 100 entre janvier et décembre, pour terminer l'année tout juste au-dessus de $ 800 la tonne. Ces cours auraient paru mirobolants il y a cinq ou vingt ans, époques où les prix évoluaient à des niveaux deux fois moindres sans que personne n'y trouve à y redire. Le nouvel équilibre des prix illustre ce qui pourrait être un des paradoxes de la période : un produit de base peut être à la fois onéreux et abondant. L'incertitude entourant la logistique de l'approvisionnement depuis les années covid, les effets déstabilisateurs de la guerre en Ukraine sur l'offre d'huile de tournesol, concurrente de l'huile de palme dans plusieurs usages alimentaires, enfin la croissance très poussive de la production des deux géants du marché que sont l'Indonésie et la Malaisie, tous ces facteurs s'agrègent pour soutenir les cours à un niveau historiquement élevé depuis bientôt quatre ans. Aux incertitudes du marché, les politiques ajoutent un peu de désordre. Durant le printemps 2023, l'Indonésie a, comme l'année précédente, mis ponctuellement en place des restrictions à l'exportation, afin de contenir l'inflation domestique avant le mois de jeûne du ramadan et la période des fêtes de l'Aïd, ce qui a eu pour effet de priver les exportations mondiales d'environ 2 millions de tonnes. De son côté, l'Union européenne avec sa directive sur les biocarburants exclut dorénavant l'huile de palme de la liste des produits éligibles, en raison de ses effets sur le changement indirect dans l'affectation des sols et *in fine* sur les émissions de gaz à effet de serre. Ses dispositions contre la déforestation importée visent également l'huile de palme, à côté d'autres produits, attirant les foudres des pays producteurs. La politique s'est immiscée de plain-pied dans le marché de l'huile de palme, qui passait il y a quelques années pour un des rares marchés de matière première agricole relativement libre et concurrentiel. C'est autant à Genève à l'organe de règlement des différends de l'OMC que dans les salles de trading de Kuala Lumpur ou de Rotterdam que l'on parle d'huile de palme dorénavant.

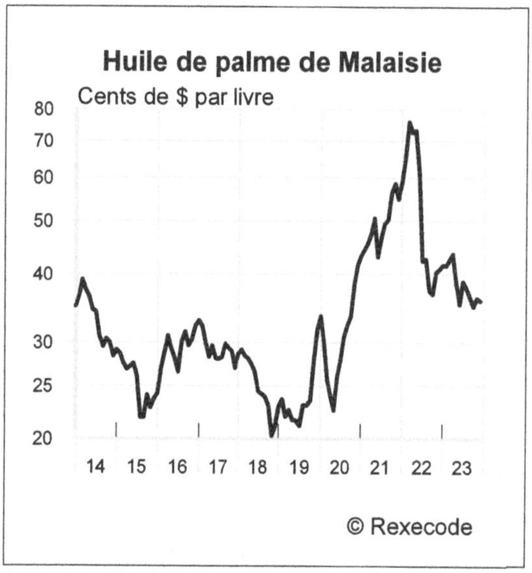

Le tassement des rendements et de l'expansion des palmeraies

La structure de l'offre mondiale d'huile de palme paraît immuable. La Malaisie et l'Indonésie produisent environ 85 % de l'huile de palme mondiale et exportent environ les 9/10e des volumes mis sur le marché. La Malaisie a historiquement produit pour exporter, en privilégiant la transformation de l'huile (fractionnement, raffinage) en raison de la valeur ajoutée, et des effets d'entraînement en aval sur son secteur industriel de l'oléochimie que ce choix impliquait. La cible domestique du gouvernement malaisien reste les raffineurs et les industriels. Ce n'est pas le cas de l'Indonésie, où l'huile de palme est d'abord apparue comme une huile meilleure marché que l'huile de coco dans les usages domestiques. L'huile de palme de cuisson étant brute (rouge), l'Indonésie a longtemps exporté ses excédents sous cette forme, contrairement à son voisin malaisien. La cible domestique du gouvernement indonésien est le consommateur, majoritairement urbain. Jusqu'au début de ce siècle, l'huile de palme exportée par l'Indonésie était de l'huile de palme brute, à destination en premier lieu des raffineries de Rotterdam. Puis les demandes chinoises et indiennes sont devenues les moteurs de la croissance des importations depuis l'archipel. Mais la même équation demeure pour le gouvernement d'Indonésie, quelle que soit sa couleur politique : l'huile de palme est d'abord destinée au marché intérieur et aux consommateurs de *street food* qui se comptent parmi les plus aisés. Elle doit rester bon marché. Ce sont 40 % des volumes produits qui sont consommés dans le pays chaque année. Un peu moins de 20 millions de tonnes ! À elle seule, la consommation indonésienne représente un quart de la consommation mondiale d'huile de palme.

La flambée des cours après l'invasion de l'Ukraine par la Russie, par l'effet d'un report

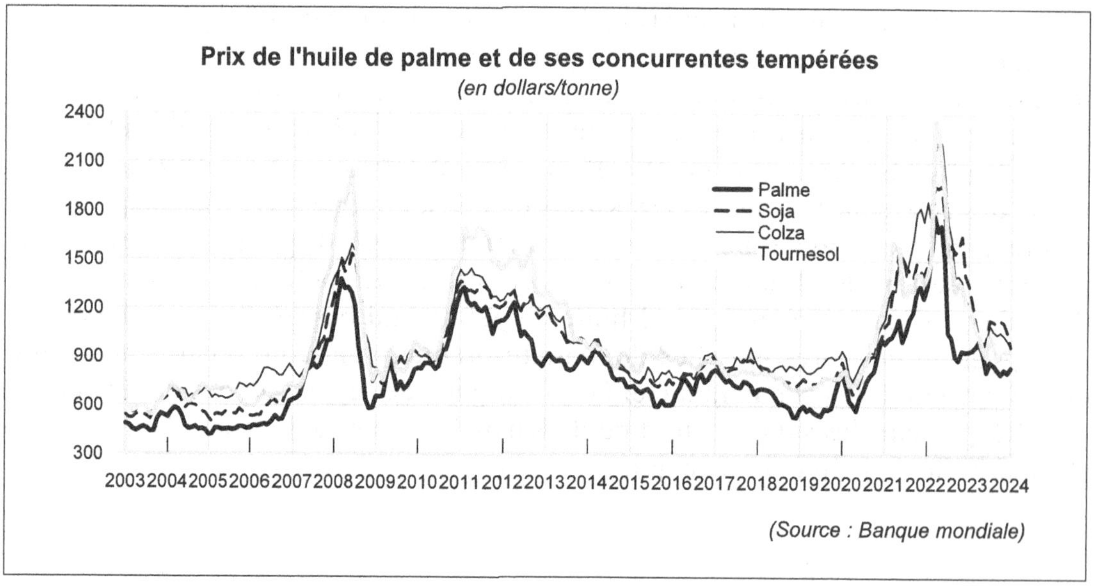

de la demande d'huile de tournesol difficilement acheminable depuis la mer Noire, avait conduit le gouvernement indonésien à interdire les exportations pendant trois mois, entre mars et mai 2022. En mettant en place des restrictions similaires à l'exportation entre février et avril 2023, l'Indonésie a provoqué la crainte d'une nouvelle flambée sur les marchés : crainte ravivée en début d'été après que la Russie s'est retirée de l'initiative du corridor céréalier de la mer Noire et que l'escalade des tensions a ravivé, une nouvelle fois, les inquiétudes concernant l'offre d'huile de tournesol. Mais il n'y a pas eu comme en 2022 un mouvement de panique, lorsque la sécheresse en Argentine avait ajouté un peu d'huile (de soja) sur le feu.

Les cours s'inscrivent donc dans une baisse très relative et restent soutenus. Le faible taux de replantation depuis dix ans conduit à un vieillissement des vergers indonésiens et malaisiens qui affecte les rendements. Autour de 3,4 tonnes par hectare en Indonésie, où les vergers sont plus jeunes et plus productifs qu'en Malaisie, les rendements sont inférieurs aux pics enregistrés entre 2017 et 2021, autour de 3,6 tonnes. Les rendements, à mesure que les arbres grandissent et vieillissent, suivent une courbe en cloche. À titre d'illustration, à une époque où le verger indonésien était en moyenne très jeune, dans les années 2000-2001 par exemple, les rendements s'établissaient à moins de 2,8 tonnes par hectare. Il semble que l'on soit passé du côté descendant de cette courbe en Indonésie à présent.

Le chiffon rouge des directives européennes sur les renouvelables et la déforestation importée

L'Europe souhaite – ou souhaitait, car le nouveau collège après les élections européennes en 2024 pourrait modifier le cap – être le premier continent neutre en carbone à l'horizon 2050. Pour y parvenir, la Commission européenne, à travers le « Pacte vert », a mis un peu d'ordre dans ses affaires et corrigé quelques dispositions qui l'éloignaient de son objectif climatique : ainsi de sa promotion des biocarburants dans les transports. Afin d'atteindre ses premiers objectifs climatiques à l'horizon 2020, l'Union européenne n'avait pas fait de distinction entre les huiles éligibles dans sa directive inaugurale sur les énergies renouvelables en 2009. Les importations massives d'huile de palme – le meilleur marché pour produire des biocarburants – qui s'en sont suivies ont suscité une vague d'indignation parmi les ONG et les producteurs de biocarburant alternatifs au palme, composés d'huiles végétales produites en Europe telles que le colza. La directive sur les énergies renouvelables a donc été amendée – à deux reprises, en 2018 puis en 2023, et il est maintenant acquis que l'huile de palme ne peut entrer dans un biocarburant en Europe (l'application sera progressive jusqu'à 2030) au titre des efforts accomplis pour « décarboner » le transport. En somme, des biocarburants à base de palme restent autorisés dans l'Union européenne, mais ils ne peuvent entrer dans la comptabilisation des réductions de gaz à effet de serre des pays de l'Union où l'usage de ces biocarburants de palme a lieu. Autant dire que la mesure équivaut à une interdiction.

La Malaisie, la première, a engagé un bras de fer avec l'Union européenne. Elle porte plainte en avril 2021 à l'OMC au motif que l'interdiction progressive de l'huile de palme dans la production de biocarburant (avec les nuances que nous venons rapidement de rappeler) repose sur des critères d'exclusion incompatibles avec les règles de l'OMC, et en particulier avec certaines dispositions de deux accords spécifiques : le GATT de 1994 (et non l'accord sur l'agriculture, car un biocarburant n'est pas un produit agricole), et l'accord sur les obstacles techniques au commerce (TBT dans son acronyme anglais). L'instruction s'est accélérée en 2023 en vue de l'énoncé d'un jugement au premier trimestre 2024. Ce différend est important pour au moins trois raisons. Pour l'OMC elle-même, et sa capacité à légiférer et produire une jurisprudence même avec un organe de règlement diminué depuis le non-renouvellement des juges de son organe d'appel. Pour l'Union européenne ensuite, car l'issue du différend déterminera l'espace politique dont elle dispose pour verdir son économie et s'attaquer à la source des émissions de gaz à effet de serre, quand bien même cette source se trouve à l'extérieur de l'Union (laquelle ne produit pas d'huile de palme comme chacun le sait). Pour la Malaisie ensuite, et l'Indonésie par association, dont les efforts de construction d'un écosystème industriel autour de l'huile de palme nécessitent par effet d'échelle une certaine stabilité dans les débouchés.

Le rapport du différend a été publié par le secrétariat de l'OMC le 15 mars 2024, au moment où nous mettons sous presse. Nous le commenterons dans l'édition de Cyclope l'année prochaine, mais il ressort d'ores et déjà que chacun réclame pour lui-même la victoire : l'Union européenne, qui met en avant le fait que le rapport reconnaît le droit d'un membre de l'OMC à légiférer sur les émissions de gaz à effet dans les cas où ces émissions surviennent à l'extérieur de ses frontières ; la Malaisie ensuite, en établissant que, dans le détail de sa mise en œuvre, la directive européenne classant l'huile de palme comme produit à haut risque de changement indirect dans l'affectation des sols crée, dans l'application de ce critère, une restriction arbitraire et injustifiée au commerce. La Commission entend répondre par des actes délégués afin de corriger un problème jugé technique et non substantiel. Le différend n'est donc pas épuisé.

Un différend est un peu comme un train : il peut en cacher un autre, qui peut en cacher un autre… En août 2023, l'Indonésie a réclamé l'ouverture d'une consultation (préalable obligatoire à un différend instruit en bonne et due forme par l'OMC) afin d'établir la légalité des droits de douane additionnels imposés par l'Union européenne sur les importations de biodiesel indonésien. Et un mois plus tard, à la réunion du G20 qui s'est tenue en Inde, le président indonésien Jokowi a publiquement appelé à la suppression du règlement européen sur la déforestation importée. Les salles de marché seront peut-être calmes en 2024, mais les salons des conseillers et diplomates vont retentir de pas pressés.

Poivre : *le roi des épices retrouve des couleurs*

Les prix internationaux du poivre – noir ou blanc – se sont ressaisis en 2023 avec une hausse d'environ 20 % après une année 2022 morose, lorsque les prix s'étaient très fortement contractés. Cette reprise est le résultat d'une légère contraction de l'offre en lien avec les aléas climatiques et la concurrence d'autres cultures – des effets qui l'ont emporté sur une demande toujours en berne.

Des prix doux-amers en 2023

« Celui qui possède l'épice possède le monde » : cette allusion à l'univers de *Dune* de Frank Herbert, que Vasco de Gama n'aurait certainement pas reniée, est demeurée du domaine de la science-fiction et de l'histoire en 2023. Bien qu'en rebond sur l'année, après une année 2022 où les prix avaient fortement reculé (– 30 % sur certaines places), les cours du « roi des épices » – le poivre – demeurent très loin des sommets atteints en 2015, où le poivre noir pouvait s'échanger à presque $ 10 000 la tonne. Le prix composite du poivre noir a fini l'année à $ 3 881 en hausse de 20 % sur un an, mettant un terme à la tendance baissière du marché et ravivant dans son sillage l'espoir d'une reprise du cycle haussier amorcé en 2020. Cet espoir est tout d'abord nourri par l'ajustement progressif de l'offre, avec une baisse continue de la production depuis 2020, ainsi que par la réduction des stocks. La baisse des cours avait en effet conduit à des stratégies de rétention ces dernières années qui deviennent plus difficilement tenables avec l'augmentation des taux d'intérêt (rendant plus onéreux le stockage). L'espoir d'une hausse des prix repose également sur le constat suivant : les prix demeurent très inférieurs aux prix de fin 2021 ($ 4 525 en décembre 2021) et à la moyenne des prix des dix dernières années.

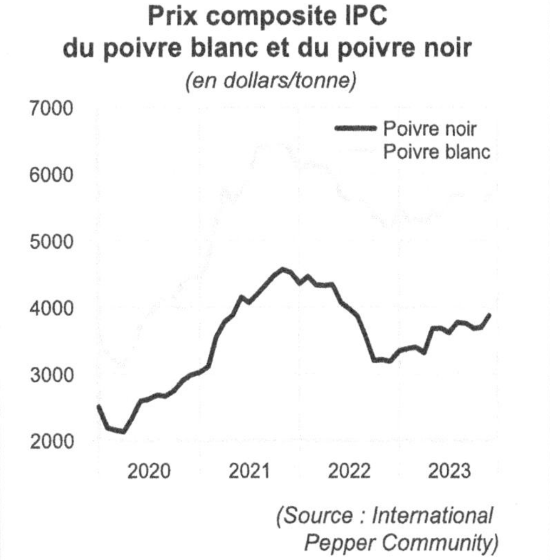

(Source : International Pepper Community)

Prix Fob 2023 des différents types de poivre

Poivre noir

	Brésil 570 g/l	Malabar	Lampung	Sarawak	Vietnam 500g/l
Plus bas	2 525	5 985	3 474	4 900	3 100
Plus haut	3 580	6 371	3 691	4 900	3 500
Moyenne	2 977	6 173	3 581	4 900	3 290

Poivre blanc

	Brésil	Muntok	Sarawak	Vietnam 630g/l	Chine
Plus bas	6 000	5 980	7 300	4 600	5 660
Plus haut	6 000	6 463	7 300	5 000	6 200
Moyenne	6 000	6 097	7 300	4 817	5 762

(Source : IPC)

Les vents contraires, provenant notamment d'une demande mondiale peu vigoureuse, semblent pour l'heure insuffisants pour conduire à une correction des prix sur le court terme.

Il est sans doute maladroit de dresser un tableau reposant uniquement sur un prix composite du poivre noir. Au-delà du type de poivre et de la palette de couleur (et de saveur) qu'il offre, reflétant le degré de maturité des baies récoltées, les poivres affichent des prix Fob variant de manière très significative selon leurs origines et leurs grades de qualité. Par exemple, sur l'année 2023, le célèbre poivre noir de Malabar s'échangeait à plus de $ 6 000 par tonne, soit presque deux fois le prix payé pour du poivre noir standard vietnamien ($ 3 290). Il est toutefois à noter que les évolutions sur le long terme des différents poivres sont assez semblables. Le constat dressé en amont pour le poivre noir s'applique également au poivre blanc. Représentant 15 % de la production mondiale, le prix de ce poivre qui s'échange avec une prime par rapport au poivre noir a connu une embellie en 2023. L'indicateur composite de l'*International Pepper Community* (IPC) est en hausse de 10 % sur l'année, finissant à $ 5 678. Il en est de même avec les différentes origines et qualités, à l'exception du poivre indien qui, parce qu'il avait mieux résisté en 2022, a moins profité de l'effet rebond. De manière plus générale, la qualité reconnue du poivre indien couplée aux caractéristiques de son marché intérieur fait qu'il a tendance à être moins volatil.

En somme, l'année 2022 a été pour les prix une année douce-amère : un rebond significatif (+ 20 % sur le poivre noir) qui ne compense pas totalement la violente chute des prix observée en 2022 (– 30 % sur le poivre noir). Les prix restent à des niveaux historiquement bas.

Ajustement de l'offre et aléas climatiques

À l'instar des principales commodités agricoles, la production de poivre est soumise à l'influence conjointe du cycle de la plante, des incitations économiques et des conditions météorologiques. Concernant le premier aspect, il convient de noter qu'un laps de temps minimal de 3 ans s'écoule entre la plantation des poivriers et la première récolte des fruits. La production réagit par conséquent inévitablement avec un décalage aux signaux de prix, engendrant des cycles de surproduction et de sous-production de durées variables. Ces dernières années, les signaux prix du poivre n'ont guère encouragé l'expansion des surfaces cultivées. Dans certains pays producteurs, les superficies allouées à la culture ont même diminué, comme c'est le cas au Vietnam et en Indonésie, respectivement premier et troisième producteur mondial. Nedspice, une société de négoce d'épices néerlandaise, estime ainsi que 9 % des poivriers vietnamiens devraient être remplacés pour maintenir une production constante, alors que le taux de remplacement actuel est de 4 %,

Répartition de la production mondiale de poivre (blanc et noir)
(en milliers de tonnes)

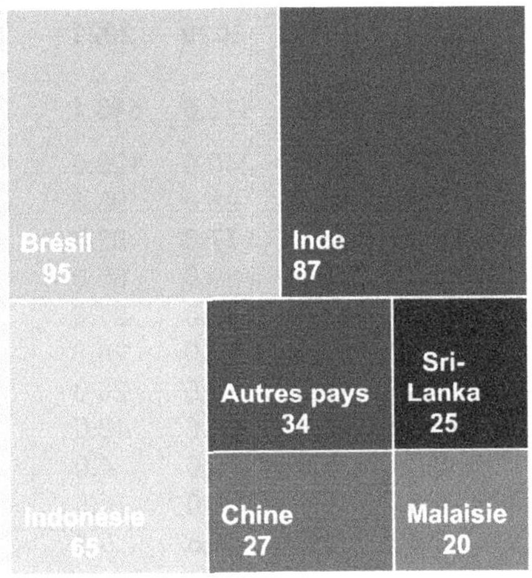

(Source : IPC)

conduisant mécaniquement à une baisse des surfaces et de la production.

Cette baisse peut s'expliquer par deux facteurs : d'une part, la faiblesse persistante des prix du poivre – comme nous l'avons déjà évoqué – et, d'autre part, les opportunités offertes par d'autres cultures agricoles dont les prix sont plus avantageux. Au Vietnam, la culture du durian, fruit tropical, connu notamment par-delà les frontières du fait de son odeur déplaisante, prend la place de nombreuses plantations poivrières. En Indonésie et en Malaisie, c'est la culture du palmier à huile qui rivalise fortement avec la culture du poivre. Cette substitution entraîne généralement un passage de la polyculture vers la monoculture, soulevant des préoccupations environnementales et sociales. De manière plus générale dans ces zones tropicales et sous-tropicales, les cultures du poivre sont aujourd'hui concurrencées par celles du café et du cacao. Les terres poivrières des hauts plateaux du centre vietnamien, du delta du Mékong ou du sud de l'île Sumatra sont en effet adaptées à la culture du café ou du cacao. Par conséquent, la baisse des surfaces consacrées à la culture du poivre est une des explications à la diminution tendancielle de la production de poivre au Vietnam et en Indonésie. Selon l'IPC, la production de poivre au Vietnam a été de 190 000 tonnes en 2023 et devrait approcher les 170 000 tonnes en 2024 enregistrant un repli de 65 % par rapport à 2019, année où la production vietnamienne avait atteint son niveau historique le plus élevé. La tendance est similaire en Indonésie qui a produit 55 000 tonnes en 2023 contre 83 000 tonnes en 2021. Parmi les autres pays producteurs, les tendances varient. Certains pays producteurs comme l'Inde, le Sri Lanka, la Chine, l'Équateur ou Madagascar ont des capacités de production qui sont demeurées constantes. Le Brésil pour sa part se distingue de ces pays par une forte expansion de sa production, en particulier dans le petit État d'Espirito Santo. Alors qu'il occupait la quatrième place parmi les producteurs mondiaux de poivre en 2016, le Brésil est désormais sur la deuxième marche du podium avec une production de 98 000 tonnes en 2023 contre environ 42 000 tonnes en 2016. La production devrait du reste connaître une croissance très marquée en 2024, la récolte de 2023 ayant été affectée par des aléas météorologiques. Ce succès du modèle brésilien s'explique notamment par la forte productivité de ses cultures, établie à 3,2 tonnes par hectare contre 2,2 tonnes par hectare pour le Vietnam selon Nedspice. Cela conduit le poivre brésilien à être très compétitif et à gagner année après année des parts de marché. Le développement d'accords commerciaux pourrait à l'avenir favoriser

Production mondiale de poivre
(en milliers de tonnes)

	2018	2019	2020	2021	2022	2023	2024 (e)
Production mondiale	**525.5**	**566.9**	**576.0**	**548.1**	**564.0**	**543.0**	**533.0**
Vietnam	205.0	260.0	240.0	195.0	183.0	190.0	170.0
Brésil	72.0	80.0	95.0	98.0	115.0	95.0	105.0
Indonésie	70.0	78.0	77.0	83.3	70.0	65.0	65.0
Inde	64.0	48.0	60.0	65.0	95.0	87.0	88.0
Malaisie	35.0	32.0	33.0	21.6	20.0	20.0	21.0
Chine	20.1	19.4	20.0	26.5	27.0	27.0	27.0
Sri Lanka	23.8	19.0	18.5	25.0	24.0	25.0	27.0
Cambodge	20.6	20.6	16.6	18.0	18.0	19.0	19.0
Équateur	6.0	5.0	5.0	4.0	4.0	4.0	7.0
Thailande	5.0	5.0	5.0	4.5	2.0	2.0	2.0
Madagascar	5.0	4.0	4.5	5.1	5.0	5.0	5.0
Poivre noir	413.7	457.5	467.1	438.6	477.0	457.0	455.0
Poivre blanc	111.8	109.4	108.9	109.5	87.0	86.0	78.0

(Source : IPC)

cette croissance. Il apparaît en effet que le poivre brésilien a des difficultés pour pénétrer le marché nord-américain en dépit de sa plus grande proximité géographique relativement à ses concurrents du sud-est asiatique. Cette croissance n'est toutefois pas sans freins. On note que le poivre brésilien qui était échangé au même prix que le poivre vietnamien il y a quelques années est désormais négocié avec une décote significative, ce qui pourrait conduire à un ajustement du marché.

Au-delà de ces considérations structurelles, la production est affectée par les aléas, en particulier climatiques. En ce sens, l'année 2023 a été marquée par le retour du phénomène climatique *El Niño*, engendrant des excès de chaleur et de précipitations auxquels le poivrier est particulièrement sensible. La récolte 2023 du Vietnam, qui s'étend de février à avril, a été épargnée par *El Niño*, dont le retour n'a été observé qu'au second semestre de 2023. De fait, la production vietnamienne a bénéficié de conditions favorables, enregistrant une légère hausse entre 2023 et 2022 (+ 3,8 %). En revanche, la récolte 2024 devrait être fortement perturbée par les aléas climatiques. Il est déjà établi que les fortes pluies survenues en août dans la province du Binh Phuoc, une des principales régions productrices de poivre noir, impacteront les rendements de la saison 2024. Ainsi, la diminution anticipée de la récolte de 20 000 tonnes en 2024 découle à la fois de facteurs structurels (réduction des cultures) et de circonstances conjoncturelles (aléas climatiques). La production 2023 de l'Indonésie et celle du Brésil, dont les récoltes sont décalées par rapport au Vietnam, ont pour leur part été affectées par des conditions météorologiques défavorables. La région du Lampung, qui produit un tiers du poivre indonésien, a été particulièrement touchée par des pluies intenses, tandis que l'État brésilien de l'Espirito Santo a subi des précipitations abondantes en début d'année 2023, suivies d'une sécheresse significative pendant la période cruciale de la floraison à la fructification. Le changement climatique rendra ces événements plus fréquents et plus intenses, laissant présager une volatilité accrue de la production mondiale à l'avenir et soulevant inévitablement des interrogations quant à l'adaptation des plantations à ces phénomènes.

Ces divers éléments ont conduit la production mondiale à atteindre 543 000 tonnes en 2023, soit une baisse d'environ 4 % par rapport à 2022. Cette tendance baissière devrait se poursuivre en 2024, avec une production attendue en repli de 2 %.

Une demande en berne

La demande globale est demeurée stagnante en 2023, en raison du ralentissement de l'économie mondiale, amplifié par une inflation persistante et la multiplication des conflits géopolitiques. Dans ce contexte, la demande pour le poivre a éprouvé des difficultés à se distinguer. Cela d'autant plus que l'inflation des produits alimentaires supportée ces dernières années a incité consommateurs et industriels à des arbitrages qui ont pu défavoriser les épices, en particulier celles de meilleure qualité. Malgré cela, la demande mondiale n'a pas décliné. D'après les données de Nedspice, la demande a même surpassé la production de l'année 2023. Ce déséquilibre primaire du marché devrait s'accentuer en 2024 avec la prévision d'une baisse de la production et d'une stabilisation de la demande. L'analyse de l'évolution des stocks permet d'appréhender l'ampleur de ce phénomène. Ces derniers, tant dans les pays producteurs que chez les importateurs, ont considérablement diminué en 2023. Cette baisse résulte d'un ajustement naturel dans les pays importateurs, qui avaient accru leurs stocks en 2022, profitant de prix historiquement bas. Cette correction se traduit par une chute notable des importations aux États-Unis et dans l'Union européenne. Ainsi, les importations en volume de poivre brut aux États-Unis ont reculé de 20 % en 2023 par rapport à 2022. Il est tout à fait probable que cette correction des stocks se poursuive en 2024, les stocks mondiaux à la fin de 2023 représentant encore une année de consommation.

Si la croissance des préoccupations environnementales et sociales pouvait conduire à l'avenir à une modification de la demande, il est à noter que, contrairement à d'autres produits tropicaux, le marché du poivre n'est pas soumis au règlement européen visant à lutter contre la déforestation et la dégradation environnementale.

Vanille : *dans la tourmente*

Produit emblématique de Madagascar dont elle assume une très large fraction de l'offre mondiale, la vanille est entrée, une nouvelle fois, dans une période de tourmente, rappelant la crise de 2004-2005. En cause, une certaine « destruction de la demande » de vanille naturelle en raison du haut niveau des cours passés, mais également l'échec du système du prix minimum de $ 250/kg imposé depuis 2020 aux exportateurs de vanille malgache et visant à préserver les revenus de la filière. Face à l'abondance des stocks due à la faiblesse des achats internationaux à ces conditions, la filière, désormais libéralisée, a vu les prix s'effondrer. Dans cette cyclicité propre à de nombreuses matières premières, ces bas niveaux augurent toutefois d'une très probable augmentation des cours en 2024, nourrie par un rééquilibrage des fondamentaux du marché… et, peut-être, par quelques stratégies spéculatives visant à tirer profit de cet éventuel rebond.

Un effondrement des cours

Lancée officiellement le 7 août 2023 (pour la zone littorale), la récolte malgache de vanille verte dans la SAVA (du nom des quatre villes qu'elle regroupe – Sambava, Antalaha, Vohemar et Andapa – et principale zone de culture du pays) laissait entrevoir une production 2023-2024 de vanille de l'île Rouge proche de 2250 tonnes, en repli par rapport à la campagne précédente. Sur l'année 2023, les exportations se sont, elles, singulièrement affaissées par rapport à 2022, passant de 2031 tonnes à 1465 tonnes sur cette période, selon les données de l'Institut national de la statistique malgache, compilées par *Trade Data Monitor*. Il fallait en réalité remonter à 2019 pour trouver aussi piètre performance avec, à la clé, une diminution de moitié des volumes à destination des États-Unis, son premier partenaire commercial sur ce segment. Cette baisse de près de 28 % en volume semblait pourtant presque faible face à la chute de la valeur des exportations malgaches de vanille, s'affichant à $ 283,8 millions en 2023, contre $ 565,9 millions en 2022. Et il y avait plusieurs raisons à cela.

La première tenait aux effets délétères d'une politique, pourtant louable, visant à stabiliser les revenus agricoles, sans une suffisante prise en compte des réalités du marché international et sans le support indispensable des autorités, dans un tel contexte, pour soutenir les cours. Depuis 2020, le Conseil national de la vanille (CNV) a

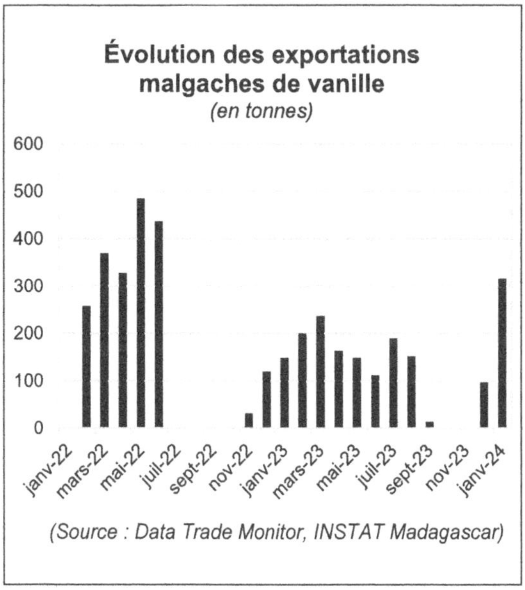

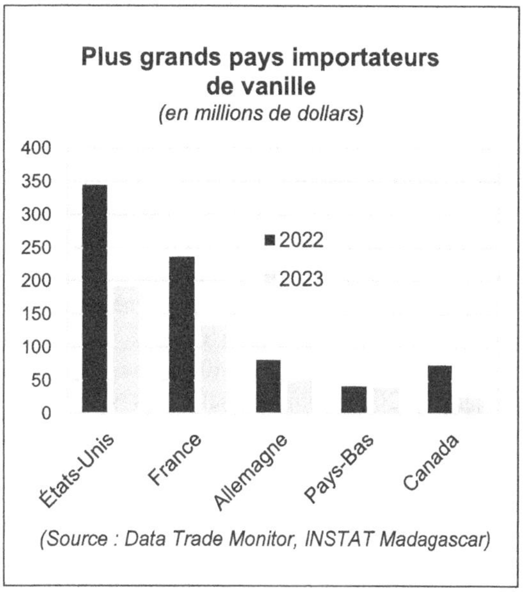

fixé un prix minimum de vente de l'épice, soit 75 000 ariarys – environ $ 17 – par kilogramme (kg) de vanille verte, et $ 250/kg pour de la vanille préparée, prête à l'exportation, et de $ 140/kg pour les *cuts*, avec des volumes autorisés pour cette vanille de moindre qualité devant rester en deçà de 10 % du total exporté. Anticipant l'instauration de la mesure, les acheteurs ont alors stocké, notamment aux États-Unis et en Europe, puis considérablement réduit leur demande une fois celle-ci appliquée. Il fallait ajouter à cela l'effet d'hystérèse des prix particulièrement élevés observé sur la campagne 2017-2018 ayant entraîné, dans certaines industries consommatrices, des stratégies de reformulation et de report sur la vanilline synthétique. Cette même situation de tensions passées sur les cours a, en dernier lieu, favorisé le retour de pays « concurrents ». Dans un schéma maintes fois observé sur d'autres matières agricoles (dont le café), la flambée des prix peut en effet avoir pour conséquences de fortement réduire les « barrières à l'entrée » protégeant le pays « leader » et, partant, de menacer les parts de marché dont il bénéficie. L'île Rouge domine certes, de la tête et des épaules, le marché mondial de la vanille avec, peu ou prou, 80 % de l'offre totale, mais les ambitions des autres nations – ou régions – productrices ne peuvent être ignorées. Pour preuve, l'Ouganda a vu ses tonnages importés aux États-Unis passer de quelque 24,5 tonnes en 2018 à plus de 153 tonnes en 2023. Quant à l'origine française, ses volumes ont été multipliés par douze sur ce même marché durant les quatre dernières années, s'affichant à 24,3 tonnes en 2023, selon les données de l'*US Census Bureau*, contre… deux tonnes en 2019, ce qui lui permettait ainsi de s'approcher sensiblement du volume d'importation, sur le sol américain, de celle en provenance de Papouasie–Nouvelle-Guinée. Les exportations totales de vanille de ce dernier pays demeuraient, en revanche, bien plus élevées, à près de 250 tonnes.

Avec une accumulation des stocks que l'on pouvait estimer à une voire deux années de consommation mondiale sur la campagne 2023-2024, soit environ 3 200 tonnes, une demande en retrait de l'offre totale, ainsi qu'une concurrence croissante (malgré la baisse structurelle des exportations indonésiennes), l'effondrement des cours paraissait prévisible et c'est bien ce qui se produisit fin 2023, dès l'ouverture officielle de la campagne d'exportation à la suite de la promulgation toujours très attendue des agréments d'exportation (153 sésames octroyés pour cette campagne). Avec la fin du système de prix minimum ayant entraîné le pays dans un rapport de force avec les acheteurs mondiaux, les cours de la vanille ont été divisés par cinq, à environ $ 60/kg (en valeur moyenne) désormais.

Un net rebond en 2024 ?

Le 27 mars 2024, le cyclone Gamane, atypique par sa nature quasi stationnaire, a durement frappé Madagascar. Du temps sera nécessaire pour appréhender, au-delà du drame humain, ses effets précis sur l'offre malgache de vanille. Il pourrait toutefois être le catalyseur d'une remontée des cours dans un contexte préexistant favorable. Plusieurs éléments étayent ce constat. En premier lieu, un rebond d'activité a pu être observé, après des mois d'atonie. Avec plus de 400 tonnes exportées en janvier 2024, toujours selon les statistiques douanières du pays, les ventes à l'international ont repris des couleurs, le bas niveau des cours invitant fort logiquement les acheteurs à revenir sur le marché. En ce début d'année, une remontée des prix locaux semble d'ailleurs d'ores et déjà se concrétiser. La production 2024-2025 devrait, en deuxième lieu, être faible, les plus pessimistes l'anticipant autour de 1 000 tonnes alors que la qualité attendue est bonne et que la demande se maintiendra aux alentours de 2 500 à 2 700 tonnes. Si elle n'induit pas nécessairement une contraction de la production de même ampleur, une singulière baisse de la floraison (avec un pic en octobre) a en effet été signalée. En troisième lieu, le retour d'une dynamique de stockage spéculatif (guère inhabituelle dans la filière vanille) est fortement probable. Il convient, en dernier lieu, de rappeler que les prix auxquels s'échange désormais la vanille, en valeur réelle (intégrant donc l'inflation), sont proches du minimum permettant aux agriculteurs de vivre. Ceux-ci ne pourront accepter une baisse supplémentaire et rien ne peut laisser à penser, malgré les décisions de 2023, que le gouvernement malgache a définitivement tourné le dos à sa stratégie de régulation du marché d'un produit dont les répercussions macroéconomiques et sociales sont, rappelons-le, déterminantes pour le pays et sa population.

Bananes : *un malheureux « produit d'appel »*

Loin des vieux débats sur le système d'organisation du marché européen qui se sont déchaînés durant vingt ans, le marché mondial de la banane doit faire face à d'immenses défis techniques (maladies émergentes), environnementaux (réduire drastiquement l'usage des pesticides), sociaux (améliorer le niveau de vie et les conditions de travail des ouvriers) et économiques (retrouver de la valeur ajoutée). Mais la banane souffre aussi de son statut de produit d'appel en particulier chez les distributeurs européens.

Originaires d'Asie du Sud-Est, les bananiers étaient au départ sauvages et séminifères. En se croisant naturellement entre eux, ils ont créé une importante base de diversité génétique qui existe encore de nos jours. C'est à partir de ces croisements que sont apparues des variétés sans graines. Ces bananes qui possèdent des qualités alimentaires ont rapidement intéressé l'homme, qui les a intégrées dans son agriculture en utilisant leur potentiel de multiplication végétative. On dénombre et classifie environ 1 200 variétés ou cultivars dans le monde. De manière simple, on peut répartir les bananiers dans deux grands groupes : ceux à cuire (plantain et autres types à cuire) et ceux de type dessert (Cavendish et autres desserts). Le Cirad évalue la production mondiale à 149 millions de tonnes (Mt). Le sous-groupe des Cavendish, qui est à la base de la quasi-totalité du marché de la banane d'exportation, pèse en production quelque 84 Mt. Sur ce total, près de 26 Mt sont exportées. La zone Amérique latine structure l'offre mondiale avec l'Équateur en tête avec un quart des disponibilités mondiales à l'exportation; viennent ensuite le Guatemala, la Colombie, le Costa Rica et le Honduras. En zone Asie, les Philippines exportent vers notamment le Japon, la Chine ou encore la Corée du Sud. Six pays ou zones économiques animent ce marché mondial. Il s'agit du bloc États-Unis/Canada qui consomme 4,6 Mt. Ce marché est très stable en volume et très structuré par quelques grands opérateurs multinationaux. Ils ne s'approvisionnent qu'en Amérique centrale et du Sud (Guatemala, Équateur, Costa Rica, Honduras, etc.). La Chine devient au fil des ans un acteur majeur avec 1,8 Mt importée en provenance des Philippines, mais aussi du Vietnam, du Cambodge et de très loin de l'Équateur. Le marché russe est en croissance quasi constante depuis une

Banane dessert - Exportations mondiales

(en milliers de tonnes)

	2018	2019	2020	2021	2022**
Monde*	**20 847**	**23 323**	**23 178**	**21 714**	**20 747**
Équateur	6 554	6 668	7 040	6 813	6 879
Guatemala	2 360	2 586	2 514	2 494	2 464
Philippines	3 388	4 484	3 630	2 430	2 302
Costa Rica	2 484	2 382	2 624	2 312	2 054
Colombie	1 748	1 896	2 034	2 103	2 224
Vietnam	438	754	684	920	515
Panama	298	612	700	583	298
Mexique	552	578	502	490	482
Côte d'Ivoire	377	411	389	406	381
Rép. dominicaine	125	394	269	358	349
Cambobge	3	112	278	356	342
Inde	116	174	212	341	362
Honduras	633	593	542	318	556
Belize	91	185	203	215	85
Pérou	232	222	211	206	165
Cameroun	217	183	189	206	224
Mozambique	117	96	134	182	165
Nicaragua	136	140	157	158	131
Laos	130	54	162	145	77
Bolivie	118	109	116	115	127
Brésil	65	79	83	108	83

* : réexportations exclues et production européenne exclue

** : provisoire

(Source : FAO 2024)

Banane dessert - Importations mondiales

(en milliers de tonnes)

	2018	2019	2020	2021	2022
Monde*	**21 479**	**21 897**	**22 067**	**21 864**	**21 144**
UE à 28**	6 541	6 501	6 728	6 667	6 375
États-Unis	4 121	4 153	4 068	4 047	4 004
Russie	1 556	1 512	1 516	1 460	1 623
Chine	1 021	1 011	979	916	1 811
Japon	1 327	1 146	1 174	1 077	1 053
Canada	572	581	592	587	572

* Source FAO : réexportations incluses

** Production européenne incluse

(Sources : Trademap, Eurostat, Cirad-FruiTrop)

décennie. On estime ce marché à environ 1,6 Mt. L'Équateur approvisionne ce marché à hauteur de 95 %. Le marché japonais est d'une rare stabilité avec environ 1,1 Mt importée à près de 80 % des Philippines. Enfin, et c'est ce marché que nous analyserons en détail, l'UE à 28 (reconstitué suite au Brexit) est le plus grand marché d'importation et de consommation de la planète. Ce sont 6,4 Mt qui sont consommées annuellement dans l'ex-UE à 28. Une des caractéristiques de ce marché est qu'il propose une offre produite sur le sol européen aux Canaries, aux Antilles françaises ainsi qu'à Madère, en Grèce et à Chypre. L'offre européenne couvre 9 % des besoins totaux alors que 74 % sont apportés par les fournisseurs dits Dollar (Amérique latine) et près de 17 % par les fournisseurs dits ACP (Afrique-Caraïbes-Pacifique). Ces derniers ont des droits d'accès privilégiés du fait d'accords multilatéraux conclus avec l'Union européenne (à l'origine Accords de Lomé). Le sujet de l'organisation commune des marchés de la banane (OCMB) ne fait plus la une depuis bien longtemps. Les importations sont seulement différenciées d'un point de vue douanier : la banane Dollar s'acquitte de € 75/tonne et les bananes ACP entrent en exemption de droit. Si ce *statu quo* est régulièrement contesté par les défenseurs d'un total libre accès au marché, il ne semble pas pour l'instant remis en cause. Les grands débats sont d'une tout autre nature : baisse de la valeur ajoutée, durcissement du cadre de contraintes privé (cahiers des charges) et public (réglementation), transitions environnementale et sociale, responsabilité partagée, etc.

Chassez le naturel, il revient au triple galop ! C'est, en peu de mots, un bon résumé du fonctionnement quasi séculaire du marché bananier européen, voire mondial. Après deux années (2022 et 2023) fortement haussières en termes de valorisation, il semble que l'on s'achemine pour 2024 vers un coup de frein sur ce qui aurait pu être le début d'une remontada du prix européen et par là même une création nette de valeur. Revenons un peu en arrière pour comprendre les facteurs qui ont conduit à un mouvement haussier hélas trop court. Comme les autres secteurs alimentaires ou industriels, l'enchaînement des crises (sanitaire puis effets de l'invasion de l'Ukraine) a lourdement impacté les chaînes de valeurs. La fluidité logistique, ô combien importante quand on parle de produits frais transportés sur des milliers de kilomètres, a été largement perturbée par la pandémie bien qu'à l'inverse des semi-conducteurs par exemple les chaînes d'approvisionnement aient résisté. La deuxième lame, dont les effets persistent encore et toujours, est celle de l'emballement des coûts de production, de logistique et de distribution. La guerre en Ukraine a révélé, à l'image des autres secteurs productifs, l'extrême dépendance de la filière banane aux prix des matières premières non agricoles comme l'énergie, le plastique, les engrais. Les augmentations ont aussi touché les coûts salariaux dans quasiment

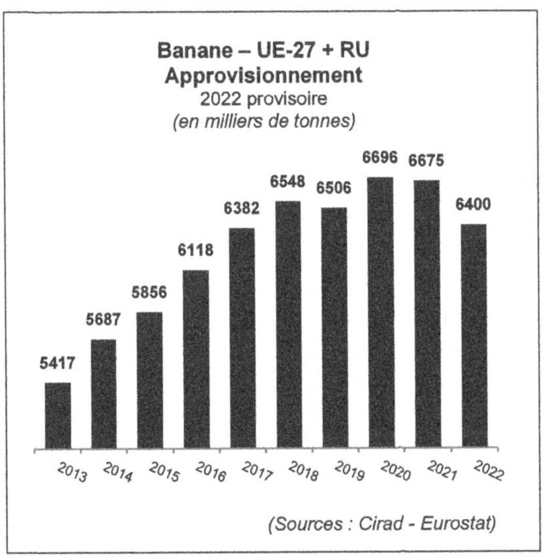

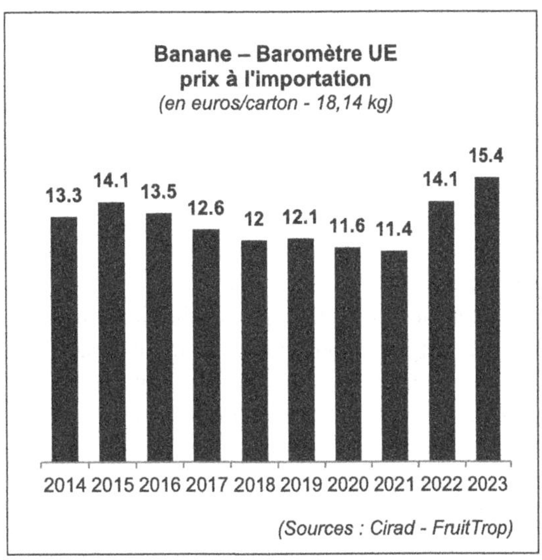

tous les pays. Il était donc temps que les prix de vente s'ajustent d'autant que l'on partait de très bas. En effet, 2021 avait vu le prix import européen tomber à des niveaux historiquement bas de € 11,4/carton (baromètre *Cirad-FruiTrop*). Dans ce contexte, on comprendra que les opérateurs, notamment de l'amont, soient restés sur leur faim malgré deux années de hausse. La correction fut néanmoins violente conduisant le prix import européen à passer de € 11,4 à € 14,1/carton en 2022 puis à € 15,4 en 2023, un niveau historiquement élevé !

Mais comparaison n'est pas raison. Car la grande question est de savoir si la hausse a permis de compenser le glissement généralisé des coûts de production. Chacun ira de ses arguments selon où l'on se situe dans la chaîne de valeur. Ce qui est une certitude, c'est que la banane reste hypercompétitive. Si, pour la France, on tient compte de l'inflation d'une part « générale » et aussi spécifique au secteur des « fruits frais », la revalorisation constatée lors des deux dernières années a, au mieux, compensé l'évolution générale des prix et, au pire, stoppé la destruction de valeur ajoutée comparativement au reste de l'offre du rayon fruits frais. Pour le dire autrement, le pouvoir d'achat d'un kilogramme de banane en euro constant a fondu entre 2015 et 2023 de 3 à 20 % selon le taux d'inflation considéré. Si les autorités cherchent un produit anti-inflation, elles ont trouvé en la banane leur championne toutes catégories. Il y a d'ailleurs un goût d'injustice dans la manière avec laquelle ce fruit est partie prenante d'un combat qui n'est pas le sien. Si la pause, voire la baisse, du prix au stade import et mûrisserie se confirmait en 2024, on pourra dire que ce fruit aura contribué, à son corps défendant, à une double volonté : celle des autorités des États de montrer qu'elles agissent pour faire baisser les prix de l'alimentaire en faisant pression sur les distributeurs. Mais la banane subirait, dans le même temps, les effets de la punition collective que les distributeurs souhaitent infliger aux groupes agro-industriels accusés d'avoir profité des crises pour augmenter leur prix de vente. C'est d'ailleurs un peu toujours la même histoire. La banane, marqueur de la volonté désinflationniste des enseignes de distribution, n'a plus, depuis longtemps, son avenir entre ses mains. On ajoutera que le fret maritime a mis aussi le feu aux poudres en annonçant diminuer ses prix au moment des négociations annuelles entre distributeurs et fournisseurs. À cela s'ajoute une certaine détente des cours sur un certain nombre de facteurs de production.

Ce fonctionnement est désespérant à plusieurs titres. Techniquement, on se demande bien ce qui pousse à ajouter de l'attractivité prix à un produit qui est déjà le chantre absolu du prix bas. D'ailleurs, 2023 a permis de démontrer cette aberration. En effet, le prix au détail a augmenté d'environ 10 % partout en Europe et la consommation a au pire stagné et au mieux gagné quelques pour cent. Mais le plus préoccupant dans tout cela est qu'à l'injonction de baisser les prix viennent s'ajouter les injonctions de plus de durabilité tout au long de la chaîne. Tant en termes environnemental que social, la filière doit relever de nombreux défis. Côté environnemental, l'adoption de pratiques relevant de l'agroécologie doit permettre de largement baisser la charge chimique à l'image de ce que la production antillaise a réalisé. La volonté des distributeurs, mais aussi le durcissement de la réglementation européenne vont contribuer à orienter les systèmes de production vers plus de durabilité. Les distributeurs *via* des cahiers des charges de plus en plus restrictifs sont des acteurs clés du changement. En termes de réglementation européenne, on peut évoquer la baisse de la limite maximale de résidu autorisé à l'importation des bananes des pays tiers, du seuil technique de détection pour certains pesticides comme par exemple la limite sur le mancozèbe. C'est le principal pesticide utilisé, et parfois en masse, pour lutter contre la maladie foliaire du bananier (cercosporiose noire). L'évolution de la réglementation européenne va obliger les producteurs à changer radicalement leur mode de lutte contre ce champignon. C'est un avant-goût de ce qui pourrait se produire si la partie « clauses miroirs » du *Green Deal* européen se mettait en place. Dans le domaine social, c'est la thématique autour des salaires décents qui occupe toutes les conversations. L'offensive vient des distributeurs du nord de l'Europe (Allemagne, Pays-Bas, Belgique, Royaume-Uni) qui poussent les producteurs à respecter des niveaux salariaux correspondant à des niveaux de vie décents. Reste que, si le sujet est d'une extrême importance, les producteurs dénoncent à la fois une extraterritorialité de ces injonctions (le nord décidant pour le sud), une méthodologie de calcul qui ne fait pas consensus et une négation des processus de négociations collectives entre employeurs et travailleurs lorsque, évidemment, les discussions sont loyales. Enfin, les producteurs souhaiteraient que s'il y a transition (sociale ou environnementale), la responsabilité soit partagée entre tous les acteurs. Entendez par «partagée» le fait que les différents maillons de la chaîne prennent leur part au processus de transition qui se traduit majoritairement par des surcoûts de production. On comprend aisément que la baisse de la valorisation est incompatible avec les changements radicaux que la filière se doit de mener. C'est un des enjeux que se donnent des plateformes multiacteurs qui voient le jour comme en France avec l'Initiative française pour une banane durable (IFBD).

Sur le front agronomique, c'est encore et toujours la dissémination en Amérique latine de la fusariose race tropicale 4 (TR4) qui est d'actualité. Présente en Colombie puis au Pérou, elle vient d'être officiellement identifiée au Venezuela. Rappelons qu'il n'y a pas de système de lutte chimique efficace et que sa contention est extrêmement difficile du fait notamment de son mode de propagation (terre, outil, véhicule et matériel agricole, animaux, personne, eau de ruissellement et d'irrigation, etc.). Cela implique que la seule méthode de lutte est la prophylaxie et donc une mobilisation de moyens importants de biosécurité. Là encore les coûts explosent.

On finira ce tour d'horizon par un sujet qui traverse quasiment tous les thèmes abordés : le changement variétal. En effet, on l'a dit, le secteur de la banane export est d'une pauvreté absolue en termes de diversité variétale. Mais les nombreux moteurs du changement (besoin de segmentation pour retrouver de la valeur, sensibilité de la Cavendish aux maladies et ravageurs, la fusariose TR4 est une *banana killer*, système productif plus vertueux, changement climatique, etc.) semblent pouvoir faire bouger les lignes. Les recherches publiques et privées promettent à court terme des variétés résistantes soit par la voie de l'hybridation conventionnelle soit par la voie de l'édition du génome. Reste qu'une partie de l'effort de recherche porte sur l'amélioration de la Cavendish pour lui conférer des caractères de résistances ce qui conduirait le marché à continuer *as usual*, c'est-à-dire à rester au plus bas niveau de la biodiversité : une seule variété.

Production mondiale d'ananas frais

(en milliers de tonnes)

	Moyenne 2015-16-17	2020	2021	2022	Parts de marché (%)
Total	**26 367**	**27 449**	**28 714**	**29 361**	**100**
Indonésie	1 641	2 447	2 886	3 204	**11**
Philippines	2 622	2 703	2 860	2 914	**10**
Costa Rica	3 004	2 648	2 938	2 910	**10**
Brésil	2 507	2 456	2 323	2 337	**8**
Chine	1 411	1 847	1 899	1 960	**7**
Inde	1 923	1 732	1 799	1 851	**6**
Thaïlande	2 025	1 681	1 751	1 714	**6**
Nigeria	1 533	1 583	1 595	1 607	**5**
Mexique	887	1 208	1 272	1 248	**4**
Colombie	900	835	927	920	**3**
Angola	604	638	663	711	**2**
Vietnam	584	712	724	705	**2**

(Source : FAO, 2024)

Marché mondial d'ananas frais et transformé

(en milliers de tonnes équivalent fruits frais)

	Moyenne 2014-15-16	2020	2021	2022
Total	**7 612**	**6 968**	**8 160**	**7 863**
dont conserve	**1 681**	**1 404**	**1 777**	**1 568**
Thaïlande	783	496	627	673
Indonésie	307	317	392	383
Philippines	418	389	542	369
dont jus simple	**347**	**307**	**348**	**274**
Costa Rica	269	248	276	191
Bénin	6	10	11	12
Guatemala	7	8	11	12
dont jus concentré	**2 282**	**2 043**	**2 968**	**3 063**
Philippines	874	994	1 720	1 612
Thaïlande	692	272	377	443
Costa Rica	196	285	284	423
dont ananas frais	**3 302**	**3 214**	**3 068**	**2 958**
Costa Rica	2 237	2 047	2 069	1 943
Philippines	556	675	546	585
Équateur	84	84	100	109

(Source : FAO, 2024)

Ananas : *entre crises climatiques, inflation et post-pandémie*

Rien de très commun entre le marché de l'ananas frais et de celui des jus et des conserves à base d'ananas sauf peut-être le climat qui a eu et a toujours des effets dépressifs sur l'offre mondiale. En outre, ce secteur comme beaucoup d'autres continuent de gérer les effets perturbateurs de la pandémie et de subir le climat inflationniste qui exerce une pression forte sur les coûts de revient.

La production mondiale d'ananas est estimée à près de 30 millions de tonnes (Mt). Elle a progressé de 20 % sur la dernière décennie. Trois pays produisent chacun 10 % du total mondial : Indonésie, Philippines et Costa Rica. À cette liste, il manque la Thaïlande seulement septième producteur mondial, mais qui donne le « la » sur le marché international de l'ananas transformé. De manière globale, le marché mondial de l'ananas sous toutes ses formes est estimé à environ 8 Mt en équivalents fruits frais. Il se structure autour de deux grands débouchés : le marché du fruit frais et celui de l'ananas transformé. Il n'y a quasiment pas de passerelle entre ces deux marchés. Le marché de l'ananas transformé pèse environ 5 Mt et est constitué principalement de conserves (tranches et morceaux) et de jus (concentré et jus simple).

Le marché annuel du fruit frais est de l'ordre de 3 à 3,2 Mt et reste très stable depuis plus de cinq ans. Il y a un acteur incontournable sur ce marché : le Costa Rica. Cette origine exporte plus de 2 Mt d'ananas. Deux ananas sur trois exportés sont produits dans ce pays d'Amérique centrale qui a pris le contrôle au marché mondial il y a près de trois décennies à la faveur d'un big bang variétal. En effet, c'est la Côte d'Ivoire qui avait ouvert le marché européen de l'ananas transporté par bateau avec l'ananas Cayenne lisse. Profitant d'une errance technico-commerciale de la filière ivoirienne et disposant d'un ananas adapté au marché (forte sucrosité ressentie), une société transnationale a fini par inonder le marché mondial avec son ananas type Sweet, reléguant la Côte d'Ivoire, mais aussi le reste des fournisseurs tant africains que d'Amérique latine, au rang de fournisseur de seconde zone en termes de volume. Deux marchés captent l'essentiel de l'offre mondiale à l'exportation. Le bloc États-Unis et Canada a importé en 2022 environ 1,37 Mt d'ananas, soit un tiers de plus que dix ans auparavant. Le Costa Rica fournit 88 % des fruits consommés. Le Honduras et le Mexique complètent le trio de tête des fournisseurs, mais très loin derrière. Avant de passer au deuxième marché mondial, l'Europe, notons qu'il y a quelques flux très limités en Asie pour moins d'un demi-million de tonnes avec comme principal fournisseur les Philippines, deuxième exportateur mondial, mais quatre fois moins puissant que le Costa Rica. Revenons au deuxième marché mondial qu'est l'Union européenne que l'on considérera au sens de l'avant-Brexit. C'est un marché d'environ 900 000 tonnes avec des pointes en 2018 et 2019 à près de 1,1 Mt. Le Costa Rica est, comme aux États-Unis et au Canada, le fournisseur principal, et de loin, avec 88 % de parts de marché. Viennent ensuite très loin derrière l'Équateur et la Côte d'Ivoire.

Le marché de l'ananas, notablement en Europe, peine toujours à se remettre de la pandémie de covid qui a fortement touché la production au Costa Rica, notamment pour les producteurs indépendants. Le fort contexte inflationniste sur les coûts de revient débuté en 2022 et qui s'est accéléré en 2023 du fait de l'agression russe en Ukraine, les perturbations dans la logistique maritime, une parité euro/dollar qui a dégradé l'attractivité du Costa Rica et enfin l'enchaînement de trois phénomènes *La Niña* ont eu de quoi largement perturber les fournisseurs du marché de l'ananas frais. Et au final, c'est la prudence qui a prévalu. Les opérateurs européens ont presque tous fait le choix de fortement réduire leurs importations *spot* pour se concentrer sur leur programme d'approvisionnement et ainsi réduire les risques commerciaux. La priorité est, en effet, donnée aux volumes garantis par contrat avec la grande distribution. On a donc eu un marché moins chargé surtout au moment des épisodes les plus fragiles, lorsque les floraisons naturelles au Costa Rica viennent gonfler l'offre. L'augmentation des coûts des intrants a eu de même des conséquences agronomiques importantes. Nombre de producteurs indépendants, c'est-à-dire non adossés à une société transnationale qui pouvait assurer une certaine trésorerie, ont eu du mal à appliquer la totalité des intrants nécessaires, ce qui a eu pour effet d'allonger le cycle végétatif des fruits et de déséquilibrer l'offre avec une surreprésentation de fruits de petits calibres (8 et 9 surtout). Il est difficile de savoir si ce marché a atteint l'âge de raison. Certains voudraient y croire. On peut trouver dans la certaine stabilité des importations européennes (autour de 900 000 tonnes), depuis trois ans, des raisons de le penser. Concernant le prix *spot* au stade import, ils ont fluctué entre € 5 et € 11 par colis, ce qui est assez classique sur ce type de marché très spéculatif. Notons quand même que le prix import a passé

Jus d'ananas concentré
Thaïlande 60° Brix - Fob Bangkok
(en dollars/tonne)

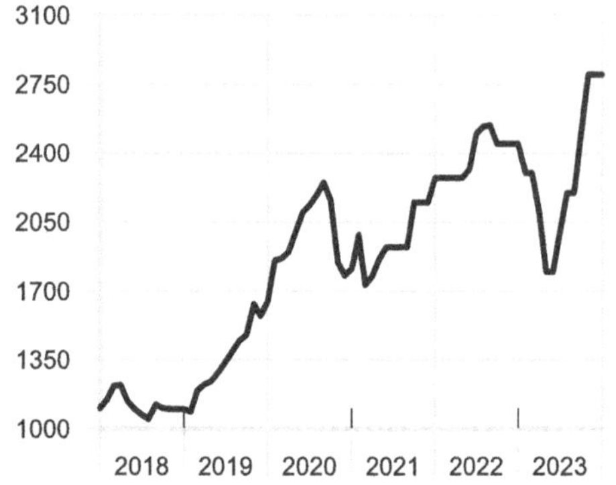

(Source : HS Markit)

une bonne partie de l'année en haut de cette fourchette. Même si les structures de coûts sont différentes du fait de la vague inflationniste, rappelons que le prix européen a fluctué entre 2018 et 2021 entre € 6 et € 8 par colis très loin des € 10 à € 11 de 2023. À côté du marché de l'ananas transporté par bateau, il existe un marché de l'ananas transporté par avion que l'on estime à 2 % des volumes importés totaux. Ce sont notamment des origines africaines et de l'océan Indien qui animent ce marché avec une offre diversifiée en termes variétaux : Cayenne lisse, Pain de sucre et Victoria.

On l'a dit, le marché de l'ananas transformé est de l'ordre de 5 Mt en équivalents fruits frais. Les deux tiers en volume sont constitués de jus, avec une écrasante prédominance du jus concentré par rapport au jus simple, mais aussi de conserve. La production et l'offre mondiales se situent essentiellement en Asie du Sud-Est et plus marginalement au Kenya et au Costa Rica. C'est classiquement le climat qui a impacté ces derniers mois le marché mondial de l'ananas transformé. La sécheresse marquée et les températures élevées en Asie du Sud-Est ont réduit de manière historique l'offre mondiale. On parle pour la Thaïlande d'une baisse de 40 % sur un an et de 10 % de réduction aux Philippines et en Indonésie. Et rien ne changera au premier semestre de 2024. Changement climatique et phénomène météorologique d'*El Niño* seraient les causes de ces fortes réductions de l'offre, mais aussi d'une baisse de la qualité des fruits et d'une réduction du calibre des fruits apportés à l'usine. Cela se traduit bien évidemment dans le prix d'achat au producteur par les industriels transformateurs. On a dépassé la barre des 10 bahts thaïlandais le kg (THB/kg) bord-champ début janvier 2024, soit quasiment le double du prix payé en novembre 2022. La barre des 12 THB serait même atteinte dans certaines transactions. Du côté de la demande, ce n'est pas non plus l'euphorie. Cela se traduit par une baisse du prix du carton de 24 x 20 oz Fob Bangkok qui passe en deçà de $ 16 début 2024 (source : S&P). À l'inverse, le marché du jus est dynamique. La demande est là et les prix se raffermissent atteignant les $ 2 800/tonne de concentré 60° Brix, soit $ 1 000 de plus que le point bas touché en mai et juin 2023. C'est la même tendance pour le jus simple (*not from concentrate* – NFC) produit au Costa Rica qui bondit en janvier 2024 à $ 900/tonne Fob Costa Rica, soit un doublement depuis juin 2023.

Production mondiale d'agrumes en 2022
(en milliers de tonnes)

	Orange	Petits agrumes	Pomelos	Citron et lime	Autres agrumes	Total agrumes
Total	**76 410**	**44 180**	**21 530**	**9 762**	**14 422**	**166 303**
dont Chine	7 600	27 000	2 589	5 150	5 983	**48 321**
Brésil	16 930	1 087	1 632	84	0	**19 732**
Inde	10 198	0	3 776	0	782	**14 756**
Mexique	4 850	515	3 102	489	361	**9 317**
Espagne	2 817	1 800	863	77	0	**5 558**
États-Unis	3 149	664	938	339	22	**5 112**
Égypte	3 393	989	358	6	6	**4 751**
Turquie	1 322	1 865	1 323	198	3	**4 711**
Iran	2 321	830	508	89	631	**4 379**
Nigeria	0	0	0	0	4 192	**4 192**
Afrique du Sud	1 748	639	779	420	12	**3 598**
Argentine	1 058	419	1 826	85	0	**3 388**

(Source : FAO, 2024)

Campagne d'agrumes d'hiver en France
Prix moyen à l'importation
(en euros/kg)

	2019-2020	2020-2021	2021-2022	2022-2023	2023-2024 (p)
Petits agrumes (clémentines d'Espagne)	1.18	0.90	0.98	1.31	1.31
Orange (Espagne / Navelate / Calibre 5)	0.95	0.77	0.71	1.07	1.05
Citron d'Espagne	1.12	0.97	0.97	1.12	1.10
Pomelo d'Israël	0.96	1.05	1.00	1 .11	1.07

Note : 2023-2024, données partielles à fin février 2024

(Source : revue FruiTrop – Cirad)

Agrumes et jus d'orange :
la flambée du jus

L'actualité pour les agrumes, c'est la flambée historique du prix du jus d'orange. Même si la consommation mondiale est structurellement orientée à la baisse, l'offre du géant brésilien n'arrive pas à couvrir les besoins et les stocks n'ont jamais été aussi bas.

La production mondiale d'agrumes est estimée par la FAO à 166 millions de tonnes (Mt) pour l'année 2022, ce qui en fait la première production fruitière mondiale : une production en pleine expansion puisque l'offre a augmenté d'un quart en l'espace d'une décennie. Mais derrière ces chiffres se cache une immense diversité. En effet, l'univers des agrumes est particulièrement riche tant d'un point de vue du nombre de références que des types de marchés visés. Du côté références, on parle souvent de cinq grandes familles de produits. Les oranges (46 % de l'offre mondiale) sont dominantes dans cet univers. Suivent ensuite les petits agrumes (27 %), le groupe des citrons et limes (13 %), celui des pamplemousses et pomelos (6 %) et une catégorie « divers » (9 %) où l'on retrouve, là encore, une richesse immense avec des agrumes moins connus sur les marchés comme le combava, le kumquat, ainsi que des hybrides de toutes sortes. La production mondiale est largement répartie entre le quarantième parallèle de latitude nord et le quarantième parallèle de latitude sud. Les conditions climatiques de leur production sont très variées : climat de type tropical, subtropical et méditerranéen. La Chine est le premier producteur mondial. Elle réalise 29 % de l'offre totale, soit 48 Mt. Viennent ensuite le Brésil (12 %), l'Inde (9 %), le Mexique (6 %) ou encore l'Espagne (3 %). Nous avons ici les cinq premiers producteurs qui concentrent 59 % du potentiel mondial de production. Mais la liste des pays qui déclarent une production d'agrumes est très longue : plus de 120 ! On l'a dit, l'offre mondiale s'accroît rapidement (+ 24 % en dix ans), mais cette dynamique est très hétérogène selon les types d'agrumes. Le groupe des petits agrumes est à la pointe avec une progression sur la dernière décennie de 58 %, suivi par le groupe des citrons et limes (+ 43 %). Ce sont les oranges qui sont largement à la traîne avec une croissance modeste de 8 %.

On ne peut pas parler de production et de marchés agricoles sans évoquer les maladies et ravageurs qui menacent l'offre mondiale. On ne retiendra ici que le *greening* qui affecte de très larges zones et qui s'étend petit à petit. Présent depuis longtemps en Asie, le *greening* des agrumes aussi appelé *Huanglongbin* (HLB) est une maladie bactérienne transmise par *Diaphorina citri*, un psylle vecteur de la maladie. La pression sur les

Prix des principaux jus d'agrumes - Janvier 2024

Citron	
Argentine, jus concentré, trouble, en fût, 400 GPL	1 100 USD/t Fob Argentine
Orange	
Brésil, jus concentré congelé, 65° Brix	6 600 USD/t CFR Rotterdam
Brésil, jus simple	1 200 USD/t CFR Rotterdam
Pamplemousse/Pomelo	
États-Unis, jus concentré, variété blanche, 62° Brix	1 500 USD/t EXW États-Unis

(Source : ISH Markit)

systèmes de production est majeure. L'arbre meurt quelques années après l'infection. Il n'y a aucun traitement phytosanitaire curatif. La recherche s'oriente vers des variétés résistantes, une lutte ciblée contre les insectes ou encore des traitements antibactériens. La zone méditerranéenne est en alerte puisqu'on a repéré un des psylles vecteurs en Espagne et au Portugal. Un ravageur, d'un autre type, impacte grandement le secteur agrumicole. Il s'agit du changement climatique. En méditerranée par exemple, des conditions adverses lors des floraisons/nouaisons, des températures estivales extrêmes, une raréfaction des pluies, etc., ont des effets sur la productivité, le calibre ou encore les niveaux de maturité.

En termes d'usage, on l'a dit, les agrumes couvrent un vaste univers. Deux grands débouchés se dégagent : celui du fruit frais et celui du jus. Mais la gamme des produits est beaucoup plus large. On trouve des conserves notamment de mandarines (pour le marché japonais par exemple), des huiles essentielles et même des écorces d'agrumes.

En termes de commerce, selon les estimations du Cirad, les échanges d'agrumes (toutes catégories confondues) sont de l'ordre de 13,5 à 14,5 Mt. Les importations mondiales 2022-2023 d'oranges fraîches sont de l'ordre de 6,1 Mt en baisse de 5 % sur un an. C'est un marché où l'Europe géographique est leader avec 41 % de parts de marché. L'Asie d'une part et le Proche et Moyen-Orient d'autre part captent respectivement 19 et 18 % des échanges mondiaux. Les pays situés autour du bassin méditerranéen sont responsables de 59 % du total des exportations mondiales avec l'Égypte, l'Espagne et la Turquie aux avant-postes. Si le marché de l'orange manque de dynamisme, c'est tout le contraire pour celui des petits agrumes. Même si la saison 2022-2023 marque un recul des importations mondiales de 380 000 tonnes à 4,5 Mt, nous étions à des sommets jamais atteints lors de la saison précédente avec un pic historique à 4,8 Mt. Là, encore, les origines méditerranéennes font la course largement en tête puisqu'elles détiennent 56 % de l'offre export. Espagne, Turquie et Maroc animent ce marché. La dynamique de ce segment agrumicole vient depuis très longtemps de sa faculté à se renouveler en termes d'offre de petits agrumes par la mise en marché d'hybrides de plus en plus précoces ou tardifs et proposant aux consommateurs une vaste gamme de goûts et de saveurs. Le marché mondial du citron a connu en 2020-2021 son apogée avec un volume échangé approchant les 2,4 Mt. La campagne 2022-2023 marquera une petite baisse de l'ordre de 100 000 tonnes. L'Europe au sens large est la principale zone importatrice. Espagne, Turquie et Afrique du Sud sont les trois premiers fournisseurs de ce marché. Un bref passage par le marché de la lime qui a quasiment doublé en une décennie pour atteindre 900 000 tonnes en 2022. C'est ici les États-Unis qui sont les leaders à l'importation avec une part de marché de 75 %, mais la dynamique semble s'essouffler. Ce n'est pas le cas des importations européennes (UE 27 + RU) qui progressent rapidement pour atteindre 200 000 tonnes. En termes de fournisseurs, le Mexique écrase la concurrence ; viennent ensuite loin derrière le Brésil et encore plus loin la Colombie, le Vietnam et le Pérou.

Le marché des agrumes, c'est aussi de la transformation. L'USDA estime qu'un agrume sur quatre produit dans le monde est transformé. Cette proportion monte à un sur trois dans le cas des oranges. En effet, le jus d'orange concentré congelé (FJOC 65° Brix) est une des grandes «commodités» agricoles. Le marché est mondial, très spéculatif et le jus d'orange a l'honneur d'être coté et de faire l'objet d'un marché à terme aux États-Unis. Et c'est la fièvre sur ce marché. Entre fin 2022 et début 2024, les futures sur le jus d'orange concentré congelé (la référence de marché) ont pris plus de 70 % de hausse. Sur le physique, les prix import entre août et novembre 2023 sont passés de $ 4 000/tonne (FJOC 65°Brix FCA Rotterdam) à $ 6 600. C'est du jamais vu depuis des décennies sinon depuis toujours. Pour donner une idée de l'ampleur de ce mouvement haussier, depuis 1997, le prix de référence oscillait bon an mal an entre $ 1 000 et $ 3 000/tonne. L'ampleur et la soudaineté du mouvement haussier viennent d'une offre au plus bas du géant brésilien (région de Sáo Paulo) qui fait la pluie et le beau temps sur ce marché. Pour donner une idée de l'importance de ce fournisseur, le Brésil maîtrise 75 % de l'offre mondiale de jus d'orange, soit 1,1 Mt de jus concentré. Les États-Unis (Floride) ne sont plus que l'ombre d'eux-mêmes avec seulement 85 000 tonnes alors qu'ils faisaient partie de la cour des grands il y a encore deux décennies. C'est le Mexique qui prend la deuxième place du classement avec une offre de 140 000 tonnes, mais très

Jus d'orange concentré congelé (FJOC)
Brésil FCOJ (65 °Brix, cfr Rotterdam)
(en dollars/tonne)

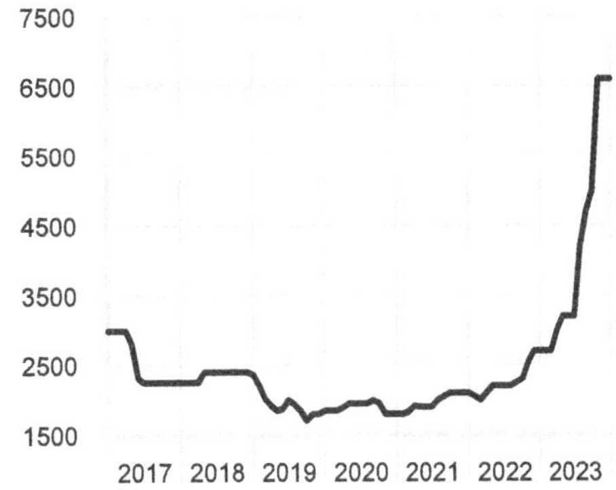

(Source : IHS Markit)

loin derrière le géant sud-américain. L'offre du Brésil est donc en baisse et cela depuis plusieurs campagnes, et les autres origines ne viennent en aucune manière compenser cette faiblesse. On estime que la demande, même en baisse de manière structurelle, est de l'ordre de 1,5 Mt, ce qui correspond très exactement à l'offre de ces deux dernières campagne (2022-2023 et 2023-2024), mais que les deux précédentes campagnes de production (2019-2020 et 2020-2021) avaient été fortement déficitaires. On a donc prélevé dans les stocks qui, déjà bas en 2018-2019 (790 000 tonnes), sont quasi vides en 2023-2024 (151 000 tonnes estimées). D'où la flambée des prix mondiaux.

L'Europe des fruits tropicaux : une croissance portée par l'avocat

Le marché européen des fruits tropicaux frais recouvre un vaste ensemble dont le seul point commun est qu'il concerne des fruits importés de climats non tempérés. Encore que, cette définition générale une fois annoncée est aussitôt prise en défaut par l'important potentiel de production dans le sud de l'Espagne pour l'avocat, la mangue ou encore quelques autres spécialités du rayon exotique de nos supermarchés. Définir ce groupe est donc difficile d'un point de vue géographique. Difficile aussi d'en faire un ensemble cohérent tant les volumes commercialisés sont hétérogènes selon les références étudiées. Mis à part la banane et l'ananas, fruits tropicaux par nature, mais si familiers de nos étals, on peut citer en termes de volumes commercialisés trois grands tropicaux : l'avocat, la mangue et, loin derrière, le plantain (banane à cuire). Les autres fruits tropicaux sont, en termes commerciaux, des niches qui existent soit au travers d'un marché ethnique soit parce qu'ils font partie d'un rayon exotique notamment animé lors des périodes de fêtes de fin d'année, de Nouvel an chinois, etc.

Revenons aux grands tropicaux. L'avocat est un géant. Le marché européen à 27 (donc hors RU) est de l'ordre de 800 000 tonnes. Aux importations en provenance des pays tiers (Pérou, Kenya, Afrique du Sud en saison d'été et Colombie, Chili et Israël en saison d'hiver), il faut ajouter une production européenne en Espagne et au Portugal de l'ordre de 40 000 à 50 000 tonnes. C'est un marché en expansion constante. Le marché de la mangue semble patiner ces dernières années, mais à des niveaux déjà très élevés puisque l'UE à 27 importe 400 000 tonnes de fruits sans compter les quelque 30 000 tonnes que l'Espagne diffuse dans l'Union européenne. Le Brésil et le Pérou tiennent, et de très loin, les premières places de fournisseurs du marché européen. Le plantain ou banane à cuire est un produit dont on dit chaque année qu'il est en devenir sans que les volumes ne dépassent guère les 100 000 tonnes. Le marché est verrouillé par la Colombie et l'Équateur. Quelques miettes restent à des origines qui livrent les marchés ethniques européens. Pour la papaye, il n'y a même plus d'illusions. C'est un marché dominé par le Brésil et qui n'évolue pas voire qui régresse autour de 30 000 tonnes importées dans l'Union européenne. Dans le groupe très fourni en diversité, mais avec des petits voire tout petits volumes, on mettra en exergue le litchi dont la principale origine, Madagascar, domine le marché avec deux bateaux entiers importés en toute fin d'année. L'Afrique du Sud complète l'offre en litchi bateau et la Réunion et Maurice proposent des produits haut de gamme transportés par avion. On parle ici d'un marché global de 17 à 18 000 tonnes. Pour les autres produits exotiques, nous n'avons que peu de statistiques douanières. On soulignera des importations non négligeables de fruits de la passion. Dans le très spécifique, on citera les fruits tropicaux très originaux comme le physalis, le tamarillo, le durian.

Importations – UE-27– Sélection de fruits tropicaux
(en tonnes)

	2020	2021	2022	2023 (p)	2023-2022 (%)
Total	**1 146 463**	**1 291 774**	**1 244 533**	**1 335 009**	7
Avocat	603 761	679 519	677 239	756 812	12
Mangue, goyave et mangoustan	375 315	409 381	388 444	395 018	2
Plantain	94 756	121 187	101 201	107 393	6
Papaye	35 637	38 592	32 402	31 821	-2
Autres fruits tropicaux : litchi, fruit de la passion, carambole, pitahaya, sapotille, tamarillo, etc.	35 299	41 272	41 824	40 537	-3
Kaki	1 448	1 319	2 850	2 831	-1
Durian	247	504	573	597	4

(Source : Eurostat, février 2024)

Caoutchouc naturel :
le rebond ?

L'année 2023 a été marquée par une forte volatilité des prix du caoutchouc naturel. Les prix ont été en repli significatif sur la première partie de l'année (– 20 % sur le TSR20) avant de rebondir vigoureusement à partir du mois d'août. Ce changement de tendance est le résultat d'un déplacement des préoccupations, passant de la demande à l'offre, en lien avec le retour du phénomène *El Niño* et la baisse de la production en Asie du Sud-Est. Cette année a ainsi confirmé la nouvelle géographie du caoutchouc naturel, mettant en lumière la place grandissante de la Côte d'Ivoire sur ce marché.

Des prix « élastiques »

L'année 2023 a été une année de contraste : une première partie d'année où les prix ont très fortement reculé avant un rebond significatif en fin d'année, ce que masque le prix annuel moyen en 2023 en forte contraction par rapport à 2022 (– 10 %).

La première partie de l'année a ainsi été caractérisée par un net repli des prix du caoutchouc naturel (– 20 % sur le TSR20 première position sur SGX). Ce recul s'est inscrit dans le prolongement d'une année 2022 où les prix s'étaient déjà fortement contractés en lien alors avec le virage pris par les politiques monétaires et les dernières manifestations de la politique « zéro-covid » en Chine. L'espoir d'un rebond du marché était pourtant bien de mise début 2023. L'analyse reposait sur l'anticipation d'un vigoureux rebond chinois, avec la levée des contraintes pesant sur l'économie, une stabilisation de la politique de la FED et l'intégration d'une contraction de l'offre avec le retour du phénomène climatique *El Niño*. Le début d'année 2023 a semblé valider ce scénario. Le prix du caoutchouc naturel TSR20 a ainsi atteint en janvier $ 145 cents/kg tonne en hausse de 11,5 % par rapport à la moyenne du dernier trimestre de 2022.

La réduction attendue des stocks avec l'entrée en hivernage des plantations et la confirmation du retour du phénomène *El Niño* aurait alors pu être des catalyseurs de hausse du marché sur le premier semestre de 2023. L'enlisement de l'économie chinoise a toutefois très vite assombri les perspectives sur la première partie de l'année. À l'inverse de ce qui était anticipé, l'économie chinoise n'a en effet pas retrouvé son envol. La crise immobilière s'est enkystée alors même que le secteur représente encore plus de 20 % de l'activité. La consommation intérieure est restée atone,

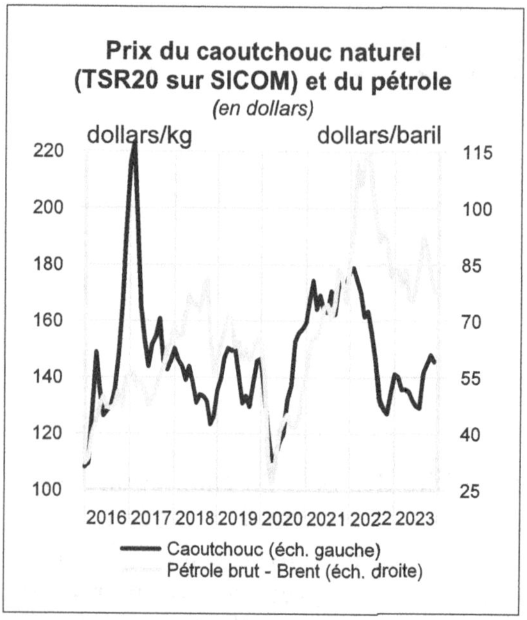

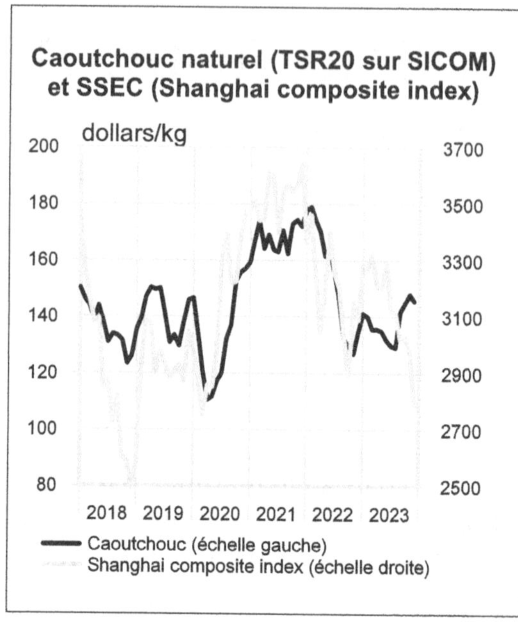

ce qui s'est traduit par des prix à la consommation en stagnation sur l'année (+ 0,2 %). Enfin, pour la première fois depuis 2016, la Chine a enregistré une forte contraction des exportations (– 4,6 % sur une base en dollars), entraînant une déflation des prix à la sortie d'usine, conséquence du recul de la demande. Cette conjoncture défavorable de l'économie chinoise, premier consommateur mondial de caoutchouc (40 % de la demande), a affecté négativement le prix du caoutchouc naturel. Plus globalement, le marché du caoutchouc naturel a été confronté à un ralentissement de la croissance économique mondiale, ce qui a conduit à une baisse continue des prix de février à août. Le point bas a été atteint mi-août avec un TSR20 à $ 127 cents/kg.

Cependant, depuis lors, le marché a connu un retournement significatif. Les déceptions liées à la demande chinoise ont été digérées et l'annonce d'un plan de relance a suscité de l'espoir (de septembre à décembre, trois fois sur quatre, le Caixin China PMI a été supérieur à 50). Parallèlement, le marché a apprécié la très bonne tenue du marché automobile. Le premier secteur consommateur de caoutchouc naturel a en effet connu une croissance vigoureuse de ses volumes (+ 10 %) bénéficiant notamment de la réduction des tensions sur les chaînes d'approvisionnement qui avaient perturbé l'industrie ces dernières années. Ainsi, les inquiétudes liées à la demande ont progressivement cédé la place à des préoccupations concernant l'offre. Le marché a en effet intégré le résultat des récoltes qui se sont avérées en repli significatif dans plusieurs grands pays producteurs de caoutchouc, en raison de conditions climatiques défavorables. L'effet anticipé du phénomène *El Niño* a probablement été un catalyseur de la hausse observée d'août à la fin d'année. Sur cette période, le cours du TSR est passé de $ 127 le 16 août à $ 156,1 le 29 décembre. Le SSR3, un autre grade de caoutchouc naturel, a connu une dynamique similaire.

La saisonnalité de la production et l'entrée en hivernage des plantations devraient soutenir la dynamique haussière du marché début 2024. Les surplus accumulés au second semestre 2023 sont en effet inférieurs à la normale (surplus normaux de 1,2/1,5 M/T), ce qui pourrait entraîner des tensions d'approvisionnement au premier semestre 2024. Ce scénario se reflète dans les prix puisque l'écart de base entre les contrats futures à courte et moyenne échéances s'est accentué sur la fin d'année.

La possible substitution pour certaines applications du caoutchouc naturel par des élastomères synthétiques (10 % des usages seraient substituables) entraîne traditionnellement un couplage entre prix du caoutchouc naturel et pétrole, les élastomères synthétiques étant dérivés de produits pétroliers. Ainsi, le rebond des prix du pétrole, avec des prix dans la fourchette $ 85-$ 95 le baril sur la période fin août-début novembre, peut en partie expliquer la rupture haussière des prix observée en septembre. Notons que le butadiène servant à la fabrication du SBR (*Styren Butadien Rubber*) a été en hausse au second semestre. Cette augmentation des cours n'a pas été rompue par le repli du prix du pétrole observé en fin d'année (le baril de Brent se situant dans la fourchette $ 75-$ 85) en raison notamment d'un mécanisme de fixation des prix moins volatils que le caoutchouc naturel (contrats industriels de long terme).

Au final, le cours moyen sur l'année 2023 a été de $ 138 cents/kg avec une volatilité mensuelle de $ 6,27 cents/kg. Si les cours sont en repli par rapport à la moyenne 2021 et 2022, ils restent en ligne avec ceux observés sur la période 2018-2020.

Une demande au point mort

Après une année 2022 morose, où la consommation de caoutchouc naturel n'avait progressé que de 1,7 % sur l'année, en grande partie en raison des perturbations qu'avait alors subies l'industrie automobile et des pneumatiques, 2023 devait marquer un retour à une croissance plus soutenue avec la levée des diverses contraintes pesant sur l'économie mondiale. Cependant, le scénario escompté ne s'est pas matérialisé. Selon les estimations de l'ANRPC (*Association of Natural Rubber Producing Countries*), la demande mondiale a été en très léger recul en 2023. La croissance de la consommation globale d'élastomère (naturel et synthétique) a été supérieure tirée par les élastomères synthétiques (+ 2,6 % selon les estimations de l'*International Rubber Study Group*) effaçant ainsi le repli significatif de l'année 2022 (– 1,7 %). À ce propos, il convient de noter que le marché se partage en volume presque équivalent entre caoutchouc naturel et synthétique.

Avec une part de consommation supérieure à 50 % du marché, le dynamisme des fabricants de pneumatiques est une donnée clé du marché. En 2023, le secteur a retrouvé ses niveaux de ventes prépandémie. Il a particulièrement bénéficié de la croissance des ventes de véhicules neufs, avec une demande mondiale sur le segment première monte en hausse de 9 % par rapport à 2022. Cette augmentation est le résultat du dynamisme des constructeurs automobiles qui ont profité de la décongestion des chaînes d'approvisionnement pour reconstituer leurs stocks ainsi que de la croissance soutenue des ventes de véhicules électriques, en particulier en Chine. Sur ce dernier point, l'évolution par trimestre de la demande chinoise permet de saisir les contrastes du marché du caoutchouc naturel en 2023. Alors que le premier trimestre a enregistré une baisse de 6 % des ventes, en raison du déstockage des constructeurs, le quatrième trimestre a été marqué par une hausse de 21 % des

Principaux pays exportateurs de caoutchouc naturel en 2023
(en tonnes)

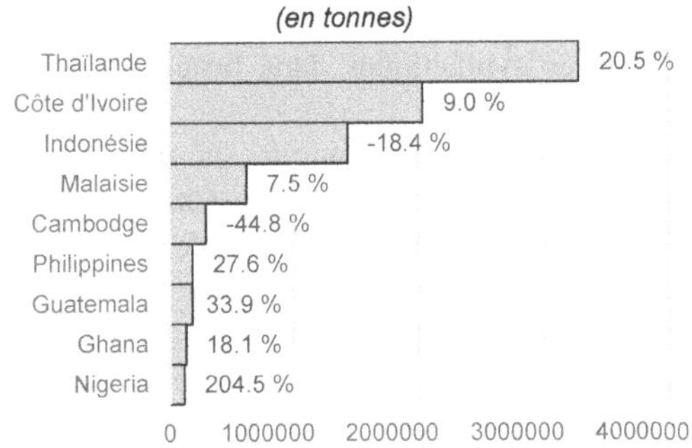

Les pourcentages correspondent au taux de variation par rapport à 2021.
(Source : Trademap)

Principaux pays importateurs de caoutchouc naturel en 2023
(en tonnes)

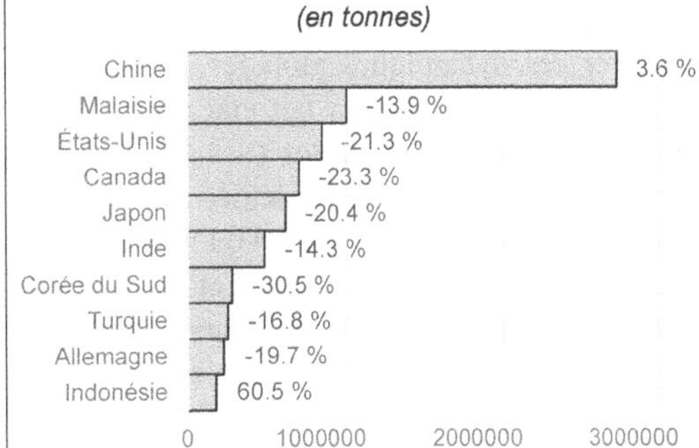

Les pourcentages correspondent au taux de variation par rapport à 2021.
(Source : Trademap)

Production et consommation mondiale de caoutchouc naturel

(millions de tonnes)

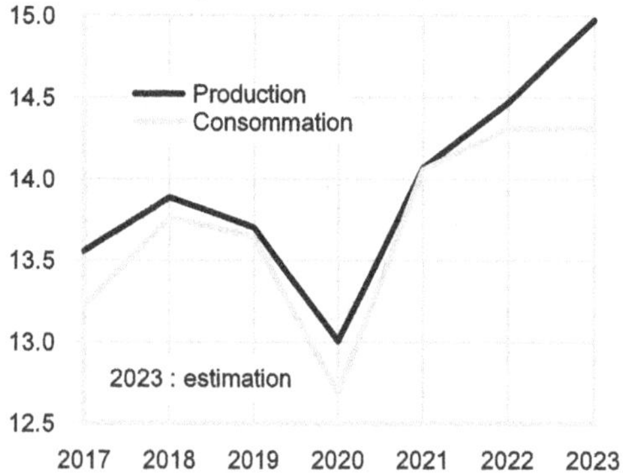

(Sources : International Rubber Study Group et Association of Natural Rubber Producing)

ventes, stimulée par la croissance des exportations de véhicules électriques vers le reste du monde. Sur les autres segments, on observe un repli des ventes de pneumatiques poids lourds (– 4 %), ce qui influence négativement la demande de caoutchouc naturel, étant donné que ces pneumatiques contiennent une proportion nettement plus élevée de caoutchouc naturel. En revanche, les autres segments fortement intensifs en caoutchouc naturel, tels que les pneumatiques pour les mines, l'agriculture ou l'aviation, connaissent une croissance dynamique, stimulée par l'augmentation de l'extraction minière, la hausse des prix des matières premières agricoles et la reprise du trafic aérien, notamment régional.

Les résultats de Michelin en 2023 permettent d'illustrer ces dynamiques globales. Le fabricant français de pneumatiques a fait état d'une réduction de ses volumes de ventes (– 4,6 %) en lien avec sa stratégie visant à privilégier des pneumatiques à forte valeur ajoutée, ainsi qu'à un contexte marqué par une forte incertitude et des hausses de taux ayant incité les distributeurs à déstocker massivement. Cela a conduit à une réduction des volumes d'achat de caoutchouc naturel, ce qui a eu pour effet de réduire le taux de matières renouvelables et recyclées du groupe qui s'établit en 2023 à 28 % contre 30 % en 2022. L'objectif fixé est d'amener ce ratio à 40 % d'ici 2030 et 100 % d'ici 2050. Ces exigences environnementales, partagées par la plupart des grands fabricants de pneumatiques, devraient conduire à soutenir la demande de caoutchouc naturel dans les années à venir.

La prise en compte croissante d'objectifs environnementaux devrait du reste orienter à l'avenir la demande vers des zones de production plus proches des marchés finaux et vers du caoutchouc naturel conforme aux normes de traçabilité. Ce dernier point découle en partie de l'adoption du règlement européen visant à lutter contre la déforestation et la dégradation des forêts en 2023. Sujet à de vives discussions, le caoutchouc naturel fait bien partie du champ d'application du nouveau règlement ; contrairement à la réglementation britannique qui a finalement décidé d'exclure le caoutchouc de sa liste de matières premières soumises à réglementation. Concrètement, dès la fin de 2024, les entreprises concernées par le règlement devront mettre en œuvre de dues diligences pour garantir que leurs produits n'ont pas contribué à la déforestation. Cela implique notamment une géolocalisation à la parcelle du caoutchouc naturel, ce qui devrait segmenter le marché entre les producteurs à même d'assurer cette traçabilité et les autres. L'ajustement de la demande à ces normes environnementales devrait conduire à une restructuration du marché. Il est toutefois prématuré d'en évaluer précisément les implications, bien que les petits producteurs soient susceptibles d'être les plus touchés. À cet égard, il convient de noter que 85 % de la production provient de plantations de moins de 2 hectares.

Au-delà du secteur automobile, la prise en considération des enjeux environnementaux offre une opportunité à moyen terme pour le caoutchouc naturel dont l'utilisation pourrait être préférée aux élastomères synthétiques dans beaucoup de ses autres utilisations.

Sur le plan géographique, la demande se concentre toujours davantage en Chine (+ 40 % de la demande mondiale) et en Inde (+ 10 % de la demande mondiale et en croissance de plus de 5 %). Le poids des pays occidentaux continue de reculer tant en termes relatifs qu'absolus. Ainsi, la demande en provenance de l'Union européenne a reculé en 2023 et représente désormais moins de 10 % de la demande mondiale, rejoignant ainsi les États-Unis et le Japon parmi les blocs représentant moins de 10 % du marché.

Dynamisme régional et aléas climatiques : une offre en mutation

Selon les estimations de décembre 2023 de l'ANRPC, la production mondiale de caoutchouc naturel a augmenté de 3,5 % en 2023. Cette croissance masque de très fortes disparités régionales. La production est en effet en recul en Asie du Sud-Est, tandis qu'elle est en très forte progression en Afrique de l'Ouest. Ainsi, la production en Thaïlande, premier producteur mondial de caoutchouc, aurait diminué de 8 à 10 % en 2023, pour finalement atteindre 4,5 millions de tonnes. Des observations similaires peuvent être faites en Indonésie (deuxième producteur mondial) où la production s'est établie à 2,28 millions de tonnes en repli de 12 % par rapport à 2022. Parallèlement, la production en Côte d'Ivoire, premier producteur africain et désormais troisième producteur mondial, a connu une croissance de la production supérieure de 16 % selon l'ANRPC, dépassant pour la première fois le 1,5 million de tonnes de production annuelle. Ces résultats marquent une accélération des dynamiques observées ces dernières années et attestent d'une nouvelle géographie du caoutchouc naturel. Cela n'est pas sans rappeler l'introduction de la culture de l'hévéa en Extrême-Orient au début du XXe siècle, qui avait marginalisé la production d'Amérique latine. Pour information, la part de marché du Brésil, premier producteur latino-américain, est aujourd'hui inférieure à 2 %. À l'échelle sous-régionale, ces mouvements évoquent également la situation malaisienne, premier producteur mondial dans les années quatre-vingt, qui a fortement reculé dans la hiérarchie des pays producteurs et dont la production représente aujourd'hui moins de 3 % de la production mondiale.

Cette nouvelle géographie a des causes multifactorielles. Elle s'explique conjointement par les difficultés du modèle de plantation en Asie du Sud-Est et l'émergence d'un modèle ouest-africain soutenable. Le modèle asiatique a d'abord été fragilisé ces dernières années par la propagation de certaines maladies touchant les plantations, en particulier la maladie des feuilles Pestalotiopsis microspora, maladie fongique qui réduit la production de sève. L'épidémie qui a débuté en 2018 en Indonésie s'est répandue sur tout le continent du sud-est asiatique. La réduction de la production causée par la maladie (rendements inférieurs de 15 à 50 % sur les arbres touchés) a conduit, dans un contexte de prix bas ces dernières années, à l'abandon de certaines plantations en raison de leur non-rentabilité, à des pratiques de saignées moins durables (car plus intenses) et à l'abandon des bonnes pratiques pour limiter la propagation de l'épidémie. La propagation de l'épidémie est toutefois favorisée en premier lieu par les conditions météorologiques, et en particulier par des précipitations fortes et fréquentes couplées à des températures élevées. Ce cocktail a été obtenu par la conjonction du phénomène climatique *La Niña* observé de 2020 à février 2023, causant des pluies plus abondantes, et par le réchauffement climatique. Le retour du phénomène *El Niño* au printemps 2023 est susceptible de limiter la propagation de l'épidémie. Cela n'est pas pour autant une bonne nouvelle pour la productivité des plantations. De nombreuses évidences montrent en effet que le réchauffement des températures ainsi que la baisse des précipitations engendrés par *El Niño*, notamment en Asie du Sud-Est, réduisent les rendements des plantations.

Le modèle asiatique souffre parallèlement d'un manque de main-d'œuvre qui entrave la production. Ce déficit s'explique par les conditions de rémunération, influencées négativement par la baisse des cours ainsi que par les mauvaises conditions climatiques ayant réduit les jours ouvrables des saignées. Dans ces conditions, la main-d'œuvre peu qualifiée s'est tournée vers d'autres secteurs plus rémunérateurs.

La dynamique est bien différente en Côte d'Ivoire qui, année après année, gagne en parts de marché. Cela s'explique d'abord par la très bonne compétitivité de la production, en lien avec un coût de la main-d'œuvre inférieur au coût asiatique et des standards de qualité de production souvent supérieurs. Cela résulte également du fait que la production ivoirienne a été jusqu'alors épargnée par les épidémies à grande échelle. La Côte d'Ivoire s'est fixé pour objectif de poursuivre la montée en puissance de sa production primaire. Différents leviers peuvent être actionnés pour cela. Premièrement, la Côte d'Ivoire ambitionne d'augmenter de 100 000 hectares les plantations d'ici cinq ans. Deuxièmement, des initiatives sont lancées pour améliorer la productivité des plantations villageoises qui demeurent très inférieures à celles des plantations industrielles. La stratégie ivoirienne consiste également à développer localement fortement le secteur de la première transformation du caoutchouc naturel. L'augmentation rapide de la production n'a en effet pas été suivie par le développement d'unités industrielles suffisantes pour la production de TSR et une partie de la production de coagulums (« fonds de tasse ») est exportée pour la première transformation en Asie du Sud-Est, majoritairement en Malaisie. Afin de développer l'aval de la filière et les exportations de TSR, les autorités ivoiriennes ont ainsi décidé récemment de mettre en œuvre un embargo sur les exportations de coagulums à partir de janvier 2024. Ce type de mesures protectionnistes devrait faire tache d'huile et avoir un effet néfaste sur les pays ne contrôlant plus l'amont de la filière, ce qui est notamment le cas de la Malaisie qui a conservé des unités industrielles de première et seconde transformations importantes alors que sa production domestique de coagulum a considérablement décliné. La croissance ivoirienne devrait enfin être soutenue par l'expertise du pays en termes de traçabilité. Cette expertise a notamment été développée grâce à la filière cacao. Celle-ci a anticipé la réglementation de l'Union européenne contre la déforestation importée et a mis en place des outils de traçabilité qui seront utiles à la filière du caoutchouc naturel, dont l'intégration à la réglementation a été jusqu'au dernier moment très incertaine. Dans le sillage de la Côte d'Ivoire, d'autres pays de l'Afrique de l'Ouest (Nigeria, Ghana, Libéria, Cameroun) essaient de développer leur filière caoutchouc.

De manière plus globale, l'offre dépendra à l'avenir de la nature du changement climatique et de la capacité d'adaptation des différentes régions productrices. À cet égard, le Cirad a publié d'excellents travaux cartographiant les effets attendus du réchauffement climatique pour la production de caoutchouc naturel.

Jute : *toujours à la peine*

Le marché du jute a progressé encore en 2022-2023, porté notamment par une bonne récolte en Inde. Les cours se sont affaiblis tout au long de l'année 2023 et la production est repartie à la hausse. Les exportations de fibre de jute s'affichent aussi en hausse.

La production mondiale de jute, kénaf et fibres apparentées a poursuivi sa croissance en 2022-2023, selon les dernières estimations de l'Organisation des Nations unies pour l'alimentation et l'agriculture, la FAO. Avec 3 349 000 tonnes, elle avait augmenté de 2,6 % par rapport à la campagne précédente où elle s'élevait à 3 264 500 tonnes. La récolte dépasserait même légèrement de 0,6 % celle, record, de 2016-2017 où elle atteignait 3 328 400 tonnes. Sur les cinq dernières campagnes, la moyenne de production s'établit à 3 053 100 tonnes.

Des prix en nette baisse

Du côté économique, les cours du jute brut Fob Mongla sont nettement redescendus. Le prix moyen s'établit à $ 820/t en 2023 contre $ 1 155/t en 2022 et $ 1 545,4/t en 2021, soit une baisse de près de 30 % sur un an et de 47 % sur deux ans. Les cours retrouvent leurs niveaux de 2020 lorsque les prix s'établissaient à $ 852,5/t. La baisse de la production, des stocks presque inexistants et la crise sanitaire du covid avaient en effet alors provoqué une hausse spectaculaire des prix, de 80 %, entre 2020 et 2021. Ils ont atteint un sommet en février 2021, avec $ 2 050/t. En 2023, les prix ont régulièrement baissé, passant de $ 950/t en janvier à $ 700/t en décembre.

L'Inde dépasse le Bangladesh

Côté production, l'Inde réalise encore cette année une belle progression, de 5,5 %, avec 1,710 mil-

Prix du jute - BWD (Fob Mongla)
(en dollars/tonne)

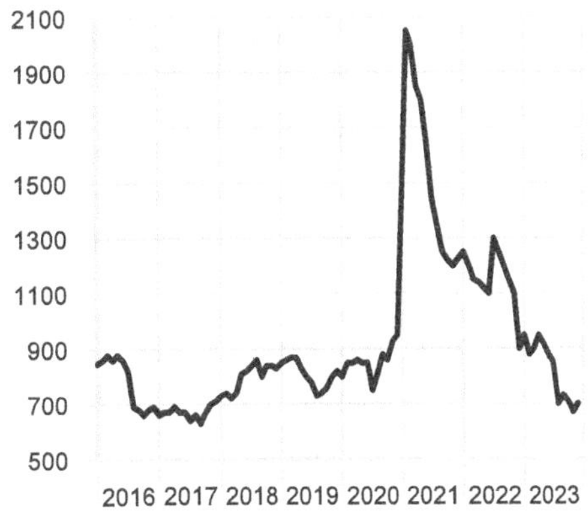

(Source : Bangladesh Jute Mills Corporation – The Public Ledger)

lion de tonnes produites de jute, kénaf et fibres apparentées en 2022-2023 contre 1,620 Mt en 2021-2022, selon les estimations de la FAO. Elle dépasse pour la première fois la production du Bangladesh, en légère diminution. Malgré quelques vagues de chaleur extrême, cette situation s'explique en partie par une météorologie favorable, marquée par des phases ensoleillées soutenues par des pluies périodiques. Du côté des surfaces, elles ont augmenté en Inde, passant de 667 300 ha en 2021-2022 à 680 000 ha en 2022-2023. Les rendements ont encore atteint des niveaux record, à 2,51 t/ha contre 2,43 t/ha en 2021-2022, très loin au-dessus de l'année 2020-2021 lorsqu'ils s'établissaient à 1,63 t/ha en moyenne.

La récolte du Bangladesh s'élève à 1,533 Mt en 2022-2023, en très légère baisse sur un an, de 0,3 %. Le pays a été moins chanceux côté climat que l'Inde. Le pays a en effet été confronté à une combinaison peu avantageuse de températures élevées et de manque de précipitations. Par ailleurs, les surfaces sont encore en baisse, pour la deuxième année consécutive, passant de 789 000 hectares en 2021-2022 à 714 000 ha en 2022-2023.

Jute, kénaf et fibres apparentées

(en milliers de tonnes)

		2017-2018	2018-2019	2019-2020	2020-21	2021-2022	2022-2023 (p)
Production mondiale		**3 145.1**	**2 957.7**	**2 803.5**	**2 890.7**	**3 264.5**	**3 349.0**
dont	Inde	1 368.0	1 296.0	1 224.0	1 080.0	1 620.0	1 710.0
	Bangladesh	1 655.8	1 543.0	1 466.0	1 698.0	1 537.0	1 533.0
	Chine	50.0	47.2	43.5	40.6	37.4	36.1
	Vietnam	0.5	0.5	0.5	0.3	0.3	0.2
	Indonésie	3.0	3.3	3.3	3.3	3.3	3.3
	Birmanie	0.3	0.3	0.3	0.2	0.1	0.2
	Autres	1.2	1.2	1.2	1.3	1.3	1.3
	Népal	11.6	11.2	10.6	10.2	10.5	10.2
	Thaïlande	0.3	0.3	0.3	0.3	0.3	0.3
Exportations mondiales		**278.5**	**200.5**	**206.7**	**165.49**	**203.2**	**281.5**
**de fibres*	Bangladesh	232.6	150.0	156.4	107.0	145.0	226.0
**d'articles manufacturés*		**1 020.7**	**889.2**	**909.5**	**861.0**	**770.0**	
dont	Bangladesh	827.1	718.7	713.3	700.2	600.0	
	Inde	91.8	76.1	78.1	61.4	70.0	
Importations mondiales*							
	Fibres	292.2	276.2	241.3	213.0	215.6	259.7
	Produits	970.3	835.1	859.7	851.2	750.5	

* Année civile

(Source : International Jute Study Group)

Cette baisse est partiellement compensée par de bons niveaux de rendements, en hausse, à 2,15 t/ha contre 1,95 t/ha un an auparavant.

Le Bangladesh poursuit sa politique d'exportation

Avec une situation sanitaire internationale qui s'apaise, les exportations de fibres de jute progressent en 2022-2023, selon les chiffres de la FAO. Elles sont en hausse de 38,6 % à 281 500 tonnes, contre 203 020 tonnes en 2021-2022, et en augmentation de 70 % par rapport à 2020-2021, qui était le chiffre le plus bas sur dix ans.

Le Bangladesh entend poursuivre le développement de ses exportations, avec notamment l'expansion de ses ports. D'un point de vue plus politique, le ministère du Commerce a créé, en avril 2023, le *Jute Product Business Promotion Council* (JPBPC). Son objectif est de diversifier les produits de jute, de stimuler les exportations notamment vers l'Europe et de s'appuyer sur les technologies modernes.

Quant aux importations de fibres de jute, kénaf et fibres apparentées, elles sont en hausse de 20 %, à 259 650 tonnes en 2022 contre 215 690 tonnes en 2021, mais encore loin des 300 700 tonnes importées en 2016. Les importations de l'Inde doublent, passant de 52 940 tonnes en 2021 à 105 670 tonnes en 2022. Le Pakistan (58 320 tonnes, – 6, 4 %), le Népal (39 230 tonnes, + 5,1 %) et la Chine (17 760 tonnes, – 17 %) restent les principaux pays importateurs.

Sisal et henequen

(en milliers de tonnes)

	2018	2019	2020	2021	2022
Production mondiale	**247.4**	**251.5**	**264.4**	**276.8**	**259.2**
Brésil (sisal)	82.9	86.8	86.0	98.4	80.3
Chine (sisal)	63.0	63.0	63.0	63.5	64.0
Tanzanie (sisal)	37.5	36.4	36.4	36.2	36.3
Kenya (sisal)	23.7	25.8	30.3	32.2	32.3
Mexique (henequen)	9.0	6.8	16.0	13.3	13.0
Madagascar (sisal)	6.2	6.2	5.8	6.1	6.2
Exportations mondiales	**137.3**	**143.3**	**155.2**	**158.0**	**152.3**
de fibres	**82.6**	**87.0**	**96.3**	**102.7**	**101.8**
Brésil	29.5	36.2	34.4	38.1	35.2
Kenya	23.1	22.3	28.5	29.5	28.9
Tanzanie	23.9	22.8	27.6	28.9	32.4
Madagascar	5.9	5.6	5.6	6.0	5.0
de produits	**54.7**	**56.2**	**58.9**	**55.3**	**50.4**
Brésil	20.2	22.4	24.9	21.8	21.0
Europe	11.0	8.6	7.2	9.3	8.4
Chine	5.9	5.8	6.4	6.9	5.2
Tanzanie	4.7	3.7	2.8	2.8	2.8

(Source : FAO)

Autres fibres dures

(en milliers de tonnes)

	2018	2019	2020	2021
• Abaca				
Production totale	**86.8**	**82.8**	**75.9**	**83.5**
Philippines	76.3	69.8	61.5	67.5
Équateur	8.2	10.5	12.0	13.6
Autres pays	2.4	2.4	2.4	2.4
• Fibre de coco				
Fibre brune				
Production totale	**844.0**	**875.3**	**948.5**	**962.3**
Inde*	475.4	490.3	574.4	608.1
Sri Lanka*	90.4	105.9	126.3	117.1
Vietnam	127.9	119.2	96.1	81.6
Thaïlande	68.7	82.0	70.4	65.4
Autres pays	81.6	77.8	81.3	90.2
Fibre blanche				
Inde	84.0	85.0	85.0	85.0
• Filés de coco				
Production totale	**349.8**	**463.4**	**458.1**	**469.3**
Inde	335.7	449.8	446.0	456.0
Sri Lanka	12.1	11.6	10.1	11.3
Thaïlande	2.0	2.0	2.0	2.0

* Les données de l'Inde et du Sri Lanka n'incluent pas les volumes de « coir pith »

(Source : FAO)

Sisal et fibres dures :
des prix en baisse

En 2023, le prix de l'ensemble des fibres de sisal a diminué, quelle que soit leur provenance. Cependant, le sisal africain s'échange à des niveaux très supérieurs à ceux du sisal brésilien. La segmentation du marché, entamée depuis plusieurs années, se poursuit donc. Ainsi, le Brésil produit des fibres à bas prix, principalement achetées par la Chine pour son industrie manufacturière. Tandis que les fibres africaines, de meilleure qualité, sont destinées majoritairement à l'industrie de la construction, en Afrique ou au Moyen-Orient.

En 2023, les prix du sisal brésilien et des sisals africains sont en baisse

Après une baisse de 10 % en 2022, le prix du sisal brésilien n° 3 de Bahia était annoncé en hausse en 2023. Cependant, son prix a diminué de 18 %, s'établissant à $ 1 006/t. Il est ainsi passé sous le niveau moyen annuel bas qu'il avait atteint en 2020 ($ 1 065/t). Dans ce contexte, des prix garantis ont été annoncés par la *Companhia Nacional de Abastecimento* (Compagnie nationale d'approvisionnement) en juillet 2023. Cette entreprise publique brésilienne est chargée de l'achat de produits agricoles afin d'assurer un niveau de revenu satisfaisant aux agriculteurs, à des prix cohérents avec le marché. Ses dernières propositions, qui auraient été établies sur des rendements à l'hectare trop élevés, n'ont pas convaincu. Ainsi, les producteurs agricoles ont cédé leur marchandise à divers acheteurs privés pour tenter de couvrir leurs coûts de production.

En Afrique de l'Est, le prix du sisal de grade 3L est, lui aussi, en baisse, et ce pour la première fois depuis 2018. Il est vendu $ 2020/t en moyenne

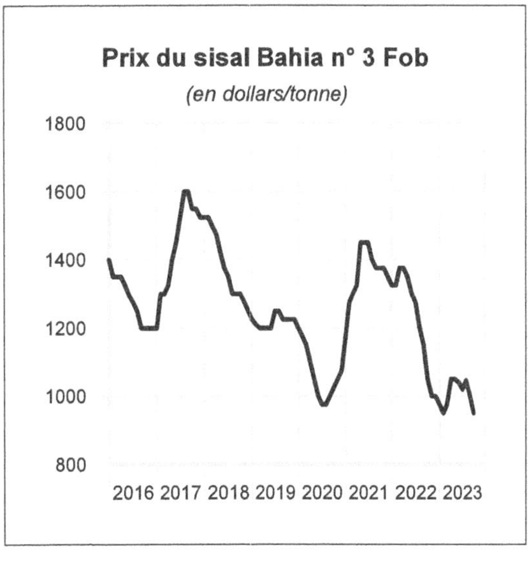

(– 11 % par rapport à 2022). Le sisal de grade UG chute dans les mêmes proportions (– 12 %) et atteint $ 1 790/t en moyenne.

Ainsi, bien que tous les prix du sisal diminuent, ils continuent à diverger très fortement selon leur provenance : les prix des sisals d'Afrique de l'Est sont supérieurs à ceux du sisal brésilien, de 101 % pour le grade 3L et de 78 % pour le grade UG. Un si grand écart n'avait jamais été observé au cours des dix dernières années. Bien que le niveau de prix des sisals ouest-africains soit beaucoup plus élevé que celui du Brésil, cette situation n'est pas favorable aux producteurs et exportateurs d'Afrique désormais concurrencés par le sisal brésilien, sur les segments de marché les moins rémunérateurs pour eux.

La production mondiale de sisal, fortement impactée par la baisse de la production brésilienne, diminue

En 2023, de fortes corrections (+ 6 %) ont été publiées au sujet de la production mondiale 2021 de sisal (et d'henequen). Elle est désormais mesurée à 276 800 tonnes en 2021, contre 261 200 tonnes estimées initialement. En 2022, elle s'est établie à 259 200 tonnes, en baisse de 6 % par rapport à 2021. Ce recul s'explique principalement par la baisse des récoltes brésiliennes de sisal, mais aussi par la baisse de 3 % de la production d'henequen au Mexique (13 000 tonnes en 2022). Toutefois, les deux pays gardent leurs places de premiers producteurs mondiaux.

Alors que la production brésilienne de sisal était attendue en hausse en 2022, elle a diminué de 18 %, par rapport à 2021, année durant laquelle les conditions météorologiques avaient permis de très bonnes récoltes (98 400 tonnes). La production brésilienne a atteint 80 300 tonnes en 2022. Au début de l'année 2023, les conditions météorologiques se sont révélées favorables, mais le dernier trimestre de l'année a été moins pluvieux. Dans ces conditions et en l'absence de données, il est difficile de faire des prévisions sur le niveau des dernières récoltes.

La Chine, deuxième producteur mondial, a récolté 64 000 tonnes de fibres en 2022, en hausse de 1 % par rapport à 2021. Des informations avaient été publiées fin 2022 sur le développement de plantations chinoises. Elles avaient pour but d'augmenter la production nationale et surtout de diminuer la dépendance du pays aux importations. Les plantations de sisal mettant plusieurs années à entrer en production, et à défaut de nouvelles informations sur ces projets, il est pour l'instant difficile d'en mesurer l'impact.

Les conditions météorologiques sont généralement très variables en Afrique de l'Est, au Kenya, ainsi que dans certaines régions tanzaniennes. Malgré cela, la production continue à augmenter

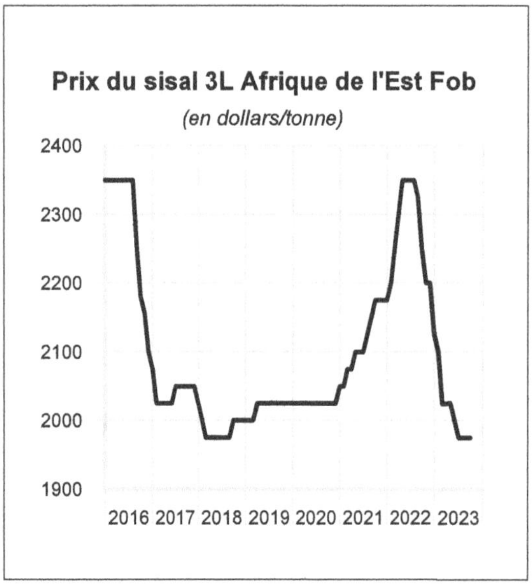

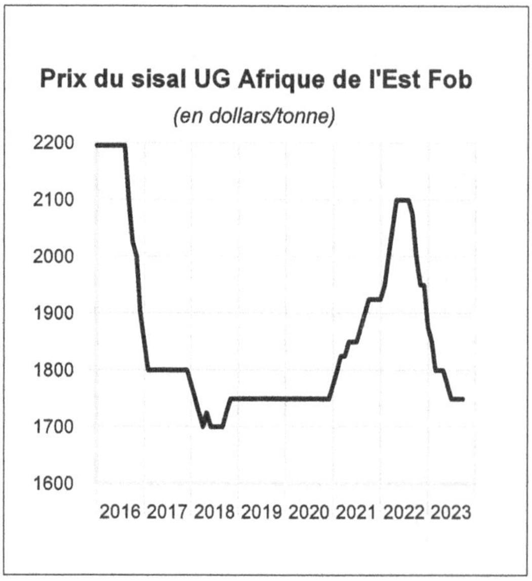

régulièrement en Tanzanie. En 2022, elle a progressé de 16 %, pour atteindre 36 300 tonnes, grâce à l'entretien régulier et adapté des plantations du pays. Les activités de production et de transformation du sisal bénéficient du dynamisme général de l'économie nationale. Cependant, la hausse de prix des produits importés, et notamment de l'énergie, risque à terme de peser sur la production.

Le Kenya, bien que plus fortement soumis aux variations climatiques que la Tanzanie, reste le quatrième producteur mondial, avec une production stable de 32 300 tonnes. L'économie nationale est, tout comme en Tanzanie, dynamique, mais impactée par la hausse des prix des produits importés.

La présence d'*El Niño* et d'un dipôle positif apparu dans l'océan Indien à la fin de l'année 2023, risque de modifier encore les conditions de production de ces deux pays et de Madagascar en 2024. En 2022, la production malgache, bien que soumise aux conséquences du changement climatique, a augmenté très légèrement (+ 2 %). Toutefois, elle ne représente que 2 % des volumes produits mondialement. Bon nombre de plantations manquent d'entretien, voire ne sont plus entretenues. Les faibles précipitations et la hausse des coûts de l'énergie pèsent sur la production, ainsi que sur la transformation et n'incitent pas les opérateurs à réinvestir dans cette culture. Les rendements en fibres, par hectare, diminuent. Il est donc de plus en plus difficile de couvrir les frais d'exploitation.

Dans un marché mondial en baisse, la Tanzanie devient le deuxième exportateur mondial devant le Kenya

En 2022, les exportations mondiales de fibres et de produits manufacturés ont diminué de 4 % à 152 300 tonnes, alors qu'elles avaient régulièrement progressé au cours des trois années précédentes malgré les difficultés liées au transport maritime mondial. La majeure partie des ventes continue à se faire sous forme de fibres (67 % des volumes), tandis que le reste est commercialisé sous forme de cordages ou d'autres produits manufacturés (33 % des volumes).

En 2022, les exportations de produits transformés ont connu un recul important. Elles ont diminué de 9 % pour s'établir à 50 400 tonnes. Au cours de la même année, les exportations de fibres se sont établies à 101 800 tonnes, en baisse de 1 % seulement. En 2021, les importateurs chinois avaient passé de très importantes commandes, dépassant parfois leurs capacités de traitement réelles. Puis, certains avaient remis sur le marché des fibres à bas prix au cours de l'année 2022. Il semble que ces comportements n'ont finalement eu qu'un impact limité sur les exportations mondiales de fibres.

En 2022, le Brésil, en exportant 42 % des volumes mondiaux de produits et 35 % des volumes de fibres, conserve sa place de leader mondial. Cependant, le fort recul de sa production a un impact sur ses exportations : 35 200 tonnes ont été vendues en 2022, en baisse de 8 % par rapport à 2021. Les volumes de cordages et d'objets manufacturés exportés ont aussi baissé, mais dans une moindre mesure (– 4 %). Bien que les éléments chiffrés ne soient pas confirmés, les exportations du Brésil ont été annoncées en hausse en 2023. Elles sont principalement destinées à la Chine, son premier client. Les échanges entre ces deux pays ont été favorisés par des prix très bas en 2022 et par la baisse des taux de fret. Cependant, cette baisse, normalement favorable aux exportations, rend désormais difficile la réservation d'espace sur les bateaux en partance du Brésil, impactant le niveau d'activité en 2023. Au début de l'année 2024, et à l'approche du Nouvel an chinois, les expéditions brésiliennes ont été ralenties, mais elles devraient reprendre à un rythme plus soutenu.

En 2022, les exportations de fibres de la Tanzanie ont progressé (+ 12 %) tandis que celles du Kenya étaient en retrait (– 2 %). La Tanzanie est ainsi devenue le deuxième exportateur mondial, avec 32 400 tonnes exportées. Les volumes vendus par le Kenya (28 900 tonnes) l'ont classé à la troisième place. Désormais, 35 % des fibres commercialisées sur les marchés mondiaux sont brésiliennes, 32 % sont tanzaniennes et 28 % viennent du Kenya.

Les exportations mondiales en baisse traduisent une consommation de sisal peu dynamique

La Chine est le premier importateur mondial de fibres de sisal. En 2022, l'économie nationale atone a été affectée par la dépréciation du yuan, la faiblesse de la consommation domestique et la crise immobilière. Ce contexte a eu un impact négatif sur les transformateurs de sisal qui se sont fait fortement concurrence très forte, sur un marché peu dynamique. Pour limiter leurs coûts de production, ils ont importé des fibres de sisal les moins chères possible, en provenance du Brésil. Cela a pénalisé les exportateurs africains qui ont vu leurs stocks de fibres augmenter sans trouver preneur, alors même que les coûts de fret, depuis les côtes d'Afrique de l'Est, sont moins élevés que depuis le Brésil. Cette tendance a participé à la baisse des prix du sisal est-africain sur la seconde partie de l'année 2023.

Par ailleurs, l'ensemble des industriels fabriquant des produits manufacturés, qu'il s'agisse de matériaux tissés ou de papier, ont été fortement impactés par le coût de l'énergie, en 2023. Certains projets, annoncés en 2022, sont restés en suspens, ce qui n'a pas favorisé les achats de matière première.

Par ailleurs, les exportations de sisal d'Afrique de l'Est, précédemment destinées à l'industrie de la construction du continent africain, ont vu leur niveau diminuer en 2022, sauf pour la Tanzanie. Les informations ne sont pas disponibles pour 2023, mais il semble que les achats pourraient se réduire encore, du fait du ralentissement de la croissance économique en Afrique de l'Ouest. Les difficultés politiques et sécuritaires auxquelles sont confrontés certains pays de la zone sont également en cause.

Enfin, les exportations de sisal de Madagascar s'établissent à 5 000 tonnes en 2022, en baisse de 16 % par rapport à 2021. Les difficultés d'exportation sont liées au manque de dynamisme de la production, mais le sisal malgache est surtout victime de la concurrence du sisal en provenance de la Tanzanie et du Kenya. Les taux de fret depuis ces deux pays sont bien moins élevés que ceux du port d'Ehoala.

Après une évolution plutôt positive au cours des dernières années, le marché du sisal est à nouveau confronté à des incertitudes, qu'il s'agisse des conditions météorologiques dans les zones de production, de la situation économique des pays consommateurs de sisal pour l'industrie ou la construction, ou de l'évolution du conflit en mer Rouge.

Régions aux climats arides et semi-arides :
des protections menstruelles en sisal

En utilisant des fibres de sisal, des chercheurs de l'université de Stanford ont développé un matériau absorbant utilisable pour la fabrication de protections hygiéniques, dans les zones arides et semi-arides, où le pouvoir d'achat de la population est limité. Les résultats de leurs travaux pourraient être utilisés par des fabricants locaux.

- IV -

Produits aquatiques

Production mondiale de poissons par pays et régions
(en millions de tonnes)

	Capture			Aquaculture		
	2019	**2020**	**2021**	**2019**	**2020**	**2021**
ASIE	**48.7**	**46.8**	**46.6**	**75.3**	**77.4**	**80.3**
Bangladesh	1.9	1.9	2.0	2.5	2.6	2.6
Chine	14.9	14.0	13.7	48.5	49.9	51.4
Hong Kong	0.1	0.1	0.1	0.0	0.0	0.0
Taïwan	0.8	0.6	0.7	0.3	0.3	0.3
Inde	5.5	4.6	5.0	7.9	8.6	9.4
Indonésie	7.3	6.9	7.1	5.6	5.2	5.5
Japon	3.2	3.2	3.1	0.6	0.6	0.6
Corée du Sud	1.4	1.4	1.3	0.6	0.6	0.6
Philippines	1.8	1.9	1.8	0.9	0.9	0.9
Thaïlande	1.5	1.6	1.4	1.0	1.0	1.0
Vietnam	3.4	3.5	3.5	4.5	4.7	4.7
AFRIQUE	**10.1**	**9.8**	**10.3**	**2.3**	**2.3**	**2.3**
Égypte	0.4	0.4	0.4	1.6	1.6	1.6
Mauritanie	0.7	0.7	0.9	0.0	0.0	0.0
Maroc	1.5	1.4	1.4	0.0	0.0	0.0
Namibie	0.5	0.3	0.4	0.0	0.0	0.0
Nigeria	0.8	0.8	0.8	0.3	0.3	0.3
Sénégal	0.5	0.5	0.5	0.0	0.0	0.0
Afrique du Sud	0.4	0.6	0.5	0.0	0.0	0.0
Ouganda	0.6	0.6	0.6	0.1	0.1	0.1
CARAÏBES	**0.1**	**0.1**	**0.1**	**0.0**	**0.0**	**0.0**
AMÉRIQUE CENTRALE	**2.2**	**2.0**	**2.2**	**0.4**	**0.4**	**0.4**
Mexique	1.6	1.5	1.6	0.3	0.3	0.2
Panama	0.2	0.2	0.2	0.0	0.0	0.0
AMÉRIQUE DU SUD	**9.6**	**10.1**	**11.6**	**3.1**	**3.3**	**3.4**
Argentine	0.8	0.8	0.9	0.0	0.0	0.0
Brésil	0.7	0.7	0.8	0.6	0.6	0.6
Chili	2.0	1.8	2.0	1.4	1.5	1.4
Équateur	0.6	0.6	0.9	0.7	0.8	0.9
Pérou	4.8	5.6	6.5	0.2	0.1	0.2
AMÉRIQUE DU NORD	**5.8**	**5.2**	**5.3**	**0.7**	**0.6**	**0.6**
Canada	0.8	0.7	0.7	0.2	0.2	0.2
États-Unis	4.8	4.2	4.3	0.5	0.4	0.4
EUROPE	13.9	13.8	13.5	3.3	3.3	3.6
UE à 27	4.2	3.9	3.6	1.1	1.1	1.2
Royaume-Uni	0.6	0.6	0.6	0.2	0.2	0.2
Islande	1.0	1.0	1.0	0.0	0.0	0.0
Norvège	2.3	2.5	2.4	1.5	1.5	1.7
Russie	5.0	5.1	5.2	0.2	0.3	0.3
OCÉANIE	**1.6**	**1.5**	**1.5**	**0.2**	**0.2**	**0.2**
Australie	0.2	0.2	0.2	0.1	0.1	0.1
Nouvelle-Zélande	0.4	0.4	0.3	0.1	0.1	0.1
MONDE	**92.2**	**90.3**	**90.1**	**85.2**	**87.5**	**90.9**

(Source : FAO FISHSTATJ 2024)

Produits aquatiques :
hausse des prix

La production mondiale de la pêche et de l'aquaculture a stagné en 2023, tandis que les facteurs économiques continuent de peser sur la demande des consommateurs. La production annuelle de la pêche et de l'aquaculture a atteint 185 millions de tonnes (Mt) en 2023, soit 0,6 % de plus qu'en 2022, principalement en raison de l'expansion et de l'intensification de l'aquaculture dans l'Atlantique Nord.
Les conditions météorologiques d'*El Niño* ont particulièrement entraîné une réduction de la production de petits pélagiques, notamment des captures d'anchois péruviens à la suite de l'annulation de la première saison 2023. L'offre étant déjà limitée, les perspectives revues à la baisse dans ce secteur devraient entraîner une diminution de l'offre mondiale de farine et d'huile de poisson pour l'année à venir, avec un impact en cascade sur l'offre mondiale de produits aquacoles et d'intrants pour l'alimentation du bétail.
Les fluctuations monétaires continuent d'avoir divers impacts sur le commerce, le renforcement du dollar américain ayant déjà réduit l'accessibilité des importations de produits aquatiques non seulement pour de nombreux pays en développement, mais aussi pour des marchés plus importants tels que l'Union européenne, ce qui ajoute aux hausses de prix liées à l'inflation.
La hausse des prix de certaines espèces et la faiblesse de la croissance économique ont affaibli la demande globale de produits de la pêche et de l'aquaculture. Les prix ont augmenté au cours des six premiers mois de l'année, en particulier pour les principales espèces de capture telles que le cabillaud, le hareng, le maquereau et le thon, qui ont toutes fait l'objet d'une pénurie. Toutefois, au cours de la deuxième partie de l'année, les prix ont quelque peu baissé, tout en restant à des niveaux supérieurs à ceux de 2022.

Le commerce mondial du poisson en 2023

Le commerce mondial du poisson et des produits de la pêche en 2023 est estimé à 65 Mt, soit une baisse de 4,3 % par rapport aux niveaux de 2022. Parallèlement, la valeur du commerce mondial de produits aquatiques a également diminué pour atteindre $ 183,7 milliards, contre $ 195 milliards en 2022.

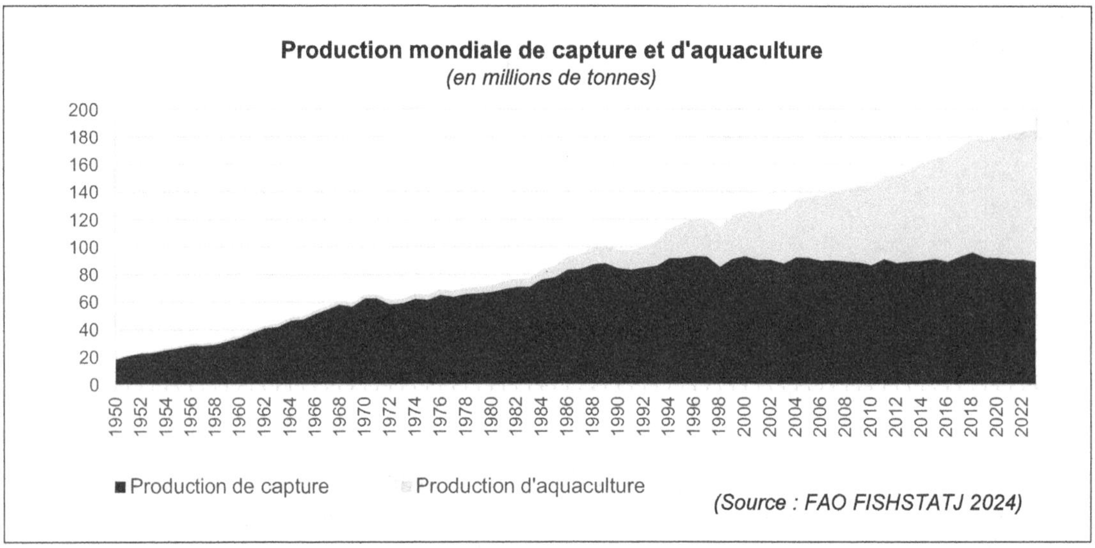

Le commerce mondial du poisson en 2023 a été assombri par des taux d'inflation élevés, en particulier au début de l'année. Alors que le taux d'inflation était d'environ 10 % au début de 2023, les prix du poisson ont augmenté de 20 %.

Les principaux problèmes logistiques, à savoir les coûts élevés du transport et des conteneurs, qui avaient caractérisé la fin de l'année 2021 et le début de l'année 2022, reviennent début 2024 en raison de problèmes liés au passage dans le canal de Suez et également dans le canal de Panama. Il est probable que ces problèmes fassent augmenter les prix des produits de la mer en 2024, comme cela s'est produit en 2022 et au début de 2023.

La production

La production totale des pêches et de l'aquaculture a augmenté globalement de 0,6 % en 2023, pour atteindre 185,3 Mt. La production de l'aquaculture devrait s'accroître de 2,8 %, restant légèrement en deçà de son taux de croissance à long terme (3,7 % entre 2015 et 2020), les producteurs étant confrontés aux coûts élevés des intrants et aux incertitudes du marché, telles que la baisse du pouvoir d'achat des consommateurs. Les prix élevés des carburants, la baisse des quotas sur les principaux stocks et *El Niño* en Amérique du Sud ont tous contribué à un ralentissement de la pêche de capture, qui devrait chuter de 1,7 % en 2023.

En 2024, la production aquacole devrait continuer à augmenter. Il est probable que les pêches de capture se rétablissent, car le phénomène *El Niño* est terminé et la production au Pérou devrait revenir à des niveaux normaux.

L'Asie est la principale région productrice de produits de la pêche, avec près de 70 % de la production totale. Toutefois, il existe des différences importantes entre la production en aquaculture et celle des pêches de capture. En ce qui concerne la production des pêches de capture, l'Asie représente 51 % de la production totale, tandis que, pour l'aquaculture, la part est impressionnante : 88 %. La position de l'Asie dans la production des pêches de capture a quelque peu diminué au cours des dernières années.

Les dix principaux producteurs de poisson sont restés les mêmes en 2021, comme les années précédentes. Ces dix principaux producteurs ont vu leur production augmenter, se remettant de la difficile année Covid-19. Seul le Japon a connu une légère baisse de sa production.

Parmi les pays asiatiques, la Chine est de loin le principal producteur mondial, représentant à elle seule 35 % de la production mondiale totale. L'augmentation de la production chinoise est impressionnante, passant de 55,7 Mt en 2011 à 65,2 Mt en 2021. Toutefois, il convient de noter que le taux de croissance s'est ralenti ces dernières années.

L'Inde a dépassé l'Indonésie en tant que deuxième producteur de poissons en 2019. La produc-

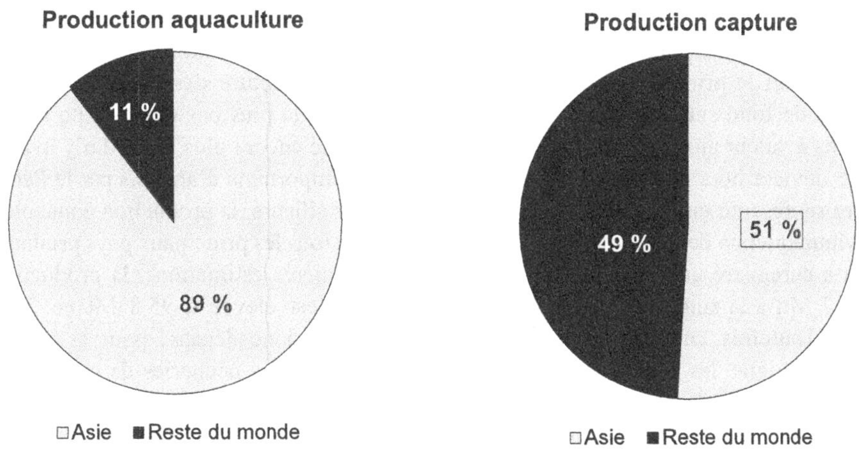

(Source : FAO FISHSTATJ 2024)

tion de crevettes d'élevage est l'un des moteurs de l'expansion de la production indienne de fruits de mer, ainsi que l'augmentation de la production aquacole de poissons d'eau douce. L'Inde a déclaré quelque 14,4 Mt en 2021, dont plus de 60 % provenaient de l'aquaculture.

L'Indonésie a perdu de son dynamisme en 2020, la crise du Covid-19 ayant eu un impact sur les exportations, en particulier pour le thon frais et le thon sashimi. En 2021, la situation s'est normalisée. Le pays a produit quelque 12,7 Mt en 2021, soit une baisse de 60 000 tonnes par rapport à 2020. Contrairement à la Chine et à l'Inde, la pêche de capture représente toujours la majeure partie de la production indonésienne de poissons, soit 57 % de la production totale.

Production de poissons par pays
(en millions de tonnes)

	2015	2016	2017	2018	2019	2020	2021
Chine	60.1	61.6	62.2	62.2	62.5	62.9	65.2
Inde	10.1	10.9	11.7	12.4	13.2	14.1	14.4
Indonésie	10.9	11.4	12.2	12.6	12.9	12.1	12.7
Vietnam	6.4	6.7	7.1	7.5	7.9	8.0	8.3
Pérou	4.9	3.9	4.3	7.3	5.0	5.7	6.7
Russie	4.6	4.9	5.0	5.3	5.2	5.4	5.5
États-Unis	5.5	5.3	5.5	5.2	5.3	4.6	4.7
Bangladesh	3.7	3.9	4.1	4.3	4.4	4.5	4.6
Norvège	3.7	3.4	3.7	3.8	3.8	4.0	4.1
Japon	4.1	3.8	3.8	3.8	3.8	3.8	3.7
Chili	2.8	2.5	3.1	3.4	3.4	3.3	3.4
Birmanie	3.0	3.1	3.2	3.2	3.2	3.0	2.6
Philippines	2.9	2.8	2.7	2.9	2.9	2.8	2.8
Thaïlande	2.4	2.5	2.4	2.5	2.5	2.7	2.4
Autres	39.3	39.4	41.7	42.3	41.3	40.3	40.9
Total	**164.4**	**166.1**	**172.7**	**178.7**	**177.3**	**177.2**	**182.0**

(Source : FAO FISHSTATJ 2024)

Le Vietnam est le quatrième grand producteur de poissons, avec 8,3 Mt en 2021, soit 300 000 tonnes de plus qu'en 2020. Le poisson-chat est devenu le principal produit remplaçant le poisson de fond sauvage dans la production de produits à valeur ajoutée, car le poisson de fond sauvage devient hors de prix sur le marché. L'aquaculture représente environ deux tiers de la production vietnamienne de poissons.

Le Pérou a enregistré une forte croissance en 2021, avec 6,7 Mt, à la suite de la fin du phénomène *El Niño*. Toutefois, en 2023, ce phénomène climatique qui éloigne les stocks d'anchois de la côte est revenu, entraînant des captures très faibles. Les anchois sont principalement utilisés dans la production de farine de poisson.

La Norvège est le seul pays européen dont la production (à l'exception de la Russie où la majeure partie de la production provient toutefois de la partie asiatique du pays) de poissons dépasse les 3 Mt par an. Malgré l'augmentation de la production de saumon, la pêche de capture représente toujours les deux tiers de la production norvégienne de poissons.

Le Bangladesh affiche une croissance intéressante, la production augmentant pratiquement chaque année de 100 000 tonnes par rapport à l'année précédente, grâce à l'augmentation de la production aquacole. En 2021, la production totale de poissons du Bangladesh s'élevait à 4,6 Mt, dont 60 % provenaient de l'aquaculture.

La production de poissons de capture a continué à diminuer en 2021, avec environ 200 000 tonnes de moins qu'en 2020. Le total des pêches de capture s'est élevé à 90,1 millions, soit le niveau le plus bas depuis cinq ans. Le résultat aurait été encore plus bas s'il n'y avait pas eu une pêche importante d'anchois par le Pérou.

Par ailleurs, la production aquacole a augmenté dans tous les principaux pays producteurs. Selon les dernières estimations, la production aquacole totale s'est élevée à 95,8 Mt en 2023. L'aquaculture a donc dépassé pour la première fois la production des pêcheries de capture en 2021. La croissance a été continue depuis l'an 2000 et elle devrait se poursuivre dans les années à venir. Toutefois, le taux de croissance diminue quelque peu, passant d'environ 5 % par an au début du siècle à 2 % à l'heure actuelle.

La Chine est de loin le principal pays producteur d'espèces aquacoles, représentant 57 % de la production aquacole totale. Ce pays augmente sa production d'environ 1 à 2 Mt chaque année. Même au cours de l'année 2020 du Covid-19, la production a augmenté de 600 000 tonnes par rapport à 2019. La carpe est de loin l'espèce la plus cultivée en Chine, la totalité étant destinée au marché intérieur.

L'Inde est le deuxième grand producteur de produits aquacoles, mais elle ne représente que 10 % de la production aquacole mondiale totale.

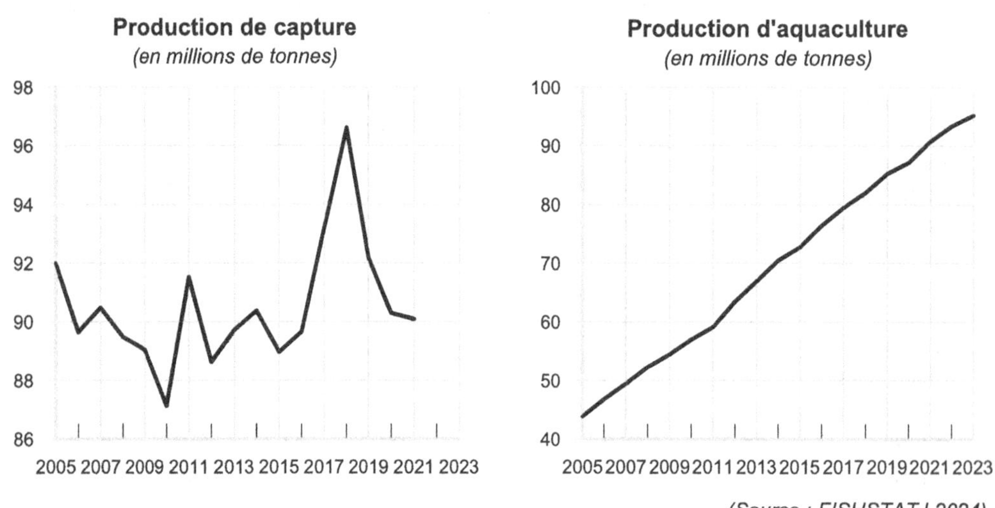

(Source : FISHSTATJ 2024)

L'Inde se concentre sur les espèces à haute valeur ajoutée telles que les crevettes. En 2021, la production aquacole indienne a atteint 9,4 Mt. En 2023, cependant, la faible demande de crevettes sur le marché mondial a entraîné une baisse de la production indienne de crevettes d'élevage.

L'Indonésie, le Vietnam et le Bangladesh produisent tous plus de 2 Mt de produits aquacoles par an. Il est intéressant de noter que, parmi les 20 premiers pays producteurs, seuls 8 n'appartiennent pas à l'Asie. La Norvège et l'Espagne sont les seuls pays européens. En dehors de ce groupe de producteurs, la production de produits aquacoles est très faible et le reste du monde ne représente que 5 % de la production, sans réelle croissance ces dernières années.

Les espèces d'eau douce sont les principales espèces produites par l'aquaculture, à savoir la carpe, le tilapia et le poisson-chat. Ces trois groupes d'espèces représentent à eux seuls environ 42 % de la production aquacole mondiale et cette part est restée stable au cours des six dernières années. Les mollusques, qui sont principalement les moules, les coquilles Saint-Jacques, les huîtres et les palourdes, constituent le deuxième grand groupe, avec 18 % du total. Les crevettes ont gagné en importance et représentent aujourd'hui 8 % de la production aquacole mondiale totale. Il

Exportations de produits de la pêche
(en millions de dollars)

	2017	2018	2019	2020	2021	2022	2023
Chine	20 408	21 544	20 082	18 487	21 100	22 350	19 800
Norvège	11 119	11 757	11 719	10 770	13 400	15 900	16 000
Équateur	4 468	4 805	5 450	5 359	6 800	8 100	9 100
Chili	5 606	6 261	6 136	5 318	6 800	7 200	8 600
Vietnam	7 700	8 900	9 200	8 700	9 800	10 000	7 800
Inde	7 069	6 786	6 761	5 736	7 300	7 700	7 700
Canada	5 310	5 382	5 644	4 833	6 200	6 600	5 700
Pays-Bas	5 127	5 536	5 571	5 384	6 000	6 500	6 200
Espagne	4 648	5 140	4 750	4 497	5 400	5 700	6 000
États-Unis	5 762	5 634	5 252	4 385	5 300	5 600	5 200
Indonésie	4 202	4 469	4 493	4 823	5 200	5 500	5 000
Thaïlande	5 837	5 814	5 602	5 426	5 400	5 500	5 200
Russie	3 548	4 360	4 733	4 723	5 800	5 300	5 500
Suède	4 189	4 873	4 520	4 385	4 600	5 000	5 700
Danemark	4 270	4 449	4 252	4 111	4 400	4 600	4 500
Pologne	2 149	2 493	2 484	2 644	2 800	2 900	3 300
Maroc	1 983	2 118	2 018	2 074	2 800	3 000	3 000
Allemagne	2 639	2 707	2 469	2 395	2 400	2 500	2 600
Islande	1 739	2 042	2 144	2 033	2 600	2 800	2 800
Royaume-Uni et d'Irlande du Nord	2 460	2 387	2 576	2097	2 100	2 100	2 200
Autres	31 130	32 796	31 390	27959	45 700	46 200	43 200
Total	**141 361**	**150252**	**147103**	**135 989**	**173 300**	**178 100**	**175 100**

(Sources : Global Trade Tracker 2024 et estimations des auteurs)

s'agit principalement de *Penaeus vannamei*, une espèce à croissance rapide qui résiste aux principales maladies dont souffrent les autres espèces de crevettes. L'espèce est originaire du Pacifique oriental, mais aujourd'hui, pratiquement tous les pays du monde ont adopté la crevette *Vannamei*.

Le commerce mondial du poisson a diminué en 2023

Le commerce des produits de la pêche a diminué en 2023, principalement en raison de la baisse des exportations de la Chine, qui, malgré le déclin, est restée le principal pays exportateur de poissons. Les exportations chinoises totales se sont élevées à $ 19,8 milliards en 2023, contre $ 22,3 milliards en 2022. Cette baisse s'explique principalement par la diminution de la quantité de lieus d'Alaska disponibles pour la transformation au cours du premier semestre 2023 et par la forte demande intérieure qui a détourné l'offre vers le marché intérieur.

La Norvège est le deuxième grand exportateur de poisson comestible, principalement de saumon atlantique d'élevage. Ce pays a déclaré des exportations stables en 2023, à hauteur de $ 16 milliards. L'Équateur s'est hissé à la troisième place des pays exportateurs de produits de la mer. Cette progression est exclusivement due à l'importance des exportations de crevettes. Le pays a réussi à exporter des produits de la mer pour une valeur de $ 9,1 milliards en 2023, soit $ 1 milliard de plus qu'en 2022.

La valeur totale des importations mondiales est estimée à $ 170 milliards en 2023, soit une baisse de $ 15 milliards par rapport à 2022. Les États-Unis sont restés le principal pays importateur, mais ont enregistré une forte contraction de la valeur des importations. La valeur des importations américaines était de $ 26,8 milliards en 2023, soit une baisse importante ($ 5,4 milliards) par rapport à la valeur de 2022. Le marché américain est donc le principal responsable de la baisse du commerce mondial.

La Chine est le deuxième grand importateur, mais ses importations sont restées stables par rapport aux chiffres de 2022, s'établissant à

Importations de produits de la pêche
(en millions de dollars)

	2017	2018	2019	2020	2021	2022	2023
États-Unis	21 406	22 368	21 909	22 790	29 900	32 200	26 800
Chine	8 297	11 916	17 688	14 388	17 100	22 510	22 570
Japon	14 715	15 038	15 129	13 180	14 030	15 078	13 390
Espagne	8 053	8 833	8 286	7 306	8 830	9 538	9 200
France	6 787	7 012	6 671	6 430	7 800	8 148	7 800
Italie	6 555	7 016	6 620	6 140	6 800	8 000	7 300
Allemagne	5 952	6 175	5 975	6 163	6 200	6 766	6 600
Suède	4 972	5 648	5 276	5 076	5 900	6 100	6 600
Corée du Sud	4 985	5 794	5 431	5 370	5 858	6 650	6 050
Pays-Bas	4 197	4 429	4 390	4 500	4 900	5 500	5 500
Royaume-Uni et d'Irlande du Nord	4 117	4 126	4 227	4 370	4 676	4 870	4 310
Thaïlande	3 461	3 857	3 597	3 640	3 600	4 400	4 000
Autres	41 005	43 596	40 546	47 147	55 206	55 240	49 880
Total	**134 502**	**145 808**	**145 745**	**146 500**	**170 800**	**185 000**	**170 000**

(Sources : Global Trade Tracker 2024 et estimations des auteurs)

$ 22,7 milliards. Les importations de crevettes ont légèrement diminué, tandis que les importations de colin d'Alaska ont augmenté. La Russie fait désormais transiter ses exportations de colin d'Alaska par la Chine, car les ventes directes aux marchés occidentaux sont difficiles.

Le Japon, désormais le troisième grand importateur de poisson comestible, a connu une nouvelle baisse de 10 % de ses importations, qui atteindront $ 13,4 milliards en 2023. En tant que groupe, l'UE-27 est le principal importateur de poisson, même si aucun de ses pays membres n'est proche des États-Unis, de la Chine ou du Japon. L'Union européenne représente environ 35 % du total des importations mondiales de poisson en termes de valeur. Les principaux importateurs de produits de la pêche de l'Union européenne (Espagne, France, Italie et Allemagne) ont tous fait état d'une baisse de leurs importations en 2023.

La production mondiale de crevettes d'élevage en baisse en 2023, en raison d'une faible demande

L'industrie de l'aquaculture de la crevette a été affectée dans le monde entier par l'augmentation des coûts de production, la baisse des prix à la ferme aussi bien que dans le commerce international, et la faible demande sur les grands marchés conventionnels en 2023. Cette tendance devrait se poursuivre en 2024. Quelques légères améliorations ont été enregistrées pendant la période de Noël en Europe et aux États-Unis.

La crevette est considérée comme un indicateur fort de la santé économique globale d'une économie. La faible demande au cours de l'année 2023, en particulier sur les marchés de l'Union européenne et des États-Unis, peut être considérée comme l'indicateur d'un environnement économique médiocre au sein de ces économies.

En novembre 2022, les prix des crevettes sur le marché international ont commencé à s'affaiblir et ont poursuivi cette tendance pendant la majeure partie de l'année 2023. Ce n'est qu'à la fin de l'année que de légers signes d'amélioration des marchés ont été observés. Compte tenu de la faiblesse des prix, il n'était pas rentable pour de nombreux éleveurs de poursuivre la production, en particulier en Asie. En Inde, les éleveurs de crevettes ont réduit le nombre d'étangs et les transformateurs ont diminué les exportations en raison de la chute des prix du marché. La tendance est la même en Asie du Sud-Est (Vietnam, Indonésie, Thaïlande).

Le secteur américain de la restauration a été confronté à des difficultés liées aux prix élevés des carburants, à l'inflation, qui a affecté les coûts, à l'allongement des délais logistiques et aux problèmes de stockage. La demande de crevettes a été faible pendant toute l'année 2023. De même, la demande de crevettes en Europe a été faible

PRODUITS AQUATIQUES

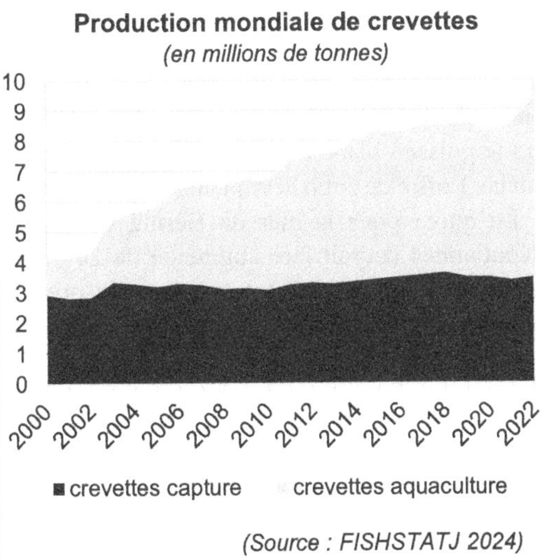

(Source : FISHSTATJ 2024)

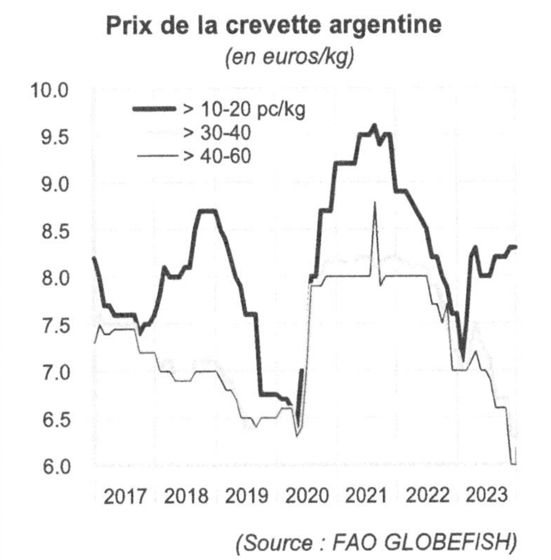

(Source : FAO GLOBEFISH)

en 2022 et 2023. Plusieurs stocks sont entreposés dans des entrepôts frigorifiques et la demande ne devrait pas reprendre avant Pâques 2024. En Argentine, la saison de transformation des crevettes est sur le point de commencer, ce qui se traduit par une offre abondante. En raison de la faible demande, de l'importance des stocks et de l'abondance de l'offre, les prix devraient bientôt baisser pour les crevettes argentines, mais aussi pour d'autres types de crevettes.

Baisse de la demande de thon en conserve, mais bonne demande de thon frais

La demande de thon en conserve est restée faible, en particulier sur le marché européen. Pour la première fois dans l'histoire récente, les marchés du thon en conserve ont également connu une baisse de la demande au cours de l'année 2023. Le marché mondial du thon en conserve de grande valeur s'est affaibli en 2023, sous l'effet d'une forte inflation, de l'augmentation du coût de la vie et de la réduction du revenu disponible des consommateurs.

La demande s'est affaiblie sur les grands marchés, le Japon, les États-Unis et l'Union européenne, mais est restée relativement stable sur les marchés émergents, à savoir la Corée du Sud, la Chine, la Thaïlande, la Malaisie, Singapour et Hong Kong, où la demande postpandémique de thon de qualité sashimi est en hausse dans le secteur de l'hôtellerie, de la restauration et des services de traiteur (HORECA).

Du côté de l'offre, les captures de thon se sont redressées en 2023, alors que les coûts du carburant ont commencé à baisser. Les prix des matières premières ont commencé à baisser à la mi -2023 et ont continué à baisser depuis. La faible demande de thon en conserve à la fin de l'année est une caractéristique normale des marchés occidentaux, car, pendant la saison des festivals (Noël et Nouvel an), la consommation d'autres protéines de valeur supérieure (thon frais, crevettes, saumon) augmente généralement.

Les coûts pour la pêche du thon sont susceptibles d'augmenter en 2024, car les prix du carburant augmenteront en raison de divers problèmes logistiques tels que le transport maritime par le canal de Suez

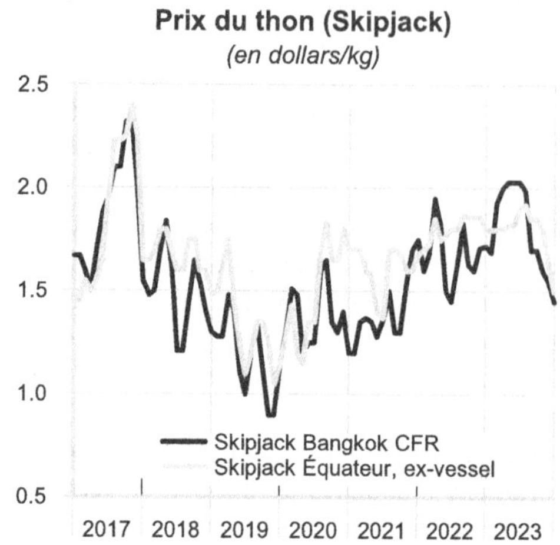

(Source : FAO GLOBEFISH)

et le canal de Panama. D'autre part, la demande de thon en conserve ne devrait pas s'améliorer dans les mois à venir, ce qui entraînera des problèmes majeurs pour les conserveurs de thon dans le monde.

Les ressources de cabillaud sont en difficulté

Avec une réduction de 20 % des quotas de cabillaud dans la mer de Barents en 2024, l'offre de cabillaud sera très restreinte et les prix risquent d'augmenter encore. Certains observateurs se demandent maintenant si la limite des prix n'a pas été atteinte et si les transformateurs et les consommateurs ne vont pas se tourner vers d'autres poissons blancs. L'inflation générale sur tous les marchés pourrait obliger les consommateurs à se tourner vers le poisson blanc d'élevage à bas prix. En revanche, l'offre de colin devrait augmenter en 2024.

Le quota pour la mer de Béring et les îles Aléoutiennes devrait être augmenté de 20 %, ce qui signifiera probablement que le colin prendra une grande part du marché du cabillaud en 2024.

Dans le même temps, les prix du cabillaud continueront d'augmenter, tandis que ceux du colin devraient diminuer. On craint aujourd'hui que les prix du cabillaud aient atteint de tels sommets que les consommateurs commencent à émettre des objections et à rechercher des produits moins chers. Dans un contexte d'inflation élevée et de

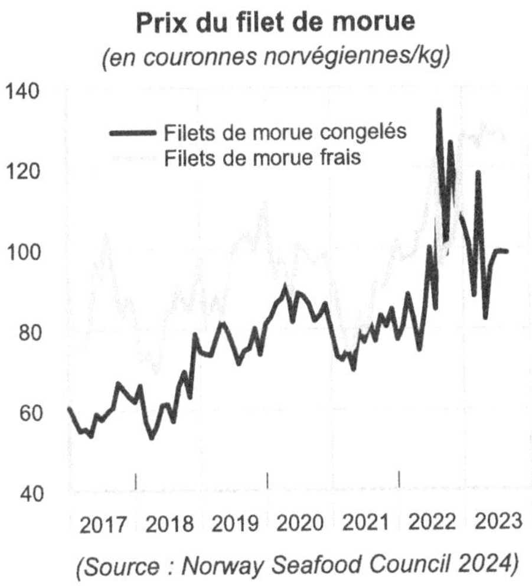

resserrement des économies dans de nombreux pays, on peut s'attendre à ce que les produits à prix élevé aient plus de mal à s'imposer sur le marché. Par conséquent, si les consommateurs se tournent vers des produits moins chers à base de poisson blanc, par exemple des espèces d'élevage comme le poisson-chat et le tilapia, les prix du cabillaud pourraient redescendre à moyen terme. Mais, pour le reste de l'année, il faut s'attendre à ce que les prix du cabillaud restent élevés.

D'autre part, les produits à base de surimi enregistrent actuellement des prix bas. Les raisons sont multiples : comportement des consommateurs, offre importante de matières premières russes, conditions météorologiques et efforts de commercialisation plus faibles. Les conditions météorologiques semblent avoir joué un rôle important, puisque l'hiver extrêmement froid en Corée du Sud, suivi d'un été chaud, ont ralenti les ventes. L'évolution du comportement des consommateurs, tant en Amérique du Nord qu'en Europe, est en partie due à la pandémie de Covid-19. Sur le marché, le surimi est souvent vendu comme un aliment de rue, et les consommateurs ne sont tout simplement pas sortis manger pendant la pandémie.

Certains ont également souligné que le surimi a une image quelque peu négative, celle d'une «imitation de crabe», par opposition à des produits de la mer de haute qualité. Il serait bénéfique de changer la connotation négative du surimi, par exemple en associant le surimi au sushi, qui a une image très positive et est populaire surtout parmi les jeunes en Europe et en Amérique du Nord.

Les petits pélagiques seront moins nombreux cette année

Les scientifiques s'inquiètent de l'état des ressources en petits pélagiques dans l'Atlantique Nord, et le Conseil international pour l'exploration de la mer (CIEM) a recommandé une réduction de 44 % du total admissible des captures (TAC) de hareng pour 2024, ainsi qu'une réduction de 5 % du TAC de maquereau.

Selon le CIEM, les stocks de petits pélagiques de l'Atlantique nord-est (hareng, maquereau, merlan bleu) risquent de faire l'objet d'une surpêche. Pour ces trois espèces, la pression de pêche est supérieure au rendement maximal durable (RMD). Le hareng et le merlan bleu font l'objet de stratégies de gestion à long terme, ce qui n'est pas le cas du maquereau.

Le CIEM a recommandé une légère réduction du TAC pour le maquereau de l'Atlantique Nord de 5 %, soit 739 386 tonnes pour 2024. Ce chiffre reste inférieur de 36 % aux captures attendues, car les États côtiers ont fixé leurs propres quotas unilatéraux, qui sont supérieurs à l'avis du CIEM. L'évaluation du stock de maquereaux montre que le stock reproducteur a été réduit de 2,7 Mt par rapport au pic historique de 2015.

La Norvège est le plus grand exportateur de maquereaux de l'Atlantique au monde, et environ 15 à 20 % du maquereau norvégien aboutit en Corée du Sud. Toutefois, les habitudes d'achat des Coréens changent. Ils ne font plus autant d'achats dans les magasins physiques qu'auparavant. Une part croissante des ventes se fait désormais par l'intermédiaire d'internet. La pandémie du Covid-19 est probablement à l'origine de cette évolution. Aujourd'hui, environ 43 % des Coréens achètent des produits alimentaires et ménagers sur internet. En outre, des émissions de télévision en direct ou des services de diffusion en continu font la promotion de produits spécifiques, souvent avec l'aide d'un chef connu ou d'un «influenceur», et les téléspectateurs peuvent acheter directement sur internet, en direct. Ainsi, le commerce électronique fait désormais partie intégrante du comportement d'achat des Coréens. Une étude récente a montré que pas moins de 25 % du maquereau norvégien est vendu par l'intermédiaire d'internet.

Le *Marine Stewardship Council* (MSC) a exhorté les gouvernements à prendre des mesures pour sauver la pêche au hareng atlantico-scandien de l'effondrement. Cette espèce est surexploitée depuis plusieurs années et le CIEM a déjà recommandé une réduction de 44 % des quotas pour 2024. La pêche au hareng de la mer du Nord pourrait se retrouver dans une situation semblable à celle des années soixante, lorsqu'une fermeture totale de cinq ans de cette pêche avait été imposée.

De l'autre côté de l'Atlantique, le ministère canadien des Pêches et des Océans a réduit de 11 % le quota de harengs pour 2024, le ramenant à 21 000 tonnes. La pêche, pratiquée dans les eaux du sud-ouest de la Nouvelle-Écosse, vise principalement le hareng comme appât pour le homard. Le TAC de la pêche a été réduit de 50 % depuis 2018, mais le stock est toujours considéré comme étant dans un état critique.

Le volume disponible de hareng de la mer du Nord sera considérablement réduit en 2024. Cela pourrait avoir une incidence sur les prix, qui sont déjà en hausse.

L'offre de maquereau pourrait être légèrement inférieure. Toutefois, bien que le TAC officiel ait été réduit de 5 %, il est probable que le volume débarqué sera bien supérieur au TAC, car les États côtiers ont fixé leurs propres quotas unilatéraux, dont le total est supérieur à l'avis scientifique.

La structure des échanges continuera à évoluer de manière significative. La Russie augmente massivement ses exportations vers l'Asie et l'Égypte, ce qui risque de perturber le commerce européen avec l'Asie.

Le poulpe continue à être peu abondant

Les débarquements mondiaux de poulpe sont en baisse, poursuivant la tendance au déclin observée depuis plusieurs années. De plus, les quotas ayant été réduits, on s'attend à ce que l'offre devienne encore plus restreinte. Cependant, dans le même temps, la demande s'est affaiblie, probablement en raison de l'inflation mondiale. Les prix du poulpe ont légèrement baissé, mais devraient se redresser. Dans le même temps, l'offre mondiale de calamars est variée. Les débarquements de calamars en Amérique du Sud augmentent, sauf en Argentine, où les débarquements de 2023 ont été inférieurs à ceux des années précédentes.

Ayant débuté officiellement le 1er janvier 2024, la saison marocaine du poulpe semblait initialement prometteuse, car les premiers rapports de divers navires indiquaient que les captures avaient été abondantes. Cependant, le quota pour la saison 2024 a été fixé fin décembre 2023 à 23 300 tonnes, ce qui est plutôt faible. La Mauritanie récolte environ 8 % de l'offre mondiale de poulpe, avec une production annuelle moyenne de 35 000 tonnes. La majeure partie de cette production est exportée vers l'Espagne et le Japon.

Le débat sur l'élevage du poulpe est en cours. La première ferme commerciale d'élevage de poulpes au monde est en cours de construction dans les îles Canaries et semble être en bonne voie, malgré de vives critiques. Selon le propriétaire de la ferme, la technologie est désormais en place et la ferme devrait élever un million de poulpes par an, ce qui équivaudrait à environ 3 000 tonnes.

L'offre de poulpe sur le marché international a été restreinte en 2023. Les importations japonaises ont chuté de 6,5 %. Le classement des fournisseurs a connu d'importants changements. La Mauritanie est passée en tête de liste des fournisseurs et a augmenté ses expéditions vers le Japon de plus de 40 %, tandis que le deuxième fournisseur, la Chine, a vu ses exportations de poulpes vers le marché japonais diminuer de 9,3 %. Le Maroc a subi une réduction massive de ses expéditions vers le Japon en 2023, avec moins de la moitié de ce qui a été exporté en 2022. La Corée du Sud a également importé moins de poulpes en 2023. Le plus grand fournisseur, la Chine, a augmenté ses exports de 12,2 %. Les autres principaux fournisseurs, le Vietnam et la Thaïlande ont tous deux réduit leurs exports.

Les importations américaines de calamars et de seiches sont en baisse depuis 2019. De même, les prix des importations américaines, qui avaient augmenté régulièrement jusqu'en janvier 2022, sont en chute libre depuis lors. Les importations japonaises de calamars et de seiches ont diminué en 2023,

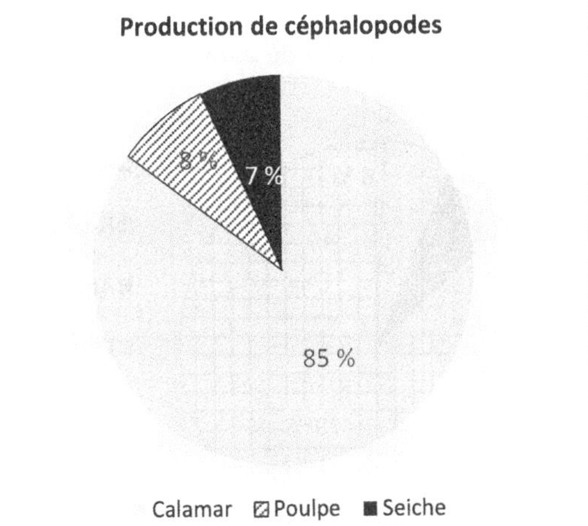

(Source : FISHSTATJ 2024)

principalement en raison de la baisse des arrivages en provenance de la Chine, le principal fournisseur. En revanche, le Pérou et le Chili ont enregistré une augmentation de leurs expéditions de calamars vers le Japon. Le plus grand marché de calamars en Europe, l'Espagne, a affiché une croissance modeste des importations en 2023. Le Pérou et les îles Falkland (Malvinas) sont les principaux fournisseurs, suivis par le Maroc.

Les stocks de poulpes seront limités et les prix resteront élevés. Pour le calamar, la situation est légèrement plus positive, mais les approvisionnements en provenance d'Argentine sont faibles. Les prix devraient rester élevés, voire augmenter.

La Chine sera plus active sur le marché international : le pays importe beaucoup de produits, mais n'en exporte pas autant qu'auparavant. L'offre totale de calamars en 2024 devrait être inférieure à celle de l'année dernière, la pêche au large de l'Argentine ayant été faible jusqu'à présent.

La production de saumons a étonnamment diminué en 2023

La production mondiale de saumons a légèrement diminué en 2023. Toutefois, en 2024, les principaux pays producteurs, à savoir la Norvège, le Chili ainsi que le Royaume-Uni et l'Irlande du Nord, devraient voir leur production et leurs échanges augmenter, bien qu'une certaine incertitude subsiste en raison de la question de la taxe sur le saumon d'élevage en Norvège et de la prolifération d'algues au Chili. Les États-Unis, l'Union européenne et la Chine resteront les principaux marchés.

La production mondiale de saumon était de 2,5 Mt en 2023, ce qui représente une baisse marginale de 0,4 % par rapport à 2022. Certains pays montrent des signes de reprise et de croissance de la production au cours du dernier trimestre de 2023, tandis que d'autres continuent de faire face à des défis importants qui impactent leur production. La Norvège et le Royaume-Uni font partie de la première catégorie, tandis que le Chili se situe au milieu (bien qu'avec des perspectives positives) et que le Canada continue d'éprouver de grandes difficultés, en raison de la fermeture d'exploitations dans les principales zones de production de la Colombie-Britannique.

En 2023, la production norvégienne de saumons est estimée à 1,67 million de tonnes, ce qui représente une augmentation de 4,3 % par rapport à 2022. La Norvège reste le principal producteur de saumons d'élevage, représentant une part substantielle de la production mondiale de saumons d'élevage. Parallèlement, le Chili a enregistré une récolte cumulée de 575 367 tonnes en 2023, soit une hausse de 2 % en glissement annuel.

Selon les chiffres préliminaires de l'*Alaska Department of Fish and Game* (ADF&G) (Département de Chasse et Pêche de l'Alaska) pour la pêche commerciale au saumon en Alaska en 2023, au total 230 millions de saumons ont été pêchés pour une valeur de $ 398,6 millions, soit une hausse de 43 % en volume, mais une baisse de 44,6 % en valeur par rapport à la campagne de 2022. L'institution a souligné que les conditions du marché international ont eu un impact significatif sur le prix du saumon dans l'ensemble de l'État.

Le saumon rouge représentait environ 45 % de la valeur totale ($ 181,1 millions) et 23 % de la récolte (51,8 millions de poissons), tandis que le saumon rose représentait 29 % de la valeur ($ 113,7 millions) et 66 % de la récolte (152,4 millions de poissons). En outre, le saumon du Pacifique représentait 19 % de la valeur ($ 74,6 millions) et 10 % de la récolte (23,5 millions de poissons).

PRODUITS AQUATIQUES

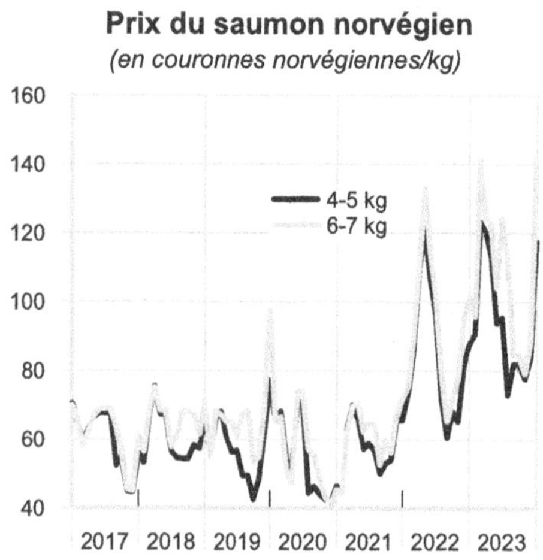

(Source : FAO GLOBEFISH)

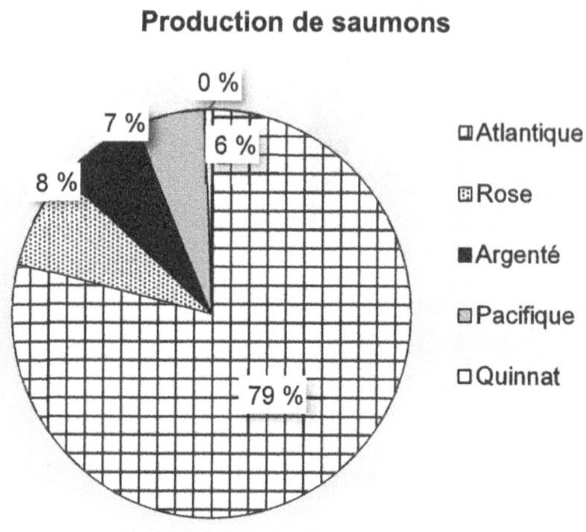

(Source : FISHSTAJ 2024)

Les importateurs, les supermarchés et les restaurants ont enregistré de faibles ventes et une faible consommation de saumon dans la dernière partie de l'année 2023, l'offre excédentaire entraînant des baisses de prix sur le marché. Cette situation a été attribuée à la lenteur de l'économie et au fait que les consommateurs semblent se méfier des rejets d'eaux usées de la centrale nucléaire de Fukushima (Japon). Le marché du saumon n'a commencé à se redresser progressivement qu'à la mi-décembre 2023.

Toutefois, les filets emballés d'origine chilienne sont de plus en plus prisés par les consommateurs chinois. Avec la fin de la politique zéro-covid, les compagnies aériennes chinoises ont repris les vols charters de fret en provenance du Chili, ce qui a eu un impact positif sur les expéditions de saumon chilien vers le géant asiatique. Le coût du transport aérien du saumon du Chili vers la Chine est tombé à environ $ 2,50 par kg.

Les prix du saumon norvégien ont commencé à augmenter fortement au cours de la première semaine de 2024, après deux semaines de récoltes limitées (semaines 51 et 52 de 2023). Le rapport sur les prix européens a indiqué des prix de € 10,45/kg pour le saumon de 3-4 kg, € 10,65/kg pour le saumon de 4-5 kg, et € 11,35/kg pour le saumon de qualité supérieure avec tête et éviscération, ce qui représente respectivement des augmentations de 18,75 %, de 19,65 % et de 26 % par rapport à la dernière semaine de décembre 2023.

Des sources concernant les prix du marché ont également indiqué que les prix au comptant écossais montaient en flèche, passant de £ 7,90-8,00/kg au cours de la semaine 52 à £ 8,80/kg au cours de la première semaine de 2024 pour le saumon de 3-6 kg.

Au Chili, la prolifération d'algues a eu un impact sur les prix et affecte les perspectives de stabilité. Les prix du saumon chilien exporté vers le marché américain pendant la première semaine de 2024 ont augmenté, ce qui représente une hausse de $ 0,30/lb d'une semaine à l'autre. D'autres hausses de prix sont attendues en raison du ralentissement de la production et de la forte demande. Les analystes notent que les niveaux de prix observés jusqu'à présent reproduisent les tendances observées au début de 2022 et 2023, lorsque les prix étaient très élevés.

L'Italie reste le principal marché pour le bar et la daurade

Alors que les échanges ont été léthargiques au début de l'année et pendant les mois d'été, les données disponibles les plus récentes indiquent des gains modestes d'août à octobre. Au cours de cette période, les échanges globaux ont atteint

86 000 tonnes, soit une augmentation d'environ 10 % par rapport à la même période de l'année précédente.

La Grèce est restée le principal exportateur en termes de volume. Toutefois, la majeure partie de l'augmentation observée au cours de cette période a été alimentée par l'offre accrue de la Turquie, le principal producteur, le commerce du bar ayant particulièrement augmenté.

L'Italie, le plus grand marché pour le bar et la daurade, a vu ses importations s'élever à 18 400 tonnes, soit une augmentation de 12 % par rapport à la même période de l'année précédente. La baisse des prix du bar observée vers la fin de l'année 2023 a été stoppée, les prix étant restés largement stables entre décembre et janvier. Après être restés faibles depuis l'été, les prix de la daurade se sont redressés en janvier, augmentant de près de 20 % pour atteindre € 5,50 par kg à la mi-janvier. L'écart de prix entre le poisson d'élevage turc et les autres reste important et a largement contribué à sa popularité continue et croissante sur les marchés européens. En revanche, les consommateurs italiens paient un prix plus élevé pour le bar et la daurade provenant d'Italie. Les espèces de qualité supérieure provenant d'Orbetello se vendent environ deux fois plus cher que le bar et la daurade importés.

Près de 50 % de l'approvisionnement européen en bar et en daurade provient de Turquie. En 2023, l'offre de bar en provenance de Turquie a légèrement augmenté, tandis que les importations de daurade ont diminué. L'affaiblissement constant de la livre turque a permis à l'Europe de continuer à bénéficier de prix bas pour ses importations.

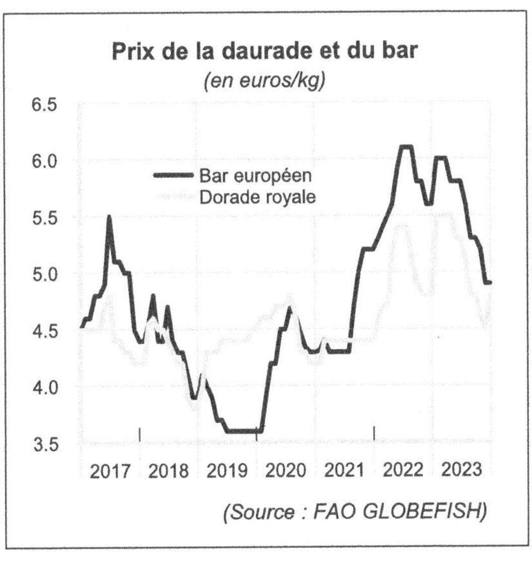

Reprise de la production de bivalves en 2023

La demande de bivalves a été forte au cours des derniers mois de 2023, en particulier juste avant la période de Noël. Bien que les prix aient augmenté parallèlement à la demande, les consommateurs semblaient toujours les considérer comme un bon rapport qualité-prix.

Dans certaines régions d'Europe, le changement climatique et d'autres facteurs négatifs (tels que le crabe bleu envahissant qui dévore les jeunes moules et les palourdes dans la mer Adriatique) ont entraîné une baisse des captures et de la production.

Les huîtres sont un produit important en France, les fêtes de fin d'année étant une période de consommation majeure. Malheureusement pour les producteurs, des intoxications alimentaires causées par les huîtres ont incité les autorités sanitaires françaises à interdire la production et la vente d'huîtres dans plusieurs secteurs pendant la période des fêtes de fin d'année. Dans le nord de la baie de Bourgneuf, en Loire-Atlantique, l'interdiction a duré un mois. Les huîtres du Pays-de-Retz sont de nouveau sur les étals depuis le lundi 15 janvier 2024. Cependant, les consommateurs restent méfiants et il sera difficile de leur redonner confiance à court terme.

Le commerce mondial des huîtres a légèrement diminué en 2023 par rapport à 2022. Quelque 80 000 tonnes ont été importées, les États-Unis étant le principal marché, bien qu'ils aient enregistré une réduction de 19 % des importations au cours de la période considérée. En termes d'exportations, la France a été le principal pays fournisseur avec quelque 15 000 tonnes expédiées, soit le même chiffre qu'en 2022. La Corée du Sud a été le deuxième fournisseur d'huîtres avec près de 13 000 tonnes exportées en 2023, soit une augmentation de 5 % par rapport à 2022.

Au cours de l'année, deux périodes sont importantes pour les ventes de palourdes en Italie : quelques jours à la mi-août et les 20 jours entre Noël et l'Épiphanie. Vers la fin de l'année 2023,

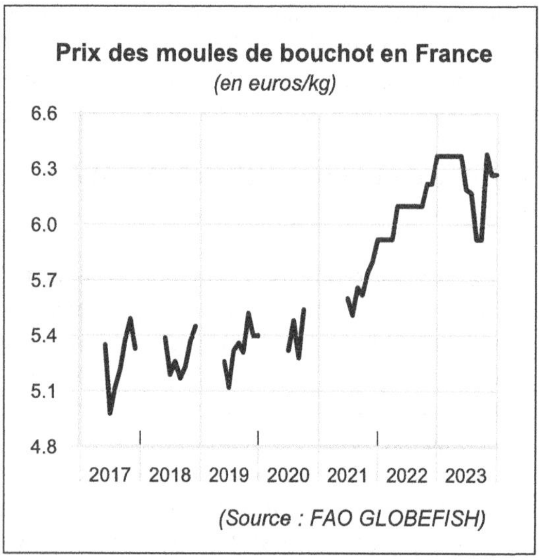

les palourdes issues de la production nationale n'étaient pas disponibles en raison de la prédation par le crabe bleu, une espèce envahissante. La demande a donc été satisfaite par des palourdes importées, mais à des prix très élevés. Les pêcheurs et les agriculteurs italiens espèrent que les autorités déclareront un état d'urgence afin que des mesures d'aide financière puissent être mises en œuvre.

Les entreprises opérant sur le marché de la vente au détail font état de difficultés à trouver des bivalves italiens frais pour répondre à la demande des consommateurs. Selon les rumeurs, cette situation n'est pas seulement due à la baisse de l'offre du fait de l'invasion du crabe bleu de l'Atlantique. Les commerçants parlent en effet d'un retard délibéré dans les semis de la part des éleveurs de palourdes. Dans le même temps, les producteurs vendent la matière première sur les marchés étrangers, notamment en France et au Portugal, ce qui explique la flambée des prix des coquillages. Quelle qu'en soit la cause, il semble certain que la disponibilité des palourdes sera insuffisante par rapport à la demande.

La Chine est le plus grand producteur de palourdes au monde et également le principal exportateur. Au cours des neuf premiers mois de 2023, la Chine a exporté quelque 80 000 tonnes, soit 9 % de moins que pendant la même période en 2022, et le commerce mondial de palourdes a diminué d'environ 10 000 tonnes. Tous les principaux acheteurs de palourdes ont signalé une baisse des importations en 2023, le Japon n'ayant importé que 27 250 tonnes, soit environ 10 % de moins qu'en 2022. Ainsi, le Japon, qui était le premier importateur de palourdes en 2021, est maintenant le troisième, après avoir été dépassé par la Corée du Sud et l'Espagne.

Pendant les fêtes de Noël 2023, une forte consommation de bivalves a été signalée en Europe, en particulier pour les produits de luxe tels que les huîtres. La demande de bivalves devrait rester forte, même si les consommateurs restent préoccupés par les intoxications alimentaires. Les prix des bivalves devraient augmenter en Italie en raison de la production actuelle et attendue qui sera nettement inférieure, due à l'espèce prédatrice, le crabe bleu. Le marché américain est susceptible d'augmenter ses importations de coquilles Saint-Jacques en provenance du Japon, ce qui entraînera une pression sur les prix et aura à son tour un impact sur les producteurs nationaux.

La production de farine de poisson s'est redressée au second semestre 2023

La réouverture des principales zones de pêche à l'anchois au Pérou a apporté un soulagement bienvenu aux approvisionnements mondiaux de farine et d'huile de poisson, qui sont extrêmement limités. Toutefois, cela n'a pas suffi à atténuer les pénuries. L'huile de poisson, en particulier, a été limitée non seulement par de faibles captures, mais aussi par des rendements en huile historiquement bas, entraînant un déficit mondial de plusieurs centaines de milliers de tonnes en 2023.

Avec l'affaiblissement des conditions climatiques d'*El Niño*, les acteurs du secteur espèrent vivement une amélioration de l'offre en 2024. Bien que des progrès réalisés en matière d'optimisation des aliments pour animaux aient considérablement réduit la teneur en farine et en huile de poisson dans de nombreuses formulations d'aliments pour animaux, ces produits restent une pierre angulaire essentielle de nombreuses activités agricoles, en particulier pour des espèces telles que la volaille, les crevettes, les porcs et le saumon.

La Chine reste le plus grand marché pour les farines et les aliments pour poissons, ses vastes secteurs aquacoles et agricoles représentant une part importante de la demande mondiale.

Le commerce de la farine et de l'huile de poisson a connu une période catastrophique en 2023. Les exportations péruviennes de ces deux produits ont chuté de façon spectaculaire, en raison de l'annulation de la première saison de pêche de l'année, due à la présence d'*El Niño* perturbant les pêcheries d'anchois, principale matière première pour la production de farine et d'huile de poisson. En revanche, les exportations chiliennes de farine de poisson ont augmenté de 20 % par rapport à 2022. La composition de ces exportations a également changé, s'orientant vers la farine de poisson de qualité supérieure (plus de 68 % de protéines).

La demande chinoise est restée modérée, la faiblesse des prix du porc et des crevettes ayant pesé sur le marché. Les importations chinoises de farine de poisson ont diminué, également en raison de l'absence d'approvisionnement péruvien. Ce déficit est en grande partie comblé par d'autres fournisseurs, par ordre d'importance : le Vietnam, la Russie et le Chili. Les importations en provenance du Vietnam, en particulier, ont considérablement augmenté. Le Vietnam exporte environ 280 000 tonnes de farine de poisson par an, dont la Chine absorbe plus des deux tiers.

Les importations d'huile de poisson en Norvège, le plus grand marché pour ce produit, ont considérablement diminué en 2023. De nombreux producteurs de saumons norvégiens sont aujourd'hui confrontés à une forte pression, non seulement en raison des prix élevés de l'huile de poisson, mais aussi de la taxe récemment adoptée par le gouvernement norvégien sur l'industrie de l'élevage du saumon. L'affaiblissement continu de la couronne norvégienne a rendu les exportations de saumons plus compétitives, en particulier sur les marchés des États-Unis et de l'Union européenne. Dans le même temps, il a également rendu les importations d'huile de poisson légèrement moins abordables.

L'offre limitée a continué à faire grimper les prix de la farine de poisson. D'autre part, les prix de l'huile de poisson ont stagné vers la fin de l'année 2023, mais sont restés bien plus élevés que beaucoup n'auraient pu l'imaginer.

Prix de l'huile et de la farine de poisson
(en euros/kg)

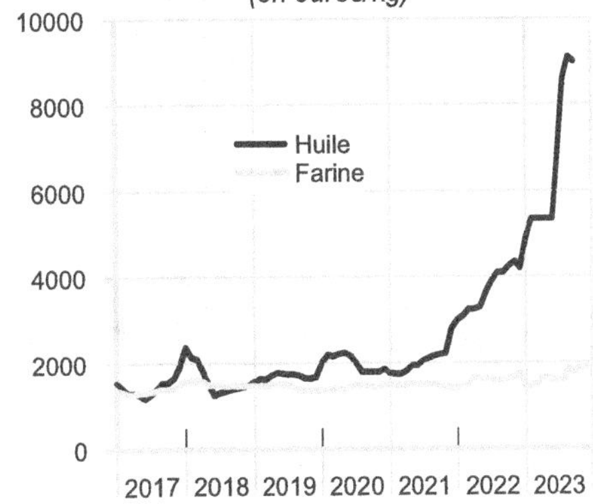

(Source : FAO GLOBEFISH)

PARTIR DE RIEN
POUR DEVENIR
UN LEADER
En 30 ans, PAPREC a construit le leader français du recyclage et de la production d'énergies vertes.
Innovation et excellence sont les clés du succès de cette incroyable aventure humaine et industrielle.
PAPREC
30 ANS
PAPREC

- V -

Produits forestiers

- Bois tempérés
- Bois tropicaux
- Pâtes et papier-carton
- Papiers et cartons à recycler

Bois tempérés : *un gouffre entre deux à-pics ?*

Tout comme les autres marchés de matières premières, celui du bois s'est retrouvé confronté, ces trois dernières années, à des écarts de grande amplitude. Ce fut le cas, tout d'abord, avec une première dépression due au covid, relayée ensuite par une sorte d'euphorie, avec la reprise qui s'en est suivie, puis en 2022 avec ce choc que fut l'invasion de l'Ukraine par la Russie, pour enfin s'installer dans une récession en 2023. Car cette année a bien été une période de récession dans l'industrie du bois si l'on s'en réfère à la définition de ce type de crise, à savoir un recul de l'activité, en l'espèce du chiffre d'affaires, sur deux trimestres consécutifs.

Dès 2021, il ne fallait pas être grand clerc pour concevoir qu'une demande aussi forte, dans tous les segments de marché pour les produits forestiers, n'allait pas durer avec des prix de l'énergie en forte hausse, une matière première onéreuse, le tout couplé avec un environnement économique et géopolitique plus qu'incertain. En quelque sorte, la correction était attendue. À partir de mi-2022, ainsi que toute l'année 2023, se sont succédé manque de sérénité, perte de confiance et enfin effet de « panique ». Tous les ingrédients étaient alors réunis pour plonger les industries du bois dans une crise de premier ordre. Jussi Pesonen, président du groupe UPM, résumait ainsi l'année 2023 : « Cette année a été marquée par un environnement commercial exceptionnel, avec un cycle baissier bien au-delà de la normale dans notre secteur, en particulier en Europe. L'incertitude géopolitique, la faiblesse de l'activité économique et l'inflation persistante ont eu un impact sur la demande sous-jacente de produits de consommation. Les livraisons de nos produits sur le marché ont encore été freinées par un déstockage sans précédent dans la plupart des chaînes de valeur des produits. Bien que nous pensions que le déstockage est maintenant en train de s'estomper, l'environnement opérationnel reste incertain, ce qui a un impact sur le comportement des clients. »

Et si ce n'était qu'un point d'étape ? En effet, la demande pour le bois s'inscrit dans une tendance vigoureuse en tant que matériau de la décarbonation, mais aussi en tant que matériau des *smart-cities* (des villes intelligentes) tout autant que dans le logement collectif (zéro net artificialisation). D'autre part, ce même carbone, dans son volet forestier, ne vient-il pas concurrencer le matériau bois au niveau de son prélèvement en forêt ?

Ainsi, dans les crises qui se succèdent, les corrections sur les marchés se font-elles de plus en plus violentes. Les retours envisageables de la Chine et du Vietnam, l'émergence de l'Inde, la dynamique démographique américaine, le rétablissement des stocks à des niveaux plus adaptés, l'impact des incendies de forêt et autres invasions biologiques pourraient à nouveau renverser la tendance, avec, une nouvelle fois, autant d'intensité.

Une Russie sous sanction, ou presque

Le 9 avril 2023, le cinquième paquet de sanctions contre la Russie, émis par l'Union européenne en réponse à l'invasion de l'Ukraine le 24 février 2022, est entré en vigueur. Malgré cela, le contournement des barrières douanières, normatives et financières mises en place à l'encontre de la Russie et de la Biélorussie s'est poursuivi tant en 2022 qu'en 2023. Il faut se rappeler que l'Europe échangeait annuellement environ $ 3 milliards de produits de bois russe avant que la Russie n'envahisse l'Ukraine. Ces produits qui contreviennent désormais aux sanctions européennes « transitent », entre autres, par la Turquie, la Chine, le Vietnam, le Kazakhstan, l'Ouzbékistan ou encore le Kirghizistan, si bien que les volumes enregistrés à l'importation en Europe en provenance de certains de ces pays dépassent largement les quantités que ceux-ci sont réellement en mesure de produire. La chaîne d'approvisionnement impliquée dans ce trafic viole bien entendu le boycott européen ainsi que plusieurs réglementations, dont le Règlement Bois de l'Union européenne (RBUE). À ce sujet, les certificats, pour la Russie et la Biélorussie, autorisant le commerce de produits et de matériaux certifiés FSC et PEFC ont aussi été suspendus. FSC International a clairement annoncé le retrait de ses derniers certificats de gestion forestière en Russie par les organismes certificateurs concernés. Cela fait suite à la décision d'Assurance Services International (ASI) de mettre un terme aux activités de contrôle de FSC en Russie du fait, notamment, de l'incapacité à assurer un niveau de sécurité suffisant aux personnes chargées des activités de contrôle en Russie.

À titre d'illustration, il faut retenir qu'un des produits bois emblématique en provenance de Russie, outre le mélèze, est le contreplaqué de bouleau. En 2021, les exportations russes de contreplaqués issus de cette essence se sont élevées à 3 millions de m³, pour $ 2 milliards, dont 1,5 à 2 millions de m³ à destination de l'Europe, représentant alors une part de marché de 20 % de la consommation européenne, avec pour principaux consommateurs l'Allemagne, la Pologne, la France, les Pays-Bas, la Finlande et l'Italie. Sachant, d'autre part, que la Russie a également perdu son statut commercial de nation la plus favorisée avec les États-Unis, elle s'est vue appliquer un droit de douane de 50 % sur son contreplaqué. Les tentatives pour rediriger tous ces volumes vers d'autres pays n'ont pas été couronnées de succès. Il n'y a tout simplement pas d'autres marchés sur la planète capables de consommer de telles quantités. Égypte, Turquie ou Chine ne peuvent ainsi combler le manque. En 2023, la production devait donc logiquement chuter au niveau d'il y a dix ans. Comme évoqué, les tentatives des opérateurs russes, réussies ou avortées pour contourner les décisions européennes, sont donc aisées à comprendre. Au sein même de la Russie, les trafics de bois sont intenses. C'est dans ce contexte que le directeur adjoint des biens immobiliers militaires du ministère de la Défense Vladimir Shishov a été arrêté pour des coûts gonflés sur des matériaux bois utilisés dans la construction des tranchées et des bunkers sur la ligne de front ukrainienne…

Prix des bois de construction sur le CME
(en dollars/1 000 board feet)

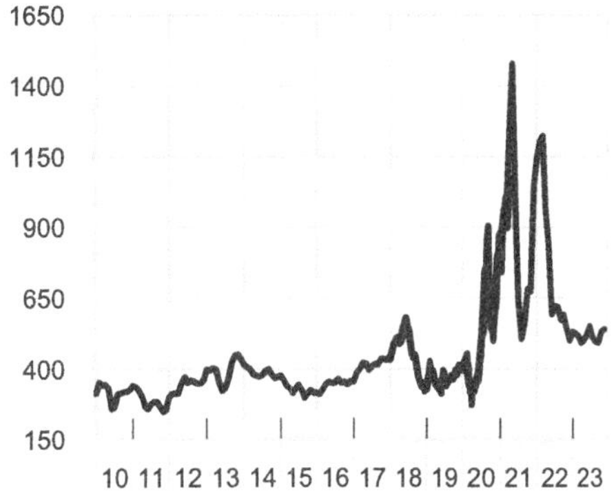

(Source : CME)

Il y a également lieu de prendre en considération qu'il existe d'autres productions de bouleau en Europe ; celles-ci sont concentrées en Finlande, en Pologne et dans les États baltes. Latvijas Finieris, qui est l'une des plus grandes entreprises productrices de contreplaqué de bouleau au monde, avec une production dans tous les pays baltes et en

Finlande, a prévu d'investir € 200 millions dans de nouvelles capacités. Les acteurs de la sous-région visent donc à déployer, à leur mesure, leurs potentiels.

Même si le contreplaqué de bouleau est considéré comme essentiel en raison de ses propriétés physiques et mécaniques uniques, il est envisageable de penser que la raréfaction du bouleau russe devrait profiter au peuplier et à d'autres supports (eucalyptus).

Ce que cette conjonction de faits indique c'est que le cumul des sanctions qui a jeté la Russie dans les bras d'un unique client majeur, la Chine, combiné à la baisse des prix sur les rares marchés d'exportation a, d'ores et déjà, provoqué des vagues de faillites en 2023 et cette tendance devrait se confirmer en 2024.

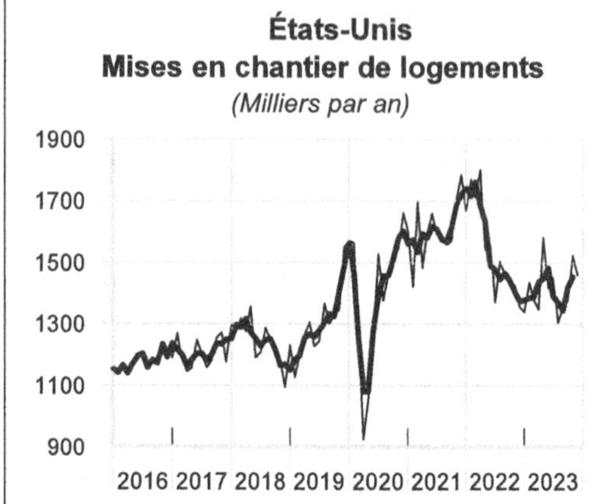

(Source : Census Bureau)

Aux États-Unis, un marché qui se tient

La stabilisation des taux hypothécaires et le manque de disponibilités ont stimulé les ventes de maisons neuves aux États-Unis, même si les constructeurs continuent de lutter contre la hausse des coûts découlant de pénuries de matériaux de construction et d'un manque persistant de travailleurs dans la construction.

Ces coûts élevés ont maintenu et maintiendront certainement le marché américain à la hausse. L'offre de bois reste globalement limitée, en dehors du sud des États-Unis. Les gigantesques incendies de l'été 2023 ont permis d'augmenter l'approvisionnement à court terme, mais réduiront la disponibilité du bois à plus long terme.

L'OSB : un indicateur de marché

OSB est la contraction de *Oriented Strand Board*, qui signifie « panneau à copeaux orientés ». Ce panneau de process est un composant majeur

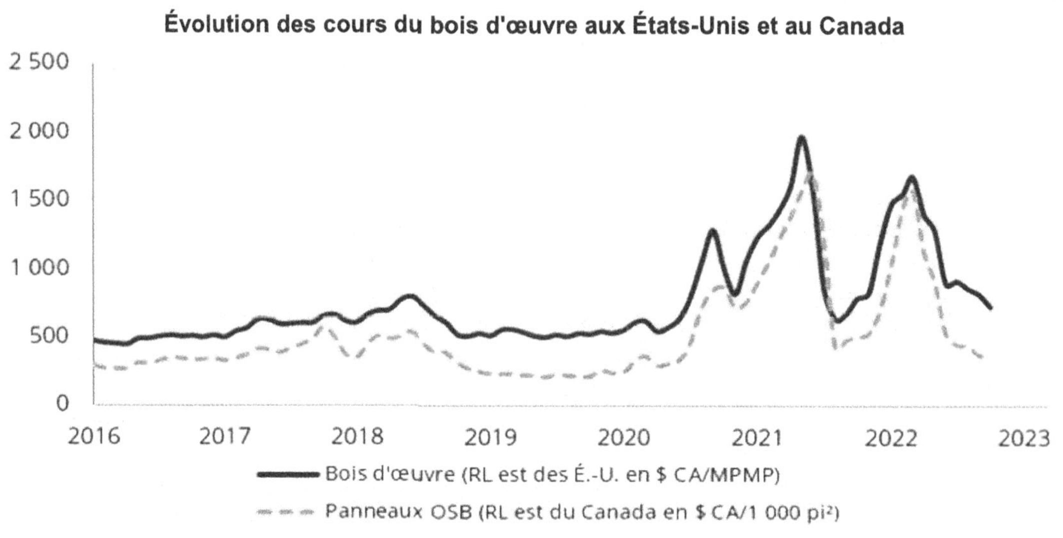

(Source : Fédération des producteurs forestiers du Québec/Random Lengths)

La dynamique de croissance de la population américaine est, bien entendu, une donnée fondamentale de la consommation de bois. L'exemple texan est révélateur du phénomène. Ainsi, la population de l'État du Texas a augmenté d'un demi-million de personnes entre 2021 et 2022. Cette augmentation nominale a été la plus importante de tous les États. Le Texas a maintenant rejoint la Californie en tant que deuxième État à avoir une population totale supérieure à 30 millions d'habitants. C'est cette dynamique démographique qui a soutenu la forte croissance de la construction résidentielle, comme l'a rapporté la *National Association of Home Builders* (NAHB).
Scott Reaves de Domain Timber Advisors a indiqué, pour sa part, qu'après un ralentissement du marché du bois d'œuvre en 2023, la demande commencerait à augmenter à mesure que la génération du millénaire atteindra l'âge d'acheter un logement.
Cela vient se combiner à une autre tendance qui se dessine aux États-Unis, dans le logement collectif, qui n'est pas sans rappeler la volonté de développer les villes qualifiées d'intelligentes ou de «*smart cities*».

de la construction bois. Il est, par son usage large et sa production importante de plus de 38 millions de m^3 par an dans le monde, dont plus de 22 millions de m^3 pour l'Amérique du Nord, plus qu'un indicateur, c'est un révélateur de tendance.

En juin 2021, le prix pour le 7/16 de pouce (environ 11 mm) atteignait les \$ 1 125/m^3 pour se replier à \$ 600/m^3 en début 2022, puis chuter en fin d'année à \$ 200/m^3, c'est-à-dire à retrouver son cours prépandémique de \$ 215/m^3.

Pour autant, selon le média *Wood Based Panels International*, les investissements en cours ou prévus indiquent que les groupes industriels anticipent, non seulement une reprise, mais également un engouement pour la construction bois.

Rencontre États-Unis–Canada : la suite du «match»

Poursuivant le feuilleton entamé il y a plus de quarante ans, les États-Unis ont perpétué la mise en place de barrières douanières antidumping à l'encontre du Canada. Du côté des lobbyistes américains, il a été indiqué par Andrew Miller, président de la US Lumber Coalition : «Les clauses commerciales sur le bois d'œuvre résineux aident à compenser les subventions et le dumping du bois d'œuvre canadien, ce qui permet aux fabricants de bois d'œuvre américains d'être concurrentiels dans un marché équitable, d'investir dans leurs entreprises et de fournir davantage de bois d'œuvre américain usiné par des travailleurs américains pour construire des maisons américaines».

Du côté d'Ottawa, il a été rétorqué que le nouveau tarif de 7,99 % était inacceptable. La ministre de la Promotion des exportations, du Commerce international et du Développement économique, Mary Ng, a réagi de la sorte : «Le seul résultat équitable serait que les États-Unis cessent d'appliquer ces droits sans fondement. Les droits sur le bois d'œuvre résineux canadien nuisent de manière injustifiée aux entreprises et aux communautés canadiennes. Ils constituent également une taxe punitive pour les entreprises américaines qui ont besoin de bois d'œuvre canadien, ce qui nuit à leur capacité à croître et à créer des emplois aux États-Unis. En outre, ces droits injustifiés sont défavorables à nos chaînes d'approvisionnement et à nos économies fortement intégrées. Au lieu de protéger les entreprises et les emplois américains, ces droits ont entraîné une hausse des importations en provenance de fournisseurs étrangers afin de répondre à la demande».

Il faut rappeler que plus de 80 % des bois canadiens sont exportés vers les États-Unis. Quant aux États-Unis, ils dépendent pour environ 30 % du bois d'œuvre importé. Les perspectives de resserrement de l'offre et d'une faible disponibilité en grumes, d'affections par le MPB (dendroctone du pin) et des incendies pourraient renforcer les prix du bois d'œuvre aux États-Unis au cours du premier semestre de 2024. Cela ferait aussi le jeu des scieries européennes qui ont augmenté leurs parts de marché à environ 15 % en 2023, contre seulement quelques pour cent cinq ans plus tôt.

Les 10 premières entreprises de sciages de résineux au monde en 2023

	Nom	Tendance	Nationalité	Nombre de scieries
1	West Fraser	=	Canada	34
2	Canfor	=	Canada	36
3	Weyerhaeuser	=	États-Unis	19
4	Interfor	+	Canada	29
5	Stora Enso	=	Finlande	16
6	Sierra Pacific	-	États-Unis	16
7	Binderholz	=	Autriche	17
8	Georgia Pacific	=	États-Unis	13
9	Resolute FP	=	Canada	14
10	Hampton	+	États-Unis	7

Au Canada : une « saison » des méga-incendies de plus en plus longue

Selon WRI (*World Resources Institute*), « Le Canada est le deuxième producteur mondial de bois d'œuvre, derrière les États-Unis. Au cours des cinq dernières années, la production est passée de 48 millions de m^3 en 2017 à 37 millions de m^3 en 2022. L'année dernière, la production des scieries du pays a chuté de près de 40 % par rapport à l'apogée d'il y a deux décennies, lorsque le record historique avait atteint près de 60 millions de m^3. »

Dans ce cadre, la Colombie-Britannique qui représentait à elle seule 50 % de la production totale du Canada est, à la suite de l'infestation par le dendroctone du pin, passée de 23 millions de

Superficies annuelles de forêts brûlées au Canada

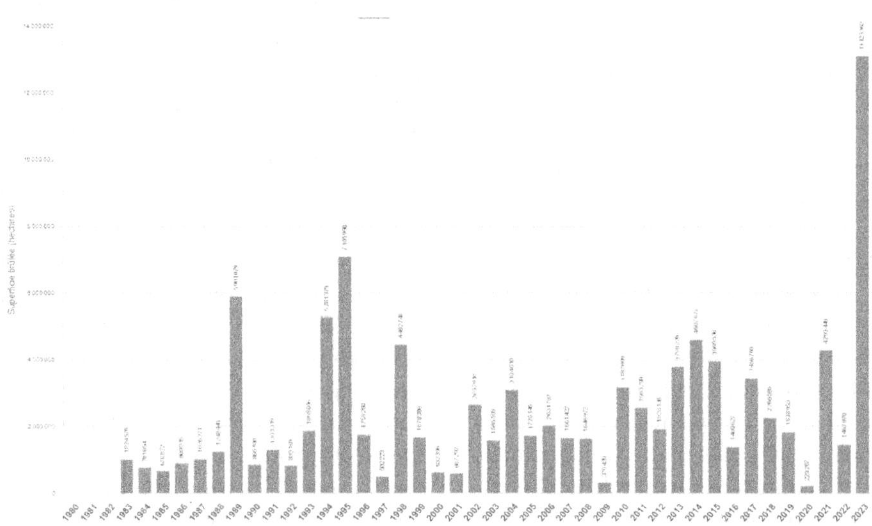

(Source : CIFFC)

Qu'est-ce qu'un pyrocumulonimbus ?

C'est un immense nuage formé par un incendie de forêt de grande ampleur. « Sous l'effet de la chaleur intense dégagée par le feu et de l'évaporation issue des plantes brûlées, la condensation donne naissance à un nuage chargé avec des particules de fumée et de suie issues de la combustion. Lorsque l'atmosphère est suffisamment instable et humide, les fumées sont aspirées vers le haut pour former un énorme panache de couleur grise, brune ou noire » (*Futura Sciences*). Il peut atteindre alors 16 km de hauteur. Les méga-incendies qui se sont développés en Alberta et de façon générale au Canada sont des phénomènes comparables à des éruptions volcaniques ou à des tremblements de terre par leur ampleur et par les dégâts qu'ils occasionnent.

m^3 en 2016 à seulement 13 millions de m^3. Entre coûts de transformation élevés, dégradations biologiques et maintenant des incendies incontrôlés, la province perd son leadership.

Ainsi, le Canada, troisième forêt mondiale (après la Russie et le Brésil), a perdu selon CIFFC (Canada Interagency Forest Fire Center) près de 6 % de son couvert forestier durant l'été 2023, soit 18,5 millions d'hectares sur 310 millions. Ce chiffre est à rapprocher, à titre de comparaison, des 17 millions d'hectares que couvre la forêt métropolitaine française.

Jamais auparavant autant de feux de forêt, aussi graves, n'avaient éclaté si tôt dans la saison dans une importante zone d'approvisionnement en bois en Amérique du Nord. Ces gigantesques feux, qui parcourent régulièrement l'espace russe, ravagent dorénavant les forêts humides de Colombie-Britannique et des autres provinces canadiennes.

Il est à remarquer que les forêts sont notre plus grand puits de carbone terrestre, mais en raison du changement climatique, elles peuvent aussi devenir une source majeure d'émissions.

Réduction de l'exploitation forestière au profit du carbone, séquestrer plutôt que couper

La branche d'investissement bois de J. P. Morgan Asset Management a acquis environ 250 000 acres (100 000 hectares) dans la ceinture de pins du Sud (Southern pine belt) pour plus de \$ 500 millions en vue des marchés du carbone. Quant à Oak Hill Advisors LP, acteur majeur sur les marchés des investissements dits alternatifs (plus de 60 milliards), il a effectué l'un des plus importants achats de terres forestières aux États-Unis depuis des années, payant \$ 1,8 milliard pour les forêts de feuillus dans dix-sept États avec un plan visant à réduire l'exploitation forestière et à accumuler du carbone. Citons également l'un des plus importants propriétaires de forêts aux États-Unis, et en gestion de placements, Manuvie, qui a déclaré qu'il visait à recueillir \$ 500 millions pour acheter des propriétés où la séquestration du carbone dans les arbres sur pied sera prioritaire plutôt que de les couper pour fabriquer des produits du bois.

« Pour les grands achats de terrains forestiers, le carbone fait partie intégrante de l'évaluation, tout comme le bois », a déclaré Anton Pil, responsable des alternatives chez J. P. Morgan Asset Management, qui gère \$ 2,45 milliards et a acquis Campbell en 2021. « La gestion de ces terres à long terme est un équilibre avec la récolte. Il n'y a pas encore eu assez d'accords sur le carbone pour affecter le flux de grumes vers les usines », disent les dirigeants des produits forestiers, bien que la présence d'acheteurs de comptage de carbone ait commencé à influencer de manière significative le marché des terres forestières, qui a dépassé 5 milliards en 2023. Ce que confirme en ces termes le troisième scieur mondial Weyerhaeuser : « Il commence à y avoir une meilleure prise de conscience et une meilleure reconnaissance de certaines des valeurs alternatives inhérentes à la possession de terres forestières. »

Mégafeux et stockage (dans la durée) du carbone viennent donc se télescoper et sans doute inaugurer un nouveau marché du bois et des forêts.

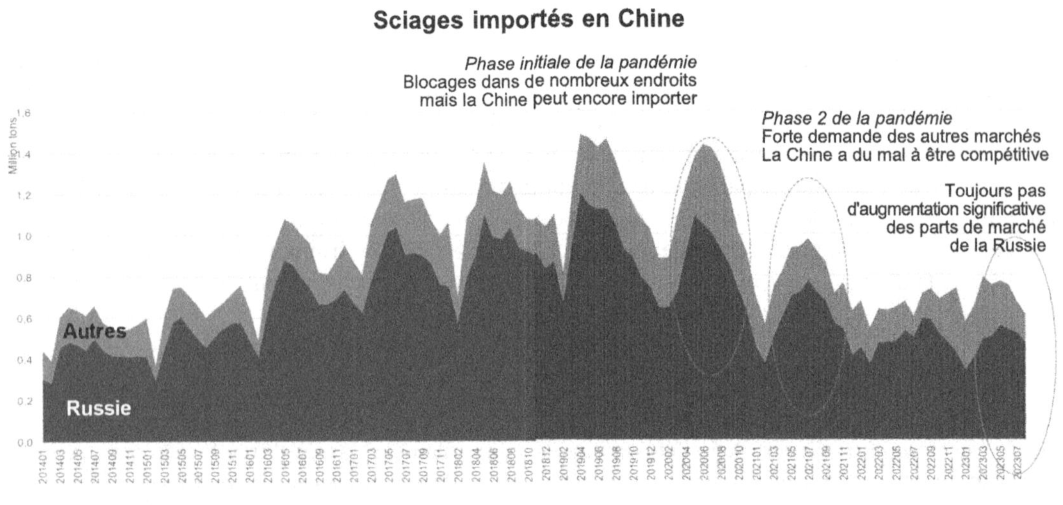

(Source : Källa, Svandata och Skogsindustrierna)

Une nouvelle politique de relance de Pékin et des doutes

Gestion désastreuse de l'épidémie de covid, crise de confiance et ralentissement de la croissance du PIB, logiquement, la consommation de bois a diminué et l'importation de produits forestiers de l'Empire du Milieu a chuté à des niveaux jamais vus depuis plus d'une décennie.

Evergrande, Country Garden ne sont pas les noms de jardineries floridiennes, mais sont bien ceux de géants de l'immobilier en Chine. Les craintes de contagions qui suivent la chute de ces mastodontes (€ 100 milliards de pertes nettes pour Evergrande en 2021 et 2022) font craindre un scénario digne du 15 septembre 2008. Avec un immobilier national ébranlé en 2002 et 2023, c'est toute l'économie chinoise qui est touchée. Bien entendu, les fournisseurs de bois ont été particulièrement affectés, car il est impossible de faire face à une chute aussi rude de la spéculation qui avait précédemment prévalu à un arrêt des projets immobiliers et à une crise de confiance sans précédent. L'immobilier ne représente pas moins de 59,1 % du patrimoine des Chinois et 75 % de l'endettement des ménages (Banque populaire de Chine). En outre, la Chine est confrontée à d'autres défis tels que le ralentissement des exportations et un chômage particulièrement élevé chez les jeunes (25 %).

Pékin envisage d'émettre environ $ 140 milliards de bons du Trésor spéciaux pour aider les gouvernements locaux endettés et renforcer la confiance des entreprises. Ces obligations financeraient des projets d'infrastructure et des initiatives visant à stimuler la croissance économique. La suppression des restrictions à l'achat de résidences

En Chine, vers la fin de la grande muraille verte ?

À la suite des inondations catastrophiques enregistrées dans les bassins versants des fleuves Yangtze (*Yangzi Jiang*) et Jaune (*Huang He*) en 1998, la Chine lançait en 1999 : *Grain for Green*. « Grain pour le Vert » qui visait à travers le Programme de Conversion de Terres cultivées en Forêt (CCFP, *Conversion of Cropland to Forests Program*) à être le plus grand projet de reboisement au monde. À la suite de cet effort colossal, il est évalué que la couverture forestière du pays serait passée de 157 millions d'hectares (16 % de la superficie du pays) à 220 millions d'hectares (23 %).

Outre la lutte contre les inondations, cet effort colossal cherchait aussi à permettre de résister à la désertification, à l'érosion des sols, au réchauffement climatique, tout en essayant de donner une plus grande indépendance à la Chine par rapport à ses gigantesques besoins ligneux.
Au nom de cette même indépendance, au regard du conflit ukrainien, faisant suite aux différents blocages de la période covidienne, mais aussi en prenant en compte le Cadre économique pour l'Indo-Pacifique, initiative lancée en mai 2022 par les États-Unis, de quatorze pays membres désireux de construire une chaîne d'approvisionnement moins dépendante de la Chine, celle-ci a simplement décidé de remplacer les forêts par des cultures.
Pékin a ainsi décidé, en 2023, d'adopter une politique radicale afin de développer la production de blé, de maïs et de riz, au détriment du couvert forestier, des espaces verts et des productions fruitières. Les *nongguan* ou gardes ruraux arrachent les plantations des paysans jugées non conformes aux nouvelles directives de Pékin. Sont ciblés, selon Radio Free Asia, les bosquets, les vergers, bambouseraies, bassins de lotus et élevages de poisson et même potagers dans toute la Chine !
Partout dans le pays, la déforestation et la conversion vers l'agriculture avancent donc. À n'en pas douter, la dépendance de la Chine vis-à-vis des céréales va sans doute baisser alors que celle vis-à-vis du bois va croître.

secondaires dans les petites villes est également à l'étude pour soutenir le marché immobilier. C'est aussi dans ce contexte que les droits d'importation sur certains produits du bois, papier et produits d'impression, ont été réduits en 2023 en Chine.

Pour autant, de nombreux économistes doutent que les mesures de relance, dont, à nouveau, des dépenses d'infrastructure et un assouplissement des règles d'investissement immobilier parviennent à inverser l'effondrement de la confiance et empêchent un nouveau ralentissement.

Pour mémoire, en 2019, la Chine importait près de 100 millions de m^3 EBR (équivalents bois rond) de grumes et de sciages de résineux pour répondre à sa demande croissante de produits forestiers.

Nouvelle-Zélande, en attendant la Chine : l'Inde ?

Avec un prélèvement annuel de 34 millions de m^3 de grumes, la Nouvelle-Zélande ne représente qu'un peu plus de 1,1 % du marché mondial du bois industriel, mais couvre environ 80 % de l'approvisionnement total en grumes de bois résineux de la Chine. La Chine représente pour sa part 89 % des exportations de grumes de la Nouvelle-Zélande pour un montant de $ 3,45 milliards. Le bois est enfin le troisième produit d'exportation du pays des Kiwis.

Les difficultés de la Chine, qui constituait donc l'épine dorsale des exportations de grumes de la Nouvelle-Zélande, ont provoqué une chute des prix que les baisses des frets maritimes ne sont pas venues compenser. Pour l'industrie forestière néo-zélandaise, même s'il est envisagé de nouvelles augmentations de prix dans les mois à venir, il faut dorénavant rechercher d'autres débouchés que la Chine.

C'est ainsi que la Nouvelle-Zélande se tourne vers l'Inde, historiquement un marché de premier plan pour le bois scié néo-zélandais d'environ 1,7 million de m^3. Les exportateurs néo-zélandais restent toutefois prudemment optimistes, car ils sont préoccupés par la logistique et les coûts liés à l'adaptation aux nouvelles demandes et réglementations de ce marché, en particulier en ce qui concerne la fumigation des grumes exportées vers l'Inde. Un différend sur les traitements préventifs avait auparavant entravé cette relation.

Made in India : la fin potentielle de la domination de la Chine sur le marché mondial ?

L'Inde est devenue, en moins de dix ans, le troisième producteur mondial de contreplaqué (C/P), faisant quasiment jeu égal avec le deuxième que sont les États-Unis, respectivement 10 et 11,5 millions de m^3 par an (FAO). Le premier fabricant mondial reste la Chine qui caracole en tête avec plus de 75 millions de m³ de panneaux de C/P qui sortent de ses usines annuellement.

L'industrie du travail du bois en Inde a connu une croissance constante au cours des dernières années. C'est un contributeur majeur à l'économie du pays, employant des millions de personnes et générant des revenus importants. L'industrie est principalement divisée en deux segments : organisé (formel) et non organisé (informel). Le secteur organisé est dominé par de grandes entreprises qui produisent des produits standardisés de qualité moyenne (souvent des panneaux), tandis que le secteur non organisé comprend de petites entreprises qui produisent des produits artisanaux plus personnalisés.

L'Inde reste un pays d'avenir pour les produits forestiers, mais sans doute, pour assez longtemps encore !

L'Australie est bien un pays forestier

L'Australie n'est pas que l'outback, cet arrière-pays semi-aride qui couvre les deux tiers de la grande île, c'est aussi le « triangle vert » de Victoria et ce ne sont pas moins de 3,5 millions de m³ de grumes que ce pays exportait entre 2016 et 2020, et ce, quasi exclusivement vers la Chine. Depuis cette dernière année, ce commerce était suspendu, Pékin invoquant des risques phytosanitaires et déclarant alors vouloir « empêcher les parasites d'entrer en Chine et protéger la sécurité forestière et écologique du pays » (*SA Timber Processors Association*). Les observateurs avisés évoquent plutôt une sanction économique de l'Empire du Milieu à l'encontre de Cambera, visant à marquer son mécontentement à la suite de l'alliance de défense AUKUS (Australie–Grande-Bretagne et États-Unis). Finalement, en 2023, la Chine a levé son interdiction sur les importations de bois australien.

L'Australie aura probablement l'occasion de rétablir le commerce avec la Chine maintenant que l'interdiction a été levée, mais les expéditions n'atteindront sans doute plus jamais les niveaux observés précédemment. En effet, par le passé, une grande partie des grumes de pin, expédiées par l'Australie à destination de la Chine, étaient de basse qualité. Mais l'industrie nationale australienne sera de plus en plus en concurrence avec

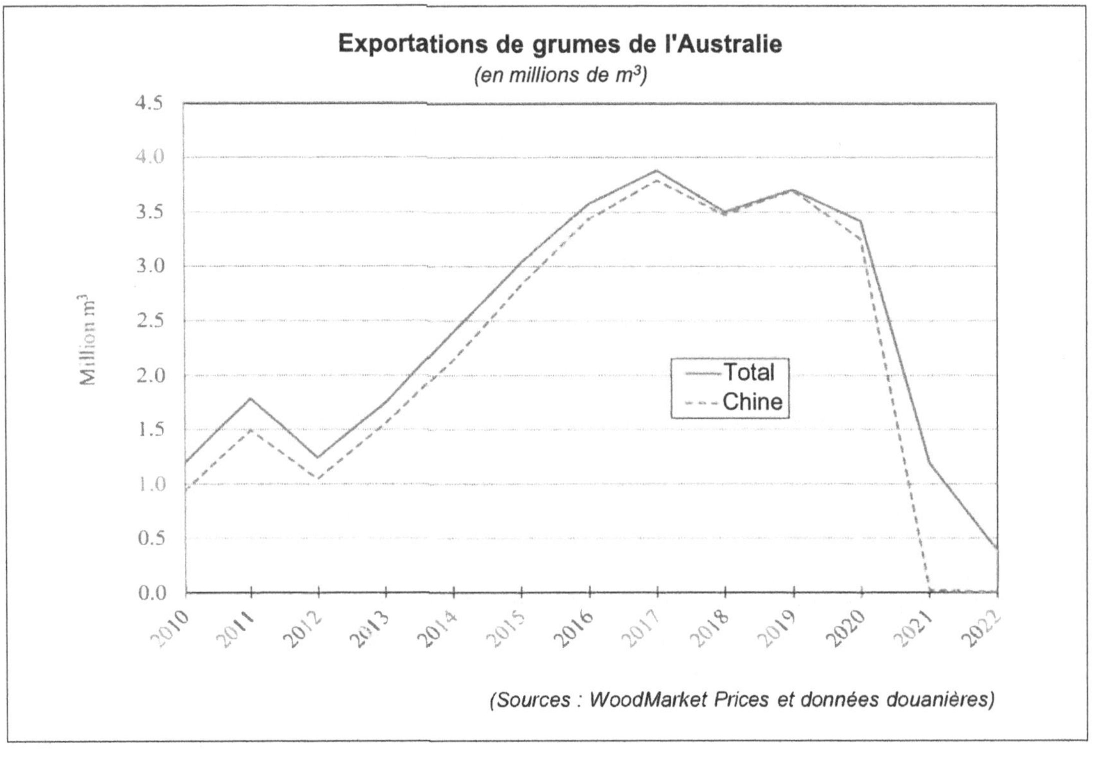

Quelques mots sur le Brésil

Le nouveau plan, connu sous le nom de « Plan Forêt + Durable », est entré en vigueur le 1er décembre 2023. Le gouvernement de Luiz Inácio Lula da Silva vise à investir massivement dans l'économie forestière afin de capitaliser sur la ressource naturelle la plus précieuse du pays : sa forêt.

La revue *Wood Central* indique que l'industrie a d'ores et déjà considérablement augmenté ses ressources rapportant sur le sujet que le Brésil compte 9,5 millions d'hectares d'espèces de pins jaunes principalement méridionales, notamment le pin gris (*Pinus elliottii*) et le pin taeda (*Pinus taeda*).

le marché d'exportation des grumes de petit diamètre à mesure que l'offre de grumes se resserrera dans tout le pays. Avec le peu de développement des plantations de pins au cours des trois dernières décennies (0,3 % par an), il est peu probable que l'offre nationale de bois augmente dans les années à venir. En outre, nombre de ces grandes plantations de pins ont été détruites par des incendies en 2019 et 2020 (environ 6 % de la superficie des plantations), ce qui limitera encore davantage la disponibilité des grumes pour les scieries domestiques à court et moyen terme. *A fortiori*, les décisions prises en fin 2023 par les gouvernements des États d'Australie-Occidentale et de Victoria de mettre fin à l'exploitation des forêts natives devraient diminuer encore l'offre.

Au lieu d'être exportatrice, l'Australie deviendra-t-elle importatrice ? La Nouvelle-Zélande pourrait très bien remplir cette mission de fourniture. Enfin, afin de disposer d'un approvisionnement suffisant en bois d'œuvre, le pays va certainement devoir dynamiser ses plantations de résineux.

Une Europe, entre incertitudes géopolitiques, atonie de l'activité économique et persistance de l'inflation

Après une période très positive (2021-2022), les marchés ont commencé à se retourner au troisième trimestre 2022. Les consommateurs et les producteurs ont été confrontés à une forte inflation et à des taux d'intérêt qui n'avaient pas été aussi élevés depuis la crise financière mondiale de 2008-2009. Le ralentissement des marchés de la construction dans le monde entier est considéré comme étant le principal responsable des difficultés de l'industrie du sciage. Les permis de construire et les mises en chantier diminuent pratiquement partout.

Depuis cette dernière période, les scieries sont en difficulté et prises entre des coûts de production plus élevés et des prix du sciage pour le bois scié beaucoup plus bas que pendant la pandémie. Toute l'année 2023 a été négative et aucune amélioration à court terme n'est visible. Cependant d'importantes différences sont à noter au sein de l'Europe. Ainsi, la production en Europe centrale a diminué beaucoup plus fortement qu'en Scandinavie (en particulier en Suède). Point positif, les marchés d'exportation qui se sont tenus, au moins au cours de la première partie de l'année : les ventes en volume se sont bien comportées sur certains marchés, dont les États-Unis.

L'EOS (*European Organization of the Sawmill Industry*) qui regroupe Autriche, Belgique, Danemark, Finlande, France, Allemagne, Lettonie, Norvège, Roumanie, Suisse, Suède indique : « En 2021, la production de résineux sciés dans les pays membres d'EOS a culminé à 86 millions de m^3. En 2022, la production a baissé de 4 % et, en 2023, elle devrait encore baisser de 9 % pour atteindre les niveaux observés pour la dernière fois en 2014 (environ 75 millions de m^3). Les pays EOS s'attendent à une nouvelle réduction en 2024 jusqu'à 2,5 %. »

Les tendances de production sont ici divergentes pour 2024 avec l'Allemagne qui s'attend à une nouvelle forte baisse alors que la Finlande prévoit une augmentation modérée.

En Europe, la consommation a baissé beaucoup plus vite que la production. En 2023, par rap-

Production de sciages de résineux de la zone EOS et projections
(en milliers de m³)

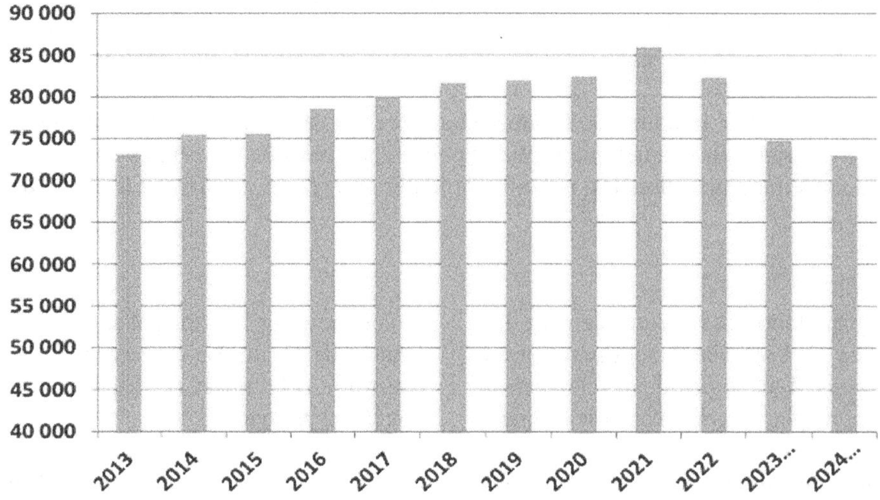

(Source : EOS)

port à 2021, la consommation a reculé de 24 %. La production a diminué de 13 % au cours de la même période. Il est à noter, dans ce contexte, l'importance croissante des volumes d'exportation.

Cependant, il faut aussi noter que la disponibilité en matières premières est en baisse dans toute l'Europe, en particulier en Europe centrale. Ce niveau est d'ailleurs le plus bas depuis dix ans. Alors qu'en 2023, en raison de la faiblesse de la demande, la disponibilité des matières premières n'était pas le problème le plus crucial pour les scieries, l'approvisionnement en grumes reste au cœur de l'incertitude stratégique de nombreuses entreprises. Tout comme au Canada, les invasions biologiques sont une des préoccupations des plus vives en Europe. À ce sujet, de nouvelles zones, épargnées jusque-là, telle la Lettonie, subissent désormais des infestations de coléoptères.

Production de la zone EOS par pays et projections
(en millions de m³)

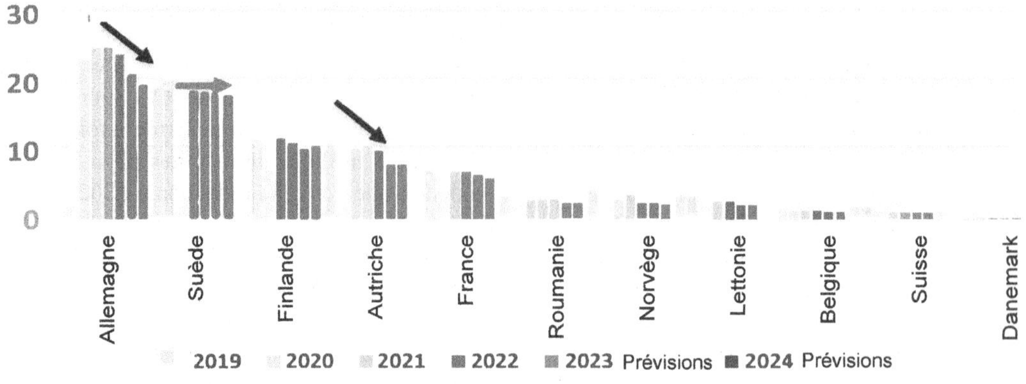

(Source : EOS)

Consommation et production de la zone EOS par pays et projections
(en milliers de m^3)

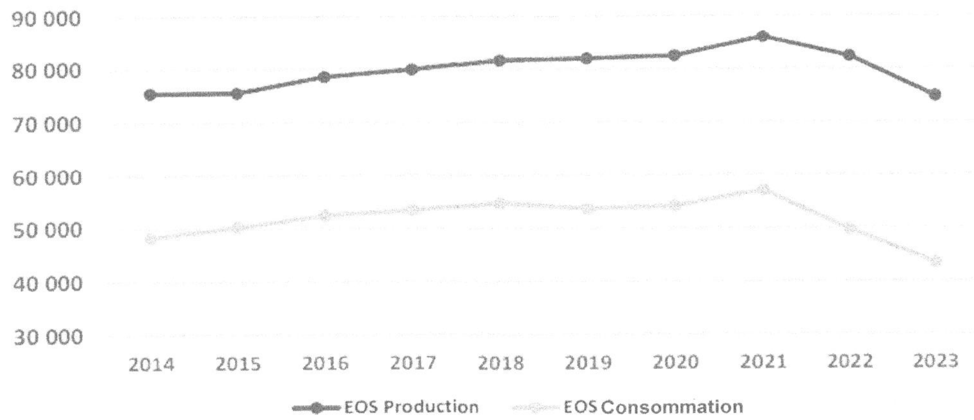

(Source : EOS)

L'Autriche, un géant, au centre de l'Europe

La région DACH (Allemagne, Suisse, Autriche) est l'un des centres nerveux de l'industrie du bois en Europe, avec la Baltique et les pays nordiques. L'Europe centrale et l'Europe du Nord sont aussi des régions de commerce et d'importation de grumes. Selon Wood Resources International, « le volume total des importations de grumes en Finlande et en Suède était d'un peu plus de 8 millions de m^3 l'année dernière (en 2022), contre une moyenne de près de 16 millions de m^3 par an au cours de la décennie précédente. Outre l'arrêt des importations de grumes en provenance de Russie, il y a également eu une baisse substantielle des exportations de grumes de l'Estonie, de la Lettonie et de la Lituanie vers les pays nordiques. La majeure partie de la réduction a été enregistrée dans les billes de bois résineux, tandis que les expéditions de billes de feuillus ont été relativement stables, fluctuant entre trois et quatre millions de m^3 par an ».

Les flux de grumes, à la base de cette industrie, se sont donc modifiés, pour longtemps, ce qui oblige les opérateurs à repenser leurs modèles.

Au cœur de la région DACH, l'Autriche, qui reste très modeste par sa dimension géographique, est particulièrement intéressante à observer, car elle développe un modèle original, fondé sur des formations robustes, une conquête des espaces forestiers et une évolution rapide vers une offre de solutions constructives. Elle est un géant forestier.

En premier lieu, au palmarès des scieries européennes de scieurs de résineux, deux champions autrichiens, Binderholz et Pfeifer, sont dans le trio de tête uniquement devancés par le finlandais Stora Enso.

Quelles sont les raisons du succès de l'Autriche ?

– Les universitaires et professionnels autrichiens capables de répondre aux attentes des filières.

– Une intégration rapide de nouveaux sujets dans l'enseignement et la recherche.

– Une recherche-développement axée sur les applications dans les universités.

– Un environnement favorable à l'innovation ;

– Une recherche permanente de l'efficacité de la foresterie et de l'industrie du bois.

– Une avance rapide de la scierie.

– Une forte tradition dans les constructions bois.

– Une coopération infatigable et constante entre les architectes et les ingénieurs civils.

Outre ces positionnements ou ancrages, il y a lieu d'ajouter que les industriels autrichiens sont en quête de sécurisation de leur ressource, c'est-à-dire de la forêt. Ils détiendraient d'ores et déjà 15 % des forêts finlandaises, se sont positionnés aux États-Unis, en Nouvelle-Zélande et en Australie. Cette

Les 20 premiers groupes de sciages de résineux en Europe en 2023

Nom	Tendance	Nationalité	Nombre de scieries
1 Stora Enso	=	Finlande	16
2 Binderholz	=	Autriche	17
3 Pfeifer	+	Autriche	9
4 Vida Wood	-	Suède	12
5 SCA Timber	=	Suède	5
6 Rettenmeier Holzind	=	Allemagne	5
7 Moelven Group	+	Norvège	15
8 Ziegler Group	+	Allemagne	4
9 Ante-Holz	+	Allemagne	3
10 Mayr-Melnhof Holz	-	Autriche	5
11 Setra Group	+	Suède	7
12 Södra Tilber	-	Suède	8
13 Metsä Fibre	+	Finlande	7
14 HS Timber Group	-	Autriche	3
14 Ilim Timber	-	Allemagne	2
14 Versowood	+	Finlande	4
14 UPM Timber	-	Finlande	4
18 Fruytier Scierie	-	Belgique	9
19 Holmen Wood	-	Suède	5
20 Mercer	+	Allemagne	2

(Source : WALE, suivant les fédérations et syndicats)

sécurisation repose dorénavant sur le *southern yellow pine* (pin de Caroline) et les bois de plantation.

Un produit résume bien l'ambition autrichienne et sa recherche de valorisation de la ressource. Il s'agit du CLT (*Cross-Laminated Timber*). Ce panneau de bois lamellé croisé est constitué de plusieurs plis de bois massif, ce qui permet son usage dans la construction de structures plus hautes. Ces panneaux massifs sont en général fabriqués à la demande, en adaptant leurs dimensions, découpes et usinages à chaque projet. Il s'agit à la fois d'une industrie de masse, mais adaptée au projet. La capacité de fabrication de CLT en Autriche est maintenant passée à 3 millions de mètres cubes.

Sur les 80 usines de CLT qui sont en activité dans le monde, 53 le sont en Autriche. La taille du marché mondial du bois lamellé-croisé devrait passer de $ 1,4 milliard en 2023 à $ 2,6 milliards d'ici 2028, avec un taux de croissance annuelle composé (TCAC) de 13,7 % entre 2023 et 2028, selon Research and market.

Finalement, l'Autriche a décidé de faire de ses contraintes, une force.

En Europe, l'année 2023 a été caractérisée par une dynamique intéressante de la construction bois, qui va très certainement s'inscrire dans la durée, dans un contexte de lutte contre le changement climatique (décarbonation), de rénovation et d'urbanisation. Tout comme sur les autres continents, il a été constaté des arrêts de production qui visent à répondre à l'atonie du marché et qui ont pour conséquence des réductions drastiques des stocks.

Malgré l'éclatement de la bulle de 2021-2022, les industriels sont davantage en mesure de ré-

Production de CLT en Autriche

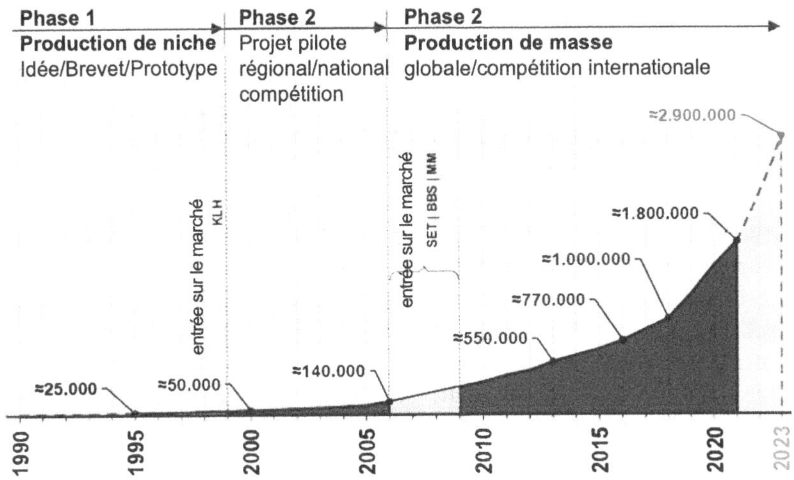

(Sources : G. Schickhofer, R. Brandner, A. Ringhofer, O. Glasner, M. Gstettner-Institute of Timber Engineering and Wood Technology, Graz University of Technology)

Diversification des essences de bois : un exemple français

Qui connaît le sapin pectiné ? En Allemagne, le *Weißtanne*, cette essence souvent confondue par le grand public avec l'Épicéa (le sapin de Noël) est dorénavant utilisée en CLT (*Holzbauwerk Schwarzwald*) et en France c'est le groupe Thebault qui a décidé de se lancer dans la transformation de cette essence.

Ainsi, Thebault, déjà impliqué dans la fabrication de contreplaqué de pin, d'okoumé et de peuplier, a annoncé, en 2023, la création d'une unité de LVL (*Laminated Veneer Lumber* – Lamibois). Afin d'offrir au marché environ 100 000 m^3 par an de produit d'ingénierie destiné à la construction, le groupe familial et son partenaire CBD bois ont investi à cet effet € 100 millions. Cette essence, le sapin pectiné, représente en France une richesse de 180 millions de m^3 sur pieds, faisant quasiment jeu égal avec l'épicéa et devançant largement le pin sylvestre et le pin maritime (respectivement 145 et 125 millions de m^3).

Richesse en résineux en France

(Essence en millions de m^3)

Épicéa	190
Sapin Pectiné	180
Pin Sylvestre	145
Pin Maritime	125
Douglas	120
Pin Laricio	55
Mélèze	20
Divers	50

(Source : WALE, suivant AGRESTE)

pondre plus solidement qu'en 2008-2009 au choc que représente la baisse inquiétante de la consommation.

Y aura-t-il assez de bois pour tout le monde ?

La question semble provocatrice au regard du marché de 2023, mais mérite réellement d'être posée.

Le temps du record historique de $ 1 686/Mbft du panier SPF atteint en juin 2021 (Cyclope 2022) semble bien éloigné. Cet indice coté au Chicago Mercantile Exchange qui établit en 2023 une moyenne autour des $ 425/Mbft se situait dans la zone des 400/Mbft en fin d'année 2023. D'ailleurs, selon Madison's, « Après la forte volatilité des deux années précédentes, la tendance des prix du bois d'œuvre jusqu'en 2023 est demeurée assez stable. Alors que la série d'inconnues et d'événements sans précédent est derrière nous, cette stabilité est tout à fait bienvenue, tant pour les vendeurs que pour les acheteurs de bois d'œuvre. Les attentes pour l'année prochaine sont un retour à la "normale". »

Effectivement, les baisses de prix ont été fortes et les points sont certainement atteints à des niveaux en dessous desquels les producteurs ne pourront plus produire. Les prix planchers ou *bottom prices* sont la réalité du marché de 2023.

L'approvisionnement en matières premières va rester un problème clé pour l'industrie. Une concurrence forte est à prévoir pour l'accès aux grumes alors que la Russie est absente et le sera certainement longtemps. Les professionnels remarquent aussi que les qualités des grumes sont globalement en baisse.

Malgré une bonne tenue de leur marché, les Américains ont réduit leurs productions. Pour les pays nordiques, il en est allé de même. Partout, la correction a été brutale. Bientôt, il faudra reconstituer les stocks alors que les producteurs de bois d'œuvre ont maintenu des volumes de production au plus bas afin de ne pas « sur-approvisionner » le marché et donc de faire baisser les prix.

Entre les fermetures imposées par des marchés déprimés et des pertes de forêts (incendies et agricultures), la ressource est impactée tant à court qu'à long terme.

L'intérêt pour le stockage de carbone sous forme de forêts va aussi durcir ce manque prévisible de ressources alors que la demande de bois d'industrie va, selon la FAO (*Food and Agriculture Organization of the United Nations*) encore se

Indice Madison's de divers résineux américains
(Évolution sur deux ans en dollars/Mbft)

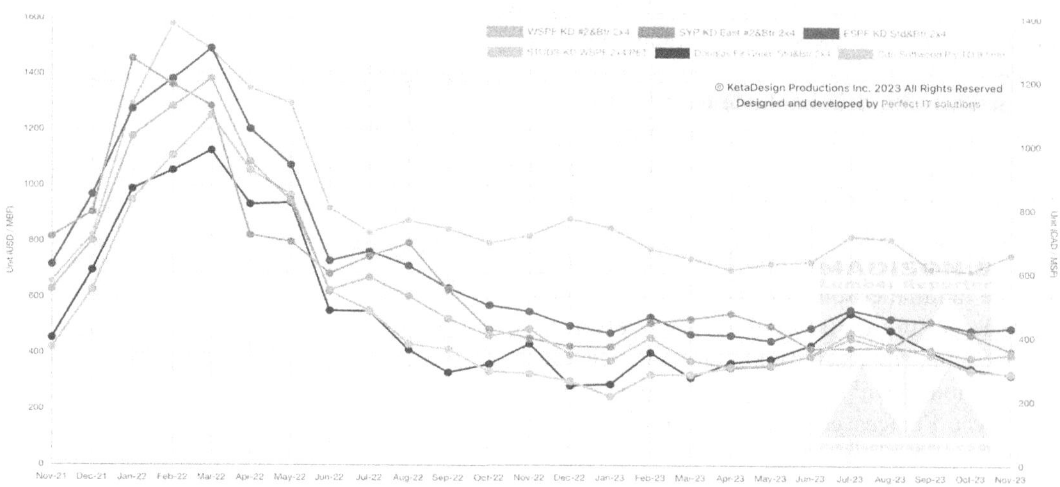

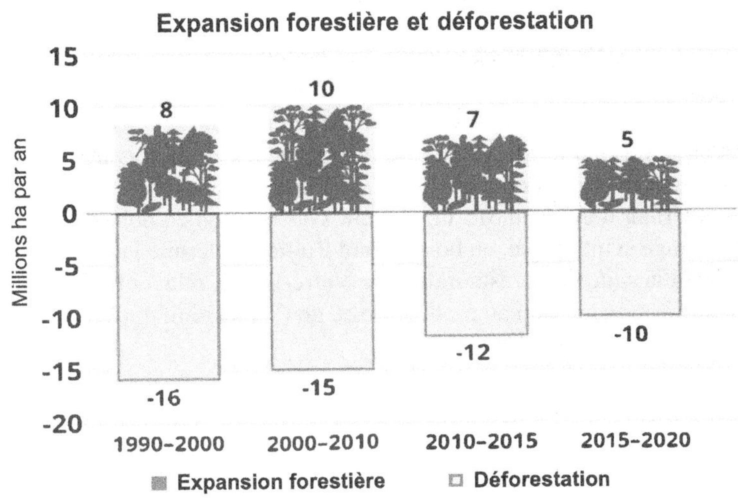

(Source : FAO 2020)

renforcer dans les décennies qui viennent. L'organisation prévoit ainsi une croissance de 1,5 milliard de m³ d'EBR (Équivalent Bois Rond) dans les vingt ans qui viennent. Les défis de la mobilisation, de l'optimisation des rendements, de la diversification des essences et du cycle des produits demeurent entiers. L'équilibre entre un prélèvement soutenable et la lutte contre la déforestation reste à relever.

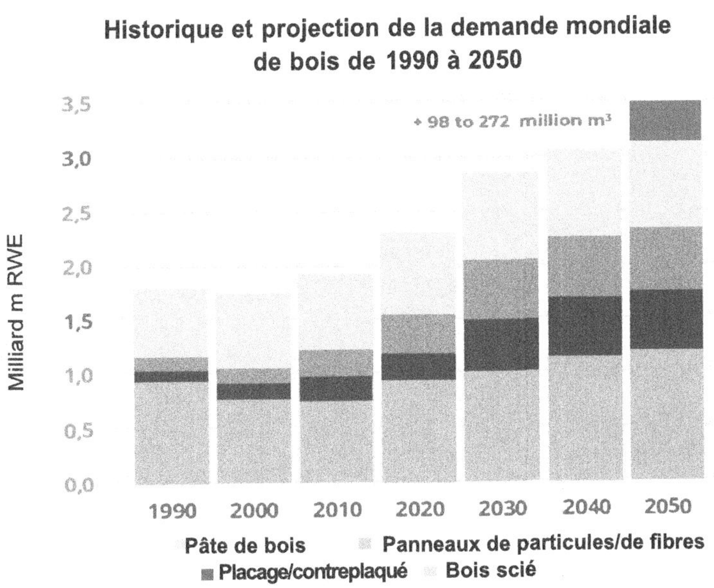

(Source : FAO 2022)

Exposition d'Osaka : le bois de vie

En 2025, le Japon accueillera à Osaka l'exposition universelle. Le pays du Soleil levant a confié au cabinet d'architecture de Sosuke Fujimoto la conception, sur une île artificielle située dans la baie de la troisième ville du pays, d'une structure circulaire en bois qui servira d'enveloppe extérieure aux pavillons nationaux. Selon les organisateurs « Une fois terminé, le grand toit aura une surface hors œuvre brute d'environ 60 000 m^2, une hauteur de 12 m (20 m pour l'extérieur), et un diamètre intérieur d'environ 615 m, soit une construction en bois parmi les plus grandes du monde ». Cet ouvrage symbolique, en bois, alliant l'ultra-modernité japonaise et ses traditions séculaires, viendra, à la suite de la restauration de Notre-Dame, relayer un message fort quant à cet écomatériau et correspondra bien au mode d'ordre de l'exposition qui est : « Concevoir la société du futur, imaginer notre vie de demain ».

Bois tropicaux : *entre crise immobilière et contraintes environnementales*

Le marché des bois a souffert en 2023 de la crise immobilière (à l'exception des États-Unis) et de l'atonie de la demande chinoise. Ceci intervient à un moment où les contraintes environnementales se font plus dures, notamment en Europe, ce qui modifie les termes de la concurrence entre bois tropicaux et bois tempérés.

La morosité a été le sentiment dominant de l'année 2023. Les prix se sont inscrits globalement en baisse du fait de l'atonie de l'activité économique chinoise et de stocks élevés en Europe, mais il faut noter une nette hausse des prix pour les sciages d'okoumé début 2024. Le prix des contreplaqués de pins brésiliens a baissé également de 10 à 15 % en 2023. Les contreplaqués indonésiens ont subi une baisse significative et régulière des prix tout au long de 2023. Les marchés européens et américains constituent les principaux débouchés du contreplaqué d'Indonésie, puisque la Chine, qui fabrique la moitié de la production mondiale et représente 30 % du marché international, n'en importe pratiquement plus. Le marché européen n'a pas été très dynamique, la construction ayant ralenti avec la hausse des taux d'intérêt. Cela limite les débouchés du contreplaqué indonésien, malgré un marché de la construction assez soutenu aux États-Unis.

Le prix des grumes tropicales reste élevé, du fait de leur rareté croissante sur les marchés, conséquence des mesures restrictives (interdictions ou quotas) adoptées par un nombre croissant d'États pour assurer aux industries nationales de transformation une matière première relativement abondante à des prix abordables.

Évolution des échanges depuis la crise sanitaire

Les exportations de bois transformés (sciages, placages, contreplaqués) réalisées par les pays producteurs de bois tropicaux ($ 36,5 milliards) ont été trois fois plus élevées en 2022 que celles de produits agricoles tropicaux ($ 12,1 milliards). Les principaux importateurs de bois transformés issus de pays tropicaux sont les États-Unis, des pays de l'Union européenne (Allemagne, France et Pays-Bas), le Royaume-Uni, le Japon et l'Australie. Les États-Unis sont aujourd'hui la principale destination des contreplaqués tropicaux et leurs importations ont nettement augmenté entre 2017 et 2021, du fait de l'essor du réaménagement des logements durant la pandémie. Toutefois, le volume d'importations de contreplaqués tropicaux a chuté de plus de 40 % en 2023, à 1,5 million de m^3, en raison de la hausse des taux de crédit immobilier.

Au Vietnam, les exportations de contreplaqués, parties d'un niveau faible, se sont envolées

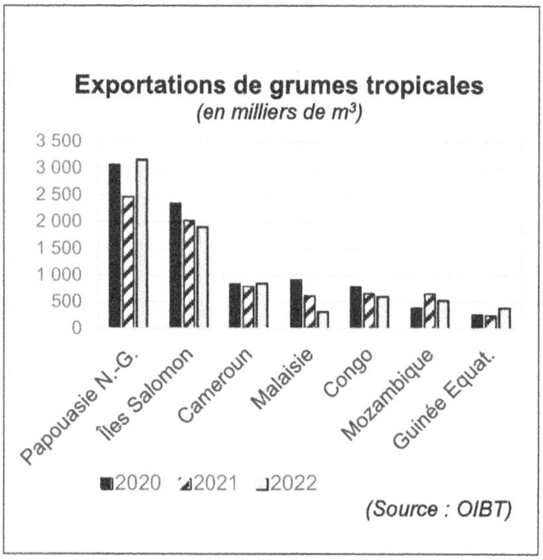

et ce pays est aujourd'hui le deuxième exportateur de contreplaqués tropicaux, après l'Indonésie, tandis que les exportations de la Malaisie ont nettement fléchi. Le Japon a été dans les années quatre-vingt-dix le principal importateur mondial de contreplaqués tropicaux, mais ses importations ont nettement chuté entre 2013 et 2020, année où elles ont atteint un plus bas de 1,55 million de m^3. Les importations japonaises de contreplaqués tropicaux ont légèrement rebondi en 2021, à 1,74 million de m^3, avant de légèrement reculer à nouveau en 2022, à tout juste un peu plus de 1,66 million de m^3.

Le Vietnam, qui réexporte beaucoup de contreplaqué et de meubles à partir des bois qu'il importe, a nettement diminué ses importations de bois tropicaux en 2023, se tournant un peu plus vers les bois tempérés. Le Vietnam exporte depuis quelques années plus de contreplaqués que la Malaisie, ce qui constitue un changement notable dans le paysage du commerce des bois tropicaux. Les Philippines, naguère exportateur majeur de bois, sont devenues un grand importateur de sciages et de contreplaqués tropicaux, dépassant la Chine sur certains marchés, notamment africains. Toutefois, les importations philippines ont marqué le pas en 2023, du fait notamment de stocks importants.

Les exportations mondiales de grumes tropicales ont légèrement augmenté en 2021, à 12 millions de m^3, après avoir atteint en 2020 un des plus faibles niveau historique (11,5 millions de m^3). Elles ont progressé en 2022, à 12,7 millions de m^3. La Papouasie–Nouvelle-Guinée, premier exportateur mondial de grumes tropicales, est le principal responsable de cette augmentation. Le volume du commerce des grumes tropicales est orienté à la baisse après avoir culminé en 2014 (lorsqu'il atteignait 22,8 millions de m^3), baisse largement due au repli de la demande chinoise et à la contraction de l'offre en Asie du Sud-Est et en Afrique. La Chine est toujours le premier importateur de grumes tropicales en 2023, mais ses importations continuent de diminuer à 5,71 millions de m^3 en 2023, en recul de 8 % sur 2022 (et de 19 % en

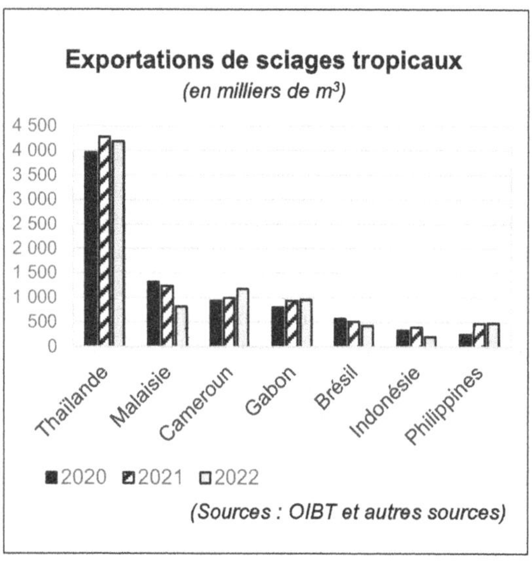

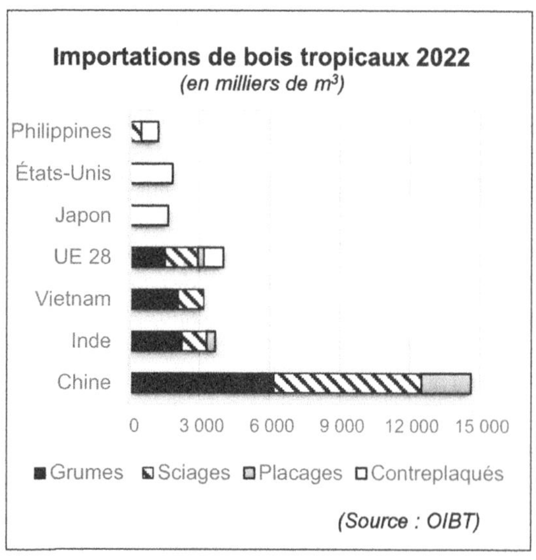

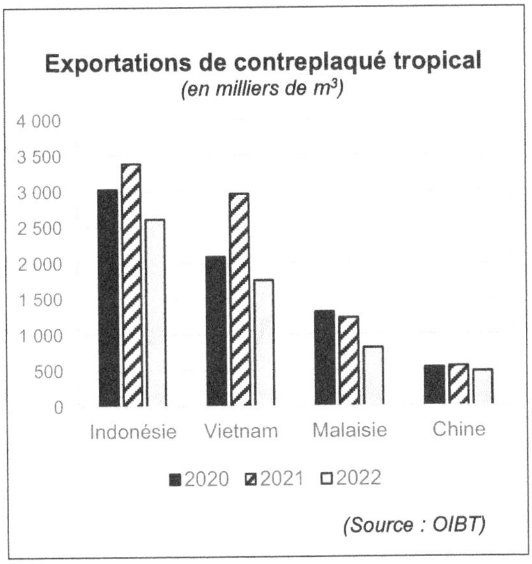

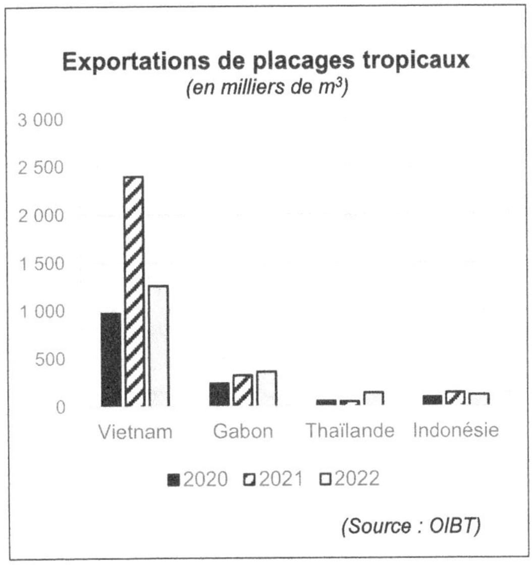

valeur). Les importations chinoises ont été affectées par le durcissement des contrôles destinés à calmer le marché de l'immobilier résidentiel, ainsi que par les perturbations des chaînes d'approvisionnement résultant des mesures anti-covid.

En Afrique centrale, la baisse des demandes chinoises et philippines, combinée à des difficultés logistiques et des incertitudes politiques, a fait nettement baisser les exportations du Gabon. Si des données quasi officielles estimaient à 4,1 millions de m^3 la production de bois d'œuvre en 2021, on s'attend à ce que la production de 2023, presque entièrement exportée, soit nettement inférieure à 3,5 millions de m^3. Les gouvernements d'Afrique centrale misent sur la création ou le renforcement de zones économiques spéciales, à l'instar de celle du Gabon, qui représente 60 % des exportations de bois de ce pays. L'Indonésie a annoncé également qu'elle mettait à l'étude de telles zones. Le but est d'attirer des investissements étrangers, fût-ce au détriment des recettes fiscales que génèrent les exportations.

Confusion autour de l'interdiction d'exporter des grumes en Afrique

En Afrique centrale, la CEMAC avait demandé à ses membres d'arrêter d'exporter des grumes en 2023. Cette mesure avait déjà été décalée d'un an, mais à la mi-2022, la CEMAC a annoncé son report *sine die*. Le Cameroun a décidé de ne pas interdire, mais de taxer l'exportation de grumes à hauteur de 75 % d'une valeur Fob administrative en 2024, ce qui devrait réduire significativement la disponibilité du bois brut camerounais sur les marchés. Le Congo-Brazzaville avait annoncé une mesure d'interdiction en 2024, mais il a ensuite accordé de très généreux quotas d'exportations de grumes à des exploitants, notamment asiatiques,

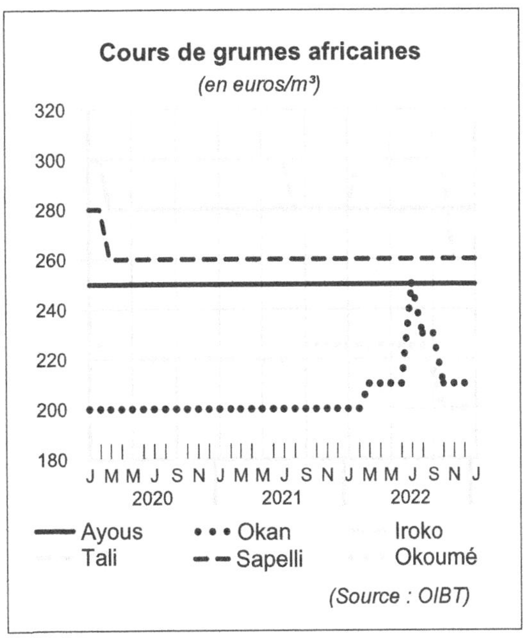

PRODUITS FORESTIERS

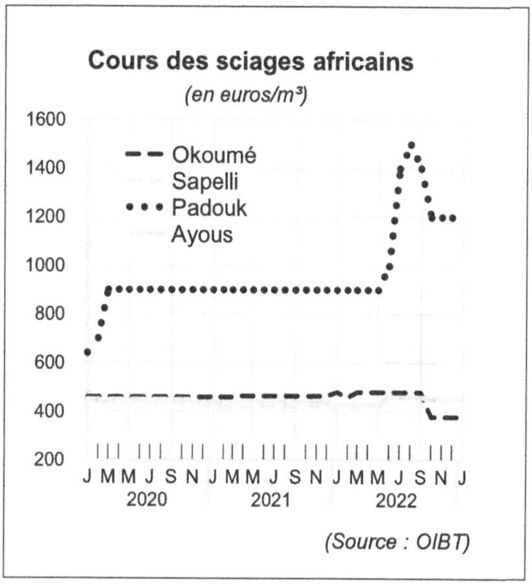

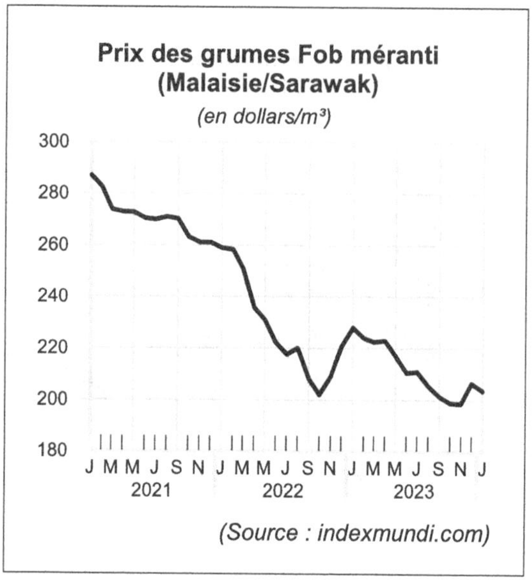

créant une certaine confusion. Quant à la Guinée équatoriale, qui annonce régulièrement l'arrêt des exportations de bois non transformé, ses grumes sont bien présentes sur le marché chinois, mais les volumes sont en nette baisse.

Les crédits carbone au secours de l'industrie forestière ?

Jusqu'à présent, les concessions forestières ne s'étaient vues reconnaître un droit d'exploitation que sur une seule ressource, le bois d'œuvre. Or, en 2023, tant le Brésil que la Malaisie et l'Indonésie se sont engagés dans des changements réglementaires visant à autoriser les concessionnaires à commercialiser d'autres « actifs ». Dans le cadre des nouveaux régimes qui se mettent en place, une licence d'exploitation forestière est valable pour de multiples activités commerciales, allant de la plantation d'arbres industriels pour la pâte à papier à l'abattage sélectif, en passant par les produits forestiers non ligneux et des « services environnementaux », notamment la commercialisation de crédits carbone. Ces crédits carbone peuvent être utilisés sur les marchés intérieurs des permis d'émissions qui se mettent en place dans ces trois pays, mais pourraient aussi être vendus sur le marché international, au moins sur le marché volontaire du carbone.

En Indonésie, seize concessions de restauration d'écosystèmes, couvrant plus de 620 000 hectares, ont été attribuées ces dernières années. En RDC et au Congo, où de telles évolutions réglementaires n'ont pas encore eu lieu, on assiste à la création de nombreuses « concessions de conservation ». Reste à savoir si la génération de crédits carbone à grande échelle se fera au détriment de la production de bois, ou si les acheteurs potentiels de ces crédits accepteront l'idée de simples changements marginaux des modalités d'exploitation.

Le règlement européen sur la déforestation, source d'inquiétude dans les pays tropicaux

Si le règlement de l'Union européenne sur la déforestation (RDUE) devrait poser moins de problèmes aux producteurs de bois qu'à ceux de produits agricoles « à risque de déforestation », les exigences de traçabilité jusqu'au niveau de la parcelle de production vont néanmoins constituer un souci pour un certain nombre d'opérateurs qui ont des chaînes d'approvisionnement constituées de nombreux petits exploitants. Si cela est moins le cas en Afrique centrale, où la majeure partie des exportations vers l'Union européenne est le fait de grandes concessions, la question est plus sensible en Indonésie, ou au Vietnam qui importe du bois de très nombreux pays pour le réexporter souvent, une fois transformé, vers l'Union européenne.

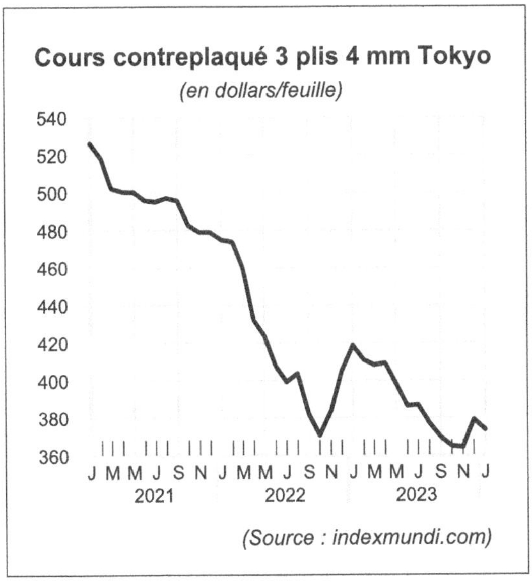

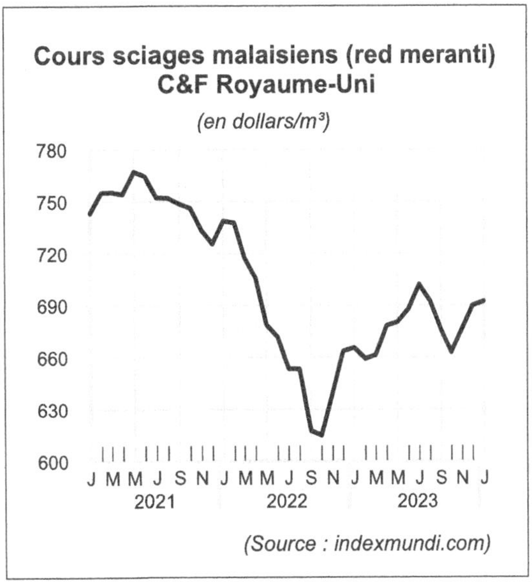

Autre source d'inquiétude, le *benchmarking* des pays qui devrait être annoncé par la Commission européenne à la fin 2024, et qui doit classer les pays en trois groupes, en fonction du risque de déforestation et d'illégalité. Plusieurs pays redoutent un classement en « risque élevé », qui durcirait les procédures de diligence raisonnée et pourrait décourager les importateurs étrangers. En septembre 2023, les ambassadeurs de dix-sept pays, dont le Brésil, la Malaisie, l'Indonésie, le Ghana et la Côte d'Ivoire, ont dénoncé, dans une lettre envoyée à la Commission et aux représentants du Parlement européen, « l'approche indifférenciée de l'Union européenne, telle qu'elle est adoptée par le RDUE, qui ne tient pas compte des différences et des spécificités de chaque pays » et qualifié le RDUE de « système de référence unilatéral intrinsèquement discriminatoire et punitif qui est potentiellement incompatible avec les obligations de l'OMC ». Outre cette dénonciation, les ambassadeurs demandent que des assouplissements des exigences de traçabilité soient accordés aux petits producteurs, afin de ne pas les exclure du commerce international.

Des perspectives peu encourageantes pour 2024

La crise de l'immobilier, symbolisée par la faillite du promoteur Evergrande, qui représente 20 % du produit intérieur brut chinois et influence fortement la demande mondiale, ne semble pas devoir être résolue à court terme. Si des marchés comme l'Inde, le Vietnam, les pays du Golfe ou les Philippines se consolident, ils ne pourront pas remplacer la locomotive chinoise. L'augmentation des tarifs du fret maritime, suite aux attaques en mer Rouge, devrait ralentir également les échanges internationaux. En outre, les règles de la CITES (Convention sur le commerce international des espèces menacées d'extinction) se durcissent pour un nombre croissant d'essences tropicales. Après l'inscription à l'Annexe II (qui complique le commerce, sans toutefois l'interdire) d'essences africaines emblématiques comme le doussié, le padouk et le khaya, ce sont des essences sud-américaines bien connues, l'ipé et le cumaru, qui seront concernées en 2024.

Pâte à papier

(en milllions de tonnes)

	2010	2015	2020	2022	2023 (e)
Production mondiale	**182.9**	**178.8**	**177.9**	**183.3**	**177.1**
dont États-Unis	49.3	47.8	43.4	41.0	37.9
UE-27	37.0	34.8	35.3	34.5	32.3
Chine	0.0	0.0	0.0	25.7	27.7
Brésil	14.2	17.4	21.0	24.9	24.0
Canada	18.5	16.6	14.4	13.6	12.4
Suède	11.8	11.6	11.7	11.8	11.1
Finlande	10.5	10.3	10.3	9.2	9.2
Indonésie	6.5	6.9	8.3	8.5	8.5
Russie	0.0	0.0	0.0	7.6	7.5
Japon	9.4	8.7	7.1	7.6	7.1
Chili	4.1	5.2	4.9	4.4	5.7
Inde	0.0	0.0	0.0	4.2	4.3
Uruguay	1.1	2.2	2.6	2.6	3.6
Portugal	2.6	2.7	2.6	2.8	2.6
Allemagne	2.8	2.6	2.3	2.2	1.9
Espagne	1.9	1.6	1.7	1.5	1.6
Autriche	1.7	1.4	1.6	1.6	1.3
Thaïlande	1.1	1.2	1.1	1.2	1.3
France	1.9	1.7	1.6	1.6	1.3
Australie	1.4	1.4	1.3	1.1	1.1

Ces chiffres comprennent la pâte à papier fabriquée à partir de bois (très largement majoritaire) ou de toute autre matière première fibreuse riche en cellulose, telle que la paille, le bambou ou la bagasse.

La production de pâte inclut la pâte intégrée à la production de papier-carton ainsi que la pâte dite marchande.

Évolution du prix des papiers-cartons en Europe

(Index, 2015 = 100)

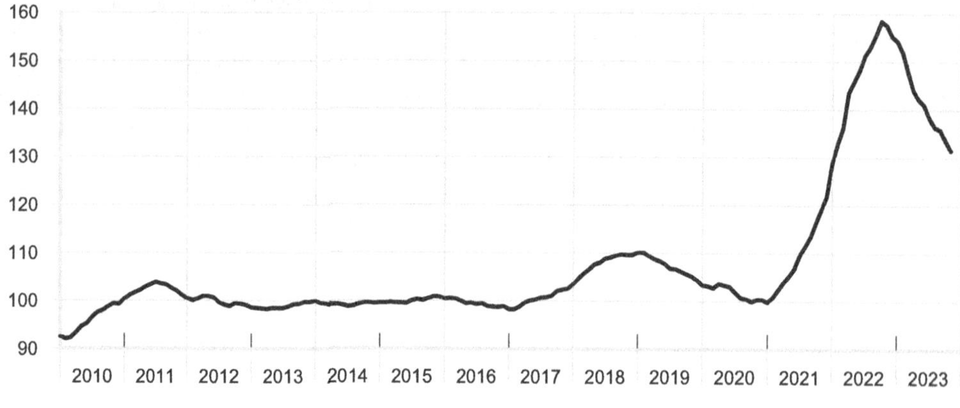

(Source : Eurostat)

Pâtes et papier-carton : *ralentissement de la consommation*

La consommation mondiale de papier-carton, marquée par le ralentissement économique, s'est contractée de l'ordre de 3,1 % en 2023. Des mouvements de déstockage de grande ampleur ont affecté la production tout au long de l'année, notamment en Europe, avec en toile de fond l'adoption de législations ciblant les emballages. Les mouvements de fusions et d'acquisitions se sont poursuivis à un rythme soutenu.

La consommation de papier-carton a souffert du ralentissement de l'économie en 2023, particulièrement en Europe

La consommation mondiale de papier-carton s'est contractée en 2023, de l'ordre de 3,1 % d'après les estimations de *Fastmarkets RISI*. La demande de papier-carton d'emballage – 65 % de la demande mondiale de papier-carton avec 45 % pour le seul papier pour ondulé – est apparue en dessous de sa progression de long terme en 2023 en raison du ralentissement de la croissance économique, de mouvements massifs de déstockage, mais aussi de la politique zéro-covid de la Chine en 2022 et 2023. La demande de papier pour ondulé, ainsi que de carton s'est nettement réduite en 2023, créant un déséquilibre avec l'offre. Les papiers à usages graphiques, qui représentent 22 % de la demande globale de papier-carton, ont vu leurs marchés se contracter de 10 % en 2023. Les papiers d'impression-écriture pour reproduction (A4, etc.) représentent dorénavant 55 % de la demande de papiers graphiques, tandis que la part du papier journal n'est plus que de 13 %. Les capacités de production se sont réduites significativement au cours des années précédentes et, d'après *Fastmarkets RISI*, près de 13 millions de tonnes (Mt) de capacité devraient être retirées du marché entre 2023 et 2025, notamment en Europe. La demande de papiers à usages sanitaires et domestiques a crû de 2,9 % en 2023. La pandémie avait fortement accéléré la croissance de la consommation mondiale en 2020 (+ 5,8 %), avant de revenir à des niveaux plus stables en 2021 et 2022.

La demande chinoise de papier-carton a progressé en 2023, bénéficiant d'une croissance du PIB plus dynamique. Ce dynamisme a bénéficié à la production chinoise, mais également aux importations chinoises de papier-carton qui ont augmenté de manière très significative. Les importations de papier pour ondulé à base de fibres recyclées, qui étaient inexistantes en 2016, ont atteint plus de 8 Mt en 2023. Le principal catalyseur a été l'interdiction d'importer des papiers et cartons à recycler en 2021. Depuis lors, de grandes entreprises chinoises, notamment Nine Dragons, Sun Paper et Lee & Man, ont installé de nouvelles usines de papier pour ondulé dans les pays asiatiques voisins qui peuvent toujours importer des papiers et cartons à recycler. La suppression des droits d'importation décidée en janvier 2023 – ils étaient auparavant de 5 à 6 % – a également soutenu les importations pour stimuler la demande intérieure et lutter contre l'inflation alors qu'il était mis fin aux politiques de tolérance zéro liées au Covid-19.

En Europe, le contexte de forte inflation et de taux d'intérêt élevés a pesé sur l'activité économique et notamment sur les investissements, la production manufacturière et la consommation des ménages. Combinée à un mouvement de déstockage d'une amplitude et d'une durée inédites, la consommation apparente de papier-carton a été plus durement touchée que lors de la crise du covid, affichant une baisse de 15,3 % d'après Cepi contre – 5 % en 2020. Cette baisse serait moins prononcée si la consommation des stocks était prise en compte. Il ne faut effectivement pas confondre « consommation apparente » et « consommation réelle ».

Comme en 2022, le secteur des papiers sanitaires et domestiques a été le plus résilient avec une baisse de la consommation de « seulement » 3,7 %, porté par la bonne tenue des papiers utilisés « à domicile », comprenant les produits comme les mouchoirs ou le papier toilette, tandis que le sous-segment « hors domicile » a souffert de marchés moins dynamiques. La demande de papiers graphiques a été particulièrement faible en 2023 (– 27,5 %), du fait de la baisse de la demande observée dans l'imprimerie et l'édition, aggravée notamment par l'effet des déstockages massifs. Il est estimé que 48 % de la consommation totale de papier graphique en Europe émane des activités

Papiers et cartons

(en milllions de tonnes)

	2010	2015	2020	2021	2022
Consommation mondiale*	**394.5**	**409.7**	**409.2**	**429.3**	**424.1**
dont Chine	91.7	104.4	115.9	121.1	118.4
UE-27	78.8	71.0	66.5	70.0	68.0
États-Unis	75.2	70.8	66.1	68.4	66.5
Japon	27.9	26.8	22.4	23.2	22.8
Allemagne	20.2	20.5	18.1	19.0	17.7
Inde	10.8	13.1	15.4	15.8	17.5
Italie	10.8	9.7	9.6	10.3	10.7
Corée du Sud	9.4	10.1	10.0	10.6	10.2
Brésil	9.5	9.6	9.2	9.7	9.6
Mexique	7.3	8.2	8.3	9.2	9.5
France	9.9	8.9	8.0	8.4	8.4
Indonésie	6.1	7.4	7.5	7.9	8.2
Russie	6.6	6.7	7.0	7.6	7.3
Turquie	5.0	9.1	6.6	6.8	7.3
Royaume-Uni	10.4	5.7	7.3	7.5	7.2
Pologne	4.7	6.3	6.8	7.5	7.1
Espagne	6.5	5.9	6.6	6.9	7.0
Vietnam	2.4	3.9	5.3	6.4	6.0
Canada	6.3	5.7	5.3	5.5	5.5
Thaïlande	4.3	4.8	4.7	5.0	5.1

* Consommation apparente

(Sources : RISI/CEPI/Eurostat/JPA/FPAC/BRACELPA/AF&PA/KPMA)

La consommation de pâte *fluff* devrait être tirée par la demande croissante de produits d'hygiène personnelle et du secteur de la santé

La pâte *fluff* est un matériau absorbant fabriqué essentiellement à partir de fibres de résineux, qui fournissent des fibres longues. Elle est utilisée dans la production de produits d'hygiène – et pas dans la fabrication de papier-carton – tels que les couches pour bébés, les produits d'hygiène féminine et d'incontinence pour adultes, mais aussi dans la production de matériaux non tissés tels que les serviettes ainsi que dans le secteur médical.
En dépit d'une année 2023 difficile, le marché de la pâte *fluff* a connu une forte progression ces dernières années et est tiré par la croissance démographique, les changements de modes de vie des consommateurs, la demande croissante de produits d'hygiène personnelle et le dynamisme du secteur de la santé. L'Amérique du Nord constitue le plus grand marché au monde. La consommation mondiale de pâte *fluff* était de 7 Mt en 2022 et devrait atteindre 8,5 Mt en 2027 d'après Smithers.
Les principaux producteurs de pâte *fluff* sont International Paper (avec près de 2,6 Mt de capacités), Georgia Pacific (2,1 Mt), Domtar/Paper Excellence (1,1 Mt) suivis de Klabin, Stora Enso, Arauco, Rayonier Advanced Materials, Suzano, UPM et Daio avec des capacités oscillant entre 100 et 500 000 tonnes. Il faut noter qu'une partie de ces capacités peut dans certains cas basculer vers la production d'autres sortes de pâte, comme la pâte à dissoudre – matière première pour la production de fibres cellulosiques régénérées (viscose, Lyocell…) et de dérivés cellulosiques (ester, éther ou nitrate de cellulose) – voire même la pâte à papier, ce qui permet aux producteurs de s'ajuster à la demande avec une relative flexibilité.

d'édition. L'impression commerciale est le segment le plus touché en raison de sa plus grande exposition aux dépenses publicitaires et aux changements d'habitude des consommateurs. Plus de la moitié des budgets publicitaires seront consacrés au numérique sur la période 2023-2027 d'après les experts. La demande de papier et carton d'emballage a diminué de 12,2 % en raison du ralentissement de l'économie européenne et également de déstockages massifs tout au long de la chaîne d'approvisionnement.

En Europe, aux baisses de prix des papiers-cartons de 10 % à 30 % enregistrées entre début 2019 et début 2021, avaient succédé des hausses sans précédent sur l'ensemble de l'année 2022, de l'ordre de 40 % à 50 % pour les papiers à usages graphiques et les papiers-cartons d'emballage et jusqu'à 100 % pour le papier journal, répercutant la hausse vertigineuse des prix de l'énergie, mais aussi des fibres. Entre octobre 2022 et la fin de l'année 2023, les prix des papiers-cartons ont en moyenne baissé de 18 % d'après Eurostat, avec des différences significatives selon les sortes. Le papier journal a baissé d'environ 35 % sur cette période, les papiers d'impression et d'écriture de 10 à 30 %, le papier pour ondulé entre 15 et 40 %, le carton plat entre 10 % et 35 % et les papiers d'emballage souple entre 5 et 15 % d'après les relevés de *Fastmarkets RISI*.

Les emballages et les déchets d'emballage font l'objet de nombreuses initiatives réglementaires et de débats, notamment en Europe

La demande de solutions d'emballage plus durables et plus respectueuses de l'environnement est de plus en plus forte de la part des grandes marques, quel que ce soit le secteur, la distribution et, enfin et surtout, des consommateurs. Cette tendance, durable, bénéficie au matériau papier-carton. En Allemagne et au Royaume-Uni, des réglementations ont été adoptées pour restreindre l'usage de produits en plastique à usage unique en 2023.

En Europe, la Commission européenne a dévoilé en novembre 2022 sa proposition de nouveau règlement sur les emballages et les déchets d'emballages. Cette proposition, visant à remplacer le cadre existant établi en 1994, souhaite harmoniser les pratiques réglementaires divergentes entre les États membres, qui ont créé de nombreux obstacles au bon fonctionnement du marché intérieur. Il vise en outre à favoriser la circularité, à promouvoir des emballages plus respectueux de l'environnement. Il fixe des objectifs ambitieux aux États membres et aux entreprises pour réduire les déchets et améliorer la recyclabilité. Cette proposition aborde la question de la conception des emballages et de leur recyclabilité, la responsabilité élargie des producteurs et leur contribution financière à la collecte, le contenu en matériau recyclé notamment pour les emballages plastiques, l'étiquetage et les informations sur la composition des matériaux pour faciliter le tri des consommateurs, la réutilisation et les systèmes de consigne et de retour. Un grand nombre des mesures proposées ont fait l'objet d'intenses débats en 2023, à la hauteur des enjeux pour les filières de l'emballage, que ce soit du papier-carton, du plastique ou du verre. La comparaison entre les emballages réutilisables et les emballages à usage unique, en particulier dans la restauration rapide, a donné lieu à de nombreuses études d'impact.

L'industrie papetière, qui a fait du recyclage et de la recyclabilité des emballages en papier-carton une priorité, a plaidé pour une approche nuancée et préconisé que les emballages ayant déjà atteint des taux de recyclage élevés soient exemptés des objectifs de réduction et de réutilisation. Dans le cas du papier-carton, les emballages sont non seulement fortement recyclés, mais également issus de matières renouvelables. Le recyclage est la principale source de fibres pour le secteur de l'emballage papier-carton. Aujourd'hui, 75 % des emballages en papier-carton sont fabriqués à partir de matériaux recyclés. Les producteurs et recycleurs d'emballages en papier-carton se sont engagés à atteindre un taux de recyclage de 90 % d'ici 2030, contre 82,5 % en 2021.

Pour toutes les entreprises, cette réglementation, une fois adoptée, nécessitera une réévaluation complète de leurs stratégies en termes d'emballage. Le groupe Amazon n'utilise désormais plus que des emballages, boîtes ou enveloppes, en papier-carton à 100 % recyclables !

La production mondiale de papier-carton en 2023

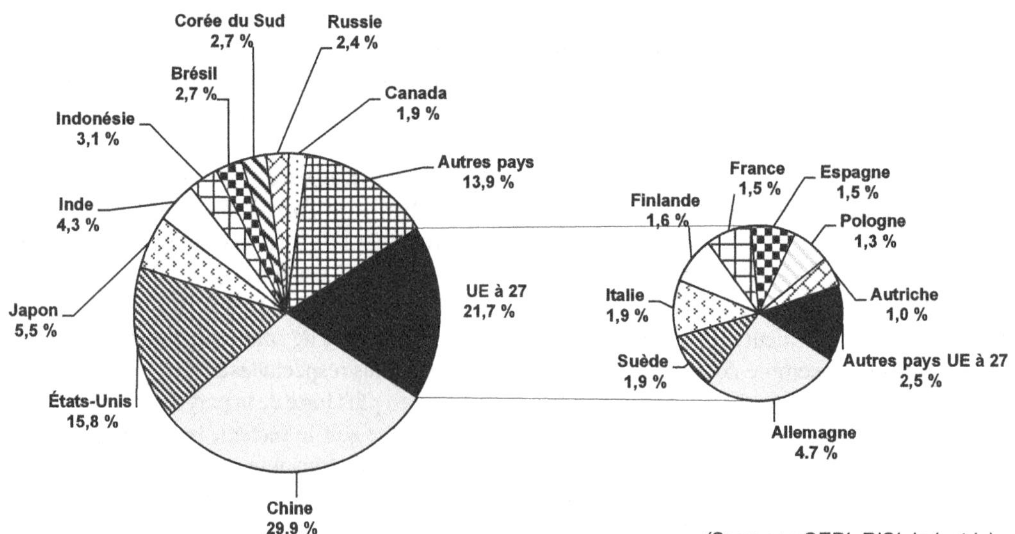

(Sources : CEPI, RISI, industrie)

La production mondiale de papier-carton s'est nettement contractée en 2023, s'ajustant à une demande en perte de vitesse

Selon les premières estimations, la production mondiale de papiers et cartons a diminué de 4,3 % en 2023 après une année de correction en 2022 (– 1 %), qui faisait suite au fort rebond observé en 2021 (+ 4,7 %). Une baisse de la production a été observée dans la plupart des régions du monde, mais moins prononcée qu'en Europe. Le Canada, le Japon, les États-Unis et la Corée du Sud ont enregistré des baisses de production comprises entre 5 % et 9 %. La production de papier-carton en Russie a baissé de 3,1 % (après – 2,8 % en 2022) tandis que celle de l'Ukraine a progressé de 12,3 %, en nette reprise par rapport à 2022. Selon certaines estimations, la production chinoise aurait augmenté de 1,4 % en 2023, les chiffres officiels faisant état d'une croissance plus forte.

En Europe, la production de papier-carton a diminué de 12,8 % en 2023 par rapport à l'année précédente. La production de papier-carton a été relativement stable tout au long de l'année 2023, mais à un niveau bien inférieur à celui des années précédentes, notamment les « années covid ». Cette baisse prononcée résulte d'un environnement économique particulièrement défavorable, d'un mouvement de déstockage inédit et du lourd impact sur l'industrie des coûts de l'énergie et de manière plus générale de coûts de fabrication particulièrement élevés. Ce phénomène de déstockage n'est pas nouveau, mais a été particulièrement prononcé en 2023 pour la plupart des sortes de papier-carton.

Cette contraction de la production a été enregistrée pour toutes les sortes de papier-carton, mais à des niveaux divers. La production de papiers et cartons d'emballage a diminué de 9,1 % par rapport à 2022. Au sein de ce segment, le papier pour ondulé – principalement utilisé pour les emballages de transport et les cartons ondulés – a enregistré une baisse de 4,7 %. La production de carton et des autres sortes d'emballage principalement utilisés pour la vente au détail – a diminué

Papiers et cartons
(en milllions de tonnes)

	2010	2015	2020	2022	2023 (e)
Production mondiale	**394.0**	**407.6**	**405.0**	**420.0**	**402.2**
dont Chine	92.7	109.9	109.9	117.9	119.5
UE à 27	90.1	87.0	81.9	81.7	71.2
États-Unis	75.9	72.6	67.9	66.9	62.8
Japon	27.3	26.2	22.9	23.7	22.0
Allemagne	23.1	22.6	21.3	21.6	18.6
Inde	9.2	11.2	15.0	17.1	17.1
Indonésie	9.9	10.9	13.0	12.6	12.4
Brésil	10.0	10.5	10.3	11.1	10.8
Corée du Sud	11.1	11.6	11.3	11.4	10.8
Russie	7.6	8.1	9.5	9.5	9.5
Canada	12.8	10.3	8.6	8.6	7.8
Suède	11.4	10.2	9.3	8.5	7.5
Italie	9.1	9.0	8.6	8.7	7.5
Mexique	4.7	5.4	6.0	6.7	6.7
Finlande	11.8	10.3	8.2	7.2	6.3
France	8.8	8.0	6.9	7.1	6.1
Espagne	6.2	6.2	6.3	6.4	6.1
Vietnam	1.5	2.4	4.6	5.2	5.7
Turquie	2.5	3.7	4.9	5.3	5.2
Pologne	3.7	4.4	5.0	5.2	5.1

(Sources : RISI/CEPI/Eurostat/JPA/FPAC/BRACELPA/AF&PA/KPMA)

de 17,3 %. La production de papier d'emballage souple – utilisé pour les sacs en papier – a diminué de 15,9 %. La part des sortes liées à l'emballage continue malgré tout de progresser pour représenter 62,3 % de la production totale de papier-carton, les sortes graphiques représentant 22,6 % et celles liées à l'hygiène 10,3 %. La production de papiers à usages sanitaires et domestiques a diminué d'environ 4,4 %.

La production de papiers graphiques a diminué de 24,6 % en 2023. La production de papier journal s'est contractée de 19,9 % et celle des papiers d'impression et d'écriture – utilisés pour les magazines et catalogues, le publipostage, répertoires… – de 25,4 %. La production de papier de reproduction a diminué de 23,9 %. Les fermetures d'usines – ou les transformations de machines pour produire des papiers et cartons d'emballage – s'avèrent nécessaires pour faire face à la diminution de la demande résultant de la concurrence toujours plus forte des médias électroniques et du « smartphone ». En France, on citera la conversion de la machine à papier d'Alizay par le groupe VPK pour produire du papier pour ondulé. Près de 4 Mt de production ont été retirées du marché en Europe sur les seules années 2022 et 2023 et des réductions supplémentaires de capacité sont à venir selon *Fastmarkets RISI*. En France, le groupe Leclerc a stoppé l'impression de ses brochures publicitaires en 2023 tout comme le groupe REWE en Allemagne. Le quotidien gratuit *Metro* n'est plus imprimé en Belgique faute d'investissements publicitaires. En Europe, près de 50 % des investissements publicitaires devraient être réalisés sur un support digital d'ici 2050. Des menaces pèsent également sur les notices d'utilisation des médicaments. Des événements devraient néanmoins soutenir la presse en 2024, tels que les Jeux olympiques en France et les nombreuses élections nationales.

Les exportations européennes de papier-carton sont en baisse de 15,7 %, reflétant la production de papier-carton en berne en 2023 et la baisse de la demande mondiale. Cette baisse est perceptible pour toutes les régions à l'exception de l'Asie où les exportations ont augmenté de 5,2 %, avec notamment une hausse de 29,6 % enregistrée pour la Chine. Le commerce de l'Union européenne avec la Russie, mais aussi avec la Biélorussie, s'est réduit de manière drastique suite aux paquets de sanctions adoptés en 2022. Les importations européennes de papier-carton en provenance de la Russie ont été progressivement réduites à néant après le cinquième paquet adopté le 8 avril 2022 et surtout le huitième paquet adopté le 6 octobre 2022 ; elles avaient atteint 418 000 tonnes en 2022. Les exportations vers la Russie ont subi le même sort à la suite de ces deux paquets, mais aussi du onzième paquet de sanctions adopté le 23 juin 2023 ; elles se sont réduites de 87 % sur les onze premiers mois de 2023. Les flux commerciaux de la Russie se réorientent vers des pays comme la Chine ou la Turquie.

En dépit de l'érosion enregistrée au dernier trimestre de 2023, les prix des pâtes à papier sont demeurés élevés en raison de la demande soutenue de la Chine

La production mondiale de pâte à papier (intégrée à la production de papier-carton et celle dite marchande) est apparue en baisse en 2023, se contractant de 3,4 % d'après les estimations les plus récentes. Des baisses, comprises entre 4 % et 9 %, ont été enregistrées aux États-Unis, en Europe, au Brésil, au Canada, en Russie et au Japon. En revanche la production chinoise a affiché une progression de 7,7 % en 2023, fruit de nombreux investissements.

D'après les estimations les plus récentes, les livraisons mondiales de pâte marchande (non intégrée à la production de papier-carton) ont probablement dépassé leur précédent sommet atteint en 2020, avec près de 63 Mt de pâtes chimiques blanchies en 2023.

La production européenne de pâte marchande a augmenté de 4,8 % en 2023 grâce à des capacités fonctionnant à plein régime, après une année 2022 marquée par des grèves dans le nord de l'Europe et portée par des exportations dynamiques vers la Chine. Ces exportations ont presque doublé en 2023, compensant la faible demande en Europe – en baisse de 12 % par rapport à 2022. En Europe, après avoir enregistré des baisses de l'ordre de 30 % entre fin 2018 et début 2021, les prix de la pâte à papier avaient quasiment doublé jusqu'au troisième trimestre 2022, avant de se contracter de manière importante pour toucher un point bas durant l'été 2023 avec des baisses de près de 50 % pour la pâte d'eucalyptus et de 30 % pour la pâte de résineux NBSK. À la fin de l'année 2023, le prix de la pâte d'eucalyptus avait regagné plus de 30 %, à près de € 1 000 la tonne, et celui de la pâte NBSK près de 15 % à $ 1 300 la tonne. Les perturbations du transport maritime causées par le conflit militaire en mer Rouge, qui est la principale route pour 3,9 Mt de pâte à papier de l'Europe vers l'Asie en 2023, a entraîné une augmentation significative des tarifs de fret (de $ 40 à $ 60 la tonne de pâte) et des retards de livraison ; le contournement de l'Afrique accroît le temps de trajet de près de deux semaines.

En Chine, la pâte de résineux a vu son prix en dollars remonter entre l'été 2023 et la fin de l'année 2023 de 10 à 15 % pour atteindre jusqu'à $ 850 la tonne, et la pâte de feuillus entre 20 et 35 % sur la même période pour atteindre jusqu'à $ 760 la tonne. Aux États-Unis, le prix de la pâte de résineux a repris entre 5 et 15 % depuis l'été 2023 pour atteindre près de $ 1 300 la tonne tandis que le prix de la pâte de feuillus se raffermissait, de l'ordre de 15 à 20 % pour atteindre $ 1 100 la tonne.

En 2023, l'influence de la Chine – 43 % de la demande mondiale de pâte marchande – s'est particulièrement fait sentir. Les importations chinoises de pâte chimique blanchie ont augmenté de 5 Mt en 2023, après deux années de contraction, d'après *Hawkins Wright*, soit une hausse de près de 30 % par rapport à 2022, compensant largement les contractions de la demande enregistrées dans le reste du monde. De multiples facteurs expliquent cette augmentation spectaculaire, et en particulier la demande chinoise accrue de papier-carton ainsi que le restockage et la spéculation. Enfin, il y a eu une augmentation considérable des exportations de papier-carton, notamment des papiers d'impression et écriture et de carton, correspondant selon *Hawkins Wright* à une consommation de pâte d'environ 3,3 Mt.

Les sociétés chinoises, ayant souffert de la pénurie de cartons ondulés récupérés à la suite de l'interdiction d'importation en 2021, ont augmenté leur production domestique de pâte à papier. Les investissements s'accélèrent, menés par Nine Dragons qui a déjà installé 3,9 Mt de capacité de pâte semi-chimique en 2022 et 2023 et par le groupe Lee & Man. Ces nouvelles lignes de production ont été installées dans des usines existantes et alimenteront des machines produisant des papiers et cartons d'emballage. D'autres projets ne manqueront pas d'avoir un impact significatif sur les marchés de la pâte en 2024 : Nine Dragons (1,2 Mt), Sun Paper (500 000 tonnes), Fujian Liansheng (1,2 à 1,7 Mt).

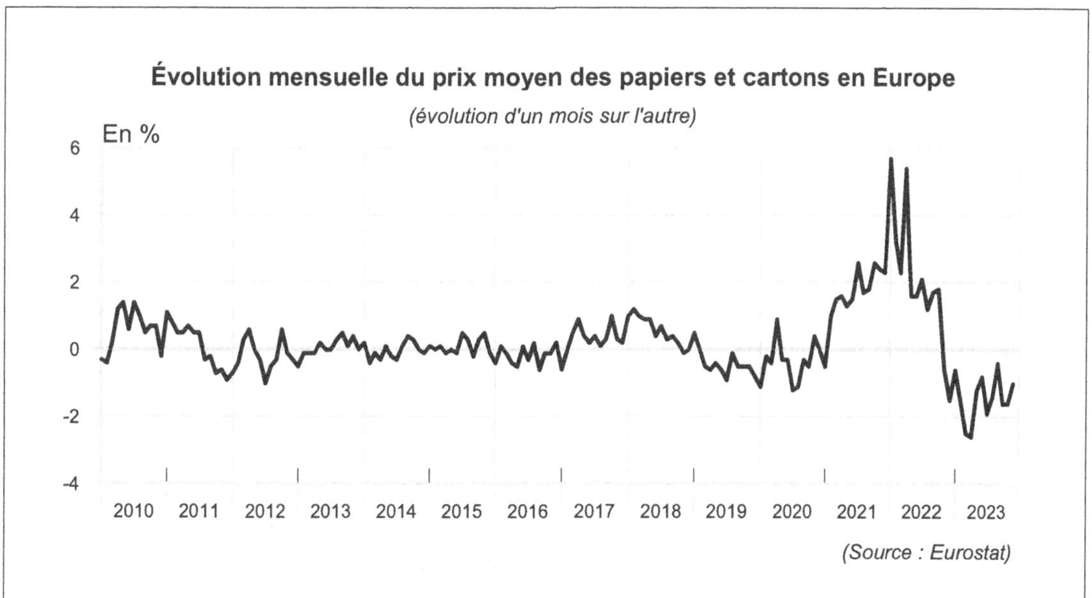

NB : il s'agit de prix CIF de la pâte marchande dans les principaux ports européens

(Source : RISI, prix moyens Europe de l'Ouest)

L'année 2024 a démarré avec des différences notables suivant les régions. La demande de pâte à papier en Amérique du Nord et en Europe a été relativement soutenue, se traduisant par des prix plus élevés. En revanche, le marché chinois est resté morose en raison des inquiétudes concernant la santé de l'économie et la baisse des prix des papiers-cartons. La demande de pâte pourrait en souffrir au cours des prochains mois et entraîner des pressions à la baisse sur les prix mondiaux. Du côté de l'offre, des incertitudes pèsent aussi. En dépit de l'accélération de la croissance des capacités en 2024, notamment en Amérique latine – démarrage d'une nouvelle unité de production chez le leader mondial Suzano prévu à la fin du deuxième trimestre (+ 2,6 Mt de pâte d'eucalyptus) – et en Chine – plus de 2,5 Mt de pâte de feuillus intégrées en BHKP prévues dans les six prochains mois –, certaines capacités de production demeurent vulnérables.

Les mouvements de fusions et d'acquisitions, notamment dans l'emballage, se sont poursuivis à un rythme soutenu

Un accord de principe pour la fusion du groupe irlandais Smurfit Kappa Group avec le groupe américain WestRock a été annoncé en septembre 2023. Cet accord, qui doit encore être approuvé, devrait donner naissance au plus grand producteur de papier pour ondulé au monde – Smurfit WestRock – avec près de 17 Mt de capacité. Début 2024, le groupe sud-africain Mondi a exprimé son intérêt pour la société anglaise DS Smith. Cette fusion, si elle devait se concrétiser, pourrait créer un autre géant mondial du papier pour ondulé avec près de 7 Mt de capacité.

En Amérique du Nord, de nombreux producteurs étrangers se sont implantés sur les marchés américains de l'emballage *via* l'acquisition d'entreprises américaines. On citera l'acquisition de Domtar par Paper Excellence, l'achat des opérations américaines de Catalyst Paper par Nine Dragons et l'acquisition de Verso par Billerud. La consolidation internationale dans l'emballage pourrait se poursuivre, car la concentration croissante sur les marchés au niveau national marque le pas, en particulier aux États-Unis.

Les difficultés observées récemment sur les marchés ont décidé les producteurs à ne pas mettre sur le marché de nouvelles capacités, mais plutôt à accroître leur intégration, notamment verticale (vers la transformation). L'achat par Stora Enso de l'entreprise d'emballage néerlandaise De Jong Packaging Group pour € 1,02 milliard en janvier 2023 en est un exemple, qui vise à réduire les coûts, à pénétrer de nouveaux marchés et à développer les capacités techniques.

Les géants mondiaux de la pâte et du papier (2022)
(en milliers de tonnes)

	Société	Pays	Production pâte marchande + papier-carton
1	International Paper	États-Unis	18 252
2	Nine Dragons Paper	Chine	16 826
3	WestRock	États-Unis	13 684
4	Oji Holdings Corporation	Japon	11 944
5	Suzano Papel e Celulose	Brésil	11 116
6	Stora Enso	Finlande	8 858
7	UPM	Finlande	8 474
8	Smurfit-Kappa Group	Irlande	8 400
9	Shandong Sun Paper Ind. JS. Co. Ltd.	Chine	6 666
10	Sappi	Afrique du Sud	6 397
11	SCG Packaging Public Co. Ltd.	Thaïlande	6 261
12	Shanying International	Chine	6 148
13	Lee & Man Paper Manufacturing	Chine	6 004
14	Shandong Chenming Paper Holdings	Chine	5 200
15	Empresas CMPC	Chili	5 185
16	Nippon Paper Industries Co. Ltd.	Japon	5 080
17	Mondi	Afrique du Sud	4 605
18	Packaging Corporation of America	États-Unis	4 595
19	Daio Paper	Japon	4 088
20	Klabin	Brésil	4 085
21	DS Smith	Royaume-Uni	4 000
22	Metsa Group	Finlande	3 977
23	Essity	Suède	3 710
24	Graphic Packaging	États-Unis	3 697
25	Rengo	Japon	3 559

Certaines sociétés comme APP, April, Georgia Pacific, Saica et Kimberly Clark ne figurent pas dans cette liste en raison du manque de données disponibles concernant leur production.

(Sources : Tappi, Fastmarkets RISI, Hawkins Wright, Cepi)

Sur le front russe, le désengagement est réel. L'américain International Paper a vendu sa participation dans Ilim – le plus grand producteur de pâte et de papier en Russie – pour $ 484 millions. Le leader des papiers sanitaires et domestiques Essity a vendu son activité en Russie pour $ 170 millions. Mondi a finalisé son retrait de Russie avec la vente du papetier Syktyvkar pour plus de $ 800 millions. Dans l'hygiène, le géant suédois Essity a décidé de se séparer de la totalité des parts qu'il détenait dans la société asiatique Vinda pour un montant de près de $ 1,7 milliard au bénéfice du groupe APRIL.

Les investissements récents dans la pâte ou le papier-carton en Chine propulsent les sociétés chinoises, toujours plus nombreuses, dans le haut du classement des géants mondiaux. Des investissements importants ont été réalisés en 2023 par certains groupes européens. On citera la « bio-raffinerie » du finlandais Metsa Group pour un montant de plus de € 2 milliards en Finlande qui combine production de pâte, mais aussi d'autres produits biosourcés ou encore la nouvelle usine de pâte marchande en Uruguay par le groupe finlandais UPM pour un investissement total de $ 3,5 milliards.

Papiers et cartons à recycler : *malgré l'arrêt de ses importations, la Chine continue de peser sur le commerce mondial*

En dépit de l'arrêt officiel de ses importations depuis 2021, la Chine reste paradoxalement un des acteurs clés des marchés mondiaux de papiers et cartons à recycler du fait de ses importations de pâte recyclée et de papier pour ondulé. La croissance rapide de la demande de papiers et cartons à recycler, combinée au renforcement des contraintes pesant sur les importations et au conflit régional en mer Rouge, pourrait restreindre la fluidité des marchés mondiaux et conduire à de nouvelles tensions.

Les prix des cartons ondulés récupérés ont connu des évolutions contrastées selon les régions en 2023, après les sévères baisses de 2022

Après les hausses vertigineuses enregistrées en 2021 puis les sévères baisses observées en 2022, essentiellement en Europe et aux États-Unis (prix divisés par deux, voire trois), l'évolution des prix des cartons ondulés récupérés, sorte de référence, a divergé selon les régions en 2023. Les prix en Allemagne se sont relativement stabilisés à des niveaux proches de la moyenne observée entre 2018 et 2020, soit € 65 la tonne. Alors que les prix chinois demeuraient relativement stables en 2023, aux alentours de 1 750 yuans, les prix aux États-Unis sont en revanche repartis à la hausse (+ 60 % par rapport au début de l'année) pour atteindre en fin d'année près de $ 90 la tonne.

Les cartons ondulés récupérés pèsent plus de 60 % de l'utilisation mondiale totale de papiers et cartons à recycler (PCR). Leur utilisation ne cesse de s'accroître au fil des années, à l'inverse des vieux journaux et magazines dont les volumes souffrent du déclin des papiers graphiques.

Traditionnellement, le surplus de cartons ondulés récupérés collectés aux États-Unis et en Europe était exporté vers la Chine, mais les flux américains et européens de cartons ondulés récupérés se sont réorientés vers l'Inde et l'Asie du Sud-Est après l'interdiction des importations de PCR par la Chine à partir de janvier 2021. Les cartons ondulés récupérés sont généralement transformés en papier pour ondulé ou en pâte recyclée, avant d'être réexportés vers la Chine. Il faut rappeler que les emballages papier-carton protègent les produits manufacturés en Asie et les accompagnent sur les marchés américains et européens où ils sont vendus et où ces emballages alimentent la collecte locale de PCR.

La faible demande intérieure a pesé significativement sur les marchés européens des cartons ondulés récupérés, contrastant avec le marché nord-américain. Aux États-Unis, de nouvelles ca-

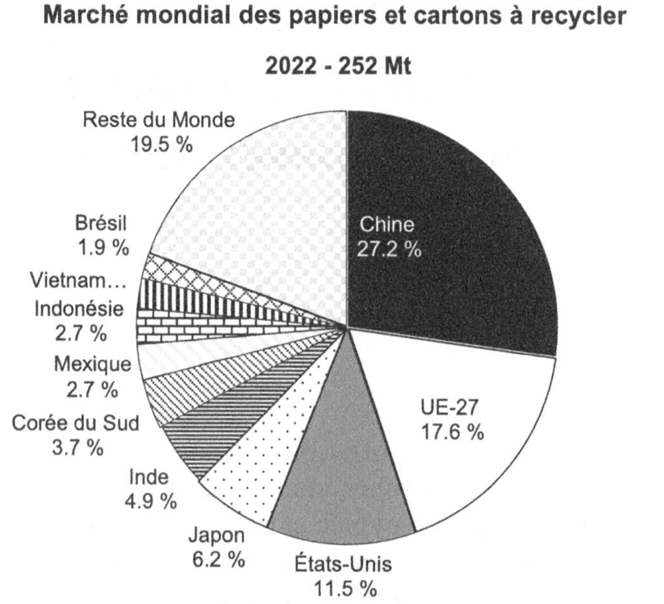

(Sources : RISI, CEPI)

pacités de production de papier-carton d'emballage, combinées à des niveaux de stock en forte baisse, ont contribué à maintenir le marché américain sous tension. L'évolution de l'équilibre entre l'offre et la demande aux États-Unis est déterminante ; les cartons ondulés récupérés d'origine américaine sont particulièrement appréciés par les usines productrices de papier-carton asiatiques en raison de leur teneur élevée en fibres vierges. Les exportations américaines de cartons ondulés récupérés ont chuté pourtant de 13 % en 2023, avec des volumes vers l'Asie en baisse de 6 % et vers l'Amérique latine en baisse de 52 %.

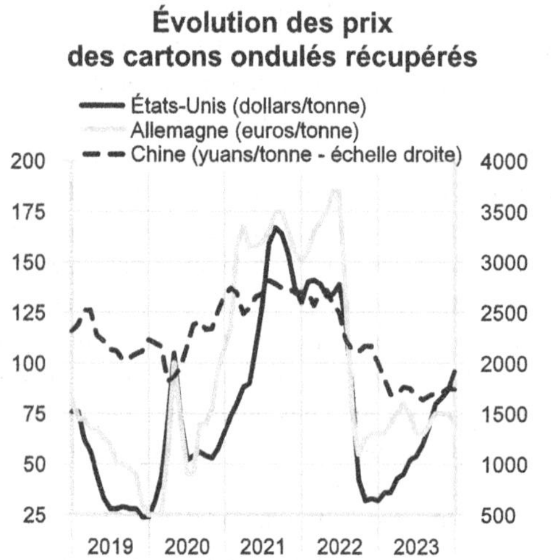

(Source : Fastmarkets RISI)

Les importations asiatiques de PCR ont pourtant rebondi en 2023, avec une hausse de l'ordre de 25 %. La volatilité des marchés mondiaux de PCR n'est pas près de s'arrêter, nourrie par la progression de la demande au sein de chaque région, et par les fluctuations de l'offre et du commerce international. Les capacités d'exportation des principaux pays exportateurs de PCR sont sous contrainte.

Une chose est certaine, la Chine restera un acteur clé des marchés mondiaux. Les importations chinoises de pâte recyclée et de papier-carton pèsent considérablement sur les marchés asiatiques. Les importations chinoises de papier pour ondulé se sont accrues en 2023 et proviennent pour 75 % d'Asie, 8 % d'Amérique du Nord et 5 % d'Europe. Le rebond des importations chinoises de pâte recyclée et de papier pour ondulé a été l'un des principaux facteurs à l'origine de l'augmentation des importations asiatiques de PCR en 2023.

Les exportations européennes de papiers et cartons à recycler ont rebondi en 2022 et 2023

L'utilisation de PCR en Europe a diminué de 7,3 % en 2023 par rapport à 2022, après une baisse relativement limitée de 1,3 % en 2022 d'après Cepi. L'utilisation de sortes mêlées s'est contractée de 11 % en Europe et celle de vieux journaux et magazines de 17 %. La consommation de cartons ondulés récupérés s'est réduite elle aussi de 3 %. Cette contraction de la demande s'explique par la fermeture massive d'usines de papier à usages graphiques et par la faiblesse de la production de papier et carton d'emballage, gros utilisateurs de PCR. La production européenne de papier pour ondulé, qui utilise près de 62 % du total de PCR en Europe, a chuté d'environ 4,7 % en 2023.

Sur les onze premiers mois de l'année 2023, les exportations de l'Union européenne ont augmenté de 58 % – comparé à un niveau exceptionnellement bas en 2022 – et ont quasiment doublé vers l'Asie grâce à une reprise de la demande. Les exportations ont doublé vers l'Inde, qui capte 35 % des volumes totaux exportés. Par ordre décroissant viennent ensuite l'Indonésie (17 %), le Vietnam (14 %), la Malaisie (8 %), la Thaïlande (7 %) et la Turquie (6 %). Ce rebond s'explique par la faible demande intérieure européenne émanant des producteurs de papier-carton, la forte demande asiatique et un euro relativement faible. Les exportations du Royaume-Uni ont, elles, baissé de 2,3 %.

Les exportations européennes pourraient diminuer à l'avenir en fonction de l'évolution de la demande intérieure due à l'arrivée sur le marché européen de nouvelles capacités de recyclage essentiellement dans l'emballage, mais aussi de la progression plus lente du taux de collecte (70,5 % en 2022). En Espagne, un système de responsabilité élargie des producteurs a vu le jour en 2023 pour accroître la collecte et le recyclage. Tetra Pak a poursuivi ses investissements pour faciliter la collecte et le recyclage de ses fameuses « briques ».

Flux mondiaux de papiers et cartons récupérés en 2022

(en millions de tonnes)

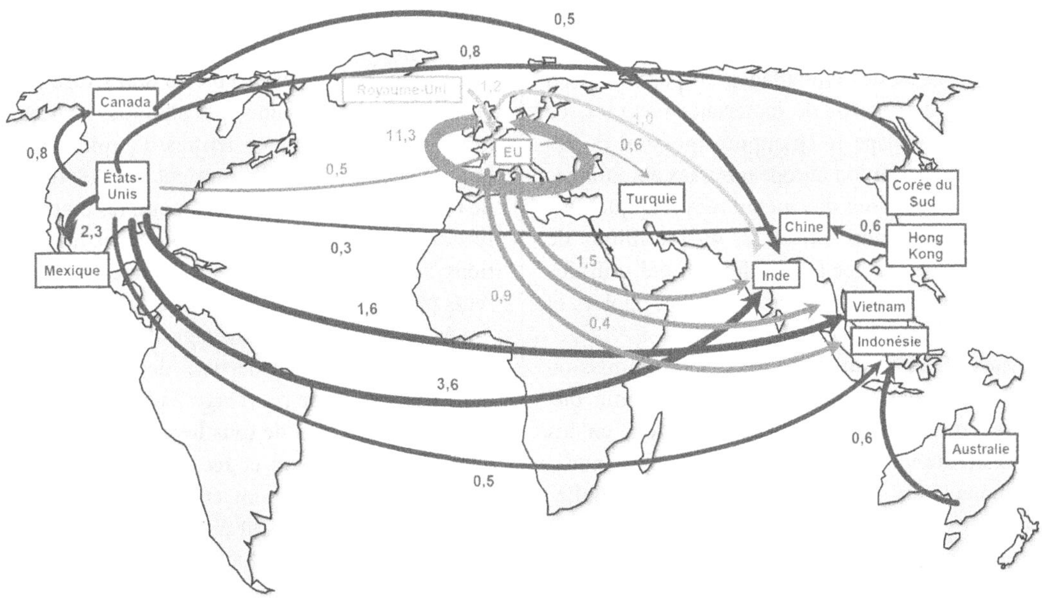

(Source: Trade Data Monitor, Fastmarkets RISI, Eurostat, Cepi)

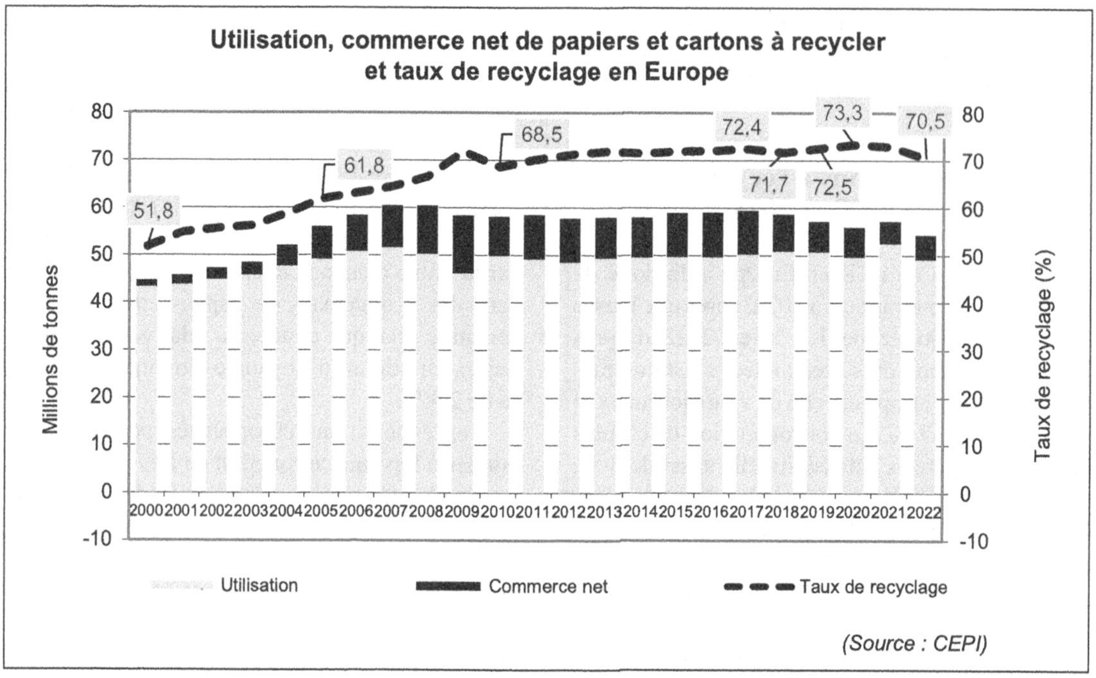

La réglementation européenne concernant les emballages et les déchets d'emballages devrait impacter significativement le recyclage en Europe dans les années à venir

Le recyclage est la principale source de fibres pour le secteur de l'emballage papier-carton. Aujourd'hui, 75 % des emballages en papier-carton sont fabriqués à partir de matériaux recyclés, ce qui fait de l'Europe le champion mondial du recyclage. Dans l'Union européenne, les emballages en papier-carton sont davantage recyclés que tous les autres matériaux. En 2022, 49,1 millions de tonnes (Mt) de papier à recycler ont été utilisées en Europe pour fabriquer de nouveaux papiers et cartons sur 54,9 Mt collectées.

Dans le cadre du Pacte vert, la Commission européenne veut promouvoir une économie circulaire produisant moins de déchets tout en les recyclant mieux : une politique qui vise particulièrement les résidus d'emballage, actuellement recyclés dans des proportions diverses d'un État membre à un autre. En moyenne, 180 kilogrammes d'emballages par habitant ont été jetés en 2020, et 64 % des emballages étaient recyclés en Europe selon Eurostat. La directive 94/62/EC du 20 décembre 1994 avait commencé à imposer des taux de recyclage pour les emballages. Les objectifs de recyclage à l'horizon 2025 ont été revus à la hausse en 2018 pour tous les emballages, avec 50 % pour le plastique, 70 % pour le verre et 75 % pour le papier-carton. La proposition de la Commission européenne en termes de règlement sur les emballages et les déchets d'emballages à l'automne 2022 a fait l'objet d'âpres discussions en 2023 et devrait, une fois adoptée, impacter le recyclage en Europe en termes de volumes et de qualité. Les discussions portent sur les objectifs de réutilisation et de rechargement, les emballages liés aux achats de plats à emporter et les restrictions sur l'utilisation des emballages pour différents produits comme les fruits et légumes frais.

Avec un taux de recyclage de 82,5 %, l'emballage papier-carton dépasse déjà largement les objectifs légaux de recyclage fixés pour 2025, qui sont les plus stricts de tous les matériaux. Cependant, les producteurs et recycleurs d'emballages en papier-carton se sont engagés à atteindre un taux de recyclage de 90 % d'ici 2030, au-dessus de l'exigence légale actuelle de 85 %. Pour y parvenir, l'expérience montre que la principale solution serait de promouvoir la collecte sélective du papier-carton dans toute l'Europe.

Les transferts de déchets hors Europe font l'objet d'une réglementation plus stricte

En novembre 2023, le Parlement européen et le Conseil européen sont parvenus à un accord provisoire sur la révision des procédures et des mesures de contrôle de l'Union européenne concernant les transferts de déchets. L'adoption définitive du texte devrait survenir prochainement. Cet accord comprend des mesures plus strictes afin de mieux protéger l'environnement et la santé humaine, les déchets expédiés en dehors de l'Union européenne devant être gérés d'une manière respectueuse de l'environnement dans les pays de destination.

Le texte comprend une interdiction pour les États membres d'exporter des déchets – y compris des produits à base de papier-carton (entrée B3020 de l'annexe IX de la Convention de Bâle) – vers des pays non membres de l'OCDE et destinés à y être valorisés, sauf s'ils sont consentis et autorisés dans des conditions strictes.

Désormais, les exportations vers les pays hors OCDE ne seront autorisées que si ces pays ont les installations nécessaires pour « les gérer de manière écologiquement rationnelle », selon des audits confiés à des « organismes indépendants ». Une liste des pays vers lesquels les exportations de déchets non dangereux de l'Union pour valorisation sont autorisées sera établie par la Commission européenne. Les gouvernements des pays destinataires devront alors introduire une demande pour figurer sur cette liste et démontrer qu'ils ont mis en place toutes les mesures nécessaires à la gestion responsable de ces déchets. La Commission mettra à jour la liste de ces pays périodiquement.

Concernant les transferts intra-Union européenne, il y a peu de changements. Les transferts de déchets – et donc de PCR – destinés à être valorisés au sein de l'Union européenne ne peuvent se

La France a un taux de recyclage des déchets d'emballage papier-carton de 85,6 % en 2021, bien au-dessus de la moyenne européenne (82,5 %)

En France, l'État veut accélérer le recyclage des emballages à l'approche des échéances de 2025. Une simplification des gestes de tri pour les ménages a été mise en place afin de faciliter la collecte des déchets puis le recyclage. Pour atteindre tous ces objectifs, l'État veut en premier lieu assurer la recyclabilité des emballages grâce à un système de primes et de pénalités lié à l'éco-conception.

Le projet de cahier des charges de la filière pour la période 2024-2029 relatif à la responsabilité élargie des producteurs (REP) d'emballages ménagers, de papiers graphiques et d'imprimés papiers a été mis en consultation début novembre 2023, et vise à accélérer le rythme de progression pour atteindre les objectifs européens de recyclage. Les deux éco-organismes agréés, Citeo et Léko, sont appelés à poursuivre les mesures mises en œuvre, afin notamment de développer la collecte hors foyer, et mieux mesurer la performance des collectivités.

En ce qui concerne les imprimés et papiers graphiques, le taux de recyclage actuel est de l'ordre de 62 %. Les pouvoirs publics proposent de passer de 66 % en 2024 à 70 % en 2029. Rappelons le régime dérogatoire de la presse qui, pour partie, ne s'acquitte pas d'écocontributions, en raison de la mise à disposition d'encarts publicitaires gratuits. Des objectifs ont été ajoutés, affectant notamment les emballages en papier-carton complexes (autrement dit recouvert d'un autre matériau) dont le taux de recyclage doit passer de 61 % de recyclage en 2024 à 76 % en 2029.

La collecte hors foyer est appelée à progresser, avec une généralisation du tri des déchets dans l'espace public. 100 millions d'euros y seront consacrés d'ici à décembre 2025. Toute une série d'établissements recevant du public est ciblée : les aires d'autoroutes, les gares et stations de métro, les aéroports, les parcs des expositions, les musées et monuments, les cinémas, les centres commerciaux, les parcs de loisirs, les festivals, les événements sportifs et les bureaux.

faire sans notification écrite préalable de consentement et d'information. L'accord fixe également des délais spécifiques pour la procédure de notification et comprend des mesures visant à favoriser la numérisation de l'échange d'informations et de données sur les transferts de déchets dans l'Union européenne.

Le texte invite les Vingt-Sept à prévoir « des sanctions efficaces, proportionnées et dissuasives » en cas d'infraction, avec des amendes ou la révocation des autorisations d'exportation de déchets. De toute évidence, cette révision de la législation européenne pourrait contraindre les exportations de PCR dans les années à venir.

Maintenir la quantité disponible et la qualité globale des fibres recyclées demeure un défi pour la Chine

La demande chinoise de PCR devrait augmenter dans les années à venir tout comme l'utilisation de fibres vierges – bois et pâte marchande – en raison du manque de fibres recyclées. L'utilisation de PCR en Chine a atteint près de 65 Mt en 2023 et devrait s'approcher des 70 Mt en 2025. Quelle région sera capable de satisfaire l'appétit insatiable de la Chine : l'Asie du Sud-Est, l'Amérique du Nord, l'Australie, l'Europe ?

La demande intérieure nord-américaine de PCR devrait augmenter parallèlement à l'accroissement des capacités de production de papier pour ondulé à base de PCR et par conséquent limiter les futures exportations nord-américaines vers l'Asie. Les exportations japonaises devraient également demeurer limitées, après avoir augmenté de 21 % en 2023, parallèlement à la chute de la demande intérieure (– 7 %). Le taux de récupération en Chine est déjà très élevé et l'augmentation de la consommation de papier-carton devrait rester limitée. La demande asiatique « hors-Chine » devrait augmenter, stimulée par l'expansion de la production de papier-carton et de pâte recyclée, mais aussi par la disponibilité limitée de PCR au niveau national, du fait notamment de systèmes de collecte peu efficaces. Il faut noter le bond des importations thaïlandaises de PCR en 2023 (+ 58 %), parallèlement aux exportations de pâte recyclée vers la Chine qui ont progressé de 105 %. De nouvelles capacités de production de pâte recyclée sont annoncées en Asie du Sud-Est.

Les importations chinoises de pâte recyclée ont considérablement augmenté en 2023

La progression des capacités de production de papier-carton, notamment de papier pour ondulé, nécessite toujours plus de fibres. Les importations accrues de pâte de fibres vierges et de pâte recyclée sont indispensables à la Chine, qui s'efforce d'accroître la collecte de PCR.

Importations de papiers et cartons à recycler

(en millions de tonnes)

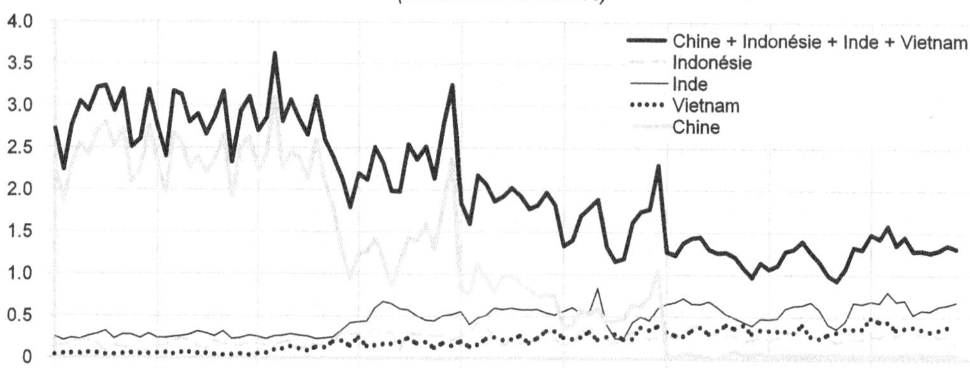

(Source : Trade Data Monitor, CEPI)

L'industrie chinoise est avide de fibres recyclées de haute qualité et a profité des prix relativement bas de la pâte recyclée – aux alentours de $ 300 en 2023 contre $ 500 fin 2021-début 2022 – pour accroître ses importations, en hausse de 42 % en 2023.

La pâte recyclée s'est affirmée au fil des ans comme un nouveau moyen pour la Chine d'obtenir, sous une forme transformée, des PCR. Cette pâte recyclée de couleur brune est composée principalement de cartons ondulés récupérés, d'emballages commerciaux et de sortes mêlées. Elle peut être vendue sous une « forme » humide ou sèche. La pâte recyclée humide a généralement une teneur en humidité d'environ 50 %, tandis que celle de la pâte recyclée sèche est de l'ordre de 7 %. La pâte recyclée sèche convient au transport de longue distance, mais son coût de production est beaucoup plus élevé en raison de l'énergie nécessaire au séchage.

L'Asie du Sud-Est et les États-Unis se sont affirmés au fil des années comme les principaux fournisseurs de la Chine. Il faut noter également que le Royaume-Uni a commencé à exporter de la pâte recyclée vers la Chine fin 2022. Les importations chinoises de pâte recyclée devraient continuer de croître en 2024 et 2025, mais probablement à un rythme moins soutenu selon Fastmarkets RISI.

Les réglementations et la crise de la mer Rouge pourraient peser lourdement sur la demande, l'offre et le commerce de fibres recyclées à l'avenir

La Chine, l'Indonésie, la Malaisie et le Vietnam, pays importateurs, ont adopté des mesures pour restreindre les importations de PCR et en particulier celles des sortes mélangées. De nouvelles restrictions sur les importations toucheront-elles demain d'autres pays comme l'Inde ou le Vietnam ? Du côté des pays exportateurs, de nouvelles restrictions pourraient survenir. L'Australie prévoit d'interdire les exportations de sortes mélangées à partir de juillet 2024, alors qu'une usine de pâte recyclée est en construction. La crise actuelle du transport maritime due au conflit en mer Rouge pourrait également peser sur les marchés mondiaux.

RÉPUBLIQUE FRANÇAISE
Liberté Égalité Fraternité

Géosciences pour une Terre durable
brgm

OFREMI
OBSERVATOIRE FRANÇAIS DES RESSOURCES MINÉRALES POUR LES FILIÈRES INDUSTRIELLES

Comme en témoigne le récent Critical Raw Materials Act de la commission Européenne, la sécurisation des approvisionnements en ressources minérales constitue un enjeu stratégique majeur pour l'industrie française et européenne. C'est pourquoi le BRGM mobilise ses compétences pour contribuer à une gestion responsable des matières minérales. Il mène, notamment en lien avec l'Ofremi (l'Observatoire français des ressources minérales pour les filières industrielles), des travaux d'intelligence économique et d'analyse de risques et de vulnérabilités en appui aux politiques publiques, à la diplomatie des ressources et aux industriels.

Analyses de criticité

Au sein de l'Ofremi, le BRGM réalise des études pour évaluer les risques d'approvisionnements de la France en substances minérales, au regard de leur importance économique ou stratégique pour l'industrie. Le BRGM partage également sa vision sur ces sujets en contribuant aux réflexions européennes et aux travaux du World Materials Forum.

Suivi et analyse des marchés mondiaux des métaux

Le BRGM assure un suivi des marchés des métaux et publie régulièrement des analyses couvrant les acteurs, l'environnement socio-politique des marchés, et l'évolution du prix des métaux. Il étudie par ailleurs les perspectives d'évolution de ces thèmes à court et moyen termes.

Analyses des filières industrielles

En collaboration avec ses partenaires de l'Ofremi, le BRGM met à disposition une veille stratégique, économique et technique des chaines mondiales d'approvisionnement et des besoins actuels et futurs des secteurs industriels. Il analyse également les risques économiques, sociaux, géopolitiques et environnementaux liés aux chaines de valeur industrielles consommatrices de métaux et matériaux.

Approvisionnements et mines responsables

En intégrant notamment des approches d'analyse du cycle de vie et de prise en compte des impacts environnementaux, le BRGM contribue aux travaux en cours autour des préoccupations ESG (Environnement social et de bonne gouvernance) associées aux activités extractives et aux filières avals.

Publications

Retrouvez les travaux d'intelligence minérale du BRGM sur www.mineralinfo.fr.

Siège - Centre scientifique et technique
3, avenue Claude-Guillemin
BP 36009 - 45060 Orléans Cedex 2 - France
Tél. : (33) 2 38 64 34 34

www.brgm.fr

- VI -

Minerais et métaux

- Une illusion tenace

Fer et acier

- Minerai de fer
- Ferrailles
- Charbon à coke
- Acier

Les grands métaux non ferreux

- Aluminium
- Cuivre
- Étain
- Nickel
- Plomb
- Zinc

Métaux « électriques »

- Cobalt
- Graphite naturel et synthétique
- Lithium
- Manganèse

Petits métaux

- Antimoine
- Béryllium
- Bismuth
- Cadmium
- Chrome
- Gallium
- Germanium
- Hafnium
- Indium
- Magnésium
- Molybdène
- Niobium
- Rhénium
- Scandium
- Sélénium
- Silicium
- Tantale
- Tellure
- Terres rares
- Titane
- Tungstène
- Vanadium
- Zirconium

Métaux précieux

- Argent
- Or
- Platinoïdes
- Diamants

Indices Rexecode des cours des matières premières en $
Ensemble des métaux
janvier 1988 = 100
Métaux communs
Métaux précieux
Ensemble des métaux
420
380
340
300
260
220
180
140
100
80
60
2003 2004 2005 2006 2007 2008 2009 2010 2011 2012 2013 2014 2015 2016 2017 2018 2019 2020 2021 2022 2023
© Rexecode

Une illusion tenace

«Après l'abattement de chaque défaite, l'illusion tenace renaissait» : en écho au sous-titre choisi pour illustrer ce XXXVIIIe rapport CyclOpe, cette citation tirée de *La Débâcle* – dix-neuvième et avant-dernier volume de la série des *Rougon-Macquart* – pourrait-elle, à elle seule, résumer l'esprit qui domina l'année 2023 sur le front des métaux ? Certains signes pourraient le laisser croire. Et pourtant… Dans le sillage du second semestre 2022, les prix ont poursuivi leur reflux, effaçant ainsi le choc du déclenchement de la guerre en Ukraine dans un environnement toujours incertain. Si l'on excepte, sans surprise, les métaux précieux – avec un nouveau record historique atteint pour l'or début avril 2024, à près de $ 2300/t – mais également l'uranium, qui a regagné les faveurs du marché après des années de déshérence, de très nombreux métaux ont en effet vu leur cours s'inscrire en baisse entre 2022 et 2023, de – 54 % pour le lithium à – 4 % pour le cuivre. Tenant compte du pic des cours atteint en mars 2022, il y avait donc, dans cette trajectoire, une forme de retour à la normalité tant lié au désormais fameux «effet de base» qu'à la nature même des marchés de «commodities» où, de cycles en rebonds ou déclins, l'instabilité a toujours fait loi.

Et s'il y eut quelque espoirs, en 2023, que la demande de métaux pût rebondir, ils furent déçus dès le premier trimestre, lorsque l'appel d'air de la fin de la politique zéro-covid et du ralentissement de la hausse des taux directeurs américains cessa. Alimenté, parmi d'autres déterminants, par une reprise de l'activité manufacturière en Chine, l'optimisme semble renaître en ce début d'année 2024. Espoir légitime ou illusion tenace ? La question demeure encore ouverte à ce jour, malgré l'évidence d'une demande de ressources minérales amenée à croître sensiblement au cours des deux prochaines décennies, portée par la transition énergétique, mais également par l'essor démographique et l'urbanisation.

Invoquer ici la «normalité» est assurément une entreprise hasardeuse tant les forces telluriques qui parcourent les marchés mondiaux de matières sont denses et, avouons-le, parfois difficiles à qualifier ou à mesurer. Évoquée précédemment, la première fait des ressources minérales la condition *sine qua non* de la décarbonation de nos économies et, partant, l'objet de toutes les convoitises malgré la forte instabilité de leur prix. La deuxième est tout aussi évidente et tient au rôle prépondérant de la Chine dans la chaîne de valeurs des métaux. Tantôt importatrice, tantôt exportatrice, elle influence en large part l'orientation haussière ou baissière de leurs cours, quand elle n'en contrôle pas l'offre, à l'instar d'un certain nombre de ressources minérales qualifiées de « critiques » : celles de la transition énergétique précisément. Une troisième force, plus souterraine peut-être, s'est intensifiée au lendemain du déclenchement de la guerre en Ukraine et œuvre à la recomposition forte des flux commerciaux des métaux, comme de nombreux autres produits de base. La raison en est évidente, en lien avec les sanctions, directes ou indirectes, visant notamment la Russie ou la Biélorussie, pour les engrais. Dépassant ces pays, cette évolution ne peut qu'être structurelle. Naguère oublié, l'acronyme « BRICS » a désormais repris vie. Positionnant l'excellence environnementale et sociale comme nouvelle valeur cardinale de l'activité extractive et métallurgique, la dernière force s'inscrit tout autant dans la nécessaire affirmation des critères de durabilité que dans une réponse à la concurrence manifeste des pays qui en font fi. « Attendre et espérer », donc ? Oui, assurément, si l'on donne à ces mots un périmètre étroit faisant de la « stabilisation » des marchés – que nul, en réalité, ne contrôle totalement – une légitime revendication après trois années d'une volatilité exacerbée. Effaçant cette vision conjoncturelle, on ne saurait toutefois croire aux vertus de l'inaction face aux distorsions de concurrence qu'induisent le non-respect des valeurs sociales et environnementales et, plus généralement, le gigantisme des chantiers de la décarbonation… et de la responsabilisation de notre monde.

Fer et acier

Minerai de fer : *l'art de la prudence*

Avec la sidérurgie pour débouché, le minerai de fer voit ses cours intrinsèquement déprendre de la réalité de la demande chinoise… et des anticipations du marché. L'une et les autres se sont avérées particulièrement instables en 2023, expliquant la persistance d'une importante volatilité des cours, sans véritable tendance haussière ou baissière au premier semestre. Favorable à l'industrie sidérurgique et, par effet de contagion, au minerai de fer, le soutien renouvelé de Pékin au secteur immobilier national a toutefois permis aux cours de quitter leurs chemins d'errance et de s'engager sur une trajectoire haussière sur le reste de l'année. Les pas n'en demeuraient pas moins hésitants tant la situation chinoise demeurait précaire du côté de la demande, alors que l'offre affichait un fort dynamisme. C'était, à plus long terme, l'amélioration du bilan carbone de l'industrie qui était posée en 2023, en lien évident avec celle de la sidérurgie.

Une instabilité persistante

Offerts aux quatre vents d'une demande chinoise en demi-teinte, d'anticipations nourries d'espoirs souvent déçus et d'une offre soumise aux performances d'un faible nombre de grands producteurs, les cours du minerai de fer ont à nouveau connu une importante volatilité en 2023. Ils ont débuté l'année sur une trajectoire ascendante dans le prolongement des tous derniers mois de 2022. Deux raisons principales l'expliquaient : le ralentissement de la hausse des taux directeurs de la Réserve fédérale américaine, alors synonyme d'une dépréciation du dollar et d'un gain de pouvoir d'achat des importateurs non américains de matières premières, ainsi que la réouverture de l'économie chinoise après de nombreux mois, en 2022, d'une stricte politique zéro-covid. Pour mémoire, le cours du minerai de fer australien à 62 % de teneur (62 % Fe) – en référence « Coût, assurance, fret » (Caf) – dans les ports chinois avait touché un point bas cette année-là, à $ 80/t fin octobre/début novembre, avant de fortement rebondir et de se porter à $ 118/t sur les derniers jours de décembre puis de brièvement franchir le seuil de $ 130/t fin janvier 2023.

L'appel d'air associé à cette réouverture de l'économie chinoise – et au soutien du gouvernement apporté au secteur de l'immobilier – ne fut pourtant que de courte durée et les prix du mine-

Prix du minerai de fer Caf Chine 62 % Fe

(en dollars/tonne)

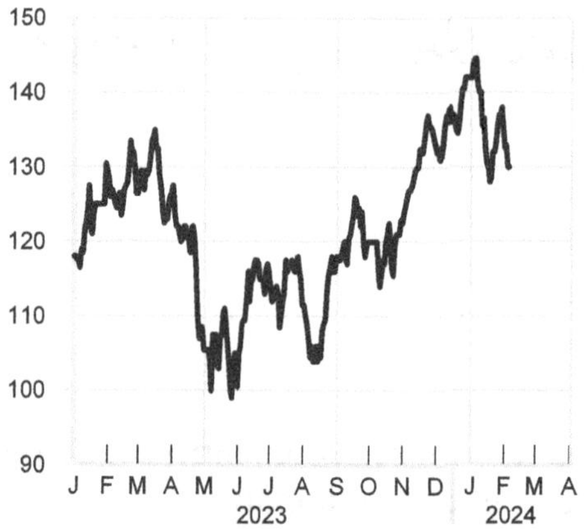

(Source : Perret Associates)

rai en subirent les effets jusqu'en mai où ils repassèrent sous la valeur symbolique de $ 100/t. L'avertissement lancé aux acteurs du marché chinois (notamment ceux traitant sur le *Dalian Commodity Exchange* – DCE – proposant à la cote un contrat à terme sur le fer) par la Commission de la réforme et du développement national à ne pas verser dans un excès d'optimisme n'en fut que plus légitime. Il faut dire que le niveau des prix du minerai est regardé de très près par le régulateur chinois en raison de la dépendance aux importations du pays, ce qui expliquait la création en 2022 du *China Mineral Resources Group* (CMRG), une agence nationale de centralisation des achats pour les aciéristes nationaux. Durant ce premier trimestre, des interrogations se faisaient également jour sur la possibilité que le gouvernement central limitât, à l'instar de 2021 et 2022 – mais aussi des décisions prises en ce début d'année par certaines régions, dont celle du Hebei –, les capacités de production de l'industrie sidérurgique, ce qui, inévitablement, constituait un risque baissier majeur pour les opérateurs du marché. Cette trajectoire descendante n'était néanmoins pas spécifique au minerai de fer et s'observait également pour la plupart des métaux de base, eux aussi largement dépendants de la demande chinoise.

Après un bref rebond entre le début du mois de juin et la mi-juillet à la faveur d'un regain d'optimisme et d'une diminution des stocks de minerai dans les ports du pays, ils rechutèrent fin juillet/début août dans la perspective d'un défaut sur la dette du promoteur immobilier Country Garden, sans toutefois revenir, en moyenne, au voisinage de $ 100/t. Derrière cette forte volatilité du premier semestre se cachaient les espoirs déçus d'une vigueur retrouvée de l'activité sidérurgique chinoise avec, en toile de fond, l'importance des mesures de relance engagées par Pékin – facteur déterminant des anticipations du marché – et, plus encore, leur ciblage entre le soutien à la consommation des ménages, d'une part, et l'appui au secteur immobilier, d'autre part.

À partir du second semestre 2023 toutefois, les cours se sont engagés sur un chemin haussier jusqu'à la fin de l'année où ils dépassaient alors, toujours pour la référence 62 % Fe, $ 140/t, un niveau que le CMRG chinois jugeait trop élevé. Pourtant, parmi les déclencheurs de cette progression figuraient l'abaissement du taux à sept jours des prises en pension chinois, à 1,9 % en juin, puis à 1,8 % en août de cette même année, ainsi que celui des *loans prime rates* à un an et cinq ans. Servant de référence pour les prêts hypothécaires, ce dernier est ainsi passé de 3,65 % en début d'année 2023 à 3,55 % en juin, puis à 3,45 % en août. Avec pour toile de fond une croissance économique attendue à 5 %, cet assouplissement monétaire s'est couplé à une politique budgétaire plus accommodante, Pékin ayant révisé en octobre – une procédure assez inédite – son objectif de déficit public à 3,8 % contre 3 % précédemment, ainsi qu'à une émission de dette supplémentaire, pour $ 137 milliards. Sur le marché hautement stratégique – mais particulièrement fragilisé – de l'immobilier, Pékin a maintenu sa politique d'assainissement tout en multipliant les mesures de soutien, allant de l'assouplissement des conditions de prêts immobiliers, au développement de logements sociaux en passant par des plans de sauvetage des promoteurs surendettés. L'ampleur des mesures engagées en faveur de ce secteur par le gouvernement central était ainsi estimée à près de $ 1 300 milliards. Malgré leur importante instabilité, ils ont, en définitive, progressé de plus de 20 % entre les premiers et les derniers jours de 2023. En moyenne annuelle cependant, ils ont fait preuve d'une stabilité quasi parfaite, signe du positionnement très attentiste du marché, dans un contexte macroéconomique et géopolitique particulièrement difficile à décrypter. Les différentiels entre les cours du 62 % Fe, d'une part, et ceux des qualités supérieures (notamment le minerai à 65 % Fe dans les ports chinois en provenance du Brésil) ou inférieures (58 % Fe en provenance d'Inde), d'autre part, ont également fait montre d'une relative stabilité, s'affichant en deçà de – $ 15/t pour le premier et à quelque + $ 30/t pour le second.

Signe de l'importance des anticipations dans l'orientation des cours et des doutes encore très présents dans l'esprit des acteurs du marché sur le rétablissement éventuel du secteur immobilier chinois, le minerai de fer est de nouveau entré en territoire négatif au cours des trois premiers mois de 2024. Les prix de référence du 62 % Fe sont ainsi repassés sous le seuil de $ 110/t à la mi-mars en raison, notamment, d'une importante augmentation des stocks dans les ports chinois, d'une modération de l'appétit des sidérurgistes et d'un ralentissement consécutif des importations du premier acheteur mondial.

Des fondamentaux en demi-teinte

La trajectoire des cours du minerai de fer est intrinsèquement dépendante de la vigueur de la demande du secteur sidérurgique qui l'utilise dans le cadre de la filière « fonte » (par opposition à la filière dite « électrique » recourant à la ferraille). Or, d'après les statistiques de l'association *WorldSteel*, la production totale d'acier brut s'est stabilisée en 2023, s'affichant à 1 888,7 Mt de tonnes contre 1 888,2 Mt, tandis que l'offre chinoise, dominant de la tête et des épaules le marché mondial, faisait preuve d'une parfaite stabilité, à 1 1019,1 Mt. Bien que loin derrière, l'Inde a, elle, affiché un grand dynamisme avec des volumes en progression de plus de 20 %, à 140,2 Mt en 2023, contre 125,4 Mt l'année précédente. Troisième producteur mondial, le Japon a, quant à lui, vu son offre à nouveau se replier. Elle s'affichait à 87 Mt en 2023, soit une perte de 2,2 Mt par rapport à 2022. Il y avait une dimension structurelle à cette baisse, les tonnages japonais s'établissant, pour mémoire, à plus de 100 Mt en 2018.

Pour comprendre l'évolution des prix de référence du minerai comme de toute *commodity*, ce qui importe cependant n'est pas tant les niveaux de consommation que les achats des pays importateurs sur les marchés internationaux. Alors que la demande d'importation chinoise de minerai de fer s'était contractée en 2022, tel ne fut pas le cas en 2023, bien au contraire. Elle s'est en effet établie à 1 179 Mt, soit un plus haut historique, battant ainsi de peu le précédent record de 2020. Ce dynamisme a pu être observé tout au long de l'année, chaque mois de 2023 dépassant les niveaux des mêmes périodes de 2022 ou 2021. À la faveur de prix qui, eux, n'ont pas retrouvé leurs sommets de plus de $ 200/t, la valeur des importations de la Chine a, certes, fortement progressé entre 2022 et 2023 – où elle s'est établie à quelque $ 133 milliards –, sans cependant atteindre la valeur record de 2021, à plus de $ 182 milliards.

Importations chinoises mensuelles de minerai de fer
(en millions de tonnes)

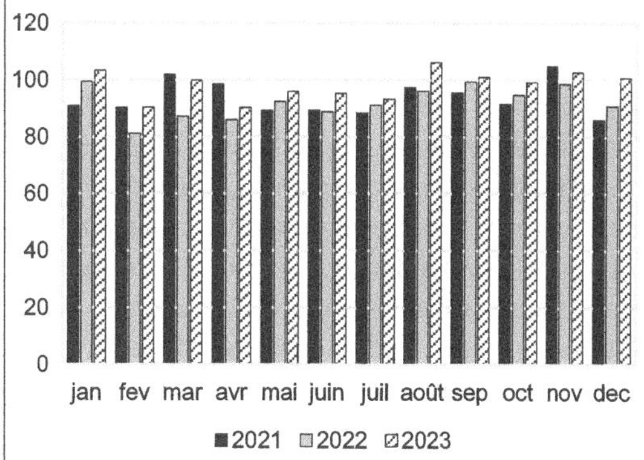

(Sources : Trade Data Monitor & China Customs Statistics)

Si les volumes d'importation – significativement plus faibles – de la Corée du Sud ou de l'Allemagne se sont maintenus ou ont progressé, ceux du Japon se sont sans surprise repliés, en lien avec la contraction de la production des volumes d'acier évoquée précédemment. Ils s'affichaient, en effet, à près de 102,2 Mt en 2023, en retrait de 2 Mt comparativement à 2022. Si l'on exclut l'année 2020 et son contexte atypique, il s'agissait là de tonnages historiquement faibles, en deçà du point bas qui avait été atteint en 2009, au lendemain de la crise financière qui avait ébranlé le monde bancaire, puis les pays industrialisés dans leur globalité.

Il y avait en réalité une forme de paradoxe à observer la Chine importer chaque mois de 2023 davantage qu'elle ne l'avait fait en 2022 sans que la valeur du minerai ne progressât sensiblement, sur le premier semestre à tout le moins. Cela était d'autant plus vrai que la production du pays a crû en 2023, en ligne avec le plan « Cornerstone » lancé en mars 2022 et visant à réduire la dépendance stratégique de la sidérurgie chinoise aux approvisionnements australiens et brésiliens grâce, parmi d'autres mesures, à des capacités de production nationale devant être portées à 370 Mt en 2025. Pour 2023, les tonnages chinois se sont élevés à 280 Mt, selon les statistiques de l'*United States Geological Survey* (USGS) – le service géologique américain – contre 270 Mt en 2022.

Il fallait se tourner du côté de l'offre internationale pour comprendre toute la réalité de la trajectoire des cours. Plus grand pays producteur, l'Australie est également le premier exportateur mondial de minerai de fer et le premier partenaire commercial de la Chine sur ce segment. En dépit de la contraction de sa demande, celle-ci a importé 729 Mt en provenance de l'île-continent en 2022, contre 693 Mt l'année précédente. Il s'agissait d'un record historique dont l'Australie pouvait également se prévaloir au regard de ses exportations totales. Selon l'*Australian Bureau of Statistics*, elles ont atteint 884,07 Mt en 2022, en progression de 1,5 % par rapport à 2021. Son dauphin, le Brésil, se positionnait toujours loin derrière avec un volume d'exportation de 344 Mt en 2022, accusant cette fois une baisse sensible de 3,7 %.

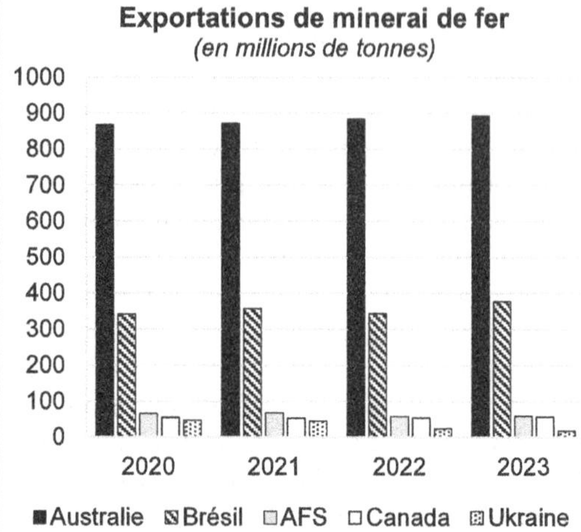

(Source : Trade Data Monitor)

Ces performances nationales avaient une explication simple : parmi les *Big Four* – nom donné aux quatre entreprises dominant le marché du fer –, trois sont australiennes (BHP, Rio Tinto et Fortescue Metals Group), le groupe brésilien Vale complétant ce quatuor. Acérée, la compétition entre ces géants se joue depuis longtemps sur la maîtrise des coûts et la compétitivité-prix, mais

Les cinq plus grands importateurs mondiaux de minerai de fer
(en millions)

	2020	2021	2022	2023
Chine	1 169.50	1 124.04	1 106.16	1 179.06
Japon	99.44	113.08	104.23	102.22
Corée du Sud	70.37	74.09	66.42	68.29
Allemagne	33.54	39.50	35.38	35.19
Pays-Bas	24.49	28.26	26.01	

(Source : Trade Data Monitor)

également sur le pilotage de l'offre et le *sourcing* du minerai, de qualité notamment. Vale a ainsi vu ses tonnages s'établir à 321 Mt en 2023, en hausse de plus de 4 % par rapport à 2022, ce qui se situait au-dessus de la cible annoncée de 315 Mt. Rio Tinto – plus grand producteur au monde – a, pour sa part, connu une augmentation plus modérée de ses volumes, à 2 %, soit 332 Mt pour l'année calendaire, tandis que son homologue BHP enregistrait, pour la même période, une production de quelque 254 Mt (et 257 Mt pour l'année fiscale 2022-2023 s'achevant le 30 juin 2023).

Pour Rio Tinto, la période actuelle est assurément stratégique. Contrôlant, *via* Simfer (la coentreprise créée avec le groupe chinois Chinalco et le gouvernement guinéen), les blocs 3 et 4 du gigantesque projet guinéen de Simandou, le géant minier a annoncé que les premiers tonnages de ce gisement d'un minerai à très haute teneur verraient le jour en 2025, après plusieurs décennies d'une très difficile saga politico-judiciaire. Les blocs 1 et 2, détenus par SMB Winning consortium et China Baowu, premier groupe sidérurgiste chinois et mondial, devraient suivre. En février 2024, ce dernier a, en effet, procédé à une émission obligataire d'un montant de $ 1,4 milliard afin de financer les infrastructures de transport nécessaires au développement de la mine, en partenariat avec Simfer. Baowu annonçait ainsi une mise en production de la mine guinéenne pour 2026.

L'équation indienne

Dans la morosité macroéconomique mondiale, la performance de l'Inde ne pouvait échapper à personne et celle-ci avait une répercussion immédiate sur son secteur sidérurgique. De façon surprenante, les exportations de minerai de fer du pays ont explosé entre 2022 et 2023, passant sur cette période de 16,18 Mt, selon les statistiques douanières du ministère de Commerce et de l'Industrie indien, à 43,84 Mt. Il ne s'agissait certes pas d'un record historique (celui-ci ayant été enregistré en 2020, à plus de 52 Mt), mais ce niveau pouvait légitimement interpeller compte tenu des besoins des aciéristes nationaux. Nombre d'entre eux ont d'ailleurs appelé le gouvernement à imposer des restrictions, voire des interdictions, aux exportations de minerai, parfois vues comme une clause de sauvegarde de la sidérurgie indienne. En mai 2022, le pays avait porté les taxes à l'exportation sur les fines de minerai de moins de 58 % Fe à 50 % (constituant l'essentiel de ses ventes à l'international) et celles sur les pellets à 45 %, avant de supprimer cette décision six mois plus tard.

Le fer et la décarbonation

Pour 2024 et sauf événement majeur – météorologique ou politique, notamment – affectant la production brésilienne et australienne ou les exportations indiennes, le dynamisme de l'offre de minerai devrait perdurer et maintenir une pression baissière sur les cours. Plusieurs projets d'importance, dont l'extension des capacités de production de la mine australienne de Gudai-Darri de BHP passant de 43 Mt à 50 Mt, devraient en effet aboutir, tandis que la demande pourrait être contrainte avec une limitation de l'offre sidérurgique de la Chine.

C'est, comme pour l'ensemble des secteurs métallurgiques, la question de la décarbonation de la sidérurgie qui est aussi posée, et de celle de son impact sur l'industrie du fer. En novembre, Vale s'est ainsi engagée dans la construction d'une usine de production de minerai de fer préréduit briqueté à chaud, ou HBI (*hot briquette iron*), dont l'utilisation permettrait d'abaisser de 10 % à 25 % les émissions de gaz à effet de serre des hauts-fourneaux. En remplaçant le charbon comme agent réducteur par notamment de l'hydrogène durable, la réduction directe du fer (DRI) constitue en effet une des voies importantes privilégiée (en addition, par exemple, des techniques de captation et de stockage du carbone ou du retraitement des *tailings*) par la sidérurgie mondiale pour abaisser de manière significative les émissions de CO_2 par tonne d'acier fini. Poursuivant le même objectif, un effort de recherche et développement mené par l'université australienne du Queensland est également porté sur les sinters. Parce que cette voie de la décarbonation de l'industrie ne passe pas uniquement par l'amélioration des processus de transformation du fer en acier, mais bien par un verdissement de l'ensemble des activités associées, FMG a, lui, renoncé aux mesures de compensation carbone pour s'engager dans une véritable stratégie « net zéro » d'ici à 2030 au travers d'une moindre consommation de diesel, notamment, et d'investissements dans les énergies renouvelables. Cette dynamique n'était pas isolée. Dans une impulsion allant majoritairement de l'aval (sidérurgie) à l'amont (extraction), c'est bien l'ensemble de l'industrie du fer qui n'a d'autre choix que de s'engager dans cette voie, garante d'une plus grande responsabilité environnementale, mais également d'une nouvelle différenciation par la « qualité » particulièrement intéressante dans le contexte de l'âpre concurrence qui la caractérise.

Les dérivés de minerai de fer atteignent de nouveaux volumes record en 2023

Les volumes de *swaps* financiers de minerai de fer, traités sur le *Singapore Exchange*, SGX, ont poursuivi leur croissance soutenue en 2023 avec un nouveau record à 4 432 millions de tonnes (Mt), en hausse de 39 % par rapport au précédent record de 3 183 Mt en 2022.
Les volumes d'activité ont augmenté systématiquement depuis 2018 (1 320 Mt) avec une croissance moyenne annuelle de 29 %.
Le minerai de fer a bénéficié d'une activité soutenue de la Chine avec des importations qui ont rebondi après deux années de baisse à un nouveau record de 1 181 Mt en 2023 (en hausse de 6,6 % par rapport à 2022).
De plus et comme cela était déjà le cas en 2022, les produits dérivés du minerai de fer ont bénéficié d'une moindre volatilité que les dérivés des produits énergétiques (gaz, électricité, charbon). Paradoxalement, cette moindre volatilité a maintenu les marges initiales nécessaires à l'ouverture de positions à des niveaux acceptables.
Le contrat du prochain trimestre délivré Chine (62 % Fe) a démarré l'année 2023 à $ 113,80/t pour la terminer à $ 138,60/t. Le contrat a évolué dans un couloir de prix assez étroit durant l'année $ 90-$ 140/t.
Les volumes d'activité du minerai de fer restent concentrés sur les swaps financiers à teneur en fer de 62 % qui ont atteint 3 698 Mt en 2023, contre 2 501 Mt en 2022.
Les contrats sont basés sur l'indice TSI-Platts, avec comme sous-jacent physique le minerai de fer délivré coût et fret Nord Chine avec une teneur en fer de 62 %, en $/tonne.

Minerai de fer delivré en Chine, CFR Qingdao 62 % Fe
(en dollars/tonne)

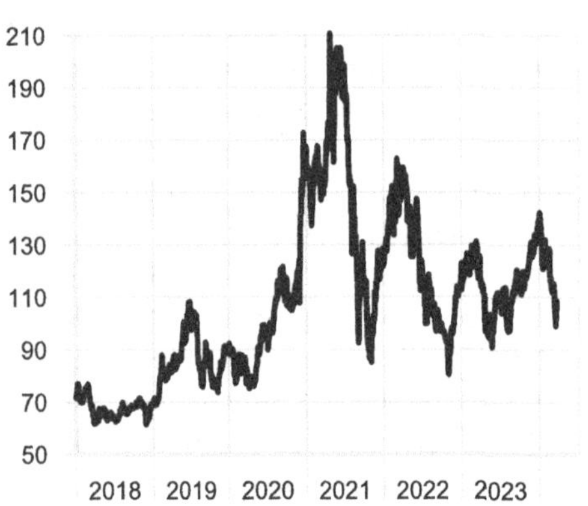

(Source : Perret Associates)

Le *trading* d'options confirmait sa forte reprise avec 689,2 Mt traitées en 2023, contre 529 Mt en 2022 et seulement 332 Mt en 2021.
En revanche, les volumes des contrats futures sur les *lumps* ont chuté encore à 9 Mt en 2023, contre 14 Mt en 2022 et 56 Mt en 2021.
Les volumes de *swaps* financiers du grade supérieur 65 % Fe se sont effrités à 37 Mt contre 40 Mt en 2022 et restent toujours inférieurs au record de 2021 à 56 Mt.
Le SGX demeure la première bourse mondiale pour le trading de minerai de fer financier.
Notons que les volumes de charbon à coke financier (*coking coal*), l'autre ingrédient majeur nécessaire à la production de minerai de fer, ont doublé à 10,6 Mt en 2023 contre 5,7 Mt en 2022. Les volumes demeurent cependant loin du record de 2020 à 14,8 Mt.

Le contrat est également traité sur le SGX.
L'objectif reste de créer une « aciérie virtuelle » avec des marchés financiers liquides pour le minerai de fer, le charbon à coke, le fret et les produits de l'acier.
Le marché financier mondial du minerai de fer reste dominé par le *Dalian Exchange*, DCE, qui a référencé un contrat futur avec livraison physique.
Les volumes se sont effrités cependant à 19,9 milliards de tonnes en 2023 contre 22,1 milliards de tonnes en 2022 et en dessous du record de 2019 à 29,6 milliards de tonnes.
Le gouvernement souhaite restreindre drastiquement la spéculation sur le marché du minerai de fer, qui est considéré comme la principale cause de la hausse des prix. Le gouvernement chinois avait fait de même sur les contrats futurs du charbon il y a quelques années, avec pour résultat l'extinction pure et simple du contrat.

Ferrailles : *des perspectives, mais encore lointaines*

Si les chantiers à engager pour parvenir à la neutralité carbone d'ici 2050 ou 2060 sont assurément nombreux, celui du recyclage de l'acier est, de toute évidence, un des dispositifs essentiels pour permettre aux sidérurgistes de s'inscrire dans une trajectoire en phase avec les ambitions d'une incontournable transaction énergétique. Les enjeux associés à cette ressource secondaire sont majeurs : son offre permet, en moyenne et pour chaque tonne d'acier produite, d'économiser un volume important de matières premières mobilisées dans le processus de fabrication (dont le minerai de fer, le charbon à coke ou les pierres calcaires) et de réduire sensiblement les émissions de CO_2, celles-ci étant majoritairement indirectes, à la différence de celles des hauts-fourneaux. Selon le Bureau international du recyclage (BIR), le poids de cette filière du recyclage, dite « électrique », a pourtant légèrement baissé en 2022. Reposant sur l'utilisation de ferrailles, elle représentait 28,5 % de la production mondiale d'acier en 2022 (28,9 % en 2021), contre 71,5 % pour la filière dite « fonte » basée sur le procédé Linz-Donawitz (LD) – convertisseur à oxygène pur (COP) – mobilisant des hauts-fourneaux. La réutilisation de l'acier s'est ainsi contractée de 6,7 % en 2022, à 470 millions de tonnes (Mt), toujours selon le BIR.

Si la filière électrique est très présente aux États-Unis où elle représente 69 % de la production d'acier, ainsi qu'en Europe (56,3 %), c'est en Turquie qu'elle domine, faisant de l'activité de ce pays un des déterminants importants du marché de la ferraille. Plus de 70 % de son offre émane en effet de ce procédé. La Chine n'en demeure pas moins un marché clé en raison du gigantisme de son secteur sidérurgique qui alimente près de la moitié de l'offre mondiale d'acier brut. Dans ce pays comme dans d'autres, l'expansion de la filière dépend en partie de l'attractivité des investissements dans les fours à arc électriques (FAE) en remplacement des hauts-fourneaux ou des fours à induction, certes électriques, mais obsolètes et donc polluants. En dépit de leurs coûts initiaux élevés, ils permettent de considérablement réduire les émissions de gaz à effet de serre de la production d'acier, même si le mode de génération de l'électricité ainsi utilisée (dépendant du charbon, du gaz, du nucléaire ou des renouvelables) modifie sensiblement son bilan environnemental. Ceci est d'autant plus vrai que le coût du carbone a nettement augmenté au cours des dernières années et que son évitement répond, en conséquence, tant à un impératif écologique évident qu'à des déterminants économiques croissants. Le premier producteur d'acier au monde s'est ainsi fixé pour objectif d'atteindre un ratio de 15 % de sa production par FAE d'ici 2025 et de 30 % d'ici 2030, contre moins de 10 % en 2022. De nouvelles infrastructures mobilisant ces fours ont donc été développées ou proposées, pour une capacité de production totale estimée à 220 Mt en 2020. Néanmoins, dans un contexte macroéconomique toujours exposé à un secteur immobilier fragilisé et une profitabilité des sidérurgistes maintes fois sous pression, il n'était pas certain que le taux effectif d'utilisation de ces capacités soit suffisant pour atteindre, dès 2024, cet objectif pourtant stratégique.

Une moindre volatilité du cours des ferrailles en 2023

En 2023, les prix de référence des ferrailles échangées dans la zone est du Mississippi, que ce soient les ferrailles industrielles (*Heavy melting steel n°1*, HMS 1), les ferrailles déchiquetées (*Shredded scrap*) ou les chutes d'acier (*Busheling scrap*), ont bénéficié d'une moindre volatilité par rapport à l'année 2022, marquée par une envolée des cours en mars, dans le contexte du déclenchement de la guerre en Ukraine. Sans surprise, ils ont par ailleurs suivi une dynamique commune, terminant tous l'année en hausse : + 10 % pour les ferrailles industrielles dont les cours se sont ainsi portés à $ 373/t, + 8 % pour les ferrailles déchiquetées, soit $ 460/t, et + 14 % pour les chutes, à $ 503/t. Cette trajectoire était globalement proche de celle des cours de l'acier : en hausse sur le premier trimestre avant de revenir, à l'été, à leur niveau de début d'année sous l'effet d'une activité économique chinoise moins vigoureuse qu'attendue, notamment dans les secteurs encore fragilisés de la construction et de l'immobilier. Aux États-Unis, la grève des constructeurs automobiles a eu, à l'inverse, assez peu d'effet sur le prix des ferrailles qui ont enclenché une nouvelle tendance haussière sur la fin de l'année, dans l'attente d'un regain d'activité de cette industrie. L'année 2023 a néanmoins confirmé la disparition de la prime sur les chutes d'acier et ferrailles de qualité supérieure. Ce produit avait pourtant connu un rebond plus important que le HMS 1 ou les ferrailles déchiquetées jusqu'au printemps, portant leur prix à un maximum pour l'année de $ 565/t le 23 avril, avant de se replier sur les mois suivants. Fortement mobilisées dans la construction de véhicules électriques dont la demande s'est effondrée à l'automne, les chutes ne pouvaient que voir leurs cours revenir dans le sillage des autres ferrailles. Le regain de dynamisme de l'industrie automobile sur la fin de l'année et le début 2024 pourrait cependant inverser cette tendance et rétablir la surcote.

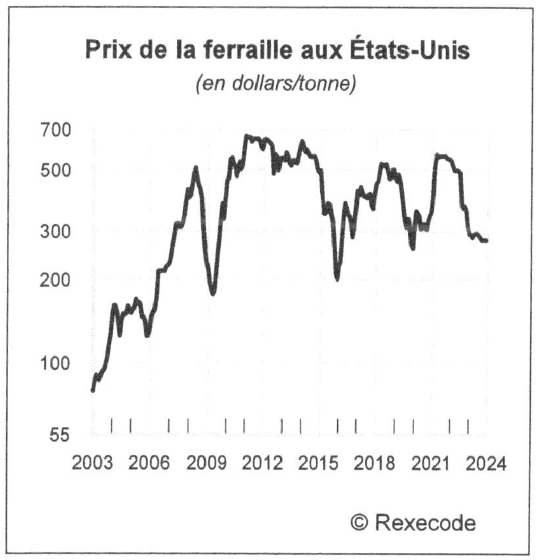

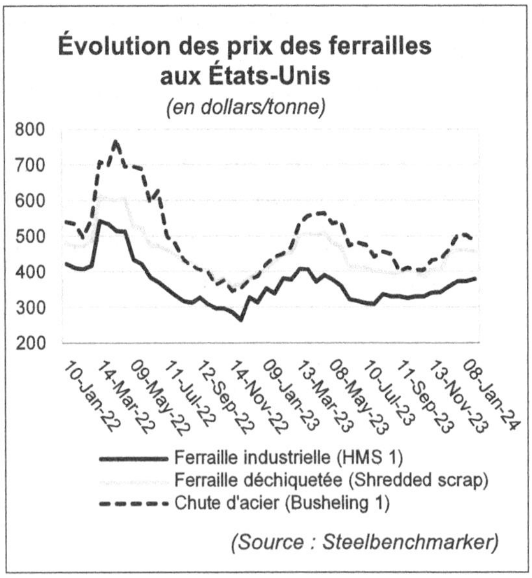

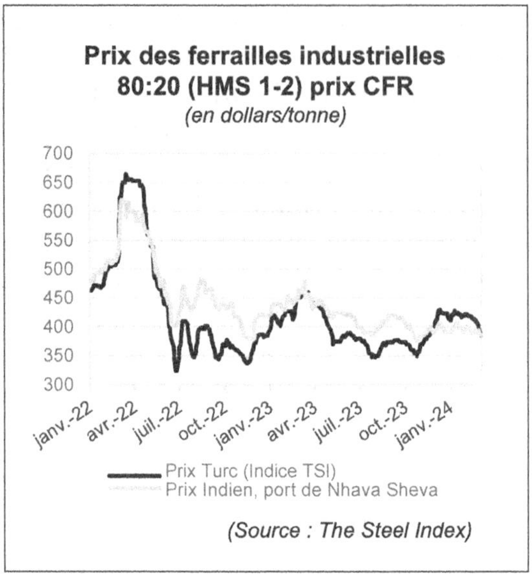

Les prix des HMS européens et asiatiques : sous pression du prix du fret

Représentatif de l'activité du premier importateur mondial, le prix turc de la ferraille industrielle HMS 1 et 2 (80:20) calculé par *The Steel Index* (TSI) est la référence incontournable sur ce segment. Sa dynamique a sensiblement suivi celle des ferrailles américaines. Elle a ainsi commencé l'année en hausse avant de refluer à l'été en raison d'une demande terne. Cette tendance baissière s'est prolongée jusqu'à l'automne où les cours ont atteint leur plus faible niveau pour l'année, à \$ 350/t fin octobre. Le dernier trimestre a été cependant plus dynamique avec une reprise de l'activité des producteurs d'aciers qui ont dû reconstituer leurs stocks de ferrailles sous l'effet d'une demande soutenue pour les barres d'armature, produit de la transformation de ferrailles, et ce, tant pour le marché local turc qu'à l'exportation. Sur la fin de 2023, l'offre de ferrailles a pu rester abondante grâce à l'approvisionnement des régions du

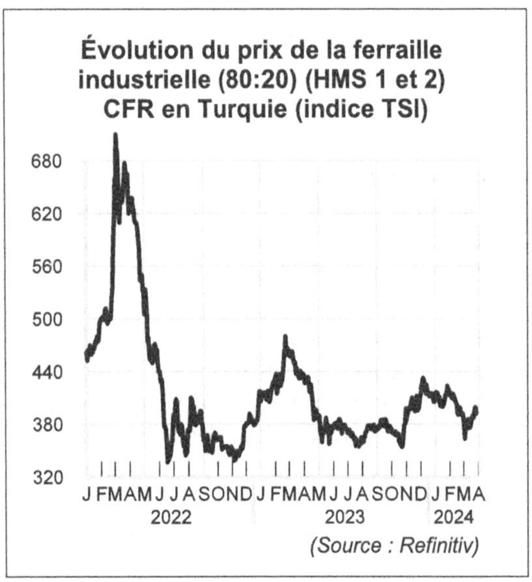

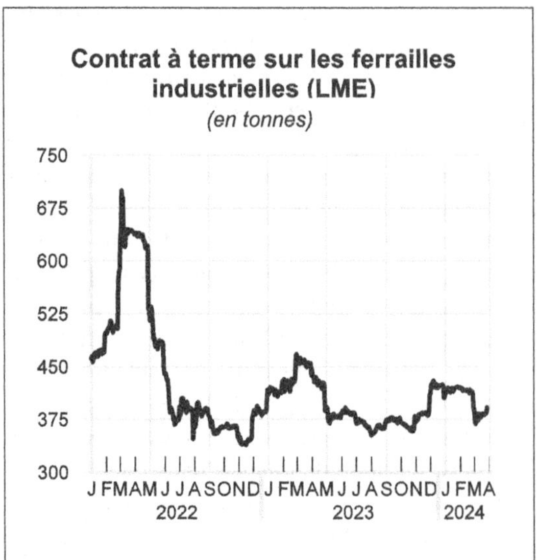

Benelux et Baltique, alors que le marché est traditionnellement plus contraint sur cette période et que les tensions observées dans la mer Rouge ont fortement élevé le coût du fret maritime. Les aciéristes devraient aussi bénéficier du plan de relance du gouvernement turc dans le but de stimuler le secteur de la construction à la suite du tremblement de terre qu'a connu le pays en mars 2023.

Les ferrailles déchiquetées à destination de l'Inde – autre marché d'importance – ont, elles, vu leur cours tomber à $ 407,5/t au début de 2024, se négociant avec une décote très rare par rapport au HMS turc, soit – $ 15,50/t, alors qu'elles s'échangeaient avec une prime de $ 23/t, en moyenne, sur les dernières années. L'instabilité en mer Rouge l'expliquait en large part. Les containers ont, en effet, été contraints de favoriser la route maritime passant par le cap de Bonne-Espérance pour les importations en provenance de l'Europe ou du Royaume-Uni, doublant le coût du fret. En plus de dégrader la compétitivité des ferrailles exportées vers l'Inde, la route maritime est aussi rallongée de neuf jours.

Le conflit en Ukraine : vecteur de recomposition des flux internationaux de ferrailles

Selon les dernières statistiques disponibles de l'association mondiale de l'acier (*World Steel*) et de la Fédération allemande de l'acier (*WV Stahl*) pour l'année 2022, les États-Unis ont rejoint l'Union européenne (UE) en tant que premiers exportateurs de ferrailles dans le monde avec seulement 100 000 tonnes séparant les deux zones. Ils ont ainsi exporté environ 17,5 Mt en 2022, en légère baisse par rapport à 2021, dans un contexte mondial caractérisé par une substantielle contraction des échanges internationaux de *scraps*. Leur balance commerciale s'est toutefois améliorée sur ce segment, passant de 12,62 Mt en 2021 à quelque 12,92 Mt l'année suivante. Au Royaume-Uni et au Canada, le niveau des exportations est resté relativement stable entre 2021 et 2022, tandis qu'il s'est contracté de 9 % pour l'Europe. Au Japon, en revanche, la baisse

Les flux internationaux de ferrailles

(en milliers de tonnes)

	2021	2022	% de variation
Importations			
Turquie	24 992	20 876	-17.0
Inde	5 133	8 376	63.0
États-Unis	5 262	4 720	-10.0
Corée du Sud	4 789	4 689	-2.0
UE à 27	5 367	3 901	-29.0
Mexique	2 820	2 940	4.3
Taïwan	3 088	2 890	-6.4
Thaïlande	1 653	1 764	7.0
Exportations			
UE à 27	19 431	17 596	-9.0
Allemagne	8 789	7 766	-12.0
Pays-Bas	7 587	6 694	-12.0
France	7 128	6 433	-10.0
États-Unis	17 906	17 478	-2.0
Royaume-Uni	8 287	8 241	
Japon	7 301	6 307	-14.0
Canada	4 863	4 664	4.0

(Source : La fédération allemande de l'acier – Stahl –, Worldsteel)

de 14 % des exportations peut s'expliquer par une hausse de la demande locale. Selon les statistiques douanières compilées par *Trade Data Monitor*, ces moindres performances se sont confirmées en 2023. Les États-Unis ont ainsi exporté 15,67 Mt de déchets et débris de fonte, de fer ou d'acier (HS Code : 7204) en 2023, l'Allemagne 7,82 Mt, et la France 6,4 Mt. Le Japon a cependant inversé la tendance, ses exportations se portant à 6,93 Mt.

De « l'autre côté du marché », la Turquie demeure, de loin et comme évoqué précédemment, le premier importateur de ferrailles au monde en dépit d'une baisse très prononcée (– 17 %) de ses volumes d'achat en 2022, à 20,97 Mt. L'année a été très mouvementée, rythmée par le conflit en Ukraine. L'interdiction des importations en provenance de Russie a notamment redirigé les billettes d'acier – l'un des principaux substituts des ferrailles – vers la Turquie et non l'Europe, dégradant ainsi la demande de ferrailles. De plus, les tensions sur les prix de l'électricité ont considérablement augmenté les coûts de production et pesé sur la compétitivité locale, alors que le pays est le producteur d'acier le plus exposé à cette tarification énergétique en raison de la structure de son offre. Les unités turques ont donc été contraintes de couper leur production pour ne pas produire à perte. L'inflation, toujours très forte, a aussi pesé sur la compétitivité turque avec la hausse de 55 % du salaire minimum annoncée fin décembre 2022. La faiblesse de la demande turque est enfin à relier à la dégradation des exportations européennes. La Turquie compte, en moyenne, pour 60 % des exportations européennes et a réduit de 19 % ses importations en provenance de cette destination en 2022. Cette situation s'est exacerbée en 2023 avec des volumes d'achat turcs à l'étranger de 18,77 Mt, soit peu ou prou le niveau qu'ils avaient atteint en 2019.

Parmi les autres grands pays importateurs, les États-Unis ont également diminué leur demande externe en 2022, favorisant ainsi des ferrailles locales, mais l'ont accrue en 2023, à 5,09 Mt, selon les données du *US Census Bureau*. Les importations de la Corée du Sud et du Mexique sont, elles, restées relativement stables en 2022, à 4,7 et 2,9 Mt, mais se sont contractées en 2023, à 3,79 et 2,7 Mt. Comme de nombreux pays d'Asie du Sud-Est, la Thaïlande a, pour sa part, augmenté ses importations en 2022 (+ 7 %), bénéficiant indirectement de ferrailles d'origine russe devenues très compétitives après la fermeture des débouchés européens. Toujours à cette période, Taïwan a toutefois fait exception dans cette zone, avec de moindres importations, la hausse des coûts de l'électricité menant à plusieurs ruptures de production dans ses installations. Cette situation s'est atténuée en 2023 avec, à la clé, des achats de *scraps* en hausse. La baisse impressionnante de 29 % des importations européennes en 2022 trouvait aussi son explication dans l'augmentation des cours de l'énergie, pénalisant la filière électrique et la demande de ferrailles. En singulier décalage avec l'ensemble des pays importateurs, l'Inde a, elle, vu ses achats à l'international croître de 63 % entre 2021 et 2022, à 8,37 Mt, puis de 40 % entre 2022 et 2023, à 11,75 Mt. Outre son grand dynamisme macroéconomique, le pays pourrait avoir largement tiré profit de l'interdiction européenne des importations en provenance de Russie, offrant des ferrailles à des prix particulièrement compétitifs.

Nouvelle réglementation des exportations de ferrailles en Europe : une opportunité pour la Turquie

Le Parlement européen et le Conseil se sont accordés, le 16 novembre 2023, sur la réforme de la réglementation européenne du transport de déchets. La mise en application du règlement pourrait commencer à partir de 2024 et aura pour principale directive de restreindre les exportations de déchets en provenance de l'UE vers des pays non membres de l'Organisation de coopération et de développement économiques (OCDE) qui ne respectent pas les standards de traitement européens. La mesure doit garantir la disponibilité de déchets de grande qualité pour les pays de l'UE dans le but d'atteindre les objectifs de décarbonation. Son application aux ferrailles ne devrait commencer qu'en 2027, laissant une période de transition de trois ans pour réaliser des audits identifiant les destinations valides pour les exportations européennes en dehors de l'OCDE. La mesure pourrait encore accentuer les liens commerciaux entre l'UE et la Turquie pour les ferrailles. En effet, les principaux concurrents de la Turquie pour importer les origines européennes sont des pays asiatiques ne faisant pas partie de l'organisation internationale.

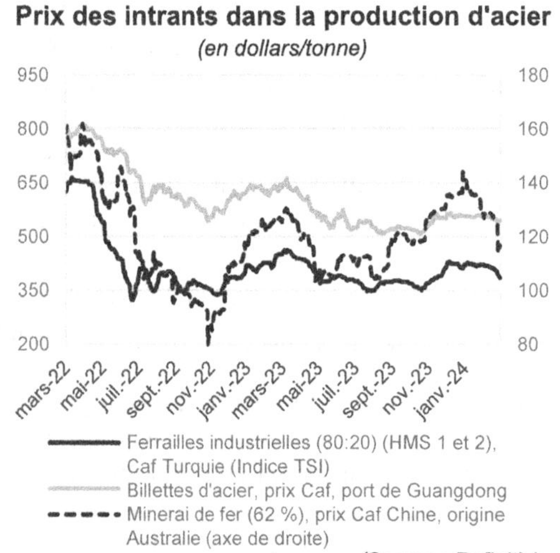

(Source : Refinitiv)

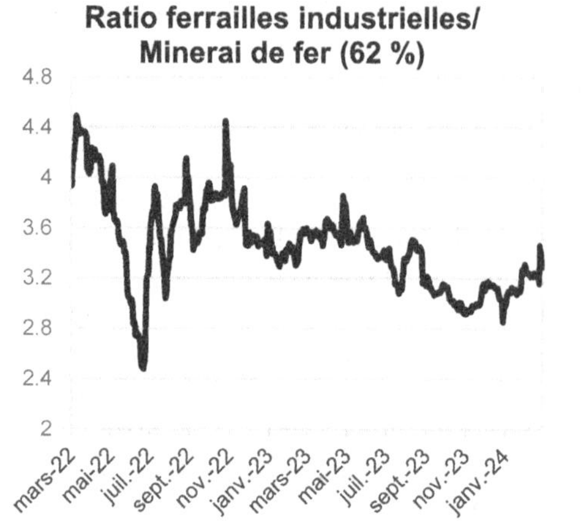

(Source : Refinitiv)

La compétitivité des ferrailles s'évalue dans son ratio de prix vis-à-vis du minerai de fer. Les deux matières premières sont, comme évoqué précédemment, les principaux intrants des deux filières de production d'acier. Le minerai de fer, dont le cours de référence est le minerai de fer à 62 % de teneur en provenance d'Australie et livré dans les ports chinois, est utilisé dans la filière « fonte ». Le prix de ces deux intrants a été très corrélé en 2023. On observait toutefois une certaine hausse de la compétitivité-prix des ferrailles, le ratio ayant commencé l'année à hauteur de 3,5 pour la terminer à 3. Au second semestre, le cours du minerai de fer a été porté par une demande chinoise comparativement forte et des anticipations haussières, le pays comptant pour deux tiers de la demande mondiale, en dépit d'un secteur de la construction en crise. Les réserves chinoises étaient en effet faibles, et le dynamisme des mesures engagées pour soutenir le secteur immobilier et ainsi piloter l'activité économique dans la cible de 5 % de croissance ont créé cette trajectoire ascendante. Elle maintenait le cours de la tonne au-dessus de $ 100, tout au long de l'année 2023, avec un pic à $ 144 en décembre. Le minerai de fer a été, en revanche, moins sensible aux tensions géopolitiques et à la flambée du prix du fret que la ferraille turque, tout particulièrement. Cette compétitivité « retrouvée » des ferrailles reste cependant très loin de son niveau record atteint en 2021 lorsque le ratio s'était abaissé, à plusieurs reprises, à 2.

Les billettes d'acier – semi-produit très fin, facilement exportable et permettant la production de métal par relaminage – constituent un autre intrant vis-à-vis duquel la compétitivité des ferrailles est évaluée. Or, le marché des billettes a été considérablement ébranlé par le conflit en Ukraine, les belligérants comptant parmi ses principaux producteurs. Si le prix en référence « mer Noire » faisait dès lors historiquement référence en Europe, il a quelque peu cédé la place aux origines chinoises garantissant la continuité du marché. Le cours de la tonne de billettes est, à cet égard, resté relativement stable en Chine, demeurant autour de $ 110/t (soit quelque 4 000 yuans par tonne) une majeure partie de l'année 2023. À ce niveau, il leur a offert un regain de compétitivité, alors que les cours avaient flambé en 2022, à hauteur de $ 800/t. Fin 2023, le cours des billettes turques s'était établi autour de $ 600/t, soit le niveau qu'il avait atteint en 2021, avant l'éclatement du conflit. Pour rappel, les ferrailles sont compétitives lorsque le coût de leur transformation et leur prime sont inférieurs à celui du relaminage des billettes d'acier. D'après les estimations de *SteelOrbis*, ce seuil se situe à $ 120/t, pour un taux d'utilisation des capacités de production de 80 %.

Charbon à coke : *baisse modérée des prix soutenus par la demande chinoise et indienne*

Après son niveau record de 2022, le prix de référence du charbon à coke australien a été en baisse de 18 % en 2023. Cette baisse est largement inférieure à celle observée sur les marchés du charbon vapeur ou sur les marchés gaziers. Le prix a été soutenu par les importations accrues de la Chine et de l'Inde. Le commerce international a augmenté de plus de 12 %, suite à une hausse des importations chinoises de plus de 60 % en un an. La Mongolie, qui exporte exclusivement vers la Chine par voie terrestre, est devenue le deuxième exportateur mondial.

Une baisse des prix modérée en 2023

En 2022, le prix du charbon à coke avait connu une volatilité et des niveaux que l'on peut qualifier d'astronomiques. La guerre en Ukraine et ses conséquences sur le marché de l'énergie, la redistribution des flux internationaux à la suite de sanctions occidentales et à l'embargo sur le charbon russe, et les contraintes pesant sur l'offre internationale, australienne en particulier suite aux effets prolongés de *La Niña*, avaient entraîné des tensions extrêmes sur le marché et poussé les prix du charbon à coke à des niveaux jamais atteints. Le prix de référence du charbon à coke australien (*Premium Hard Coking Coal low volatile*, Fob) avait dépassé les $ 600/t en mars 2022. En moyenne annuelle, il s'était établi à $ 363/t, une hausse de 67 % par rapport à 2021. Après ce niveau record, le prix a baissé de 18,4 % en 2023 à $ 296,5/t en moyenne annuelle. Cette baisse est moins importante que celle observée sur les marchés du charbon vapeur ou sur les marchés gaziers. Le prix du charbon à coke a été soutenu en 2023 par les importations accrues de la Chine et de l'Inde.

Prix du charbon à coke
Prix spot du Premium *Hard Coking Coal low volatile* (Australie, Prix Fob)
(en dollars/tonne)

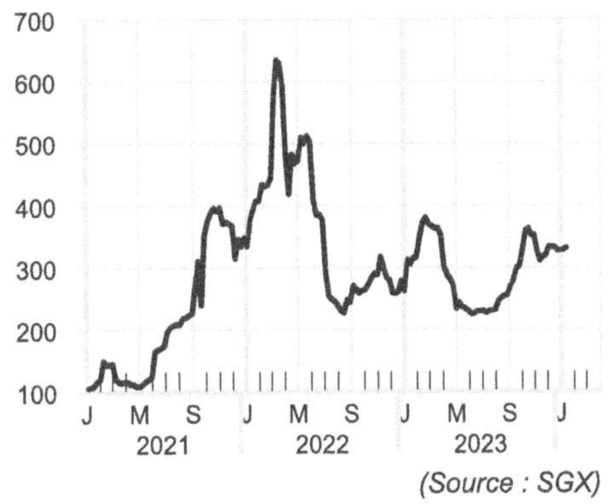

(Source : SGX)

Les prix sont restés volatils en 2023, réagissant aux déséquilibres entre l'offre internationale et la demande, bien que la volatilité ait été inférieure à celle de 2022.

Le prix australien du charbon à coke avait commencé l'année 2023 au-dessus de la barre des $ 300/t, en hausse de $ 50 par rapport à la mi-décembre 2022. Le prix était soutenu par une demande internationale vigoureuse. Le marché réagissait également à l'annonce de la fin de l'embargo informel chinois sur le charbon australien, qui pouvait laisser augurer une reprise substantielle des importations chinoises de charbon à coke australien. Fin janvier, le prix se négociait aux environs de $ 315/t et a grimpé à $ 350-380/t en février. Les approvisionnements ont été affectés par le mauvais temps en Australie et le déraillement d'un train de charbon à l'extérieur du port de Gladstone, qui est resté fermé pendant plusieurs jours. Le prix australien a amorcé sa chute en mars 2023 en raison de la stabilisation de l'offre mondiale (fin du cycle *La Niña* en Australie) et du développement de la concurrence entre exportateurs australiens et américains. Cette chute a duré jusqu'en juillet 2023 et le prix est tombé à $ 230/t, une diminution de $ 150 par rapport au pic de février. Après une légère reprise haussière en août 2023, le prix a grimpé de 24 % en septembre, en raison d'une offre limitée de charbon à coke de haute qualité et d'une demande vigoureuse en Chine et en Inde. L'offre australienne a été perturbée en septembre lorsque les activités de la mine de Peak Downs dans le Queensland ont été suspendues à la suite d'incidents dans le transport du charbon. Cette hausse a duré jusqu'à la fin octobre et le prix a de nouveau dépassé les $ 350/t. Début novembre, la tendance s'est inversée en raison d'une augmentation de l'offre internationale. Le prix a oscillé dans une fourchette de $ 320-330/t en novembre-décembre. Début janvier 2024, le prix a augmenté et atteint $ 335/t le 19 janvier. La demande croissante de l'Inde a contribué à l'augmentation du prix. La crise de la mer Rouge, qui a forcé le charbon à coke américain à se détourner *via* le cap de Bonne-Espérance, a entraîné des retards dans les livraisons indiennes et incité les utilisateurs indiens à se tourner vers le charbon à coke australien.

La réorganisation des échanges internationaux s'est poursuivie

Les échanges internationaux (maritimes et terrestres) de charbon métallurgique ont augmenté de 12,5 % en 2023, à 359 Mt. Cette hausse s'explique principalement par l'accroissement des échanges terrestres, ces derniers concernant principalement les exportations de la Mongolie vers la Chine. La réorganisation des flux internationaux en raison des sanctions imposées à la Russie depuis l'invasion de l'Ukraine s'est poursuivie en 2023, la Russie concentrant maintenant ses ventes sur les marchés asiatiques, Chine et Inde principalement. Du côté de la demande, l'augmentation des échanges est principalement due à la Chine, qui est redevenue le premier importateur mondial, devançant l'Inde. L'Asie représente maintenant plus de 80 % des importations de charbon métallurgique.

La Chine a absorbé près d'un tiers des quantités échangées

La Chine a augmenté ses importations de charbon à coke de 63 % en 2023, à 102 Mt. La Mongolie et la Russie ont assuré près de 80 % de cet approvisionnement. Le gouvernement a continué de pratiquer des droits d'importation nuls sur le charbon, renforçant la compétitivité des charbons importés. La forte augmentation des importations s'explique par la compétitivité des charbons mongols et russes par rapport au charbon national et par les contraintes rencontrées sur l'offre nationale. Des accidents répétés dans les mines et des mesures strictes d'inspection des mines, en particulier dans le Shanxi, la principale région productrice de charbon à coke, ont réduit la production nationale au cours de la deuxième moitié de 2023 et ont contribué à l'accélération des importations. L'accroissement des importations a permis de fournir le charbon nécessaire à la production d'acier qui, en 2023, a marginalement augmenté et atteint 1,02 Gt. Afin de faciliter la croissance économique, les autorités chinoises n'ont pas imposé de restrictions à la production d'acier en 2023, contrairement aux deux années précédentes, ce qui a permis d'enrayer la baisse de la production observée en 2021 et 2022.

La fin de l'embargo sur le charbon australien a peu profité au charbon à coke. Malgré la reprise

Commerce mondial de charbon à coke
(en millions de tonnes)

Charbon à coke	2021	2022	2023 (e)	2023-2022 en %
Échanges mondiaux	**327.0**	**319.0**	**359.0**	**12.5**
Exportations				
Australie	171.0	164.0	157.4	-4.0
Canada	26.0	28.0	29.0	3.6
États-Unis	40.8	42.2	46.0	9.0
Russie	31.8	47.0	53.0	12.8
Mongolie	14.0	27.0	59.5	120.4
Mozambique	4.0	6.0	7.0	16.7
Importations				
UE (27 + Royaume-Uni)	34.2	38.3	36.0	-6.0
Japon	44.0	43.0	41.0	-4.7
Chine	54.7	62.6	102.1	63.1
Corée du Sud	36.0	34.0	34.0	0.0
Inde	68.6	68.6	73.0	6.4

(Sources : AIE, Gouvernement australien, Douanes chinoises, Ministère de l'Industrie et du Commerce indien)

des importations, la Chine n'a importé que 2,9 Mt de charbon à coke australien en 2023, le charbon australien étant trop cher pour les sidérurgistes chinois.

En 2024, les importations chinoises pourraient baisser. Le gouvernement vient de rétablir les droits de douane sur l'importation du charbon (3 % pour le charbon métallurgique). Cette taxe va favoriser les achats de charbon mongol. Étant donné son prix bas, les acheteurs de charbon mongol devraient facilement absorber cette taxe.

L'Inde est le deuxième producteur mondial d'acier, avec une production en forte hausse en 2023 (+ 12 % à 140 Mt). Bien qu'en augmentation, sa production de charbon à coke ne suffit pas à couvrir les besoins des aciéries locales et le pays augmente ses importations de charbon métallurgique. En 2023, celles-ci se sont accrues de 6,4 %, à 73 Mt. Les importations de charbon à coke sont restées stables, alors que les importations de charbon pulvérisé à injection (PCI), principalement russe, ont augmenté de 17 %. Malgré la baisse des importations en provenance d'Australie, l'Australie demeure le fournisseur principal de l'Inde (plus de la moitié de l'approvisionnement), mais face aux prix élevés du charbon australien, l'Inde a diversifié son approvisionnement et importe de plus en plus de charbon russe vendu à des tarifs inférieurs aux prix internationaux. Les exportations russes vers l'Inde (principalement du PCI) ont fait un bond de 64 % en 2023. Avec 15 Mt de charbon métallurgique exporté vers l'Inde en 2023, la Russie représente maintenant près d'un quart de l'approvisionnement indien. L'Inde s'est également tournée vers les États-Unis, le Mozambique, l'Indonésie et le Canada.

L'Inde vise à réduire ses importations de charbon, y compris de charbon à coke. Dans le cadre de l'initiative Atmanirbhar Bharat (l'Inde autosuffisante), le ministère du Charbon prévoit d'atteindre une production nationale brute de charbon à coke de 140 Mt/an d'ici à 2030. Coal of India (CIL) prévoit également de mettre en place de nouvelles laveries afin de fournir environ 15 Mt/an de charbon à coke lavé au secteur sidérurgique, réduisant à terme les importations indiennes. Déjà en 2023, les importations de charbon à coke ont stagné, malgré l'accroissement de la production d'acier. Cette modération a été permise par la hausse de 10 % de la production de charbon à coke de CIL à 59 Mt. L'augmentation de l'utilisation du PCI a également permis de réduire les coûts des sidérurgistes et la dépendance à l'égard du charbon à coke de haute qualité.

Les importations de charbon métallurgique de l'Union européenne sont en baisse en 2023, à la suite de la chute de la production et de la demande d'acier de la région. Le marché européen de l'acier a souffert de la récession en cours et des goulets d'étranglement dans le commerce dus à la guerre en Ukraine au cours des deux dernières années. Depuis l'embargo sur le charbon russe, les acheteurs européens ont remplacé le charbon à coke et le PCI russe par du charbon à coke américain et australien et ont également diversifié leur approvisionnement (Mozambique). La Russie représentait 11 % de ses importations de charbon à coke en 2021 (3,1 Mt). Mais l'Europe importait également 30 % de ses besoins en charbon PCI de Russie et, en particulier, la quasi-totalité de son charbon PCI à faible teneur en soufre, des qualités difficiles à remplacer. Au Royaume-Uni, le gouvernement a approuvé fin décembre 2022 le plan de développement d'une nouvelle mine de charbon à coke (Woodhouse Colliery) située dans le nord-ouest de l'Angleterre, mais cette décision est contestée par des organisations non gouvernementales.

Au Japon, les importations de charbon à coke ont diminué face au déclin de la production d'acier. Nippon Steel, qui s'approvisionne déjà à hauteur de 20 % grâce à ses participations dans des mines à l'étranger, vient de racheter les parts minoritaires du canadien Teck Resources dans la mine d'Elk Valley.

Des changements profonds dans l'offre

Du côté de l'offre, le marché est très concentré. Historiquement, l'Australie assurait 50 à 55 % des volumes échangés par voie maritime et terrestre, suivie par les États-Unis (12 %), le Canada et la Russie avec une part d'environ 10 % chacun. Mais les échanges de charbon à coke se sont modifiés en 2022 et 2023, sous l'impulsion de la montée en puissance de la Mongolie (échanges terrestres vers la Chine) et la redirection et l'accroissement des livraisons russes vers les pays asiatiques (Chine et Inde principalement). Ainsi, en 2023, confrontée à une compétition aiguë, la part de l'Australie dans les échanges maritimes et terrestres est tombée en dessous des 50 % à 44 %. La Mongolie, qui a plus que doublé ses exportations de charbon à coke, est devenue le deuxième exportateur mondial, alors que la Russie a pris la troisième place, devant les États-Unis et le Canada.

Les exportations de l'Australie ont décliné de 4 % en 2023 à 157 Mt, à la suite de contraintes sur l'offre au premier et troisième trimestre de l'année et de la concurrence qui s'est développée sur le marché. La baisse des exportations intervient malgré la levée de l'embargo informel de la Chine sur le charbon australien début 2023. Mais la fin de cet embargo a peu profité au charbon à coke. Confiants dans l'accroissement de la demande des pays asiatiques émergents, les producteurs australiens continuent de développer de nouvelles mines de charbon à coke et d'accroître la capacité des mines existantes, ce qui va porter la capacité d'exportation australienne à 175 Mt/an d'ici 2025.

En 2023, la Mongolie a plus que doublé ses exportations de charbon (tous charbons confondus), les portant à 70 Mt, entièrement livrés par voie terrestre à la Chine. Environ 85 % de ses exportations sont constitués de charbon à coke, vendus à des prix largement inférieurs aux prix internationaux et au prix de référence national chinois : le prix moyen du charbon mongol importé en Chine était de $ 136/t en 2023, soit deux fois moins que le charbon australien. La Chine importe le charbon mongol *via* sept postes frontaliers situés le long de sa frontière de plus de 4 600 km avec la Mongolie. Le point frontière de Ganqimaodu assure la moitié des expéditions. Les exportations de charbon à coke vers la Chine pourraient atteindre un nouveau record en 2024, grâce à l'amélioration des liaisons de transport entre les deux pays et à son prix plus bas par rapport aux approvisionnements nationaux et aux concurrents internationaux, y compris en incluant les droits de douane de 3 %. En 2022, la Mongolie a achevé la construction d'une ligne ferroviaire d'une capacité de 30 à 50 Mt/an entre Tavan Tolgoi et Gashuun Sukhait, de l'autre côté de la frontière de Ganqimaodu, mais cette ligne n'a été reliée au réseau ferré chinois que fin 2023. Elle va permettre de réduire substantiellement le coût de transport du charbon. Le dépôt minier de Tavan Tolgoi est l'un des plus gros au monde, avec des ressources estimées à 7,4 Gt, dont 6,5 Gt de charbon à coke. Une autre liaison ferroviaire va relier la Mongolie et la Chine au point frontalier de Shivee Khuren (Ceke). Ces nouvelles liaisons vont modifier la composition du commerce transfrontalier, actuellement dominé encore par le transport par camion.

Malgré l'embargo, la Russie avait augmenté ses exportations métallurgiques (charbon à coke et PCI) de près de 50 % en 2022 en vendant son charbon à la Chine et à l'Inde à des prix largement inférieurs au prix de référence international (avec des rabais pouvant atteindre 50 % par rapport au charbon australien). L'accroissement des importations chinoises et indiennes avait compensé le déclin des ventes à l'Union européenne et la réduction des achats japonais. En 2023, les exportations de charbon métallurgique russe se sont accrues de 13 % à 53 Mt. Face aux contraintes logistiques sur le transport intérieur du charbon, la Russie privilégie l'exportation de charbon métallurgique, mieux valorisé sur le marché international que le charbon vapeur. Près des trois quarts ont été livrés à la Chine et à l'Inde au cours des neuf premiers mois de 2023. Les exportations vers la Chine ont augmenté de 37 % en glissement annuel, tandis que les exportations vers l'Inde ont plus que doublé. La tendance haussière s'est tassée au quatrième trimestre 2023, lorsque le gouvernement russe a introduit des droits d'exportation sur le charbon, qui ont rendu le charbon russe moins compétitif. Ces droits d'exportation ont été abandonnés en janvier 2024.

La croissance des exportations a été permise par l'augmentation de la production de la mine d'Elga, située dans la partie sud-est de la Yakoutie. Le dépôt minier d'Elga est l'un des plus grands au monde avec 2,2 Gt de ressources. Il est relié par voie ferrée aux ports de Posiet et Vanino, d'où le charbon est exporté. Elgaugol, l'opérateur de la mine, a commencé la construction d'une nouvelle voie ferrée de 500 km ($ 1,2 milliard d'investissements) qui reliera le dépôt minier à la mer d'Okhotsk (territoire de Khabarovsk), où un nouveau port (Port Elga) est en construction. Cette nouvelle route permettra d'exporter 30 Mt/an supplémentaires, avec des premières livraisons prévues en 2025. En attendant, les exportations russes resteront contraintes par les congestions sur les chemins de fer publics vers les ports de l'océan Pacifique.

Les États-Unis et le Canada ont augmenté leurs exportations de charbon à coke en 2023, les portant à 46 Mt et 29 Mt respectivement. Face à la baisse des exportations vers l'Europe, les États-Unis ont accru leurs exportations vers les marchés asiatiques de 36 % au cours des neuf premiers mois de 2023, dopées par les ventes vers la Chine et le Japon. Au Canada, notons que l'opérateur historique Teck Resources vient de se désengager du charbon métallurgique et a vendu ses parts dans la mine d'Elk Valley à Glencore et à Nippon Steel Corporation. Parmi les autres exportateurs, signalons le Mozambique. Ses exportations ont stagné au cours de la dernière décennie malgré des plans ambitieux d'exportation et des ressources gigantesques estimées à plus de 23 Gt, en particulier de charbon à coke de bonne qualité. Sous l'effet des prix élevés, le Mozambique a presque doublé ses exportations de charbon à coke en deux ans, mais celles-ci restent marginales à l'échelle mondiale (7 Mt en 2023).

Nouvelle baisse des prix attendue en 2024

Les contraintes pesant sur l'offre australienne pendant le cycle *La Niña* sont terminées et la demande mondiale de charbon métallurgique ne devrait connaître qu'une hausse modérée en 2024. L'Association mondiale de l'acier prévoit une hausse de 1,9 % de la demande d'acier en 2024. Cette faible croissance répond à la dégradation des perspectives économiques mondiales. L'Agence internationale de l'Énergie prévoit un niveau stable des importations de charbon à coke d'ici 2026, la baisse des importations chinoises étant compensée par l'accroissement des importations de l'Inde et des pays d'Asie du Sud-Est. Avec une offre de charbon plus stable et une demande en faible croissance, on peut s'attendre à une poursuite de la baisse des prix en 2024. Le prix du charbon à coke australien pourrait passer de $ 296/t en 2023 à $ 220/t en moyenne en 2024, soit une baisse de 26 %.

Acier : *gestion des surcapacités, (ré)industrialisation et décarbonation, les trois enjeux du marché*

En 2023, l'offre mondiale d'acier a de nouveau progressé malgré une forte hétérogénéité entre les grandes zones productrices. Si la Chine a conforté son écrasante domination, l'Inde a fait preuve d'un grand dynamisme, à l'image de ses performances macroéconomiques. Les États-Unis ont, eux, préservé leur périmètre à la faveur des mesures protectionnistes héritées de l'ère Trump, tandis que l'Europe a une nouvelle fois souffert avec, à la clé, une contraction importante de son offre. Symbole des profondes et lentes mutations touchant depuis longtemps la sidérurgie mondiale, l'emblématique entreprise américaine US Steel faisait toutefois l'objet, en fin d'année 2023, d'une tentative de rachat par son rival Nippon Steel dont la résonance politique n'échappait à personne. Dans cette compétition mondiale que se livrent les géants du secteur, la variable prix n'est cependant pas le seul facteur déterminant des forces du marché. Face à l'urgence climatique, les multiples enjeux de la durabilité se sont considérablement renforcés, engageant les sidérurgistes dans le vaste chantier de la décarbonation vers un « acier vert ».

Un marché surcapacitaire

Selon les dernières statistiques de l'association *Worldsteel*, la production mondiale d'acier s'est portée à 1 888 millions de tonnes (Mt) en 2023, confirmant ainsi son retour à son niveau d'avant-crise pandémique après le pic enregistré en 2021. Cette apparente stabilité cachait néanmoins une hétérogénéité notable entre les principaux producteurs et ceci ne pouvait guère surprendre. La croissance mondiale a certes légèrement diminué, autour de 3 % d'après les estimations du Fonds monétaire international (FMI), mais les tensions inflationnistes – en lien avec la dynamique du prix des matières premières, et notamment de ceux de l'énergie – et la remontée consécutive des taux d'intérêt ont, en effet, eu des retombées distinctes selon les régions, impactant donc différemment l'activité des sidérurgistes.

En 2023, la production chinoise n'a ainsi guère évolué par rapport à l'année précédente, s'établissant légèrement au-dessus d'un milliard de tonnes et comptant toujours pour plus de la moitié de l'offre mondiale. En raison de son dynamisme économique, l'Inde s'est à l'inverse affirmée comme le pays ayant enregistré la plus grande variation de ses tonnages. Ayant crû de près de 12 % par rapport à 2022, ils ont dépassé ceux de l'Union

Production d'acier brut
(en millions de tonnes)

		2018	2019	2020	2021	2022	2023	Var. 2022-2023
Production mondiale		**1 826.5**	**1 877.1**	**1 881.4**	**1 960.4**	**1 887.6**	**1 888.2**	**0.03**
dont	Chine	929.0	995.4	1 064.8	1 034.7	1 018.0	1 019.1	0.11
	Inde	109.3	111.4	100.3	118.2	125.4	140.2	11.80
	UE à 27	160.6	150.8	132.8	153.4	137.4	126.3	-8.08
	Japon	104.3	99.3	83.2	96.3	89.2	87.0	-2.47
	États-Unis	86.6	87.8	72.7	85.8	80.5	80.7	0.25
	Russie	72.1	71.7	71.6	77.0	71.7	75.8	5.72
	Corée du Sud	72.5	71.4	67.1	70.4	65.8	66.7	1.37
	Turquie	37.3	33.7	35.8	40.4	35.1	33.7	-3.99
	Brésil	35.4	32.6	31.4	36.1	34.1	31.9	-6.45

(Source : Worldsteel)

européenne (UE), à 140 Mt, donnant ainsi à l'Inde la deuxième place de ce classement mondial. Sa production a été portée par une forte demande intérieure d'acier, en croissance de 14,9 % en novembre 2023 relativement au même mois en 2022. En toile de fond, une performance macroéconomique qui tranchait dans un contexte morose : l'Inde a dépassé ses prévisions de croissance, désormais anticipée à plus de 7 % pour l'année fiscale 2023-2024, grâce à une augmentation de 12,4 % des dépenses publiques et à une forte croissance des investissements privés. Selon le ministère indien de la Statistique et de l'Implémentation du Programme, la formation brute de capital fixe devrait progresser de 11 %, marquant ainsi une tendance nettement ascendante pour l'année fiscale. Les investissements engagés se tournent principalement vers les infrastructures, l'ingénierie, la défense et l'automobile : des secteurs alimentant donc la demande d'acier. La Russie ayant, pour sa part, cessé de communiquer ses chiffres de production dès 2021, l'évaluation de ses tonnages demeurait complexe, mais *Worldsteel* les estimait en hausse, ce qui pouvait être attribué à une demande soutenue de l'industrie de la défense. Par ailleurs, les pays européens et nord-américains ont certes mis en place des mesures d'interdiction d'importations en provenance de Russie, mais la demande exprimée par l'Union eurasiatique s'est maintenue.

Marchés mondiaux : prix de l'acier
(en dollars/tonne)

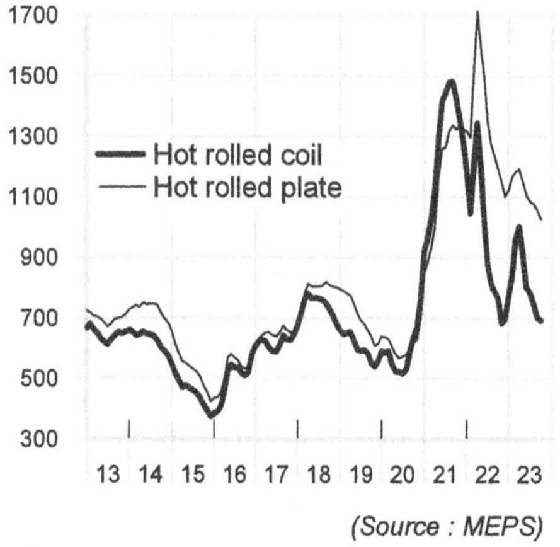

(Source : MEPS)

À l'inverse, la production dans l'UE s'est fortement repliée en 2023 s'établissant à 126 Mt, en baisse de 8 %. La contraction est commune à tous les pays membres et atteste non seulement d'une demande interne en berne, en déclin de 3 % sur le premier semestre, selon *Eurofer*, mais également d'une offre ayant connu des tensions sur les prix de l'énergie plus fortes que dans les autres régions du monde. En Turquie, la production est aussi en repli, soit 4 %, à 33,7 Mt. Le pays reste un marché clé de la filière électrique, c'est-à-dire produisant l'acier par refonte de ferrailles dans des fours à arc électrique (FAE). Néanmoins, ce procédé en fait aussi l'un des producteurs les plus sensibles au prix de l'énergie, alors même que cette nation connaît un épisode inflationniste qui dure depuis plusieurs années. Pour 2023, la banque centrale de Turquie estimait ainsi le taux d'inflation à 65 %. Le Brésil constitue la troisième grande zone où la production s'est significativement contractée, en diminution de 6,5 %, à 32 Mt. L'industrie brésilienne a perdu en compétitivité relativement aux origines chinoises et doit toujours composer avec les tarifs douaniers nord-américains qui entravent ses exportations. La production japonaise s'est aussi heurtée à la concurrence chinoise sur le marché international de l'acier qui, couplée avec la baisse de la demande locale, explique le reflux de 2,5 % de sa production à 87 Mt.

Toujours en 2023, l'offre aux États-Unis n'a guère évolué, à 81 Mt, le maintien des tarifs douaniers sur les importations d'acier continuant de protéger les producteurs locaux en dépit d'une demande relativement morne. En Corée du Sud, la production a, elle, légèrement augmenté, à 67 Mt, malgré une demande locale en retrait. Si ses exportations vers l'Inde se sont repliées, la Corée du Sud a toutefois maintenu sa place de premier fournisseur étranger et demeure un marché important de la production d'acier de bonne qualité.

Le conflit en Ukraine affecte toujours significativement le commerce mondial de l'acier, en raison des interdictions d'importer de l'acier d'origine russe décrétées par de nombreux pays, ce qui n'était de toute évidence pas sans conséquence sur l'offre mondiale. La production de l'Ukraine, qui était de 21 Mt en 2021 (14e producteur mondial), était descendue à 6,3 Mt en 2022 (au 25e rang mondial). En 2023, celle-ci devrait se maintenir à 6,5 Mt. L'activité était fort logiquement perturbée par la faiblesse de la demande interne, les coupures de courant et les menaces d'attaques aériennes sur les sites de production. Même en cas de résolution du conflit, le pays devrait ainsi mettre plusieurs années à reconstituer ses capacités de production. Seuls six des dix sites de production sont, en effet, toujours opérationnels. Pour rappel, l'Ukraine avait déjà perdu 30 % de ses capacités de production en 2014 à la suite de l'annexion de la Crimée. La réouverture des ports de la mer Noire devrait néanmoins avoir un impact significatif sur l'offre du pays. L'industrie nationale dépend à 80 % des exportations et l'Union des producteurs d'acier locale (Ukrmeta-lurgprom) estime que la production pourrait être multipliée par deux. En effet, le fret ferroviaire a doublé en 2023 et la voie maritime demeure la seule option pour l'exportation d'acier compétitif.

Une hausse des surcapacités

Enjeux de stabilité et de pérennité du marché de l'acier, le contrôle des productions excessives est aussi un critère clé pour atteindre les objectifs de transition énergétique. Pour la première fois depuis 2019 et comme évoqué précédemment, l'offre d'acier chinoise n'a pas diminué, rompant avec la règle officieuse de baisse de la production d'une année sur l'autre depuis les records de 2020. La faiblesse de la demande locale pour la Chine, avec un secteur immobilier et de la construction largement fragilisé par un endettement excessif,

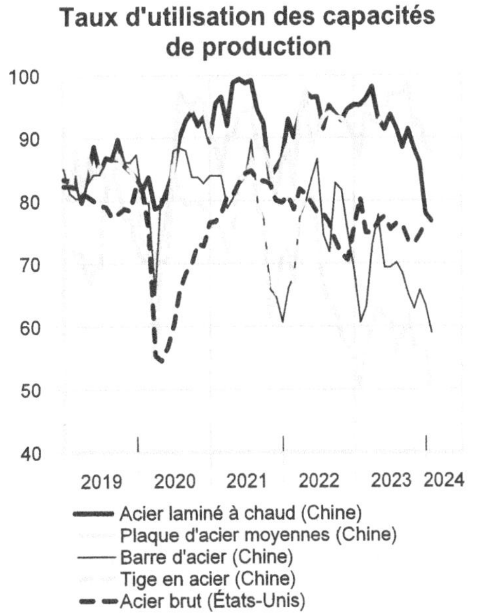

(Sources : Steel Home, American Iron and Steel Institute –AISI–)

a alimenté le surplus sur le marché international. L'excédent compte aussi des origines structurelles. Le renouvellement de l'appareil productif chinois, ayant notamment pour but de remplacer les unités d'acier « sales », est toujours plus productif que les anciennes installations. Ainsi les aciéristes chinois ont augmenté leurs capacités de production d'acier brut de 28,5 Mt en 2023 et s'attendent à une nouvelle extension de 114 Mt d'acier en 2024, en remplacement d'unités disposant d'une capacité totale de 108,7 Mt. Les infrastructures se dotant de nouveaux FAE en 2024 devraient notamment mener les capacités de production exploitant ce procédé à 220 Mt, contre 199 Mt en 2023. Il en a résulté une hausse de 17,6 % des capacités qui ne semblait pas pleinement alignée avec les besoins des industries en aval. En effet, les capacités totales de productions chinoises étaient estimées à 1,25 milliard de tonnes en 2022, là où la demande pour les prochaines années est attendue à une valeur inférieure comprise entre 1 et 1,05 milliard de tonnes.

Aux États-Unis, les mesures commerciales permettent de maintenir un taux d'utilisation relativement stable en 2023, proche, mais inférieur à 80 %. En revanche, il était, en Chine, particulièrement élevé durant le premier semestre de cette même année, s'affichant au-delà des 90 % pour les aciers laminés à chaud et les plaques d'acier moyennes, selon *Steel Home*. Le dernier trimestre 2023 a néanmoins enclenché une baisse significative de l'activité des unités chinoises, à des niveaux similaires à ceux de 2020, au cœur de la crise pandémique. Cette chute s'expliquait par des travaux de maintenance sur les fours à induction de plusieurs usines. Plus globalement, cette baisse du taux d'utilisation constatée au deuxième semestre, alors même que la production chinoise a augmenté en 2023, confirme la tendance à la hausse de la productivité des fours les plus récents.

Une autre explication de cette contraction tenait à la volonté du gouvernement chinois de maîtriser la progression des surplus d'offres. Dès l'été 2023, les autorités sont ainsi intervenues auprès des producteurs pour définir des plafonnements du taux d'utilisation des capacités aux mêmes niveaux qu'en 2022. En 2021 et 2022, le gouvernement avait déjà imposé des limitations plus fortes afin de conforter la politique de décarbonation dans laquelle il s'est engagé. Néanmoins, le ralentissement de l'activité en 2023 avait mené à plus de souplesse pour maintenir les parts de marchés des aciéristes. Des contrôles intensifiés et plus fréquents peuvent toutefois être attendus pour 2024, en lien avec le durcissement de la politique environnementale du pays. L'incitation aux investissements favorisant la décarbonation du secteur est d'autant plus forte que les contrôles plus sévères augmentent aussi la crédibilité du marché des droits d'émission de carbone chinois (*Carbon Emission Allowance*, CEA), mais également le coût des quotas de carbone que les sidérurgistes doivent restituer. Le cours du contrat *spot* CEA – le prix de référence des droits d'émissions chinois – a ainsi dépassé les $ 10/t de carbone pour la première fois depuis son lancement en 2021, alors que ce cours oscillait autour de $ 8/t depuis 2022.

La Chine n'est pas la seule zone dont la production serait en excès. *Eurofer* anticipe 150 Mt d'acier excédentaires d'ici à 2027 à l'échelle mondiale et les émissions qui en résulteraient dépasseraient alors celles des aciéristes européens. Ces surplus d'offres sont attendus au Moyen-Orient et en Afrique, mais surtout en Asie avec, en première ligne, la Chine donc.

Une réorientation des pressions commerciales pour condamner les surcapacités ?

Les barrières commerciales décrétées en 2018 par l'administration Trump sont toujours en place, en dépit du recours porté par la Chine, la Norvège, la Suisse et la Turquie auprès de l'Organisation mondiale du commerce (OMC) sur le bien-fondé du droit de douane de 25 % de certaines quantités d'aciers importées. L'Organe de règlement des différends (ORD) a rendu publique la décision du panel compétent de condamner la mesure américaine, en raison de sa non-conformité avec l'article II du GATT (1994), jugeant ainsi infondée l'invocation du motif de « sécurité nationale » propre au fameux chapitre « 232 » du *Trade Expansion Act*. Les États-Unis ont fait appel de cette décision début 2023. D'ailleurs, force est de constater que ces mesures tarifaires étaient pour partie aussi mal perçues par certains acteurs économiques américains. En 2021, une première plainte concernant l'instauration de ces barrières, déposée par une cohorte de sociétés importatrices d'acier, a été rejetée. Le jugement a été confirmé en appel en 2023. Des assouplissements sont néanmoins à noter. L'Inde a ainsi pu bénéficier d'exemptions sur un volume d'exportation d'acier très important. En décembre 2023, l'Union européenne et les États-Unis se sont par ailleurs entendus pour prolonger l'accord dérogatoire, obtenu en 2021, exemptant les Vingt-Sept de ces tarifs jusqu'en décembre 2025 et les producteurs américains des contre-mesures appliquées par Bruxelles jusqu'au 31 mars de cette même année.

Les deux zones ont donc apaisé leurs relations commerciales et ont échangé à plusieurs reprises en 2023 sur la pertinence d'un accord condamnant la production d'aciers excédentaires qui perturbent le marché et qui, *de facto*, ne rentrent pas dans les objectifs de réduction des émissions de carbone. Les États-Unis proposent la mise en place de standards d'émission et souhaitent imposer un tarif douanier en cas de non-respect. Le pays milite aussi pour que les gouvernements s'engagent à ne pas alimenter les surcapacités. Cependant, les négociations sur ce sujet heurtent sur l'approche différente préconisée par Bruxelles. En effet, l'UE plaide plutôt en faveur de sa nouvelle taxe carbone (ou mécanisme d'ajustement carbone aux frontières de l'Union européenne) comprenant un mécanisme d'ajustement des droits de douane en fonction de l'intensité carbone des produits entrants. L'absence d'accord n'est pas le seul frein, puisque l'OMC pourrait voir dans l'imposition de nouvelles barrières commerciales des mesures directement ciblées vers l'offre chinoise.

Santé financière : une année rythmée par l'opération de cession de US Steel

En 2022, l'offre des dix plus grands producteurs d'acier s'est maintenue à un niveau élevé, mais légèrement en baisse relativement à 2021. Les aciéristes ont continué de bénéficier d'une croissance de rattrapage après le ralentissement de 2020, en particulier pour les producteurs chinois dont l'offre est soit relativement stable, soit en hausse. La progression est ainsi portée par le groupe China Baowu Steel Group qui suit, depuis plusieurs années, une politique de consolidation de l'industrie. Sur les trois dernières années, le groupe a ainsi pris le contrôle de Xingang (11 Mt en 2021), Shangang (28 Mt en 2021) et Sinosteel (13 Mt). Cette stratégie d'absorption s'est accélérée en 2023, marquant ainsi une nouvelle année d'essor. Le groupe a pris une participation majoritaire dans Xinyu Iron & Steel (11 Mt) en octobre et plus encore, un mois plus tard, dans Shandong

Les dix premières compagnies productrices d'acier
(en millions de tonnes par an)

en 2021			en 2022		
1	China Baowu Grp.	119.95	1	China Baowu Grp.	131.84
2	Arcelor Mittal	79.26	2	Arcelor Mittal	68.89
3	Ansteel Grp.	55.65	3	Ansteel Grp.	55.65
4	Nippon Steel Corp.	49.46	4	Nippon Steel Corp.	44.37
5	Shagang Grp.	44.23	5	Shagang Grp.	41.45
6	POSCO	42.96	6	HBIS Grp.	41.00
7	HBIS Grp.	41.64	7	POSCO	38.64
8	Jianlong Grp.	36.71	8	Jianlong Grp.	36.56
9	Shougang Grp.	35.43	9	Shougang Grp.	33.82
10	Tata Steel Grp.	30.59	10	Tata Steel Grp.	30.18
	Total	**535.88**		**Total**	**525.40**

(Source : Worldsteel)

Iron & Steel, le onzième producteur mondial (29,42 Mt en 2022), avec un aval de l'autorité de la concurrence chinoise obtenue en décembre. Avec ces fusions, Baowu poursuit plus que jamais son objectif d'atteindre une capacité de production de 200 Mt en 2025 et de disposer d'une part de marché mondial de 15 % d'ici à 2035. Le mouvement doit aussi faciliter les investissements pour un acier plus vert en les centralisant dans une seule entité et en bénéficiant d'économies d'échelle. C'est également sur le marché indien que les opérations de consolidation se sont multipliées. Tata Steel a annoncé la fusion de sept de ses filiales dans le but de créer des synergies et prévoit une hausse de ses capacités de production à hauteur de 40 Mt en 2023.

En 2022, la production d'Arcelor Mittal a poursuivi sa contraction. Une partie notable de celle-ci concerne ses filiales européennes, en particulier ses unités en Ukraine et en Russie. La hausse des coûts de l'énergie a aussi considérablement entravé l'activité du marché européen, bien plus que les autres zones, du fait de sa dépendance aux importations, que ce soit pour le gaz naturel ou le pétrole. En 2023, le bénéfice a été divisé par dix, marqué par des pertes importantes au dernier trimestre. Le retrait du groupe du Kazakhstan a notamment conduit à des dépenses exceptionnelles, tandis que l'unité de production anciennement connue sous le nom de Ila en Italie a été dépréciée. Acquise en 2018, Arcelor Mittal a engagé des procédures pour en annuler la vente devant l'ampleur des travaux de décarbonation. Le groupe se concentre aujourd'hui vers la décarbonation de ses unités.

La fin d'année a par ailleurs été marquée par le rachat de US Steel par Nippon Steel. Faisant état d'un besoin de consolidation pour réaliser des synergies et rester compétitif, US Steel a refusé une offre de rachat de Cleveland-Cliffs, au mois d'août qui aurait permis aux deux entreprises de devenir le plus grand groupe sidérurgiste américain. La disponibilité de US Steel pour un rachat a suscité des offres d'Arcelor Mittal et Nucor, notamment. C'est finalement Nippon Steel, le quatrième producteur mondial, qui pourrait acquérir le producteur avec une prime de 40 % sur le cours au moment de la transaction, laquelle pourrait être conclue au troisième trimestre 2024. Si elle venait à être avalisée, la manœuvre permettrait alors à Nippon Steel d'augmenter ses capacités de production de 15 Mt. Il y avait toutefois une dimension tant symbolique que politique dans ce projet de rachat par un rival étranger d'une entreprise emblématique de l'histoire américaine, et plusieurs oppositions de taille se sont progressivement fait jour : celle de l'United Steelworkers union, dès l'annonce de l'accord, puis celle exprimée, début mars 2024, par le président Biden dans le contexte d'une campagne électorale où la question de la souveraineté américaine sera probablement déterminante.

Une dynamique des prix toujours baissière

L'année 2023 a fait état d'une cyclicité relativement forte du prix des bandes laminées à chaud (*Hot-Rolled Coil* – HRC), quelles que soient les régions avec, cependant, une volatilité moindre en comparaison des années précédentes. Le prix de la tonne américaine a augmenté de 41 %, passant de $ 812 à $ 1 142 durant l'année. Il s'agissait là d'une hausse soutenue, mais éloignée des prix records supérieurs à $ 2 000/t en 2021. La croissance a été d'autant plus forte aux États-Unis que la production du site mexicain d'Altos Hornos de Mexico (AHMSA) a interrompu son activité de manière abrupte en décembre 2022, en raison de son insolvabilité. L'interruption a conduit les sociétés nord-américaines à constituer des stocks, ce qui expliquait une partie de cette trajectoire. En Chine et en Europe, en revanche, les cours d'ouverture et de clôture d'année du HRC ont été relativement proches. Dans le premier cas, la tonne s'est inscrite en léger retrait, à $ 486 en décembre contre $ 524 en janvier. Dans le second cas, la tonne a débuté et terminé à hauteur de $ 750. Le point commun des trois régions a été le pic observé en mars 2023 menant la tonne à $ 1 260, $ 538 et $ 935 aux États-Unis, en Chine et en Europe respectivement. Le premier trimestre a, en effet, été rythmé par un fort optimisme quant à l'accélération de la croissance chinoise, libérée des règles de confinement. Néanmoins, les chiffres des premiers mois de l'année ont indiqué un ralentissement de l'activité de l'industrie manufacturière et de la construction, ravivant le spectre d'un mar-

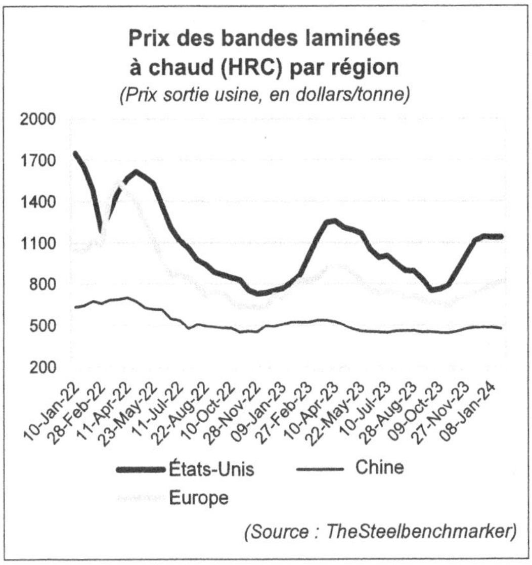

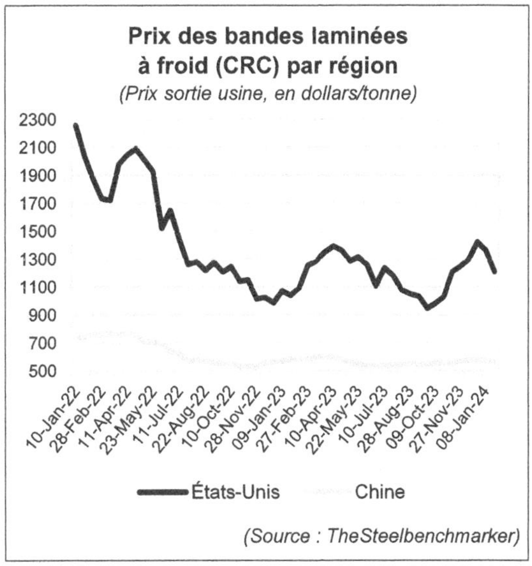

ché en surcapacité. Par ailleurs, si les différentes mesures de soutien engagées en 2023 par Pékin – au premier rang desquelles l'abaissement des *loan prime rates* à un et cinq ans – ne pouvaient qu'être perçues favorablement, la prudence restait toutefois de mise. Aux États-Unis, le prix de la tonne a été au plus faible lors de la grève des constructeurs automobilistes du 15 septembre au 30 octobre. L'industrie compte pour 25 % de la demande d'acier américain. La grève a aussi interrompu l'activité des centres de service, entités jouant un rôle crucial dans l'approvisionnement des constructeurs en aciers finis, dont les stocks se sont finalement écoulés en près de deux semaines. La perspective de prix au plus bas a créé des opportunités d'achat pour ces agents, ce qui a relancé la dynamique des prix à la hausse. La progression de l'activité en fin d'année a permis de consolider la dynamique croissante.

Les bandes laminées à froid (CRC), produits finis d'acier plus chers, mais à la qualité de découpe supérieure, ont connu une dynamique en tout point similaire à celle de leur pendant laminé à chaud. Le prix américain a crû de 37 %, passant de $ 1 041 à $ 1 425 la tonne, avec un point bas à $ 948 fin septembre, durant la grève des constructeurs. En Chine, le prix de la tonne est resté stable, autour de $ 580.

Enfin, le marché des plaques de tôle d'acier américain a connu une évolution bien diverse, la tonne perdant en définitive $ 100 pour finir 2023 à $ 1 615. Ce marché, moins exposé à l'industrie automobile, mais dépendant davantage du secteur de la construction, n'a pas connu de sursauts en fin d'année, à la différence des aciers laminés. Le prix chinois s'est lui inscrit en baisse de 10 % en 2023, terminant 2023 à $ 486 la tonne contre $ 531 en janvier.

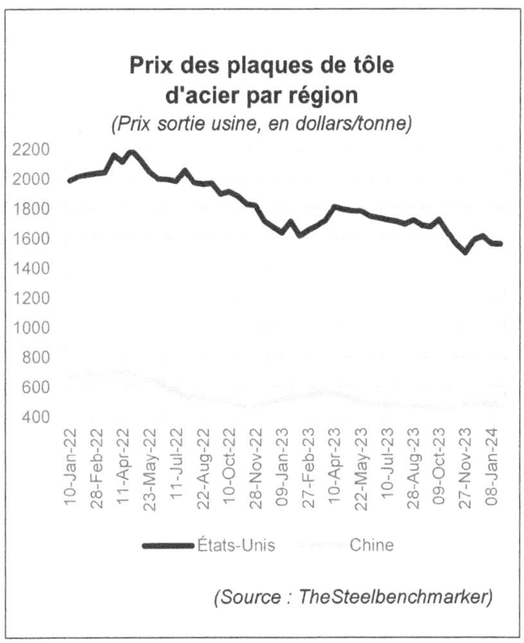

Acier vert, vers le développement de la filière hydrogène

L'édition 2023 du rapport CyclOpe mettait en avant l'incidence des sanctions sur les importations en provenance de la Russie pour l'Europe et les approvisionnements en charbon pulvérisé – ou *Pulverized Coal Injection* (PCI), un procédé permettant de réduire jusqu'à 50 % le charbon utilisé dans la production d'acier –, habituellement injecté dans la filière des hauts fourneaux. Le PCI de qualité supérieure provient essentiellement de Russie et s'en priver impose aux sidérurgistes européens de se tourner vers des charbons alternatifs alimentant la hausse des prix.

La hausse des coûts dans la filière des hauts fourneaux, conjuguée aux objectifs de réductions des émissions de CO_2, a incité plusieurs groupes à développer de nouveaux procédés. À côté de la filière électrique recyclant la ferraille, la filière hydrogène connaît notamment un intérêt important, en particulier en Europe. Le suédois H2 Green Steel a ainsi sécurisé le financement de la première usine d'acier vert, décarboné, au monde. Avec un coût total pour cette infrastructure de € 5 milliards située à Boden (Suède), elle sera conçue pour réduire les émissions de CO_2 de 95 % par rapport à celles générées par un haut fourneau. L'initiative n'est pas isolée et de nombreux projets similaires émergent, notamment à Fos-sur-Mer où Arcelor Mittal prévoit l'installation d'une unité qui fonctionnera au gaz naturel avec une compatibilité pour une conversion à l'hydrogène vert dans le futur. Si cette dynamique est donc mondiale, elle demeure hétérogène, dans ses formes et son intensité, entre grandes zones ou entreprises productrices et porte les germes d'une nouvelle forme de compétition où la différenciation par la qualité environnementale pourrait être déterminante.

Les grands métaux non ferreux

Aluminium : *spleen et idéal*

Après avoir connu des années de forte variabilité en raison de la crise pandémique puis, en 2021 et 2022, d'une crise énergétique largement exacerbée par la guerre en Ukraine, le marché de l'aluminium semble s'être stabilisé en 2023 avec, à la clé, un repli et une moindre volatilité de ses cours. Il fallait probablement y voir là les conséquences d'un fort attentisme dû à des perspectives macroéconomiques peu favorables, à une offre abondante après les lourdes contraintes de 2022 et, dès lors, à des stocks de métal en nette hausse dans les entrepôts du *London Metal Exchange* (LME). Exposé aux sanctions internationales, aux droits de douane et à une relative désaffection des acheteurs occidentaux, le groupe Rusal a cherché à diversifier ses approvisionnements et à réduire ses coûts, tandis que les producteurs nord-américains et européens affinaient leurs efforts d'innovation et de décarbonation par un recours accru aux énergies renouvelables et au recyclage. La Chine a, pour sa part, poursuivi sa marche en avant dans sa domination de l'offre internationale et faisait aussi de la réduction des émissions de CO_2 une de ses priorités. Sa route demeurait toutefois encore bien longue. Apparues en 2018, les tensions commerciales ont, elles, perduré. Avec l'affirmation de la production indienne et l'appétit grandissant de ce pays, le marché mondial a vu son centre de gravité se déplacer plus encore vers l'est, posant une nouvelle fois la question du maintien du socle industriel de l'Europe, pour l'aluminium et pour les nombreux secteurs économiques qui en dépendent.

Un marché atone sur une majeure partie de l'année 2023

L'année 2022 s'était achevée sur un regain de dynamisme après l'effondrement des cours enregistré dans les mois qui suivirent le choc de l'invasion de l'Ukraine par la Russie. La Chine venait de mettre un terme à sa politique zéro-covid et les marchés y avaient vu là un motif d'espoir. 2023 commença sous ces mêmes auspices avec des cours en légère

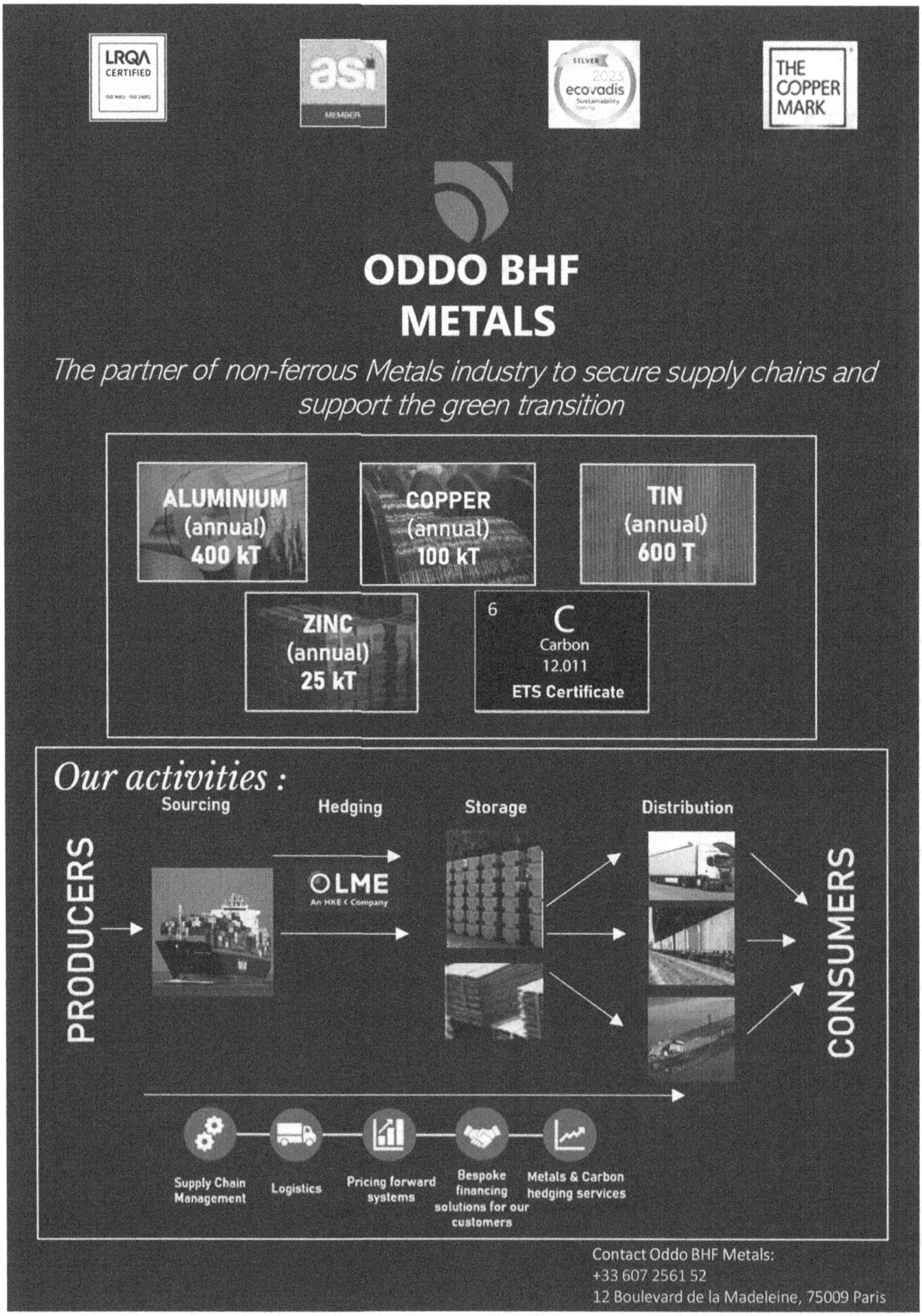
LRQA CERTIFIED
asi MEMBER
SILVER 2023 ecovadis Sustainability Rating
THE COPPER MARK
ODDO BHF
METALS
The partner of non-ferrous Metals industry to secure supply chains and support the green transition
ALUMINIUM (annual) 400 kT
COPPER (annual) 100 kT
TIN (annual) 600 T
ZINC (annual) 25 kT
6 C Carbon 12.011 ETS Certificate
Our activities :
Sourcing
Hedging
Storage
Distribution
PRODUCERS
LME An HKEX Company
CONSUMERS
Supply Chain Management
Logistics
Pricing forward systems
Bespoke financing solutions for our customers
Metals & Carbon hedging services
Contact Oddo BHF Metals:
+33 607 2561 52
12 Boulevard de la Madeleine, 75009 Paris

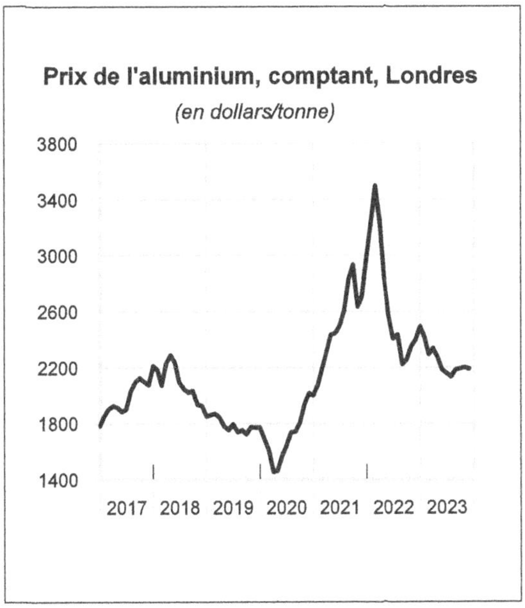

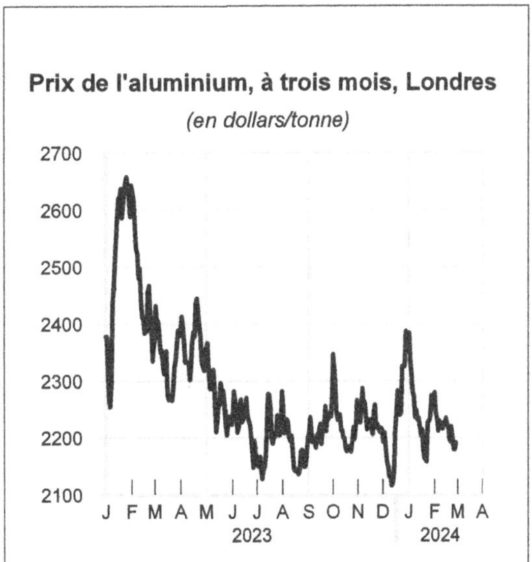

(Source : Datastream)

hausse sur le *London Metal Exchange* (LME). La référence *cash* du marché londonien s'est ainsi établie à quelque $ 2 600/t fin janvier et début février – un plus haut niveau pour 2023 qui demeurait toutefois bien éloigné des sommets atteints en mars 2022, à près de $ 4 000/t – contre $ 2 337/t le 3 janvier. Ils progressaient alors de près de 12 % sur un mois seulement. En raison d'une crise énergétique persistante dans certaines régions productrices, l'offre chinoise était de nouveau contrainte, ce qui a également favorisé cette hausse. Ce fut notamment le cas dans la province du Guizhou, au sud-ouest du pays, touchée dès janvier par une réduction de son offre, mais aussi au Yunnan. Dans cette dernière région, la disponibilité en eau est en partie fonction de la pluviométrie et l'insuffisance de l'hydroélectricité a conduit à un rationnement énergétique depuis septembre 2022. Il s'est accentué début 2023 et l'on estimait ainsi qu'en février, près d'un tiers des capacités de production du Yunnan– évaluées à plus de 5 Mt – avait été mis à l'arrêt. Cette situation difficile s'est prolongée jusqu'en juin où un rebond de l'offre a pu être observé, avant de réapparaître en novembre 2023, à l'aube de la saison sèche. Il fallait ajouter à cette contrainte sur l'offre « l'effet dollar » qui, se dépréciant entre septembre 2022 et la fin janvier 2023, a réduit le coût d'acquisition en devises étrangères des métaux de base et ainsi stimulé leur demande.

Cette bonne tenue des cours ne perdura cependant pas et ils connurent une importante correction qui les fit revenir à partir de mars au seuil de $ 2 200/t. Du côté de la demande, l'optimisme lié à la réouverture de la Chine s'est en effet largement dissipé, alors que, du côté de l'offre, les moindres contraintes énergétiques subies par les producteurs européens laissaient augurer une augmentation de leurs tonnages. Malgré un léger rebond observé en avril puis en juillet à la faveur d'une dépréciation du dollar et d'une amélioration temporaire des perspectives du marché de l'immobilier chinois, les prix londoniens ne quittèrent alors guère ce seuil pivot. Ils oscillèrent au sein d'une bande de fluctuation assez resserrée avec, sur cette période, un minimum d'environ $ 2 070/t enregistré en août et un maximum de près de $ 2 400/t fin avril. Entre les premiers et les derniers jours de 2023, l'aluminium a ainsi stagné, le cours au comptant du LME s'affichant le 29 décembre à seulement deux dollars en deçà du niveau du 3 janvier précédent. Cette atonie s'est fort logiquement accompagnée d'une élévation de la valeur du *contango* – l'écart entre le cours à trois mois et le prix *spot* –, celui-ci dépassant à de nombreuses reprises le seuil de $ 50/t au cours de l'année.

En définitive, les cours de l'aluminium se sont repliés de 17 %, en moyenne annuelle, entre 2022 et 2023, après avoir progressé de 9 % entre 2021 et 2022. Cette baisse doit néanmoins être ainsi relativisée, les prix londoniens demeurant à un niveau supérieur à ceux enregistrés avant le déclenchement de la période covid. Pour mémoire, la tonne de métal s'échangeait à moins de $ 2 000/t en 2019.

Un infléchissement des prix de l'alumine en demi-teinte

Le marché de l'alumine a fort logiquement connu des évolutions proches de celles de l'aluminium. L'indice Platts – en référence « Franco à bord » (Fob) Australie – a ainsi débuté l'année 2023 par un rebond lui permettant de s'afficher à près de $ 370/t en février de cette année, contre $ 350/t le mois précédent. Sous la double pression d'une demande interne atone et d'une offre en hausse en raison de l'arrivée, au premier semestre, de nouvelles capacités de production chinoises que l'on estimait à 3,6 Mt, les prix ont alors fléchi, s'établissant, toujours selon l'agence Platts, à $ 326/t à la mi-juillet. Malgré quelques dollars gagnés, cette morosité perdura jusqu'en décembre, mois à partir duquel une remontée des cours a pu être enregistrée. Sur le *Shanghai Futures Exchange* (SHFE), ils connurent notamment un fort accès de fièvre, gagnant plus de 30 % sur les deux dernières semaines de décembre pour les contrats rapprochés. À la fin de ce mois, ils ont ainsi avoisiné le seuil de 3 200 yuans par tonne pour l'échéance de mars 2024, soit $ 450/t environ. L'alumine a en effet subi les effets d'une brève panique spéculative qui s'est emparée du marché à la suite de l'explosion d'un terminal pétrolier en Guinée, interprétée comme le risque d'une moindre disponibilité de bauxite sur le marché chinois. Les anticipations ont joué un rôle déterminant dans cette brusque envolée et il y avait une raison simple à cela : depuis le 19 juin 2023, ce produit intermédiaire est désormais coté sur le SHFE, rejoignant ainsi les contrats *futures* avec ce même sous-jacent négociés sur le *Chicago Mercantile Exchange* (CME) et sur le LME, ceux-ci n'étant toutefois pas en livraison physique. La nervosité des opérateurs chinois s'expliquait également par une offre nationale contrainte dans les provinces du Henan et du Shanxi. Cette dynamique haussière n'a néanmoins pas uniquement touché le marché chinois. Elle s'est également observée sur les prix Fob brésilien et australien, ce dernier se positionnant autour de $ 370/t en janvier 2024. Elle s'expliquait aussi par la perspective de la fermeture probable, au cours du deuxième trimestre 2024, de la raffinerie australienne de Kwinana – opérée par le groupe américain Alcoa – après soixante années d'existence. Au début de l'année 2023, une réduction de 30 % de la production de ce site avait déjà conduit à un raffermissement des cours. En mars

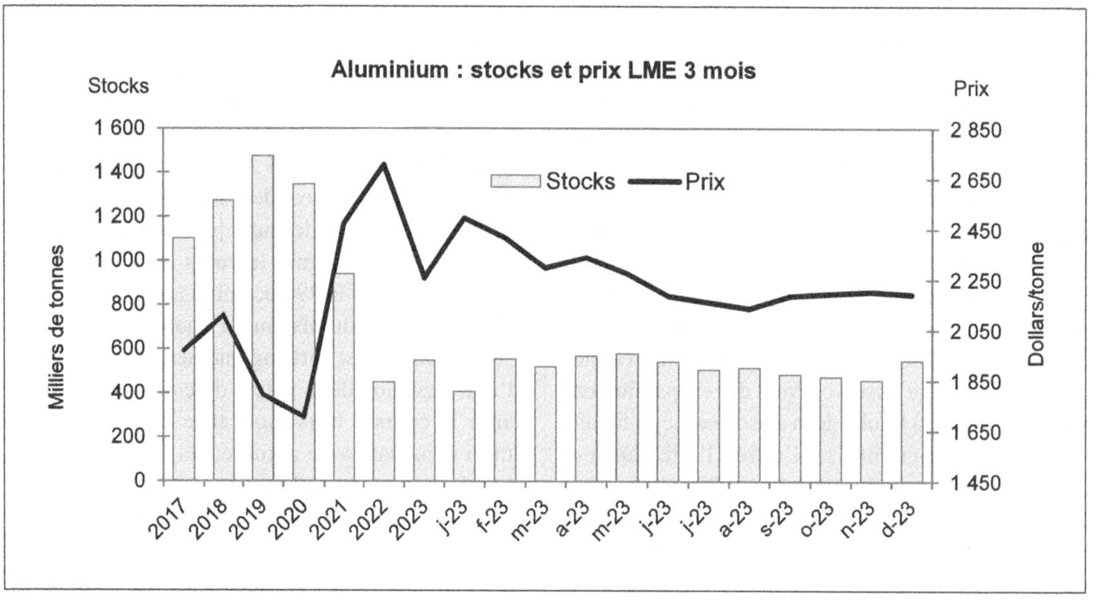

2023, Alcoa décidait également de fermer sa fonderie d'Intalco dans l'État de Washington, en activité depuis 55 ans, mais déjà à l'arrêt depuis le troisième trimestre 2020. En raison de l'annonce d'une grève générale en Guinée, cette orientation haussière s'est également observée fin février 2024, la tonne d'alumine se positionnant alors au-dessus du seuil de 3 300 yuans sur le SHFE.

Parce qu'elle est majoritairement échangée au sein de groupes industriels verticalement intégrés et qu'elle ne fait en conséquence pas l'objet de cotation boursière comme l'aluminium et l'alumine dans une moindre mesure, la bauxite ne dispose pas de prix de marché aisément observables. Le groupe norvégien Hydro signalait cependant un prix d'importation en référence « Coût, assurance, fret » (Caf) dans les ports chinois de $ 61/t – en moyenne annuelle – pour 2023, contre $ 58/t l'année précédente. Présents dans la liste des ressources minérales critiques définie tous les trois ans par la Commission européenne (dont la dernière en 2023), la bauxite et l'aluminium font désormais partie de la sous-catégorie des matières premières stratégiques identifiées par Bruxelles, c'est-à-dire incontournables pour la transition environnementale et dont l'approvisionnement doit donc être sécurisé.

Un marché excédentaire

Dans le monde des matières premières comme pour de nombreux marchés, les prix sont bien souvent soumis à la loi de l'offre et de la demande, et le déséquilibre qui en résultait justifiait aisément le repli observé à partir de février. En 2023 et selon les statistiques préliminaires de l'*International Aluminium Institute* (IAI), l'offre mondiale d'aluminium primaire a, pour la première fois, dépassé le seuil de 70 millions de tonnes (Mt), s'établissant à 70,593 Mt, contre 69,038 Mt l'année précédente. Cela représentait une progression de 2,2 %, après celle de près de 3 % enregistrée entre 2021 et 2022. Jamais le monde n'avait produit autant d'aluminium ! Il fallait, sans surprise, se tourner du côté de la Chine pour comprendre cette progression. Premier producteur, son offre a en effet crû de 3 %, passant de 40,43 Mt en 2022 à 41,666 Mt en 2023. Elle est portée par des groupes industriels de très grande envergure, au premier rang desquels Chalco – ou Chinalco –, en tête du classement (en y incluant l'offre de Yunnan Aluminium), et son dauphin China Hongqiao. Depuis plusieurs années, la croissance des tonnages chinois s'est conjuguée avec une réorganisation des zones de production, positionnant la province du Yunnan en pointe de la stratégie de décarbonation engagée par Pékin. Malgré les épisodes récurrents de faiblesse de l'hydroélectricité évoqués précédemment, cette région concentre en effet depuis plusieurs années une part importante des projets de développement et représente désormais plus de 10 % des capacités de production d'aluminium primaire du pays. Pour mémoire, Hongqiao

MINERAIS ET MÉTAUX

Aluminium
(en milliers de tonnes)

	2018	2019	2020	2021	2022	2023 (e)
Production mondiale	**63 600**	**63 200**	**65 100**	**67 500**	**68 400**	**70 000**
Chine	35 800	35 000	37 100	38 900	40 200	41 000
Inde	3 680	3 640	3 560	3 970	4 100	4 100
Russie	3 630	3 640	3 640	3 640	3 720	3 800
Canada	2 920	2 850	3 120	3 140	2 770	3 000
Australie	1 580	1 570	1 580	1 570	1 510	1 500
Norvège	1 300	1 400	1 330	1 400	1 400	1 300
États-Unis	891	1 093	1 012	889	861	750
Stocks LME fin d'année	**1 273**	**1 475**	**1 346**	**939**	**450**	**549**

(Source : WBMS)

Production d'aluminium primaire
(en milliers de tonnes)

	2019	2020	2021	2022	2023
Afrique	1 643	1 605	1 590	1 622	1 596*
Asie (hors Chine)	4 395	4 140	4 499	4 591	4 686*
GCC	5 654	5 833	5 889	6 072	6 216*
Chine (estimé)	35 795	37 337	38 837	40 387	41 666*
Amérique du Nord	3 809	3 976	3 880	3 743	3 896*
Amérique du Sud	1 079	1 006	1 163	1 287	1 466*
Russie et Europe de l'Est	3 449	3 334	3 329	2 913	4 015*
ECO	4 157	4 153	4 139	4 081	2 713
Océanie	1 916	1 912	1 888	1 843	1884*
Autres		2 029	2 029	2 455	2 455*
TOTAL	**63 657**	**65 325**	**67 092**	**69 038**	**70 593***

* estimations sujettes à révision

(Source : IAI)

s'est engagé à transférer une part significative de ses fonderies dans cette province à l'horizon 2025, soit l'équivalent de 4 Mt, avec 1,5 Mt d'ores et déjà réalisées.

Cette position dominante de la Chine ne s'est pas toujours traduite par un solde commercial excédentaire. Pour l'aluminium primaire (HS Code : 7601), le premier producteur mondial est en effet importateur net depuis 2020, à hauteur de 2,28 Mt en 2023 – selon les statistiques douanières nationales –, contre 1,53 Mt en 2022. Il avait la Russie pour premier partenaire commercial. En 2023, les volumes importés en provenance de ce pays se sont en effet portés à un niveau record de 1,24 Mt, contre 520 000 tonnes l'année précédente. Il fallait y voir là une des conséquences des sanctions envers Moscou et de la reconfiguration géopolitique mondiale avec, à la clé, une profonde modification des flux d'exportation de la Russie. La Chine est également importatrice nette de *scraps*, mais très fortement exportatrice de tôles, de bandes, de panneaux (HS Code : 7606), de feuilles (HS Code : 7607) et de structures (HS Code : 7610) en aluminium. Quant aux États-Unis et au Japon, respectivement premier et troisième importateurs nets d'aluminium primaire, leurs achats à l'international se sont singulièrement repliés en 2023, signe de la morosité du marché. Entre 2022 et 2023, les soldes de leurs balances commerciales sur ce métal passaient ainsi

Alumine
(en milliers de tonnes)

	2018	2019	2020	2021	2022	2023 (e)
Production mondiale	**131 000**	**131 000**	**133 000**	**139 000**	**140 000**	**140 000**
Chine	72 500	73 000	72 500	75 200	81 900	82 000
Australie	20 400	20 000	20 200	20 400	19 500	19 000
Brésil	8 100	8 900	8 700	12 000	10 000	10 000
Inde	6 430	6 700	6 690	7 000	7 500	7 300
Jamaïque	2 480	2 100	2 170	1 160	634	1 500
Indonésie	1 000	1 000	1 000	1 000	1 200	1 200

(Source : WBMS)

de – 3,85 Mt à – 3,51 Mt pour le premier, et de – 2,43 Mt à – 2,1 Mt pour le second.

Bien que très nettement inférieure à celle de la Chine, la production des pays du Golfe (Arabie saoudite, Bahreïn, Émirats arabes unis, Koweït, Qatar et Oman) a, elle aussi, de nouveau fait preuve d'un grand dynamisme, à quelque 6,22 Mt en 2023, contre 6,07 Mt en 2022. En Europe, Aluminium Dunkerque – plus grande fonderie européenne – a vu ses activités reprendre en janvier 2023, après les coupes de production décidées en 2022, à la faveur d'un reflux des prix de l'électricité. Alcoa annonçait également en février le redémarrage du site de San Ciprián (regroupant une fonderie et une raffinerie) en janvier 2024, après une diminution de 50 % de ses activités depuis le troisième trimestre 2022. Pourtant, en fin d'année 2023, le groupe américain reconsidérait sa position et évoquait une possible fermeture en raison d'un contexte économique particulièrement difficile. Effet conjoncturel ou dynamique structurelle l'Europe centrale de l'Ouest a, en définitive, accusé une nouvelle baisse de ses volumes. Elle s'est en effet repliée de près de 7 % entre 2022 et 2023, à 2,71 Mt. Elle était, pour mémoire, d'environ 3,7 Mt dix années auparavant.

Avec des volumes proches de 4 Mt, la Russie et l'Europe de l'Est ont également vu leur production se réduire. Elle baissait ainsi de 1,6 % entre 2022 et 2023, après la contraction de 1,4 % enregistrée entre 2021 et 2022. Cet agrégat géographique ne dévoilait toutefois qu'une vision très imparfaite de la dynamique de l'offre. Désormais objet des sanctions occidentales, Rusal a fait d'une montée en gamme l'un de ses objectifs stratégiques. Le groupe russe a ainsi investi 9 milliards de roubles afin d'accroître ses capacités de production de bandes laminées et 7 milliards de roubles pour le développement d'une usine de fabrication de profilés larges et de roues. Le redémarrage, après dix années d'inactivité, d'une fonderie que Rusal détient au Nigeria était également envisagé. Rusal n'en subissait pas moins, directement et indirectement, les effets de certaines sanctions internationales, des droits de douane et de la désaffection des acheteurs internationaux avec, pour conséquence, un bénéfice net en baisse de 44 % en 2022, soit $ 1,79 milliard contre 3,23 milliards en 2021.

Il y avait deux raisons principales à cela. Beaucoup d'acheteurs internationaux se sont, en premier lieu, progressivement détournés de l'aluminium russe, à l'instar de l'américain Novelis, plus grand producteur mondial de produits laminés en aluminium qui précisait, en septembre 2023, l'avoir exclu de son appel d'offres pour 2024. Avec la fermeture puis la nationalisation de la raffinerie que le groupe opérait dans la région ukrainienne de Mykolaïv et l'embargo australien sur les exportations d'alumine vers la Russie, Rusal a, en second lieu, subi une hausse significative de ses coûts de production, expliquant ainsi l'important recul de ses profits. Afin de pallier cette situation, le groupe russe devrait construire dans la région de Leningrad une raffinerie d'une capacité de 4,8 Mt, ainsi qu'un port en eaux profondes qui lui permettrait de s'approvisionner en bauxite. Il annonçait également une prise de participation de 30 % dans le capital de Hebei Wenfeng New Materials (HWNM), un producteur chinois d'alumine. Le pays engageait également un effort de diversification de ses approvisionnements, à la faveur de l'Inde. Nulles avant 2021, les exportations indiennes de ce produit intermédiaire vers la Russie ont débuté en 2022 et ont fortement crû depuis. Elles atteignaient ainsi quelque 427 000 tonnes sur les onze premiers mois de 2023, contre 130 000 tonnes sur la même période de 2022.

Une offre de bauxite inchangée à l'échelle mondiale

D'après les données préliminaires de l'*United States Geological Survey* (USGS) – le service géologique américain –, l'offre mondiale de bauxite est restée constante entre 2022 et 2023, à 400 Mt, tout en refluant légèrement chez les deux plus grands producteurs que sont l'Australie et la Guinée (Conakry). Sans surprise, la Chine a importé une vaste part de cette ressource minérale, avec des volumes en hausse. Ceux-ci sont en effet passés de 125,27 Mt en 2022 à 141,16 Mt en 2023, soit un essor de 13 %. C'est la Guinée qui a largement profité de cet appétit, les importations chinoises en provenance de ce pays s'établissant à quelque 99 Mt en 2023, contre 70 Mt en 2022, en croissance de plus de 40 % sur cette période. Celles d'Indonésie se sont pour leur part effondrées, mais il y avait une raison évidente à cela :

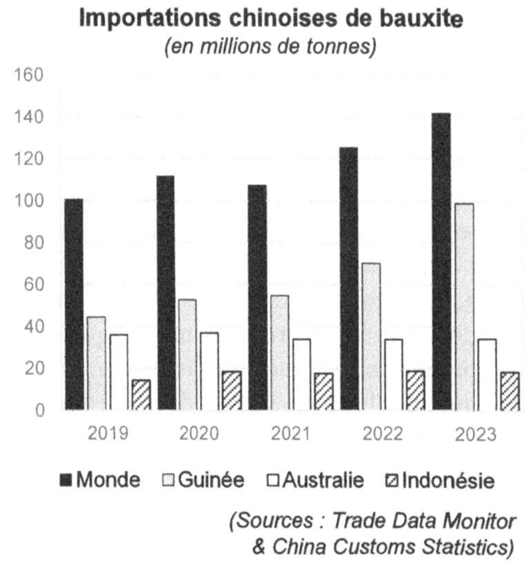

l'interdiction d'exportation décrétée par Djakarta et entrée en vigueur en juin 2023, dans le sillage de celles imposées sur d'autres métaux les années précédentes dans le but de favoriser la transformation locale des ressources extractives et l'industrialisation du pays. À l'instar de la politique industrielle qu'elle conduit sur le nickel, la Chine s'est toutefois adaptée à cette nouvelle donne. Disposant d'une capacité de production estimée à 1,4 Mt, le groupe Tianshan Aluminium a ainsi pris le contrôle de PT Inti Tambang Makmur – sa première acquisition à l'international –, lui permettant d'accéder aux trois mines de bauxite détenues par l'entreprise indonésienne. Il annonçait également la construction d'une usine de production d'alumine d'une capacité annuelle de 2 Mt pour un montant de $ 1,56 milliard. Preuve de l'importance de l'Indonésie dans la stratégie des producteurs chinois, le groupe Nanshan pourrait également agrandir son usine d'alumine située dans la zone économique spéciale de Galang Batang pour en faire un complexe de fusion d'aluminium d'ici à 2028.

En Guinée, les exportations d'alumine n'ont en revanche pas progressé, alors qu'il s'agissait d'une des ambitions de longue date du pays. À la différence de la bauxite, l'Australie reste en effet le premier partenaire commercial de la Chine sur ce segment. Avec 15,87 Mt exportées en 2023 contre 7,75 Mt pour le Brésil et 2,15 Mt pour l'Indonésie, l'Australie a, en effet, maintenu sa domination sur le marché international. Sa position concurrentielle s'érode néanmoins face à l'affirmation de l'Indonésie. Les importations chinoises d'alumine indonésienne se sont ainsi établies à plus de 600 000 tonnes, alors qu'elles s'affichaient à moins de 200 000 tonnes avant 2021. Cela s'expliquait par la volonté de Pékin de diversifier ses approvisionnements. Bien que présentant une amélioration de son solde, la balance commerciale chinoise sur l'alumine est restée déficitaire en 2023 (à quelque – 575 000 tonnes, contre – 983 000 tonnes l'année précédente), mais

Bauxite
(en milliers de tonnes)

	2018	2019	2020	2021	2022	2023 (e)
Production mondiale	**309 000**	**327 000**	**358 000**	**384 000**	**400 000**	**400 000**
Australie	87 900	86 400	105 000	103 000	102 000	98 000
Indonésie	2 900	11 000	17 000	21 000	21 000	20 000
Chine	70 000	79 000	67 000	90 000	90 000	93 000
Brésil	38 500	29 000	34 000	33 000	30 000	31 000
Guinée	46 200	57 000	67 000	86 000	100 000	97 000
Inde	22 900	23 000	23 000	17 400	24 000	23 000
Jamaïque	8 250	10 100	9 020	5 950	4 370	6 000
Russie	5 520	5 650	5 570	5 680	5 780	5 800

(Source : WBMS)

ceci était principalement dû aux importants flux d'exportation vers la Russie, signe d'une forme de partenariat « alumine contre aluminium primaire » entre ces deux pays. L'écrasante majorité des volumes chinois d'alumine se dirige en effet vers son voisin, soit 1,1 Mt en 2023 (en progression de plus de 30 % par rapport à 2022, alors qu'elles étaient particulièrement faibles les années passées), sur un total de 1,25 Mt.

Les stocks du LME et l'afflux d'aluminium russe

Une des grandes questions qui a animé le marché fut, comme en 2022, l'ampleur des stocks d'aluminium russe présents dans les entrepôts du LME avec, pour corollaire, des interrogations croissantes sur la capacité du LME à maintenir le rôle séculaire des cours londoniens comme référence mondiale pour ce marché. Assujetti à un accord de long terme avec Rusal pour un montant de 6,9 Mt d'aluminium, Glencore aurait ainsi livré à plusieurs reprises l'entrepôt sud-coréen de Gwangyang au cours du premier semestre 2023. Sur cette période, les stocks officiels du LME ont bondi, passant d'environ 376 000 tonnes le 23 janvier – un niveau historiquement très bas – à plus de 602 000 tonnes le 15 février et l'on estimait qu'une part importante était d'origine russe : 53 % en mars puis 80 % durant l'été et 90 % en décembre. Cette situation poussait Alcoa à réclamer le *delisting* de l'aluminium russe, en lien avec la décision de l'administration américaine de lourdement taxer les importations nationales de métal. Le groupe américain était notamment accompagné dans cette réclamation par le Norsk Hydro.

Déjà contesté sur le segment du nickel après le *short squeeze* de mars 2022, le LME pourrait, selon ces producteurs, voir ses cotations quelque peu perdre de leur statut de référence internationale. La crédibilité de la bourse londonienne tient en effet à l'adossement de ses contrats à terme aux stocks physiques de métal présents dans ses entrepôts. Ceux-ci doivent être logiquement en adéquation avec les dynamiques de l'offre et de la demande, ce qui était loin d'être le cas pour un aluminium russe en partie boudé par les acheteurs et les négociants internationaux.

Une persistance des droits de douane et un renforcement des sanctions envers le métal russe

Depuis plusieurs années, le marché de l'aluminium vit au rythme des droits de douane et des autres mesures *antidumping*. 2023 n'a pas fait exception à la règle. Apparues en 2018 après l'imposition de tarifs de 25 % et 10 % par l'administration Donald Trump sur l'acier et l'aluminium chinois, les tensions entre les deux premières économies mondiales ont ainsi perduré. En juin 2023, l'Organisation mondiale du commerce a contesté le bien-fondé des mesures de rétorsion adoptées par la Chine, ce que cette dernière ne manqua pas de remettre en cause, pointant du doigt des erreurs juridiques. Les États-Unis regardaient, quant à eux, avec une acuité accrue l'aluminium, et notamment les pièces automobiles, venues de la province du Xinjiang en raison des allégations de travail forcé. Signé fin 2021 par le président Biden, le *Uyghur Forced Labor Prevention Act* impose en effet un devoir de vigilance aux importateurs américains. Le Brésil a, pour sa part, mis un terme aux exemptions tarifaires dont bénéficiaient depuis près de dix ans ses importations d'aluminium, et ce, en raison du redémarrage de l'usine d'Alumar – codétenue par Alcoa et South32 et en *care and maintenance* depuis 2015 – et de l'accroissement des capacités de Companhia Brasileira de Alumínio. À compter du 31 mars 2023, le géant sud-américain a également imposé des droits de douane *antidumping* sur les tôles d'aluminium en provenance de Chine.

Dans le lot des sanctions envers Moscou, Washington décida d'imposer, dès le 10 mars 2023, un droit de douane de 200 % sur les importations d'aluminium russe, pour des raisons financières évidentes, mais également pour éviter l'afflux d'un métal bon marché de nature à menacer les producteurs nationaux. Cette décision faisait suite à celle de juin 2022 relevant jusqu'à 35 % un certain nombre de droits de douane sur une diversité de produits d'exportation russes, dont l'aluminium, la Russie ne bénéficiant plus de la clause dite de « la nation la plus favorisée » depuis le 9 avril 2022. Entre 2022 et 2023, la valeur des importations d'aluminium russe par les États-Unis est ainsi passée de $ 632,27 millions à seulement $ 43,77 millions. L'ambition demeurait toutefois en partie symbolique, une vaste part des achats américains d'aluminium provenant du Canada et des Émirats arabes unis, dans une moindre mesure. Ce même jour, le Canada annonçait vouloir interdire les importations d'aluminium et d'acier russes. Dans le douzième paquet de sanctions envers la Russie, la Commission européenne débattait, quant à elle, de droits de douane supplémentaires sur les fils, les tubes et les tuyaux en aluminium, ce que l'association représentative *European Aluminium* jugeait, en novembre 2023, largement insuffisant, ces catégories de produits ne représentant qu'une faible fraction des importations européennes de métal russe. En décembre 2023 enfin, et conformément aux engagements pris par le gouvernement en mai, le parlement britannique adoptait, pour sa part, de nouvelles séries de sanctions envers la Russie, dont l'interdiction pour les citoyens et les entreprises du pays de traiter un certain nombre de métaux russes, dont l'aluminium.

Fort heureusement, tout n'a pas concouru à un accroissement des barrières aux échanges en 2023. Le 19 décembre, l'Union européenne et les États-Unis s'accordaient ainsi pour prolonger jusqu'au 31 mars 2025 l'accord négocié en 2021. Pour mémoire, celui-ci exempte le groupe des 27 des surtaxes américaines sur l'acier et l'aluminium héritées de l'ère Trump en contrepartie d'un contingentement. Il exonère en retour les exportateurs américains des droits de douane européens qui avaient alors été adoptés en représailles par Bruxelles.

Des enjeux environnementaux sans cesse réaffirmés

Depuis plusieurs années déjà, le marché de l'aluminium a vu les règles de la concurrence évoluer, faisant des produits bas carbone tant une évidence environnementale qu'un enjeu stratégique de maintien des parts de marché. Pour mémoire, il faut environ quelque 15 000 kilowatts-heures pour produire une tonne d'aluminium primaire. Le recours à une électricité générée par des énergies renouvelables – en remplacement du gaz et du charbon – et le développement massif du recyclage sont donc des éléments déterminants de la décarbonation de ce secteur. Dans le prolongement des années passées, 2023 a ainsi vu pays producteurs et entreprises, tout au long de la chaîne de valeur de l'aluminium, multiplier les initiatives pour verdir leur offre et s'inscrire ainsi dans le cadre de cette impérative transition environnementale. Parmi celles-ci, Rio Tinto annonçait, par la voix de son directeur général, vouloir décarboner ses actifs australiens d'ici à 2030 – notamment les fonderies situées en Nouvelle-Galles du Sud et dans le Queensland – et signait, en février 2023, un protocole d'accord visant à alimenter l'usine américaine BMW de Spartanburg par de l'aluminium canadien issu de l'hydroélectricité. Norsk Hydro en faisait de même avec Porsche et considérait la possibilité de recourir à l'énergie solaire, en remplacement du gaz, dans son usine qatarie Qatalum. En juin, le producteur norvégien révélait en outre, en première mondiale, avoir fabriqué les premiers produits en aluminium utilisant de l'hydrogène vert lors d'essais menés dans son usine d'extrusion de Navarre. Toujours en Espagne, il prévoyait d'investir € 180 millions dans une usine de recyclage d'une capacité annuelle de 120 000 tonnes pour une première production attendue en 2026. Elle fera suite à celle ouverte en novembre 2023, au Michigan. L'allemand Speira portait, quant à lui, sa capacité de recyclage à 650 000 tonnes grâce à l'acquisition de Real Alloy Europe, ce qui lui permettra d'accroître son offre de produits laminés bas carbone. En février 2024 et de manière non exhaustive, Novelis déclarait avoir signé un *purchasing power agreement* (PPA) avec Statkraft, ce qui lui permet désormais d'accroître sensiblement la fraction de ses unités de production allemande alimentée par de l'énergie renouvelable. Ce même mois, le producteur d'électricité verte norvégien Scatec ASA signait un accord pour le déploiement d'un projet solaire d'une capacité d'un gigawatt (GW) au profit d'Egypt Aluminum Company permettant d'alimenter son usine située dans la ville de Nagaa Hammadi.

Tous les projets de décarbonation ne concernaient pas uniquement l'aluminium. EGA et Alcoa ont signé en mai 2023 un accord sur huit années pour la fourniture d'alumine bas carbone, à 0,6 tonne d'équivalent CO_2 par tonne d'alumine, pour un volume total de 15,6 Mt. Le groupe américain vendra par ailleurs au fabricant de câbles Nexans de l'aluminium décarboné, issu de la technologie Elysis. Signe de cette mutation profonde, globale et assurément irréversible du marché, ces dynamiques individuelles se sont, pour beaucoup, structurées autour de la *First Movers Coalition*, une coalition regroupant de nombreuses sociétés appartenant à des secteurs industriels variés (aluminium, ciment, aviation, transport, etc.) et visant à fournir l'offre et la demande de solutions bas carbone.

Fort logiquement, les bourses se sont fait l'écho de cette évolution structurelle du marché. Dès 2020, le LME s'était ainsi interrogé sur l'opportunité de proposer un contrat *future* pour l'aluminium bas carbone et avait lancé en 2021 un registre stockant numériquement des certificats de « durabilité » pour les métaux cotés, permettant notamment de connaître leur empreinte carbone. Appartenant au groupe *Hong Kong Exchanges and Clearing Limited* (HKEX), le *Qianhai Mercantile Exchange* envisageait ainsi une cotation pour l'aluminium bas carbone, en parallèle à d'autres ressources minérales de la transition énergétique, telles que le sulfate de nickel ou le carbonate de lithium. Dans une dynamique proche, une agence de certification de l'aluminium « vert » était lancée sous l'égide de la *China Non Ferrous Metal Industry Association.*

Pas de rebond à court terme

Entre le reflux des cours, les enjeux géopolitiques et l'impératif de décarbonation, le marché de l'aluminium a connu une année 2023 difficile et peu d'éléments laissent à penser qu'une inflexion majeure se produira en 2024. D'un point de vue environnemental, la poursuite des efforts de réduction des émissions de CO_2 restera une évidence, tandis que les fondamentaux du marché ne plaident guère en faveur d'un important rebond des cours sur cette période, la réalité de la consommation chinoise et les prix de l'électricité demeurant des facteurs clés. À plus long terme, la demande d'aluminium ne pourra que se raffermir sous l'effet de la transition environnementale, mais également du nouvel appétit de l'Inde dont la consommation pourrait doubler d'ici dix ans, selon le groupe métallurgiste indien Hindalco.

Société de négoce de minerais
et métaux non-ferreux investie
dans la transition énergétique

Cuivre : *Dr Copper est de retour !*

Une année de reprise de souffle pour le marché du cuivre en 2023 : après un exercice 2022 exceptionnel, consécutif à un « accident pandémique » qui l'était tout autant, le métal incontournable de la transition énergétique a marqué une pause dans sa course en avant. Un prix moyen qui est resté stable et élevé par rapport au coût de production de l'industrie, une offre minière qui a poursuivi son rythme de progression malgré un léger essoufflement du Chili – premier pays producteur – et une croissance mondiale bousculée par le maintien de taux directeurs élevés : autant de déterminants synthétisant la réalité du monde cuprifère en 2023.

Quel que soit le continent considéré ou le positionnement au sein de la chaîne de valeur, la politique fut au cœur de toutes les attentions. Les stimulus chinois et les soutiens à l'univers immobilier local, portant le premier segment de la demande, ou l'arrêt d'une mine au Panama pour raisons environnementales – effaçant potentiellement 1,5 % de la production mondiale – sont autant de signaux non exhaustifs qui ont affecté la vie du cuivre en 2023. Il fallait ajouter à cela l'aboutissement probable des négociations fiscales chiliennes, les possibles levées de restrictions environnementales aux États-Unis ou la volonté affichée par la nouvelle administration Milei de promouvoir l'activité extractive en Argentine, avec un potentiel d'offre minière de cuivre – de l'ordre de 4 % du volume mondial – qui pourrait entrer sur le marché d'ici à la fin de la décennie.

Les perturbations conjoncturelles survenues en 2023 et la tendance structurelle à moyen terme ont, par ailleurs, eu d'importantes répercussions pour les acteurs privés : Freeport-McMoRan détient désormais moins de 50 % d'intérêts dans la seconde mine mondiale de Grasberg, en Indonésie, BHP et Rio Tinto investissent dans l'exploration après des résultats encourageants, alors que le canadien First Quantum Minerals a connu un nouveau drame au Panama le privant de près de 50 % de sa production. Les premières semaines de 2024 leur ont néanmoins offert des lueurs d'optimisme avec une croissance de la demande de cuivre à moyen terme qui pourrait être supérieure à celle de sa production.

Cuivre raffiné

(en milliers de tonnes)

	2018	2019	2020	2021	2022	2023
Production mondiale	**24 105**	**24 159**	**24 672**	**24 964**	**25 402**	**26 927**
Chine	9 291	9 783	10 031	10 466	10 760	12 314
Chili	2 461	2 269	2 329	2 274	2 149	2 132
Japon	1 595	1 495	1 583	1 510	1 551	1 494
Rép. démocratique du Congo	933	1 195	1 352	1 492	1 810	1 880
États-Unis	1 111	1 029	917	971	970	894
Russie	1 020	1 028	1 042	981	975	1 019
Zambie	458	262	378	354	349	383
Inde	551	418	334	490	542	509
Allemagne	672	602	643	615	609	596
Consommation mondiale	**24 466**	**24 322**	**24 953**	**25 216**	**25 835**	**27 013**
Chine	12 543	12 750	14 428	13 864	14 382	15 812
États-Unis	1 820	1 810	1 680	1 750	1 720	1 611
Allemagne	1 209	1 033	1 046	1 009	1 005	942
Japon	1 010	971	838	929	905	817
Corée du Sud	700	647	640	645	687	660
Russie	347	355	305	390	310	309
Italie	545	525	440	498	508	500
Taïwan	382	371	379	411	372	345
Inde	497	529	425	460	550	582
France	190	180	155	170	170	175
Principaux exportateurs						
(janvier à novembre pour 2023)	**9 603**	**9 564**	**10 258**	**9 670**	**9 768**	**8 327**
Chili	2 346	2 380	2 193	2 166	1 933	1 896
Zambie	373	318	233	205	192	116
Japon	518	605	757	606	652	657
Inde	395	127	60	128	36	26
Australie	355	357	396	371	383	369
Pérou	290	292	291	253	310	301
Pologne	252	210	292	293	285	281
Kazakhstan	403	387	479	381	438	359
Russie	568	674	743	437	876	620
Canada	217	176	160	144	123	126
Principaux importateurs						
(janvier à novembre pour 2023)	**9 788**	**10 067**	**10 258**	**9 885**	**9 904**	**8 667**
Chine	3 236	3 753	4 670	3 627	3 885	3 400
Allemagne	641	671	607	545	611	473
États-Unis	813	778	676	919	732	744
Italie	634	554	449	595	624	545
Taïwan	584	487	446	435	429	366
Corée du Sud	326	281	234	325	337	241
France	226	218	187	188	183	187
Stock LME fin d'année	**132**	**146**	**108**	**89**	**89**	**167**

(Source : ICSG)

Une stabilité quasi parfaite du cuivre en 2023…

Le cours du cuivre a connu un certain nombre de turbulences durant l'année 2023. Avec une prolongation des hausses des taux d'intérêt directeurs de part et d'autre de l'Atlantique, le ralentissement de la croissance chinoise et des diminutions de production dans certaines zones géographiques de premier plan, le prix du métal avait beaucoup d'arguments pour justifier une volatilité élevée. Et pourtant… Dans un contexte de dollar constant (l'indice dollar – USDX – ayant perdu 1,4 % sur l'année), le cours du cuivre a augmenté, sur le *London Metal Exchange* (LME), de 1,06 % en 2023 pour s'afficher le 29 décembre à $ 8476/t – selon la référence *cash* de la bourse londonienne – avec un sommet de $ 9436/t atteint le 18 janvier et un plancher à $ 7812/t le 5 octobre. En moyenne annuelle, le cuivre a toutefois enregistré un léger recul de 3,6 % par rapport à 2022, avec une tonne à $ 8478/t, selon l'*International Copper Study Group* (ICSG). Ce cours demeurait cependant élevé, avec un repli de 9 % par rapport au record moyen de 2021 (face à un dollar s'étant apprécié de 14 % sur la période) et une augmentation de 41 % au regard de 2019, avant la pandémie. Les premiers mois de 2024 se sont inscrits dans la même tendance avec une baisse presque anecdotique des cours de 1,4 % (à la fin février) et un dollar stable.

Une production mondiale en rythme de croissance presque constant et des stocks en hausse

Après 2021 et 2022, 2023 a vu une nouvelle augmentation de la production mondiale de cuivre, avec 22 millions de tonnes (Mt) – en progression de 0,5 % par rapport à 2022 – sortant des mines et 22,6 Mt (+ 7,1 %) pour le cuivre raffiné, selon l'ICSG. La production du métal rouge n'a cessé de croître sur les quatre dernières années (+ 11,5 % et + 6,7 % pour les cuivres minier et raffiné, respectivement, depuis 2019), même en 2020. Le classement des cinq plus grands pays

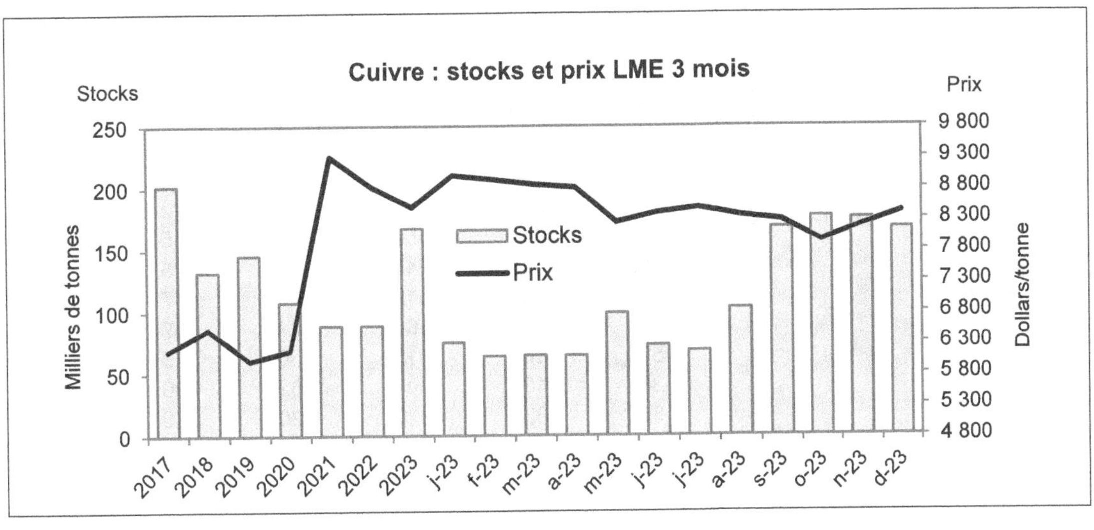

producteurs n'a, lui, pas évolué par rapport à 2022. Le Chili demeure incontournable, avec près de 24 % de l'offre globale, suivi du Pérou, de la République démocratique du Congo (RDC), de la Chine et des États-Unis. 60 % de l'extraction du cuivre mondial provient ainsi de ces nations. Plus largement, la production mondiale se concentre à plus de 82 % sur onze pays (le Mexique, qui ne figure pas dans le top 10, a un niveau de production du même ordre que la Zambie ou le Kazakhstan), ce qui certes démontre une certaine diversification de l'offre, mais met également en lumière le poids déterminant de l'Amérique du Sud sur les équilibres du marché cuprifère.

En 2023, le Chili a maintenu sa position en tant que premier exportateur mondial de concentrés, avec 11,8 Mt (+ 14 %), tandis que la RDC est restée en tête du classement pour les exportations de cathodes, à 1,8 Mt (+ 4 %). Pesant 54,4 % de l'offre mondiale, la Chine s'affirmait, quant à elle, à nouveau comme le principal raffineur primaire et secondaire de cuivre (représentant des tonnages de 12,3 Mt, en progression de 14 % par rapport à 2022), en augmentant même sa domination sur cette industrie (+ 6,6 %). Qu'ils soient au LME ou non, les stocks mondiaux ont, eux, crû de 11,8 %, entre 2022 et 2023, pour s'établir à 1,5 Mt, avec une part de 11 % pour ceux de la bourse londonienne.

En 2023, le Chili, premier acteur étatique minier du cuivre, a vu sa production baisser de 1,37 % par rapport à 2022, toujours d'après l'ICSG. Estimée à 5,25 Mt, elle a atteint un plancher sur les

Cuivre
(en milliers de tonnes)

	2018	2019	2020	2021	2022	2023
Minerai *(en métal contenu)*						
Production mondiale	**20 598**	**20 670**	**20 768**	**21 301**	**21 950**	**22 063**
Chili	5 832	5 787	5 733	5 625	5 324	5 251
Pérou	2 417	2 438	2 154	2 330	2 445	2 755
Rép. démocratique du Congo	1 242	1 440	1 595	1 866	2 295	2 408
Chine	1 625	1 684	1 723	1 818	1 899	1 687
États-Unis	1 248	1 285	1 228	1 258	1 259	1 152
Russie	773	792	881	897	894	886
Indonésie	651	361	505	752	966	914
Australie	911	925	868	801	826	797
Zambie	854	797	853	842	797	788
Kazakhstan	695	701	702	637	758	790
Cuivre blister						
Production mondiale	**20 154**	**19 954**	**20 983**	**21 365**	**21 550**	**23 203**
Chine	8 597	9 088	9 657	10 050	10 390	11 833
Japon	1 591	1 507	1 592	1 555	1 586	1 569
Chili	1 246	1 011	1 206	1 207	1 112	1 074
Russie	1 019	1 041	1 050	991	985	1 035
Inde	492	344	243	363	395	364
Allemagne	467	457	515	524	477	515
Pologne	511	566	562	574	587	607
États-Unis	536	464	315	360	375	378
Australie	361	401	399	382	390	414
Canada	320	320	320	320	289	315

(Source : ICSG)

quinze dernières années, avec des tonnages en repli de 10 % par rapport à 2018. Le ciel minier chilien était ainsi relativement sombre fin 2022, avec des contraintes géologiques liées au vieillissement des mines comme au cadre fiscal que la présidence Boric s'est engagée à réformer. Néanmoins, une sorte de consensus est apparu en mai 2023 autour d'un niveau de taxes maximum de près de 47 % pour les miniers produisant plus de 80 000 tonnes, ce qui restait toutefois relativement élevé. Cette modification comprenait notamment une taxe *ad valorem* de 1 % sur les ventes pour les miniers produisant plus de 50 000 tonnes, et un impôt additionnel de 8 % à 26 % selon le niveau de marge opérationnelle réalisée. Le niveau d'imposition global moyen en vigueur jusqu'alors était de l'ordre de 37 % et la première mouture du projet portée par le gouvernement portait sur 50 % de taxation maximale. L'investissement dans le pays reste la clé pour le maintien, voire la reprise, de sa croissance minière. Si certains miniers privés présents dans le pays se laissent le temps de la réflexion, d'autres, et non des moindres, ont annoncé leur intention de poursuivre leurs investissements dans le pays, à l'image de BHP qui opère Escondida, la première mine chilienne et mondiale. L'industrie demeurait cependant perplexe quant à la volonté générale d'injecter les $ 70 milliards nécessaires, en l'absence d'incitations gouvernementales. La *Chilean Copper Commission* (Cochilco) prévoyait néanmoins une inversion de la courbe de production dès 2024, avec un objectif de 5,6 Mt (+ 5,7 %).

En 2023, le Pérou a conservé sa deuxième place sur le podium du cuivre mondial. Avec 2,76 Mt extraites de son sous-sol, selon l'ICSG, le pays a atteint un nouveau record qui dépassait les volumes de 2022 de 12,7 %. Sur fond de turbulences politiques et de protestations des populations locales, allant même jusqu'au blocage de mines, l'année 2023 avait pourtant bien mal commencé. Deux des cinq mines les plus importantes du pays étaient en effet bloquées : Las Bambas, opérée par le chinois China Minmetals, et Antapaccay, dans le portefeuille de Glencore. Le conflit, largement embrasé par l'arrestation de l'ancien président Pedro Castillo et la contestation de la présidente actuelle, Dina Boluarte, s'est momentanément calmé à la suite d'interventions policières, permettant une reprise des opérations. L'instabilité ne semblait pas pour autant maîtrisée à long terme. Les perspectives pour 2024 sont cependant attendues sans nouveaux mouvements sociaux, avec une production visée entre 2,7 Mt et 2,8 Mt. D'après le rapport d'EY sur les mines et métaux, le pays détient 12 % des réserves mondiales de cuivre, tandis que le secteur minier représente 8,3 % du produit intérieur brut et 64 % des exportations.

Dans ce classement inchangé des plus grands pays producteurs, la RDC a continué sa montée en puissance avec, en toile de fond, une nouvelle période politique à la suite de la réélection, sans heurts, du président Félix Antoine Tshisekedi, en décembre 2023. La production du pays, estimée par l'ICSG, a ainsi enregistré un nouveau record à 2,4 Mt (+ 4,9 % par rapport à 2022) avec une croissance continue sur les cinq dernières années (en progression de 9,4 % par rapport à 2018). Le litige entre la Générale des Carrières et des Mines (Gécamines), la société

Cuivre raffiné - Bilan mondial

(en milliers de tonnes)

	2018	2019	2020	2021	2022	2023
• Production minière	20 598	20 670	20 768	21 301	21 950	22 063
• Production raffinée primaire	20 054	20 152	20 829	20 815	21 248	22 375
• Production raffinée secondaire	4 035	4 007	3 843	4 149	4 153	4 551
• Production raffinée totale	**24 105**	**24 159**	**24 672**	**24 964**	**25 402**	**26 927**
• Consommation raffinée	**24 466**	**24 322**	**24 953**	**25 216**	**25 835**	**27 013**
• Bilan raffiné	**-361**	**-162**	**-281**	**-252**	**-434**	**-87**

(Source : ICSG)

minière nationale, et le chinois China Molybdenum Company Ltd. (CMOC), opérant deux des mines les plus importantes du pays, au sujet de Tenke Fungurume Mining s'est réglé en avril, libérant ainsi sur le marché un stock de cathodes de cuivre estimé à 120 000 tonnes. $ 7,6 milliards étaient initialement réclamés dans le cadre d'une renégociation des contrats miniers dans le pays. L'accord final s'est, *in fine*, conclu sur $ 2 milliards répartis à 60 %/40 % entre l'État et la Gécamines. CMOC a annoncé une production de 419 539 tonnes pour 2023 (+ 51 % par rapport à 2022) et affiche désormais une ambition de 600 000 tonnes à l'échéance 2026 (avec un apport de 25 % du gisement proche de Kisanfu). Le second pilier de cette croissance congolaise de 2023 fut la poursuite de la montée en cadence de Kamoa-Kakula, menée par le minier canadien Ivanhoe sur le segment des concentrés. 393 551 tonnes de cuivre ont ainsi été extraites du gisement (+ 17,8 % par rapport à 2022), en phase avec l'objectif annoncé en début d'année 2023.

Avec 11,6 % de baisse, la production de cuivre chinoise est revenue à son niveau de 2019, soit 1,69 Mt, toujours d'après les statistiques de l'ICSG. Le pays, qui est un acteur de premier ordre dans l'offre mondiale de cuivre raffiné, exploite également une large partie de son sous-sol. 127 mines, sur les 696 dans le monde, étaient ainsi en opération en 2022 sur le territoire chinois, d'après GlobalData. Si plusieurs acteurs nationaux sont impliqués, Zijin Mining, qui annonçait une production de cuivre de 1,01 Mt pour 2023, réalise près de 60 % des volumes miniers domestiques. Du côté du raffinage, le pays a connu une situation moins confortable en termes d'approvisionnement et de coûts. Celui des concentrés propres, notamment depuis le dernier trimestre 2023, a renforcé la concurrence sur le marché des *smelters* (fondeurs) chinois et cette situation pourrait se tendre en 2024. L'indice Fastmarkets du prix de traitement à la tonne de concentré a plongé de 34 % en 2023, passant de $ 80 en janvier à $ 53 en décembre, après un pic à près de $ 88 atteint début octobre. Le produit associé au traitement des concentrés de cuivre sulfurés est l'acide récupéré. Ce dernier est ensuite réexporté vers certaines mines pour être utilisé dans le processus de lixiviation du cuivre oxydé avant production des cathodes. La récupération de l'acide sulfurique permet au *smelter* de dégager une marge additionnelle importante. Sur les onze premiers mois de 2023, les exportations chinoises d'acide sulfurique étaient ainsi de 2,24 Mt (– 35 % par rapport à la même période en 2022), au prix moyen de $ 21,06 (– 81 %), selon Fastmarkets.

Complétant le groupe des producteurs de cuivre de plus d'un million de tonnes, les États-Unis ont, pour leur part, connu une année 2023 bien modeste. Avec 1,15 Mt offerte, c'est une baisse de 8,5 % par rapport à 2022 qui a été enregistrée avec, à la clé, un plancher de production sur la décennie atteint. Selon l'*United States Geological Survey* (USGS) – le service géologique américain –, la production de cuivre raffiné s'est, elle, établie à quelque un million de tonnes (dont 15 % issu du recyclage), un niveau stable par rapport à 2022. Parmi les sept États américains producteurs et les dix-sept mines en activité, l'Arizona demeure la zone principale de l'activité cuprifère du pays, avec environ 70 % de la production nationale. Plus de la moitié de l'offre américaine de cuivre est par ailleurs assurée par Freeport-McMoRan qui annonçait 612 522 tonnes pour 2023 sur le territoire (– 8 % par rapport à 2022) dans ses sept mines réparties entre l'Arizona et le Nouveau-Mexique essentiellement. Un certain nombre de projets miniers sont toutefois en phase de développement dans le pays en raison non seulement des besoins croissants en cuivre qu'impose la transition énergétique, mais également de l'impératif de sécurisation des approvisionnements qui en découle pour nombre de pays occidentaux. Resolution, dans l'Arizona, détenu en *joint-venture* par Rio Tinto et BHP avec une production estimée à 18 Mt en quarante ans, est ainsi en attente d'un accord final de l'*United States Forest Services* (USFS) et d'une « douzaine » d'autorisations supplémentaires pour avancer vers sa phase d'aménagement.

Une année 2023 contrastée pour les groupes miniers étatiques…

La *Corporacíon Nacional del Cobre* (Codelco) a connu une année 2023 en repli, avec une production de 1,33 Mt de cuivre (– 14,7 % et – 23 % par rapport à 2022 et 2021, respectivement), selon les informations de Reuters. Connaissant une baisse historique sur les vingt-cinq dernières années, le groupe minier étatique chilien n'en demeure pas moins le premier producteur mondial, compte tenu du changement de périmètre de Freeport-McMoRan et des participations associées sur des projets de BHP. Cette baisse des volumes trouvait ses principales origines dans les difficultés opérationnelles temporaires survenues durant le premier semestre 2023, ainsi que dans un incident sismique sur son site de El Teniente, au sud du pays, en juillet. En parallèle, les retards enregistrés sur certains projets en 2022 n'ont pas été rattrapés en 2023. La minière étatique exploite sept mines et détient un portefeuille d'exploration sur trente-quatre prospects, dont huit sont en campagne de forages. La direction du groupe a indiqué que 2024 devrait néanmoins marquer l'inversion de cette tendance, avec un objectif de production annoncé à 1,35 Mt. Au 30 septembre 2023, Codelco a réalisé un chiffre d'affaires de $ 12,2 milliards (+ 3 % par rapport à l'année précédente) pour une perte de $ 75,5 millions (contre un profit de $ 1,7 milliard en 2022), en raison principalement d'une hausse des coûts financiers de 34 %, à $ 570 millions.

De l'autre côté du Pacifique, Zijin Mining a poursuivi son essor, en 2023, avec une production enregistrée à 1,01 Mt, soit une solide progression de 17,6 % par rapport à 2022. La minière chinoise a presque multiplié par dix sa production depuis 2013 (120 000 tonnes de cuivre alors) appuyée notamment par une forte croissance externe en RDC, au Tibet ou en Serbie. Le groupe aurait, d'après les premiers chiffres publiés, dégagé un chiffre d'affaires similaire à celui de 2022, à $ 40,31 milliards, pour un résultat net de $ 2,97 milliards, également proche de celui de l'année antérieure. Opérant six mines en Chine pour 40 % de sa production – ainsi que six en dehors du pays –, le groupe faisait état de ressources prouvées de 5,95 Mt de cuivre dans son portefeuille, avec les projets clés de Bor en Serbie et de Kamoa-Kakula en RDC.

… comme pour les acteurs privés avec une forte secousse venue du Panama

Freeport-McMoRan a conservé le sommet du podium des producteurs privés de métal rouge en 2023 avec des tonnages similaires à ceux de 2022, soit 1,91 Mt, pour l'ensemble de ses sites de production. Cependant, l'offre intégrée dans le « périmètre de consolidation » du groupe minier a diminué de 33,5 %, à 1,27 Mt, en raison notamment de la réduction imposée de sa participation dans sa principale mine de Grasberg, en Indonésie. Celle-ci est en effet passée de 81 % à 48,8 %. Sur l'année, le minier a réalisé un chiffre d'affaires global de $ 22,86 milliards (proche de celui de 2022), avec une part de la production minière du cuivre de 18 %, pour un résultat net de $ 1,85 milliard. Il accusait un repli de 48 %, essentiellement lié au changement de périmètre de consolidation déjà évoqué. Les opérations minières de Freeport-McMoRan restent partagées, de manière équilibrée, entre les États-Unis, l'Amérique du Sud (Chili et Pérou) et l'Indonésie.

Avec une production totale de 1,72 Mt – 1,18 Mt en tenant compte des minoritaires dans les mines d'Escondida et Antamina – pour l'exercice 2023 (clôturé au 30 juin), en hausse de 9,6 %, BHP a, lui, gardé la deuxième place des plus grands groupes privés sur le segment du cuivre. Le premier semestre 2024 du minier, clôturé au 31 décembre 2023, a vu 894 000 tonnes sortir de ses mines d'Amérique du Sud (Chili et Pérou) et d'Australie (+ 7 % par rapport à la même période s'achevant au 31 décembre 2022). L'objectif annuel de production pour 2024, compris entre 1,72 et 1,91 Mt, a été tenu pour les premiers mois de l'année. Sur son exercice de 2023, BHP a dégagé un chiffre d'affaires de $ 53,8 milliards (– 17 %) – dont 30 % attribuables au cuivre – pour un résultat net de $ 22,8 milliards (– 34 %). La première moitié de l'exercice 2024 a, elle, permis un chiffre d'affaires de $ 27,2 milliards pour un résultat net de $ 11,2, milliards, chacun en ligne avec l'exercice précédent.

Malgré une baisse de 5 % de sa production de cuivre en 2023, Glencore est resté le troisième producteur de cuivre avec 1,01 Mt sorties de ses mines d'Amérique du Sud et de RDC, et – comme produits associés au zinc –, depuis ses sites kazakh, australien et américain, ainsi qu'au Canada et en Norvège comme coproduit du nickel. Le groupe suisse a également été impacté par la baisse des cours des matières premières avec un chiffre d'affaires de $ 217 milliards (– 15 % par rapport à 2022) et un résultat net divisé par quatre, à $ 4,3 milliards. La part attribuable au métal rouge est de 8,3 %, soit $ 18,09 milliards (– 5,3 %). Le cuivre étant resté stable en 2023, la baisse de ses revenus sur ce segment est expliquée par celle de sa production. Celle-ci résulte notamment de la vente en juin de la mine de Cobar à Metals Acquisition Corp. Les volumes annuels de cet actif sont de quelque 40 000 tonnes et Glencore conserve l'intégralité des achats de concentrés. L'objectif de production pour 2024 reste de l'ordre du million de tonnes.

Avec un volume de 916 419 tonnes en 2023, Southern Copper a quasiment maintenu le niveau de son offre atteint en 2022 (– 0,9 %) et a accru ses volumes miniers de 1,8 % (représentant 99,4 % de sa production totale), le reste provenant d'achats de concentrés à des tiers. La branche métaux de Grupo Mexico, qui opère au Mexique et au Pérou, a réalisé un chiffre d'affaires pour 2023 de $ 9,9 milliards (– 1,6 %), avec une part du cuivre qui s'est portée à 84 %, et un résultat net à $ 2,4 milliards (– 8,1 %). L'objectif de production pour 2024 est de 935 900 tonnes pour le cuivre (+ 2,7 % par rapport à 2023). Sur l'enveloppe de $ 15 milliards d'investissements planifiés sur la prochaine décennie, $ 6,5 milliards concernent des projets *greenfield* (démarrés en phase d'exploration) au Pérou, visant à fournir au marché 375 000 tonnes de cuivre (dont 250 000 tonnes de cathodes) d'ici à 2032.

Une des bonnes nouvelles dans le paysage cuprifère de l'année 2023 fut la croissance de 24 % de la production de cuivre d'Anglo American, avec 826 000 tonnes extraites de ses mines chiliennes et péruviennes. Les perspectives pour 2024 sont cependant moins optimistes avec un objectif compris entre 730 000 et 790 000 tonnes. Le groupe minier est en effet resté prudent, étant donné la disponibilité en eau susceptible d'affecter sa production au Chili (58 % de la production), ainsi que la potentielle baisse de teneur en métal dans ses mines (0,6 % à 0,7 % constaté au Pérou) qui exigent une modification de l'aménagement de l'*open pit* afin d'optimiser la production. En 2023, le minier a réalisé un chiffre d'affaires

Changement de cap en Argentine avec une nouvelle offre de cuivre ?

Avec des réserves estimées à 65 Mt selon le gouvernement, l'Argentine pourrait devenir un acteur de poids dans le paysage cuprifère mondial. Depuis la fermeture de sa dernière mine de cuivre en 2018, le pays a continué à développer son potentiel minier dans un contexte politique parfois inconfortable. L'effervescence a démarré à l'arrivée au pouvoir de Javier Milei, début décembre 2023. Les États-Unis, l'Allemagne et l'Inde sont les premiers grands consommateurs de métaux, de cuivre en particulier, à avoir noué des relations avec la nouvelle équipe gouvernementale argentine. Entre 0,75 Mt et 1,2 Mt de production annuelle de cuivre pourraient, selon les différentes estimations, arriver sur le marché mondial en 2030 à travers huit projets déjà en développement. Glencore, First Quantum, Lundin ou McEwen sont les principaux investisseurs dans le paysage minier du pays, totalisant près de 1 Mt de production potentielle de cuivre à venir.

La loi argentine est cependant fort décentralisée et l'exploitation des minerais dépend *de facto* des gouvernements provinciaux tant au regard des attributions de concessions que des permis et du respect des normes environnementales. La quasi-totalité des projets cuprifères est ainsi située dans la province de San Juan, dans le nord du pays et voisine du Chili, qui est plutôt favorable au développement minier. Au niveau fédéral, un rapport était adressé dès janvier 2024 au congrès quant à la volonté de l'équipe gouvernementale d'inciter aux nouveaux projets, ou à l'expansion de ceux déjà en développement, notamment en proposant certains avantages fiscaux et en assurant un environnement stable à long terme pour les grands investissements dans un nouveau cadre d'un *Regimen de Incentivo para Grandes Inversiones* (RIGI). Les domaines concernés englobent l'agriculture, les infrastructures, les forêts, les mines, les pétrole et gaz, les énergies et technologies.

de $ 32,5 milliards (– 13 % par rapport à 2022) avec un résultat opérationnel en retrait de 31 %, à $ 10 milliards, avec une part pour le métal rouge de 32 % et une marge de 42 % obtenue sur cette activité.

Avec 710000 tonnes de cuivre produites en 2023 (– 3,1 %), KGHM a, lui aussi, réalisé un exercice 2023 dans la continuité de 2022. Les perspectives pour 2024 sont cependant nettement moins favorables avec un volume visé de 536800 tonnes, dont 391000 tonnes de concentrés. En 2023, le groupe minier polonais a réalisé un chiffre d'affaires de $ 7,91 milliards, en hausse de 4 %.

Après un douloureux épisode d'expropriation en RDC au début des années 2010, *First Quantum Minerals Ltd.* (FQM) a connu un exercice 2023 mouvementé avec le coup de tonnerre au Panama et l'annonce, fin novembre, de la suspension du droit d'exploitation de la mine de Cobre Panama pour le minier canadien. Ce dernier se voyait donc contraint de reconsidérer ses objectifs de production pour 2024, désormais compris entre 370000 et 420000 tonnes de cuivre, contre 708000 tonnes en 2023. Après un repli de 5 % en 2022, 2023 a vu l'offre de FQM accuser une baisse de 8,8 %. FQM a clôturé l'année sur un chiffre d'affaires de $ 6,46 milliards (– 8,6 %), mais a subi une lourde perte de $ 1,45 milliard sur le quatrième trimestre amenant un exercice annuel négatif, à près de $ 1 milliard. Le plan engagé par l'entreprise avec un ensemble d'investisseurs pour rembourser la majeure partie de sa dette et rétablir ses liquidités porte sur $ 20 milliards. La direction espère qu'un accord sera trouvé avec les autorités du pays durant l'année 2024. Le groupe concentre le reste de la production de cuivre sur ses deux mines de Zambie avec des projets de développement probablement reportés étant donné sa situation financière difficile.

Avec une progression de ses volumes de cuivre de 2,2 % en 2023, Antofagasta a, pour sa part, réalisé un exercice 2023 en adéquation avec ses objectifs, à 660600 tonnes. À la faveur d'un chiffre d'affaires s'affichant à $ 6,32 milliards (+ 7,9 % par rapport à 2022), dont 80 % attribuables au

Cobre Panama – un événement qui pourrait faire date dans la production minière de cuivre

Le Panama est un pays de longue date discret et rassurant pour les investisseurs. La terre a pourtant tremblé sur le dernier exercice. Le minier canadien First Quantum Minerals, qui avait lancé le projet Cobre Panama en 2013, a dû suspendre son activité depuis décembre 2023, à la suite de l'arrêt de la Cour suprême du pays déclarant inconstitutionnel le contrat, de concession de la mine (longuement négocié avec le gouvernement durant l'année) d'une durée de vingt ans, avec une option pour doubler cette durée. Le contrat prévoyait également $ 375 millions de recettes annuelles pour le gouvernement, soit 5 % du produit intérieur brut du pays.
La production de cuivre du site était de 330863 tonnes en 2023, soit 1,5 % de la production mondiale, pour des réserves estimées à 10,7 Mt et une durée de vie de 34 ans. L'investissement dans le projet, son port associé et son usine de production d'énergie ont représenté un montant de $ 10 milliards, actualisé dans le cadre du litige à $ 20 milliards, que FQM cherche à obtenir en dédommagement. Les considérations environnementales sont au cœur du problème et un premier arrêt de la mine avait déjà eu lieu fin 2022, mais les opérations avaient repris mi-mars 2023 et une autorisation finale accordée le 20 octobre par le président panaméen Laurentino Cortizo. FQM a initié une demande d'arbitrage international début décembre et espère qu'un accord sera finalement trouvé, prenant en compte les élections à venir dans le pays en mai 2024.
Ce qui devrait devenir le « cas Cobre Panama » est assez unique étant donné le motif environnemental, dans un contexte changeant cependant, marqué par un *rush* mondial vers le métal rouge, l'un des principaux composants de la transition énergétique.

cuivre, le groupe sud-américain a rebondi après une année 2022 difficile, *a contrario* des autres miniers. Dans ce contexte, les objectifs pour 2024 sont élevés avec une production de métal rouge attendue entre 670 000 tonnes et 710 000 tonnes, grâce au projet d'expansion de sa mine de Los Pelambres au Chili.

Enfin, Rio Tinto a achevé 2023 avec une production en hausse de 2 % à 620 000 tonnes, en deçà de 10 % par rapport à ses objectifs. Le minier australien a bouclé l'acquisition de Turquoise Hill Resources Ltd. en décembre 2022. Son périmètre consolidé concernant sa mine Oyu Tolgoï, en Mongolie, a donc évolué par rapport à 2022 avec une participation ayant doublé et atteignant désormais 66 %, les 34 % restants appartenant à l'État mongol. L'offre de cuivre raffiné du groupe s'est, elle, contractée de 16,3 % sur l'année, à 175 000 tonnes. Toujours en 2023, le groupe a réalisé un chiffre d'affaires de $ 54 milliards (– 3 % par rapport à 2022) pour un résultat net de $ 10 milliards (– 19 %). Les revenus issus de la branche «cuivre» de Rio Tinto sont toutefois restés stables, à $ 6,78 milliards. Les projets du groupe sur ce segment passent par la poursuite de l'investissement à Oyu Tolgoï, pour mener la production de ce gisement à 500 000 tonnes annuelles entre 2028 et 2036 (contre 168 100 tonnes en 2023), mais aussi par des participations au Chili et en Australie et des investissements exploratoires des États-Unis à la Zambie, en passant par la Colombie et la Namibie.

Une consommation en nette progression en 2023 pour atteindre des records

Selon les estimations de l'ICSG, le monde a porté sa demande totale de cuivre à 27 Mt en 2023 (+ 4,6 % par rapport à 2022 et + 26 % sur la décennie passée), malgré une conjoncture tourmentée. Sans surprise, la Chine est restée le premier consommateur mondial de ce métal, avec 15,8 Mt (+ 9,9 %), et a représenté 60 % des importations totales et 52 % de la consommation brute, d'après les analyses de la banque J.P. Morgan. Derrière, l'Union européenne et les États-Unis, tous les deux en repli de 3,6 % et 6,3 % respectivement, ont compté pour 11 % et 6 % de la demande de cuivre.

La consommation domestique chinoise de métal rouge aurait logiquement pu être affectée par la conjoncture pour le moins morose, notamment immobilière, du pays. Les douanes chinoises ont pourtant enregistré un volume d'importations de minerais/concentrés de cuivre de 27,54 Mt pour 2023 (+ 9,1 %), tandis que celui de cuivre raffiné a maintenu sa lente décrue (– 3,4 %). Avec un objectif de 5 % de croissance sur l'année, celle-ci serait finalement de 5,2 %, d'après le *National Bureau of Statistics of China*. Le plus grand secteur consommateur de cuivre du pays, et au monde en général, est l'immobilier. Celui-ci a connu une année 2023 encore difficile, malgré la fin de la politique zéro-covid décrétée par Pékin en novembre 2022, l'assouplissement de la politique monétaire de la Banque populaire de Chine et l'accentuation des mesures gouvernementales de soutien au secteur. En parallèle, l'immobilier chinois est structurellement impacté par le vieillissement de la population active et l'accession à la propriété de plus en plus tardive. Il n'est pas certain que l'horizon s'éclaircisse fondamentalement à court terme. Si l'objectif de croissance pour 2024 était à nouveau porté à 5 % par le gouvernement, le Fonds monétaire international anticipait, lui, une progression du PIB de la Chine de 4,6 % pour cette période. Le paysage industriel chinois évolue cependant. Les relais de croissance comme l'énergie et la voiture électrique prennent une importance grandissante dans le *mix* économique du pays et dans les segments consommateurs de cuivre en particulier. Ainsi, la maison de négoce Trafigura estimait que la demande chinoise pour 2030 pourrait être supérieure de 4 Mt à celle de 2020 et atteindre 18 Mt. La demande de métal rouge a crû de près du double de la croissance chinoise en 2023, attestant du poids grandissant des facteurs structurels par rapport aux déterminants conjoncturels.

Dans le contexte de la transition énergétique, l'essor de la demande de cuivre – qui pourrait être multipliée, dans sa composante «électricité et électromobilité», par 2,6 entre 2020 et 2040, selon l'Agence internationale de l'énergie (AIE), pour que les objectifs de décarbonation soient atteints à l'horizon 2050 – devrait être mondial. Loin après la Chine, l'Union européenne (UE), dont la consommation tourne autour des 3 Mt, a connu une année 2023 en très légère diminution par rapport à 2022. L'impact du maintien des taux d'intérêt élevés et la récession subie par certains pays, notamment l'Allemagne, qui couvre près du tiers de la demande européenne, en fut probablement la cause. À moyen terme, néanmoins, l'UE est entrée, à l'instar de la plupart des pays industrialisés, dans un processus de neutralité carbone, impliquant une demande structurelle en ressources minérales de la transition énergétique amenée à croître continuellement, conformément aux objectifs fixés dans le cadre du *Critical Raw Materials Act* de mars 2023. Si 50 % de la consommation européenne est aujourd'hui couverte par le recyclage, la réalisation des objectifs climatiques à l'horizon 2050 représenterait ainsi 35 % de demande additionnelle de cuivre, d'après l'*International Copper Alliance* (ICA).

Aux États-Unis, la demande de cuivre a, elle, accusé un plus net repli en 2023 pour atteindre un plancher sur la décennie, à 1,61 Mt. Comme ce fut le cas pour d'autres matières premières, cette situation trouvait ses origines dans les mouvements de grèves qu'a connus l'industrie automobile sur le dernier trimestre de l'année, mais également dans le maintien des taux directeurs de la Réserve fédérale à un niveau moyen de 5,5 % sur la période (équivalent à celui des années quatre-vingt-dix). D'après la *Copper Development Association*, la consommation de cuivre américaine était, en 2023, à 45 % absorbée par l'immobilier et la construction, devant les produits et le transport électriques (22 %), ainsi que l'industrie automobile (16 %). Le volume des exportations de *scraps* américains a, lui, diminué de près de 5,2 % durant l'exercice selon la *US International Trade Commission* tout en continuant sa progression vers la Chine, à 0,361 Mt, soit un essor de plus de 12 % par rapport à 2022 et une multiplication par près de trois depuis 2019.

L'autre acheteur international d'envergure signalé par l'*Institute of Scrap Recycling Industries* (ISRI) fut, sans surprise, l'Inde. Malgré un léger ralentissement en 2023, le pays a affiché l'une des plus fortes croissances d'achat de *scrap* des dernières années. Si les chiffres concernant les importations indiennes, tant en métal brut qu'en cuivre raffiné, demeurent assez marginales dans le volume mondial, la croissance économique du pays, notamment immobilière (avec des perspectives attendues entre + 35 % et + 43 % d'ici à 2035), permettait d'augurer d'une place prépondérante de ce pays parmi les principaux consommateurs mondiaux à moyen terme.

Un surplus de cuivre, mais une augmentation des cours attendue pour 2024

À l'image de bien nombreux métaux, la santé économique chinoise va rester au centre des attentions concernant la demande de cuivre en 2024 et au-delà, en gardant à l'esprit que les ajustements entre l'offre et la demande sont souvent lents lorsqu'il est question de projets miniers. Malgré l'essor programmé de la demande, l'ICSG anticipait ainsi, en octobre 2023, un surplus de production de cuivre pour 2024 de 0,467 Mt, grâce à l'expansion de certaines mines, et ce, en dépit d'une demande de cuivre raffiné attendue en croissance de 2,4 % en Chine.

Avec $ 8 800/t de prix moyen anticipé pour 2024 par le département recherche de Fitch (*Business Monitor International* – BMI), la hausse des cours du métal rouge serait de l'ordre de 4 % par rapport à 2023. Légèrement plus optimiste, CyclOpe la projette à 6 % sur la même période. L'évolution de la politique monétaire américaine, qui pourrait avoir un effet vraisemblablement à la baisse sur le dollar, aurait néanmoins un impact sur le cours du cuivre comme sur celui de beaucoup d'autres matières premières, rendant cette croissance toute relative. À moyen et long termes, l'appétit pour ce métal ne pourra qu'être grandissant, la production suivant cette demande structurelle à mesure que les politiques de transition énergétique se mettent en place à travers le globe, en Chine notamment. BMI prévoit ainsi une progression de la production mondiale de métal rouge au-delà de 36 Mt en 2032 avec un rythme de croissance annuel moyen de 3,7 %, tandis que la demande totale devrait atteindre 38 Mt avec une progression de 3,9 % par an : un scénario raisonnable… en tablant que l'épisode « Cobre Panama » restera un incident dans l'aventure cuprifère.

Étain : *en avant, calme et droit*

Après une année 2022 particulièrement difficile, 2023 est venue apporter de la stabilité au marché de l'étain, à l'instar de la plupart des métaux de base. Dans un contexte macroéconomique toujours morose, l'attentisme semble s'être emparé des acteurs de la filière, dans l'espoir de meilleurs lendemains. De l'Australie à l'Indonésie, ce métal est désormais considéré par de nombreux pays comme « stratégique » et son rôle tant dans la transition énergétique que dans l'industrie des semi-conducteurs n'y était pas étranger. Dans un marché étroit, l'offre est toute aussi déterminante, donnant à la Birmanie, à l'Indonésie et à la Chine, positionnées – de l'amont à l'aval – aux différentes étapes de la chaîne de valeur de l'étain, une partition majeure.

Une stabilité des cours malgré des risques de tension

Champion de l'année 2021 avec une progression vertigineuse de ses cours sur le *London Metal Exchange* (LME) et grand perdant l'année suivante, le marché de l'étain avait probablement besoin d'un peu de stabilité. Ce fut le cas en 2023. S'affichant à $ 25 050/t sur les premiers jours de janvier et à $ 25 175/t fin décembre, selon la référence *cash* du marché londonien, les cours ont en effet stagné en 2023, malgré une importante variabilité au premier semestre. Porté par le regain d'optimisme lié à la fin, en décembre 2022, de la politique zéro-covid décrétée par la Chine et au ralentissement de la hausse des taux de la Réserve fédérale américaine, ils ont atteint un plus haut niveau pour l'année le 27 janvier, à $ 32 050/t, avant de lourdement chuter et de s'établir à quelque $ 22 200/t mi-mars. Le printemps s'est avéré plus favorable, permettant ainsi aux prix londoniens de revenir au seuil des $ 30 000/t mi-juillet. Il ne fut pourtant pas franchi et, après une légère correction, le marché est entré, comme d'autres métaux de base, dans une atonie marquée par une relative stabilité des cours, bien inhabituelle sur les marchés mondiaux de matières premières. À partir de septembre, la tonne d'étain a oscillé entre $ 22 000 et $ 26 000, un niveau bien éloigné des sommets atteints au printemps 2022, mais au-dessus des valeurs pré-covid. En définitive, le cours de l'étain a reflué de 18 %, en moyenne annuelle, entre 2022 et 2023, après un léger repli de 2 % enregistré entre 2021 et 2022. Signe non seulement de la détente ayant globalement regagné la bourse londonienne, mais aussi de l'étroitesse de son marché physique,

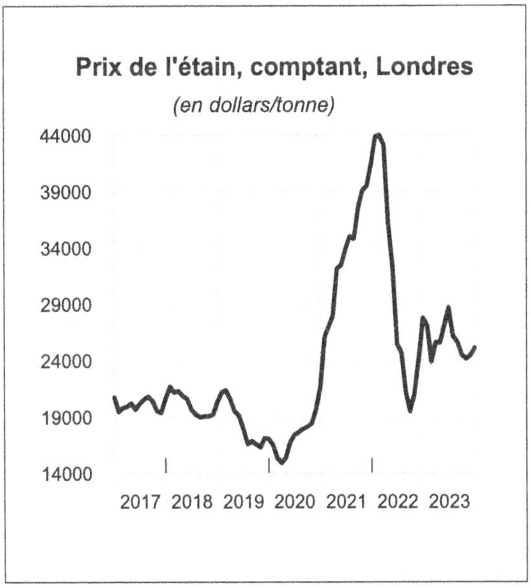

(Source : Datastream)

le *contango* (l'écart entre les cours à terme et cash) a cependant atteint à plusieurs reprises des niveaux particulièrement élevés, dépassant $ 300/t voire $ 400/t durant l'année. Ceci n'a pourtant pas exclu le développement, au printemps, d'une situation inverse (dite de *backwardation*) associée à un risque de pénurie alimentée par la volonté de la Birmanie de limiter ou d'interdire les activités minières, synonyme de cessation des exportations de concentrés, vers la Chine tout particulièrement.

Les trois premiers mois de 2024 ont impulsé un regain de dynamisme au marché de l'étain, dans le sillage d'un mouvement ascendant initié à la fin du mois de novembre 2023. Toujours en référence *cash* sur le marché londonien, il s'affichait ainsi à plus de $ 27 000/t fin mars, ce qui lui offrait une progression de près de 9 % sur ce premier trimestre. Des contraintes sur l'offre indonésienne à la bonne tenue de la demande : plusieurs variables d'importance l'expliquaient.

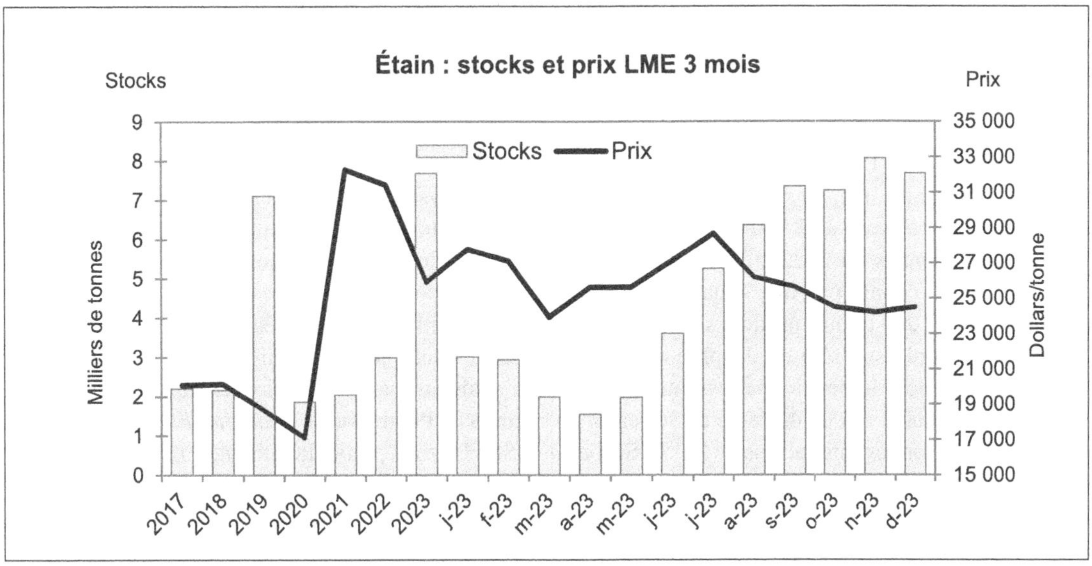

MINERAIS ET MÉTAUX

Étain

(en milliers de tonnes)

	2018	2019	2020	2021	2022	2023 (e)
***Minerai** (en métal contenu)*						
Production mondiale	**318.0**	**296.0**	**264.0**	**305.0**	**307.0**	**290.0**
Chine	90.0	84.5	84.0	90.0	71.0	68.0
Indonésie	85.0	77.5	53.0	70.0	70.0	52.0
Pérou	18.6	19.9	20.6	27.0	28.2	23.0
Birmanie	54.6	42.0	29.0	36.9	47.0	54.0
Bolivie	16.9	17.0	14.7	19.6	17.6	18.0
Australie	6.9	7.7	8.1	8.8	9.0	9.1
Brésil	17.1	14.0	16.9	36.9	17.0	18.0
Vietnam	4.6	5.5	5.4	5.4	5.9	5.3
Rép. démocratique du Congo	7.4	12.2	17.3	16.7	18.6	19.0
Malaisie	4.3	3.6	3.0	5.0	5.0	6.1
Stocks LME (fin d'année)	**2.2**	**7.1**	**1.9**	**2.0**	**3.0**	**7.7**

(Source : WBMS)

Des fondamentaux de marché en demi-teinte

Les volumes comparativement faibles associés à l'étain témoignent de l'analyse toute particulière devant être accordée, au sein des métaux de base, à ses échanges commerciaux et à sa dynamique de prix. Selon les statistiques encore provisoires de l'*United States Geological Survey* (USGS) – le service géologique américain –, la production minière mondiale d'étain s'est établie à 290 000 tonnes en 2023, en recul de 5,5 % par rapport à 2022 où elle s'était élevée à 307 000 tonnes. D'importantes évolutions se cachaient derrière ce constat général. Premier pays producteur, la Chine a, en premier lieu, vu son offre se contracter à nouveau, s'élevant à 68 000 tonnes en 2023, contre 71 000 tonnes en 2022. L'Indonésie a, en deuxième lieu, connu pareille situation : avec « seulement » 52 000 tonnes produites cette même année, elle a perdu son rôle de dauphin au profit de la Birmanie dont le positionnement au sein du marché international n'a eu de cesse de se renforcer. Toujours selon les estimations de l'USGS, son offre a ainsi crû de près de 15 % entre 2022 et 2023, passant de 47 000 tonnes à 54 000 tonnes sur cette période. Avec des tonnages bien plus faibles (23 000 tonnes et 19 000 tonnes, respectivement), le Pérou et la République démocratique du Congo complétaient ce classement des cinq plus grands pays producteurs de minerai d'étain. L'économie sud-américaine a, elle aussi, expérimenté une baisse importante de sa production et elle s'expliquait pour partie par les grèves et les protestations antigouvernementales ayant freiné l'activité sur le site de San Rafael.

Les niveaux de production sont une mesure assez fruste du poids des nations dans l'offre d'une matière première et le cas de la Birmanie l'illustre avec justesse. Premier importateur mondial avec 248 764 tonnes de minerai d'étain entrées sur son territoire en 2023, la Chine dépend très largement de ce pays : 72 % de ses importations, soit quelque 180 000 tonnes, en provenaient cette année-là. Les acteurs du marché n'ignoraient bien évidemment pas l'importance de cette nation et, en avril et en mai, le risque que la région autonome Wa suspende toute activité minière, au 1er août suivant, n'avait pas manqué de faire sensiblement réagir les cours de l'étain, sur le *Shanghai Futures Exchange* (SHFE) tout particulièrement. Entrée en application, cette décision n'a, en revanche, pas eu d'effets immédiats, les raffineurs chinois ayant suffisamment de stocks pour maintenir leur activité. Cette situation justifiait notamment la chute des cours de l'étain observée en août sur le marché londonien, après plusieurs mois de tension les ayant portés à près de $ 30 000/t au début de l'été. Contribuant, de la même façon, à la relative sérénité du marché, la forte augmentation des volumes d'étain présents dans les entrepôts du LME devait être prise en compte. Ils sont passés d'environ 1 500 tonnes fin avril 2023 – un niveau historiquement très bas – à plus de 8 000 tonnes à la mi-décembre.

La situation indonésienne était également regardée de près, en raison, tout d'abord, de la modification des procédures d'autorisation minière et des retards de traitements administratifs qui en ont découlé. Djakarta a, par ailleurs, mis son industrie sous surveillance, à l'instar de la politique menée sur le nickel, dans un contexte d'allégations de corruption. L'idée que le gouvernement puisse interdire l'exportation des lingots d'étain afin de renforcer plus en avant son positionnement sur l'aval de la filière (à l'image de la Chine, par exemple) était enfin largement évoquée. La problématique de l'archipel n'était en effet pas tant celle du minerai *stricto sensu* que celle du métal, en lien avec la stratégie industrielle de l'archipel visant à favoriser la captation d'une part croissante de la valorisation des ressources extractives par une transformation locale de celles-ci. Pour rappel, la vaste majorité de l'étain exporté par les producteurs indonésiens est constitué d'étain brut, allié ou non allié, à destination de la Chine.

Selon les estimations de l'*International Tin Association* (ITA), la production d'étain raffiné a suivi une trajectoire proche de celle des minerais avec, à la clé, un léger recul enregistré par rapport à 2022. En baisse de 2,1 % sur cette période, elle s'est élevée à 370 100 tonnes en 2023, concentrées sur un faible nombre de groupes industriels. À leur tête figuraient, par ordre décroissant, le chinois Yunnan Tin (80 100 tonnes, + 3,9 %), le péruvien Minsur (31 700, – 3,1 %) et Yunnan Chengfeng (21 800 tonnes, + 5,8 %), également chinois. Quatre groupes de cette nationalité (Yunnan Tin et Yunnan Chengfeng donc, mais aussi Jiangxi New Nanshan et Guangxi China Tin) comptent parmi les dix plus grands producteurs mondiaux pour une offre cumulée de 123 400 tonnes, soit plus de 33 % de la production mondiale. Au regard des échanges internationaux d'étain brut, allié ou non allié (HS Code : 8001), la Chine est toutefois importatrice nette avec un solde qui s'est creusé entre 2022 et 2023, passant sur cette période de 21 298 tonnes à 22 734 tonnes, avec l'Indonésie pour principal partenaire commercial. Premier pays exportateur sur ce segment, l'archipel a enregistré une chute de ses ventes à l'étranger, à 68 427 tonnes en 2023 contre 77 560 tonnes en 2022, soit une contraction de près de 12 %, en lien avec les éléments exposés précédemment. Son dauphin, le Pérou, a connu une situation similaire avec des exportations en retrait de plus de 6 %, à 25 290 tonnes, toujours en 2023. Au regard des exportations de produits et ouvrages en étain (HS Code : 8007), la Chine bénéficiait à l'inverse d'une balance commerciale excédentaire, sans toutefois occuper la tête du classement mondial. En 2023, elle revenait, en volume, à la Malaisie et, en valeur, au Japon.

En 2023, la consommation d'étain était attendue en baisse, selon les premières estimations de l'ITA établies sur la base d'une enquête réalisée en octobre de cette même année. Refluant de 1,6 %, elle atteindrait 371 000 tonnes. Au sein de ses tonnages, les soudures représentent toujours la plus grande part des usages, à près de 50 %, la contraction de l'utilisation dans le secteur de la consommation étant peu ou prou contrebalancée par une augmentation de la demande mondiale d'étain des secteurs industriels ou technologiques. Amené à voir son poids grandir dans le *mix* énergétique planétaire, le secteur photovoltaïque devrait soutenir la consommation de ce métal utilisé dans les soudures donc, mais également dans des rubans reliant, avec le cuivre (à la faveur de leur conductivité électrique), les cellules solaires entre elles. C'est également l'essor de la 5G, des ventes de produits électroniques ou des puces automobiles, et donc des semi-conducteurs, qui portera la demande d'étain, malgré l'impact dépressif de la miniaturisation. Le secteur des produits chimiques – utilisant l'étain, de manière non exhaustive, comme stabilisateur thermique dans les PVC, pour les catalyseurs, mais aussi dans le revêtement du verre – devrait, pour sa part, voir de nouveau sa demande se replier, tout comme celle associée à la fabrication de fer blanc. En forte baisse en 2022, l'utilisation d'étain pour les batteries au plomb était, à l'inverse, attendue en progression pour 2023, toujours selon l'ITA.

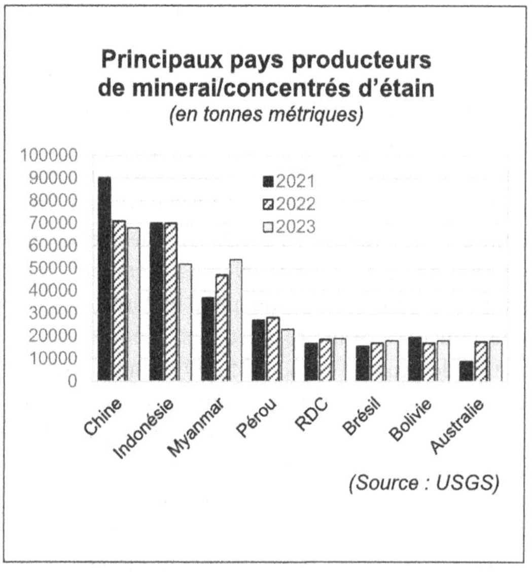

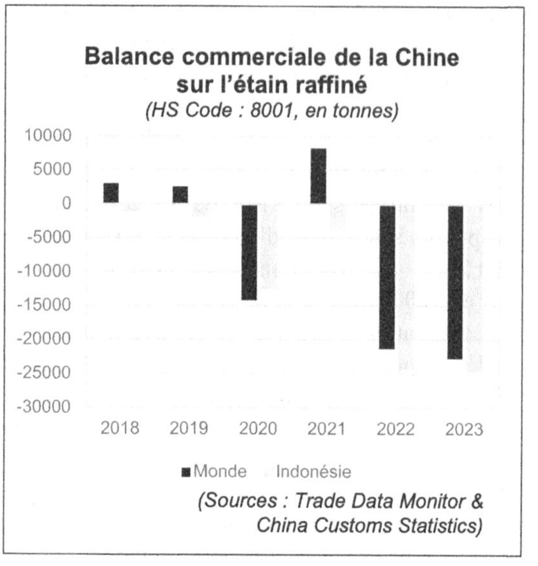

Un rebond en 2024 ?

Pour 2024, une partie de l'équation déterminant le prix de l'étain se jouera sur la disponibilité du minerai en provenance de la Birmanie et de la capacité de production des raffineurs chinois. Dès les premiers jours de janvier, la mesure d'interdiction appliquée en août 2023 avait été assouplie, sans que cette évolution concerne l'étain et la région de Man Maw qui concentre la quasi-totalité de la production du pays. Déterminée tant par la nature et l'ampleur des éventuelles restrictions aux exportations que par l'amélioration du traitement administratif des autorisations de production, la réalité de l'offre indonésienne sera également importante, dans un contexte où les anticipations du marché et les velléités spéculatives peuvent avoir une nette influence sur les cours en raison de l'étroitesse du marché. Actant que ces facteurs potentiellement haussiers ont d'ores et déjà été « absorbés » dans les prix londoniens, mais également de la bonne tenue des ventes de semi-conducteurs, c'est sur une modeste progression des cours de l'étain par rapport à la moyenne de 2023 que l'année 2024 pourrait se conclure.

Nickel : *la chute*

En raison d'une demande amenée à être démultipliée par l'essor de l'électromobilité et une omniprésence de l'acier inoxydable qui ne devrait pas se démentir, le nickel semble promis à un brillant avenir. Semble… ou semblait, car comme souvent dans le monde des *commodities*, cette réalité de long terme ne s'est guère reflétée dans les développements d'un marché international largement excédentaire en 2023 avec, pour logique corollaire, un important repli des cours. En cause, l'arrivée d'une offre nouvelle issue de l'aboutissement de projets miniers et une demande morne, dans un contexte macroéconomique toujours difficile, notamment en Chine. Malgré le profond doute qui s'est emparé du marché et une activité tant minière que métallurgique bien souvent fragilisée, l'Indonésie a, elle, poursuivi la route industrielle qu'elle s'est tracée vers l'aval de la filière avec, à la clé, une nouvelle augmentation des volumes de nickel traités et exportés. Les Philippines ont, pour leur part, conforté leur place de premier exportateur de minerai et de concentrés. Dans cette âpre compétition où les coûts de production sont déterminants, les mines australiennes ont souffert. Ce fut néanmoins en Nouvelle-Calédonie où la crise s'est avérée la plus vive, pour des raisons économiques certes, mais également politiques, en lien avec le modèle de développement industriel choisi pour exporter la ressource. Transformer ou non, à quels prix et selon quels critères ? Cette question maintes fois entendue dans le monde des matières premières se posait avec une acuité toute particulière pour le nickel, sans que l'on pût totalement y répondre en 2023, dans un contexte toujours incertain. Il fallut donc logiquement en appeler à l'État pour éviter l'effondrement. D'incertitudes, il en fut aussi question pour la vénérable bourse des métaux de Londres qui se devait de répondre aux nombreux doutes qui s'étaient fait jour après le *short squeeze* de mars 2022. Ce qu'elle fit, sans toutefois totalement museler les appétits de ses probables rivaux. Car, nonobstant l'environnement difficile de 2023, le métal du diable demeure l'objet de bien nombreuses convoitises.

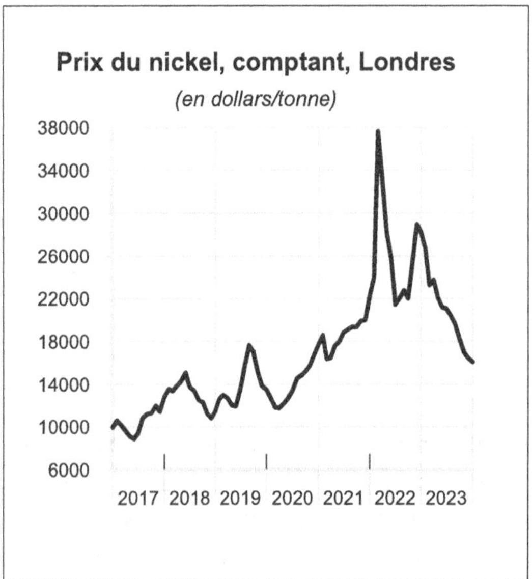

(Source : Datastream)

2023 : la phase baissière du cycle ?

Sur le *London Metal Exchange* (LME), les cours *cash* et à trois mois du nickel se sont respectivement établis à $ 31200/t et $ 31350/t le 3 janvier 2023, à la faveur d'un important rebond qui débuta fin novembre 2022. Celui-ci s'expliquait par le ralentissement de la hausse des taux de la Réserve fédérale américaine et le fléchissement consécutif du dollar d'une part, et par la fin de la politique zéro-covid décrétée par Pékin, d'autre part. L'optimisme alors retrouvé ne dura pourtant pas. Les cours londoniens ont, en effet, connu une importante instabilité en janvier et février 2023, touchant un point bas sur la période dès le 12 janvier, à $ 26475/t (prix *spot*), et une valeur plafond le 1er février où ils dépassèrent le seuil de $ 30000/t.

La suite fut une rapide dégringolade des cours, à l'exception d'un rebond en avril, puis en juillet.

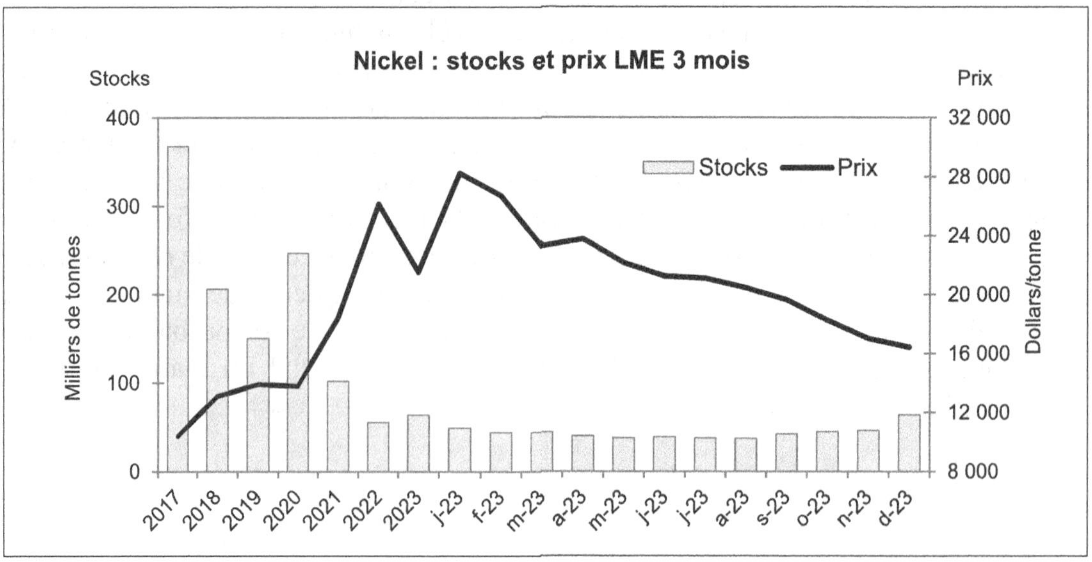

Nickel
(en milliers de tonnes)

	2018	2019	2020	2021	2022	2023
Métal						
Production mondiale	**2 184**	**2 368**	**2 488**	**2 604**	**3 059**	**3 346**
Chine	685	806	750	685	850	954
Russie	151	155	154	121	143	126
Japon	187	183	170	166	148	146
Canada	133	124	118	103	121	113
Australie	114	107	116	99	97	92
Norvège	91	92	91	91	82	95
Colombie	43	40	36	38	42	39
Finlande	61	62	63	49	65	65
Nouvelle-Calédonie	108	88	72	57	66	72
Royaume-Uni	38	35	35	36	31	31
Afrique du Sud	39	39	29	40	40	40
Cuba	17	13	13	14	14	11
Consommation mondiale	**2 327**	**2 405**	**2 391**	**2 780**	**2 955**	**3 104**
Chine	1 200	1 326	1 410	1 540	1 750	1 963
Japon	184	169	145	169	169	156
États-Unis	140	132	113	114	111	108
Corée du Sud	90	88	80	91	85	87
Allemagne	60	61	53	59	57	50
Italie	56	54	46	50	51	47
Taïwan	48	46	37	40	35	31
Espagne	33	30	25	29	23	22
Afrique du Sud	21	15	10	8	9	6
Inde	65	64	51	65	69	76
Finlande	25	22	15	20	19	16
France	27	26	21	24	22	23
Russie	20	18	18	21	25	29
Suède	31	29	25	24	22	21
Brésil	18	16	13	14	15	14
Belgique	37	33	32	35	30	30
Royaume-Uni	19	18	14	16	17	19
Stocks LME fin d'année	**206**	**151**	**247**	**102**	**55**	**64**

(Source : INSG)

Durant l'été, un contrôle du gouvernement indonésien des activités minières nationales – réalisé dans le cadre de suspicion d'exportations illégales de minerai vers la Chine – et la suspension consécutive de certaines opérations du groupe Aneka Tambang ont notamment fait craindre l'apparition de tensions sur l'offre. Conjuguée à une relative amélioration des perspectives de demande en Chine, cette situation expliquait ainsi le positionnement des prix du LME au-dessus du seuil de $ 22 000/t début août. Elle n'empêcha cependant pas leur érosion sur l'ensemble de l'année. Toujours sur le marché londonien, les cours *cash* et à trois mois ne valaient plus que $ 16 300/t et $ 16 570/t le 29 décembre 2023, soit un impressionnant recul de près de 47 % qui positionnait le nickel comme l'une des matières premières ayant eu la pire performance sur l'année. À de tels niveaux de prix, une part significative de l'offre de NPI (*Nickel Pig Iron* ou fonte de nickel) et de ferronickel s'avérait non rentable, expliquant que les coupes de production associées – la banque australienne Macquarie les estimait à quelque 100 000 tonnes en novembre 2023 (puis à 250 000 tonnes début 2024) – aient pu limiter ce repli en fin d'année. En moyenne annuelle, les cours du nickel se sont contractés de 18 % entre 2022 et 2023, après avoir toutefois progressé de 42 % entre 2021 et 2022, à la faveur de l'explosion des cours enregistrée au lendemain de la guerre en Ukraine. Les premiers jours 2024 ne semblaient pas vouloir donner le signe d'un fléchissement de cette tendance baissière, le prix *spot* du métal du diable enfonçant à deux reprises le seuil des $ 16 000/t entre janvier et début février, avant de se ressaisir.

Une offre abondante

Si la fin des subventions chinoises sur les véhicules électriques a logiquement pesé sur le sulfate de nickel en 2023, une des causes principales de la chute des cours londoniens ou chinois devait être trouvée dans l'abondance de l'offre due à la mise en opération d'un certain nombre de mines et d'usines métallurgiques. En effet, selon les estimations provisoires de l'*United States Geological Survey* (USGS) – le service géologique américain –, la production minière de nickel s'est, à l'échelle mondiale, une nouvelle fois nettement accrue en 2023, à 3,6 millions de tonnes (Mt) – en métal contenu –, contre 3,27 Mt en 2022 et 2,73 Mt en 2021. En date de février 2024, les statistiques provisoires (et encore sujettes à révision) de l'*International Nickel Study Group* (INSG) offraient, fort logiquement, un état des lieux similaire avec des volumes mondiaux estimés à 3,684 Mt en 2023, contre 3,208 Mt en 2022. Identique à celle enregistrée entre 2021 et 2022, cette progression de plus de 10 % sur la période – sur la base des chiffres américains (près de 15 % d'après l'INSG) – s'expliquait par la nouvelle augmentation de l'offre du premier producteur mondial, l'Indonésie. Ses volumes ont ainsi crû de près de 14 %, soit une production minière de 1,8 Mt représentant la moitié des volumes mondiaux. Alors qu'il avait connu une contraction de ses tonnages en 2022, son dauphin, les Philippines, a repris sa marche en avant. Son offre s'est établie à 400 000 tonnes, toujours selon les estimations provisoires de l'USGS, contre 345 000 tonnes en 2022.

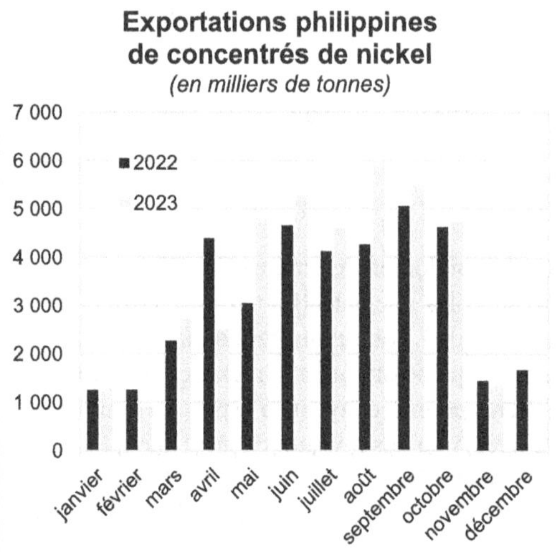

(Sources : Philippines Statistics Authority & Trade Data Monitor)

La Russie a, elle, perdu sa place de troisième producteur mondial, au profit de la Nouvelle-Calédonie dont l'offre était estimée à 230 000 tonnes par l'agence américaine, contre 200 000 tonnes pour la Russie. Ce classement avait toutefois une valeur relative. Deux grands types de minerai de nickel coexistent en effet : les latérites et les amas sulfurés. Présents dans les sous-sols canadiens, australiens, sud-africains et russes, ces derniers sont stratégiques, car particulièrement adaptés à la fabrication du sulfate de nickel présent dans les cathodes des batteries Lithium-ion équipant les véhicules hybrides et électriques. Le groupe russe Nornickel compte ainsi parmi les grands producteurs de minerais sulfurés grâce aux mines situées en Sibérie occidentale et dans la péninsule de Kola, au nord-ouest du pays. Dans l'analyse des marchés mondiaux, ce ne sont cependant pas tant les volumes de production que les exportations qu'il convient de considérer. Forte de sa politique industrielle de transformation sur le sol national des ressources extractives, l'Indonésie n'exporte plus de concentrés de nickel, laissant aux Philippines le *leadership* mondial. Sur les onze premiers mois de l'année 2023, ce pays a exporté près de 40 Mt de concentrés, en hausse de 9 % par rapport à la même période de 2022. Cela pourrait toutefois ne pas perdurer. Aspirant à capter – à l'image de l'Indonésie – une part croissante de la valeur ajoutée associée à la transformation des ressources minérales, le gouvernement philippin évoquait, en février 2023, l'idée d'un droit de douane sur leurs propres exportations de minerais… ou leur interdiction.

Derrière l'omniprésence indonésienne, philippine, néo-calédonienne ou australienne, l'année 2023 a également vu l'émergence ou le développement de projets miniers à forte valeur stratégique. Si les nations africaines jouent un rôle très marginal dans l'univers du nickel, ils compteront ainsi une nouvelle nation parmi eux, la Tanzanie, grâce au projet Kabanga porté par Lifezone Metals et le groupe BHP, en tant qu'actionnaire minoritaire. Pour réduire leur dépendance aux importations, les pays industrialisés ont également cherché à renforcer les sources nationales de métaux de la transition énergétique, dont le nickel. C'était notamment le cas aux États-Unis où le Département américain de la défense a signé un accord de financement avec l'entreprise canadienne Talon Metals en vue de développer le projet de Tamarack, dans le Minnesota.

La production totale de nickel sous forme métallique est, quant à elle, estimée à 3,346 Mt par l'INSG – des statistiques également susceptibles d'être révisées – pour 2023, contre 3,059 Mt en 2022, soit une progression de plus de 9 %. C'est l'Indonésie qui, sans surprise, a porté cette hausse, son offre de nickel primaire passant de 1,163 Mt en 2022 à 1,405 Mt en 2023, ce qui représentait une augmentation de près de 21 %. Les exportations indonésiennes de mattes et de sinters d'oxyde de nickel (HS Code : 7501) se sont, elles, élevées à 1,26 Mt en 2023, contre 776 000 tonnes en 2022 et 165 000 tonnes en 2021. Elles représentaient, en volume et en valeur, la quasi-totalité des ventes de nickel à l'international de l'archipel.

Évolution des exportations indonésiennes de mattes et de sinters de nickel
(en tonnes)

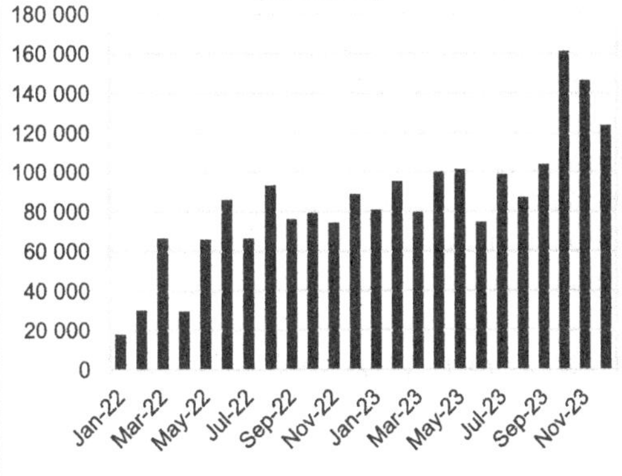

(Sources : Statistics Indonesia & Trade Data Monitor)

Nickel
(en milliers de tonnes)

	2018	2019	2020	2021	2022	2023
Minerai (métal contenu)						
Production mondiale	**2 314**	**2 518**	**2 433**	**2 709**	**3 208**	**3 684**
Philippines	345	323	329	386	360	387
Russie	218	223	237	191	220	210
Indonésie	606	853	767	1 069	1 579	2 028
Australie	160	159	169	151	153	148
Canada	180	187	158	116	97	122
Nouvelle-Calédonie	216	208	200	186	200	231
Chine	99	105	104	104	109	113
Brésil	65	54	68	78	77	74
Cuba	52	49	50	47	46	42
Colombie	48	45	41	44	46	42
Afrique du Sud	43	43	35	32	29	30

(Source : INSG)

Toujours d'après les statistiques de l'INSG, l'utilisation de nickel primaire a, elle, progressé de 5 % entre 2022 et 2023, à 3,104 Mt contre 2,955 Mt l'année précédente. En définitive, le surplus du marché était estimé à 243 000 tonnes par l'INSG, en singulière hausse par rapport à 2022. Il était en cela logique de constater un repli des cours et une des questions animant le marché était de savoir jusqu'à quand cette situation excédentaire durerait. Une chose semblait quasi certaine : le retour à un déficit du marché ne devrait pas être attendu pour 2024… ni 2025.

Une profonde crise néo-calédonienne

Le recul des prix observés en 2023 a peut-être nourri quelques appétits de certains groupes miniers pour renforcer leur ancrage dans la filière amont du nickel. Anglo American a ainsi pris une participation minoritaire dans le capital de Canada Nickel, opérateur du projet Crawford situé dans l'Ontario. Pour d'autres, 2023 fut l'année d'une nouvelle désillusion. Ce fut notamment le cas en Nouvelle-Calédonie. En février 2023, la Société Le Nickel (SLN) a ainsi dû souscrire un crédit auprès de l'État français d'un montant de € 40 millions, après l'épuisement de la dernière tranche du prêt de quelque € 570 millions octroyés par l'État français en 2016. L'existence d'une crise de liquidité pour la filiale d'Eramet était évoquée, sans que le problème structurel d'une compétitivité-prix en deçà des exigences du marché international échappât à quiconque. Un an plus tard, un nouveau prêt d'un montant identique était accordé au groupe français pour que l'usine de Doniambo puisse faire face à court terme à ses échéances de trésorerie. Présent en Indonésie dans des ambitions fortes, Eramet annonçait en outre, à cette même période, être en pourparlers avec le gouvernement français afin d'effacer tout ou partie de la dette de sa filiale. La problématique n'était pourtant pas spécifique à la SLN, mais bien à l'ensemble de l'économie du nickel calédonien et à ses trois entreprises métallurgiques que sont la SLN, Koniambo Nickel SAS (KNS) – « l'usine du nord », détenue à 49 % par Glencore et à 51 % par la Société minière du Sud pacifique – et Prony Resources Nouvelle-Calédonie (PRNC), « l'usine du sud » dont Trafigura possède 19 % des parts.

Rendu public en août 2023, le rapport sur « l'avenir de la filière du nickel en Nouvelle-Calédonie » demandé par Élisabeth Borne, alors Première ministre, au Conseil général de l'économie et à l'Inspection des finances mettait en lumière le décalage existant entre l'activité d'exportation de minerai brut, rentable, et celle – déficitaire – de la métallurgie. Il affirmait notamment que, « pour répondre aux besoins de l'Union européenne en nickel de batterie, la Nouvelle-Calédonie devrait résorber un déficit de compétitivité considérable ». Dépassant de loin le cadre du nickel calédonien, il y avait, en toile de fond, l'épineuse question de l'opportunité de transformation locale des ressources extractives et du clivage qui en découle entre les salariés et les populations locales d'une part, et les groupes privés d'autre part. Répondant ainsi à un strict impératif de rentabilité, Glencore annonçait en septembre 2023 ne plus vouloir financer l'usine du Nord. Eramet en fera de même un mois plus tard, dans le cadre de la négociation engagée avec le gouvernement français. Et c'est un vaste plan de sauvetage de la filière nickel que ce dernier a mis en œuvre, en contrepartie du « pacte nickel » proposé aux opérateurs privés. L'État français a ainsi octroyé un prêt de € 140 millions à Prony Resources couplé à une subvention de € 40 millions en compensation des coûts de l'énergie, tandis qu'il convertissait la dette qu'il détenait sur la SLN – soit € 320 millions – en quasi-fonds propres, un schéma également adopté par Eramet. Le groupe recevait en outre un prêt de € 60 millions afin de faire face aux échéances de trésorerie de la SLN. KNS se voyait, quant à lui, proposer une offre d'un montant total de quelque € 200 millions, couplant prêts et subventions. Ces mesures se sont accompagnées d'un dispositif plus global de soutien aux salariés et sous-traitants, allant de l'accès aux dispositifs de chômage partiel et de reconversion à des schémas d'étalement de la dette fiscale. Mi-février 2024 et malgré l'aide proposée par l'État français, Glencore annonçait cependant sa volonté de vendre ses parts dans KNS avec un placement en « *care & maintenance* » de l'usine pour une durée de six mois.

Dans ce contexte de prix bas, la Nouvelle-Calédonie n'a pas été la seule région productrice à souffrir en 2023. En Australie, l'activité minière – celle de Glencore, BHP ou de First Quantum Minerals, de manière non exhaustive – a également été ébranlée et sa structure de coût, plus importante qu'en Indonésie, ne lui était pas favorable. Comme souvent, ceci s'est traduit par un positionnement en «*care & maintenance*» d'un certain nombre d'unités, dont le projet Cosmos du producteur national IGO en Australie occidentale, ainsi que des dépréciations d'actifs, à l'instar de celles engagées par BHP.

L'appétit indonésien : des usines HPAL à la fabrication de véhicules électriques ?

Bien qu'il serve de nombreux usages, le «métal du diable» est destiné à deux principaux segments : les aciers inoxydables pour le nickel dit «de classe 2» et les cathodes des batteries Lithium-ion (Li-ion), sous forme de sulfate pour celui «de classe 1». Si la demande du secteur de la sidérurgie représente aujourd'hui l'essentiel de la demande (environ 70 %), celui de l'électromobilité revêt un aspect particulièrement stratégique en raison d'une consommation devant croître significativement dans les années à venir, dans le contexte de la transition environnementale. Pour mémoire, plusieurs technologies Li-ion dominant le marché reposent sur l'utilisation du sulfate de nickel : celle dite «NCA» (Nickel, Cobalt, Aluminium) et celle appelée «Nickel, Manganèse, Cobalt» (NMC). Les batteries NMC 811 associent ainsi, dans leur cathode, 80 % de nickel pour 10 % de manganèse et 10 % de cobalt, cette proportion pouvant être portée à 90 % dans le contexte des prochaines batteries NMC 955. Si les amas sulfurés constituent un minerai de choix pour produire ce nickel de classe 1, leur quantité limitée ne devrait pas suffire pour répondre à l'essor programmé de la demande. C'est, en conséquence, sur le traitement des latérites nickélifères que l'avenir du marché repose. Celui-ci impose toutefois le déploiement d'usines hydro-électriques de lixiviation acide à haute pression (*High Pressure Acid Leaching* – HPAL) permettant de produire soit des hydroxydes de nickel-cobalt (*Mixed Hydroxyde Precipitate* – MHP – ou *Nickel Hydroxyde Cake* – NHC), soit des sulfures mixtes de nickel-cobalt (*Mixed Sulphide Precipitate*). Ces usines sont au cœur de la stratégie indonésienne de transformation du nickel qui s'est, une nouvelle fois, renforcée en 2023. Par la voix du ministre de l'Investissement, le gouvernement a, en effet, acté la fin des exonérations ou allégements fiscaux aux projets visant à produire du NPI, considérant que seuls les produits incorporant 60 % à 70 % de nickel devaient désormais être encouragés. Il y avait une autre raison justifiant un tel choix : une abondance de fonte de nickel et de ferronickel sur le marché mondial en 2023, alors que le potentiel de croissance de la demande de métal de classe 1 était avéré.

Dans la lignée des investissements d'ores et déjà réalisés en Indonésie dans le parc industriel de Weda Bay, Eramet et BASF ont ainsi engagé un co-investissement de $ 2,6 milliards pour développer une telle usine HPAL. Avec le groupe français comme actionnaire majoritaire, elle pourrait entrer en service en 2026 avec une capacité annuelle de production, *via* du MHP, de 67 000 tonnes de nickel et 7 000 tonnes de cobalt. Le sidérurgiste sud-coréen Posco et le chinois Richin annonçaient également le démarrage d'une semblable entité à Sulawesi, en 2025, d'une capacité de production de 120 000 tonnes de MHP par an, à terme. En mars 2023, ce même Lygend devenait la première entreprise à produire en Indonésie du sulfate de nickel. *Via* PT Halmahera Persada Lygend et PT Halmahera Jaya Feronikel, une *joint-venture* créée avec l'indonésien Harita, Lygend opère en effet différentes unités de production sur l'archipel allant du ferronickel aux sulfates de cobalt/nickel en passant par du MHP. À l'achèvement de la phase III de ces projets, le groupe disposera d'une capacité de production annuelle de 120 000 tonnes par an des différents produits chimiques à base de nickel et de cobalt utilisables pour la fabrication des batteries Li-ion, et de 280 000 tonnes de ferronickel. Le fabricant de batteries chinois G.E.M. poursuivait les mêmes ambitions avec deux nouveaux investissements dans ce pays, en partenariat avec le singapourien Cahaya Jaya : l'un pour une usine d'une capacité annuelle de raffinage de 30 000 tonnes de nickel, l'autre dédié à la production de précurseurs ternaires pour les batteries Li-ion. Ford devrait, pour sa part, être partenaire minoritaire d'un projet similaire, en association avec Zhejiang Huayou Cobalt. Misant aussi sur le parc industriel de Morowali, le groupe Nickel

Industries a, lui, engagé sa décision finale d'investissement pour son projet « Dawn HPAL+ » devant offrir 72 000 tonnes par an de MHP avec des premiers tonnages attendus à la fin de l'année 2025.

Ces projets conduiront à une démultiplication de l'offre indonésienne de précurseurs de batterie au cours des prochaines années, et ceci n'échappait pas au marché. Tous, pourtant, ne se situaient pas dans l'archipel. Outre l'Australie, les Philippines – où des premières négociations ont eu lieu en 2023 entre le gouvernement et des groupes industriels étrangers, chinois notamment – ne cachaient pas leur volonté de suivre le modèle indonésien.

Derrière l'abondance des projets indonésiens et la rapidité de leur mise en opération se cachait une réalité nouvelle pour la filière nickel : l'abaissement significatif du « capex » des projets HPAL, désormais inférieur à $ 2 milliards, une valeur bien inférieure aux investissements engagés pour les unités de production historique. Et il y avait là, probablement, une explication peu favorable aux intérêts occidentaux : l'expertise chinoise dans ce domaine. Le procédé de traitement des latérites n'en demeure pas moins particulièrement onéreux et complexe technologiquement. Depuis plusieurs années, un des espoirs repose donc sur le développement de technologies abordables. Coutumier de ce type d'annonce, Xian Guangda, fondateur du groupe sidérurgiste Tsingshan – leader mondial de l'acier inoxydable à l'origine du *short squeeze* du 8 mars 2022 sur le LME –, a ainsi déclaré début janvier 2023 pouvoir produire des mattes de nickel en adaptant les convertisseurs utilisés pour la métallurgie du cuivre. En 2021, Tsingshan avait déjà chahuté le marché en affirmant pouvoir convertir (ce qu'il fit) du NPI en mattes à haute teneur en nickel (celles-ci pouvant alors être employées pour la production de sulfate de nickel). La raison économique expliquait en partie cette dynamique : Macquarie estimait ainsi le coût de conversion du NPI en mattes à quelque $ 5 000/t, alors même que le différentiel de prix entre ces deux produits a pu atteindre $ 8 000/t en 2022. Dans ce même registre, CNGR Advanced Materials, le géant chinois des précurseurs de batteries, annonçait avoir réussi à convertir de la matte de faible teneur en matte à haut contenu en nickel dans le cadre d'une innovation technologique moins coûteuse et plus efficiente.

La volonté de l'Indonésie de renforcer son positionnement en aval de la filière ne s'arrête cependant pas au développement des usines de traitement du nickel, mais bien aux batteries et aux véhicules électriques. Parmi les fabricants automobiles ayant d'ores et déjà développé des chaînes d'assemblage dans l'archipel figurent le coréen Hyundai, sur l'île de Java, les chinois Neta et Wuling, ainsi que le japonais Toyota. Début 2024, leur homologue BYD annonçait également la construction d'une usine d'une capacité annuelle de 150 000 unités, tandis que le groupe vietnamien promettait aussi d'investir dans une usine de montage. Glencore et Umicore devraient par ailleurs compter parmi les investisseurs principaux d'un projet « batterie » de 20 gigawatts-heures (GWh) d'un montant de $ 9 milliards.

Sans surprise, les regards étaient également largement tournés vers Tesla. En mai 2022, le président indonésien Joko Widodo était venu à la rencontre d'Elon Musk aux États-Unis, sur le site de lancement de Space X, et les décisions du constructeur américain étaient dès lors scrutées de près. Investira-t-il dans une nouvelle gigafactory ? Telle était la question maintes fois évoquée. Pourtant, dans un contexte difficile tant sur le segment du nickel que sur le plan macroéconomique, Tesla semblait jouer la carte de la prudence… ou de la concurrence, en positionnant son siège pour l'Asie du Sud-Est à Putrajaya, capitale administrative de la Malaisie.

Si, de toute évidence, l'Indonésie détient plusieurs cartes maîtresses sur le marché du nickel, elle n'en demeure pas moins exposée à un certain nombre de contraintes de taille. Bien que disposant des plus grandes réserves minières de nickel au monde (soit 55 Mt selon l'USGS, contre 24 Mt pour l'Australie), l'épuisement programmé de son minerai « de qualité » compte parmi celles-ci et l'horizon pourrait être inférieur à une décennie. « Construire » une part significative du socle industriel voulu par le gouvernement dans cette période est donc d'autant plus important, expliquant ainsi la relative rapidité de mise en œuvre des projets indonésiens. Le respect de critères sociaux et environnementaux renforcés, en adéquation avec les attentes des consommateurs des produits finaux, au premier rang desquels les véhicules électriques, constitue un second défi incontournable (bilan carbone, normes sociales, gestion des *tailings*, déforestation, etc.). Il s'agissait notamment d'un des points clés conditionnant l'approfondissement des négociations entamées en 2023 entre Washington et Djakarta afin de développer une stratégie partenariale sur le segment des métaux des batteries. La demande pour une telle évolution n'était d'ailleurs pas qu'internationale. Dans les derniers jours de 2023, des travailleurs indonésiens de l'industrie nickélifère ont manifesté pour réclamer de meilleures conditions de sécurité sur leurs lieux de travail. Un incendie dans une fonderie de nickel situé dans le parc industriel Morowali avait, quelques jours auparavant, coûté la vie de dix-neuf salariés.

Une exigence de nickel « propre »

Si le nickel n'a pas nécessairement les mêmes règles de conversion à une production « verte » que l'aluminium, son offre se doit, en toute logique, de respecter des critères d'excellence environnementale les plus aboutis. En lien avec les réglementations à venir sur le devoir de vigilance des constructeurs automobiles occidentaux, cet impératif logique s'imposait donc tout particulièrement à l'Indonésie en raison de son poids déterminant dans l'extraction et le raffinage du nickel, poussant le président Widodo à affirmer que son gouvernement intensifierait les standards environnementaux de son pays. La problématique n'en demeurait pas moins mondiale et c'est dans cet esprit que le groupe belge Umicore, fabricant de batteries, et le finlandais Terrafame ont conclu en février un contrat commercial de long terme pour la livraison de sulfate de nickel à faible impact carbone. Les contraintes… ou les opportunités offertes par l'*Inflation Reduction Act* américain n'échappaient, elles, pas au groupe chinois G.E.M, fabricant de batteries, qui prévoyait en mars de lancer une *joint-venture* en actionnariat minoritaire avec SK On et EcoPro Materials, en Corée du Sud. Pour bénéficier des aides fiscales qu'elle propose, l'IRA impose en effet aux constructeurs automobiles que 50 % de leurs approvisionnements proviennent de fournisseurs américains ou de pays alliés (incluant donc la Corée du Sud) dès 2024, cette fraction devant être portée à 80 % en 2026.

En raison des liens évidents entre le « physique » et le « papier » dans l'univers des métaux comme pour l'ensemble des matières premières, la question du lancement de contrats *futures* incorporant ces exigences environnementales se posait naturellement, à l'instar de l'aluminium notamment. Début mars 2024, le LME a toutefois annoncé ne pas vouloir lancer dès à présent de produits dérivés sur le nickel « vert », le marché demeurant encore trop étroit alors même que les critères d'éligibilité à cette labellisation sont débattus.

Vers une remise en cause du LME ?

Il faut dire que la bourse londonienne a eu fort à faire en 2022 et 2023 pour apaiser la défiance grandissante des opérateurs à son encontre et ainsi maintenir ses cours comme références incontournables du marché. Les conséquences du séisme provoqué en 2022 par l'annulation des positions vendeuses de Tsingshan et par le *short squeeze* qui en résulta se sont en effet prolongées jusqu'en 2023 avec, à la clé, une diminution des volumes de transactions sur une majeure partie de l'année. Pour mémoire, la bourse des métaux avait rétroactivement annulé pour quelque $ 12 milliards de transactions lors de la folle envolée des cours à cette période. Face aux mises en accusation du fonds d'investissement Elliott Investment Management et de l'entreprise de *trading* Jane Street, le LME a vu la Haute Cour de justice de Londres reconnaître en novembre 2023 la validité de cette action, offrant à la bourse un souffle bienvenu, alors même que ses profits avaient chuté de 57 % en 2022.

Pour éviter que cette défiance perdure, le LME a annoncé en janvier 2023, par la voix de son président-directeur général Matthew Chamberlain, vouloir rapidement mettre en œuvre les recommandations du rapport d'audit réalisé par la société de conseil Oliver Wyman et dévoilait ainsi, deux mois plus tard, son plan stratégique. Parmi les points emblématiques, une collaboration avec la bourse chinoise *Qianhai Mercantile Exchange* (QME) – elle-même contrôlée par le groupe *Hong Kong Exchanges and Clearing* (HKEX) – était évoquée afin de permettre des transactions *spot* sur du nickel certes de qualité inférieure (nommément de la matte), mais à l'importance stratégique croissante. Les limites de position adoptées après la crise de 2022 étaient également pérennisées, mais rapportées à 12 % pour le cuivre et l'aluminium. Pour remédier à la problématique de la faiblesse et de la perte de représentativité des stocks officiels, d'autres sous-jacents, pourraient en outre être éligibles à la livraison, en particulier de la poudre de nickel (ce qui n'était toutefois pas acté, l'appétence du marché devant être démontrée et les contraintes techniques maîtrisées), tandis que la liste des marques agréées par la bourse des métaux pourrait être étendue avec une procédure d'agrément facilitée. En juillet 2023, Huayou Cobalt, première entreprise à bénéficier d'une telle évolution, voyait ainsi son nickel devenir éligible à la livraison. Plusieurs autres marques chinoises furent adoubées dans les mois qui suivirent. Dans un autre domaine, le LME actait le durcissement des critères de contrôle des stocks de métaux dans ces entrepôts afin de s'assurer de leur conformité.

Si les appétits pour concurrencer la place londonienne pouvaient être grands dans ce contexte difficile, le pragmatisme faisait toutefois loi. Ainsi, le *Chicago Mercantile Exchange* a démenti en avril 2023 vouloir créer, comme semblait l'indiquer l'agence Reuters, son propre contrat à terme sur le nickel, en *cash settlement* (sans possibilité de livraison physique du métal donc) et utilisant une référence de prix proposé par Global Commodities Holdings. À Singapour en revanche, la bourse Abaxx a annoncé en décembre 2023 vouloir prochainement lancer un contrat à terme sur le sulfate de nickel.

Nonobstant cette initiative, les regards étaient fondamentalement tournés vers le SHFE et, plus globalement vers la Chine, dont l'appétit « financier » à l'international n'est plus tu. Avec des sous-jacents autres que le nickel, plusieurs *futures* de la bourse chinoise ont ainsi été progressivement rendus accessibles aux opérateurs étrangers et le lancement d'un contrat sur le nickel d'une telle nature ne serait pas une surprise totale. Pour les produits dérivés sur marchés organisés, le chemin est cependant bien long entre une mise à la cote et un succès, synonyme d'une importante liquidité et de son utilisation en tant que référence de prix et outil de *hedging* (couverture) par les acteurs de la sphère réelle. Opposer le LME et le SHFE n'aurait par ailleurs qu'une portée limitée en raison des stratégies partenariales en gestation entre les deux bourses. En décembre 2023, l'institution londonienne a ainsi déclaré vouloir approfondir dès 2024 sa collaboration avec son homologue chinois, en utilisant notamment des indices de prix issus du SHFE. Tout, au regard des cours, n'émerge cependant pas des places financières et, à la fin mai 2023, le gouvernement indonésien annonçait sa volonté de mettre lui-même en place un indice de prix servant de référence internationale et qui s'affranchirait de la cotation londonienne.

Le nickel russe dans le champ des sanctions occidentales

À l'instar de l'aluminium, le nickel russe n'a pas fait l'objet de sanctions immédiates ou significatives de la part des pays occidentaux, nord-américains ou européens, en raison de son importance stratégique. Les groupes russes n'en demeuraient pas moins exposés aux effets indirects des mesures de rétorsion adoptées contre Moscou (touchant la logistique, les conditions de paiement ou les mécanismes assurantiels), mais peut-être également à la relative désaffection des acheteurs internationaux dans le contexte de marchés particulièrement bien approvisionnés pour les métaux de base. Sans surprise, cette situation a conduit Nornickel, plus grand producteur mondial de palladium et acteur incontournable du nickel, à repenser ses stratégies partenariales à l'international. Dirigé par Vladimir Potanine (qui, lui, a été ciblé par les sanctions américaines à partir de décembre 2022), le groupe regardait fort logiquement du côté de la Chine, tant pour des raisons géopolitiques qu'économiques, mais également de la Turquie ou des pays arabes. Indépendamment des contraintes géopolitiques auxquelles il était assujetti, Nornickel a accusé une réduction de sa production de nickel d'environ 5 % en 2023 (avec une offre s'établissant ainsi à quelque 210 000 tonnes) en raison de la mise en rénovation de l'usine métallurgique de Nadezhda. Si cette baisse était somme toute mesurée, le groupe voyait ses profits se contracter de 51 % sur cette période.

Un reflux des cours pour 2024

2024 ne devrait pas conduire à une nette amélioration des fondamentaux du marché du nickel. Le dynamisme de l'offre et l'excédent du marché resteront présents et c'est sur un repli, en moyenne annuelle, par rapport à 2023 qu'elle devrait se conclure. Il faut néanmoins reconnaître que l'exercice prédictif sur les prix du nickel demeurera hasardeux tant que le statut des contrats « LME » restera questionné. Point de *statu quo* toutefois, car 2024 sera vraisemblablement une année charnière en raison de la crise que traverse la métallurgie du nickel et de l'évolution probable de la demande. L'aval de la filière et les acheteurs finaux auront à déterminer si les actuelles « règles du jeu » du marché international doivent évoluer. Il s'agira notamment de savoir si seul le facteur de « compétitivité-prix » est pertinent ou si une différenciation par la performance sociale et environnementale, idéalement synonyme d'une prime de qualité pour les producteurs les plus vertueux, est possible. Les équilibres mondiaux de l'offre de nickel en dépendent assurément… tout comme la cohérence d'un marché qui ne saurait à terme promouvoir un métal de la transition énergétique sans se soucier de cet impératif.

Plomb : *morne plaine*

Si 2022 fut marquée, dans le contexte du déclenchement de la guerre en Ukraine, par une très forte instabilité des prix des métaux de base, l'année 2023 enferma, à l'inverse, le marché du plomb dans une morne atonie dont il ne put s'affranchir. Si des mines, pas ou peu rentables, furent fermées, notamment en Europe, l'offre de ce métal est restée dynamique, laissant la demande, largement dépendante du secteur automobile, à la traîne. Avec une nette augmentation des stocks dans les entrepôts londoniens et une vigueur réaffirmée des exportations chinoises de plomb raffiné, cette situation ne pouvait que peser sur les cours.

Un marché terne

Dans l'univers des métaux de base, les années se suivent et ne se ressemblent pas. C'était notamment le cas pour le plomb, dont les cours ont fait preuve d'une grande stabilité tout au long de 2023, après une année 2022 soumise aux quatre vents des conséquences économiques et géopolitiques de l'invasion de l'Ukraine par la Russie. Pour preuve, les cours au comptant du plomb sur le *London Metal Exchange* (LME) se sont positionnés, le 29 décembre 2023, à $ 2 301/t, contre… $ 2 322/t le 3 janvier de cette même année, soit un repli de 0,9 %. En moyenne annuelle, ce constat n'évoluait guère avec un recul des prix de seulement 1 % entre 2022 et 2023. Il y eut, certes, de nombreux soubresauts mais ceux-ci étaient, en comparaison des années précédentes, bien relatifs. Les cours ont ainsi trouvé leur valeur plafond pour 2023 dès le 4 janvier, à $ 2 331/t (toujours selon la référence *cash* du LME), et ont atteint leur point bas le 11 décembre, à $ 1 985/t. En valeur journalière, les prix londoniens ne sont passés en deçà

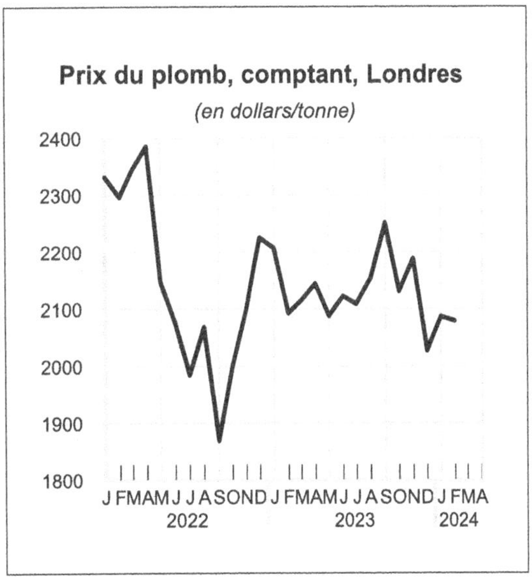

Offre et demande mondiale de plomb

(en milliers de tonnes)

Production minière*	2019	2020	2021	2022	2023	Variation 2023-2022
Europe	501	473	448	451	429	-4.9
Mexique	259	260	272	273	241	-11.7
Pérou	308	242	264	255	273	7.1
États-Unis	270	306	294	272	261	-4.0
Chine	2 006	1 942	1 964	1 946	1 960	0.7
Inde	200	206	217	220	227	3.2
Australie	501	494	488	417	458	9.8
Autres	746	627	704	697	759	8.9
Monde hors Chine	2 691	2 499	2 576	2 502	2 539	1.5
Monde	**4 697**	**4 441**	**4 540**	**4 448**	**4 499**	**1.1**
Production de plomb raffiné						
Europe	2 017	1 917	2 031	1 777	1 786	0.5
Canada	260	189	203	182	191	4.9
Mexique	447	410	420	419	431	2.9
États-Unis	1 167	1 151	975	960	954	-0.6
Chine	5 099	5 204	5 448	5 471	5 687	3.9
Inde	922	818	923	966	1 022	5.8
Japon	237	237	247	295	278	-5.8
Kazakhstan	131	133	121	121	114	-5.8
Corée du Sud	800	770	790	760	744	-2.1
Australie	125	155	164	131	185	41.2
Autres	1 515	1 451	1 517	1 544	1 575	2.0
Monde hors Chine	7 490	7 097	7 270	7 035	7 166	1.9
Monde	**12 589**	**12 301**	**12 718**	**12 506**	**12 853**	**2.8**
Consommation de plomb raffiné						
Europe	1 987	1 804	1 853	1 798	1 897	5.5
États-Unis	1 643	1 516	1 567	1 586	1 465	-7.6
Chine	5 143	5 215	5 309	5 351	5 461	2.1
Inde	887	803	866	908	937	3.2
Japon	252	217	263	305	300	-1.6
Corée du Sud	612	610	674	608	547	-10.0
Autres	2 067	1 974	2 126	2 085	2 153	3.3
Monde hors Chine	7 448	6 924	7 350	7 289	7 300	0.2
Monde	**12 591**	**12 139**	**12 659**	**12 640**	**12 761**	**1.0**
Niveau des stocks rapportés à la fin de l'année						
Producteur	155	154	152	156	156	
Consommateur	110	110	105	107	104	
LME	66	133	54	25	134	
SHFE	45	46	86	35	53	
Total	**376**	**445**	**398**	**324**	**447**	

* Teneur en plomb

(Source : ILZSG)

du seuil de $ 2000/t qu'à de très rares reprises durant cette année, et ce, pour un temps très bref : en décembre donc, et début juin, après une nette glissade observée au cours du premier semestre.

Sur le *Shanghai Futures Exchange* (SHFE), la dynamique des prix fut, à l'inverse, légèrement ascendante en 2023. Elle vit le plomb débuter l'année, en moyenne mensuelle, à 15 419 yuans par tonne, selon les données de l'*International Lead and Zinc Study Group* (ILZSG), pour l'achever à 15 647 yuans en décembre, ce qui lui offrait une modeste progression de 1,4 %. Représentative de l'écart entre les prix à terme et au comptant, la structure du marché a, elle, fait preuve d'une forte instabilité, le *contango* s'affaissant mois après mois, avant de laisser place à une nette *backwardation* (où le cours *cash* est supérieur au trois mois) en septembre et octobre accompagnant le rebond des cours observés à cette période de l'année.

Une progression de la demande plus faible que celle de l'offre

Prix stables, fondamentaux stables ? S'il convient toujours d'être prudent dans l'analyse des marchés mondiaux de matières premières, et notamment ceux des métaux de base, cette affirmation s'est en apparence vérifiée pour le plomb. Selon l'ILZSG, l'offre minière de plomb s'est en effet établie à 4,499 Mt (en métal contenu) à l'échelle internationale en 2023, en hausse de 1,1 % par rapport à 2022. Avec 1,960 Mt extraites en 2023 (+ 0,7 %), la Chine conservait évidemment la première place du classement, loin devant – par ordre décroissant – l'Australie, le Pérou, les États-Unis, le Mexique, puis l'Inde. Malgré d'amples mouvements de contestation sociale qui ont perduré en 2023, l'offre péruvienne a nettement progressé, à l'instar de celle de l'Australie. Elle refluait, en revanche, aux États-Unis et au Mexique. Ce constat général s'imposait également à l'international, le Pérou occupant toutefois la tête des pays exportateurs de minerai de plomb, à 501 145 tonnes en 2023 (une performance inégalée depuis 2016), devant l'Australie et le Mexique, tandis que la Chine, la Corée du Sud et l'Allemagne en étaient les trois premiers importateurs. Ne comptant pas, ou si peu, dans l'offre minière de plomb, l'Espagne pourrait, elle, voir sa production croître dans les années à venir, à la faveur du projet *Nuevo Linares* porté par l'entreprise Inersa et aspirant à faire revivre l'ancien site minier qui existait trente années auparavant dans cette région. La Suède est, à l'heure actuelle, le plus grand pays européen producteur de minerai de plomb. Ces différentes statistiques ne pouvaient toutefois faire oublier qu'un certain nombre de mines ont été fermées en Europe pour des raisons économiques. En juin 2023, le groupe suédois Boliden a ainsi positionné en *care*

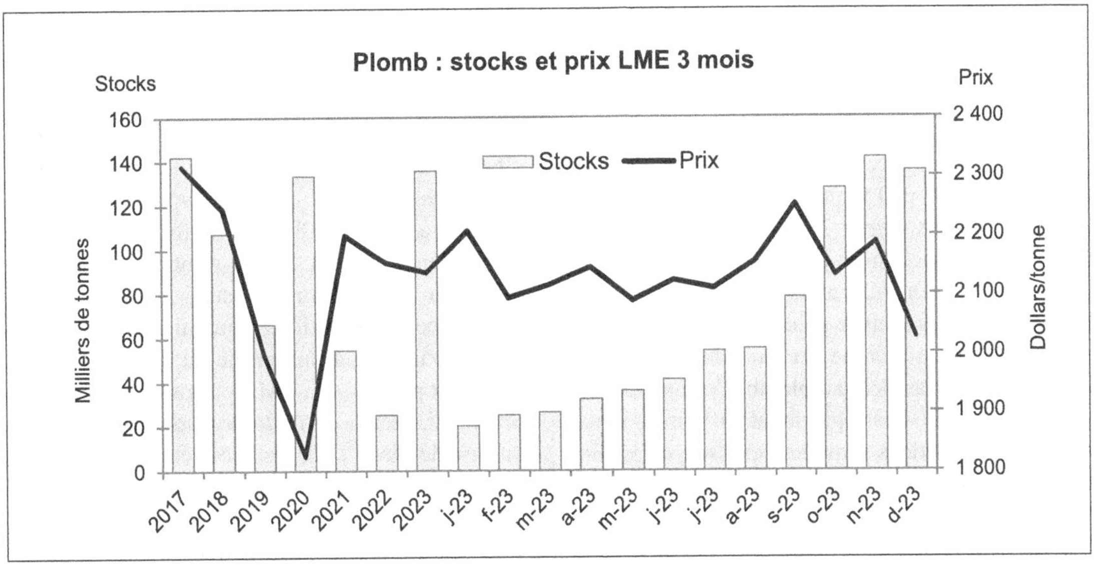

Plomb - Bilan mondial
(en milliers de tonnes)

	2019	2020	2021	2022	2023
• Production minière	4 697	4 441	4 540	4 448	4 499
• Production métal	12 589	12 301	12 718	12 506	12 853
• Utilisation métal	12 591	12 139	12 659	12 640	12 761

(Source : ILZSG)

and maintenance Tara, la plus grande mine européenne de zinc et de plomb située en Irlande, tandis qu'en septembre Alminas-Minas en faisait de même au Portugal, avec celle d'Aljustrel.

Toujours d'après les statistiques de l'ILZSG, l'offre mondiale de métal raffiné s'est elle aussi accrue entre 2022 et 2023, passant de 12,506 Mt à 12,853 Mt (incluant sources primaires et recyclage), soit une hausse de près de 2,8 %. En lien avec ses volumes miniers, la Chine a réaffirmé son rang de premier producteur mondial à la faveur d'une nette élévation de ses tonnages. Ils sont en effet passés de 5,471 Mt en 2022 à 5,689 Mt en 2023, en augmentation d'environ 4 %. Loin derrière, l'Inde a connu pareil dynamisme avec une production estimée à 1,022 Mt en 2023, contre 966 000 tonnes l'année précédente. Troisième de ce classement, la Corée a, en revanche, accusé une légère baisse de son offre, celle-ci tombant à 744 000 tonnes en 2023, contre 760 000 tonnes en 2022. Premier pays producteur européen, l'Allemagne voyait, pour sa part, le redémarrage en avril 2023 du site de Berzelius Stolberg, arrêté depuis juillet 2021 en raison des inondations qui avaient touché la région à cette période. D'une capacité annuelle de 180 000 tonnes, cette fonderie est la propriété, depuis février 2023, du négociant Trafigura. La production du pays s'est ainsi portée à 337 000 tonnes en 2023, alors qu'elle était tombée à 227 000 tonnes l'année précédente.

À l'instar du marché du zinc dont le destin reste largement associé au plomb, l'utilisation de ce dernier métal s'est également raffermie, mais dans des proportions moindres que son offre. En hausse d'à peine 1 %, elle est passée de 12,64 Mt à 12,761 Mt entre 2022 et 2023. En lien avec un marché redevenu excédentaire – à 92 000 tonnes après un déficit de 134 000 tonnes en 2022 –, il était somme toute logique que les prix refluassent. Outre le dynamisme de la production, cette situation s'expliquait par un recul de l'utilisation de plomb aux États-Unis et en Corée du Sud, les deux principales zones de consommation de ce métal, après la Chine. Elle progressait néanmoins de quelque 100 000 tonnes dans l'Union européenne, à la faveur d'un regain d'appétit de l'Allemagne, mais également de la Pologne.

L'abondance retrouvée de plomb s'observait tout autant, en 2023, dans les flux de commerce mondiaux, avec une forte progression des volumes de métal brut vendu à l'international. Premier exportateur mondial, la Corée du Sud a porté ses tonnages, selon le *Korea Trade Statistics Promotion Institute*, à 350 348 tonnes (dont un tiers à destination des États-Unis) contre 335 614 tonnes durant l'année 2022, tandis que l'Australie, à la deuxième place en 2022, voyait l'Inde la dépasser avec des exportations en croissance de plus de 58 %, à 306 658 tonnes. Il s'agissait là d'un record historique. Son solde commercial n'en demeurait pas moins déficitaire. Celui de la Chine s'est, pour sa part, inscrit dans le prolongement des années passées qui l'ont vu devenir excédentaire à partir de 2021. Il s'affichait à 149 361 tonnes en 2023. Il fallait remonter… à 2007 pour voir une performance supérieure. Une fraction de ces exportations trouvait sa justification dans l'existence d'une prime au comptant sur le contrat « plomb » du LME par rapport à celui de Shanghai, créant *de facto* des opportunités d'arbitrage de place pour les producteurs chinois. Si le marché semblait à l'équilibre à l'échelle mondiale, il ne l'était pas, en effet, au niveau régional, avec un déséquilibre « offre/demande » légiti-

Évolution de la balance commerciale chinoise de plomb brut

(en tonnes)

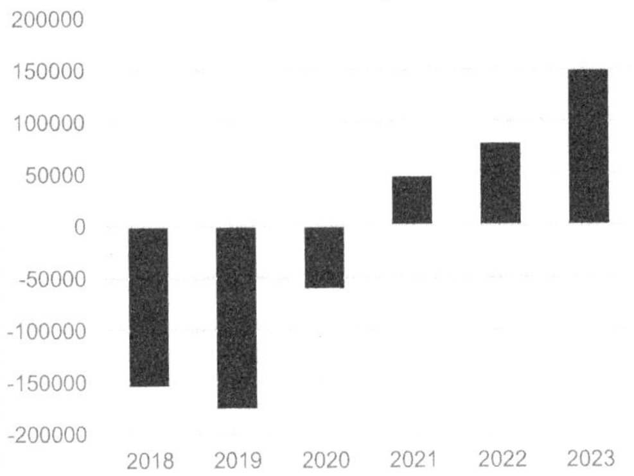

(Sources : China Customs Statistics & Trade Data Monitor)

mant les flux de métaux asiatiques vers l'Europe ou l'Amérique du Nord.

Fort logiquement, cette situation de décalage entre l'offre et la demande s'est traduite par une augmentation des stocks tant en bourse que dans les entrepôts des producteurs, des négociants ou des utilisateurs. Au LME, ils sont ainsi passés d'un peu plus de 20 000 tonnes en janvier – un niveau historiquement bas que le plomb partageait avec le zinc, son « métal jumeau » – à un maximum pour l'année de 144 450 tonnes le 29 novembre. Ils bondirent même au premier trimestre 2024, atteignant 267 850 fin mars, un niveau qui n'avait pas été observé depuis mars 2013. Derrière cette accumulation de métal, constatée notamment dans les entrepôts de Singapour, se trouvait une double réalité : le retour des *financing deals* visant à tirer profit entre la valeur du *contango* et le coût net de stockage du métal, mais également une désaffection envers le plomb provenant du secteur automobile, son principal débouché. Celle-ci s'avérait tant conjoncturelle – l'élévation des taux d'intérêt pesant sur les achats de biens d'équipement – que structurelle en raison du fort développement des batteries Lithium-ion (Li-ion) et de la diminution lente, mais programmée, de l'usage des batteries « plomb-acide », même si celles-ci demeurent présentes dans les véhicules électriques, notamment les hybrides rechargeables.

Un rebond en 2024 ?

Un rebond du prix du plomb était attendu en 2023. Viendra-t-il en 2024 ? Rien n'est moins sûr, tant les fondamentaux du marché, en particulier le retour à l'excédent du solde commercial chinois et l'abondance de métal dans les entrepôts du LME, limitent le potentiel à la hausse. 2023 a cependant fait apparaître une valeur plancher à $ 2 000/t, et celle-ci devrait à nouveau s'observer en 2024. L'horizon à plus long terme semble toutefois plus sombre.

Offre et demande mondiale de zinc

(en milliers de tonnes)

Production minière*	2019	2020	2021	2022	2023	Variation 2023-2022
Europe	1 112	1 099	1 069	1 066	1 002	-6.0
Canada	323	247	230	152	103	-32.2
Mexique	677	688	743	744	673	-9.5
Pérou	1 404	1 335	1 532	1 370	1 468	7.2
États-Unis	753	718	704	761	748	-1.7
Chine	4 213	4 058	4 136	4 041	4 060	0.5
Inde	713	727	794	836	854	2.2
Kazakhstan	322	341	318	315	342	8.6
Australie	1 337	1 312	1 323	1 238	1 097	-11.4
Autres pays	2 268	2 040	2 226	2 221	2 253	1.4
Total monde hors Chine	8 586	8 166	8 621	8 386	8 198	-2.2
Monde	**12 799**	**12 224**	**12 757**	**12 427**	**12 258**	**-1.4**
Production de zinc raffiné						
Europe	2 453	2 493	2 494	2 211	2 163	-2.2
Canada	655	684	643	485	502	3.5
Mexique	393	368	367	347	362	4.3
Chine	6 162	6 342	6 408	6 358	6 850	7.7
Inde	712	710	779	838	836	-0.2
Japon	527	501	517	517	485	-6.2
Kazakhstan	318	319	327	266	272	2.3
Corée du Sud	858	904	840	868	878	1.2
Australie	432	468	463	385	443	15.1
Autres pays	1 036	999	1 056	1 078	1 072	-0.6
Total monde hors Chine	7 384	7 446	7 486	6 995	7 013	0.3
Monde	**13 546**	**13 788**	**13 894**	**13 353**	**13 863**	**3.8**
Consommation de zinc raffiné						
Europe	2 396	2 145	2 305	2 209	2 112	-4.4
États-Unis	939	866	920	950	909	-4.3
Chine	6 638	6 736	6 854	6 515	6 970	7.0
Inde	661	558	643	644	745	15.7
Japon	458	382	431	367	342	-6.8
Corée du Sud	474	449	468	416	407	-2.2
Autres pays	2 263	2 163	2 402	2 324	2 173	-6.5
Total monde hors Chine	7 191	6 564	7 169	6 911	6 689	-3.2
Monde	**13 829**	**13 300**	**14 023**	**13 426**	**13 659**	**1.7**

(Source : ILZSG)

Zinc : *le repli*

Aux mêmes causes, les mêmes effets ! En 2023, le zinc est entré, comme l'ensemble des métaux de base, dans une phase de repli accompagnée au second semestre d'une faible volatilité qui, outre sa nature inhabituelle dans le monde des matières premières, tranchait singulièrement avec l'extraordinaire instabilité de 2021 et 2022. Dans un environnement macroéconomique encore bien incertain, une offre de métal raffiné progressant plus rapidement que la demande, et des stocks en forte hausse : telles étaient les principales variables de ce reflux des cours. Incendie, inondation et moindre rentabilité : l'offre de minerai fut toutefois à la peine et une situation similaire pourrait créer, en 2024, les conditions d'un rebond des cours si les demandes chinoises et indiennes se raffermissent. Ayant la galvanisation pour principal débouché, le zinc s'affirme, à plus long terme, comme un des métaux de la transition énergétique et sa dimension « stratégique », en lien avec les politiques de sécurisation des approvisionnements des pays importateurs, se renforce.

Sur le *London Metal Exchange* (LME), les cours du zinc sont entrés, en 2023, dans une valse à trois temps bien irrégulière. Achevé rapidement, le premier vit la tonne poursuivre le mouvement ascendant dans lequel elle s'était engagée quelques mois auparavant, à la faveur du ralentissement de la hausse des taux directeurs de la Réserve fédérale (Fed) – synonyme d'une dépréciation du dollar et donc d'une amélioration du pouvoir d'achat des importateurs mondiaux de matières premières –, mais également de la fin de la politique zéro-covid menée par la Chine. Entamant l'année 2023 à un peu plus de $ 3 000/t, le prix *cash* du zinc s'est alors hissé à $ 3 508/t le 26 janvier, soit une progression de près de 17 % sur un mois seulement. Cette euphorie fut pourtant brève, engageant le zinc dans un deuxième mouvement, singulièrement baissier cette fois. Il dura jusqu'au début du mois de juin, où le cours londonien ne valait plus que $ 2250/t, effaçant largement les gains précédents et infligeant ainsi à ce métal un repli de 25 % par rapport aux premiers jours de 2023. Et puis… rien, ou presque. Dans ce troisième et dernier mouvement, les prix n'ont guère varié, oscillant autour d'un cours pivot proche de $ 2 450/t, sans jamais dépasser durablement le plafond de $ 2 600/t. Ayant débuté l'année 2023 en *backwardation* – situation où, en raison de tensions sur

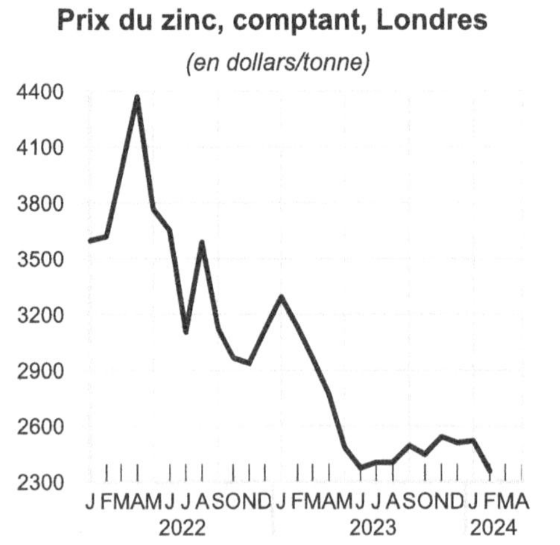

(Source : Datastream)

l'offre, les prix *cash* sont supérieurs aux prix à terme –, le marché londonien est logiquement revenu dans une configuration inverse de *contango* à partir de mai (en moyenne), signe d'une disponibilité renouvelée du métal dans ses entrepôts.

En définitive, les prix du zinc se sont affaissés de 12 % entre les premiers et les derniers jours de 2023 et de 2 %, en moyenne annuelle, entre 2022 et 2023. Sur le *Shanghai Futures Exchange* (SHFE), ils reculaient sans surprise dans des proportions assez similaires, s'établissant à 21 550 yuans par tonne le 29 décembre contre 23 515 yuans par tonne sur les premiers jours de 2023, soit un recul de plus de 8 % sur cette période. Le premier trimestre 2024 s'est néanmoins conclu sur un bilan plus favorable. Le cours *cash* du LME s'est en effet affiché à $ 27 355/t le 27 mars, offrant au zinc une hausse d'un peu moins de 9 % sur la période.

Un reflux de l'offre minière, mais une progression de la production d'étain raffiné

Selon les données encore provisoires de l'*International Lead and Zinc Study Group* (ILZSG), l'offre minière de zinc s'est à nouveau inscrite en légère baisse en 2023, après celle enregistrée en 2022. À 12,258 millions de tonnes – Mt – (en contenu métallique), elle s'est en effet contractée de 1,3 % par rapport à 2022. Actant également de cette diminution, les statistiques de l'*United States Geological Survey* (USGS) – le service géologique américain – positionnaient ce total mondial légèrement en deçà, à 12 Mt. En tête du classement mondial, la Chine a, elle, vu sa production passer de 4,041 Mt de tonnes en 2022 à 4,06 Mt en 2023 (selon les données de l'ILZSG), en quasi-stagnation. Loin derrière, son dauphin

Zinc - Bilan mondial
(en milliers de tonnes)

	2018	2019	2020	2021	2022	2023
• Production minière	12 683	12 799	12 224	12 757	12 427	12 258
• Production métal	13 534	13 546	13 788	13 894	13 353	13 863
• Utilisation métal	13 998	13 829	13 300	14 023	13 426	13 659

(Source : ILZSG)

– le Pérou – aurait pu connaître, à l'instar d'autres métaux, une contraction de ses tonnages en raison des contestations sociales qui ont touché le secteur minier du pays. Malgré la fermeture, en octobre, de la mine de Tajo Norte opérée par le groupe Compañía de Minas Buenaventura, il n'en fut pourtant rien pour le zinc (comme pour le plomb auquel il est rattaché) avec une production de 1,468 Mt en 2023, contre 1,37 Mt l'année précédente. Dans ce classement des plus grands pays producteurs, l'Australie a, pour sa part, accusé une singulière décrue de ses volumes, passant de 1,238 Mt à 1,097 Mt (– 11,3 %) sur cette période. En exceptant l'Inde – dont l'offre, en progression constante depuis plusieurs années, s'est portée à 854 000 tonnes en 2023 –, leurs principaux poursuivants ont inscrit une production en déclin, que ce soient les États-Unis (– 1,7 % à 748 000 tonnes), le Mexique (– 9,5 %, à 673 000 tonnes) ou la Bolivie (– 4,8 %, à 493 000 tonnes). Cette situation s'expliquait, pour la première économie mondiale, par la fermeture, au second semestre, de trois mines : la première, dans l'Idaho, en raison d'un incendie survenu en août; les deux autres – Gordonsville et Cumberland –, opérées par Nyrstar dans le Tennessee, ayant vu leurs activités être suspendues du fait d'une rentabilité insuffisante. En juin 2023, une même situation avait conduit le groupe suédois Boliden à positionner en *care and maintenance* Tara, la plus grande mine européenne de zinc située en Irlande, et la maison de négoce Trafigura à fermer celle de Myra Falls, au Canada. Le recul de l'offre mexicaine trouvait son origine dans l'importante grève ayant touché, du 7 juin au 17 octobre, la mine mexicaine de Peñasquito opérée par le groupe américain Newmont. En mars 2024 enfin, et de façon non exhaustive, Glencore a temporairement cessé ses activités dans la mine australienne de McArthur River en raison du cyclone tropical Megan et des fortes

Évolution de la balance commerciale chinoise de zinc brut
(en milliers de tonnes)

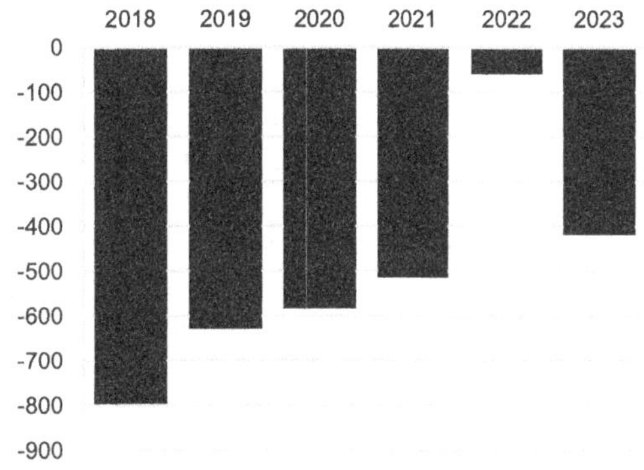

(Sources : China Customs Statistics & Trade Data Monitor)

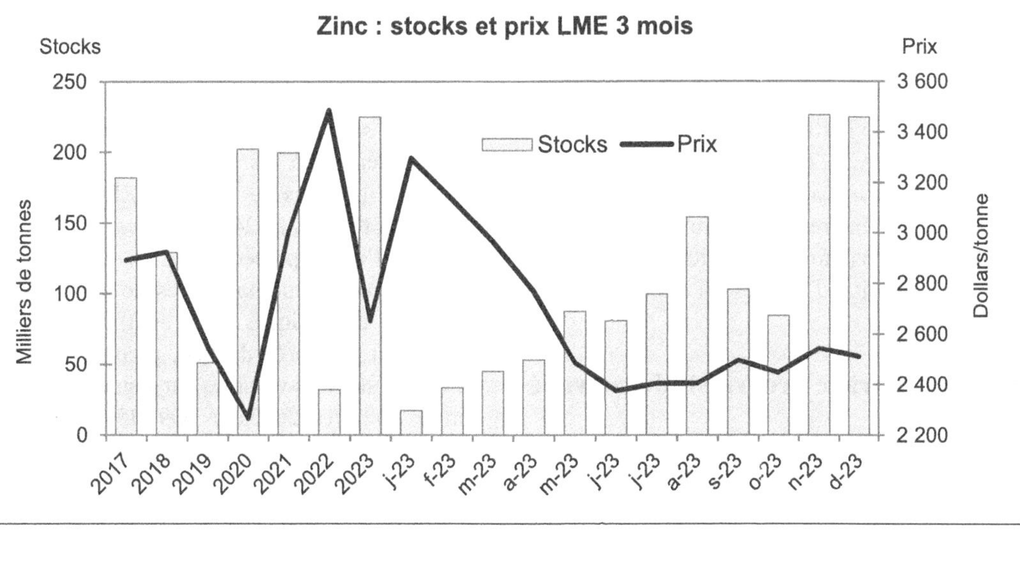

précipitations ayant frappé le Territoire du Nord. Toujours en Australie, le géant minier a annoncé la fermeture de l'emblématique mine de Mount Isa (cuivre/argent/plomb/zinc), après soixante années d'existence.

Bien que l'exercice d'estimation soit rendu particulièrement délicat en raison de la guerre en Ukraine et de l'absence de communication statistique par Moscou, la Russie aurait, elle, légèrement augmenté sa production, à 302 000 tonnes en 2023, contre 293 000 tonnes précédemment. Située en république de Bouriatie, à l'Extrême-Orient du pays, la mine « plomb/zinc » d'Ozernoye – l'une des plus grandes au monde – devait être mise en activité en 2023. Il faudra en réalité attendre la fin de l'année 2024 pour que ses premiers tonnages de concentrés apparaissent, en raison d'un incendie ayant touché les infrastructures de flottation et de réparations rendues bien plus complexes par les sanctions américaines dont Ozernoye Mining fait désormais l'objet.

Toujours d'après l'ILZSG, l'offre de zinc raffiné a, en revanche, progressé entre 2022 et 2023 à un rythme relativement important (+ 3,8 %), passant de 13,353 Mt à 13,863 Mt sur cette période. À l'instar des tonnages miniers et sans que cela ne pût surprendre, la Chine a gardé la tête des pays producteurs avec 6,85 Mt sorties de ses usines en 2023. Produire n'est toutefois pas exporter. Alors qu'elle avait vu le solde de sa balance commerciale sur le zinc brut (HS Code : 7901) s'améliorer en 2022 (tout en demeurant négatif), tel ne fut pas le cas en 2023. Deuxième importatrice nette derrière les États-Unis, la Chine a vu son déficit atteindre 417 555 tonnes, ce qui la faisait revenir dans une forme de normalité. En cause : un effondrement de ses exportations, après sa performance extraordinaire de 2022… et une envolée de ses importations, avec le Kazakhstan et l'Australie pour principaux partenaires commerciaux. La Chine n'en demeure pas moins, en volume, la première nation exportatrice d'articles en étain et la deuxième, en valeur.

Un rééquilibrage progressif du marché

La demande de métal raffiné a certes progressé entre 2022 et 2023, passant de 13,426 Mt à 13,659 Mt. Elle le faisait néanmoins à un rythme bien plus faible que celui de l'offre, ce qui constituait l'un des premiers éléments explicatifs du repli des cours. Le marché n'en restait pas moins en déficit, celui-ci se réduisant en conséquence. Participant à ce rééquilibrage, les stocks officiels de métal dans les entrepôts du LME n'ont eu de cesse de croître. Pour mémoire, ils avaient atteint un niveau historiquement bas en février 2023, à moins de 16 000 tonnes. Combinée avec la fin de la politique zéro-covid de la Chine, cette situation expliquait en large part l'excellente performance des cours du zinc en ce début d'année. Se rehaussant mois après mois (justifiant tout autant le repli successif des cours, de concert avec les espoirs déçus de la demande chinoise), ils ont atteint… 276 000 tonnes début mars 2024. Ce qui valait pour les stocks en bourse valait également pour ceux détenus par les producteurs, les négociants ou les utilisateurs de zinc. L'ILZSG les estimait, dans leur totalité, à 824 000 tonnes en 2023, contre 653 000 l'année précédente.

Évolution des cours boursiers de Nyrstar sur Euronext Bruxelles

(en euros)

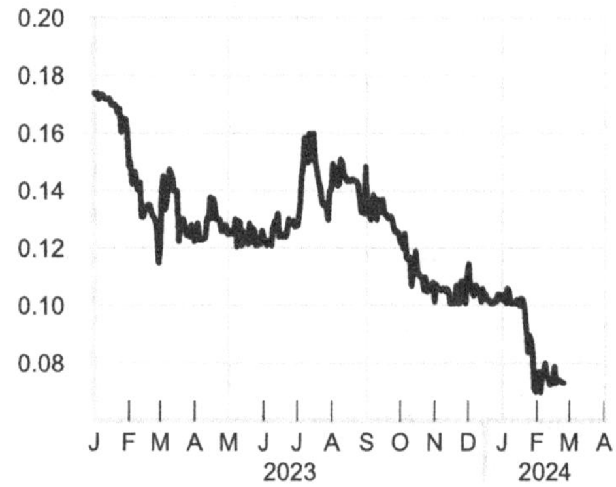

(Source : Datastream)

Les ventes internationales de zinc ont également été dynamiques. Ceci était notamment vrai au départ de Corée du Sud, premier exportateur mondial, dont les volumes ont gagné 40 000 tonnes entre 2022 et 2023 (à 609 145 tonnes), mais également, pour l'Europe, les Pays-Bas, la Belgique et l'Espagne, ses poursuivants dans ce classement. Pour cette dernière nation comme pour l'Australie – tout aussi présente sur les marchés internationaux –, les tonnages ont connu un réel essor : l'Espagne a exporté 466 709 tonnes de zinc brut en 2023, contre 354 833 tonnes l'année précédente, tandis que l'île-continent gagnait 122 000 depuis 2022, à 436 834 tonnes, d'après les statistiques douanières compilées par *Trade Data Monitor.* Le bilan à l'international de l'Inde fut en revanche bien plus terne, avec un recul d'environ 100 000 tonnes de ses ventes à l'étranger. Il y avait néanmoins une raison évidente à cela : la forte élévation de son utilisation de zinc, estimée à 745 000 tonnes en 2023, en hausse de 15 % par rapport à 2022, d'après les chiffres de l'ILZSG. La Chine montrait pareil appétit, pour des volumes bien plus importants cependant : de 6,515 Mt en 2022 à 6,97 Mt en 2023.

Un rebond en 2024 ?

En raison des incertitudes pesant encore sur l'offre minière et nonobstant des stocks officiels revenus à des niveaux acceptables, les cours du zinc pourraient connaître un léger rebond en 2024, le seuil de $ 2 500/t pouvant être considéré, en moyenne, comme une valeur plancher. Avec pour débouché principal la galvanisation (utile notamment pour les éoliennes *offshore*), le zinc suscite également l'intérêt des fabricants de batteries à la faveur de son importante disponibilité et pourrait peut-être devenir, à terme, une alternative aux batteries Lithium-ion, sans utilisation de sels dans l'électrolyte. Que sa dimension « stratégique » soit récemment affirmée par certains gouvernements, à l'instar de l'Australie en décembre 2023, n'était en cela pas une surprise.

Métaux « électriques » :
retour sur terre

Qualifiés d'«électriques» dans une référence peut-être trop simple, les métaux présentés dans ce chapitre – et dans lequel le nickel aurait pu trouver sa place – jouent un rôle majeur dans le stockage d'énergie sous forme d'électricité au sein de batteries rechargeables des technologies appelées «Lithium-ion» (Li-ion). Ils sont, en cela, tout à fait essentiels pour nombre d'industries et d'économies.

Les batteries Li-ion, commercialisées pour la première fois à l'échelle industrielle en 1991 par le groupe japonais Sony, présentent des caractéristiques très intéressantes en matière de capacité d'accumulation d'énergie par unité de masse par rapport aux technologies précédentes et concurrentes. La réduction de leurs coûts de fabrication a également fortement joué dans leur expansion à grande échelle, d'abord dans les appareils électroniques portables, puis de manière croissante au sein des véhicules électrifiés. Ainsi, pour beaucoup de constructeurs automobiles, les technologies Li-ion semblent aujourd'hui l'un des meilleurs compromis pour les batteries de véhicules électriques en termes de puissance d'énergie embarquée, de légèreté, de fiabilité, de durée de vie et de coût de fabrication.

Toutes les batteries Li-ion sont constituées d'un électrolyte liquide à base de lithium, faisant l'interface entre une anode, principalement composée de graphite lithié, et d'une cathode. Or, il existe plusieurs variantes de compositions chimiques pour les matériaux d'anode et de cathode. Le principal impact, à la fois sur les performances, les coûts et les quantités de matières utilisées, a été porté jusqu'ici par le choix des métaux à la cathode. Il s'agit principalement du lithium, du cobalt, du nickel et du manganèse.

Les besoins en métaux à usage des batteries sont en croissance soutenue. Par exemple, une usine produisant 30 GWh de batteries consomme environ 33 000 tonnes de graphite, 25 000 tonnes de lithium, 19 000 tonnes de nickel et 6 000 tonnes de cobalt (t Co), chacun sous forme de «matériaux actifs de qualité batterie». Le marché des matériaux actifs de batteries a été évalué à $ 7,45 milliards en 2017 et pourrait représenter $ 26 milliards en 2025.

Cobalt (Co)

Le cobalt joue un rôle fondamental pour le stockage d'énergie : son utilisation dans les batteries rechargeables, en particulier de type Li-ion, représentait 57 % de ses usages en 2023 selon le *Cobalt Institute*. Le cobalt entre dans la composition de trois types de cathodes de batteries Li-ion : « Lithium Cobalt Oxyde » (LCO), «Nickel Cobalt Aluminium» (NCA) et «Nickel Manganèse Cobalt» (NMC). Sa présence permet d'accroître leur densité énergétique, leur performance, mais aussi d'augmenter leur stabilité et leur longévité. Les autres marchés du cobalt sont, par ordre d'importance : les superalliages (13 %), les carbures cémentés et outils diamantés (8 %), les pigments (6 %), les catalyseurs au cobalt (5 %), les aimants permanents samarium-cobalt (4 %), les pneumatiques (2 %) et divers autres, dont l'usage comme agent de séchage.

La plupart des experts pronostiquent une forte croissance de la consommation mondiale de cobalt dans les deux prochaines décennies (7-10 % par an) tirée par les besoins des secteurs du stockage de l'énergie et des mobilités électriques ; les batteries automobiles consomment actuellement environ un quart du cobalt produit. D'après le bureau d'étude Roskill, la part du secteur des batteries est attendue entre 70 % et 80 % du total de la demande à un proche horizon. Ces estimations sont cependant basées sur des scénarios dans lesquels le marché du véhicule électrique (VE) continuerait de croître et d'utiliser en majorité des batteries lithium-ion intégrant du cobalt. Or, du fait du prix élevé du cobalt (le plus cher des métaux de cathodes) et des enjeux liés à son approvisionnement (forte dépendance à la République démocratique du Congo), Tesla et d'autres constructeurs automobiles – comme le chinois BYD – se sont récemment tournés vers la production à grande échelle de VE intégrant des batteries LFP (Lithium-Fer-Phosphate) fonctionnant sans cobalt.

Les besoins des VE utilisant des batteries de type LCO, NCA ou NMC sont néanmoins toujours importants, ainsi que ceux des technologies de réseaux d'internet 5G qui continueront à soutenir l'expansion du marché durant au moins encore plusieurs années. Le consultant britannique CRU estime ainsi que la demande en cobalt pour les batteries d'appareils électroniques portables (représentant environ 60 % de la demande du cobalt dans le stockage d'énergie) passera de 45 000 t Co en 2020 à 73 000 t Co en 2025.

Après avoir reculé à un seuil de $ 35/kg pendant la pandémie mondiale, le prix du cobalt métal sur le marché européen (qualité *alloy grade cut cathode* 99 %) est reparti à la hausse début 2021 sous l'effet de la reprise économique post-covid,

Cobalt

(en tonnes de métal contenu dans la production minière)

	2018	2019	2020	2021	2022	2023
Production minière	**148 000**	**144 000**	**142 000**	**165 000**	**197 000**	**230 000**
Australie	4 880	5 740	5 630	5 295	5 790	4 600
Canada	3 520	3 340	3 690	4 361	3 060	2 100
Chine	2 000	2 500	2 200	2 200		
Cuba	3 500	3 800	3 800	4 000	3 700	3 200
États-Unis	490	500	600	650	500	500
Indonésie			1 100	2 700	9 600	17 000
Madagascar	3 300	3 400	850	2 800	3 500	4 000
Maroc	2 100	2 300	2 300	2 300		
Nouvelle-Calédonie	2 100				2 000	3 000
Papousie Nlle-Guinée	3 280	2 910	2 940	2 953	2 990	2 900
Philippines	4 600	5 100	4 500	3 600	3 900	3 800
Rép. dém. du Congo	104 000	100 000	98 000	119 000	144 000	170 000
Russie	6 100	6 300	9 000	8 000	9 200	8 800
Turquie				2 400	2 100	2 800
Autres pays	5 540	6 320	7 640	4 567	6 600	6 600

Prix du cobalt
Marché libre européen
(en dollars/kg)

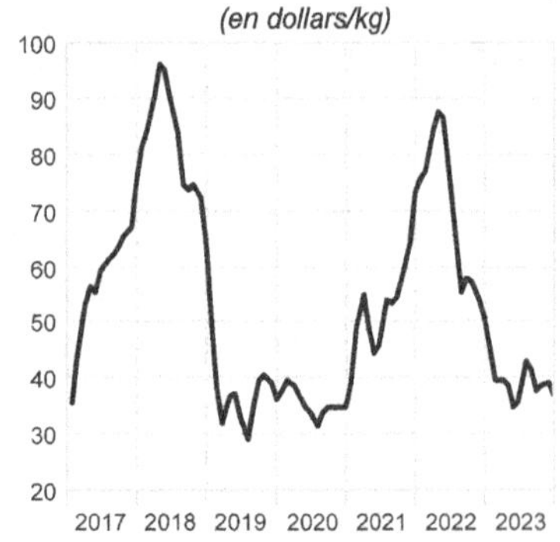

(Source : Mineral Commodity Summaries)

puis des menaces de pénuries engendrées par le conflit russo-ukrainien (la Russie est un producteur non négligeable de cobalt en sous-produit des platinoïdes et du nickel). Son prix a atteint $ 88/kg en avril 2022, avant de connaître une forte baisse à la suite, notamment, de l'annonce de Tesla sur ses nouvelles orientations stratégiques concernant les batteries de type LFP, et d'une baisse de la demande des industries à forte intensité énergétique. Cette tendance baissière s'est confirmée en 2023 (– 43,2 % par rapport à 2022), et les prix sont restés sous les $ 40/kg durant la majeure partie de l'année écoulée. L'offre minière ayant augmenté sensiblement ces deux dernières années, le prix devrait se maintenir relativement bas à court terme.

La production minière mondiale de cobalt en 2023 s'est élevée à 230 000 tonnes, selon les données préliminaires de l'*United States Geological Survey* (USGS), soit une hausse de 17 % par rapport à l'année précédente. La très grande majorité de cette offre provient de la récupération de cobalt comme coproduit ou sous-produit de l'extraction du cuivre et du nickel. Près des trois quarts de la production minière mondiale étaient toujours issus de la République démocratique du Congo (RDC). Cette proportion restera similaire dans les prochaines années avec une part de plus en plus importante de la production indonésienne, même si des réorientations stratégiques sur la scène géopolitique ou sur le marché des batteries électriques pourraient venir altérer ces prédictions.

La production mondiale de cobalt est, pour l'essentiel, assurée par quelques grands groupes industriels. Longtemps principal acteur de ce marché, la multinationale suisse Glencore, spécialisée dans le négoce de matières premières, est très active dans le domaine minier. Selon S&P Capital IQ, ses actifs sur le cobalt équivalaient à environ un cinquième de l'offre primaire mondiale en 2023. En RDC, Glencore contrôle la mine de Kamoto/Katanga, la principale source de cobalt dans le monde (27 600 tonnes), et la mine de Mutanda (11 200 tonnes) où elle a récemment relancé ses opérations après les avoir suspendues en 2019. À cela s'ajoutent les mines canadiennes de Sudbury (400 tonnes) et australiennes de Murrin Murrin (2 100 tonnes). Glencore a également multiplié les contrats auprès de divers acteurs de la fabrication de batteries ces dernières années, s'assurant ainsi un rôle de maillon indispensable de la chaîne industrielle des productions de batteries Li-ion, et rendant par la même occasion une partie du cobalt indisponible au « marché libre ». Parmi ses principaux clients figurent le groupe chinois GEM's Jiangsu, les sud-coréens SK Innovation et Samsung SDI Co. Ltd., le norvégien FREYR, le canadien Electra Battery Materials, ou encore le constructeur automobile de voitures électriques Tesla. Parallèlement, la société a initié des partenariats dans le domaine du recyclage, notamment avec Britishvolt en 2021, avec le marocain Managem (qui exploite la mine de Bou-Azzer) en 2022, et avec l'entreprise canadienne Li-Cycle en 2023 pour un projet d'un giga centre de recyclage de batteries au lithium en Italie, qui deviendrait le plus grand en Europe.

Plusieurs compagnies chinoises sont devenues des acteurs incontournables du marché grâce aux importants investissements réalisés ces dernières années, en RDC et en Indonésie. Il s'agit en particulier de Zhejiang Huayou Cobalt (qui fabrique aussi des matériaux actifs de batteries), ainsi que des groupes Jinchuan Group Ltd. et surtout China Molybdenum Co. Ltd (CMCO) qui est devenu, en 2023, le premier producteur de cobalt dans le monde (55 500 tonnes). Ce dernier opère la mine de Tenke Fungurume, qui représente environ un dixième de l'offre primaire de cobalt mondial, et pour laquelle les différends avec le gouvernement congolais qui accusait l'entreprise de sous-estimer les réserves semblent désormais résolus. Il est, en outre, propriétaire du gisement de Kisanfu, entré en production en 2023. Plus généralement, il est estimé que 50 % de la production de cobalt en RDC est liée à des financements chinois. Le cobalt n'est pas transformé sur place. Après un premier traitement hydrométallurgique conjoint à celui du cuivre, il est exporté sous forme d'hydroxydes pour être raffiné en Chine et intégrer le circuit de la production de batteries. La Chine raffine près de 80 % du cobalt mondial.

Ces dernières années, plusieurs projets ont été initiés dans le reste du monde, afin de trouver des alternatives et soutenir le développement de filières de production de batteries hors Chine. C'est le cas notamment en Indonésie. Le pays, qui ne produisait pas de cobalt en 2019, participe aujourd'hui à hauteur de 7,5 % à la production mondiale. Quatre unités de transformation HPAL, un procédé permettant de produire à la fois du nickel et du cobalt sous forme d'hydroxydes, directement utilisables pour la fabrication de batteries, ont été mises en service par des entreprises chinoises. Selon le Cobalt Institute, la production indonésienne pourrait représenter un tiers de la production mondiale à l'horizon 2030, en raison des autres projets en cours de développement. D'autres projets sont aussi lancés ailleurs comme en Australie avec la compagnie Cobalt Blue et son projet Broken Hill, intégrant la construction d'une raffinerie en Amérique du Nord. Des discussions ont dernièrement eu lieu pour une possible relance d'une raffinerie de cobalt par l'entreprise First Cobalt, et des projets d'exploration sont en cours dans l'Idaho, menés notamment par Formation Metals Inc., Jervois Mining et Electra. D'autres projets moins avancés de type « hautes teneurs et faibles volumes » sont toujours en réflexion, dont NICO de Fortune Minerals dans les Territoires du Nord-Ouest au Canada, et Castle de Canada Silver Cobalt Works en Ontario. En Finlande, la compagnie Terrafame envisagerait également de produire 5 000 t Co/an de la mine de Sotkamo (elle a aussi conclu un accord avec Stellantis en janvier 2023 pour l'approvisionnement en sulfates de nickel). Néanmoins, la baisse des prix observée depuis mi-2022 semble avoir freiné les investisseurs, surtout que de nombreux projets de production de nickel de qualité batterie sont actuellement en développement en Indonésie et devraient produire d'importantes quantités de cobalt en sous-produit, faisant concurrence aux différents projets cités ci-dessus.

Dans le domaine de l'amélioration de la traçabilité de l'approvisionnement du cobalt de RDC, *via* les filières artisanales, plusieurs initiatives sont en cours, notamment le projet *Fair Cobalt Alliance* de Glencore, auquel sont aussi associés Tesla et LG Energy Solution, ou encore le partenariat entre la Gécamines et Trafigura, malgré les difficultés rencontrées par les différentes parties pour pérenniser cette initiative.

Graphite naturel et synthétique (C)

Le marché du graphite est opaque et cloisonné, si bien que les données chiffrées concernant l'offre, la demande, ainsi que les échanges commerciaux, restent très approximatives et variables en fonction des sources, en particulier dans le secteur très confidentiel du graphite synthétique. La consommation mondiale de graphite est ainsi estimée entre 3 et 3,5 millions de tonnes (Mt). Celle de graphite synthétique atteindrait environ 2,3 Mt, tandis que celle de graphite naturel approcherait 1,2 Mt. L'Asie consomme environ les deux tiers du graphite produit dans le monde, suivie de l'Europe, de l'Amérique du Nord et de l'Amérique du Sud (autour de 10 % chacune). À l'échelle globale, le secteur de la sidérurgie utiliserait près de 60 % du graphite synthétique et naturel pour la fabrication d'électrodes, de réfractaires et la recarburation des aciers. Il est toutefois difficile de connaître les parts respectives du graphite naturel et synthétique pour chaque application.

Plus de la moitié de la demande de graphite du secteur des batteries et piles émane de l'Asie où se concentre la production des piles et accumulateurs. Plusieurs types de piles et batteries contiennent de faibles quantités de graphite naturel ou synthétique dans l'électrolyte ou dans le matériau d'électrodes (piles alcalines, plomb-acide, Ni-MH, etc.). Les anodes des batteries Li-ion peuvent, quant à elles, contenir des quantités considérables de graphite qui sont d'ailleurs bien plus importantes que celles de lithium (de 10 à 20 fois suivant la cathode utilisée) : 5 grammes (g) dans une batterie de smartphone, 90 g pour un ordinateur portable, une dizaine de kilogrammes (kg) en moyenne pour une voiture hybride (HEV), ou encore 70 kg dans un véhicule tout électrique. Le marché de la mobilité électrique est donc celui pour lequel les projections de croissance de la demande mondiale en graphite sont les plus optimistes d'ici 2040.

Le graphite dit sphérique a été développé dans le but d'obtenir une plus grande surface de contact au sein de l'anode des batteries Li-ion. En effet, les particules sphériques favorisent ainsi une meilleure conductivité et un meilleur rendement, améliorant la performance de l'anode. La Chine produit encore quasiment 100 % du graphite sphérique non revêtu mondial qui est essentiellement fabriqué à partir de paillettes de graphite naturel provenant de la province du Heilongjiang, au nord-est de la Chine. Une partie de cette production – qui est concentrée dans la province du Shandong – est consommée dans le pays par les producteurs d'anodes de batteries Li-ion. Le reste est vendu à des fabricants de batteries et des négociants japonais ou sud-coréens qui procèdent ensuite au revêtement des particules qui seront utilisées dans la fabrication des anodes. La production de graphite sphérique revêtu (autrement dit « matériau actif » de l'anode) est réalisée à hauteur de 92 % en Chine, en raison d'une main-d'œuvre peu onéreuse et de restrictions environnementales assez souples, du moins jusqu'à récemment. Hors Chine, plusieurs compagnies *juniors* projettent de produire du graphite sphérique (revêtu par une couche de carbone ou non), comme Novonix ou Syrah aux États-Unis, afin de ne plus simplement exporter leurs concentrés en Chine.

Selon le consultant Benchmark Minerals Intelligence, si les capacités des usines de fabrication d'anodes étaient de 3,8 Mt en 2023, 4,6 Mt de capacités supplémentaires sont en construction actuellement dans le monde, et ces dernières pourraient même atteindre 12,5 Mt en 2030. La demande en graphite pour ce secteur serait ainsi multipliée par 10 ou par 15 sur les dix prochaines années.

La sidérurgie demeure toutefois l'usage majoritaire du graphite, en particulier synthétique, avec 60 % destiné à la production d'électrodes pour les fours électriques des installations sidérurgiques. Les électrodes sont utilisées dans de nombreuses industries dont 62 % pour la fabrication d'acier, 25 % pour celle du silicium, 8 % pour celle du phosphore et 5 % pour d'autres secteurs comme l'aluminium ou le corindon, selon la société Ark of China. L'industrie des réfractaires absorbe environ 42 % de la production mondiale de graphite naturel. La fabrication de briques de fours et creusets utilise principalement des paillettes de graphite de haute pureté (> 85 % C), de moyenne à grande taille (150 à 300 µm), dont la morphologie contribue à améliorer la cohésion des briques.

En 2023, la production mondiale de graphite se situerait entre 3 et 3,5 Mt (60 % synthétique, 40 % naturel, bien que suivant les prix, ces parts puissent varier). Le graphite naturel résulte du

Graphite naturel
(en tonnes de métal raffiné)

	2018	2019	2020	2021	2022	2023
Production mondiale	**1 120 000**	**1 100 000**	**966 000**	**1 130 000**	**1 680 000**	**1 600 000**
Allemagne	800	800	300	250	250	150
Autriche	1 000	1 000	500	500	500	500
Brésil	95 000	96 000	63 600	82 000	72 000	73 000
Canada	40 000	11 000	8 000	12 000	13 000	3 500
Chine	693 000	700 000	762 000	820 000	1 210 000	1 230 000
Corée du Nord	6 000	6 000	8 100	8 100	8 100	8 100
Corée du Sud				10 500	23 800	27 000
Inde	35 000	35 000	6 000	7 000	11 000	11 500
Madagascar	46 900	48 000	20 900	70 000	130 000	100 000
Mexique	9 000	9 000	3 300	2 100	2 000	2 000
Mozambique	104 000	107 000	28 000	72 000	166 000	96 000
Namibie	3 460					
Norvège	16 000	16 000	12 000	6 290	10 380	7 200
Ouzbékistan		100	100	110		
Pakistan	14 000	14 000				
Russie	25 200	25 100	25 000	15 000	16 000	16 000
Sri Lanka	4 000	4 000	4 000	3 000	2 600	2 200
Tanzanie	150	150		0	6 120	6 000
Turquie	2 000	2 000	2 500	2 700	2 800	2 000
Ukraine	20 000	20 000	16 000	10 000	1 000	2 000
Vietnam	5 000	5 000	5 000	5 000	500	500
Zimbabwe	2 000					
Autres pays	200					

Prix du graphite
Marché libre européen
(en dollars/kg)

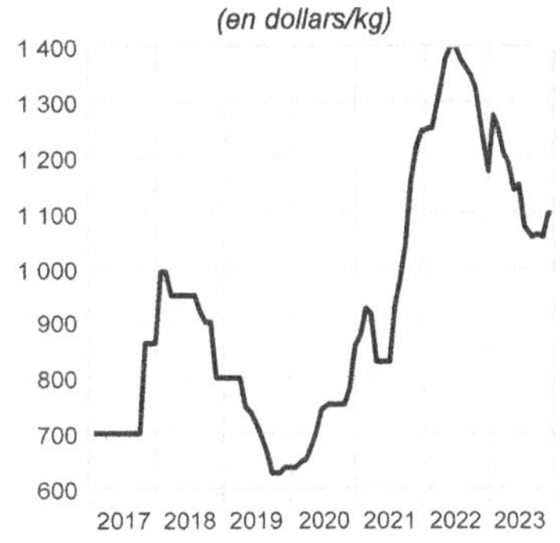

(Source : Mineral Commodity Summaries)

métamorphisme (haute température et haute pression) de composés carbonés organiques (charbons, bitumes) contenus dans les roches. On en distingue trois types : paillettes, amorphe (ou microcristallin) et en veine. La Chine est non seulement le plus gros consommateur de graphite, mais également le premier producteur et exportateur mondial de graphite naturel. Le pays possède plus d'une centaine de mines de graphite, situées principalement au nord du territoire, dans les provinces de Heilongjiang, Shandong et en Mongolie intérieure. Si la production chinoise est très difficile à quantifier avec précision, l'USGS estime une production de 1,23 Mt en 2023, soit 77 % du total mondial. Ces volumes seraient bien en deçà des capacités de production du pays qui se situeraient autour de 1,5 Mt. Le deuxième producteur minier, loin derrière la Chine, est Madagascar (100 000 tonnes). Il est suivi du Mozambique (96 000 tonnes) et du Brésil (73 000 tonnes). Après une année 2020 marquée par la pandémie et les fermetures de mines et d'usines, et une année 2022 marquée par la guerre en Ukraine (impactant à la baisse les productions ukrainienne et russe), la production de graphite naturel a connu de fortes variations ces dernières années. Les premières estimations de l'USGS prévoient une baisse de la production de 5 % pour l'année 2023 par rapport à 2022, pour atteindre 1,6 Mt, en raison notamment d'un fort ralentissement de la production de Syrah au Mozambique, pour des raisons de coûts d'exploitation trop élevés.

Le graphite synthétique est, quant à lui, issu du traitement à haute température d'un précurseur carboné amorphe. Ce précurseur dérive du pétrole, du charbon ou de matières organiques diverses et il s'agit typiquement de coke de pétrole (8 Mt, soit un tiers de la production mondiale annuelle, seraient utilisées dans ce but chaque année). Le procédé de fabrication mis au point et breveté en 1896 par E.G. Acheson a été amélioré par la suite. À l'issue de sa transformation, le graphique synthétique se présente sous forme d'électrodes, de poudre ou en granulés. La production mondiale est de plus de 2 Mt en 2023, et largement dominée par la Chine avec quasiment les deux tiers du total produit, loin devant le Japon et les États-Unis.

Les réserves mondiales de graphite sont d'environ 280 Mt, selon l'USGS, et sont localisées majoritairement en Chine (78 Mt), au Brésil (74 Mt) et au Mozambique (25 Mt). Les trois autres pays ayant des réserves importantes sont Madagascar (24 Mt), la Tanzanie (18 Mt) et la Russie (14 Mt).

N'ayant pas de cotation sur les marchés boursiers, les prix sont établis par négociation directe de contrats entre producteurs et transformateurs ou utilisateurs. Compte tenu de la grande variété des produits graphiteux échangés, il est difficile de donner un prix de référence. Néanmoins, le prix pour une tonne de paillettes moyennes de graphite naturel, ayant une teneur comprise entre 94 et 97 % carbone, a été de $ 1 138/t en 2023, contre $ 1 318/t en 2022 et $ 982/t en 2021 (soit – 14 % sur un an). Le prix du graphite synthétique oscille toujours dans une fourchette large entre $ 5 000/t et $ 15 000/t, selon les spécificités requises. La compétition entre le graphite naturel et synthétique permet aux utilisateurs de jouer sur les prix. Si les sociétés *juniors* détenant des permis d'exploration ou d'exploitation de graphite naturel jouent généralement sur le fait que celui-ci soit bien moins onéreux pour le consommateur que le graphite synthétique, la réalité est plus complexe. En effet, bien que la production de graphite naturel en paillettes soit assez peu coûteuse, ces paillettes doivent ensuite subir une purification (elles contiennent de nombreuses impuretés) pouvant être très consommatrice d'énergie et donc chère. À l'inverse, la production de graphite synthétique est coûteuse du fait du prix des précurseurs (par exemple le *needle coke*) et des acides, mais le produit est déjà pur. Il s'agit donc toujours d'un compromis pour le client final.

Bien que la Chine continue toujours de dominer la production de graphite naturel et synthétique et reste de loin le premier consommateur mondial, on observe depuis plusieurs années une diversification de l'offre minière et métallurgique. De nombreux projets voient le jour, notamment en Afrique (Madagascar, Mozambique, Namibie, Tanzanie, mais également au Malawi) et en Australie (projets développés par Quantum Graphite, Renascor Recources, Minerals Commodities ou encore Hexagon Resources), bien soutenus par la demande croissante pour la fabrication de graphite sphérique à destination des batteries Li-ion. Aux États-Unis, plusieurs usines sont en cours de construction : le projet Vidalia, développé par Syrah en Louisiane, qui produira dans un premier temps 11 250 tonnes par an de matériaux actifs d'anodes à partir de la fin de l'année 2023, puis 45 kt à terme ; mais aussi Pyrotek, Urbix Resources LCC, Westwater Resources, Epsilon Advanced Materials, etc. L'Europe manque cruellement de graphite et d'anodes pour batteries, ce qui la rend totalement dépendante de la Chine pour le matériau clé des batteries, à tel point qu'elle ne devrait produire que 1 % de l'offre mondiale d'ici à 2030. Récemment, plusieurs annonces ont été faites en Europe : Talga Resources en Suède, Putailai en Suède également, Vianode en Norvège, etc.

Lithium (Li)

Le marché du lithium a connu une croissance fulgurante au cours de la dernière décennie, alimentée par l'essor des technologies vertes et la demande croissante en batteries rechargeables. En raison de ses propriétés chimiques uniques, le lithium s'avère un composant essentiel et irremplaçable des batteries pour les deux prochaines décennies, en l'absence d'innovation disruptive majeure. Cette situation est accentuée par les prévisions de développement massif de la mobilité électrique, encouragées par des réglementations internationales incitatives, comme contraignantes.

L'Union européenne s'est ainsi engagée dans une transition énergétique ambitieuse, avec l'interdiction des véhicules essence et diesel à partir de 2035. Cette décision, couplée à d'autres mesures incitatives, devrait générer une demande en lithium métal de plus de 120 000 tonnes en Europe d'ici 2030. Or, la production européenne actuelle est quasi inexistante, ce qui soulève des questions d'approvisionnement et de dépendance vis-à-vis des pays étrangers.

Le secteur des batteries devrait ainsi atteindre plus de 90 % des usages du lithium à l'horizon 2030, sachant qu'en 2023 déjà 87 % du lithium produit a servi à produire des batteries. Jusqu'ici, les usages « hors batteries » du lithium étaient relativement diversifiés. Parmi ces derniers, les verres et céramiques étaient les plus importants (37 % en 2008 contre 4 % en 2023), suivis par les graisses lubrifiantes au lithium (2 % en 2023), le traitement et le conditionnement de l'air (1 % en 2023), les fondants de moulage pour la production d'acier par coulée continue (1 %), ou encore d'autres usages (5 % en 2023) comprenant des usages médicaux, la production de polymères, la métallurgie de l'aluminium, la production de ciment, la pyrotechnie, ou le traitement de l'eau.

Le développement des batteries lithium-ion a révolutionné le marché du lithium en exigeant des produits de très haute pureté. Contrairement aux usages traditionnels du lithium, où la pureté était moins importante, les batteries Li-ion nécessitent des composés de lithium d'une grande pureté pour garantir leur performance, leur longévité et leur sécurité. Cette exigence s'explique par la réactivité à l'échelle micrométrique des matériaux actifs des batteries. Le carbonate de lithium (Li_2CO_3) était initialement le précurseur privilégié pour les

Lithium
(en tonnes de métal contenu dans la production minière)

	2018	2019	2020	2021	2022	2023
Production mondiale						
	95 000	**86 000**	**82 500**	**107 000**	**146 000**	**180 000**
Argentine	6 400	6 300	5 900	5 970	6 590	9 600
Australie	58 800	45 000	39 700	55 300	74 700	86 000
Brésil	300	2 400	1 420	1 700	2 630	4 900
Canada	2 400	200		0	520	3 400
Chili	17 000	19 300	21 500	28 300	38 000	44 000
Chine	7 100	10 800	13 300	14 000	22 600	33 000
Portugal	800	900	348	900	380	380
Zimbabwe	1 600	1 200	417	710	1 030	3 400

Prix du lithium
Grands contrats livrés Europe ou États-Unis
(en dollars/kg)

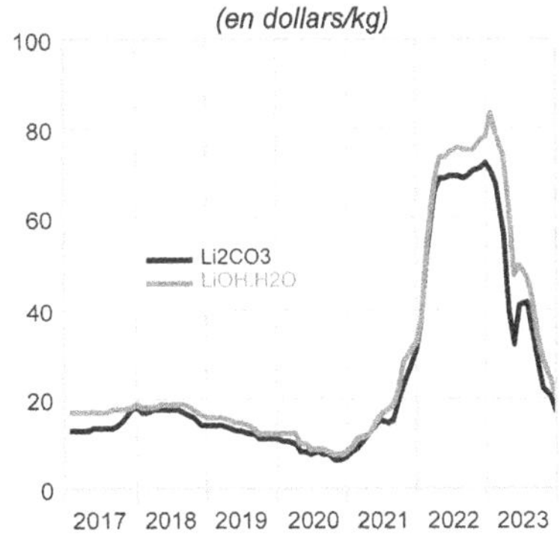

(Source : Mineral Commodity Summaries)

cathodes, avec une pureté minimum de 99,5 %. Cependant, l'évolution de la chimie des cathodes a favorisé l'hydroxyde de lithium (LiOH) comme précurseur pour des raisons techniques et de performance.

L'essor des batteries lithium-ion représente un défi pour les producteurs miniers qui doivent adapter leurs procédés pour répondre à la demande croissante en lithium de haute pureté. Cela implique de développer des technologies d'extraction et de raffinage plus sophistiquées, tout en maîtrisant les coûts de production. En parallèle, cette demande croissante offre des opportunités pour les producteurs miniers qui sauront relever ces défis et se positionner sur ce marché en pleine expansion.

Selon l'USGS, la production minière en 2023 aurait été de 180 000 tonnes de lithium métal. Rappelons qu'en 2022 la production mondiale était de l'ordre de 146 000 tonnes, ce qui correspond à une augmentation d'une année sur l'autre de 23 % environ. Elle pourrait dépasser 200 000 tonnes en 2025, selon la plupart des prévisions. Les réserves évaluées à ce jour sont de 28 Mt de lithium métal, d'après l'USGS, tandis que les ressources mondiales identifiées seraient de l'ordre de 105 Mt.

Ces dernières années, les prix du lithium ont été soumis à d'importantes fluctuations, oscillant entre des fondamentaux solides de la demande à long terme et des événements perturbateurs ponctuels, reflétant ainsi la nature encore peu mature de l'industrie. En 2023, une baisse significative des prix des produits dérivés du lithium a été observée, principalement due aux craintes d'une offre excédentaire à court terme, à l'expiration du programme de subventions du gouvernement chinois pour l'achat de véhicules électriques après une décennie et à des ventes mondiales de véhicules électriques inférieures aux attentes. Par conséquent, le prix du carbonate de lithium livré aux États-Unis a chuté de 30 % entre 2022 et 2023, tandis que celui de l'hydroxyde de lithium monohydraté a diminué de 37 % sur la même période. Cependant, fin 2023, les réductions et les perturbations de l'approvisionnement ont soutenu les prix du lithium, comme cela a été le cas à la suite de l'annonce de Core Lithium Ltd., qui a suspendu les opérations à ciel ouvert du projet Finniss pour réduire les coûts de trésorerie face au cycle actuel de baisse des prix. Les mineurs australiens de lithium avaient déjà adopté cette stratégie de préservation de la trésorerie en 2019-2020 lors de la période baissière du cycle précédent, comme à Wodgina, par exemple. La baisse actuelle des prix du lithium a en effet un impact majeur sur cette industrie, en particulier pour les projets opérés à des coûts élevés, mais à faible production, ainsi que pour les développements de projets déjà existants et ceux en cours de développement. Ainsi, le prix actuel du concentré de spodumène est d'environ $ 95/t au-dessus des *all-in sustaining costs* de Mont Cattlin, qui est la mine productrice de concentrés la plus coûteuse et modélisée en 2024 sur S&P Global. Nous prévoyons que les sociétés minières et les raffineries annonceront de nouvelles réductions de l'offre à mesure que la chute des prix continuera de réduire leurs marges.

Globalement, l'année 2023 a, malgré la baisse considérable du prix du lithium, été propice aux investissements dans l'exploration et l'exploitation du lithium. Le budget mondial dédié à l'exploration de lithium a presque doublé entre 2022 et 2023 en passant d'environ $ 470 à $ 830 millions, selon S&P Global.

L'Australie est devenue, dès 2016, la première zone de production en volumes avec, entre autres, la plus grosse mine de lithium mondiale de Greenbushes. Aujourd'hui, une grande partie du lithium australien faiblement transformé (sous forme de concentrés de spodumène) continue d'être exportée et purifiée en Chine. Cependant, des étapes de transformation à haute valeur ajoutée commencent à être implantées sur le territoire australien. Entre 2022 et 2023, c'est en particulier par la construction de deux raffineries destinées à la production d'hydroxyde de lithium de qualité batterie que ce phénomène est visible. Ce sont les raffineries de Kwinana et de Kemerton.

La première est issue de la coentreprise Tianqi Lithium Energy Australia, formée par les entreprises australienne et chinoise IGO Ltd. et Tianqi Lithium. De mars à septembre 2022, 283 tonnes d'hydroxyde de lithium ont été produites à Kwinana, représentant le premier lithium de qualité batterie australien. Cependant, l'entreprise australienne IGO Ltd. a déclaré, en juillet 2023, que la montée en puissance du premier train de production de la raffinerie d'hydroxyde de lithium de

Kwinana était confrontée à des défis techniques après un arrêt prévu au cours du trimestre de juin. En effet, le train 1 de Kwinana, entièrement détenu par une coentreprise entre IGO et la société chinoise Tianqi Lithium, a produit 142 tonnes d'hydroxyde de lithium au cours du trimestre de juin, soit une baisse séquentielle de plus de 85 %. La production du train 1 de Kwinana était donc à 20 % de sa capacité nominale, et devait atteindre environ 50 % à la fin de 2023.

La société américaine Albemarle a, quant à elle, annoncé courant 2023 plusieurs retards dans le planning de développement de Kemerton, où la mise en service était initialement prévue durant l'année avec une capacité nominale de 25 000 tonnes par an d'hydroxydes de lithium. En février 2024, Albemarle a déclaré que le capital engagé pour l'année en cours comprendra l'achèvement des activités de mise en service des trains 1 et 2 à Kemerton, ainsi que la construction du train 3. Cependant, le géant américain a également annoncé repousser son projet de construction d'un quatrième train de traitement de l'hydroxyde de lithium. Au dernier trimestre de 2023, la mine de Mt Holland a produit ses premiers concentrés de spodumène. La production d'hydroxyde de lithium devrait débuter d'ici au second semestre de 2025. Dans l'ensemble, selon S&P Global, la production de lithium de l'Australie devrait augmenter à un taux de croissance annuel moyen de 14,2 % pour atteindre 116 000 tonnes en 2026, soutenue principalement par des expansions programmées parallèlement à une production constante des mines existantes. Les retours en production des mines de Wodgina (à l'arrêt depuis 2019) et de Bald Hill racheté par Mineral Resources, ainsi que le démarrage du projet de Mt Holland devraient alimenter cette croissance. À l'horizon 2024, l'ouverture du projet Kathleen Valley, porté par la compagnie Liontown Resources Ltd., est également envisageable.

Le Chili et l'Argentine sont historiquement les deuxième et troisième plus grands producteurs mondiaux, à partir des salars andins. Les principaux exploitants sont Albemarle et SQM au Chili, et la compagnie Livent en Argentine. D'importants investissements ont été consentis par ces acteurs dans l'objectif d'étendre les capacités de production existantes ou d'augmenter leurs rendements, notamment au niveau du Salar d'Atacama. Parallèlement, la prise en compte de l'impact socio-environnemental de ces exploitations, et en particulier l'amélioration de la gestion des ressources en eau dans ces régions désertiques, sont devenues des paramètres cruciaux pour la pérennité de ces projets. Au-delà des extensions des productions existantes, de nombreux projets se développent, notamment en Argentine. Parmi ceux-ci, le projet le plus prometteur semble être celui de Cauchari-Olaroz, détenu par le géant chinois Ganfeng Lithium, les compagnies Lithium Americas et Jujuy Energia y Mineria. En juin 2023, Lithium Americas a annoncé que Cauchari-Olaroz avait produit son premier carbonate de lithium, de qualité inférieure à celle requise pour les batteries. La mise en place d'un équipement supplémentaire de traitement et de purification était prévue pour le second semestre 2023, afin d'obtenir du carbonate de lithium répondant aux normes des batteries. Toutefois, en juin 2023, Ganfeng Lithium a fait état d'incertitudes persistantes concernant le calendrier de la pleine capacité de production et le volume de production spécifique à Cauchari-Olaroz. Dans la province de Salta, un acteur français est également présent sur le marché argentin. En effet, Eramet détient des droits miniers perpétuels sur une concession de lithium, située dans le désert des hauts plateaux andins, où le lithium naturel est présent dans les saumures à 400 mètres sous terre. L'usine de leur filiale Eramine Sudamérica entrera en production en 2024, grâce à un procédé innovant développé en interne.

Au Brésil, la mine de la Grota do Cirilo a commencé sa production en 2023. Au cours de cette année, Sigma a annoncé plusieurs expéditions comprenant du lithium de qualité batterie ainsi que des sous-produits d'oxyde de lithium, provenant de son projet Grota do Cirilo. En février 2024, Sigma a annoncé avoir achevé le chargement de sa sixième expédition de concentré. Glencore est le principal acheteur de Sigma pour cette mine.

Au Mexique, un important gisement d'argiles à lithium est en développement, Sonora, propriété de la société Bacanora Lithium en partenariat avec le chinois Ganfeng Lithium. L'ouverture est prévue pour 2024. Cependant, la situation politique dans l'État de Sonora, fortement marquée par l'insécurité du fait d'un rôle important des cartels impliqués dans le trafic de stupéfiants, pourrait compliquer les avancées du projet. De plus, dans une stratégie de nationalisation des ressources en lithium, le gouvernement mexicain a réformé sa législation minière en avril 2022. Il a ainsi décidé la création d'une société publique d'extraction et de commercialisation de lithium tout en interdisant aux entreprises privées l'exploitation de nouveaux gisements de lithium.

En Amérique du Nord, les projets d'extraction de lithium se multiplient de manière similaire, avec une grande diversité de sources potentielles, y compris les argiles lithinifères à hectorite. L'un des projets les plus avancés est celui de Thacker Pass, situé dans le Nevada et détenu par la société Lithium Americas. L'étude de faisabilité, finalisée en 2023, prévoit un début de production en 2026. Les ressources potentielles seraient de 20 à 40 Mt de lithium métal dans le secteur de la caldeira volcanique de McDermitt, soit le double des ressources de la Bolivie, aujourd'hui principal pays détenteur de ressources identifiées avec 21 Mt de lithium.

Ce gisement correspond à un enrichissement exceptionnel de l'« illite », minéral argileux contenant entre 1,3 % et 2,4 % de lithium à Thacker Pass, soit le double des minéraux argileux classiques porteurs de lithium dans cette zone. Ce chiffre est à ce jour une extrapolation, il ne s'agit donc en aucun cas d'une estimation de ressources mesurées. Néanmoins, sous réserve d'une homogénéité de composition du gisement, paramètre clé à vérifier, le potentiel en terre semble en effet considérable. D'autres projets américains sont également en cours de développement, tels que Rhyolite Ridge, également dans le Nevada (avec une première production prévue pour 2026), et les gisements de pegmatite de Piedmont, où une usine de transformation est prévue sur place. Au Canada, plusieurs entreprises s'engagent activement dans le développement de projets de lithium, allant de l'exploitation minière classique des roches dures à l'exploration de sources non conventionnelles telles que les saumures de champs pétrolifères et les eaux usées industrielles. Ces initiatives s'étendent sur un vaste territoire, de l'Ontario au Québec, en passant par l'Alberta, le Manitoba et la Saskatchewan, et se situent à divers stades de développement, de l'exploration initiale à la préproduction. Le projet Authier, par exemple, progresse bien. Au dernier trimestre de 2023, Sayona a continué l'évaluation environnementale du projet, avec la finalisation de l'étude d'impact prévue pour 2024. Bien que l'entreprise ait initialement anticipé une évaluation d'impact environnemental et social révisée d'ici décembre 2023, elle maintient le cap sur ses objectifs futurs. Concernant la mine de North American Lithium près de Val-d'Or, au Québec (anciennement connue sous le nom de mine Québec Lithium), sa production commerciale a débuté au début de 2018, mais a été suspendue en 2019 en raison de la baisse des prix du lithium. En 2021, elle a été acquise par Sayona Québec, une coentreprise entre Sayona Mining (Australie) et Piedmont Lithium (États-Unis). La reprise de la production limitée de concentré de lithium en mars 2023 marque une nouvelle étape, avec des projets en cours pour la construction d'une raffinerie d'hydroxyde de lithium ou de carbonate de lithium. Après plusieurs années d'exploration et de construction, Nemaska Lithium a produit son premier concentré de spodumène à la mine Whabouchi au Québec, au début de 2017. Cependant, la production a été suspendue en 2019, mais la société a depuis été acquise par le Groupe Pallinghurst en partenariat avec le gouvernement du Québec. Prévoyant de redémarrer la mine, Nemaska Lithium construit une raffinerie d'hydroxyde de lithium à Bécancour. L'usine de raffinage devrait être achevée à la fin de l'année 2025. Enfin, le Canada détient actuellement environ 3,2 Mt de ressources d'oxydes de lithium (mesurées et indiquées) dans des gisements de roche dure. Les saumures de lithium en Alberta et en Saskatchewan représentent également un potentiel de croissance significatif à mesure que les technologies d'extraction progressent, intégrant notamment les infrastructures existantes et les eaux usées industrielles pour une exploitation économiquement viable.

L'Afrique se positionne également comme un acteur clé dans la future production de lithium, avec plusieurs projets en développement et certains déjà opérationnels. Le projet Manono, en République démocratique du Congo, mené par la société australienne AVZ Minerals Ltd., se distingue par son potentiel significatif. Cependant, depuis 2022, des retards dans la finalisation des droits miniers et d'exploration ont temporairement suspendu le développement du projet. Au Mali, la société Leo Lithium et son partenaire Ganfeng Lithium ont avancé dans le développement du gisement de Goulamina. En septembre 2023, Leo Lithium a annoncé la construction en cours d'une capacité de production annuelle de 506 000 tonnes de concentré de spodumène, prévue pour être opérationnelle en 2024.

Au Ghana, Piedmont a entrepris une étude de faisabilité pour le projet Ewoyaa, prévue pour être achevée avant la fin du premier trimestre de 2024. La société a également étendu son programme de forage à Ewoyaa et a annoncé le début de la construction en 2025.

Au Zimbabwe, le projet Bikita Minerals Ltd., racheté par le groupe minier chinois Sinomine Resource Group, progresse. Sinomine a déclaré des ressources totales de 40,3 Mt à 1,13 % d'oxyde de lithium à Bikita et a lancé un projet de reconstruction et d'expansion de 2 Mt par an. Huayou Cobalt a également expédié 1 500 tonnes de concentré depuis la mine d'Arcadia, en juin 2023. En décembre 2021, Prospect avait publié les résultats de son étude de faisabilité pour une durée de vie de la mine de 18,3 ans, avec une production annuelle prévue de 147 000 tonnes de concentré chimique de spodumène, 94 000 tonnes de concentré technique de pétalite et 24 000 tonnes de concentré chimique de pétalite. Enfin, en mai 2023, le chinois Chengxin Lithium Group a annoncé la mise en production du projet Sabi Star au Zimbabwe, avec une production projetée de 300 000 tonnes par an de concentré exporté vers la Chine.

En Europe, il n'y a actuellement pas de production de lithium à destination du secteur des batteries. Cependant, deux projets au stade de préfaisabilité présentent un potentiel en terre considérable. Il s'agit du projet Jadar en Serbie, pour lequel la compagnie Rio Tinto a annoncé, en février 2022, des ressources estimées à 143,5 Mt titrant 1,80 % Li_2O et 14,4 % B_2O_3. Néanmoins, à la suite de nombreuses manifestations dans la capitale serbe en janvier 2022, le gouvernement a révoqué l'ensemble des permis et le développement de la mine est à l'arrêt. Ainsi, même sous l'hypothèse d'une meilleure acceptabilité future, la première production commercialisable de Jadar ne devrait pas être antérieure à 2027, d'après Rio Tinto. Le second est le projet Vulcan, en Allemagne, d'extraction de lithium à partir des saumures géothermales. En août 2023, Vulcan a commencé la mise en service de l'usine d'optimisation de l'extraction du lithium. L'entreprise possède déjà des puits de production/réinjection en exploitation et la première phase de son projet se concentre sur les réserves prouvées de 59,8 kt de lithium métal pour les 15 premières années de production, puis sur les réserves probables de 47,2 kt de lithium métal pour les 15 années suivantes. Plusieurs accords ont été par ailleurs conclus pour l'achat de quantités de lithium de qualité batterie à destination de constructeurs automobiles, en particulier Renault, et de fabricants comme Umicore ou LG Energy Solutions ont été conclus.

D'autres projets miniers sont également à l'étude dont : Cinovec en République tchèque, San Jose en Espagne, Keliber en Finlande, Zinnwald en Allemagne, Wolfsberg en Autriche et Mina do Barroso au Portugal, ce dernier souffrant néanmoins, comme Jadar en Serbie, d'une importante opposition locale.

En France, en janvier 2023, Eramet et Électricité de Strasbourg (ES) ont signé un protocole d'accord exclusif en vue d'étudier conjointement le développement d'une production de lithium en Alsace à partir de saumures géothermales grâce à la technologie d'Eramet de « Direct Lithium Extraction » (DLE), sur la commune de Rittershoffen. Toujours dans le Grand Est, la société Lithium de France est désormais titulaire de deux Permis Exclusifs de Recherches (PER) pour le lithium à partir de saumures géothermales avec les permis « Les poteries minérales » et « Les Sources alcalines ». Dans l'Allier, la société Imerys poursuit ses travaux d'exploration sur son gisement de kaolin de Beauvoir pour définir d'éventuelles réserves de lithium. Imerys vise une production de 34 000 tonnes d'hydroxyde de lithium par an à partir de 2028. Plusieurs permis d'exploration pour le lithium dans les eaux géothermales dans le Massif central et le Bassin rhénan ont été validés ou sont actuellement en instruction.

Plusieurs projets de raffinage du lithium ont vu le jour en Europe, par exemple en France dans la région Grand Est (entreprise Viridian Lithium) ou en Allemagne, où l'entreprise Rock Tech Lithium, d'une part, prévoit de construire une première usine à Guben (Brandebourg) et, d'autre part, avec le début de la construction d'une raffinerie dans le parc chimique de Bitterfeld/Wolfen par AMG Lithium GmbH. En ce qui concerne les *gigafactories* de batteries, leur nombre et les perspectives de production se structurent progressivement. En France, quatre *gigafactories* devraient ouvrir la voie à un écosystème attirant fournisseurs de matériaux et composants de batteries, ainsi que des sites de recyclage. En mai 2023, la première *gigafactory* française a démarré sa production et Emmanuel Macron a ainsi annoncé l'implantation à Dunkerque d'un site de production de cathodes – une des deux électrodes composant une batterie – financé par le chinois XTC et le français Orano.

En parallèle de ces évolutions, les enjeux liés à la disponibilité et aux méthodes durables d'extraction du lithium gagnent en importance dans les stratégies d'approvisionnement des acteurs de l'industrie. De plus, le recours aux sources secondaires pour l'approvisionnement en lithium est appelé à se développer significativement. La mise en place de filières de recyclage du lithium à partir des batteries en fin de vie constitue un axe majeur de recherche et de développement industriel, particulièrement en Europe, dans le cadre des politiques visant à sécuriser les approvisionnements de ce métal crucial.

Manganèse (Mn)

Lors de son extraction des mines, le manganèse est généralement scindé en 3 catégories selon sa teneur : les minerais riches (Mn > 44 %), les minerais intermédiaires (30 % < Mn < 44 %) et les minerais pauvres (Mn < 30 %). La qualité dite métallurgique, qui représente la plus grande partie des concentrés, contient généralement un minimum de 35 % de Mn et des teneurs variables en éléments traces (Fe, Al, As, P, etc.) qui vont impacter ses caractéristiques finales. Le manganèse métallurgique est destiné à la fabrication d'alliages qui représente 90 % des usages de ce métal. Dans la fabrication des alliages (aciers, fonte, etc.), le manganèse joue un double rôle, en effet, un tiers de la demande dans ce secteur concerne la désulfuration et la désoxydation lors de la fabrication de la fonte et de l'affinage. Le manganèse ayant une importante affinité avec le soufre et l'oxygène, son ajout permet d'éviter que le soufre ne s'associe au fer, ce qui fragiliserait l'acier par accumulation de cémentite aux joints de grains. Les deux tiers de la demande restante concernent la fabrication de ferroalliages rentrant dans la composition finale d'un grand nombre d'aciers. Si les teneurs en manganèse dans les aciers sont très variables

Manganèse
(en milliers de tonnes de métal contenu dans la production minière)

	2018	2019	2020	2021	2022	2023
Production mondiale	**18 900**	**19 600**	**18 900**	**20 100**	**19 800**	**20 000**
Afrique du Sud	5 800	5 800	6 500	7 200	7 300	7 200
Australie	3 480	3 180	3 330	3 260	3 040	3 000
Birmanie	207	430	254	206	207	210
Brésil	1 310	1 740	494	542	624	620
Chine	1 200	1 330	1 340	991	743	740
Côte d'Ivoire	395	482	525	362	394	390
Gabon	2 330	2 510	3 310	4 340	4 670	4 600
Géorgie	200	116	186	224	166	160
Ghana	1 360	1 550	637	940	844	840
Inde	961	801	632	453	721	720
Kazakhstan	140	140	158	90	129	130
Malaisie	390	390	347	356	247	250
Mexique	210	202	198	226	221	220
Ukraine	517	500	578	600	323	320
Vietnam		158	121	146	155	160
Autres pays	397	270	260	150	325	330

Prix du manganèse
Marché libre européen
(en dollars/tonne)

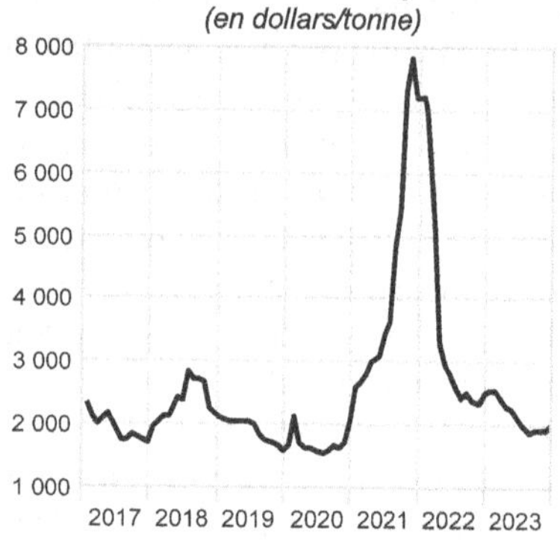

(Source : Mineral Commodity Summaries)

et peuvent atteindre 14 %, un acier «classique» contient 6 % à 7 % Mn. Les aciers au manganèse sont utilisés essentiellement pour les secteurs du bâtiment et de l'automobile pour leurs propriétés de dureté, d'élasticité, de résistance à l'usure, à la corrosion et à l'abrasion. En 2022, environ 21,9 Mt d'alliages ont été produits. Les minerais basse teneur (< 30 % Mn) sont ajoutés lors de la production de fonte. Le principal producteur d'alliages est de loin la Chine avec 12,3 Mt, soit 60 % de la production totale, suivi de l'Inde (3,2 Mt) et l'Ukraine (0,8 Mt). Cependant, le conflit russo-ukrainien a entraîné la suspension temporaire de la production de ferroalliages de l'usine de Nikopol Ferroalloy Plant (NZF) et de Zaporizhzhia depuis novembre 2023, entraînant une baisse d'approvisionnement en alliages pour l'Europe. En effet, les importations en provenance de l'Ukraine s'élève à 10-12 %.

La qualité batterie affiche des teneurs situées entre 44 % et 54 % de Mn. Les débouchés du manganèse de qualité chimique et de qualité batterie (environ 10 % des usages), soit sous forme métallique ou de composés chimiques manganésifères, sont les alliages spéciaux, le secteur des piles et batteries, et la chimie. Cependant, chaque usage demande une forme et une qualité spécifiques du manganèse. Les composés chimiques de manganèse comprennent plusieurs formes, dont la principale est le dioxyde de manganèse, qui est soit naturel (pyrolusite) soit synthétique (dioxyde de manganèse chimique – CMD ou électrolytique – EMD). De nombreux autres composés existent, comme le permanganate de potassium, les sulfates, les chlorures de manganèse, etc., qui rentrent dans la composition d'engrais et d'aliments pour animaux, dans l'électronique ou pour le traitement de surface des pigments et métaux, représentant une part minime des usages.

Le dioxyde de manganèse (MnO_2) rentre donc dans la composition des piles sèches (salines ou alcalines) ainsi que de manière croissante pour les technologies de batteries Li-ion. En 2023, la production totale de la Chine était d'environ 197 kt d'EMD, soit en baisse de 28 % par rapport à l'année précédente. Le MnO_2 est utilisé comme matériau actif des cathodes de ces batteries pour en augmenter la conductibilité électrique. Il rentre dans la composition des cathodes LMO (Lithium-Oxyde de Manganèse) à hauteur de 65 % en masse, dans certains cas (en fonction du précurseur) dans celle des cathodes NMC (Oxyde de Nickel-Manganèse-Cobalt) de formule chimique Li ([NiMnCo] O_2), contenant entre 6 % et 19 % de manganèse en masse en fonction de la configuration retenue. Cette technologie connaît un fort développement, notamment en Europe, car elle devient le type de cathode privilégiée pour les batteries Li-ion équipant les appareils électroniques de grande taille, ainsi que de nombreux véhicules électriques. Dès 2025, le type NMC 811 (4/5 Ni, 1/10 Mn et 1/10 Co) dominera (environ 25 % du marché) suivi du NMC 622 (3/5 Ni, 1/5 Mn et 1/5 Co), NMC 523 (1/2 Ni, 1/5 Mn et 3/10 Co). Les prévisions de croissance de la demande en Mn pour cet usage sont donc fortes (d'un facteur 10 d'ici 2030), pouvant conduire prochainement à des modifications des filières industrielles, notamment pour produire des sulfates de manganèse purifiés préférés par les fabricants de batteries. Par ailleurs, en juin 2023, Orano et XTC New Energy se sont associés, en vue de créer deux coentreprises dédiées à la production de composants de batteries de véhicules électriques en France. La première usine, détenue majoritairement par XTC New Energy, a vocation à fabriquer des matériaux actifs de cathode (CAM). La seconde, détenue majoritairement par Orano, a vocation à produire des précurseurs de matériaux actifs de cathode (PCAM). Ces fabrications, qui utilisent des métaux comme le cobalt, le nickel, le manganèse (sulfate de manganèse) et le lithium, sont essentielles à la production et à la performance des batteries de véhicules électriques.

En 2023, la production minière de manganèse a été de 20 Mt, selon les données préliminaires de l'USGS, contre 19,8 Mt en 2022. Environ 75 % de la production mondiale de manganèse provient de trois pays : l'Afrique du Sud (7,2 Mt – 36 %), le Gabon (4,6 Mt – 23 %) et l'Australie (3 Mt – 15 %), suivis par la Chine, le Ghana, l'Inde et le Brésil. Les ressources en Chine étant de médiocre qualité et proches de l'épuisement, le marché est devenu très dépendant de la production sud-africaine, multipliée par plus de 6 depuis l'année 2000. Cependant, le pays souffre de problèmes récurrents d'infrastructures, notamment ferroviaires et portuaires, ainsi que d'accès à l'électricité. Port Elizabeth est par exemple l'unique infrastructure portuaire assurant les exportations de manganèse du pays, mais sa capacité limitée est insuffisante pour faire face aux récentes hausses de production. Toutefois, la majeure partie de la demande chinoise a jusqu'à présent été satisfaite par les exportations en provenance d'Afrique du Sud. Par conséquent, la production de manganèse du pays devrait fortement augmenter, Roskill prévoyant qu'au cours de la prochaine décennie le pays fournira environ la moitié des besoins mondiaux supplémentaires en minerai de manganèse.

Les gisements de manganèse sont de manière générale associés aux gisements de fer sédimentaire anciens de type « formations ferrifères rubanées », car leurs modes de formation sont assez similaires. Les minéraux manganésifères (pyrolusite, rhodochrosite, etc.) ont précipité à partir de l'eau de mer pour former des roches sédimentaires stratifiées. L'évaluation des ressources et réserves mondiales est difficile et très imprécise. En 2023, l'USGS indique que les réserves cumulées de l'Afrique du Sud (600 Mt), de la Chine (280 Mt), du Brésil (270 Mt) et de l'Australie (500 Mt) représentent 86,8 % des réserves mondiales, estimées à environ 1 900 Mt. D'autres réserves de manganèse existent dans les fonds marins du globe. Il s'agit des nodules de manganèse de quelques centimètres de diamètre tapissant des plaines abyssales. Les nodules représenteraient quelques milliards de tonnes de manganèse supplémentaires, mais leur coût d'exploitation et le risque d'impacts importants sur l'environnement rendent leur valorisation très peu probable à court et moyen termes. Toujours selon Roskill, la tendance positive pour le manganèse sud-africain devrait se poursuivre, en partie grâce à la montée en puissance de la mine Mokala de Ntsimbintle Holdings et Glencore (> 1 Mt/an).

Par ailleurs, Euro Manganese a pour objectif de retraiter un important gisement de manganèse contenu dans les résidus d'une mine de pyrite (FeS_2) qui a fonctionné entre 1951 et 1975. Le projet Chvaletice Manganese est situé à environ 90 km à l'est de Prague en République tchèque. Ainsi, le but serait de réduire la dépendance de l'Europe à l'égard des importations de matières premières pour les batteries en fournissant jusqu'à 20 % de la demande européenne de manganèse de haute pureté d'ici 2030.

Le manganèse n'est pas substituable dans ses principaux usages (sidérurgie, alliages, etc.). Les aciers, ferrailles et alliages contenant du manganèse sont pour partie recyclés, le plus souvent pour être réutilisés au sein de nouveaux alliages. Le dioxyde de manganèse des piles est en partie recyclé. Actuellement, le manganèse reste très peu récupéré dans les batteries Li-ion. Mais de nombreux projets sont en développement et seront basés sur de nouveaux procédés hydrométallurgiques, permettant d'accroître la récupération des métaux des cathodes en général (Mn, Co, Ni, etc.). Cela est effectivement le cas pour le projet ReLieVe d'Eramet qui a inauguré son usine pilote le 14 novembre 2023.

Les prix du manganèse sont établis par contrats directs entre producteurs et utilisateurs. Le prix moyen du Mn métal en 2023 a été de $ 2 153,66/t, en baisse de – 39,9 % par rapport à 2022 ($ 3 586,27/t) et retrouve un ordre de grandeur connu il y a 5 ans. La hausse des prix en 2021 et 2022 peut s'expliquer par l'augmentation de la production d'acier post-covid, mais aussi par l'inflation et la hausse des prix de l'énergie nécessaire au bon fonctionnement des fonderies.

Le manganèse figure dans la dernière liste des matières premières critiques pour l'UE publiée en mars 2023. Il n'était pas considéré comme étant critique dans les quatre listes précédentes.

La demande future en manganèse sera tirée, en grande partie, par la croissance de l'urbanisation mondiale, repartie à la hausse depuis 2021, ainsi qu'en moindre mesure par l'électromobilité et le développement des technologies de batteries Li-ion. Cet usage devrait rester très minoritaire en volumes (au maximum quelques dizaines de milliers de tonnes de manganèse, soit moins de 10 % du marché) sauf si la technologie de cathodes NMC voit la part de nickel et cobalt se réduire au profit du manganèse, mais ce changement n'est qu'à un stade de recherche et pourrait prendre quelques années pour s'implanter durablement.

Petits métaux :
quelques tensions

Les métaux – ou assimilés – traités dans ce chapitre appartiennent à des groupes différents du tableau périodique des éléments. Pour un certain nombre d'entre eux, le terme de « petits métaux » fait avant tout référence à une taille de marché réduite, c'est-à-dire inférieure au million de tonnes (Mt). Ils se distinguent davantage par des propriétés spécifiques qui, généralement, ne nécessitent un usage qu'en très faibles quantités. Néanmoins, fonctionnant comme des « vitamines » au sein de nombreuses technologies, ils sont indispensables et améliorent grandement les performances atteintes. Ils sont souvent liés aux domaines de l'énergie, des technologies de l'information et de la communication (TIC), ou des transports. Certains grands regroupements peuvent être faits parmi ces petits métaux, où l'on retrouve :

– les éléments semi-conducteurs (notamment Si, Ga, Ge, As, Se, In, Te), à la base de l'électronique moderne et de ses applications, y compris dans le domaine du photovoltaïque ;

– les métaux réfractaires (Nb, Mo, Ta, W, Re), caractérisés par des points de fusion très élevés et une grande résistance à l'usure et à la corrosion. Cela en fait des matériaux de choix pour la conception – notamment – de superalliages, nécessaires à la fabrication de pièces mécaniques primordiales dans les parties chaudes des réacteurs d'avion ou des turbines à gaz ;

– les terres rares (les lanthanides et l'yttrium), dont la structure électronique particulière est à l'origine de nombreuses propriétés uniques, notamment dans les domaines de la luminescence et du magnétisme.

Cependant, ce classement n'est pas exhaustif et cache de plus grandes spécificités. Les statistiques de production présentées ici comportent une première estimation des productions pour l'année 2023, telles que publiées début 2024 par l'United States Geological Survey (USGS) – le Service géologique des États-Unis – dans son analyse annuelle de l'industrie minérale mondiale Mineral Commodity Summaries. Ces données sont à considérer comme des estimations provisoires, susceptibles de révisions importantes au cours des années à venir. Elles doivent, en conséquence, aussi être appréhendées avec beaucoup de prudence, car les marchés de nombreux petits métaux sont opaques.

Variations 2022-2023 de la production et des réserves des petits métaux étudiés dans ce chapitre

Élément	Unité de masse	Production exprimée en unité de masse contenue de	Production 2022	Production 2023	Variation de la production 2023-2022 (en %)	Réserves 2022	Réserves 2023	Variation des réserves 2023-2022 (en %)
Antimoine (Sb)	t	Sb	83 100	83 000	-0.12 %	>1 800 000	>2 000 000	11.11 %
Béryllium (Be)	t	Be	313	330	5.43 %	n.d.	n.d.	-
Bismuth (Bi)	t	Bi	19 000	20 000	5.26 %	n.d.	n.d.	-
Cadmium (Cd)	t	Cd	22 600	23 000	1.77 %	n.d.	n.d.	-
Chrome (Cr)	kt	Chromite	41 900	41 000	-2.15 %	560 000	560 000	0.00 %
Cobalt (Co)	kt	Co	197	230	16.75 %	8 300	11 000	32.53 %
Gallium (Ga)	kg	Ga	610 000	610 000	0.00 %	n.d.	1 100 000	-
Graphite (C)	kt	Graphite	1 680	1 600	-4.76 %	330 000	280 000	-15.15 %
Indium (In)	t	In	999	990	-0.90 %	n.d.	n.d.	-
Lithium (Li)	kt	Li	146	180	23.29 %	26 000	28 000	7.69 %
Magnésium (Mg)	kt	Mg	1 050	940	-10.48 %	n.d.	n.d.	-
Manganèse (Mn)	kt	Mn	19 800	20 000	1.01 %	1 700 000	1 900 000	11.76 %
Molybdène (Mo)	kt	Mo	253	260	2.77 %	12 000	15 000	25.00 %
Niobium (Nb)	kt	Nb	84	83	-0.84 %	>17 000	>17 001	0.00 %
Rhénium (Re)	kg	Re	55 100	56 000	1.63 %	LARGE	LARGE	-
Sélénium (Se)	t	Se	3 310	3 600	8.76 %	81 000	95 000	17.28 %
Silicium (Si)	kt	Si	9 110	9 000	-1.21 %	n.d.	n.d.	-
Tantale (Ta)	t	Ta	1 990	2 400	20.60 %	n.d.	n.d.	-
Tellure (Te)	t	Te	584	640	9.59 %	32 000	36 000	12.50 %
Terres Rares (TR)	kt	Oxydes de terres rares	300	350	16.67 %	130 000	110 000	-15.38 %
Titane (Ti)	kt	Ti	270	330	22.22 %	n.d.	410	-
Tungstène (W)	kt	W	80	78	-2.26 %	3 800	4 400	15.79 %
Vanadium (V)	kt	V	102	100	-1.96 %	26 000	19 000	-26.92 %
Zirconium (Zr)	kt	Concentrés de zircon	1 440	1 600	11.11 %	68 000	74 000	8.82 %

a Réserves exprimées en équivalent concentrés de chromite de qualité *shipping grade*

b Réserves exprimées en ZrO_2

(Source : USGS – Mineral Commodity Summaries)

Le tableau 1 permet une vue synthétique des chiffres de production de l'ensemble de ces éléments, de même que ceux des réserves géologiques (lorsqu'ils sont disponibles), ainsi que l'évolution de ces chiffres sur un an, sur la base de la première estimation de 2024 réalisée par l'USGS.
Le tableau 2 synthétise quelques informations complémentaires relatives aux petits métaux de ce chapitre – ainsi que ceux du chapitre « Métaux électriques » de ce rapport CyclOpe –, en particulier la part du premier pays producteur mondial en 2023, ainsi que le caractère de « sous-produit », ou non, de l'élément. En effet, nombre des petits métaux sont considérés comme des « sous-produits », car récupérés uniquement lors de l'extraction métallurgique d'un métal porteur. Il est également important de distinguer le lieu de l'extraction minière de celui de l'extraction métallurgique du ou des métaux contenus, ces derniers pouvant avoir des localisations géographiques très différentes.

Antimoine (Sb)

L'antimoine est utilisé dans les ignifugeants (43 %), les stabilisateurs à la chaleur (6 %), les plastiques, le caoutchouc, les textiles et les peintures. Il est en général sous forme de trioxyde d'antimoine Sb_2O_3 dit «ATO» (à ne pas confondre avec «Antimony-Tin-Oxide» : l'oxyde d'étain-antimoine) combiné à des halogénures (chlorures ou bromures). La consommation d'antimoine a atteint un pic à 192 000 tonnes (t) en 2010. Elle baisse depuis en raison d'une substitution de l'antimoine pour des substances à plus faible toxicité.

En alliage avec le plomb sous sa forme «métal», l'antimoine permet d'augmenter la dureté, la résistance à la fatigue et à la corrosion du plomb (14 %) ; mais son utilisation majeure reste les batteries automobiles (32 %). Cet usage subit deux tendances antagonistes : reconnues pour leur fiabilité et leur faible coût, les batteries au plomb sont encore utilisées dans les pays en développement. Au contraire, les économies développées tendent à favoriser la substitution, par exemple avec des alliages au calcium-étain. Par ailleurs, le virage vers les véhicules électriques (sans batteries au plomb antimonié) devrait à moyen terme réduire la demande en antimoine dans ce secteur. Le reste de la demande se répartit dans diverses applications, notamment dans les verres ultra-transparents (panneaux photovoltaïques), les émaux et céramiques, mais également les munitions au plomb, le caoutchouc (vulcanisation des caoutchoucs rouges), ainsi que dans la catalyse pour la production de fibres de polyester et du polytéréphtalate d'éthylène (PET), largement utilisé pour la production des bouteilles en plastique. Une application émergente est celle de l'oxyde d'antimoine-étain comme matériau conducteur transparent pour les écrans tactiles et la microélectronique (AsSb, GaSb, et InSb).

En 2020, l'Oeko-Institut allemand s'est prononcé en défaveur d'une restriction de l'ATO dans les équipements électriques et électroniques dans le cadre de la directive européenne *Restriction of Hazardous Substances* (RoHS). Pour ces usages, il existe en effet peu de substituts, ou alors ceux-ci posent des problèmes équivalents ou supérieurs. À l'inverse, certains produits antimoniés comme les retardateurs de flamme ont été interdits dans d'autres régions du monde, comme en Alaska.

Parmi plus de cent minéraux antimonifères, la stibine (Sb_2S_3) est le minerai principal à partir duquel est extrait l'antimoine. Cependant, la majeure partie de l'antimoine est récupérée en tant que coproduit ou sous-produit du traitement de minerais de plomb-zinc ou d'or comme en Russie et au Tadjikistan.

Il existe une grande incertitude sur les données de production en raison du dynamisme des échanges à chaque stade de transformation de l'antimoine

Données complémentaires

A **Matière première**	B **Premier producteur mondial**	C **Part de la production mondiale du premier producteur en 2023**	D **Sous-produit**
Antimoine	Chine	48 %	Partiellement : plomb, or, zinc
Bérylium	Etats-Unis	57 %	Non
Bismuth	Chine	81 %	Essentiellement : plomb, tungstène
Cadmium	Chine	39 %	Essentiellement : zinc
Chromite (minerai de chrome)	Afrique du Sud	44 %	Rarement : platinoïdes
Cobalt (production minière)	République dém. du Congo	74 %	Essentiellement : cuivre, nickel
Gallium	Chine	98 %	Exclusivement : aluminium
Germanium	Chine	n.d.	Exclusivement : zinc, charbon
Hafnium	France	n.d.	Exclusivement : zirconium
Indium	Chine	66 %	Exclusivement : zinc, cuivre, plomb, étain
Lithium	Australie	47 %	Rarement : potasse
Magnésium	Chine	88 %	Non
Manganèse	Afrique du Sud	36 %	Non
Molybdène	Chine	42 %	Partiellement : cuivre
Niobium	Brésil	90 %	Non
Rhénium	Chili	53 %	Exclusivement : molybdène
Scandium	Chine	n.d.	Exclusivement : Terres Rares, fer, uranium
Sélénium	Chine	42 %	Exclusivement : cuivre, plomb-zinc
Silicium	Chine	74 %	Non
Tantale	République dém. du Congo	41 %	Partiellement : niobium, lithium, étain, Terres Rares
Tellure	Chine	67 %	Exclusivement : cuivre, plomb-zinc, bismuth
Terres rares	Chine	68 %	Non
Titane (éponge)	Chine	67 %	Non
Tungstène	Chine	81 %	Non
Vanadium	Chine	66 %	Essentiellement : acier, titane
Zirconium	Australie	31 %	Non

(Source : USGS – Mineral Commodity Summaries)

(concentré, métal, ATO). Les statistiques sont hétérogènes et à fort risque de « double comptage ». Pour illustration, l'USGS a réévalué à la baisse la production 2022 d'antimoine, de 110 000 tonnes à 83 100 tonnes (soit une surestimation de 32,4 %). Toujours d'après le service géologique américain, elle serait stable en 2023, à 83 000 tonnes.

En 2023, le premier producteur minier a été la Chine avec 40 000 tonnes d'antimoine contenu (chiffre préliminaire de l'USGS), suivie du Tadjikistan et de la Turquie, avec respectivement 21 000 tonnes et 6 000 tonnes. Depuis 2010, la Chine fait face à des difficultés sur le plan minier, avec des réserves et des teneurs en baisse, et des impacts environnementaux importants. Le gouvernement a adopté des normes plus strictes dans ce domaine et a arrêté de nombreux sites d'extraction. Le pays importe de plus en plus de concentrés d'antimoine en provenance du Tadjikistan, de Russie, d'Australie, du Canada et d'Amérique du Sud afin d'assurer sa production d'antimoine métal et d'ATO.

Le Tadjikistan prévoyait pour 2021 l'ouverture d'un nouveau site de production nommé TALCO Gold project d'une capacité de 16 000 tonnes par an d'antimoine métal par l'entreprise chinoise Huayu Mining, mais elle a été décalée à la fin 2022 en raison du Covid-19. Fin 2023, l'entreprise chinoise a annoncé le passage de la phase de construction à la phase de production. Le projet a atteint son objectif de production de 5 000 tonnes dans l'année et devrait prendre entre douze et dix-huit mois pour atteindre sa pleine capacité. En décembre 2023, l'entreprise australienne Larvotto Resources a, quant à elle, racheté à Trafigura le projet d'or et d'antimoine Hillgrove, en Nouvelle-Galles du Sud. Ce gisement se classe parmi les dix premiers au monde pour l'antimoine.

En dépit du rééquilibrage géographique qui est à l'œuvre depuis plus de quinze ans, la Chine dispose toujours des plus grosses réserves mondiales d'antimoine prouvées à ce jour. L'USGS a réévalué les réserves d'antimoine à la hausse, en 2023, à plus de 2 millions de tonnes (Mt).

Antimoine
(en tonnes de métal contenu dans la production minière)

	2018	2019	2020	2021	2022	2023
Production mondiale	**147 000**	**162 000**	**111 000**	**112 000**	**83 100**	**83 000**
Australie	2 170	2 030	3 900	4 000	2 290	2 300
Birmanie	2 640	6 000	2 200	4 600	4 600	4 600
Bolivie	3 110	3 000	2 600	2 600	3 000	3 000
Canada		1	2	2	2	2
Chine	89 600	89 000	61 000	61 000	40 000	40 000
Équateur	50	1	1			
Guatemala	25	25	80	80	24	24
Honduras	12	10				
Iran	600	500	400	400	500	500
Kazakhstan	300	300	100	100	300	300
Kirghizistan	370			0	40	40
Laos	300	140			220	220
Mexique	260	300	700	750	700	700
Pakistan	28		17	66	79	80
Russie	30 000	30 000	25 000	20 000	4 300	4 300
Tadjikistan	15 200	28 000	13 000	16 800	21 000	21 000
Turquie	2 400	2 400	1 330	1 300	5 800	6 000
Vietnam	240	310	390	310	250	250

Prix de l'antimoine
Marché libre européen
(en dollars/kg)

(Source : Mineral Commodity Summaries)

MINERAIS ET MÉTAUX

L'antimoine contenu dans les batteries au plomb et autres alliages est recyclé avec le plomb. L'agence d'information Fastmarkets estime qu'en moyenne, un taux de 20 % d'antimoine secondaire est intégré dans la production de nouveaux produits antimoniés. Cela n'est pas le cas pour les autres usages (ignifugeants, verre), qui ont tendance à être dispersifs.

N'ayant pas de cotation sur les marchés boursiers, les prix sont établis par négociation directe de contrats entre producteurs et transformateurs ou utilisateurs. Le prix moyen annuel de l'antimoine métal a été de $ 12 128/t en 2023, en baisse de plus de 8 % par rapport à 2022 ($ 13 199/t).

À court terme, la demande en antimoine devrait stagner, se situant à la croisée de plusieurs tendances antagonistes illustrées par des normes de sécurité incendie plus strictes, une faible substituabilité pour les retardateurs de flamme, la réduction de la quantité d'antimoine dans les produits, l'abandon progressif des batteries au plomb antimonié, et les éventuelles réglementations sanitaires et commerciales à venir. Pour rappel, l'antimoine est un métalloïde toxique et serait cancérigène par inhalation. À plus long terme, les propriétés semi-conductrices de l'antimoine pourraient offrir de nouveaux débouchés à ce métal dans le domaine de l'électronique et des batteries, ainsi que dans celui du raffinage électrolytique de métaux rares. Enfin, des cellules photovoltaïques multijonctions, dont l'une des couches contient de l'antimoine, pourraient permettre d'atteindre un taux de conversion de l'énergie solaire en énergie électrique de 50 %.

Béryllium (Be)

Le coût élevé du béryllium et ses difficultés de mises en œuvre industrielles – dues à une forte toxicité – en font un métal réservé à des usages très spécifiques. Ses propriétés uniques comprennent la légèreté, la rigidité, la très forte résistance à la corrosion, une très bonne transparence aux rayons X, ainsi qu'une bonne réflexion des neutrons. Deux minéraux de béryllium sont exploités industriellement : la bertrandite ($Be_4Si_2O_7[OH]_2$) aux États-Unis – avec une teneur en minerai de 0,25 % Be –, et le béryl ($Be_3Al_2Si_6O_{18}$), dans des pegmatites granitiques pour les autres pays.

Certaines formes sont privilégiées en fonction des secteurs d'usages. La principale est l'alliage cuivre-béryllium (CuBe) contenant près de 2 % Be, qui représente environ 80 % des quantités consommées. Cet alliage hérite du béryllium sa très grande résistance à l'usure et à l'oxydation. Sa principale application est en connectique pour des usages nécessitant un très haut niveau de fiabilité, dans des secteurs tels que l'aéronautique, le spatial et la défense (connecteurs et contacteurs électriques pour télescopes, gyroscopes, systèmes de guidage, etc.). Le béryllium est aussi utilisé sous forme métallique pure (15 % des usages), en particulier pour des applications dans les secteurs de la santé (équipements des rayons X, outillage pour l'entretien des installations d'IRM, etc.), du spatial et du nucléaire civil et militaire, où sa capacité de réflexion des neutrons est recherchée. De la même manière, les recherches sur la fusion nucléaire consomment de grandes quantités de béryllium métal ultra pur. Enfin, 5 % de la consommation du béryllium est sous forme d'oxyde et de céramiques, utilisés par exemple dans le secteur de la construction (substrats isolants, blindages, etc.).

Les besoins en connectique d'alliages CuBe sont le principal facteur d'évolution de la demande. Conjuguées à la reprise post-pandémie, les tensions qui sont apparues sur la scène internationale ont eu un impact très favorable sur les débouchés traditionnels et à haute valeur ajoutée du béryllium (aérospatial et défense, domaine de l'énergie). Le principal producteur américain, Materion, a ainsi constaté une augmentation record de 29 % de ses ventes de produits à base de béryllium en 2021 et a installé, en 2022, une nouvelle usine dans le Wisconsin afin de répondre à la demande croissante des marchés des semi-conducteurs et des batteries de véhicules électriques.

Les États-Unis demeurent le premier producteur mondial de béryllium en 2023 avec 190 tonnes, soit les deux tiers de la production minière totale. Ce pays domine le marché depuis de nombreuses années. La production y est aujourd'hui assurée par une seule entreprise : Materion. Ce groupe présente un fort degré d'intégration verticale, ses activités allant de l'exploitation du gisement de bertrandite de Topaz Mountain, dans l'Utah, jusqu'à la production de béryllium ultra pur et de divers alliages. Les autres produc-

Béryllium

(en tonnes de métal contenu dans la production minière)

	2018	2019	2020	2021	2022	2023
			Production mondiale de minerai			
	240	**250**	**250**	**272**	**313**	**330**
États-Unis	165	160	165	175	175	190
Brésil	3	3	3	3	40	40
Chine	48	70	70	71	70	74
Madagascar	6	1	1	1	1	1
Mozambique	16	15	3	13	25	24
Nigeria	4	1	1	1		
Rwanda	1	1	1	1	1	1
Ouganda			7	7	1	1

(Source : Mineral Commodity Summaries)

tions minières se situent en Chine (de l'ordre de 74 tonnes) et, pour une faible part, à partir du béryl extrait au Mozambique, en Ouganda et au Brésil (de l'ordre de quelques tonnes), ainsi qu'au Nigeria, au Rwanda et à Madagascar. Il faut noter que des gisements de béryl sont également exploités pour les gemmes (l'émeraude, l'aigue-marine et la morganite sont des béryls).

La production métallurgique et de raffinage de béryllium pour l'industrie est plus diversifiée, avec notamment l'acteur japonais NGK Insulators Ltd. qui est le deuxième producteur mondial d'alliages CuBe et qui possède, entre autres, une filiale en France installée dans l'agglomération nantaise. Au Kazakhstan, les stocks d'Ulba Metallurgical Plant JSC donnent également lieu à une production importante d'alliages au béryllium avec du cuivre (CuBe), de l'aluminium (AlBe) et du nickel (NiBe).

Les seules réserves mondiales démontrées de béryllium sont celles de la mine de Spor Mountain, aux États-Unis, avec une actualisation pour 2023 établie à 19000 tonnes de Be contenu. Les ressources mondiales (non normées) sont estimées par l'USGS à plus de 100000 tonnes de Be contenu, dont 60 % aux États-Unis.

Le béryllium n'est utilisé que dans des applications très spécifiques où il est difficilement substituable sans perte significative de performance ou de fiabilité. Son coût élevé et les risques de toxicité liés à son usinage limitent ses usages aux domaines de la très haute technologie, où il est incontournable. La recherche de substituts est un exercice difficile étant donné les propriétés uniques de ce métal. Les filières de recyclage sont également peu développées avec, en fin de vie, entre 1 % et 7 % de Be recyclés, en raison de la très faible teneur de Be dans les différentes applications. Néanmoins, l'entreprise Materion a développé une filière de recyclage du Be pur et du CuBe, 40 % de l'alliage produit étant recyclé, selon les données USGS.

N'ayant pas de cotation sur les marchés boursiers, les prix du béryllium sont établis par négociation directe de contrats entre producteurs et transformateurs ou utilisateurs. Il existe donc une certaine opacité sur la variation des prix dans le temps. L'association de producteurs BeST donne des fourchettes de prix en fonction des qualités recherchées :

– Be métal pur de qualité aérospatiale : € 300/kg à € 1500/kg ;

– alliage AlBe (39 % Be) pour composant aérospatial : € 200/kg à € 500/kg ;

– alliage CuBe (2 % Be) : € 20/kg à € 50/kg.

Le béryllium est inclus, depuis 2011, dans la liste des matières premières critiques pour l'économie européenne, et, depuis 2018, dans celle établie par les États-Unis. Dans ce cadre, la *Defense Logistics Agency* a pour mission de constituer un stock de défense nationale qui s'élevait en septembre 2022 à 50 tonnes de Be métal, à 7 tonnes sous forme de poudre métallique, et à une tonne sous forme de minerai (béryl). Depuis peu, l'Inde a identifié 30 minéraux essentiels à sa transition énergétique, dont le béryllium, et cette liste devrait contribuer à l'élaboration d'une stratégie nationale.

En termes d'exploration, peu de projets sont identifiés pour renouveler le gisement de Spor Mountain, hormis aux États-Unis avec le gisement de terres rares de Round Top (Texas). Le modèle économique du projet repose sur la diversification de l'exploitation, visant en priorité la production de terres rares, mais également de minéraux industriels à haute valeur ajoutée et de métaux dits « technologiques », tels que le béryllium. Fin 2022, l'étude de préfaisabilité du projet était en voie de finalisation. À ce jour, il n'y a aucune information complémentaire concernant l'avancée de ce projet.

Bismuth (Bi)

Le bismuth est principalement un sous-produit de l'extraction et de la métallurgie du plomb. C'est un métal malléable, semi-conducteur avec une basse température de fusion (271 °C). Ses principaux débouchés concernent deux secteurs bien distincts : d'une part, sous forme d'alliages à bas point de fusion (9 % : 11 °C à 300 °C), il est également utilisé en métallurgie et en électronique (7 %) (soudures en remplacement du plomb); d'autre part, sous forme chimique (84 %), il a d'importantes applications dans l'industrie pharmaceutique et cosmétique, ainsi que pour la dépollution des eaux et la production de pigments.

L'un des principaux avantages du bismuth est son niveau de toxicité relativement faible parmi les métaux lourds, ce qui explique son emploi dans de nombreux produits notamment pour ses propriétés antibactériennes.

Dans la croûte terrestre, le bismuth n'existe que très rarement seul sous forme de concentrations économiquement exploitables dans la croûte terrestre. De ce fait, la majorité de la production est connectée au stade de séparation et purification métallurgique d'autres métaux. Le bismuth est donc majoritairement un sous-produit voir un co-produit dans certains cas. Une complexité supplémentaire vient du degré de purification lors du raffinage du bismuth où l'on distingue le *technical grade* à 99,99 % Bi métal, du *pharmaceutical grade* à 99,999 % Bi, spécifiquement destiné à l'usage médical.

En 2023, la production mondiale de Bi raffiné estimée par l'USGS a été de 20 000 tonnes, ce qui est comparable à la production de 2022 établie à 19 000 tonnes, après révision (soit une augmentation de 5,3 %). Selon les chiffres de cette institution américaine, la Chine est toujours – de loin – le premier producteur mondial de bismuth avec 80 % de l'offre. La structuration de cette industrie en Chine s'est faite à partir de 2007 par le regroupement de six producteurs de la région du Hunan en un seul consortium de taille internationale : Hunan Jinwang Bismuth International. Jinwang dispose du principal centre de recherche sur le bismuth en Chine et a investi massivement dans le financement de cette recherche. Il s'est imposé comme fournisseur important de clients de la chimie comme DuPont, BASF et 5N Plus. Par la suite, cet acteur s'est étendu en Europe, rachetant par exemple les activités du groupe Orrion Chemicals en France en 2015, en particulier l'usine de la Voulte-sur-Rhône, en Ardèche.

Au Vietnam, la compagnie Masan Resources exploite la mine de tungstène de Núi Pháo, avec une production de 1 150 tonnes de bismuth contenu en 2023, malgré une capacité de production annuelle de 2 000 tonnes. Le bismuth est récupéré en sous-produit du tungstène, initialement sous forme d'un concentré. Le bismuth est ensuite récupéré par un procédé de mise en solution (lixiviation) et précipitation par cémentation conduisant à la production d'un cément de bismuth contenant 90 % Bi. Ce dernier est vendu tel quel aux consommateurs ou il sera éventuellement transformé en briquettes métalliques à plus forte valeur ajoutée par des clients tels que 5N Plus.

5N Plus est une compagnie canadienne, leader mondial de la purification et de la distribution de produits à base de bismuth, ainsi que dans la production et la vente d'alliages à bas point de fusion, bien que n'exploitant aucune mine. Sa production de bismuth ultrapur, d'alliages et de produits chimiques dérivés du bismuth est réalisée à partir

Bismuth
(en tonnes de métal raffiné)

	2018	2019	2020	2021	2022	2023
Production mondiale de minerai	**19 200**	**21 100**	**19 000**	**20 000**	**19 000**	**20 000**
Bolivie		15	30	60	0	40
Bulgarie	50	50	50	50	50	50
Canada	25	25	35	50		
Chine	14 000	16 000	16 000	16 000	15 500	16 000
Corée du Sud	900	930	970	1 000	810	850
Japon	571	540	570	500	490	500
Kazakhstan	290	270	230	230	190	160
Laos	3 010	3 000	1 000	2 070	1 940	2 000
Mexique	333	300	10	10		

Prix du bismuth
Marché libre européen
(en dollars/lb)

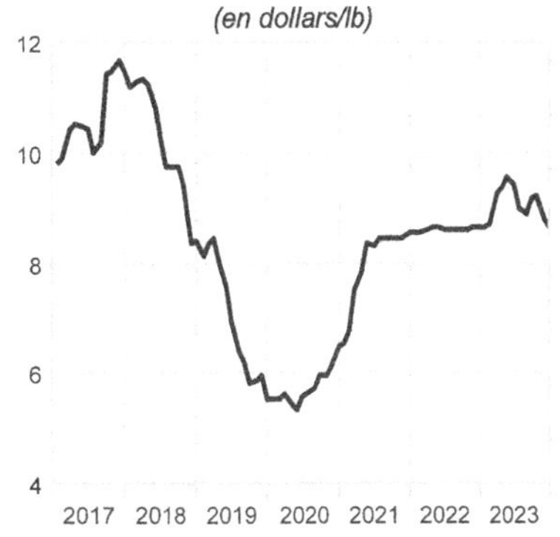

(Source : Mineral Commodity Summaries)

de concentrés, d'oxydes, de pièces ou lingots de bismuth importés, notamment *via* sa filiale belge. La société raffine annuellement environ 3 000 à 3 500 tonnes de bismuth. Le bismuth vendu par 5N Plus est destiné à des applications pharmaceutiques, électroniques et industrielles. L'entreprise est intégrée verticalement et dispose de capacités de recyclage en boucle fermée.

Le groupe chinois Vital Materials est également devenu un acteur important du marché du bismuth raffiné, par le rachat en novembre 2019 des stocks de bismuth du *Fanya Metal Exchange*, stocks équivalents à plus d'un an de production mondiale (19 228 tonnes), ainsi que par l'acquisition en février 2019 des activités sur les sels de bismuth du groupe Orrion Chemicals en Espagne.

En 2023, les prix du bismuth ont continué à augmenter avec un prix moyen (Bi 99,99 % en Europe) à $ 9,05/kg contre $ 8,61/kg en 2022, soit une hausse de 5,1 %. N'ayant pas de cotation sur les marchés boursiers, ces prix sont établis par négociation directe de contrats entre producteurs et transformateurs ou utilisateurs.

En 2018, l'USGS a cessé de publier son estimation des réserves mondiales de Bi, auparavant uniquement fondée sur les réserves connues des gisements primaires de plomb contenant du bismuth. Cette absence de référence mondiale sur l'état des réserves s'explique par le manque de données nécessaires pour une telle estimation.

Le recyclage du bismuth s'effectue quasi exclusivement en « boucle fermée » à partir de chutes de production d'acteurs comme 5N Plus et Hunan Jinwang Bismuth. À partir des produits en fin de vie, le recyclage est inférieur à 1 % étant donné le caractère dispersif des principaux usages du bismuth (pigments, produits pharmaceutiques, etc.).

La croissance de la consommation mondiale est portée par plusieurs secteurs. D'une part, celui des pigments. En effet, ceux à base de vanadate de bismuth sont utilisés de manière croissante pour les revêtements en remplacement des formulations à base de plomb et chrome dans de nombreux secteurs. Les acteurs majeurs du secteur (par exemple BASF, DuPont, DCC Lansco, etc.) utilisent déjà largement ces formulations. D'autre part, de futures applications potentielles dans les domaines des semi-conducteurs, de la thermoélectricité ou pharmaceutiques pourraient porter le marché. Dans le dernier cas, les propriétés antivirus de la ranitidine bismuth citrate comme « agent anti-SARS-CoV-2 » ont été testées et prouvées en 2020, avec des résultats probants à l'échelle du laboratoire (publication *Nature Microbiology* des chercheurs Yuan S. et Wang R.).

Les semi-conducteurs à base de bismuth sont développés depuis une dizaine d'années, avec l'existence d'une communauté scientifique active à l'échelle internationale. Cependant, des limitations techniques existent à ce jour pour leur applicabilité industrielle à grande échelle.

Du côté de l'offre minière, seul un projet majeur peut être mentionné : celui de Fortune Minerals, avec le projet NICO situé dans les Territoires du Nord-Ouest, au Canada. La compagnie envisage une mine de cobalt-or-bismuth-cuivre, actuellement au stade de la faisabilité. En 2023, la société a signé un partenariat avec le géant minier Rio Tinto pour des essais d'optimisation concernant la récupération des métaux critiques contenus dans le minerai (c'est-à-dire cobalt et bismuth). Elle a également annoncé son souhait de construire une raffinerie en Alberta pour extraire les métaux contenus dans les concentrés de sa future mine. D'après l'étude de faisabilité de 2014, les réserves probables et prouvées du gisement sont de l'ordre de 46 000 tonnes de bismuth pour une durée de vie de la mine de vingt ans.

Cadmium (Cd)

Le cadmium est un métal malléable à basse température de fusion (321 °C) et d'ébullition (767 °C). C'est un métal toxique pour l'environnement et la santé humaine, ce qui en restreint fortement l'utilisation.

Le principal usage du cadmium est pour la production d'accumulateurs rechargeables au nickel-cadmium (batteries Ni-Cd). On distingue souvent les batteries Ni-Cd grand public et de spécialité. Les premières, longtemps utilisées dans les équipements électriques portables sont de moins en moins usitées du fait des réglementations sur la toxicité du cadmium et de leur délaissement face au développement rapide des batteries nickel-hydrure métallique (Ni-MH) et lithium-ion (Li-ion), aux performances nettement supérieures, et à des prix en baisse constante. En 2018, les batteries Ni-Cd représentaient moins de 2 % de la capacité du marché mondial des batteries rechargeables (environ 550 gigawatts-heures – GWh). Les batteries Ni-Cd industrielles sont toujours utilisées, en tant que batteries de secours, en raison de leur grande fiabilité et de leur résistance aux fortes décharges. Un autre usage important du cadmium – mais lui aussi décroissant – est sous forme de pigments jaunes, orange ou rouges, très utilisés pour le revêtement des engins de chantier par exemple, car ils protègent l'acier de la corrosion. Datant de février 2017, un amendement du règlement REACH limitant très fortement la teneur en cadmium des peintures favorise la substitution des pigments au cadmium par des pigments à base de vanadate de bismuth ou sulfure de cérium, présentant peu ou pas de toxicité. Hors de l'Europe, le cadmium

Cadmium
(en tonnes de métal)

	2018	2019	2020	2021	2022	2023
Production mondiale						
	25 100	**24 400**	**24 000**	**24 700**	**22 600**	**23 000**
Allemagne			450	417	320	
Australie			348	402	328	380
Bulgarie				310	340	340
Canada	1 680	1 803	1 800	1 800	1 800	1 800
Chine	8 200	8 200	10 000	10 000	8 700	9 000
Corée du Sud	5 000	4 400	3 000	4 000	4 000	4 000
États-Unis	N.C.	N.C.	N.C.	2 41	212	220
Japon	1 980	2 000	1 880	1 900	1 800	1 800
Kazakhstan	1 500	1 500	1 500	1 200	1 000	1 000
Mexique	1 360	1 395	978	859	1 170	1 100
Norvège			400	350	420	380
Ouzbékistan			400	300	220	220
Pays-Bas	1 100	1 100	880	854	574	750
Pérou	765	772	700	600	460	790
Pologne				500	250	230
Russie	1 200	900	1 000	1 000	1 000	1 000
Autres pays	2 310	2 320	520			

Prix du cadmium
Marché libre européen
(en dollars/kg)

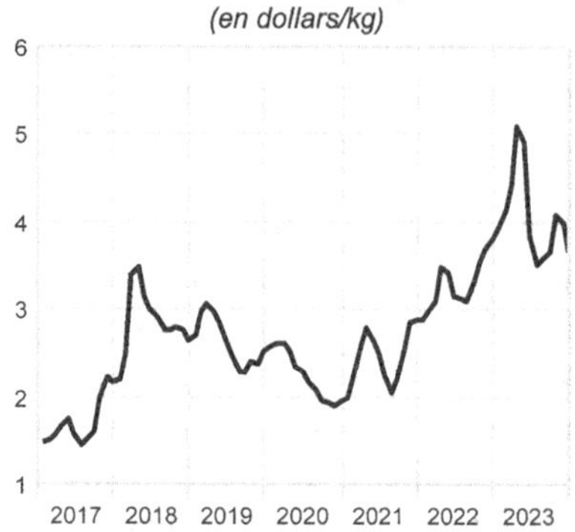

(Source : Mineral Commodity Summaries)

est parfois encore utilisé pour la stabilisation des plastiques, même si des stabilisants baryum-zinc ou calcium-zinc peuvent remplacer ceux en baryum-cadmium dans les applications de chlorure de polyvinyle (PVC) souple. Les usages restants du cadmium comprennent les alliages à bas point de fusion et les applications dans le domaine de l'énergie et de l'électronique utilisant les propriétés semi-conductrices de plusieurs de ses composés. Le plus populaire est le tellurure de cadmium (CdTe) pour les cellules photovoltaïques à couches minces, nécessitant environ 80 kg de cadmium par mégawatt (MW) de capacité électrique installée. Cet usage connaît un développement croissant, bien que la technologie au silicium domine largement le marché des cellules photovoltaïques en 2023 (voir la section consacrée au tellure). Dans les panneaux photovoltaïques, le semi-conducteur CdTe est séquestré entre plusieurs couches et ne présente donc pas de risque sanitaire.

Selon l'USGS, la production mondiale de cadmium raffiné en 2023 était de 23 000 tonnes, légèrement supérieure à celle de 2022 qui s'élevait à 22 600 tonnes. Le cadmium est majoritairement récupéré en sous-produit de la métallurgie du zinc et par le recyclage des batteries Ni-Cd. La Chine, premier métallurgiste sur ce dernier segment, demeure aussi le premier producteur mondial de cadmium, avec plus de 39 % de l'offre totale, une place qu'elle occupe depuis 2008. Au cours de la période 2007-2017, la croissance annuelle moyenne de la production de cadmium a suivi celle du zinc, à 2 %. À partir de fin 2019, la production de cadmium s'est infléchie et semble désormais se stabiliser. Les autres producteurs majeurs sont la Corée du Sud, le Japon et le Canada. En 2018, la Chine a instauré une taxe de 25 % sur les importations de cadmium brut en provenance des États-Unis.

Il n'existe pas d'estimation des réserves en cadmium, celui-ci n'étant pas récupéré, comme évoqué précédemment, qu'en sous-produit du zinc. L'USGS indique que les minerais de zinc ont une teneur moyenne de l'ordre de 0,03 % de cadmium. Cette teneur augmente autour de 0,2 % à 0,3 % dans les concentrés de minerai, soit une production de 3 kg/t de zinc élaborés. Les teneurs observées dans les gisements de phosphates sédimentaires peuvent atteindre plusieurs centaines de grammes par tonne (ppm). Par conséquent, les gisements de phosphates sédimentaires et de charbon représentent une ressource importante, peu valorisée à ce jour.

Le cadmium peut être substitué dans la plupart des usages. Par exemple, les batteries avec d'autres chimies, en particulier lithium-ion, peuvent remplacer les batteries Ni-Cd dans de nombreuses applications. Les revêtements d'aluminium, de zinc ou d'alliages de zinc tels que l'étain-zinc et le zinc-nickel peuvent remplacer le cadmium dans de nombreuses applications de placage, sauf lorsque les caractéristiques de surface d'un revêtement sont critiques (par exemple, les fixations pour avions).

Le cadmium des batteries Ni-Cd est couramment recyclé. La société Retriev Technologies, basée dans l'Ohio (États-Unis), produit des lingots de cadmium secondaire à partir du recyclage des batteries par pyrométallurgie. Dans l'Union européenne, le rendement du recyclage des batteries Ni-Cd est supérieur à 80 % avec 99 % du cadmium récupéré. En France, la société SNAM produit *via* un procédé de distillation et raffinage, des lingots de cadmium issu du recyclage de ces batteries.

Le prix annuel moyen européen du cadmium de pureté 99,95 % en 2023 a augmenté de 22 % par rapport à 2022 pour atteindre $ 4,07/kg, avec un pic à plus de $ 5,1/kg en avril 2023. En tant que grand consommateur de cadmium, mais sans production significative, l'Inde est un acteur déterminant de l'évolution des prix du cadmium sur le marché au comptant, marqué par des habitudes d'achat saisonnières. Par ailleurs, l'Inde a ajouté le cadmium sur sa liste des métaux critique en 2023.

En 2017, les institutions européennes ont initié la révision de la réglementation européenne relative aux engrais datant de 2003. La réglementation révisée, qui a été adoptée fin 2018, a fixé une teneur maximale en cadmium admissible à 60 mg Cd/kg d'engrais phosphatés (P_2O_5), avec une évolution possible vers 40 mg Cd/kg puis 20 mg Cd/kg. Cette réglementation – qui est entrée en vigueur en 2022 – pourrait, à terme, pousser les producteurs d'engrais à « décadmier » l'acide phosphorique servant à la production des engrais, ce qui ferait apparaître un stock considérable de cadmium dans les pays producteurs de phosphates. Certains producteurs d'engrais phosphatés à faibles teneurs en cadmium comme le russe PhosAgro espèrent bénéficier de cette réglementation pour gagner des parts de marché en Europe, au détriment des producteurs nord-africains. Il faut noter que hors Europe, les réglementations sont très hétérogènes avec des limites fixées sur les quantités épandues par hectare plutôt que sur la teneur des engrais en cadmium. En outre, en 2021, la réglementation européenne concernant les teneurs en métaux lourds dans l'alimentation a évolué avec un abaissement significatif du seuil de tolérance pour le cadmium.

Le développement du photovoltaïque à couches minces à CdTe, des batteries de spécialité et les normes environnementales pourraient ouvrir de nouvelles perspectives dans ce marché potentiellement excédentaire.

Chrome (Cr)

Le chrome est, en volume, le quatrième métal le plus produit et consommé au monde après le fer, l'aluminium et le cuivre. La chromite est le principal minéral porteur du chrome, contenant entre 50 % et 65 % de chrome sous forme d'oxyde de chrome (Cr_2O_3). En vertu de ses caractéristiques de résistance au ternissement et à la corrosion, l'usage principal du chrome est, de loin, la fabrication des aciers inoxydables. Cet usage ne nécessite pas la production de chrome métal, mais d'un alliage, le ferrochrome, nettement plus facile à produire.

La production mondiale de minerai de chromite en 2023 est de 41 Mt. Après avoir connu une baisse de près de 18 % en 2020 à la suite de la pandémie de Covid-19, la production est repartie à la hausse dès l'année suivante, mais demeure toujours en deçà de son niveau prépandémique.

Plus de 95 % de la chromite est destinée à la production de ferrochrome, dont 77 % servent à la production des aciers inoxydables pour lesquels le chrome est irremplaçable, et 23 % pour d'autres aciers et alliages au chrome. Les 5 % de la production de chromite restant sont utilisés sous forme de composés chimiques, de produits réfractaires et pour la confection de moules pour les fonderies. Sous sa forme métal, le chrome ne compte que pour moins de 1 % de la demande en chromite et cette dernière forme est utilisée pour plus de moitiés dans les superalliages pour l'aéronautique (parties chaudes des réacteurs d'avion) et pour la production d'énergie (turbines à gaz) selon la société DCX Chrome, filiale de Delachaux.

Selon les données de l'USGS, la production de chromite mondiale reste, en 2023, largement dominée par l'Afrique du Sud avec 18 Mt (soit 44 %) uniquement issue du complexe géologique du Bushveld. Cependant, cette production a diminué de 6 % par rapport à 2022 en raison de l'inflation et de la forte hausse des prix locaux de l'électricité en 2023. Les autres pays producteurs majeurs sont la Turquie (6 Mt), le Kazakhstan (6 Mt) et l'Inde (4,2 Mt). Bien que la plupart de la chromite soit

Chrome
(en millers de tonnes de chromite)

	2018	2019	2020	2021	2022	2023
Production mondiale	**43 100**	**44 800**	**37 000**	**42 200**	**41 900**	**41 000**
Afrique du Sud	17 600	16 395	13 200	18 600	19 100	18 000
Finlande	2 210	2 415	2 290	2 270	2 000	2 000
Inde	4 300	4 139	2 500	4 250	4 000	4 200
Kazakhstan	6 690	6 700	7 000	6 500	6 000	6 000
Turquie	8 000	10 000	8 000	6 960	5 410	6 000
Autres pays	4 250	5 110	3 980	3 620	5 380	5 200

Prix du chrome métal aluminothermique
(en dollars/tonne)

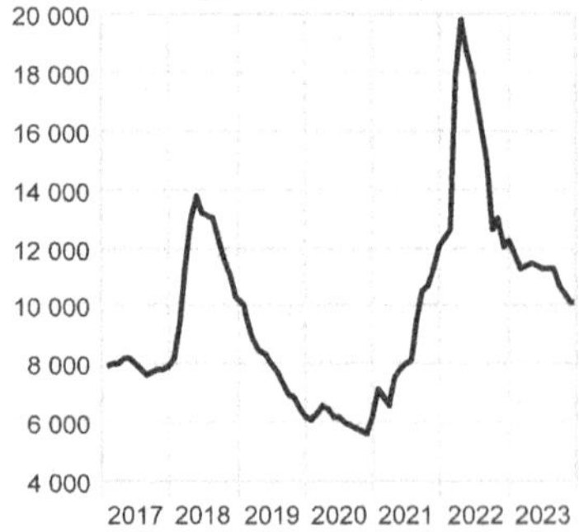

(Source : Mineral Commodity Summaries)

extraite en tant que substance principale, environ 15 % de la production mondiale de chromite est un sous-produit de l'exploitation de platinoïdes. C'est notamment le cas à l'ouest du complexe du Bushveld, en Afrique du Sud (soit le quart de la production sud-africaine). En 2023, l'Organisation des Nations unies (ONU) a identifié au Timor-Leste plusieurs « minéraux stratégiques », dont la chromite. Le pays a lancé un appel d'offres pour l'exploration, plus tôt dans l'année, pour des minéraux métalliques, des pierres ornementales, des pierres précieuses et des terres rares. Ainsi, en novembre dernier, trois compagnies australiennes et une compagnie locale ont obtenu treize zones de concession pour l'exploration minière de ces minéraux, dont la chromite.

Selon les données compilées par l'Élementarium, environ 15,5 Mt de ferrochrome ont été produites en 2022. Les principaux producteurs de ferrochrome sont, de loin, la Chine (7 Mt) et l'Afrique du Sud (3,9 Mt), contre seulement 0,7 Mt par an pour l'ensemble de l'Union européenne (UE).

Toujours d'après l'USGS, les capacités de production mondiale de chrome métal (99,996 % Cr) étaient de 114 000 tonnes en 2021 et provenaient principalement de Chine (53 %), de Russie (23 %), de France (10 %), ainsi que du Royaume-Uni (9 %). Deux types de chrome métal sont commercialisés : le chrome métal aluminothermique qui est produit à partir d'oxydes de chrome et le chrome métal électrolytique qui est fabriqué à partir du ferrochrome ou de l'acide chromique. En France, la production de chrome aluminothermique est assurée par la société DCX Chrome, du groupe Delachaux, sur son site de Marly, situé dans le département du Nord.

L'USGS évalue à approximativement 560 Mt les réserves mondiales de chromite (45 % Cr_2O_3) en 2023. Le Kazakhstan et l'Afrique du Sud possèdent respectivement 41 % et 36 % de ces réserves. Les ressources en chromite sont considérables puisqu'elles atteindraient 12 Gt, soit des volumes suffisants pour répondre à la demande actuelle pendant plusieurs siècles. Elles se trouveraient à 95 % au Kazakhstan et en Afrique du Sud.

Du fait de ses qualités et de son abondance géologique, les industriels n'ont pas cherché à remplacer le chrome par un autre élément dans son usage principal, l'acier inoxydable. Les aciers inoxydables sont largement recyclés avec un taux de recyclage en fin de vie (*old scrap*) de 80 % à 90 %. Selon l'USGS, en 2023, le chrome recyclé (contenu dans les déchets d'acier inoxydable) représentait 26 % de la consommation apparente. Les autres alliages et superalliages sont également recyclés pour le même usage si l'alliage est préservé, ou pour alimenter la production de ferrochrome dans le cas contraire. Le chrome métal contenu dans les superalliages n'est pas récupéré en tant que tel, mais ceux-ci sont fortement recyclés pour des usages proches, du fait de leur valeur très élevée.

À l'instar de nombreux autres petits métaux, les cours du chrome ne sont pas établis sur les marchés boursiers, mais sont issus de négociations entre producteurs et utilisateurs. En raison de la diversité des produits se rapportant au chrome et de la variabilité de leur teneur en métal contenu, une grande diversité de prix peut être observée. Le prix moyen du chrome métal aluminothermique (*in warehouse* EU 99 % Cr) s'est envolé ces dernières années, passant de $ 5 650/t en novembre 2020 à $ 12 750/t en janvier 2022. Il a même temporairement atteint $ 19 838/t au printemps 2022, en contrecoup du conflit russo-ukrainien et de la crainte de possibles pénuries à la suite des sanctions prises envers la Russie. En 2023, les prix sont redescendus à un prix moyen de $ 11 040,59/t, soit une baisse de 28 % par rapport à 2022. Les prix du ferrochrome (HC 60 % Cr et 6-8 % C) ont connu une dynamique similaire et sont retombés à un prix moyen pour 2023 de $ 2 850/t. En effet, au premier semestre 2023, la hausse des prix du ferrochrome s'explique par la hausse de la demande en acier inoxydable dû à la croissance du marché de la construction, se trouvant en aval de la chaîne de production. Puis l'augmentation de la production de ferrochrome par la Chine (environ 5-10 %) a entraîné une baisse des prix en fin d'année 2023.

Le marché du chrome, actuellement dominé par la production sud-africaine, pourrait connaître des évolutions à moyen terme, notamment liées au rôle croissant de l'Indonésie dans la production intégrée de nickel (*Nickel Pig Iron* ou NPI) et d'aciers inoxydables pour répondre à la demande chinoise, ainsi qu'aux manœuvres des trois producteurs miniers majeurs (Afrique du Sud, Kazakhstan et Inde). De plus, l'UE et les Philippines ont relancé les négociations visant à établir un accord de libre-échange et à renforcer la coopération pour les matières premières critiques de la transition énergétique. Par ailleurs, l'Afrique du Sud pourrait imposer une taxe à l'exportation de minerai de chrome pour encourager la production de ferrochrome domestique offrant une meilleure valeur ajoutée. Cependant, l'inflation pourrait impacter les marchés de la construction et entraîner une baisse de la demande d'acier.

Gallium (Ga)

Le gallium est un métal mineur qui revêt, ainsi que ses différents composés, une importance stratégique pour la production de circuits intégrés analogiques. Le gallium est principalement employé comme matériau semi-conducteur sous forme d'arséniure de gallium (GaAs) et de nitrure de gallium (GaN). Il est en premier lieu utilisé à l'échelle mondiale dans l'optoélectronique (44 %), pour fabriquer des diodes électroluminescentes (LED), ainsi que des diodes laser (Blu-ray, etc.) ou encore des radars ; et pour ses fonctions semi-conductrices dans les circuits électroniques intégrés (36 %), au sein des ordinateurs, smartphones, puces WIFI, etc. Les composants analogiques utilisant du gallium étant plus résistants et plus performants que ceux utilisant uniquement du silicium, ils sont employés à divers usages dans certaines applications, tout particulièrement dans les domaines militaire, aérospatial et des télécommunications. On le retrouve également dans les cellules photovoltaïques (7 %), en couche mince de type CIGS (Cuivre-Indium-Gallium-Sélénium).

Plusieurs dizaines de tonnes de gallium sont aussi utilisées ponctuellement pour la recherche sur les neutrinos en physique des particules et l'élaboration de transistors expérimentaux destinés aux applications logiques (processeurs de pointe), ou encore de façon plus continue dans la production d'aimants supraconducteurs, d'écrans plats, etc. Dans un contexte global de mise en place d'une transition énergétique, les marchés de l'électronique de puissance et des LED anticipent des taux de croissance minimums respectivement à 6 % et à 15 % par an jusqu'en 2029.

Si le gallium primaire (pureté de 99,99 % ou 4N) peut être récupéré en sous-produit du zinc (5 %), il est surtout issu de la production d'alumine (95 %) par le procédé Bayer. Lors de ce procédé, 70 % du gallium est lessivé de la bauxite et suit l'alumine dans la solution de soude caustique. La liqueur de soude obtenue est enrichie successivement et le gallium extrait par résine échangeuse d'ions. Par la suite, et en fonction des applications, le gallium doit être purifié à une pureté de 99,999 99 %, ou 7N. On considère qu'à l'échelle mondiale, moins de 10 % du Ga des bauxites est effectivement récupéré, faute d'investissements dans le domaine.

Gallium
(en tonnes de métal raffiné)

	2018	2019	2020	2021	2022	2023
Production mondiale	**413**	**351**	**327**	**434**	**610**	**610**
Chine	397	338	317	423	600	600
Corée du Sud	3	2	2	2	2	2
Japon	3	3	3	3	3	3
Russie	6	8	5	5	5	5
Ukraine	4			1		

Prix du gallium
Marché libre européen
(en dollars/kg)

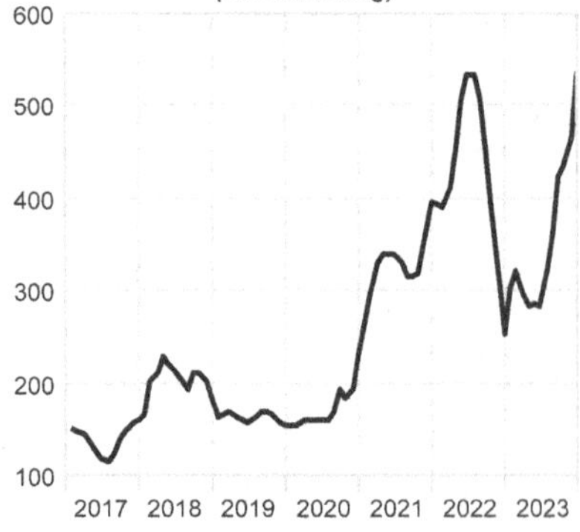

(Source : Mineral Commodity Summaries)

En 2023, la production estimée par l'USGS est de 610 tonnes de gallium primaire, contre seulement 434 tonnes en 2021, soit une augmentation de près de moitié en deux ans. La Chine produit 98 % de ce volume à partir de bauxites d'origines diverses. Les capacités totales estimées dans le pays sont de l'ordre de 750 tonnes. Toujours d'après l'USGS, les autres producteurs de gallium sont la Russie, le Japon, la Corée du Sud et l'Ukraine, mais leurs productions restent limitées à quelques tonnes par an seulement.

Les composants électroniques ont besoin de gallium purifié à 6N ou 8N. Seuls quelques pays ont accès à cette technologie à l'échelle industrielle, comme la Chine, le Japon, les États-Unis et la Slovaquie. Ces dernières années, plusieurs pays tels que l'Allemagne, le Kazakhstan, la Hongrie, le Royaume-Uni ont arrêté soit la production, soit le raffinage du gallium en raison des surcapacités chroniques et une tendance de prix baissière prolongée sur ce marché.

Le gallium étant récupéré comme sous-produit de l'aluminium et du zinc, il n'existe pas d'évaluation normalisée des réserves. Néanmoins, l'USGS estime que les réserves mondiales de bauxite contiennent en moyenne 50 ppm de Ga, représentant plus de 1 Mt de gallium (récupérable à 10 %). À ce chiffre, il faut ajouter les quantités de gallium contenues dans les minerais de zinc, et dans certains gisements de phosphates et de charbon.

Le recyclage du gallium a surtout lieu en boucle courte par récupération des déchets (*scraps*) de fabrication du gallium raffiné et des plaquettes/galettes (*wafers*) de GaN ou GaAs. Il y aurait une capacité totale de traitement de 300 tonnes par an, selon l'USGS, la production secondaire ayant lieu essentiellement au Canada, en Chine, en Allemagne, en Belgique, au Japon, en Slovaquie et aux États-Unis.

En électronique de puissance, le carbure de silicium (SiC) est une alternative au GaN pour certaines applications. Les composants SiC sont généralement plus coûteux que ceux utilisant le GaN, mais leurs capacités en matière de haute tension et de courant élevé les rendent bien adaptés aux circuits d'alimentation pour les voitures et autres transports, ainsi qu'au sein des installations électriques haute tension. Plusieurs applications liées à la défense utilisent des circuits intégrés à base de GaAs en raison de leurs capacités de fonctionnement à haute fréquence et d'amplification de signal, et ne peuvent pas à ce jour être substituées par d'autres éléments.

Comme plusieurs métaux mineurs, le gallium n'est pas coté sur les marchés boursiers : les prix sont établis par négociation directe de contrats entre producteurs et transformateurs ou utilisateurs. Après avoir baissé entre juin 2022 et 2023, le prix *spot* moyen du gallium de pureté 99,99 % a quasiment doublé entre juin et décembre 2023, passant de $ 283/kg à $ 537/kg.

Cette soudaine hausse des prix est la conséquence directe de l'introduction, depuis 1er août 2023, de licences d'exportation par le gouvernement chinois sur les produits intégrant du gallium (et du germanium), dont le pays est à l'origine de la quasi-totalité de la production mondiale. Le renforcement de l'arsenal législatif chinois s'inscrit dans la montée des tensions entre la Chine et les États-Unis (ainsi que ses possibles alliés) autour de la maîtrise des technologies de pointe (comme l'intelligence artificielle – IA) qui intègrent les semi-conducteurs logiques et analogiques plus performants. Il n'y a cependant pas eu, à ce jour, de rupture des exportations. Face à ce risque, les pays dépendants aux importations chinoises de gallium cherchent à diversifier leurs sources d'approvisionnement. En Europe, le producteur grec d'aluminium Mytilineos Energy & Metals étudie la possibilité de produire du gallium comme sous-produit dans sa raffinerie d'alumine. L'ancien site de production de gallium d'Ingal Stade GmbH en Allemagne, qui a cessé ses activités en 2016, pourrait être aussi rapidement remis en service en cas de tensions sur les marchés. Quant à la société Appia Rare Earths and Uranium, elle souhaiterait récupérer comme coproduit le gallium contenu avec les terres rares dans le gisement canadien d'Alces Lake, alors que Nyrstar a déclaré en fin d'année 2023 que des projets en Australie, en Europe et aux États-Unis étaient à l'étude.

Germanium (Ge)

Le germanium possède des propriétés semi-conductrices qui sont utilisées pour de nombreuses applications militaires, des technologies de communication, ainsi que dans le secteur des panneaux photovoltaïques. Évalué à quelques centaines de millions de dollars, le marché du germanium, en tant que tel, est un marché de niche. Celui de son composé silicium-germanium (SiGe) est bien plus important et devrait atteindre les $ 4,5 milliards en 2024, tiré par la croissance de la demande de circuits intégrés dédiés aux communications et des technologies 5G.

La répartition des usages du germanium reste stable, l'optoélectronique étant le premier consommateur de germanium. Ainsi, 33 % de la demande mondiale est destiné aux microfibres, verres de chalcogénure et circuits intégrés utilisés spécifiquement par la fibre optique. Environ 20 % seraient consacrés aux panneaux photovoltaïques à haut rendement (majoritairement terrestres avec quelques applications aérospatiales). L'industrie de défense constituerait 20 % de la demande pour élaborer des systèmes de vision nocturne, d'optiques infrarouges et d'amplification de signaux. 20 % sont utilisés par la catalyse de polymères (polytéréphtalate d'éthylène « PET » utilisé pour l'embouteillage des boissons gazeuses, les fibres textiles et certains films plastiques) et les 10 % restants sont utilisés pour la recherche et quelques autres applications (poudres luminophores, métallurgie, chimiothérapie et autres applications médicales).

Une forte croissance de la demande provenant du secteur de la communication et de la fibre optique est attendue, notamment tirée par les besoins en composés de silicium-germanium (SiGe). En effet, entre 2016 et 2021, la taille du marché de ce composé a pratiquement doublé, passant de $ 2,6 milliards à $ 5,1 milliards, selon le Bis Research Group en 2022. Les besoins se développent également dans les secteurs de l'armement et du photovoltaïque (le Ge améliore le rendement énergétique des panneaux solaires).

Le germanium est majoritairement un sous-produit de la métallurgie du zinc (75 %) et du charbon (25 %). Pour l'année 2020, la production mondiale de germanium était estimée par l'USGS à 130 tonnes, hors États-Unis. Le *World Mining Data* l'évaluait à 142 tonnes en 2021. Depuis ces dates, les données de production ne sont plus disponibles.

Avec 66 % de la production totale en 2020 (et même 93 % pour le *World Mining Data*), la Chine est le premier producteur mondial de germanium depuis plus de dix ans (86 tonnes en 2020). Elle tient cette place grâce à sa position dominante dans la métallurgie du zinc et à la valorisation des cendres volantes issues de la combustion du charbon (et plus particulièrement du lignite).

Toutefois, depuis 2014, année à laquelle la production chinoise a atteint 120 tonnes, de nombreux sites de production de petites et moyennes tailles ont fermé en raison de fortes surcapacités de production et de la régulation des impacts environnementaux associés à leurs activités. En ce sens, le gouvernement chinois a entrepris de solidifier cette branche industrielle, en accompagnant

Germanium
(en kilogrammes de métal raffiné)

	2018	2019	2020	2021	2022	2023
Production mondiale	**130 000**	**131 000**	**140 000**			
Chine	94 600	85 700	95 000			
Russie	6 000	5 000	5 000			
États-Unis						
Autres pays	30 000	40 000	40 000			

Prix du germanium
Marché libre européen
(en dollars/kg)

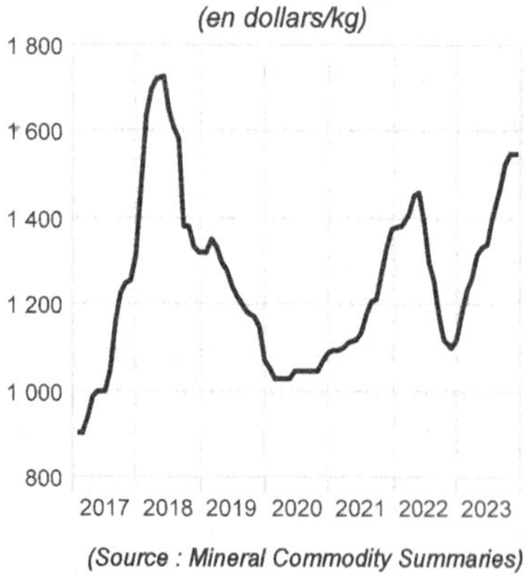

(Source : Mineral Commodity Summaries)

la fusion-acquisition de firmes spécialisées par de grands acteurs industriels nationaux, tels que Yunnan Lincang Xinyuan Germanium, et le géant Chinalco *via* sa filiale Yunnan Chihong Zinc & Germanium.

Le pays a pu ainsi devenir leader de la production de germanium raffiné à 99,999999 % de pureté et au-delà, si bien que 30 % du germanium de qualité électronique proviendrait de Chine, devant la Russie et les États-Unis. Il faut également ajouter que depuis 2015, le Bureau des réserves d'État chinois (*State Reserve Bureau* – SRB –) constituerait des stocks stratégiques de germanium chaque année.

Il n'existe pas d'estimation précise des réserves et des ressources en germanium en raison de son exploitation en tant que sous-produit. L'USGS estime que seulement 3 % du germanium contenu dans les minerais de zinc est récupéré, essentiellement pour des raisons technico-économiques. En effet, la récupération nécessite des investissements spécifiques importants et difficiles à rentabiliser au vu des fluctuations importantes de la demande. Quant à ce dernier, il est contenu dans les lignites, mais le procédé est souvent difficile et incomplet (de l'ordre de seulement quelques pour cent par tonne).

Dans l'industrie des semi-conducteurs analogiques, l'alliage silicium-germanium (SiGe) peut être substitué par le phosphure d'indium ou par les composés au gallium (nitrure ou arséniure) dans la fabrication de transistors bipolaires à hétérojonction (HBT) destinés aux communications à moyennes et hautes fréquences. Les chutes de fabrication (*new scraps*) sont largement recyclées en boucle courte et représentent environ la moitié de l'apport pour la production de fibre optique, l'électronique et le photovoltaïque. Le recyclage du germanium dans les produits en fin de vie est également pratiqué, notamment aux États-Unis, mais reste marginal. Des substitutions sont possibles dans le domaine de l'optique infrarouge, mais souvent au détriment de la performance. Certaines LED utilisées par les phares automobiles utilisent également du germanium couplé à d'autres composés, comme l'arséniure de gallium, et restent difficilement substituables à court terme. Depuis le 1er août 2023, le ministère chinois du Commerce contrôle ses exportations de germanium. Cette mesure s'inscrit à la fois dans une volonté du pays d'encadrer de plus près son marché intérieur, mais également dans une politique en rétorsion aux récentes mesures américaines, hostiles aux investissements chinois dans le secteur high-tech.

Le prix européen moyen (contrat pureté 99,999 % minimum) était évalué à $ 1392/kg. La plus forte hausse de l'année a été enregistrée entre l'annonce des mesures début juillet et leur application début août : le prix européen a bondi de 7,5 %; cependant, les prix chinois ont recédé de près de 3 %.

Lors du dernier trimestre 2023, Mount Burgess Mining N.L a poursuivi ses opérations de forage au Botswana sur le gisement de zinc de Nxuu, indiquant la présence de germanium, gallium et vanadium. Aux États-Unis à la même période, l'entreprise Nyrstar a annoncé suspendre temporairement ses opérations minières de Gordonsville et Cumberland, au centre du Tennessee. Cependant, elle maintient son intention d'augmenter les capacités d'extraction et de traitement du germanium de la fonderie de zinc de Clarksville, situé dans l'est du Tennessee et la continuité des opérations dans les trois mines attenantes l'alimentant en minerai (les mines de Young, Coy et Immel). Le nombre de projets actifs produisant du germanium en dehors de Chine reste ainsi limité, et ceux qui en produisent proposent des volumes réduits. De plus, les projets prometteurs développés par Nyrstar et Mount Burgess sont encore à l'étude. Par conséquent, un ajustement par l'offre du marché est peu probable, et l'écart entre les prix chinois et occidentaux est appelé à perdurer tant que les mesures de contrôle resteront en vigueur telles quelles.

Hafnium (Hf)

Le hafnium est un métal de transition ductile, résistant à la corrosion et chimiquement proche du zirconium. Il se trouve naturellement dans les minerais de zirconium (zircon et baddeleyite) avec un ratio d'une part d'hafnium pour 30 à 50 parts de zirconium, selon la littérature de référence. Le hafnium étant produit à partir des résidus de la purification du tétrachlorure de zirconium, il convient de se référer à la section précédente sur le zirconium pour une analyse plus complète.

Le hafnium est utilisé pour près de moitié dans les superalliages de nickel et cobalt (NiCo) comme stabilisateur haute température dans les moteurs d'avion et les moteurs de fusée. Il est également utilisé comme catalyseur dans la production de produits chimiques et pharmaceutiques, ou encore sous forme d'anode dans les torches à plasma. Il est aussi retrouvé en dépôts pour différentes applications optiques ou encore en nanoélectronique. Enfin, ses propriétés d'absorption des neutrons en font un métal particulièrement prisé pour les barres de contrôle dans l'industrie nucléaire (écrans à neutrons permettant d'arrêter au mieux la réaction en cas d'urgence), en particulier dans les sous-marins. Ce dernier usage ne représente cependant que quelques pour cent de la demande mondiale du métal.

Les perspectives de croissance des secteurs aéronautique – qui devrait doubler d'ici 2039, selon l'*International Air Transport Association* (IATA) –, nucléaire et spatial devraient considérablement tirer la croissance de la demande mondiale en hafnium dans un futur proche. De plus, de nombreuses applications en cours de développement dans le domaine médical (traitement de certains cancers), dans le remplacement des systèmes de climatisation grâce à des revêtements extérieurs isolant de la chaleur, mais aussi dans l'optimisation de la production d'énergie thermoélectrique dans l'automobile notamment, constituent un potentiel d'augmentation de la demande en hafnium dans des proportions encore indéterminées.

La production annuelle moyenne d'éponges d'hafnium est de l'ordre de 70 à 80 tonnes depuis 2010 et provient essentiellement, selon IndustryARC, de la France (49 %), des États-Unis (44 %), de la Chine (3 %) et de la Russie (3 %). Comme pour le zirconium, c'est la société Framatome, d'EDF (Électricité de France) qui produit en France du hafnium ultra pur à Jarrie (Isère), pour des applications nucléaires, aéronautiques et spatiales essentiellement.

Il n'existe pas de calcul normalisé des ressources et réserves d'hafnium. Néanmoins, l'USGS estime les réserves de zirconium à 74 Mt. Il est alors possible de déterminer de manière très simplifiée les réserves en hafnium en utilisant le ratio Zr/Hf soit 36 : 1 (chiffres USGS). Cela représenterait environ 2,1 Mt d'hafnium. Du fait des très faibles quantités utilisées, le recyclage du hafnium est seulement de l'ordre de 10 tonnes par an. Dans certains superalliages, le hafnium peut être substitué par le zirconium.

Les prix du hafnium sont établis par négociation directe entre producteurs et utilisateurs. Ils dépendent très fortement de ceux du zirconium. La croissance accélérée des industries aérospatiale et électronique, à la suite de la levée des restrictions liées à la pandémie de Covid-19, a créé des pénuries sur les marchés qui ont nourri une forte hausse de la demande, face à une offre rigide qui ne peut pas augmenter rapidement. Le prix du hafnium (99 %) a ainsi été multiplié par quatre au cours de l'année 2022, passant de $ 950/kg à $ 3 750/kg sur la période, et dépassant même les $ 4 000/kg début 2023, prix auquel il s'est maintenu la majeure partie de l'année passée, avant d'amorcer une légère décrue. Les réserves et ressources en minéraux contenant du hafnium sont certes conséquentes, mais le marché est structurellement limité par l'offre et la production de zirconium. Pour répondre aux besoins croissants, notamment des industries de pointe, Framatome a annoncé, fin 2023, des investissements sur son site de Jarrie qui permettront d'augmenter de façon substantielle sa production d'alliages de haute qualité en hafnium (et zirconium).

Indium (In)

Au niveau mondial, la principale utilisation de l'indium est sous forme d'oxyde mixte d'étain-indium (ou *indium-tin-oxide*, dit « ITO »), destiné à l'industrie des écrans plats, couvrant 60-70 % de la demande mondiale. Cette dernière serait de l'ordre de 1 600 tonnes à 1 800 tonnes par an (primaire et secondaire).

L'ITO possède de remarquables capacités de conduction électrique et est suffisamment résistant pour lui permettre d'être utilisé dans des composants électroniques flexibles. Il est transparent sous forme de couche mince (quelques microns), très stable, adhérant parfaitement aux substrats sur lesquels il est déposé (plastiques, verres, etc.). Son utilisation a permis l'adoption des écrans tactiles dans notre quotidien. Il est aujourd'hui présent dans les écrans plats (LCD, plasma ou OLED) et est également utilisé pour la production de matériaux d'interface thermique (verres architecturaux, etc.). Le marché de l'indium est donc corrélé au marché des écrans plats, qui devrait croître d'environ 5 % à 7 %, d'ici à 2030. Par ailleurs, la technologie IGZO (oxyde mixte, de zinc, gallium et indium) qui présente une haute définition et une finesse tactile à moindre coût énergétique pourrait accélérer les ventes et continuer à tirer la demande d'indium vers le haut.

Les autres utilisations de l'indium se répartissent comme suit : les soudures sans plomb (10 %), les cellules photovoltaïques en couches minces (8 %), les matériaux d'interface thermique (6 %), les piles et batteries (5 %), les alliages et composés (4 %), les semi-conducteurs pour l'optique et les LED (3 %), et enfin 8 % dans diverses autres applications, dont la recherche.

Deux technologies de cellules photovoltaïques en couches minces utilisent de l'indium : CIS (cuivre, indium, sélénium) et CIGS (cuivre, indium, gallium et sélénium). Si leurs utilisations sont très largement minoritaires vis-à-vis de cellules photovoltaïques au silicium qui représentent la majorité du marché photovoltaïque mondial – selon les chiffres du *Fraunhofer Institute* –, leur part demeure stable, à environ 5 %.

L'évolution des réseaux de télécommunications a créé une nouvelle demande d'indium, sous forme de phosphure d'indium (InP) pour des lasers et des capteurs optoélectroniques. Les lasers InP sont utilisés dans les télécommunications pour les réseaux à fibres optiques qui ont des connexions entre les antennes sans fil de troisième, quatrième et cinquième génération (3G, 4G et 5G). Ils permettent une vitesse de transmission de données de plus de 10 térabits par seconde et des distances de transmission totales de plus de 5 000 kilomètres. Cet usage pourrait, à terme, tirer la demande en indium vers le haut. De même, les développements des technologies d'intelligence artificielle devraient engendrer des besoins croissants des *data centers* en phosphure d'indium pour le déploiement de fibre optique à très haut début fonctionnant avec une tension plus faible, ce qui permettrait de réduire les coûts en énergie.

En 2023, la production mondiale d'indium raffiné s'élevait à 990 tonnes, selon les données de l'USGS (contre 999 tonnes en 2022). Il n'existe pas de mine d'indium. Il est récupéré uniquement en tant que sous-produit à partir d'autres métaux comme le zinc (95 %) et, dans une moindre mesure, le cuivre et l'étain (5 %). Il est produit à partir des poussières et résidus des fonderies (principalement de zinc), avec une qualité de 3N (99,9 %) ou 4N (99,99 %), et peut être purifié jusqu'à 6 ou 7 N (99,999 99 %) pour certaines applications comme les semi-conducteurs (optoélectronique). Il existe très peu de sociétés possédant une chaîne de production intégrée de l'extraction de minerai de zinc à la production d'indium. Dans la plupart des cas, l'extraction du minerai et le raffinage du métal ont

Indium
(en tonnes de métal)

	2018	2019	2020	2021	2022	2023
Production mondiale *(en indium contenu)*						
	741	**968**	**960**	**932**	**999**	**990**
Belgique	22	20	20	20	19	18
Canada	58	61	66	60	39	37
Chine	300	535	540	540	670	650
Corée du Sud	235	225	210	190	180	200
France	40	40	38	38	19	12
Japon	70	70	66	66	66	64
Ouzbékistan				1	1	1
Pérou	11	12	12	12		
Russie	5	5	5	5	5	5

Prix de l'indium
Marché libre européen
(en dollars/kg)

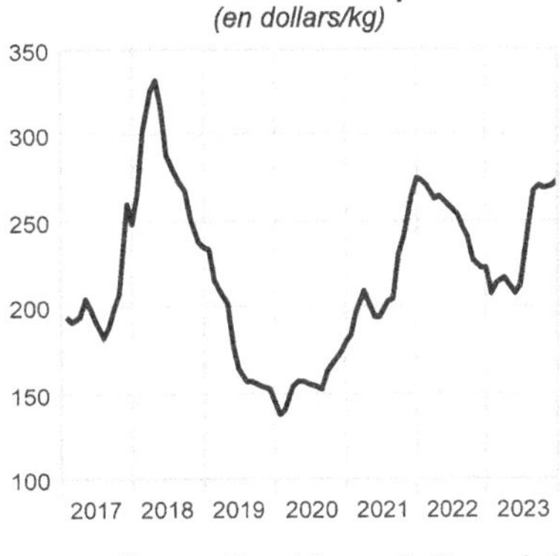

(Source : Mineral Commodity Summaries)

lieu dans des pays différents, ce qui explique la difficulté à connaître l'origine exacte de l'indium produit. De plus, seulement un tiers des raffineries de zinc sont équipées d'une filière de récupération d'indium.

Selon l'USGS, les principaux producteurs d'indium raffiné sont la Chine avec 650 tonnes (près de 60 % de la production mondiale) et la Corée du Sud avec 200 tonnes (22 %). Les autres pays produisant plus de 30 tonnes sont le Japon (64 tonnes) et le Canada (37 tonnes), ainsi que la France qui produit également de l'indium purifié à 99,998 % depuis 2012 sur le site d'Auby exploité par Nyrstar (capacité annuelle de production de 72 tonnes). La production française a chuté en 2022 et 2023 (20 tonnes en 2022 et 12 tonnes en 2023, selon les estimations de l'USGS, contre le double en 2020) en raison des coûts élevés de l'électricité qui ont conduit Trafigura, et l'actionnaire majoritaire de Nyrstar, à placer l'usine d'Auby sous surveillance et maintenance à plusieurs reprises en 2022 et début 2023.

L'indium étant récupéré comme sous-produit minoritaire, il n'existe pas d'évaluation standardisée des réserves et ressources mondiales. Néanmoins, les chercheurs Werner, Mudd et Jowitt ont pu, en 2017, estimer les ressources en indium des gisements de zinc, cuivre et étain dont les teneurs en indium étaient documentées ou supposées. Ils ont abouti à des ressources d'environ 380 000 tonnes d'indium, soit plus de 500 ans de production au rythme de 2017. Selon cette étude, les principaux pays détenteurs d'indium seraient l'Australie (13 %), le Canada (12 %), la Russie (11 %), la Chine (7 %) et le Pérou (7 %). L'indium, en tant que sous-produit du zinc, est rarement analysé par les compagnies d'exploration minières. Les quelques projets ayant a priori un potentiel sont : Mount Pleasant d'Adex Mining (Nouveau-Brunswick, Canada), Ayawilka de Tinka Ressources (Pérou), Iska Iska de Eloro Resources (Bolivie) et West Desert d'American West Metals (Utah, États-Unis).

Comme pour le gallium, au-delà des ressources et réserves en terre, il existe une grande marge de progression pour la production d'indium dans les raffineries puisqu'actuellement, seulement un tiers d'entre-elles sont équipées d'une filière de récupération d'indium. En outre, il est théoriquement possible de récupérer l'indium contenu dans les déchets de certaines raffineries de zinc.

En janvier 2020, le groupe chinois Vital Materials a racheté 3 609 tonnes de stocks d'indium, le dernier lot de petits métaux détenu par le *Fanya Metal Exchange*, stocks équivalents à environ quatre ans de production mondiale.

Le prix de l'indium n'est pas coté sur les principales places d'échanges de métaux : il s'agit d'un marché de gré à gré relativement opaque. L'indium à 99,99 % DUP stocké à Rotterdam a connu une tendance clairement à la hausse depuis janvier 2023, où le cours du kilo atteignait $ 207 pour terminer l'année à $ 273. Le contrat chinois d'indium 99,99 % en référence « *ex-works* usine » a connu une tendance similaire, le minimum étant en janvier 2023 avec $ 200/kg, contre $ 277/kg en fin décembre, avec toutefois un pic d'augmentation enregistré en juillet : + 20 % entre la fin et le début du mois, contre 2 % à 3 % environ pour les autres mois.

Peu de substitutions sont recherchées pour l'indium compte tenu de son faible prix et de sa disponibilité actuelle sur le marché. Dans les écrans plats, les oxydes étain-indium des conducteurs transparents peuvent être remplacés par des oxydes de zinc et d'étain dopés (AZO et FTO), moins chers, mais moins performants, des nanotubes de carbone ou d'argent (plus chers) ou des conducteurs transparents organiques (PEDOT). Des oxydes d'antimoine et d'étain (ATO) sont également utilisés pour remplacer l'indium dans ce même marché. Les alliages à base de bismuth et d'étain (BiSn) peuvent remplacer ceux contenant de l'indium dans les soudures, en fonction de critères de prix et de performance.

Comme pour le gallium, l'essentiel du recyclage est réalisé en boucle courte avec les chutes de fabrication (*new scrap*) récupérées lors du procédé de pulvérisation de couches minces ITO. Lors de ce processus, seulement 30 % d'indium est déposé sur la cible. Cela laisse donc théoriquement 70 % d'indium récupérable, même si des pertes sont inévitables. En revanche, les teneurs en indium dans les appareils en fin de vie (*old scrap*) sont très faibles. Ces faibles teneurs et les prix bas de l'indium n'encouragent pas la création d'une filière de recyclage pérenne à court et moyen terme. Les pays fournissant la majorité de l'indium recyclé sont la Corée du Sud et le Japon.

Magnésium (Mg)

Si l'ion magnésium est un élément chimique nécessaire à la vie de la quasi-totalité des êtres vivants, le magnésium sous forme métallique intervient dans certains alliages pour leur donner légèreté, résistance et usinabilité.

La consommation de magnésium se répartit de la manière suivante :

– 38 % pour des alliages Mg-Al, contenant en moyenne 0,8 % Mg. Ces alliages sont utilisés dans les infrastructures de transport et dans la construction ou pour la fabrication de canettes de boissons ;

– 36 % pour la production de moulages sous pression, contenant généralement 90 % Mg. Les moulages sont utilisés à 70 % dans le domaine de l'automobile et dans une moindre proportion dans la construction spatiale, l'aéronautique et dans les applications de défense, ainsi que pour la production de châssis d'appareils électroniques haut de gamme (appareils photo, ordinateurs portables, tablettes, etc.) ; 12 % pour la désulfuration de l'acier (principal débouché de la poudre de magnésium chinoise) ;

– 13 % pour la désulfuration de l'acier (principal débouché de la poudre de magnésium chinoise) ;

– 10 % comme réducteur pour la fabrication du titane métal, mais aussi du zirconium, hafnium, béryllium et uranium, à partir du procédé *Kroll* (principalement en Russie) dont une partie proviendrait de magnésium recyclé ;

– 2 % pour la production de fonte à graphite sphéroïdal (fonte ductile) ;

– 1 % pour d'autres usages, dont des médicaments et compléments nutritionnels.

Le principal potentiel de croissance de la demande est l'allègement des équipements automobiles et aéronautiques. L'utilisation de magnésium dans les pièces automobiles a continué d'augmenter alors que les constructeurs automobiles cherchent à réduire le poids des véhicules pour un meilleur rendement énergétique. Les pièces moulées en magnésium remplacent progressivement l'aluminium, le fer et l'acier dans certaines automobiles. La substitution de l'aluminium à l'acier dans les tôles automobiles a continué d'augmenter la consommation de magnésium pour cet usage. Les secteurs des alliages d'aluminium et des moulages sous pression connaissent ainsi des taux de croissance allant de 3 % à 5 % par an, selon Roskill. Cependant, une diminution de la consommation de magnésium pour certains moules sous pression a été récemment observée. Cela s'explique par la baisse globale de production de certains constructeurs automobiles qui ont avancé une pénurie de puces informatiques pour expliquer la diminution de leur production, malgré une forte

Magnésium
(en milliers de tonnes de métal)

	2018	2019	2020	2021	2022	2023
Production mondiale	**996**	**1120**	**1000**	**1070**	**1050**	**940**
Brésil	15	22	18	20	22	22
Canada	<0,5					
Chine	800	970	886	930	933	830
Corée du Sud	10					
Iran	1				5	5
Israël	21	21	19	18	22	22
Kazakhstan	17	25	16	16	27	25
Malaisie						
Russie	70	67	48	58	21	20
Turquie	4	7	12	13	14	15
Ukraine	8	8	6	10	2	0

Prix du magnésium
Marché libre européen
(en dollars/kg)

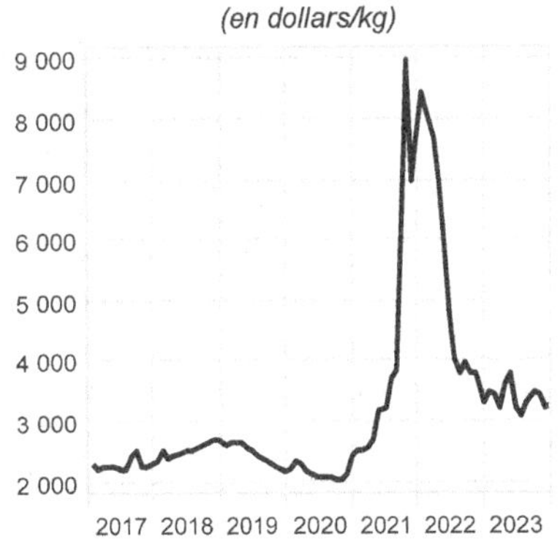

(Source : Mineral Commodity Summaries)

demande. Le magnésium reste également très utilisé par les principaux producteurs de titane pour l'aéronautique, à savoir la Russie, le Kazakhstan et l'Ukraine. Les effets du conflit avec la Russie se sont ainsi fait ressentir sur cette filière. En 2021, la reprise industrielle mondiale post-pandémie a entraîné une forte hausse de la demande mondiale en magnésium aboutissant à une pénurie qui fut logiquement suivie d'une forte augmentation des prix au dernier trimestre de cette année, où ils ont atteint des niveaux record. Les prix du magnésium en Europe ont par la suite considérablement diminué au cours du premier semestre de 2022, avec une relative stabilisation en 2023.

L'essentiel du marché du magnésium est en Chine, qui d'année en année renforce sa position dominante avec 88 % de la production mondiale. Dans ce pays, une grande part de la production est toujours réalisée par le procédé *Pidgeon*, très énergivore et polluant. Cependant, le gouvernement chinois a intensifié les mesures environnementales en imposant de nouvelles normes sur les émissions de particules et de CO_2. Ces nouvelles règles, couplées aux pénuries d'électricité en Chine, ont entraîné des fermetures de fonderies qui ont contribué à une baisse notable des capacités de production. Ces tensions, accompagnées par des taux de fret maritimes élevés et une spéculation importante sur les stocks, sont les principales raisons de la contraction du marché du magnésium et de la hausse des prix. Ainsi, bien que le procédé *Pidgeon* soit peu à peu remplacé par d'autres procédés moins polluants, le retour des pleines capacités de production en Chine pourrait prendre quelques années. Par exemple, le procédé *Dow* permet d'obtenir du magnésium à partir de l'électrolyse du chlorure de magnésium provenant de saumures ou d'eau de mer. Ce procédé est utilisé par l'israélien Dead Sea Magnésium et l'australien Magontec en Chine (bassin de Qaidam).

En 2023, la production mondiale de magnésium métal est estimée à 940 000 tonnes (hors États-Unis), selon l'USGS, en baisse de 10,5 % par rapport à 2022 (considérées s'élever à 1 050 000 tonnes, après révision). Des capacités de production se sont toutefois développées hors Chine. Aux États-Unis, le magnésium primaire était produit en 2023 par une entreprise de l'Utah dans une fonderie électrolytique qui récupérerait le magnésium en saumures du Grand Lac Salé. L'australien Latrobe Magnesium (LMG) a, pour sa part, terminé une étude de faisabilité en 2019. Il a commencé la construction d'une usine de démonstration en 2020 produisant un magnésium bas carbone à partir du traitement de cendres volantes issues de centrales à charbon. L'entreprise en prévoit le démarrage au second trimestre de 2023, mais aucune information complémentaire n'est disponible à ce jour. À la suite de la potentielle réussite de celle-ci, LMG planifie de développer une offre commerciale à grande échelle de plus de 10 000 tonnes par an dans la vallée de Latrobe. Selon Roskill, le procédé utilisé conduirait à l'émission de 12 tonnes de CO_2 par tonne de magnésium, contre 25 tonnes de CO_2 par tonne de magnésium par le procédé *Pidgeon*. LMG a également débuté une étude de préfaisabilité pour une méga-usine internationale de 100 000 tonnes par an, traitant des scories de ferronickel. Début 2023, il a déclaré avoir choisi la Malaisie pour son usine, plus précisément, dans le parc industriel de Samalaju. Le canadien Alliance Magnesium a annoncé, lui aussi, la construction d'une usine en 2020, mais elle n'est toujours pas achevée et la date de première production n'est pas connue à ce jour. En Europe, plusieurs projets – dont deux en Roumanie et un en Bosnie – pourraient produire du magnésium métal après 2025, selon Reuters.

Il n'existe pas d'estimation précise des réserves de magnésium. Le magnésium étant un élément commun dans diverses roches courantes (dolomie, basaltes des planchers océaniques) ainsi que dans l'eau de mer, la ressource géologique en magnésium est très abondante.

Le magnésium est bien recyclé, avec une production secondaire d'environ 200 000 tonnes à 250 000 tonnes, dont la moitié viendrait des États-Unis (75 000 tonnes en boucle courte – *new scrap* – et 25 000 tonnes en boucle longue – *old scrap* –). Ceci s'explique en partie par une filière de recyclage des canettes bien établie dans ce pays. En Chine, de nouvelles normes ont été prescrites en 2019 pour encourager le recyclage des résidus de métallurgie. En termes de substitution, l'aluminium et le zinc peuvent remplacer le magnésium, mais au prix d'un gain de poids (moins avantageux). Le carbure de calcium peut être utilisé à la place du magnésium dans la désulfuration du fer et de l'acier.

N'ayant pas de cotation sur les marchés boursiers, les prix sont établis par négociation directe de contrats entre producteurs et transformateurs ou utilisateurs. Le prix *spot* moyen annuel du magnésium métal sur le marché européen a été de $ 3 378/t en 2023, contre $ 5 377/t en 2022, soit une diminution de 37,2 %.

Malgré une offre de plus en plus diversifiée et une demande solide pour les besoins d'allègement des structures, plusieurs freins industriels demeurent pour étendre encore l'utilisation du magnésium, tels que son inflammabilité et sa corrosion rapide à l'air. À plus long terme, les batteries rechargeables au magnésium-ion qui ont une capacité et une densité d'énergie théoriquement double de celle des batteries lithium-ion pourraient prendre des parts de marché. Mais il reste, là aussi, de nombreux obstacles techniques à surmonter, comme les problèmes de passivation et le poids supplémentaire par rapport au lithium. Par ailleurs, des études sur l'utilisation de poudre métallique de magnésium comme combustible dans les transports sont actuellement menées par le Centre national de la recherche scientifique (CNRS). Même si les perspectives sont encore hypothétiques, les plus optimistes suggèrent que cette technologie puisse, à terme, remplacer les combustibles fossiles. Enfin, le marché chinois du magnésium devrait rapidement évoluer vers des techniques de production moins polluantes, au risque de perdre peu à peu des parts de marché.

Molybdène (Mo)

De par sa température de fusion élevée (2 617 °C), le molybdène fait partie du groupe des cinq métaux réfractaires avec le niobium, le rhénium, le tantale et le tungstène. Il possède en outre une bonne résistance à la corrosion, un faible coefficient de dilatation thermique et une bonne conductivité thermique et électrique. Ses caractéristiques sont d'importants atouts dans le domaine des ferro-alliages où il est largement utilisé pour renforcer la résistance des aciers.

Selon l'*International Molybdenum Association* (IMOA), la demande mondiale était de 286 440 tonnes de molybdène contenu en 2022. La répartition se décompose comme suit : 82 % pour les alliages, distingués en acier de construction dits d'« ingénierie » (38 %), aciers inoxydables (25 %) et aciers pour l'outillage (8 %), la production de fonte (8 %) et les superalliages (3 %). Les autres usages du molybdène concernent les composés chimiques (13 %) principalement utilisés dans la

Molybdène

(en tonnes de métal contenu dans la production minière)

	2018	2019	2020	2021	2022	2023
Production mondiale	**297 000**	**294 000**	**298 000**	**255 000**	**253 000**	**260 000**
Arménie	5 000	5 000	8 700	7 760	7 800	7 800
Australie					277	500
Canada	4 680	3 900	2 530	1 390	952	1 000
Chili	60 200	56 000	59 400	49 400	45 600	46 000
Chine	133 000	130 000	120 000	95 300	106 000	110 000
Corée du Nord					700	700
Corée du Sud			411	408	367	400
États-Unis	41 400	43 600	51 100	41 100	34 600	34 000
Iran	3 500	3 500	1 400	3 100	3 700	3 700
Mexique	15 100	16 600	16 600	16 300	15 500	15 000
Mongolie	1 800	1 800	2 890	2 970	3 000	3 100
Ouzbékistan	200	200	200	1 600	1 700	1 700
Pérou	28 000	30 400	32 200	34 100	31 600	37 000
Russie	2 800	2 800	2 700	1 700	1 700	1 700
Turquie	900	400				

Prix du molybdène
Marché libre européen
(en dollars/kg)

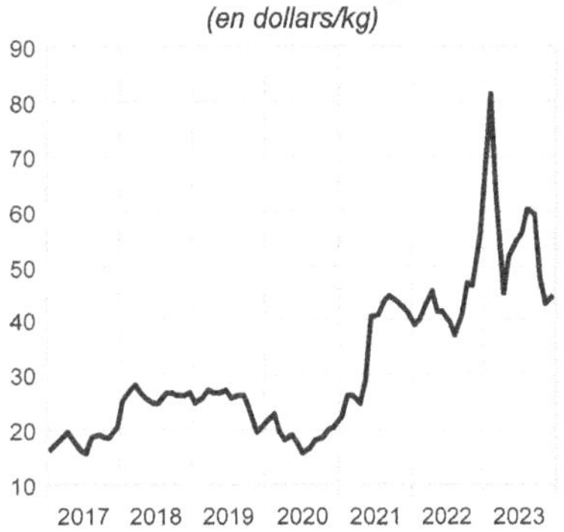

(Source : Mineral Commodity Summaries)

fabrication de catalyseurs employés par l'industrie pétrolière, des pigments et des peintures et, enfin, le molybdène sous forme métallique (5 %) pour les applications électriques. En se basant sur une progression de la demande mondiale de 2 % par an, sur les dix prochaines années, comparable à celle observée pendant la dernière décennie, le besoin monterait à 350 000 tonnes, soit une croissance de la demande totale de plus de 63 000 tonnes.

Anticipé par l'Agence internationale de l'énergie (AIE), le rebond des investissements consacrés aux hydrocarbures en 2023 laisse à l'inverse prévoir une hausse de la demande du métal à court terme. Les perspectives de la demande à long terme restent toutefois mitigées, selon certains analystes. Les investissements dans le pétrole et le gaz sont en effet appelés à diminuer progressivement, ce qui constitue un risque de détérioration de la demande. L'usage du molybdène dans les technologies bas carbone, et en particulier dans le secteur énergétique, devrait néanmoins la stimuler. Selon un des scénarios de l'AIE, la demande en molybdène dans le secteur des énergies « propres » pourrait doubler d'ici à 2040 (environ 50 000 tonnes). Il faut compter également sur l'usage croissant d'aciers inoxydables de meilleure qualité dans les pays émergents, en particulier.

L'oxyde de molybdène (MoO_3) de qualité technique contient au minimum 57 % de Mo et est obtenu par le grillage des concentrés miniers de sulfure de molybdène (molybdénite). Il peut être utilisé tel quel lors de la production de fonte ou subir divers traitements pour donner entre autres du ferromolybdène, du molybdène métal et des composés chimiques. L'oxyde technique, le ferromolybdène et le métal sont échangés sur la base de contrats directs à plus ou moins long terme et également sur le marché *spot* (au comptant). Les prix du molybdène sont enregistrés en $/lb (livre) ou en $/kg de Mo contenu. Des fourchettes des prix contractuels constatés sont publiées quotidiennement par des fournisseurs de données, comme Argus Media. Le métal a brièvement été coté au *London Metal Exchange* (LME) de 2010 à 2019. Les contrats à terme suffisent généralement à couvrir les besoins des industriels, si bien que les quantités échangées sur le marché au comptant restent faibles.

Les domaines d'utilisation des aciers et alliages au Mo sont extrêmement variés, comprenant l'industrie agroalimentaire (cuves, tuyaux résistants à la corrosion), la génération électrique (centrales nucléaires, turbines à vapeur, à gaz), les transports (pièces de trains, de réacteurs d'avion), la construction (tunneliers, fers à béton, ponts, système de ventilation) et la défense. Cette diversité des usages est un sérieux atout pour la stabilité du marché, en particulier celui des aciers inoxydables dont la demande est tirée par l'amélioration de la qualité des aciers produits par la Chine et l'Inde qui y intègrent une teneur croissante en molybdène. La Chine est ainsi passée de 6 kg de molybdène par tonne d'acier en 2005, à 8,6 kg Mo par tonne d'acier en 2016. Elle demeure néanmoins encore loin des standards aux États-Unis (40 kg Mo par tonne d'acier).

La production minière de molybdène – en diminution depuis 2017 – s'élevait à 260 000 tonnes en 2023, selon les données préliminaires de l'USGS. La production minière mondiale provient à 93 % de cinq pays : la Chine (110 000 tonnes, soit 42 % du total), le Chili (46 000 tonnes, soit 18 %), le Pérou (37 000 tonnes, soit 15 %), les États-Unis (34 000 tonnes, soit 13 %) et le Mexique (15 000 tonnes, soit 6 %).

Le molybdène provient de gisements porphyriques de cuivre (70 %) où le molybdène est exploité en tant que co-produit et de gisements porphyriques à molybdène dominant, le gisement de Climax aux États-Unis en étant le modèle le plus connu. En Chine, le molybdène est également récupéré comme co-produit du tungstène dans des gisements de type skarn à W-Mo, ainsi que dans des gisements sédimentaires exhalatifs à molybdène et nickel dans des shales noirs. De manière générale, les mines exploitant le molybdène en produit principal servent de variables d'ajustement de l'offre face aux baisses de prix du marché, les mines exploitant en sous-produit pouvant répercuter cette baisse sur les autres métaux associés.

L'USGS évalue les réserves mondiales de molybdène en 2023 à 15 Mt, dont 5,8 Mt pour la Chine (39 % des réserves mondiales), suivie par les États-Unis (3,5 Mt), du Pérou (1,5 Mt) et du Chili (1,4 Mt).

Le molybdène est recyclé à partir des déchets de la catalyse, des aciers et des superalliages, ce qui peut représenter jusque 30 % du molybdène total produit (primaire et secondaire). Comme il n'existe pas de filière de recyclage permettant de séparer le molybdène des autres métaux contenus dans l'acier, la réutilisation des déchets se fait en général pour un même secteur (les aciers automobiles, par exemple) après reconditionnement pour éviter les pertes de performance.

Le molybdène est peu substitué dans ses usages du fait de ses caractéristiques très intéressantes et surtout d'une offre variée et d'un prix relativement faible. Néanmoins, il pourrait être remplacé dans les alliages par le bore, le chrome, le niobium et le vanadium, dans les outils par le tungstène et dans les matériaux réfractaires, par le graphite, le tantale, ainsi que le tungstène à nouveau.

Après s'être érodé au cours du premier semestre 2020, le prix moyen de l'oxyde technique de molybdène (concentré grillé, 57 % Mo) a rebondi en 2021, avec la reprise de l'activité industrielle post-Covid. Le cours du molybdène a connu une nouvelle envolée en 2022 en raison d'une légère contraction de la production et, parallèlement, à une augmentation de la demande avec une moyenne annuelle pour 2022 de $ 43,2/kg. Le cours du molybdène a par la suite atteint des niveaux record en février 2023 : jusqu'à $ 81,59/kg, pour une moyenne en 2023 de $ 56,34/kg, ce qui représente une augmentation de 30,4 % par rapport à 2022.

La consommation mondiale de molybdène devrait continuer à croître au cours de la prochaine décennie, en raison de la progression de la demande d'aciers. En termes d'exploration, l'ouverture de nouvelles mines de cuivre à moyen terme, stimulée par la demande croissante pour la mobilité électrique et la distribution d'énergie, devrait induire une hausse de la production mondiale de molybdène en sous-produit de ces mines. Toutefois, certains observateurs pointent à l'inverse des investissements encore insuffisants pour soutenir l'émergence de nouveaux projets. Parmi les plus avancés figurent les gisements de type porphyres de Malmbjerg au Groenland qui aurait le potentiel de fournir 25 % de la demande de l'Union européenne, et celui de Kitsault au Canada, où le molybdène est le produit principal.

De manière générale, l'approvisionnement en molybdène reste instable en raison de sa dépendance au marché du cuivre, car il est en grande partie exploité en tant que co-produit de ce métal. L'offre minière est de ce fait corrélée à celle du cuivre qui ne représente pas toujours les besoins réels du marché du molybdène. Ce sont donc les producteurs de molybdène primaire qui peuvent, dans une certaine limite, ajuster leur production, ce qui entraîne depuis quelques années un regain d'intérêt pour les porphyres à Mo. On peut citer, par exemple, la Chine qui investit massivement, depuis le début des années 2000, dans l'exploration de sources de molybdène primaire sur son territoire. Plusieurs gisements de taille mondiale ont été mis en exploitation comme le porphyre à Mo géant de Donggou (Jinduicheng Molybdenum) dans le Henan, en 2015. À plus long terme, l'exploitation du gisement de Shapingou dans l'Anhui offre les meilleures perspectives et pourrait suffire à répondre à la croissance de la demande chinoise. Zijin, qui a repris le gisement en 2022, a annoncé que la mine produira 27 kt/an de Mo à pleine capacité, sur une période initiale de 57 ans (Zijin, octobre 2022). En comparaison, la mine Jinduicheng (porphyre Mo) a produit 20 000 tonnes en 2022 et celle de Cerro verde, au Pérou, 10 000 tonnes. Avec une capacité annuelle de production de 40 000 tonnes, Zijin deviendrait alors le 1er producteur de molybdène du pays.

En ce qui concerne les événements de l'année 2023, il est à noter le lancement de l'exploitation de la mine de cuivre péruvienne Quellaveco par Anglo American, avec une capacité de production estimée à 10 000 tonnes de molybdène par an. La société canadienne Centerra Gold a entamé les premiers travaux d'ingénierie en vue de rouvrir sa mine de molybdène de Thompson Creek, dans l'Idaho, d'ici à 2027.

Sur le plan de la recherche scientifique, on peut citer la découverte par un laboratoire de l'université coréenne de Dongguk d'un nouveau catalyseur à base de molybdène et de ruthénium qui facilite l'hydrolyse de l'eau pour produire de l'hydrogène.

Niobium (Nb)

Le ferroniobium (FeNb) – un alliage qui a une teneur en niobium de 60 % à 70 % – représente entre 85 % et 90 % des usages du niobium. Il est utilisé principalement dans les aciers microalliés à haute limite d'élasticité (HLE), et dans certains aciers inoxydables et réfractaires. Du ferronio-

Niobium
(en tonnes de métal contenus dans la production minière)

	2018	2019	2020	2021	2022	2023
Production mondiale						
	68 200	**97 000**	**67 700**	**87 600**	**83 700**	**83 000**
Brésil	59 000	88 900	59 800	78 700	75 600	75 000
Canada	7 700	6 800	6 500	7 500	6 700	7 000
Rép. dém. du Congo				580	710	540
Rwanda				450	199	190
Russie				158	381	440
Autres pays	1 460	1 250	1 350	170	127	150

Prix du ferro-niobium 65 % Nb
Marché libre européen
(en dollars/kg)

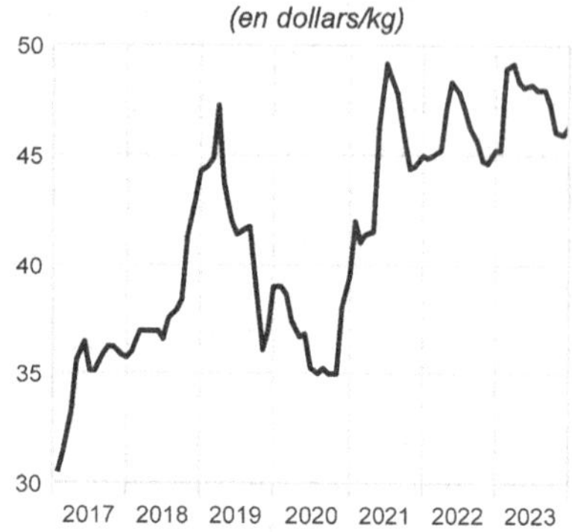

(Source : Mineral Commodity Summaries)

bium très pur (99 % FeNb), produit sous vide, est utilisé pour les supraconducteurs et les superalliages composant le cœur des réacteurs d'avion et des turbines à gaz, ainsi que dans les réacteurs nucléaires. Les superalliages et les supraconducteurs représentent respectivement 9 % et 2 % du marché. Le niobium métal n'est utilisé que de manière très minoritaire pour la catalyse, l'optique, les céramiques et en joaillerie.

De nouveaux usages émergent rapidement, notamment dans le secteur des batteries Lithium-ion (Li-ion). En effet, le remplacement des anodes en graphite par des anodes à bases d'oxydes métalliques permettrait d'en prolonger la durée de vie ainsi que la capacité. Selon CBMM, le leader mondial du marché du niobium, interrogé par Fastmarkets, la consommation du niobium dans les batteries pourrait atteindre 25 % de ses revenus annuels, soit une production de 35 000 tonnes d'oxyde de niobium d'ici 2030. Ces prévisions expliquent l'important investissement réalisé en 2023 par l'entreprise dans une nouvelle usine de production d'oxyde de niobium pour batterie. Un autre marché potentiel de croissance est celui du niobium nanocristallin, actuellement estimé à 1 200 tonnes de niobium contenu.

Pour l'année 2023, la production mondiale du niobium est évaluée à 83 000 tonnes par l'USGS, soit une diminution de 0,8 % par rapport à 2022 (réévaluation par cette même institution à 83 700 tonnes en 2022, au lieu des 79 000 tonnes initialement annoncées début 2023). Le producteur dominant de ce marché est le Brésil qui compte pour 90 % de la production mondiale, suivi du Canada, avec environ 8 %. L'industrie brésilienne du niobium est fortement intégrée, avec pour principal acteur la société CBMM. Sa mine principale est celle d'Araxá, dans l'État du Minas Gerais, avec une capacité de 98 000 tonnes de Nb par an et qui pourrait atteindre 118 000 tonnes de Nb par an dans un avenir proche. Des investissements récents ont permis d'augmenter la capacité de production de produits de première transformation pour passer de 100 000 tonnes à 150 000 tonnes de FeNb équivalent par an, anticipant ainsi la demande future et dépassant sa capacité de production primaire. Deuxième source mondiale, la mine de Boa Vista Catalão est également située au Brésil, dans l'État de Goiás. Elle est exploitée depuis 2016 par la société China Molybdenum (CMOC), avec une capacité estimée d'environ 9 500 tonnes de Nb par an. Au Canada, Magris Performance Materials Inc. (ex-Magris Resources), exploite la mine Niobec située au Québec, avec une production évaluée à 6 650 tonnes de Nb en 2023, soit 8 % de la production mondiale. Aux États-Unis, la société NioCorp, propriétaire du gisement d'Elk Creek (Nebraska), est actuellement en recherche d'investisseurs dans l'objectif de démarrer la construction des premières infrastructures minières. La production envisagée lors de l'étude de faisabilité de 2022 était de 7 450 tonnes par an de FeNb à 65 %, ce qui représenterait la première production de niobium du pays depuis 1959. Ainsi, en 2023, la compagnie a entamé des discussions concernant un potentiel financement de prêt par la banque d'investissement étatique EXIM (chargée des investissements à caractère commerciaux). Dans le même temps, elle a également signé des « accords d'écoulement » (ou contrats d'*offtake*) pour sa future production, notamment les terres rares avec le constructeur automobile Stellantis. Ce projet est stratégique pour les États-Unis, car il permettrait de renforcer leur résilience sur une ressource minérale particulièrement critique pour le secteur de la défense et de l'industrie aéronautique.

Le complément de l'offre minière mondiale est majoritairement issu de l'exploitation du « coltan » (où le niobium et le tantale sont portés par une association minérale de colombite-tantalite), en particulier en Australie et également exploité artisanalement en République démocratique du Congo, au Rwanda, ainsi qu'au Mozambique.

Selon l'USGS, les réserves connues de niobium seraient supérieures à 17 Mt. Le plus grand gisement mondial connu est Morro Dos Seis Lagos, dans l'État brésilien d'Amazonas, avec des ressources estimées à environ 75 Mt.

D'après les données du service géologique américain, les stocks stratégiques de ferroniobium et de niobium métal détenus par les États-Unis auraient été écoulés en 2023, et le gouvernement envisagerait une acquisition potentielle de 136 t de ferroniobium courant 2024.

N'ayant pas de cotation sur les marchés boursiers, les prix sont établis par négociation directe de contrats entre producteurs et transformateurs ou utilisateurs. Le prix annuel moyen du ferroniobium (65 % Europe) s'établissait à $ 47,46/kg en 2023, en hausse de 3,2 % par rapport à 2022.

Le niobium est substituable par le vanadium et le molybdène dans la fabrication des aciers microalliés HSLE. Cette substitution présente des enjeux techniques et s'effectue ainsi usine par usine, en particulier dans des contextes de fortes différences de prix sur une longue période, comme celles observées, par exemple, en Chine sur la période allant de 2017 à 2019. D'autres métaux pourraient également être utilisés en substitution dans certains aciers comme le tantale, le titane, le tungstène ou encore le molybdène. Les composites à matrice céramique sont aussi envisageables dans les applications de haute température telles que les superalliages. Néanmoins, la substitution du niobium par d'autres métaux pourrait entraîner une diminution des performances ou une augmentation importante des prix.

Rhénium (Re)

Le rhénium est majoritairement obtenu en sous-produit du molybdène, lui-même en grande partie sous-produit du cuivre dans certains gisements de cuivre mis en place en contexte magmatique (porphyres cuprifères et dans une moindre mesure porphyres à molybdène). Ce métal est

Rhénium

(en kilos de métal contenu dans la production minière)

	2018	2019	2020	2021	2022	2023
Production mondiale	**48 600**	**53 200**	**59 300**	**59 500**	**55 100**	**56 000**
Arménie	281	280	260	260	260	280
Chili	27 000	30 000	30 000	30 000	29 000	30 000
Chine	2 500	2 500	2 500	2 500	2 500	2 500
Corée du Sud		2 800	2 800	2 800	2 800	2 800
États-Unis	8 220	8 360	8 830	9 290	8 870	9 100
Kazakhstan	1 000	500	500	500	500	500
Ouzbékistan	460	460	4 900	4 900	4 900	4 900
Pologne	9 090	8 340	9 510	9 290	6 310	6 300

Prix du rhénium
Marché libre européen
(en dollars/kg)

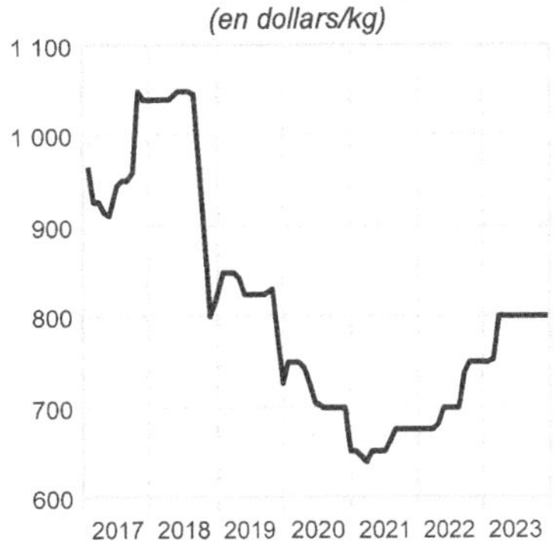

(Source : Mineral Commodity Summaries)

plus minoritairement récupéré en sous-produit du cuivre dans certains gisements en contexte sédimentaire, mais la minéralogie plus complexe est pour l'instant assez mal comprise. C'est un métal très réfractaire avec une température de fusion de 3 180 °C, la plus élevée des métaux après le tungstène. Les principales applications du rhénium sont de deux types : au sein de superalliages et en catalyse dans l'industrie pétrolière. L'une des particularités de ce marché est la quasi-absence d'acteurs chinois le long de la chaîne de valeur, fait rare dans le monde des petits métaux.

Les superalliages à base de nickel représentent 80 % de la demande mondiale, contenant de l'ordre de 3 % Re en poids. Les catalyseurs en pétrochimie arrivent en deuxième position avec environ 15 % des usages. Les autres applications comme les alliages Mo-Re et W-Re représentent 5 % des usages du rhénium.

Le perrhénate d'ammonium (APR) est le principal produit intermédiaire. Il est utilisé pour obtenir l'acide perrhénique et le rhénium métal sous forme de poudres, pellets ou briquettes. Le rhénium entre dans la composition des superalliages à base de nickel, notamment pour la fabrication des aubes de turbines pour la partie chaude des réacteurs d'avions civils et militaires. Grâce au rhénium, des températures allant jusqu'à 1 500 °C peuvent être atteintes, augmentant à la fois la poussée des réacteurs, ainsi que la longévité de ces pièces, tout en diminuant la consommation en kérosène du réacteur. La consommation de Re est ainsi largement conditionnée par la demande en superalliages de l'industrie aéronautique.

À la suite de la crise du Covid-19, les commandes ont chuté drastiquement en 2020 et 2021 face à l'incertitude de la reprise des trafics aériens. Cependant, l'annonce des prévisions de production pour 2022-2023 des avionneurs a relancé la demande en superalliages dès le second trimestre 2021. En 2022, les trafics aériens ont repris progressivement. La guerre en Ukraine a conduit à une augmentation de la demande de l'aviation militaire et les commandes sont globalement reparties à la hausse. Cependant, malgré cette croissance notable, l'industrie aéronautique n'a pas retrouvé son niveau d'avant-crise. La plupart des acteurs de l'aéronautique observent en effet une contradiction très forte entre un marché désormais porteur, et une incapacité de l'offre à le servir. Cela s'explique notamment par un important manque de main-d'œuvre et des tensions au sein des chaînes d'approvisionnement. Néanmoins, conformément aux prévisions, le secteur de l'aéronautique a enregistré une croissance de sa production en 2023, notamment illustrée par une augmentation de 11 % du nombre d'avions commerciaux livrés par Airbus (765 avions, contre 661 en 2022).

En pétrochimie, l'alliage rhénium-platine est l'un des catalyseurs clés dans les réactions de reformage catalytique du pétrole, opération chimique servant à valoriser une fraction du pétrole (le naphta lourd) en essence. La demande de rhénium dans cet usage reste stable, la part des substituts comme les catalyseurs polymétalliques à base d'iridium ou d'étain n'ayant pas augmenté significativement.

Il n'existe pas de production minière de rhénium à proprement parler. La production primaire est métallurgique puisque le rhénium est récupéré lors du traitement des fumées résultant du grillage de la molybdénite (sulfure de molybdène). La production de rhénium primaire récupéré en association avec le cuivre et le molybdène est estimée à 56 tonnes en 2023, selon les données préliminaires de l'USGS. Cela représente une augmentation de 1,6 % comparée aux 55,1 tonnes produites en 2022. L'industrie est fortement concentrée. Les principaux producteurs de rhénium au Chili sont Molymet et Codelco. Le Chili totalise approximativement 30 tonnes de rhénium qui sont récupérées dans les fumées lors du grillage des minerais réalisés dans différentes opérations métallurgiques à travers le monde (incluant également celles de Belgique, du Mexique et du Pérou). En 2023, les États-Unis auraient produit environ 9,1 tonnes (majoritairement *via* la société Freeport McMoran), suivis par la Pologne avec 6,3 tonnes de rhénium (essentiellement par la société KGHM). Les autres producteurs sont situés en Ouzbékistan, en Corée du Sud et en Chine.

L'USGS évalue avec de grandes incertitudes les réserves mondiales de rhénium comme supérieures à 2 315 tonnes, dont 1 300 tonnes pour le Chili (56 % des réserves mondiales). Les autres pays détenteurs de réserves significatives sont les États-Unis avec 400 tonnes, la Russie avec 310 tonnes, et le Kazakhstan avec 190 tonnes.

Les prix du rhénium sont établis par négociation directe entre producteurs et utilisateurs. En Europe, en 2023, le prix moyen du perrhénate d'ammonium (APR) (*basic grade* - 69,2 % Re) était de $ 792/kg, en augmentation de 12 % par rapport à 2022 ($ 708/kg).

Les filières de recyclage du rhénium représentent désormais près du tiers de l'approvisionnement total. Les principaux producteurs de rhénium secondaire se situent aux États-Unis et en Allemagne ainsi qu'au Canada, en Estonie, en France, au Japon, en Pologne et finalement en Russie. En France, un acteur est concerné avec l'entreprise Umicore Specialty Powders (ex Eurotungstène Poudres). Les pièces contenant du rhénium dans des superalliages à base de nickel sont recyclées en boucle courte et en fin de vie. Le recyclage des superalliages concerne donc principalement les turbines d'avions ainsi que les pales et vannes de turbines à gaz, ce qui représente entre 15 tonnes et 20 tonnes de composés de rhénium par an. Seul le recyclage de superalliages fournit du rhénium métal ou du perrhénate d'ammonium (APR) directement disponibles sur le marché.

Cependant, les faibles prix observés ces dernières années ont fragilisé les filières de recyclage. Ainsi, en juin 2020, l'entreprise Umicore a fermé ses activités de recyclage du rhénium dans son usine de Wickliffe dans l'Ohio pour des raisons de rentabilité (capacité de 7 tonnes par an). Cette décision s'inscrit dans la lignée des précédents de l'entreprise Hootech en Chine, ainsi que de Nordmet et KLS en Estonie, qui ont également cessé leur production de rhénium secondaire en 2018 (environ 3 tonnes par an). Roskill estime que la production de rhénium secondaire a diminué de 40 % entre 2014 et 2019. Cependant, la chute de l'activité de la construction aéronautique et spatiale en 2020 a contribué à resserrer l'offre en métal recyclé. L'effet positif sur les prix observés en 2022-2023 et les perspectives favorables du secteur aéronautique pourraient contribuer à redynamiser ces filières.

En outre, depuis 2008, de nombreuses expérimentations ont été réalisées pour substituer le rhénium dans ses applications majeures, notamment en produisant des superalliages appauvris en rhénium (General Electric, par exemple) ou sans rhénium (Safran, par exemple) en le remplaçant par d'autres métaux (W, Mo, Co, etc.) avec des performances relativement similaires. Ces recherches continuent avec un nouveau brevet déposé en janvier 2020 par le producteur de superalliages Cannon-Muskegon, montrant un abaissement de la teneur en rhénium des superalliages monocristallins à 1,4 %–1,6 % Re. Néanmoins, une éventuelle substitution du rhénium dans les superalliages utilisés dans les parties les plus chaudes des turbines à gaz demeure très limitée.

En août 2022, des niveaux significatifs de rhénium ont été identifiés lors de campagnes de forages pour le projet de cuivre et de molybdène de Lana Corina (propriété de Culpeo Minerals) au Chili (85 mètres de forage à 0,77 ppm de rhénium). L'un des rares projets avancés est le projet Merlin dans le nord-ouest du Queensland (Australie), développé par Chinova Resources. Les premières infrastructures de la mine, telles que les travaux souterrains d'accès au gisement, ont été partiellement réalisées en 2014, mais la mine a rapidement été mise sous cocon à la suite de l'effondrement du cours du molybdène. Le potentiel serait une production de 7 300 kg par an de Re et 5 100 tonnes par an de Mo. Toujours dans le Queensland, à moins de 100 km du projet Merlin, la société Hammer Metals a annoncé des ressources minérales en Re pour son projet de mine de cuivre Kalman, soit 39,2 Mt de minerai à 2,1 g/t Re (accompagnés d'autres métaux comme l'or, l'argent et le molybdène).

Du côté des énergies renouvelables, des études ont démontré la possibilité de remplacer le platine par du rhénium dans les opérations d'électrolyse de l'eau. Ce métal serait employé dans une technologique innovante de membrane échangeuse d'anions ne nécessitant pas l'utilisation d'élément onéreux du groupe du platine.

Scandium (Sc)

Le scandium est un élément généralement considéré comme faisant partie de la famille des terres rares en raison de ses propriétés similaires aux lanthanides. Il possède pourtant des caractéristiques géologiques et des propriétés industrielles distinctes parmi lesquelles son très faible rayon ionique, sa faible densité (2,99 g/cm^3, proche de celle de l'aluminium) et son point de fusion élevé (1 541 °C).

Le scandium est utilisé sous deux formes principales : le scandium métal dans les alliages aluminium-scandium (Al-Sc), et l'oxyde de scandium pour le stockage stationnaire d'énergie au sein des piles à combustible à oxydes solides de haute température (SOFC). Les alliages Al-Sc sont légers et ont une forte résistance mécanique : des propriétés recherchées dans le secteur du transport (aéronautique civile et militaire, automobile, etc.), ainsi que dans les équipements sportifs de haute qualité (cycles, clubs de golf, battes de baseball, etc.), mais également les équipements militaires. Il permet le moulage de formes complexes et augmente la résistance à la corrosion et la conductivité thermique des alliages. Son rôle dans les alliages d'aluminium est celui d'agent d'affinage de grain en favorisant la germination de l'aluminium et, par conséquent, en limitant la croissance cristalline. Ainsi, les alliages auront des propriétés mécaniques supérieures, permettant, par exemple, d'alléger des structures en substituant des alliages plus lourds (comme les aciers). Les doses utilisées lors de l'adjonction de scandium dans l'aluminium sont faibles, de l'ordre de 0,1 % - 0,2 % de la masse de l'alliage (exceptionnellement 2 % dans certaines applications particulières). En tant qu'oxyde, parfois dénommé « scandia » (Sc_2O_3), il intervient comme dopant stabilisateur de l'électrolyte solide en zircone (oxyde de zirconium : ZrO_2) dans les piles à combustible, avec de bonnes performances en conduction ionique. Un usage plus marginal est celui des lampes halogènes où il peut être intégré sous forme d'halogénure de scandium (ScI_3) pour en améliorer le spectre d'émission. On peut aussi mentionner l'utilisation de nitrure de scandium-aluminium à des fins de recherche (ScAlN), comme le développement des semi-conducteurs de puissance fonctionnant à plus haute température et à plus haute fréquence que le nitrure de gallium.

Les faibles concentrations naturelles de scandium dans la croûte terrestre et ses propriétés atomiques sont des freins à la formation de gisements économiquement exploitables. Les ressources de scandium sont donc abondantes, mais peu concentrées, ce qui contraint sa récupération. Ainsi, le scandium peut être récupéré uniquement en tant que coproduit ou sous-produit lors du traitement métallurgique d'autres substances, en particulier par récupération directe ou dans les résidus issus de la fabrication/purification du dioxyde de titane, des terres rares, et de l'acier (en Chine), ainsi que dans les filières de transformation de l'uranium, du zirconium, de la bauxite et des phosphates (en Russie). Enfin, il peut être récupéré à partir du traitement hydrométallurgique du nickel et du cobalt à partir de gisements latéritiques (Philippines, Australie).

Les chiffres de production sont très incertains. Une quantité de 30 à 40 tonnes serait produite mondialement, principalement sous forme de trioxyde de scandium (Sc_2O_3). L'essentiel de la production chinoise est assuré par le consortium Jiaozuo Rongjia Scandium Industry Science & Technology (anciennement Rongjia Scandium Industry) et s'élèverait à 10-12 tonnes par an d'oxyde de scandium (Sc_2O_3), en tenant compte de la production de scandium *via* la récupération dans les résidus issus de la fabrication des oxydes de titane, de terres rares, et de l'acier. Toujours en Chine, dans la province du Hebei, la société Minmetals filiale de la firme CMC (China Metallurgical Group Corporation) a finalisé, en 2023, la construction de son usine de Tangshan avec une capacité de production de 20 tonnes (à partir de minerai importé de Papouasie–Nouvelle-Guinée). Aux Philippines, l'opérateur japonais Sumitomo, exploitant le cobalt et le nickel latéritique de Taganito par un procédé de lixiviation acide à haute pression (*High Pressure Acid Leaching* – HPAL), récupère du scandium avec la production d'un concentré intermédiaire (oxalate de scandium), converti en oxyde à la raffinerie Harima au Japon. Environ 12,5 tonnes d'oxalate de scandium auraient ainsi été produites entre janvier et septembre 2023, selon le gouvernement philippin (soit l'équivalent de 3,1 tonnes de scandium métal). Le Kazakhstan, l'Ukraine et la Russie produiraient quelques tonnes par an de Sc_2O_3, principalement à partir des résidus miniers d'uranium et lors du traitement de phosphates.

Plusieurs projets hors Chine visent à récupérer le scandium. On peut citer l'usine de Rio Tinto dans le complexe métallurgique de Sorel-Tracy au Québec, avec une capacité de 3 tonnes par an d'oxydes de scandium de haute pureté (99,99 %) à partir de ses résidus de production de dioxyde de titane. Sur ce site, Rio Tinto prévoit une importante augmentation de sa capacité de production, à 12 tonnes par an d'ici fin 2024. En Russie, les recherches pour la récupération du scandium sont concentrées sur le traitement des boues rouges issues du raffinage de l'alumine, notamment par la compagnie Rusal, l'un des premiers producteurs d'aluminium au monde. Dans les monts Oural, l'usine de Rusal produit de l'oxyde de scandium, ainsi que des alliages Al-Sc (Al-Sc 2 %). Aux États-Unis, la société NioCorp cherche à finaliser le développement de la mine d'Elk Creek, dont les réserves probables de scandium seraient estimées à près de 2 400 tonnes de Sc en coproduit du niobium. Toutefois, le capital nécessaire pour le développement de ce projet est actuellement insuffisant, et la société est en recherche d'investisseurs. Les études du gneiss alcalin à scandium et terres rares de La Paz en Arizona et de la rhyolite de Round Top au Texas sont toujours en cours par les compagnies Texas Mineral Resources et American Rare Earths. Les ressources actuelles du projet de La Paz sont estimées entre 742,5 et 928 Mt de minerai, avec une teneur moyenne en oxyde de scandium de 20 à 24,5 ppm.

En Australie, si aucune production minière de scandium n'a eu lieu en 2023, plusieurs projets sont à des stades très avancés et pourraient faire de ce pays le premier producteur mondial dans les prochaines années. Parmi ces derniers, quatre se distinguent par leur avancement :

– Le projet Sunrise (anciennement Syerston), de la compagnie Clean Teq avec une production projetée de 20 tonnes Sc_2O_3 par an et qui pourrait monter à 150 tonnes par an, en sous-produit du nickel et du cobalt. Les réserves prouvées et probables sont de 6 700 tonnes de Sc contenu, soit la plus grande ressource mondiale en scandium publiquement documentée à ce jour. La récupération du scandium devrait démarrer quelques années après la mise en place des circuits principaux de traitement du minerai de nickel-cobalt, en fonction de l'évolution de la demande.

– Le projet Nyngan de la compagnie Scandium International Mining Corp qui pourrait produire 38,5 tonnes par an de Sc_2O_3.

– Le projet Owendale acheté par RioTinto mi-2023 à la société Platina ressources et appelé PSP (Platina's Scandium Project). Il est prévu de produire entre 20 et 40 t/an Sc_2O_3 en coproduit du cobalt et du nickel par lixiviation acide sous haute pression (HPAL). Les réserves sont estimées à 3 500 tonnes de Sc_2O_3.

– Le projet Sconi (société Australian Mines) dans le Queensland devrait produire du scandium en plus du cobalt et du nickel, également par un procédé de type HPAL. Le démarrage théorique de la production est prévu d'ici 2028 avec une capacité de 74 t/an Sc_2O_3.

En Europe, certains projets européens de recherche, financés par l'EIT RawMaterials, pourraient déboucher sur la mise en place d'une filière européenne de production et raffinage du scandium. Actuellement, l'approvisionnement européen est essentiellement secondaire. Il est généralement contenu dans les boues rouges issues du raffinage de la bauxite par le procédé Bayer avec, notamment, un projet pilote en Grèce. En France, le projet ScaVanger vise à produire, à l'horizon 2026, de l'oxyde de scandium en coproduit du raffinage de l'oxyde de titane (avec une capacité de 21 tonnes par an). Sur le « Vieux Continent », les ressources primaires sont relativement faibles et peu connues. Les plus notables sont les pegmatites à scandium de Norvège (le gisement de Biggejav'ri et le district de Iveland-Evje), le gisement non conventionnel finlandais de Kiviniemi et celui polymétallique de Perama Hills, en Grèce.

Les alliages à haute résistance en titane et en aluminium, ainsi que les matériaux en fibre de carbone, peuvent se substituer aux applications en alliage de scandium à haute performance, notamment dans les équipements sportifs (vélos, équipements de golf). Une très faible quantité de scandium se retrouve dans l'aluminium recyclé, sans qu'il soit séparé. Le scandium peut être substitué par l'yttrium pour certaines applications, notamment les piles à combustible.

N'ayant pas de cotation sur les marchés organisés, les prix du scandium sont établis par négociation directe de contrats entre producteurs et transformateurs ou utilisateurs. Les prix dépendent beaucoup de la forme et de la qualité recherchée. L'USGS ne dispose pas du prix de l'oxyde de scandium en 2023, mais il estime le prix moyen du lingot de scandium métal en 2023 à $ 153/g, contre $ 150/g en 2022. L'hypothèse moyenne prise par les entreprises pour l'évaluation économique de leurs projets miniers est généralement comprise entre $ 1 500 et 2 000/kg d'oxyde de scandium.

Selon certains acteurs chinois de la filière, le prix du trioxyde de scandium serait maintenu relativement bas en raison d'un marché excédentaire depuis 2011.

Il est intéressant de mentionner que l'ordre de grandeur du prix des alliages Al-Sc est de $ 3 000 à $ 4 000/kg. Enfin, le prix moyen du scandium métal à 99,99 % *ex-works* Chine sur certaines plateformes (source : www.scrapmonster.com) est, quant à lui, de $ 334 000/kg, illustrant l'extrême spécialité d'un tel matériau.

Sélénium (Se)

Le sélénium a des propriétés chimiques voisines de celles du soufre et du tellure. Il est essentiellement extrait en sous-produit du cuivre et est utilisé pour ses propriétés semi-conductrices, photosensibles et photoélectriques, ainsi que comme oligo-élément pour l'alimentation humaine et celle du bétail. Les applications métallurgiques constituent la plus grande part de sa consommation (40 %), sous forme de sélénium purifié à 99,5 %. Son utilisation dans les engrais est obligatoire dans certains pays tels que la Finlande, dont les sols sont très déficitaires en cet oligo-élément indispensable à la santé humaine et animale. Le marché du sélénium est très opaque et les chiffres publiés sont difficilement réconciliables. Les données ci-dessous sont donc indicatives.

La demande mondiale en sélénium serait restée stable dans le temps et se répartit entre les usages suivants : 40 % pour les applications métallurgiques, dont la production électrolytique du manganèse, 25 % pour l'industrie du verre, ainsi que 10 % pour le dopage de composants optoélectroniques et pour le secteur photovoltaïque. On estime par ailleurs que 10 % sont dédiés à l'agriculture et à l'alimentation animale, 10 % pour la chimie et les pigments, et 5 % en usages divers.

La métallurgie du manganèse est le principal secteur d'utilisation du sélénium de pureté à 99,5 %, dont la majeure partie a lieu en Chine. Son utilisation sous forme de dioxyde de sélénium permet d'accroître la vitesse de dépôt tout en améliorant le rendement énergétique de la réaction électrolytique. Dans ce domaine, le dioxyde de sélénium peut éventuellement être remplacé par le dioxyde de soufre, au détriment des performances énergétiques.

L'autre usage important du sélénium concerne l'industrie du verre. Le sélénium y est utilisé pour décolorer les verres (neutralisation des teintes verdâtres due à des impuretés ferrugineuses), colorer les verres en rouge (feux de signalisation), mais également pour réduire la transmission thermique des vitres dans les voitures ou les bâtiments,

Sélénium
(en tonnes de métal)

	2018	2019	2020	2021	2022	2023
Production mondiale de métal						
	2 810	**2 880**	**3 120**	**3 100**	**3 310**	**3 600**
Allemagne	300	300	300	300	300	300
Belgique	200	200	200	200	200	200
Canada	61	57	60	57	110	120
Chine	930	1 100	1 200	1 260	1 290	1 500
Finlande	100	115	84	80	130	100
Inde			14	14	14	14
Japon	768	740	740	720	710	780
Pérou	45	40	35	36	57	57
Pologne	76	64	74	74	82	95
Russie	150	150	340	300	340	360
Suède	90	19	10	5	10	8
Turquie	50	50	50	50	50	50
Autres pays	44	45	14	21	14	15

Prix du sélénium
Marché libre européen
(en dollars/lb)

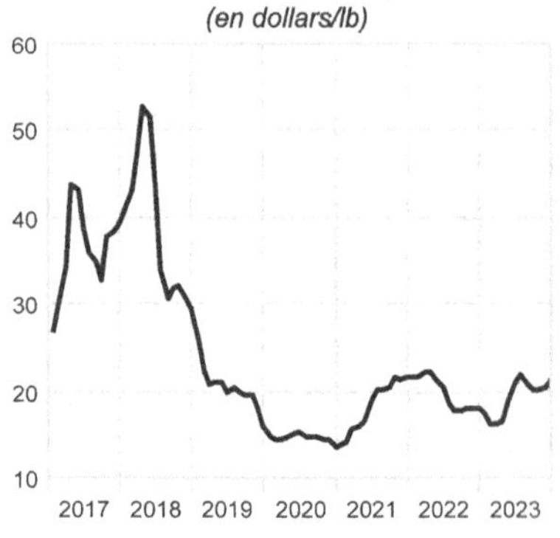

(Source : USGS Mineral Commodity Summaries)

marchés en constante augmentation à l'échelle mondiale. Dans certaines de ces applications, le sélénium peut éventuellement être substitué par l'oxyde de cérium (CeO_2).

Le sélénium rentre aussi dans la composition des cellules photoélectriques et des cellules photovoltaïques en couches minces (CIS – diséléniure de cuivre et d'indium « $CuInSe_2$ » – et CIGS – disulfoséléniure de cuivre, d'indium et de gallium « $Cu[In,Ga] Se_2$ »). Malgré une production minoritaire des technologies photovoltaïques en couches minces vis-à-vis de cellules photovoltaïques au silicium, ces dernières continuent à être utilisées pour les applications requérant une plus grande flexibilité et un plus haut rendement.

Selon les données préliminaires de l'USGS, la production mondiale de sélénium raffiné a été estimée à 3 600 tonnes en 2023, soit une augmentation de 8,8 % par rapport à 2022 (3 310 tonnes). Les données concernant les États-Unis sont habituellement confidentielles. Néanmoins, le service géologique indique que l'unique producteur de sélénium a stoppé temporairement ses activités de raffinage en 2021, mais que les producteurs de boues anodiques riches en sélénium ont continué leurs activités de production. Les principaux pays producteurs sont la Chine (1 500 tonnes), le Japon (780 tonnes), la Russie (360 tonnes) et l'Allemagne (300 tonnes). Ces quatre nations représentent plus de trois quarts de la production mondiale.

Le sélénium se concentre préférentiellement dans les sulfures des gisements de cuivre, nickel-cuivre sulfurés et de façon plus anecdotique, de plomb ou de zinc. Il est récupéré en sous-produit, majoritairement lors du traitement des boues anodiques issues du raffinage du cuivre et, minoritairement, lors du traitement de minerais de plomb-zinc. Ce phénomène explique la corrélation entre les pays producteurs de sélénium et les fonderies/raffineries de cuivre. La Chine et le Japon sont les acteurs dominants du raffinage du cuivre, certains acteurs européens étant également importants : l'Allemagne (Aurubis), la Belgique (Umicore), la Finlande (Boliden), la Pologne (KGHM) et la Suède (Boliden). Les États-Unis produisent également de petites quantités de sélénium raffiné *via* ASARCO Inc, acteur minier historique de l'exploitation du zinc. Cependant, la production a été mise en veille en 2021, selon l'USGS.

L'USGS évalue avec de grandes incertitudes les réserves mondiales de sélénium, les teneurs dans les minerais n'étant que rarement renseignées (0,5- 12 ppm). Celles-ci s'établiraient à 95 000 tonnes de Se, dont 26 000 tonnes en Russie (soit plus du quart des réserves mondiales) et 19 000 tonnes au Pérou (soit 20 % des réserves mondiales). Les autres pays détenteurs de réserves significatives sont les États-Unis, le Canada et la Chine avec, respectivement, 12 %, 6 % et 5 % des réserves mondiales. Les charbons contiendraient également des quantités importantes de sélénium, mais la récupération ne semble pas économiquement rentable pour l'instant. La plupart du sélénium recyclé provient des déchets électroniques, des panneaux photovoltaïques en couches minces et des tambours des anciens photocopieurs. Du fait d'un usage dispersif, le sélénium utilisé en verrerie, en métallurgie, en agriculture, en pigmentation, etc., n'est pas économiquement récupérable. Ainsi, le taux de recyclage du sélénium est insignifiant et estimé à moins de 5 %.

Le prix du sélénium est établi par négociation directe entre producteurs et utilisateurs. Le prix moyen pour le sélénium (teneur de 99,5 %) en 2023 était de $ 19,27/kg, contre $ 19,85/kg en 2022, soit une diminution de 2,9 %. Les prix sont restés relativement stables, voire baissiers, en raison de la pandémie de Covid-19 en Chine. Il n'y aurait pas de tensions sur l'offre, d'après les informations recueillies par les consultants de Fastmarkets. Le marché du sélénium devrait ainsi afficher une tendance stable, évoluant selon le marché du manganèse.

Silicium métal (Si)

Le silicium est le second élément chimique le plus abondant dans l'écorce terrestre, après l'oxygène. À ce titre, il est l'un des éléments les plus extraits du sol, que l'on cherche à le valoriser ou non. Il est utilisé dans de très nombreux domaines, notamment sous forme de silice (SiO_2) dans la construction, mais aussi sous sa forme pure (*c'est à dire* > 98 % Si) dite « silicium métal », qui fait l'objet de ce chapitre.

En 2023, le silicium métal serait davantage utilisé pour la fabrication des silicones et silanes (43 %) que dans la réalisation d'alliages d'alumi-

Silicium
(en milliers de tonnes de métal + ferrosilicium)

	2018	2019	2020	2021	2022	2023
Production mondiale	**7 400**	**8 410**	**8 120**	**9 150**	**9 110**	**9 000**
Allemagne				63	62	
Australie			42	50	48	50
Bhoutan	90	90	67	85	75	80
Brésil	220	340	404	389	391	390
Canada	57	57	47	49	49	50
Chine	4 800	5 700	5 600	6 400	6 670	6 600
Espagne	69	66	55	60	52	56
États-Unis	430	310	277	313		
France	140	130	112	127	121	110
Inde	57	60	59	59	59	60
Islande	83	88	103	111	128	130
Kazakhstan			67	122	101	125
Malaisie	140	150	109	85	91	80
Norvège	370	375	345	362	339	340
Pologne			42	49	47	50
Russie	600	610	576	644	626	620
Ukraine	49	63	40	49	28	2
Autres pays	290	278	290	128	223	180

Prix du silicium
Marché libre européen
(en dollars/tonne)

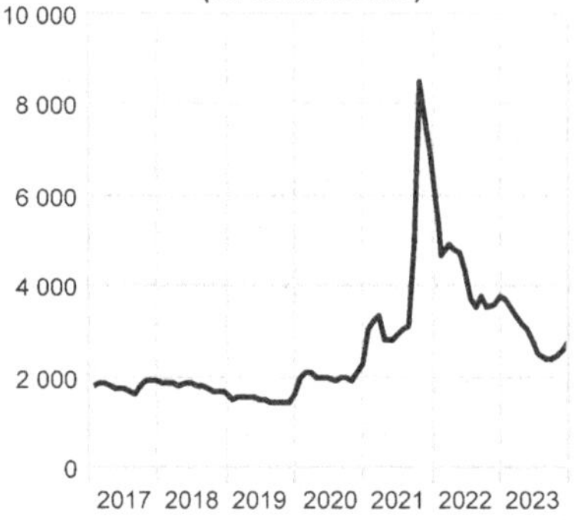

(Source : Mineral Commodity Summaries)

nium Al-Si (31 %). Cependant, certaines sources citent toujours le secteur de l'aluminium comme le plus gros consommateur. Le silicium métal est l'élément-phare des cellules photovoltaïques (22 %) et des semi-conducteurs (3 %), dont les croissances sont amenées à se renforcer au cours des années à venir. Les silicones sont utilisées dans de très nombreux secteurs pour leur inertie chimique, leur grande résistance à la chaleur, et leurs facultés à étanchéifier, coller, ou lubrifier. Les alliages Al-Si sont utilisés dans tous les types de véhicules, qu'ils soient terrestres, marins, ou aériens, mais également dans le bâtiment, les équipements ménagers, les câbles électriques et les emballages. Allié à l'aluminium, le silicium améliore la coulabilité et réduit le coefficient de dilatation thermique. Dans les cellules photovoltaïques, les propriétés semi-conductrices du silicium purifié combinées au rayonnement solaire permettent l'effet photoélectrique nécessaire à la production d'électricité. Dans la microélectronique, ces mêmes propriétés semi-conductrices sont fondamentales pour le fonctionnement des circuits intégrés, le stockage et la transmission d'informations. La consommation de silicium métal a été en forte hausse dans toutes les filières sur la période 2010-2023 et atteint près de 3,7 Mt en 2023.

Le silicium est produit par la réduction de la silice (SiO_2) dans un four à arc électrique en présence de charbon, de coke, et de copeaux de bois. En fonction de la technicité de l'application, le silicium métal doit être affiné à différents niveaux de pureté : 98-99 % pour la qualité métallurgique (MG) ; et jusqu'à 99,999 999 99 % (9N à 10N) pour les qualités solaire et électronique. Pour la fabrication des silicones, le silicium métal est d'abord transformé en gaz diméthyldichlorosilane, puis hydrolysé pour former des chaînes Si-O. Différentes formulations aboutissent à des polymères ayant une consistance de gel, de résine, ou de gomme. Le silicium purifié pour le solaire et la microélectronique s'obtient à la suite d'une transformation en gaz trichlorosilane ($SiHCl_3$) que l'on distille puis décompose en présence d'hydrogène (procédé Siemens). Le silicium métal peut également être obtenu en lit fluidisé et de manière très minoritaire par affinage métallurgique (« qualité métallurgique améliorée »). Le silicium obtenu est sous une forme polycristalline, d'où son appellation « polysilicium ». Il est ensuite refondu puis transformé en lingots mono ou multicristallins. En 2023, la part de cellules solaires au Si monocristallin est largement dominante sur le multicristallin, en atteignant près de 84 % du marché global, selon le *Fraunhofer-Institut für Solare Energiesysteme ISE* (Fraunhofer ISE).

L'USGS estime une production de silicium métal de 3,8 Mt en 2023. Les premiers producteurs de silicium métal ont été la Chine, le Brésil, la Norvège, les États-Unis et la France. La Chine est responsable de 70 % de la production mondiale et vise l'hégémonie sur le marché du silicium. Elle continue d'installer de nouveaux fours pour produire du silicium métallurgique et du polysilicium en grande quantité, appliquant ainsi une pression baissière sur les prix. Celle-ci est difficile à supporter dans les autres régions du monde où les coûts de production sont plus élevés, notamment en Europe. Début 2024, REC Silicon a arrêté la production de polysilicium solaire sur son site de Butte aux États-Unis, en raison du coût de l'électricité. De même, REC Group a arrêté la production de polysilicium en Norvège, dont les sites ont été en partie rachetés par le groupe chinois Bluestar Elkem, début 2024. Le producteur de silicium métal français Ferropem et le producteur de polysilicium Wacker ont également rencontré des difficultés. Ce fut aussi le cas pour les fabricants de plaquettes de silicium norvégiens, dont certains ont annoncé des arrêts de production.

Les ressources en silicium sont considérées comme très importantes en raison de l'omniprésence de la silice et des minéraux silicatés sur Terre. En revanche, seuls quelques gisements fournissent une roche de qualité suffisante pour la fabrication du silicium métal. Les réserves de silicium ne sont généralement pas communiquées par les *carriers* (exploitants des carrières).

Une partie du polysilicium est recyclée en boucle courte lors de la découpe des lingots et des plaquettes. Dans les produits en fin de vie, le recyclage du silicium n'est en général pas rentable, mais pourrait le devenir avec l'amélioration de la collecte, des techniques de récupération et les tensions croissantes sur le silicium primaire. La fumée de silice, co-produit de la métallurgie du silicium, sert de charge minérale améliorant les propriétés de certains bétons.

En métallurgie, le manganèse, l'aluminium ou le titane peuvent parfois se substituer au silicium avec une efficacité moindre ou un coût supérieur. Le gallium, le germanium, et le tellurure de cadmium peuvent se substituer au silicium en tant que semi-conducteurs sur des critères de prix et de performance. La grande abondance du silicium dans la nature et son faible coût relatif lui ont permis de devenir majoritaire par rapport à d'autres semi-conducteurs tel que le germanium, ce dernier étant préféré dans certaines techniques de pointe (le photovoltaïque ou l'aérospatiale, par exemple).

Les prix sont établis par négociation directe de contrats entre producteurs et transformateurs ou utilisateurs. Fin 2022, le *Guangzhou Futures Exchange* a toutefois annoncé qu'il proposait des contrats à termes et des options sur le silicium métal. Après un pic, fin 2021, à plus de \$ 8 500/t, le prix du silicium métal a baissé en 2022 puis en 2023. Le prix annuel moyen du silicium métallurgique (MG) a été de \$ 2 889/t en 2023, soit une baisse de 31,5 % par rapport à 2022 où il s'était affiché à \$ 4 219/t.

Tantale (Ta)

Le tantale est un métal réfractaire avec une température de fusion très élevée de 3 017 °C. C'est aussi un métal particulièrement dense (16,7), très résistant à la corrosion par les acides, et doté d'une permittivité électrique élevée. Cette dernière propriété est recherchée pour la fabrication de condensateurs électroniques robustes de très faibles volumes, principale application mondiale du tantale. Sa dureté et sa résistance à la chaleur sont également prisées pour les superalliages et les outils de coupe (carbures).

La fabrication de condensateurs électroniques mobilise 34 % de la consommation mondiale de tantale. Par ordre décroissant, les autres usages du tantale sont les composés chimiques (20 %), les superalliages des turbines utilisés dans l'aéronautique et les industries énergétiques (18 %), les cibles de pulvérisation, en particulier le dépôt de couches minces de nitrure de tantale pour lutter contre la corrosion (14 %), la métallurgie pour la fabrication de creusets, prothèses ou échangeurs thermiques (9 %) et, enfin, les carbures pour outils de découpe ou revêtement de moules en acier

Tantale
(en tonnes de métal contenu dans la production minière)

	2018	2019	2020	2021	2022	2023
Production mondiale						
	1 890	**1 850**	**2 100**	**1 840**	**1 990**	**2 400**
Australie	23	67	34	44	46	43
Bolivie			7	1		
Brésil	250	430	470	360	370	360
Burundi	23	38	24	39	59	36
Chine	90	76	74	76	78	79
Éthiopie	70	70	69	32		
Mozambique			43	37		
Nigeria	200	180	260	110	110	110
Ouganda			38	38		
Rép. dém. du Congo	740	580	780	790	890	980
Russie			49	39	31	20
Rwanda	421	336	254	269	347	520
Autres pays	40	45			120	260

Prix du tantale
Marché libre européen
(en dollars/kg)

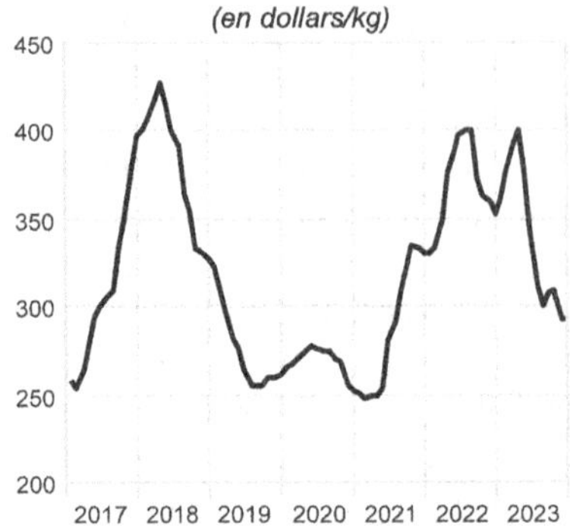

(Source : Mineral Commodity Summaries)

(5 %). Plus marginalement, le tantale sous sa forme d'oxyde (pentoxyde de formule chimique Ta_2O_5) est utilisé dans le domaine optique lors de la fabrication de lentilles de verre d'appareil photo pour en améliorer leur légèreté et leur luminosité.

La consommation accrue des technologies de l'information et de la communication (TIC) observée après la crise Covid-19 a eu une incidence très favorable sur la demande adressée au secteur de l'électronique. Néanmoins, cette tendance semble s'être inversée courant 2023 avec une diminution de la demande en appareils électroniques portables (influant sur les prix du tantale). Si les condensateurs multicouches en céramiques (MLCC) continuent de dominer le marché grâce à des coûts moindres et à leur disponibilité, la demande en condensateurs au tantale a augmenté avec l'utilisation des appareils portatifs (téléphones, ordinateurs, tablettes, etc.). Selon le *Tantalum-Niobium International Study Center* (TIC), le déploiement massif des réseaux de communication 5G et l'électrification automobile vont continuer de tirer la demande en tantale vers le haut. D'ici 2030, différents consultants estiment des croissances du marché du tantale comprises entre 5 % et 15 % par an, relativement proches des prévisions de vente d'appareils électroniques portatifs avec une hausse de la demande de 9 à 12 % par an.

En 2023, la production mondiale était de 2 400 tonnes de Ta métal contenu, selon l'USGS. Cependant, les statistiques concernant l'extraction minière du tantale sont très peu précises. Toujours selon les données de l'USGS, la République démocratique du Congo (RDC), le Brésil, le Rwanda et le Nigeria sont les principales sources mondiales de tantale en 2023 avec 82 % de la production mondiale. Une part majeure du tantale est issue d'exploitation artisanale et d'exportation de colombo-tantalite (aussi appelé coltan), à partir de la région des Grands Lacs africains. Les données estimées sont de 980 tonnes de Ta contenu pour la RDC (43 %) et 520 tonnes pour le Rwanda (18 %). Le Brésil (15 %) passe troisième producteur mondial, suivi du Nigeria (4,6 %) et de la Chine (3,3 %). En France, la production de tantale sous forme Ta_2O_5 est d'environ 10 tonnes par an en tant que sous-produit d'une exploitation de kaolin dans l'Allier.

N'ayant pas de cotation sur les marchés boursiers, les prix sont établis par négociation directe entre producteurs et transformateurs ou utilisateurs. En 2023, le prix annuel moyen du tantale métal (Ta 99,8 % EU) s'est établi à $ 339,1/kg, en baisse de 8 % par rapport à 2022 ($ 368,4/kg).

Dans le cas des minerais de type pegmatite (majoritaires en Australie), le tantale est généralement un sous-produit de l'exploitation du lithium.

Concernant l'actualité de ces gisements producteurs de lithium et tantale en Australie, on notera que la majorité de la construction de la mine de Kathleen Valley a été réalisée. Une autre actualité remarquable est le rachat de Bald Hill par la société Mineral Resouces (également propriétaire de Wodgina et Mt Marion). Cette opération a lieu dans un contexte tendu à la suite d'une décision de justice ordonnant l'interdiction de vente à une autre société portée par des investisseurs chinois. Dans le monde, d'autres gisements à lithium-tantale de ce type sont également à l'étude ou en cours de développement, tels que Blesberg en Afrique du Sud, Swanson en Namibie ou encore Manono en RDC.

L'offre australienne est ainsi devenue une rivale grandissante à la production de tantale du Rwanda et de RDC. L'avantage indéniable du minerai australien est d'être estampillé « sans conflit », critère pénalisant les sources d'Afrique centrale. Elle autorise aussi, d'un point de vue économique, des coûts de production relativement bas grâce à la coproduction du lithium. Néanmoins, cet effet de levier commence à atteindre ses limites à la suite de l'effondrement des cours du lithium au cours de l'année 2023. Ainsi, en janvier 2024, la société australienne Core Lithium a suspendu l'exploitation de sa mine de Finniss-Grants, les prix trop bas du lithium affectant la rentabilité de la production. Bien que cette société ne produise pas de tantale, il est envisageable d'observer la mise en sommeil d'autres gisements de lithium avec coproduction de tantale si ces conditions économiques persévèrent.

Strategic Minerals Europe, unique producteur de tantale du continent, a produit en 2023 un peu plus d'une trentaine de tonnes de concentré de tantalite/colombite en coproduit de sa production primaire d'étain (à Penouta en Espagne). Cette même société a stoppé temporairement ses activités minières fin 2023, à la suite d'un contentieux d'ordre environnemental.

Un autre facteur de tension potentielle est le développement accéléré de restrictions sur l'approvisionnement pour les entreprises de produits électroniques, notamment. Ainsi, le gouvernement américain a mis en place une loi sur les « minerais de conflit » obligeant les entreprises américaines à examiner leurs chaînes d'approvisionnement pour connaître et déclarer l'origine de leurs minerais et composés de tantale (ainsi que de tungstène et d'étain) particulièrement en provenance de Chine, d'Iran, de Corée du Nord et de Russie.

Le tantale ne peut pas être substitué dans les microcondensateurs sans perte de performances. Les condensateurs MLCC ou au niobium sont cependant des alternatives moins coûteuses. Les superalliages peuvent être recyclés par des entreprises spécialisées, en particulier aux États-Unis et en Europe du fait du poids de l'industrie aéronautique. Il existe aussi une production secondaire de tantale à partir des déchets en boucle courte (*new scrap*), produits durant la fabrication de produits électroniques et de matériaux utilisant le tantale. En fin de vie, ce recyclage est plus compliqué, mais reste un axe de développement, notamment pour les cartes électroniques. De manière générale, le recyclage du tantale compte pour environ 20 % de la consommation mondiale. L'USGS estime même que la part du recyclage pourrait représenter jusqu'à 30 % dans la production domestique des États-Unis.

Les réserves mondiales de tantale dépassent 150 000 tonnes de Ta contenu. Néanmoins, les seules données accessibles et vérifiables concernent l'Australie (110 000 tonnes selon l'USGS) et le Brésil (40 000 tonnes). Les réserves chinoises seraient, quant à elles, de 240 000 tonnes. Les ressources en terre sont donc vraisemblablement bien supérieures, notamment au Canada et aux États-Unis. Leur mise en production potentielle dépendra surtout des conditions économiques du marché.

À l'échelle mondiale, les perspectives pour la demande en tantale sont positives. Celles concernant les condensateurs au tantale sont particulièrement favorables, la demande de nouveaux condensateurs étant en grande partie destinée à des produits à hautes performances, tels que ceux pouvant fonctionner dans les nouveaux dispositifs de communication 5G ou ceux pouvant fonctionner à des températures élevées dans les véhicules électriques. Les condensateurs sont, et devraient donc rester, le principal marché du tantale. Le développement futur de ces derniers sera axé sur le remplacement de plusieurs MLCC par un seul condensateur au tantale pour un gain de performance et de poids. Les cibles de pulvérisation, les produits chimiques à base de tantale, les superalliages et les produits métallurgiques ont une large gamme d'applications finales et cette diversité offre une mesure de protection contre les fluctuations des différents marchés.

Tellure (Te)

Le tellure est l'un des éléments les plus rares dans l'écorce terrestre (1 à 10 ppb). Il est, pour l'essentiel, extrait en sous-produit de la métallurgie du cuivre. Il est souvent associé au sélénium avec lequel il partage des propriétés chimiques. Le tellure est particulièrement utilisé pour ses propriétés semi-conductrices, photosensibles et photoélectriques.

Le tellure est utilisé en premier lieu dans la fabrication de panneaux photovoltaïques à couches minces au tellurure de cadmium (CdTe) qui représentait, selon la STDA (*Selenium Tellurium Development Association*), 42 % de sa consommation en 2022. Il est aussi utilisé en métallurgie (24 %) en tant qu'additif pour accroître l'usinabilité de métaux comme l'acier ou le cuivre, dans les générateurs thermoélectriques (20 %), ainsi que dans la fabrication de produits chimiques (12 %). Le tellurure de bismuth a la particularité de pouvoir déplacer la chaleur en présence d'un courant électrique (effet Peltier). Cette propriété est utile dans les systèmes réfrigérants portables (utilisés pour le séquençage de l'ADN, par exemple). Les autres procédés ou produits consommant du tellure incluent la vulcanisation du caoutchouc (2 %), l'imagerie thermique, les capteurs pour l'imagerie spatiale, les détecteurs de rayons X, les colorants pour l'industrie céramique, les capteurs biologiques, et les biocides.

Selon l'Agence internationale de l'énergie (AIE), la part de marché des technologies de couches minces représentait 3,4 % de la puissance photovoltaïque fabriquée dans le monde en 2021, soit environ 8,2 gigawatts (GW), dont 7,9 GW étaient des modules CdTe produits par First Solar (États-Unis). L'entreprise prévoit de poursuivre son expansion en visant une production de 16 GWc/an de modules à l'horizon 2024. Bien qu'il s'agisse d'un marché de niche, le secteur des modules au CdTe n'en demeure pas moins dynamique, comme le prouve le projet de construction d'une usine de production de panneaux CdTe par China National Building Materials (CNBM), qui pourrait avoir une capacité annuelle de plus de 1 GW. Avec seulement 5 % de part de marché du tellure (contre 42 % dans le monde), les panneaux CdTe semblent, en revanche, éprouver des difficultés à trouver leur place en Europe puisque la seule entreprise européenne du secteur, l'allemand Calyxo, s'est déclarée en faillite depuis 2020, probablement en raison de la concurrence des panneaux au silicium, bien moins onéreux que ceux utilisant la technologie CdTe. Il faudrait actuellement une quarantaine de tonnes de tellure pour produire 1 GW de modules photovoltaïques CdTe (contre 100 tonnes il y a dix ans). Une fabrication annuelle de 16 GWc de mo-

Tellure

(en tonnes de métal raffiné)

	2018	2019	2020	2021	2022	2023
Production mondiale	**460**	**520**	**562**	**610**	**584**	**640**
Afrique du Sud	6	8	2	4	4	5
Bulgarie	5	4	3	4	3	3
Canada	25	40	44	44	24	27
Chine	280	325	330	330	380	430
Japon	58	50	70	68	68	75
Ouzbékistan				48	3	3
Russie	42	52	71	70	70	75
Suède	45	41	42	41	33	25

Prix du tellure
Marché libre européen
(en dollars/kg)

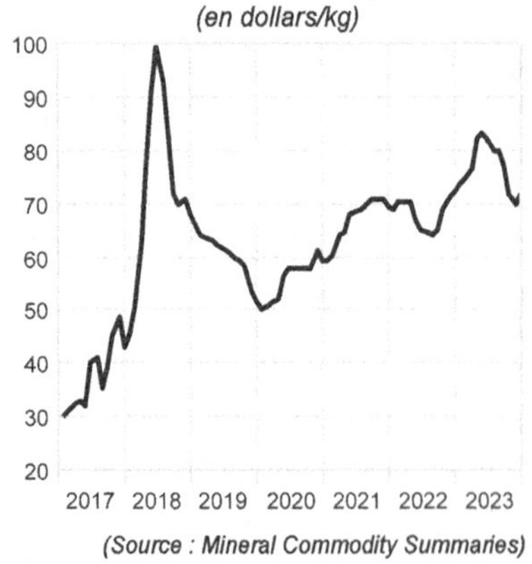

(Source : Mineral Commodity Summaries)

dules, comme le prévoit de le faire l'américain First Solar dès 2024, demanderait donc 640 tonnes de tellure pour le seul secteur solaire (soit l'équivalent de la production mondiale de 2022). Une hausse de la demande pourrait être couverte partiellement ou en totalité grâce à l'expansion des capacités de récupération du tellure dans les résidus de raffinage du cuivre. Le taux de récupération actuel est estimé à 30-50 %, et certains experts avancent la possibilité d'atteindre 80 %.

Le tellure, possédant des propriétés chimiques similaires à celles du soufre, se concentre préférentiellement dans les sulfures des gisements de cuivre, nickel-cuivre ou plomb-zinc. Plus de 90 % du tellure est produit à partir de boues anodiques collectées lors du raffinage électrolytique du cuivre. Le reste provient de l'écumage des raffineries de plomb ainsi que des poussières et gaz générés lors de la fusion des minerais de bismuth, de cuivre et de plomb-zinc. D'autres sources de tellure comprennent le tellurure de bismuth et certains minerais d'or, comme à Kankberg (Suède), où ont été produites 32,7 tonnes de Te en 2022.

En 2023, la production de tellure mondiale (hors États-Unis) a été estimée par l'USGS à 640 tonnes, en augmentation de 9,6 % par rapport à 2022 (584 tonnes). Les producteurs de tellure sont principalement les pays producteurs de cuivre raffiné : la Chine (67 %), la Russie (11,7 %), le Japon (11,7 %), les États-Unis (non communiqué), le Canada (4,2 %) et la Suède (3,9 %).

Certains projets de récupération du tellure sont en cours. On peut citer, par exemple, le projet indien de raffinerie de cuivre Mundra porté par Adani Enterprises, qui pourrait récupérer annuellement 96 tonnes de tellure, ou encore celui porté par le canadien GGX Gold, Gold Drop (Colombie britannique), qui a mesuré de fortes teneurs de tellure (entre 0,6 kg/t et 3,9 kg/t). En 2022, la société Rio Tinto a, de son côté, commencé à produire environ 20 tonnes de tellure par an à partir de sous-produits provenant de sa mine de cuivre de Kennecott, dans l'Utah (États-Unis). Le tellure est raffiné par la société canadienne 5N Plus, un important producteur mondial de semi-conducteurs spécialisés et de matériaux de performance. Le tellure raffiné est principalement fourni à l'entreprise First Solar.

L'USGS évalue avec de très grandes incertitudes les réserves de tellure récupérable à 36 000 tonnes, dont 16 % en Russie, 11 % aux États-Unis, et 8,6 % en Chine. Les chiffres indiqués ne comprennent cependant que le tellure hypothétiquement récupérable et contenu dans les réserves de cuivre.

Au-delà des utilisations dispersives telles que les pigments, le tellure est recyclable en petites quantités en fin de vie des panneaux solaires ou dans certains photocopieurs. En 2022, la quantité de panneaux solaires disponible pour le recyclage était limitée, mais en augmentation constante. Plusieurs matériaux peuvent remplacer le tellure dans la plupart de ses utilisations, mais généralement avec des pertes d'efficacité ou de qualité. Il est toutefois à noter que le tellure présente un degré de toxicité relativement élevé.

N'ayant pas de cotation sur les marchés boursiers, les prix sont établis par négociation directe de contrats entre producteurs et transformateurs ou utilisateurs. Le prix *spot* du tellure (99,99 % Europe) s'est globalement maintenu autour de $ 75/kg tout au long de l'année 2023, après trois années de hausse consécutive et un pic à $ 83/kg mi-2023. L'engouement sur le marché des cellules à CdTe sera le principal moteur de la croissance de consommation du tellure à court terme.

Terres rares

Les terres rares (TR) sont un ensemble de seize éléments métalliques : les lanthanides et l'yttrium, en excluant le scandium (voir la section consacrée à cet élément), aux propriétés optiques et magnétiques remarquables. Au sein de cette grande famille, le marché actuel est toutefois tiré par quatre éléments en particulier, qui portent à eux seuls 90 % de la valeur économique de la filière, à savoir : néodyme (Nd), praséodyme (Pr), dysprosium (Dy) et terbium (Tb). Ces TR dites « magnétiques » sont utilisées sous forme d'alliages pour la production d'aimants permanents de haute performance, en particulier pour la technologie d'aimants néodyme-fer-bore (NdFeB). Les principaux moteurs de cette demande, progressant de près de 10 % par an, sont l'essor des véhicules électriques, de l'éolien *offshore*, ainsi que celui de l'électronique et de la robotique, utilisant de grandes quantités d'aimants permanents.

L'impact le plus fort sur l'offre concerne l'augmentation de la production de Nd et Pr en particulier. Lors du processus de raffinage des TR, ces deux éléments sont séparés de manière concomitante du fait de leurs propriétés très voisines. L'oxyde Nd-Pr est l'intrant fondamental de la production des aimants permanents NdFeB. Les cas de Dy et Tb sont légèrement différents, car ces deux éléments de TR lourdes sont ajoutés en faibles quantités comme « dopants », afin d'abaisser le point de Curie des aimants, c'est-à-dire pour permettre un fonctionnement optimal à plus de 200 °C. Ces conditions sont nécessaires en particulier dans l'éolien et l'automobile.

La quantité d'oxydes Nd-Pr par voiture électrique est comprise entre 0,75 kg et 2 kg en fonction du nombre et de la performance des aimants, avec quelques grammes de Dy et Tb. Dans une éolienne, l'ordre de grandeur est de 200 kg d'oxydes Nd-Pr et quelques kilos de Dy et Tb par unité de puissance (1 MW).

La production actuelle d'oxydes Nd-Pr à l'échelle mondiale est de l'ordre de 45 000 à 50 000 tonnes et devrait doubler d'ici 2030. Il en va de même dans les cas du Dy et du Tb, avec un doublement attendu, bien que les productions soient bien plus faibles (de l'ordre de 2 000 tonnes par an pour le Dy et inférieur à 1 000 tonnes pour le Tb). En outre, du fait de leur rareté et de leur prix, il existe de nombreuses tentatives pour diminuer encore les quantités de Dy et de Tb dans les usages où ils sont indispensables et non substituables.

N'ayant pas de cotation sur les marchés boursiers, les prix des TR sont établis par négociation directe de contrats entre producteurs et transformateurs ou utilisateurs. En 2023, exprimés sous forme de métal 99 % en référence « Franco à bord (Fob) Chine », les prix des TR ont quasiment tous baissé en valeur absolue. Ces prix sont à considérer de manière individuelle par élément de TR, une grande disparité existant entre les TR légères très abondantes (lanthane et cérium en particulier, utilisés comme catalyseurs dans un certain nombre d'industries, dont la chimie de spécialité), et les TR lourdes réservées à des applications de niche. Ainsi, le prix du lanthane s'est établi à $ 4,95/kg en moyenne en 2023, celui du cérium à $ 5,3/kg, tous deux en légère baisse par rapport

Terres rares

(en tonnes d'oxydes contenus dans le minerai)

	2018	2019	2020	2021	2022	2023
Production mondiale	**190 000**	**220 000**	**240 000**	**290 000**	**300 000**	**350 000**
Australie	21 000	20 000	21 000	24 000	18 000	18 000
Birmanie	19 000	25 000	31 000	35 000	12 000	38 000
Burundi	630	200	300	500		
Brésil	1 100	710	600	200	80	80
Chine	120 000	132 000	140 000	168 000	210 000	240 000
États-Unis	18 000	28 000	39 000	42 000	42 000	43 000
Inde	2 900	2 900	2 900	2 900	2 900	2 900
Madagascar	2 000	4 000	2 800	6 800	960	960
Malaisie	200				80	80
Russie	2 700	2 700	2 700	2 600	2 600	2 600
Thaïlande	1 000	1 900	3 600	8 200	7 100	7 100
Vietnam	920	1 300	700	400	1 200	600
Autres pays	60	66	100	60		

(Source : Mineral Commodity Summaries)

à 2022. Les prix du Pr et du Nd ont quant à eux chuté de plus de 50 % en 2023, avec une moyenne de $ 78,4/kg contre $ 172/kg en 2022 pour le Pr, et de $ 71,8/kg contre $ 167/kg en 2022 pour le Nd. Le dysprosium s'est établi à $ 384/kg sur l'année, contre $ 503/kg en 2022, et le terbium – la plus chère des terres rares – est revenu à des niveaux proches de 2021 avec une moyenne de $ 1 649/kg en 2023, après un record au-delà de la barre des $ 3 000/kg atteint en mars 2022. Cette tendance à la baisse s'explique en grande partie par des phénomènes de déstockage des entreprises fabricant des aimants permanents en Chine, à la suite d'une demande plus faible du marché intérieur (dans le contexte d'une réduction drastique, dès le début de l'année 2023, des subventions à l'achat de véhicules électriques).

En 2023, la production minière mondiale de terres rares est estimée à 350 000 tonnes selon l'USGS (exprimée en Oxydes de Terres Rares ou OTR), contre 300 000 tonnes en 2022. Le principal facteur de hausse est l'augmentation des « quotas de production » par région et par producteur, étant passé à 240 000 tonnes d'OTR, contre 210 000 tonnes l'année précédente.

En termes d'opérations minières, les États-Unis sont aujourd'hui le deuxième producteur mondial avec la reprise de la mine de Mountain Pass en Californie par l'opérateur MP Materials. En 2023, 43 000 tonnes d'OTR ont été extraites, destinées à produire des concentrés de terres rares, exportés et revendus par le partenaire chinois Shenghe. Des extensions de capacités sont prévues, afin d'aboutir à la production d'oxydes Nd-Pr et de précurseurs d'aimants permanents sur le sol américain.

En 2023, la société australienne Lynas a eu une production totale de l'ordre de 18 000 tonnes d'OTR. Environ un quart de cette production est sous forme d'oxydes Nd-Pr à haute valeur ajoutée, en grande partie destinée à assurer la production japonaise d'aimants permanents NdFeB. De plus, Lynas a reçu une contribution de $ 258 millions du gouvernement américain pour la construction d'une usine de séparation des terres rares légères au Texas : 5 000 tonnes par an, dont 1 250 tonnes d'oxydes Nd-Pr. L'installation devrait être opérationnelle au cours de l'exercice 2026 et les sources de matières premières proviendront de la mine Mt Weld en Australie et de l'installation de traitement de Kalgoorlie avec une usine de purification en construction.

Début 2024, le quotidien économique australien *Australian Financial Review* a relayé des rumeurs de discussions avancées entre les sociétés Lynas et MP Materials vers sur une potentielle fusion, dans le but de créer un seul acteur occidental à même de résister aux importants mouvements de prix observés sur le marché des terres rares et aimants permanents. Aucune déclaration publique n'a cependant eu lieu à ce jour.

Dans le reste du monde, des productions modestes peuvent être mentionnées, notamment en Thaïlande (environ 7 000 tonnes d'OTR selon l'USGS), en Russie, où la société Solikamsk produit 2 600 tonnes d'OTR sous forme de concentrés de terres rares. D'autres productions mineures ont lieu au Burundi (Rainbow Rare Earths), au Brésil (CBMM), en Inde (Indian Rare Earths Ltd.) ou encore au Vietnam.

Le 21 décembre 2023, la Chine, par l'intermédiaire du ministère du Commerce (MOFCOM), a modifié son « Catalogue des technologies interdites ou restreintes à l'exportation ». Les technologies de fabrication d'aimants samarium-cobalt [SmCo], néodyme-fer-bore [NdFeB] et d'aimants en cérium ont ainsi été ajoutées au dit « catalogue ». Celui-ci concernait déjà certaines technologies d'extraction, de séparation et de fabrication d'alliages à base de terres rares. À ce stade, il s'agit d'une proposition, qui pourrait devenir force de loi au cours de l'année 2024. Les principales cibles seraient les projets industriels occidentaux dépendant d'équipements fabriqués en Chine, qui devraient, le cas échéant, trouver rapidement des solutions alternatives. En interdisant les fabricants chinois d'aimants d'investir à l'étranger, la mesure vise à freiner le développement d'un marché et d'acteurs de ces technologies d'aimants, notamment en Europe et aux États-Unis qui sont relativement actifs sur ce sujet ces dernières années.

Par ces mesures, la Chine continue de contrôler ses exportations, mais aussi d'améliorer les conditions de production des terres rares en général autour de deux grands pôles dans le sud et le nord du pays. Outre la production minière, le pays est responsable de plus des 4/5 [e] du raffinage mondial de ces éléments et vise à être incontournable sur la capacité à répondre à la demande mondiale d'aimants permanents sur la période 2025-2030 et au-delà. La progression des capacités chinoises de production d'aimants permanents (NdFeB et SmCo) est fulgurante avec une production estimée à 195 000 tonnes en 2021, contre 165 000 tonnes en 2018, et seulement 83 000 tonnes en 2010, d'après les sources Argus Media et Adamas Intelligence. Cette industrie compte trois principaux centres de production dans les provinces de Zhejiang (ville de Ningbo), de Shanxi et Pékin.

Dans le reste du monde, les initiatives pour réduire la dépendance à la Chine se poursuivent, avec quelques exemples ci-dessous.

En Suède, la compagnie LKAB a publié, en janvier 2023, des ressources en terres rares de 1 Mt d'OTR, associés au gisement de Kiruna. Ce dernier est un gisement ferrifère exploité depuis plus d'un siècle, où les terres rares sont portées par l'apatite, un minéral phosphaté. LKAB a étudié depuis 2018 le potentiel d'industrialisation de leur technologie brevetée CLEANMAP pour extraire les phosphates et les terres rares des résidus miniers de l'exploitation du fer. Les études préliminaires prévoient un circuit industriel en deux phases : la production de concentré d'apatite dans des installations directement adjacentes à la production de minerai de fer existante à Malmberget et Kiruna. Le concentré sera ensuite acheminé par chemin de fer vers un parc industriel situé sur la côte (Luleå ou Skellefteå – localisation définitive à l'étude) pour réaliser la dissolution de l'apatite et extraire le phosphore et les OTR. La production devrait débuter en 2027. Il est, à ce stade, envisagé une production de l'ordre de 10 000 tonnes à 15 000 tonnes par an d'OTR sur une vingtaine, voire une trentaine d'années. Plusieurs études économiques sont encore nécessaires pour préciser ces chiffres, ainsi que celui de l'enrichissement en Nd-Pr.

En Pologne, le groupe Azoty Pulawy, acteur majeur des produits chimiques, s'est associé à Talaxis limited, qui développe un projet minier au Malawi avec l'entreprise canadienne Mkango Resources pour la construction d'une installation de traitement des TR (purification et séparation) sur le sol polonais.

En Norvège, l'entreprise Yara étudie la possibilité de récupérer des TR à partir de l'exploitation d'engrais phosphatés.

L'entreprise britannique Rainbow Rare Earths, produisant au Burundi des concentrés de TR, développe également le projet Phalaborwa en Afrique du Sud, avec la production en 2023 de quelques kilos de carbonates de terres rares, ensuite envoyés en Floride chez le partenaire K-Technologies, pour la séparation des TR magnétiques (Nd, Pr, Dy, Tb) dans une usine pilote.

Enfin, au Brésil, l'entreprise Serra Verde a débuté la production commerciale du gisement de Pela Ema, situé à Minaçu dans l'État de Goiás. Le minerai est un type d'argiles ioniques contenant des teneurs intéressantes en terres rares lourdes (Tb et Dy). La phase I a démarré début 2024, produisant un concentré mixte de terres rares. La montée en puissance prévoit 5 000 tonnes par an d'équivalents d'oxydes de terres rares. La séparation n'aura pas lieu au Brésil, mais une grande partie de la production est déjà sécurisée par des accords commerciaux avec des raffineurs à travers le monde.

L'Union européenne se distingue également par un fort accent mis sur la valorisation des ressources secondaires (résidus miniers et recyclage en fin de vie des aimants permanents), avec la création d'un *cluster* dédié au sein de l'ERMA (*European Raw Materials Alliance*) visant à consolider les acteurs du secteur et à faire émerger une ou des filières européennes de production d'aimants permanents NdFeB.

En France, plusieurs projets industriels visent actuellement le recyclage d'aimants permanents à TR :

– Celui porté par la société Carester. Un démonstrateur industriel appelé CAREMAG sera implanté à Lacq à l'horizon 2024. L'objectif est de traiter 1 000 tonnes d'aimants NdFeB en fin de vie par an, de tous types, pour produire des oxydes de TR purs, notamment des TR lourdes. À terme, le principal marché ciblé est celui de l'automobile.

– Celui porté par la société MagREEsources, ayant un objectif spécifique de refabrication d'aimants frittés de haute performance, reposant sur des sources d'aimants en fin de vie bien identifiées et de compositions connues et stables, comme, par exemple, les aimants des éoliennes en mer.

– Celui du groupe Solvay, ayant annoncé en septembre 2022 étendre ses activités sur la chaîne de valeur des aimants permanents Nd-Fe-B, notamment leur recyclage, à La Rochelle.

– Celui piloté par Orano, le projet MAGNOLIA, ayant pour ambition de structurer un outil industriel de fabrication d'aimants permanents haute-performance.

Titane (Ti)

Le titane est un métal léger, abondant dans l'écorce terrestre, aux excellentes propriétés mécaniques, résistant à la corrosion et biocompatible, ce qui en fait un métal de choix pour de nombreuses applications. Près de 90 % du minerai de titane est utilisé sous la forme de dioxyde de titane (TiO_2) en tant que pigment. Il entre notamment dans la composition de certaines peintures, matières plastiques, papiers et caoutchoucs. Seule une petite partie du flux est utilisée pour la production du titane métal (de l'ordre de 6 à 7 % de la production mondiale), après avoir été transformée en éponge de titane au préalable par le biais de divers procédés incluant une réduction par réaction avec du sodium ou du magnésium (procédé *Kroll*, le plus courant). En 2019, l'aéronautique représentait environ 45 % du marché du titane métal, le secteur industriel 40 %, les applications militaires 8,5 % et les biens de consommation 6,5 %. La part du secteur aéronautique est plus élevée en Europe et aux États-Unis.

Les réserves de titane sont considérables. Elles sont estimées à 750 Mt (exprimées en contenu TiO_2) par l'USGS, soit environ 80 ans de production au rythme actuel. Les productions mondiales d'ilménite ($FeTiO_3$) et de rutile (TiO_2), les deux principaux minerais de titane, atteignaient respectivement 8,6 Mt et 0,6 Mt en 2023, selon l'USGS.

La production de dioxyde de titane découle principalement de ces deux minéraux, ainsi que – dans une bien moindre proportion – de celles de rutiles synthétiques. Les capacités de production de pigments de dioxyde de titane sont évaluées en 2023 par l'USGS à 9,8 Mt. Concernant les éponges de titane, si les capacités sont estimées à 410 000 tonnes, la production mondiale n'est, quant à elle, estimée qu'à 300 000 tonnes.

La Chine accroît progressivement sa domination sur le marché. Sa production d'éponges de titane est passée de 85 000 tonnes en 2019 à 220 000 tonnes en 2023, soit 67 % de la production mondiale, toujours d'après les estimations de l'USGS. Néanmoins, aucun producteur chinois n'est aujourd'hui certifié pour la fabrication des pièces aéronautiques les plus critiques, qui représentent pourtant une importante part de la demande mondiale de titane métal. Derrière la Chine, le Japon (18 % de la production), la Russie (6 %) et le Kazakhstan (4 %) constituent les autres principaux producteurs d'éponges qui sont, elles, toutes certifiées de qualité aéronautique, tout comme celles produites par l'Arabie saoudite dont la nouvelle usine installée en 2019 aurait produit 12 000 tonnes d'éponges en 2023, soit 3,5 % du total mondial. La production ukrainienne d'éponges, qui atteignait 6 100 tonnes en 2021, est désormais nulle, et il est difficile de connaître l'état des installations.

N'ayant pas de cotation sur les marchés boursiers, les prix sont établis par négociation directe de contrats entre producteurs et transformateurs ou utilisateurs. Depuis 2017, le prix moyen de l'éponge de titane de qualité *TG-Tv*, contenant au minimum 97,75 % de titane, fluctuait entre $ 5,5/kg et $ 8,5/kg sur le marché *spot*. Il s'est brusquement envolé à $ 17,25/kg en mars 2022, en raison des soudaines tensions sur les marchés dans le sillage du conflit opposant la Russie à l'Ukraine, deux importants producteurs d'éponges de titane. Les prix sont progressivement redescendus à leur niveau d'origine au cours de l'année 2022, terminant à $ 7/kg. Cette baisse s'est confirmée au cours de l'année 2023 ($ 6/kg). Les prix du titane certifié aéronautique, probablement beaucoup plus élevés, ne sont pas disponibles et dépendent des contrats passés entre les acteurs. Le marché des *scraps* (déchets et copeaux), qui représentent des sources importantes de matières premières dans la transformation d'éponges de titane en lingots, était toujours sous tension fin 2023, tout particulièrement en Europe.

La croissance de l'aéronautique civile et de l'industrie militaire, ainsi que dans une moindre mesure le secteur énergétique (nucléaire, hydrogène, géothermie), devraient continuer de soutenir la demande en titane métal dans les prochaines années. L'impact du Covid-19 sur l'industrie aéronautique, ayant temporairement freiné son dé-

Titane
(en milliers de tonnes)

	2018	2019	2020	2021	2022	2023
Production mondiale d'ilménite						
	6 870	**7 700**	**8 000**	**8 900**	**8 800**	**8 600**
Afrique du Sud	765	1 100	1020	900	1 100	1 000
Australie	720	840	480	600	400	400
Brésil	66	25	34	33	28	54
Canada	630	680	595	430	520	500
Chine	2 100	2 300	2800	3400	3 140	3 100
États-Unis	100	100	100	100	200	200
Inde	319	162	174	204	210	210
Kenya	272	210	201	181	190	140
Madagascar	228	280	254	414	320	320
Mozambique	575	590	965	1 100	1 400	1 600
Norvège	236	400	444	468	410	430
Sénégal	297	310	300	482	410	340
Ukraine	373	490	464	316	190	60
Vietnam	105	160	138	122	170	140
Autres pays	83	74	67	137	110	110
Production mondiale de rutile						
	594	**654**	**605**	**618**	**640**	**560**
Afrique du Sud	103	110	86	95	100	100
Australie	141	200	190	190	200	200
Inde	15	11	11	12	13	13
Kenya	90	74	73	72	73	58
Mozambique	8	6	6	8	8	9
Sénégal	9	9	9	9	9	8
Sierra Leone	114	129	114	123	130	110
Ukraine	94	94	95	95	95	50
Autres pays	21	21	13	14	10	10
Production mondiale d'éponge de titane métal						
	205	**200**	**230**	**240**	**270**	**330**
Arabie saoudite		0	3	6	10	12
Chine	75	85	123	140	180	220
États-Unis	13	13				
Inde	1	0	0	0	0	0
Japon	49	49	49	49	47	60
Kazakhstan	16	16	15	15	15	14
Russie	44	44	31	27	20	20
Ukraine	8	8	5	6	1.0	0.0

Prix de l'éponge de titane métal
Marché libre européen
(en dollars/kg)

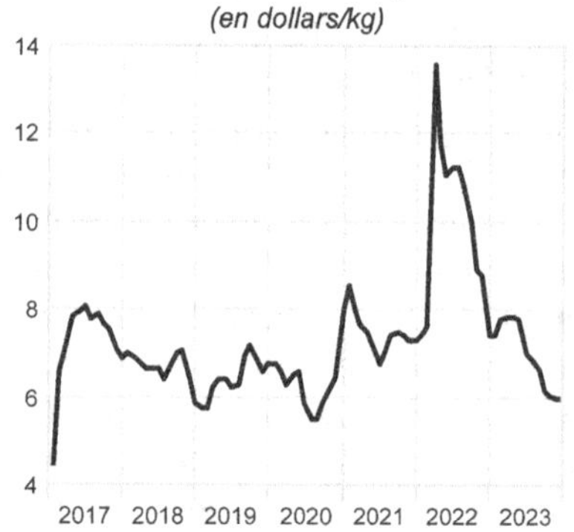

(Source : Mineral Commodity Summaries)

veloppement, appartient désormais au passé. En 1960, le Boeing 727 contenait à peine 1 % en poids de titane. Aujourd'hui, le Boeing 787 Dreamliner en contient 14 %, l'Airbus A350, 13 % et le futur Boeing 777X en contiendra 15 %, contribuant ainsi à tirer les besoins du métal vers le haut. Les tensions entre l'offre de titane de qualité aéronautique et la croissance soutenue de la demande pourraient, à terme, mettre à l'épreuve les filières d'approvisionnement de titane, notamment celles à destination de l'Europe dans un contexte marqué par une possible diminution ou rupture des approvisionnements russes à court ou moyen terme.

Les alliages aluminium-scandium, bonne solution de substitution, qui dépendent toutefois d'une production future de scandium en quantité suffisante et d'un prix abordable (voir la section consacrée au scandium), pourraient le cas échéant contribuer à limiter les besoins. De même, le développement de la fabrication additive qui permet des gains considérables d'efficience dans l'usinage du titane par rapport aux techniques d'usinage classique, qui génèrent des chutes de production pouvant atteindre 70 % du poids du titane à mettre en œuvre pour obtenir une pièce déterminée. Les techniques d'usinage classique génèrent des chutes de production pouvant atteindre jusque 70 % du poids du titane à mettre en œuvre pour obtenir une pièce déterminée. La fabrication additive, en plein développement aujourd'hui, est une technique qui permettra de consommer beaucoup moins de matière que les méthodes classiques et limitera donc aussi les besoins. Le recyclage des *scraps* d'usinage fait par ailleurs l'objet d'un intérêt croissant de la part des industriels. En avril 2023, Airbus, Safran et Tikehau Capital ont acquis la société Aubert & Duval qui comprend l'usine de recyclage du titane Ecotitanium, située à Saint-Georges de Mons dans le Puy-de-Dôme. Ce rachat dote l'industrie aéronautique d'une capacité autonome de production en développant des alliages de titane TA6V à partir de chutes et de copeaux issus du façonnage des pièces par les constructeurs et sous-traitants du secteur.

Concernant les pigments, principal débouché des minéraux titanifères, les prix du dioxyde de titane sont globalement restés stables au cours de l'année 2023, malgré une demande du secteur alimentaire qui pourrait prochainement connaître un reflux puisque les industriels cherchent, pour des raisons sanitaires, à remplacer le dioxyde de titane par d'autres additifs. L'entreprise métallurgiste et minière française Eramet exploite toujours le gisement Grande Côte Opérations (GCO) au Sénégal. En revanche, l'entreprise a vendu, en septembre 2023, sa filiale norvégienne ETI et l'usine de transformation d'ilménite en laitier de dioxyde de titane au groupe britannique *Ineos Enterprises*.

Tungstène (W)

Le tungstène pur se caractérise par le plus haut point de fusion connu (3 422 °C), sa dureté exceptionnelle et sa très grande densité (19,25), équivalente à celle de l'or. Les carbures cémentés sont l'usage le plus courant, représentant entre 59 et 66 % de la demande selon les sources. Les carbures cémentés (le carbure de tungstène-cobalt, par exemple) sont des matériaux très durs, très résistants et réfractaires. Ils sont indispensables pour la production d'outils de découpe ou de forage lorsque les matériaux à traiter sont très résistants (aéronautique, automobile, industrie minière et pétrolière) ou lorsque les outils sont de très petite taille (électronique). Les aciers et alliages au tungstène représentent entre 13 et 20 % de la demande mondiale. Là aussi, le tungstène intervient comme agent résistant à la chaleur, à la corrosion et à la fatigue (installations *offshore*, traitement des eaux usées, systèmes de désalinisation de l'eau de mer, etc.). Le tungstène est également très utilisé dans les superalliages (parties chaudes des turboréacteurs en aéronautique et aérospatiale ou pour les turbines à gaz dans la production d'électricité). Environ 12 % de la demande en tungstène est sous forme de métal pur, dont une application phare a été les filaments des ampoules à incandescence. Cet usage ne représente plus que quelques pour cent de la consommation mondiale et est en constante diminution, au profit des diodes électroluminescentes, dites « LED ». Les autres usages de tungstène métal comprennent les électrodes des lampes à décharge luminescente haute et basse pression, certains contacts électriques et électroniques, des anodes dans les tubes à rayons X pour l'imagerie médicale et l'imagerie de sécurité dans les aéroports notamment, les résistances chauffantes de fours industriels de haute température, ainsi que la recherche pour la fusion thermonucléaire civile. Le projet ITER prévoit ainsi d'utiliser du tungstène dans la composition du « *divertor* » qui constitue le « plancher » du réacteur. Les 9 % restants de la consommation de tungstène à l'échelle mondiale sont sous forme de composés chimiques, que l'on retrouve essentiellement dans les catalyseurs et pigments.

En 2023, la production mondiale de tungstène était de 78 000 tonnes (en W contenu). Elle a légèrement reculé par rapport à 2022, selon les chiffres de l'USGS, tout comme la consommation qui majoritairement chinoise. Ce repli est probablement à mettre en lien avec le ralentissement économique dans le pays. La Chine représente toujours plus de 80 % de la production mondiale, assurée en majorité par le producteur étatique China MinMetals. À l'instar d'autres productions minières, comme celle

Tungstène
(en tonnes de métal contenu dans la production minière)

	2018	2019	2020	2021	2022	2023
Production mondiale (arrondi)						
	81 100	**83 800**	**78 400**	**83 800**	**79 800**	**78 000**
Australie					200	800
Autriche	936	892	890	900	910	910
Bolivie	1 370	1 060	1 350	1 563	1 360	1 500
Chine	65 000	69 000	66 000	71 000	66 000	63 000
Corée du Nord	1 410	1 130	410		1 520	1 700
Espagne	750	603	500	400	800	1 500
Mongolie	1 940	1 900				
Portugal	715	518	550	502	500	500
Russie	1 500	2 200	2 400	2 300	2 000	2 000
Rwanda	920	900	860	1 340	1 400	1 400
Vietnam	4 800	4 500	4 500	4 800	4 000	3 500
Autres pays	900	1 070	960	973	1 080	1 100

Prix du tungstène
Marché libre européen
(en dollars/kg)

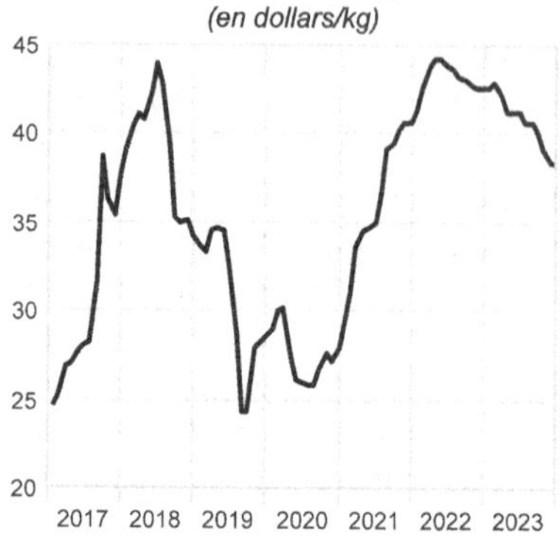

(Source : Mineral Commodity Summaries)

des terres rares, la production chinoise de tungstène est réglementée depuis 2015 par le gouvernement central sous forme de quotas d'extraction. Pour 2023, ils étaient de 111 000 tonnes (exprimées en concentrés contenant 65 % WO_3) pour l'extraction primaire, en augmentation par rapport à 2022. Le Vietnam, à la deuxième place, ne concentre plus que 4,5 % de la production mondiale, soit environ 3 500 tonnes, majoritairement *via* la mine de Nui Phao exploitée par la compagnie australienne Masan High-Tech Materials.

À l'instar de nombreux autres petits métaux, les prix du tungstène ne sont pas déterminés sur les marchés boursiers. Ils sont établis après négociations entre producteurs et utilisateurs en fonction du produit et de sa qualité. Le principal produit internationalement commercialisé est le paratungstate d'ammonium (APT), à la base de la production de poudre de tungstène, l'essentiel de la mise en œuvre de ce métal à l'échelle industrielle se faisant par métallurgie des poudres. Les prix de l'APT ont reculé en 2023, chutant de 5,6 % en un an, passant d'une moyenne de $ 43,15/kg WO_3 en 2022 à $ 40,74/kg WO_3. La continuité du conflit entre la Russie et l'Ukraine entraîne toujours une forte demande de tungstène aussi bien pour les munitions que pour les investissements matériels militaires divers, conséquences du réarmement des nations occidentales à l'échelle mondiale. Dans le contexte de ses dons d'armement à l'Ukraine, il est à noter que les États-Unis ont remplacé les blindages de ses tanks «Abrams» destinés à l'export habituellement constitué d'uranium appauvri par des alliages à base de tungstène. L'USGS indique également des stocks gouvernementaux aux États-Unis de 1 130 tonnes de minerais et concentrés, et prévoirait l'acquisition et le stockage de 266 tonnes de tungstène métal.

Les réserves minières de tungstène sont estimées par l'USGS à 4,4 Mt, dont 52 % en Chine. Un certain dynamisme est à noter quant à leur renouvellement. Le consultant Roskill identifie ainsi quatorze projets au stade de développement à l'horizon 2028. Le projet le plus avancé, la mine de Sangdong en Corée du Sud, est toujours en cours de construction par Almonty. Avec un début de la production annoncée pour fin 2024, les dernières opérations en date sont les travaux de terrassement pour l'installation de l'usine ainsi que la réception des premières machines. D'autres gisements de grandes tailles sont toujours à l'étude ou mis provisoirement «sous cocon» en 2023, essentiellement en Chine ainsi qu'en Australie et au Canada. Concernant le gisement de tungstène de Bakuta au Kazakhstan, l'un des dix plus importants au monde, la construction de la mine est désormais finalisée et le début de la production est prévu pour 2024. En Europe, la mine de La Parilla en Espagne semble toujours à l'arrêt. Dans ce même pays, Saloro-Barruecopardo – avec une production mensuelle de 140 tonnes de tungstène – a été rachetée par l'entreprise australienne EQ Resources. La mine de Santa Comba (société Pivotal Metals, ex-Rafaella Resources) est, elle, à l'arrêt à la suite de l'annulation de sa concession minière courant 2023. La société compte faire appel de cette décision auprès de la Cour supérieure de justice de Galice. D'autres projets sont toujours à l'étude, dont la mine d'Hemerdon (ex-Drakelands) au Royaume-Uni. La société Tungsten West continue ses investissements et espère publier une nouvelle étude de faisabilité courant 2024 débouchant sur une réouverture de la mine en 2025.

Le recyclage du tungstène dépend des filières, certaines étant particulièrement efficaces (pour certains carbures de tungstène et superalliages en fin de vie). La substitution du tungstène est généralement possible dans ces deux principaux usages, notamment par des carbures au titane (TiC) ou au tantale (TaC), sur des critères de performance et de prix.

Les perspectives de croissance de la demande à moyen terme sont fortement corrélées aux dynamiques industrielles mondiales, en particulier des secteurs minier, pétrolier, aéronautique et aérospatial, étant donné l'importance des carbures de tungstène dans les outils de découpe et de forage. Roskill anticipe ainsi une croissance annuelle moyenne de 1,2 % d'ici à 2030. Toutefois, la substitution des superalliages par l'aluminure de titane en aéronautique et, à terme, par les céramiques à matrice composite pourrait conduire à une réduction progressive de la demande provenant de ce secteur. Certains consultants envisagent même une diminution de la consommation de tungstène dans l'industrie automobile, grâce à la simplification du groupe motopropulseur, en lien avec la transition des véhicules thermiques vers les véhicules électriques. En revanche, les travaux de R&D de la société Nyobolt permettent d'entrevoir l'utilisation d'alliages de tungstène dans la composition des anodes des batteries au lithium, avec l'objectif d'en améliorer la vitesse de charge et la durabilité.

Vanadium (V)

Le vanadium est un métal ductile, à point de fusion élevé (1 910 °C), et possédant quatre états d'oxydation, ce qui lui confère des propriétés très intéressantes dans plusieurs de ses applications. La principale utilisation du vanadium est dans la production d'aciers microalliés à haute limite d'élasticité (aciers HSLA – *High Strength Low Alloyed*). Les applications dans la production de divers types d'aciers représentent environ 90 % de la consommation mondiale, dont environ 45 % pour les aciers HSLA. Dans les applications hors industrie sidérurgique, on trouve la fabrication d'alliages de titane et d'aluminium (4,5 %), la chimie (3,5 %) avec la fabrication d'acide sulfurique, d'anhydride maléique et de caoutchouc synthétique, et enfin les batteries à flux redox (1 %).

Le vanadium est commercialisé sous deux formes principales : d'une part, le ferrovanadium, un alliage utilisé pour la production d'aciers spéciaux tels que les aciers inoxydables durs et résistants pour les couteaux ou les instruments chirurgicaux, les essieux, les engrenages pour voitures, les pièces de moteurs à réaction, ou encore des tubes spéciaux pour l'industrie chimique ; d'autre part, sous forme de pentoxyde de vanadium (V_2O_5), utilisé comme précurseur pour le ferrovanadium, mais également comme pigment jaune pour les céramiques et le verre, comme catalyseur dans certaines réactions chimiques, dont la production de l'acide sulfurique, et dans la fabrication d'aimants supraconducteurs, ainsi que pour l'électrolyte des batteries à flux redox (aussi appelées VRB).

Les batteries VRB présentent des caractéristiques prometteuses pour le stockage stationnaire d'énergie (notamment issue de sources intermittentes, éoliennes ou solaires), bien que ne représentant que 2 % de la demande ces dernières années. Leur fonctionnement utiliserait environ 7 kg de pentoxyde de vanadium par kilowatt-heure d'énergie stockée. Elles fonctionnent par oxydoréduction, mettant à profit les quatre différents degrés d'oxydation du vanadium au sein de l'électrolyte. Or, la technologie VRB a connu des revers ces dernières années, notamment du fait du trop fort impact de la volatilité des prix du vanadium sur la rentabilité des projets. Ainsi, l'un des principaux projets à grande échelle en Chine, Rongke Power, a rapidement été stoppé après la flambée des prix de fin 2018, car les coûts de l'électrolyte au vanadium s'avéraient prohibitifs. Malgré ces difficultés, l'installation de cette batterie « géante » a été finalisée courant 2022 avec un raccordement

Vanadium
(en tonnes de métal contenu dans la production minière)

	2018	2019	2020	2021	2022	2023
Production minière	**71 200**	**86 800**	**105 000**	**105 000**	**102 000**	**100 000**
Afrique du Sud	7 700	8 030	8 580	8 800	8 870	9 100
Brésil	5 500	5 940	6 620	5 780	5 840	6 400
Chine	40 000	54 000	70 000	70 300	66 900	68 000
États-Unis		460	17			
Russie	18 000	18 400	19 500	20 100	20 000	20 000

Prix du vanadium pentoxide Caf Europe
(en dollars/kg)

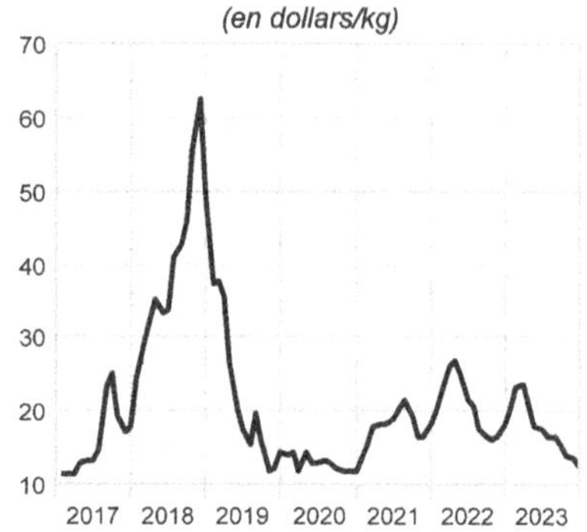

(Source : Mineral Commodity Summaries)

sur le réseau électrique de la ville de Dalian. Cependant, les progrès en termes de recyclage et les réflexions sur les chaînes d'approvisionnement intégrées devraient permettre d'améliorer l'économie et la durabilité de cette forme de stockage.

Sous forme de ferrovanadium, le vanadium est l'un des additifs les plus rentables dans les alliages d'acier en raison des très faibles quantités nécessaires pour augmenter considérablement la limite élastique et la résistance à la traction. Il suffit, en effet, de l'ajout de 0,1 % de V à un acier pour doubler sa résistance. Le principal débouché est donc les aciers HLE (haute limite d'élasticité), particulièrement utilisés pour des aciers résistants aux chocs et aux vibrations. Le développement de ces aciers a permis, entre autres, la mise en œuvre de normes de construction plus strictes en Chine (changement des standards pour les constructions antisismiques, les fers à béton devant dorénavant être en acier HLE au vanadium). En 2020, la mise en œuvre de ces nouvelles normes de construction et le retour à la parité des prix entre le ferrovanadium et le ferroniobium (voir la section consacrée au niobium) ont fortement bénéficié, à la hausse, de la demande et l'importation de volumes substantiels de pentoxyde de vanadium par la Chine, devenant importateur net.

La production mondiale de vanadium s'est élevée à 100 000 tonnes de vanadium contenu en 2023 (2 % de moins qu'en 2022), selon l'USGS. Elle émane de trois sources : la production primaire, la coproduction (désignant ici la récupération de vanadium à partir de laitiers d'aciérie) et la production secondaire. Celle à partir de sources primaires ne représente que 20 % du vanadium produit. Elle est issue principalement de titanomagnétites vanadifères avec des minerais dont la teneur en oxyde de vanadium est comprise entre 1 % et 3 %. La coproduction de vanadium à partir de laitiers d'aciérie constitue 72 % de la production mondiale, tandis que les 12 % restants proviennent d'une production secondaire issue du traitement de cendres volantes, de résidus pétroliers, de scories de fonte et de catalyseurs usagés riches en vanadium. Le vanadium est caractérisé par sa forte affinité avec le carbone, ce qui explique sa concentration naturelle dans certains gisements pétroliers, de charbon, de sables bitumineux ou dans des schistes noirs riches en matière organique, ainsi que dans les résidus industriels (laitiers d'aciérie, cendres volantes, résidus pétroliers).

Trois pays représentent plus de 95 % de la production mondiale de vanadium en 2023 : la Chine (68 %), la Russie (20 %) et l'Afrique du Sud (9,1 %). Le Brésil complète le tableau avec près de 6 200 tonnes provenant de la mine de magnétite de haute qualité de Maracas, dans l'État de Bahia, exploitée par la compagnie canadienne Largo Resources.

L'industrie du vanadium chinoise est concentrée entre quelques grands groupes sidérurgiques, dont Pangang Group Vanadium Titanium & Resources Co. (17 % de la production mondiale) et Hebei Iron & Steel Group Co. La production primaire à partir de magnétite devrait également se développer avec des groupes tels que Xining Special Steel Co., Zhejiang Hailiang Co., China Vanadium Titano-Magnetite Mining Company, et Shanghai Dingli Technology Development Group. En Russie, le numéro deux mondial est Evraz PLC, avec 14 % de la production mondiale en 2021 (d'après la compagnie). En Afrique du Sud, le complexe du Bushveld est le siège de l'essentiel de la production du pays, désormais assurée par deux producteurs : Glencore, d'une part, avec la mine Rhovan et, d'autre part, la compagnie Bushveld Minerals qui ambitionne de devenir un important producteur intégré, incluant la production de batteries VRB au vanadium avec la mine et l'usine de Vametco (4 570 t/an V_2O_5), rachetée à Evraz PLC en 2017, ainsi que les projets Mokopane et Brits Vanadium. En mai 2019, la société a acquis la société Vanchem pour $ 68 millions, dans le prolongement de sa stratégie de croissance.

Selon S&P Global, le cumul des ressources et des réserves conformes aux standards internationaux atteindrait 91 Mt de vanadium. En tête de file des pays attractifs se trouve l'Australie, qui compte 22 projets actifs portant sur le vanadium et substances connexes, dont celui très avancé de Mount Peake développé par la compagnie TNG ou encore le gros projet Speewah Dome mené par la société King River Resources. De plus, Australian Vanadium Ltd. et Technology Metals Australia Ltd. ont annoncé une fusion de 217 millions de dollars australiens dans une déclaration conjointe, en septembre 2023. Cette opération consolidera le gisement de Gabanintha et son satellite Yarrabubba en un unique projet « Australian Vanadium Project », devenant ainsi l'un des dix premiers gisements mondiaux, selon les données de S&P. Le deuxième pays est la Russie avec environ 15 % des réserves et ressources en vanadium mondiales, principalement grâce au projet de Kachkanarsky GOK, exploité par Evraz PLC et Vanadium Kachkanarsky Mine Dre.

Comme de nombreux autres petits métaux, il n'y a pas de cotation publique du vanadium. Le prix est établi directement entre producteurs et utilisateurs. En 2023, les prix moyens mondiaux du vanadium et du ferrovanadium ont globalement diminué. Par exemple, le prix de fermeture moyen du ferrovanadium européen (pureté 78-82 %) a été de $ 38,8/kg en 2022, contre $ 32,7/kg en 2023, soit une baisse de 15 %. Le prix annuel du pentoxyde de vanadium européen (pureté 98 %) a, lui aussi, largement diminué, passant de $ 20,66/kg en 2022 à $ 17,69/kg en 2023, soit une diminution de 14,3 %. La hausse des prix en 2022 peut être expliquée par la reprise de l'activité chinoise avec la fin de la politique zéro-covid et les incertitudes sur l'offre de mi-février à début mars avec la perspective de sanctions économiques contre la Russie après le déclenchement de la guerre en Ukraine. Cependant, au premier trimestre 2023, la croissance économique de la Chine fut plus faible qu'espérée. De plus, l'inflation a impacté les marchés de la construction et de la production d'acier, entraînant une baisse des prix du vanadium. Seul le secteur des batteries VRB a été relativement épargné.

Les conséquences à long terme des sanctions financières imposées à la Russie ne sont pas encore totalement tangibles, mais c'est un très bon signe pour le vanadium occidental qui est *de facto* plus prisé des acheteurs et investisseurs. Par exemple, il est attendu que les États-Unis (grand importateur de ce métal critique) et certainement la Corée du Sud (un des principaux convertisseurs de pentoxyde de vanadium en ferrovanadium) constituent des stocks stratégiques face à la diminution de l'offre en vanadium et qu'ils chercheront des approvisionnements supplémentaires en dehors de la Russie. Les fabricants européens d'acier et d'électrolytes pour batteries ont, par ailleurs, manifesté un vif intérêt pour le projet de récupération du vanadium de Neometals en Finlande. L'opération permettra de récupérer du pentoxyde de vanadium de haute pureté à partir de scories issues de la sidérurgie de SSAB en Scandinavie. Toujours en Europe, l'actualité 2023 comprend la découverte du gisement de phosphate-vanadium-titane (P-V-Ti) de Bjerkreim-Sokndal, en Norvège, par Norge Mining, mais aussi la sélection du projet Mustaavara en Finlande, détenu par Strategic Resources, dans le cadre du projet de recherche européen Avantis traitant de l'exploitation des gisements de Ti-V à basse teneur.

Le marché devrait se diversifier à l'horizon 2024-2025 avec l'hypothétique mise en production des projets australiens. Environ 90 % du vanadium est actuellement utilisé comme agent de renforcement dans l'acier, mais la demande de batteries à flux redox au vanadium (VRFB) devrait être multipliée par huit d'ici 2030 par rapport à 2022, selon le cabinet de conseil américain en vanadium. Les sources secondaires – en particulier par récupération du vanadium contenu dans les aciers rapides, les superalliages et les catalyseurs usés de l'industrie du pétrole – représentent des voies très intéressantes de diversification des approvisionnements pour les pays consommateurs. Ce recyclage représente aujourd'hui environ 10 % de la consommation, mais l'on peut s'attendre à une augmentation progressive de ces capacités de récupération, notamment aux États-Unis ou encore en Arabie saoudite.

Zirconium (Zr)

Le zirconium est un élément relativement abondant dans la croûte terrestre avec une concentration moyenne de 0,03 %, deux fois plus importante que celle du zinc et quatre fois plus importante que celle du cuivre. Le zirconium est principalement issu du minéral zircon, un silicate de zirconium ($ZrSiO_4$), qui est le plus souvent utilisé sous forme broyée. Seulement 3 % des zircons récupérés vont servir à la production de zirconium métal.

Selon les données de la société *Iluka*, la demande mondiale en zircon s'élève à environ 1 Mt par an. Les principaux usages du zircon sont pour la production de céramiques (47 %), de produits chimiques et de zircone (21 %), de matériaux réfractaires (17 %), de sables de fonderies (12 %) et pour celle d'éponges de zirconium métal (3 %). La zircone (*zirconia* en anglo-saxon) est un oxyde de zirconium (ZrO_2). Elle est utilisée dans de nombreuses applications comme les réfractaires, les abrasifs et les supports de catalyseurs, ainsi que pour la joaillerie, les cristaux transparents de zircone pouvant être taillés de manière à évoquer le diamant, dont les propriétés optiques remarquables s'en rapprochent.

L'élaboration du zirconium métal à partir du zircon ou de la zircone ne représente donc que 3 % de la consommation mondiale de zircon ; elle est cependant un secteur à haute valeur ajoutée. Le zirconium métal est utilisé pour plus de deux tiers dans l'industrie nucléaire, vu son excellente transparence aux neutrons. Il peut être utilisé sous forme d'alliages *Zircalloy 1*, *Zircalloy 2* ou *Zircalloy 4*. Ces derniers servent de gaines isolantes autour de l'uranium enrichi dans les réacteurs nucléaires. Ces alliages contiennent différents métaux, incluant le hafnium, dont il faut limiter les quantités, car celui-ci a des propriétés inverses au zirconium quant à l'absorption des neutrons. En plus du secteur nucléaire, le zirconium métal est utilisé sous forme d'alliages et superalliages pour l'industrie chimique et l'aéronautique.

Selon TZMI (*Titanium Zirconium Minerals International*), la demande en zircon devrait afficher une hausse d'environ 3 % par an, d'ici 2030. Celle-ci est portée principalement par la consommation du secteur de la céramique pour les produits sanitaires. L'urbanisation massive en Inde devrait également tirer la consommation de zircon vers le haut. Concernant la demande pour le zirconium métal, elle est corrélée à l'industrie du nucléaire. Selon l'AIEA (*Agence internationale de l'énergie atomique*), le parc nucléaire mondial comptait en 2023 plus de quatre cents réacteurs répartis dans une trentaine de pays. Plusieurs centrales sont actuellement en construction (environ une soixantaine), notamment en Chine, et de nombreux pays européens ont récemment annoncé la relance de leurs investissements dans la filière, dont la France, la Suède, la Pologne ou encore la Slovénie, augurant ainsi une croissance soutenue de la demande à un proche horizon.

Selon les données préliminaires de l'USGS, la production de concentrés de zircon est estimée à 1,6 Mt en 2023, un chiffre supérieur à ceux des trois années écoulées et dépassant même son niveau prépandémique. Cinq pays représentent plus des trois quarts de la production mondiale de zircon, à savoir : l'Australie avec 31 % de la production mondiale (500 000 tonnes), l'Afrique du Sud, 25 % (400 000 tonnes), la Chine avec 9 % (140 000 tonnes), ainsi que le Mozambique et l'Indonésie, à 6 % (90 000 tonnes) chacun. L'USGS évaluait à 74 Mt les réserves mondiales d'oxyde de zirconium en 2023, en hausse par rapport à l'année précédente (68 Mt), dont 74 % en Australie et 8 % en Afrique du Sud.

En raison de sa forte densité (entre 3,9 et 4,8 g/cm^3), le zircon se concentre dans des sables de type placers. Il est souvent associé à d'autres minéraux lourds, comme le rutile, le leucoxène et l'ilménite (minerais de titane), la magnétite (minerai de fer) ou la monazite (minerai de terres rares). La plupart des compagnies exploitent et produisent sur place un concentré sableux riche en oxyde de zirconium. Ce concentré est soit utilisé directement dans certains usages, soit transformé en zircone ou en composés chimiques pour d'autres usages.

Le zirconium métal est élaboré par une série d'étapes comprenant la carbochloration à partir soit de zircone, soit du zircon, puis par réduction des chlorures *via* le procédé *Kroll*, similaire à celui utilisé pour la production d'éponges de titane. Les éponges de zirconium métal obtenues contiennent jusqu'à 5 % d'hafnium. Dans le cas où le métal est utilisé pour l'industrie nucléaire, d'autres traitements complexes et très coûteux doivent avoir lieu pour séparer le zirconium du hafnium.

Du fait de l'opacité du marché, il est très difficile de trouver des chiffres fiables et récents. Selon la *Minor Metals Trade Association* (MMTA), la production de zirconium métal était estimée en 2012 à environ 7 000 tonnes, dont 3 000 tonnes pour les États-Unis, 1 800 tonnes pour la France, 1 000 tonnes pour la Russie, 800 tonnes pour la Chine et 400 tonnes pour l'Inde. En France, les éponges de zirconium sont produites à partir de zircone sur le site de Jarrie situé à proximité de Grenoble (Isère), par la société Framatome, filiale d'EDF. Ces éponges sont ensuite livrées à l'usine d'Ugine pour y être transformées en alliages sous différentes formes utilisées dans différents secteurs, dont l'industrie nucléaire.

Le zirconium métal est recyclé à travers les déchets issus de la fabrication des éponges de zirconium. Dans les autres usages, en raison de leur nature dispersive, le zirconium n'est presque pas recyclé.

Du fait de son prix relativement élevé, les industriels ont développé des substituts à l'usage du zirconium, entraînant toutefois souvent des baisses de performance. Le zircon peut être remplacé par de la chromite ou de l'olivine dans les fonderies, du spinelle et de la dolomite dans les réfractaires, du niobium, du tantale et de l'acier inoxydable dans l'industrie nucléaire.

Les prix du zirconium sont établis par négociation entre producteurs et utilisateurs. Le prix moyen de l'éponge de zirconium (teneur de 99,4 % et contenant du hafnium) a légèrement baissé au cours de l'année 2023, passant de $ 31/kg à $ 25,5/kg entre janvier et décembre.

Après l'augmentation des prix engendrée par la reprise économique post-pandémie et une utilisation croissante du zirconium dans les applications technologiques, le marché semble avoir retrouvé un certain équilibre. La pression de la demande devrait néanmoins se poursuivre au cours des prochaines années, tirée notamment par la Chine et la relance nucléaire en cours dans plusieurs pays. Les capacités de production du zirconium métal dans

Zirconium
(en milliers de tonnes de concentré)

	2018	2019	2020	2021	2022	2023
Production mondiale (arrondi)	**1 480**	**1 420**	**1 200**	**1 300**	**1 440**	**1 600**
Afrique du Sud	350	370	280	320	300	400
Australie	560	470	400	500	500	500
Chine	140	140	140	140	140	140
États-Unis	100	100	30	<100	100	100
Indonésie			64	55	97	90
Kenya	45	29	29		27	30
Madagascar					27	30
Mozambique	48	100	110	100	104	90
Sénégal	64	65	60	64	57	50
Sierra Leone					34	30
Autres pays	170	112	117	150	57	140

Prix de l'éponge de zirconium + Hafnium métal
(en yuans/kg)

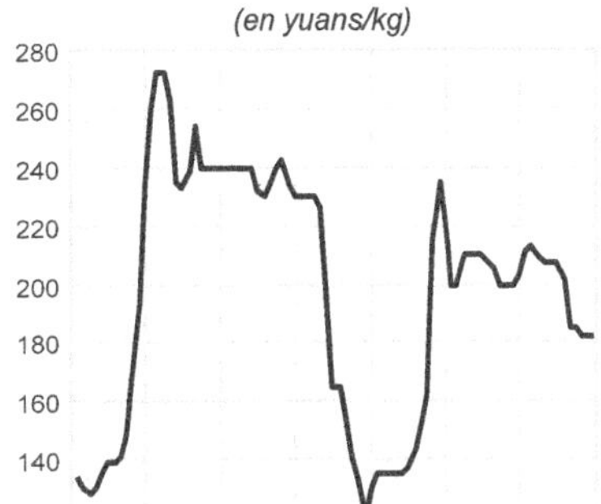

(Source : Mineral Commodity Summaries)

le monde étant mal connues, il est difficile d'estimer précisément si l'offre pourra répondre à cette augmentation de la demande. Il est en revanche peu probable que l'approvisionnement en minerai soit le point bloquant : la production de zirconium métal ne représentant que 3 % des usages du minerai, une faible réorientation des flux de minerai vers la production métal impacterait relativement peu les autres usages (on pourrait multiplier par deux la production de zirconium métal, en ne consommant qu'un équivalent de 3 % de minerai supplémentaire). Cela étant, l'offre en minerai pour le marché global pourrait stagner en raison du faible nombre de projets miniers en cours de développement et ainsi impacter les autres usages. Les projets australiens les plus avancés de Coburn mineral sands (Australie-Occidentale) et de Dubbo Ziconia Project (Nouvelle-Galles du Sud), lequel est toutefois en suspens en raison des enjeux liés à la valorisation industrielle des terres rares associées dans le gisement, pourraient permettre de produire plus de 20 000 tonnes de zircon par an. Ces volumes non négligeables seront toutefois loin d'être suffisants pour couvrir l'ensemble des besoins mondiaux, surtout qu'en parallèle, plusieurs mines voient actuellement la qualité des zircons récupérés baisser en quantité et en qualité. Ce plafonnement de l'offre pourrait ainsi amener à un déficit important sur le marché du zircon dès 2030.

Métaux précieux

Argent : *un métal industriel ?*

Si les matières premières ont toujours fait de l'importante volatilité de leurs cours une de leurs caractéristiques fondamentales, l'argent en apporta une preuve éclatante en 2023, comme en 2022. Oscillant dans une bande de fluctuation large allant de $ 20 à $ 26 durant l'année, le prix de l'once s'est fait, comme souvent, l'écho des incertitudes tant macroéconomiques que géopolitiques de notre monde. L'investissement physique s'est confirmé, tandis que la demande industrielle, portée par le secteur photovoltaïque, a fait montre d'un important dynamisme qui ne devrait guère se démentir au cours des prochaines années. Celles de la bijouterie et de l'argenterie se sont en revanche contractées, avec un net repli des importations indiennes en toile de fond. La demande pour la photographie argentique a, elle, confirmé son déclin, sans que l'on pût en être surpris tant cette désaffection technologique est structurelle, sans force de rappel. « Attendre et espérer » ? Tel était en substance, l'état d'esprit des acteurs de la filière, pour l'argent comme pour de nombreux métaux, précieux ou non.

Une volatilité persistante

En hausse d'environ 7 % entre 2022 et 2023, le cours de l'argent a également progressé entre les premiers et les derniers jours de 2023. Selon les prix de référence d'Handy & Harman, l'once s'est en effet affichée à $ 24,25 le 29 décembre 2023 contre $ 23,75 le 3 janvier de cette même année. Ces performances restaient toutefois bien relatives, ou arbitraires, en raison de la forte volatilité qui, une nouvelle fois, a accompagné la dynamique des prix de l'argent. Elle a ainsi trouvé un point bas pour 2023 dès le 8 mars, à guère plus de $ 20 l'once – toujours selon la référence d'Handy & Harman –, puis un point haut quelques semaines plus tard, le 4 mai, à près de $ 26 l'once. De pics en fugaces reflux, le métal ne s'est pas départi de cette – bien commune – instabilité sur les mois suivants, tout en bénéficiant d'une valorisation relativement élevée. Le record historique atteint en 2011 (excluant l'épisode « Hunt » de 1980), à près de $ 50, restait évidemment hors de portée, mais ce maintien au-delà du seuil de $ 20 témoignait de l'attrait manifeste pour ce métal, dans un contexte géopolitique et macroéconomique toujours ainsi incertain.

En définitive, les cours de l'argent ont connu une hausse somme toute modeste dans ce monde

Cours de l'argent

(en dollars/once troy)

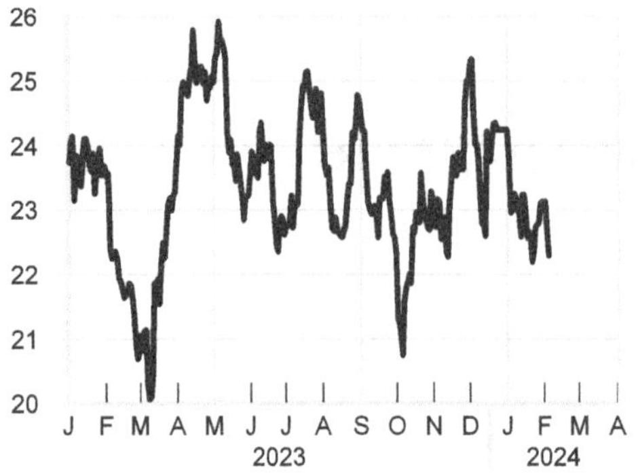

(Source : LBMA)

si particulier des métaux, et guère représentative des atermoiements du marché. Pour preuve de ces incertitudes, l'once s'est engagée sur un chemin baissier lors des deux premiers mois de 2024, avant de rebondir et de se positionner au-delà de $ 25 à la mi-mars.

Une offre physique toujours en hausse

D'après les statistiques préliminaires de l'*United States Geological Survey* (USGS) – le service géologique américain –, l'offre mondiale d'argent se serait établie à 26 000 tonnes (soit environ 835 millions d'onces) en 2023, contre 25 600 tonnes (823 millions d'onces) l'année d'avant, selon les chiffres révisés de l'institution américaine, soit une modeste hausse de 1,5 % entre 2022 et 2023, après celle de 2,4 % enregistrée entre 2020 et 2021. Une part significative de cet accroissement est venue du Mexique, plus grand pays producteur au monde, dont les volumes sont ainsi passés de 6 195 tonnes (199 millions d'onces) à 6 400 tonnes (205 millions d'onces) entre 2022 et 2023, toujours selon les chiffres provisoires de l'USGS. Les premières estimations de Metals Focus publiées par le *Silver Institute* révélaient des volumes légèrement en retrait par rapport aux statistiques précédentes, à 842,1 millions d'onces en 2023 pour l'offre minière mondiale, contre 822,4 millions d'onces un an auparavant. Elle a donc progressé, selon ces chiffres, de 2,4 % sur

Offre et demande d'argent

(en millions d'onces)

	2020	2021	2022	2023
Offre physique				
Production minière	782.2	827.6	822.4	842.1
Recyclage	166.0	175.3	180.6	181.1
Hedging net (vente)	8.5	-	5.0	-
Ventes officielles	1.2	1.5	1.7	1.7
Offre totale	**957.9**	**1 004.5**	**1 004.7**	**1 024.9**
Demande physique				
Fabrication industrielle	488.7	528.2	556.5	576.4
Photographie	26.9	27.7	27.5	26.4
Bijouterie	150.5	181.5	234.1	199.5
Argenterie	31.2	40.7	73.5	55.7
Investissement physique net	204.8	274.0	332.9	309.0
Hedging net (achat)	-	3.5	17.9	
Demande totale	**901.9**	**1 055.6**	**1 242.4**	**1 167.0**
Investissement net ETP	**331.1**	**64.9**	**-125.8**	**-30.0**

(Source : Silver Institute (Metals Focus))

la période, tandis que l'offre secondaire, issue du recyclage, passait de 180,6 millions d'onces à 181,1 millions d'onces. Poursuivant sa hausse structurelle engagée depuis plusieurs années, cette dernière a donc crû entre 2022 et 2023, mais à un taux particulièrement faible (0,3 %). En définitive, l'offre totale d'argent (production minière et recyclage) s'est portée à 1 024,9 millions en 2023, en augmentation de 2 % par rapport à 2022.

L'élévation des volumes extraits au Mexique ne pouvait guère surprendre. Premier producteur mondial, l'entreprise nationale Fresnillo (filiale du conglomérat Industrias Peñoles) a en effet vu son activité à nouveau progresser, se portant à 56,3 millions d'onces, soit une hausse de 4,7 % par rapport en 2022. La baisse des teneurs enregistrée dans les mines de San Julián (argent disséminé) et de Fresnillo a ainsi été plus que compensée par l'augmentation de l'argent récupéré dans la veine de San Julián et par la montée en puissance de celle de Juanicipio – dont elle détient 56 % du capital (le reste appartenant à MAG Silver). Son dauphin, le polonais KGHM, a également vu ses tonnages croître en 2023, s'affichant pour cette période à 1 384,9 tonnes (soit environ 44,52 millions d'onces), contre 1 366,1 tonnes l'année précédente (43,92 millions d'onces). En troisième position de ce classement mondial en 2022, Newmont, première entreprise aurifère au monde, a, pour sa part, connu une chute singulière de son offre, celle-ci tombant à 17 millions d'onces en 2023, alors qu'elle s'était portée à 30 millions en 2022. Ce terne bilan trouvait en large part son origine dans l'importante grève ayant touché du 7 juin au 17 octobre la mine mexicaine de Peñasquito que possède l'entreprise américaine. Dans une forme de chassé-croisé, le géant minier Glencore a ainsi réintégré le *triumvirat* des producteurs d'argent, malgré une nouvelle contraction de son offre en 2023, à quelque 20 millions d'onces contre 23 et 31,52 millions d'onces en 2022 et 2021, respectivement.

Une demande industrielle dynamique face au recul de la demande d'argenterie et de bijoux

Si l'offre primaire et secondaire d'argent s'est accrue en 2023, sa demande physique s'est à l'inverse repliée de 6 %, après avoir stagné entre 2021 et 2022, selon les statistiques définitives du *Silver Institute*. Le marché n'en restait pas moins dans une situation de déficit d'environ 142 millions d'onces, moindre qu'en 2022 donc, mais pouvant expliquer le maintien des cours à un niveau relativement élevé. Les usages industriels ont par ailleurs accru leur demande d'argent. Elle était tout particulièrement portée par le secteur photovoltaïque – privilégiant l'argent sous forme de poudre et de câbles – qui, assurément, offre à ce métal l'un de ses potentiels de croissance les plus importants, en raison des enjeux majeurs associés à la décarbonation des modes de génération électrique et de l'engagement financier répété des États dans ce domaine. Triplée en moins de dix ans, sa demande était, en 2023, de 161,1 millions d'onces (toujours selon les estimations du *Silver Institute*), soit près d'un tiers du total de la consommation industrielle d'argent, celle-ci ayant progressé de 4 % entre 2022 et 2023. Sur cette période, l'ensemble des besoins non industriels ont en revanche reflué. Ce n'était évidemment pas une surprise pour la photographie argentique dont le poids économique, et sa consommation de métal donc, se contracte structurellement. Elle ne représentait plus que 26,4 millions d'onces en 2023 (– 4 %).

C'est pourtant du côté de l'argenterie et de la bijouterie que les plus forts reculs ont été vus. À 55,7 et 199,5 millions d'onces, ces deux secteurs ont enregistré un repli de leur demande de respectivement 24 % et 15 % entre 2022 et 2023. Cette chute était à mettre en relation avec les importations de l'Inde (HS Code 7106 : à savoir l'argent – y compris l'argent plaqué or ou platine –, sous forme brute, semi-manufacturée ou en poudre), pays incontournable pour ces secteurs. Ayant bondi en 2021 et 2022, elles se sont en effet effondrées en 2023. Seulement 960 tonnes ont été importées entre janvier et septembre, soit huit fois moins qu'à la même période de 2022 où le pays avait, il est vrai, largement reconstitué ses stocks. Il a donc fallu attendre octobre, mois marquant le début de la saison des mariages en Inde, pour voir les importations retrouver un fort dynamisme, sans que l'atonie des mois précédents ne pût être compensée sur l'année. Si la dépréciation, engagée dès 2022, de la roupie vis-à-vis du dollar américain a pu avoir quelque effets, c'est – outre la dynamique des stocks – probablement dans la forte élastici-

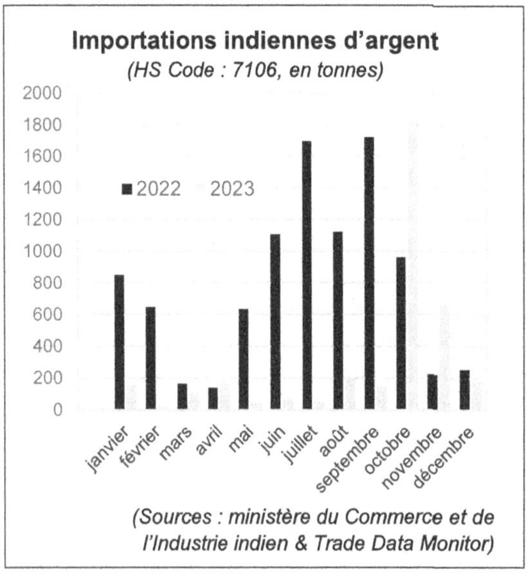

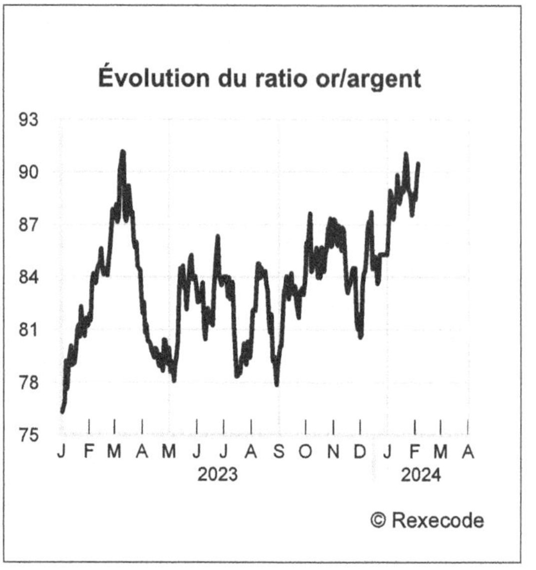

té-prix de la demande d'argent indienne que la principale explication à ce recul pouvait être trouvée. Premier importateur net – en volume comme en valeur –, les États-Unis ont, eux, vu le déficit de leur balance commerciale sur l'argent s'accroître, passant de 5 050 tonnes en 2022 à 6 055 tonnes en 2023, selon les statistiques douanières du *US Census Bureau*.

L'investissement physique en argent a, pour sa part, affiché une bonne performance, à 309 millions d'onces, en baisse comparativement à 2022, mais demeurant à un niveau bien supérieur à ceux enregistrés les années précédentes. L'investissement «papier», celui des *Exchange Traded Products* (ETP) – des fonds indiciels cotés dont la vocation est d'offrir aux souscripteurs le rendement exact d'un actif, financier ou physique –, ont, à l'inverse, désinvesti. Leur demande nette a en effet été négative (– 30 millions d'onces), cette «désaffection» s'atténuant nettement par rapport à 2022. Une part de l'intérêt que les acteurs financiers accordent aux valeurs refuges «physiques» telles que l'or ou l'argent dépend négativement du rendement des obligations d'État disposant de la meilleure notation et positivement de la relative stabilité de leurs cours. Tout comme en 2022, le prix de l'argent fut, en moyenne, bien plus instable que celui de l'or (le ratio or/argent évoluant en 2023 entre 76 et 91), ce qui a pu freiner les souscripteurs d'ETP dans leur stratégie d'achat.

Quant au dollar, il n'est pas certain qu'il eut, en 2023, un impact sur les cours de l'argent… en niveau à tout le moins, car sa volatilité, sans réelle tendance haussière ou baissière, a largement fait écho à celle du métal précieux.

Une année 2024 en repli ?

Alors que le cours de l'or a battu des records historiques, l'argent s'est contenté d'une performance comparativement bien modeste en 2023. Il y avait peut-être là une confirmation du schisme s'instaurant au sein des métaux précieux avec, d'une part, l'or et, d'autre part, l'argent et les platinoïdes dont la demande industrielle est très présente. Si l'argent ne peut que bénéficier de l'essor des panneaux photovoltaïques, il demeure aussi largement exposé aux vicissitudes des déterminants macroéconomiques et à la versatilité des investisseurs. Actant d'un niveau de prix élevé en 2023 et d'une élasticité de la demande conséquente, ce métal pourrait ainsi connaître une correction en 2024, estimée par CyclOpe à 5 %, en moyenne annuelle.

Or : *de record en record*

Il n'a pas fallu attendre longtemps pour que l'or retrouve des sommets. Après une année 2022 en demi-teinte, le métal précieux a enregistré un nouveau record en 2023 à $ 2 078,4. En moyenne, le prix de l'once s'est établi à $ 1 940,54 en 2023, soit une hausse de 8 % par rapport à 2022. Tensions géopolitiques, perspectives de baisses des taux directeurs et achats d'or par les banques centrales sont les trois tendances qui ont poussé les prix de l'or à la hausse cette année. En raison de l'escalade des tensions au Moyen-Orient, les premiers mois de 2024 ne se sont pas départis de cette dynamique impressionnante, avec une once dépassant $ 2 400 début avril.

L'année 2023 s'est terminée en feu d'artifice sur les marchés avec les perspectives de baisse des taux directeurs de la Fed. C'est dans le sillage de la réunion de novembre de la Réserve fédérale que l'once est montée jusqu'à $ 2 049 le 4 décembre. Le président de l'institution monétaire Jerome Powell a tenu un discours qui a alimenté auprès des marchés le scénario d'une baisse des taux dès le premier trimestre 2024. Le métal a poursuivi sur sa lancée pour établir un nouveau record historique en clôture à $ 2 078,4 le 28 décembre, selon les données de la *London Bullion Market Association.* Il ne tint pourtant guère longtemps, 2024 voyant les records de prix s'enchaîner dans le contexte d'une très nette aggravation des tensions entre Israël et l'Iran avec, à la clé, une once ayant dépassé $ 2400 début avril.

L'or étant un métal qui ne rapporte ni dividende ni intérêts, les prix de l'or se déterminent donc en partie par rapport au niveau des taux réels, c'est-à-dire le rendement des emprunts d'État retranché de l'inflation. Quand les taux réels montent, l'or a tendance à baisser, car il est plus intéressant pour un

investisseur de placer son argent sur des *Treasuries*, un actif jugé sûr et liquide, qui rapporte un coupon plutôt que de l'investir dans un métal sans rendement. Inversement, quand les taux réels baissent, les investisseurs se mettent à acheter de l'or.

Cette corrélation inverse entre taux réels et cours de l'or n'a toutefois pas fonctionné tout au long de l'année. Loin de là puisque l'once de métal jaune est restée à des niveaux très élevés malgré la hausse du rendement de la dette américaine et malgré le renforcement du dollar, deux valeurs refuges concurrentes de l'or.

Les observateurs du marché estiment que les tensions géopolitiques et les bruits des bottes ont été un facteur déterminant de soutien des cours de l'or. Sans le contexte international de guerre en Ukraine, de tensions entre les États-Unis et la Chine au sujet de Taïwan, le métal jaune aurait coté à des niveaux bien inférieurs.

Le niveau de tensions géopolitiques est monté d'un cran à l'automne dans le sillage de l'attaque d'Israël par le Hamas. Plus que les affrontements entre Israël et la Palestine, ce sont les risques d'extension du conflit à la région qui ont dopé les achats d'or. Le marché a notamment intégré les risques d'un conflit ouvert entre l'Iran, allié de la cause palestinienne, et les États-Unis, alliés d'Israël.

Même si le marché pétrolier semble minimiser la probabilité d'un vaste affrontement dans la région, le bruit des bottes stimule toujours les achats d'or. C'est notamment le cas auprès des particuliers, comme en témoigne le bond des transactions dans les enseignes spécialisées en France. Les achats d'or ont bondi de 30 % dans les jours qui ont suivi le 7 octobre.

Plus généralement, la demande en or a atteint un nouveau record en 2023 à 4 899 tonnes, selon les données du Conseil mondial de l'or (CMO). L'année a été marquée par une explosion des transactions de gré à gré (OTC). Même en excluant ce marché opaque, la consommation d'or est restée solide. Malgré un repli de 5 % par rapport à 2022, elle s'est établie à 4 448 tonnes. Il faut remonter à 2013 pour retrouver des niveaux supérieurs.

Comme en 2022, les achats d'or par les banques centrales ont été particulièrement importants et ont dépassé les 1 000 tonnes pour la deuxième année consécutive. Les instituts d'émission ont ajouté à leurs stocks d'or 1 037 tonnes contre 1 082 tonnes l'année précédente, d'après les chiffres du Conseil mondial de l'or. Sur les neuf premiers mois de l'année, le rythme a été inédit dans l'histoire, mais les achats ont fortement ralenti au quatrième trimestre en raison de la hausse des prix après l'attaque du Hamas sur Israël qui a fait bondir les prix et l'inflexion du discours de la Fed sur les taux directeurs.

Sans surprise, la banque centrale chinoise arrive en tête des institutions ayant acheté le plus d'or en 2023. Elle a ajouté 225 tonnes d'or à ses réserves. Il s'agit de ses achats les plus importants depuis au moins 1977, si on en croit les déclarations de l'institution. Désormais, la Banque populaire de Chine est assise sur un magot officiel de 2 235 tonnes d'or.

En deuxième position, on trouve la Pologne qui a acheté 130 tonnes sur l'année, ce qui porte ses réserves à 359 tonnes, soit une hausse de 57 % en quelques mois seulement. Depuis près d'une quinzaine d'années, les banques centrales achètent massivement de l'or. Ce phénomène touche particulièrement les institutions de pays émergents, qui cherchent à dédollariser leurs réserves.

D'après le sondage réalisé par le CMO, les banques centrales citent la performance de l'or en temps de crise et son rôle de réserve de valeur sur le long terme pour justifier leurs emplettes. Elles pensent également que les taux directeurs resteront bas encore longtemps. En 2024, les banques centrales devraient continuer à acheter de l'or, mais à un rythme moindre, autour de 500 tonnes, selon le CMO.

Du côté de l'investissement, la demande a chuté de 15 % en 2023 à 945 tonnes, au plus bas depuis dix ans, principalement en raison du désamour des investisseurs américains et européens pour les ETF-or. Les investissements sur ces instruments financiers ont chuté de 244 tonnes en 2023.

Ce net déclin a été atténué par la baisse modérée (– 3 %) sur le segment des lingots et des pièces à 1 190 tonnes. En Chine, les investissements en lingots et en pièces ont retrouvé leurs niveaux précovid. Ils ont augmenté de 28 % à 280 tonnes. L'or a été prisé des Chinois en raison de la crise immobilière et de la chute de la Bourse de Shanghai.

La consommation d'or pour la joaillerie est restée stable sur un an à 2 093 tonnes. Cette résilience s'explique par la demande exceptionnelle en Chine (+ 10 % à 630 tonnes) après la levée des

Or - Bilan mondial
(en tonnes)

	2018	2019	2020	2021	2022	2023
Offre						
Production minière	3 655	3 595	3 472	3 569	3 625	3 644
Recyclage	1 132	1 276	1 293	1 136	1 140	1 237
Offre totale	**4 775**	**4 876**	**4 726**	**4 682**	**4 752**	**4 899**
Demande						
Fabrication totale	**2 625**	**2 478**	**1 627**	**2 561**	**2 195**	**2 168**
dont Bijouterie	**2 290**	**2 152**	**1 324**	**2 231**	**2 089**	**2 093**
Applications industrielles	335	326	303	330	309	298
Pièces et lingots	1 090	871	904	1 191	1 223	1 190
Autres investissements	74	400	892	-189	-110	-244
Demande totale	**4 775**	**4 876**	**4 726**	**4 682**	**4 752**	**4 899**

(Source : World Gold Council)

restrictions sanitaires. Cela a plus que permis de compenser la baisse de la consommation en Inde, pénalisée par la hausse des prix.

Concernant l'offre, la production minière a progressé comme en 2022 de 1 %, à 3 644 tonnes. Elle reste encore inférieure au record de production établi en 2018. La part issue du recyclage a, de son côté, fortement augmenté avec un bond de 9 % à 1 237 tonnes contre 1 140 tonnes en 2022, grâce aux prix élevés dans toutes les devises. Malgré ce contexte favorable, le recyclage demeure toutefois près de 30 % inférieur aux niveaux observés entre 2009 et 2012.

Cela s'explique par le fait qu'en 2023 il n'y a pas eu de vente d'or et de bijoux en catastrophe pour répondre à des besoins immédiats, contrairement à ce qu'il s'était passé pendant la crise financière et pendant la crise de la zone euro. Les politiques budgétaires des États ont permis de préserver les entreprises et les emplois, et les subventions pour l'énergie ont amorti le choc lié à la guerre en Ukraine.

Les coûts de production, eux, ne cessent de grimper. En 2022, ils ont progressé de 5 % sur un an à $ 1 343 par once, un record historique. Cette hausse est due à l'inflation en général et dans tous les domaines. Du carburant, au matériel et à la main-d'œuvre, tous les postes de dépenses ont augmenté dans l'industrie minière.

Pourquoi les compagnies minières n'ont-elles pas profité de l'envolée des cours ?

Les valeurs minières n'ont pas brillé en Bourse contrairement aux prix du métal précieux. Le secteur n'a progressé que de 5 % alors que l'once a gagné plus de 10 %. Les titres des poids lourds, Barrick Gold et Newmont, ont respectivement fini à l'équilibre en 2023 et perdu près de 15 %. Cela s'explique d'abord par l'explosion des coûts de production, ce qui met leurs marges sous pression ; ensuite par la perte de valeur nette des actifs de ces compagnies. Faute de découvertes majeures de gisements d'or, la valeur des actifs – l'or qui reste à extraire dans leurs mines – diminue chaque année. La hausse brutale des taux d'intérêt dans le sillage du resserrement monétaire de la Fed a, par ailleurs, considérablement dégradé les conditions de financement des compagnies minières qui ont besoin de réaliser des investissements massifs et sur le long terme. Enfin, si les valeurs aurifères n'ont pas été prisées par les investisseurs, c'est parce que l'industrie traîne une mauvaise réputation écologique et sociale. Cette image est d'autant plus négative que l'or n'a pas d'application industrielle majeure pour la transition énergétique. Convenons toutefois que la « relique barbare » que méprisait Keynes fait preuve d'une remarquable résilience.

Platinoïdes : *la panne automobile*

Dans un contexte de stabilité du dollar américain, la valeur de marché des platinoïdes a nettement reculé en 2023. Avec une baisse de 6,9 % pour le platine, de 35,8 % pour le palladium et un rhodium qui a abandonné 65 %, les vents contraires ont fortement soufflé sur la famille des « métaux catalytiques ». Une conjoncture morose, notamment en Chine, une substitution de plus d'un demi-million d'onces entre le palladium et le platine dans les catalyseurs, ainsi qu'une transition vers l'automobile électrique affectant plus particulièrement le rhodium : plusieurs facteurs d'importance se sont combinés pour peser sur ce marché durant l'année, après un exercice 2022 déjà délicat. Les résultats des principaux groupes miniers ont fort logiquement été impactés par ce repli marqué des cours avec, à la clé, de nombreux investissements reportés, de potentielles fermetures de mines et des milliers d'emplois déjà condamnés. Le segment des platinoïdes a certes vu sa contribution à la performance financière des groupes diversifiés se réduire par rapport aux années antérieures, notamment en 2021, mais pour ceux étant majoritairement exposés à cette famille de métaux, les conséquences ont été particulièrement lourdes avec plus de 85 % d'effondrement du profit pour Impala Platinum sur l'ensemble de 2023 et une perte de plus de $ 2 milliards pour Sibanye-Stillwater. Sans surprise, cette situation a également affecté les principaux pays exportateurs comme l'Afrique du Sud ou le Zimbabwe dont les recettes d'exportations sont fortement tributaires des platinoïdes.

Bénéficiant d'un cours historiquement le plus stable, de la meilleure faculté de substitution dans le monde catalytique face au palladium et d'un potentiel conséquent dans le marché naissant de l'hydrogène vert, le platine pourrait tirer profit d'un déficit offre-demande pouvant s'accroître à court terme. Les anticipations pour les deux autres platinoïdes (des 3E) sont, en revanche, moins favorables, bien que la rentabilité de leur recyclage ne soit pas remise en cause… à brève échéance.

Des cours globalement en repli, une véritable chute pour le palladium et un effondrement du rhodium

Alors que le taux de change du dollar américain n'a guère varié (– 1,4 % pour l'USDX sur l'année), le cours du panier des platinoïdes 6E (incluant donc, outre le platine, le palladium et le rhodium considérés dans ce chapitre, l'iridium, le ruthénium et l'osmium) a baissé de 42 % durant l'exercice 2023, avec une valeur moyenne de l'once qui s'est établie à $ 1 250. Enregistrant un reflux « modéré » de 6,4 % au cours de la période, le platine a confirmé son rôle de valeur sûre du groupe à la faveur d'une volatilité somme toute limitée durant l'exercice. L'once a ainsi démarré l'année légèrement au-delà des $ 1 000, pour la terminer juste en dessous. Cette tendance s'est prolongée sur les premiers mois de 2024 avec une once qui a retrouvé ses niveaux du milieu de la décennie précédente, autour de $ 900.

Sous les projecteurs durant les cinq dernières années, le palladium a, lui, lourdement chuté en 2023. En 2022, le contexte de la guerre russo-ukrainienne avait « biaisé » ce marché, puisque la majorité de l'offre provient historiquement du premier belligérant. À l'instar de certains métaux de base, un retour aux stricts fondamentaux a néanmoins pu être observé depuis que le palladium russe ne fait pas partie de la liste des produits sous

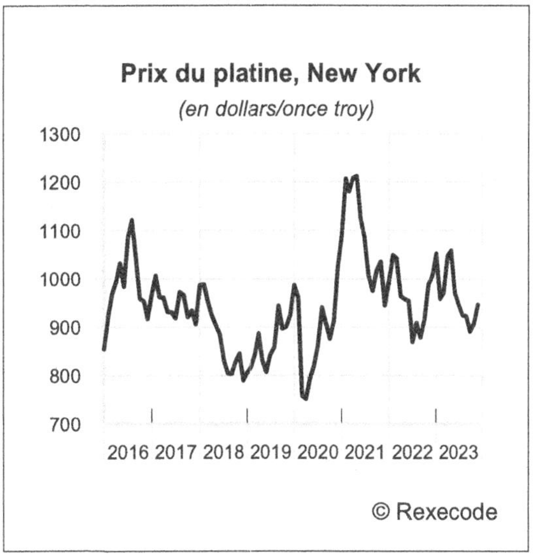

sanctions de la part de l'Occident. 2023 a ainsi vu l'once démarrer à $ 1 715 pour terminer à $ 1 101,5 après être passée sous la barre des $ 1 000, début novembre. Le niveau de 2018 était donc retrouvé. Cédant encore du terrain sur les deux premiers mois de 2024, le palladium a vu ses cours se positionner en deçà de ceux du platine, ce qui n'avait pas été observé… depuis 2017 ! Avec des volumes bien plus faibles et une volatilité en conséquence plus marquée, le rhodium a connu un retour à « la vie d'avant » en 2023. Au prix d'un atterrissage sans filet sous un seuil des $ 5 000 oublié depuis

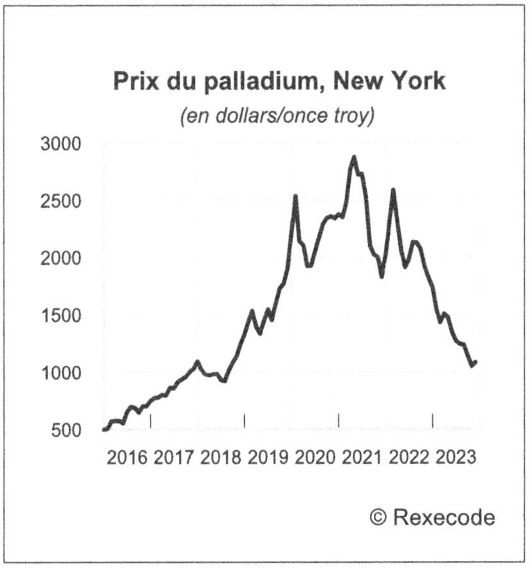

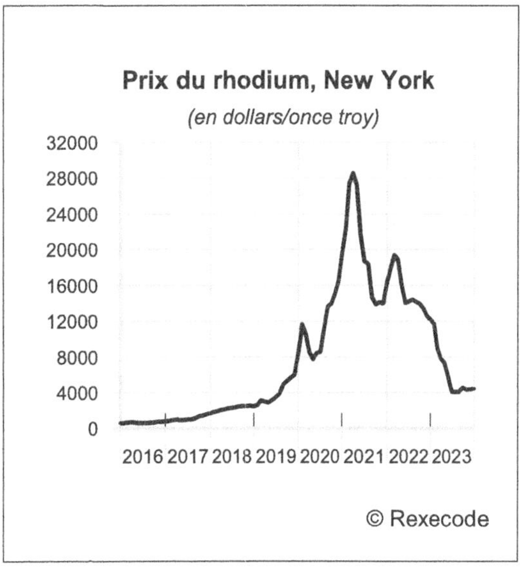

le dernier trimestre 2019, l'once de rhodium a terminé l'exercice à seulement $ 4 410,53… alors qu'elle l'avait démarré à $ 12 625.

Une demande inégale entre les trois principaux platinoïdes

Si les cours du platine ont connu une relative stabilité entre 2022 et 2023, tel n'était pas le cas pour sa demande à l'échelle mondiale. *Johnson Matthey* (JM) l'estimait ainsi à 7,457 millions d'onces (+ 19 %) sur l'exercice, ce qui lui permettait de revenir dans le haut de la fourchette des six dernières années. Le déficit attendu par JM était de 128 000 onces en 2023, le *World Platinum Investment Council* (WPIC) l'estimant pour sa part à 879 000 onces. Il y avait une raison objective à cela : le second publie son rapport neuf mois après le premier, ce qui peut induire des écarts plus ou moins conséquents sur certaines données.

La Chine reste le premier client du platine avec une demande qui n'a guère évolué entre 2022 et 2023, à 1,96 million d'onces (représentant ainsi 26 % de la demande totale). L'Europe (+ 29 %) et l'Amérique du Nord (+ 20 %), respectivement au deuxième et troisième rang du classement mondial, ont, elles, enregistré une nette augmentation de leur demande annuelle. Toujours en 2023, la première pesait 20 % du total mondial et la seconde 17 %. Premier débouché du platine, le secteur automobile représentait, pour sa part, 41 % d'une demande globale estimée à 7,45 millions d'onces en 2023, soit 3,06 millions d'onces. Avec une hausse de 11 % par rapport à 2022, il est ainsi revenu à des niveaux proches, voire supérieurs, à ceux connus jusqu'en 2018. Avec 37 % de la demande et une progression de 12 % en 2023, les autres secteurs industriels ont poursuivi leur croissance presque continue depuis dix ans (+ 55 % depuis 2013). Dans le détail, ce sont les segments chimie et verrerie qui tirent dé-

Platine

(en milliers d'onces)

	2018	2019	2020	2021	2022	2023 (e)
• Offre						
Afrique du Sud	4 467	4 344	3 243	4 609	3 965	4 154
Russie	687	721	699	638	600	630
Amérique du Nord	370	367	334	279	266	288
Zimbabwe	474	451	482	465	488	529
Autres pays	152	154	205	222	211	207
Recyclage	*2 069*	*2 092*	*1 698*	*1 645*	*1 468*	*1 521*
Offre totale	**8 191**	**9 095**	**8 124**	**6 638**	**7 856**	**7 528**
• Demande						
Chine	2 508	2 209	2 187	2 384	1 966	1 964
Europe	1 916	2 391	1 657	1 449	1 173	1 518
Japon	1 005	830	1 045	683	557	745
Amérique du Nord	1 056	1 123	1 389	1 104	1 063	1 275
Reste du monde	1 383	1 836	870	1 158	1 499	1 955
Demande totale	**7 868**	**8 389**	**7 148**	**6 778**	**6 258**	**7 457**
Variation de stocks	**351**	**- 260**	**- 487**	**1080**	**740**	**- 128**
• Demande par branches :						
Automobile	2 815	2 589	2 024	2 045	2 762	3 063
Bijouterie	2 258	2 073	1 657	1 468	1 344	1 351
Industrie	2 728	2 596	2 445	2 933	2 465	2 760
Investissement	67	1 131	1 022	- 28	- 303	283

(Source : Johnson Matthey)

Le platine, élément central dans la production d'énergie issue de l'hydrogène vert

Le platine a un avantage certain dans sa famille de métaux : la relative constance de son prix à travers le temps. Cependant, d'un point de vue technologique, il a aussi divers débouchés industriels très prometteurs. Le développement de l'hydrogène fait notamment appel à ce métal dans la technologie *Proton Exchange Membrane* (PEM). Celle-ci est consommatrice de platine dans les électrolyses et les piles à combustible dont le principal marché de ces dernières est les véhicules automobiles – *Fuel Cell Electric Vehicles* (FCEV). La cathode en platine, équilibrée par l'anode en iridium, permet une séparation optimale des molécules d'eau avec une résistance à la corrosion inégalable.
L'électrolyse pour la production d'hydrogène vert représenterait 25 % de la consommation de platine dans la technologie PEM, tandis que 75 % restants iraient aux FCEV. Si cette technologie était encore relativement « théorique » durant les années deux mille dix, elle est progressivement devenue réalité dix ans plus tard. Le WPIC estime ainsi que les $ 300 milliards d'investissements dans l'hydrogène planifiés d'ici 2030 devraient constituer un marché de plusieurs millions de véhicules FCEV et, conséquemment, une demande de plus de 3 millions d'onces de platine. Aujourd'hui naissante, cette industrie pourrait compter pour plus de 30 % de la demande totale de platine à l'horizon 2040.

Palladium

(en milliers d'onces)

	2019	2020	2021	2022	2023 (e)
• Offre	**10 524**	**9 321**	**10 185**	**9 406**	**9 790**
Afrique du Sud	2 571	1 975	2 645	2 276	2 442
Russie	2 987	2 636	2 689	2 600	2 600
Autres	1 561	1 585	1 512	1 431	1 514
Recyclage	3 405	3 125	3 339	3 099	3 234
• Demande	**11 485**	**9 997**	**10 251**	**9 937**	**9 833**
Chine	3 164	3 104	2 764	2 306	2 152
Europe	2 318	1 998	2 103	2 149	2 090
Japon	1 320	1 107	1 055	980	999
Amérique du Nord	2 423	1 919	2 051	2 070	2 085
Autres pays	2 239	1 808	2 199	2 309	2 309
• Demande par branche					
Industrie catalytique	9 675	8 573	8 499	8 449	8 251
Bijouterie	128	85	88	87	88
Autres industries	1 769	1 529	1 647	1 510	1 469
Investissement	-87	-190	17	-109	25
Mouvements de stocks	**- 961**	**- 676**	**- 66**	**- 531**	**- 43**

*(Sources : Johnson Matthey, excepté * fourni par Norilsk Nickel)*

MINERAIS ET MÉTAUX

Rhodium
(en milliers d'onces)

	2019	2020	2021	2022	2023 (e)
• Offre	**1 101**	**950**	**1 132**	**1 033**	**1 069**
Afrique du Sud	606	483	645	570	597
Russie	68	58	53	58	58
Autres	71	71	65	67	69
Recyclage	356	338	369	338	345
• Demande	**1 170**	**1 039**	**1 032**	**998**	**1 055**
Industrie catalytique	1 035	965	962	953	947
Autres	135	74	70	45	108
Mouvements de stocks	**- 69**	**- 89**	**100**	**35**	**14**

*(Source : Johnson Matthey, * production de Russie indisponible)*

sormais vers le haut la consommation industrielle de ce métal, ceux-ci comptant pour respectivement 10 % et 9,4 % du total mondial. L'apport le plus notoire provient, d'après le WPIC, du secteur chinois du verre à la faveur d'une consommation de platine multipliée par 4,3 depuis 2018, pour atteindre 651 000 onces en 2023. Enfin, si la demande bijoutière fut stable entre 2022 et 2023, la tendance à long terme de sa lente désaffection envers le platine (– 54 % sur la dernière décennie) ne s'est pour autant pas démentie.

Pour les cours du palladium, 2023 fut marquée par un rebond jusqu'en mai, puis un recul, avec une baisse presque anecdotique de la demande (1 %) attendue par JM, mais aussi une forte remontée des stocks et un déficit annuel assez faible sur l'exercice. À quelque 8,25 millions d'onces, la demande « catalytique » s'est inscrite en léger repli (– 2,3 %), tout comme celle des autres secteurs industriels (– 2,7 %), toutes deux couvrant 99 % de la consommation mondiale. Il est important de rappeler la capacité de substitution entre le palladium et le platine dans l'industrie catalytique des motorisations essence (près de 80 % de la demande de palladium), au bénéfice du premier. En raison de l'écart de prix, l'année 2023 a favorisé le platine dans un premier temps, mais à mesure que le cours du palladium refluait, l'arbitrage entre les deux s'est équilibré. La parité a été presque atteinte début décembre et le WPIC estimait le niveau de substitution du palladium par le platine à 620 000 onces en 2023 (contre 385 000 onces en 2022). Les prévisions la portent à 700 000 onces pour 2024.

L'appétit pour le rhodium a, lui, légèrement augmenté (+ 5,7 %) durant l'exercice 2023, se portant ainsi légèrement au-dessus d'un million d'onces. Plus de 90 % de la demande est toutefois absorbée par l'industrie catalytique. Si le rhodium est plus difficilement substituable par les autres platinoïdes dans les catalyseurs, c'est la santé du marché automobile qui donne la tendance chaque année. En raison du contexte économique de 2023, la demande de l'industrie catalytique a, en cela, été à son plus faible niveau depuis 2018, à 947 000 onces. La demande chinoise ne fut pas aussi élevée qu'escompté et le taux de remplacement des véhicules plus modeste qu'espéré. Le niveau des stocks mondiaux est attendu en léger excédent sur l'exercice (1,3 % de la demande annuelle).

Les principaux pays exportateurs face à la baisse des cours

Avec 56,7 % de l'offre minière, l'Afrique du Sud contrôle le marché du platine. Les 4,15 millions d'onces produites dans le pays en 2023, selon JM, positionnent l'exercice dans la norme basse de la dernière décennie, excepté le trou d'air de 2020, marquée par la pandémie de Covid-19. Dans l'ensemble, la production minière a augmenté sur l'année de 4,7 % par rapport à 2022, mais reste nettement inférieure (9,8 %) à celle de 2019. La production des autres pays exportateurs s'est également inscrite en hausse, avec des progressions de 5 %, 8,3 % et 8,4 % pour la Russie, l'Amérique du Nord et le Zimbabwe, respectivement. L'offre issue du recyclage s'est légèrement redressée (+ 3,6 %), mais est également restée en deçà du niveau d'avant 2020 (– 27,3 %). En 2023, elle comptait pour 20,8 % de l'offre totale et provenait à plus de 70 % de l'industrie catalytique. Les stocks à fin 2023 sont attendus en baisse de 18 % à 4 millions d'onces, dont 80 % seraient détenus par la Chine, toujours d'après le WPIC.

L'offre de palladium a progressé en 2023 (+ 4 %), tout en s'affichant en dessous de son niveau d'avant pandémie (– 7 %), selon JM. La Russie et l'Afrique du Sud demeurent les principaux producteurs miniers avec un volume attendu stable pour le premier (2,6 millions d'onces) et en hausse pour le second (+ 7,3 %, soit 2,44 millions d'onces), chacun pesant respectivement 27 % et 25 % de l'offre totale. Le recyclage a fourni 33 % du palladium pour des volumes en phase avec ceux de 2022 et des exercices antérieurs. L'analyste Metals Focus prévoyait des stocks en légère baisse à fin 2023, à 11,64 millions d'onces (– 5,7 % et – 10 % par rapport à fin 2022 et fin 2021, respectivement). L'Afrique du Sud demeure, quant à elle, le producteur principal du rhodium en 2023 avec 56 % de la production totale (+ 4,7 % par rapport à 2022), équivalent à près de 600 000 onces. Le recyclage représentait la deuxième source mondiale de métal en 2023, avec 32,3 % (+ 2 %) du total, soit quelque 345 000 onces.

En Afrique du Sud, l'impact de la baisse des cours fut important et il n'y avait nulle surprise à cela en raison du poids significatif (23 %), en valeur, des platinoïdes dans la production minière du pays. Avec l'énergie, la main-d'œuvre constitue l'essentiel des coûts de production pour les miniers qui ont annoncé début février 2024 des restructurations massives concernant entre 4 000 et 7 000 postes, sur les 180 000 estimés pour le total de l'industrie. Les effets sur l'économie russe du repli des prix du palladium sont, eux, difficilement mesurables étant donné le manque de transparence lié au contexte géopolitique. Le palladium ne fait pas partie de la liste des produits sous embargo occidental, mais la conjoncture et la substitution par le platine, provenant essentiellement d'Afrique du Sud, ont en tout cas eu une incidence non négligeable sur les comptes annuels de Norilsk, le principal producteur du pays.

Le Zimbabwe, qui a franchi pour la première fois la barre du demi-million d'onces de platine en 2023 et où plus de $ 8 milliards d'investissements miniers dans les platinoïdes étaient encore dans les tuyaux en début d'année, a également été touché par ce contexte déprimé. Comme son voisin sud-africain, le pays voit des réductions de main-d'œuvre se profiler, ainsi que des investissements reportés, voire annulés. La mine de Karo, la dernière-née dans le pays, devait entrer en production en juillet 2024 et est finalement différée au second semestre 2025. Les platinoïdes sont la deuxième source de revenus du pays dans un ensemble de minerais qui assurent 75 % des revenus d'exportation.

Des contraintes structurelles, mais également des opportunités d'investissements dans un contexte de repli des cours

2023 était attendue comme une année plus favorable après l'atterrissage de 2022. À l'instar d'autres matières premières minérales, elle a, en réalité, été l'une des pires connues par l'industrie des platinoïdes. Anglo American Platinum (Amplats) a ainsi connu une contraction de 13 % de son chiffre d'affaires à $ 32,5 milliards, dont $ 6,43 milliards (– 33,4 %) attribuables aux platinoïdes et à l'or, avec une contribution du platine de 16,3 % à ces revenus, du palladium de 18,7 % et du rhodium de 14,3 %. Le résultat d'exploitation de l'activité a, lui, chuté de 73 %, à $ 1,2 milliard. La production d'Amplats a diminué de 5 % sur l'exercice, à 3,8 millions d'onces, et les objectifs des prochaines années sont en baisse de 10,5 %, puis 6 % pour 2024 et 2025, respectivement.

Le deuxième producteur minier en 2023 fut Impala Platinum (Implats), qui clôture l'exercice au 30 juin et qui a réalisé une année également en baisse de 22,5 % pour un chiffre d'affaires à $ 6 milliards alimenté à 86 % par les platinoïdes. Le résultat net s'est pour sa part affaissé de 84 %, à

$ 349 millions. Il est à rappeler que, durant le premier semestre 2023 (donc le second est considéré dans les comptes d'Implats), le palladium était en moyenne à $ 1 400 l'once et le rhodium au-delà de $ 8 000. Durant le second semestre de l'année (et donc le premier de l'exercice 2024 d'Implats), la production du minier a augmenté de 21,5 % pour le platine, de 14,2 % pour le palladium et de 13,9 % pour le rhodium, par rapport à la même période de l'exercice précédent. Néanmoins, le chiffre d'affaires a reculé de 36 % et le résultat net de 90 %, également impacté, bien que marginalement, par la dépréciation du rand sud-africain face au dollar américain (– 16 %).

Avec une production en baisse de 4 %, en 2023, pour le palladium à 2,69 millions d'onces, mais en hausse de 2 % pour le platine, à 664 000 onces, Norilsk Nickel a dépassé les objectifs annoncés en début d'année. Le minier russe a néanmoins enregistré un recul de 15 % de son chiffre d'affaires, à $ 14,4 milliards, pour un résultat net de $ 2,87 milliards (– 50 % et – 59 % par rapport à 2022 et 2021, respectivement). Les objectifs annoncés pour 2024 sont plus conservateurs avec 2,4 millions d'onces pour le palladium et 0,65 million pour le platine.

Le quatrième des principaux miniers de platinoïdes, Sibanye-Stillwater, a lui aussi vu son chiffre d'affaires accuser une baisse (– 27 %) en 2023 (après celle de 38 %, enregistrée en 2022). Il s'est établi à $ 6,17 milliards pour une perte de $ 2,1 milliards (contre un profit de $ 1,82 milliard en 2022). La part des trois principaux platinoïdes dans les revenus du groupe a été de 59 % en 2023 (contre 77 % l'année précédente) ; leurs productions minières respectives de 1,15 million d'onces pour le platine (+ 2,4 %), 0,86 million pour le palladium (+ 1,7 %) et 0,16 million pour le rhodium (+ 2,8 %) ont été complétées par 0,31 million d'onces issues du recyclage (– 48 %). Les perspectives pour 2024 portent sur une production minière des trois principaux platinoïdes comprise entre 2,13 et 2,26 millions d'onces et entre 0,3 à 0,35 million d'onces issues du recyclage.

Au-delà des suppressions d'emplois déjà annoncées, l'ensemble de l'industrie se voit contrainte de réduire les coûts de manière drastique et de considérer des arrêts d'opérations sur les mines les plus coûteuses en Amérique du Nord comme en Afrique du Sud.

Un contexte conjoncturel soutenant une baisse (structurelle ?) à plus long terme malgré une hétérogénéité entre platinoïdes

Les platinoïdes sont essentiellement consommés par l'industrie catalytique, elle-même affectée par un marché automobile moins dynamique en 2023 sur ses deux principales zones que sont la Chine et l'Europe. Seul le platine, qui est plus diversifié dans ses applications, maintient un niveau de volatilité soutenable à long terme par l'industrie. L'arbitrage entre palladium et platine devrait se poursuivre durant l'année 2024 et le spécialiste du recyclage des métaux Heraeus anticipe une augmentation du déficit à 445 000 onces pour le platine, dont le cours se maintiendrait entre $ 800 et $ 1 100 avec un consensus moyen des analystes à $ 1 023. La demande de palladium par l'industrie catalytique est attendue en recul de 3 % durant l'exercice, avec une once comprise entre $ 700 et $ 1 200 et un consensus moyen à $ 1 250. Les prévisions de CyclOpe sont en phase avec ces analyses, positionnant toutefois le seuil moyen de $ 1 000 l'once comme une valeur plafond sur l'année pour ces deux métaux. Toujours selon Heraeus, le rhodium devrait subir une légère diminution de sa demande et voir son cours fluctuer dans une fourchette large – en raison de l'étroitesse du marché et donc de la réaction potentiellement forte des prix aux ajustements de l'offre et de la demande – allant de $ 3 500 à $ 6 500 l'once, soit un niveau de prix auquel le recyclage reste profitable.

La demande des platinoïdes, surtout celle du rhodium, devrait en effet se contracter structurellement, dans la mesure où elle est concentrée essentiellement sur les zones les plus exigeantes en matière de réduction d'émissions polluantes et de fait, les plus grandes consommatrices de *Battery Electric Vehicles* (BEV). Dans ce contexte et à moyen terme, le WPIC estime ainsi que la production minière pourrait être impactée à la baisse à hauteur de 1,3 million d'onces pour le platine et 1,2 million pour le palladium.

Diamants : *éternels ?*

L'année 2023 pourrait faire date dans l'univers du diamant. Une baisse du carat comprise entre 16 % et 25 %, un renforcement des sanctions à l'encontre d'Alrosa et une interruption coordonnée de l'offre afin de soutenir les cours : telles ont été les premières réalités d'un marché en proie à de nombreuses secousses. Le Canada et l'Afrique du Sud confirmant leur déclin, l'émergence de l'Angola – avec le démarrage de Luele –, et le Botswana, la force tranquille, renforçant son partenariat de longue date avec De Beers : tels furent, par ailleurs, les points saillants de 2023 pour les pays producteurs. Du côté des groupes miniers privés enfin, l'atterrissage fut dur pour certains. Alrosa et son président ont été placés sous sanctions occidentales en raison du conflit russo-ukrainien, tandis que De Beers a accusé une baisse de son chiffre d'affaires de 35 % et que Rio Tinto a acté sa sortie stratégique de l'industrie à brève échéance. Dans les évolutions structurelles du marché, la progression des bijoux utilisant des diamants de synthèse s'est poursuivie aux États-Unis comme en Chine, face à une Inde qui se projette comme l'acteur incontournable de la transformation des pierres naturelles à long terme. Les trois premiers pays consommateurs de diamants ont, eux, nettement marqué le pas en 2023 dans un contexte géopolitique et économique encore bien incertain. Malgré cela, les investissements dans le diamant minier ont perduré avec un engagement plus net encore de De Beers en Angola, un changement de propriétaire pour la mine canadienne d'Ekati et Star Diamond Corporation prenant la suite de Rio Tinto sur le prospect canadien de Fort à la Corne.

Un carat en nette baisse

Dans le sillage de 2022 qui avait connu un atterrissage du cours du diamant brut depuis son sommet de $ 200 le carat (selon l'indice Paul Zimnisky), l'année 2023 a vu le marché accentuer son repli. Malgré une légère augmentation sur les premiers mois de l'exercice faisant passer le carat au-delà de $ 185, le prix moyen des pierres brutes a en effet diminué de manière presque continue pour terminer l'année en deçà des $ 150. Il accusait, en définitive, une baisse annuelle d'environ

16 %. Le dollar ayant connu une relative stabilité en 2023, ce recul était significatif, ramenant le carat à son niveau de 2018 et à 15 % en dessous de celui de 2014.

Malgré une nette diminution des pierres vendues sur le marché (– 19 %) entre 2022 et 2023, le prix moyen du carat vendu par De Beers a été de $ 147, soit un recul de 25 % par rapport à 2022 où il s'était affiché à $ 197 (un point marquant). Depuis le début du conflit russo-ukrainien, Alrosa ne publie pas les montants de ses ventes de pierres brutes. Celles-ci sont cependant estimées en baisse de 25 % à 30 % par rapport à 2021, selon Paul Zimnisky. Le premier cycle de ventes 2024 de De Beers est, pour sa part, ressorti à $ 0,37 milliard (– 19 % et – 45 % par rapport à 2022 et 2021, respectivement) amenant à une attente plus que prudente pour l'année qui commence.

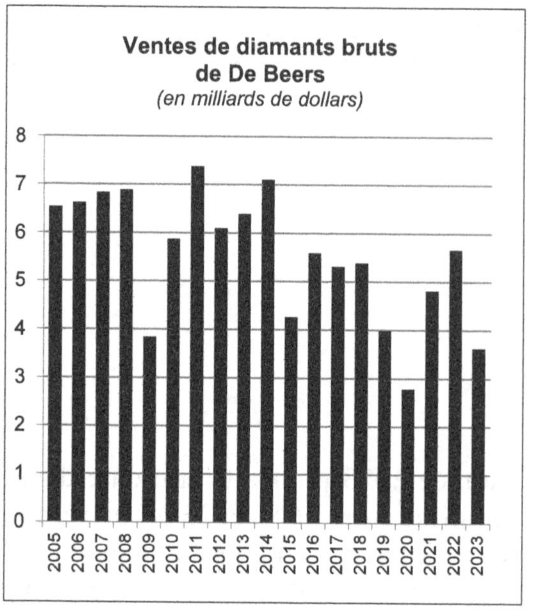

Des producteurs miniers qui continuent de faire face à un contexte hostile

Avec des ventes de diamants bruts de $ 3,63 milliards sur l'exercice 2023 (– 36 % par rapport à 2022), De Beers a réalisé une « bien petite » année, la plus mauvaise depuis 25 ans si l'on excepte 2020 et son contexte bien particulier. Les ventes ont diminué à mesure des cycles annuels, notamment durant le second semestre, pour un total annuel de 27,4 millions de carats commercialisés, contre 33,7 millions en 2022. Sur l'exercice, la filiale d'Anglo American a réalisé un chiffre d'affaires de $ 4,3 milliards (– 35 %) et termine avec une perte de $ 252 millions, contre un bénéfice proche du milliard en 2022. La production est, elle, restée « relativement » stable avec 31,87 millions de carats produits (– 8 % par rapport à 2022). Opérant sur quatre pays, le leader mondial (en valeur de production de diamants) a plutôt bien compensé la nette diminution de son volume de carats produits en Afrique du Sud dans sa mine de Venetia (– 64 % par rapport à 2022). Le site est en transformation d'un modèle d'*open pit* vers une mine souterraine dont la production est amenée à augmenter dans les prochaines années, mais pour une teneur inférieure toutefois. La part de l'Afrique du Sud dans la production diamantaire du groupe minier est, en conséquence, passée de 16 % à 6 % entre 2022 et 2023. Il y avait cependant une autre raison à cette diminution. L'ensemble des opérations sur les trois autres pays dans lesquels De Beers est implantée, a crû, soit + 2 %, + 9 % et + 1 % pour celles du Botswana, de la Namibie et du Canada, respectivement. Représentant 77 % des carats produits, le premier a vu les performances de sa mine d'Orapa s'améliorer au fil des années pour occuper à présent le deuxième rang mondial des mines de diamants (11,4 millions de carats ; + 6 %) derrière Jwaneng (13,33 millions ; – 1 %), également opérée par Debswana, la *joint-venture* entre De Beers et l'État du Botswana. L'année 2023 était une étape importante pour le leader mondial, car son accord de partenariat avec ce dernier pays expirait en juin, après une prolongation depuis 2021. Il impliquait un accroissement de la part des retombées de la production diamantaire en faveur de la nation africaine. Le renouvellement de l'accord a été annoncé le 1er juillet, permettant à De Beers de prolonger l'aventure botswanaise de dix années supplémentaires, au moins. L'activité canadienne du minier demeure, elle, exclusivement concentrée sur Gahcho Kué. Détenue à 51 % par le conglomérat et à 49 % par Mountain Province Diamonds, les volumes extraits de cette mine ont fait montre d'une relative stabilité avec une production totale de 5,56 millions de carats en 2023,

Production minière mondiale de diamants
(en millions de carats)

	2018	2019	2020	2021	2022	2023 (e)
Botswana	17.1	16.6	11.9	16.0	17.1	17.0
Russie	24.2	25.4	17.5	21.9	23.5	24.0
Canada	23.2	18.6	13.1	17.6	16.2	15.0
Angola	7.6	8.2	6.9	7.9	7.9	7.9
Rép. dém. du Congo	3.0	2.7	2.6	2.8	2.0	2.0
Afrique du Sud	7.9	5.7	6.8	3.9	3.9	3.8
Namibie	2.4	2.0	1.6	1.8	2.1	2.0
Lesotho	1.3	1.1	0.5	0.3	0.7	0.7
Sierra Leone	0.6	0.6	0.5	0.7	0.6	0.6
Zimbabwe	0.3	0.2	0.3	0.4	0.4	0.4
Reste de l'Afrique	0.6	0.5	0.2	0.4	0.4	0.4
Autres	0.5	0.7	0.5	0.3	0.3	0.3
Total	**88.6**	**82.3**	**62.2**	**73.9**	**75.0**	**74.1**

Les réserves de pierres précieuses sont difficilement estimables mais la majeure partie de celles-ci sont concentrées entre le sud de l'Afrique, l'Australie, le Canada et la Russie.

(Source : USGS Mineral Yearbook)

en hausse de 1 % par rapport à l'exercice précédent. Gahcho Kué occupait la troisième marche du podium mondial de la production de diamants en 2023. Dernier pays où opère De Beers, la Namibie a, pour sa part, affiché une activité à nouveau en hausse sur l'année (+ 9 %) avec, notamment, une activité sous-marine représentant 80 % des 2,3 millions de carats produits nationalement.

Malgré l'étau commercial exercé par les pays occidentaux dans le contexte de la guerre en Ukraine, Alrosa aurait, quant à lui, enregistré un volume de ventes de l'ordre de 25 % à 30 % inférieur à ce qu'il était en 2021, d'après les estimations de Paul Zimnisky (le minier russe ne publiant plus de rapport précis sur son activité depuis le début du conflit). Durant l'année, les sanctions sur les importations de diamants en provenance de Russie se sont, en effet, amplifiées, notamment en Europe, à la suite des annonces du G7 de décembre imposant un embargo total sur les diamants non industriels, minés, transformés ou ayant transité par la Russie à compter du 1er janvier 2024. La place d'Anvers a été *de facto* lourdement impactée et se trouve à présent fortement désavantagée face aux concurrences indienne ou dubaïote. Les sanctions seront progressivement étendues, à compter du 1er mars 2024, aux pierres de plus d'un carat polies dans un pays tiers puis, à partir du 1er septembre 2024, aux pierres de culture et aux montres contenant des diamants de plus d'un demi-carat. La majorité des pierres d'Alrosa ont toutefois continué à alimenter les centres de polissage indiens, ce qui permettait à la production du groupe de s'établir, selon Pavel Marinychev – son président-directeur général, désormais inscrit (à l'instar d'Alrosa) sur la liste du douzième train des sanctions européennes –, à 34,6 millions de carats en 2023, contre 35,6 millions en 2022. Un tel chiffre maintenait Alrosa en tête des producteurs de diamants en volume. Néanmoins, si la totalité des pierres produites – et ce fut le cas entre septembre et décembre 2023 – n'est plus totalement commercialisée, une augmentation conséquente des stocks est à attendre dans les entrepôts russes. L'approvisionnement des centres indiens fut en effet interrompu, à l'initiative d'un certain nombre de sociétés minières, pour tenter de stopper la baisse des prix du carat évoquée précédemment.

Alrosa et De Beers ne furent pas les seuls groupes à connaître une année 2023 difficile, cette réalité s'imposant en définitive à l'ensemble de l'industrie. Au Canada, Rio Tinto a ainsi accusé une baisse de production de 28 % par rapport à 2022, avec 3,3 millions de carats extraits de la mine de Diavik. Si $ 40 millions d'investissements ont été annoncés pour son développement souterrain jusqu'au premier trimestre 2026, le groupe minier s'est engagé dans une stratégie de sortie du diamant à cette échéance à la suite de la cession, en novembre 2023, de sa participation de 75 % dans le projet canadien de Fort à la Corne à son partenaire Star Diamond Corporation. En échange, la firme australienne, qui souhaite privilégier l'exploration de ses gisements de minerais et métaux, détiendra 19,9 % de son ex-partenaire, contre 2,3 % actuellement.

Toujours au Canada, la mine d'Ekati a connu un nouveau changement d'actionnaire en 2023. L'australien Burgundy Diamond Mines Ltd, basé à Perth, a en effet acquis en juillet l'intégralité des parts d'ACDC (Arctic Canadian Diamond Company) dans la mine, pour un montant de $ 136 millions. Après une reprise en main efficace, Ekati a produit 1,2 million de carats en 2023 (+ 19 %, dont un million sur le dernier trimestre) et généré des revenus de $ 166 millions (+ 37 %, dont $ 121 millions sur le dernier trimestre). Les ventes de pierres se sont également inscrites en hausse de 41 %, à 1,8 million de carats.

Avec 2,7 millions de carats issus de ses mines de Tanzanie et d'Afrique du Sud, Petra Diamonds a vu sa production pour 2023, clôturée au 30 juin, se replier de 20 % par rapport à l'année précédente. Le premier semestre 2024, finissant le 31 décembre 2023, a affiché une offre à 1,43 million de carats, en hausse de 13 % en comparaison du semestre clos le 31 décembre 2022. Les revenus annuels de Petra se sont néanmoins établis à $ 323,9 millions, soit une baisse de 44 % par rapport à l'exercice précédent, ce qui ramenait le minier à ses résultats de 2021. Il fallait y voir la conséquence de la tendance baissière observée sur le prix du carat avec une chute de 28 % entre le second semestre 2022 (à $ 159) et le premier de 2023, à $ 114. Cette moyenne s'est poursuivie durant les six premiers mois de l'exercice 2024 (correspondant au dernier semestre 2023) avec un prix du carat à $ 113 pour un chiffre d'affaires semestriel de $ 187,8 millions (– 9 %).

Des pays producteurs *de facto* pénalisés par la baisse du carat

L'estimation de l'*United States Geological Survey* (USGS) – le service géologique américain – d'une production de 24 millions de carats pour la Russie s'avérait moins optimiste que les chiffres rapportés par la direction d'Alrosa (34,6 millions), la fiabilité des informations restant relative, en ces temps de guerre notamment. Même si les ventes ont vraisemblablement diminué de manière conséquente, les pierres ont, comme évoqué précédemment, continué à être exportées vers l'Inde. Les répercussions des sanctions du G7 sur le diamant russe devraient en conséquence rester assez marginales à l'échelle du pays. Au-delà du contexte économique moins engageant pour l'industrie qu'en 2021 et 2022, la baisse du prix du carat en 2023 et son maintien près du plancher au début de 2024 laissent à penser que la diminution du volume des pierres allant sur le marché pourrait ne pas être de l'ordre de 30 % à 35 % comme annoncé, mais moindre. En effet, une contraction de cette ampleur aurait, selon toute logique, entraîné un déficit d'offre peu compatible avec un tel recul des cours.

De l'autre côté du Pacifique, le paysage minier canadien a maintenu son développement malgré une diminution presque continue (excluant cependant le trou d'air de 2020) des pierres produites dans le pays. Avec 15 millions de carats attendus par l'USGS, c'est une nouvelle baisse – de 7,4 % en 2023 et de 35 % par rapport à 2018 – qui se profile. Seule Gahcho Kué a maintenu un rythme de production stable, alors que les autres ont réduit leurs volumes à mesure qu'approche le passage vers l'exploitation souterraine. Du côté québécois, la mine de Renard a été placée en *care and maintenance* dans l'attente d'une reprise hypothétique ou d'une probable fermeture définitive. Ce projet lancé en 2014 n'a pas produit les résultats espérés, l'activité minière n'étant pas une science exacte !

Dans l'hémisphère sud, l'atmosphère s'est néanmoins avérée plus favorable. Le Botswana a maintenu un niveau de production dans les standards des cinq années précédentes, avec 17 millions de carats en 2023, toujours selon l'USGS. Cinq mines produisent l'intégralité des diamants du pays dont quatre sont opérées par Debswana et la cinquième, Karowe, par Lucara Diamond. Le domaine minier dans son ensemble a généré 92 % des exportations du pays en 2023 avec une extraction et une transformation des diamants qui ont pesé pour 25 % du produit intérieur brut (PIB), d'après le cabinet de consultance Econsult.

En revanche, la conjoncture aurait pu être meilleure pour l'Angola dans le contexte d'une dépression mondiale sur la demande de diamants et des sanctions officiellement prononcées à l'encontre d'Alrosa, le principal partenaire du pays. Pour 2023, la production nationale devrait cependant être stable selon l'USGS, à 7,9 millions de carats. L'Angola a fait part de ses grandes ambitions en matière de production diamantaire et a tenu son agenda de démarrage de la mine de Luele (ancienne Luaxe) au nord-est du pays. Le président d'Endiama – la compagnie nationale diamantaire – a annoncé des ventes de 9,7 millions de carats pour des revenus générés de $ 1,51 milliard. L'objectif pour l'année 2024 est fixé à 14,6 millions de carats de production à la faveur d'une montée en puissance de Luele.

Son voisin du sud, la Namibie, devrait enregistrer en 2023 une production de diamant stable, à 2 millions de carats selon l'USGS. De Beers, qui concentre la totalité de l'exploitation des mines du pays *via* leur filiale commune Namdeb, a annoncé une offre de 2,33 millions de carats sur l'exercice. Pour rappel, la Namibie est un pays atypique dans l'univers du diamant, car la majorité des pierres sont produites grâce à l'exploitation de son plancher océanique par Debmarine (1,86 million de carats, + 8 %). Sur l'ensemble des exportations du pays pour l'année 2023 (environ $ 19 milliards), 35,4 % proviennent du diamant, selon l'agence, de statistique namibienne.

À la pointe sud du continent, l'Afrique du Sud, qui fut le fleuron de l'industrie du diamant et dont la majorité des plus gros diamants connus provient du sous-sol, a enregistré une année à nouveau bien terne. En 2023, la production du pays a poursuivi son repli avec 3,8 millions de carats (– 2,6 % par rapport à 2022 et – 44 % par rapport à 2020), selon l'USGS. Cette diminution est essentiellement due à la transition de la mine de Venetia dont ont été extraits 2 millions de carats en 2023 (– 64 %). Ce gisement représente plus de 50 % des diamants produits en Afrique du Sud.

Une baisse conjoncturelle... ou structurelle de la demande de pierres naturelles ?

L'année 2023 restera un exercice atypique dans l'univers du diamant. Celui-ci aurait en effet pu être porté par les restrictions aux importations en provenance de Russie, cumulées à une diminu-

Luele – découverte et démarrage d'une mine de classe mondiale en Angola

Découverte il y a une décennie, le démarrage de Luele fut un événement majeur pour le pays, mais également pour l'ensemble de l'industrie diamantaire. Avec des ressources estimées à 628 millions de carats et une durée de vie de soixante ans, la mine a déjà délivré 5 millions de carats durant sa phase pilote. De Beers estimait en 2022 que le potentiel de production de la mine avoisinait les 120 millions de carats. Paul Zimnisky a fait part d'un potentiel de production annuel de l'ordre de 3,5 à 4 millions de carats avec une vitesse de croisière qui devrait être atteinte en 2025. Dans un contexte de perturbations sur le marché du diamant, le *timing* aurait pu être meilleur, mais le démarrage d'une nouvelle mine, dont l'investissement est annoncé à près de $ 600 millions, est difficilement reportable. En parallèle, Alrosa – principal partenaire minier de l'Angola et à l'origine de la découverte du gisement – se trouvait frappé de sanctions par les pays occidentaux. Cependant, l'apport de ce nouvel actif minier pourrait permettre à l'Angola de prétendre au podium mondial de la production de diamants dans un avenir proche.

tion assez nette de l'offre de deux des cinq pays exportateurs les plus importants que sont le Canada et l'Afrique du Sud. Il n'en fut rien avec, à la clé, un plongeon du carat et un écart moyen avec celui du diamant de synthèse qui s'est à nouveau accru. Alors que 2022 avait enregistré une demande robuste, il n'en fut rien en 2023 dans le contexte tant d'un contrecoup probable faisant suite à l'emballement post-covid que d'une remontée conséquente des taux d'intérêt.

Représentant près de 50 % de la demande mondiale, les États-Unis ont connu des ventes de diamants en baisse de 5,9 % en volume – et de 4,8 % en valeur – entre 2022 et 2023, selon la société d'analyses Tenoris. Si les pierres naturelles constituent 94 % de la demande, les carats de synthèse ont vu leur demande – 6 % de la demande, donc – progresser de 40,6 % en volume, et de 56,2 % en valeur. Cette tendance s'est renforcée au fil des années, la proportion de pierres issues des laboratoires étant quasi nulle sur le marché américain en 2020. Dans le commerce de détail, les marchés des carats de haute valeur (de $ 1 500 à $ 10 000) – comptant pour quelque 50 % de la demande – ont néanmoins accusé une baisse plus modérée, inférieure à 3 %. La tendance favorable observée au niveau de la division montres et joaillerie de LVMH (qui inclut Tiffany) s'est, elle, confirmée. Les ventes dépassaient ainsi légèrement le record de 2022 (+ 2,9 %), mais marquaient cependant le pas après la hausse précédente de 22 % enregistrée entre 2021 et 2022.

Sur le deuxième marché mondial que représente la Chine (soit 10 % à 15 % de la demande), la fin de la politique zéro-covid décrétée par Pékin en décembre 2022 n'a pas entraîné l'emballement espéré des achats. Le moment n'était effectivement pas le meilleur et la crise de l'immobilier a manifestement disqualifié beaucoup de projets des ménages chinois. De fait, un report important a été observé vers des produits de moindre valeur comme les pierres de couleur et les perles. Selon certains des principaux revendeurs de Hong Kong comme Luk Fook ou Stellar Group, la baisse des ventes sur le diamant a ainsi été comprise entre 25 % et 35 % sur les derniers mois de l'année, alors même que l'appétit pour les bijoux en or était en progression de l'ordre de 40 %. L'entrée dans l'année du Dragon, symbole de prospérité, pourrait néanmoins inverser cette tendance.

Sur les neuf premiers mois de l'année, les baisses des importations indiennes de pierres brutes et polies s'élevaient respectivement à 6 % et 21 %, tandis que les exportations des secondes diminuaient de 26 %, d'après le *Gem & Jewellery Export Promotion Council*. Le marché indien est probablement l'un des thermomètres les plus précis de l'état du marché du diamant, car 80 % des pierres brutes mondiales passent par ses centres de polissage. La baisse de la demande mondiale a ainsi bouleversé l'activité du pays et, en coordination avec les plus grands groupes miniers tels que De Beers et Alrosa, une suspension des importations a été décidée du 15 septembre au 15 décembre avec pour objectif de stabiliser, voire faire remonter, le prix du carat poli. L'accroissement des pierres de synthèse dans le paysage diamantaire mondial représente un défi majeur pour le pays qui ambitionne de devenir à terme le leader des importations des pierres naturelles et de concurrencer ainsi les laboratoires chinois et américains.

Un ciel brumeux en 2024 ?

Le début de l'année 2024 a apporté un peu plus de sérénité au marché avec une baisse du carat, semble-t-il, enrayée. Les perspectives géopolitiques, et leurs conséquences économiques, comme la santé immobilière chinoise, devraient cependant demeurer au centre des attentions et des comportements des consommateurs. La poursuite du conflit russo-ukrainien et les sanctions associées écartent sur le principe les « petits carats » russes du principal marché. Le consommateur américain comme chinois se tourne progressivement vers la pierre de synthèse sur le segment des « petits carats », et l'opacité de la chaîne d'approvisionnement des diamants miniers ne devrait pas favoriser une forte reprise de la demande à court terme.

Du côté de l'offre, l'appétit des acteurs privés ne semble cependant guère ralentir. Le renouvellement de l'accord de partenariat entre l'État du Botswana et De Beers – de plus en plus favorable au premier – le confirme, parmi d'autres exemples. Par ailleurs, le groupe minier renforce sa relation avec la voisine Namibie pour accompagner ce pays dans l'exploration de son sous-sol et le développement de ses opérations commerciales.

Botswana – De Beers : un partenariat de plus de cinquante ans qui se renouvelle

L'échéance du 30 juin était impatiemment attendue de part et d'autre de la table. Le premier pays producteur de diamants et le groupe minier, leader mondial sur ce segment, devaient renouveler leur partenariat, et ce, pour une durée de dix ans concernant les ventes et sur trente ans (2054) pour les licences. Acté, ce partenariat a cependant évolué et les nouvelles dispositions traduisaient de plus en plus la volonté des pays hôtes à bénéficier des retombées des ressources de leur sous-sols. Le nouvel accord fait ainsi ressortir quatre mesures phares :

- Okavongo Diamond Company (ODC) – la société étatique diamantaire – percevra, à l'issue de l'accord, 50 % des pierres produites par Debswana pour les commercialiser elle-même, contre 30 % en 2023 ;
- la poursuite de l'investissement « nécessaire » de De Beers dans Debswana afin de maintenir la position de celle-ci comme acteur leader de la production de diamants au niveau mondial et comme premier employeur privé du pays pour les décennies à venir ;
- la diversification des ressources de financement de l'économie du pays. L'exemple norvégien semble avoir fait son chemin et la nouvelle mouture de l'accord prévoit l'instauration d'un fonds d'investissement pour le développement doté, au démarrage, par De Beers à hauteur d'un milliard de pulas (soit $ 75 millions) afin d'être multiplié par dix à l'échéance ;
- l'emploi local et la création de valeur pour les générations futures à travers des dizaines de milliers de créations de postes attendues durant la décennie conjuguées à un transfert des connaissances et compétences dans l'économie diamantaire, notamment.

Cet accord, en discussion depuis 2018 et longuement négocié par l'équipe du président Mokgweetsi Masisi, avait été retardé en raison de la pandémie de Covid-19, mais restait incontournable pour l'un comme pour l'autre des acteurs. Il semblait en effet peu probable non seulement que De Beers tire une croix sur le premier pays producteur de diamants en valeur qui alimente plus des trois quarts de sa production, mais également que le Botswana se tourne vers Alrosa dans le contexte géopolitique actuel.

ENERGY
STORAGE

- VII -

Énergie

- Marchés énergétiques : *un glissement inéluctable vers la militarisation ?*
- Pétrole
- Produits pétroliers
- Gaz naturel et GNL
- Charbon vapeur
- Électricité
- Nucléaire
- Uranium
- Bioéthanol
- Biocarburants
- Le marché du carbone

Marchés énergétiques :
un glissement inéluctable vers la militarisation ?

Pétrole, gaz, charbon… autant de produits sensibles aux dynamiques géopolitiques de la planète. Les énergies fossiles conservent de sérieux atouts et, partout, on peine à passer des discours vertueux sur la transition énergétique à leur application concrète. Entre-temps, on continue à reculer un peu plus les divers « pics » de consommation mondiale alors que le monde connaît de nouveaux « pics »… de chaleur.

Des marchés en régime de « stress test » permanent

Assumons le rappel d'une évidence : la scène énergétique est un terrain classique d'affrontements géopolitiques, cela avant même les chocs pétroliers des années soixante-dix. Un expert dans ce domaine, André Giraud (ex-ministre de la Défense français, et grand commis de l'État dans l'énergie), considérait que les hydrocarbures, le pétrole en premier lieu, se caractérisent surtout par un fort contenu diplomatique et, accessoirement, disposent d'un certain pouvoir calorifique…

L'agression russe en Ukraine, en obligeant à une restructuration massive des flux pétroliers et gaziers, a porté ce constat à un point d'incandescence ; *a fortiori*, dès lors que ce conflit est « contemporain » d'un retour des tensions militaires au Moyen-Orient, qui menacent la circulation des énergies fossiles *via* la mer Rouge (ainsi qu'une partie du commerce mondial « non énergétique »). Signal plus faible de cette militarisation énergétique, mais bien dans l'air du temps, le président Nicolas Maduro s'efforce également de faire barrage à ExxonMobil dans des eaux administrées par la Guyana, mais qu'il revendique au nom du Venezuela.

Et comme le cahier électoral de l'année 2024 est particulièrement chargé, notamment du côté des États-Unis, il fait peu de doutes que l'affrontement énergétique prendra de nouvelles formes encore. La politique de Joe Biden s'inscrit résolument dans l'Accord de Paris et c'est dans ce cadre qu'il a déployé l'*Inflation Reduction Act*, ainsi qu'un récent moratoire sur des infrastructures d'exportation de gaz naturel liquéfié (mettant en avant des motifs environnementaux). Si Donald Trump venait à lui succéder, il reviendrait, sans nul doute, à une politique de puissance *via* les hydrocarbures (en incitant à forer tous azimuts, y compris sur les terres fédérales), et sans faire de zèle par ailleurs dans le déploiement des renouvelables ou l'encouragement à l'adoption d'une mobilité électrique.

Ajoutons que la Chine pèsera immanquablement comme un *Swing State* nouveau genre, avec une grande capacité d'ébranlement des marchés énergétiques, les incertitudes internes de son modèle économique étant tout aussi bien susceptibles de déboucher sur un choc pétrolier (si vif regain de son PIB), que de contribuer à inonder le monde de panneaux photovoltaïques bradés (si, à l'inverse, sa croissance reste trop apathique pour en absorber les surcapacités), ou de véhicules électriques aux prix agressifs, en bousculant ainsi la concurrence dans les marchés de la décarbonation.

Dans ces temps particulièrement troublés, observons également que les émissions de CO_2 ont encore augmenté de 1,1 % en 2023 pour atteindre un nouveau record de 37,4 milliards de tonnes (aux deux tiers représentés par un accroissement du recours au charbon), sans voir pour l'heure l'inversion de la courbe des émissions, et les signes tangibles d'une « transition hors des fossiles » sur laquelle s'est conclue la COP28.

Pétrole : la bataille du pic de la demande

Au plan pétrolier, la guerre en Ukraine n'aura pas entraîné de choc de prix durable, signe de résilience de marchés en recomposition rapide. Le cours du baril a navigué aux alentours de $ 80, tout au long de 2023, très en deçà des $ 120 atteints (et même par moments dépassés) à l'été 2022, au plus fort des turbulences guerrières. Cette observation suggère que le marché pétrolier s'est réorganisé de manière efficace et que la ligne restrictive de l'OPEP+ peine à contrebalancer la progression des producteurs externes à la coalition, comme les États-Unis, le Canada, le Brésil et la Guyana. Ces nécessités ont conduit l'OPEP+ à restreindre sa production d'environ 5 millions de barils par jour, comparativement à 2022 (sacrifice largement assumé par Saoudiens et Russes), au moins jusqu'à la mi -2024 et, plausiblement, au-delà. Notons que, après le Qatar (2019), l'Équateur (2020), l'Angola a décidé de quitter l'OPEP en 2023, indice de tensions internes dans la poursuite de la politique de limitation des volumes. En 2024, l'espoir est d'attirer le Brésil dans les rangs de l'OPEP+, pour contrebalancer ce signal.

Une part essentielle de l'explication concernant la modération (relative) des prix est à rechercher du côté de la demande, dont l'Agence internationale de l'énergie (AIE) prévoit une augmentation très modérée en 2024 (+ 1,3 million de barils par jour contre + 2,3 millions en 2023). Même tirée par la Chine, l'Inde et le Brésil, la progression de la demande est contenue dans un contexte de croissance mondiale peu dynamique, alors que le déploiement des énergies renouvelables, la pénétration du véhicule électrique et les mesures d'efficacité énergétique contribuent également à contenir les besoins en produits pétroliers. La courbe de la demande à long terme sera, en particulier, déterminée par la mesure dans laquelle les produits pétrochimiques remplaceront les transports comme principal « relais de croissance », ce qui constitue une source majeure d'incertitude.

Ces prévisions divergent de celles de l'OPEP qui annonce un rythme de progression deux fois supérieur à celui de l'Agence (+ 2,25 millions de barils par jour) en 2024. Cette « joute » entre l'AIE et l'OPEP revêt, certes, les apparences d'une querelle picrocholine entre experts, mais il s'agit d'un combat plus fondamental. L'AIE a « mis le feu » en publiant en 2021 des préconisations pour atteindre le ZEN en 2050 (c'est-à-dire le Zéro Émissions Nettes) : à savoir, cesser immédiatement le développement des nouvelles ressources fossiles, qu'il s'agisse de pétrole, de gaz ou de charbon. Et, dans son *World Energy Outlook* de fin 2023, l'Agence entrevoit un pic de demande, quels que soient ses scénarios, avant 2030 (y compris pour celui qui est basé sur les politiques en cours, pourtant peu volontaristes).

Du côté de l'OPEP, dans le *World Oil Outlook* d'octobre 2023, la demande pétrolière est prévue pour croître de 15 à 20 % dans les scénarios de référence jusqu'en 2045. Ce qui légitime l'expansion de la production pour couvrir une demande additionnelle à 95 % imputable au monde externe à l'OCDE. Ce qui a conduit Amin Nasser, directeur général de Saudi Aramco, à réaffirmer à la CERAWeek de Houston en mars 2024 que « le pic pétrolier et gazier ne sera probablement pas atteint avant un certain temps, et encore moins en 2030 ».

Les enjeux sous-jacents sont critiques : si le pic de la demande était atteint dans les années à venir, le « début de la fin » de l'ère des fossiles présenterait un caractère moins hypothétique qu'au sortir de la COP28. Et, dès lors, les pays exportateurs et importateurs ont un intérêt à inscrire dans le paysage des narratifs distincts, susceptibles d'infléchir les anticipations des acteurs (et leurs stratégies d'investissements), au moins dans le moyen terme. En quelque sorte, l'opposition entre l'AIE et l'OPEP prolonge les lignes de fractures traditionnellement observées à chaque COP, y compris la dernière.

Mais les scénarios de long terme resteront sous la tyrannie du court terme

Mais, dans un environnement combinant les ruptures géopolitiques et les pressions climatiques, les scénarios de long terme sont une course d'obstacles s'enchaînant à des termes courts.

Pour les temps prochains, le périmètre des embargos sur les produits pétroliers russes est susceptible d'évoluer, et cela tant que le conflit en Ukraine se poursuivra. Au cours des premiers mois qui ont suivi l'entrée en vigueur des sanctions sur le pétrole, fin 2022, la Russie a subi à la fois un recul en volume et en prix (pour sa référence de brut « Oural » et ses produits dérivés), les rabais offerts étant destinés à pénétrer plus largement les marchés asiatiques (notamment l'Inde et la Chine en première ligne, mais également la Turquie) pour réorienter des volumes qui étaient jusqu'alors destinés à l'OCDE. Mais, au long de l'année 2023, la décote du pétrole russe s'est réduite : tout d'abord vendu aux alentours de $ 45 (soit nettement sous le plafond des $ 60 établis dans le cadre de l'embargo et, plus encore, sous le prix de marché), le baril russe est remonté vers $ 80 en fin d'année, dans le voisinage immédiat du cours mondial.

L'arme principale des pays désireux de restreindre les recettes pétrolières russes (en fermant leur marché et en tentant d'imposer un *price-cap* de $ 60) consistait à contraindre le transport, dès lors que les membres du G7 sont à la tête des flottes les plus importantes et, au-delà de leurs propres capacités, sont les premiers assureurs des tankers mondiaux (couvrant 90 % des cargaisons). Mais, durant l'année 2023, Moscou a progressivement étendu sa flotte de navires, certains qualifiés de « fantômes », car camouflés derrière des sociétés-écrans pour gagner en autonomie. Ainsi, l'efficacité des contraintes imposées à la Russie en matière pétrolière semble s'être érodée et, si les difficultés militaires ukrainiennes se confirmaient, des sanctions nouvelles s'imposeraient qui pourraient avoir une influence sur les volumes et/ou les prix. Autrement dit, la recomposition de l'ex-marché pétrolier mondial unifié, sous l'effet du conflit en Ukraine, est loin d'être achevée et, même la paix revenue (perspective hypothétique à ce stade), un retour au statu quo *ante* est hautement improbable.

Par ailleurs, la résurgence des tensions géopolitiques au Moyen-Orient marque certes le retour de menaces « classiques » en matière pétrolière, mais elles s'inscrivent cette fois dans un contexte déjà singulièrement complexe, au regard de la fragmentation résultant de l'agression russe. Pour comprendre ce qui est en jeu, il convient de noter qu'en 2023, 10 % du commerce maritime mondial de pétrole et 8 % du commerce mondial de gaz naturel liquéfié ont transité par la mer Rouge. Les attaques de navires dans cette zone par les Houthis, et les frappes menées en retour par les États-Unis et le Royaume-Uni ont conduit à dérouter des pétroliers et à les orienter vers le cap de Bonne-Espérance, avec des surcoûts (en fret et assurance, et en mobilisant plus longuement les tankers) qui pèsent surtout sur l'Europe. Si le conflit changeait d'échelle, en s'étendant au détroit d'Ormuz, ce serait alors le transit de plus d'un quart du commerce mondial de pétrole qui pourrait subir des perturbations, ainsi que les exportations de gaz naturel liquéfié en provenance du Qatar, désormais essentielles pour couvrir les besoins de l'Union européenne.

Enfin, il convient de noter que les tensions ne se limitent pas au pétrole brut. La réduction continue de la capacité de raffinage exposera de nombreux pays à la menace potentielle d'une interruption de l'approvisionnement en produits pétroliers. En raison d'une concurrence accrue et d'une demande incertaine, les pays de l'OCDE ont réduit leur capacité de raffinage au cours de la dernière décennie, en particulier en Europe. Cette tendance devrait se poursuivre, augmentant la dépendance de nombreux pays à l'égard des importations de diesel et de kérosène.

S'acclimater aux menaces de « choc gazier » ?

Mais, à trop regarder du côté pétrolier, on en oublierait presque que la guerre en Ukraine a, surtout, profondément bouleversé le marché gazier, mettant fin à une dizaine d'années que les historiens qualifieront probablement « d'âge d'or » (avec une croissance de 25 % de la consommation entre 2011 et 2021 au niveau mondial), notamment fondé sur sa large disponibilité et sur sa compétitivité. Si les prix ont massivement reflué par rapport aux sommets de 2022, ils restent encore deux fois plus élevés que la moyenne des années pré-covid en Asie et en Europe (conférant, comparativement, un avantage massif à la chimie nord-américaine). Ces prix du gaz structurellement plus élevés débouchent sur une trajectoire de la demande plus affaissée et incertaine, avec une croissance presque entièrement concentrée sur l'Asie émergente et le Moyen-Orient, non nécessairement suffisante pour contrebalancer les réductions de la demande sur les marchés européens et asiatiques plus matures.

Cette accalmie sur les prix ne doit pas non plus occulter la volatilité sous-jacente. Car l'offre de gaz reste sous tension, l'accroissement de la production de GNL (+ 13 milliards de m^3) n'ayant que partiellement compensé le recul des livraisons russes (– 38 milliards de m^3). En août 2023, la volatilité sur le TTF européen (*month-ahead*) a même atteint son plus haut niveau depuis l'invasion de l'Ukraine et l'influence d'« incidents » sur les cours (menaces de grèves en Australie, arrêts non planifiés en Norvège) est venue rappeler la fragilité des équilibres.

Pour les années à venir, et vu d'Europe, il est également possible d'imaginer (sur le fondement de l'expérience acquise lors du « premier » mandat de Donald Trump) que le gaz pourrait faire partie de l'arsenal des pressions sur les « alliés » (et clients) des États-Unis. Dans un contexte où le pacte de l'OTAN pourrait être mis en question, la dépendance des Européens à l'égard du GNL américain constitue un facteur de préoccupation additionnel. Donald Trump, en 2018, avait d'ailleurs fustigé Angela Merkel pour sa préférence à l'égard du gaz russe (plutôt que le GNL américain), confirmée par la perspective d'une mise en service de Nord Stream II, lors d'un sommet de l'OTAN tenu en Allemagne. Les Européens pourraient toucher du doigt les limites du « commerce entre amis » que Janet Yellen cherche à promouvoir.

La décarbonation au risque du *stop & go* ?

La COP28 s'est achevée le 13 décembre 2023 avec l'inclusion de l'expression « transition vers l'abandon des combustibles fossiles » dans les conclusions finales. Cette formule a été saluée comme la première mention, « historique », des combustibles fossiles dans le texte de conclusion d'une COP. Toutefois, comme l'addition des contributions déterminées au niveau national se traduirait par une réduction des émissions de 2 % en 2030 par rapport à 2019, alors qu'une baisse de 43 % est nécessaire (pour tenir l'objectif de + 1,5 °C), l'heure n'était pas à l'emphase.

Comme cette COP s'est tenue à Dubaï, avec une présence très dense de pétroliers et gaziers, ces derniers sont mis sous pression de montrer une capacité d'engagement qui, à court terme, passe prioritairement par une amélioration de leurs process de production : action sur les émissions de méthane (cinquante compagnies pétrolières et gazières ont signé une charte s'engageant à les réduire à un niveau proche de zéro d'ici 2030), arrêt du torchage systématique du gaz, déploiement d'efforts pour viabiliser le CCUS… Le tout sous des observations satellitaires qui permettront de mesurer les réalisations.

La portée des conclusions de la COP28 doit également être « nuancée », car, dans le même temps, la montée des protectionnismes (sous couvert de politique industrielle) dans les marchés des technologies de décarbonation, laisse planer un doute persistant sur l'efficacité du multilatérisme onusien. La Commission européenne a aussi proposé, en mars 2023, le *Net-Zero Industry Act* destiné à renforcer la capacité européenne de fabrication de technologies de décarbonation en réponse directe à l'IRA américain. De façon pragmatique, la Commission a même aménagé certaines règles de concurrence (aides d'État, accords horizontaux…) à la fois pour continuer de soutenir les entreprises pendant la période de turbulences et pour permettre la prise en compte des préoccupations environnementales, comme un élan de pragmatisme dans une concurrence internationale où tous les coups s'annoncent permis.

Et, au sortir de la COP28, il convient de s'interroger non pas seulement sur le bon rythme de progression, mais sur les menaces de recul. Car les risques de *backlash* sont élevés.

À la droite de l'échiquier politique européen, le rythme de la décarbonation et, plus largement, de la transition environnementale est (euphémisme) dénoncé comme une menace. Tendance que ne manqueront pas d'encourager les récents succès électoraux de la droite populiste en Italie, en Suède ou aux Pays-Bas, cela à l'abord des élections européennes. Surtout, dès lors que les tensions portent, au-delà de la seule décarbonation, sur un rythme de la transition environnementale qui pousse l'Europe agricole à bloquer les capitales de l'Union avec des bataillons de tracteurs.

Aux États-Unis, et avant même l'élection présidentielle de fin 2024, les tensions en matière de transition environnementale sont exacerbées. Alors que les outils « ESG » (*Environmental, Social, and Governance*) se sont progressivement diffusés, ils ont aussi donné lieu à un vif conflit politique, mêlant des convictions divergentes sur le rôle social de l'entreprise et des investisseurs. En octobre 2022, une coalition de procureurs généraux des États républicains a adressé des demandes d'enquête à des participants de la *Net Zero Banking Alliance* (coalition d'acteurs de la finance engagés dans la décarbonation) soulevant des questions relatives à la législation antitrust. Cette démarche a été réitérée en mars 2023 auprès des plus grands gestionnaires d'actifs aux États-Unis, les mettant en garde contre des initiatives environnementales et sociales et ouvrant sur des risques juridiques indéterminés. Et ces tensions ne sont pas qu'une affaire intérieure américaine, entre États républicains et démocrates : lors de la CERAWeek de mars 2024, le modèle européen de transition a été fustigé comme à la fois irréaliste dans sa trajectoire et inefficace quant aux moyens utilisés (normes et taxes, schématiquement, plutôt que subventions comme dans l'IRA).

Mais, plus que les premiers indices d'une « transition hors des fossiles », la COP29 (à Bakou) devra crédibiliser les engagements à fournir des financements aux pays en développement, sachant qu'une des conclusions de la COP28 est que le besoin d'investissement pour le monde en développement, jusqu'en 2030, sera de $ 6 000 milliards. La tentation est forte (avec un peu de mauvaise foi) de comparer ce besoin au très remarqué Fonds pour Pertes et Dommages, salué comme une avancée notable depuis la COP27, mais abondé seulement à hauteur de $ 1 milliard, au sortir de Dubaï.

Pétrole : *la géopolitique, toujours et encore !*

Après une année 2022 exceptionnelle avec un prix du Brent de près de $ 101 le baril, les cours du pétrole sont revenus en 2023 à des niveaux plus « normaux » ($ 82,50/b pour le Brent). L'évolution des prix en 2023 confirme que la guerre en Ukraine n'a plus d'impact haussier sur les prix du pétrole. Elle n'a par ailleurs pas non plus créé de pénurie sur le marché pétrolier, mais a généré une réorientation des flux mondiaux, l'Europe se détournant du brut russe pour aller davantage vers l'Amérique du Nord, le Moyen-Orient et l'Afrique et, la Russie augmentant ses exportations vers l'Asie, avec la Chine et l'Inde en tête. En dépit de la guerre en Ukraine, l'OPEP+ a continué en 2023 à réduire sa production pour soutenir les prix du brut, mais l'offre pétrolière mondiale n'a pas diminué, car cette réduction a été plus que compensée par la croissance de la production d'autres pays, notamment américains (États-Unis, Canada, Brésil et Guyana).
Commencée en octobre 2023, la guerre à Gaza n'a, à ce jour, pas eu d'impacts pétroliers majeurs, car les marchés ont l'impression que la situation reste relativement sous contrôle en termes de risques d'extension du conflit, en particulier du fait du renforcement de la présence militaire des États-Unis dans la région et des pressions diplomatiques en vue d'une solution politique dans cette guerre. Mais il est clair que les prix auraient été plus bas sans ce conflit qui, parce qu'il se situe au Moyen-Orient, constitue potentiellement une menace pour le système pétrolier mondial et pour le commerce international, comme le montrent les nombreuses attaques des Houthistes du Yémen contre des navires marchands en mer Rouge depuis la fin 2023.

Sur l'ensemble de 2023, le prix du Brent (*Dated Brent*) coté à Londres s'est établi à $ 82,50 par baril environ. C'est un prix plutôt élevé, mais en forte baisse par rapport à 2022, année au cours de laquelle le prix de ce brut de référence avait atteint $ 100,80/b environ en moyenne annuelle. Le recul est donc d'un peu plus de $ 18 entre 2022 et 2023, soit – 18,1 %. La chute est significative, mais pas vraiment surprenante tant 2022 avait été une année exceptionnelle à plusieurs titres, y com-

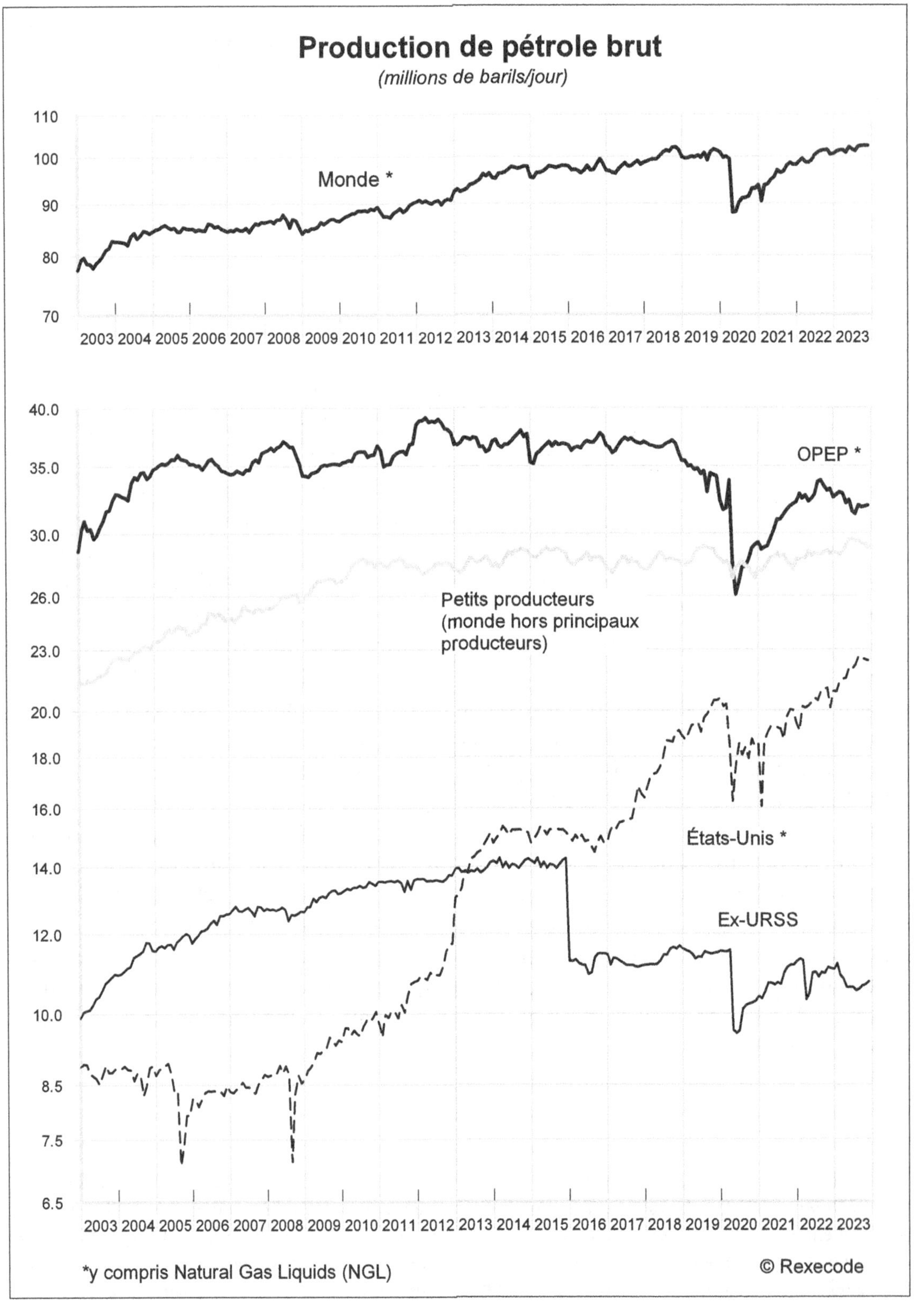
Production de pétrole brut
(millions de barils/jour)
110
100
90
80
70
Monde *
2003 2004 2005 2006 2007 2008 2009 2010 2011 2012 2013 2014 2015 2016 2017 2018 2019 2020 2021 2022 2023
40.0
35.0
30.0
26.0
23.0
20.0
18.0
16.0
14.0
12.0
10.0
8.5
7.5
6.5
OPEP *
Petits producteurs
(monde hors principaux
producteurs)
États-Unis *
Ex-URSS
2003 2004 2005 2006 2007 2008 2009 2010 2011 2012 2013 2014 2015 2016 2017 2018 2019 2020 2021 2022 2023
*y compris Natural Gas Liquids (NGL)
© Rexecode

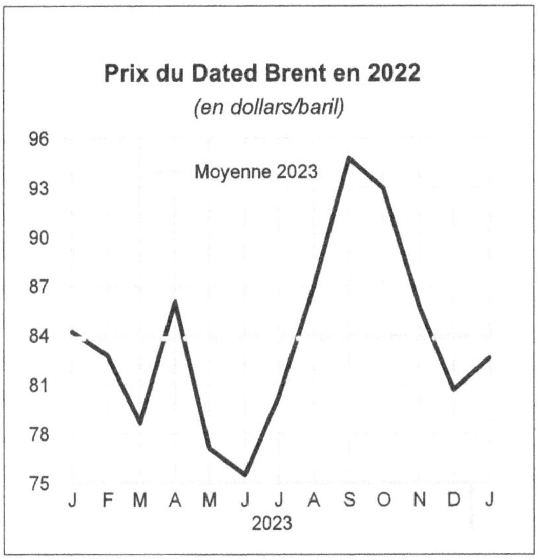

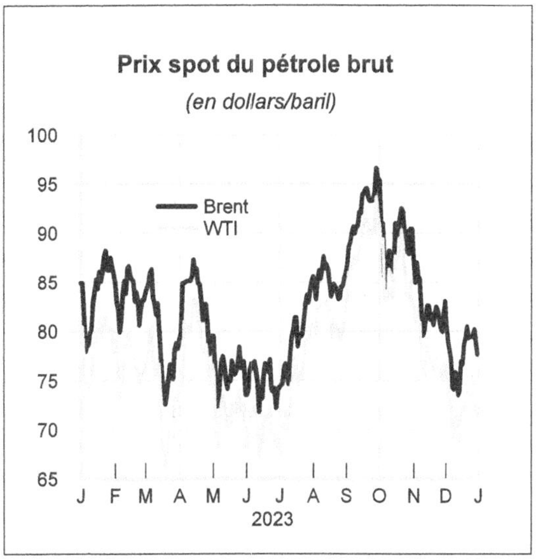

pris pour le marché pétrolier mondial du fait de l'agression de la Russie contre l'Ukraine à partir de la fin février 2022.

Une forte baisse des prix du brut par rapport en 2022, mais des cours qui restent plutôt élevés

Cela dit, les acteurs pétroliers n'ont pas eu de raison de faire grise mine en 2023. Un prix moyen du Brent supérieur à $ 82/b, ce n'est pas forcément très fréquent. Si l'on regarde l'évolution des cours de ce pétrole sur les quinze dernières années, soit depuis 2009, on constate que le niveau de 2023 a été le sixième plus élevé sur cette période, ce qui n'est pas mal du tout. En fait, toujours en moyenne annuelle, les prix du Brent ont été plus élevés qu'en 2023 seulement en 2011 (un peu plus de $ 111/b), 2012, 2013, 2022 et 2014 ($ 99/b pour cette dernière année), ces années étant présentées ici par ordre décroissant. À ce niveau, les pays exportateurs de pétrole encaissent encore de fort bons revenus et les compagnies pétrolières réalisent des profits très importants. Rappelons qu'au début de ce siècle, en 2000, le prix du Brent ne dépassait pas $ 28,50/b (moyenne annuelle). Les cours de ce brut semblaient d'ailleurs se stabiliser autour de $ 80/b au cours des trois derniers mois de 2023 avant la fin de la rédaction de ce chapitre avec $ 82,94/b en novembre, $ 77,63/b en décembre et $ 80,12/b en janvier 2024.

En 2023, l'amplitude des variations des moyennes mensuelles du prix du Brent a été assez importante puisque le pic a été enregistré en septembre avec $ 93,72/b et le creux en juin avec

Prix spot du pétrole en 2023
(en dollars/baril)

	1T2023	2T2023	3T2023	4T2023	2023
WTI	75.96	73.49	82.25	78.63	**77.58**
Brent	81.04	78.02	86.64	83.93	**82.41**

(Source : US Energy Information Administration, février 2024)

Production, consommation et prix pétroliers aux États-Unis

	2022	2023	2024 (p)	2025 (p)
Production de pétrole brut (Mb/j)	11.90	12.93	13.10	13.49
Consommation de liquides (Mb/j)	20.30	20.23	20.39	20.50
Prix du WTI ($ par baril)	94.79	77.58	77.68	74.98

(p) Projections

(Source : US Energy Information Administration, février 2024)

$ 74,84/b, soit un écart de $ 18,90/b environ entre ces deux extrêmes. L'année a d'ailleurs été assez chahutée avec des cours relativement stables autour de $ 80/b durant le premier trimestre, une baisse de presque $ 10 au deuxième trimestre, une forte remontée au troisième trimestre avec un gain de plus de $ 13 entre juillet et septembre et une chute de même ampleur entre octobre et décembre ($ 77,63/b pour ce dernier mois). Une moyenne annuelle cache souvent de fortes variations et cela a été clairement le cas en 2023.

La guerre en Ukraine ne fait plus monter les prix du pétrole et n'a pas généré de pénurie physique

Un élément très important doit être souligné. Il est à présent confirmé que la guerre en Ukraine, qui continue pourtant de façon très intense au début 2024, n'a plus d'impact haussier sur les prix du pétrole. En fait, c'est le cas depuis septembre 2022, mais nous disposons maintenant de plus de recul pour l'affirmer. On ne peut évidemment pas dire que ce ne sera plus jamais le cas. «*Never say never again*», comme dirait James Bond, à très juste titre d'ailleurs. L'impact haussier de ce conflit armé a été très fort entre la fin 2021 (en anticipation d'une guerre qui se rapprochait à grands pas) et la fin août 2022. De même, cette guerre, qui implique la Russie, actuellement deuxième producteur mondial de pétrole, n'a pas entraîné depuis deux ans une pénurie effective de pétrole. Elle a accru les risques de pénurie, mais celle-ci ne s'est pas matérialisée à ce jour. Le marché pétrolier est tendu, mais il n'y a pas eu de déséquilibre entre l'offre et la demande mondiales. Les flux pé-

Production pétrolière mondiale
(en millions de barils/jour)

	2022	2023	2024 (p)	2025 (p)
Offre de liquides OCDE	32.33	34.26	34.68	35.47
Offre de liquides non-OCDE	67.62	67.49	67.62	68.69
Offre de liquides OPEP	34.17	32.19	31.98	32.63
Dont brut OPEP	28.67	26.89	26.66	27.35
Offre mondiale de liquides	**99.95**	**101.75**	**102.3**	**104.17**
Dont offre non-OPEP	65.78	69.56	70.32	71.54

(p) Projections

(Source : US Energy Information Administration, février 2024)

troliers mondiaux ont été fortement modifiés avec très peu de brut russe pour l'Union européenne, du fait d'un embargo (pas à 100 %, mais quasiment total), et des exportations russes en forte hausse vers l'Asie, notamment la Chine et l'Inde. L'Union européenne a compensé cette perte volontaire en se tournant davantage vers l'Amérique du Nord (États-Unis surtout), le Moyen-Orient et l'Afrique.

Au début 2024, la guerre en Ukraine est revenue dans l'actualité pétrolière avec des attaques de ce pays contre des installations pétrolières en Russie. Des raffineries, des installations de stockage et des terminaux d'exportation ont été visés par des drones de fabrication ukrainienne, car les armes livrées par les pays occidentaux à Kiev ne doivent être utilisées que sur le territoire ukrainien. Certains sites ciblés ont été endommagés et les exportations de produits raffinés ont légèrement baissé de façon temporaire. Pour l'Ukraine, il s'agit de porter de façon limitée la guerre sur le territoire russe en cherchant à endommager des sites stratégiques et en créant de l'incertitude.

L'OPEP+ a encore serré le robinet du pétrole en 2023

L'OPEP+, une coalition de vingt-deux pays exportateurs de pétrole, dont les douze pays membres de l'OPEP, avait commencé à réduire sa production à l'automne 2022 au grand dam des pays occidentaux qui souhaitaient au contraire que cette alliance mette plus de pétrole sur le marché compte tenu de la guerre en Ukraine et des sanctions occidentales sur le pétrole russe. En octobre 2022, la production de l'OPEP+ avait été réduite de 100 000 b/j, ce qui est très peu. Mais l'OPEP+ allait ensuite annoncer une réduction de 2 millions de barils par jour (Mb/j), applicable à partir de novembre 2022, ce qui avait alors provoqué une vive tension entre les États-Unis et l'OPEP/OPEP+, d'une part, et entre les États-Unis et l'Arabie saoudite, d'autre part.

En dépit de l'agacement américain, l'OPEP+ a récidivé en 2023 et pas une seule fois. En avril 2023, huit pays de cette coalition indiquent qu'ils vont réduire leur production de 1,2 Mb/j environ entre mai et décembre 2023, dont – 500 000 b/j pour l'Arabie saoudite. Parmi les autres, il y a cinq pays OPEP (Irak, Émirats arabes unis – EAU –, Koweït, Algérie et Gabon) et deux pays non-OPEP (Kazakhstan et Oman). En juin 2023, l'Arabie saoudite annonce une réduction « volontaire » (c'est-à-dire non liée à une décision collective de l'OPEP+) de 1 Mb/j en juillet et précise que celle-ci pourra être prolongée. Ce sera d'ailleurs le cas jusqu'à la fin 2023. Autre mauvaise nouvelle pour les consommateurs, les réductions de production par les huit pays cités ci-dessus seront prolongées jusqu'à la fin 2024. De son côté, la Russie décide de réduire ses exportations pétrolières de 500 000 b/j en août, baisse ensuite ramenée à 300 000 b/j à partir de septembre et maintenue à ce niveau jusqu'à la fin 2023.

Enfin, le 30 novembre 2023, lors d'une réunion ministérielle de l'OPEP+, l'Arabie saoudite a annoncé que sa réduction « volontaire » de 1 Mb/j

Production et capacités OPEP
(en millions de barils/jour)

	1T2023	2T2023	3T2023	4T2023	2023
Production brut OPEP	27.38	27.23	26.37	26.6	**26.90**
Production autres liquides	5.4	5.22	5.26	5.3	**5.30**
Production total OPEP	**32.78**	**32.45**	**31.63**	**31.9**	**32.19**
Capacité de production de brut	30.5	30.31	30.56	30.89	**30.57**

(Source : US Energy Information Administration, février 2024)

L'Angola a quitté l'OPEP au début 2024

L'Organisation des pays exportateurs de pétrole (OPEP) comptait 13 États membres à la fin 2023, dont les cinq géants pétroliers du Moyen-Orient (Arabie saoudite, Iran, Irak, Émirats arabes unis et Koweït), le Venezuela en Amérique du Sud et sept pays africains (Algérie, Libye, Nigeria, Angola, Gabon, République du Congo et Guinée Équatoriale). À la même date, l'OPEP+ comprenait vingt-trois pays, dont les treize États OPEP et dix pays non-OPEP dont la Russie. Mais, à compter du début janvier 2024, l'OPEP regroupe douze pays (vingt-deux pays pour l'OPEP+) du fait du départ de l'Angola. Ce pays a en effet claqué la porte de l'organisation. Ce divorce est lié à l'estimation de ses capacités de production.
En 2023, l'OPEP+ avait demandé à trois entités indépendantes de vérifier les capacités de production des pays de l'alliance. Certains pays étaient particulièrement dans le viseur, car leur production était de façon durable inférieure à leurs allocations fixées par l'OPEP+. L'Angola, la République du Congo et le Nigeria, tous membres de l'OPEP, étaient sur la sellette. Ces trois pays avaient des allocations de production pour 2024 de 1,28 Mb/j, 276 000 b/j et 1,38 Mb/j respectivement. Après étude, le verdict a été le suivant : le Nigeria et le Congo pourraient produire 1,5 Mb/j et 277 000 b/j en 2024. Par contre, pour l'Angola, le chiffre retenu est de 1,11 Mb/j. Ce pays n'a alors pas manqué de faire part de son mécontentement en expliquant à qui voulait l'entendre qu'il n'hésiterait pas à dépasser ce plafond avant d'annoncer qu'il quittait l'OPEP.

serait prolongée jusqu'au 31 mars 2024. Sur ce même trimestre, la réduction elle aussi « volontaire » de la Russie est de 500 000 b/j, mais elle porte sur les exportations de ce pays et elle se décompose en 300 000 b/j de brut et 200 000 b/j de produits raffinés. Par ailleurs, six autres pays ont décidé de réduire leur production au cours du premier trimestre 2024, dont quatre pays OPEP (Irak, EAU, Koweït et Algérie) et deux pays non-OPEP (Oman et Kazakhstan). Au total, l'OPEP+ annonce des coupes de 2,2 Mb/j suite à sa réunion du 30 novembre, mais cette présentation est discutable. En effet, ce chiffre comprend la reconduction de certaines réductions de production effectives depuis 2023. Sur ces 2,2 Mb/j, les nouvelles réductions sont en fait de 900 000 b/j, ce qui ne va pas impressionner les marchés.

Les traders sur les marchés ont également relevé le fait qu'en 2023 les décisions avaient souvent été prises par certains pays OPEP+, et pas par la coalition dans son ensemble, ce qui signifie qu'il y a des divergences au sein de cette alliance sur cette politique de baisses de production. L'analyse est parfaitement exacte et la prise en compte de ces contradictions internes a limité l'impact haussier sur les prix de ces baisses de production.

En janvier 2024, la production de l'OPEP+ était de 41,52 Mb/j, selon l'Agence internationale de l'énergie (AIE, Paris), dont 26,73 Mb/j pour l'OPEP et 14,79 Mb/j pour les pays non-OPEP de l'OPEP+. Ce même mois, la Russie produisait 9,44 Mb/j et l'Arabie saoudite 8,97 Mb/j, selon l'AIE. La capacité de production soutenable de l'OPEP+ était évaluée à 48,32 Mb/j au début 2024.

En dépit des décisions de l'OPEP+, l'offre pétrolière mondiale a continué à croître en 2023

Les décisions de l'OPEP+ ont contribué à soutenir les prix du brut, mais leur impact est resté limité, car elles n'ont pas fait baisser la production mondiale. L'offre a continué à croître et a atteint un niveau record de 102,1 Mb/j en 2023, selon l'*Oil Market Report* (OMR) publié en février 2024 par l'AIE. La progression est de 2 Mb/j par rapport à 2022. En dépit de la guerre en Ukraine et des baisses de production de l'OPEP+, l'offre a couvert la demande qui était, en 2023, un peu inférieure à 102 Mb/j (+ 2,3 Mb/j sur 2022), toujours selon l'AIE. C'est là aussi un record.

Le Brésil se rapproche de l'OPEP+

L'OPEP+ a perdu l'Angola à compte du 1er janvier 2024, mais a cependant enregistré une bonne nouvelle à la fin novembre 2023. Le Brésil se rapproche de cette alliance. À partir de janvier 2024, cet important producteur et exportateur de pétrole se joint à la Charte de coopération adoptée par l'OPEP+ en juillet 2019 (*Charter of Cooperation*).
Cela ne signifie pas automatiquement que le Brésil entrera dans l'OPEP+, mais cette hypothèse est probable même si elle devra être confirmée formellement par les autorités de ce pays.
Rappelons que l'acte fondateur de l'OPEP+ est la Déclaration de coopération signée le 10 décembre 2016 (*Declaration of Cooperation*). L'OPEP existe quant à elle depuis 1960.

L'AIE estime que l'offre pétrolière pourrait augmenter de 1,7 Mb/j en 2024 pour s'établir à 103,8 Mb/j, ce qui serait un nouveau record. Pour sa part, la demande ne progresserait que de 1,2 Mb/j pour s'établir à 103 Mb/j. La hausse de l'offre en 2024 proviendrait à 95 % de pays ne faisant pas partie de l'OPEP+. L'accroissement de la demande proviendrait à 78 % de trois pays émergents, la Chine, l'Inde et le Brésil.

En 2023 et en 2024, la hausse de l'offre pétrolière mondiale a été et sera surtout le fait de quatre pays du continent américain : les États-Unis et le Canada en Amérique du Nord et le Brésil et le Guyana en Amérique du Sud. Pour les deux premiers pays cités, il s'agit essentiellement de pétrole non conventionnel (pétrole de schiste et pétrole extrait des sables bitumineux respectivement).

L'administration Biden reste cependant préoccupée par l'état du marché pétrolier mondial et aimerait que l'OPEP+ augmente sa production alors que, depuis l'automne 2022, cette coalition fait exactement le contraire. En octobre 2023, le gouvernement américain a décidé d'autoriser, pour une période initiale de six mois, les transactions concernant le secteur des hydrocarbures au Venezuela, ce qui inclut les exportations pétrolières. Ce pays contrôle les plus grandes réserves pétrolières prouvées dans le monde devant l'Arabie saoudite, mais produit peu de brut en raison, principalement, de la très mauvaise gestion du pays par les autorités et, dans une moindre mesure, des sanc-

Le Guyana produit à présent plus de 600 000 b/j de pétrole

Avant la fin 2019, le Guyana (ex-Guyane britannique) ne produisait pas une goutte de pétrole. Grâce à des découvertes offshore par ExxonMobil sur le permis de Stabroek, ce pays est devenu producteur de pétrole en décembre 2019 et exportateur de pétrole au début 2020. Et ce n'était que le début de l'histoire pétrolière de ce pays.
Entre la fin 2019 et la fin 2023, trois projets pétroliers, les Phases 1 et 2 de Liza et Payara, ont été mis en exploitation par un consortium dirigé par ExxonMobil. Avec ces projets, la capacité de production du Guyana est à présent de 620 000 b/j et elle devrait doubler d'ici à 2027 pour s'établir à 1,2 Mb/j grâce à trois autres projets, Yellowtail, Uaru et Whiptail. Les deux premiers sont en cours de développement. Pour le troisième, le consortium est en attente de l'approbation par le gouvernement du plan de développement.
ExxonMobil et ses associés, la firme américaine Hess et la CNOOC (Chine), ont découvert à ce jour au large du Guyana des ressources récupérables estimées à au moins 11 milliards de barils. Et l'exploration se poursuit sur Stabroek.

Les trois plus grands producteurs mondiaux de liquides (a)
(en millions de barils/jour)

	2022	2023	2024 (p)	2025 (p)
États-Unis	20.25	21.91	22.15	22.81
Russie	10.94	10.75	10.72	10.73
Arabie saoudite	10.43	9.54		

(p) Projections

(a) Pétrole brut et autres liquides. Brut seulement pour l'Arabie saoudite.

(Source : US Energy Information Administration, février 2024)

tions économiques imposées par les États-Unis depuis l'administration Trump. L'assouplissement temporaire de ces sanctions ne peut cependant pas avoir un impact important au vu de la dégradation du secteur des hydrocarbures au Venezuela. Ce pays produisait seulement 800 000 b/j de brut à la fin 2023 et au début 2024, soit onze fois moins que l'Arabie saoudite qui a des réserves prouvées légèrement inférieures… L'autorisation donnée par l'*Office of Foreign Assets Control* (OFAC), qui fait partie du département du Trésor des États-Unis, expire le 18 avril 2024, mais l'OFAC a laissé entendre que, si le régime du président Nicolas Maduro ne tenait pas ses engagements dans le cadre de la préparation de la prochaine élection présidentielle (prévue en 2024), cette exemption aux sanctions américaines ne serait pas prolongée.

De fort bons résultats pour les Majors pétrolières, mais nettement moins élevés qu'en 2022

En 2023, les bénéfices nets des plus grandes compagnies pétrolières occidentales (Majors) ont été compris entre $ 15 milliards et $ 36 milliards, ExxonMobil étant en tête comme souvent. Pour le géant américain, un bénéfice net de $ 36 milliards en 2023 est un très bon résultat, mais celui-ci était de $ 55,74 milliards en 2022, soit une chute de 35 % en un an. Cette évolution n'est pas surprenante, car 2022 était une année exceptionnelle. Comme indiqué ci-dessus, le prix du pétrole était très élevé en 2022 et il en était de même pour les prix du gaz naturel. Or, les compagnies pétrolières sont des acteurs qui produisent et commercialisent des hydrocarbures. Il y a donc une corrélation très forte entre le niveau des prix du pétrole et du gaz naturel et celui des bénéfices de l'industrie pétrolière.

La guerre à Gaza : à ce jour, pas d'impacts pétroliers importants

Depuis octobre 2023, la guerre entre Israël et le Hamas à Gaza n'a eu qu'un impact modéré sur le marché pétrolier, sur les prix du pétrole et sur le secteur pétrolier. Cela peut sembler assez logique puisque ni Israël ni la bande de Gaza ne produisent du pétrole. Mais Israël et Gaza sont au Moyen-Orient une région qui représente quasiment 50 % des réserves pétrolières prouvées. Une guerre dans cette partie du monde ne peut donc pas laisser indifférents les marchés pétroliers.

Au début du conflit et en gros jusqu'au 20 octobre, les prix du Brent ont progressé et ont passé le seuil des $ 90 par baril. Cette montée des cours, significative, mais pas considérable (rien à voir avec l'impact haussier de la guerre en Ukraine en 2022), reflétait les craintes des traders sur une possible extension de ce conflit au-delà de Gaza. Publiée à la fin octobre 2023, une étude de la Banque mondiale faisait état de trois scénarios de ce type. Le premier se traduirait par une diminution de l'offre pétrolière mondiale comprise entre 500 000 b/j et 2 Mb/j. Dans le deuxième, la baisse serait de 3 à 5 Mb/j. Dans le troisième, elle atteindrait 6-8 Mb/j. Ces trois scénarios font référence à des réalités passées : le premier aurait un impact

Consommation mondiale de liquides (a)
(en millions de barils/jour)

	2022	2023	2024 (p)	2025 (p)
Pays OCDE	45.94	45.85	46.01	46.04
Pays non-OCDE	53.42	55.15	56.41	57.68
Total mondial	**99.36**	**101**	**102.42**	**103.71**

(p) Projections
(a) Pétrole brut et autres liquides.

(Source : US Energy Information Administration, février 2024)

sur l'offre pétrolière comparable à ce qui a suivi le début de la guerre en Libye en 2011 ; le deuxième fait référence à la guerre en Irak en 2003 qui a débouché sur la chute du régime de Saddam Hussein ; et le troisième renvoie à l'embargo imposé à la fin 1973 par l'Organisation des pays arabes exportateurs de pétrole (OPAEP), et non par l'OPEP comme cela a souvent été indiqué à tort. Selon la Banque mondiale, dans le premier scénario, le prix du Brent pourrait être compris entre $ 93/b et $ 102/b. Dans le deuxième, il serait de $ 109-121/b. Et, dans le troisième, il pourrait flamber jusqu'à $ 140-157/b.

Menaces sur le transport maritime mondial

La Banque mondiale n'a évidemment pas de boule de cristal pour prévoir les prix du pétrole et il ne s'agit d'ailleurs pas de prévisions, mais de projections sur la base de divers scénarios. Mais, au-delà des chiffres, l'important est de souligner les risques pétroliers liés à une éventuelle extension du conflit et, dans ce domaine, les scénarios vraisemblables ne manquent malheureusement pas : le Hezbollah au Liban, des milices chiites en Syrie et en Irak soutenues par l'Iran, les Houthistes au Yémen et la République islamique d'Iran elle-même. La hausse des prix du brut en octobre 2023 reflétait les craintes des marchés pétroliers par rapport à de tels scénarios. Mais les cours de l'or noir ont fortement baissé à partir de la fin octobre 2023 et pendant plusieurs semaines, car les traders ont été temporairement rassurés par l'activisme américain sur le plan militaire et diplomatique en vue, justement, d'éviter une extension de la guerre en dehors de Gaza. À partir d'octobre 2023, le Pentagone a envoyé en Méditerranée orientale deux groupes aéronavals autour des porte-avions USS Gerald R. Ford et USS Dwight Eisenhower, un sous-marin, des avions de combat, des forces supplémentaires et des moyens de protection (Patriot, THAAD). Le message est clair : au cas où un acteur étatique ou non étatique voudrait intervenir dans ce conflit, nous avons les moyens de frapper partout au Moyen-Orient, donc que personne ne bouge. Par ailleurs, la diplomatie américaine s'est beaucoup démenée pour essayer, à ce jour sans succès, de trouver une solution politique au conflit à Gaza, le secrétaire d'État, Antony Blinken, s'étant rendu plusieurs fois dans la région.

Troisième phase dans les impacts pétroliers de la guerre, les tensions ont repris à la fin 2023 du fait des attaques des Houthistes contre des navires marchands en mer Rouge. Les Houthistes ont pris le contrôle de la capitale du pays, Sanaa, en 2014, en renversant le gouvernement alors en place au Yémen. Soutenus par l'Iran, ils ont commencé à menacer le commerce maritime dans le contexte de la guerre à Gaza à partir de la seconde quinzaine de novembre 2023, ce qui a de nouveau inquiété les marchés pétroliers. Le Yémen est effectivement très bien placé sur une route maritime clé qui est l'océan Indien, le golfe d'Aden, le détroit de Bab el-Mandeb, la mer Rouge, le canal de Suez et la Méditerranée dans le sens Asie vers Europe (plus l'oléoduc Sumed en Égypte pour le pétrole).

Mer Rouge/canal de Suez : une route maritime très importante

Depuis novembre 2023, les Houthistes au Yémen ont mené de nombreuses attaques contre des navires marchands en mer Rouge ou autour de la mer Rouge. Selon le Pentagone, ces attaques seraient au moins au nombre de 48 entre le 19 novembre 2023 et le 27 février 2024. La mer Rouge fait partie d'une route maritime clé entre l'Asie et l'Europe, dans le sens sud-nord, et entre l'Europe et l'Asie, dans le sens nord-sud. Cette route est très importante pour le commerce mondial en général, mais aussi pour le commerce énergétique : pétrole brut, liquides associés au gaz naturel, produits raffinés et gaz naturel liquéfié (GNL). Elle inclut le canal de Suez et l'oléoduc Sumed (Suez-Méditerranée) qui permettent de relier la mer Rouge à la mer Méditerranée et, ce, dans les deux sens.

Selon l'*US Energy Information Administration* (EIA), qui fait partie du département de l'Énergie des États-Unis (US DOE), cette route maritime représentait 12 % des volumes pétroliers (brut, condensats et produits raffinés) transportés par tanker dans le monde au cours du premier semestre 2023. Pour le GNL, la proportion correspondante était de 8 %. Selon cette même source, les flux pétroliers tels que définis ci-dessus à travers le canal de Suez et le Sumed étaient de 9,2 Mb/j lors de cette période, dont 4,9 Mb/j de brut et de condensats. Les flux de GNL à travers le canal de Suez étaient estimés à 4,1 milliards de pieds cubes par jour (cela représenterait environ 42 milliards de mètres cubes par an).

Le 18 décembre 2023, les États-Unis ont annoncé le lancement de l'opération *Prosperity Guardian* en vue de protéger le plus grand nombre possible de navires contre les attaques des Houthistes. Au début 2024, le Pentagone faisait état de 22 pays participants. Deux mois après le début de *Prosperity Guardian*, l'Union européenne indiquait qu'elle allait lancer sa propre opération navale dans la même région, Aspides, dont le quartier général est basé en Grèce. Ces deux opérations sont de nature défensive, mais, à compter du 11 janvier, les choses allaient évoluer significativement avec des frappes américaines et britanniques contre les Houthistes au Yémen. De la défensive, certains pays occidentaux sont passés à l'offensive.

La guerre à Gaza a commencé à déborder sur une partie du Moyen-Orient

Les marchés pétroliers redoutaient une extension de la guerre à Gaza et nous venons de voir que la dégradation de la situation en mer Rouge autour du Yémen s'inscrit dans cette problématique. Mais un deuxième front a menacé de s'ouvrir à partir de la fin janvier 2024 avec l'attaque par drone d'une base militaire en Jordanie, aux confins de la Syrie et de l'Irak. Cette attaque a débouché sur la mort de trois militaires américains (plus trente à quarante blessés). Pour Joe Biden, qui est en campagne électorale, il n'y avait plus d'hésitation possible de peur d'être considéré comme un président faible et, donc, incapable de diriger à nouveau la première puissance mondiale dans une période remplie de menaces et d'incertitudes : il fallait riposter vite et fort, ce qui a été fait dès le début février.

Au moment de la fin de la rédaction de ce chapitre (fin février 2024), la guerre à Gaza n'avait pas (encore) eu un impact important sur le marché pétrolier et sur les prix du pétrole, à la différence notable de la guerre en Ukraine en 2022. Mais c'est un facteur de risque géopolitique très significatif, notamment dans le cas où le conflit s'étendrait à d'autres zones du Moyen-Orient, ce qui est malheureusement très possible. Cette crainte de l'extension de la guerre a maintenu une pression haussière sur les marchés pétroliers. Sans ce conflit, il est quasiment certain que les cours du brut depuis l'automne dernier auraient été plus bas compte tenu des inquiétudes sur l'économie mondiale. Cela signifie que la fin de cette guerre entraînerait très probablement une chute des prix de l'or noir, toutes choses égales par ailleurs.

Le gouvernement saoudien détient un peu plus de 90 % de Saudi Aramco

Avant décembre 2019, le gouvernement saoudien était le propriétaire à 100 % de Saudi Aramco (Aramco). À la fin de cette même année, il avait cédé 1,73 % du capital grâce à une introduction en bourse. En février 2022, le gouvernement décidait de transférer 4 % du capital du géant saoudien au *Public Investment Fund* (PIF), le fonds souverain du pays. Enfin, en avril 2023, 4 % du capital d'Aramco ont été transférés à la *Saudi Arabian Investment Company* (*Sanabil Investments*), qui est détenue à 100 % par le PIF. À ce jour, la participation directe du gouvernement dans le capital d'Aramco s'établit à 90,19 %.

Le PIF doit jouer un rôle très important dans la diversification de l'économie saoudienne, la priorité du gouvernement et de l'homme fort du régime, le prince héritier Mohamed Ben Salmane, dans le cadre de la fameuse « Vision Arabie saoudite 2030 ». Lui transférer une partie du capital du géant pétrolier mondial Aramco contribue à muscler ce fonds souverain au service de cette stratégie de diversification.

L'Arabie saoudite maintiendra sa capacité de production pétrolière à 12 Mb/j environ

Le 30 janvier 2024, la compagnie nationale de l'Arabie saoudite, Saudi Aramco (Aramco), a indiqué qu'elle ne porterait pas sa capacité maximale soutenable à 13 Mb/j, comme prévu antérieurement. Celle-ci sera maintenue à 12 Mb/j environ. La société a expliqué qu'elle avait « reçu une directive » du ministère de l'Énergie en ce sens. La capacité de 13 Mb/j devait être atteinte d'ici à 2027 et plusieurs projets pétroliers étaient en cours de réalisation dans ce but.

Quelle est la raison ou quelles sont les raisons de ce revirement ? Plusieurs hypothèses sont envisageables : suite à la COP28 à Dubaï en novembre-décembre 2023, qui a souligné la nécessité de s'éloigner des énergies fossiles (*transitioning away from fossil fuels*), l'Arabie saoudite pourrait estimer qu'une telle position pourrait peser négativement sur la demande pétrolière mondiale à terme. Une autre hypothèse est que, sans lien avec la COP28, les dirigeants saoudiens aient révisé à la baisse leur estimation de la demande pétrolière future du fait d'une économie mondiale peu dynamique et revu à la hausse l'estimation de la production provenant des pays non-OPEP+. Une troisième hypothèse est que l'Arabie saoudite ait voulu adresser un message implicite aux pays occidentaux. Ce message pourrait être, en substance, le suivant : puisque vous insistez sur la nécessaire suppression progressive des énergies fossiles (*phase-out*, un terme qui ne figure pas dans le texte final de la COP28), pourquoi devrions-nous continuer à investir des milliards de dollars pour accroître notre capacité qui est déjà de 12 Mb/j ? Quatrième hypothèse (ces quatre hypothèses ne sont pas exclusives l'une de l'autre), l'État saoudien pourrait préparer le terrain à une nouvelle cession d'une petite partie du capital d'Aramco. L'annonce de l'abandon de l'objectif d'une capacité de 13 Mb/j pourrait faire penser aux investisseurs que le géant saoudien serait à l'avenir encore plus rentable que par le passé, ce qui n'est pas peu dire.

De grandes fusions dans l'industrie pétrolière

La période récente et actuelle n'est pas à ce jour comparable à la fin du vingtième siècle avec plusieurs « mégafusions », mais des opérations importantes ont été réalisées. Occidental Petroleum a acquis Anadarko en août 2019 ($ 38 milliards), Chevron a pris le contrôle de Noble Energy en juillet 2020 ($ 5 milliards), Woodside a racheté les opérations pétrolières et gazières de BHP en juin 2022, Chevron a acquis PDC Energy en août 2023 ($ 7,6 milliards) et, surtout, ExxonMobil entend racheter Pioneer Natural Resources (octobre 2023, $ 59,5 milliards).

Pour cette dernière transaction, qui doit encore être approuvée par les actionnaires des deux firmes concernées et par les autorités de régulation, la valeur est en fait de $ 64,5 milliards si l'on inclut la dette nette de Pioneer. Cette acquisition renforcerait encore le poids du géant américain dans le bassin Permien (à cheval sur les États du Texas et du Nouveau-Mexique), qui est l'une des zones clés aux États-Unis pour la production d'hydrocarbures non conventionnels, souvent appelés pétrole et gaz de schiste. Un enjeu clé puisque c'est grâce à ces hydrocarbures non conventionnels que les États-Unis sont devenus le premier producteur mondial de pétrole et de gaz naturel (devant la Russie dans les deux cas).

Peu de temps après cette annonce, le deuxième plus grand pétrolier américain, Chevron, indiquait qu'il allait racheter une autre firme américaine, Hess, pour $ 53 milliards ($ 60 milliards y compris la dette). Pour Chevron, les principaux attraits de Hess sont sa participation sur le permis de Stabroek au large du Guyana aux côtés d'ExxonMobil et des intérêts dans la formation Bakken aux États-Unis, une zone elle aussi riche en hydrocarbures de schiste aux États-Unis. Et, le 12 février 2024, *Diamondback Energy, Inc.* et *Endeavor Energy Resources*, LP ont annoncé qu'elles allaient fusionner. Ce ne sont pas de grands noms de l'industrie pétrolière internationale, mais cela ne signifie pas que cette transaction ($ 26 milliards) ne soit pas importante. Si la fusion avait été effective au quatrième trimestre 2023, la production nette de cette entité composée de ces deux firmes aurait été de 816 000 bep/j (dont 468 000 b/j de pétrole).

Il y a quelques similitudes importantes entre ces projets récents de fusion : les six sociétés concernées sont toutes basées aux États-Unis ; les cibles sont toutes actives dans l'amont pétrolier et gazier (exploration, développement et exploitation d'hydrocarbures) et pas dans l'aval (raffinage/distribution) ; un enjeu clé de ces fusions pour ExxonMobil, Chevron et Diamondback Energy est l'accroissement de leurs actifs, de leurs réserves et de leur production d'hydrocarbures non conventionnels ; et, *last but not least*, l'un des messages clés derrière ces opérations, avant ou après la COP28, est que les hydrocarbures ont encore de beaux jours devant eux, notamment le pétrole et le gaz non conventionnels aux États-Unis.

Produits pétroliers :

en dépit d'une baisse importante par rapport à 2022, les marges de raffinage sont restées élevées en 2023

Les marges de raffinage ont baissé de façon significative par rapport à l'exceptionnelle année 2022, mais se sont néanmoins établies à des niveaux élevés, ce qui a généré de fort bons bénéfices pour les activités aval des compagnies pétrolières. La volatilité de ces marges est demeurée élevée, mais c'est là l'une des caractéristiques clés de l'industrie du raffinage. Avec 82,6 Mb/j selon l'Agence internationale de l'énergie, les volumes de pétrole brut traités dans les raffineries mondiales ont dépassé en 2023 le résultat de 2019. Le poids de la Chine dans le total mondial était de 18 % environ en 2023.
À partir du printemps 2022, les pays occidentaux ont commencé à imposer des sanctions énergétiques contre la Russie. En 2023, le raffinage a été inclus dans cette dynamique avec un embargo de l'Union européenne sur les produits raffinés russes et la fixation par les pays occidentaux de deux prix maxima sur les produits pétroliers exportés par la Russie vers les marchés non occidentaux.
Avec la Chine en tête, des pays asiatiques ont continué en 2023 à intensifier leur coopération pétrolière avec des pays du Moyen-Orient, comme l'illustrent les accords conclus entre Saudi Aramco et Rongsheng Petrochemical.

En 2023, la marge brute de raffinage en Europe sur le pétrole Brent s'est établie à € 71/t, soit une baisse de 29,7 % par rapport à 2022 (€ 101/t en moyenne annuelle). 2022 était une année exceptionnelle du fait du début de la guerre en Ukraine et il n'est donc pas surprenant de constater une nette diminution des marges de raffinage en 2023. Mais le niveau moyen de 2023 reste très élevé. En fait, il s'agit de la marge moyenne la plus importante (hors 2022) depuis longtemps. Si l'on prend la période depuis 2015, 2023 est la deuxième année après 2022 et l'écart avec la troisième (2015 – € 46/t) est grand. Sur la période entre 2015 et 2023, la moyenne était de € 39,80/t environ.

Une très grande volatilité des marges de raffinage en Europe

Il est bien connu que les marges de raffinage sont volatiles et les dernières années illustrent bien cette réalité. Parmi ces neuf années, la marge la plus basse a été, sans surprise, en 2020 (€ 11/t) et la plus élevée en 2022 (€ 101/t), soit un écart d'un à neuf. Cela dit, il faut souligner que cette période

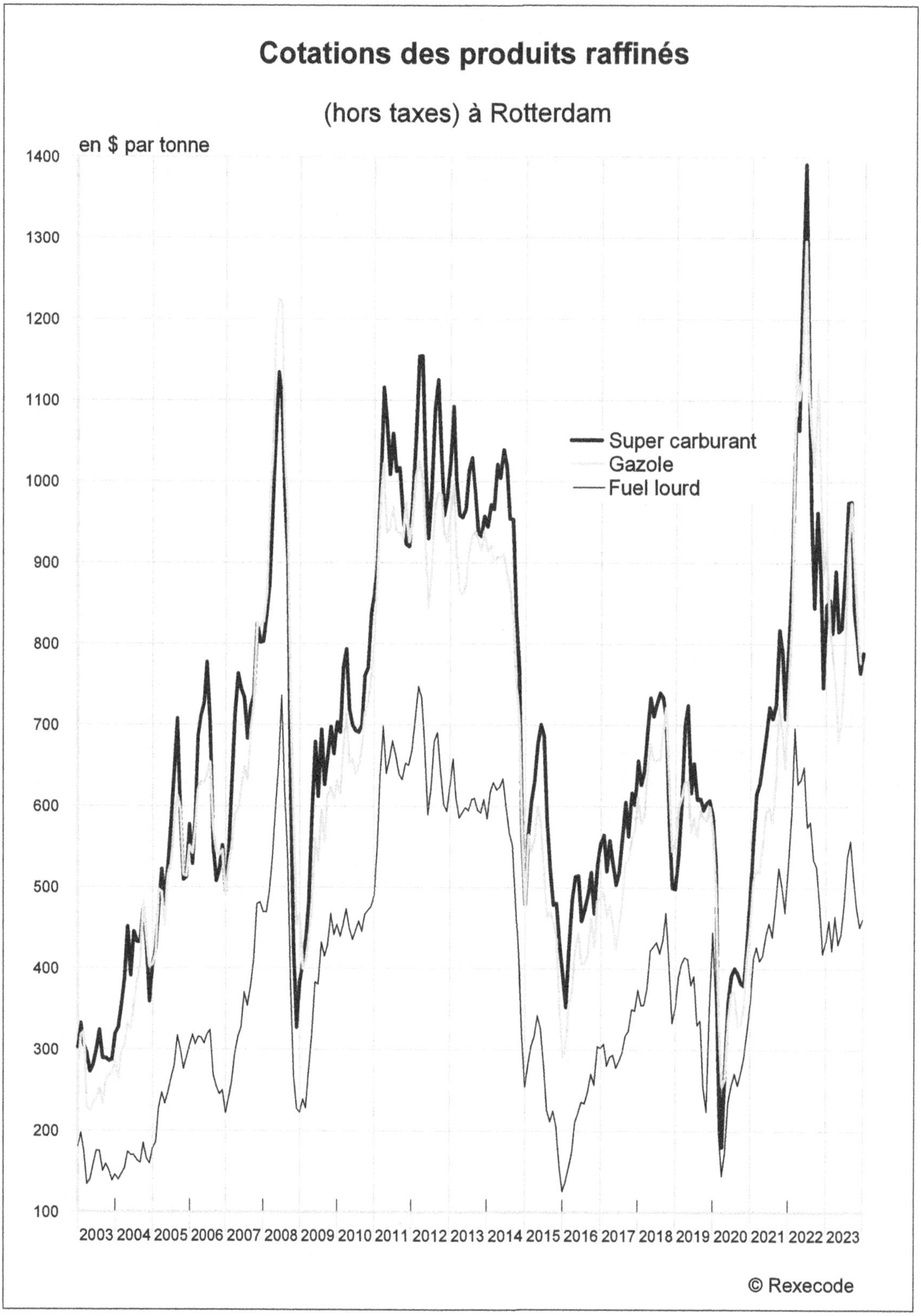
Cotations des produits raffinés
(hors taxes) à Rotterdam
en $ par tonne
1400
1300
1200
1100
1000
900
800
700
600
500
400
300
200
100
Super carburant
Gazole
Fuel lourd
2003 2004 2005 2006 2007 2008 2009 2010 2011 2012 2013 2014 2015 2016 2017 2018 2019 2020 2021 2022 2023
© Rexecode

Marges brutes de raffinage en Europe
(en euros par tonne)

2013	2014	2015	2016	2017	2018	2019	2020	2021	2022
17.8	24.0	45.2	25.3	34.0	28.0	29.0	11.0	14.0	101.0

(Sources : Union Française des Industries Pétrolières (UFIP), CPDP, Refinitiv, méthodologie Direction générale de l'Energie et du Climat (DGEC, France))

contient deux années exceptionnelles, 2020, avec la pandémie de covid et la plus grave récession économique mondiale depuis les années trente, et 2022, avec la guerre en Ukraine, ce qui a contribué à accroître la volatilité des marges par rapport à une période un peu plus normale (les chiffres cités dans ce chapitre sur les marges en Europe proviennent de la direction générale de l'énergie et du climat – DGEC – du ministère français de la Transition écologique et de la Cohésion des territoires).

Cette volatilité se retrouve aussi dans le courant de l'année avec un pic de € 121/t en août et un creux de € 25/t en avril, soit un écart de presque un à cinq. Les marges ont fortement chuté entre janvier (116/t) et avril 2023 (€ 25/t) avant de remonter entre avril et août (€ 121/t) puis de chuter à nouveau sur septembre et octobre (€ 56/t pour ce dernier mois) avant de se stabiliser à € 67-68/t en novembre et décembre. L'année 2024 a commencé avec une marge de € 64/t en janvier.

Comme cela a été le cas au cours des dernières années, les marges de raffinage en Europe, sur les marchés méditerranéens et en Asie (Singapour) ont été inférieures à celles enregistrées aux États-Unis. Selon l'Agence internationale de l'énergie (AIE, Paris), au troisième trimestre 2023, pour le craquage d'un brut léger et peu soufré (*light sweet*), la marge était de 15,37/b pour l'Europe

Naphta Europe CIF
(en dollars/tonne)

Volumes de brut traités dans les raffineries
(en millions de barils/jour)

	2020	2021	2022
OCDE Amériques	16.59	17.79	18.68
OCDE Europe	10.65	10.92	11.41
OCDE Asie/Océanie	5.87	5.76	6.07
Total OCDE	33.12	34.47	36.16
Total non-OCDE	40.61	42.84	43.38
Total mondial	**73.73**	**77.30**	**79.53**

(Source : OPEC, Oil Market Report, mars 2023)

Consommation mondiale de liquides
(en millions de barils/jour)

	2022	2023	2024
États-Unis	20.28	20.45	20.76
Chine	15.15	15.86	16.25
Total mondial	**99.42**	**100.90**	**102.69**

(Source : US EIA Short-Term Energy Outlook, mars 2023 – Analysis and forecast to 2024)

du Nord-Ouest, de $ 18,58/b pour la région méditerranéenne, de $ 8,94/b pour Singapour, de $ 26/b pour la région du golfe du Mexique (*US Gulf Coast*) et de $ 20,43/b pour le Midwest américain.

Selon TotalEnergies, sa marge sur capitaux variables (MCV) pour ses activités de raffinage était de $ 69,3 par baril en 2023, contre $ 94,1/b en 2022 (– 26 %). Pour BP, sa *refining marker margin* (RMM) était respectivement de $ 33,1/b et de $ 25,8/b.

La Chine tire à la hausse le raffinage mondial

Selon l'AIE, la République Populaire de Chine a été à l'origine de plus de 75 % de la hausse des volumes de brut traités dans les raffineries dans le monde en 2023 (1,5 million de barils par jour sur 1,9 Mb/j), mais cette proportion pourrait chuter à 30 % en 2024 du fait du développement des capacités dans d'autres pays et régions. À la fin 2023, ces volumes étaient approximativement de 15,7 Mb/j en Chine sur un total mondial de plus de 84 Mb/j, soit une part de près de 19 %. Sur l'ensemble de 2023, les volumes de brut traités dans les raffineries mondiales sont estimés par l'AIE à 82,6 Mb/j, en forte progression par rapport à l'année précédente (80,7 Mb/j). On peut cependant noter que le chiffre de 2023 est à peine plus élevé que celui de 2019 (82,4 Mb/j) car les volumes de brut traités avaient fortement chuté en 2020 (75,1 Mb/j).

En 2023, les volumes de brut traités dans les raffineries chinoises ont été de 15,1 Mb/j, contre 13,4 Mb/j en 2019. Pour les pays non OCDE, dont la Chine, les volumes correspondants étaient de 46,5 Mb/j (44,3 Mb/j en 2019), contre 36,1 Mb/j pour les pays OCDE (38,1 Mb/j en 2019), dont 18,7 Mb/j (19,1 Mb/j en 2019) pour les pays américains membres de l'OCDE (essentiellement Amérique du Nord).

Pour 2024, la projection de l'AIE est de 83,6 Mb/j, dont 48 Mb/j pour les pays non OCDE (15,4 Mb/j pour la Chine) et 35,6 Mb/j pour l'OCDE. Depuis 2020, la croissance a été ininterrompue, mais, du fait de la pandémie du covid, ce n'est qu'en 2023 que le niveau de 2019 a été dépassé. Si l'on ne construit plus de nouvelles raffineries dans les pays OCDE (ce qui ne signifie pas que l'on ne construise pas de nouvelles unités dans des raffineries existantes), ce n'est pas le cas dans le monde non OCDE qui tire à la hausse la demande pétrolière mondiale. Outre les géants asiatiques que sont la Chine et l'Inde, on peut citer notamment la raffinerie de Dangote au Nigeria (650 000 b/j), la plus importante sur le continent africain, et celle de Duqm (230 000 b/j) dans le sultanat d'Oman. En 2023, sur une demande pétrolière d'environ 102 Mb/j, un record historique, la part des pays non OCDE était de 56 Mb/j, contre 52,7 Mb/j en 2021.

Nouvelles sanctions occidentales contre la Russie

À partir du 5 février 2023, l'embargo de l'Union européenne sur les produits raffinés russes est entré en vigueur. À compter du même jour, le G7, l'Union européenne et l'Australie (trente-deux pays au total) ont imposé deux prix plafonds pour les produits raffinés russes exportés

Capacités de raffinage et taux d'utilisation aux États-Unis
(en millions de barils/jour)

	2022	2023	2024
Inputs pour les raffineries (distillation)	15.93	16.37	16.12
Capacités de distillation exploitables	17.97	18.21	18.00
Taux d'utilisation des capacités de distillation (%)	0.92	0.91	0.91

(Source : US EIA Short-Term Energy Outlook, mars 2023 – Analysis and forecast to 2024)

par la voie maritime (un prix plafond sur le pétrole brut exporté avait été mis en place en décembre 2022). Le premier concerne les produits pétroliers bien valorisés sur les marchés, ce qui signifie que leurs prix sont normalement supérieurs à ceux du brut. Le second porte sur les produits dont les prix sont habituellement largement inférieurs à ceux du brut. La première catégorie comprend principalement les carburants pour les automobiles et les avions et le plafond est de $ 100/b. La seconde catégorie inclut notamment le naphta et le fioul lourd, et le plafond est de $ 45/b. Ces plafonds sont susceptibles d'être révisés, mais ne l'ont pas été à ce jour (début mars 2024).

Une coopération croissante entre le Moyen-Orient et l'Asie

Le Moyen-Orient représente environ 50 % des réserves pétrolières prouvées mondiales et, pour le gaz naturel, la proportion correspondante est de presque 40 %. L'Asie pèse pour un peu moins de 40 % de la demande pétrolière mondiale et ce pourcentage va en augmentant. Il est donc parfaitement logique que ces deux régions développent depuis des années une coopération pétrolière et cela vaut aussi pour le raffinage et la pétrochimie.

En 2023, le géant saoudien Saudi Aramco (Aramco) a ainsi signé des accords très importants avec le groupe chinois Rongsheng Petrochemical Company Limited. Aux termes de ces accords, Aramco a acquis une participation de 10 % dans le capital de Rongsheng Petrochemical, qui est engagée dans le raffinage et la pétrochimie en Chine. Par ailleurs, Aramco livrera à Zhejiang Petroleum and Chemical Company Limited, une filiale de Rongsheng Petrochemical, 480 000 b/j de brut sur le long terme. Zhejiang est l'opérateur de l'un des plus grands complexes intégrés de raffinage et de pétrochimie en Chine. Ce pays poursuit sa stratégie de sécurisation de ses approvisionnements et l'Arabie saoudite, *via* le groupe étatique Aramco, qui est d'ailleurs le géant pétrolier mondial, sécurise ses débouchés pour son pétrole en approfondissant sa relation avec le deuxième consommateur mondial (après les États-Unis) et le premier importateur mondial d'or noir.

Des bénéfices importants pour les compagnies pétrolières

Du fait des marges élevées de raffinage, 2023 a été une très bonne année pour les activités aval (raffinage, commercialisation de produits raffinés et pétrochimie) des grandes compagnies pétrolières internationales même si les résultats sont évidemment en baisse par rapport à 2022. La plus importante d'entre elles, ExxonMobil, a annoncé un bénéfice de $ 12,14 milliards pour son segment de produits énergétiques (ce qui correspond en gros au raffinage et à la commercialisation de produits pétroliers) en 2023, contre $ 14,97 milliards en 2022. En volume, les ventes de ces produits ont augmenté par rapport à l'année précédente, passant de 5,35 millions de barils par jour (Mb/j) en 2022 à 5,46 Mb/j en 2023. TotalEnergies a même affiché un taux de rentabilité sur les capitaux moyens employés (ROACE) de… 69 % pour ses activités raffinage-chimie en 2023 alors que le ROACE pour l'ensemble des activités du groupe français

Taux d'utilisation des capacités de raffinage
(%)

	Octobre 2021	Octobre 2022
États-Unis	89	84
OCDE Amériques	87	82
OCDE Europe	80	82
Japon	79	73
OCDE Asie/Océanie	78	76
Total OCDE	**83**	**81**

(Source : US EIA, Oil Market Report, décembre 2022)

était de 18,9 % l'an dernier. Le taux d'utilisation de ses capacités de raffinage s'est établi à 85 % en 2023. Le résultat opérationnel net ajusté de la branche raffinage-chimie de la compagnie a certes baissé de 36 % par rapport à 2022, mais il était quand même de $ 4,65 milliards en 2023, ce qui est fort bon. Quant à Chevron, le deuxième pétrolier américain après ExxonMobil, son profit dans l'aval était de $ 6,14 milliards, contre $ 8,15 milliards en 2022.

Des investissements ciblés dans l'aval pétrolier

Les grandes compagnies pétrolières internationales continuent à investir dans l'aval pétrolier, mais de façon limitée et très sélective. Sur 2022 et 2023, ExxonMobil a ainsi investi $ 2,41 milliards et $ 2,77 milliards dans son activité « produits énergétiques » alors que ses investissements dans l'amont (exploration, développement et production d'hydrocarbures) étaient dans le même temps de $ 17 milliards et de $ 19,8 milliards. Il faut cependant préciser que le segment « produits énergétiques » n'inclut pas ici la pétrochimie ($ 2,7 milliards d'investissements en 2023) et les produits de spécialités comme les lubrifiants ($ 454 millions). Pour TotalEnergies, les investissements dans le secteur raffinage-chimie étaient de $ 1,9 milliard en 2023 (+ 50 % sur 2022), contre $ 7,5 milliards pour l'amont (– 25 %) : des montants beaucoup plus faibles que ceux alloués à l'amont, mais certainement pas négligeables.

Shell, le deuxième pétrolier privé mondial après ExxonMobil, a annoncé que le traitement du pétrole brut sur son site de Wesseling en Allemagne ne serait pas poursuivi au-delà de 2025, mais qu'il continuera sur le site de Godorf

Évolution future des capacités mondiales de raffinage (*)
(en millions de barils/jour)

2020	2021	2022	2023	2024	2025	2026	Total
121	-129	1 263	1 472	760	1 010	414	**4 911**

* Nouvelles raffineries et expansion des raffineries existantes

(Source : Agence Internationale de l'Énergie. Oil 2021 – Analysis and forecast to 2026)

dans le même pays. En janvier 2024, le groupe a pris la décision finale d'investissement (DFI) pour un projet consistant à convertir l'hydrocraqueur de Wesseling en unité de production d'huiles de base qui seront utilisées pour la fabrication de lubrifiants de haute qualité pour lesquels le marché est orienté à la hausse au plan mondial. De son côté, Chevron a transformé son unité d'hydrotraitement de la raffinerie d'El Segundo (Californie) en vue de lui permettre de traiter des charges d'alimentation (*feedstocks*) traditionnelles (donc pétrolières) ou renouvelables afin de disposer d'une plus grande flexibilité dans ses approvisionnements.

Gaz naturel et GNL :
retour progressif à la normale

Les tempêtes sur le marché du gaz sont désormais du passé. Sur tous les marchés (États-Unis, Europe, Asie), les prix se sont inscrits en forte baisse. Le monde a appris à vivre avec moins de gaz russe, et même avec moins de gaz tout court, au moins en Europe ! Pour l'avenir, le contraste est grand entre volontarisme au Qatar et doutes américains.

Après la stupeur et les tremblements déclenchés par la campagne militaire lancée par la Russie contre l'Ukraine le 24 février 2022, l'année 2023 a été relativement plus calme sur les marchés du gaz.

La baisse des prix qui avait débuté durant le second semestre de 2022 s'est poursuivie en 2023, sous la pression d'un bilan gazier européen finalement très confortable.

En effet, la combinaison d'une offre confortable et d'une demande relativement faible a maintenu les stocks européens de gaz à des niveaux élevés. À la fin de l'année 2023, ils atteignaient 92 Bcm (milliards de mètres cubes), contre 87 Bcm en 2022 et 56 Bcm en 2021.

Détente en Europe, mais également en Asie. Les importations asiatiques de GNL ont certes rebondi, mais elles sont restées en dessous de leur niveau de 2021.

Preuve du retour à la « normale », les prix du gaz en Europe et en Asie sont tombés en dessous des prix du pétrole à partir d'avril 2023. Ils sont repassés au-dessus en octobre et novembre 2023, soutenus notamment par les menaces de grève sur des terminaux GNL australiens, avant de chuter à nouveau.

Les prix du TTF month-ahead sont ainsi passés de € 77/MWh le 2 janvier 2023 à € 32/MWh le 29 décembre 2023. Quant aux prix du TTF year-ahead, ils ont conservé une prime de risque importante une bonne partie de l'année avant de chuter significativement en fin d'année et de clôturer à € 35/MWh le 29 décembre 2023, contre € 78/MWh le 2 janvier 2023.

Certes en forte baisse, les exportations de gaz russe vers l'Europe se sont poursuivies

Sur l'ensemble de l'année 2023, la Russie a exporté 26 Bcm de gaz par gazoducs vers les pays de l'Union européenne (contre 64 en 2022 et 139 Bcm en 2021) : 13 Bcm *via* l'Ukraine et 13 Bcm *via* la Bulgarie par le gazoduc TurkStream 2.

Malgré la guerre, les exportations *via* l'Ukraine se sont donc poursuivies, même si on est très loin des 86 Bcm de 2019.

En revanche, les exportations passant par les gazoducs Nord Stream 1 et Yamal (vers la Pologne), qui avaient été arrêtées courant 2022, n'ont pas redémarré en 2023.

Production de gaz naturel
(en milliards de m³)

	2018	2019	2020	2021	2022	Taux de croissance annuel (en %) 2022	2012-2022	(%) du total 2022
Canada	176.8	169.6	165.6	172.3	**185**	7.4	2.1	4.6
Mexique	37.9	36.7	35.5	38.4	**40.4**	5.2	-2.3	1.0
États-Unis	840.9	928.1	916.1	944.1	**978.6**	3.6	4.2	24.2
Amérique du Nord	**1 055.6**	**1 134.4**	**1 117.2**	**1 154.9**	**1 203.9**	**4.2**	**3.5**	**29.8**
Argentine	39.4	41.6	38.3	38.6	**41.6**	7.7	1.3	1.0
Bolivie	17.3	15.1	14.7	15.1	**13.4**	-11.5	-2.3	0.3
Brésil	25.2	25.7	24.2	24.3	**23**	-5.6	1.5	0.6
Colombie	12.4	12.6	12.5	12.6	**12.4**	-1.1	0.8	0.3
Pérou	12.8	13.5	12.2	11.5	**13.8**	20.5	1.5	0.3
Trinité-et-Tobago	34	34.6	29.5	24.7	**26**	5.1	-3.9	0.6
Venezuela	31.6	25.6	21.6	28.1	**29.2**	4.0	-0.9	0.7
Autres Amérique du Sud et centrale	3	3.2	2.7	2.6	**2.6**	3.2	-1.2	0.1
Total Amérique du Sud et centrale	**175.7**	**171.9**	**155.5**	**157.5**	**162**	**2.9**	**-0.5**	**4.0**
Danemark	4.3	3.2	1.4	1.5	**1.5**	0.2	-13.1	♦
Allemagne	5.5	5.3	4.5	4.5	**4.3**	-6.2	-7.7	0.1
Italie	5.2	4.6	3.9	3.2	**3.2**	-0.8	-9.1	0.1
Pays-Bas	32.5	27.7	20.1	18	**15.1**	-16.5	-14.0	0.4
Norvège	121.3	114.3	111.5	114.3	**122.8**	7.5	0.8	3.0
Pologne	4	4	3.9	3.9	**4**	3.0	-1.3	0.1
Roumanie	10	9.6	8.6	8.6	**8.8**	2.3	-1.3	0.2
Ukraine	19.7	19.4	19.1	18.7	**17.5**	-6.6	-1.0	0.4
Royaume-Uni	40.6	39.3	39.6	32.8	**38.2**	16.4	-0.3	0.9
Autres Europe	8.4	7.4	6.3	5.4	**5.1**	-5.5	-4.9	0.1
Total Europe	**251.5**	**234.8**	**218.9**	**211**	**220.4**	**4.5**	**-2.6**	**5.4**
Azerbaïdjan	18.8	23.9	25.9	31.8	**34.1**	7.3	7.3	0.8
Kazakhstan	39.2	33.5	30.6	26.7	**26**	-2.8	-1.1	0.6
Russie	669.1	679	638.4	702.1	**618.4**	-11.9	0.3	15.3
Turkménistan	61.5	63.2	66	79.3	**78.3**	-1.3	2.9	1.9
Ouzbékistan	58.3	57.5	47.1	50.9	**48.9**	-4.0	-1.4	1.2
Autres CIS	0.3	0.3	0.3	0.3	**0.3**	-10.7	-1.1	♦
Total des CIS	**847.2**	**857.4**	**808.4**	**891.2**	**805.9**	**-9.6**	**0.5**	**19.9**
Bahreïn	14.6	16.3	16.4	17.2	**17.1**	-0.7	2.7	0.4
Iran	224.9	232.9	249.5	256.7	**259.4**	1.1	5.2	6.4
Irak	10.6	11	7	9.1	**9.4**	3.5	4.0	0.2
Koweït	16.9	13.3	12.2	12.1	**13.4**	10.4	-1.0	0.3
Oman	36.3	36.7	36.9	40.2	**42.1**	4.6	4.0	1.0
Qatar	175.2	177.2	174.9	177	**178.4**	0.8	0.9	4.4
Arabie saoudite	112.1	111.2	113.1	114.5	**120.4**	5.2	2.5	3.0
Syrie	3.5	3.3	2.9	3.1	**3.1**	-0.2	-6.6	0.1
Émirats arabes unis	52.9	56.2	50.6	58.3	**58**	-0.6	0.9	1.4
Yémen	0.1	0.1	0.1	0.1	**0.1**	♦	-33.4	♦
Autres Moyen-Orient	10.1	10.3	15	17.9	**20**	11.4	23.0	0.5
Total Moyen-Orient	**657.2**	**668.3**	**678.8**	**706.2**	**721.3**	**2.1**	**2.8**	**17.8**
Algérie	93.8	87	81.4	101.1	**98.2**	-2.9	2.3	2.4
Égypte	58.6	64.9	58.5	67.8	**64.5**	-4.9	1.0	1.6
Libye	13.2	13.5	12.4	14.5	**14.8**	2.4	2.5	0.4
Nigeria	48.3	49.3	49.4	45.2	**40.4**	-10.6	0.3	1.0
Autres Afrique	27.9	28.4	29.8	30.4	**31.1**	2.1	5.1	0.8
Total Afrique	**241.8**	**243**	**231.4**	**259**	**249**	**-3.9**	**1.9**	**6.2**

Australie	127.4	146.1	145.9	148.2	**152.8**	3.1	10.1	3.8
Bangladesh	26.6	25.3	23.7	23.6	**23.3**	-1.5	0.9	0.6
Brunei	12.6	13	12.6	11.5	**10.6**	-8.2	-1.4	0.3
Chine	161.4	176.7	194	209.2	**221.8**	6.0	7.1	5.5
Inde	27.5	26.9	23.8	28.5	**29.8**	4.4	-2.2	0.7
Indonésie	72.8	67.6	59.5	59.3	**57.7**	-2.7	-3.0	1.4
Malaisie	76.1	77.5	72.2	78	**82.4**	5.7	1.8	2.0
Birmanie	17	18.5	17.5	17.2	**16.9**	-1.7	3.0	0.4
Pakistan	34.2	32.7	30.6	32.7	**28.7**	-12.2	-2.4	0.7
Thaïlande	34.7	35.8	32.7	31.5	**25.6**	-18.7	-4.0	0.6
Vietnam	9.7	9.8	8.8	7.2	**7.8**	8.3	-1.5	0.2
Autres Asie-Pacifique	26.9	28.7	29	26.8	**23.8**	-11.0	3.0	0.6
Total Asie-Pacifique	**626.8**	**658.5**	**650.4**	**673.8**	**681.3**	**1.1**	**3.1**	**16.8**
Total Monde	**3 855.8**	**3 968.4**	**3 860.6**	**4 053.4**	**4 043.8**	-0.2	2.0	100.0
dont : OCDE	1 434.5	1 516.9	1 488.7	1 523.5	**1 589.1**	4.3	3.0	39.3
Hors OCDE	2 421.3	2 451.6	2 371.9	2 529.9	**2 454.7**	-3.0	1.4	60.7
Union européenne #	69	61	47.8	44.3	**41.1**	-7.2	-9.7	1.0

* Excludes gas flared or recycled. Includes natural gas produced for Gas-to-Liquids transformation.
♦ Less than 0.05%.
Excludes Estonia, Latvia and Lithuania prior to 1985 and Croatia and Slovenia prior to 1990. Notes: As far as possible, the data above represents standard cubic metres (measured at 15oC and 1013 mbar); as they are derived directly from measures of energy content using an average conversion factor and have been standardized using a Gross Calorific Value (GCV) of 40 MJ/m3, they do not necessarily equate with gas volumes expressed in specific national terms.
Annual changes and shares of total are calculated using billion cubic metres figures.

(Source : BP Statistical Review of World Energy 2023)

Les exportations vers la Turquie (*via* les gazoducs TurkStream 1 et BlueStream) se sont légèrement repliées, passant de 21,8 Bcm en 2022 à 20,5 Bcm en 2023.

En revanche, les exportations vers la Chine (*via* le gazoduc Power of Siberia) ont augmenté, passant de 15,5 Bcm en 2022 à 22,7 Bcm en 2023.

Au final, les exportations de gaz gazeux russe à l'étranger ont atteint 69 Bcm en 2023, en forte baisse par rapport aux 101 Bcm de 2022.

Pour l'Europe, les importations de gaz gazeux en provenance des autres fournisseurs se sont globalement légèrement repliées en 2023.

Les importations en provenance de l'Azerbaïdjan sont restées stables à 11,8 Bcm. Rappelons que l'Azerbaïdjan est considéré par l'Union européenne comme un partenaire fiable, sur lequel elle compte s'appuyer dans sa stratégie de remplacement du gaz russe. Depuis l'invasion de la Russie par l'Ukraine, l'intérêt pour augmenter la capacité du gazoduc Southern Gas Corridor (par lequel transitent les exportations de l'Azerbaïdjan vers l'Europe) s'est accru avec l'objectif de porter les exportations à 20 Bcm/an d'ici 2027.

Les importations en provenance d'Afrique du Nord (Algérie et Libye) ont légèrement baissé, atteignant 33 Bcm en 2023, contre 34 Bcm en 2022.

Quant aux livraisons de gaz norvégien, elles se sont repliées à 107 Bcm, contre 115 Bcm en

Principales exportations de gaz de la Russie aux pays de l'UE
(en milliards de m³ par an)

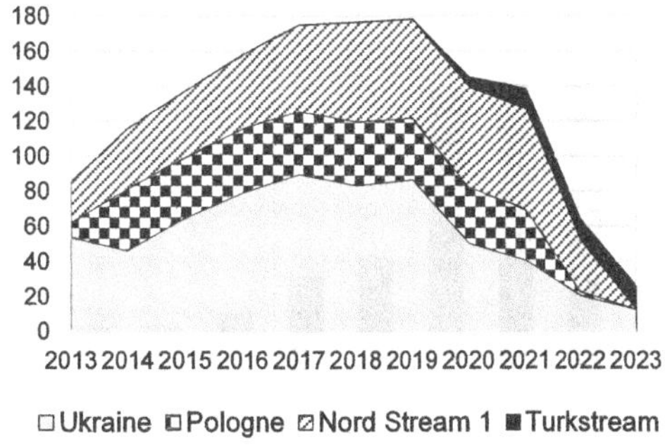

(Sources : Gestionnaires de réseaux de transport & ENGIE Global Markets)

2022, sous l'effet des incidents techniques et d'un programme de maintenances programmées plus intense (certaines maintenances prévues en 2022 ayant été décalées pour maximiser la production). Il en a été de même en partie pour la production domestique européenne, qui a chuté de 76 Bcm en 2022 à 66 Bcm en 2023.

L'autre facteur expliquant le repli de la production domestique européenne est la baisse de la production aux Pays-Bas, avec l'arrêt total de la production du gisement géant de Groningen le 1er octobre 2023. Déjà, durant l'année gazière se terminant le 30 septembre 2023, le quota de production du gisement avait été abaissé à 2,8 Bcm (très loin du record de production de 54 Bcm atteint en 2013). Depuis le 1er octobre, le gisement fonctionne en mode de veille, le gouvernement se donnant la possibilité de le redémarrer temporairement et pour de petits volumes en cas d'extrême nécessité. Cela a été le cas les 9 et 10 janvier 2024 lorsque le nord de l'Europe a été touché par une forte vague de froid.

Mais plus que le gaz gazeux, l'enjeu pour l'Europe en 2023 était plutôt du côté du GNL.

L'Europe a continué à bénéficier de volumes importants de GNL…

Après la très forte hausse des importations de GNL dans les pays de l'Union européenne + Royaume-Uni en 2022 (158 Bcm, contre 95 Bcm en 2021) pour compenser la chute des exportations russes, la question était de savoir si elles pouvaient se maintenir à ces niveaux.

Finalement, les craintes d'un retour d'une partie de ces flux de GNL vers leur marché naturel, l'Asie (dont les importations sont passées de 374 Bcm en 2021 à 347 Bcm en 2022), ne se sont pas matérialisées.

Les importations européennes de GNL ont même légèrement augmenté, atteignant 160 Bcm en 2023.

L'Europe a bénéficié de l'augmentation de l'offre de GNL des États-Unis, son principal fournisseur de GNL (avec 46 % de part de marché en 2023).

En effet, avec 118 Bcm exportés en 2023 (contre 107 Bcm en 2022), les États-Unis sont devenus le premier exportateur mondial de GNL, devant l'Australie (110 Bcm) et le Qatar (106 Bcm).

Les États-Unis ont ainsi été les principaux contributeurs à l'augmentation des exportations mondiales de GNL, passées de 538 Bcm en 2022 à 551 Bcm en 2023.

Les exportations norvégiennes de GNL ont augmenté, revenant à la normale après le redémarrage en juin 2022 de l'usine de liquéfaction de Hammerfest LNG, qui était à l'arrêt depuis septembre 2020 suite à un incendie.

Secouées par les grèves, les exportations australiennes ont finalement augmenté sur l'année.

En effet, le 9 août 2023, les travailleurs de l'Australia Offshore Alliance, qui regroupe les

Principaux pays exportateurs de GNL en 2023
(en milliards de m³)

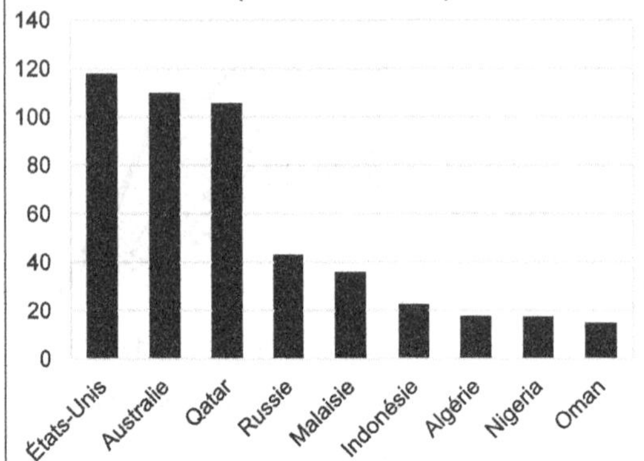

(Sources : Kpler & ENGIE Global Markets)

L'évolution des exportations de GNL *(Bcm)*

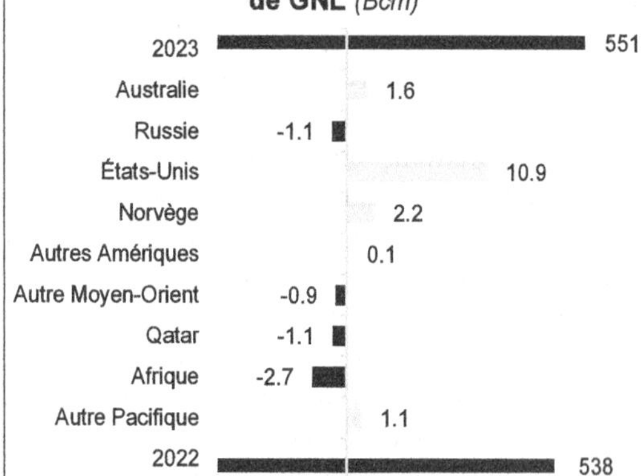

(Sources : Kpler & ENGIE Global Markets)

travailleurs de l'industrie pétrolière et gazière offshore, ont voté pour autoriser les syndicats à déclencher une grève pour des revendications sur les salaires et les conditions de travail.

Finalement, le 24 août, Woodside Energy a conclu un accord avec les syndicats de la plus grande usine de GNL d'Australie (North West Shelf, 23,3 Bcm/an), évitant ainsi une grève.

Cela n'a pas été le cas dans les installations de Chevron à Gorgon (21,5 Bcm/an) et à Wheatstone (12,3 Bcm/an). Les travailleurs ont entamé de brefs arrêts de travail à partir du 8 septembre et les ont intensifiés à partir du 14 septembre.

Finalement, le 18 octobre, Chevron et les syndicats ont trouvé un accord, et la production de GNL est revenue à la normale ; les exportations de GNL n'avaient de toute façon pas été perturbées, comme Chevron l'avait annoncé en plein milieu de la grève.

S'agissant des exportations russes de GNL, on notera leur baisse plutôt modérée, bien loin de l'effondrement enregistré sur le gaz gazeux.

En Afrique, l'augmentation des exportations algériennes (+ 4,1 Bcm par rapport à 2022) a été plus que compensée par la baisse enregistrée dans les autres pays, notamment en Égypte (– 4,8 Bcm).

Si les États-Unis ont confirmé en 2023 leur montée en puissance sur le marché du GNL, c'est encore grâce à la poursuite de l'augmentation de leur production domestique de gaz, qui a atteint 1 072 Bcm en 2023, en hausse de 43 Bcm par rapport à 2022 (+ 4,2 %).

Cette production domestique a même été suffisamment importante pour permettre une augmentation des exportations nettes par gazoducs (passées de 1 Bcm en 2022 à 10 Bcm en 2023) tout en satisfaisant la consommation domestique.

Cette dernière a augmenté de 0,6 % pour s'établir à 920 Bcm en 2023, avec de fortes disparités selon les secteurs : – 9,9 % pour le résidentiel à 127 Bcm, – 5,7 % pour le tertiaire à 94 Bcm, – 0,1 % pour l'industrie à 241 Bcm, + 6,7 % pour la production d'électricité à 366 Bcm.

Ainsi, la part du gaz dans la production centralisée d'électricité a continué à croître pour atteindre 42 % en 2023, contre 39 % en 2022.

Encore une fois, cela s'est fait au détriment du charbon, dont la part a chuté à 17 % en 2023, contre 20 % en 2022.

La production éolienne d'électricité s'est légèrement repliée à 428 TWh (– 1 % par rapport à 2022), sa part dans la production totale d'électricité se stabilisant à 10,7 %.

À l'inverse, la production solaire d'électricité a progressé à 162 TWh (+ 14 % par rapport à 2022), sa part dans la production totale d'électricité grimpant à 4 % (contre 3,5 % en 2022).

Au final, l'augmentation des exportations américaines de GNL a permis à la fois à l'Europe

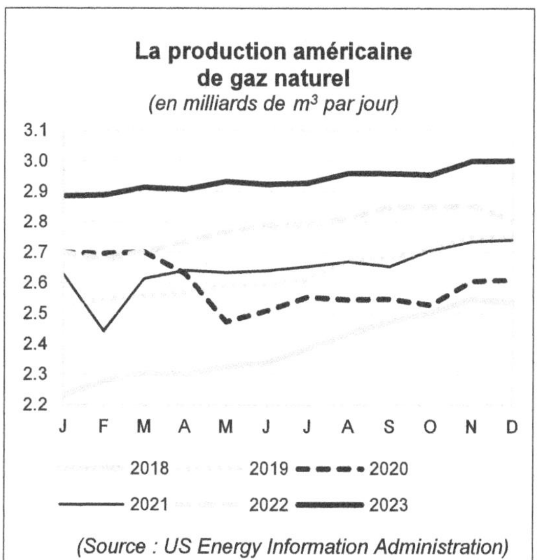

(Source : US Energy Information Administration)

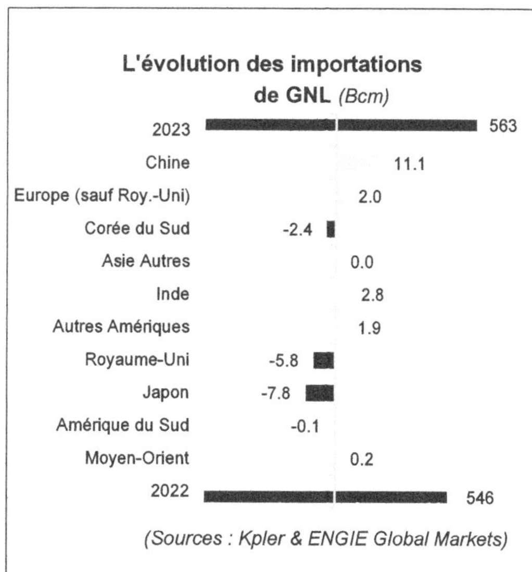

(Sources : Kpler & ENGIE Global Markets)

de conserver ses volumes… et aussi à la Chine de revenir sur le marché.

Rappelons que les importations de GNL de la Chine avaient fortement chuté en 2022 (– 22 Bcm pour atteindre 88 Bcm). Avec l'envolée des prix du gaz, le pays s'était détourné du GNL pour privilégier d'autres sources d'approvisionnement (production domestique de gaz, importations par gazoducs, recours accru au charbon).

Avec le repli des prix du gaz en 2023, le GNL est revenu en grâce en Chine. Cela n'a pas été le cas au Japon et en Corée du Sud.

… grâce notamment à la modération des importations asiatiques de GNL

La hausse des importations de GNL de la Chine (99 Bcm en 2023) s'est accompagnée d'une hausse de la demande de gaz, qui a atteint 395 Bcm, en hausse de 7,6 % par rapport à 2022.

Pour rappel, la demande avait baissé de 1,1 % en glissement annuel en 2022.

La consommation de gaz pour la production d'électricité (qui s'était repliée de 4,6 % en 2022) a notamment rebondi, sous l'effet de l'augmentation de la consommation d'électricité et de la baisse des prix du gaz, qui a amélioré leur compétitivité par rapport au charbon.

En effet, la consommation d'électricité en Chine s'est élevée à 9224 TWh en 2023, en hausse de 6,7 % sur un an (contre + 3,6 % en 2022 et +10,3 % en 2021). Cette hausse a été portée essentiellement par le secteur de l'industrie et de la construction dont la consommation a augmenté de 6,5 % pour atteindre 6075 TWh (contre une hausse de seulement +1,2 % en 2022).

Pour accompagner cette forte hausse de la consommation, la plupart des moyens de production ont été activement utilisés en 2023 : en glissement annuel, + 6,1 % pour le thermique (incluant le charbon et le gaz) à 6232 TWh, + 3,7 % pour le nucléaire à 433 TWh, + 12,3 % pour l'éolien à 809 TWh, + 17,2 % pour le solaire à 294 TWh. En revanche, la production hydroélectrique a diminué de 5,6 %, à 1141 TWh.

Du côté de l'offre, la production domestique de gaz en Chine a continué de croître significativement : + 5,8 % en glissement annuel en 2023, pour atteindre 229,7 Bcm.

Les importations par gazoducs ont atteint 64,9 Bcm (contre 58,4 Bcm en 2022), dont 22,7 Bcm en provenance de Russie, le reste provenant essentiellement du Turkménistan, le Kazakhstan et l'Ouzbékistan fournissant des volumes plus modestes.

Si les importations de GNL de la Chine ont augmenté en 2023, celles du Japon et de la Corée du Sud ont chuté, respectivement de 7,8 Bcm à 90,4 Bcm et 2,4 Bcm à 61,8 Bcm.

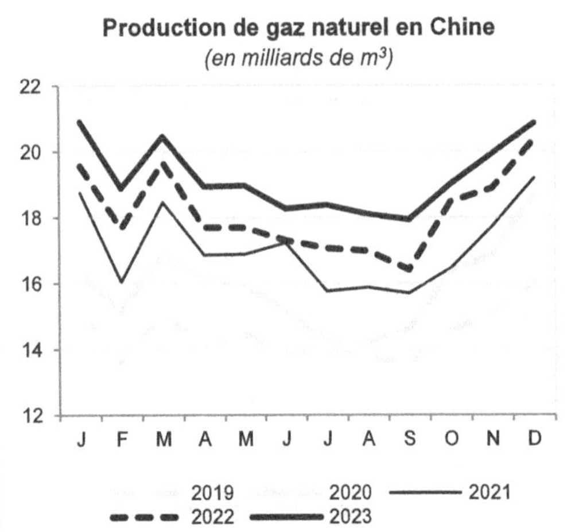

(Source : National Bureau of Statistics of China)

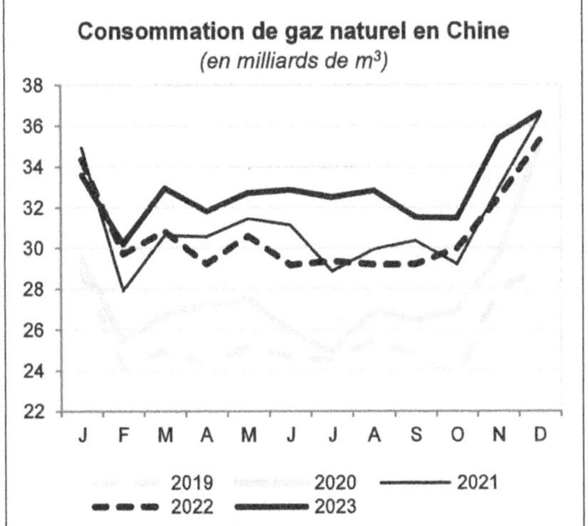

(Source : National Bureau of Statistics of China)

Au Japon, la baisse de la consommation d'électricité (– 3,2 % en glissement annuel en 2023), le rebond de la production nucléaire et la poursuite de la hausse de la production éolienne et solaire ont réduit l'utilisation de gaz pour la production d'électricité.

Les mêmes fondamentaux expliquent en grande partie la baisse des importations de GNL de la Corée du Sud en 2023. Notons que la pénétration des énergies renouvelables en Corée du Sud est telle que le prix marginal de l'électricité est tombé à zéro à plusieurs reprises en ce début d'année durant les vacances du Nouvel an lunaire (10-17 février 2024), une première pour le marché de gros depuis sa libéralisation en 2001.

À l'inverse du Japon et de la Corée du Sud, et à l'instar de la Chine, l'Inde a vu ses importations de GNL rebondir en 2023 : + 2,8 Bcm à 29,8 Bcm.

Rappelons que la forte hausse des prix du gaz en 2022 avait entraîné une forte baisse de la consommation de gaz en Inde dans la production d'électricité (– 28 % en glissement annuel) au profit du charbon et dans les raffineries (– 20 % en glissement annuel) au profit du pétrole.

La consommation de gaz dans ces deux secteurs a fortement rebondi en 2023 avec la chute des prix du gaz et continue de se renforcer en 2024. Ceci explique le rebond des importations de GNL.

Mais, malgré ces substitutions en faveur du gaz, la demande totale de GNL en Asie a été plutôt modérée : 361 Bcm en 2023, contre 347 Bcm en 2022, et très en dessous des 374 Bcm de 2021.

Cette modération a permis à l'Europe de continuer à bénéficier d'une forte offre de GNL, d'autant que la demande a été relativement stable dans les autres régions.

Un bilan gazier européen finalement resté très confortable

En plus du GNL, l'autre facteur d'interrogation pour le bilan gazier européen en 2023 était le comportement de la demande.

Et finalement, la demande européenne de gaz dans l'industrie et dans le résidentiel/tertiaire a maintenu la tendance baissière amorcée en 2022, diminuant respectivement de 6 % et 5 % en glissement annuel.

La baisse a été encore plus forte pour la demande de gaz pour la production d'électricité (qui avait augmenté en 2022, contrairement à la demande dans les deux autres secteurs) : – 15 % en glissement annuel, sous l'effet de la baisse de la demande d'électricité et de la poursuite de l'augmentation de la production éolienne et solaire. La multiplication des épisodes de prix négatifs de l'électricité illustre parfaitement cette pression exercée par la production renouvelable, qui tend à réduire fortement la part du gaz dans le mix électrique européen.

Au final, la demande totale de gaz dans les pays de l'Union européenne + Royaume-Uni a baissé de 8 % en glissement annuel en 2023.

Offre confortable, demande en baisse : sans surprise, les prix du gaz en Europe et en Asie ont fortement chuté en 2023, tombant en dessous des prix du pétrole à partir d'avril 2023 et ne repassant au-dessus que temporairement, en octobre et novembre 2023, durant les grèves sur les terminaux GNL australiens.

En Europe, cette baisse de prix s'est produite sur un marché beaucoup plus homogène.

On se souvient qu'en 2022 l'Allemagne avait été le pays européen où les prix avaient le plus augmenté (sur le marché du THE), entraînant dans leur sillage les prix du TTF néerlandais, compte tenu de la forte interconnexion des réseaux gaziers des deux pays.

L'Allemagne avait ainsi payé au prix fort sa forte dépendance au gaz russe.

Elle s'est donc empressée de rectifier le tir en déployant rapidement des terminaux flottants d'importation de GNL et a commencé à importer du GNL à partir de décembre 2022 (pour 0,11 Bcm).

En 2023, l'Allemagne a importé 7,2 Bcm de GNL, ce qui a entraîné une réduction de l'écart de prix entre le THE et les autres marchés.

Pour faciliter cette entrée de l'Allemagne sur le marché du GNL et permettre également aux Pays-Bas d'augmenter leurs importations de GNL (passées de 16,9 Bcm en 2022 à 22,9 Bcm en 2023), les gros importateurs de la zone ont dû faire de la place si on peut dire.

La France a ainsi vu ses importations de GNL baisser de 4,9 Bcm en 2023 pour atteindre 29,9 Bcm. Celles de l'Espagne se sont situées à 25,4 Bcm, en baisse de 3,9 Bcm. Le Royaume-Uni a vu ses importations chuter de 5,8 Bcm pour passer à 20,3 Bcm.

Prix spot du gaz naturel, du pétrole et du charbon

(en dollars/millions de Btu)

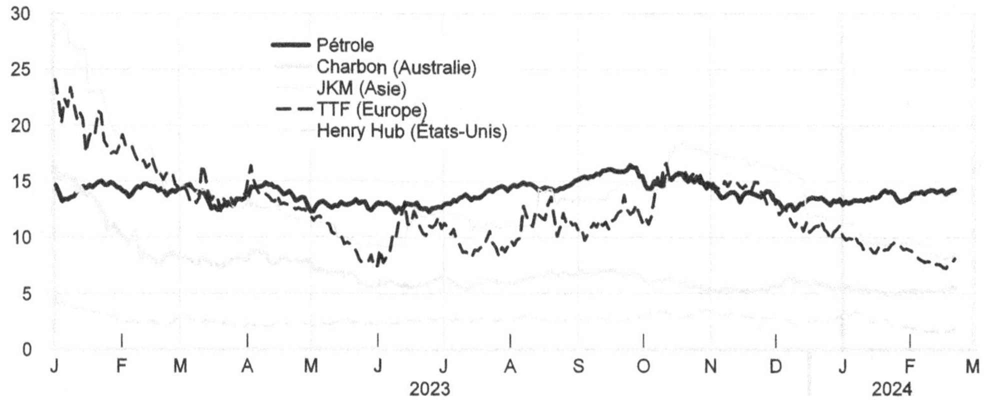

(Sources : ICE, Nymex, Platts et ENGIE Global Markets)

Mais cette baisse des importations de GNL n'a nullement tendu les bilans gaziers dans ces trois pays, car leur consommation de gaz a continué à se replier.

En France par exemple, la consommation de gaz a baissé de 11,4 % en 2023 à 381 TWh (36 Bcm), une baisse due, selon le gestionnaire de réseau GRTgaz, à la douceur des températures et aux économies continues de gaz. Les prix français (sur le PEG), les prix espagnols (sur le PVB) et les prix britanniques (sur le NBP) ont donc maintenu leur dynamique baissière.

Au final, au début de l'année 2024, le bilan gazier européen restait confortable.

Le 24 février, les stocks de gaz de l'Union européenne étaient remplis à 64,08 % en moyenne, au-dessus du niveau déjà élevé de 62,68 % de 2023.

Du coup, même lorsque les militants houthis du Yémen ont intensifié leurs attaques sur les navires en mer Rouge, forçant le Qatar à emprunter la route plus longue *via* le cap de Bonne-Espérance (ce qui retarde les livraisons vers ses clients européens), les prix ont à peine réagi.

Mais un marché gazier européen encore en équilibre instable

Si le bilan gazier européen est actuellement très confortable, il existe cependant quelques zones d'incertitude qui amènent à penser qu'il n'est pas encore à son point d'équilibre.

Du côté de la demande, l'augmentation de la production d'électricité renouvelable pourrait continuer à réduire la part du gaz dans la production d'électricité. Dans quelles proportions ? Cela revient à se demander si les batteries pourront offrir une alternative fiable pour le stockage de l'électricité dans un avenir proche.

Dans le résidentiel/tertiaire et l'industrie, la forte hausse des prix a déclenché des stratégies d'économies et de substitutions d'énergie qui semblent, au moins en partie, susceptibles de s'installer dans la durée.

En tout cas, c'est ce que laisse à penser la faiblesse persistante de la demande malgré la baisse des prix du gaz, y compris durant les périodes de baisse des températures en dessous des normales.

Rappelons en outre que l'Union européenne s'est dotée d'une directive sur l'efficacité énergétique. Adoptée pour la première fois en 2012, la directive a été actualisée en 2018 et 2023, fixant des règles et des obligations pour atteindre les objectifs ambitieux de l'Union européenne en matière d'efficacité énergétique. La directive révisée de 2023 a fixé un objectif d'efficacité énergétique plus ambitieux, obligeant les pays de l'Union européenne à assurer collectivement une réduction supplémentaire de 11,7 % de la consommation d'énergie d'ici 2030, par rapport aux projections du scénario de référence de 2020. En conséquence, la consommation énergétique globale de l'Union européenne d'ici 2030 ne devrait pas dépasser 992,5 millions de tonnes d'équivalent pétrole (Mtep) pour l'énergie primaire et 763 Mtep pour l'énergie finale.

En 2022, la consommation d'énergie primaire de l'Union européenne était de 1 257 Mtep, soit 26,65 % au-dessus du niveau cible de 2030. Même en tenant compte de la probable baisse de 2023, il y a encore du chemin à parcourir en matière d'efficacité énergétique, et le gaz devra prendra sa part.

Justement, dans le cas spécifique du gaz, durant l'été 2022, au vu des tensions géopolitiques et des tensions sur le marché mondial du gaz, l'Union européenne avait pris des mesures d'urgence. La Commission européenne avait notamment fait adopter par les pays membres un objectif de réduction volontaire de 15 % de la demande de gaz entre août 2022 et mars 2023 par rapport à la moyenne enregistrée d'avril 2017 à mars 2022.

Selon la Commission, l'Union européenne a collectivement réduit la demande de gaz de 18 % sur la période allant d'août 2022 à décembre 2023, soit une économie d'environ 101 Bcm de gaz.

Le 27 février 2024, elle a annoncé qu'elle allait proposer de prolonger l'objectif de réduction de 15 % (qui devait expirer le 31 mars 2024) jusqu'en mars 2025, de manière à maintenir la demande de gaz en Europe à un niveau relativement faible sur la durée.

Du côté de l'offre, l'Europe a également une stratégie pour augmenter l'approvisionnement en gaz « vert ».

Pour rappel, le 8 mars 2022, dans la foulée de l'invasion de l'Ukraine par la Russie, la Commission européenne avait publié le plan REPowerEU visant à rendre l'Europe indépendante des combustibles fossiles russes à l'horizon 2030.

Ce plan, qui venait s'ajouter aux politiques sur le changement climatique déjà en vigueur (en particulier le paquet *Fit for 55*), a été affiné tout au long de 2022 et en 2023.

Sur le biométhane, l'objectif est d'atteindre 35 Bcm/an de production d'ici 2030 (la production était de 3,4 Bcm en 2022).

Pour atteindre cet objectif ambitieux, l'une des actions clés proposées a été la création le

Prix du gaz naturel en Europe

(en euros/MWh)

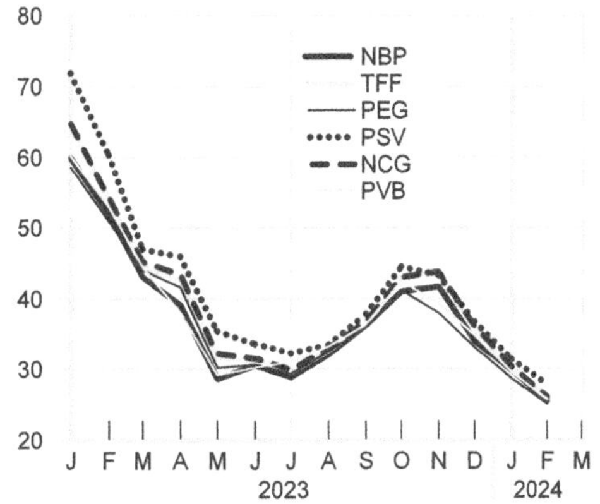

(Sources : Argus et ENGIE Global Markets)

28 septembre 2022 d'un partenariat industriel sur le biogaz et le biométhane (la version purifiée du biogaz) pour promouvoir la production et l'utilisation durables du biométhane. Il vise à favoriser une coopération active entre la Commission, les pays de l'Union européenne, les représentants de l'industrie, les producteurs de matières premières, les universitaires et les ONG. La Commission s'est engagée à travailler en étroite collaboration avec les pays membres pour les soutenir dans l'élaboration de stratégies nationales de production de biométhane et pour promouvoir la coopération dans le domaine du biométhane avec les pays voisins, dont l'Ukraine.

Concernant l'hydrogène, sa consommation était de 6,6 millions de tonnes en 2022 (environ 20 Bcm de gaz naturel) dans les pays de l'Union européenne, soit moins de 2 % de la consommation d'énergie de l'Union européenne. Cet hydrogène était principalement utilisé pour fabriquer des produits chimiques, comme des plastiques et des engrais. Environ 96 % de cet hydrogène a été produit avec du gaz naturel.

L'Union européenne a fixé comme priorité le développement de l'hydrogène renouvelable avec comme objectifs d'en produire 10 millions de tonnes et d'en importer 10 millions de tonnes d'ici 2030.

Quelle place va-t-il rester pour le gaz « conventionnel » ?

Déjà, une partie de ce gaz « conventionnel » semble condamnée.

En effet, il convient de rappeler que l'Union européenne s'est donné pour objectif de sortir totalement du gaz russe d'ici 2027.

À ce jour, plusieurs pays européens ont encore des contrats de long terme en vigueur avec Gazprom : l'Autriche (6,0 Bcm/an), l'Italie (5,0 Bcm/an), la Hongrie (4,5 Bcm/an), la Slovaquie (3,3 Bcm/an), la Serbie (2,2 Bcm/an), la Grèce (2,0 Bcm/an), la Croatie (1,0 Bcm/an), la Macédoine du Nord (0,4 Bcm/an), la Bosnie (0,4 Bcm/an), volumes auxquels s'ajoutent des ventes de court terme pour environ 3 à 6 Bcm/an.

Ce sont ces contrats qui ont permis à la Russie d'exporter vers ces pays 26 Bcm en 2023.

Le 12 février 2024, la ministre autrichienne de l'Énergie a déclaré que son pays souhaitait prendre des mesures plus radicales concernant les importations de gaz russe, notamment en mettant fin au contrat de long terme entre OMV et Gazprom. Elle a ajouté que son ministère avait demandé à l'Institut autrichien de Recherche économique WIFO de lui fournir d'ici l'été une étude sur les impacts économiques et géopolitiques de chacune des deux options.

Sans attendre la position que l'Autriche va finalement adopter, on peut déjà dire que les 13 Bcm qui ont transité en 2023 par l'Ukraine (à destination de l'Autriche, de l'Italie, de la Slovaquie et, pour de plus faibles volumes, de la Hongrie) sont menacés par l'incertitude entourant l'accord de transit entre la Russie et l'Ukraine, signé en décembre 2019 et qui doit se terminer à la fin de l'année 2024. L'Ukraine a fait savoir qu'elle ne souhaitait pas négocier un nouvel accord de transit. Mais rien n'est figé, car il faudra tenir compte des intérêts des pays qui ne peuvent pas remplacer facilement le gaz russe.

Quoi qu'il en soit, ce qui est certain, c'est que la part du gaz gazeux russe dans le bilan gazier européen devrait continuer à chuter.

De 31 % en 2021, cette part est tombée à 7 % en 2023.

Dans le même temps, la part du GNL est passée de 19 % à 38 %.

Le GNL a ainsi pris une importance telle que la sécurisation de son approvisionnement devient une préoccupation fondamentale pour les acheteurs européens.

D'une part, la dépendance au GNL oblige à se préoccuper de la concurrence potentielle des acheteurs asiatiques.

D'autre part, elle oblige aussi à se demander si l'offre de GNL restera suffisante pour satisfaire les besoins en gaz « conventionnel », même si ceux-ci sont attendus en baisse.

Sur ce dernier point, la décision prise le 26 janvier 2024 par le président américain Joe Biden de marquer une pause sur les autorisations de construction de nouveaux terminaux d'exportation de GNL (pour mieux affiner les études d'impact environnemental) n'a clairement pas rassuré les acheteurs européens.

Là aussi, rien n'est figé et les républicains se sont empressés de combattre la mesure.

Plus récemment, c'est un autre facteur, d'ordre privé, qui est venu semer quelques doutes dans les têtes des acheteurs européens.

Le 21 février 2024, la compagnie Chesapeake Energy, qui deviendra bientôt le plus grand producteur américain de gaz après sa fusion avec Southwestern Energy, a abaissé d'environ 20 % ses prévisions de dépenses de forage et de développement de puits, ce qui devrait abaisser sa production de gaz à environ 28 Bcm en 2024, contre 36 Bcm en 2023.

La compagnie a justifié cette décision en affirmant que le marché du gaz était « clairement excédentaire ».

Les prix du Henry Hub ont fortement rebondi après cette annonce... avant de reprendre leur tendance baissière.

À noter cependant que la courbe du Henry Hub est actuellement en contango, avec des prix à partir de 2025 bien supérieurs aux prix de 2024. La rentabilité des producteurs américains de gaz n'est donc pas vraiment menacée pour le moment.

Mais si la faiblesse des prix spot devait se propager plus profondément sur la courbe, les choses pourraient changer.

L'offre de gaz « conventionnel » serait-elle menacée par les préoccupations environnementales et la faiblesse des prix ?

Le Qatar ne semble pas vouloir de ce scénario.

Le 25 février 2024, il a annoncé qu'il allait augmenter significativement sa capacité de production de GNL, en la faisant passer de 106 Bcm actuellement à 196 Bcm d'ici 2030, contre 174 Bcm initialement prévus.

Survenant alors que les prix du gaz chutent et après la décision du président américain Joe Biden qui pourrait donner un coup de frein aux futures exportations américaines de GNL, cette décision reflète la volonté du Qatar de maintenir durablement une part importante du gaz « conventionnel » dans le mix énergétique mondial. De la part du troisième détenteur des réserves mondiales de gaz « conventionnel » (derrière la Russie et l'Iran), cela peut se comprendre.

Charbon vapeur : *détente des marchés malgré le niveau record du commerce international et des importations chinoises*

Les prix du charbon vapeur ont chuté en 2023 par rapport à leurs niveaux extrêmes de 2022. La baisse – de 50 à 60 % pour les charbons de référence – a été plus forte que prévu. Les tensions sur l'offre de charbon se sont estompées, permettant une détente du marché, toutefois à des niveaux de prix plus élevés que leurs moyennes historiques. Pourtant, sous l'impulsion de la forte augmentation des importations chinoises – une croissance de 61 % –, le commerce international du charbon vapeur a atteint un niveau historique en 2023, dépassant son niveau d'avant covid. La baisse des prix intervient également dans le contexte d'une troisième réorganisation des flux internationaux en trois ans, la Chine ayant repris ses importations de charbon australien, banni du pays depuis octobre 2020.

Prix des charbons vapeur : retour à la normale, mais à des niveaux plus élevés

Les prix internationaux du charbon vapeur avaient atteint des niveaux extrêmes en 2022, face à une offre tendue suite à l'embargo sur le charbon russe et aux contraintes pesant sur l'offre internationale, australienne en particulier. En moyenne annuelle, le prix du charbon vapeur australien (Fob Newcastle, 6 000 kcal/kg) s'était établi à $ 345/t en 2022, en hausse de 150 % par rapport à 2021 ; celui du charbon vapeur livré en Europe (prix Caf, zone ARA) à $ 249/t, en hausse de 141 %. En 2023, les prix ont chuté, malgré la forte reprise du commerce international et sa réorganisation. L'offre internationale s'est détendue, grâce à la hausse des exportations indonésiennes et la fin du cycle *La Niña* permettant un retour à la normale des exportations australiennes. La baisse des prix a été plus forte que celle prévue début 2023. En moyenne annuelle, le prix australien est en chute de 50 % à $ 173/t ; le prix européen a décroché de 58 % et s'établit à $ 123/t face à la chute de la demande en charbons importés. La forte demande chinoise, et dans une moindre mesure indienne, a soutenu les prix asiatiques, et le *spread* entre prix asiatiques et européens reste élevé ($ 50/t en moyenne en 2023), traduisant les fondamentaux de la demande en charbon vapeur sur les deux marchés. Malgré leur baisse, les prix sont près de deux fois supérieurs à leurs niveaux historiques ($ 71/t en Europe et $ 80/t en Asie en moyenne au cours de la période 2015-2019).

Les prix ont été beaucoup moins volatils qu'en 2022 et leur baisse s'est poursuivie jusqu'à l'été 2023, période après laquelle les prix se sont stabilisés.

Le prix européen avait commencé de décliner dès septembre 2022, l'Europe étant bien préparée pour l'hiver avec des stocks, aussi bien de gaz que de charbon, plus élevés que leurs moyennes des cinq dernières années. La clémence de l'hiver a renforcé la baisse du prix qui s'est poursuivie jusqu'à l'été 2023. En juillet 2023, le prix européen s'établissait à $ 106/t. Il a même été en dessous de la barre des $ 100 en mai 2023. À partir d'août 2023, le prix européen a augmenté à près de $ 120/t et fluctué dans une fourchette de $ 110-120 jusqu'à la fin 2023 réagissant aux événements géopolitiques sur le marché gazier. Début janvier 2024, le prix a chuté en dessous des $ 110/t, en raison de la stabilité des stocks de charbon, de la baisse des prix du gaz et des niveaux élevés de production nucléaire et éolienne.

Le prix australien, qui s'établissait à $ 400/t début janvier 2023, n'a entamé son déclin qu'à partir de la seconde moitié de janvier 2023, l'offre australienne étant restée tendue par les mauvaises conditions météorologiques liées au phénomène *La Niña*. Depuis, le prix a décroché et s'établissait à $ 140/t en juillet 2023. Entre août et décembre 2023, le prix australien est resté volatil, s'établissant dans une fourchette de $ 120-160/t, réagissant à la demande asiatique et aux perturbations de l'offre australienne. Alors qu'il avait dépassé les $ 150 à la mi-décembre, le prix a chuté depuis et s'établissait à $ 134/t à la mi-janvier 2024.

Prix international du charbon vapeur en Europe et en Asie

(en dollars/tonne)

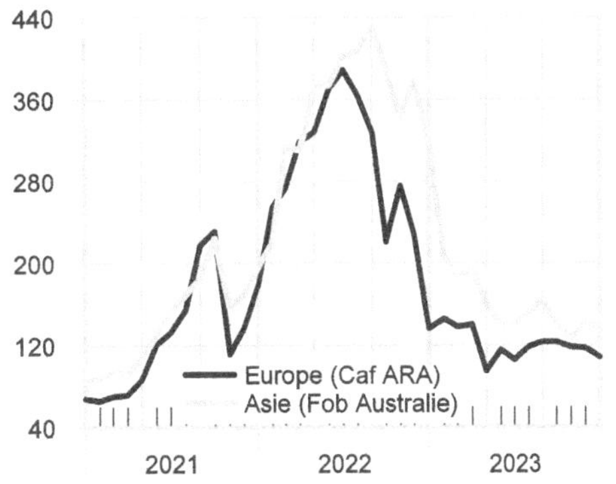

(Sources : Banque mondiale, Globalcoal.com)

Demande : nouveau record historique, mais le pic charbonnier semble atteint

La demande mondiale de charbon (tous charbons confondus) a atteint un nouveau record historique en 2023, dépassant les 8,5 gigatonnes (Gt), soit une hausse de 2,1 % par rapport à 2022. Elle a été soutenue par la forte demande asiatique, en particulier chinoise. La demande mondiale avait déjà fortement augmenté en 2022 en raison de la

Demande mondiale de charbon

(en millions de tonnes)

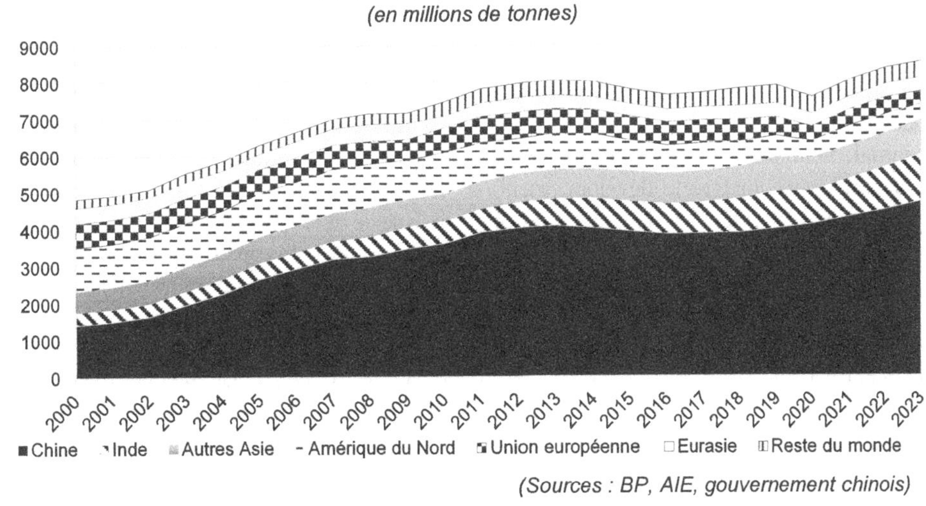

(Sources : BP, AIE, gouvernement chinois)

crise énergétique et des prix du gaz extrêmement élevés.

Le fossé se creuse entre les pays en développement et les pays développés. Alors que la consommation de charbon a augmenté de 5 % en Chine et de 9 % en Inde, elle a chuté de 18 % aux États-Unis et de 23 % dans l'Union européenne. La demande mondiale de charbon continue de se déplacer vers l'Asie, qui concentre maintenant 81 % des quantités consommées.

La production mondiale d'électricité thermique au charbon n'a que légèrement augmenté en 2023 (+ 1 %). Les hausses observées en Asie, notamment en Chine et en Inde, ont été pratiquement compensées par les fortes baisses enregistrées aux États-Unis et en Europe. La part du charbon dans le bilan électrique mondial recule en dessous des 36 %, alors que celle des renouvelables la talonne et pourrait la devancer dès 2024.

La demande mondiale de charbon pourrait avoir atteint son pic en 2023. Le développement rapide de la production d'électricité renouvelable devrait entraîner une baisse structurelle de la demande de charbon. La demande de charbon continuera d'augmenter en Inde et dans les pays d'Asie du Sud-Est, mais le déclin structurel de la demande aux États-Unis, en Europe et dans d'autres pays industrialisés, va compenser ces hausses. Le pic charbonnier dépend donc des développements en Chine, en particulier de sa demande d'électricité et de sa production d'hydroélectricité. En 2024, la reprise attendue de la production hydroélectrique chinoise, la poursuite du développement des énergies renouvelables et le ralentissement de la croissance de la demande électrique pourraient entraîner un léger déclin de la demande de charbon en Chine, et donc mondiale. Mais le déclin du charbon risque d'être lent et se traduirait initialement par un plafonnement de la demande mondiale, car, malgré le développement rapide des énergies renouvelables dans les grands pays asiatiques consommateurs, le charbon demeure une composante essentielle de leur mix électrique.

Le commerce international atteint un niveau record

Le commerce international (tous charbons confondus, y compris lignite) a atteint un niveau record en 2023. À près de 1,5 Gt, les échanges internationaux maritimes et terrestres sont en hausse de 8,2 % par rapport à 2022. Le commerce international du charbon vapeur augmente à 1 128 Mt (+ 6,9 %), celui de charbon à coke à 359 Mt (+ 12,5 %, cf. acier et sidérurgie). Le commerce mondial s'est encore déplacé vers l'Asie, qui concentre 83 % des importations. La Chine et l'Inde représentent près de la moitié des importations mondiales. La Chine a augmenté ses importations totales de charbon de 62 % à 474 Mt.

Les échanges de charbon vapeur ont été propulsés par l'accroissement des importations asiatiques (+17 %), notamment chinoises, qui atteignent 372 Mt en 2023, soit une hausse de 61 % et, dans une moindre mesure, celles des pays d'Asie du Sud-Est (+ 9,4 %). À l'opposé, les importations des pays de l'OCDE ont chuté de 22 %, avec une chute très marquée en Europe (les importations de l'Union européenne ont chuté de 40 % en raison de la baisse de la demande du secteur électrique et des stocks de charbon élevés constitués en 2022) et une baisse significative au Japon (– 10 %), qui a rouvert deux centrales nucléaires. Les importations de charbon vapeur de l'Inde ont stagné en 2023 face à l'expansion de l'offre domestique.

Les flux internationaux ont connu leur troisième réorganisation en trois ans. La Chine a repris ses importations de charbon australien, mettant fin à l'interdiction non officielle d'importation décrétée par le gouvernement chinois en octobre 2020. Cette reprise a principalement bénéficié au charbon vapeur australien et peu au charbon à coke. Les importations chinoises de charbon australien ont totalisé 52,5 Mt en 2023, dont près de 50 Mt de charbon vapeur, forçant les acheteurs asiatiques (Inde en particulier) à se tourner vers d'autres fournisseurs, Russie, Afrique du Sud, États-Unis et Colombie. Cette réorganisation fait suite à celle de 2022 provoquée par l'invasion de l'Ukraine par la Russie et le remplacement du charbon russe par celui d'autres fournisseurs en Europe et au Japon, suite aux sanctions internationales à l'encontre de la Russie. Les flux internationaux s'étaient déjà réorganisés en 2021 suite à l'interdiction informelle d'importation de charbon australien par la Chine.

Face au fort accroissement de la demande en charbons importés, l'Indonésie a de nouveau accru ses exportations de charbon et lignite significativement. Celles-ci ont atteint 512 Mt en 2023, une hausse de 10 % par rapport à 2022. Ses exportations de charbon (charbon vapeur et lignite) vers la Chine se sont accrues de 29 % à 220 Mt. L'Indonésie bénéficie de coûts de fret inférieurs à ceux de ses concurrents, en particulier pour ses expéditions vers la Chine et l'Inde, ce qui fait du charbon indonésien une option privilégiée par les importateurs asiatiques sensibles aux coûts. La production indonésienne de charbon et lignite a augmenté de 14 % à 767 Mt en 2023, dépassant l'objectif de 695 Mt fixé par le gouvernement. En 2024, le gouvernement vise une production de 710 Mt et entend maintenir un niveau de production de 700 Mt/an jusqu'en 2035, date à laquelle la production indonésienne entamerait un long déclin. Face à l'accroissement de la consommation intérieure, les exportations indonésiennes vont se réduire. En 2024, le gouvernement a fixé l'obligation de mise sur le marché intérieur (DMO) à 220 Mt. En vertu de cette obligation, les producteurs doivent réserver une part de leur production pour le marché intérieur.

L'Australie, le deuxième exportateur mondial de charbon vapeur (et le premier pour le charbon métallurgique), a augmenté ses exportations de charbon vapeur de 7 % en 2023 à 197 Mt. Cette augmentation a été permise par de meilleures conditions météorologiques depuis la fin du cycle *La Niña* et par la reprise des importations chinoises. Les développements miniers vont permettre d'augmenter les exportations à plus de 200 Mt/an dans les prochaines années. Toutefois, les revenus d'exportation liés au charbon vapeur ont pratiquement été divisés par deux en 2023 suite au déclin de son prix.

La Russie reste le troisième exportateur mondial de charbon. Ses exportations (tous charbons confondus) sont restées à peu près stables en 2023 (208 Mt exportés, soit – 2 %), mais ses exportations de charbon vapeur ont chuté de 6 % à 155 Mt. Face aux contraintes logistiques limitant le transport intérieur du charbon (saturation de la capacité ferroviaire d'ouest en est), la Russie privilégie les exportations de charbon métallurgique, mieux valorisé sur le marché international. Depuis la mise en place des sanctions occidentales à l'encontre du charbon russe, la Russie a recentré ses ventes de charbon vapeur sur les marchés chinois, indien et turc, octroyant des rabais par rapport aux prix internationaux. Ses exportations de charbon (tous charbons confondus) vers la Chine ont augmenté de 55 % en 2023 dépassant les 100 Mt. L'Inde a également fortement augmenté ses importations de charbon russe. Mais la rentabilité des exportations russes a baissé en 2023, face à la chute des prix du charbon et à une logistique intérieure coûteuse pour rediriger le charbon, principalement produit à l'ouest, vers les ports de l'est. De plus, la hausse des coûts de la logistique maritime, y compris d'assurance, a réduit la rentabilité des exportations russes. Par ailleurs, en octobre 2023, le gouvernement a introduit des droits d'exportation liés au taux de change entre le dollar et le rouble sur un certain nombre de produits de base, dont le charbon. Cette nouvelle politique tarifaire a rendu le charbon russe moins compétitif, réduit les exportations et les revenus des exportateurs russes. Elle a été abandonnée pour le charbon en janvier 2024. Selon les prévisions du ministère russe de l'Énergie, les exportations de charbon de la Russie chuteraient de 30 % d'ici 2030 par rapport à 2021, à moins que des investissements massifs ($ 14 milliards) ne soient consacrés au développement de l'infrastructure ferroviaire et au remplacement des importations d'équipements essentiels, actuellement inaccessibles aux producteurs de charbon en raison des sanctions occidentales.

Les États-Unis ont augmenté leurs exportations (tous charbons confondus) de 16 % en 2023 à 91 Mt. Les exportations de charbon vapeur ont augmenté de 25 % à 45 Mt, malgré la baisse de la demande en Europe. Les États-Unis ont trouvé de nouveaux débouchés sur les marchés asiatiques, en particulier l'Inde et le Japon (qui remplace le charbon russe).

2023 a été plus difficile pour les exportateurs sud-africains que 2022, les prix internationaux ayant reculé, ce qui a pesé sur le seuil de rentabilité de certains producteurs. Des problèmes persistants (vandalisme sur le réseau ferroviaire, mauvaises conditions météorologiques) ont entraîné une diminution des exportations de charbon (– 3 % à 60 Mt), malgré une production stable. Face à la réduction de la demande européenne, l'Afrique du Sud a de nouveau concentré ses ventes sur le marché asiatique, notamment l'Inde.

Les exportations de charbon vapeur de la Colombie sont en légère hausse à 55 Mt en 2023. Face à la baisse de la demande européenne, la Colombie diversifie ses marchés vers l'Asie/Pacifique.

Échanges internationaux de charbon vapeur
(en millions de tonnes)

	2021	2022	2023 (e)	2023-2022 en (%)
Monde	**1 036**	**1 055**	**1 128**	**6.9**
Exportations				
Indonésie	432	465	512	10.1
Australie	199	184	197	7.1
Afrique du Sud	65	62	60	-3.2
Colombie	56	54	55	1.5
États-Unis	36	36	45	24.9
Russie	182	165	155	-6.1
Importations				
Chine	269	231	372	61.4
Inde	132	158	157	-0.5
Japon	129	132	119	-9.8
Corée du Sud	90	91	87	-4.4
Taïwan	61	61	58	-4.3
Asie du Sud-Est	126	117	128	9.4
UE-27	73	88	53	-40.0

(Sources : AIE, Ministère australien de l'Industrie, USDOE, China Customs, Gouvernement indien)

Chine : hausse considérable des importations

Face à une double crise énergétique – la crise énergétique mondiale et au niveau national, les sécheresses répétées qui ont réduit la production d'hydroélectricité depuis 2021 –, le charbon demeure l'élément majeur de la politique de sécurité de l'approvisionnement énergétique chinois. La reprise de l'économie chinoise en 2023, suite à l'abandon de la politique zéro-covid, a entraîné une augmentation de la demande de charbon d'environ 5 % à 4,7 Gt. De nouveau, des sécheresses ont limité l'apport de l'hydraulique, renforçant la contribution du charbon au mix électrique. La production d'électricité thermique, principalement au charbon, s'est accrue de 6 % en 2023, malgré les hausses significatives des énergies renouvelables (12 % pour l'éolien et 17 % pour le solaire). Le charbon représente toujours 62 % du mix électrique chinois.

Malgré le développement fulgurant des énergies renouvelables, les inquiétudes concernant l'approvisionnement électrique du pays ont poussé le gouvernement chinois à s'appuyer davantage sur le charbon pour maintenir la stabilité des réseaux. Au total, 106 GW de nouveaux projets de centrales au charbon ont été autorisés en 2022 et 52 GW au premier semestre 2023, contre 23 GW en 2021. Il s'agit d'un revirement par rapport aux politiques précédentes, qui prévoyaient un contrôle strict de la capacité de production d'électricité à partir du charbon sur la période 2021-2025, afin d'atteindre un pic d'émissions d'ici 2030. Au total, à la mi 2023, la Chine construit ou prévoit de construire près de 400 GW de nouvelles capacités de production d'électricité au charbon, ce qui représente 70 % des nouvelles capacités prévues à l'échelle mondiale. Si toutes les centrales sont construites, la capacité de production d'électricité au charbon de la Chine pourrait atteindre près de 1 500 GW d'ici 2025. Notons toutefois que, dans

Importations de charbon de la Chine et de l'Inde

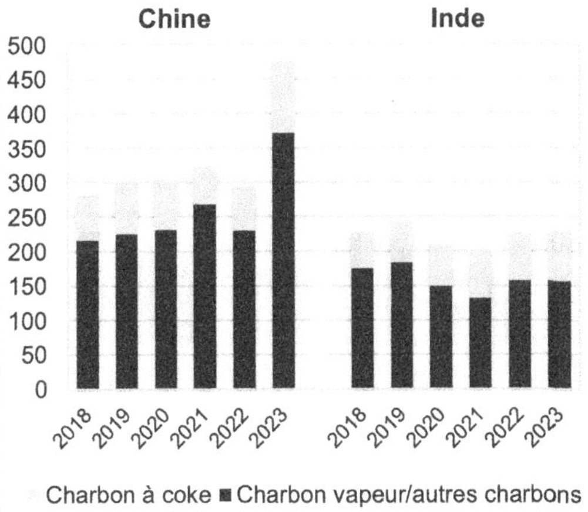

(Sources : Douanes chinoises, Ministère de l'Industrie et du Commerce indien)

le même temps, la Chine a accéléré la construction de capacités électriques renouvelables, qui avec 1 550 GW à la fin 2023 représentent maintenant 53,5 % de la capacité totale installée.

La production de charbon a de nouveau atteint un record historique en 2023. En hausse de 2,9 %, elle s'établit à 4,66 Gt. Toutefois, la croissance de la production s'essouffle (+ 9 % en 2022). Après un développement vigoureux de la capacité de production de charbon en 2021 et 2022, le déploiement de nouvelles capacités a connu une réduction en 2023. Les augmentations de production se sont faites au détriment de la qualité du charbon produit. La production de charbon à bas pouvoir calorifique a augmenté, forçant les électriciens à consommer plus de charbon pour la même quantité d'électricité produite. Par ailleurs, suite à des accidents à répétition dans les mines, le gouvernement a mis en place des mesures strictes d'inspection des mines, ce qui a réduit l'expansion de la production.

Alors qu'en 2022 la Chine avait réduit ses importations de charbon pour limiter le coût de l'approvisionnement charbonnier, la baisse des prix sur le marché international a rendu le charbon importé plus compétitif que le charbon national et la Chine a fortement accru ses importations en 2023. Au total, celles-ci ont atteint 474 Mt (dont 372 Mt de charbon vapeur et lignite), soit une augmentation de 181 Mt en un an. Cette forte augmentation s'explique en grande partie par le fait que la Chine a prolongé sa politique de droits de douane nuls sur le charbon. Quatre pays exportateurs ont assuré la quasi-totalité de cette formidable croissance : l'Australie (+ 50 Mt), l'Indonésie (+ 49 Mt), la Mongolie (+ 39 Mt) et la Russie (+ 34 Mt). Au total, l'approvisionnement charbonnier de la Chine a dépassé les 5 Gt. Une partie importante de cet approvisionnement a servi à constituer des stocks pour répondre aux préoccupations en matière de sécurité énergétique. Les stocks de charbon ont plus que triplé au cours des deux dernières années et ont atteint un niveau record en 2023 (plus de 500 Mt à la mi 2023).

Les importations pourraient diminuer en 2024. Le gouvernement vient de rétablir les droits de douane sur l'importation du charbon (6 % pour le charbon vapeur et 3 % pour le charbon métallurgique). Seules l'Australie et l'Indonésie, qui ont un accord de libre-échange avec la Chine, seront exemptées de ces droits.

Inde : la production atteint 1 Gt

Pour répondre à la croissance économique et démographique du pays et sécuriser son approvisionnement énergétique, l'Inde a également misé sur le charbon, même si le pays accélère le développement des énergies renouvelables. La demande de charbon du pays est en forte hausse. Elle est estimée à 1,26 Gt en 2023, soit plus de 9 % par rapport à 2022. Le charbon (y compris lignite) assure près de la moitié des besoins énergétiques du pays et plus des trois quarts de sa production d'électricité. L'activité économique soutenue a entraîné une forte augmentation de la demande d'électricité, alors que les moindres pluies pendant la période de la mousson ont réduit la production hydroélectrique, renforçant l'appel aux centrales thermiques au charbon. La production des centrales au charbon s'est accrue de près de 10 % en 2023. L'Inde prévoit d'augmenter sa capacité de production thermique d'environ 80 GW d'ici 2031-2032 pour répondre à l'augmentation prévue de la demande d'électricité, ce qui stimulera la demande de charbon. Mais la croissance de la demande devrait se modérer. L'Inde vise à augmenter la part des énergies renouvelables dans la production d'électricité à 50 % d'ici 2030, réduisant ainsi la dépendance du secteur à l'égard du charbon.

Face à cette forte demande, l'Inde augmente sa production domestique. En 2023, le pays a produit 1 Gt (charbon et lignite), une hausse de 11 % en un an, dont 756 Mt pour *Coal of India* (CIL). La hausse de la production des mines captives est également remarquable (143 Mt produites en 2023). Cette production record a été permise par un ensemble de mesures prises par le gouvernement depuis la fin du monopole de CIL sur la production commerciale en 2018, telles que la simplification des procédures d'autorisation des développements miniers (guichet unique), le changement du modèle opératoire, l'utilisation croissante de technologies modernes, la vente aux enchères de blocs miniers aux entreprises privées, l'autorisation donnée aux détenteurs de mines captives de commercialiser jusqu'à 50 % de leur production sur le marché, des mesures pour encourager la production des mines souterraines.

Les importations de charbon (vapeur et métallurgique) de l'Inde ont totalisé 230 Mt, en hausse de 1,6 % par rapport à 2022. La forte croissance de la production a permis de stabiliser les importations de charbon vapeur à 157 Mt en 2023 (– 0,5 % par rapport à 2022), alors que les importations de charbon métallurgique ont augmenté de 6,4 %. Les importations de charbon vapeur ont augmenté au cours des derniers mois de 2023 permettant aux producteurs publics d'électricité de reconstituer les stocks de charbon pour faire face à l'augmentation de la demande d'électricité. Le ministère de l'Électricité a demandé à quinze centrales fonctionnant avec du charbon importé, d'une capacité totale de 17,5 GW, de maintenir des niveaux élevés de production jusqu'au 30 juin 2024. Il a également ordonné aux centrales qui utilisent principalement du charbon national d'augmenter le pourcentage de charbon importé dans leurs mélanges à 6 %, contre 4 % auparavant, jusqu'à fin mars 2024. Toutefois, le gouvernement poursuit sa politique de réduction des importations de charbon vapeur et pour cela entend porter la production domestique à 1,4 Gt d'ici 2027 et à 1,58 Gt d'ici 2030. Il prévoit de cesser les importations de charbon vapeur dans les usages où le charbon importé peut être substitué par du charbon national.

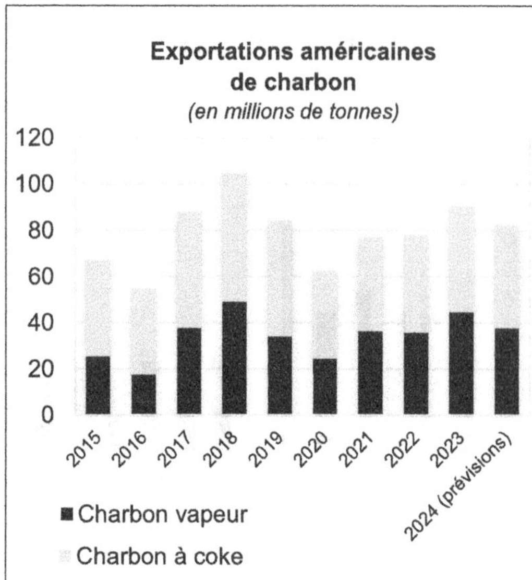

(Sources : EIA, STEO, janvier 2024)

États-Unis : King Coal va de plus en plus mal

Après sa baisse en 2022, la demande de charbon des États-Unis (tous charbons confondus) a poursuivi son déclin en 2023 et chuté de 18 % à 385 Mt. La production d'électricité au charbon recule face à l'effondrement des prix du gaz et à l'augmentation de la production d'électricité des centrales à gaz. Le charbon n'assure plus que 17 % de la production totale d'électricité, un recul de six points en deux ans. Ce recul est structurel suite aux nombreuses fermetures de centrales au charbon depuis une décennie et face à la montée des énergies renouvelables dans le mix électrique. L'*Energy Information Administration* (EIA) prévoit que la capacité électrique au charbon (200 GW) va se réduire de moitié d'ici 2030. La production de charbon enregistre une baisse plus légère (de 2 % en 2023 à 528 Mt), en partie soutenue par la hausse des exportations, mais surtout par celle des stocks de charbon des centrales. En 2024, les producteurs américains devront faire face à des stocks élevés et à une demande en berne. L'EIA prévoit une chute de la production de 16 %. De même, après leur hausse de 16 % en 2023, l'EIA prévoit une baisse des exportations en 2024.

Europe : la demande chute, reprenant son déclin structurel

Après sa reprise en 2021 et 2022, la demande de charbon de l'Union européenne a chuté de 23 % en 2023, renouant avec son déclin structurel. Cette baisse s'explique par la réduction de la demande européenne d'électricité, l'essor des énergies renouvelables, la détente des marchés du gaz et la compétitivité du gaz par rapport au charbon une grande partie de l'année. La meilleure disponibilité des centrales nucléaires françaises et des capacités hydroélectriques européennes a également réduit le recours au charbon. Le charbon n'assure plus que 12,3 % de la production d'électricité de l'Union européenne (16,4 % en 2022). Les importations totales (charbon vapeur et à coke) de la région ont chuté de 30 %, en raison principalement d'une réduction de 40 % des importations de charbon vapeur, limitées à la fois par la chute de la demande et par les stocks élevés constitués en 2022. La production de l'Union européenne, qui s'était accrue en 2022, chute de 22 % (en tonnage) en 2023.

Les flux d'importation de charbon ont continué de se réorganiser suite à l'embargo sur le charbon russe. La chute de la demande de charbon a facilité cette réorganisation. Les États-Unis, l'Australie, la Colombie et l'Afrique du Sud assurent maintenant plus des trois quarts de l'approvisionnement européen. Ces fournisseurs, qui avaient fortement augmenté leurs exportations vers l'Union européenne en 2022, ont vu leurs exportations vers l'Europe réduites du fait de la moindre demande européenne.

Dans les deux grands pays consommateurs de l'Union européenne, l'Allemagne et la Pologne, qui représentent près des deux tiers de la demande européenne de charbon, le charbon a fortement reculé en 2023. En Allemagne, la production d'électricité au charbon (houille et lignite) a chuté de près d'un tiers en 2023. Le charbon n'assure plus que 26 % de la production d'électricité (32 % en 2022), alors que les renouvelables contribuent maintenant à plus de 50 % de cette production. L'Allemagne doit sortir du charbon au plus tard en 2038, mais vise une sortie dès 2030.

Évolution de l'approvisionnement en charbon (houille et lignite) de l'UE
(en millions de tonnes)

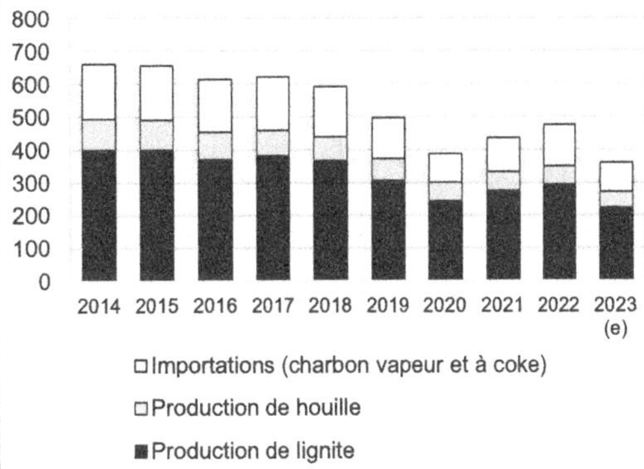

(Source : Eurostat-2023 estimé à partir des dix premiers mois de l'année)

En Pologne, le charbon continue d'assurer la majeure partie de la production d'électricité, mais sa contribution est en forte baisse en 2023 (64 % de la production d'électricité en 2023 *vs* 70 % en 2022), face au développement rapide des énergies renouvelables et à la production thermique au gaz. Le nouveau gouvernement, qui est en train de réexaminer le plan polonais en matière de climat et d'énergie, prévoit de fixer une date butoir pour la production d'électricité à partir du charbon, marquant ainsi un tournant par rapport à la position du gouvernement précédent. Ce dernier avait conclu un pacte avec les syndicats afin de poursuivre l'exploitation du charbon jusqu'en 2049.

La détente observée en 2023 devrait se poursuivre en 2024

Après sa forte croissance en 2023, le commerce international de charbon vapeur devrait décliner en 2024. La Chine vient de réintroduire des droits de douane sur l'importation du charbon, ce qui devrait favoriser sa production domestique aux dépens des importations. Les importations de charbon vapeur de l'Inde devraient être tempérées par la hausse de la production domestique. L'AIE prévoit une baisse des importations mondiales de charbon vapeur au cours de la période 2024-2026. Celles-ci chuteraient à 938 Mt en 2026, soit un déclin de 5,6 % par an en moyenne. Dans ces conditions, les prix du charbon vapeur devraient poursuivre leur déclin. En Europe, le prix pourrait s'établir à moins de $ 100/t en moyenne en 2024. En Asie, le prix devrait également poursuivre sa baisse, mais rester à des niveaux plus élevés qu'en Europe, face à une demande asiatique toujours soutenue et des coûts de production en hausse. Il pourrait s'établir à $ 135/t en moyenne.

Dérivés de charbon vapeur

2023 : les volumes des dérivés de charbon amorcent une remontée durant la deuxième moitié de l'année

Comme nous le mentionnions dans notre rapport précédent «2022 fut une année exceptionnelle pour le marché physique du charbon vapeur que nous ne reverrons sans doute pas dans une génération, certains diront jamais».

En effet, après l'exubérance de 2022, l'année 2023 nous a rappelé que les marchés ne montent pas au ciel, et que tôt ou tard les fondamentaux reprennent le dessus.

Comme l'analyse fondamentale l'indiquait dès septembre 2022, les niveaux d'importations mondiaux étaient bien plus élevés que la demande réelle. En fait ces importations étaient principalement liées à l'augmentation des stocks mondiaux qui ont culminé à 761 millions de tonnes (Mt) en octobre 2023, selon la société de conseil Perret Associates.

Les dérivés de charbon sont indexés sur des contrats physiques qui reflètent les flux internationaux de charbon et non pas la production ou la consommation domestique. Ainsi, les prix ont entamé une baisse inexorable, bien que ponctuée de quelques rallies (de moins en moins virulents) alors que l'offre à l'exportation supplantait peu à peu la demande.

Le contrat spot Fob Newcastle (Australie) s'effondrait de $ 305/t en janvier 2023 à $ 137/t en décembre. Le contrat DES ARA (délivré Amsterdam-Rotterdam-Anvers) chutait de $ 185/t à $ 105/t.

Cette chute se produisait malgré des importations chinoises record à 368 Mt (charbon thermique seulement) en 2023, bien au-delà des niveaux moyens annuels à 220-250 Mt durant la période 2018-2022.

En fait, les importations mondiales ont atteint un nouveau record en 2023 à 1 077 Mt, selon Perret Associates. Mais le marché est resté excédentaire toute l'année principalement grâce à la hausse significative des exportations indonésiennes (record à 518 Mt), la résurgence des exportations australiennes (200 Mt) et la résilience des exportations russes malgré les sanctions de la Communauté européenne et des États-Unis.

Nous estimons les volumes mondiaux des dérivés de charbon à 601 Mt en 2023, en baisse par rapport aux 693 Mt en 2022. Cependant, 2023 a été une année avec deux périodes bien différentes, puisque les volumes ont chuté de 28 % en base annuelle au premier semestre alors qu'ils ont augmenté de 24 % en base annuelle au deuxième semestre.

Le renversement de tendance a été paradoxalement lié à la baisse des prix et de la volatilité, qui a redonné des appétits aux opérateurs. En effet, un problème majeur en 2022 avait été la hausse significative des dépôts de garantie, qui pouvait atteindre 30 % de la valeur nominale du contrat (elle-même à des niveaux records). Avec la baisse des prix et de la volatilité, les marges initiales sont revenues à des niveaux plus acceptables, qui ont facilité l'ouverture de nouvelles positions de trading.

DES ARA 6000 (kcal/kg NAR) demeure le contrat phare puisque les volumes ont atteint 474 Mt ou 79 % du total. Il s'agit du plus haut pourcentage depuis 2020, alors que le niveau avait baissé en 2021 (76,6 %) et 2022 (72,6 %).

Les volumes du contrat Fob Newcastle 6000 ont chuté à 108 Mt en 2023 contre 149,5 Mt en 2022. De ce fait la part du contrat australien a diminué à 18 % du total contre 21,6 % en 2022.

L'activité sur le contrat sud-africain Fob Richards Bay 6000 s'est effondrée à 15,2 Mt en

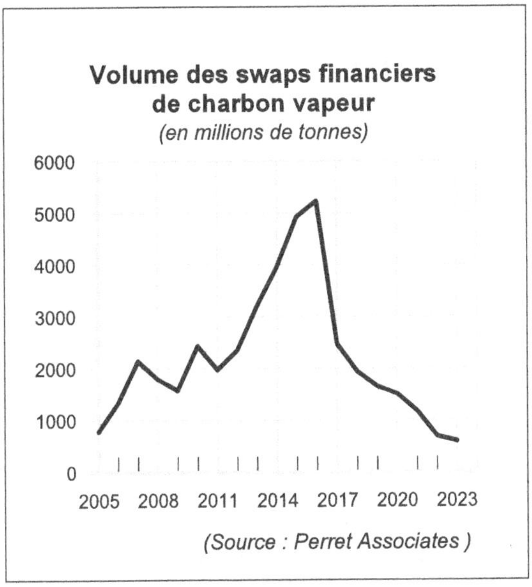

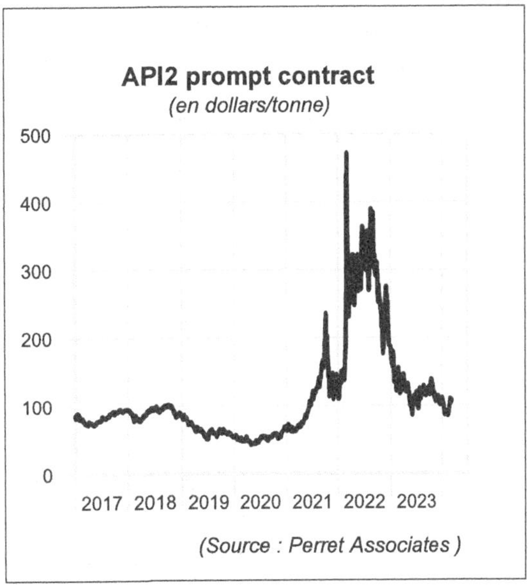

2023 contre 35,6 Mt en 2022, même si des traders indiens continuent à utiliser le contrat.

Le contrat Fob indonésien 4200 s'est traité pour 3 Mt en 2023, en légère baisse par rapport à 2022.

L'ICE Futures (Atlanta, Londres) demeure de loin la première plateforme de trading pour les swaps financiers de charbon avec 527 Mt, soit 88 % des volumes totaux.

Le CME est désormais loin derrière avec 11 Mt.

SGX à Singapour qui a simplement listé le contrat indonésien basse valeur calorifique a traité 2,7 Mt en 2023.

2023 a sonné le glas pour le contrat physique future du Zhengzhou Commodity Exchange, où les volumes sont tombés à zéro contre encore 48 Mt en 2022 et un record de 13 milliards en 2020 ! Le gouvernement chinois a décidé de stopper la spéculation sur une source d'énergie critique pour le pays pour encore au moins les cinquante prochaines années.

Le marché international financier du charbon est toujours à la recherche d'un nouveau produit délivré Asie avec une valeur calorifique en dessous de 6000 kcal/kg pour remplacer le contrat délivré Europe.

Électricité : *à la recherche de nouveaux équilibres*

Après deux années de crise au cours desquelles les prix de l'électricité ont atteint des niveaux historiquement hauts en Europe, les marchés ont connu un retournement rapide à la faveur de la chute des cours du gaz naturel. Les prix de gros de l'électricité semblent désormais durablement orientés à la baisse, attisant la concurrence entre fournisseurs sur les marchés de détail où se multiplient les offres commerciales agressives. En parallèle, les États européens se sont accordés, non sans difficultés, sur un projet de réforme des marchés de l'électricité qui vise à favoriser le recours aux contrats de long terme pour le développement de la production décarbonée. Ce sont en particulier les mécanismes de contrats pour différence bilatéraux qui ont suscité le plus de débats et notamment la possibilité de les mobiliser afin de soutenir les installations nucléaires existantes. Avec ce système, l'électricité est vendue sur le marché de gros et bénéficie d'un soutien public lorsque le prix de marché est inférieur à un prix plancher et est au contraire taxée lorsque les prix de gros dépassent un certain plafond. Les recettes générées par le dispositif peuvent ensuite être utilisées par les États afin de protéger les consommateurs finals de la hausse des prix. En France, ce type de contrats pourrait succéder au mécanisme de l'ARENH qui arrive à son terme fin 2025, mais ce n'est pas l'option retenue actuellement par le gouvernement qui a préféré opter pour un système de taxation de la rente nucléaire : un choix qui soulève des questions notamment dans un contexte de baisse durable des prix.

Après la crise énergétique, vers une baisse durable des prix de l'électricité en Europe ?

Le secteur électrique européen a traversé au cours de la période 2021-2022 une crise sans précédent au cours de laquelle les prix de l'électricité, qui s'établissaient traditionnellement sous la barre des € 50 le mégawattheure (MWh), ont atteint des niveaux historiquement élevés à plusieurs centaines d'euros. Des pics de prix à plusieurs milliers d'euros ont été observés à certaines heures, et le plafond de prix de € 3 000 le MWh a même été atteint le 4 avril 2022 sur le marché de gros français. C'est l'envolée des cours du gaz naturel, dans le contexte du conflit entre la Russie et l'Ukraine, qui a provoqué celle des prix de l'électricité. Les centrales à gaz, qui étaient encore à l'origine de 20 % de la production d'électricité de l'Europe en 2022, se sont en effet fréquemment retrouvées en situation de déterminer le prix sur les marchés de gros. Rappelons que le prix de l'électricité qui est déterminé heure par heure sur les marchés *day-ahead* (la veille pour le lendemain) correspond au coût marginal de production (coût en combustible plus coût en CO_2) de la dernière centrale nécessaire pour satisfaire la demande. C'est la logique de l'ordre de mérite qui implique d'empiler les moyens de production par ordre de coût marginal croissant. Cette crise du secteur électrique a du reste été accentuée par l'effondrement de la production hydroélectrique (– 20 %) et nucléaire (– 16 %) en 2022 qui a eu pour effet d'accroître la corrélation entre les prix du gaz et de l'électricité.

L'année 2023 a marqué un retour progressif à la normale sur les marchés de gros de l'électricité en Europe où les prix s'établissaient en moyenne autour de € 100 le MWh. Plusieurs facteurs ont contribué à la détente des prix de l'électricité, au premier rang desquels la chute des cours du gaz naturel, amorcée à l'automne 2022 et qui s'est poursuivie tout au long de l'année 2023. Début 2024, les prix du gaz atteignaient des niveaux proches de ceux observés avant la crise, autour de € 25 le MWh. Le reflux des cours du gaz naturel s'est accompagné d'une baisse des prix du quota de CO_2 en Europe, passé de € 100 la tonne début 2023 à € 60 la tonne début 2024. La baisse du prix du gaz relativement à celle du charbon tend en effet à réduire le prix du CO_2 nécessaire pour basculer du charbon au gaz dans la production d'électricité, ce qui se traduit par une baisse du prix du quota carbone sur le marché. Au total, le coût marginal de production des centrales à gaz a été divisé par trois au cours de l'année 2023 et continue de baisser, tirant vers le bas les cours de l'électricité.

Un autre facteur ayant contribué au recul des prix de gros en Europe est la baisse de la demande d'électricité, pour la deuxième année consécutive, qui a atteint – 3,4 % sur un an (– 6,4 % par rapport à 2021). Elle est la conséquence de la hausse des températures moyennes en 2023 et du ralentissement de l'activité économique sur le continent, mais surtout de la forte augmentation des prix de l'électricité qui a induit des efforts de sobriété de la part des consommateurs et des destructions de demande chez les industriels électro-intensifs. La consommation devrait toutefois légèrement repartir à la hausse en 2024, sous l'effet principalement de la baisse des prix de l'électricité et de l'accélération de l'électrification des usages. Les politiques de transition énergétique et la bascule

Prix au comptant de l'électricité sur les marchés d'échange europeéns

(en euros/MWh)

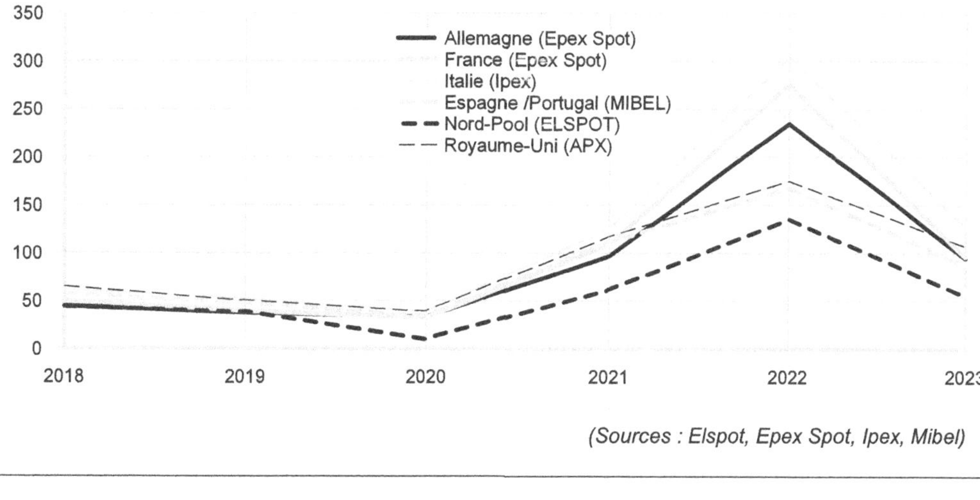

(Sources : Elspot, Epex Spot, Ipex, Mibel)

d'un nombre croissant d'usages énergétiques vers l'électricité devraient se traduire dans les prochaines années par une augmentation plus soutenue de la consommation d'électricité et mettre un terme à la relative stabilité observée depuis la fin des années deux mille.

La baisse des prix de l'électricité devrait se poursuivre en 2024, alimentée par la faiblesse des prix du gaz naturel et compte tenu des faibles perspectives de croissance. La hausse de la consommation devrait en effet demeurer modeste à court terme (de l'ordre de 3 %) et être compensée par la croissance des capacités de production décarbonées (solaire et éolien en tête). Cela se reflète dans les prix des contrats à terme pour 2024 où le MWh d'électricité s'échange autour de € 50 à € 60, soit des niveaux très proches de ceux en vigueur avant la crise du covid. Désormais, la plupart des observateurs anticipent que les prix de marché vont probablement rester durablement orientés à la baisse en Europe. Les prix à terme pour les deux années à venir s'établissent ainsi entre € 60 et € 70 le MWh : une situation qui tend à redynamiser les marchés de détail où l'on assiste à la multiplication des offres à destination des consommateurs finals, mais qui contrarie les projets autour de la nouvelle réglementation du nucléaire en cours de discussion en France.

Le recul des fossiles dans la production d'électricité en Europe

Le retournement du marché s'explique enfin par la remontée de la production d'électricité d'origine hydraulique et nucléaire. Après une année 2022 marquée par une sécheresse historique, la production des centrales hydroélectriques a augmenté de 15 % en 2023, mais est demeurée globalement en dessous de la moyenne de la période 2019-2021. Le retournement de la production nucléaire à l'échelle du continent a été nettement plus modeste, + 1,5 % seulement : un chiffre qui masque cela dit des évolutions hétérogènes ; l'augmentation de la production en France ayant été en grande partie compensée par les fermetures de réacteurs décidées en Allemagne et en Belgique. En France, l'avancée des travaux de réparation liés au phénome de corrosion sous contrainte a permis l'amélioration de la disponibilité du parc nucléaire, passée de 54 % en 2022 à 63 % en 2023. La production a ainsi augmenté de 15 % en 2023 pour atteindre 320 TWh, contre 279 TWh en 2022 (le niveau de production le plus bas depuis plus de trente ans). Un volume qui reste toutefois en retrait par rapport à celui de 2021 où la production s'élevait à 360 TWh. Début 2024, 50 GW de capacité étaient disponibles sur une puissance totale installée de 61,4 GW. La remontée de la production nucléaire française devrait donc se poursuivre en 2024, l'exploitant EDF ciblant une production de 315-345 TWh (335-365 TWh pour 2025).

Production d'électricité nucléaire en France (2019-2023)
(TWh)

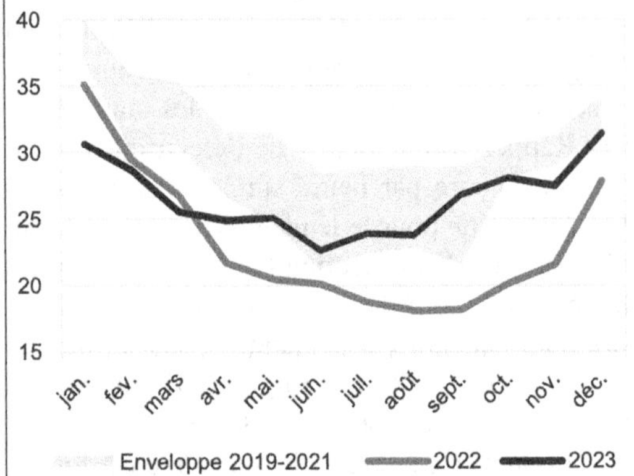

(Source : auteur, à partir des données d'Ember)

Le développement de la production décarbonée, conjugué à la baisse de la demande, s'est traduit par une accélération du retrait des combustibles fossiles dans la production d'électricité en Europe. L'électricité produite à partir de charbon et de gaz a ainsi diminué de près de 20 % en 2023, les fossiles représentant au total moins d'un tiers de l'électricité produite. C'est avant tout la production du charbon qui a le plus reculé (– 26 %), son coût marginal étant devenu plus élevé que celui du gaz (dont la production a baissé de 15 %). Cette tendance devrait se prolonger dans les années à venir en raison de la mise à l'arrêt programmée de nombreuses centrales à charbon, dont la fermeture avait été retardée du fait de la crise énergétique. La part des renouvelables dans le mix électrique (44 % en 2023, dont 27 % pour le solaire et l'éolien) devrait par ailleurs continuer de croître à un rythme important afin d'atteindre les objectifs du plan REPowerEU, adopté à la suite du conflit initié par la Russie et qui prévoit de porter à 72 % la part des renouvelables dans la production électrique (dont 55 % pour le solaire et l'éolien).

La réforme des marchés de l'électricité en Europe

La crise énergétique a suscité un intense débat en Europe sur le fonctionnement des marchés de l'électricité et le bien-fondé d'une tarification

Le futur cadre de régulation économique du nucléaire en France

Au conseil de l'Union européenne, la France a fermement défendu, non sans succès, la possibilité d'octroyer des contrats pour différence aux centrales nucléaires. Ce type de contrats semblait particulièrement adapté pour remplacer le mécanisme de l'ARENH dont le terme est prévu fin 2025 et constituait donc un élément clé dans la stratégie française visant à « reprendre le contrôle des prix de l'électricité ». Le mécanisme soumis à consultation en novembre 2023, suite à l'accord passé entre EDF et le gouvernement, est pourtant sensiblement différent. Il prévoit une taxation du nucléaire lorsque le prix du marché dépasse certains seuils, le produit de la taxe étant alors reversé au consommateur final. Il n'y a pas en revanche de prix plancher, ce qui signifie que le producteur devra seul faire face au risque de marché si les prix de gros sont durablement dépréciés et ne couvrent pas le coût du nucléaire. Il s'agit sans doute là d'une volonté des pouvoirs publics et d'EDF de ne pas prendre le risque de voir la Commission européenne contester le nouveau système de régulation du nucléaire (et d'exiger en retour une réorganisation des activités de l'opérateur).

Concrètement, le mécanisme revient à prélever 50 % de la rente du producteur lorsque le prix de marché dépasse les € 78 le MWh, et 90 % au-delà de € 110 le MWh. Rappelons que le coût de production du nucléaire a été évalué à € 60,7 par MWh en 2026 par la Commission de régulation de l'énergie et à € 74,8 par EDF à cette même date. De nombreuses questions demeurent en suspens, notamment celle de la redistribution de la rente nucléaire au consommateur final. Avec le système actuel, le consommateur final était relativement protégé dans la mesure où la moitié environ des kWh facturés a bénéficié d'un tarif régulé à € 42 le MWh. Le consommateur devrait donc payer plus cher son électricité avec ce nouveau système dans la mesure où la taxation ne commence qu'à partir d'un prix de € 78 le MWh. Il devrait en revanche être mieux protégé en cas d'envolée des prix sur le marché au-delà de € 110. Encore faut-il s'assurer que les recettes de la taxe seront effectivement reversées aux consommateurs et si oui, sur quelles bases ? Le nouveau système va par ailleurs obliger les fournisseurs alternatifs à s'approvisionner sur le marché de gros pour la totalité des volumes d'électricité vendus à leurs clients, ce qui risque de conduire à une plus grande concentration des acteurs de la fourniture, certains petits fournisseurs n'ayant pas suffisamment de trésoreries.

Le projet de régulation post-Arenh, qui a été intégré à l'avant-projet de loi de souveraineté énergétique présenté par le gouvernement début 2024, semble déjà remis en cause. En quelques mois, la situation sur les marchés électriques a considérablement évolué et les prix ont chuté bien en dessous des seuils visés par le projet de régulation. À cela s'ajoutent les débats suscités par la définition des nouvelles cibles à atteindre en matière d'énergie renouvelable. Le nouveau ministre de l'Énergie a ainsi annoncé vouloir prendre du temps et repousser le projet de loi à fin 2024. Une décision non sans conséquence, les offres à prix fixes refaisant leur apparition sur le marché de détail, les fournisseurs auront rapidement besoin de connaître les règles du jeu applicables à partir de 2026.

fondée sur les coûts marginaux de production. De nombreuses propositions de réforme ont été formulées, avec des implications très différentes en termes de poids du marché dans la fixation des prix et de rôle des signaux-prix pour orienter les comportements. Plusieurs États à l'image de la France et de l'Espagne ont appelé dès 2021 à une réforme en profondeur du modèle de marché tel que développé depuis une vingtaine d'années en Europe. D'autres au contraire ont plaidé en faveur de la préservation de l'intégration des marchés de l'électricité et des signaux prix de court terme, garants de la sécurité d'approvisionnement du continent. C'est dans ce contexte que la Commission européenne a lancé début 2023 une consultation publique sur la réforme des marchés de l'électricité, qui a abouti à la publication au mois de mars d'une proposition législative en ce sens.

Le projet de réforme de la Commission poursuit trois grands objectifs parfois contradictoires, auxquels il associe un certain nombre de moyens : protéger les consommateurs contre la volatilité du marché, stabiliser les coûts de production et stimuler les investissements dans la production d'électricité décarbonée. Loin de marquer une réelle rupture par rapport au modèle existant, le texte apparaît davantage comme une tentative de concilier les attentes souvent contradictoires des différents acteurs. La proposition préserve les mécanismes de marchés actuels tout en favorisant le recours à des mécanismes de contractualisation de long terme pour le développement de la production décarbonée (à la fois renouvelable et nucléaire). Il s'agit d'une part de démocratiser les contrats de type PPA (*Power Purchase Agreement*), qui sont des accords privés de gré à gré passés entre producteurs d'électricité et fournisseurs ou gros consommateurs, en réduisant notamment les risques financiers associés à ces contrats ; et d'autre part de permettre aux États de signer avec les producteurs des contrats pour différence (Cfd-*Contract for difference*) bilatéraux pour les soutiens publics au financement de la production renouvelable, mais aussi nucléaire. Ces contrats prévoient des prix planchers et des prix plafonds pour l'électricité vendue sur le marché de gros à partir desquels l'État prélève la rente du producteur lorsque le prix de gros dépasse le prix plafond ou le subventionne lorsque le prix de marché devient inférieur au prix plancher. C'est sur ce point que les négociations ont particulièrement achoppé entre la France et l'Allemagne, le gouvernement allemand s'opposant à la possibilité de conclure des contrats de type Cfd pour les centrales nucléaires existantes, craignant que cela ne génère des distorsions de concurrence en Europe au bénéfice de la France. Le Conseil de l'Union européenne est finalement parvenu à un accord le 17 octobre 2023 qui maintient la possibilité de signer des contrats de type Cfd pour le nucléaire sous réserve d'obtenir l'aval de la Commission chargée de prévenir tout risque de distorsion de concurrence. Un accord provisoire a été signé entre le Parlement et le Conseil le 14 décembre 2023 et le texte doit à présent être formellement adopté par les deux institutions avant son adoption définitive.

L'électricité dans le reste du monde

Aux États-Unis, les prix de l'électricité ont été massivement orientés à la baisse en 2023 sur l'ensemble des places de marché. Ils ont fluctué en moyenne annuelle entre $ 40 MWh et $ 90 MWh, soit des baisses de prix comprises entre – 5 % pour la région du NorthWest et – 55 % pour la région New England. Comme souvent, des pics de prix ont pu être observés ponctuellement sur certains marchés, notamment au cours de l'été 2023. Ce fut le cas par exemple dans l'État du Texas où les prix se sont envolés à plus de $ 2 500 le MWh durant quelques heures au mois d'août, atteignant en moyenne mensuelle $ 355.

De la même manière qu'en Europe, le principal déterminant de la baisse des prix de l'électricité est la chute des cours du gaz naturel, qui représente la principale source de production d'électricité aux États-Unis (à l'origine d'environ 40 % des approvisionnements). Après avoir atteint un niveau historiquement bas en 2020, au plus fort de la crise du covid, les cours du gaz sont progressivement repartis à la hausse aux États-Unis, l'augmentation des exportations de GNL à destination de l'Europe notamment ayant eu pour effet d'aligner les prix domestiques du gaz américain sur les prix plus élevés du marché international. Alors que les prix sur le Henry Hub de Louisiane ont atteint en 2022 leur plus haut niveau depuis 2008 à $ 6,55 MMBtu en moyenne annuelle, ils ont été divisés par deux en 2023 pour atteindre

Capacité photovoltaïque installée des 10 principaux pays
(en mégawatts)

	2017	2018	2019	2020	2021	2022	Variation 2022-2021	% du total 2022
Chine	130 816	175 237	205 493	253 418	307 068	393 127	28.0	37.3
États-Unis	43 031	53 184	62 298	73 814	95 391	113 015	18.5	10.7
Japon	49 040	55 500	61 840	69 764	74 191	78 833	6.3	7.5
Allemagne	42 339	45 181	48 962	53 719	59 373	66 554	12.1	6.3
Inde	9 647	27 355	35 060	39 043	49 684	63 146	27.1	6.0
Australie	5 993	11 305	15 930	17 342	22 870	26 792	17.1	2.5
Italie	19 688	20 114	20 906	21 650	22 600	25 083	11.0	2.4
Brésil	1 207	2 435	4 635	8 291	14 197	24 079	69.6	2.3
Pays-Bas	2 911	4 608	7 226	11 108	14 911	22 590	51.5	2.1
Corée du Sud	5 835	7 130	10 505	14 575	18 161	20 975	15.5	2.0
Monde	**392 263**	**488 741**	**586 421**	**710 281**	**861 537**	**1 053 115**	**22.2**	**100.0**
Amérique du Nord	46 578	58 839	70 048	82 305	107 192	126 442	18.0	12.0
Europe	117 059	126 663	146 666	167 022	197 804	236 957	19.8	22.5
Asie Pacifique	216 990	286 040	346 441	425 327	508 652	624 720	22.8	59.3

(Source : BP Statistical Review of World Energy 2023)

$ 3,29 MMBtu. Cette situation devrait se prolonger en 2024, avec des prix du gaz passant sous la barre des $ 3 MMBtu. Les prix de l'électricité en 2024 devraient donc se situer à un niveau proche, voire inférieur à ceux observés en 2023 en raison de la stabilité des coûts de production.

En Chine, la consommation d'électricité a augmenté de 6,7 % en 2023 pour atteindre 9 220 TWh, une nette accélération après une année 2022 marquée par une croissance particulièrement faible (+ 3,6 %). La hausse de la consommation a été la plus forte dans le secteur tertiaire (+ 12,2 % en 2023), suivi du secteur primaire (+ 11,5 %) et du secondaire (+ 6,5 %). C'est finalement dans le secteur résidentiel, encore partiellement frappé par les mesures de confinements locaux, que la demande d'électricité a le moins progressé avec une hausse de seulement + 0,9 % en 2023.

La capacité de production électrique installée en Chine a augmenté de près de 14 % en 2023 pour atteindre 2 920 GW. C'est à nouveau la capacité solaire qui a le plus fortement augmenté en 2023 avec 216 GW nouvellement raccordés, soit + 55,2 %. La Chine concentre désormais à elle seule plus de 40 % des capacités solaires installées dans le monde, avec une puissance cumulée supérieure à 600 GW; à noter également la forte progression des capacités éoliennes (+ 21 %). En comparaison, les capacités fossiles ont progressé à un rythme bien inférieur de 4 %. Cela dit, le rythme de construction des centrales à charbon a pratiquement doublé en 2023 avec 40 GW de nouvelles capacités raccordées, soit l'équivalent d'une nouvelle centrale à charbon par semaine. Mais leur taux d'utilisation tend à diminuer à mesure que progresse la part des renouvelables dans le mix et les centrales à charbon sont de plus en plus appelées à jouer un rôle d'équilibrage en période de pointe.

Nucléaire : *oui, mais !*

La crise énergétique de 2022 a semble-t-il opéré un tournant déterminant pour la filière nucléaire qui voit désormais de nombreux voyants virer au vert. Pour la première fois, le nucléaire a été mentionné au sein de la décision de la COP28 à Dubaï parmi les solutions à développer pour atteindre la neutralité carbone. Une victoire diplomatique pour la France qui a appelé, aux côtés d'une vingtaine de pays dont les États-Unis et les Émirats arabes unis, à tripler les capacités nucléaires d'ici à 2050. Un nombre croissant de pays, notamment en Asie, en Afrique ou encore en Amérique latine, annonce leur intention de miser à l'avenir sur l'énergie nucléaire. L'Europe de son côté apparaît plus que jamais divisée sur la question de l'atome, même si l'envolée des prix de l'énergie en 2022 a mis à mal la stratégie de sortie du nucléaire de certains, à l'image de la Suède et de la Belgique. Aux États-Unis, au Royaume-Uni, en France, les gouvernements n'hésitent plus à débloquer d'importants soutiens financiers pour la filière afin de prévenir les fermetures anticipées et investir dans la construction de nouvelles centrales. Au Japon, le redémarrage des centrales a permis de réduire la facture des importations énergétiques qui a flambé avec la crise, mais le rythme du redressement de la filière paraît incompatible avec les objectifs volontaristes du gouvernement.

Vers une accélération des projets de centrales nucléaires dans le monde ?

Début 2024, 413 réacteurs nucléaires étaient en service dans le monde, représentant une puissance cumulée nette de 371 GW. Cinq nouveaux réacteurs ont été raccordés en 2023 pour une capacité de production additionnelle de 5 GW : ils sont situés en Biélorussie, en Chine, en Corée du Sud, aux États-Unis et en Slovaquie. Au cours de l'année, cinq réacteurs totalisant une puissance de 6 GW ont été déclassés de manière permanente, parmi lesquels un réacteur situé en Belgique, un en Chine et les trois derniers réacteurs en service en Allemagne. Au total, la capacité nucléaire connectée au réseau électrique a donc légèrement reculé en 2023.

Le rythme de mise en chantier des centrales nucléaires dans le monde a également reflué en 2023 après deux années d'accélération. Seuls cinq

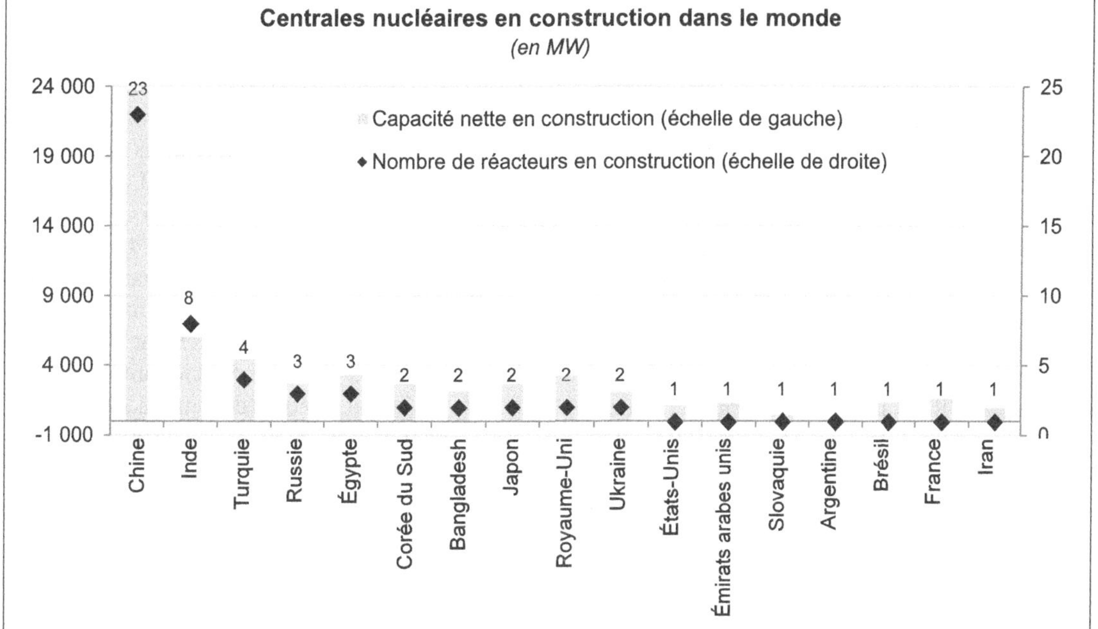

(Source : Cyclope, à partir des données de l'Agence internationale de l'énergie atomique (IAEA))

nouveaux réacteurs, dont quatre en Chine et un en Égypte, ont été mis en construction, à un rythme similaire à celui observé jusqu'en 2019. Depuis l'accident de la centrale de Fukushima Daiichi au Japon il y a une dizaine d'années, le développement du nucléaire a marqué le pas dans le monde. Au cours des deux années qui l'avaient précédé, près d'une trentaine de nouveaux réacteurs avaient été mis en chantier. C'est trois fois plus que le rythme annuel moyen observé depuis lors. Le ralentissement du rythme de construction des réacteurs, conjugué à l'essor des énergies renouvelables induit par les politiques de transition énergétique a réduit la part de l'atome dans l'approvisionnement mondial en électricité : une situation à laquelle la crise énergétique de 2022 pourrait toutefois bien mettre un terme, à l'instar de ce qu'il se passe en Europe où un certain nombre d'États voient leur stratégie énergétique remise en question à la suite du conflit entre la Russie et l'Ukraine.

Selon l'Agence internationale de l'énergie atomique (AIEA), 58 réacteurs étaient en construction début 2024 répartis dans 17 pays du monde. La Chine, avec 23 réacteurs en cours de construction, figure toujours en tête du classement et concentre près de 40 % des chantiers existants. Elle est suivie dans l'ordre par l'Inde (8), la Turquie (4) et la Russie (3). En dehors de l'Asie, qui regroupe près des deux tiers des projets de centrales dans le monde, les perspectives de développement de la filière se situent pour l'essentiel en Europe de l'Est (notamment en Bulgarie, en Pologne, en République tchèque, en Biélorussie), mais également, en Afrique (en Afrique du Sud, au Ghana, au Maroc, au Kenya, au Nigeria, en Namibie) ou encore en Amérique latine (en Argentine et au Brésil). Mentionnons en outre l'émergence de l'Arabie saoudite, qui a démarré trois réacteurs depuis 2020 et ambitionne d'en bâtir 14 autres à l'horizon 2040 pour une puissance totale de 17,6 GW, soit 10 % de la production électrique du Royaume.

Les difficultés à redresser la production nucléaire au Japon

Plus d'une décennie s'est écoulée depuis la catastrophe de la centrale nucléaire de Fukushima Daichii au Japon et les perspectives de la filière nucléaire dans la péninsule demeurent incertaines. Le gouvernement a dévoilé, en amont de la COP26 en octobre 2021, le sixième plan énergétique stratégique dans lequel il mise désormais sur une accélération des énergies renouvelables. Leur part dans le mix électrique devrait atteindre 36 à 38 % d'ici à 2030 (contre 22-24 % dans le précédent plan) et 50 à 60 % à l'horizon 2050. Le gouvernement prévoit toujours par ailleurs de ramener la contribution du nucléaire à 20-22 % de la production électrique d'ici la fin de la décennie : un objectif qui paraît toutefois peu réalisable, puisque seuls 10 réacteurs sur les 33 encore officiellement exploitables (54 avant 2011) étaient en fonctionnement début 2024 selon les données de l'Autorité de régulation nucléaire japonaise (NRA). Or on estime qu'il en faudrait une trentaine pour atteindre les objectifs fixés par le gouvernement, un chiffre difficilement compatible avec le rythme de redémarrage actuel. En attendant, le pays qui demeure très fortement dépendant des importations d'énergies fossiles pour sa production d'électricité a vu ses factures énergétiques s'envoler avec la crise.

Le gouvernement doit faire face en premier lieu à la complexité du processus des examens de sûreté conduits par l'autorité de régulation nucléaire (NRA-*Nuclear Regulation Authority*), qui délivre les autorisations de redémarrage. Parmi les réacteurs qui ont soumis une demande à la NRA, 10 ont redémarré, 7 autres ont reçu l'autorisation de l'autorité, et 10 autres sont toujours en cours d'examen. Le gouvernement doit également composer avec les autorités locales dont l'accord est nécessaire au redémarrage des installations et qui peuvent ordonner la suspension des opérations en ce sens. La relance du nucléaire se heurte enfin à l'opinion publique qui demeure majoritairement hostile au redémarrage des centrales, même si la situation semble évoluer favorablement.

L'autre difficulté qui est amenée à se présenter dans les prochaines années est celle de la prolongation des centrales au-delà de la limite de 40 ans fixée à la suite de l'accident de Fukushima en 2011 (avec une option pour aller jusqu'à 60 ans sous certaines conditions). L'âge moyen du parc est actuellement d'une trentaine d'années et la moitié environ des réacteurs a plus de 30 ans. La prolongation au-delà de 40 ans nécessitera de nouvelles autorisations qui ne devraient être accordées qu'à titre exceptionnel a prévenu la NRA. À ce jour, un seul réacteur de plus de 40 ans (sur les 4 dans cette tranche d'âge) a été autorisé à redémarrer au mois de juin 2021. Afin de contrer cette limite, le gouvernement a adopté début 2023 un nouveau plan visant à permettre la prolongation des réacteurs au-delà de 60 ans et leur exploitation sans limitation de durée dans la mesure où ces derniers satisferont aux exigences de sécurité. La possibilité d'étendre la durée de vie des réacteurs pour 20 années supplémentaires a été entérinée dans la loi de transformation verte et de décarbonation du système électrique adoptée au mois de mai 2023. Le gouvernement souhaiterait également la construction de nouveaux réacteurs dont les premiers pourraient voir le jour au cours des années 2030, levant ainsi ce qui était jusqu'alors considéré comme un tabou au Japon.

Le soutien public à la filière nucléaire aux États-Unis

Aux États-Unis, la stagnation de la filière nucléaire s'explique notamment par la tendance à la hausse des coûts de production du kWh induite par les nouvelles normes de sécurité et le développement des nouvelles générations de centrales. Le renforcement des normes de sécurité dans le contexte post-Fukushima a eu pour effet d'accroître les coûts de maintenance et de remise à niveau des centrales nucléaires. La perspective des investissements de jouvence nécessaires à la prolongation de la durée de vie des installations nucléaires tend également à peser sur la rentabilité de la filière. De la même manière qu'en Europe, les délais de construction des nouveaux réacteurs s'allongent, pesant sur les coûts de la filière. À l'image du réacteur Vogtle-3 situé dans l'État de Géorgie qui a été raccordé au réseau électrique en juillet 2023, le premier aux États-Unis depuis 2016. Le chantier, qui a démarré en 2009, a subi d'importants retards et les coûts qui étaient estimés à l'origine à $ 14 milliards ont plus que doublé pour atteindre $ 30 milliards. La seconde unité mise en chantier la même année, Vogtle-4, devrait quant à elle commencer à produire de l'électricité courant 2024.

Le secteur électrique connaît par ailleurs une conversion rapide vers le gaz naturel dont le cours sur les principaux *hubs* américains a fortement baissé avec le développement à grande échelle des gaz de schiste. On assiste également à l'essor des capacités photovoltaïques et éoliennes qui devraient représenter plus de 70 % des nouvelles capacités installées en 2024, le gaz représentant 4 % et le nucléaire 2 %. La compétitivité du nucléaire pour les approvisionnements en base et en semi-base est donc de plus en plus remise en cause par la montée en régime des renouvelables et du gaz naturel dans le mix électrique du pays, dans un contexte de stagnation de la demande d'électricité : en témoigne la fermeture anticipée du réacteur numéro 1 de la centrale de Three Mile Island en 2019 faute de revenus suffisants. Douze autres réacteurs ont fermé pour les mêmes raisons depuis 2013.

Depuis plusieurs années, les opérateurs de la filière réclament aux États davantage de soutiens financiers aux centrales nucléaires en activité. Les sénateurs démocrates ont présenté en juin 2021 une proposition de loi introduisant un crédit d'impôt de $ 15/MWh pour les opérateurs d'installations nucléaires : une proposition qui s'inscrit dans la lignée de l'engagement d'une électricité 100 % décarbonée porté par l'administration Biden. Au mois de novembre 2021, le congrès a adopté une loi bipartisane sur les infrastructures qui prévoit notamment une enveloppe de $ 6 milliards pour soutenir le nucléaire civil et prévenir la fermeture anticipée de réacteurs. Le ministère américain de l'Énergie a annoncé fin 2022 qu'une première centrale située en Californie avait été sélectionnée pour bénéficier d'une aide d'un montant de $ 1,1 milliard dans le cadre de ce programme. Il s'agit des deux réacteurs de la centrale de Diablo Canon Power, qui devaient fermer d'ici 2025 et dont l'État de Californie a décidé en septembre 2022 la prolongation jusqu'en 2030. Ces aides s'ajoutent aux crédits alloués au secteur énergétique dans le cadre de l'*Inflation Reduction Act* qui soutient les installations nucléaires comme moyens de production décarbonés.

L'Europe toujours plus divisée sur la question du nucléaire

En Europe, où la moitié des 27 États membres ne possède aucun réacteur, les stratégies énergétiques nationales de moyen terme aboutissent à des situations très contrastées, entre relance et abandon du nucléaire. Les débats autour de la réforme du marché de l'électricité en 2023 ont cristallisé les tensions entre partisans et opposants du nucléaire en Europe. À l'initiative de la France, onze pays (principalement d'Europe du Nord, centrale et orientale) défenseurs de l'atome se sont regroupés au sein d'une « Alliance du nucléaire » dont la première réunion a eu lieu en février 2023, en marge du conseil des ministres de l'Énergie. En réaction, la ministre de l'Énergie autrichienne avait convié au mois de mars les États membres « amis du renouvelable » à participer à un groupe d'échange aux côtés notamment de l'Allemagne, du Danemark, de l'Irlande ou encore du Portugal. Réunion à laquelle la France n'était dans un premier temps pas la bienvenue…

Plusieurs pays ont opté pour une sortie plus ou moins rapide du nucléaire, mais sont contraints de revoir leur stratégie à l'aune de la crise énergétique. C'est le cas de l'Allemagne qui s'est finalement résolue à repousser à avril 2023 la fermeture des trois derniers réacteurs en exploitation du pays, après avoir dans un premier temps maintenu l'horizon de fermeture à la fin 2022, mais également de la Belgique, dont la sortie du nucléaire prévue pour 2025 a été repoussée de 10 ans, ou encore de la Suède. Le gouvernement de coalition en Belgique a rappelé en septembre 2020 que le calendrier légal de sortie du nucléaire en 2025 serait respecté, tout en laissant une porte ouverte. L'accord de la coalition prévoyait en effet d'autoriser le prolongement de deux réacteurs, sur les sept que compte le pays, en cas d'incertitudes sur la sécurité d'approvisionnement. C'est cette clause qu'a finalement décidé d'activer le gouvernement face à la crise énergétique et aux risques de rupture des approvisionnements en gaz de l'Europe. Il a annoncé au mois de mars 2022 sa décision de prolonger de dix ans, jusqu'en 2035, les deux réacteurs les plus récents du pays (construits en 1985). Un accord préalable avait été conclu début 2023 avec Engie, l'exploitant du parc, dans lequel est prévu un plafonnement des coûts liés au traitement des déchets, une étape préalable à la signature d'accords plus complets concernant notamment les montants des compensations financières (l'opérateur ayant anticipé la fermeture de ses installations). L'accord final signé fin 2023 prévoit une rémunération de la production des deux unités au moyen d'un contrat pour différence conclu à partir de 2025 et jusqu'en 2035. Le prix d'exercice n'est pas encore connu, mais sera déterminé sur la base des coûts réels d'extension des deux unités. Il prévoit en outre un montant forfaitaire de 15 milliards d'euros pour le traitement des déchets de l'ensemble des réacteurs opérés par Engie en Belgique.

Certains pays, à l'image du Royaume-Uni, de la Suède ou encore des Pays-Bas, ont fait le choix d'une relance du nucléaire. Le Royaume-Uni a donné son feu vert en 2016 au projet de construction de deux réacteurs de type EPR sur le site d'Hinkley Point et a annoncé en 2020 son intention de construire deux réacteurs supplémentaires sur le site de Sizewell. Mais la décision n'est pas encore prise, d'autant que la centrale d'Hinkley Point C prévue pour fin 2025 accuse du retard, le groupe EDF ayant annoncé un nouveau report de la livraison entre 2029 et 2030 et la réévaluation du coût du projet à £ 31-34 milliards, contre une fourchette de £ 21,5-22,5 milliards initialement. La nouvelle stratégie à 2050 du gouvernement prévoit d'atteindre 24 GW de puissance nucléaire, soit plus du triple de la capacité actuelle, ce qui devrait représenter 25 % de la consommation britannique. Pour y parvenir, le gouvernement britannique a publié début 2024 une feuille de route dans laquelle il prévoit d'obtenir des décisions d'investissement pour fournir 3 à 7 GW de nouvelle énergie nucléaire tous les cinq ans entre 2030 et 2044 et d'élaborer une nouvelle réglementation pour accélérer le déploiement de nouvelles centrales.

Les Pays-Bas, qui possèdent un seul réacteur représentant 3 % environ de la production d'électricité du pays, ont quant à eux annoncé fin 2022 leur intention de construire d'ici 2035 deux nouveaux réacteurs dans le sud du Pays qui devraient fournir à terme 13 % des besoins. En Suède, où un programme de sortie du nucléaire avait été adopté en 1980 et après de multiples rebondissements, un accord a été signé en juin 2016 autorisant la construction d'un maximum de 10 nouveaux réacteurs en remplacement de ceux existants (tout en actant une suppression de la taxe spécifique sur le nucléaire). Le pays dispose actuellement de six réacteurs prévus pour fonctionner pendant 60 ans (l'âge moyen du parc est de 40 ans). Les réacteurs devraient donc fermer à l'horizon 2040, date à laquelle la Suède prévoit un mix 100 % renouvelable. La situation a toutefois changé avec l'arrivée au pouvoir d'un nouveau gouvernement qui a annoncé en 2022 son intention de construire deux nouveaux réacteurs. Le Parlement a adopté fin 2023 à une courte majorité (152 voix pour, 149 contre) un projet de relance du nucléaire qui prévoit la possibilité de construire de nouveaux réacteurs hors des sites existants. Il supprime surtout la référence à la limite de 10 nouveaux réacteurs qui avait été introduite dans l'accord de 2016. Le gouvernement prévoit ainsi de construire deux nouveaux réacteurs d'ici à 2035 et jusqu'à une dizaine de réacteurs supplémentaires à l'horizon 2045.

En Suisse, la construction de nouvelles centrales est désormais interdite depuis le référendum de mai 2017. Le pays n'impose pas d'âge limite pour les centrales existantes et les quatre réacteurs encore en fonctionnement, qui fournissent environ un tiers de l'électricité du pays, continueront de produire tant que les conditions à la fois économiques et de sécurité le permettront. En décembre 2019, la centrale de Mühleberg a été arrêtée définitivement de façon anticipée en raison de la dégradation des conditions économiques d'exploitation. Les travaux de démantèlement de la centrale ont démarré début 2020 et devraient s'étaler jusqu'en 2034, pour un coût total estimé en 2016 à environ 3 milliards de francs suisses (2,7 milliards d'euros 2016), incluant le coût de gestion des déchets. Début 2024, une alliance de droite regroupant les représentants du monde politique et économique a déposé auprès de la Chancellerie fédérale une initiative intitulée « stop au *black-out* » militant pour un retour des investissements dans le nucléaire.

D'autres pays encore souhaitent accéder à l'atome. C'est le cas de la Pologne, dont la production d'électricité est basée à plus de 70 % sur le charbon. Le projet de politique énergétique à 2040 publié par le gouvernement polonais fin 2018 prévoyait un premier réacteur en 2023 et l'atteinte à terme d'une part de 10 % du nucléaire dans la production électrique. Le pays a manifesté son intérêt début 2021 pour la commande de six réacteurs EPR. C'est finalement vers l'américain Westinghouse et le coréen KHNP que s'est tournée la Pologne qui a autorisé en 2023 la construction de deux réacteurs. Le pays envisage également la construction de six modèles de SMR (*Small Modular Reactors*).

Production d'électricité nucléaire dans le monde
(en térawatts-heure)

	2017	2018	2019	2020	2021	2022	Variation (%) 2022-2021	% du total 2022
États-Unis	847.3	849.6	852.0	831.5	819.1	812.1	-0.9	30.3
Chine	248.1	295.0	348.7	366.2	407.5	417.8	2.5	15.6
France	398.4	413.8	399.0	353.8	379.4	294.7	-22.3	11.0
Russie	203.1	204.6	209.0	215.9	222.4	223.7	0.6	8.4
Corée du Sud	148.4	133.5	145.9	160.2	158.0	176.1	11.4	6.6
Canada	100.6	100.0	100.5	97.5	92.0	86.6	-5.8	3.2
Ukraine	85.6	84.4	83.0	76.2	86.2	62.1	-28.0	2.3
Espagne	58.1	55.8	58.3	58.3	56.5	58.6	3.7	2.2
Japon	29.1	49.1	65.6	43.0	61.2	51.8	-15.4	1.9
Suède	65.7	68.5	66.1	49.2	53.1	51.5	-3.0	1.9
Royaume-Uni	70.3	65.1	56.2	50.3	45.9	47.7	4.0	1.8
Inde	37.4	39.1	45.2	44.6	43.9	46.2	5.2	1.7
Belgique	42.2	28.6	43.5	34.4	50.6	43.7	-13.6	1.6
Allemagne	76.3	76.0	75.1	64.4	69.0	34.7	-49.7	1.3
République tchèque	28.3	29.9	30.2	30.0	30.7	31.0	0.9	1.2
Finlande	22.7	23.0	24.1	23.5	23.8	25.2	5.7	0.9
Taïwan	22.4	27.7	32.3	31.4	27.8	23.8	-14.4	0.9
Suisse	20.5	24.4	25.3	23.0	18.5	23.1	24.7	0.9
Monde	**2 638.6**	**2 700.4**	**2 796.6**	**2 694.0**	**2 800.3**	**2 679.0**	**-4.3**	**100.0**
Dont : OCDE	1 959.8	1 969.8	1 994.6	1 872.3	1 911.0	1 789.3	-6.4	66.8
Non-OCDE	678.8	730.6	802.0	821.7	889.2	889.7	0.1	33.2
UE	830.0	827.0	765.5	683.8	732.2	608.6	-16.9	22.7

(Source : BP Statistical Review of World Energy 2023)

La réaffirmation de la voie du nucléaire en France

La France a poursuivi ces dernières années une politique de diversification de son mix électrique visant à réduire la part du nucléaire d'environ 70 % actuellement à 50 % à l'horizon 2035. Cet objectif a été entériné par la loi Énergie Climat adoptée en novembre 2019 et a constitué la base des travaux de préparation de la nouvelle Programmation pluriannuelle de l'Énergie (PPE) pour la période 2018-2023. Adoptée en avril 2020, la PPE prévoyait la fermeture de 14 réacteurs d'ici à 2035, dont les deux réacteurs de Fessenheim arrêtés en 2020, et 2 à 4 autres réacteurs d'ici 2028. La PPE introduisait néanmoins l'hypothèse d'un renouvellement d'une partie du parc de centrales avec un scénario de six nouveaux réacteurs de type EPR. Mais la question demeurait jusqu'à présent en suspens et conditionnée à la mise en service de l'EPR de Flamanville repoussée à 2023 et désormais à mi 2024. Le financement de ces nouveaux réacteurs reposait également sur l'avancée des négociations avec la Commission européenne sur deux autres réformes du nucléaire français : la révision des modalités de revente des kWh nucléaires aux fournisseurs alternatifs (mécanisme de l'ARENH) et la réforme du statut d'EDF qui prévoyait de scinder en deux (ou trois) entités distinctes l'opérateur (projet Hercule).

Le calendrier des décisions s'est accéléré en 2021, à la faveur de la crise énergétique, avec de nouvelles perspectives pour la filière nucléaire. Les faits se sont déroulés en trois temps. Le président Emmanuel Macron a tout d'abord réaffirmé en octobre 2021, lors de la présentation du plan d'investissement de 30 milliards d'euros à 2030, l'intérêt stratégique que constitue l'énergie nucléaire notamment pour la production d'hydrogène décarboné. Il a annoncé à cette occasion un budget d'un milliard d'euros pour le développement de petits réacteurs modulaires (d'une capacité de 170 MW pour le prototype développé en France, contre 1 600 MW pour l'EPR). Le gestionnaire du réseau de transport de l'électricité (RTE) a ensuite présenté à la fin du mois d'octobre son rapport « Futurs énergétiques 2050 » dans lequel plusieurs scénarios d'évolution du mix électrique sont étudiés, allant d'une production 100 % renouvelable à une répartition équilibrée entre production nucléaire et production renouvelable. Les résultats de l'étude tendent à montrer que prolonger la durée d'exploitation des réacteurs existants et construire de nouvelles centrales constituent l'option la moins coûteuse pour décarboner massivement et à moindre coût le secteur énergétique, tout en électrifiant un grand nombre d'usages jusqu'alors basés sur les énergies fossiles. Troisième étape, le président Macron a annoncé à l'occasion d'un déplacement à Belfort en février 2022 la construction d'ici à 2035 de trois paires de réacteurs de type EPR 2 (qui seraient plus simples à construire sur le plan industriel que l'EPR de Flamanville) et l'étude de la mise en chantier de huit autres réacteurs d'ici à 2050, soit 14 réacteurs au total (l'option haute des scénarios RTE). Il a indiqué par ailleurs que plus aucun réacteur en état de fonctionner ne serait fermé, ce qui constitue un revirement par rapport à la trajectoire actuelle de fermeture de 12 réacteurs d'ici à 2035, tout en indiquant demander à EDF d'étudier les conditions d'une prolongation de la durée de vie des réacteurs au-delà de 50 ans. Il s'agit là aussi d'un signal important, l'autorité de Sûreté nucléaire (ASN) ayant donné jusqu'à ce jour un accord générique pour une prolongation au-delà de 40 ans des réacteurs.

Ces annonces ont permis de clarifier la stratégie énergétique française et de fixer aux opérateurs de la filière nucléaire un cap indispensable à la préparation des chantiers du nouveau nucléaire. Rappelons que 12 à 14 ans devraient s'écouler entre la prise de décision concernant les EPR 2 et la mise en service des réacteurs, soit un démarrage des premières centrales au plus tôt en 2035. Il reste à lever le voile sur les conditions de faisabilité de ces nouveaux réacteurs et surtout à préciser les modalités financières de l'opération et notamment la forme que prendra le soutien de l'État. Une nouvelle étape a été franchie au mois de mars 2023 avec le vote à l'Assemblée nationale du projet de loi d'accélération du nucléaire. L'objectif de 50 % du nucléaire dans la consommation d'électricité a été supprimé, de même que le plafond de capacité de 63,2 GW, actant la fin d'une politique de repli du nucléaire sans toutefois présager des orientations futures de la politique énergétique. Un certain nombre de dispositions ont été prises par ailleurs pour permettre le démarrage anticipé des travaux de terrassement (ce qui permettrait de faire gagner deux années sur la durée totale du chantier), ainsi que pour accélérer la résolution des contentieux concernant les nouvelles installations. L'avant-projet de loi de souveraineté énergétique, présenté début 2024 par le gouvernement, a repris les objectifs de développement de la filière nucléaire, avec une première échéance à 2026 pour la mise en construction de 9,9 GW de nouvelles capacités (soit l'équivalent de 6 nouveaux réacteurs de type EPR2) et de 13 GW au-delà (soit 8 réacteurs). Le projet pose également le cadre du nouveau mécanisme de régulation économique du nucléaire qui doit remplacer le système de l'ARENH dont le terme est fixé fin 2025. Face aux débats suscités notamment par l'absence d'objectifs en termes d'énergies renouvelables dans le texte, le gouvernement a toutefois indiqué repousser à la fin de l'année la publication du projet de loi.

Uranium : *enfin la vedette*

L'uranium semble avoir enfin terminé sa longue traversée du désert. Début janvier 2024, il a franchi sur le marché *spot* le seuil de $ 100 la livre pour la première fois depuis seize ans. L'uranium profite du renouveau du nucléaire, mais aussi des tensions géopolitiques au Niger, de l'incertitude qui entoure la position du Kazakhstan dans le conflit ukrainien ainsi que de problèmes rencontrés dans des mines au Canada.

Les prix de l'uranium au comptant (*spot*) et à terme (LT) se sont envolés au cours de l'année 2023, le marché *spot* dépassant les $ 80 la livre ($ 80/lb U_3O_8) pour la première fois depuis 2008. Début 2024, il a même atteint les $ 100.

De janvier à décembre 2023, les prix au comptant (*spot*) de l'uranium ont évolué de $ 50,63 par livre d'uranium ($/lb U_3O_8) à $ 91,00 accusant une hausse de $ 40,37, soit 79,7 % au cours de l'année.

Durant l'année 2023, les prix à terme (multiannuels : à long terme : LT) ont évolué de $ 52,50 à 68,00/lbU_3O_8, accusant une hausse de $ 15,50, soit 29,50 % en un an.

Les besoins en uranium

Depuis 1990, les besoins en uranium des réacteurs nucléaires ont, chaque année, été supérieurs à la production minière, l'écart étant comblé par le recyclage et le recours aux stocks formés en période de demande réduite.

La production primaire des mines au cours de ces dernières années a fourni 90 % des besoins des compagnies d'électricité nucléaire, le solde pro-

Évolution des indices de prix de l'uranium au cours de l'année 2023 sur les marchés spot et à long terme

(en dollars/lbU_3O_8)

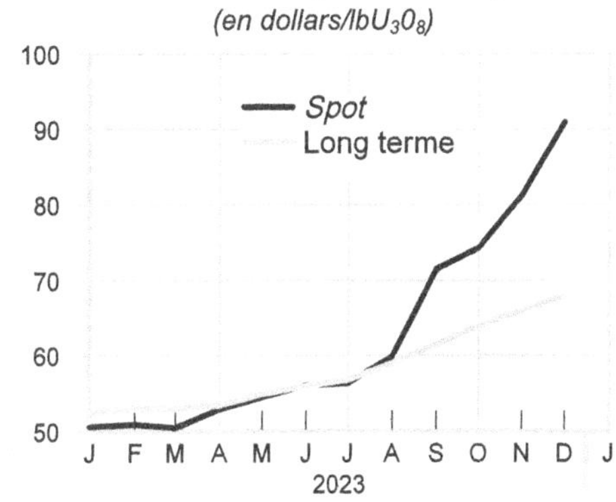

(Source : Cameco)

L'uranium représente un tiers du coût de l'assemblage de combustible nucléaire chargé dans les réacteurs, la plus grosse partie des coûts étant imputable à l'enrichissement isotopique et à la fabrication des assemblages-combustibles.
Le marché de l'uranium offre une valeur marchande restreinte par rapport aux autres métaux. Il implique un nombre limité de vendeurs et d'acheteurs. Les contrats sont négociés de gré à gré. Acheteurs et vendeurs concluent directement leurs transactions de gré à gré.
Le marché ne bénéficie pas de cotation officielle sur le marché des métaux de Londres. Des consultants américains publient des indicateurs du marché : UxC, basé à Atlanta, en Géorgie ; TradeTech (ex-Nuexco) basé à Denver, au Colorado.
Par souci de sécurité d'approvisionnement, les compagnies d'électricité assurent l'essentiel de leurs achats d'uranium par des contrats de longue durée, c'est-à-dire des contrats multiannuels à long terme (LT).
Le marché pour des transactions au comptant, c'est-à-dire ponctuelles (*spot*), est marginal en volume (de l'ordre de 10 % du total).
Il constitue cependant un indicateur permanent des tendances du marché et est donc observé de près par les opérateurs du marché.
En outre, la valeur des indices *spot* entre souvent dans les formules d'actualisation des contrats à long terme.

venant des ressources secondaires, c'est-à-dire les matières issues du recyclage.

En 2023, avec quatre cent trente-six réacteurs en service dans trente-trois pays, les besoins mondiaux ont été de 65 651 tonnes d'uranium (tU).

Besoins en uranium des cinq plus gros pays consommateurs en 2023
(en % de 48 520 tU)

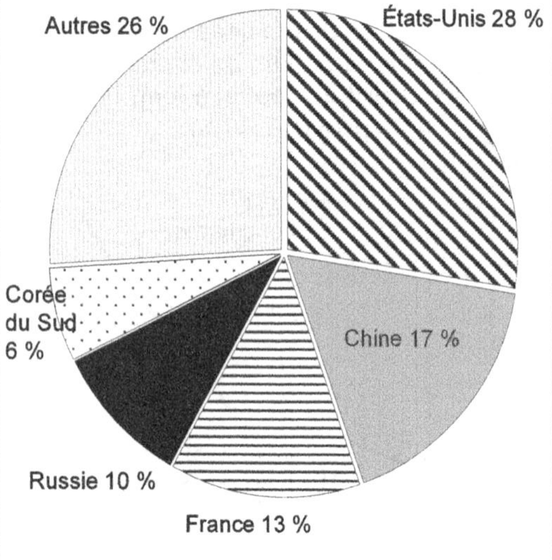

La plus grande partie de ces besoins est située dans quatre régions du monde : Union européenne, Europe de l'Est, Amérique du Nord, Extrême-Orient.

Les plus gros consommateurs sont les États-Unis avec 18 045 tU, soit 27,5 % de la demande mondiale, la Chine avec 11 303 tU, c'est-à-dire 17,2 % du total, la France avec 8 783 tU (13,4 %), la Russie avec 6 284 tU (9,6 %) et la Corée du Sud avec 4 105 tU (6,3 %).

Les besoins de ces cinq pays totalisent 48 520 tU et représentent à eux seuls près des trois quarts (73,9 %) du total.

Les besoins totaux des autres pays consommateurs s'élèvent à 17 131 tU, soit 26 % du total.

Géologie et ressources

L'uranium est un élément naturel présent dans la croûte terrestre à la teneur moyenne de 2,8 parts par million (ppm). Il est aussi abondant que le zinc, le plomb, l'étain, le cobalt, le molybdène, le mercure, l'argent et l'or.

De grandes quantités d'uranium sont présentes dans les océans, à la très faible teneur de 3,3 parts par milliard.

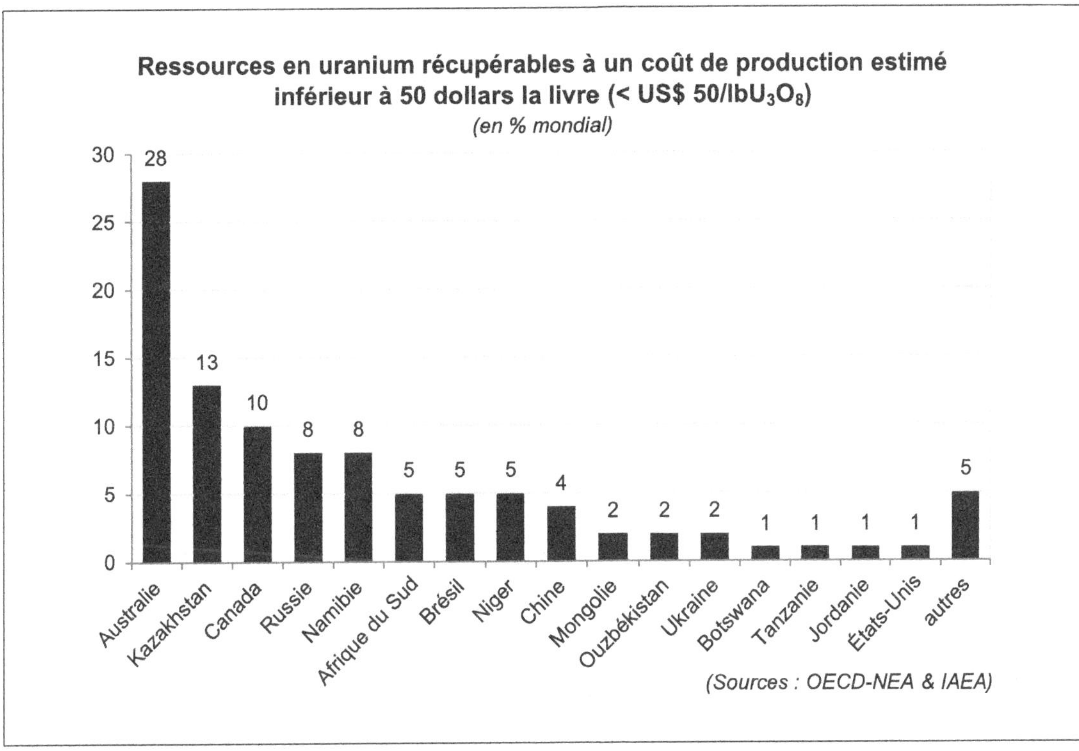

Ressources en uranium

Le total des ressources en uranium connues à des coûts de production future estimés inférieurs à $ 50 la livre d'oxyde s'élève à 6 078 500 tonnes d'uranium (tU).

Cette quantité est équivalente à quatre-vingt-treize années des besoins des pays consommateurs durant l'année 2023.

La suffisance des ressources en uranium a été confirmée par l'étude publiée en 2022 conjointement par l'Agence internationale de l'énergie atomique (AIEA) de l'ONU et l'Agence de l'énergie nucléaire (AEN) de l'OCDE.

Ces ressources sont suffisantes pour approvisionner à long terme la production d'électricité et de chaleur, le dessalement d'eau de mer et la production d'hydrogène.

Des ressources en uranium sont identifiées dans trente-neuf pays aux caractéristiques géographiques et géopolitiques diverses.

Ceci constitue un facteur important de l'énergie nucléaire en termes de sécurité d'approvisionnement.

Plus des deux tiers (66,4 %) des ressources (4 038 800 tU/6 078 500 tU) sont situées dans cinq pays : Australie, Kazakhstan, Canada, Russie, Namibie.

Ressources en uranium récupérables à coût de production estimé < 50 US/lbU_3O_8$

Pays	Tonnes d'uranium (tU)	% mondial
Australie	1 684 100	28
Kazakhstan	815 200	13
Canada	588 500	10
Russie	480 900	8
Namibie	470 100	8
Autres	2 039 700	34
Total	**6 078 500**	**100**

(Sources : OECD-NEA & IAEA)

ÉNERGIE

Ressources identifiées d'uranium récupérable (à coût de production estimé < 50 \$US/lbU_3O_8)

(en % mondial)

(Sources : OCDE et AIEA)

La production d'uranium

La production minière mondiale de 2022 s'est élevée à 48 888 tonnes d'uranium (tU) en provenance de quinze pays.

Plus des trois quarts (78 %) de la production mondiale provenaient de quatre pays : Kazakhstan, Canada, Namibie, Australie. À lui seul, le Kazakhstan a produit plus de 43 % de l'uranium mondial.

En 2022, près de 74 % des besoins mondiaux en uranium ont été satisfaits par du minerai extrait de terre. Le solde de 26 % provenait des stocks et du recyclage.

Production d'uranium par pays 2022

(en tonnes d'uranium (tU))

Pays	Tonnes d'uranium (tU)	% de la production mondiale	Pays	Tonnes d'uranium (tU)	% de la production mondiale
Kazakhstan	21 227	43.4	Inde	600	1.2
Canada	7 351	15	Afrique du Sud	200	0.4
Namibie	5 613	11.5	Ukraine	100	0.2
Australie	4 087	8.4	États-Unis	75	0.1
Ouzbékistan	3 300	6.8	Pakistan	45	< 0.1
Russie	2 508	5.1	Brésil	43	< 0.1
Niger	2 020	4.1	Iran	20	< 0.1
Chine	1 700	3.5	**Total mondial**	**48 888**	**100**
			% des besoins		**74%**

(Source : World Nuclear Association (WNA))

Répartition des productions minières d'uranium par pays en 2022
(en % mondial)

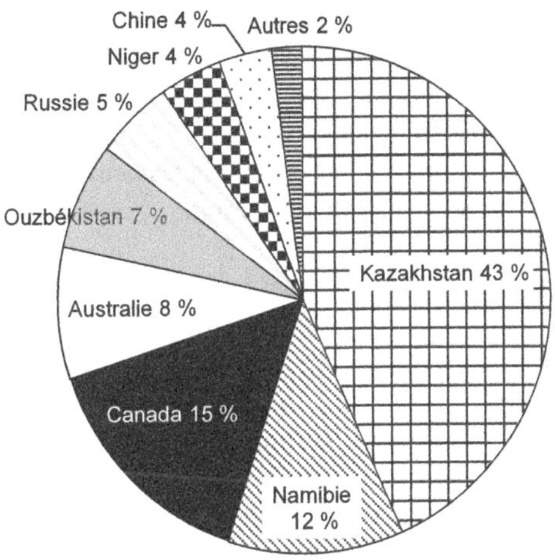

(Source : World Nuclear Association (WNA))

Quantités d'uranium commercialisées en 2022
(en % mondial)

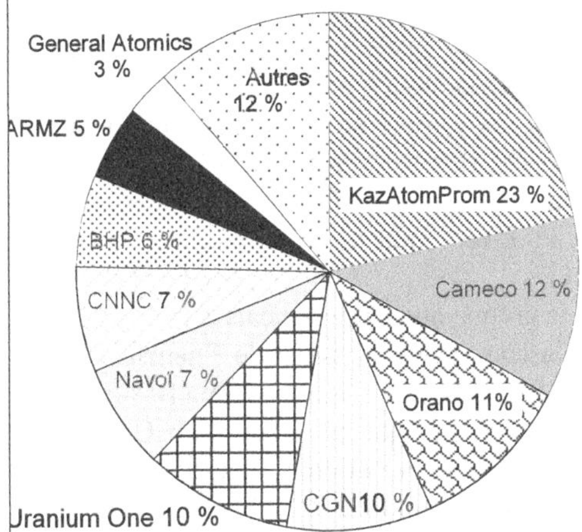

(Source : World Nuclear Association (WNA))

En comparant les continents : 55 % de la production mondiale provenait d'Asie, 16 % d'Afrique, 15 % d'Amérique, 8 % d'Australie, 5 % d'Europe.

Les opérateurs miniers

La production d'uranium est entre les mains d'un petit nombre d'entreprises minières.

Quantités d'uranium commercialisées en 2022 par 10 compagnies
(en tonnes d'uranium tU)

Compagnies	Pays d'origine des compagnies	Tonnes d'uranium	en % mondial
KazAtomProm	Kazakhstan	11 373	23
Cameco	Canada	5 675	12
Orano	France	5 519	11
CGN	Chine	4 627	10
Uranium One	Canada	4 454	10
Navoï	Ouzbékistan	3 300	7
CNNC	Chine	3 247	7
BHP	Australie	2 813	6
ARMZ	Russie	2 508	5
General Atomics	États-Unis	1 274	3
Autres		4 098	12
Total mondial		**48 888**	**100**

(Source : World Nuclear Association (WNA))

En 2022, près des trois quarts de la production provenaient d'entreprises nationales dont certaines sont plus soucieuses de sécurité d'approvisionnement que de rentabilité.

En 2022, les dix premiers opérateurs miniers ont concentré à eux seuls la commercialisation de 88 % de la production mondiale :

– le conglomérat industriel national du Kazakhstan KazAtomProm (KAP) avec 23 % de la production mondiale;

– la firme industrielle canadienne Cameco (12 %);

– le groupe nucléaire français Orano (11 %);

– la compagnie chinoise de Shenzhen China General Nuclear Corporation CGN (10 %);

– la société canadienne Uranium One, filiale du groupe nucléaire national russe ARMZ (10 %);

– le groupe national d'Ouzbékistan Navoi Mining (7 %);

– la compagnie nationale chinoise de Pékin China National Nuclear Corporation CNNC (7 %);

– le conglomérat minier anglo-australien BHP (6 %);

– le groupe nucléaire national russe AtomRedMetZoloto ARMZ (5 %);

– l'industriel américain de San Diego General Atomics (3 %).

En 2022, les cinq plus gros groupes miniers mondiaux (KAP, Cameco, Orano, CGN, Uranium One) ont commercialisé ensemble les deux tiers de la production mondiale d'uranium.

Les principales mines

Des mines d'uranium sont en exploitation dans vingt pays.

En 2022, plus de la moitié (57 %) de la production mondiale d'uranium provenait de dix mines situées dans cinq pays : Canada, Namibie, Kazakhstan, Australie, Niger.

Ensemble, les quatre plus grosses mines ont produit plus d'un tiers du total mondial :

Production des dix premières mines d'uranium en 2022
(en tonnes d'uranium tU)

Mines	Pays	Principales compagnies	Méthodes minières	Production (tU)	% mondial
Cigar Lake	Canada	Cameco+Orano	Souterrain	6 928	14
Husab	Namibie	CGN	Ciel ouvert	3 358	7
Inkai 1-3	Kazakhstan	KAP +Cameco	ISL	3 201	7
Olympic Dam	Australie	BHP-Billiton	Souterrain	2 813	6
Budenovskoye-2	Kazakhstan	U.1 + KAP	ISL	2 560	5
Rössing	Namibie	CNNC	Ciel ouvert	2 255	5
Arlit	Niger	Orano	Ciel ouvert	2 020	4
Central Mynkuduk	Kazakhstan	KAP + CGN	ISL	1 650	3
South Inkai-4	Kazakhstan	U.1 + KAP	ISL	1 600	3
Kharasan-1	Kazakhstan	KAP + U.1	ISL	1 580	3
Total des 10 mines				**27 965**	**57**
Total mondial				**48 888**	**100**

(Source : World Nuclear Association (WNA))

– la mine souterraine canadienne de Cameco et Orano à Cigar Lake produisit 14 % du total mondial ;

– la mine namibienne du chinois CGN à Husab (7 %) ;

– l'opération de lessivage en place (in situ leaching ISL) de KazAtomProm (KAP) et Cameco à Inkai 1-3 au Kazakhstan (7 %).

– la mine souterraine de l'anglo-australien BHP-Billiton à Olympic Dam, en Australie (6 %).

Les suivantes sont Budenovskoye-2 de KAP et Uranium One (U.1) au Kazakhstan ; Rössing du chinois CNNC en Namibie ; Arlit d'Orano et Sopamin au Niger.

Bioéthanol : *États-Unis et Brésil, toujours !*

Selon l'Organisation internationale du sucre (OIS), la production mondiale en 2023 a été estimée à 116 milliards de litres, contre 108,6 milliards de litres en 2022. Les révisions à la hausse de la production du Brésil et des États-Unis devraient plus que compenser les réductions dans d'autres pays. Pour 2024, les projections préliminaires indiquent une production totale de 115,4 milliards de litres, légèrement inférieure au niveau révisé de 2023. Parallèlement, la consommation en 2023 est estimée à 108,1 milliards de litres, soit une augmentation de 3,11 milliards de litres par rapport à 2022. Cette révision s'explique par l'amélioration de la consommation en Inde, au Brésil et aux États-Unis, qui a plus que compensé une légère réduction en Colombie, en Thaïlande et dans d'autres pays. Pour 2024, on s'attend à ce que les utilisations augmentent encore, avec une réduction de la consommation en Inde compensée par des augmentations de la consommation dans d'autres pays. Le bas niveau des prix en ce début de 2024 dans la plupart des pays consommateurs devrait favoriser la demande, mais tendre les marges des producteurs.

Un soutien qui se confirme dans de nombreux pays

Dans l'ensemble, plus de quatre-vingts pays ont des politiques qui soutiennent la demande de biocarburants. Collectivement, les biocarburants ont permis d'éviter, en 2022, 4 % de la consommation mondiale de pétrole pour le transport routier (2 millions de barils de pétrole) selon l'Agence internationale de l'énergie atomique (AIEA). Les États-Unis, le Brésil, l'Europe et l'Indonésie restent les marchés dominants, représentant 85 % de la demande totale. Près de 60 % de la demande de biocarburants se situe dans les économies avancées et 40 % dans les économies émergentes. La demande de biocarburants devrait augmenter de 11 % entre 2022 et 2024, les deux tiers de la croissance se produisant dans les économies émergentes. La demande est soutenue par les politiques existantes visant des objectifs de sécurité énergétique. Toutefois, pour ce qui est de l'éthanol ce sont essentiellement les États-Unis, le Brésil et l'Inde qui accélèrent son déploiement d'ici à 2024. Dans les économies avancées, les nouvelles politiques ne devraient pas influencer la production, car les politiques, les problèmes liés aux matières premières

Production d'éthanol pour la carburation
(en milliards de litres)

	2019	2020	2021	2022	2023
États-Unis	59.73	52.77	56.84	58.15	59.13
Brésil	33.54	30.66	27.71	28.01	31.27
Union européenne	5.22	5.04	5.34	5.53	5.45
Chine	1.89	1.97	3.29	4.66	5.41
Inde	3.86	3.56	3.41	3.48	3.60
Total monde	**111.29**	**100.24**	**103.15**	**106.82**	**112.01**

* 5.4 milliards de litres basés sur ISO

(Source : RFA, Renewable Fuels Association, février 2024)

et les contraintes techniques et réglementaires limitent le potentiel de croissance supplémentaire.

Selon l'AIEA, les pays et les régions qui font des progrès notables pour stimuler les biocarburants sont les suivants :

– L'Inde a atteint un taux de mélange d'éthanol de 10 % en 2022, en avance sur le calendrier, en vue d'atteindre un objectif de mélange de 20 % d'ici à 2025.

– Le Brésil prévoit de porter le mélange de biodiesel à 15 % d'ici 2026, contre 10 % en 2022.

– La loi américaine sur la réduction de l'inflation (IRA) prévoit une aide à la production et à l'investissement pour les biocarburants, estimée à $ 9,4 milliards jusqu'en 2031.

– Le Canada met en œuvre son règlement sur les carburants propres en 2023, qui exige une réduction de 13 % de l'intensité des émissions de GES pour les carburants utilisés dans les transports d'ici à 2030.

– L'Union européenne est parvenue à un accord sur la révision de sa directive sur les énergies renouvelables (RED III), qui doublerait les exigences en matière de contenu en énergies renouvelables dans les carburants de transport, y compris les biocarburants, par rapport aux objectifs actuels, avec cependant le maintien des restrictions pour les biocarburants dont l'éthanol produit à partir de cultures alimentaires et l'exclusion de ces biocarburants pour le maritime et l'aviation.

Les perspectives alléchantes des biocarburants durables (SAF) destinés à l'aviation (aussi appelé BioJet) devraient faire les progrès les plus spectaculaires d'ici à 2030 afin de répondre aux objectifs « Net Zero », passant de moins de 0,1 % de la demande de carburant aviation en 2022 à environ 10 % en 2030. Leur potentiel de marché mondial à l'horizon 2050 est évalué à environ 465 milliards de litres par le consultant brésilien Datagro.

De belles perspectives aux États-Unis

Les États-Unis demeurent de loin le premier producteur d'éthanol dans le monde avec une production qui a de nouveau augmenté en 2023 de 1,7 % par rapport à 2022. Avec 53 % de la production mondiale, les États-Unis sont loin devant le Brésil. Aux États-Unis, l'inclusion de l'éthanol continue de surprendre à la hausse. Le soutien politique se maintient, l'éthanol étant promu comme un moyen de décarbonisation des transports.

Les données publiées le 29 février 2024 par l'*Energy Information Administration* montrent que la production et la consommation d'éthanol aux États-Unis ont augmenté de près de 2 % en 2023 pour atteindre leurs niveaux les plus élevés depuis 2019, tandis que le taux de mélange (c'est-à-dire la teneur moyenne en éthanol de l'essence au niveau national) a atteint un niveau record de 10,39 %, dépassant ainsi le « mur du mélange » représenté par l'E10 (incorporation de 10 % d'éthanol dans l'essence). Dans environ deux cents raffineries, la production américaine d'éthanol a augmenté pour atteindre 15,62 milliards de gallons, et l'utilisation nationale a augmenté pour atteindre 14,25 milliards de gallons.

Cette progression est le résultat de l'augmentation continue du nombre de stations-service proposant l'E15, ainsi que des dérogations accordées par l'administration Biden permettant de vendre l'E15 tout au long de l'année. En outre, l'estimation de l'EIA concernant les ventes d'E85 a atteint un niveau record, car l'E85 a été particulièrement populaire en Californie dans le cadre de la norme sur les carburants à faible teneur en carbone (*Low Carbon Fuel Standard*) de cet État. La norme californienne sur les carburants à faible teneur en carbone et la norme fédérale sur les carburants renouvelables (*Renewable Fuel Standard*) incitent fortement les détaillants et les spécialistes du marketing à accroître les ventes d'E85. Il conviendrait maintenant pour les constructeurs automobiles d'élargir leur offre de véhicules à carburant modulable (véhicule *Flex Fuel*) afin que davantage de conducteurs puissent profiter des avantages économiques et environnementaux de l'E85.

Alors que les consommateurs américains ont été confrontés à des prix élevés pour de nombreux produits de première nécessité, l'éthanol leur a permis d'économiser de l'argent à la pompe. Le prix de détail moyen de l'E85 en Californie en 2023 a été de $ 3,17 le gallon, contre un prix moyen de $ 5,01 le gallon pour l'essence E10, soit une réduction moyenne de 37 %.

En octobre 2023, les principaux groupes d'aviation et les compagnies aériennes se sont joints au secteur de l'éthanol pour envoyer une lettre à l'administration Biden en faveur d'un changement de réglementation qui aiderait le carburant aviation durable (SAF) fabriqué à partir d'éthanol (toujours à base de maïs, *Alcohol to Jet*, ATJ) à se qualifier pour les subventions fédérales. Les projets de production fleurissent.

Le 12 juillet 2023, l'Agence américaine de protection de l'environnement (EPA) a publié la règle établissant les volumes applicables et les normes de pourcentage pour 2023 à 2025 pour les biocarburants cellulosiques, le diesel à base de biomasse (BBD), les biocarburants avancés et l'ensemble des carburants renouvelables. Selon l'EPA, la règle apporte plusieurs changements réglementaires au programme *Renewable Fuel Standard* (RFS), y compris des changements liés au traitement du biogaz et d'autres modifications visant à améliorer la mise en œuvre du programme.

Environ 1,4 milliard de gallons d'éthanol américain ont été exportés en 2023 (le troisième volume enregistré) dans soixante-quinze pays : Canada (45 %, un record), Royaume-Uni (11 %), Union européenne (9 %), Corée du Sud (7 %), Inde (6 %), Colombie, Pérou, Mexique… La valeur des exportations américaines d'éthanol a atteint un record de $ 3,82 milliards en 2023, éclipsant le record de l'année précédente, alors que les prix mondiaux des carburants sont restés élevés. Les exportations vers le Brésil ont été négligeables en raison d'un tarif douanier punitif de 16 % pendant la majeure partie de l'année.

Depuis 2019, toutes les importations d'éthanol carburant proviennent du Brésil, 50 % sont utilisées en Californie ou elles bénéficient de la norme de carburants à faible teneur en carbone (*Low Carbon Fuel Standard*-LCFS), qui attribue

Volumes réglementaires et volumes proposés par l'EPA

(en milliards de gallons d'équivalent éthanol)

	Carburants cellulosiques	Diesel à base de biomasse	Biocarburants avancés	Total biocarburants
2020	0.51	2.43	4.63	**17.13**
2021	0.56	2.43	5.05	**18.84**
2022	0.63	2.76	5.63	**20.63**
2023	0.84	2.82	5.94	**20.94**
2024	1.09	3.04	6.54	**21.54**
2025	1.38	3.35	7.33	**22.33**

(Sources : USDA, Economic Research Service, EPA)

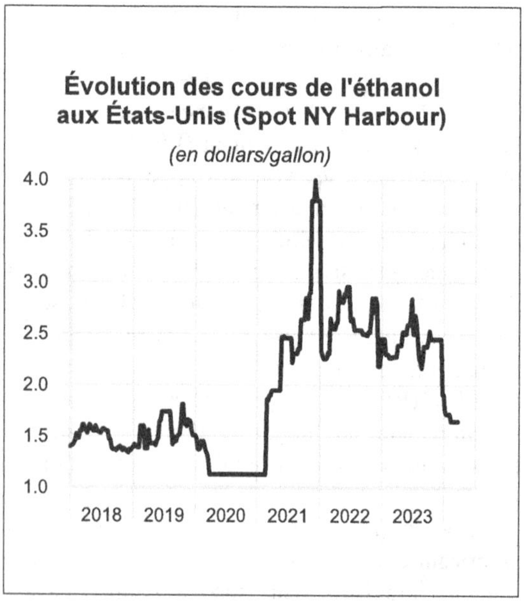

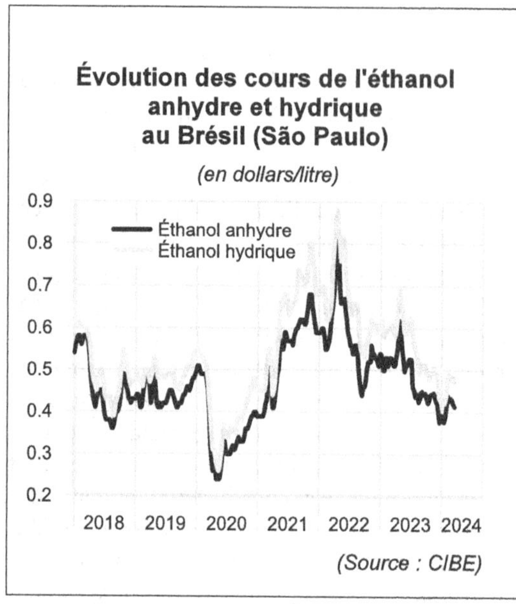

moins d'émissions de dioxyde de carbone à l'éthanol de canne à sucre brésilien. Les importations américaines de carburant d'éthanol sont tombées à 21 millions de gallons en 2023, soit le niveau le plus bas en plus d'une décennie.

Les cours de l'éthanol aux États-Unis sont restés relativement stables en 2023 jusqu'en début d'année 2024, mais à la fin de 2023, les cours ont perdu près de 40 % pour s'établir mi-mars 2024 autour de $ 1,6/Gal. Heureusement les cours du maïs sont bas, ce qui permet aux producteurs d'éthanol de maintenir leur marge.

La montée de l'éthanol sur base maïs au Brésil, vers un taux d'incorporation de 30 % ?

Le Brésil est l'un des principaux consommateurs mondiaux d'éthanol-carburant. L'éthanol y représente 46 % de l'utilisation de carburant des véhicules légers en 2023, soit 28 milliards de litres.

Les prix du sucre historiquement élevés n'ont pas favorisé la production d'éthanol au Brésil. La différence des retours financiers entre le sucre et l'éthanol a été et reste en ce début d'année 2024 trop importante. Pour l'analyste Czarnikow, la valorisation de la canne par le sucre est 60 % supérieure à la valorisation en éthanol, ce qui représente l'écart de prix le plus large en quinze ans. Le scénario de production de « sucre maximum » a été poursuivi par les usines qui ont privilégié le sucre et devrait être maintenu lors de la prochaine saison.

Ceci favorise le développement de la production d'éthanol sur base maïs pour lesquels les investissements se développent. Le Brésil est ainsi devenu le premier exportateur mondial de maïs en 2023. La production d'éthanol sur base maïs représentait moins de 1 milliard de litres il y a cinq ans ; en 2022-2023 elle a atteint 4,43 milliards de litres et en 2023-2024 5,8 milliards litres (soit 18 % de la production d'éthanol de la région Centre-Sud du Brésil) et en 2024-2025 elle pourrait atteindre 6,5 milliards de litres, puis 10 milliards de litres au cours des cinq à six prochaines années. Le consultant Datagro évalue le potentiel de l'éthanol de maïs au Brésil à environ 13 milliards de litres. L'expansion rapide de la production d'éthanol de maïs a néanmoins plafonné les prix du biocarburant dans le pays.

Un autre facteur qui influence la production d'éthanol de canne à sucre est l'évolution de la valeur des crédits carbone (Cbio, chaque Cbio généré par la vente de biocarburant représente 1 tonne de CO_2 évitée) obtenus par les biocarburants à faible teneur en carbone dans le cadre du programme de certification Renovabio qui a fêté ses cinq ans en décembre 2023. La bourse brésilienne B3 a commencé à négocier des CBio en avril 2020. Les prix moyens des CBio se sont envolés en 2021 et ont alors atteint des sommets à l'été 2022 à BRL200/Cbio au moment où le prix du pétrole flambait, avant de chuter brutalement à l'automne 2022 à près de BRL50/Cbio alors que l'échéance des objectifs était reculée par le président Bolsonaro. L'élection du président Lula a redonné de l'appétit aux acheteurs de Cbios. Ils se sont stabilisés en début 2023 et sont remontés en juin 2023 autour de BRL 150/Cbio pour redescendre à nouveau autour de BRL 100/Cbio en fin d'année 2023. En novembre 2023, la quantité de Cbios disponibles sur le marché avait atteint l'objectif de décarbonisation de 2022 de 36,6 millions de crédits, bien avant l'échéance de septembre 2023 qui a remplacé par décret l'échéance initiale de décembre 2022. Ce même décret a reporté l'échéance de 2023 à mars 2024. La décision du gouvernement de réduire l'objectif pour 2024 à 38,8 millions de crédits, contre un objectif initial de 50 millions, a fait baisser les prix au cours du second semestre 2023. Mais le marché pourrait se tendre de nouveau en 2024 entraînant une hausse des prix des Cbios et une plus grande volatilité.

Une série de procès intentés par des distributeurs s'opposant aux obligations d'acquisition de Cbios établies dans le cadre de Renovabio pourrait modifier le marché brésilien des crédits carbone. Certaines demandes d'injonction ont été acceptées, d'autres ont été rejetées, mais toutes sont préliminaires. Si le gouvernement fédéral parvient à annuler les injonctions, les détaillants qui espéraient une victoire juridique pourraient se précipiter à nouveau sur le marché Cbios. Une victoire des détaillants, en revanche, pourrait mettre en échec le programme Renovabio. L'incertitude juridique met les acteurs du marché en alerte, en particulier les grands distributeurs qui respectent pleinement les objectifs de Renovabio et craignent une concurrence déloyale de la part de ceux qui sont en défaut. Ces préoccupations gagneront en importance si le prix du Cbios se raffermit au cours de l'année 2024.

Les cours de l'éthanol hydrique quant à eux, après avoir atteint des records en 2022 avec une moyenne de $ 57,6/hl, sont redescendus à une moyenne de $ 48/l en 2023. Cette tendance baissière a soutenu les ventes au moment où les cours de l'essence augmentaient. En octobre 2023, les ventes d'éthanol hydrique ont totalisé 1,7 milliard de litres, soit 29,03 % de plus que l'année dernière, en raison de l'augmentation de la compétitivité du biocarburant par rapport à l'essence à la pompe.

Le secteur fonde ses espoirs dans la prochaine loi *Combustível do Futuro* (Carburant pour le Futur) qui devrait encore augmenter le taux d'incorporation de l'éthanol dans l'essence de 27 % aujourd'hui à 30 %, favoriser les véhicules hybrides, ainsi qu'augmenter les objectifs de réduction de carbone pour le secteur de l'aviation. Cette loi a été communiquée au Congrès le 18 juillet 2023. Elle s'accompagnerait d'une réforme de la taxation pour une nationalisation de celle-ci, aujourd'hui décentralisée entre les États.

Objectif 2023 atteint en Inde, mais des craintes sur le futur

L'Inde est aujourd'hui le troisième producteur et consommateur d'éthanol au monde, grâce à une production qui a presque triplé au cours des cinq dernières années et atteint le record de 5,4 milliards de litres.

En 2018, l'Inde a publié sa politique nationale sur les biocarburants, qui fixe des objectifs de mélange pour l'éthanol (20 % d'ici à 2030) et le biodiesel (5 % d'ici à 2030) ainsi que des exigences en matière de matières premières. Au-delà des objectifs de mélange, l'Inde a établi des prix garantis, des contrats à long terme pour l'éthanol, ainsi que des normes techniques. Un soutien financier a également été accordé pour la construction de nouvelles installations et la modernisation des installations existantes. Fort de son succès, le gouvernement a avancé en 2022 de cinq ans l'objectif de 20 % de mélange en volume pour l'éthanol, soit 2025-2026.

La consommation d'essence a continué d'augmenter et l'objectif de mélange de 12 % a été atteint en 2023. Environ 1,8-2 Mt d'équivalent sucre seraient dédiés à la production d'éthanol. Selon le gouvernement, avec une production d'éthanol 2022-2023 d'environ 5 milliards de litres, le programme indien d'incorporation d'éthanol à l'essence a permis au pays d'économiser $ 2,92 milliards de devises au cours de cette campagne. Le pays a ainsi pu éviter d'importer 5 milliards de litres de pétrole, et a enregistré une réduction nette de ses émissions de CO_2 de 10,8 Mt. Le programme éthanol a également rendu possible le paiement des planteurs à hauteur de $ 2,3 milliards. En Inde, plus de 9 300 points de vente distribuent l'E20, et le biocarburant devrait être disponible dans l'ensemble du pays d'ici 2025.

Toutefois, les craintes d'un manque de disponibilité des matières premières ont modifié les perspectives pour 2024. Le maintien de la restriction de l'utilisation du jus de canne à sucre et des mélasses B comme matières premières pour la production d'éthanol, malgré l'amélioration des perspectives de récolte, ainsi qu'un droit à l'importation de 50 % sur les mélasses C vise à renforcer l'approvisionnement avec des matières premières domestiques, mais signale aussi que l'objectif pour 2024 de 15 % sera difficile à atteindre.

L'Europe face à ses contradictions

La Pologne a rejoint les rangs des pays de l'Union européenne où le mélange d'essence E10 – contenant jusqu'à 10 % d'éthanol renouvelable – est disponible pour les automobilistes. D'autres pays européens adoptent également la norme E10 : la République d'Irlande a lancé le carburant E10 en avril 2023 et l'Autriche en septembre 2023. Au total, dix-neuf pays de l'Union européenne plus le Royaume-Uni ont désormais adopté la norme E10 pour l'essence. Ce carburant fonctionne dans la quasi-totalité des voitures à essence et hybrides en circulation aujourd'hui (l'éthanol renouvelable produit réduit les émissions de GES de plus de 78 % par rapport à l'essence fossile).

En France, la demande en E10 a augmenté de près de 10 % en 2023. Selon le SNPAA, les ventes d'E10 (SP95-E10) ont atteint environ 8 milliards de litres, en hausse de 9 %, et les ventes d'E85 (Superéthanol) ont augmenté de 5 % pour atteindre 0,9 milliard de litres.

Les cours de l'éthanol en Europe sont restés relativement stables en 2023 autour des € 80/hl avant de chuter brutalement en fin d'année 2023 et début d'année 2024 accompagnant la chute des prix du pétrole. Il est remonté depuis et se trouve autour des € 65/hl revenant à des niveaux proches de ceux de 2021.

Mais la politique de l'Union européenne en matière de biocarburants reste un problème. En octobre 2023, la nouvelle Directive sur les énergies renouvelables a été publiée et est entrée en vigueur le 20 novembre 2023. S'appuyant sur les directives de 2009 et de 2018, la directive révisée introduit des mesures plus strictes afin de garantir que toutes les possibilités de développement et d'adoption des énergies renouvelables soient pleinement exploitées : pour atteindre l'objectif de neutralité carbone de l'Union européenne d'ici 2050 et renforcer la sécurité de l'approvisionnement énergétique de l'Europe.

La directive révisée sur les énergies renouvelables porte l'objectif contraignant de l'Union européenne en matière d'énergies renouvelables pour 2030 à un minimum de 42,5 %, contre 32 % précédemment, avec l'ambition d'atteindre 45 % pour la part de l'énergie produite à partir de sources renouvelables dans la consommation finale brute d'énergie de l'Union en 2030. Les États membres doivent fixer un objectif indicatif pour les technologies innovantes en matière d'énergies renouvelables d'au moins 5 % de la capacité nouvellement installée en matière d'énergies renouvelables d'ici à 2030. Cela signifie au final qu'il faut presque doubler la part actuelle des énergies renouvelables dans l'Union européenne. Mais elle a maintenu la limite de 7 % de la consommation finale d'énergie pour les transports pour l'utilisation de biocarburants à partir de cultures destinées à l'alimentation humaine et animale.

Outre le nouvel objectif global consistant à doubler la part actuelle des sources d'énergie renouvelables, un nouveau cadre politique devrait faciliter l'électrification dans différents secteurs, avec de nouveaux objectifs sectoriels accrus pour les énergies renouvelables dans les domaines du chauffage et du refroidissement, des transports, de l'industrie, des bâtiments et du chauffage/refroidissement urbain, mais aussi avec un cadre promouvant les véhicules électriques.

Les ambitions de l'Union européenne en matière de décarbonisation sont donc énormes, or Bruxelles imposant de nombreuses restrictions à la production domestique, les importations sont le seul moyen de combler cet écart. Ces importations entraînent de fortes baisses des prix et une détérioration des marges. L'Union européenne est le premier importateur mondial d'éthanol-carburant, de biodiesel et d'éthanol non carburant, et cette situation n'est pas près de changer.

La politique commerciale qui encadre l'importation de biocarburants est différente suivant les produits. Alors que le droit de douane sur l'éthanol est de € 102 (éthanol dénaturé) et de € 192 par mètre cube, il n'est que de 6,5 % dans le cas du biodiesel. Mais Bruxelles offre à de nombreux pays, dont les pays en voie de développement, un accès à droits nuls pour l'éthanol. Les importations de bioéthanol pour carburants de toutes origines ont augmenté de près de 80 % entre 2021 et 2022. Les principaux pays exportateurs en volume en 2022 étaient le Brésil, les États-Unis, le Royaume-Uni et le Pérou. Le Pakistan est le quatrième pays et affiche la progression des importations la plus importante entre 2021 et 2022 (179 %). Au cours de la même période, les importations provenant des États-Unis ont augmenté de 96 % et celles du Brésil de 37 %. L'augmentation des importations coïncide avec une diminution de 10 % de la part de marché de l'industrie de l'Union. Le ratio des importations par rapport à la production de l'Union est passé de 21 % en 2021 à 39 % en 2022. Depuis 2021 la plupart des indicateurs économiques du secteur de l'Union européenne se sont détériorés et reflètent le dommage subi par les producteurs de l'Union : production en baisse de 10 %, utilisation des capacités en baisse de 9 %, ventes de l'Union en baisse de 6 % en volume, stocks en hausse de 15 %, investissements en baisse de 44 % et rentabilité en baisse de 57 %. Au regard de ces évolutions, la Commission a adopté le 14 septembre 2023 un règlement établissant une surveill*ance a posteriori* de l'Union sur les importations d'éthanol renouvelable pour carburants, afin de recueillir des informations statistiques, avant la publication de statistiques d'importations officielles, permettant d'analyser rapidement l'évolution des importations en provenance de l'ensemble des pays tiers.

L'un des outils d'accès au marché les plus efficaces dans le contexte de l'éthanol est le système de préférences généralisées (SPG). Il est en place depuis 1971 et son successeur, le SPG+, a été introduit en 2006. Ce régime en faveur du développement durable et de la bonne gouvernance réduit les droits de douane à 0 % pour les mêmes lignes tarifaires que dans le cas du SPG standard pour les pays bénéficiaires qui ont ratifié vingt-

Évolution des cours de l'éthanol en Europe

(en euros/hl)

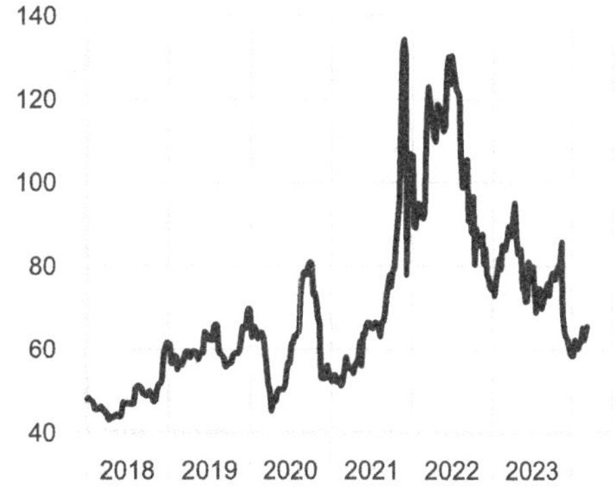

(Source : CIBE)

sept conventions internationales sur les droits de l'homme, les droits du travail, la protection de l'environnement et le changement climatique, ainsi que la bonne gouvernance.

Comme indiqué plus haut, l'évolution la plus remarquable dans ce contexte a pu être observée au Pakistan. Ce pays a été intégré au groupe SPG en décembre 2001 pour le soutenir dans sa lutte contre le terrorisme en Afghanistan. L'analyste F.O. Licht a calculé qu'au cours des années suivantes, la capacité de distillation du pays est passée de 40 millions de litres par an à plus de 900 millions. Les exportations vers l'UE sont passées de moins de 10 millions de litres en 2002 à plus de 530 millions en 2022. L'augmentation a été particulièrement prononcée entre 2021 et 2022, lorsque les arrivées ont plus que triplé. Or le SPG+ est assorti de plusieurs garanties, dont l'une vise à protéger les intérêts de l'industrie de l'Union européenne au cas où l'augmentation des importations en provenance d'un pays bénéficiaire du SPG «a causé ou menace de causer de graves difficultés économiques» à ce secteur. Le règlement prévoit que la Commission européenne doit, de sa propre initiative, supprimer les préférences tarifaires pour un pays bénéficiaire du SPG+ si les importations ont augmenté d'au moins 13,5 % par rapport à l'année précédente et que ces importations représentent au moins 6 % des importations totales de l'Union européenne pour le même produit. À la suite de l'augmentation des importations d'éthanol en provenance du Pakistan en 2022, le secteur industriel de l'éthanol de l'Union européenne a entamé des procédures pour déclencher ces clauses de sauvegarde. Or, à la fin de l'année 2023, la Commission a rejeté la demande en indiquant que le seuil de 6 % de part de marché n'était pas atteint pour la somme des codes tarifaires mentionnés dans le règlement SPG+. Cela signifie que l'éthanol à bas prix en provenance du Pakistan pourra continuer à entrer sur le marché en 2024 et au-delà.

Les importations vont donc continuer d'être un facteur déstabilisant pour l'industrie européenne, non seulement en raison des volumes qui arrivent, mais aussi en raison des problèmes de fraude. Par exemple, la politique de soutien des biocarburants à base de déchets dans l'Union européenne est propice aux comportements frauduleux. Récemment, l'étiquetage erroné d'importations de biodiesel conventionnel et avancé en provenance de Chine continentale a déstabilisé le marché et a initié une enquête des services de la Commission européenne.

Mais ce n'est pas tout : en décembre 2023, les producteurs européens d'éthanol ont lancé un recours contre le règlement maritime FuelEU de l'Union européenne, qui vise à décarboniser le secteur du transport maritime ; et en janvier 2023, l'industrie a déposé un recours similaire contre le règlement ReFuelEU sur l'aviation, qui vise à décarboniser le transport aérien. En effet, ces deux réglementations de l'Union européenne marginalisent ou interdisent l'utilisation de biocarburants d'origine végétale pour réduire les émissions de ces secteurs, même ceux qui, comme l'éthanol renouvelable, répondent aux critères de durabilité stricts inscrits dans ces législations.

Biocarburants :
expansion mais doutes européens

Après plusieurs années de faible croissance pour le marché du biodiesel, les biocarburants connaissent un nouveau souffle avec l'émergence du diesel renouvelable et du carburant durable d'aviation. L'année 2023 a été marquée par trois facteurs principaux qui témoignent de la révolution en cours pour cette industrie : une forte baisse des prix expliquée par l'augmentation de l'offre ; la réorganisation des flux mondiaux de matières premières ; et enfin l'avènement annoncé du carburant durable d'aviation ou SAF en anglais (*Sustainable Aviation Fuel*) comme solution privilégiée des compagnies aériennes pour décarboner leur activité.

Une année orientée à la baisse sur les prix

Après une année record en 2022, l'année 2023 a été marquée par une forte baisse des prix : – 29 % pour le biodiesel et – 16 % pour l'huile de colza en Europe, – 34 % pour le diesel renouvelable et – 40 % pour l'huile de cuisson usagée aux États-Unis. Les matières premières utilisées pour les biocarburants (biodiesel, diesel renouvelable, carburant d'aviation durable) sont principalement les huiles végétales (huiles de soja et de palme) et représentent 60 % du mix total. Aux États-Unis, les capacités de trituration de soja vont augmenter de près de 30 % entre 2022 et 2026 et de nombreuses annonces de projets de construction d'usines ont été officialisées en 2023. Alors que la production d'huile de soja n'a progressé que de 2 % par an en moyenne ces dix dernières années, les investissements en cours sont une petite révolution pour l'industrie des oléagineux. Ces annonces ont été le facteur principal de baisse sur le marché mondial des huiles.

40 % de matières premières utilisées dans le mix mondial sont considérées « bas carbone ». Leur empreinte carbone est considérée plus faible que celle des huiles végétales par les politiques publiques, car leur production n'est pas en concurrence avec des terres arables. Parmi ces produits, on retrouve des déchets comme l'huile de cuisson usagée, des résidus comme les graisses animales ou encore des co-produits de l'huile de palme comme le PFAD (*Palm Fatty Acid Distillate*) ou le POME (*Palm Oil Mill Effluent*). Le prix de ces produits a diminué en 2023 pour deux raisons principales. Tout d'abord, leurs prix sont indexés sur

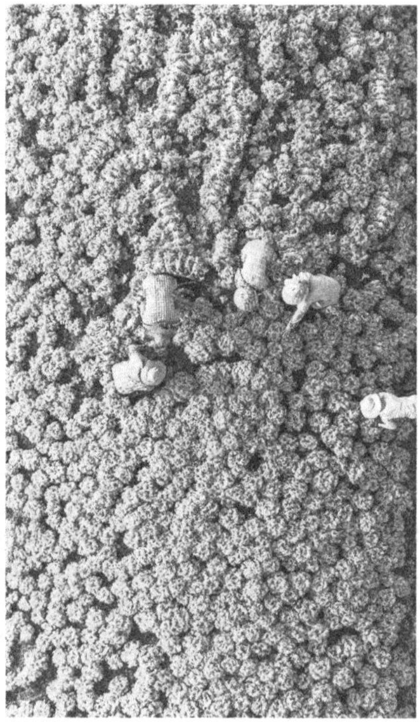

Évolution des cours des biocarburants
(en dollars/tonne)

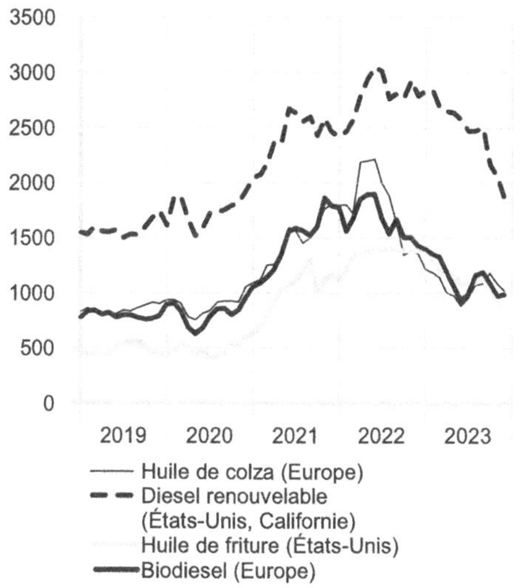

(Source : S&P Global Commodity Insights)

Matières premières utilisées pour la prodution de biocarburants

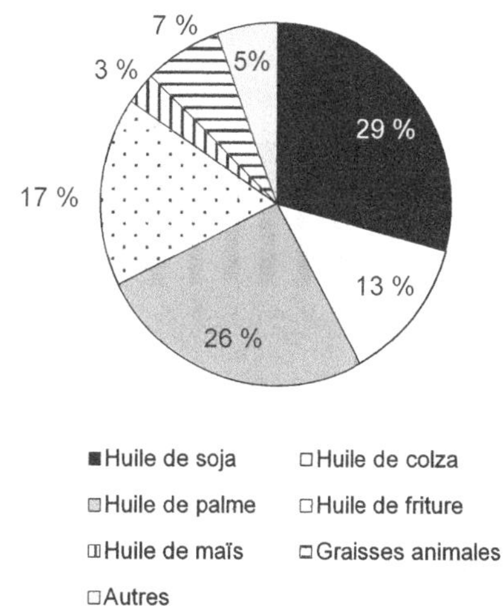

(Source : S&P Global Commodity Insights)

le prix des huiles végétales, elles-mêmes orientées à la baisse. Ensuite, la collecte et les exportations de ces produits ont fortement augmenté.

2023, année charnière pour les flux mondiaux des matières premières

Les exportations mondiales de matières premières pour les biocarburants ont augmenté de 7 % entre 2022 en 2023. Derrière ce chiffre se cache une réorganisation profonde des flux mondiaux. Pour la première fois en cinquante ans, les États-Unis sont devenus importateur net de matières premières pour les biocarburants. En l'espace d'un an, le pays est aussi devenu le principal importateur d'huile de cuisson usagée provenant de Chine. L'appétit américain pour les matières premières bas carbone s'explique par les objectifs de politique énergétique des États ayant voté le programme LCFS (*Low Carbon Fuel Standard*) qui subventionne la production de diesel renouvelable ou SAF à base de matières premières bas carbone. Plus l'intensité carbone est faible, plus la subvention est élevée.

L'Europe et l'Amérique du Nord ont cependant d'ores et déjà maximisé l'utilisation de leurs ressources domestiques et doivent se tourner vers les importations : huile de cuisson usagée de Chine, graisses animales d'Australie ou de Nouvelle-Zélande, coproduits d'huile de palme d'Indonésie et de Malaisie. Malgré la baisse des cours en 2023, ces matières premières demeurent en forte demande dans le monde. Le développement d'usines de production de carburant durable d'aviation en Asie et en Amérique latine dans les prochaines années devrait renforcer cette tendance.

Le carburant d'aviation durable se prépare au décollage

Le SAF s'est fait remarquer en 2023 avec de nombreuses annonces de compagnies aériennes pour afficher leurs ambitions de baisse d'émissions de CO_2 grâce à des objectifs d'incorporation à horizon 2030 ou 2050. Cette tendance concerne toutes les régions alors qu'historiquement le développement du biodiesel et du diesel renouvelable s'était limité aux pays développés ou aux principaux producteurs de matières premières (Brésil, Argentine, Malaisie, Indonésie). Le carburant d'aviation durable est produit à partir des mêmes matières utilisées pour le biodiesel et le diesel renouvelable, mais les technologies de production sont différentes. Alors que les véhicules

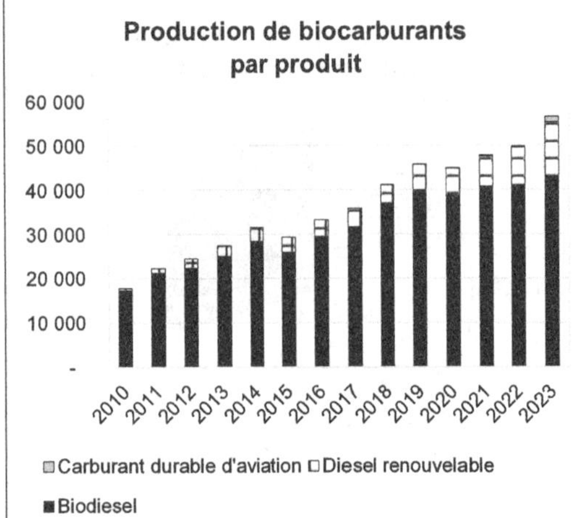

(Source : S&P Global Commodity Insights)

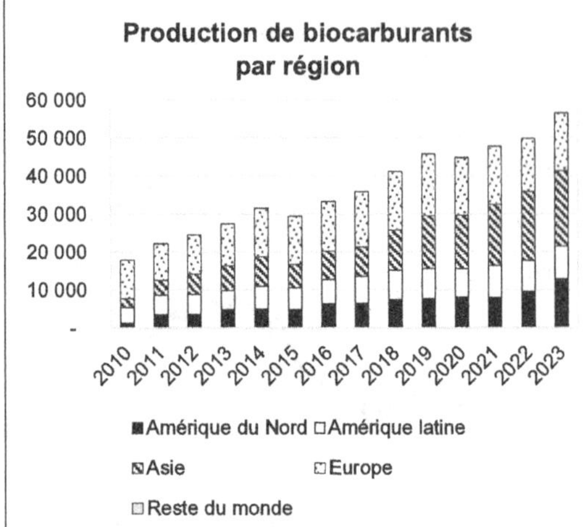

(Source : S&P Global Commodity Insights)

électriques sont une alternative aux biocarburants pour le marché du transport routier, cette alternative n'est pas réalisable à court terme pour l'industrie aérienne qui investit donc massivement dans le carburant d'aviation durable. La course à l'approvisionnement en matières premières a déjà commencé, car l'offre est limitée. C'est ainsi que ces trois dernières années, plusieurs partenariats d'envergure se sont concrétisés entre des groupes agricoles traditionnels et des producteurs de carburants comme ADM avec Marathon ou Bunge avec Chevron. La verticalisation de l'industrie devrait s'accélérer dans les prochaines années.

Le marché du carbone :

des prix européens en baisse

Il n'existe toujours pas de marché mondial du carbone et l'idée d'un prix minimum mondial n'a même pas été abordée à la COP28. Le concept progresse lentement et l'Europe reste son point d'ancrage majeur. La crise économique et industrielle a provoqué un retournement du marché en 2023, avec des prix en baisse presque de moitié.

Les marchés du carbone sont des instruments économiques visant à limiter les quantités de gaz à effet de serre générées par nos économies en attribuant à ces émissions tout ou partie du coût des dommages environnementaux qu'elles infligent. À ce jour, il existe une trentaine de marchés du carbone dans le monde, résultant de politiques énergétiques et climatiques mises en place à différentes échelles juridictionnelles – qu'elles soient municipales, régionales, nationales, voire supranationales. Le prix du carbone sur ces marchés reflète le niveau de la contrainte sur les émissions que les autorités sont en mesure d'imposer.

La proportion couverte des émissions mondiales de gaz à effet de serre est actuellement proche de 20 %. Les prix du carbone émergeant de ces différents systèmes, bien que tarifiant un même produit, restent encore aujourd'hui très dispersés – en 2023, dans une fourchette de \$ 5 à \$ 100 par tonne de dioxyde de carbone équivalent (tCO_2). À l'échelle mondiale, en 2023, la valeur de marché totale du carbone (transactions × prix) fut de \$ 951 milliards. Ceci marque la cinquième année consécutive d'augmentation du marché à l'échelle annuelle (+ 2 % par rapport à 2022, + 247 % par rapport à 2019). Le marché européen représente à lui seul 87 % de cette valeur totale, voire 91 % en incluant le marché britannique. Suivent ensuite les marchés nord-américains avec une part de 8 % – les autres marchés restant relativement marginaux si on les compare à l'aune de cette métrique. Après les records de l'année 2022, les prix du carbone ont en moyenne décru sur tous les marchés en 2023 – sauf en Chine et aux États-Unis – du fait du ralentissement économique, de l'apaisement des tensions sur les marchés de l'énergie, et d'un contexte politique et réglementaire plus instable sur le plan de l'ambition climatique.

Les fondamentaux des marchés du carbone

Un marché du carbone fonctionne sur un principe simple expérimenté à grande échelle aux États-Unis dans les années quatre-vingt-dix pour réduire les pluies acides. Ce principe, dénommé en anglais *cap and trade*, est le suivant : l'autorité

Évolution des émissions couvertes par les principaux marchés carbone

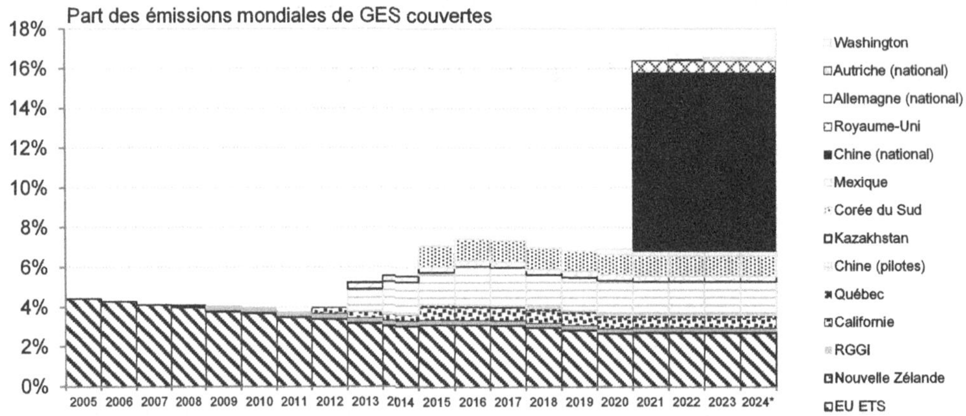

** couverture des émissions telle qu'elle peut être anticipée aujourd'hui.* *(Source : auteurs)*

publique plafonne les émissions totales autorisées en créant un nombre limité de permis ou quotas d'émissions qui sont distribués ou vendus aux émetteurs (*cap*), et ces permis sont ensuite échangeables sur le marché (*trade*). La trajectoire du cap global est en principe inférieure à celle des émissions futures anticipées, fixant ainsi un objectif de réduction des émissions dans le temps. Chaque installation couverte reçoit en début d'année, ou achète aux enchères, un certain nombre de quotas. À la fin de l'année, chacune doit restituer à l'autorité un nombre de quotas suffisant pour couvrir ses émissions de CO_2 sur l'année, vérifiées par un auditeur indépendant, sous peine de pénalités non libératoires.

Un quota représente donc le droit d'émettre une tonne de carbone et est échangeable sur le marché. Ainsi, si un émetteur peut réduire ses émissions à un coût inférieur au prix de marché, il pourra le faire pour vendre des quotas (ou en acheter moins), réduisant ainsi ses coûts de mise en conformité. À l'inverse, si son coût de réduction des émissions est supérieur au prix de marché, il pourra acheter des quotas sur le marché. On s'attend ainsi à ce que les réductions d'émissions les moins chères soient mises en œuvre en premier, et la cible globale de réduction est en principe atteinte au moindre coût total.

Pour les installations couvertes, le prix du quota est perçu comme un coût associé à l'émission d'une tonne de CO_2 qui se fixe par la rencontre d'une offre et d'une demande agrégées sur le marché. Du côté de l'offre, les principaux facteurs sont l'allocation de quotas aux émetteurs et les moyens de flexibilité associés. La demande de quotas, quant à elle, dépend des besoins d'émissions actuels et futurs, c'est-à-dire des perspectives de croissance économique et de production industrielle, des températures et des précipitations, du coût des technologies de substitution, des prix relatifs du gaz naturel et du charbon, etc. Enfin, si le marché concerne naturellement les émetteurs couverts par le système (acteurs de conformité), il est en général également ouvert à d'autres acteurs non couverts (par exemple des intermédiaires financiers) sous réserve qu'ils puissent ouvrir un compte sur le registre officiel.

Europe : un pilier historique en évolution

Le marché carbone européen (EU ETS)

Le système communautaire d'échange de quotas d'émissions de CO_2 (EU ETS en anglais) est un des principaux outils de la politique européenne en matière de lutte contre le changement climatique, et fut jusqu'à la mise en place du marché national chinois en 2021 le plus grand marché au monde en termes d'émissions régulées. Il est né d'une directive s'appliquant depuis 2005 à envi-

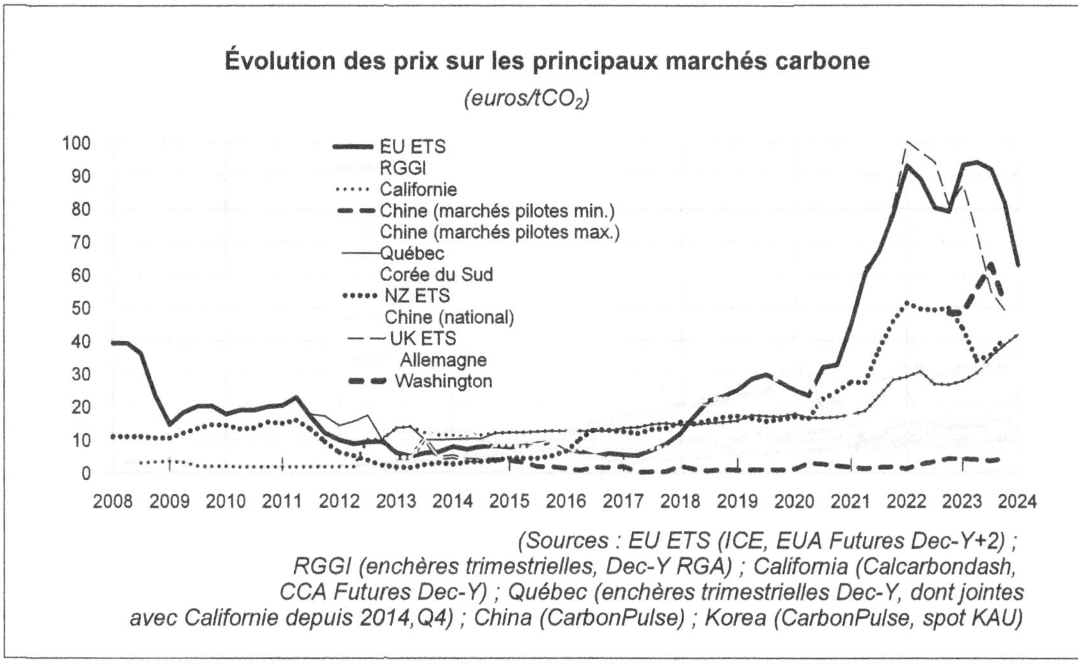

ron 13 000 installations industrielles (producteurs d'électricité, de chaleur, d'acier, de ciment, raffineries, etc.) couvrant environ la moitié des émissions de CO_2 européennes.

Après un lancement portant le prix du quota à environ € 30 la tonne, le système a connu de mi-2008 à fin 2017 des tumultes qui ont malmené son développement. Cette période a été marquée par des doutes persistants quant au rôle du signal prix carbone, ce dernier fluctuant à des niveaux bas (5 €/tCO_2), reflétant la faiblesse de la contrainte perçue s'exerçant sur les émetteurs. Plusieurs raisons peuvent expliquer cette baisse du prix : la crise économique de 2008-2009 qui a fortement affecté la production industrielle européenne et provoqué une baisse conjoncturelle des émissions, l'interaction avec les autres politiques énergétiques générant des réductions d'émission indépendamment du prix du carbone (efficacité énergétique, électricité d'origine renouvelable), et enfin l'utilisation de crédits carbone issus du Protocole de Kyoto autorisée entre 2008 et 2020. L'EU ETS a également souffert d'une image dégradée du fait de différentes fraudes, notamment le carrousel sur la TVA en 2009.

En réaction, la Commission européenne a ouvert en 2012 un débat sur la réforme du système qui, après plusieurs étapes, a débouché sur des modifications substantielles des règles de l'EU ETS en novembre 2017. Ce débat a montré que le « design » du marché devait être modifié afin de mieux contrôler les interactions avec les autres politiques énergétiques, et de mieux gérer son évolution dans le temps au regard des changements, prévus ou non, des trajectoires d'émissions vis-à-vis des objectifs politiques. Une mesure clé est la création d'une réserve de stabilité (*Market Stability Reserve*), entrée en fonctionnement en 2019, qui pilote et ajuste le volume de quotas mis aux enchères de façon automatique en fonction de la quantité totale de quotas « en circulation » (c'est-à-dire le nombre de quotas mis sur le marché, cumulés dans le temps, moins le nombre cumulé de quotas restitués pour conformité) : si cette quantité est au-dessus d'un seuil prédéfini, la réserve réduit l'offre future de quotas, et vice versa.

Étant donné l'état initial du système et le paramétrage de cette réserve, cette réforme conduit à une diminution substantielle de l'offre de quotas dans le temps. Ainsi, à la suite de l'adoption de la MSR, le prix du carbone a quitté ses plus bas historiques et dépassé la barre des € 20/tCO_2 courant 2018, ce qui n'était pas arrivé depuis 2011. L'annonce du Green Deal européen et de l'objectif de neutralité carbone pour 2050 – et les perspectives associées de réduction de l'offre de quotas – a entraîné une seconde hausse du prix, qui a dépassé € 40/tCO_2 début 2021. Ces mouvements ont créé un regain d'attention sur ce marché historiquement relégué au second plan, ce qui a entraîné une augmentation des volumes échangés et une arrivée notable de nouveaux acteurs (financiers notamment) sur le marché.

En parallèle, l'Union européenne a adopté un nouvel objectif de réduction des émissions de – 55 % par rapport à 1990 d'ici 2030, avec en ligne de mire la neutralité carbone à horizon 2050. Ceci implique une accélération de la vitesse de diminution du plafond de quotas. La Commission a donc lancé un processus de révision du marché carbone afin de l'aligner, pour la partie qui le concerne, sur cet objectif renforcé, portant la cible de réduction des émissions du périmètre couvert à – 61 % en 2030 par rapport à 2005. Ces différents éléments ont porté le prix à des niveaux plus élevés, oscillant entre € 80 et € 100/tCO_2 tout au long de 2022 et 2023. La crise énergétique, et en particulier l'augmentation du prix du gaz naturel, a aussi pesé à la hausse sur le prix du quota de CO_2 européen. Depuis la fin de l'année 2023, la baisse rapide des prix du gaz, ainsi que la faiblesse de la production industrielle européenne en particulier allemande, ont entraîné un reflux du prix du quota. Après avoir flirté avec les € 100/tCO_2 au printemps 2023, il a nettement reflué depuis et se trouvait début 2024 autour de € 55/tCO_2.

Le dispositif d'ajustement carbone aux frontières (MACF)

Le paquet législatif européen « Fit-for-55 » propose également l'introduction d'un mécanisme d'ajustement carbone aux frontières. En effet, lorsqu'un prix du carbone ne s'applique qu'à une seule zone, il défavorise les entreprises locales exposées à la concurrence internationale, faisant craindre un risque de fuite de carbone, synonyme de délocalisations et d'augmentation des émissions mondiales. En principe, ce mécanisme vise à inciter les pays exportateurs à adopter des procédés de production bas-carbone ou à introduire un prix du carbone équivalent au prix européen (condition qui permet d'être exempté). Jusqu'à présent, des mécanismes d'attribution de permis gratuits permettaient de compenser l'effet négatif sur la compétitivité des entreprises européennes exposées. Plutôt généreuses à l'origine, ces allocations gratuites ont suivi la tendance à la baisse du plafond total de permis et sont devenues inférieures aux émissions des industriels concernés pour la première fois en 2021.

Suite aux réformes récentes, ces allocations vont être progressivement remplacées par le nouveau mécanisme dit d'ajustement carbone à la frontière (MACF ou CBAM, en anglais) qui prévoit que les importateurs européens de certains produits spécifiques s'acquittent d'un prix du carbone fondé sur le contenu en carbone des produits importés. Étant donné la complexité d'un tel calcul, le MACF européen se concentre en réalité sur un nombre très limité de produits peu transformés (seuls 571 codes-produits sont concernés sur les 10 000 de la nomenclature douanière). Il s'agit donc d'inclure le prix du carbone européen dans le prix des importations de ces produits, comme si ceux-ci avaient été produits en Europe.

Le MACF fera l'objet d'une mise en œuvre progressive jusqu'en 2026. Le déploiement débute par une phase de transition qui court depuis le 1er octobre 2023 jusqu'au 31 décembre 2025, durant laquelle aucun paiement n'est exigé, mais le *reporting* des produits importés et de leur contenu carbone est obligatoire sur une base trimestrielle. À partir de 2026, les importateurs européens de ces produits à forte intensité carbone seront tenus de payer cet ajustement sous la forme d'achat de certificats payants dont le prix sera calqué sur le prix des quotas européens. En contrepartie, à mesure que cette disposition à la frontière entrera en vigueur, l'allocation gratuite de quotas, qui était jusque-là la méthode européenne contrôlant le risque de fuite de carbone, sera progressivement supprimée. Plusieurs points seront à surveiller pendant cette entrée en vigueur progressive, comme les effets sur les filières aval, les risques de contournements, ou les conséquences éventuelles liées à l'absence de mécanisme équivalent à l'export.

L'inclusion de nouveaux secteurs dans un mécanisme de tarification du carbone

Notons enfin que la révision des règles du marché carbone européen entérine également la mise en place progressive d'un système parallèle de quotas échangeables pour des secteurs aujourd'hui exclus de l'EU ETS : les bâtiments et le transport routier, *via* les carburants de transports et les combustibles pour les logements. Ce système couvrira les distributeurs de carburants et de combustibles fossiles qui devront dès lors acheter et restituer des quotas en fonction du contenu carbone des combustibles vendus, et faire passer le surcoût associé dans le prix des produits commercialisés – comme avec une taxe carbone, sur un principe similaire au récent marché national allemand. Les pays qui, comme la France, disposent d'un système globalement équivalent (la composante carbone de la fiscalité sur l'énergie) pourront, au moins dans un premier temps, être dispensés de basculer dans ce nouveau système de quotas. Cette inclusion de nouveaux secteurs portera la couverture des mécanismes de tarification du carbone en Europe à plus de 80 %. Pour faire face aux impacts sociaux de cette extension, la Commission l'accompagnera de la création d'un « Fonds social pour le climat » qui permettra une redistribution ciblée d'une partie des revenus tirés de la vente aux enchères de quotas pour compenser les ménages et entreprises les plus exposés.

Amériques : initiatives nationales, régionales et fédérales

Aux États-Unis, la mise en place d'un marché carbone fédéral a échoué au Sénat en 2009 et, plus généralement, des procédures juridiques perdurent concernant l'autorité de l'agence fédérale de protection de l'environnement à réguler les émissions de gaz à effet de serre. Dans ce contexte, des approches (inter)étatiques et à l'échelle de certaines métropoles se mettent en place. On retrouve une dynamique similaire au Canada, où certaines provinces contestent la constitutionnalité de l'introduction par défaut d'un prix fédéral du carbone. En Amérique centrale et du Sud, des initiatives nationales émergent.

Regional Greenhouse Gas Initiative (RGGI)

Le RGGI, mis en place en 2009, est le premier marché carbone interétatique aux États-Unis. Cette initiative regroupe une dizaine d'États du nord-est et régule uniquement les émissions du secteur électrique, sous une réglementation commune adoptée et transcrite dans chaque État. Une particularité notable du RGGI tient à sa composition en évolution permanente au gré des entrées et sorties successives de différents États et, partant, à l'ambiguïté politique et légale associée. Par exemple, après avoir quitté le programme en 2012, le New Jersey a fait son retour en 2020. La Virginie a rejoint le programme en 2021, mais une bataille judiciaire est en cours quant à sa sortie potentielle. Enfin, l'entrée de la Pennsylvanie en 2022 (qui a presque fait doubler le volume d'émissions régulées par le RGGI) a été jugée comme outrepassant les pouvoirs de l'exécutif local fin 2023. Cela illustre les difficultés liées à la tarification du carbone dans différentes législations étatiques, et n'est pas sans répercussion sur le cours des permis.

Autre particularité clé de ce marché : la quasi-totalité des quotas est vendue lors d'enchères conjointes. De 2010 à 2012, du fait d'un cap non contraignant, le prix spot est resté collé au prix de réserve des enchères (~ \$ 2/tCO_2), agissant *de facto* comme un prix plancher. Puis, à la suite d'une première réforme ayant entre autres conduit à une division par deux du cap et donc à une rareté accrue des permis, les prix ont augmenté puis fluctué entre \$ 4 et \$ 8/tCO_2. Les prix ont dépassé pour la première fois la barre des \$ 10/tCO_2 en 2021 et sont restés stables entre \$ 13 et \$ 15/tCO_2 en 2023. Comme en 2021, le seuil d'une réserve de limitation des prix est dépassé, déclenchant la mise sur le marché de 5,5 millions de permis additionnels.

Lors d'une deuxième réforme du marché en 2017, des ajustements en termes de volume et de seuils d'activation ont été apportés à cette réserve. Une autre réserve (*Emission Containment Reserve*) donnant la possibilité aux États de réduire la quantité de quotas mise aux enchères en cas de prix bas a également été introduite. De plus, le cap se verra réduit de 30 % entre 2020 et 2030, ce qui représente une diminution de 65 % par rapport à son niveau initial en 2009. Une réduction additionnelle du cap aura également lieu de façon lissée entre 2021 et 2025 en fonction du volume total de quotas émis non utilisés (*banking*). Une troisième réforme a eu lieu courant 2023 pour ajuster la trajectoire du cap et les paramètres des réserves afin d'éviter les risques possibles de « surplus » et d'érosion du signal prix. En 2024, chaque État devra transcrire cette réforme, pour une mise en place en 2025 au plus tôt.

Le marché relié Californie-Québec : un exemple de coopération à suivre

Après une année test en 2012, les marchés californiens et québécois sont opérationnels depuis 2013. Ces marchés s'illustrent par trois caractéristiques notables. Premièrement, depuis 2015, les secteurs des transports et du bâtiment sont couverts, si bien que 80 % des émissions totales des deux juridictions sont couvertes par ces programmes. Deuxièmement, ces marchés servent de garantie à l'atteinte d'objectifs de réduction d'émissions globaux, majoritairement conduits par d'autres outils, souvent de nature réglementaire. Cette interaction avec d'autres politiques climatiques et énergétiques, appréhendée ici comme une combinaison d'outils nécessaires, est partiellement gérée *via* des mécanismes d'ajustement de l'offre de quotas. Troisièmement, ces marchés sont reliés depuis 2014 et réalisent des enchères communes : les quotas sont fongibles sur les deux marchés (leurs prix sont donc égaux) et le Québec est depuis importateur net de quotas.

En 2019, la Californie a voté la création d'une réserve (*Allowance Price Containment Reserve*) qui institue à partir de 2020 un prix plafond (*hard ceiling*, car une quantité illimitée de quotas peut être achetée à ce prix) à $ 65 accompagné de deux paliers intermédiaires. Tous les prix administrés, y compris le prix de réserve des enchères, augmentent de 5 % par an plus inflation. Des discussions techniques se poursuivent concernant le niveau et la façon de procéder à la réduction du cap pour aligner le marché avec des objectifs climatiques rehaussés, ainsi que concernant le traitement du « surplus » de permis *via* des mécanismes renforcés de gestion de l'offre de permis (par exemple, une réserve type ECR comme au

Les mécanismes de flexibilité des marchés du carbone

Il y a quatre familles de provisions permettant de donner de la flexibilité aux acteurs de marché participant à des systèmes d'échange de quotas (*emissions trading systems*, ETS, en anglais) :

- la flexibilité spatiale : les permis s'échangeant entre les différentes entités couvertes de façon à réduire les émissions où il est économiquement plus intéressant de le faire, l'atteinte de la cible d'émissions agrégée se fait au moindre coût. C'est le principe économique même d'un ETS, et, par essence, celui qui sous-tend la formation de liaisons (*linkage*) entre ETS ;
- la flexibilité temporelle : optimisation de la distribution de l'effort d'abattement et lissage des chocs de prix dans le temps en stockant des permis pour un usage futur (*banking*) ou en empruntant des permis futurs pour un usage présent (*borrowing*) ;
- les crédits carbone (*offsets*) : des réductions d'émissions ayant lieu en dehors du périmètre d'un ETS (sectoriel ou géographique) peuvent être accréditées puis vendues à des entités couvertes dans cet ETS, ces dernières pouvant les utiliser comme instruments de conformité. L'utilisation de crédits est soumise à des limites qualitatives (types de crédits) et quantitatives (restriction de l'augmentation implicite du cap) ;
- les mécanismes de régulation de l'offre de permis (souvent basés sur les prix) :
  - prix plancher : il s'agit de définir un prix de réserve en dessous duquel les enchères de quotas sont annulées. Le prix de marché pourrait, mais ne devrait *a priori* pas, descendre en dessous. Des prix planchers sont en place dans le RGGI et en Californie-Québec ;
  - prix plafond et réserve activée par les prix : il s'agit de définir un prix au-dessus duquel des volumes supplémentaires de quotas sont vendus aux enchères, ce qui permet de limiter les pics de prix. De tels systèmes sont en place dans le RGGI et en Californie-Québec ;
  - réserve activée par les volumes : il s'agit de définir une bande cible pour la quantité de quotas en circulation (*banking* agrégé). La réserve ajoute ou retire automatiquement des quotas des enchères en fonction de l'écart entre la quantité de quotas en circulation et la bande ciblée. Un tel système est mis en place dans l'EU ETS depuis 2019 (*Market Stability Reserve*).

RGGI). En parallèle, le prix a continuellement augmenté en 2023, débutant l'année à \$ 30 et la finissant à \$ 40/tCO_2.

Les négociations de liaison, conduites sur plusieurs années, sont un exemple à suivre et ont notamment permis d'accélérer l'intégration de l'Ontario au 1er janvier 2018, qui s'est depuis retiré du marché joint à l'issue d'un changement de gouvernement. Un élément essentiel de la réussite de cette coopération est l'appartenance à une initiative commune, la *Western Climate Initiative* (WCI). Celle-ci garantit que les designs des différents marchés sont harmonisés *ex ante* et constitue un lieu d'échange et de partage d'expérience. Le marché pourrait s'agrandir avec l'entrée d'autres provinces canadiennes ou États américains. À noter que la Californie est souvent l'instigatrice des changements de design qui se répercutent *de facto* à l'ensemble de la WCI. Ainsi, les changements apportés au fonctionnement des réserves en Californie ont été suivis et adoptés, au moins dans les grandes lignes, par le Québec.

Washington : lancement du programme étatique « Cap-and-Invest » en 2023

En votant la mise en place d'un marché du carbone en mai 2021, l'État de Washington est le deuxième État américain après la Californie à réussir à imposer légalement un tel système de tarification. Le marché a ouvert avec la première enchère en février 2023. Son périmètre couvre 70 % des émissions de gaz à effet de serre, régulant les émissions des secteurs de l'électricité, de l'industrie, des transports et des bâtiments (avec un seuil d'inclusion à 25 ktCO_2, 130 entités sont couvertes). Le cap pour 2023 était de 63 MtCO_2 et doit décroître de 7 % par an jusqu'en 2030. Durant cette première année, le prix des permis fut plus élevé et volatil que ceux du RGGI et de la Californie, oscillant dans une fourchette de \$ 50-70/tCO_2. Deux des enchères trimestrielles ont dépassé le prix de seuil de la réserve de limitation des prix (APCR), déclenchant deux enchères supplémentaires de permis additionnels. Le périmètre et le design de ce marché sont proches de – et donc potentiellement compatibles avec – ceux du marché Californie-Québec, dans une perspective claire de liaison avec la WCI.

Mexique : un marché entrant en phase opérationnelle en 2024

Premier marché carbone national en Amérique latine, le Mexique a lancé son marché national le 1er janvier 2020 avec deux premières années « pilotes » suivies d'une année « de transition » avant son lancement opérationnel. Mi-août 2023, du fait de retards liés à la finalisation des textes réglementaires, le lancement de la phase opérationnelle a été repoussé à 2024, et 2023 est devenue une seconde année de transition. Le marché couvre environ 300 entités émettant plus de 100 ktCO_2 par an pour les secteurs énergétiques et industriels. Le cap lors de la phase pilote était de 273 MtCO_2, soit environ 40 % des émissions nationales. Le cap pour la première phase de conformité (2024-2025) sera connu avec la publication des textes officiels courant 2024, mais on s'attend à 100 % d'allocations gratuites sur cette phase avant une mise en place progressive des enchères après 2025. Les entités qui ne sont pas en conformité verront leurs allocations futures imputées de deux quotas par quota manquant. Le gouvernement mexicain réfléchit à l'établissement d'une liaison – unilatérale au début – avec le marché WCI.

Brésil : premiers pas vers un marché national opérationnel avant 2030

Après plusieurs allers-retours entre le Sénat et la Chambre des Députés, l'administration Lula a obtenu la validation d'une loi visant à introduire un marché du carbone national en décembre 2023. Le marché couvrirait les secteurs de l'industrie lourde et de la production d'électricité, mais notons que l'essentiel des émissions du pays émane des secteurs forestier et agricole. Il faudra encore plusieurs années avant la mise en place d'un marché opérationnel, laquelle ne pourrait réalistiquement avoir lieu qu'à la fin de la décennie.

Asie : un hub récent et dynamique

Chine : un marché national opérationnel en 2021 à la suite de marchés pilotes locaux

Courant 2013-2014, la Chine avait mis en place sept marchés dits pilotes dans cinq municipalités et deux provinces, rejoints par deux autres provinces en 2016. Ces pilotes s'inscrivaient dans une démarche d'apprentissage, avant de transiter vers un marché national et pour éclairer les choix de design de marché associés. Initialement prévu pour 2016, ce dernier n'a été officialisé qu'en décembre 2017, avec un démarrage opérationnel en février 2021 et une couverture rétroactive des émissions pour 2019 et 2020 (date de conformité fixée au 31 décembre 2021). Pour l'heure, le marché national ne régule que les émissions de CO_2 issues du secteur électrique, couvrant environ 2 200 entités, soit près de 5 $GtCO_2$ par an. À long terme, il devrait couvrir huit secteurs (incluant l'industrie lourde et chimique, l'aviation) et environ 7 000 compagnies (soit plusieurs dizaines de milliers de sources d'émissions), représentant au total près de 8 $GtCO_2$. Les pilotes continuent de fonctionner en parallèle du marché national pour les secteurs et entreprises non couverts par ce dernier, et leur intégration se fera au rythme de son extension sectorielle.

La mise en place de la plateforme d'échanges (hébergée à Shanghai) et du registre (hébergé dans la province de Hubei) ayant fait face à des difficultés techniques, les transactions n'ont débuté que mi-2021, même si certains échanges bilatéraux furent conclus avant. La seconde période de conformité pour les émissions de 2021 et 2022 s'est close fin 2023. La deuxième moitié de 2023 connut un très fort pic d'échanges à l'approche de la fin de période, notamment car les allocations pour 2021 et 2022 n'ont été connues qu'en mars 2023 (cette caractéristique *ex post* vient du fait des cibles en intensité) et ont débuté en août 2023. Par rapport à la première période de conformité (2029-2020) qui s'est conclue fin 2021, le marché est plus actif et structuré avec une réduction des échanges de gré à gré (toujours majoritaires à 83 %) au profit des échanges en bourse. Le prix moyen des permis en 2023 était d'environ $ 10 (70 yuans) par tCO_2.

Les transactions sont pour l'heure limitées au spot, mais le gouvernement est en faveur de l'introduction de contrats dérivés et de la participation d'acteurs financiers dès que le marché sera bien établi et relativement stable. Il se pourrait néanmoins que certains acteurs financiers et investisseurs institutionnels puissent prochainement être admis dans le marché afin de le fluidifier (*market making*). L'extension aux autres secteurs ne se fera qu'une fois que le design du marché actuel aura été renforcé, et que les données et méthodes de *reporting* des émissions desdits secteurs auront été affinées et standardisées. Bien que le marché national chinois soit de loin le plus important en termes d'émissions couvertes (plus du double de l'EU ETS), il faudra encore des années avant que sa liquidité s'approche de celle observée aujourd'hui sur le marché européen. Courant 2023, le gouvernement chinois a remis en ordre de marche son système de crédits nationaux (CCER) après une suspension de plusieurs années, puis début 2024, il a également renforcé l'assise légale de son marché carbone national en entérinant plusieurs réglementations clés, jusqu'alors manquantes. L'année 2024 devrait être plus calme, car la conformité pour la période 2023-2024 n'aura pas lieu avant 2025.

Plusieurs limites du marché chinois sont souvent mises en avant. Premièrement, le secteur électrique reste encore très régulé à l'amont comme à l'aval, ce qui obère l'efficacité du signal prix carbone, notamment sur l'ordre de préséance économique des centrales appelées. Cela étant, la Chine a récemment annoncé la mise en place d'un marché électrique national au cours de cette décennie. Deuxièmement, le mode d'allocation des quotas est critiquable, car la cible d'émission est définie en intensité d'émissions carbone par rapport à des niveaux de références (*benchmarks*) si bien que le cap dépend de fait des niveaux de production réalisés. Sur la première période de conformité, les *benchmarks* ont conduit en agrégé à un surplus de quotas alloués estimé à 352 $MtCO_2$, car la majorité des centrales émettent en deçà de ce *benchmark* (et seules les centrales les plus inefficaces doivent se procurer des quotas *via* le marché). Pour la deuxième période de conformité, les allocations ont été réduites de 6 % en agrégé.

Corée du Sud : un marché à la baisse, mais de plus en plus mature

Promulgué en 2011, le marché carbone national coréen n'a vu le jour qu'en 2015 après avoir essuyé une opposition soutenue de la part de l'industrie. Le marché était initialement très contraignant, avec une faible liquidité et peu d'échanges, et les prix ont augmenté de \$ 9 au lancement du marché à \$ 35 par tCO_2 mi-2019. Face à ce marché tendu où les entreprises préféraient garder leurs excédents de permis plutôt que de les vendre, le gouvernement a mis en place un comité dont le but est de gérer et d'améliorer la stabilité du marché. Ce dernier ajuste au fil de l'eau les règles concernant la validité des permis stockés (*banking*), le volume autorisé de *borrowing* et le volume d'utilisation d'*offsets* internationaux. De plus, des permis additionnels ont été mis aux enchères à un prix de réserve et un système de *market making* institutionnel a également été mis en place pour améliorer la liquidité du marché.

À partir de fin 2020, la situation s'inverse : le marché devient suralloué et le prix chute. Cette tendance baissière due en grande partie à la pandémie s'est poursuivie depuis, et le prix des permis ne dépasse pas la barre des \$ 10 (15 000 KRW) par tCO_2. En 2023, le prix a même décru sous les 10 000 KRW, malgré un doublement du volume d'échanges par rapport à 2022. Cette liquidité accrue est due à un triplement des échanges de contrats standardisés en bourse, signe que le marché devient plus mature, alors que les échanges de gré à gré ont baissé et que les enchères n'ont pas été pleinement souscrites. Une vingtaine d'institutions financières ont également été autorisées à prendre part au marché dans le but de le dynamiser en jouant le rôle d'intermédiaires (*market makers*), néanmoins sujets à une limite de détention de permis pour limiter leur effet sur la formation du prix. En 2023, un prix plancher temporaire a même été mis en place à deux reprises pour endiguer la baisse du prix.

Une extension de la couverture pour la Phase 3 (2021-2025) amène le marché à couvrir 685 entités, soit 610 $MtCO_2$ par an (73 % des émissions de CO_2 nationales) et inclure des secteurs comme le bâtiment et l'aviation. Sur la Phase 3, le cap est resserré (à périmètre constant) avec une augmentation de la proportion d'enchères (au moins 10 %) et un recours majoritaire au benchmarking pour les allocations gratuites. Malgré cela, le marché devrait rester suralloué à court terme du fait d'allocations gratuites toujours généreuses pour certaines entreprises et de la stagnation économique. Le design du marché et le resserrement du cap pour la Phase 4 (2026-2030) seront des éléments cruciaux pour les évolutions à moyen terme.

Nouvelle-Zélande : un marché aux design et périmètre uniques

Lancé en 2008, le marché néo-zélandais, bien que petit en volume (cap de 32 $MtCO_2$ en 2023), se distingue par au moins trois caractéristiques uniques. Premièrement, jusqu'en juin 2015, il était de dimension internationale avec un usage illimité d'*offsets* issus du Protocole de Kyoto. Par ce biais, il était de fait indirectement lié à l'EU ETS, et la chute du prix du quota européen entre 2011 et 2014 l'a heurté de plein fouet. Les *offsets* ont ensuite été bannis et le marché néo-zélandais est depuis exclusivement domestique. Deuxièmement, sa couverture sectorielle est de longue date la plus large au monde, et le marché couvre notamment l'aviation domestique, les transports, les déchets, le bâtiment et le secteur forestier. Le secteur agricole (c'est-à-dire bétail et engrais synthétiques), représentant la moitié des émissions de gaz à effet de serre nationales, n'est pour l'instant pas couvert sans perspective de changement avec le changement récent du parti au pouvoir. Troisièmement, les activités d'absorption peuvent générer des crédits parfaitement fongibles avec les permis et il n'y a pas de limite sur le nombre de crédits. On estime qu'environ 19 millions de crédits ont été générés en 2023, soit une augmentation du cap annuel effectif de près de 60 % !

Le marché a été renforcé en 2020 en ligne avec le rehaussement des objectifs climatiques du pays. En 2022, pour la première fois, un cap fixé *ex ante* a été imposé et sera à l'avenir défini sur des fenêtres roulantes de cinq ans. Auparavant, les acteurs pouvaient s'acquitter de payer une option à prix fixe plutôt que de restituer un quota pour chaque tonne émise, ce qui imposait de fait un prix plafond sans cap ferme. Une transition vers des allocations par enchères s'opère graduellement (la première enchère trimestrielle a eu lieu en mars 2021) conjointement à la mise en place d'un couloir de prix : un prix plancher de réserve et un prix plafond avec une réserve de permis supplémentaires. Les prix étaient sur une trajectoire haussière depuis 2021 et l'annonce de la fin de l'option à prix fixe, grimpant jusqu'à $ 55 (89 NZ$) par tCO_2 courant 2022. Mais depuis le prix a connu une forte volatilité, variant du simple au double en 2023 entre 35 et 75 NZ$, due notamment à une forte incertitude régulatoire et politique. Le marché est devenu structurellement « long », comme l'illustrent l'échec de toutes les enchères en 2023 par manque d'intérêt et la réduction de 70 % des volumes d'échanges par rapport à 2022.

Japon : de la mise en place d'un marché volontaire vers un marché de conformité

Ces dernières années, la troisième économie mondiale a développé plusieurs mécanismes de certification et de génération de crédits carbone volontaires (*J-Credit Scheme, GX League*). Ce processus a atteint un point d'étape important avec le lancement sur la Bourse de Tokyo d'un marché national d'échange de crédits carbone en octobre 2023. Bien que les acteurs de marché participent pour l'heure sur une base volontaire, le gouvernement vise un glissement vers un marché de conformité avant 2030. D'ailleurs, deux marchés carbone locaux existent depuis plus de dix ans dans la municipalité de Tokyo et la préfecture de Saitama.

Inde : vers un marché national en réponse aux MACF européen et britannique

L'Inde travaille à la mise en place d'un marché carbone national, sur la base d'un renforcement des systèmes existants de génération de crédits carbone volontaires et d'échange de certificats d'efficacité énergétique. Le moteur est double. Principalement, il s'agit d'une réaction à la mise en place des mécanismes d'ajustement du prix carbone aux frontières (MACF) de l'UE et du Royaume-Uni, partenaires commerciaux importants vers qui l'Inde exporte beaucoup, afin d'en réduire l'impact économique. Ainsi, le marché indien ne serait opérationnel qu'à partir de 2026 au plus tôt, date à laquelle lesdits MACF deviendront contraignants, et ne couvriraient que quelques secteurs de l'industrie lourde (soit 15 % des émissions nationales), mais pas la production d'électricité (dont la décarbonation serait coordonnée par d'autres mécanismes). En second lieu, il s'agit également de ne pas faire pâle figure face à la Chine en termes d'actions climatiques. Comme en Chine d'ailleurs, les obligations de couverture d'émissions seraient définies en intensité, et le cap ne serait donc pas fixe en absolu.

Certificats de CO_2 : les prix chutent fortement

Après dix-huit mois de prix très élevés (2022 jusqu'à mi-2023) entre € 85/t et € 100/t, les prix des certificats de CO_2 ont chuté fin 2023. La chute s'est accélérée début 2024 et les prix atteignaient un point bas à € 51,50/t mi-février 2024. Plusieurs facteurs expliquent cette baisse.
La génération électrique de l'Allemagne (avec toujours une forte proportion de charbon, lignite et gaz) a diminué de 11,4 % en 2023. En parallèle, la France a repris sa place de premier exportateur d'électricité dans la zone de l'Union européenne, grâce à la reprise du nucléaire (qui ne nécessite pas de certificats de carbone).
De manière générale, la consommation de charbon a diminué de manière significative en Europe, au profit des énergies renouvelables et du nucléaire. La frénésie des importations de charbon en forte hausse en 2022, suite à l'invasion de l'Ukraine, est bel et bien terminée. Les principaux terminaux croulent sous des stocks significatifs qu'ils n'arrivent pas à écouler faute de demande.
En Allemagne, la génération électrique à partir de charbon importé a chuté à 36 TWh en baisse de 34 % par rapport à 2022 et équivalent aux 35,5 TWh produits en 2022 (covid). Il s'agit de loin du plus bas niveau depuis 2000.
La génération électrique allemande à partir de lignite a diminué également à 79,7 TWh en 2023, en baisse de 24,7 % par rapport à 2022 et le point le plus bas depuis au moins 2000. Par

comparaison, la génération à partir du lignite était restée très stable durant la période 2000-2018 à 138 TWh par année.
En Pologne, la génération électrique à partir du charbon a diminué pour la deuxième année consécutive à 76,6 TWh en 2023 (– 12,7 % par rapport à 2022).
Le charbon est remplacé par le gaz, même si la génération électrique à partir du gaz a diminué également de 8 % en Allemagne en 2023 (consommation totale de gaz en baisse de 18 %). En Pologne, la génération électrique à partir du gaz a augmenté de 38 % en 2023.
Début 2024, les marges de génération électriques pour le charbon (*dark-spreads*) ont plongé dans le négatif, à cause d'une remontée des prix du charbon, suite à un rétrécissement de l'offre de charbon russe (accentuée par une vague de nouvelles sanctions contre deux producteurs).
Les marges de génération électriques à partir du gaz (*spark spreads*) ont été également négatives, mais plus compétitives que pour le charbon. Cela devrait accentuer la baisse de la consommation de charbon dans la zone de l'Union européenne, au moins pour la première moitié de 2024 ; d'autant plus que les générations éolienne, solaire et nucléaire sont attendues en hausse.
Après deux années de chute significative à 100 TWh par an en 2022 et 2023, dans la zone UE à 27, la consommation d'électricité devrait se stabiliser en 2024, voire augmenter à nouveau à partir de 2025.
La génération électrique à partir des énergies renouvelables (principalement solaire) pourrait augmenter de 120-130 TWh en 2024.
La chute des prix de certificats de CO_2 est aussi due à la mise en place du *front loading* suite au plan *REpowerEU* annoncé par la Commission européenne en mai 2022 (suite à l'invasion de l'Ukraine). Le *front loading* consiste à vendre en avance jusqu'à 250 Mt de certificats CO_2 initialement prévus pour la période 2027-2030, qui seront fournis sur le marché durant la période plus rapprochée août 2023-août 2026.
Les certificats résultant du *front loading* viennent s'ajouter aux sources habituelles de certificats : enchères (*auction*) et allocation gratuite (*free allocation*). Il s'agit donc d'une augmentation significative de l'offre, sur une base exclusivement politique, comme c'est le cas la plupart du temps sur le marché des certificats de CO_2.
La société de conseil Volue estime les volumes de CO_2 émis en 2023 à 1 132 Mt, en baisse de 185 Mt par rapport à 2022. La Commission européenne publie chaque année en avril les tonnages de CO_2 émis pour l'année précédente.
Les certificats de CO_2 continuent d'attirer une forte activité de couverture et de spéculation sur les marchés financiers, principalement sur la Bourse ICE Futures.
Les volumes de trading financier devraient continuer d'augmenter avec l'inclusion graduelle du fret maritime dans le marché du CO_2 à partir de janvier 2023.
Sur le plus long terme, la société de conseil Volue Insight envisage une réduction graduelle de l'offre par rapport à la demande, qui devrait contribuer à une remontée des prix.
La Commission européenne finalisait fin 2022 de nouveaux objectifs de réduction d'émission de CO_2 encore plus contraignants, puisque la baisse était désormais fixée à 62 % en 2030 par rapport aux niveaux de 2005. Dans les années précédentes, la Commission européenne a successivement relevé les objectifs de réduction d'émission à 40 % puis 55 %, mais par rapport au niveau de 1990.
Les travaux sur une taxe carbone aux frontières européennes (*Carbon Border Adjustment Mechanism*) continuent. De nombreux pays, y compris la Chine, ont lancé leur propre marché CO_2 potentiellement dans le but de limiter l'impact d'une taxe carbone européenne.

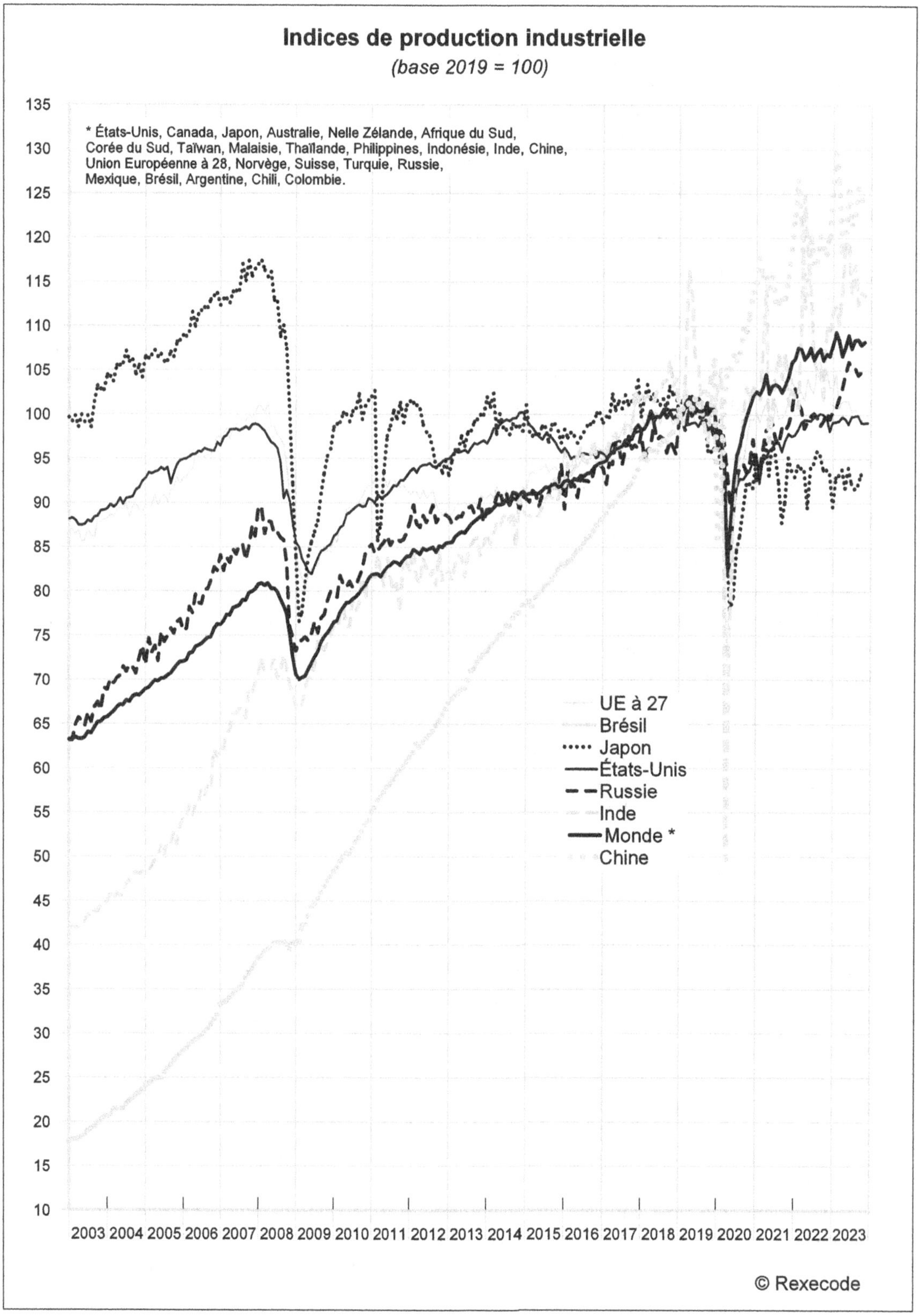
Indices de production industrielle
(base 2019 = 100)
* États-Unis, Canada, Japon, Australie, Nelle Zélande, Afrique du Sud, Corée du Sud, Taïwan, Malaisie, Thaïlande, Philippines, Indonésie, Inde, Chine, Union Européenne à 28, Norvège, Suisse, Turquie, Russie, Mexique, Brésil, Argentine, Chili, Colombie.
135
130
125
120
115
110
105
100
95
90
85
80
75
70
65
60
55
50
45
40
35
30
25
20
15
10
UE à 27
Brésil
Japon
États-Unis
Russie
Inde
Monde *
Chine
2003 2004 2005 2006 2007 2008 2009 2010 2011 2012 2013 2014 2015 2016 2017 2018 2019 2020 2021 2022 2023
© Rexecode

- VIII -

Grands marchés industriels

- Le marché automobile
- Engrais
- Textiles et vêtements

Le marché automobile :
un vent électrique venu de Chine

Net rebond du marché automobile mondial en 2023, mais que de bouleversements pour une industrie dont les grands équilibres se sont profondément modifiés en quelques années. C'est désormais la Chine qui mène le bal avec un avantage indéniable dans le domaine de la mobilité électrique. Les producteurs occidentaux ont beau se concentrer, pourront-ils résister sur un marché mondial moins porteur ?

L'année 2023 a été marquée par une reprise des volumes de ventes sur le marché automobile (voitures particulières et véhicules utilitaires légers) avec des immatriculations mondiales qui ont progressé de plus de 10 % pour porter le marché à plus de 89 millions d'unités. Cette reprise sensible est intervenue à la faveur d'une normalisation des conditions de production et des capacités d'approvisionnement dégradées au sortir de la pandémie. Trois ans plus tard, l'ensemble des principales zones de marché ont profité de l'embellie et le marché s'est rapproché de son maximum historique de 2017 à 95,2 millions de ventes. Ce sommet ne sera cependant pas atteint avant plusieurs années, et toutes les zones ne retrouveront pas leur maximum historique.

En 2023, près de 9,5 millions de véhicules 100 % électriques se sont vendus dans le monde, contre 7,2 millions en 2022. L'électrification du marché, indispensable pour atteindre les objectifs environnementaux, implique des hausses de prix significatives qui combinées à une offre qui se « premiumise » exerce un effet récessif sur les volumes de ventes en Occident. L'avènement du tout électrique se traduit aussi par une concurrence de plus en plus rude entre constructeurs. La désaffection des véhicules thermiques représente en effet une perte d'avantage technique comparatif pour les constructeurs européens, américains et japonais qui bénéficiaient de décennies d'avance

Ventes de véhicules légers dans le monde

(en millions)

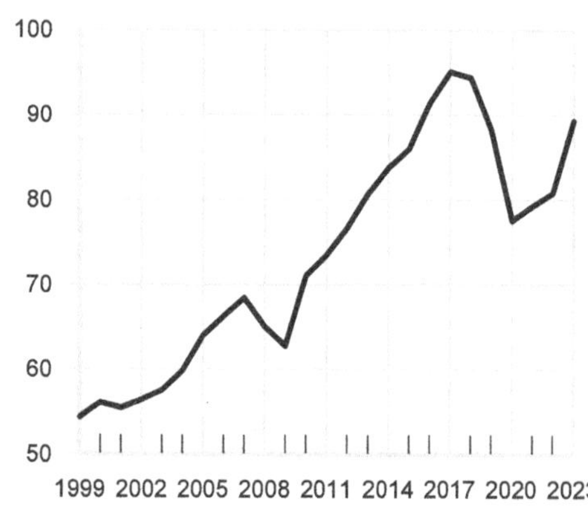

Toyota a vendu plus de 11,2 millions de véhicules en 2023, une hausse de 7,2 % et un nouveau record pour le leader automobile mondial. Très en retard sur le véhicule électrique – à peine plus de 100 000 ventes au total –, le groupe a profité d'une envolée de ses ventes d'hybrides et de la résorption des pénuries de semi-conducteurs qui avaient ralenti sa production. Le groupe Volkswagen reste deuxième producteur mondial avec 9,24 millions de véhicules écoulés (+ 12 %) tandis que Hyundai-Kia conserve la troisième place avec 7,3 millions d'unités vendues en 2023 (+ 6,7 %).

en termes d'expertise et de savoir-faire sur les moteurs à combustion interne. Leur compétitivité s'en trouve sérieusement compromise. Leur retard dans la maîtrise des technologies et des coûts liés aux véhicules électriques représente en effet un risque majeur de perte de part de marché face à une Chine qui a consolidé sa position de leader mondial du marché du véhicule électrique.

Les résistances de certains acteurs, tels que Stellantis ou Porsche et de certains pays comme l'Allemagne et l'Italie, à abandonner les moteurs thermiques d'ici 2035 comme l'exige la réglementation européenne, soulignent les tensions entre les aspirations environnementales et les réalités économiques et concurrentielles.

Une progression de 14 % des ventes totales a certes été enregistrée en 2023 en Europe de l'Ouest avec un marché à 14,7 millions de véhicules légers et près de 15 % de ventes 100 % électrique sur le périmètre des voitures particulières. Cependant, les niveaux d'avant crise (17,9 millions en 2019) ne seront probablement jamais retrouvés. La cherté des automobiles et le poids des dépenses contraintes, notamment celles liées à l'énergie, dissuadent les candidats à l'achat d'un véhicule neuf. Les ménages préfèrent conserver leurs véhicules thermiques – tant que ceux-ci ont encore le droit de circuler – et/ou se reporter sur d'autres modes de transport, particulièrement les modes actifs – marche, vélo, trottinettes – qui ont le vent en poupe. La suppression pure et simple ou la réduction des bonus pour l'achat d'un véhicule électrique sur plusieurs marchés, comme l'Allemagne ou la France, contribuera à l'atonie d'un marché qui s'électrifiera encore en proportion, mais sur des volumes totaux dégradés. La recherche de prix modérés pousse par ailleurs à l'adoption de marques chinoises qui, à prestation et qualité désormais souvent comparables, proposent des prix avantageux. Avec 353 000 unités écoulées sur le Vieux Continent en 2023, les immatriculations de voitures chinoises y ont atteint 2,75 % de parts de marché. Leur progression sera néanmoins freinée par la mise en place de bonus conditionnés au bilan environnemental de la production de la voiture, logistique incluse, qui défavorisera les importations notamment chinoises. Encore faudra-t-il que cette initiative française fasse des émules.

Les États-Unis ont déjà pris ces mesures protectionnistes et ne subventionnent que les véhicules en tout, ou partie, assemblés sur leur territoire. Les ventes totales y ont augmenté de 12 % en 2023, atteignant 15,6 millions de véhicules, dont 8 % en 100 % électrique. Bien que moins menacé par les transports en commun et les modes actifs, le marché américain reste aussi en deçà de son potentiel. Bien que moins électrifié qu'en Europe, les prix de vente y ont aussi augmenté et

La production mondiale de véhicules légers a augmenté de près de 10 % au même rythme que les ventes. Cela indique que 2023 a été une période de stabilisation après une année 2022 marquée par un réapprovisionnement massif suite à deux années de déstockage en raison de la crise du covid puis de la crise des semi-conducteurs qui avait perturbé l'activité des usines. Le volume de production de véhicules légers a ainsi dépassé les 90 millions en 2023, après être tombé à moins de 80 millions en 2020. Mais il reste loin des chiffres de 2017 et 2018, proches de 100 millions.

des taux d'intérêt subitement remontés entravent les prêts automobiles sur un marché très financé.

Au Japon dont le marché a crû de 13 % en 2023, à 2 %, le véhicule électrique peine à décoller.

La véritable locomotive de la croissance mondiale demeure la Chine, où les ventes en hausse de 9,3 % à 29 millions ont dépassé de peu le record historique de 2017 à 28,9 millions d'immatriculations. En 2023, la Chine est aussi devenue le premier exportateur mondial de voitures en dépassant le Japon. Le pays a exporté près de 5 millions de véhicules, contre 4,4 millions pour son rival nippon. L'importance de ce changement est néanmoins à relativiser, car les constructeurs japonais produisent deux fois plus de véhicules dans leurs usines à l'étranger que dans l'archipel tandis que les constructeurs chinois ont encore peu d'usines à l'étranger.

La Chine est aujourd'hui clairement le principal acteur du marché mondial du véhicule électrique, tant en termes de compétitivité que de maîtrise des

En 2023, les principaux pays producteurs demeurent la Chine avec 33 % de la production automobile mondiale, l'Europe avec vingt-neuf pays et 16 % de la production, les États-Unis (12 %) et le Japon (10 %). Ensuite, on note la présence de l'Inde (6 %) devant la Corée du Sud (5 %) et le Mexique (4 %). Le Brésil ferme la marche (2 %). À noter que la production en Russie est restée aussi basse qu'en 2022, son marché d'immatriculations en forte croissance en 2023 ayant été principalement alimenté par des importations en provenance de Chine.

Ventes mondiales de voitures particulières et de véhicules utilitaires légers neufs
(en millions de véhicules)

	2019	Δ %	2022	Δ %	2023	Δ %	2024p	Δ %
Asie et Océanie	**39.7**	**-4.0**	**41.8**	**8.3**	**45.2**	**8.1**	**46.1**	**2.0**
Japon	5.2	-1.5	4.1	-4.9	4.7	12.8	4.7	1.0
Corée du Sud	1.8	-1.8	1.6	-2.3	1.7	3.4	1.7	1.0
Chine	25.5	-4.3	26.5	8.7	29.0	9.3	30.0	3.5
Inde	3.5	-11.3	4.4	24.1	4.7	7.3	4.4	-6.0
Amérique du Nord	**20.3**	**-2.0**	**16.5**	**-6.8**	**18.6**	**13.1**	**19.1**	**2.8**
États-Unis	17.1	-1.4	13.9	-7.9	15.6	12.3	16.1	3.0
Mexique	1.3	-7.3	1.1	7.0	1.4	25.4	1.4	1.0
Canada	1.9	-3.2	1.5	-5.3	1.7	11.8	1.7	2.0
Amérique du Sud et centrale	**4.4**	**-5.0**	**3.8**	**3.8**	**3.9**	**3.4**	**4.0**	**2.5**
Brésil	2.7	7.4	2.0	-0.4	2.2	11.3	2.2	3.0
Argentine	0.4	-43.0	0.4	6.8	0.4	11.8	0.43	2.0
Europe	**22.4**	**7.8**	**14.9**	**-11.2**	**16.3**	**9.0**	**17.7**	**9.0**
Russie	1.8	-2.5	0.7	-59.0	0.9	36.3	1.0	10.0
Turquie	0.5	-22.9	0.8	6.3	1.2	57.4	1.2	0.0
Pologne	0.6	4.1	0.5	-7.1	0.5	12.6	0.6	5.0
dont Europe de l'Ouest	**17.9**	**1.2**	**12.9**	**4.1**	**14.7**	**14.0**	**15.2**	**3.0**
Allemagne	3.9	5.0	2.9	-0.2	3.1	7.8	3.2	2.0
Royaume-Uni	2.7	-2.1	1.9	-5.4	2.3	18.4	2.3	3.0
France	2.7	2.3	1.9	-10.3	2.2	14.8	2.2	0.0
Italie	2.1	0.5	1.5	-10.0	1.8	19.3	1.8	1.0

technologies de batterie. La marque chinoise BYD a par exemple surpassé au quatrième trimestre 2023 le leader américain Tesla en production.

C'est que la Chine a de longue date – depuis son plan quinquennal 2005 – planifié de façon centralisée le développement de sa filière électrique. Et contrairement aux pays occidentaux, elle l'a développée d'un bloc, de l'amont à l'aval, depuis le *sourcing* de matières premières des batteries jusqu'aux capacités de recyclage de celles-ci en passant par le groupe motopropulseur. Les subventions à l'achat ont permis aux ventes domestiques de progresser vite pour offrir à de nombreuses marques locales innovantes, comme BYD, des débouchés et des moyens de financer leurs investissements. Des subventions publiques et autres allègements fiscaux ont ainsi accompagné l'essor électrique chinois. L'Union européenne s'en est inquiétée et a ouvert en septembre 2023 une enquête sur des soupçons de concurrence déloyale.

Après deux années de hausse des prix, une guerre s'est déclenchée en 2023 sur le marché automobile pour stimuler les ventes et maintenir les parts de marchés et les taux d'utilisation des capacités de production élevés. Mais l'essentiel du rattrapage post-covid est maintenant réalisé, la demande interne en Chine risque de s'essouffler dans une conjoncture morose tandis que des taux d'intérêt qui resteront élevés pèseront sur la dynamique aux États-Unis et en Europe. Le marché devrait continuer de croître en 2024, mais bien moins vite.

OCP
AFRICA
4 GÉNÉRATIONS ET 100 ANS
DE VALEURS PARTAGÉES.
OCP fête ses 100 ans d'existence. Un siècle forgé
par des femmes et des hommes d'exception.
Retrouvez leurs réalisations sur :
https://centenaire.ocpgroup.ma
OCP

Engrais : *la détente*

Pour les engrais, l'année 2023 s'est inscrite dans le prolongement de 2022, marquée par une baisse sensible des cours engagée au lendemain du choc de l'invasion de l'Ukraine par la Russie. Le reflux du prix des intrants – notamment celui du gaz et ceux des produits agricoles –, une demande stable, ainsi qu'une offre en définitive peu – ou moins – contrainte : il y avait là autant de facteurs qui se sont conjugués pour expliquer cette importante détente des « NKP » en 2023. Dans un environnement géopolitique toujours aussi instable, les engrais russes et bélarusses ont, eux, trouvé leurs débouchés sur les marchés mondiaux, contribuant également à ce repli des cours, dans une probable recomposition des échanges commerciaux où les « BRICS », acronyme que l'on semblait pourtant avoir oublié, pourraient jouer une partition commune. Pour les engrais comme pour les autres matières premières auxquelles ils sont associés, les équilibres s'avèrent toutefois encore précaires et, en 2024, la politique de l'offre chinoise restera déterminante, faisant probablement porter sur les autres producteurs le poids des ajustements du marché. Les enjeux de décarbonation et de verdissement de l'industrie demeuraient, pour leur part, toujours aussi prégnants.

Les prix des engrais en net recul en 2023

Regroupant, de manière schématique, l'urée, les phosphates et la potasse, les engrais dits « NPK » – sigle issu des éléments chimiques qui les composent dans des proportions variables (N : azote ; P : phosphore ; K : potassium) – voient leur prix se former, selon différents mécanismes, par une négociation directe entre acheteurs et vendeurs internationaux, sans recours à des références boursières telles que celles utilisées pour coter une très vaste majorité des autres matières premières. Bien qu'ils ne soient en conséquence guère observables, des cours indicatifs sont toutefois proposés, à l'instar de ceux agrégés et publiés, en fréquence mensuelle, par la Banque mondiale. Ceux-ci ont fortement baissé en 2023, prolongeant ainsi le net reflux qui s'était enclenché en avril 2022, après le choc initial – géopolitique et gazier – de la guerre en Ukraine. En incoterms « Franco à bord » (Fob) dans les ports américains, le phosphate diammonique (DAP) est ainsi passé d'une moyenne mensuelle de $ 631/t en janvier 2023 à $ 563/t en décembre de la même année, soit un recul de 10,6 %, identique à celui enregistré en 2022. Ce repli cachait toutefois un rebond à partir de juin, point bas de 2023, à $ 454/t, toujours selon la référence de prix proposée par l'organisation internationale. Sur le marché américain, le

Évolution du prix des engrais phosphatés

(en dollars/tonne)

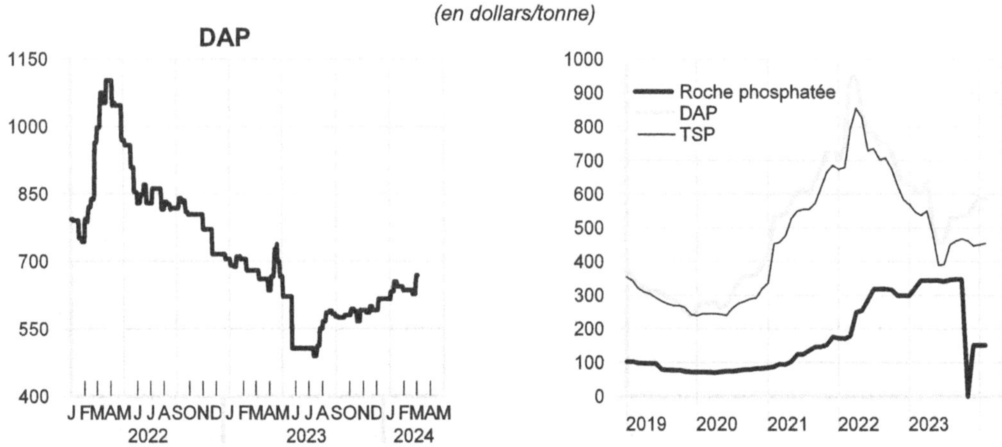

(Source : Thomson Reuters) *(Source : Banque mondiale – The Pink Sheet)*

raffermissement des prix du gaz jusqu'en octobre a contribué à la légère hausse des cours en fin d'année, tandis qu'en Europe une offre toujours entravée – en partie liée à la fermeture de capacités de production d'ammoniac – et une hausse des tarifs du fret engendraient pareil effet. Touché par un tremblement de terre en septembre 2023, le Maroc a par ailleurs vu ses exportations d'acide phosphorique (HS Code : 280 920) se réduire, ce qui a également soutenu les cours. Au second semestre de cette année, elles se sont en effet élevées à 583 000 tonnes de pentoxyde de phosphore (P_2O_5), contre près de 912 000 tonnes de P_2O_5 à la même période de 2022, selon les statistiques de l'Office des changes. À la faveur de ce timide rebond, le DAP revenait ainsi en fin d'année dans le niveau des cours atteint en milieu d'année 2021, avant donc la crise énergétique déclenchée à l'été 2021 et son paroxysme du printemps 2022. En décembre 2023, il s'affichait, sur le marché français, à quelque € 600/t contre un peu moins de € 800/t au début du mois de janvier 2023, enregistrant ainsi une nette perte de plus de 22 %.

Évolution du prix de l'urée et de la potasse

(en dollars/tonne)

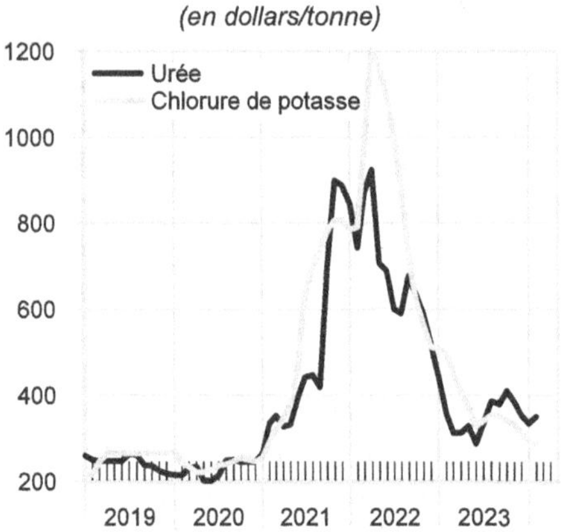

(Source : Banque mondiale – The Pink Sheet)

Accusant une baisse aussi marquée de près de 20 %, le triple superphosphate (TSP) a connu pareille trajectoire, glissant de quelque $ 569/t – en prix d'importation aux États-Unis – à $ 447/t entre janvier et décembre 2023 (avec, également, un plancher sur l'année atteint en juin, à $ 390/t). Offrant, à l'instar de nombreux minerais, une bien moindre volatilité, les cours de la roche phosphatée, selon la référence Fob Maroc, « 68 % - 72 % BPL » ont, à l'inverse, progressé sur une majeure partie de 2023, avant de chuter en octobre. Toujours d'après les statistiques de la Banque mondiale, ils s'affichaient ainsi en janvier à $ 300/t pour se porter à près de $ 350/t en octobre, avant de lourdement trébucher et de revenir à un peu plus de $ 150/t en fin d'année. Ils accusaient alors un recul de plus de 49 % par rapport au début de 2023.

Sans surprise, les prix de l'urée et du chlorure de potasse ont aussi emprunté ce chemin fortement baissier en 2023. En référence « Fob mer Noire », les premiers ont largement amplifié le repli de 2022 en tombant de $ 443/t à $ 354/t entre janvier et décembre, soit une contraction de 20 %. Les disponibilités étaient somme toute bonnes, parfois exacerbées par des contraintes logistiques fortes telles que le faible niveau des eaux du canal de Panama entravant les exportations américaines ou l'escalade des tensions en mer Rouge conduisant à une accumulation d'urée en Europe. Ceci ne pouvait qu'accentuer ce mouvement. Ils connurent ainsi pareille trajectoire en France, passant d'environ € 590/t début janvier 2023 à moins de € 340/t fin décembre, soit un repli de 40 %. En départ d'usine, l'ammonitrate tombait, lui, à quelque € 390/t sur les derniers jours de 2023 contre € 700/t en début d'année. Alors que ceux du DAP se sont quelque peu réaffermis en début d'année 2024 (s'établissant en février au niveau moyen de $ 454/t et à plus de € 600/t pour le marché français), les cours de l'urée se sont à nouveau érodés, perdant ainsi une vingtaine de dollars par tonne en janvier, avant de se ressaisir et de se maintenir au-dessus de $ 360/t en mars. Il fallait notamment y voir là, sur le marché américain, les conséquences d'une certaine prudence des acheteurs face aux incertitudes météorologiques et climatiques, pour partie alimentées par le phénomène *El Niño* et pouvant peser sur l'offre agricole du pays durant la *growing season*, par un excès de pluie après des années de sécheresse.

Après avoir connu une longue période de grande volatilité, les prix du chlorure de potassium – ou muriate de potasse (MOP) – en référence « coût et fret » (Cfr) dans les ports brésiliens avaient particulièrement flambé en 2022. Ils avaient ainsi atteint, à leur pic d'avril, plus de $ 1 200/t. Outre les effets directs et indirects, *via* les prix de l'énergie et des produits agricoles de la guerre en Ukraine, la forte dépendance du marché international aux exportations de la Biélorussie n'était pas étrangère à cette situation. Ce pays (c'est-à-dire Belaruskali, principal producteur national, et Belarusian Potash Company JSC – BPC – en charge des exportations) a en effet vu les sanctions internationales dont il fait l'objet depuis octobre 2020 s'accroître en raison de son implication dans le conflit ukrainien. Elles ont

Évolution de la valorisation boursière de Mosaic sur le NYSE

(en dollars par action)

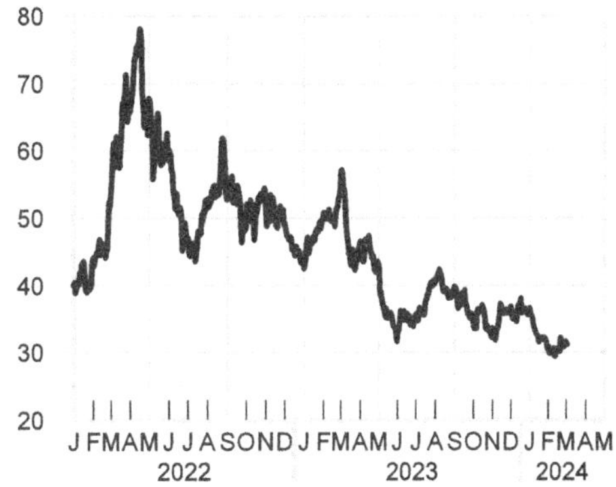

(Source : Thomson Reuters)

été maintenues en 2023, mais, passé ce choc, les cours ont eux aussi très nettement reflué, revenant ainsi au voisinage de $ 300/t.

Un rééquilibrage des fondamentaux du marché

En 2022, l'envolée puis le repli des cours s'expliquaient en partie par la trajectoire suivie, du côté de l'offre, par les prix de l'énergie (et celui du gaz naturel, tout particulièrement) en raison de leur poids significatif dans les coûts de production des fabricants d'engrais ainsi que, du côté de la demande, par ceux des produits agricoles en tant que déterminant du pouvoir d'achat des agriculteurs. Les uns et les autres ont accentué leurs baisses en 2023, accompagnant ainsi celles des fertilisants azotés, phosphatés et potassés. Pour preuve, selon les prix moyens calculés par la Banque mondiale, le cours du maïs, en référence Fob dans les ports du golfe du Mexique, a glissé de quelque $ 302/t en janvier 2023, à $ 189/t en février, tandis que le Henry Hub et le *Title Transfer Facility* (TTF) – les références gazières pour les États-Unis et l'Europe continentale – sont respectivement passés, sur cette même période, de $ 3,27 par million de *British thermal units* (MBtu) à $ 1,72/MBtu, et de $ 20,18/MBtu à $ 8,15/MBtu.

Concernant l'offre et la demande sur les marchés *seaborne*, force était également de constater la bonne tenue des exportations de DAP (HS Code : 310530) en 2023, notamment celles de la Chine. Après s'être nettement contracté entre 2021 et 2022, en raison des quotas d'exportation imposés en 2021 par Pékin sur ses flux de phosphate et d'un renforcement des contrôles sur le transport d'engrais, l'excédent de la balance commerciale du premier exportateur mondial s'est amplifié. Il est ainsi passé de 3,58 millions de tonnes (Mt) en 2022 à 5,03 Mt en 2023 (soit le niveau du quota autorisé par Pékin pour cette même année). Il restait toutefois bien inférieur à celui de 2021 et, plus encore, de 2015 où le solde chinois avait atteint le niveau record de 7,94 Mt. Leader mondial d'engrais phosphatés simples (HS Code : 3103) tels que le TSP, le Royaume du Maroc l'était également pour l'ensemble des engrais phosphatés binaires ou ternaires proposés à l'international (HS Code : 3105). 9,09 Mt ont ainsi été vendues en 2023, positionnant la Chine au deuxième rang de ce classement, malgré un niveau d'exportation de ce pays plus élevé et plus dynamique entre 2022 et 2023.

Au sein de ces engrais complexes, le Maroc a, en revanche, perdu sa première place à l'international sur le segment du DAP – au profit de la Chine, donc – avec des volumes exportés de 3,84 Mt, contre 4,11 Mt en 2022. Ceci s'expliquait par un très net recul des ventes sur le marché indien, à 1,01 Mt, mais il s'agissait toutefois là d'un retour à la normalité après la belle performance

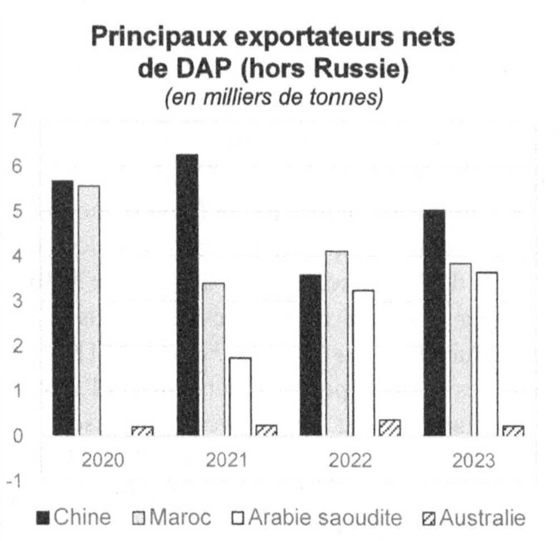

(Source : Trade Data Monitor)

enregistrée en 2022, à 2,06 Mt. Ces statistiques sur le DAP ne représentaient d'ailleurs qu'imparfaitement la situation du Maroc et du groupe OCP. En prenant en compte le phosphate monoammonique – MAP (HS Code : 3105) –, les exportations du royaume chérifien se sont ainsi portées à 7,29 Mt en 2023, en hausse de 15 % par rapport à 2022. Celles d'engrais phosphatés simples (HS Code : 3103) ont par ailleurs singulièrement progressé, passant de 301 772 tonnes à 834 639 tonnes de P_2O_5 entre 2022 et 2023. Conséquence de la stratégie de transformation et de valorisation de la ressource extractive menée par le groupe OCP, les exportations marocaines de roche phosphatée (HS Code : 2510) se sont à l'inverse contractées, à 4,52 Mt en 2023, contre 5,32 Mt en 2022, après avoir dépassé à plusieurs reprises le seuil de 11 Mt au cours de la décennie passée. Elles se positionnaient ainsi en deçà des volumes de ventes de la Jordanie, désormais premier pays exportateur dans ce domaine. Le Maroc reste cependant le premier producteur mondial de roche.

Troisième exportateur net mondial d'engrais phosphatés complexes derrière le Maroc et la Chine (excluant de ce classement la Russie en raison de l'absence de données douanières depuis 2022), l'Arabie saoudite talonne désormais le Maroc sur le segment du DAP. Alors qu'elle en était importatrice nette en 2020 et avant (pour de faibles volumes, cependant), ses exportations ont ainsi atteint 3,64 Mt en 2023, contre « seulement » 1,74 Mt en 2021. Il fallait y voir là les conséquences de la stratégie d'expansion des capacités de production du groupe national Ma'aden et de son plan « Phosphate 3 » et, en 2023, du lancement d'une nouvelle usine à Ras Al-Khair, avec une capacité de plus de 1 Mt d'ammoniac. L'Arabie saoudite demeure néanmoins à bonne distance du Maroc et de la Chine sur le segment plus général des engrais binaires ou ternaires. Alors que ces trois pays ont, comme évoqué précédemment, vu leurs exportations d'engrais phosphatés binaires ou ternaires croître significativement entre 2022 et 2023, tel n'était pas le cas pour les États-Unis. Pour le quatrième exportateur mondial, elles se sont en effet contractées de près de 10 %, passant ainsi juste sous le seuil de 5 Mt, selon les données de l'*US Census Bureau*, ce qui n'avait pas été observé depuis de nombreuses années.

Dix premiers producteurs mondiaux

de roche phosphatée *(en Mt)*	2022	2023*	de potasse *(en Mt K_2O)*	2022	2023*
Chine	93.0	90.0	Canada	14.6	13.0
Maroc	39.0	35.0	Russie	6.8	6.5
États-Unis	19.8	20.0	Chine	6.0	6.0
Russie	14.0	14.0	Biélorussie	4.0	3.8
Jordanie	11.3	12.0	Allemagne	2.7	2.6
Arabie saoudite	9.0	8.5	Israël	2.5	2.4
Brésil	6.2	5.3	Jordanie	1.6	1.8
Égypte	5.0	4.8	Laos	0.7	1.4
Pérou	4.2	4.2	Chili	0.6	0.6
Tunisie	3.6	3.6	États-Unis	0.4	0.4
Total mondial	**228.0**	**220.0**	**Total mondial**	**40.9**	**39.0**

*chiffres provisoires *(Source : USGS)*

Premier importateur mondial d'engrais phosphaté, l'Inde a, elle, peu ou prou maintenu ses volumes d'achat de DAP à l'international, mais l'a fait en faveur de la Chine dont les approvisionnements ont doublé entre 2022 et 2023, passant de 1,27 Mt à 2,49 Mt sur cette période, selon les données douanières collectées par *Trade Data Monitor* (TDM). Deuxième plus grand pays importateur malgré une offre nationale conséquente portée par le groupe Mosaic, les États-Unis ont, pour leur part, vu leur balance commerciale devenir déficitaire sur ce même produit, en volume – celle-ci étant traditionnellement négative en valeur, à l'exception de 2022 –, et ce, pour la première fois depuis 2018. Outre l'affaissement de ses exportations, le pays a en effet fortement rehaussé ses achats à l'international. Ses importations en provenance d'Arabie saoudite ont ainsi doublé entre 2022 et 2023, passant d'environ 362 000 tonnes à 769 000 tonnes pour le DAP et de 548 000 tonnes à près de 1 Mt pour l'ensemble des engrais binaires ou ternaires.

Pour mémoire, les exportations marocaines vers les États-Unis sont extrêmement faibles, voire nulles, depuis l'instauration en mars 2021 de droits de douane compensatoires de 19,97 % par le gouvernement américain, à la suite d'une procédure lancée par Mosaic (celle-ci ciblant aussi les entreprises russes EuroChem et PhosAgro, également productrices d'engrais phosphatés). Conformément aux deux jugements rendus en septembre 2023 par l'*United States Court of International Trade* (USCIT) dans le cadre d'une procédure d'appel, ces tarifs ont toutefois été ramenés à 2,12 %, ouvrant *de facto* la voie à un retour des engrais marocains sur le sol américain. Ils étaient, à l'inverse, portés à 28,50 % sur les importations d'engrais russes, contre 9,19 % préalablement.

Sur le marché international des engrais azotés, le Brésil et l'Inde, respectivement premier et deuxième plus grands pays importateurs, ont sensiblement fait évoluer leur demande. Elle se portait en effet à 14,26 Mt en 2023 pour le premier (en hausse de 4,2 % par rapport à 2022) et à 9,65 Mt pour le second (en diminution de 11,6 %). C'est néanmoins du côté de l'offre que les modifications les plus notables se trouvent avec une croissance substantielle des exportations chinoises, en tête du classement mondial. Celles-ci sont en effet passées de 15,42 Mt en 2022 à 18,7 Mt en 2023, soit un essor de plus de 21 %, proche du record historique atteint en 2015, à 20,13 Mt. L'essentiel était constitué de sulfate d'ammonium et d'urée. Cette domination chinoise, en partie liée à la forte compétitivité-prix des producteurs nationaux d'urée, n'était évidemment pas sans soulever un important questionnement de la part de certains pays importateurs au regard de la dépendance stratégique qui en découlait. C'était notamment le cas de la Corée du Sud, tributaire à hauteur de 60 % des livraisons chinoises sur le segment de l'urée et à près de 90 % pour le sulfate d'ammonium, selon les données du *Korea Trade Statistics Promotion Institute*. Si les ressources minérales de la transition énergétique et numérique (cuivre, terres rares, lithium, cobalt, etc.) font désormais l'objet de stratégies ambitieuses de diversification et de sécurisation des approvisionnements de la part des pays importateurs, tel est également le cas pour les fertilisants, condition *sine qua non* d'une offre agricole résiliente et de la sécurité alimentaire des nations.

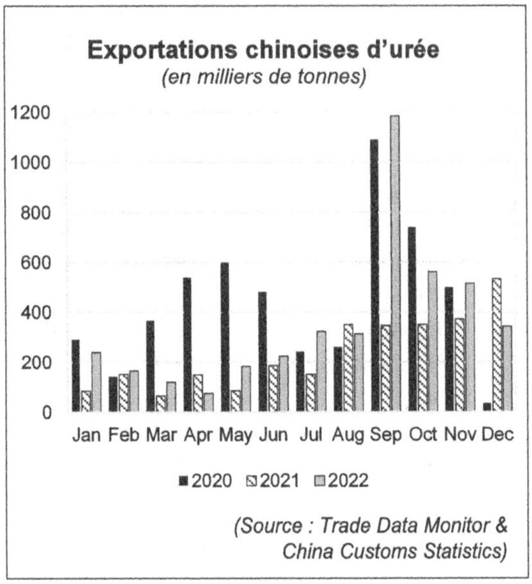

Une recomposition progressive des échanges mondiaux d'engrais

Ces stratégies de sécurisation sont d'autant plus importantes que Pékin a fait du contrôle de ses exportations d'engrais et de la satisfaction de la demande agricole nationale un enjeu stratégique majeur. Comme évoqué précédemment, ses flux d'exportation de DAP et de MAP ont été assujettis à des quotas respectivement fixés à 5 Mt et 2 Mt pour 2023, des seuils qui devraient être maintenus en 2024. En septembre 2023, une inquiétude s'était fait jour sur les marchés internationaux, asiatiques notamment, autour de la réduction volontaire des exportations chinoises d'urée, voire leur suspension, afin de privilégier la demande locale. Si celle-ci s'est traduite par un rebond du prix de l'engrais azoté à cette date, elle ne pouvait s'observer dans les statistiques d'exportation de la Chine, non seulement en forte hausse entre 2022 et 2023 (à 4,25 Mt contre 2,83 Mt), mais également sans réel point d'inflexion au cours de l'année 2023.

L'absence d'importantes tensions sur les prix des engrais s'expliquait enfin par une réorganisation des flux commerciaux et, considérant les grands équilibres mondiaux, par le faible impact des éventuelles sanctions envers la Russie et la Biélorussie qui concentrent une part significative de l'offre de potasse, soit respectivement 6,5 Mt et 3,8 Mt d'oxydes de potassium (K_2O) extraites en 2023, selon les estimations de l'*United States Geological Survey* (USGS), le service géologique américain. Le Brésil a ainsi fortement augmenté ses importations d'engrais potassés (HS Code : 3104) en provenance de Russie (à 4,02 Mt en 2023, contre 3,1 Mt en 2022) et les a maintenues constantes pour la Biélorussie, à quelque 1 Mt. C'était néanmoins du côté de la Chine – et sans que cela ne pût totalement surprendre – que l'essentiel de la demande pour ces produits s'est concentré. Elle s'est ainsi accrue de 75 % pour les premiers (soit 3,04 Mt en 2023, contre 1,74 Mt en 2022) et de 80 % (passant ainsi de 1,91 Mt à 3,43 Mt sur cette période) pour les seconds, positionnant désormais la Biélorussie comme le premier fournisseur d'engrais potassés de la Chine, ceux-ci étant acheminés par trains. Bien qu'élevées, les importations chinoises en provenance du Canada se sont contractées. Le report de la demande, à bon prix, vers l'offre russe et biélorusse l'expliquait pour partie, mais peut-être fallait-il y voir aussi les conséquences d'une offre parfois perturbée en 2023 pour le premier producteur mondial qui a connu une grève des dockers en juillet 2023 ayant pesé sur les exportations au départ du port de Vancouver. Le total des exportations canadiennes de potasse a néanmoins progressé, atteignant ainsi 22,86 Mt en 2023, avec les États-Unis, le Brésil, et la Chine donc, pour principaux partenaires commerciaux. Avec une capacité de production mondiale amenée à se porter, selon l'USGS, à 67,6 Mt de K_2O d'ici à 2026 contre 64,3 Mt en 2023, le marché de la potasse devrait être correctement approvisionné au cours des prochaines années, sous l'hypothèse forte d'une absence de nouvelles contraintes sur l'offre liées au contexte géopolitique.

Un repli pour 2024 sauf si…

L'exercice prédictif sur les cours des engrais est, plus que pour nombre d'autres matières premières, souvent hasardeux en raison du mécanisme particulier qui régit leur formation (notamment leur double dépendance aux prix gaziers en amont et agricoles, en aval), de la concentration de l'offre et de la demande, mais également de la forte exposition des échanges mondiaux aux barrières tarifaires et non tarifaires. Toutefois, le réajustement des prix semble achevé et le potentiel de baisse apparaît limité, en dépit de capacités de production supplémentaires arrivant sur le marché dans un horizon plus ou moins proche. La politique de l'offre de la Chine demeurera cependant déterminante et de nouvelles limitations sur les exportations d'engrais phosphatés visant à protéger la demande nationale pourraient créer un retour des tensions, sous la double hypothèse où l'Inde s'engage dans une stratégie de stockage préventif et où le Maroc ne serait pas en mesure de combler rapidement le déséquilibre éventuel du marché. Au-delà de ces développements conjoncturels, c'est bien la dimension stratégique des engrais qui se renforce depuis 2022, dans un environnement politique et climatique réaffirmant singulièrement les enjeux de sécurité et de souveraineté alimentaires. À l'image des ressources minérales ou des métaux dits « critiques », l'industrie mondiale des engrais a fait, à des degrés bien divers, du verdissement et de la décarbonation de son offre, notamment celle d'ammoniaque, un enjeu majeur. Si le monde agricole constitue le principal débouché de ces produits, celui des transports pourrait d'ailleurs leur laisser une place croissante, en particulier dans le secteur maritime où l'ammoniac « vert » ou « bleu » offre des perspectives de développement intéressantes.

Textiles et vêtements :
l'Asie toujours

L'année 2023 a été à nouveau marquée par l'inflation qui a lourdement affecté les marchés de la mode. Même si elle devrait ralentir en 2024, les perspectives de croissance restent fragiles avec la profonde évolution des modèles de consommation.

Si, en 2022, l'Europe et les États-Unis ont connu une amélioration de leur situation sanitaire, cela n'a pas été le cas en Chine du fait de la politique « zéro-covid » qui a pesé sur la consommation. Dans les vêtements et les chaussures, la consommation chinoise a diminué et se trouve distancée ($ 359 milliards) par les États-Unis ($ 414 milliards) et par l'Union européenne ($ 369 milliards, soit € 350 milliards).

Les quatre grands pays de l'Union européenne (France, Allemagne, Italie et Espagne), qui représentent plus de 60 % du marché, ont connu des hausses de la consommation en 2023 en valeur, mais les volumes n'ont pas suivi la même tendance. La poursuite de l'inflation en 2023 a conduit une partie des consommateurs à revoir leurs arbitrages de consommation au détriment des achats de mode et à privilégier pour ceux-ci des circuits de distribution à bas prix.

Au Royaume-Uni, en 2023, le marché de l'habillement et de la chaussure s'est élevé à € 67 milliards, sans évolution par rapport à 2022.

En France, la consommation d'habillement en 2023 a connu un niveau comparable à celui de 2022, ce qui se traduit par un recul de 7 % par rapport à la situation pré-covid de 2019. Ce retrait est dû à plusieurs facteurs. Les consommateurs arbitrent en faveur de la maroquinerie et des chaussures de sport, comme en témoigne l'engouement pour les *sneakers*, au détriment de l'habillement. S'agissant de celui-ci, une part des consommateurs semble réorienter sa consommation vers ce que l'on peut qualifier de « moins, mais mieux », comme l'attestent les achats de seconde main et les exigences d'éco-responsabilité qui favorisent un ralentissement des dépenses, tandis qu'une autre part importante reste, dans un contexte inflationniste, plus que jamais sensible aux prix. Dès lors, les grandes enseignes de la *fast fashion* (H & M, Primark, Kiabi, etc.) continuent de répondre aux attentes de ces consommateurs. Les performances de ce modèle attirent de nouveaux entrants : l'*ultra fast fashion*. Il s'agit de plateformes e-commerce, particulièrement agressives sur les prix (leur moyenne est inférieure à € 10) comme Shein et Temu.

Cette mutation a rendu l'environnement concurrentiel encore plus difficile pour certaines entreprises françaises historiques, notamment dans le segment du milieu de gamme, comme le montre la fermeture emblématique de la chaîne de prêt-à-porter féminin Camaïeu en septembre 2022.

De son côté, l'Asie offre des perspectives prometteuses pour les marques et enseignes occiden-

Évolution du commerce mondial de textiles et de vêtements
(en milliards de dollars)

Exportations	2012	2013	2014	2015	2016	2017	2018	2019	2020	2021	2022
Textiles	283	302	313	289	281	295	312	305	328	354	351
Habillement	416	453	484	452	444	466	494	496	450	548	578
Total	**709**	**766**	**797**	**745**	**725**	**761**	**807**	**801**	**778**	**903**	**929**

(Source : OMC)

tales de vêtements, en particulier dans le haut de gamme et le luxe.

En Chine, après les reculs de 2020 et 2022, la consommation d'habillement et de chaussures a progressé en 2023 et s'éleve à $ 379 milliards. Si le marché domestique est immense, un fort taux d'épargne et un climat des affaires moins favorable pèsent sur la consommation des ménages. Aussi le rééquilibrage si souvent annoncé de la croissance au profit de la demande finale se fait attendre.

La production mondiale toujours dominée par l'Asie

Au cours des onze premiers mois de 2023, les importations d'habillement de l'Union européenne ont enregistré un recul de 16 % en euros. En volume, la baisse a été comparable. Contrairement à ce que l'on avait observé en 2022, année au cours de laquelle les importations avaient été soutenues par l'inflation, la valeur des approvisionnements a été moins impactée en 2023 par la hausse des prix, dans un contexte où le marché n'était pas porteur, ce qui a incité les marques-enseignes à faire preuve d'une certaine prudence en limitant leurs approvisionnements. Toutefois, par rapport à la situation pré-covid, les importations d'habillement en valeur ont progressé de 4 % par rapport à 2019.

Sur longue période, on a assisté au déplacement du centre de gravité manufacturier vers l'Asie. La part de celle-ci dans les importations d'habillement de l'Union européenne s'est élevée à 73 % en 2023. Mais, au sein du monde asiatique, l'origine des importations a évolué. La part des importations d'habillement de l'Union européenne en provenance de Chine est en recul, de 44 % à 28 % entre 2010 et 2023, au profit de l'Asie hors Chine qui représente 45 % des importations européennes en 2023, contre 25 % en 2010. Ainsi, le Bangladesh est devenu, dès 2012, le deuxième fournisseur d'habillement de l'Union européenne, devant la Turquie, l'Inde et le Vietnam.

En 2023, les pays du Bassin méditerranéen – Turquie, Maroc, Tunisie – ont été à l'origine de 18 % des importations d'habillement de l'Union européenne en valeur, soit une part légèrement supérieure à celle de 2019 (17 %), mais inférieure à celle de 2010 (20 %). La pandémie et les difficultés liées aux approvisionnements lointains ont quelque peu redynamisé le *sourcing* de proximité.

L'acteur majeur de la région est la Turquie : troisième fournisseur d'habillement de l'Union européenne, avec 12 % de ses importations en valeur en 2023. Celle-ci est, avec la Chine, l'une des rares à disposer d'une offre textile intégrée, de la filature jusqu'à la confection de produits finis, ce qui lui procure un avantage compétitif sur ses concurrents.

Aux États-Unis, la part de l'Asie dans les approvisionnements d'habillement est légèrement inférieure à celle observée en Europe (71 % en valeur en 2023). Le Mexique est le grand perdant de ces vingt dernières années : il ne représente plus que 4 % des approvisionnements de son grand voisin, contre 15 % en 2000.

Le commerce international de textiles et vêtements

La mondialisation favorise le commerce mondial des textiles et des vêtements qui n'a fait que croître au cours des vingt dernières années pour s'élever à $ 929 milliards en 2022 ($ 709 milliards en 2012), au bénéfice d'une dizaine de pays dans le monde. La crise sanitaire a stimulé les échanges de textiles liés à la santé (masques, blouses, gants de protection…). En 2022, cet effet s'estompe et les échanges de textiles marquent une pause, tandis que le commerce mondial d'habillement a progressé de 5,5 % en valeur par rapport à 2021.

En 2022, la Chine reste de loin le premier exportateur mondial de vêtements et de textiles. Si l'Inde s'est affirmée dans les textiles avec 5,7 % du commerce mondial, son poids demeure encore faible dans les vêtements (3,1 %), le Bangladesh (7,9 %) et le Vietnam (6,1 %) ayant creusé l'écart.

Quant à l'Union européenne, sa part du marché mondial (hors commerce intraeuropéen) s'est élevée à 7,4 % pour les textiles et à 7,7 % pour l'habillement, loin devant les États-Unis et le Japon.

Part de marché des 10 premiers exportateurs dans le commerce mondial

de textile *(en valeur – en %)*	**2000**	**2022**	**d'habillement** *(en valeur – en %)*	**2000**	**2022**
Chine	10,3 %	43,6 %	Chine	18,2 %	31,7 %
Extra UE	11,5 %	7,4 %	Bangladesh	2,6 %	7,9 %
Inde	3,6 %	5,7 %	Extra UE	8,1 %	7,7 %
Turquie	2,4 %	4,3 %	Vietnam	0,9 %	6,1 %
États-Unis	7,0 %	4,1 %	Turquie	3,3 %	3,5 %
Vietnam	0,2 %	3,2 %	Inde	3,0 %	3,1 %
Pakistan	2,9 %	2,6 %	Indonésie	2,4 %	1,7 %
Taïwan	7,6 %	2,5 %	Cambodge	0,5 %	1,6 %
Corée du Sud	8,1 %	2,4 %	Pakistan	1,1 %	1,5 %
Japon	4,5 %	1,8 %	États-Unis	4,4 %	1,2 %
Top 10	**58,1 %**	**77,6 %**	**Top 10**	**44,5 %**	**66,0 %**

(Source : OMC – UE à 15 en 2000. UE à 27 en 2022)

- IX -

Services

- Tourisme international et transport aérien
- Fret maritime
- Le marché du sport
- Le marché de l'art

Tourisme international et transport aérien :

menaces sur la croissance

La multiplication et l'aggravation des conflits avec la poursuite de la guerre en Ukraine et à Gaza pourraient avoir des conséquences négatives en 2024 sur la reprise de la demande touristique mondiale. À cela s'ajoutent les perspectives négatives sur la croissance économique dans l'Union européenne et en Chine qui, avec la non-maîtrise de l'inflation, devrait également avoir un impact négatif sur la demande touristique internationale. Cette situation explique, notamment, la décision, en apparence surprenante, de la Chine de supprimer en 2024 l'obligation de visas pour les voyageurs touristiques et d'affaires ressortissants de la plupart des pays européens dont la France, la Suisse ou l'Allemagne.
En 2023, le tourisme mondial a bénéficié de l'accalmie sur les prix de l'énergie avec un prix des carburants et du kérosène à la baisse qui a favorisé la reprise du trafic aérien mondial. Cette situation a permis de poursuivre la reprise des flux touristiques internationaux qui n'est plus en 2023 que de 12 % inférieure au niveau d'avant covid, alors qu'il était de – 34 % en 2022 et de – 69 % en 2021.

Les pays leaders du tourisme mondial, à l'exception de la Chine, ont connu une très forte reprise de leur fréquentation touristique en 2023. Cette reprise est particulièrement importante pour le secteur de l'hôtellerie qui a pu, à nouveau, fortement augmenter sa recette unitaire et qui a bénéficié du développement de nouvelles enseignes innovantes portées par les grands groupes hôteliers en Europe et en Amérique du Nord avec par exemple des hôtels ciblant la clientèle des trentenaires tels que Moxy de Marriott ou Mama Shelter d'Accor.

Il en résulte que la situation financière des grands groupes hôteliers et des compagnies aériennes en Europe et aux États-Unis a battu des records de rentabilité avec une forte augmentation de leur recette unitaire. Dans le reste du monde, la reprise s'est confirmée dans les pays du Golfe et plus récemment en Asie grâce à la demande intra-régionale.

Reprise confirmée en 2023 des arrivées touristiques internationales dans le Monde

Le baromètre du tourisme et des voyages publiés par ONU-Tourisme (nouvelle appellation de l'Organisation mondiale du tourisme) indique que le tourisme mondial a augmenté de 34 % en 2023 avec 1,286 million d'arrivées de touristes internationaux dans le monde. De ce fait, 2023 aura permis de retrouver une fréquentation touristique internationale proche de la normale avec même une progression de 22 % dans la région du Moyen-Orient par rapport aux niveaux prépandémiques de 2019.

C'est la région d'Asie-Pacifique, qui a enregistré la plus forte progression relative (plus de 200 % en pourcentage) des arrivées touristiques internationales du fait d'un niveau très faible de fréquentation enregistré en 2020. En revanche, en nombre d'arrivées, c'est l'Europe qui a le plus progressé avec 280 millions de touristes supplémentaires.

– La région du Moyen-Orient prend la tête de la croissance des flux touristiques internationaux en 2023 et devient la seule région à dépasser les niveaux d'avant le Covid-19 avec + 22 % par rapport à 2019. Le nombre d'arrivées touristiques internationales atteint le chiffre record de 87 millions grâce aux très bons résultats des Émirats arabes unis avec Dubaï et également Abou Dhabi qui est devenu une destination culturelle majeure avec sa politique de réalisation de musées emblématiques au niveau mondial dont le Louvre Abou Dhabi et, d'ici la fin de 2024, un nouveau musée Guggenheim. De plus, le Moyen-Orient voit émerger de nouvelles destinations touristiques avec la progression spectaculaire des arrivées touristiques internationales au Qatar (+ 90 %) qui bénéficie des effets de la Coupe du Monde de Football et en Arabie saoudite (+ 56 %) qui poursuit une politique d'ouverture avec la suppression des visas et d'investissements massifs dans l'infrastructure hôtelière avec, par exemple, les aménagements des sites archéologiques de la vallée d'Al Ula.

– L'Europe s'approche des niveaux de 2019 avec une fréquentation représentant 93 % de celle atteinte en 2019. La région Europe, qui comprend tous les pays européens de l'Ouest et de l'Est, conserve son premier rang mondial avec des résultats en très forte progression grâce à une demande intraeuropéenne dominante et grâce à la forte reprise des arrivées touristiques internationales en provenance des États-Unis qui a augmenté de 29 %. Les arrivées internationales se sont élevées à 700 millions en 2023 par rapport à 585 millions en 2022. Ce sont les régions d'Europe du Nord et d'Europe centrale et orientale avec + 20 % qui ont connu la plus forte progression. Toutefois, l'Europe du Sud avec 307 millions d'arrivées et l'Europe de l'Ouest avec 200 millions demeurent prépondérantes et représentent 72 % du total de la région Europe. En termes de recettes touristiques internationales, les plus fortes progressions en 2023 ont été enregistrées dans les pays d'Europe du Sud avec la Turquie (+ 59 %), le Portugal (+ 38 %), l'Espagne et l'Italie (+ 17 %).

Évolution des arrivées touristiques internationales dans le monde 2000-2023

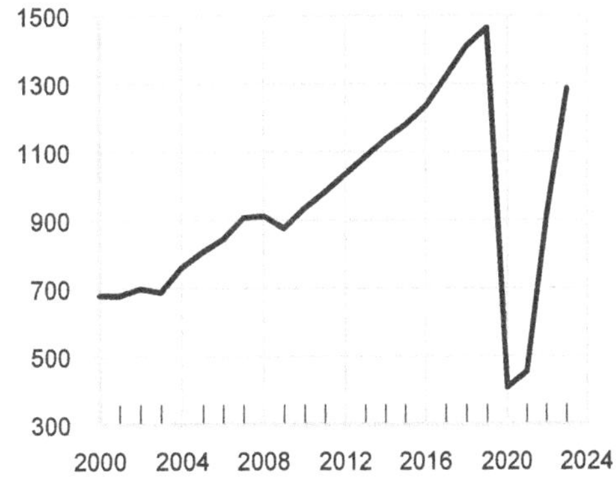

(Source : Organisation mondiale du tourisme, Baromètre du tourisme 2024)

– L'Asie et le Pacifique demeurent toujours en retrait de la reprise du tourisme mondial avec 233 millions d'arrivées touristiques internationales, bien qu'en très forte progression par rapport aux 84 millions de 2022. Malgré cette très forte avancée, les arrivées touristiques internationales ne correspondent qu'à seulement 65 % des niveaux prépandémiques. La progression est fonction de la suppression des restrictions aux voyages qui a été beaucoup plus lente que dans les autres régions du monde. De ce fait, il existe de grandes différences selon les régions asiatiques. Ainsi, l'Asie du Sud connaît la reprise la plus rapide et atteint une fréquentation touristique internationale qui correspond à 87 % du niveau de 2019 alors que la région de l'Asie du Nord-Est n'atteint que 55 % du niveau de fréquentation prépandémique. Cette très forte progression bénéficie en particulier à l'Inde qui a également augmenté ses recettes touristiques internationales de + 7 % en 2023 par rapport à 2019.

– La région Amériques avec (+ 27 %) connaît à nouveau une progression inférieure à la moyenne mondiale qui a été de + 34 % en 2023 pour atteindre 198 millions d'arrivées touristiques internationales en 2023. Cependant, le tourisme international se situe désormais à 90 % du niveau de 2019. La reprise de la croissance est beaucoup plus rapide dans les pays d'Amérique du Sud avec + 49 % en 2023 qu'en Amérique du Nord avec seulement + 24 % et que dans la Caraïbe + 16 %. Cette plus faible croissance du tourisme dans les destinations insulaires de la Caraïbe doit toutefois être tempérée par les bons résultats de la République dominicaine (+ 24 %) ainsi que de la Caraïbe néerlandaise avec Curaçao (+ 24 %) grâce à une forte demande en provenance des États-Unis. L'Amérique centrale connaît une forte reprise de + 24 % avec notamment le Salvador (+ 40 %) qui bénéficie des effets positifs du succès de la politique de rétablissement de la sécurité intérieure.

– L'Afrique a quasiment rattrapé les niveaux de fréquentation touristique d'avant le Covid-19 avec des arrivées touristiques internationales qui, pour 2023, représentent 96 % des niveaux de 2019. Cependant, avec seulement 66 millions d'arrivées touristiques, l'ensemble du continent africain ne représente que 5,2 % des arrivées touristiques internationales dans le monde en 2023. Ces arrivées touristiques internationales sont principalement concentrées dans trois pays : Afrique du Sud, Maroc et Tunisie qui représentent la moitié des flux touristiques internationaux vers l'Afrique. Une des raisons principales de cette très forte inégalité dans la répartition des flux touristiques internationaux est la conséquence de l'insuffisance et du coût élevé du transport aérien vers les pays de l'Afrique subsaharienne en dehors de la République d'Afrique du Sud ainsi que des tarifs très élevés des liaisons intra-africaines qui nuisent au développement de la demande touristique régionale à la différence des autres continents.

Espoir pour les Pays les moins avancés

Les arrivées touristiques internationales dans les PMA (Pays les moins avancés) progressent deux fois plus vite en 2023 avec une augmentation de 62,2 %, soit le double de la moyenne mondiale (33,9 %). Parmi les cinquante PMA, le Cambodge, l'Éthiopie et le Bangladesh jouent un rôle de *leader* avec les plus fortes progressions qui leur permettent de dépasser en 2023 les niveaux de 2019 en avance sur les autres grands pays touristiques. Tel est le cas de l'Éthiopie dont la fréquentation touristique internationale se situe, malgré les récents conflits, à 30 % au-dessus des niveaux de 2019.

Cette croissance du tourisme dans les PMA confirme le rôle d'entraînement joué par le tourisme international dans la croissance économique avec l'amélioration des dessertes aériennes comme le montrent le succès d'Ethiopian, première compagnie aérienne en Afrique, et l'arrivée des compagnies aériennes du golfe Persique au Cambodge.

Le transport aérien précède le tourisme international

Comme c'est souvent le cas, le transport aérien progresse plus rapidement que le tourisme international et se situe pour le mois de décembre 2023 au-dessus du niveau de 2019 avec un indice de 103,6. Pour l'ensemble de l'année 2023, le trafic aérien mondial se situe à 97,3 % du niveau de 2019, ce qui est plus que pour le tourisme international qui se situe à 92 %. Toutefois, la reprise reste inégale selon les différentes régions du monde. Elle est plus rapide en Amérique du Nord avec un indice de 105,3 qu'en Europe (indice de 93) et surtout qu'en Asie-Pacifique (indice de 79,7).

Cette performance du transport aérien montre le rôle moteur joué par l'aérien dans la croissance du secteur des services touristiques et de l'emploi. Les compagnies aériennes sont redevenues bénéficiaires avec $ 9,8 milliards, ce qui est encore loin d'effacer les pertes cumulées du fait de la crise du covid et qui atteignent sur la période 2020-2022 le montant de $ 183 milliards.

Le trafic aérien mondial s'est fortement accru de 37 % en 2023 par rapport à 2022. Selon l'IATA (Association internationale des transporteurs aériens), le trafic intérieur devrait largement dépasser en 2024 les niveaux de 2019.

Cette croissance du trafic aérien mondial provient principalement de la demande de transport aérien international qui a progressé de 42 % en

2023, supérieure à celle de la demande domestique qui progresse de 30 %.

En 2023, la part du trafic international s'établit à 58,1 % par rapport à 41,9 % pour le trafic aérien intérieur, ce qui constitue toutefois un avantage pour les compagnies aériennes nord-américaines dont le marché domestique représente 19,2 % du total du trafic aérien mondial en 2023.

Par régions, la croissance du trafic aérien est la plus rapide en Asie-Pacifique avec une progression de 126 % en 2023 grâce à la reprise du tourisme international, ce qui a permis aux compagnies aériennes de la région d'atteindre un coefficient de remplissage de 83 % sur l'ensemble de l'année 2023.

En Europe, la croissance du trafic est de 22 % en forte progression, mais toutefois inférieure à celle de l'Amérique du Nord (+ 28 %) et surtout du Moyen-Orient (+ 33 %) qui bénéficie de la très forte croissance des compagnies du golfe Persique avec Emirates, Qatar et Etihad qui poursuivent leur stratégie de *Hub* international avec notamment la mise en service du nouvel aéroport d'Abou Dhabi.

La croissance du trafic en Amérique latine se situe à 28 % en 2023 à un niveau inférieur à celle de l'Afrique qui atteint + 39 % avec toutefois un coefficient de remplissage de seulement 72 % comparé aux 85 % des compagnies latino-américaines, aux 84 % des compagnies européennes et aux 80 % de celles du Moyen-Orient. Cette situation s'explique par le fait que l'Afrique demeure la dernière région du monde à restreindre la concurrence en protégeant ses compagnies aériennes nationales. L'absence de véritable politique d'Open Sky explique en grande partie le retard de nombreuses destinations africaines en termes d'arrivées touristiques internationales à la différence de l'Europe qui, du fait de la libéralisation du transport aérien dans l'Union européenne, a vu émerger de nouvelles compagnies aériennes particulièrement profitables, à l'exemple de Ryanair.

Répartition par régions du trafic aérien en 2023 (%)

Régions	Part de marché (%)
Europe	30.8
Amérique du Nord	28.8
Asie Pacifique	22.1
Moyen-Orient	9.8
Amérique latine	6.4
Afrique	2.1

(Source : IATA (base RPK Passagers Kilomètres), janvier 2024)

Ryanair, champion du transport aérien en Europe

Cette croissance de la demande de transport aérien bénéficie en premier lieu aux compagnies aériennes à bas coûts avec, en Europe, Ryanair qui est devenu le premier transporteur aérien européen en termes de passagers. En 2023, Ryanair en a transporté plus de 180 millions, soit deux fois plus que sa concurrente *low cost* EasyJet (83 millions de passagers) et plus que les groupes historiques tels que Lufthansa ou Air France-KLM (94 millions de passagers). Ce succès se traduit en termes financiers avec un résultat net record prévu de 1,95 milliard d'euros, pour l'exercice 2023-2024. Ce succès bouleverse la situation du transport aérien en Europe où Ryanair a prévu d'atteindre les 300 millions de passagers en 2034 grâce à 300 Boeing Max supplémentaires qui s'ajouteront, à partir de 2027, à une flotte de 500 appareils.

Ces mégacommandes principalement des compagnies aériennes *low cost* ont permis aux deux constructeurs aéronautiques Airbus et Boeing de signer une année de record historique de ventes en 2023.

Airbus confirme sa place de leader mondial

Le carnet de commandes continue à s'accroître notablement puisqu'Airbus a atteint le montant de vente de 2 319 appareils en 2023, soit 2 094 nouvelles commandes nettes, c'est-à-dire déduites des annulations, ce qui permet à l'avionneur européen d'établir un nouveau record historique. Le précédent record de vente datait de 2013 avec 1 503 avions vendus. Cette réussite provient du succès de la famille des A320 avec 1 835 nouvelles commandes et dans le domaine du long courrier de

Évolution des commandes annuelles pour Airbus et Boeing

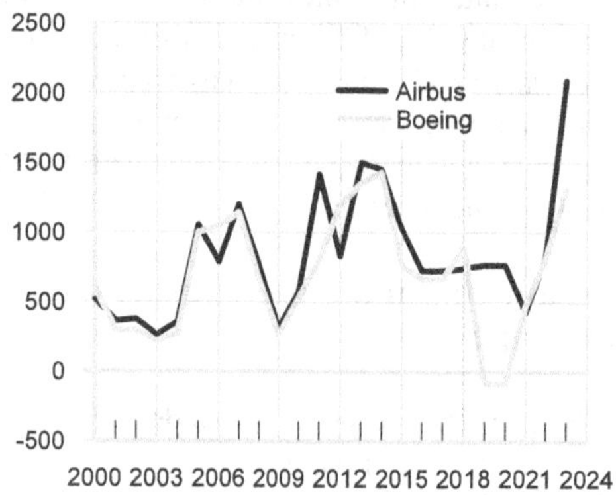

Commandes nettes déduction faite des annulations

(Sources : Airbus et Boeing, janvier 2024)

l'A350 avec 300 commandes. C'est le marché indien qui s'est révélé le plus dynamique avec deux mégacommandes de la compagnie *low cost* IndiGo avec 500 commandes d'A320 et de la compagnie historique Air India avec 250 commandes dont 40 A350. Turkish Airlines est également à l'origine d'une mégacommande de 230 appareils, dont 60 A350 qui devrait lui permettre, grâce au nouvel aéroport *hub* d'Istanbul pouvant accueillir 150 millions de passagers, de dépasser les principales compagnies aériennes européennes.

Un tel volume de ventes doit être mis en rapport avec les livraisons, qui, bien qu'en augmentation, se situent seulement à 735 appareils en 2023. Pour répondre à cette demande, Airbus devrait faire passer sa capacité de production de 48 A320 par mois à 75 appareils en 2024 et accroître sa production d'A350 de cinq à neuf par mois d'ici 2025.

Cet accroissement de la production n'est pas sans poser des problèmes d'approvisionnement des sous-traitants à la fois en volume et en qualité. Airbus, comme l'ensemble de l'industrie aéronautique, subit les conséquences négatives de la diminution des capacités pendant la période de la pandémie qui a entraîné des pertes de capacités et de savoir-faire. La production des A320 était de 60 appareils par mois en 2019.

Boeing, reprise des commandes dans un climat d'incertitudes

Boeing a enregistré 1456 nouvelles commandes en 2023, ce qui représente un montant de 1314 commandes nettes compte tenu des annulations. Ce chiffre constitue également un record pour Boeing, qui a bénéficié de la mégacommande d'Emirates qui a choisi les B787 et B777NEO pour renouveler sa flotte d'A380. Boeing a su bénéficier de la frustration d'Emirates, premier client des A380, de ne pouvoir poursuivre sa coopération avec Airbus du fait de l'abandon du programme de super gros porteur A380.

Cependant, malgré ces succès, le nombre de commandes nettes de Boeing se situe à nouveau en 2023 à un niveau bien inférieur à celui d'Airbus avec près de 700 commandes en moins par rapport à son rival. D'autant plus que Boeing accumule les problèmes de livraisons à la fois pour les Boeing 737MAX et également pour les B787 Dreamliner avec un total de livraisons en 2023 de seulement 528 appareils.

Boeing doit toujours gérer de graves problèmes de qualité à la fois dans ses propres usines et dans la *supply chain* de ses fournisseurs. C'est ainsi que, début janvier 2024, Boeing a été contraint d'annoncer de nouveaux reports de livraison concernant plus de cinquante B737MAX suite à la découverte de trous mal forés dans le fuselage réalisés par son fournisseur Spirit AeroSystems. Ces problèmes font suite à l'incident particulièrement grave survenu sur un vol d'Alaska Airlines dont une porte de B737MAX a été arrachée en vol, ce qui a provoqué le lancement d'une enquête sur le contrôle de qualité du constructeur par la FAA.

Ces difficultés devraient entraîner des retards de livraison pendant l'ensemble de l'année 2024 avec notamment le gel de l'augmentation de la production de B737MAX exigée par la FAA en janvier 2024. C'est ainsi que la compagnie *low cost* américaine Southwest a été contrainte de revoir son plan de flotte du fait des retards annoncés dans les livraisons du B737.

De ce fait, c'est même l'avenir du constructeur américain qui devient incertain.

Boeing paie le prix de sa volonté d'accroître sa rentabilité. En vingt ans, Boeing a supprimé plus de 75 000 emplois en externalisant une partie de sa production. Ceci a eu pour conséquence une perte de savoir-faire et des difficultés accrues de contrôle de la qualité.

À la différence d'Airbus, Boeing s'est, en effet, séparé de son activité de construction des aérostructures pour les vendre à un fonds financier avec la création de Spirit AeroSystems devenu fournisseur extérieur de Boeing.

David Calhoun, PDG de Boeing, dont le mandat est prolongé jusqu'en 2027, tente de retrouver les compétences techniques perdues par des embauches de 35 000 nouveaux employés, notamment d'ingénieurs en 2022 et 2023. Cependant, l'avenir de Boeing demeure incertain du fait de son endettement, même si le groupe est fortement soutenu par les pouvoirs publics américains, notamment grâce aux commandes militaires.

BRS
Shipbrokers
Since 1856
New routes,
same direction
Assets
Dry Bulk
Tanker
Specialized Tanker
Gas
LNG
Carbon
FFA
Liner
Offshore & Renewables
Ship Finance
Research
Abidjan • Athens • Beijing • Bogota • Copenhagen • Dubai • Geneva • Guangzhou • Hamburg • Ho Chi Minh • Hong Kong
Houston • Jakarta • London • Luxembourg • Madrid • Mumbai • Oslo • Paris • Shanghai • Singapore • Sofia • Stamford
www.brsshipbrokers.com

Fret maritime : *le grand écart*

Que de contrastes sur le marché mondial du fret maritime : le plus marquant est l'effondrement des taux pour les conteneurs revenus aux niveaux d'avant la crise. En fin d'année, le blocage de la mer Rouge a suscité un léger rebond qui ne durera probablement guère tant sont importantes les surcapacités qui pèsent déjà sur le marché. À l'inverse, les marchés du vrac sec et des tankers se sont mieux comportés, les tankers profitant en particulier de l'allongement des routes maritimes lié au contournement des sanctions par des flottes « grises » et des navires plus au moins fantômes.
2024 devrait rester une année contrastée pour le fret maritime : un retour sur terre difficile pour les conteneurs avec l'arrivée de tous les navires commandés durant les années d'euphorie ; des interrogations sur les importations chinoises pour le vrac sec, sur les sanctions vis-à-vis de la Russie et de l'Iran pour les tankers et puis toutes les tensions géopolitiques et climatiques qui fragilisent les grandes routes maritimes de Panama à la mer Rouge, de la mer Noire au détroit de Taïwan.

Le rebond du vrac sec

Belle remontée des vracs secs en 2023. Après un début d'année marqué par la dégradation du climat économique global, des tensions géopolitiques et la guerre en Ukraine, les taux ont enrayé cette dynamique négative, malgré un grand passage à vide en milieu d'année. À 680 points fin janvier, l'indice Baltic Dry *en valait 2 094 en décembre.*

Le vrac sec a commencé 2023 en basses eaux : à 680 points à la toute fin janvier pour le *Baltic Dry Index* (BDI), qui fournit une estimation moyenne des tarifs pratiqués sur 20 routes de transport en vrac de matières sèches (minerais, charbon, métaux, céréales, etc.). Le redressement espéré à la faveur de la fin des festivités du Nouvel an chinois et des mesures anti-covid fut rapidement douché. Le 6 février, l'indice touchait son plus bas niveau depuis début juin 2020, à 608 points.

Le *Baltic Capesize Index* (BCI) valait 419 points, perdant 20 % en une semaine. Le revenu journalier moyen de ces grosses unités, capables de transporter jusqu'à 400 000 tonnes de minerai de fer ou de charbon, s'établissait à $ 3 475.

Le *Baltic Panamax Index* (BPI), qui synthétise les tarifs pour quatre routes (la plupart pour les céréales), ne faisait pas mieux, à 907 points. Le revenu journalier de ces navires, portant de 70 000 à 100 000 tonnes, s'établissait à $ 8 159.

Les flux de minerai de fer depuis le Brésil vers les ports chinois s'embourbaient sous les pluies intenses qui tombaient sur le pays. On rapportait un manque important de tonnage dans les bassins atlantique et pacifique, à tel point que certains propriétaires préféraient taire les positions de leurs navires afin d'éviter une nouvelle pression à la baisse. Les Capesize « brûlent du *cash* », s'alarmait le courtier Fearnleys, qualifiant le tarif du BCI ($ 2 600/j le 21 février), de « misérable » et « tragique ».

Le 8 mars, le BDI passait à 1 327 points. Le BCI valait 1 550 points ($ 12 851/j) et le BPI 1 592 points ($ 14 325/j).

En pleine détente avec Canberra, Pékin autorisait toutes les compagnies chinoises à importer de nouveau du charbon australien.

En revanche, mi-mars, l'Inde revoyait en baisse de 25 % en trois ans ses importations de coke, son objectif étant de développer sa production domestique.

Côté mer Noire, la Russie renouvelait pour quatre mois l'accord permettant aux céréales ukrainiennes de quitter les ports.

Contre-attaque

Le marché poursuivit sa « contre-attaque », selon les termes du courtier grec Xclusiv. L'indice *Baltic Capesize* valait 1 931 points le 24 mars, entraîné par la réouverture de la Chine, la hausse des importations de l'Inde et le réacheminement des exportations russes de charbon, en particulier vers la Chine et l'Inde.

Le soja profitait de l'embellie liée à une récolte record au Brésil, dont les exportations devaient avoisiner 93 Mt. Les États-Unis comptaient également engranger une belle récolte. Mais la Chine préférait l'oléagineux brésilien. Entre les deux pays, les flux étaient soutenus et même supérieurs à la moyenne des cinq années précédentes.

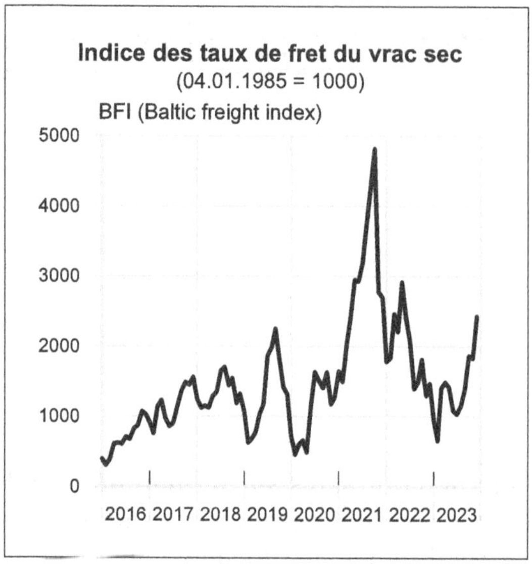

L'Europe, quant à elle, importait du charbon. Si, en 2022, elle représentait 9,8 % des flux totaux du combustible, au premier trimestre 2023, elle en était le cinquième importateur mondial, après la Chine, l'Inde, le Japon et la Corée du Sud.

Les « économistes mettent en garde contre une récession économique globale, mais les chiffres montrent que l'économie globale résiste encore », écrivait Xclusiv dans sa note hebdomadaire. Remarquant au passage que « le tarif moyen 5 TC (qui agrège pour les Capesize cinq grandes routes mondiales en fonction de leurs revenus journaliers moyens et de leur taille, ndlr) des routes pour le Cap (était) déjà 40 % plus élevé qu'au début de l'année, à $ 19 080/j ».

On relevait également une hausse des commandes de Panamax dans les chantiers navals. Début mai, elles s'établissaient à 61 unités, contre 13 pour la même période en 2022.

Données chinoises décevantes

Le 11 mai, le *Baltic Dry* valait 1 608 points. Le BCI était à 2 566 points ($ 21 276/j) et le BPI à 1 445 points ($ 13 009/j).

Le marché était gagné par une sorte de torpeur. La Chine réclamait moins de minerai de fer, de charbon aussi. Son secteur de la construction se contractait. Les flux en sortie d'Australie contournant le cap de Bonne-Espérance ne compensaient

Les indices des taux de fret maritime

Si chaque transaction entre un armateur et un affréteur est unique, le marché a, dès les premières années du XXe siècle, vu se développer des indices calculés en général par des courtiers. Ce furent d'abord les frets « secs » qui firent ainsi l'objet de publication par le Baltic Exchange de Londres. C'est le *Baltic Dry Index* que tant d'analyses considèrent encore comme représentatif de l'ensemble du marché maritime mondial. Le BDI fit d'ailleurs l'objet d'un marché à terme à Londres dans les années quatre-vingt. Par la suite, le Baltic a publié des indices pour les tankers. Longtemps cartellisé par les conférences maritimes, le marché des conteneurs a vu l'émergence de nombreux indices aux méthodologies variées.
Dans Cyclope, on trouvera :

Pour les conteneurs :

– Le *Freightos Baltic Daily Index* (FBX) fournit une estimation des taux spot Asie-États-Unis (y compris les suppléments de primes). Il est fixé en dollars pour un conteneur Équivalent 40 pieds (40').

– Le XSI de Xeneta donne une indication des mouvements du marché global dans le secteur conteneurisé et est centré sur les contrats à long terme pour les plus grandes régions du monde (Asie, Europe, États-Unis).

– Le Drewry est l'indice estimé sur les tarifs payés par les expéditeurs de fret aux transporteurs. Le *World Container Index* (WCI) établi par Drewry comprend les tarifs de fret conteneurs sur huit routes importantes à destination et au départ des États-Unis, de l'Asie et de l'Europe.

– Le *Shanghai Export Containerized Freight Index* (SCFI) mesure les taux spot (négociés à moins de trente jours) à partir de Shanghai vers une vingtaine de destinations mondiales.

– Le *Ningbo Containerized Freight Index* (NCFI) mesure les tarifs de fret sur 21 routes au départ de Ningbo-Zhoustan.

– L'indice *Harpex* calculé par le courtier Harper Petersen à partir de transactions sur l'ensemble de la planète (il faut prendre garde à ne pas confondre les taux pour les conteneurs de 40 pieds et de 20-EVP).

Pour le vrac sec :

– Le *Baltic Dry Index* et ses deux principales composantes

– Le *Baltic Capesize Index* (essentiellement minéraliers)

– Le *Baltic Panamax Index* (grains et minerais)

Pour le pétrole :

– Le *Baltic Dirty Tanker Index* (pétrole brut et fioul lourd, en général les plus gros pétroliers)

– Le *Baltic Clean Tanker Index* (pour les produits raffinés)

(Pour compliquer, les taux de fret pour les tankers sont calculés en base *Worldscale* (WS) qui tient compte des coûts).

pas la baisse de la demande de minerais et céréales brésiliens.

Le 20 mai, le 5 TC tournait à $ 18 429/j, perdant 12,51 % en une semaine, et ce sur les deux grands bassins océaniques.

Les indices terminaient le mois en net déclin, sur « des données économiques chinoises décevantes », comme le notait Allied Shipbroking.

Ils entamaient juin dans le même état. Le BDI plongeait le 2 du mois à 919 points, tiré vers le fond par le BCI, à 1 116 points ($ 13 221/j), et par le BPI, désormais à 1 090 points ($ 9 811/j).

En Europe, les stocks de charbon thermique étaient pleins.

En Chine, la demande ne décollait pas. De plus, Pékin privilégiait les transports de courte ou moyenne distance pour ses importations de charbon, au départ notamment de Mongolie, d'Australie ou d'Indonésie. Et s'intéressait de près au combustible russe, chargé sur des vraquiers empruntant la route du Nord.

Entre l'Inde et la Russie, les échanges étaient au mieux. Comme ceux du charbon à coke, que l'Inde importait jusqu'alors à plus de 70 % d'Australie. Soucieuse de diversifier ses sources, New Delhi se tournait vers le combustible russe, moins cher et livré rapidement.

Un marché anxieux

Le carnet de commandes de vraquiers avait rarement été aussi bas. Le marché s'attendait à des échanges dynamiques durant l'été, mais la demande de minerai de fer restait atone, celle de charbon aussi.

Xclusiv rapportait dans son rapport hebdomadaire « l'anxiété de nombreux analystes et propriétaires », concernant « l'évolution du marché du vrac sec ».

Le 25 juillet, le BDI tombait à 962 points.

La Russie se retirait de l'Initiative céréalière des Nations unies pour la mer Noire.

La publication des données commerciales chinoises pour juillet fut reçue par le marché comme une douche froide : baisse de la demande globale, repli des exportations, chute de 14,5 % en dollars des expéditions outre-mer par rapport à juin (le plus fort déclin depuis février 2020), contraction des importations…

Les exportations des États-Unis vers la Chine reculaient de 23,1 % en juillet, celles du Japon, de la Corée du Sud, de Taïwan, de l'ASEAN, de l'Union européenne, du Brésil et d'Australie enregistraient également des pertes à 2 chiffres de pourcentage.

Malgré quelques rebonds, août s'acheva en repli, à 1 080 points pour le BDI le 25 du mois. Le BCI valait 1 174 points ($ 9735/j) ; le BPI valait 1 449 points ($ 13 041). Le PIB de la Chine s'était montré décevant au troisième trimestre, à 6,3 %, un point de moins qu'attendu.

Pourtant, ses importations de minerai de fer avaient augmenté de 13,8 % au cours de ce mois, comparé à juillet. Ses exportations de produits de l'acier avaient même grimpé de 13,3 %.

Ses achats de charbon s'étaient hissés de 12,9 % sur juillet et de 53 % sur août 2022. Ceux de soja, enfin, depuis le Brésil, s'envolaient de 45 %.

Renversement de situation

La situation s'inversa peu à peu et les indices ne cessèrent d'engranger des gains. Le 15 septembre, le BDI affichait 1 340 points. Trois jours plus tard, 1 439 points. Le BCI passait à 1 749 points ($ 14 503/j) et le BPI à 1 666 points ($ 14 995/j).

Le secteur des Panamax surfait sur le haut de la vague, car cette classe de navires pouvait encore traverser le canal de Panama, victime d'une sécheresse importante qui obligeait depuis plusieurs mois l'Autorité du canal à restreindre les passages et la taille des navires. Le Mississippi souffrait également d'assèchement d'une partie de son cours.

Le 25 septembre, le BDI valait 1 614 points. Le BCI atteignait 2 148 points ($ 17 274/j) et le BPI 1 685 points ($ 15 168/j).

Dans son suivi des données des navires, Kpler rapportait une hausse de 20 % des exportations américaines de charbon thermique sur les huit premiers mois de l'année, par rapport à cette période de 2022, entraînées par une forte demande en Chine, en Inde et en Corée du Sud. L'Asie représentait 48 % des exportations des États-Unis et l'Europe 26,6 %.

Le BDI augmenta de 57 % en septembre. En toute fin de mois, il valait 1 701 points ; le BCI valait 2 474 points ($ 20 520/j) et le BPI 1 701 points ($ 15 305/j).

Alors que retards et files d'attente s'allongeaient dans les ports brésiliens, le Canal de Panama restait congestionné. Nombre d'affréteurs cherchaient désormais des navires sur le Pacifique. Un Kamsarmax (transportant la bauxite chargée au port de Kamsar, en Guinée, moins long qu'un Panamax, mais avec un port en lourd plus élevé) voyait son tarif moyen passer de $ 8 026/j le 1er août à $ 14 661/j le 29 septembre.

L'offre tendue de Capesize poussait le 18 octobre le 5 TC à $ 31 100/j, contre $ 8 266/j en septembre. Un niveau inconnu depuis mai 2022. Le bassin Atlantique menait le train, avec des tarifs atteignant $ 42 000/j, le Pacifique était à la remorque, à $ 26 000/j. Le manque de navires était tel qu'un voyage transatlantique entre le Brésil et l'Europe avait vu son tarif spot s'envoler de 700 % depuis début septembre, à $ 41 800/j. Sur le bassin Pacifique, la hausse s'inscrivait à 146 %, à $ 23 300/j.

Les taux perdirent peu à peu de l'allant en fin de mois, dans le sillage d'un sentiment général virant à l'inquiétude concernant l'économie chinoise.

Le 27 octobre, le BDI refluait à 1 563 points, une chute de 23,6 % en une semaine. Le BCI valait 2 226 points ($ 18 461/j) et le BPI 1 605 points ($ 14 448/j).

Les exportations américaines de charbon vers l'Europe s'étaient accrues de 22 % en octobre, comparées à septembre. Les États-Unis prenaient la part perdue par la Russie, suite aux sanctions prises à l'Union européenne à son encontre.

La Chine importait 14,6 % de charbon en moins. En cause, une baisse des prix domestiques et des inventaires abondants. Elle prenait en revanche livraison de 5,16 Mt de soja, pour l'essentiel d'origine brésilienne.

À la mi-novembre, les tarifs reprirent du tonus, surtout les plus petites unités, ce qui compensa la moindre demande de Capesize.

En dix jours, un voyage aller-retour transatlantique Danemark-Gibraltar engrangeait 60 %. À travers le Pacifique, un Japon-Corée du Sud et aller-retour augmentait de 20 %, un Chine du Sud-Indonésie de 18 %.

La récolte céréalière des États-Unis était particulièrement bonne et s'exportait bien. Les pays d'Asie remplissaient leurs stocks de charbon.

La Chine procédait à un grand restockage : elle avait massivement importé du minerai de fer en novembre; presque 103 Mt, contre 99,39 Mt en octobre. Et également du cuivre, du charbon (+ 21 % sur octobre), du soja…

Décembre débuta sous les mêmes auspices. Le BDI valait 3 192 points le premier et glanait 52 % sur la semaine. Le BCI affichait 6 237 points ($ 51 727/j) et le BPI 2 341 points ($ 21 067/j).

Le BIMCO (*Baltic and International Maritime Council*) pointait « le manque de Capesize dans l'Atlantique », alors que « la congestion au Brésil et les restrictions dans le canal de Panama affectaient surtout le segment des Panamax, limitant l'offre ». À cause du bas niveau des eaux de l'Amazone, 157 Panamax patientaient dans les ports brésiliens, avec un temps d'attente d'au moins quinze jours.

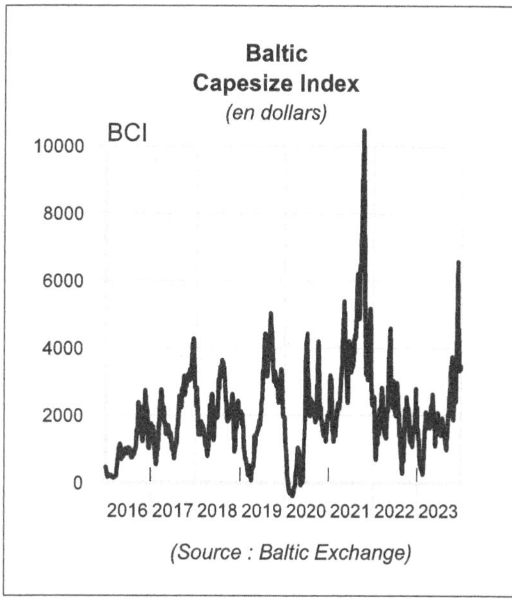

Autre élément de la hausse des tarifs, l'Autorité du canal de Panama réduisait à vingt-deux navires le nombre de transits quotidiens, avec application jusqu'au 1er février 2024.

L'activité baissa, comme souvent à cette époque de l'année. Mais elle coïncidait avec des attaques continuelles depuis le Yémen des milices Houthis contre les navires marchands (occidentaux) traversant la mer Rouge. Propriétaires, chargeurs… Le monde maritime plongea dans un questionnement douloureux : soit effectuer la traversée *via* le canal de Suez à ses risques et périls, et à ceux des équipages, soit réacheminer les navires par le cap de Bonne-Espérance, ce qui allongeait les voyages, brûlait davantage de kérosène et, *in fine*, augmentait les primes d'assurance.

Mi-décembre, le BDI baissa à 2 219 points, le BCI à 3 730 points ($ 30 936/j), le BPI à 1 915 points ($ 17 231/j).

Les tarifs sombrèrent peu à peu, dans un marché caractérisé par une faible demande de Capesize, en particulier sur l'Atlantique, en fort contraste avec l'activité qui se déployait sur le bassin Pacifique.

Avec plus de 100 Mt, le Brésil a exporté en 2023 un record historique de soja. L'Australie, un

record historique de minerai de fer. Les importations de charbon thermique en Asie se sont accrues de 17 %.

2023 s'acheva sur un BDI à 2 094 points, un BCI à 3 398 points ($ 28 177/j). Le BPI tirait plus ou moins son épingle du jeu et valait 1 909 points ($ 17 183/j).

Nouvelle année, nouvelle tendance ?

C'était beaucoup dire. Après avoir tenté une modeste reprise à 2 110 points le 5 janvier, l'indice sombra sept jours plus tard à 1 460 points, signant sa plus mauvaise semaine depuis 2008, et ce dans tous les segments du transport de vrac sec.

Le BCI chutait à 2 172 points (18 015/j) et le BPI à 1 410 points ($ 12 693/j).

Un nombre croissant de vraquiers évitait le canal de Suez pour échapper aux offensives belliqueuses des Houthis, et se reroutait vers le cap de Bonne-Espérance. Fin janvier, les analystes de Kpler évaluaient à 3,9 Mt les cargaisons de vrac détournées, pour beaucoup, des céréales américaines. Seules 2,4 Mt de céréales avaient transité par le canal de Suez en janvier, contre 6,6 Mt en décembre et 6,4 Mt en janvier 2023.

Rien ne laissait entrevoir une amélioration de la situation. Bien au contraire.

Dérivés de fret sec : volumes record en 2023

Après une consolidation en 2022, les volumes de dérivés de fret sec sont repartis à la hausse en 2023 pour atteindre un nouveau record à 3,5 millions de lots, soit 43 % de plus qu'en 2022 (2,5 millions de lots). Un lot est équivalent à un jour de transport ou 1 000 tonnes de matière première sèche transportée.

Les prix de l'indice phare Capesize 5 Time Charter publié par le *Baltic Exchange* sont restés très volatils et globalement haussiers. L'indice a commencé en janvier 2023 à $ 12 500/jour et a terminé en décembre 2023 à $ 54 584/jour, le plus haut niveau depuis octobre 2021 (avant la crise ukrainienne).

Le contrat Panamax 4TC a évolué dans un tunnel de prix $ 6 250-$ 20 630/jour et était aussi globalement haussier.

La fermeté des prix a été le résultat d'une demande record en importations de charbon thermique en 2023, estimée à 1 078 millions de tonnes selon la société de conseil Perret Associates. La demande globale pour les importations de minerai de fer est restée soutenue.

En parallèle, l'offre était impactée par l'accumulation d'événements au niveau mondial qui de manière générale augmentait la « tonne-mile », c'est-à-dire la distance moyenne de transport pour une tonne de matière sèche.

Tout d'abord l'embargo de la zone EU-27 + RU sur les importations de charbon russe a continué de redistribuer les flux mondiaux de charbon. Même si la zone Union européenne a importé nettement moins de charbon en 2023 (41,4 millions de tonnes) qu'en 2022

Prix du swap sur l'indice Capes 4TC/5TC

(en dollars/jour)

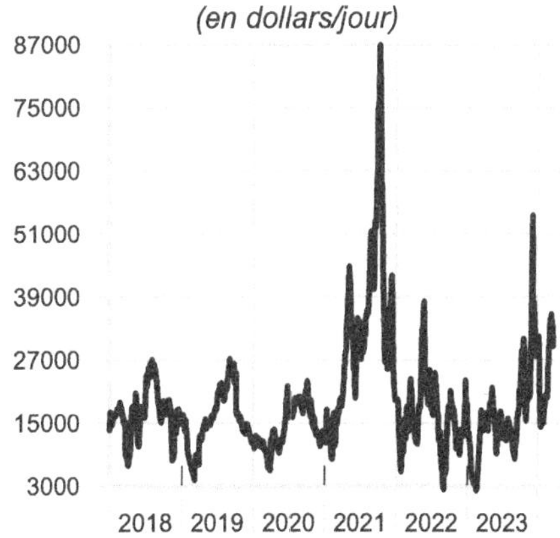

(Source : Perret Associates)

SERVICES

(69,4 millions de tonnes), ce charbon a été acheminé à partir d'origines plus lointaines que le charbon russe, comme la Colombie, l'Afrique du Sud et même l'Australie.
Les importations chinoises de charbon ont explosé à 369 millions de tonnes en 2023 (contre 227 millions de tonnes en 2022) et la Chine a même importé 4 millions de tonnes de charbon colombien (qui nécessitent trois mois de transport aller-retour), contre zéro en 2022.
La sécheresse persistante à Panama a impacté de façon significative les flux sur le canal, notamment les exportations de céréales et de charbon à partir du golfe du Mexique sur l'Asie, qui devaient emprunter la route plus longue *via* l'océan Atlantique.
Fin 2023, les attaques du groupe rebelle Houthis sur les cargaisons transportées par des affréteurs américains et européens en mer Rouge ont obligé de nombreux armateurs à emprunter la route plus longue via le cap de Bonne-Espérance.
Le *Singapore Exchange* (SGX) demeure la principale bourse de trading pour les dérivés de fret financiers avec 2,4 millions de lots traités en hausse par rapport au 1,9 million de lots traités en 2022.
La seconde bourse demeure l'allemand EEX (la plus importante pour le marché de l'électricité européen) avec 1,2 million de lots en 2023 contre 795 KT lots en 2022.
La part des volumes de trading financier entre les différentes tailles de bateaux est restée stable en 2023 avec 35 % pour les Capesize, 48 % pour les Panamax et 17,2 % pour les Supramax.
Étant donné les risques significatifs de crédit et de non-performance, 99 % des volumes de fret financiers sont traités sur les bourses. Cependant le marché du fret reste très spécifique dans la mesure où les bourses sont uniquement utilisées pour leurs fonctions de chambre de compensation, mais par pour le trading proprement dit. Les transactions se font toujours de gré à gré, la plupart du temps au téléphone et non sur écran.
Le secteur du fret physique est intégré dans le marché des émissions de CO_2 depuis janvier 2023, et nous assistons à une forte activité de couverture de certificats de CO_2 par les armateurs.
L'année 2024 a débuté avec des prix très soutenus notamment pour les Capesize qui se traitaient à un prix moyen de $ 21 130/jour en janvier 2024 contre $ 9 100/jour en janvier 2023.

Tankers : que de fantômes !

2023 a été globalement profitable pour les frets pétroliers. Les revenus ont été solides, dans tous les secteurs, à la faveur d'une forte croissance de la demande, d'une offre tendue et des turbulences géopolitiques et climatiques. La Russie a été le grand bénéficiaire du marché.

Le 3 février, le *Baltic Dirty Tanker Index* (BDTI), moyenne des taux pratiqués sur dix-sept routes de transport de pétrole brut et de fioul lourd, valait 1 218 points.

Sur le marché *spot*, la route de référence TD3C, pour un VLCC (*Very large Crude Carrier*) reliant le golfe Arabo-Persique à la Chine, l'indice *Worldscale* (WS) se situait à 49 points, avec un taux d'affrètement à temps (TCE) de $ 22 500/j.

Un Suezmax circulant depuis l'Afrique de l'Ouest et le continent européen, valait WS 112 ; son TCE était de $ 46 750/j.

Le *Baltic Clean Tanker Index* (BCTI), moyenne des prix pratiqués sur six routes de produits pétroliers raffinés (essence, gaz liquéfié, fioul de chauffage, etc.), affichait 663 points.

Un LR2 (navire transportant des produits pétroliers, trop large pour passer par le canal de Panama) sur la route TC1 golfe Arabo-Persique–Japon, valait WS 96, avec un TCE à $ 11 250/j.

Les flux de produits pétroliers prenaient également la route de l'Inde, de l'Indonésie, du Pakistan, du Bangladesh ; et des Émirats arabes unis, qui en auraient importé 3 millions de barils en

Une flotte fantôme bien fournie

Le négociant Trafigura estimait qu'en février, 600 pétroliers transportaient du pétrole russe à travers le monde : 400 *dirty* tankers, chargés de brut, soit 20 % de la flotte pétrolière globale, et 200 *clean* tankers portant des produits pétroliers (7 %), sortis du circuit conventionnel pour faire affaire avec la Russie.
Ce trafic s'effectuait sur des navires « fantômes », comme le Turba, âgé de vingt-six ans, battant pavillon de complaisance, sans assurance, qui n'avait pas subi d'inspection complète depuis 2017 et chargeait du brut lourd au port de Saint-Pétersbourg. Ou le Prestige, aussi vieux que le premier, qui remplissait le même office dans le même port russe.

février, contre 750 000 barils un an plus tôt. Ou encore de l'Arabie saoudite, avec 1,98 million de barils (370 000 en février 2022).

Le courtier britannique Gibson anticipait une forte hausse des importations chinoises en cours d'année, dont la Russie était en passe de devenir le premier fournisseur.

Le 3 mars, le BDTI finissait à 1 483 points.

Sur la route TD3C, un VLCC valait WS 70 avec un TCE à $ 56 000/j.

Un Suezmax circulant sur le TD20 affichait WS 144 et un TCE à $ 69 750/j.

Le BCTI valait 789 points.

Un LR2 voyageant vers le Japon depuis le golfe Arabo-Persique sur la TC1 valait WS 187, avec un TCE à $ 51 000/j.

Ce redressement entrait en résonance avec les projections de l'AIE pour 2023, selon lesquelles la croissance de la demande pétrolière serait plus élevée que l'offre, suite à la réouverture de la Chine après les confinements anti-covid, et de l'allongement des trajets maritimes pour le transport du pétrole russe. Si l'on y ajoutait un carnet de commandes historiquement bas (à peine 2,9 % de la flotte totale de brut et 6 % de celle de produits), l'alignement des planètes semblait presque parfait.

Des « bombes » polluantes très préoccupantes

Les transferts fantômes en mer ont augmenté. *S&P Global Maritime Intelligence* les évaluait à 792 pour le troisième trimestre (contre 615 les trois mois précédents) : dont 432 opérations (394 entre avril et juin) dans la zone économique exclusive russe, 81 (45) dans le golfe Arabo-Persique et 27 dans les eaux vénézuéliennes et sur les routes Venezuela/Afrique de l'Ouest.
Le 3 décembre, le *Liberty,* âgé de 23 ans et battant pavillon camerounais, s'échoua au large de Singapour. Dans ses cales, se trouvait du brut vénézuélien. D'après *TankerTrackers.com Inc.* et *Kpler*, il s'était arrangé en octobre pour apparaître sur les systèmes de repérage non loin de la côte ouest-africaine, alors qu'en réalité il chargeait du brut à Caracas.
Cet incident impliquant un navire de la flotte « fantôme » était loin d'être isolé, mais au contraire, était pour l'Organisation maritime internationale (OMI) un sujet « grave de préoccupation ».
Le pavillon du Cameroun est le seul à être catalogué « à très haut risque » sur la liste noire publiée par le *Memorandum* de Paris sur le contrôle des ports par l'État, qui supervise les inspections des navires et promeut la sécurité.
Le *Liberty* n'avait pas de propriétaire particulier, mais une entreprise nommée « Skyward Management Corp. », située au Kazakhstan, était enregistrée comme son gestionnaire technique.
Il avait été classifié par Mediterranean Shipping Register, lequel était placé par le *Memorandum* de Paris tout en bas de sa table de performance.

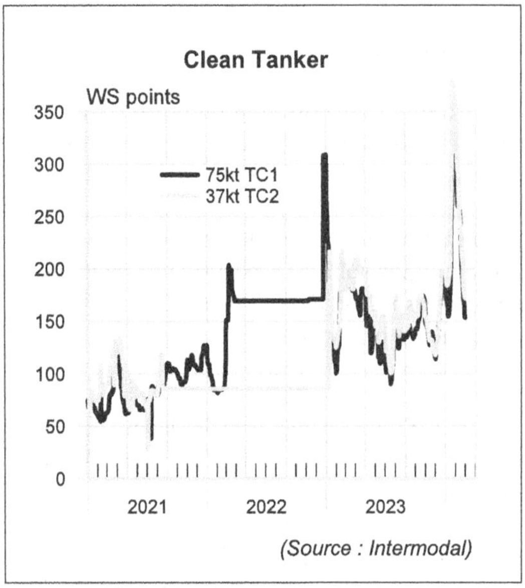

(Source : Intermodal)

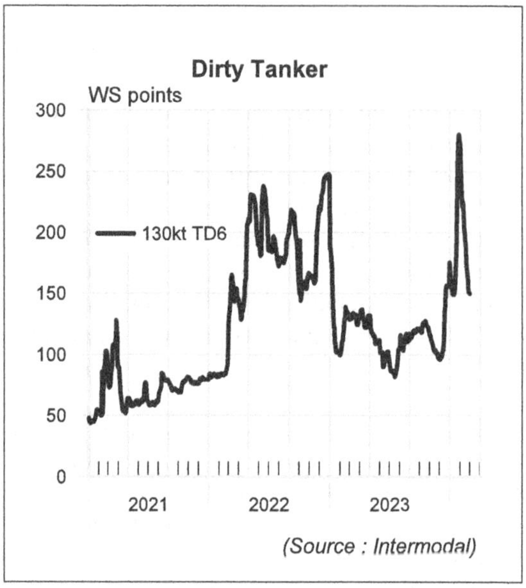

(Source : Intermodal)

Les tarifs spot des VLCC s'envolèrent le 10 mars au-dessus des $ 100 000/j. Comme un avant-goût de la suite. Le golfe Arabo-Persique bouillonnait. Un voyage Moyen-Orient–Chine bondit en une journée de 20,5 % pour s'établir à $ 102 800/j.

L'activité sur le bassin Atlantique était plus calme. Un VLCC sur la route golfe du Mexique-Chine prenait 7,5 % à $ 66 500/j.

Le port émirati de Fujairah débordait sous l'afflux de pétrole russe, notamment d'Oural et de naphta. Les transbordements allaient bon train, à mesure que les besoins de stockage augmentaient.

Les États-Unis n'étaient pas en reste, avec des exportations record de brut enregistrées en mars, de l'ordre de 2,1 Mb/j, vers l'Europe et la Chine. Ils confortaient ainsi leur rôle de grand fournisseur, d'autant plus aisément que leur consommation domestique avait baissé.

Un VLCC sur la TD3C valait 80 points Worldscale le 30 mars, avec un TCE de $ 71 750/j.

Sur la TD20, un Suezmax était à WS 140, et le TCE à $ 67 750/j. Sur l'Atlantique, le marché à l'exportation du golfe du Mexique se disputait les tonnages avec l'Afrique de l'Ouest.

Mélange indien, goût russe

Selon l'AIE, l'Inde importa en mars le record de 1,62 Mb/j de pétrole russe à prix bradé, soit 40 % de ses importations. Avant le déclenchement de la guerre contre l'Ukraine, elle en importait 70 000 b/j (soit 1 %). Le géant russe Rosneft se réjouissait de l'intensification des livraisons au groupe public Indian Oil Company. Pour rappel, le deuxième raffineur indien, Nayara, est détenu à 49 % par Rosneft.

Après raffinage, le pétrole est réexporté en partie sous forme d'essence ou diesel dans les pays occidentaux, sous le label « produits indiens ».

La Russie exporta 2 Mb/j de produits pétroliers, le volume le plus haut depuis le début des relevés par Kpler, en 2016. Ses exportations de brut se sont établies à 3,54 Mb/j.

L'Inde et la Chine s'arrachaient le pétrole russe, vendu au-dessus du plafond fixé par l'Union européenne ($ 60/b). Les quinze premiers jours d'avril, cette origine composait 70 % des importations indiennes, tandis que l'OPEP voyait sa part chuter à un plus bas de vingt-deux ans.

Le Pakistan entrait à son tour dans le jeu et passait sa première commande de brut auprès de la Russie, pour livraison en mai aux portes de Karachi.

Un bond de la demande d'Aframax et de Suezmax, au détriment des VLCC, pour des voyages transatlantiques, au départ du golfe du Mexique, apporta un soutien bienvenu à des tarifs de fret qui piquaient du nez.

Entre le 1er et le 6 mai, un Aframax voyageant vers l'Europe augmentait de 36 %.

Le courtier Xclusiv s'inquiétait de la faiblesse du carnet de commandes de tankers, au plus bas depuis 1996. Remarquant que 34 % de la flotte active avait plus de seize ans, il avait calculé qu'à la fin de 2025, les vieilles unités (de seize à vingt et un et plus) représenteraient 48 % de la flotte active.

Le 26 mai, le *Baltic Dirty* s'établissait à 1 156 points.

Un VLCC sur le TD3C valait WS 50 avec un TCE à $ 29 250/j.

Un Suezmax partant du golfe de Guinée vers l'Europe valait WS 115 ; son TCE était de $ 52 500/j.

L'indice *Baltic Clean* valait 670 points.

Un LR2 sur la route golfe Arabo-Persique–Japon affichait WS 139 et un TCE de $ 32 500/j.

Des routes redessinées

La guerre en Ukraine a complètement redessiné les routes pétrolières mondiales. Avant le 24 février 2022, l'Europe et l'Asie se partageaient le brut russe exporté par mer. Désormais, les pays d'Asie – Chine, Inde, Asie du Sud-est – en importaient 93 %, la part de l'Europe chutant à 3 %.

Le même constat s'opérait pour les produits pétroliers. L'Asie en importait 10,3 % de ses besoins en janvier 2022 ; 50 % en mai 2023.

La Russie livra un tonnage record de pétrole à la Chine en mai, 9,71 Mt ou 2,29 Mb/j. Une hausse de 32,4 % sur avril.

Les importations chinoises de brut saoudien totalisaient 7,32 Mt (1,72 Mb/j. Elles enregistraient un recul mensuel de 16 %.

À l'approche de l'été et de la *driving season* – période intense où les Américains sillonnent leur pays en voiture ou en avion –, les États-Unis devaient rapidement remplir leurs réserves de produits pétroliers. Début juin, le stockage commença. L'Atlantique se montra particulièrement chargé. Entre l'Europe (Grande-Bretagne comprise) et la côte Est américaine sur la TC2, le tarif d'affrètement à temps d'un MR (*Medium Range*, unité de 25 000 à 45 000 tpl) augmenta de 150 % en une semaine.

L'activité était moins dense au départ du golfe Arabo-Persique vers le Japon. Un LR2 tombait le 8 juin à WS 114, contre WS 145 le 1er du mois ; son TCE perdait $ 13 500/j sur la semaine, à $ 22 750/j.

La même tendance prévalait sur le marché des VLCC. Sur la route de référence TD3C, ces gros porteurs affichaient WS 48 et un TCE à $ 26 750/j.

Les Suezmax piquaient du nez sur la TD20, à WS 91, avec un TCE à $ 35 250/j.

Le jeu trouble des « fantômes »

Le vent tourna les jours suivants dans les ports du Moyen-Orient et prit le marché par surprise. Avec le plus fort gain journalier des trois dernières années, le tarif d'un VLCC en direction de la Chine s'emballa le 12 juin à presque $ 20 000/j. La demande était forte et les capacités insuffisantes.

D'abord, parce que la mousson qui s'abattait sur l'Inde désorganisait toute l'activité. Les navires étaient contraints de rester à quai, en attendant de pouvoir retrouver les eaux plus calmes du golfe Arabo-Persique.

Ensuite, car les fortes exportations des derniers mois depuis les États-Unis et le Brésil avaient asséché les disponibilités en gros tonnages.

L'Iran se montrait un exportateur « fantôme » infatigable. Ses expéditions de brut étaient au plus haut depuis l'entrée en vigueur des sanctions imposées par les États-Unis en 2018. L'essentiel partait vers la Chine.

Cette offre supplémentaire finit de saper un marché affaibli par la faible croissance économique mondiale et par un brut russe vendu à prix cassé. Et de saper aussi les efforts de l'OPEP+ pour garder les cours du pétrole à flot. L'Iran en avait exporté 1,6 Mb/j en mai, sur une production estimée à plus ou moins 3 Mb/j.

Un marché volatil

L'Arabie saoudite décida le 3 juillet de repousser de juillet à août sa réduction volontaire de 1 Mb/j, laissant entendre également que cette mesure serait prolongée les mois suivants. La Russie lui emboîta le pas, annonçant de son côté une baisse de ses livraisons de 500 000 b/j en août.

Maritime Strategies International (MSI) prévoyait pour le troisième trimestre un tarif *spot* moyen de $ 53 800/j pour un VLCC. Le tarif moyen d'un VLCC début juillet touchait un plus haut de huit ans.

Il fallait néanmoins rester prudent, tant le marché était volatil. Quelques jours plus tôt, une de ces grosses unités occupées sur la route golfe Arabo-Persique–Asie du Nord avait dépassé les $ 80 000/j, puis décliné de plus de moitié par la suite.

Cette instabilité se manifestait par des tarifs de fret peu convaincants en milieu de mois.

Sur la TD3C, un VLCC en route vers les côtes chinoises depuis le Moyen-Orient valait WS 51. Son TCE affichait $ 30 750/j.

Un Suezmax sur la TD20 valait WS 93 ; son TCE était à $ 36 000/j.

Le BDTI reculait à 929 points.

Profitant d'un prix moins élevé et de l'abondance de l'offre, les raffineurs asiatiques commencèrent à délaisser leurs fournisseurs du Moyen-Orient au profit du brut américain. Ils en commandaient entre 1,5 Mb/j et 1,9 Mb/j, surtout du *West Texas Intermediate* (WTI) Midland, livrables en août, pas très loin du record de 2,2 Mb/j chargés en avril, précisait Kpler.

Pourtant, les exportations de brut saoudien restaient dynamiques. Dans ses données de suivi des navires, Refinitiv rapportait pour la période janvier-juin des livraisons en hausse annuelle de 3,3 %, à 435,7 Mt, soit 40,3 % des échanges globaux par mer.

Celles de la Russie progressaient de 7,6 % à 119,7 Mt (11,1 % des échanges mondiaux). Les expéditions de l'Afrique de l'Ouest reculaient de 0,4 % à 86,6 Mt.

Demande en repli

La demande de transport pétrolier commença à marquer le pas. Les effets des réductions de la production de l'OPEP+ (une hausse du prix du baril à plus de $ 85 par exemple) et des ruptures de l'offre en Irak et au Nigeria se faisaient sentir.

Les raffineurs chinois revoyaient leurs achats à la baisse et préféraient puiser dans des réserves largement pourvues. Ils avaient réservé 14 millions de barils seulement pour livraison en novembre, contre 22 millions en juin.

Le secteur le plus affecté était celui des Aframax, dont les tarifs touchaient un plus bas de dix-sept mois. Le revenu journalier d'un Aframax traversant la Méditerranée tombait le 7 août à $ 5 905, contre plus de $ 30 000 un mois plus tôt. Le 25 novembre 2022, il s'était envolé à $ 157 744.

La Chine émit des quotas d'exportation, portant sur 15 Mt de produits pétroliers, à raison de 12 Mt de produits raffinés et 3 Mt de fioul marin. Cette nouvelle tranche portait le volume total de *clean* pour l'année à 53,99 Mt, à comparer aux 34,75 Mt autorisées pour cette période en 2022.

Le 5 septembre, Moscou indiqua maintenir la réduction de ses exportations de pétrole de 300 000 b/j jusqu'à la fin de l'année. Ryad en faisait de même, à hauteur de 1 Mb/j.

La major russe Lukoil et le producteur indépendant CenGeo avaient livré en août et septembre leurs premières cargaisons de brut CPC Blend (d'origine Kazakhstan) aux Émirats arabes unis, ouvrant de ce fait une nouvelle route d'exportation.

Au cours des huit premiers mois, la Chine a exporté 920 000 b/j de produits (gazole, kérosène, essence), un volume en hausse de 72,3 % sur cette période de 2022. Elle a importé 11,42 Mb/j de pétrole brut.

Le 6 octobre, le BDTI était à 871 points. Il en valait 1 054 une semaine plus tard. Le marché mondial vibrionnait. Le golfe du Mexique était particulièrement actif et même la mer du Nord.

L'indice Worldscale pour un VLCC sur la route golfe Arabo-Persique–Chine passait à 53 points le 12 octobre ; le TCE se hissait à 28 500/j.

Sur la TD20, les Suezmax valaient WS 198 ; le TCE prenait $ 24 000/j à $ 44 750/j.

La même tendance prévalait pour le transport des produits, avec un BCTI à 803 points le 12 octobre.

Un LR2 gagnant les ports japonais depuis le Moyen-Orient valait WS 150 et son TCE $ 34 000/j.

Pékin émit son quatrième quota d'importation de brut, soit 9,54 Mt, ce qui portait le volume de l'année à 203,64 Mt. Le grand raffineur indépendant Hengli Petrochemical se voyait accorder 3 Mt et Huajin Chemical, filiale du conglomérat de défense Norinco, 1,24 Mt. Le reste se partageait entre *teapots*.

Le marché ne sembla pas d'abord affecté par les graves événements qui se déroulaient depuis le 7 octobre entre Israël et la bande de Gaza.

Lancement du Breakwave Tanker Shipping ETF

Un nouvel ETF (fonds indiciel coté en bourse) offrant une exposition aux investisseurs *pure players* sur les marchés à terme du fret maritime pétrolier a été lancé le 3 mai sur le *New York Stock Exchange*. Sous la dénomination de Breakwave Tanker Shipping ETF, il est le fruit de la collaboration entre Breakwave Advisors et ETF Managers Group LLC.
Il est également le premier de ce type à garantir une exposition longue au marché maritime du brut, *via* un ensemble de contrats à terme à échéance rapprochée basé sur des indices qui mesurent les frais du transport de pétrole brut.

De surcroît, la production avait baissé, en particulier du fait de la mise en maintenance saisonnière des raffineries. Selon l'AIE, la consommation globale devait augmenter de 2,2 Mb/j en 2023, à 101,8 Mb/j.

MSI anticipait pour le trimestre un TCE de l'ordre de $ 44 100/j pour un VLCC, contre une moyenne de $ 26 700/j entre avril et juin.

Le revenu d'un Long Range 2 (sur la TD20) était estimé à $ 37 500/j.

Le retour (officiel) du Venezuela sur le marché mondial

Une nouvelle ère s'ouvrit pour le Venezuela lorsque les États-Unis abandonnèrent les sanctions imposées en 2019 à ses compagnies pétrolières. Entre-temps, la production de brut s'était effondrée, passant de 2,5 Mb/j à 800 000 b/j.

Le brut vénézuélien pouvait retrouver le chemin de l'Europe et des États-Unis. En revanche, les *teapots* chinoises perdaient l'accès à un pétrole peu cher. Mais il leur restait le russe et l'iranien.

PetroChina envisageait d'acheter 265 000 b/j à la compagnie vénézuélienne PDVSA. Mais, avec une production de 780 000 b/j seulement, Caracas ne pouvait pas répondre à cette demande dans l'immédiat.

Le BDTI accumulait les gains. Le 27 octobre, il grimpa à 1 372 points, entraîné par la hausse des flux des VLCC sur l'Atlantique. Les Suezmax se montrèrent également particulièrement actifs, tant dans les Amériques que depuis l'Afrique de l'Ouest vers l'Europe.

Sur la TD3C, les plus grosses unités affichaient WS 56 et un TCE à $ 32 500/j.

Sur la TD20, l'indice WS d'un Suezmax passa à 145 points et son TCE à $ 69 750/j.

Le tarif d'un Aframax circulant entre le golfe du Mexique et l'Europe se propulsa à WS 265, son TCE s'envola à $ 80 500/j.

Le BCTI valait 794 points, dans une activité soutenue.

Un LR2 naviguant vers le Japon depuis le Moyen-Orient valait WS 173 ; son TCE se situait à $ 43 250/j.

Les exportations russes se portaient au mieux. Les embarquements de brut dans les terminaux du pays avoisinèrent les 3,53 Mb/j en octobre, soit + 7,4 % sur septembre. Le niveau d'« avant-guerre » tournait autour de 3,1 Mb/j, selon les données de *S&P Global Commodities at Sea* (CAS). Les livraisons de produits pétroliers étaient moins abondantes.

L'Iran, à l'inverse, voyait ses exportations chuter, pour le deuxième mois consécutif, à 1,43 Mb/j de brut et condensats.

Une fin d'année soutenue

La volatilité fit début novembre son grand retour sur le marché pétrolier, avec des tarifs spot sur des routes transatlantiques suivies par les Suezmax et les Aframax propulsés brièvement au-dessus de $ 100 000/j. Le segment des VLCC enregistrait des hausses moins impressionnantes.

Le 9 novembre, un VLCC sur la route Moyen-Orient–Chine valait WS 68 ; son tarif d'affrètement à temps affichait $ 49 250/j.

Sur la route golfe de Guinée-Europe, un Suezmax valait WS 112 ; son TCE se situait à $ 48 500/j.

Un Aframax en sortie golfe du Mexique valait WS 220, avec un TCE à $ 64 000/j.

Sur le marché du *clean*, sur la TC1 reliant Moyen-Orient au Japon, un LR2 valait WS 138 ; le revenu journalier spot s'établissait à $ 28 750.

Le Venezuela venait de vendre à trois raffineurs indiens 4 millions de barils de brut, livrables en février 2024, dont 1,5 million de barils à Indian Oil Corp et 500 000 à HPCL-Mittal Energy, entreprise conjointe entre Hindustan Petroleum Corp et Mittal Energy Investment.

Le marché Atlantique du brut se montra dynamique en décembre. Les bonnes performances de la production du Brésil le poussaient aux exportations : Chine, États-Unis, Europe. Le brut brésilien était particulièrement apprécié des raffineries en Espagne et au Portugal.

Le BDTI termina l'année à 1 200 points.

Sur la TD3C, un VLCC valait WS 79, avec un TCE à $ 45 250/j.

Un Suezmax sur la TD20 valait WS 171 pour un TCE à $ 64 500/j.

Le BCTI finissait à 960 points.

Un LR2 sur la TC1 valait WS 306 ; son TCE s'établissait à $ 75 000/j.

Nouvelle année, nouveaux défis ?

La question se posa d'entrée de jeu, sur fond de crise au Moyen-Orient qui ne montrait pas signe de désescalade. L'opération navale multinationale montée en hâte pour protéger les navires transitant sur la mer Rouge sécurisait la traversée. Mais la situation était difficilement contrôlable.

Les tarifs des VLCC dans le golfe Arabo-Persique rebondirent le 11 janvier sur une activité intense, en dépit des tensions croissantes et des agressions armées des Houthis.

Sur l'Atlantique, on notait une hausse sensible des livraisons de brut ouest-africain à la Chine.

Un nombre croissant de tankers évitait la zone de la mer Rouge. « Ce qui semblait pouvoir être résolu en quelques semaines pourrait en fait avoir des conséquences pour de nombreux mois », avertissait Euronav. Des conséquences coûteuses. Le réacheminement d'un Aframax en départ d'Asie vers l'Europe nord-ouest, *via* le cap de Bonne-Espérance, entraînait un surcoût opérationnel de $ 933 000 par voyage, avec un temps de transit plus long de seize à trente-deux jours. À l'arrivée, le coût total de l'Aframax avait augmenté de 110 %.

....

Conteneurs : plus dure sera la chute

Après un retour sur terre d'une violence inouïe, les frets conteneurisés ont traversé sans tonus la majeure partie de l'année, qu'une palanquée de GRI et autres FAK décidés par les lignes régulières fut impuissante à enrayer. Un « effet mer Rouge » en toute fin d'année leur redonna quelque couleur.

Les taux spot entamèrent 2023 en baisse sur les grandes routes au départ des ports d'Extrême-Orient. Sur celles menant aux États-Unis, les tarifs retrouvaient leurs plus bas de février 2019.

Le 10 février, l'indice composite Drewry, WCI, enfonçait le seuil des $ 2 000/EQP pour la première fois depuis le 30 juillet 2020, à $ 1 997,22/EQP (79 % de moins qu'en février 2022). Loin des $ 10 377 de septembre 2021.

Les jours passant, le marché s'installa dans la morosité. Les tarifs de frets restaient bas, l'évitement d'escales (*blank sailing*) ne réglait rien, le marché chinois n'évoluait pas, même après le Nouvel an lunaire…

Les conteneurs s'entassaient dans les docks. Le port de Shanghai était rempli de boîtes vides, si bien qu'il avait fallu en évacuer un certain nombre vers le port de Taicang.

Maersk avait même transformé quelques porte-conteneurs inactifs en plateformes flottantes chargées de conteneurs vides.

C'est dans cette atmosphère léthargique que les compagnies régulières s'apprêtaient à recevoir dans les semaines suivantes une armada d'Ultra larges porte-conteneurs (ULCV).

Certaines compagnies avaient reporté à plus tard les escales inaugurales de ces navires géants. Le consultant Alphaliner estimait que de nombreux 24 000 EVP étaient en voie d'achèvement

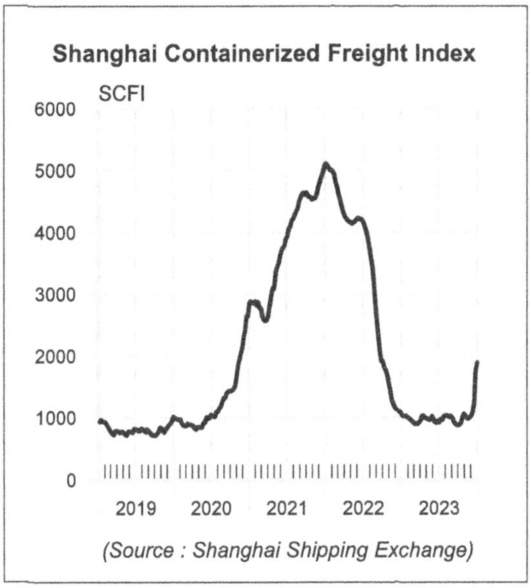

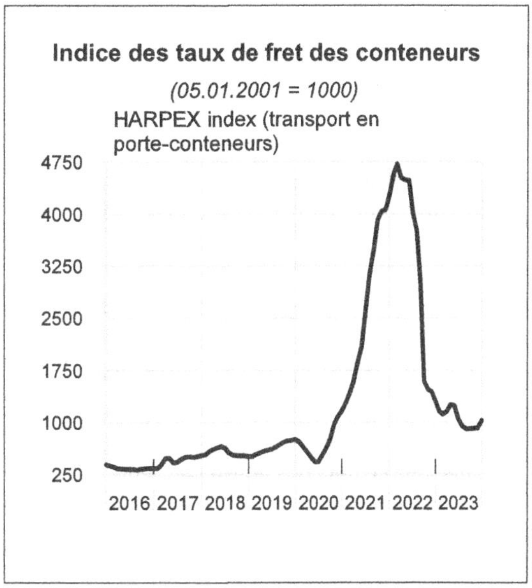

dans les chantiers navals asiatiques. Le ONE Innovation (24 000 EVP), le MSC Tessa (24 116 EVP) et l'OOCL Spain (24 188 EVP) venaient juste d'être livrés à leurs propriétaires. Entre mars et avril, MSC à lui seul devait en recevoir quatre autres de 24 000 EVP.

En fin de mois, le composant du *Freightos Baltic Exchange* (FBX) Asie-côte ouest des États-Unis (USWC) se situait à $ 1 181/EQP. À cette époque de 2022, il était à $ 15 598/EQP.

Le FBX Asie-côte est des États-Unis (USEC) était à peine plus robuste, à $ 2 881/EQP.

Sur l'Asie-Europe du Nord, le XSI (*Xeneta Shipping Index*) finissait le mois à $ 1 548/EQP, perdant 13 % au cours du mois. Il affichait $ 14 500/EQP un an plus tôt.

D'après le consultant britannique Drewry, 4,1 % de la flotte globale cellularisée, l'équivalent de 1,067 million d'EVP, était restée à l'ancre en février.

Les exportations chinoises ne décollaient pas. Le 3 mars, le *Shanghai Containerized Freight Index* (SCFI) s'établissait à $ 931,08/EVP, signant une septième semaine de baisse.

Depuis Shanghai vers l'Europe du Nord, l'indice était à $ 882/EVP et à $ 1 605/EVP vers la Méditerranée.

Recul aussi vers l'USWC, à $ 1 234/EQP et vers l'USEC à $ 2 391/EQP, route qui enregistrait sa 38e semaine de baisse d'affilée.

Une épée de Damoclès

L'afflux annoncé de nouvelles capacités ne risquait pas d'améliorer la situation. Le carnet de commandes était « colossal », alertait Alphaliner, « une épée de Damoclès suspendue au-dessus du marché, une foule de livraisons de nouveaux navires dans les mois à venir entraînant inévitablement le retour des surcapacités ».

Les commandes totalisaient 7,69 millions EVP – Equivalent Vingt Pieds, taille standard du conteneur – au 1er février (presque 30 % des capacités en mer) dont 2,48 millions EVP (32 %) livrables en 2023, 2,95 millions EVP en 2024 (38 %).

Drewry relevait au 6 mars 60 annulations d'escales, sur un total de 675 voyages, sur les trois grandes routes, entre le 6 mars et le 9 avril.

La décrue se poursuivait. Le FBX Chine-USWC valait $ 1 040/EQP le 8 mars (– 94 % en un an) ; le Chine-USEC $ 2 286/EQP (– 87 %).

Sur le transatlantique, le FBX Europe-USEC se situait à $ 4 418/EQP (– 36 % « seulement »).

Le WCI Shanghai-Los Angeles finit à $ 1 948/EQP et le Shanghai-New York à $ 2 772/EQP.

En revanche, le WCI sur l'axe Rotterdam-New York affichait $ 5 573/EQP, un niveau d'assez bon aloi.

C'est dans ce contexte que le chantier naval chinois Yangzijiang Shipbuilding signala l'arrivée en flotte du plus grand porte-conteneurs jamais construit : le MSC Irina, portant 24 346 EVP, qui était déployé sur la boucle AE10/Jade Asie-Europe du Nord.

Parallèlement, Maersk immobilisa 29 navires d'une capacité totale de 281 400 EVP, bientôt suivi par son partenaire dans l'alliance 2M, MSC, avec treize navires à l'ancre (119 000 EVP).

Des contrats à long terme incertains

« Le marché est en proie à l'imprévisibilité », écrivait le dirigeant de Xeneta Patrik Berglund dans sa note mensuelle. « Bien que les baisses des taux fassent la une des journaux, poursuivait-il, les transporteurs continuent de gagner de l'argent sur les conteneurs liés à des contrats à long terme. Néanmoins, en attendant les dures négociations qui s'annoncent, il est très, très difficile de voir comment ils pourront maintenir ce niveau élevé. À moins que quelque chose de radical ne se produise, je pense que les contrats à long terme au second semestre de l'année seront très différents de ceux qui étaient en vigueur au début de l'année 2023 ».

L'alliance 2M avisait de sa rupture, qui devait être effective début 2025. MSC faisait déjà cavalier seul en annonçant le lancement d'un nouveau service Asie-Méditerranée, opéré sans Maersk.

La demande était désespérément faible. *Maritime Strategies International* (MSI) estimait que les taux *spot* avaient atteint « leur plus bas niveau soutenable ».

Le 28 avril, l'indice composite WCI affichait $ 1 740,26/EQP. Les axes Shanghai-Rotterdam et Shanghai-Los Angeles perdaient 1 % et 2 % respectivement, et Rotterdam-New York 2 %.

Le XSI Asie-USWC déclinait de 9 % à $ 1 484/EQP.

Le FBX perdait 10 % à $ 1 527/EQP.

La situation empirait dans le canal de Panama. L'Autorité du canal abaissait le tirant d'eau maximum des navires transitant par ses écluses.

Un pic flou

On attendait pour juin l'injection de neuf nouveaux porte-conteneurs sur le service Asie-Europe de 2M, prélude à une guerre féroce entre lignes régulières en cette période de faible demande.

Les lignes refusaient les nouveaux contrats à long terme dont les termes étaient trop proches des tarifs spot, notamment, sur le transpacifique. Tel Hapag-Lloyd, dont le PDG estimait que les taux avaient « atteint des niveaux insensés... Nous ne concluons pas de contrats d'une durée de douze mois si nous savons à l'avance que nous allons perdre beaucoup d'argent ».

Sur le transatlantique, l'érosion s'accélérait. Le 12 mai, le composant du FBX Europe du Nord-USEC dévissait de 17 % à $ 2 235/EQP. Il avait perdu 55 % de sa valeur depuis le début de mars.

L'indice global WCI était à $ 1 741,44/EQP.

Le trade Rotterdam-New York valait $ 4 530/EQP et $ 889 en sens inverse.

Un Shanghai-Rotterdam finissait à 1 605/EQP ; un Chine-Méditerranée valait $ 2 207/EVP.

Plus on avançait vers le « pic saisonnier », plus il devenait flou.

Le 26 mai, le XSI Asie-Europe du Nord ne dépassait pas $ 1 370/EQP. En revanche, Maersk faisait état d'une demande « saine » sur la route Asie-Méditerranée.

Le trade transpacifique sombrait dans le marasme.

Le FBX Asie-USWC perdait 15 % en une semaine, et s'établissait à $ 1 309/EQP.

L'Asie-USEC était à $ 2 328/EQP et l'Asie-Europe du Nord à $ 1 420/EQP.

Les deux grandes forces du marché, la Chine et les États-Unis, manquaient d'appétit pour les biens de consommation. Du reste, les exportations chinoises avaient reculé de 7,5 % en mai comparé à mai 2022. Pour toutes les destinations : États-Unis, Japon, Asie du Sud-Est, France, Italie...

La mise en œuvre de nouvelles GRI (*General Rate Increase*) permit aux tarifs de regagner du terrain, en particulier sur le transpacifique. Le 2 juin, le FBX China-USWC affichait $ 1 441/EQP, le Chine-USEC $ 2 448/EQP.

Le SCFI grimpa à $ 1 028,7/EVP.

Mais le sentiment général restait médiocre.

La « grande » saison des taux de fret était entamée, et rien ne se passait comme prévu. Les *Peak Season Surcharges* (PSS) étaient reportées d'un mois, sans savoir si elles seraient appliquées oui ou non. Et s'il y aurait un pic saisonnier.

Le 24 juin, l'indice composite global Drewry était tombé à $ 1 535,75/EQP.

Le WCI Shanghai-New York valait $ 2 543/EQP et sur Los Angeles $ 1 642/EQP. Sur le Shanghai-Gênes, le tarif refluait à $ 2 075/EQP. Sur le Shanghai-Rotterdam également, à $ 1 3016/EQP.

La compagnie sud-coréenne HMM améliorait pour sa part la couverture du lucratif trade Asie-Méditerranée avec un nouveau service autonome. À côté de l'accord de partage de navires (VSA) contracté dans THE Alliance, HMM offrait déjà trois boucles hebdomadaires et devait déployer, le 6 août, le HMM Blessing (11 000 EVP) au départ de Busan jusqu'à Barcelone, *via* l'Inde, le canal de Suez, Gênes. Soit quatre-vingt-quatre jours de mer.

Un Transpacifique en eaux calmes

Le Transpacifique était en perte de vitesse, à en juger par la baisse des capacités sur ce corridor. Selon Alphaliner, la flotte cellularisée était passée de 674 à 514 unités (5,56 millions et 4,86 millions EVP, respectivement) entre juin 2022 et juin 2023. Entre l'Asie et l'Amérique du Nord, la capacité de la flotte avait reculé de 12,6 %.

Maersk tentait d'annuler ses pertes en sortie d'Asie vers l'Europe du Nord par une hausse importante des taux FAK (Freights All Kind) prévue pour la fin juillet. Et prévenait que les autres routes seraient également sujettes à des hausses.

Ainsi au 31 juillet, la hausse appliquée depuis l'Asie vers les ports de Rotterdam, Felixstowe et Gdansk serait de $ 1 025/EVP et $ 1 900/EQP.

Les jours, les semaines se suivaient… et se ressemblaient. Sans pic saisonnier à l'horizon. Les tarifs conteneurisés en départ d'Asie vers les États-Unis continuaient de chuter.

Mi-juillet, l'indice composite Drewry valait $ 148813/EQP.

La ligne Rotterdam-New York se situait à $ 1 769/EVP. Le Shanghai-Rotterdam tombait à $ 1 291/EQP ($ 537/EVP en sens inverse), comme le Shanghai-Gênes et Los Angeles, à $ 1 932 et $ 846/EQP respectivement.

Le WCI Shanghai-New York affichait 2 715/EQP.

Sur la route Asie-Europe du Nord, les esquives de dessertes se multipliaient. Le 15 000 EVP MSC Bianca Silvia, déployé sur la rotation Griffin/AE55 opérée par 2M, ne devait pas naviguer depuis les ports d'Asie certains jours. Sur un autre service de 2M, le port du Havre était devenu une escale « incitative » pour le MSC Mirja, portant 19 224 EVP.

Le recul des tarifs sous les $ 2 000/EQP sur la route Asie-Méditerranée poussa Maersk à annoncer une hausse de ses taux FAK à partir du 31 juillet, soit $ 2 300 vers Barcelone et $ 3 600 sur Casablanca.

Jusqu'alors, cette route s'était montrée plus robuste que celle desservant l'Europe du Nord. Les compagnies y avaient donc injecté des capacités supplémentaires. Avec un résultat immanquable : une baisse des taux de 20 % entre la fin juin et le 18 juillet.

La judicieuse gestion des capacités par les lignes régulières sur la route Asie-Europe du Nord avait réussi à stabiliser les taux autour de $ 1 285/EQP pour le FBX.

L'érosion continua sur l'axe transatlantique, à $ 1 640/EQP pour le WCI Europe du Nord-USEC.

En juillet, 200 000 EVP, dont cinq ULCV de 24 000 EVP, étaient arrivés en flotte, après le record de 300 000 EVP livrés en juin. Ces géants devaient tous être déployés sur la route Asie-Europe du Nord, à la place d'unités moins importantes qui étaient intégrées sur le Transpacifique et les lignes secondaires.

Les GRI annoncées pour août avaient l'effet escompté. Les grands corridors maritimes voyaient leurs tarifs grimper, comme l'indice composite global WCI, qui finissait le 12 août à $ 1 790,60/EQP.

Blank sailings en série

Sur le Transatlantique, les tarifs *spot* recommencèrent à battre de l'aile. Les compagnies réagissaient par des suppressions d'escales ou de rotations, ou en annonçant des hausses de taux FAK pour septembre.

Le FBX Europe du Nord-USEC plongeait à $ 1 326/EQP le 18 août. On relevait même des tarifs sous les $ 1 000/EQP sur cette route.

Le WCI affichait $ 1 768/EQP.

Sur la route Asie-Méditerranée, les taux étaient solides, à WCI $ 2 086/EQP.

Sur l'USEC, les restrictions liées à la sécheresse du canal de Panama poussaient le WCI à $ 3 545/EQP. L'Autorité du canal avertissait : ces restrictions resteraient en place pour au moins dix mois supplémentaires.

Sur le Transpacifique, le XSI Asie-USWC avançait à $ 2 030/EQP (+ 60 % depuis la fin juin).

Fin août, un mois avant les congés de la *Golden Week* en Chine, les compagnies régulières augmentaient leurs programmes de *blank sailings*.

MSC suspendait pour six semaines une boucle Asie-Europe du Nord. Trois rotations Asie-Méditerranée étaient également dans son collimateur.

Au 1er septembre, les taux suivaient clairement une mauvaise pente. Tout juste mis en flotte, les ULCV étaient déjà mis à l'ancre. Comme le MSC Micol (24 346 EVP), à peine livré, déjà rangé. Il était reprogrammé pour le 4 janvier 2024. MSC ne voulait pas se payer l'affront, pour le voyage inaugural le 12 octobre de ce géant, de le voir accoster à Rotterdam à moitié vide.

En fin de mois, THE Alliance suspendait une boucle transpacifique à partir de la première semaine d'octobre. L'analyste Sea-Intelligence prenait note d'« une réduction massive des capacités planifiées », qu'il attribuait au « grand nombre d'annulations de dernière minute ».

Le pic saisonnier était terminé. Mais avait-il eu lieu ?

Des tarifs au creux de la vague

Hapag-Lloyd engagea une restauration des taux pour ses services Asie-Europe, avec une forte hausse des FAK à compter du 1er novembre : de $ 1 750/EQP vers l'Europe du Nord et $ 1 950/EQP vers la Méditerranée.

CMA CGM les augmenta sur ses services Asie-Méditerranée-Afrique du Nord, de $ 2 000/EQP pour la Méditerranée occidentale, voire plus du double pour le Maghreb.

Encore une fois, l'effet fut nul sur les taux de fret, qui poursuivaient leur dérive. Le FBX Asie-Europe du Nord tombait à $ 910/EQP le 4 octobre. Il avait abandonné 23 % dans son sillage durant septembre.

Le WCI valait 1389,5/EQP. Le WCI Shanghai-Rotterdam était à $ 1 027, de voyage retour à $ 470 et Shanghai-New York à $ 739/EQP.

Avec la Golden Week, les suppressions de dessertes s'enchaînaient. Drewry en avait recensé soixante-sept sur des trades majeurs pour les cinq semaines à venir, et dont 52 % étaient programmés sur les rotations transpacifiques vers l'Asie.

Au 23 octobre, la capacité totale estimée de la flotte inactive était de 1,287 million EVP, soit 5 % de la flotte globale.

Il existait cependant une route qui prenait de l'ampleur, sur laquelle non seulement on ne supprimait pas de dessertes, mais au contraire, on ajoutait des capacités. Sur les routes Asie de l'Est-Russie, elles s'étaient accrues de 44 % entre les mois d'octobre 2022 et 2023, à 121 757 EVP. Sans compter les services déployés entre l'Inde, la Turquie et la Russie.

THE Alliance annonça le 24 octobre la suspension pour la mi-novembre d'une rotation Asie-Europe du Nord et d'un service Asie-USEC. Pour leur part, et dans le cadre du démantèlement de leur alliance, MSC et Maersk commençaient à « découpler » leurs flottes respectives, en les déployant sur des services individuels.

En fin de mois, l'indice Drewry plongea dans le rouge. Le WCI Asie-Europe du Nord affichait $ 1 004/EQP.

Le XSI pour cette même route ne dépassait pas $ 960/EQP.

Sur le Transpacifique, le marché semblait un peu moins morose. Le WCI s'établissait à $ 2 552/EQP sur l'Asie-USWC.

FAK et GRI

Les lignes régulières s'inquiétaient : les tarifs *spot* ne décollaient pas. Cela augurait mal de la renégociation des contrats annuels, qui risquaient d'être revus à des niveaux beaucoup plus bas. Pour leur donner de l'élan, CMA CGM et Hapag-Lloyd, pour ne citer qu'eux, rétablissaient FAK et GRI Asie-Europe du Nord et Asie-Méditerranée à partir du 1er décembre, entre $ 1 750/EQP et $ 2 250/EQP respectivement.

MSC annonça une nouvelle hausse de FAK, à partir du 15 décembre, de $ 2050/EQP entre l'Asie et l'Europe du Nord.

Il imposa également un supplément de $ 297/EVP sur les navires transitant par le canal de Panama, où la situation était loin de s'améliorer. Le tirant d'eau autorisé n'était plus de 13,41 m.

CMA CGM appliquait un *Panama Adjustment Factor*, de $ 150/EVP à partir du 1er janvier, et aussi, comme Hapag Lloyd et MSC, une nouvelle volée de GRI, ciblés sur les routes Asie-Europe du Nord et Méditerranée.

Les lignes régulières souffraient de deux maux : leurs capacités en mer étaient trop importantes et elles croulaient sous les conteneurs, dont elles n'arrivaient plus à remplir leurs bateaux. La flotte conteneurisée comportait 28 millions EVP, dont des milliers s'entassaient, vides, dans des hangars, avec tous les frais inhérents à leur location.

Le Bimco ne se montrait pas optimiste pour l'année à venir. Les compagnies régulières l'avaient anticipé et nombre d'entre elles avaient déjà reporté les livraisons d'ULCV à 2024, quand elles ne renégociaient pas âprement avec les chantiers navals pour retarder encore les dates de livraison des nouvelles constructions aussi loin que possible.

CMA CGM se faisait le champion de la lutte pour le rétablissement des tarifs sur la route Asie-Europe du Nord/Méditerranée, avec une importante GRI programmée pour le 1er janvier, à savoir une hausse de $ 3 000/EQP des FAK. Elle suivait celle de $ 1 800 au 1er décembre et une autre de $ 2 000 au 15 décembre, qui avaient eu un effet limité sur le marché.

Hapag-Lloyd rejoignait la compagnie française avec la même hausse des FAK sur la même route (et pour la même date).

Itinéraire bis

Dans la mer Rouge, la situation devenait alarmante. Le 3 décembre, les milices Houthis lançaient un drone depuis le Yémen sur le Number 9, un 4 250 EVP appartenant à OOCL (*Orient Overseas Container Lines*, basé à Hong Kong). Les moteurs étaient touchés, le navire prenait l'eau. Il réussit néanmoins à poursuivre sa route *via* le canal de Suez.

Le 15 décembre, Maersk demanda à tous ses navires d'ajourner leur passage par le détroit de Bab el-Mandeb jusqu'à nouvel ordre, après que les mêmes Houthis eurent lancé une série de roquettes sur un porte-conteneurs appartenant à Hapag-Lloyd, puis attaqué par les mêmes voies le Maersk Gibraltar.

À son tour, CMA CGM suspendait le passage de ses porte-conteneurs en mer Rouge.

Seule alternative pour rejoindre l'Europe depuis l'Asie, contourner le cap de Bonne Espérance, ce qui ajoutait une dizaine de jours au temps de transit, avec, à la clé, un surcoût qui pourrait atteindre $ 1 million par navire, d'après Xeneta.

Cette route devenait également la seule option possible pour les navires interdits de passage du canal de Panama parce que trop lourds et qui s'étaient déroutés par celui de Suez.

Cette fois, l'impact sur les tarifs spot fut quasi immédiat. Sur la ligne Asie-Méditerranée, le FBX enregistra une hausse hebdomadaire de 29 % à $ 2 161/EQP.

Le XSI Asie-USWC était à $ 1 600/EQP.

Le WCI Asie-USEC valait $ 2 851/EQP.

Sur le Transpacifique, le XSI tournait à $ 1 287/EQP.

Les lignes régulières imposèrent des surcharges de haute saison (PSS). Le Japonais ONE la fixait à $ 500/EVP à partir du 1er janvier sur la route Asie-Europe du Nord. C'était un nouveau coup pour les chargeurs, qui avaient déjà encaissé une hausse de $ 3 000/EQP des FAK sur cette route, applicable elle aussi au 1er janvier.

Maersk annonça pour le 1er janvier sur la liaison Chine-Europe du Nord une surtaxe de $ 200 pour perturbation de transit (TDS), à laquelle il ajouta $ 500 de PSS et une surcharge d'urgence (ECS).

En dépit de la mise en place de la force navale multinationale *Operation Prosperity Guardian* le 18 décembre, sous commandement américain, les compagnies avaient décidé d'éviter la mer Rouge aussi longtemps que nécessaire. Un porte-conteneurs opéré par Hapag-Lloyd venait tout juste de faire les frais d'une nouvelle attaque de missile, qui avait causé un feu à bord.

Au 28 décembre, 299 porte-conteneurs empruntaient la longue route contournant l'Afrique du Sud, pour gagner les côtes européennes.

Le FBX Asie-USWC terminait l'année à $ 1 659/EQP, enregistrant une hausse hebdomadaire de 7 %.

Le FBX Asie-USEC affichait $ 2 505/EQP.

L'indice Asie-Europe du Nord valait $ 1 621/EQP (+11 %) et $ 2 525/EQP (+5 %) sur l'Asie-Méditerranée.

Le SCFI s'envola le 29 décembre à $ 1 759,57/EVP, contre $ 1 254,99 sept jours plus tôt. Au cours des cinq semaines précédentes, il avait engrangé une hausse de 77 %.

En 2023, la flotte mondiale conteneurisée s'est accrue de 8 % avec la livraison de 350 nouvelles unités portant un total de 2,2 millions EVP.

Une vague de 478 porte-conteneurs, d'une capacité de 3,1 millions EVP, devrait arriver en flotte en 2024. Une fois pris en compte le volume de navires recyclés, la flotte dépasserait les 30 millions EVP en fin d'année.

Démarrage en fanfare

CMA CGM entama 2024 par une hausse conséquente de ses FAK, allant de $ 3200/EQP à 6200/EQP.

Le 4 janvier, l'indice Freightos s'emballait et engrangeait 108 % de hausse, à $ 5175/EQP sur la liaison Asie-Méditerranée.

Sur l'Asie-Europe du Nord, la progression était encore plus impressionnante, à 151 %, à $ 4042/EQP.

Les liaisons Asie-USWC et Asie-USEC prenaient 63 % et 55 % en sept jours, à $ 2713 et $ 3 900/EQP respectivement.

L'indice global Drewry valait $ 2670/EQP (+ 61 %).

Le WCI Asie-USWC s'établissait à $ 2 726/EQP (+ 30 %).

Le WCI Asie-USEC gagnait 26 % à 3 858/EQP.

Entre Shanghai et Rotterdam, le WCI montait en flèche de 115 % à 3 577/EQP, et vers le port italien de Gênes, de 114 % à $ 4 178/EQP.

Les tarifs Shanghai-New York progressaient de 26 % à $ 3858/EQP; vers Los Angeles, de 30 % à 2 726/EQP.

Même au départ de Rotterdam vers la Chine, ils grimpaient de 17 % à $ 546/EQP.

Le SCFI tutoyait les hauteurs. À $ 1896,65/EVP le 8 janvier, il s'emballait dix jours plus tard à $ 2 238,61.

Le 11 janvier, l'indice global Drewry atteignait $ 3 072/EQP.

Les tarifs entre Shanghai et Gênes valaient $ 213/EQP, entre Shanghai et Rotterdam 4 406/EQP et $ 652/EQP pour le voyage inverse.

Le WCI Shanghai-New York valait $ 4170/EQP et le Shanghai-Los Angeles 2 790/EQP.

Plus on approchait du 10 février, date du Nouvel an chinois, plus les taux de fret bouillonnaient. Le 19 janvier, le XSI Asie-Europe du Nord grimpait à $ 4 612/EQP. Il enregistrait une hausse mensuelle de presque 200 %.

Certaines lignes se vantaient de tarifs dépassant les $ 10 000/EQP.

Effet mer Rouge

Fin janvier, on rapportait un niveau élevé pour l'activité conteneurisée. À en croire MSI, il fallait injecter deux cents navires supplémentaires dans la flotte active pour couvrir les rotations hebdomadaires sur les lignes est-ouest.

Et alors qu'on ne voyait aucun signe d'amélioration sur le front de la mer Rouge, les compagnies régulières adaptaient progressivement leurs réseaux à la situation.

Le 26 janvier, le WCI Asie-Europe du Nord s'établissait à $ 4 984/EQP (+186 % sur un an); vers la Méditerranée, il était à $ 6365/EQP (+ 129 %).

Sur l'Asie-USWC, le WCI bondissait à 4344/EQP et à $ 6143/EQP sur l'Asie-USEC, soit 110 % et 90 % de hausse respective.

L'indice Drewry progressait à un rythme moins soutenu sur les marchés européens.

Le WCI Shanghai-Rotterdam était à $ 4984/EQP (+ 1 %) et le Shanghai-Gênes à $ 6 365/EQP (+ 1 %).

L'« effet mer Rouge » avait-il atteint ses limites ? Le 29 janvier, le FBX Chine-Méditerranée perdait 8 % à 6403/EQP et le Chine-Europe du Nord 7 % à $ 5366/EQP.

Le FBX Chine-USEC était encore à son plus haut à $ 6 142/EQP (+143 % depuis le 1er décembre).

Comme l'était le FBX Chine-USWC, à $ 4198/EQP (+ 169 %).

Le SCFI se repliait de 2,7 % à $ 2179,09/EVP.

Cinquante-deux jours après le début des hostilités dans la mer Rouge, les coûts de transport sur les grandes routes Asie-Europe se sont envolés de plus de 200 %.

L'impact considérable de la crise sur le trafic maritime conteneurisé ne cache plus le fait que la demande reste faible et que les lignes sont lourdement surcapacitaires.

De leur côté, les chargeurs estiment qu'ils ont fait leur part en adaptant leur chaîne d'approvisionnement au temps de transit allongé autour de l'Afrique pour gagner les côtes européennes, mais qu'il était temps désormais que les tarifs de fret reviennent à un niveau acceptable.

Leur vœu semblait en voie d'être comblé. Le 2 février, le XSI Asie-Europe du Nord déclinait de 2 % à $ 4 733/EQP.

Le WCI Asie-Méditerranée se repliait de 8 % à $ 5 848/EQP.

Sur le Transpacifique, le WCI Asie-USWC prenait 2 % à $ 4 421/EQP.

Le WCI Asie-USEC était inchangé à $ 6 165/ EQP.

2024 s'est donc ouvert avec des inquiétudes majeures autour de la mer Rouge, que la présence des flottes militaires occidentales n'était pas encore parvenue à écarter au moment de la rédaction de CyclOpe. Cela s'est traduit par un rebond général des taux de fret et d'assurances : un répit au fond bienvenu pour des armateurs de lignes de conteneurs pour lesquels le retour à « mauvaise fortune » a été particulièrement violent. Il reste bien sûr à ceux-ci de gérer avec intelligence la manne de deux années de profits exceptionnels que certains d'entre eux ont déjà commencé à utiliser pour investir dans l'ensemble de la chaîne logistique à l'image de MSC et CMA CGM. Mais, plus largement, ces années de crise ont été l'occasion d'une prise de conscience de la place centrale qu'occupe le transport maritime dans la gestion des chaînes de valeur à l'échelle de la planète. C'est une leçon qui nous ramène à la puissance de l'Angleterre victorienne et qui avait peut-être été un peu vite oubliée.

Le marché du sport : *l'insatiable appétit saoudien*

Après avoir été violemment percuté par les crises induites par le covid, et dont on ressent encore aujourd'hui les soubresauts, le sport a été, en 2023, encore un miroir déformant et révélateur des tensions et tendances qui ont rythmé ces derniers mois. Après un rapide tour d'horizon qui reviendra notamment sur l'actualité politico-sportive de 2023, l'accent sera essentiellement mis sur la montée en puissance de l'Arabie saoudite. Puissance politique et énergétique, Riyad est devenue, en une poignée de mois, absolument incontournable au sein du monde du sport, attirant à grands frais, sportifs et grands événements internationaux sur son sol. Probable hôte de la Coupe du monde masculine de football en 2034, soutenu notamment par le président de la FIFA, Gianni Infantino, il s'agira de revenir sur cette stratégie, de comprendre ses fondements et de s'interroger sur la suite de cette politique.

Un rapide tour d'horizon dans le monde du sport

Ukraine : année 3

Alors que la situation politique et militaire en Ukraine n'évolue guère vers une résolution du conflit, le sujet sportif apparaît presque superficiel. Il agite néanmoins les instances sportives depuis le début du conflit et a connu une nouvelle étape en décembre 2023. Après avoir réagi extrêmement rapidement à l'invasion russe en février 2022 en mettant – une nouvelle fois – la Russie, au ban du sport international, puis avoir laissé planer le doute pour les prochaines échéances, le Comité international olympique (CIO) a finalement autorisé sous conditions la participation aux Jeux olympiques et paralympiques de Paris de sportifs russes et biélorusses : la participation dans des sports individuels, sous bannière neutre et à condition qu'ils n'aient pas activement soutenu la guerre. Par cette décision, le CIO semble arriver à un point d'équilibre précaire, mais qui paraît écarter le risque de boycott dont les menaces ont fleuri, des deux bords, au cours de ces deux années. Rebondissant sur cette décision, Kiev a ainsi publié en février 2024 une liste d'athlètes russes et biélorusses ayant soutenu le Kremlin, ce qui devrait donc encore un peu plus réduire à peau de chagrin le nombre de sportifs et sportives à être présents à Paris.

Des nouvelles du monde l'ovalie : domination de l'hémisphère sud et nouvelles dynamiques ?

L'accueil de la dixième Coupe du monde masculine de rugby à XV organisé en France en

Quelques chiffres clés sur les Coupes du monde masculine de rugby à XV (1987-2023) :

- Sept nations ont accueilli les éditions de la Coupe du monde : Afrique du Sud, Angleterre, Australie, France, Japon, Nouvelle-Zélande et Pays de Galles. Les États-Unis accueilleront la douzième édition en 2031.
- À partir de 2025, vingt-quatre nations participeront à la compétition, après avoir été seize (1987-1995) puis vingt (1999-2023).
- Au total, seules vingt-six nations différentes ont participé à cette compétition, montrant l'entre-soi du rugby.
- En 2023, dix nations fêtaient leurs dix participations à cette dixième édition et seul le Chili honorait sa première qualification.
- Seules trois sélections nationales ne participèrent qu'à une seule édition : l'Espagne, la Côte d'Ivoire et le Chili.

Représentation des demi-finalistes, finalistes et vainqueurs de la Coupe du monde masculine de rugby (1987-2023)

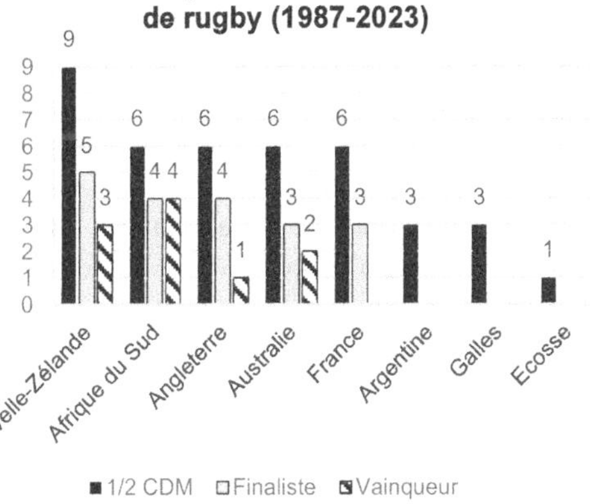

(Source : Rapport World Rugby, 2024)

septembre-octobre 2023 donne l'opportunité de se pencher sur le rugby, trop souvent oublié des analyses géopolitiques.

Cette nouvelle édition étaye un peu plus l'analyse de Jean-Pierre Augustin sur la pratique pas tout à fait mondialisée de ce sport. Pour rappel et à la différence d'autres sports comme le football ou l'athlétisme qui comptent plus de 200 fédérations nationales membres, World Rugby ne réunit que cent trente-deux membres, dont en réalité très peu parviennent à exister sur la scène internationale. Seules quatre nations différentes ont été championnes du monde depuis 1987, avec un net avantage pour les pays de l'hémisphère sud qui ont remporté neuf des dix trophées.

Courtisé lui aussi par de nouvelles nations, le rugby intéresse de plus en plus des pays qui se situaient hors de son champ d'attraction traditionnel. La rumeur d'une candidature du Qatar pour accueillir une édition de la Coupe du monde a été persistante au cours de l'année écoulée, avant de finalement voir l'Australie et les États-Unis désignés pour les onzième et douzième éditions des Coupes du monde féminine et masculine de rugby à XV entre 2027 et 2033. Washington confirme ainsi son intérêt pour le développement de ce sport depuis plusieurs années et notamment *via* la conclusion de partenariats avec la Ligue française nationale de rugby.

Soulignons aussi l'intérêt marqué de l'Arabie saoudite comme nous le développerons plus tard.

Côté français, et au-delà des résultats sportifs, se pose également la question de son influence dans le monde de l'ovalie, au lendemain de cette Coupe du monde. Force est de constater que la voix de la France n'est plus autant entendue qu'il y a une décennie et que les Britanniques semblent avoir repris la main sur la gouvernance. Loin d'être anecdotique, la place dans les institutions est au contraire un élément clé dans le développement d'un sport, de sa mondialisation et des choix stratégiques qui sont faits. Reste à savoir comment la France souhaite redévelopper (ou non) ce pan de sa diplomatie sportive.

Le rugby à VII comme discipline olympique

L'intensité des matchs, l'impossibilité de faire tenir une compétition sur la quinzaine olympique ayant écarté le jeu à XV du programme olympique, le jeu à VII a fait son apparition comme discipline olympique depuis les Jeux de Rio en 2016, après avoir convaincu le CIO, à la recherche perpétuelle de nouveaux sports, à la pratique mixte, télégéniques et facilement compréhensibles par un public non averti. Bien que le programme olympique soit l'objet d'intenses tractations, l'avenir du rugby à VII semble s'inscrire sur le long terme, confirmé jusqu'en 2028 à Los Angeles.

Quelle France en 2024 à travers le prisme des Jeux olympiques et paralympiques ?

Mégaévénement sportif international par essence, les Jeux olympiques et paralympiques sont au cœur de l'actualité politique et sportive française depuis plusieurs années. Les enjeux pour Paris sont immenses : en termes économiques bien sûr, mais aussi en termes de crédibilité et d'image. Bénéficiant il y a quelques mois encore d'une très bonne réputation d'organisatrice, la France a fait l'objet de nombreuses critiques notamment après les incidents et problèmes rencontrés au Stade de France en mai 2022, lors de la finale de la Ligue des champions masculine de football. Comme à chaque grande compétition internationale, la sécurité sera un des points d'attention majeurs, alimentée par une situation géopolitique complexe, qu'il s'agisse de la guerre en Ukraine ou de la guerre Israël/Hamas.

La réussite de cet événement conditionnera également la poursuite de la diplomatie sportive française qui, par bien des aspects, en avait fait l'alpha et l'oméga. Après une campagne expresse, la France apprit en novembre 2023 qu'elle était la seule candidate retenue par le CIO pour accueillir de nouveau les Jeux, d'hiver cette fois, en 2030 dans les Alpes. Les questions d'héritage, de durabilité, mais aussi la nécessaire prise en compte du changement climatique devront être prises à bras le corps par le comité d'organisation français. Les souvenirs de Pékin 2022 peu enneigés et les polémiques des stations de ski alimentées à la neige artificielle poussent d'ores et déjà de nombreuses associations à exhorter les autorités à s'emparer pleinement du sujet et à construire un héritage tangible.

Le cyclisme aussi…

Longtemps, le cyclisme a été une affaire européenne et les plus grandes courses, les classiques du Printemps puis le Tour, le Giro et la Vuelta, continuent à se dérouler sur le sol européen, même s'il existe des tours en Australie (*Down Under*), aux États-Unis, et de manière plus improbable dans le golfe Arabo-Persique.

Le cyclisme professionnel a toujours vendu des maillots à des sponsors qui voyaient là un vecteur idéal de communication populaire. Il y avait quelques vedettes, mais beaucoup de prolétaires dans les équipes dont les budgets dépassaient rarement les € 10 millions. La moyenne aujourd'hui est de € 28 millions, mais les grandes équipes tournent plutôt autour de € 50 millions. De nouveaux sponsors sont apparus comme les Émirats arabes unis (l'équipe UAE-Emirates de Tadej Pogacar) ou le Bahrain (l'équipe Bahrain Victorious). Les meilleurs cyclistes qui ont dominé la saison 2023 (et probablement qui feront de même en 2024) gagnent € 5 à € 6 millions, ce qui reste modeste à l'aune du sport mondial : un prodige japonais, Shotei Otani, n'a-t-il pas signé un contrat de $ 700 millions avec un club de baseball, les LA Dodgers !

Le cyclisme reste loin de ces folies, mais sa dimension géopolitique est nouvelle.

L'Arabie saoudite, nouvelle hyperpuissance sportive ?

Absente de la scène sportive tout au long du XXe siècle, l'Arabie saoudite est en train de s'imposer, en l'espace de quelques années, comme un acteur incontournable, utilisant le sport comme outil de *soft power*. En effet, depuis 2015 et l'arrivée aux portes du pouvoir du prince Mohamed Ben Salmane, le royaume a développé une offensive importante dans un domaine, qui n'avait jamais franchement été le sien.

Le développement d'une diplomatie sportive opportun(ist)e

Cette stratégie, que certains qualifient d'opportuniste, s'inscrit dans le cadre de sa vision 2030, et qui vise notamment à diversifier l'économie du royaume, afin de réduire sa dépendance au pétrole. Mais les raisons de ce changement radical de politique sont à trouver sur un terrain plus politique. D'une part, le sport est devenu un enjeu de premier plan des relations internationales, un enjeu de pouvoir et de compétition. Si la puissance d'un État s'est pendant longtemps mesurée à sa force militaire, économique, démographique ou politique comme le développait Joseph Nye, elle trouve désormais aussi une expression dans le champ sportif où les performances, le poids politique au sein des institutions ou encore la présence remarquée sur l'agenda des manifestations.

D'autre part, il ne peut pas être totalement exclu que cette volonté soudaine de la part de Riyad d'investir le champ du sport puisse être décorrélée de la stratégie de ses voisins, à commencer par le Qatar et les Émirats arabes unis. Face à la montée en puissance de ces deux États voisins, de leur succès politique et de la notoriété acquise grâce au sport, il est fort à parier que le géant saoudien ne souhaitait pas rester trop longtemps un nain sportif.

Pour ce faire, la stratégie saoudienne dans le sport se manifeste à travers trois axes majeurs : l'organisation d'événements sportifs d'envergure mondiale, l'influence croissante au sein des instances internationales et désormais des investissements majeurs dans le football, à travers le développement de son championnat national, l'acquisition de clubs de football européens ou l'accueil de compétitions sur son sol.

La construction d'un hub sportif incontournable

À la différence d'autres pays qui déploient une diplomatie sportive afin d'apparaître sur la carte du monde et d'accéder à une notoriété, Riyad n'a, quant à elle, nullement besoin du sport pour être considérée comme une puissance à part entière, disposant déjà d'une autorité politique, économique, diplomatique de premier rang. Néanmoins, Riyad a développé au cours des dernières années une stratégie pour faire du royaume un hub incontournable sur la scène du sport international.

La diversité des sports invités à être pratiqués sur le sol saoudien est tout à fait impressionnante. Loin de se contenter du sport roi qu'est le football sur lequel nous reviendrons largement, Riyad a développé un intérêt important pour les sports de combat (boxe, MMA, taekwondo), les sports mécaniques (Dakar, Formule 1 et potentiellement bientôt de la Moto GP), des sports de balle ou de raquette (tennis, squash, handball et golf), ainsi que, et on se souvient de l'émoi suscité en octobre 2022, les Jeux asiatiques d'hiver en 2029. La stratégie saoudienne est donc de répondre présent sur un grand nombre de sports, leur permettant ainsi de toucher un nombre important d'institutions, de partenaires, mais également un public international extrêmement divers grâce à des retransmissions mondiales.

D'autre part, il est frappant de constater un changement de paradigme dans la mise en œuvre de cette stratégie sportive. Alors que l'accueil de compétitions ou de matchs semblait dans un premier temps répondre à une démarche ponctuelle, comme cela avait pu être le cas par exemple avec l'accueil du *Clash on the Dunes* en 2019 entre Andy Ruiz Jr et Anthony Joshua, l'organisation de rendez-vous récurrents est devenue à partir de 2020 une tendance de plus en plus lourde. Choisie pour accueillir le Dakar à partir de 2020, l'Arabie saoudite a conclu un contrat de 10 ans avec le groupe ASO pour rester l'hôte de la compétition. Il en est de même dans le domaine du football avec le contrat conclu avec la fédération royale espagnole de football pour accueillir entre 2020

La quasi-certitude de voir la Coupe du monde masculine de football organisée en Arabie saoudite en 2034

Intéressé depuis des années pour accueillir l'épreuve suprême du ballon roi, envisagée un temps pour épauler le Qatar lors de son Mondial 2022 en cas de défaillance, le royaume wahhabite est tout désigné pour accueillir la vingt-cinquième édition dont la désignation a connu un calendrier inhabituel. Après avoir envisagé de présenter une candidature conjointe avec l'Égypte et l'Italie, et après avoir vu l'édition de 2030 attribuée à une kyrielle de pays (Espagne, Portugal, Maroc, Argentine, Uruguay et Paraguay), c'est finalement seule que l'Arabie saoudite a déposé une déclaration d'intérêt en octobre 2023, en concurrence avec la candidature australienne, les candidats n'ayant que quelques semaines pour déposer un dossier.

Finalement, Sydney a jeté l'éponge juste avant la clôture face au double défi organisationnel d'une compétition à 48 équipes et politique que représentait Riyad, dont la « déclaration d'intérêt » avait bien été reçue par les services de la FIFA. Bien que la désignation finale officielle ne puisse intervenir qu'une fois validée par le Congrès de la FIFA, prévu en fin d'année 2024, Gianni Infantino a pris – une fois de plus – ses équipes au dépourvu et a annoncé sur les réseaux sociaux l'attribution du « plus grand spectacle sur terre » au royaume saoudien.

et 2029 la finale de la Super Coupe d'Espagne. Signalons aussi que la finale de la Super Coupe d'Italie s'est également déroulée en 2018, 2019, 2022 et 2023 au sein du royaume wahhabite. Cela est également le cas avec le golf et la création en 2021 du LIV Golf, circuit venant concurrencer le mythique PGA Tour américain.

De manière encore plus récente, le Royaume a renforcé ses investissements dans le tennis avec l'annonce d'un nouveau tournoi d'exhibition en octobre 2024, le *6 Kings Slam* réunissant Rafael Nadal, Novak Djokovic, Jannik Sinner, Carlos Alcaraz, Daniil Medvedev et Holger Rune.

Face à cet appétit débordant, seuls pour l'instant les Jeux olympiques et paralympiques ne sont pas tombés dans l'escarcelle saoudienne. Pour combien de temps encore ?

Une expression du sport power *hors des terrains*

L'expression de la puissance ne passe pas uniquement par les terrains ou les courts, mais également au sein des instances sportives ou parmi les acteurs économiques investissant dans le sport.

Souvent négligée dans l'analyse des diplomaties sportives, l'étude de la présence de représentants nationaux au sein des instances sportives est pourtant essentielle. Il a à ce titre été intéressant d'observer l'arrivée de personnalités saoudiennes dans le paysage institutionnel sportif. Par exemple, l'élection en 2020 de la princesse Reema Bandar Al Saud comme membre du Comité international olympique est assez remarquable. De la même manière, les rapprochements entre Riyad et la FIFA ont été particulièrement perceptibles depuis plusieurs années et ont abouti à la quasi-attribution de la Coupe du monde masculine de football 2034 au Royaume.

Cette collaboration avec le milieu du football s'est également matérialisée par l'entremise des partenariats et des sponsors.

Si le sponsor « Visit Saudi » avait un temps été envisagé pour sponsoriser la Coupe du monde féminine de football de 2023 avant de faire marche arrière devant la protestation d'associations et d'ONG, suivie par les comités d'organisation néo-zélandais et australien en charge, la Ligue de football espagnole quant à elle a signé un accord de € 20 millions par an, en août 2023. L'African Football League, compétition organisée sous l'égide de la Confédération africaine de football, a aussi signé un partenariat.

De la même manière, et depuis plusieurs mois bruissent les rumeurs de la signature d'un contrat de sponsoring de $ 100 millions par an jusqu'en 2034 par le pétrolier Aramco avec la FIFA.

Du côté des clubs, et en dépit des rumeurs persistantes de rachat du club de Manchester United à l'automne 2018, ce fut finalement Newcastle United, club historique anglais, qui a été racheté par un consortium comprenant le fonds d'investissement saoudien PCP Capital Partners en octobre 2021. Si le club des « Magpies » était relativement mal en point à cette époque, force est de constater un relatif retour sur le devant de la scène, aidé par les investissements importants faits par le fonds. Signalons également la fréquence des rumeurs concernant le rachat de clubs français et notamment de l'Olympique de Marseille par des fonds proches du pouvoir saoudien.

Ces investissements dans des clubs ne se limitent pas au seul football, puisque le rugby serait désormais au centre de l'intérêt de Riyad qui envisagerait d'acquérir des parts dans quatre clubs anglais (Leicester, Gloucester, Newcastle et Northampton). Le choix du rugby n'est évidemment pas anodin, compte tenu des difficultés financières immenses que les clubs anglais rencontrent depuis plusieurs années, considérablement aggravées par les crises liées au covid.

Enfin, l'annonce de la fédération saoudienne de tennis de nommer Rafael Nadal comme ambassadeur n'est pas anecdotique. Il s'agit de donner une visibilité, mais aussi une crédibilité au Royaume en mettant à contribution des sportifs et sportives de renommée internationale.

La ruée vers Riyad : le football à l'heure saoudienne

Déjà identifiée dès 2018 comme une nation montante du football en termes de transferts (septième rang en matière de dépenses pour des transferts internationaux après les *Big Five*), l'Arabie saoudite a considérablement accéléré ses investissements dans le football afin de développer son championnat national, ce qui suscite quelques réflexions.

D'une part, l'explosion des montants des transferts dépensés pour attirer les joueurs vers le royaume est incontestable. Si elle avait dépensé $ 50,4 millions lors de la saison 2022, l'Arabie saoudite se place désormais au cœur des *Big Five*, avec $ 970 millions dépensés.

D'autre part, et alors que le choix de Cristiano Ronaldo de rejoindre le club d'Al Nassr FC et la Saudi Pro League, en décembre 2022, avait suscité quelques railleries et questionnements, la liste de joueurs ayant rejoint le Royaume s'est considérablement allongée au cours de l'année 2023, et c'est surtout le *casting* des joueurs et entraîneurs recrutés qui impressionne. Neymar, Karim Benzema, Riyad Mahrez, Yassine Bounou ou Aymeric Laporte ont ainsi souhaité poursuivre ou finir leur carrière loin des championnats européens qui les avaient vus jouer les saisons précédentes, alimentant l'effet boule de neige.

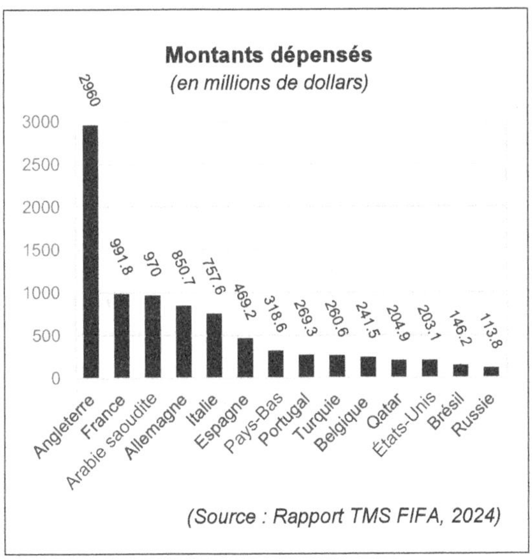

(Source : Rapport TMS FIFA, 2024)

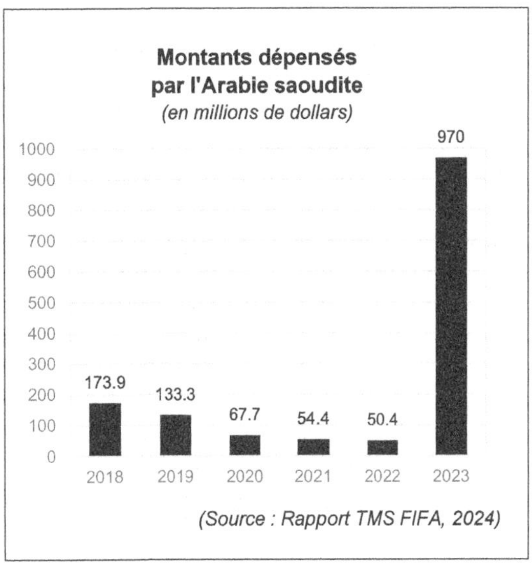

(Source : Rapport TMS FIFA, 2024)

SERVICES

Ces recrutements de stars se concentrent principalement autour de cinq « clubs » : Al-Ittihad, Al-Nassr, Al-Hilal, Al-Ahli, Al-Ettifaq qui ont pu attirer parmi les plus grands noms du football, quel que soit leur poste. Tous les cinq sont directement ou indirectement contrôlés par les fonds souverains saoudiens.

Enfin, l'arrivée massive et subite de ces joueurs lors d'un mercato pose la question de la pérennité de cette stratégie. Si une partie des difficultés résidait dans le fait d'attirer ces footballeurs au sein des clubs, une autre, majeure, consiste désormais à les faire rester, et participer à un championnat compétitif. Au regard des premiers commentaires et échos après quelques mois sur place, rien n'est moins sûr.

Quelle pérennité pour la stratégie saoudienne ?

Face aux dépenses mirifiques des dernières années, ainsi qu'aux ambitions affichées des dirigeants, notamment dans le cadre du projet Néom, la poursuite de la stratégie saoudienne semble actée. Néanmoins, dès le début, ces initiatives n'ont pas été exemptées de controverses. Qu'il s'agisse des sommes dépensées, participant à la dérégulation du marché des transferts, ou d'annonces pour le moins surprenantes comme l'accueil des Jeux asiatiques d'hiver de 2029, les critiques gagnent en puissance à l'égard du Royaume. Portés dans un premier temps par des associations militantes, ces reproches se trouvent être aujourd'hui partagés plus largement par une partie de la société civile et par des hommes et des femmes politiques : celui récurrent, de *sportwashing*, accusant le pays d'utiliser le sport pour détourner l'attention des questions relatives aux droits de l'homme, à la liberté d'expression ou aux questions environnementales est particulièrement marqué.

Se pose dès lors la question de l'impact réel de ces critiques et leur capacité à infléchir ou non la stratégie mise en œuvre. À l'instar des menaces de boycott dans le sport se pose l'essentielle, mais tellement complexe, question de l'évaluation de l'efficacité de ces démarches. Malgré des levées de boucliers contre l'organisation du Dakar ou contre l'attribution à Néom des Jeux asiatiques d'hiver en 2029, les critiques se sont petit à petit tues.

Conclusion

Si l'actualité sportive se concentre largement en 2024 sur les ultimes préparatifs et sur la compétition olympique et paralympique, ainsi que sur les bilans économiques, diplomatiques, sociaux de ces mégaévénements sportifs, les nouvelles ré-

Inde : vers le réveil d'un géant ?

Éternelle absente des puissances sportives, en termes de performances comme d'accueil de grands événements sportifs, l'Inde semble désormais prendre un nouveau virage.
S'il est encore trop tôt pour pouvoir y voir assurément une tendance de long terme, plusieurs arguments plaident néanmoins pour une importance croissante des enjeux sportifs et plus spécifiquement olympiques pour New Delhi. En effet, l'accueil par Mumbai de la cent quarantième session du CIO en octobre 2023 ne doit rien au hasard. C'est au cours de cette session que le cricket, sport roi en Inde, fut officiellement ajouté au programme olympique de Los Angeles 2028. Pour l'instance lausannoise, l'intérêt croissant de l'Inde pour le sport et l'olympisme constitue une véritable opportunité, en termes d'avenir, de retombées économiques et de médiatisation. En outre, évoquée depuis une décennie, une candidature indienne pour accueillir les Jeux olympiques et paralympiques se confirme. En l'occurrence, Ahmedabad, « la » ville de Narendra Modi se mobiliserait pour l'édition 2036. En visite en Inde en janvier 2024, le président de la République française, Emmanuel Macron, a abordé ce sujet avec son homologue et a ainsi milité pour renforcer les échanges et la coopération entre les deux pays, notamment sur le volet sportif, à l'aune donc d'une potentielle candidature.

percussions sur le monde du sport de la guerre en Ukraine, de l'évolution de la guerre entre Israël et le Hamas, ou de tout nouveau conflit international seront évidemment à analyser sous le prisme de la géopolitique du sport.

Enfin, véritable serpent de mer, la question de la réforme de la gouvernance du sport se pose cette année encore avec plus d'acuité. S'il ne s'agit en aucun cas de remettre en question la mondialisation du sport, cette dernière soulève de réelles interrogations : peut-on encore organiser une compétition viable écologiquement ? Quelle place accorder aux athlètes dans la construction du sport de demain ? Comment lutter – efficacement – contre les atteintes à l'intégrité ?

Les sujets ne manquent donc pas et l'actualité rappelle le besoin impérieux d'y répondre vite.

Le marché de l'art :
un léger coup de mou...

Peu d'enchères spectaculaires en 2023, faute de grandes collections. L'humeur a été morne en mai et en novembre autour des grands rendez-vous de New York. Dans les allées des foires et des salons, les achats furent solides, mais sans grain de folie. La concentration des acteurs se poursuit qu'il s'agisse des maisons de ventes ou des organisateurs de salons. Enfin, la bulle des NFT semble avoir éclaté. Retour à un peu de raison...

En 2023, d'après les chiffres de Clare McAndrew (pour Artbasel/UBS), le marché mondial de l'art représentait $ 65 milliards en recul de 4 % par rapport à 2022 : $ 28,9 milliards pour les ventes aux enchères (une autre source donne sur une base plus large $ 36 milliards) et $ 36 milliards pour les marchands (un chiffre estimé qu'il faut considérer comme un ordre de grandeur plausible et réalisé pour moitié dans l'art contemporain). D'après Art Tactic, le chiffre d'affaires des trois grandes maisons de ventes anglo-saxonnes (Sotheby's, Christie's, Philipps) est en recul de 18 % : de 27 % aux États-Unis, de 24 % en France, de 16 % au Royaume-Uni et de 3 % en Chine. Christie's notamment a vu son activité diminuer de 30 %, après il est vrai, une année 2022 exceptionnelle grâce à la vente de la collection de Paul Allen. Globalement, il y aurait eu, en 2023, 30 % de moins de lots d'une valeur supérieure à $ 10 millions, mais 18 % de plus pour des valeurs inférieures à $ 50 000 (sur le seul segment du *fine art*, Artprice estime le recul des enchères mondiales à 14 % à $ 14,9 milliards).

L'année n'a d'ailleurs été marquée par aucune enchère exceptionnelle. Les grandes ventes de New York en mai et en novembre ont donné des résultats moyens sans – il est vrai – d'œuvres très marquantes. Deux enchères seulement ont passé la barre des $ 100 millions : un Picasso classique, presque banal oserait-on dire, et puis quand même un très beau Klimt d'une insigne rareté. Le Picasso parle au portefeuille, le Klimt à l'œil et c'est là une bonne illustration d'un marché qui hésite toujours entre l'argent et la passion.

Les gros chiffres que l'on retrouve aussi chez les marchands se concentrent sur l'art contemporain (Bacon, Basquiat...), voire très contemporain (Diebenkorn) et puis sur les classiques modernes (Picasso, Monet, Cézanne, Magritte et même un record à $ 43,5 millions pour le douanier Rousseau). Faute d'œuvres majeures, la peinture et la sculpture ancienne font pâle figure, seul un Rubens ayant dépassé les $ 20 millions.

Cette année, aucun NFT n'a défrayé la chronique et les enchères les plus originales ont porté sur une Ferrari ($ 51 millions), une bible du

Xe siècle ($ 38 millions) et l'un des chapeaux de Napoléon Ier (à près de deux millions d'euros). N'oublions pas aussi des secteurs porteurs comme la joaillerie et l'horlogerie : d'après l'étude Hammer Track 2023, les ventes de joyaux ont totalisé 1,2 milliard de francs suisses (avec notamment un diamant à $ 48 millions) et celles d'horlogerie 610 millions de francs suisses (avec une Patek Philippe à 7,6 millions).

Le marché de l'art évolue autour de plusieurs pôles : le principal est sans conteste celui des États-Unis qui représentent 42 % des volumes. C'est là qu'ont lieu les grandes ventes de printemps et d'automne alimentées par des collections constituées il y a vingt ou trente ans à l'apogée de l'époque Warhol, Basquiat, Rothko... En novembre 2023, les *evening sales* de New York ont totalisé $ 1,56 milliard, 30 % de plus qu'en mai, mais 20 % de moins qu'en novembre 2021 et surtout 30 % de moins qu'en novembre 2022. Si une collection comme celle de Paul Allen (une fortune de la « nouvelle économie » de la fin du XXe siècle) reste exceptionnelle, il y en a de nombreuses de moindre envergure comme celle d'Emily Fisher

Les grandes enchères de 2023
(en millions de dollars)

Les dix enchères record de 2023			
Picasso	*Femme à la montre*	$ 139,4	Sotheby's New York
Klimt	*Femme à l'éventail*	$ 108,4	Sotheby's New York
Monet	*Bassin aux nymphéas*	$ 74	Christie's New York
Basquiat	*El gran espectaculo (1983)*	$ 67,1	Christie's New York
Klimt	*Insel im Attersee (1901)*	$ 53,2	Sotheby's New York
Bacon	*Figure en mouvement*	$ 52	Christie's New York
Rothko	*Peinture 1955*	$ 46,4	Christie's New York
Diebenkorn	*Recollections of a visit to Leningrad*	$ 46	Christie's New York
Picasso	*La femme endormie*	$ 43	Christie's New York
Magritte	*L'empire des lumières (1951)*	$ 42,3	Sotheby's Londres
Quelques autres enchères			
Couverture Tintin en Amérique-Hergé		€ 2,1	Artcurial-Paris
Ferrari GTO 1962		$ 51,7	RM Sotheby's
Bicorne de Napoléon Ier		€ 1,93	Osenat-Fontainebleau
Whisky Macallan 1926		£ 2,1	Sotheby's Londres
Diamant « Le bleu royal »		$ 43,8	Christie's Genève
Codex Sassoon (bible du Xe siècle)		$ 38,1	Sotheby's New York
Montre Patek Philippe 1955		€ 7,8	Christie's New York
NFT : Ringers #879 Dmitri Cherniak		$ 6,2	
La peinture ancienne			
Rubens	*Portrait d'homme*	$ 24,1	Sotheby's New York
Goya	*Mère et fille*	$ 19,4	Sotheby's Londres
Bronzino	*Portrait de jeune fille (1527)*	$ 10,7	Sotheby's Londres
Et à Paris			
Miro	*Femme, lune, étoile*	€ 20,7	Christie's Paris
Les collections			
Emily Fisher-Landau		$ 425	Sotheby's New York
Freddy Mercury		£ 40	Sotheby's Londres

À la recherche du Salvator Mundi

L'œuvre d'art la plus chère au monde, le Salvator Mundi « peut-être de » Léonard de Vinci continue à faire des vagues. On sait qu'il a été acheté $ 450 millions probablement par Mohamed Bin Salman (MBS), mais il n'a depuis plus jamais été revu.

À l'origine, il avait été acheté $ 10 000 dans une obscure vente aux enchères aux États-Unis. Une fois restauré et doté d'un pedigree (contesté et discuté, mais accepté, semble-t-il, par les principaux experts), il fut mis sur le marché en vente directe par Sotheby's. Après moult négociations et une évaluation quelque peu poussée de Sotheby's de $ 100 millions, il fut acheté $ 80 millions ($ 68 millions en espèces et un tableau de Picasso estimé $ 12 millions) par un sulfureux marchand d'art suisse Yves Bouvier qui constituait la collection d'un « nouveau riche » russe, Dmitry Rybolovlev qui avait fait sa fortune sur la privatisation de l'industrie russe des engrais (et résident de Monaco qui possède le « club » de football de l'AS Monaco). Bouvier revendit quelques jours plus tard le Vinci à Rybolovlev pour $ 127,5 millions. Même si quatre ans plus tard celui-ci le revendit chez Christie's pour $ 450 millions, il a porté plainte contre Bouvier qui au fil de ses achats lui aurait « gratté » près d'un milliard de dollars ! Le tribunal de New York l'a débouté.

Landau qui a réalisé $ 425 millions chez Sotheby's. Le marché américain a désormais la profondeur nécessaire en ce qui concerne l'offre et quand même aussi les bonus de Wall Street pour alimenter la demande. Ceci étant, il faut souligner le caractère très « financier » des ventes à New York : 60 % à 80 % des lots font l'objet de garanties de prix devenues elles-mêmes de véritables produits financiers. Remarquons aussi le développement de foires d'art contemporain comme Art Basel à Miami ou l'Armory Show à New York.

Quelques chiffres d'affaires de maisons de vente
(y compris ventes privées)

Au niveau mondial : ($ milliards)

Sotheby's	7,7
Christie's	6,2
Bonhams	1,1
Philipps	

En France : (€ millions)

Drouot (ass.)	634
Sotheby's	419
Christie's	311
Artcurial	217
Bonham's-Cornette	104
Millon	87
Ader	59
Aguttes	47
Osenat	40

Le Royaume-Uni pèse pour 17 % du marché mondial. Le Brexit ne l'a pas favorisé, mais là aussi, il reste le gisement et les fortunes de la City. Sur le continent, Paris a marqué le pas au niveau des ventes, mais s'est renforcé par l'arrivée de quelques galeries prestigieuses comme Hauser und Wirth dans le Triangle d'or (dans l'ancien immeuble presque historique de la radio Europe 1). Le marché français des ventes aux enchères reste dominé par les filiales de Christie's et Sotheby's avec désormais la présence de Bonhams qui a racheté la maison Cornette de Saint-Cyr. Drouot, qui a enfin ouvert son capital, ne représente plus qu'une petite part du marché français et reste l'image même, au fil des décennies, d'une opportunité ratée. La France, le principal marché du continent, pourrait, par ailleurs, être handicapée par le projet européen d'aligner la TVA sur les œuvres d'art de 5,5 % à 20 %.

Du troisième pôle du marché mondial, la Chine (19 % du marché en 2023), on ne dispose que de peu d'informations fiables, mais il semble bien que là aussi l'excitation soit retombée à la mesure de l'austérité prônée par Xi, malgré un effet de rattrapage post zéro-covid. Les ventes ont repris à Hong Kong et, en mars, Art Basel y a tenu sa foire avec 177 galeries. Il est bien connu que le monde de l'art ne se mêle pas de politique…

Enfin, hors sol, les ventes *online* représentent à peu près $ 12 milliards au niveau mondial, mais sur un spectre beaucoup plus large.

Un marché toujours aussi concentré

Le monde des ventes aux enchères continue à être dominé par un duopole « anglo-saxon » propriété de milliardaires français : François Pinault pour Christie's et Patrick Drahi pour Sotheby's. L'endettement considérable de ce dernier a laissé imaginer qu'il pourrait se séparer de Sotheby's : rumeur infondée même si l'on a évoqué l'entrée au capital de la Qatar Investment Authority. Les deux entreprises ont par ailleurs développé leurs activités de ventes directes ($ 1,2 milliard en 2023 pour Sotheby's) mélangeant un peu plus les genres au prix parfois de quelques soucis judiciaires (« l'affaire » Rybolovlev pour Sotheby's).

Le fossé est important avec les autres maisons de vente : Bonhams passe la barre du milliard de dollars et s'implante de manière durable en France avec l'achat de Cornette de Saint-Cyr. Artcurial, propriété en partie de la famille Dassault, a pris pied en Suisse avec l'achat de Beurret Bailly Widmer. Enfin, en France, Drouot a donc ouvert son capital à hauteur de 30 % à Vesper Investissement.

La concentration se poursuit aussi dans le monde des organisations de foires avec deux acteurs majeurs. D'un côté, Art Basel (contrôlée indirectement par James Murdoch, un des héritiers du magnat de la presse) à la tête de quatre foires : Bâle, Miami, Hong Kong et Paris (Paris + Art Basel, l'ancienne FIAC), ainsi que l'Art Week à Tokyo. Le vaisseau amiral à Bâle reste le grand événement mondial de l'art contemporain avec 284 galeries sans compter tous les événements parallèles. À Miami, en décembre 2023, on comptait 277 galeries (et un prix maximum de $ 45 millions pour un Franck Stella).

L'autre acteur, Endeavor, contrôle la Frieze (Londres et New York) et a pris en 2023 le contrôle de l'Armory Show de New York et de la foire de Chicago, ce qui lui fait sept foires dont quatre, aux États-Unis. Enfin, la TEFAF originellement à Maastricht et concentrée sur l'art ancien et classique commence à sortir de ses frontières tant géographiques qu'artistiques.

Il est difficile d'estimer le chiffre d'affaires exact réalisé dans les foires. Une estimation circule pour 2022 à $ 13 milliards, en net retrait par rapport aux $ 16,5 milliards de 2018, avant le covid…

Car les grands marchands sont certes présents sur les foires, mais ont de plus en plus leurs réseaux de galeries dans le monde entier, jouant sur la représentation d'artistes vivants, mais aussi sur la gestion de leurs fonds posthumes. Les noms n'en ont pas changé : Gagosian (19 galeries dans le monde), David Zwirner, Pace, Hauser und Wirth, White Cube, Perrotin. Ce dernier (160 salariés et 140 millions d'euros de chiffre d'affaires) a cédé 60 % de son capital à un fonds d'investissement, Colony IM. Cela illustre un peu plus la financiarisation du marché de l'art même si l'exercice a quand même quelques limites : on suivra ainsi le développement de la plateforme Artex (basé au Lichtenstein) qui se propose de coter des actions fondées sur des œuvres d'art : un Bacon acheté $ 55 millions découpé en 55 000 actions de $ 100 !

On ne peut cacher un certain scepticisme. Il y a dans l'art bien d'autres dimensions, esthétiques, mais aussi sociales… Du point de vue strictement financier, une étude d'Artnet/Deloitte montre qu'entre 2008 et 2023, le retour sur investissement dans l'art a été de 2,5 % par an contre 8,5 % pour l'indice boursier SP500. Mais pour les 2 500 milliardaires de la planète, cela importe peu !

Table des matières

Avant-propos ... V
Les collaborateurs de CyclOpe 2024 ... VII
Les entreprises et institutions qui ont soutenu CyclOpe en 2024 ... XV

Première partie : « Attendre et espérer » ... 1

I Attendre et espérer dans l'incertitude du monde ... 3

II Un monde déchiré ... 17

III Les tourments du monde ... 23
– Chine et Asie : covid long, covid court, Chine convalescente, Asie guérie ? ... 25
– Inde : le Moment indien, mais au-delà ? ... 33
– Amérique du Sud : incertitudes et instabilités ... 40
– Russie : le keynésianisme de guerre ... 51
– Afrique du Nord et Moyen-Orient : le grand débordement arrive-t-il ? ... 55
– Afrique subsaharienne : la multiplication des crises ... 63

IV Les tous petits pas de la gouvernance mondiale... ... 73
– Commerce mondial : il n'y a vraiment plus de pilote dans l'avion ! ... 74
– Changements climatiques : après Dubaï, une année à hauts risques électoraux ! ... 83

Deuxième partie : Les marchés ... 95

Les marchés mondiaux en 2023 ... 97

I Les marchés financiers ... 107
• Les taux et les devises : ... 109
– trop tard et – peut-être – trop… ! ... 109
– l'afghani a été la monnaie la plus performante en 2023 ! ... 120
• Les marchés boursiers ... 127
– folle remontée des marchés boursiers dans le sillage des grandes valeurs américaines ... 127
• Les marchés dérivés : encore de hautes eaux pour le négoce international ... 141

II Grains et agriculture tempérée ... 149
• Le retour des colères agricoles ... 151
– Céréales ... 163
– Riz ... 175
– Oléoprotéagineux ... 181
– Viandes ... 195
– Viande bovine ... 203
– Viande ovine ... 209
– Viande porcine ... 212
– Viande de volaille ... 218
– Lait et produits laitiers ... 223
– Pommes de terre ... 229

– Fruits et légumes tempérés . . . 232
– Concentré de jus de pommes . . . 233
– Fruits secs à coque . . . 239
– Miel . . . 243
– Vin . . . 246
– Coton . . . 255
– Laine . . . 264
– Lin . . . 267

III Produits tropicaux . . . 269
• Contrastes tropicaux . . . 271
– Sucre . . . 275
– Café . . . 287
– Cacao . . . 295
– Thé . . . 304
– Huile de palme . . . 311
– Poivre . . . 315
– Vanille . . . 320
– Bananes . . . 323
– Ananas . . . 329
– Agrumes et jus d'orange . . . 333
– Fruits tropicaux . . . 336
– Caoutchouc naturel . . . 337
– Jute . . . 343
– Sisal et fibres dures . . . 347

IV Produits aquatiques . . . 351

V Produits forestiers . . . 369
– Bois tempérés . . . 370
– Bois tropicaux . . . 387
– Pâtes et papier-carton . . . 393
– Papiers et cartons à recycler . . . 403

VI Minerais et métaux . . . 411
• Une illusion tenace . . . 413
• Fer et acier . . . 415
– Minerai de fer . . . 415
– Ferrailles . . . 422
– Charbon à coke . . . 429
– Acier . . . 435
• Les grands métaux non ferreux . . . 443
– Aluminium . . . 443
– Cuivre . . . 455
– Étain . . . 466
– Nickel . . . 471
– Plomb . . . 483
– Zinc . . . 489
• Métaux électriques . . . 495
– Cobalt . . . 496
– Graphite naturel et synthétique . . . 498
– Lithium . . . 501
– Manganèse . . . 506

• Petits métaux 509
– Antimoine 511
– Béryllium 514
– Bismuth 516
– Cadmium 518
– Chrome 520
– Gallium 522
– Germanium 523
– Hafnium 525
– Indium 526
– Magnésium 529
– Molybdène 530
– Niobium 533
– Rhénium 535
– Scandium 537
– Sélénium 540
– Silicium métal 541
– Tantale 543
– Tellure 546
– Terres rares 547
– Titane 551
– Tungstène 553
– Vanadium 555
– Zirconium 558
• Métaux précieux 561
– Argent 561
– Or 565
– Platinoïdes 568
– Diamants 575

VII Énergie 583
• Marchés énergétiques : un glissement inéluctable vers la militarisation ? 585
– Pétrole 591
– Produits pétroliers 603
– Gaz naturel et GNL 611
– Charbon vapeur 622
– Électricité 632
– Nucléaire 638
– Uranium 645
– Bioéthanol 653
– Biocarburants 661
– Le marché du carbone 665

VIII Grands marchés industriels 677
– Le marché automobile 678
– Engrais 683
– Textiles et vêtements 690

IX Services 693
– Tourisme international et transport aérien 694
– Fret maritime 701
– Le marché du sport 722
– Le marché de l'art 730

Cet ouvrage a été achevé d'imprimer en mai 2024
dans les ateliers de Normandie Roto Impression s.a.s.
61250 Lonrai
N° d'impression : 2402184
Dépôt légal : mai 2024

Imprimé en France